U0941120

2021

# 上海工业年鉴

SHANGHAI INDUSTRIAL YEARBOOK

上海市经济和信息化委员会 编

上海社会科学院出版社

# 上海工业年鉴
## 编纂委员会


**主　　任**：吴　清　陈鸣波

**副 主 任**：陆晓春　沈　军　吴金城

**委　　员**：马列坚　陈荣标　傅新华　戎之勤
张建明　阮　力　张　英　刘　平
汪　羽　李　炜

**主　　编**：吴金城

**副 主 编**：史文军　刘益平　贾国富　朱静蕾
郑凯捷

**编辑部人员**：汪文英　郑一飞

**承办单位**：上海市产业发展研究和评估中心

# 编纂说明

由上海市经济和信息化委员会主编的《上海工业年鉴》是一部全面系统反映上海产业发展、经济运行、技术进步和各类所有制工业企业情况的资料性工具书。

2021年版《上海工业年鉴》反映的是2020年上海工业经济发展的情况，共设置11个栏目：(1) 特载，刊有市经信委领导关于打响“上海制造”品牌、加快新一轮人工智能发展、推进公共数据开放利用等内容的文章；(2) 综述，概述2020年上海工业升级发展的主要特点；(3) 专题，记述上海落实制造强国战略、推进科创中心建设、工业互联网建设、人工智能发展、产业经济运行、生产性服务业、软件和信息服务业、文化创意产业、在线新经济、都市产业、工业品牌建设、中小企业、产业投资、技术进步、节能降耗、对外经济合作、军民产业融合、国资国企改革等方面的发展情况；(4) 区属工业，反映2020年各区工业的发展情况；(5) 企业简介，介绍一批大中型工业企业2020年的发展情况；(6) 上市股份公司，介绍2020年上海工业类上市股份公司的资产运作、股本结构以及全年主要经济指标；(7) 行业协会简介，介绍80多个工业行业协会2020年的工作；(8) 大事记；(9) 经济法规，刊载2020年上海市颁布的有关工业的主要经济法规；(10) 统计资料，刊载2020年上海工业经济发展的重要统计数据；(11) 企业形象，以彩色版面展示200多户各类企业形象。

《上海工业年鉴》编纂委员会

2021年7月

2020 年 9 月，第 22 届中国国际工业博览会在上海成功举行。

第 22 届中国国际工业博览会大奖颁奖仪式。

上海振华重工（集团）股份有限公司自动化码头装卸系统获第22届中国国际工业博览会大奖。

上海节卡机器人科技有限公司节卡共融系列协作机器人获第22中国国际工业博览会大奖。

在第 22 届中国国际工业博览会上展示“天问一号”火星探测器。

在第 22 届中国国际工业博览会上展示的氢能汽车广受青睐。

2020 年 4 月 28 日，2020 首届中国（上海）工业品在线交易节开幕。

2020 年 11 月，第三届中国国际进口博览会成功举行。

上海发那科机器人有限公司建成上海地区多门类大型机器人智能制造体验中心。

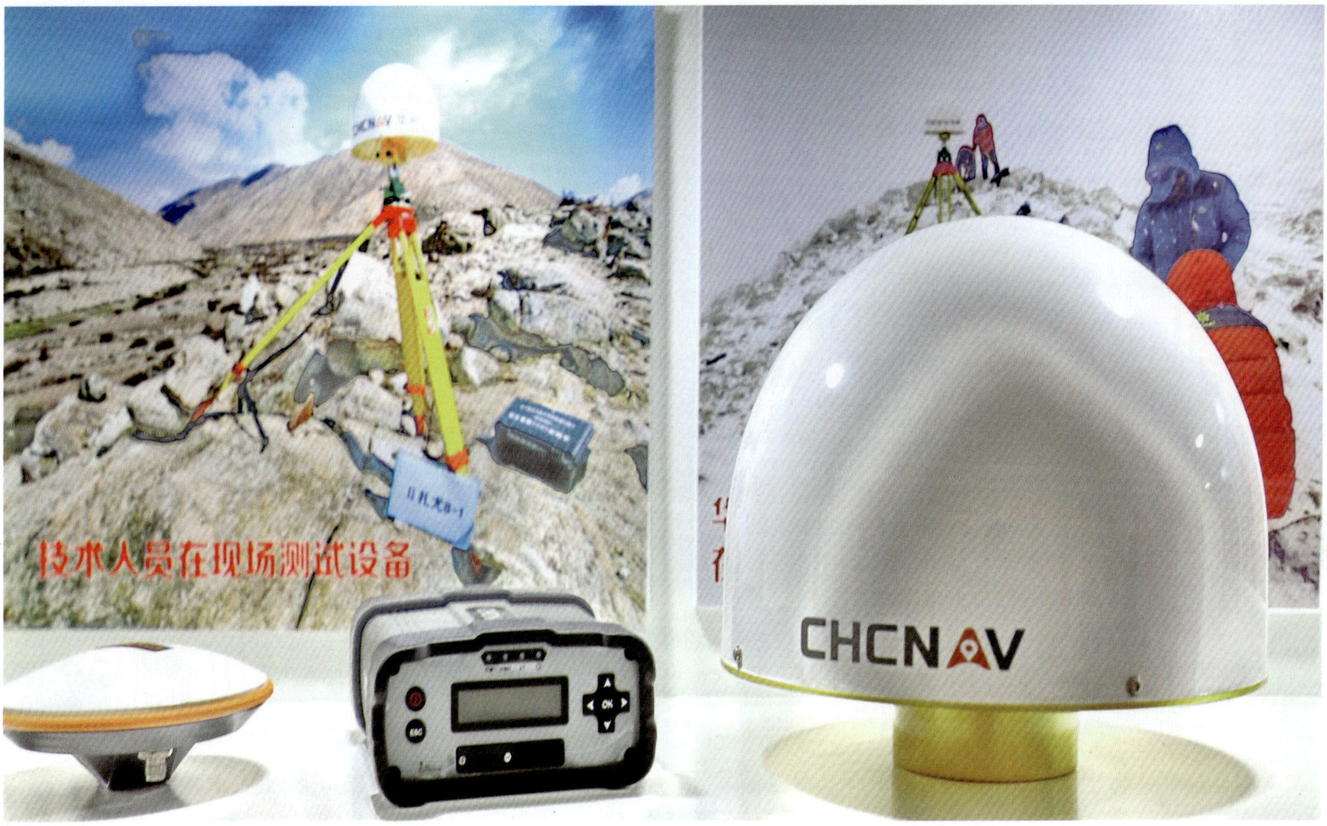

2020 年 5 月 27 日，上海华测导航技术股份有限公司研制的北斗定位装备首次登顶珠峰完成测量任务。

2020 年 9 月 22 日，沪东中华造船公司制造的 2.3 万箱双燃料动力集装箱船交付。

2020 年 11 月 10 日，中国首制大型邮轮在上海外高桥船厂入坞建造。

2020 年 2 月 24 日，上汽大众二厂制造的全新朗逸轿车下线。

2020 年，上海捷氢科技有限公司新建成氢能电池生产基地。

第 22 届中国国际工业博览会特设抗疫精品展区。

上海信谊药厂有限公司生产出抗病毒制剂产品。

2020 年 3 月初，上海中昊集团仅花 10 天就建成口罩生产线并投产。

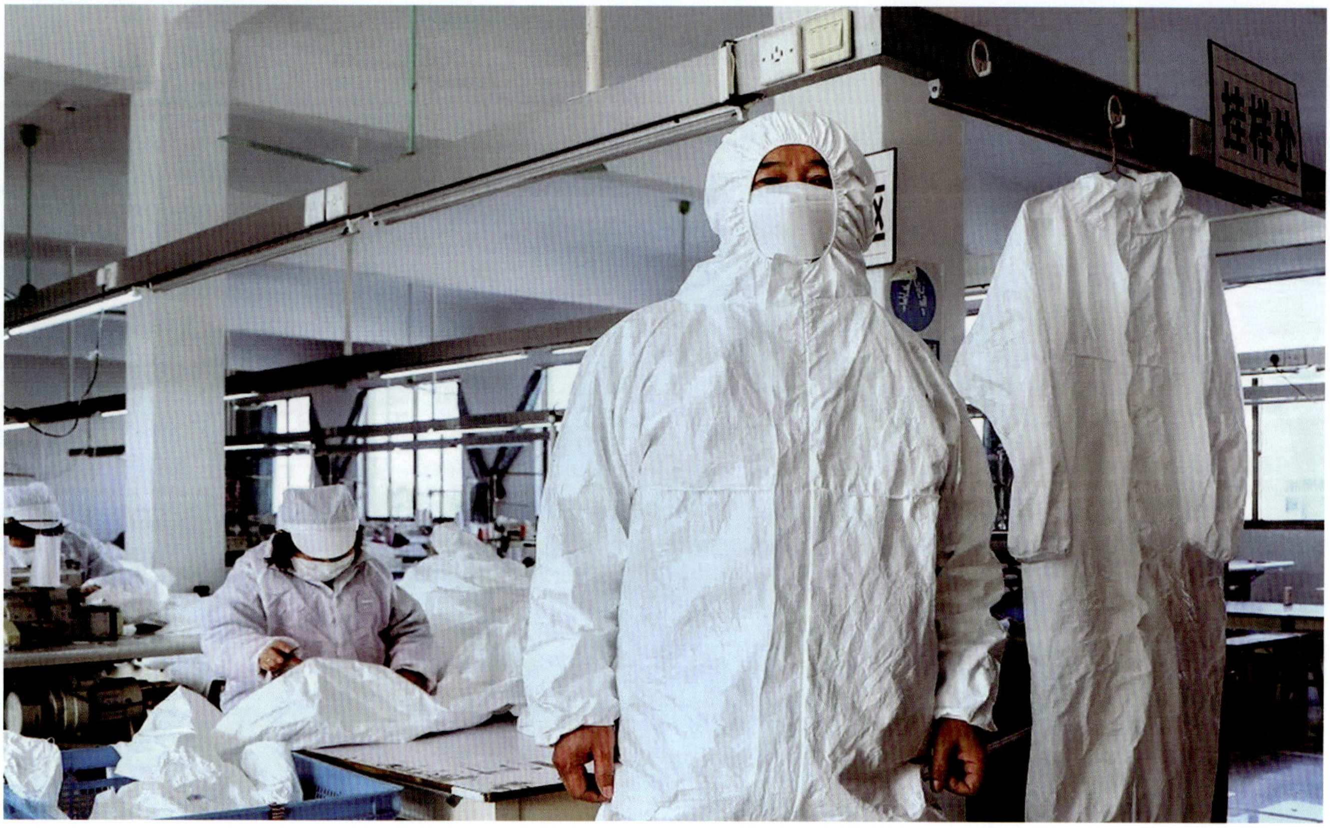

上海三枪集团制造的防疫服投入防疫第一线。

上海之江生物科技股份有限公司研制的核酸检测试剂盒为首个新型冠状病毒检测产品。

2020 年 3 月，上海东隆集团抗疫复产保障市场供应。

上药物流有限公司保障抗疫药品供给精准高效。

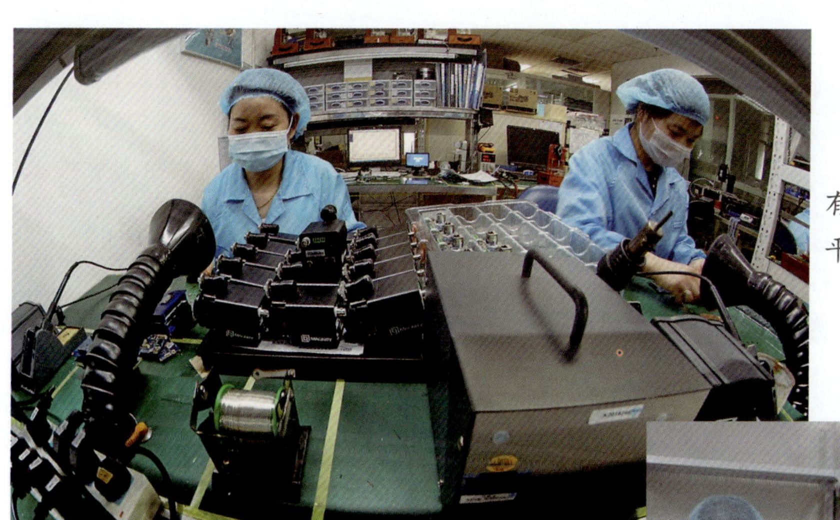

2020 春节期间，上海巨哥电子科技有限公司制造测温监控设备确保城市一方平安。

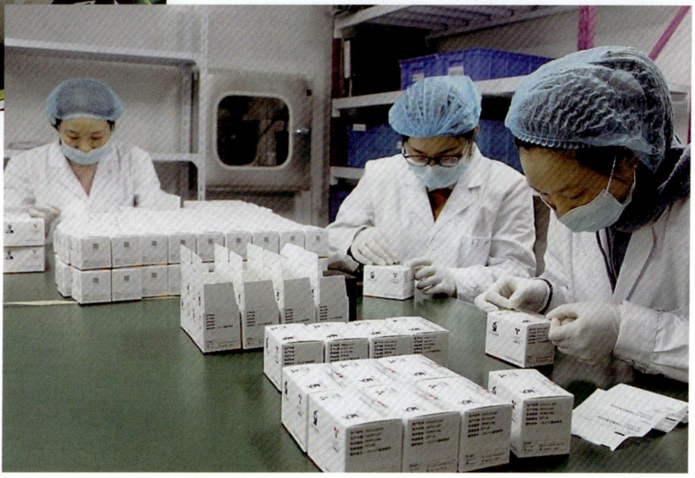

上海科华生物工程股份有限公司生产的新冠肺炎检测试剂。

上海石化金昌有限公司生产口罩熔喷布保障抗疫需要。

2020 年 2 月 4 日，嘉麟杰纺织品有限公司生产的第一件隔离服下线。

上海英科环保科技有限公司再生资源利用制造技术国内领先。

（本栏图片由蔡钧等提供）

# 目 录

## 特 载



## 综 述



## 专 题

## 区工业



## 企业简介

## 上市股份公司



## 行业协会简介

## 大事记



## 经济法规



## 统计资料

# 2021·上海工业年鉴

SHANGHAI
INDUSTRIAL
YEARBOOK

特载

综述

专题

区工业

企业简介

上市股份公司

行业协会简介

大事记

经济法规

统计资料

# 危中寻机化危为机　打造在线新经济高地

上海市经济和信息化委员会主任　吴金城

（2020 年 4 月 25 日）

疫情对经济社会发展带来重大影响，但疫情之下危中有机，也给创新创业企业带来众多应用场景，生鲜电商零售、在线医疗、无人配送等新业态、新模式展现出蓬勃兴起态势。在线新经济是借助于 AI、5G、互联网、大数据、区块链等智能交互技术，与现代生产制造、商务金融、文娱消费、教育健康、流通出行等深度融合，具有“在线、智能、交互”特征的新业态、新模式。2020 年 4 月 8 日，上海发布《促进在线新经济发展行动方案（2020—2022 年）》。

## 一、疫中见机，推动在线新经济不断孕育发展

正如大家所知所感的，这次突如其来的新冠疫情打破了原有的生产生活方式，在线新经济在抗疫期间不断孕育发展，具有强大成长潜力，也成为产业发展的新热点。我们积极应对，先后经历了抓应急防疫物资的专项“小生产”、抓复工复产复市和经济运行“大生产”、抓投资抓项目和新动能培育“优生产”。企业和市民感受比较深的有以下几点：

一是在线办事推动政府职能转变，“一网通办”“一网统管”“市企业服务云”“市投资促进服务平台”等为企业提供不见面服务，“市企业服务云”日均访问量达到 27 万次，为企业开通“战疫”物资申请平台，“随申码”应用等在线服务，更体现了城市的精细化管理水平。

二是在线服务加速监管制度创新，互联网医院、智能医疗设备、人力资源等领域创新业态模式，各区积极响应并支持推广，如浦东新区设立企业“共享员工”平台，奉贤区帮助企业厘清“共享员工”劳动合作法律关系。

三是在线技术正在重塑产业发展格局，AI、5G、大数据、北斗等技术跨界深度融合，数字赋能产业发展，产业数字化和数字产业化持续推进。

四是在线新业态焕发企业发展活力，云买菜、直播带货、生鲜电商、在线文娱等业态模式不断兴起，在线教育等行业都迎来了新的发展机遇。

## 二、依托基础优势，打造 4 个“100+”品牌

上海背靠长江水，面向太平洋，开放、包容、创新已成为最鲜明的城市品格，具备新经济新业态率先萌发和成长的肥沃土壤。产业门类齐全，上海是中国近代重要的民族工业发祥地、民族品牌发源地和集聚地，正在建设具有全球影响力的科创中心，不断孕育硬核技术，加快推动集成电路、生物医药、人工智能等三大先导产业和电子信息、生命健康、汽车、高端装备、先进材料、时尚消费品等六大重点产业发展。应用场景丰富，上海作为超大型城市，拥有一流的基础设施，人流、物流、车流、资金流、信息流密集，拥有丰富的教育资源、临床资源，还有一批科研院所、大企业和金融机构、特色产业园区等，新兴技术可以在学校、医院、工厂、交通、社区等得到推广应用。

这次为了应对新冠疫情，推进经济社会健康发展，我们顺应疫情期间的生产生活以及消费需求变化，制定发布《促进在线新经济发展行动方案（2020—2022 年）》，将这段时期涌现出的好做法加以固化和推广，打造经济新

场景新动能，助力疫情防控和经济转型升级。聚焦一年，着眼三年，到2022年，将上海打造成具有国际影响力、国内领先的在线新经济发展高地。同时也明确了4个“100+”行动目标：集聚“100+”创新型企业，聚焦掌握核心技术、拥有自主知识产权、具有国际竞争力等三方面要求，加快培育100家以上高成长性创新企业，聚焦支持10家左右创新型头部企业和领军企业发展；推出“100+”应用场景，集聚用户流量，催化在线新经济发展；打造“100+”品牌产品，推动新产品先行先试，加快创新产品市场化和产业化；突破“100+”关键技术，技术创新成果不断涌现，产业核心竞争力显著增强。

## 三、围绕“新”“转”“强”，聚焦发展12个重点领域

《促进在线新经济发展行动方案（2020—2022)》提出的12个发展重点，可以细分为三大类：

**第一类是无中生有，体现“新”。**因疫情倒逼而新催生出来的新业态新模式，包括远程办公、“无接触”配送等，疫情期间远程办公成为越来越多行业的重要选项。

**第二类是有中启转，体现“转”。**线下成熟的业态模式转向线上线下相互融合，包括在线展览展示、在线教育、在线医疗等。如互联网医院覆盖了儿科、中医等多个领域，看病不再需要跑医院，通过信息化、大数据等手段，连接医院、医生、老百姓、药房、医保等多方，在线开展就医复诊、健康咨询、健康管理等各类服务，互联网医院孕育了前所未有的在线医疗场景。

**第三类是转中做强，体现“强”。**已有模式在疫情期间得到发展壮大，上海在工业互联网领域形成了政府引导、企业试点示范为主的发展模式，推动电子信息、装备制造、汽车、钢铁化工、生物医药、航空航天等领域企业创新应用；下阶段将推动建设20个具有全国影响力的工业互联网平台，打造一批无人工厂。电子商务凭借在线优势，促进居民消费和企业经营方式转变；下阶段将继续用好大平台大流量，进一步做大做强新兴消费。

## 四、加强统筹协调，营造最优营商环境

围绕加快发展在线新经济，提出6项专项行动和5条保障措施。实施包容审慎的监管，探索“沙盒”监管模式，允许试错，宽容失败；着力强化公共服务，探索新型的人才从业评价机制；加快推动5G、AI、IDC、智能网联汽车等数字新基建，打造一批在线新经济生态园。实现在上海好项目不缺土地，好产业不缺空间，好应用不缺场景，好创意不缺人才，好团队不缺资源，形成在线新经济发展的良好生态。

在这次抗击新冠疫情中，大量企业逆势而行，敢于创新，为经济社会发展作出新探索，政府部门要顺势而为、因势利导，助力市场主体迸发新活力、再创新奇迹。我们提出发展在线新经济，就是希望危中寻机、化危为机，催生和壮大疫情中涌现出来的优质企业和品牌产品，给予更加包容的监管、更加开放的场景、更加优质的服务、更加创新的生态，合力打造在线新经济新高地。

希望社会各界继续关心和支持上海在线新经济发展，诚邀海内外投资家、企业家、创业家来上海投资兴业、大显身手。我们将不断优化营商环境，努力当好金牌“店小二”，细化落实专项支持政策，持续发力、久久为功，为上海产业高质量发展打造新亮点、做响新品牌、创造新标杆，形成经济发展新增量。

（本文系在2020年首届上海创新创业青年50人论坛上的讲话）

# AI 如何为上海城市赋能

上海市经济和信息化委员会主任 吴金城

(2020 年 7 月 9 日)

在坚持疫情防控和经济社会发展两手抓、两手硬、两手赢的大背景下，2020 世界人工智能大会如期以全新的云端峰会形式举办。大会将充分诠释“智联世界共同家园”主题，是实施人工智能“上海方案”的重要着力点，是上海在危机中育新机、于变局中开新局的重要承载体，呈现 AI( 人工智能 ) 赋能城市转型提升、赋能经济高质量发展、赋能市民高品质生活强大力量的生动实践。

**以 AI 智联，融聚城市现代化转型提升的助推力量。**人民城市人民建，人民城市为人民，把一座城市打造成为人民想要的样子，人工智能是重要的助推器。随着 AI 技术从感知智能转向认知智能、从解决行业痛点趋向实现价值落地，其演进规律、赋能特征与科技本质，与城市建设愿景精准化落地、全周期精细化管理、高效能优质化服务的发展要求内在契合，通过 AI 融合创变，夯实城市数字底座，让城市建设管理更加智慧、更加高效、更加安全。

**以 AI 引领，激发上海经济高质量发展的嬗变力量。**如果说资本、人才、技术、制度是经济增长的变量要素，则人工智能可作为提高全要素生产率、激发经济新增量的重要驱动力，以赋能生产关系优化而引致生产力的变革。上海人工智能的“朋友圈”不断壮大，创新成果持续转化，产业投资基金蓄势待发，智能产业培育蔚然成势、产业规模接近 1600 亿元，助力城市经济发展更加开放、更有活力、更具竞争力。

**AI 正在赋能传统产业，渗入了汽车、飞机、船舶、能源装备、钢铁、石化等各领域，以数字化、网络化、智能化转型注入产业升级新动能。**AI 正在催生新兴产业，疫情之下，危中有机，以“线上、智能、无接触”为特点的在线新经济呈现出蓬勃兴起态势，满足城市生产和人民生活升级的需求。AI 正在上海加速集聚，依托世界人工智能大会等平台，吸引了海内外的高端创新资源、行业领军人物及一批龙头企业、独角兽企业和重大产业项目汇聚，上海的人工智能产业地图日趋完善。前两年签约的商汤、IBM、明略、达闼等项目落地深耕，腾讯、美的等新项目落户上海，今年大会上将有 30 多个项目集中签约，落户张江人工智能岛、徐汇 AI TOWER、马桥人工智能创新试验区、临港人工智能产业集聚区等产业链生态园，积聚起产业发展的新生力量。如今，全国 1/3 的人工智能人才在上海集聚，一批年轻企业家在上海创新创业、展示才华；本次大会专门设计微软小冰、百度小度、小米小爱、B 站泠鸢 yousa 等 4 位虚拟形象代表，合唱由 AI 创作的主题曲《智联家园》，就凝聚了大家共同的创意智慧。

**以 AI 向善，展示智慧民生的无限可能，增添实现市民高品质生活的温暖力量。**科技无国界，AI 就是“爱”，它充分延展了人的脑力和体力，深刻印证了科学技术造福人类、造福世界的共同价值观念。2020 世界人工智能大会云端峰会，以上海为蓝本打造了“AI 3D 家园”云展览，通过在线游览感受丰富的科技展品、真切的应用场景、活跃的项目路演，凸显人工智能技术让我们的家园充满“爱”、充满温暖，展示未来城市的美好愿景，努力让人民群众在城市生活更加舒心、更加放心、更加安心。

按照中共上海市委十一届九次全会精神，我们将持续推动上海人工智能高地建设，赋能城市转型发展，打造人民高品质生活。下阶段，我们将着力建设以“双千兆”为支撑的“速度之城”，着力打造以城市管理和社会治理智能化为特征的“精细之城”，着力勾画以惠及民生为导向的“温暖之城”，着力构筑以数字经济为代表的“创新之城”，为建设“五个中心”和社会主义现代化国际大都市而不懈努力、持续奋斗。

（此文原刊于《解放日报》）

# 立足三大先导产业六大重点产业<br>推动经济数字化转型升级

上海市经济和信息化委员会主任　吴金城

中共中央“十四五”规划纲要指出，坚持把发展经济着力点放在实体经济上，坚定不移建设制造强国、质量强国、网络强国、数字中国，推进产业基础高级化、产业链现代化。2020 年 6 月 30 日，中央全面深化改革委员会第十四次会议审议通过了《关于深化新一代信息技术与制造业融合发展的指导意见》(以下简称《指导意见》)。上海市深入贯彻落实《指导意见》精神，结合中共上海市委十次全会关于城市数字化转型的总体部署，加快发展以新一代信息技术为驱动的数字经济核心产业，促进产业数字化，加快产业升级提速换挡，提高经济质量效益和核心竞争力。

## 一、新一代信息技术与制造业融合发展的总体考虑

按照《指导意见》精神，对标建设新发展格局中心节点和战略链接的要求，立足上海产业结构特点，面向集成电路、生物医药、人工智能等三大先导产业，电子信息、汽车、高端装备、先进材料、生命健康、时尚消费品等六大重点产业，以供给侧结构性改革为主线，以智能制造和企业数字化转型为主攻方向，推动工业互联网创新升级，按照由“点”及“链”及“圈”的推进路线，更好地激发市场主体活力，以新一代信息技术与制造业融合发展为核心，推动上海经济数字化整体转型。

**（一）立足经济数字化转型，激发转型红利。**着力打造“上海制造”新范式，以“新四化”综合集成推动产业数字化在更广范围、更深层次、更高水平转型。着力优化转型底座，完善工业物联、数联、智联体系，建设工业数字孪生，健全工业安全体系。着力构筑转型红利，聚焦工业场景，厚植转型土壤；聚焦 CAX（CAE/CAD/CAM）等工业软件、工业数据及算法等领域，以“揭榜挂帅”方式推动技术创新策源；聚焦产融精准对接，放大金融倍增效应；聚焦产教融合，培养兼具专业能力和数字素养的新工科复合型人才。

**（二）立足数字化转型促“双循环”，保障产业链供应链稳定运行。**着力提升“双链”数字化水平，以数据流激活物资流、技术流、资金流，改进资源配置效率。着力增强工业互联网的全网赋能水平，打造透明供应链，实现精准测链。着力增强数字化补链备链机制，推动实现大中小融通发展，上下游协同攻关。面向国际着力增强展链固链能力，依托自贸区新片区，将数据流通便利打造成为开放枢纽门户的关键制度优势。

**（三）立足激发企业活力，打造产业发展新引擎。**坚持市场主体功能，围绕新一代信息技术与制造业深度融合，更好激发需求侧活力，继续深化国资国企工业互联网促数字化转型专项工程，推动先进制造与信息技术集群式融合应用；更好提升供给侧能级，着力培育“单项冠军”“隐形冠军”，坚持久久为功打造经济数字化转型的头部企业，建设标杆平台，打造融合应用品牌，推动特色园区融合赋能。

## 二、新一代信息技术与制造业融合发展的路径选择

结合上海市三大先导产业和六大产业集群的发展要求，聚焦产业链供应链数字化、工业互联网消费互联网“两网贯通”、服务业制造业“两业融合”、工业场景开放和工业数字底座等内容，形成以下举措。

**（一）打造制造业新模式。**促进“新四化”，筑牢两化融合基础。聚焦智能化制造，促进人工智能与制造业的

深度融合，持续推动“100+”智能工厂建设，打造20家行业特色鲜明的“标杆智能工厂”样板。聚焦个性化定制，促进工业互联网与消费互联网“两网贯通”和“要素链接”，围绕食品、纺织、家电、汽车等领域打造C2M产品配置与设计平台；面向电子信息等领域探索建立M2C渗透新模式。聚焦网络化协同，推进设计－生产－服务全链数字孪生改造，建设虚拟样机系统，打通集团内部、产业链和生态圈数据“断头路”，建设“零库存”样板，规模以上企业设备、组织、服务在线的占比超过90%，关键工艺环节应连尽连。聚焦服务化延伸，促进服务业与制造业“两业融合”，推动制造向价值链两端高附加值环节延伸，面向港口、能源等高端装备实施“制造＋运维”，结合现代物流推进“制造＋金融”，提升钢铁、石化、机械等领域的“制造＋信息服务”水平。聚焦两化融合筑基，促进两化融合2.0管理体系贯标和评定，夯实制造业数字化转型基础。

**（二）构筑高水平产业链供应链。**改进“双链”运行水平，面向“两个循环”，实现测得准、补得上、能延展。精准测链，立足全网在线、建设“双链”知识图谱，精准感知运行态势，建立健全预警体系，形成快速修复机制。动态补链，改进数字化补链机制，更好发挥工业互联网平台协作优势，推动“联合补链”“众创补链”“孵化补链”和“柔性备链”，增强产业链的弹性和韧性。国际展链，改进数据要素流通机制，对标RCEP（区域全面经济伙伴关系）、CPTPP（全面与进步跨太平洋伙伴关系协定）等建设国际数据港，推进生产制造、航运物流、跨境商贸、金融服务等领域率先示范，打造数据驱动的国内国际双循环新模式。

**（三）优化创新融合生态。**推进场景、技术、资本、人才“四轮驱动”的要素体系，完善公共服务。聚焦场景拉动，有效激发需求侧活力，面向电子信息、生物医药、装备制造、汽车、钢铁化工、建筑能源、都市产业等领域建设“1000+”标志性场景，促进技术研发、成果转化和服务创新。聚焦技术创新策源，全面提升供给侧能级，创新“揭榜挂帅”方式，完善技术推进路线图，重点在工业操作系统、CAE/CAD/CAM等工业软件以及工业智能硬件、机器人等新型智能产品方面取得突破。聚焦产融对接，创新融资租赁、供应链金融、质量保险等金融产品，推动创新型头部企业与科创板对接便利。聚焦人才基础，推动产教融合，优化复合型人才培育模式，打造“工赋学院”品牌，支持建设一批智能制造和工业互联网产教融合创新平台和实训基地。聚焦完善公共服务，建设关键共性技术综合测试床，建立创新产品和解决方案的“中试场”，建设长三角区域一体化企业数字化转型公共服务平台，组建面向制造业的高水平开源社区联盟。

**（四）夯实融合数字底座。**提升连接、数据、安全等三大体系能级。完善工业连接体系，推进工业级网络体系优化，部署信息物理系统（CPS），打响“5G+工业互联网”新基建品牌，建立健全工业标识解析服务体系。健全工业数据体系，推进重点行业重点领域的高质量数据集建设，打造数据－知识－算法的能力体系，以计算密集型为导向布局工业算力中心。构筑工业安全体系，推进多方计算安全和联邦学习等新技术应用，建设工业互联网安全态势感知平台，形成工业企业分级管理的安全监管体系。

**（五）激发多元主体活力。**引育头部企业，打造标杆载体。推动供需两侧改革，推动各类所有制企业共同发展，深化国资国企工业互联网促数字化转型专项工程，支持外企设立数字技术研发机构和云服务中心，牵引培育“单项冠军”和“隐形冠军”，促进大中小企业融通发展。打造标杆载体，引育一批工业互联网标杆平台和各具特色的园区载体。打造先进制造融合应用集群，因业施策，以数字化转型锻造“知识制造”“智能制造”和“绿色制造”的集群样板。

## 三、新一代信息技术与制造业融合发展的远景预期

到2023年，新一代信息技术与制造业融合发展取得初步成效，工业化和信息化融合水平保持全国第一梯队，规模以上制造业企业数字化转型达到80%，助力提升上海市三大先导产业和六大重点产业集群的能级和核心竞争

力，新一代信息技术对制造业贡献增加值突破 1000 亿元。

到 2025 年，新一代信息技术对制造业贡献增加值突破 2000 亿元，推动产业更高效率资源配置、更高标准创新策源、更高质量产业引领和更高水平开放合作，为制造业高质量发展、保障制造业增加值占国内生产总值比例处于合理区间提供强劲动力。

（本文原刊于《中国电子报》）

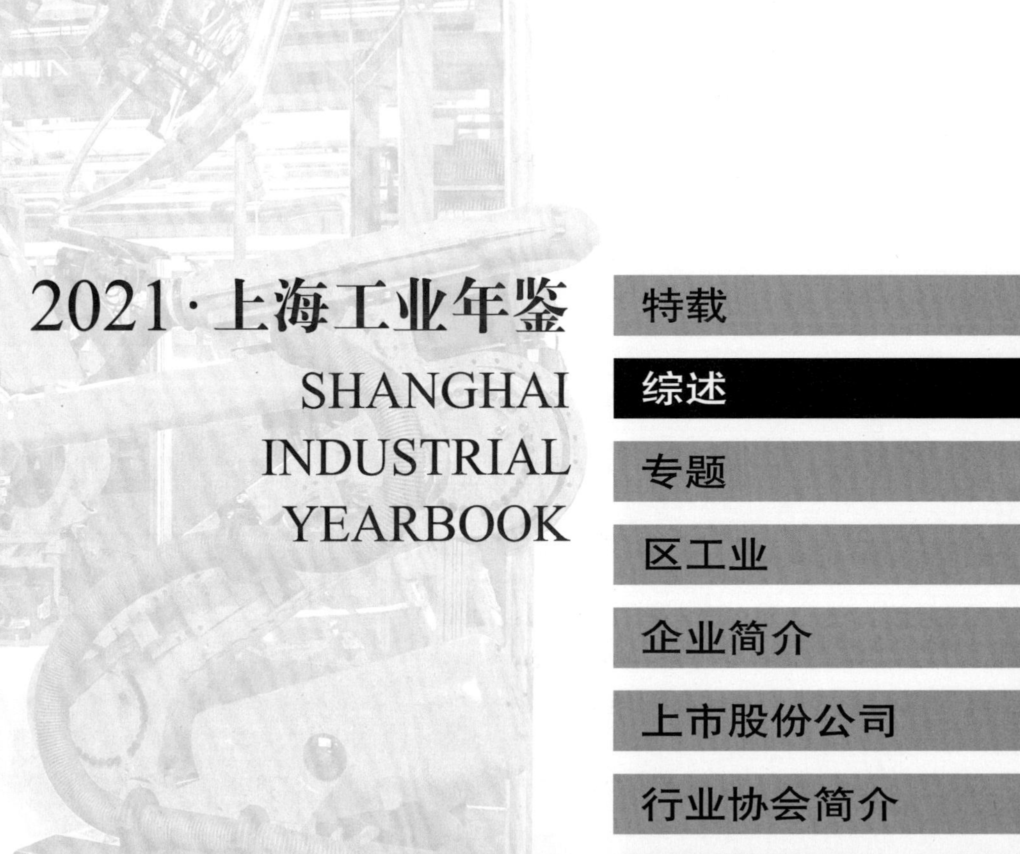

2021·上海工业年鉴

SHANGHAI INDUSTRIAL YEARBOOK

# 主动服务全国　构建发展新格局
# 开创更高水平经济发展新局面

上海市经济和信息化委员会

## 一、2020 年工作总结

2020 年，上海市深入学习贯彻习近平总书记考察上海重要讲话和在浦东开发开放 30 周年庆祝大会上的重要讲话精神，坚持稳中求进工作总基调，坚持疫情防控和经济发展“两手抓、两促进”，持续推动经济高质量发展，深化智慧城市建设，强化数字经济引领赋能，稳增长政策效应持续显现，新发展动能持续增强，全力抓好“十三五”收官，各项工作取得明显成效。

### （一）紧抓专项“小生产”和经济运行“大生产”，上海工业增加值规模保持全国城市首位

2020 年，面对突如其来的新冠肺炎疫情冲击，上海统筹推进疫情防控和经济社会发展，在疫情大考之下，经济呈现出足够韧性、巨大潜力、蓬勃活力。

**1．保障防疫应急物资专项“小生产”。**上海建立健全应急物资保障工作机制，加强产能管控调度，抢抓存量库存，协调设备、原料保障，明确应急物资生产制度和保障目标，夯实生产保障能力。组织产业链上下游对接，实施应急技改，应急物资快速生产、应急扩产和紧急转产。口罩日产能从约 40 万只提升至超过 6000 万只，创造性研制可重复使用口罩，推动医用防护服、隔离衣、护目镜等从无到有、稳步生产，加强产供销合作，有力保障了医疗救护、社区发放、复工复产、市场供应等各方面需求。同时倾力支持湖北、北京等地应急物资供应，为全国打赢疫情防控阻击战提供有力支撑。

**2．推动复工复产复市和经济运行“大生产”。**上海发挥复工复产复市工作协调机制作用，率先实现复工复产复学复市，经济运行“大生产”加速推进。先后发布 6 版复工复产复市指南，出台落实抗疫惠企“28 条”政策及配套细则。产业经济克服疫情不利影响，逆势上扬、逐季回升，全年规模以上工业增加值比上年增长 1.7%，近 10 年来首次与全市 GDP 增速持平。从全口径工业增加值看，2020 年全年上海实现工业增加值 9657 亿元，规模居于全国城市首位。

### （二）以三大先导产业为“先锋队”，强化高端产业引领功能

上海以集成电路、生物医药、人工智能等三大先导产业为“先锋队”，加快发展创新型产业，推动产业从“跟跑”向“并跑”“领跑”迈进。

**1．集成电路。**产业规模达到 2000 亿元，比上年增长 21% 以上，超额完成“十三五”目标，集成电路领域投资增长 68%，格科微、中微等一批重点项目签约落地。启动建设东方芯港和电子化学品专区，支持重点企业核心芯片和元器件供应。国内 80%EDA 企业在沪集聚。加强金融支撑，创新金融支持方式，组建集成电路产业基金二期，保障重点项目建设。全力推进核心技术攻关，国产 CPU、5G 芯片、千万门级 FPGA 芯片商业化应用。

**2．生物医药。**成立新一届上海市生物医药产业发展领导小组，并建立生物医药产业推进工作专班，统筹推进产业高质量发展。发布“市级医院医企协同研究创新平台（HI−CLIP）临床试验加速器，预计将临床试验的平均启动时间从 6 ～ 13 个月缩短至 3 ～ 5 个月。首次推出面向生物医药企业的“新药贷”融资服务，探索建立担保

基金支持企业发展的新路径。国家药品监督管理局药品审评检查长三角分中心、医疗器械技术审评检查长三角分中心正式在上海挂牌。国际 TOP20 药企中有 18 家将中国区或研发总部设在上海，国际 TOP20 医疗器械企业中有 17 家将中国区或研发总部设在上海。

3．**人工智能**。产业规模近 2000 亿元，比上年增长 30% 以上。成功举办 2020 世界人工智能大会云端峰会，实现“百台同播、千网同发、亿人同观”。华为上海“鲲鹏 + 昇腾”生态创新中心、百度飞桨人工智能产业赋能中心等 36 个重大项目集中签约，商汤计算赋能平台等重大创新项目启动建设。上海期智研究院、浙江大学上海高等研究院、上海白玉兰开源开放研究院等重大创新平台持续涌现，促进创新策源能力提升。加快建设全国首个人工智能创新应用先导区，推动以张江人工智能岛、西岸智慧谷、马桥 AI 创新试验区为代表的人工智能特色园区布局。围绕“AI+”制造、交通枢纽、商圈、文化旅游、政务、园区、金融等领域，推动一批综合性应用场景建设。

4．**高端产业引领**。全市战略性新兴制造业实现总产值约 13930 亿元，比上年增长 8.9%，新能源汽车、新材料、新能源等领域产值增幅较大，分别达到 1.7 倍、10.8%、8.5%。实施产业基础再造工程，围绕“五基”环节，推动关键核心技术突破，创新产品持续推广应用。新能源汽车累计推广 42.4 万辆，位居全国第一；累计建成充电设施总量约 37.7 万个，车桩比约 1.1 ∶ 1，处于全球领先水平；自动驾驶开放测试道路累计达 560 千米，累计向 22 家企业 152 辆车颁发道路测试和示范应用资质，企业数量和牌照数量均位居全国第一；推进新能源汽车专用牌照申领“一件事”上线。长三角超导产业联盟启动成立，国内首条 35 千伏千米级高温超导电缆示范工程开工建设，C919 大型客机进入局方审定试飞阶段。成功举办第 22 届中国国际工业博览会，汇聚来自 22 个国家和地区的 2350 家展商参展，到场专业观众 19.2 万人次，比上年增长 4.3%；院士专家创新成果展首次亮相，汇聚了 132 个院士专家团队的 237 项创新科技成果。上海已建设 2 家国家级和 6 家市级制造业创新中心；国家级企业技术中心达 92 家，市级企业技术中心 660 家。

### （三）以扩大精准有效投资、打造特色产业园区，促进经济新动能培育壮大

为加快疫情后经济复苏，上海按照中央统一部署，立足国家战略和自身优势，瞄准重大产业需求和产业发展制高点，聚焦重点区域、重点领域持续发力，紧盯大项目、好项目，加强统筹协调，持续推进一批标志性重大项目落地。积极扩大有效投资，产业、商贸、金融、基础设施等领域共同发力、形成合力，构建起经济回暖向上的澎湃动力。

1．**将招商引资和扩大有效投资作为经济工作的“牛鼻子”和生命线**。2020 年第一个工作日，上海召开全市优化营商环境建设暨投资促进大会，加快推动一批产业链带动性强、产业能级高的重大产业项目。成立市投资促进工作领导小组及办公室，组建市投资促进服务中心，突出“数字招商”，打造资源池、招商链、项目库“三位一体”的全市招商引资线上平台。3 月 31 日，举办上海市重大产业项目集中签约暨特色产业园区推介活动，总投资 4418 亿元的 152 个项目集中签约；2021 年 1 月 4 日，举行上海市重大项目集中开工仪式，64 个集中开工项目总投资超过 2700 亿元。2020 年，遴选两批产业能级高、产业链带动性强的百亿级项目 19 个，总投资超过 2000 亿元。上海工业投资同比增长 15.9%，其中制造业投资同比增长 20.6%，成为引领全社会投资增长的重要动力，新一代信息技术、新能源汽车、生物医药等领域投资较快增长。推进华为青浦研发中心、重燃项目、上药浦东产业园、上海石化大丝束碳纤维项目、宝钢股份无取向硅钢等项目正式开工；加快腾讯超算中心项目建设；推动上汽大众 MEB、特斯拉 Model Y 等下线投产。

2．**特色产业园区**。聚焦集成电路、生物医药、人工智能、航空航天、新材料、智能制造等 6 个重点领域，集中推动 26 个特色产业园区建设，总规划面积约 108 平方千米，可供优质产业用地超过 25 平方千米，物业空间超

过 1400 万平方米，意向签约项目超过 600 个、总投资额近 2000 亿元。发布《关于加快特色产业园区建设促进产业投资的若干政策措施》；全市产业园区单位土地工业总产值超过 76.6 亿元 / 平方千米。

**（四）打造数字新基建、培育在线新经济，加快数字转型赋能**

2020 年，上海以“新基建”为经济转型“赋能”，全面加快数字新基建推进步伐。借力加快推进 5G、大数据、工业互联网等新基建的东风，上海市相关部门和企业积极行动，“化危为机”，着力补短板、拉长板，促投资、拉消费。与此同时，传统产业不断加快数字化转型，加速催生产业新模式新热点，孕育新动能。

**1．数字新基建。**上海累计建设 5G 室外基站超 3.2 万个、室内小站超 5.1 万个，实现 5G 网络中心城区和郊区重点区域室外连续覆盖。年底，上海实现千兆固定宽带覆盖 960 万户家庭、固定宽带平均可用下载速率达到 50.32M，率先建成“双千兆宽带城市”。在智能制造、智慧医疗、智慧教育等十大领域推进 400 余项 5G 应用项目，包括商飞、商发、外高桥造船厂、中烟机械、瑞金医院、5G 智慧核电、星逻 5G 无人机等标杆示范应用。发布《上海“双千兆宽带城市”加速度三年行动计划（2021—2023 年）》，实施百万家庭网速托底行动。

**2．在线新经济。**4 月，上海提出建设具有国际影响力、国内领先的在线新经济发展高地，发布《上海市促进在线新经济发展行动方案（2020—2022 年）》。政策实施以来，全市在线新经济快速发展并激发巨大活力。在线金融、在线教育、远程办公、生鲜电商等 12 个重点领域加快发展；拼多多、叮咚买菜等一批领军企业加速成长，并在部分细分领域全国领先；在线金融领域第三方支付上海占有国内市场份额的 60%，在线文娱领域上海在网络文学领域拥有全国 90% 的市场份额。全市软件和信息服务业营收突破 1 万亿元，同比增长超过 12%，增加值占全市 GDP 增加值的 8.4%；基础软件产业链基本形成，工业软件在钢铁冶金、轨道交通、汽车、石油化工、网络通信等产业领域应用水平达到国内领先。伴随数字新经济的蓬勃发展，上海拿出更多发展资源和空间，着力打造产业发展新载体，为领军企业提供更加广阔的发展舞台。2021 年 1 月 4 日，“张江在线”“长阳秀带”两个在线新经济生态园正式揭牌，目前美团点评、哔哩哔哩、喜马拉雅等一批重大总部项目启动建设。

**3．数字赋能转型。**制定出台《关于全面推进上海城市数字化转型的意见》，加快推进城市数字化转型，上海获得目前中国唯一的“世界智慧城市大奖”。聚焦经济数字化转型，发布《上海市建设 100+ 智能工厂专项行动方案（2020—2022 年）》，实施“10030”工程，推动建设 100 家智能工厂，打造 10 家标杆性智能工厂，培育 10 家年营业收入超过 10 亿元（1 ～ 2 家超过 100 亿元）具备行业一流水平的智能制造系统集成商，搭建 10 个垂直行业工业互联网平台；首批揭牌 20 家智能工厂，重点行业工业机器人密度达 383 台 / 万人。印发《推动工业互联网创新升级实施“工赋上海”三年行动计划（2020—2022 年）》，全面开启工业互联网 2.0 新时代；加快以工业互联网促国资国企数字化转型，打造提升核心竞争力的“新赛道”；长三角一市三省经信部门签署《共同推进长三角工业互联网一体化发展示范区建设战略合作协议》。围绕数据要素市场体系建设，集聚大数据重点企业总数达到 973 家，大数据产业总规模超过 2300 亿元，同比增长 16.3%；成立“上海国际数据港产业合作共同体”，在临港新片区探索打造全球数据港示范区，建设国际互联网数据专用通道，打造集基础算力、合规评估、数据汇聚、通用技术、安全监管、供需对接等功能的新型基础设施平台；累计开放公共数据集超过 5000 项，上海公共数据开放首批 8 个标杆项目上线，形成了企业风控、普惠金融、信用服务等多项数据产品和服务。

**（五）做好金牌“店小二”、优化产业“新生态”，打造营商环境升级版**

上海着力构建覆盖全所有制、全规模的企业服务体系，始终以市场评价为第一评价，以企业感受为第一感受，探索实施一批突破性、引领性的改革举措，吸引汇聚全球优质资源，努力打造全球高端资源要素配置功能高地。

**1．金牌“店小二”。**年初，上海正式发布营商环境 3.0 版改革方案，对企业关注度高、反映比较集中的事项系统施策，加大改革力度。《上海市优化营商环境条例》经市人大审议通过施行，成为优化营商环境建设的一部综合性、基础性法规。《上海市促进中小企业发展条例》经市十五届人大常委会二十二次会议表决通过并正式实施，联合印发《加大支持本市中小企业平稳健康发展的22条政策措施》。这些政策措施的相继出台，正形成吸引企业、汇聚人才的强劲"磁吸效应"。总规模357.5亿元的国家中小企业发展基金注册上海，围绕促进中小企业发展的政策目标，坚持市场化运作、专业化管理；整合政府、技术、资金、市场等资源，扩大对中小企业的股权投资规模，激发中小企业创业创新活力；通过投资子基金和直接投资部分优质项目等方式，支持初创期成长型中小企业加快发展。实施民营企业百强培育提升计划，市区联动培育一批新业态、新经济、新模式民营龙头企业。召开"上海市民营经济发展战略咨询委员会"成立大会，举办第二期全国知名民企走进上海座谈会。深化"市企业服务云"功能内涵，启动平台二期建设，提供"互联网＋政务"和十大类专业服务。企业服务云累计注册用户达60万，访问量超2735万，完成各类服务订单超38万个，受理解决各类企业诉求7.87万个。

2．**产业"新生态"**。加快推进行政审批制度改革，发布规划产业区块外优质项目认定指引；加强产业用地收储、盘活和供应，实现"地等项目""房等项目"；推动先进制造业和现代服务业深度融合，生产性服务业增加值占全市GDP比重达到46.2%，总集成总承包服务实现核心技术、服务能力、国际市场竞争力及影响力提升，支持超过2万家中小企业依托"双推"工程上平台、用平台；检验检测服务不断拓展服务半径，产业规模领跑全国，排名全国第一。"十三五"全市规模以上工业用能总量累计下降356万吨标煤，单位增加值能耗累计下降17.0%；围绕本市绿色制造体系创建总体目标，累计建设市级绿色工厂100家、绿色园区20家，开发绿色设计产品116项，打造绿色供应链11条。发布《上海市重点领域（产业类）紧缺人才开发目录》，以产业紧缺急需的技术技能人才为重点，共提出175类紧缺人才，76个紧缺工种，30个重点学科专业，配套9项具体举措；加强无线电管理，深化与长三角及兄弟省市合作交流。

**（六）面向"十四五"构建新型产业体系，加快打造世界级产业集群**

上海深入贯彻习近平总书记考察上海重要讲话精神，在新的时代坐标中坚定追求卓越的发展取向，以强化"四大功能"为主攻方向，着力构建"3+6"重点产业体系，夯实以制造业为基础的实体经济，加快打造重点领域世界级产业集群。

1．**三大产业"先锋队"**。集成电路围绕高端芯片、关键器件、先进和特色制造工艺、核心装备和材料等领域，突破一批"卡脖子"技术。生物医药聚焦创新药物及高端制剂、高端医疗器械、产业链关键环节、产业服务新模式等重点领域，构建"1+5+X"市级特色产业空间布局，汇聚国内外生物医药优质资源要素，提升产业链高质量发展水平与全球市场竞争力。人工智能围绕基础理论、算法、算力、数据、应用技术等环节，加快攻关突破，在制造、医疗、教育、交通、城市管理、工业制造等领域，加强场景应用。

2．**六大重点产业集群**。上海着力打造电子信息、生命健康、汽车、高端装备、先进材料、时尚消费品等高端产业集群，促进制造业和服务业融合发展。电子信息重点发展集成电路、通信设备、新型显示及高超高清视频、物联网及智能传感器、智能终端，以及软件和信息服务等领域。生命健康重点发展生物医药、医疗器械、智能健康产品，以及健康服务、医药流通等服务领域。汽车重点发展新能源汽车、智能网联汽车、整车与零部件，以及出行服务、汽车金融等服务领域。高端装备重点发展航空航天、船舶海工、智能制造装备、能源装备、节能环保装备，以及系统集成、智能运维等服务领域。先进材料重点发展石油化工、精品钢材、前沿新材料、战略新材料、大宗贸易、设计检测等服务领域。时尚消费品重点发展时尚服饰、特色食品、智能轻工、时尚创意、工业设计等服务领域。

## 二、2021 年工作要点

以习近平新时代中国特色社会主义思想为指导，深入落实习近平总书记考察上海重要讲话和在浦东开发开放30周年庆祝大会上的重要讲话精神，全面贯彻中共十九大和十九届二中、三中、四中、五中全会及中央经济工作会议精神，坚持稳中求进工作总基调，坚持新发展理念，主动融入新发展格局，贯彻落实制造强国、质量强国、网络强国、数字中国战略，按照工信部和中共上海市委、市政府决策部署，聚焦“三大任务一大平台”“强化四大功能”“五个中心建设”，以及“五型经济发展”“打响四大品牌”，加快推动产业经济高质量发展和城市数字化转型。

**（一）统筹推进疫情防控和经济社会发展**

**1．加强应急防疫物资生产保障。**制定应急重点物资生产调度企业和产品名录，建设市应急物资生产调度平台，做好重点生产企业的引入、监测、预警、调用。推动新冠疫苗、ECMO、呼吸机、移动检测方舱等产品产业化研发，复星 –BioNTech、斯微 mRNA 新冠疫苗和防疫关键医疗装备形成产业化能力，相关企业扩大新冠体外诊断试剂生产规模。

**2．全力推动产业稳增长。**强化目标管理和要素保障，推动市区联动、政企协同及重大活动期间保产业的好做法形成稳定机制。建立竣工投产项目、新纳税制造业企业、外地分支机构三项清单定期对接机制。建立产业经济运行调度平台企业诉求协调解决机制。研究国企在沪制造业规模考核指标，加强产业经济运行监测，做好月度、季度和年度工业预测和分析，研究开展“3+6”重点产业及数字经济统计和运行监测。

**3．加强能源保障。**制定成品油市场管理实施细则和管理规定，建设成品油市场运行监测平台，加强流通监管；保障成品油、煤炭稳定供应。加强电力运行安全管理，重点加强大面积停电预案、极端灾害天气、重大风险排查等针对性措施，做好迎峰度夏（冬）运行和平衡协调。进一步深化电力营商环境改革，创建售电零售平台，加强重大活动、重点项目和产业电力保障支持，优化重大活动保电长效机制建设，协调解决重大项目特殊用电需求。

**（二）推动制造业高端化、智能化、绿色化发展**

**1．加快集成电路产业发展。**争取先进工艺规模量产，高能离子注入机、12 英寸大硅片等核心设备材料实现突破，面向服务器用 CPU、5G 基带芯片等大宗核心芯片完成研制和规模商用，加快推动国家集成电路产业集群发展促进平台等建设。推动中芯南方、华力二期、积塔半导体、格科微等项目加快建设。加快集成电路设计产业园、智能传感器产业园、G60 电子信息产业园、电子化学品专区、东方芯港建设。打造“智慧养老产品体系”，构建智慧养老应用系统，系统性应对养老需求；以智能硬件项目带动传统产业升级，逐步实现超高清机顶盒全市覆盖；推进物联网应用示范。

**2．加快生物医药产业发展。**落实生物医药产业政策。推进落实“1+5+X”产业园区特色化和专业化建设。发挥生物医药产业促进中心作用，建设产医融合创新示范基地，构建上海生物医药产业信息平台，组织召开线上线下行业大会。研究“张江研发 + 上海制造”工作和利益分享机制。加大头部 50 强、创新型企业招引力度，推动一批项目签约，一批项目开工，一批项目建设，一批项目形成产业化能力。落实产业发展领导小组推进机制，研究突破细胞治疗政策瓶颈，试点研发用物品进出口通关便利化工作机制。

**3．加快人工智能产业发展。**加强智能算法、AI 芯片等关键技术攻关，争取 GPGPU 云端训练芯片量产，加快中文通用自然语言处理模型、快速算法生成平台等技术突破。加快商汤、依图、先导区公共服务平台等项目建设，持续推进标杆性示范应用。推进构建上海人工智能实验室、市级人工智能创新中心等创新平台，加快推进浦东张江、徐汇滨江、闵行马桥等特色产业园区建设。实施算法创新计划，培育首席算法师，建设算法开源社区，培育自主开发者生态。推动成立长三角人工智能联盟，更高水平市场化办好2021世界人工智能大会，持续发布人工智能综合性重大应用场景。

4．**推动重点产业领域发展。**以重大项目带动新能源和智能网联汽车发展，积极开展燃料电池汽车示范应用；支持特斯拉Model Y投产、向千亿级规模冲刺，推动突破智能网联汽车载人载物规模化商业化示范应用，加快乘用车向中高端车型更新换代。大飞机依托商飞、商发和“一谷一园”构建飞机发动机、机载、总装、服务等全产业链集群，实现建党百年ARJ21交付100架、C919交付1架、CR929开工制造1架。加快推进大型邮轮、燃气轮机、全海深潜水器等重点项目。构建北斗时空位置服务平台，持续推进北斗地基增强系统建设，建设面向开发者的一站式算法研发平台。加快精品钢材、己二腈、高性能弹性体、大丝束碳纤维、陶铝材料等项目建设。

5．**推动产业绿色生态发展。**围绕绿色产品、绿色工厂、绿色园区和绿色供应链构建绿色制造体系。加快能耗、节能管理等标准制修订及宣贯应用。开展塑料污染治理，推进再制造产业发展。以钢铁、石化、数据中心等高耗能行业为重点，全面开展节能诊断和能效对标达标。持续推广余热资源共享模式创新与实践，加强供需对接；研究工业领域碳达峰技术路径。推动重点行业和重点用能企业清洁生产，继续推进资源综合利用示范基地建设。加快推广“智慧节能”，推动节能环保新技术、新产品在企业的示范应用。

**（三）实施产业基础再造工程**

1．**推动产业基础高级化。**组建市级产业基础再造工程工作专班，构建推进机制，成立产业基础再造战略咨询委员会。实施“揭榜挂帅”制度，形成“赛马”机制，统筹补短板锻长板，加快突破一批核心部件、推出一批高端产品、形成一批中国标准。聚焦产业链薄弱环节和缺失环节加快突破“卡脖子”问题，组织实施一批关键核心技术攻关项目。聚焦集成电路、生物医药、新能源与智能网联汽车、航空航天等重点领域，开展产业技术安全评估。加强核心技术和产品的验证及示范应用，鼓励产业链上下游开展研发、设计、生产、检测验证、示范应用等“一条龙”协同创新。

2．**完善产业技术创新体系。**增创上海市制造业创新中心，推进国家集成电路创新中心和智能传感器创新中心能力建设，鼓励符合条件的市级制造业创新中心升级为国家级。组织推荐国家技术创新示范企业、国家产业技术基础公共服务平台，推动产业跨界融合创新，研究制订“3+6”重点产业技术创新白皮书。深化产学研合作，推进实施校企联合创新计划，推动成立中国工程院院士专家成果展示与转化中心，重点推动院士团队成果转化落地；持续开展企业技术中心评选和“质量标杆”活动，推动重点企业提升质量管理水平和能力。

**（四）加快推动城市数字化转型**

1．**全面布局城市数字化转型。**发布实施全面推进上海城市数字化转型的意见，开展系列宣贯活动；形成推动城市数字化转型的总体规划和行动方案，制定配套政策体系；制订发布经济数字化转型行动方案。围绕经济数字化、生活数字化、治理数字化等重点领域，聚焦人民群众和企业“高频急难”需求，打造一批具有引领性的应用场景，建立专项工作协调、专家咨询会、项目现场推进等三项机制。推动设立社会化专业咨询机构，鼓励面向数字化的创新创业，支持解决方案集成商快速发展。

2．**推动工业互联网创新发展。**抓好国资国企工业互联网促数字化转型新主体培育，形成一批具有全国影响力的工业互联网平台。推进工业仿真、数字孪生、工业大数据应用软件的研发与产业化，促进5G、人工智能等新一代信息技术与制造业深度融合。打造一批标志性工业应用场景，推动建设一批工业互联网公共服务平台，带动培育一批中小企业解决方案“隐形冠军”。全面实施智能制造行动计划，贯彻落实“10030”工程，聚焦汽车、电子信息、民用航空、生物医药、高端装备、绿色化工及新材料等重点产业，支持打造一批智能工厂，加强智能制造系统集成商和垂直行业工业互联网平台培育；深入推进长三角智能制造“百千万”工程。

3．**促进在线新经济发展。**加快发展在线新经济业态模式，聚焦“张江在线”“长阳秀带”等地，集聚国内外顶尖生态和资源，推动创新政策试点，打响新生代互联网经济品牌。加快引育领军企业，着力推动美团、哔哩哔哩、喜马拉雅等一批重大总部项目启动建设。适时启动在线新经济年度人物和领军企业评选，研究在线新经济统计指标体系。

4．**推进国际数据港和大数据产业跃升。**研究制订大数据发展新三年行动计划。进一步建设国际数据港，推动数据国际化公共服务平台建设，促进生产制造、跨境商贸等领域数据国际化、便利化流通试点，进一步试点开放增值电信业务。深入推进水、电、气、公共交通、社会信用等领域公共数据开发利用，形成一批服务机构和标杆案例。推动建设大数据联合创新实验室，探索数据长效运营机制。在金融、制造、供应链等领域布局若干市级大数据功能集聚区。打造数据要素资产化管理平台，形成网状数据资产图谱体系。

5．**以数字新基建引领数字底座建设。**对5G、固网双千兆宽带全面提质增速，实现5GSA全面商用，中心城区和郊区城镇化地区室外深度覆盖，加快推进5G基站“1+16+X”规划体系布局，新增8000个5G室外基站。落实市政府实事项目，实施百万家庭网速托底行动。支持“5G+”重点领域的联合创新中心和实验室建设，在制造、医疗、交通等垂直行业累计推进500项双千兆示范应用。启动五个新城信息基础设施专项规划编制，建设市宽带网速监测平台。打造新型城域物联专网，修编新型城域物联专网建设导则，编制新型城域物联专网综合测评导则。统筹新建数据中心，协调海光缆登陆点选址建设，加强海光缆保护。加快推进中国电信全球数据枢纽平台、中国移动长三角5G生态谷等重大基础设施项目落地。

6．**加强无线电管理。**优化无线电台站行政审批服务，深化台站分级管理，实施批后监管；指导本市区域性5G移动通信基站布局规划编制，推进3000−5000MHz频段5G基站与无线电台站干扰协调；加强重要行业无线电台站布局保护，协调军地无线电台站选址；推进无线电管理宣传和专业技术培训。加强频率使用许可审批事项事中事后监管，强化无线电专用频率保护，做好重大活动及赛事无线电安全保障，增进区域及军地无线电管理协同，保障科技创新用频需求。深入开展执法调研，健全优化执法制度和保障体系。加强日常监管和检查执法，持续打击“黑广播”“伪基站”和无线电考试作弊。

**（五）加强招商引资和扩大有效投资**

1．**推动招商引资统筹。**实施“千项万亿”招商大行动。围绕三大先导产业及高端装备、新材料、航空航天等先进制造业重点领域，开展集中招商。加快布局现代服务业，围绕在线新经济、数字新基建等新兴产业，加速推进重点领域重点企业拓展业务。健全完善科创上市服务体系，推动科创板培育库提质增量，常态化开展入库申报工作。加强市区联动，进一步健全“上海科创企业上市服务联盟”运行机制。

2．**抓紧抓好项目建设及竣工投产。**推动建设一批引领性强、带动性大、成长性好的重大产业项目。高质量落实“两个一批”等短名单制度，做好项目投资进度摸排及储备项目计划。推动中航机载、中节能第二总部、中微临港、正大天晴、阿里云等项目开工，中石化氢能、中科钢研国宏中宇等总部项目签约落户。启动实施新一轮高水平技术改造，瞄准价值链高端环节，集中支持、精准支持、连续支持一批重大技改项目。

3．**优化项目落地服务保障。**建立市区两级协同推进机制，深化行政审批制度改革，加强重点项目用地用能保障，提升项目推进服务效能。进一步推进人才落户，围绕项目融资需求，及时对接各类金融机构。

**（六）拓展产业特色发展空间**

1．**推进临港新片区前沿产业集聚发展。**加快推动前沿产业重大项目落地实施，会同市财政局、市税务局、新片区管委会实施重点产业关键环节企业所得税优惠政策，会同新片区管委会研究制定洋山特殊综合保税区主分区制度，进一步支持重点产业企业创新发展。

2. **推进一体化示范区绿色创新发展。**发布实施“示范区产业发展规划”，编制“示范区新一代信息基础设施规划”“产业结构调整指导目录”，持续优化示范区产业结构，推动产业能级跃升，努力构建绿色创新现代产业体系。

3. **推动五大新城产业发展。**加快研究新城产业定位，明确主导产业、特色产业和未来产业，推动先进制造业和生产性服务业成为新城发展的动力和支撑。推动新城内外产业协同发展，建立“一城一名园”推进机制，优化园区开发管理，率先推动数字化转型。以品牌园区支撑新城产业高质量发展，打造产业高质量发展增长极、“五型经济”承载区、产城融合标杆区，加强品牌联动，实现以产促城、以城兴产。

4. **推进特色产业园区建设。**建立特色产业园区培育政策体系，重点打造标志性关键产业链，围绕产业链加大创新链、资源链布局，逐步培育区域独特竞争优势。出台特色产业园区创新发展实施办法，做强园区运营主体，打造专业化园区队伍，做实园区产业规划，推进空间规划、公共服务和产业类基础设施落地，服务好重大项目落地。明确市级产业园区遴选标准，聚焦产业发展战略，推出第二批特色产业园区。加强市级统筹力度，在特殊事项协调、产业政策创新等方面争取靶向突破，形成一批改革创新案例。

5. **推进产业结构调整及低效用地盘活。**聚焦政策落实衔接，引逼结合开展产业结构调整，试点推进低效用地腾笼换鸟，将淘汰落后产能与盘活资源、引入优质项目相结合，优环境和保发展并重，保障产业空间“调得出、进得来、用得好”。修订发布产业结构调整专项补助办法，加大补助力度，扩大对象覆盖面。做好产业结构调整差别电价管理办法、产业结构调整差别水价管理办法等政策措施的修订衔接。持续优化“四个论英雄”为导向的资源要素优化配置机制，推进资源利用效率评价和差别化政策引导相关工作，深化产业导向型腾笼换鸟操作路径，积极参与城市更新立法工作。

**（七）推动大中小企业融通发展**

1. **完善企业服务体系。**完善企业服务专员制度，市、区、街道（镇）三级联动，服务全市各类所有制重点企业。持续优化手机版企业服务专员平台建设，做强政策导读、诉求反映、企业赋能、融通发展四大功能。开展营销力赋能、金融赋能、创意设计赋能等线上企业“赋能”行动。完善“1+16+X+N”中小企业服务体系，建设国家中小企业公共服务示范平台和国家小型微型企业创业创新示范基地。面向关键领域推出首批供应链金融试点核心企业，力争新增供应链融资300亿元。加大融资担保支持力度，全面落实融资担保机构降费奖补政策，探索建立“中小企业信用贷款模型”。在国家中小企业发展基金框架下争取更多子基金落沪，支持本市中小科创企业股权融资。

2. **做强企业服务品牌。**开展市级中小企业发展环境第三方评估和中小企业服务机构认定工作。依托市服务企业联席会议，做实“1515”企业诉求快速协调解决机制，组建全市企业诉求处理联络员队伍。新建企业诉求服务热线，试点开展“一网通办”线上帮办企业服务。进一步完善对口服务外资企业、外国商会的工作机制，拓展合作渠道和服务方式，有效做好外资企业招商稳商工作。

3. **加强重点企业服务。**加大全国知名民企落沪招引力度，推进民营企业总部集聚区建设。继续实施民企百强培育计划，召开民营经济发展战略咨询委会议，定期召开民营经济高质量发展座谈会。全年培育“专精特新”企业3000家，组织推荐制造业单项冠军企业和专精特新“小巨人”企业，组织一批重点民营企业和“专精特新”企业投资项目集中开工，举办“专精特新”企业领军人才浦江培训。支持市重点企业服务办公室闵行分部提升服务能级建设。

4．**推动央企高质量发展**。继续推动中石油、中海油等央企与市政府签订战略合作协议，促进央企重大项目落地，争取新合作项目。进一步提升市、区两级服务央企的能级和效率，协调央企在沪产业对接、投资合作等，成立在沪央企发展联合会。聚焦世博 B 片区推动央企提升能级，完善央地融合发展机制，引导央企围绕本市产业布局，进一步加大在沪项目投资布局力度。

**（八）推动先进制造业和现代服务业深度融合**

1．**发展创意设计产业**。召开首届世界设计之都大会，筹建国际设计百人组织，指导开展前沿设计创新奖评选。制定、发布提升上海设计之都建设的若干意见。开展设计引领示范企业、市级设计中心创建和“设计 100+”遴选工作。发挥长三角工业设计产业联盟作用，促进长三角区域设计产业高质量发展。

2．**发展软件和信息服务业**。聚焦行业标杆企业上云，推动打造工业云、物流云等行业云平台，带动产业链上下游企业上云，支持优化公有云服务产品。推进 AI、云计算等在软件和信息服务业园区全面应用，引导智慧园区改造升级。加强首版次软件产品专项支持，形成一批打破市场垄断或突破关键技术的自主创新软件产品。推动信息技术应用创新，推进信创产业生态链集聚，加强核心企业招商，培育龙头企业，争创全国信创示范培训基地等。组织开展信创适配，建设金融信创联合攻关基地，推出一批国家级金融信创标杆应用。建设市级区块链集聚区，推动建立地方标准，建设金融网络空间安全攻防平台。

3．**发展生产性服务业**。加快推动生产性服务业向专业化和价值链高端延伸。发布落实先进制造业和现代服务业深度融合发展试点方案（上海）。在“两业融合”、服务型制造等重点领域选树一批具有影响力和带动效应的行业头部企业。推荐企业申报国家服务型制造示范、“两业融合”试点。探索推进与集成电路、生物医药等相关的供应链管理、检验检测等生产性服务业和服务平台建设。提升“双推”工程政策精准服务能力，助力企业数字化转型。高标准举办第二届中国（上海）工业品在线交易节，打造“高端生产性服务业 + 供应链金融 + 多维度在线经济”新模式，以平台服务、直播促销等活动赋能产业发展。

4．**促进时尚消费和信息消费**。大力推进消费品产业个性化定制和柔性制造融合，拓展新型线上线下营销渠道，重点在美妆护肤、智能家居、时尚数码、适老及婴童等行业推出一批有颜有品的时尚新品。继续做好“上海制造佳品汇”“上海时尚 100+”工作。推进东方美谷“一核两片五联动”产业集群招商工作，培育时尚消费品产业特色园区。深化信息消费示范城市建设，举办促消费系列活动，支持有条件的区申报建设国家级信息消费体验中心。加大对线上线下新模式、新需求、新服务扶持，引导信息消费产品和服务提供商加大研发投入和产品升级，带动产业转型升级。

**（九）构建良好产业发展新生态**

1．**突出战略规划引领**。进一步细化完善先进制造业和智慧城市建设“十四五”规划，按照全市规划工作统一部署，形成规划送审稿，上半年正式对外发布，推动规划宣传和各项重点任务落实落地。编制新一轮打响“上海制造”品牌行动方案。加强与国家制造业转型升级产业基金、国家中小企业发展基金等战略合作。

2．**加强督查督办和“两会”工作**。对接市委、市政府重点工作，跟踪重点工程、重大项目、重要事项进展，推动节点目标任务落实，配合完成市级重点督查专项调研工作。严格按照时间节点，保质保量完市人大代表建议和市政协提案办理工作任务，及时做好主办件答复公开。继续推进“一网通办”改革拓展，提高政务公开标准化、规范化、法制化水平，优化市民热线办理工作制度和服务能力。

3．**加强资金管理保障**。编制发布促进产业高质量发展专项资金实施细则，组织编制统一的专项资金申报通知和指南，在指南编制、项目计划确定等环节做好再平衡，聚焦关键领域、重点项目、优势企业择优支持。继续抓好部门预算管理、资产管理，按照内审规定组织开展经济责任审计、各类专项检查等，进一步加强直属单位财务管理。

4. **加强人才队伍建设。**制定实施卓越制造人才提升工程实施办法，持续发挥重点领域（产业类）紧缺人才开发目录积极作用，引导培育200名产业领军人才。实施产业高技能人才振兴工程，编制实施产业信息化领域高技能人才培育专项，发挥高技能人才培养基地作用，引导产教融合型企业与高校、职业院校合作，探索重点产业产教融合新路径。加大重点产业人才奖励力度，制定实施办法，扩大奖励范围，缩短流程，强化正向激励。

5. **加强对外合作与交流。**加强进博会服务保障与招商引资统筹，组织好上海交易团。增强全球资源配置能力，办好第23届中国工博会、信博会。围绕产业和信息化重点领域，多渠道深化开展国际合作交流，积极搭建国内产业合作平台。

6. **加强政策研究和法治保障。**做好重要政策文件起草及重要会议、重大活动综合文稿服务保障。依托市政府发展研究中心合作平台开展决策咨询重点课题研究，持续提升专题研究的质量和实效，完善成果转化应用。开展《上海市盐业管理若干规定》等市政府规章项目修订，加强规范性文件评估和管理，推进相关领域行政审批制度改革，完成依法行政和法治宣传教育工作任务。

作为世界观察中国的“一个重要窗口”和观察中国经济的“一个重要风向标”，上海正对标中央要求、人民期盼，对照国际最高标准、最好水平，牢牢把握打造国内大循环的中心节点、国内国际双循环的战略链接的定位要求，更加主动服务全国构建新发展格局。在上海，好项目不缺土地，好产业不缺空间，好应用不缺场景，好创意不缺人才，好团队不缺资源！展望未来，上海将以改革创新的姿态，凝聚各方智慧与力量，谋划新格局，铺展新画卷，成就新作为，开创新未来，加快形成更高水平的经济发展新格局。

# 2021·上海工业年鉴

SHANGHAI
INDUSTRIAL
YEARBOOK

# 上海落实制造强国战略工作情况

2020年，上海积极落实“制造强国”战略，发挥制造业高质量发展领导小组作用，坚持稳中求进工作总基调，将强化“四大功能”作为经济工作的突破口和重要着力点，围绕“三大任务一大平台”“四大品牌”“五个中心”建设，着力加强产业发展、招商引资、企业服务“三个统筹”，持续推动经济高质量发展。

## 一、全力推动经济平稳运行

### （一）保障产业稳增长

全市规模以上工业增加值比上年增长1.7%。建立全市工业稳增长工作机制，推动各区充分挖潜，促进重点集团释放增长潜力，协调重点企业、重点园区稳增长；抓消费带动本地制造，促进本地制造产品与平台深度融合发展；协调增加烟草、炼油等生产计划，加快宝武集团、上海石化装置检修；推动世博央企总部基地企业加大在沪投入，新增工业总产值27.5亿元；推动29家新建企业入统，新增企业数达到10年新高。维护产业链供应链安全，分析汽车、集成电路、航空航天等12条主要产业链，提高国产化配套产品、技术水平。聚焦生物医药、高端船舶、新材料等13个重点领域，对主体企业核心零部件开展产业链供应链分析，摸清上下游供应商和本土配套能力，提高产业链供给水平。

### （二）加快重大项目投资和建设

召开全市深化营商环境建设暨投资促进大会，深化落实加强投资促进32条，发布促进产业投资16条，全市工业投资比上年增长15.9%。在全国率先举行2020年重大产业项目集中签约暨特色产业园区推介活动，签约落地152个项目，总投资4418亿元。推动市政府与华为、阿里、蚂蚁、中兵、中铁建、中储粮等签订战略合作协议。发布《投资上海》“一图一册”，签约落地134个项目，总投资约62亿美元（约434亿元）。推进一批重大项目建设，推动腾讯长三角超算中心、华为青浦研发中心、达闼机器人、重燃项目、发那科智能工厂、FFT全球总部、英威达等如期开工；全年推进技改示范项目364项，推进战略预留区零增地技改项目。布局推动特色产业园区建设，发布临港大飞机产业园、智能传感器产业园、碳谷绿湾等特色产业园区，聚焦关键产业链，引进600多个重点项目，总投资约2000亿元。

## 二、强化高端产业引领产业创新发展

### （一）打造集成电路世界级产业集群

集成电路产业规模达到2071亿元，比上年增长21.37%，约占全国的22%。14纳米工艺实现规模量产，国产3.0GHz X86架构CPU、5G核心芯片、千万门级FPGA芯片等实现商业化应用。实施EDA创新应用工程，国内80%EDA企业在沪集聚，加快打造国内数字全流程、晶圆制造全流程两大EDA平台。实施国产装备“珠链计划”，围绕28纳米生产线急需空白的关键设备，加快设立项目公司攻关突破。启动东方芯港、电子化学品专区等5个特色产业园建设，全年签约80余个项目，涉及总投资超过900亿元。组建上海集成电路产业基金二期，吸引国家大基金二期投资上海项目162亿元。加快“1+4”创新体系建设，在全国率先启动“集成电路”一级学科建设。

### （二）统筹推进生物医药产业高质量发展

积极推进抗疫药械产品的研发与产业化，协调推动之江生物、伯杰医疗等提升新冠病毒检测能力，协调复星医药、上药集团等新冠疫苗商业化和产业化。组建新一届产业推进领导小组，建立产业推进工作专班，协调推动青赛疫苗生产、信达生物销售许可等重大事项。打造“1+5+X”产业布局，发布推动生物医药产业园区特色化发展的实施方案，重点建设定位清晰、特色鲜明、配套完备、绿色生态的生物医药产业园区。发布临床试验加速器，建立医企需求常态化对接机制。首推面向生物医药企业的“新药贷”融资服务，首批融资规模达5亿元；上海生物医药基金启动运作，首期募集近100亿元。

### （三）建设人工智能创新发展高地

人工智能产业规模预计达2000亿元，比上年增长30%。召开市人工智能产业工作领导小组会议，浦东张江、徐汇西岸、闵行马桥等三大特色产业园区授牌。地平线总部、京东智联云、出门问问等项目落地，奇绩创坛开源开放基金达成战略合作。发布新一批市级人工智能试点应用场景，建设公共卫生中心、东方医院援鄂医疗队等两个试点场景，联影智能、达闼、钛米等产品发挥重要作用。积极应对“实体清单”，“一企一策”组织商汤、依图、达闼等项目总投资过百亿元。国家人工智能创新应用先导区应用场景公共服务平台项目获工信部立项支持。上海人工智能实验室揭牌，10家市人工智能创新中心启动建设，持续推进微软－仪电创新院、人工智能算法院、白玉兰开源开放研究院建设。

### （四）传统制造业加快改造升级

高端装备、汽车、电子信息、航空航天等行业首批认定20家智能工厂。新能源汽车新增产能65万辆，增量全国最大；累计推广42.4万辆，推广量全球最大。累计向21家企业148辆车颁发道路测试和示范应用资质，企业、牌照数均位居全国第一。发布“工赋上海”三年行动计划，启动国资国企工业互联网促数字化转型专项工程，推动长三角工业互联网一体化发展示范区及“5G+AI+工业互联网平台”标杆建设。全年实施市级产业结构调整项目超820项，收官“打好污染防治攻坚战——优‘化’行动”等专项调整任务，启动100家化工企业调整改造提升。完成6754台中小锅炉提标改造，“十三五”时期用能总量累计下降340万吨标煤、单位增加值能耗下降15.6%，均超额完成目标。

（五）产业基础能力和技术创新水平得到提升

制订出台产业基础再造上海方案（2020—2023年），持续加大核心技术攻关，承担6个国家战略任务，布局58个重大核心技术攻关项目，争取国家支持超过7亿元。产业技术创新平台建设加快推进，企业技术中心创新联盟首期138家单位入会。创建燃气轮机制造业创新中心和高端医疗装备制造业创新中心，认定24家市级企业技术中心、4家国家企业技术中心。遴选17家上海市“质量标杆”，其中6家获选全国“质量标杆”，数量居全国第一。创建工业设计中心49家、设计引领示范企业53家。累计建设市级绿色工厂100家、绿色园区20家，开发绿色设计产品116项，打造绿色供应链11条；获工信部授予称号的绿色工厂56家。国内首条35千伏千米级高温超导电缆示范工程开工建设，8英寸石墨烯单晶晶圆正式亮相。

（六）推进产业开放协同发展

成功举办第22届中国国际工业博览会、“设计之都”10周年活动和第五届创新与新兴产业发展国际会议。完善长三角生态绿色一体化发展示范区产业发展规划，实施产业发展指导目录和先行启动区产业项目准入标准，全国首次跨省级统一执行。联合建立长三角产业链复工复产协同互助机制，协调本市600多家企业为外省市配套企业复工，为71家企业协调外省市380多家配套企业复工；牵头机器人产业链，梳理长三角区域产业链断链供链清单。统筹研究五个新城、五大重点区域产业功能定位。

（赵广君）

# 上海制造“十三五”规划实施完成情况

在中共上海市委、市政府的领导下，上海制造业认真贯彻党中央和上海市各项方针政策，努力实施“十三五”规划，各项主要工作完成情况良好。

**一、以提质增效为主线，“上海制造”品牌持续发力**

以“上海制造”品牌为推动高质量发展的重要抓手，在品牌辐射面、创新力、专业化、标准化上，美誉度不断提升。

“上海制造”品牌辐射面更广。根植于上海本地、面向全球布局的创新、生产和服务网络基本形成，新一代信息技术加快应用，更广泛融入全球价值链和供应链，更多制造企业成为产业链和价值链领导者。

“上海制造”品牌创新力更强。在新一代信息技术、智能装备制造、生物医药、新能源与智能网联汽车等领域，技术创新、商业模式创新快速发展，培育出一批战略性新兴产业领域的科技型“独角兽”企业。

“上海制造”品牌专业化更精。企业专注于细分产品的研发制造和市场拓展，“百年老店”形象精益求精，打造一批国内细分市场占有率排名前三的制造业“隐形冠军”企业。

“上海制造”品牌标准化更高。质量标准体系不断建设完善，产品全生命周期质量追溯体系不断优化，重点行业关键工艺过程控制水平不断提高，涌现一批质量标杆和领先企业，市场份额和影响力大幅提升，5年涌现597家龙头企业（上海百强企业33家，上海品牌认证企业48家，国内排名前三的“专精特新”隐形冠军企业510家，全国质量标杆企业6家）。围绕“消费品改善供给”“智能产品迭代升级”“高端装备自主突破”“新材料首批次应用”等四大领域，开展“上海品牌”认证试点，获“上海品牌”认证的“上海制造”企业数量，占全市总量近一半。

**二、以创新升级为驱动，综合实力持续增强**

战略性新兴产业快速发展。在节能环保、新一代信息技术、高端装备、生物医药、新能源、新能源汽车、新材料等领域持续发力，呈现百花齐放的局面，完成工业总产值超过1万亿元。组织5G等关键核心技术攻关，通用CPU研发、PET/CT用LYSO关键材料、IGBT模块、飞机蒙皮铣削工艺等关键核心技术、工艺及基础材料实现攻关突破。

传统优势制造业改造提升。在汽车、钢铁、化工、船舶、都市等传统产业领域，技术创新和改造力度加大，产品结构优化，产业链、价值链和创新链进一步外延发展，形成发展新优势。

生产性服务业高效推进。在研发设计、第三方物流、检验检测认证、电子商务、融资租赁、人力资源服务、品牌建设等领域，对制造业转型升级的支撑能力不断提高，形成了一批生产性服务业功能区和重点生产型服务企业。

在线新经济蓬勃发展。市政府发布促进在线新经济发展2020—2022年行动方案“23条”，重点推进在线医疗、在线教育、远程办公、生鲜电商零售等12个重点领域发展。本市首批23家医院上线运营“互联网医院”业务，“上海微校”大规模智慧学习平台为全市145万中小学生提供“空中课堂”；喜马拉雅、哔哩哔哩、阅文集团等在线文娱企业快速发展，盒马鲜生、叮咚买菜等在线生鲜电商企业订单流量增速明显。

**三、以三大产业为引领，高端智能优势凸显**

集成电路、人工智能、生物医药等三大产业“上海方案”全面施工。

集成电路产业取得突破性进展。上海集成电路产业规模约占全国22%，集聚企业超过600家，历年完成投资超过3000亿元，吸引全国约40%的产业人才，承担50%的集成电路领域国家重大专项；实现14纳米规模量产，晶晨半导体8K超高清视频核心芯片规模应用，中微5纳米刻蚀机进入国际先进行列，90纳米光刻机等技术产品打破国外垄断。

人工智能高地加快建设。获批国家人工智能创新发展示范区、创新应用先导区；加快重大创新项目建设，布局算力、算法、数据和开源开放创新平台，智能芯片、计算机视觉技术产品全球领先；建好AI+交通、医疗、传感、安防等“中国赛道”，以应用带动项目落地；加快浦东张江、临港新片区、徐汇滨江、闵行马桥等重点载体建设，连续3届成功举办世界人工智能大会。

生物医药行业高速增长。高起点规划打造张江、临港新片区、东方美谷、杭州湾北岸、北上海、闵行等“1+5”市级重点生物医药产业特色园区；大力吸引CRO、CMO等医药合同研发、生产组织落户，推动百亿级生物医药产业基金加快组建和运作；培育出上药、复星、药明康德、联新微创等龙头企业集群；着力打造出“九期一”“火鹰支架”、麝香保心丸等重磅产品。

智能制造持续引领。上海在《世界智能制造中心发展趋势报告》中排名国内城市首位；加快推进一批无人工厂、智能车间建设，上汽通用凯迪拉克工厂、海立集团上海工厂机器人密度分别达到3731台、680台／万名产业工人，位居全球领先水平。

未来车创新增能。上海汽车产量占全国比重超过10%，产业规模、创新要素集聚程度全国领先，全球知名外企、国企、造车新势力、零部件企业纷纷落户；新能源汽车累计推广超过32万辆，成为全球推广使用量最大的城市；智能网联汽车累计开放测试道路127千米，向20家企业颁发道路测试和示范应用牌照78张，企业数、牌照数均位居全国首位。

蓝天梦加快落地。C919首飞和密集试飞，已有28家客户821架订单；C929确定总体方案，启动设计；ARJ21商业运营，累计订单598架，累计开通航线59条，涉及城市56座，累计安全载客超过95万人次。

**四、以重大项目为支撑，产业发展后劲稳定**

强化体制机制建设。制定《关于进一步加强投资促进工作推动经济高质量发展的若干意见》，上线全市统一的投资促进平台，发布新版上海产业地图（投资促进导引）；建立全市产业投资项目大数据平台，揭牌成立市投资促进服务中心，完善项目早开工、早竣工、早投产“绿色通道”。

推进一批重大项目建设。加快推进中芯国际、华力二期、和辉二期、积塔半导体等重大项目建设，特斯拉超级工厂实现当年开工、竣工、投产及上市，创造“上海速度”奇迹，复制推广模式经验；大众MEB、ABB超级工厂等项目进展顺利，恒大轮毂电机、英威达、达闼、精测电子等项目落户；推动商汤中国总部、云从科技等一批人工智能项目集中签约，依托商飞、华为等龙头企业，构建全要素、全链条的产业生态圈，全市工业投资增长连续21个月实现两位数增长。

滚动实施一批储备项目。每年储备100个左右招商引资项目，积极推动一批具有影响力的项目签约落地和加快建设。推进商汤人工智能超算中心、腾讯长三角超算中心、英威达己二腈等项目顺利开工；在前期储备的基础上，推进格科微项目顺利签约，并完成土地出让等开工前准备工作；协调推进上药浦东产业园项目，9月开工；推动本市和云南白药等签约。

**五、以企业服务为依托，营商环境持续优化**

围绕落实“民营经济27条”，出台金融服务、高新技术企业、民企总部等17个配套措施和9个实施方案，虹口、长宁等11个区制定相关政策意见。面向企业做到“有求必应、无事不扰”，当好“金牌店小二”，着力打造“四全”精准服务。从市级到基层全覆盖，建立市级、16个区和临港新片区，街道、乡镇、园区、楼宇服务及中小企业社会化专业服务机构等“1+17+X+N”中小企业服务体系。从线上到线下全场景，线上建设“企业服务云”，为企业提供政策信息，645家专业机构上云开店；线下建设“上海市企业服务中心”，依托市服务企业联席会议机制，联合314家专业服务机构、162位志愿服务专家，为企业提供全方位服务。从前端到后道全流程，前端受理企业诉求，开展运行监测，及时掌握中小企业经营状况和诉求建议，后台依托市服务企业联席会议机制，建立诉求分发—协调处理—跟踪—反馈的闭环机制，做到兜底服务。从创办到注销全生命周期，线下服务机构和线上店铺服务内容，涵盖创业、科技创新、知识产权、市场拓展、人力资源、投融资、改制上市、管理咨询、法律、商务等企业全生命周期。

**六、以产业集群为导向，经济密度持续提升**

“十三五”期间，上海制造业产业集群发展格局基本定型，形成“创新引领、带状分布、集群集聚”的产业空间布局。

科技创新中心重要承载区充分发挥作用。临港、漕河泾、张江、紫竹、杨浦、嘉定、松江等科技创新中心重要承载区作用充分发挥，原创技术和高新技术产业的策源地基本形成。聚焦集成电路、人工智能、生物医药、智能制造、航空航天、新材料等关键领域核心环节，集中推出26个特色产业园区，以高品质园区建设推动高质量产业发展。

沿江临海先进制造业集聚发展带初步形成。浦东、奉贤、金山、宝山、崇明（长兴岛）等地区集聚资源优势充分发挥，世界一流水平的先进制造业集聚发展带初见规模。

产业集群效应进一步彰显。战略性新兴产业和生产性服务业高效联动，辐射带动传统优势制造业，产业结构持续优化，形成一批参与全球产业竞争、体现上海制造业能级水平的高端特色产业集群。

（赵广君）

# 上海市先进制造业“十四五”规划前期研究成果

2020年，根据上海市“十四五”规划工作的总体部署，市经信委会同相关部门，编制《上海市先进制造业“十四五”规划》（以下简称《规划》）。

**一、《规划》编制总体考虑**

规划总体考虑：

一是强化制造业发展新使命，全面落实习近平总书记多次对上海产业发展的指示要求，找准制造业发展定位，坚定发展的信心决心，在长三角乃至全国范围内发挥高端制造业增长极的引领辐射作用，代表国家参与全球产业竞争与合作。二是落实制造业战略新要求，对接国家制造强国、数字中国、碳达峰碳中和以及全市“四大功能”“四个品牌”“五型经济”“数字化转型”“五个新城”等重大战略，强化制造业的关键支撑能力，服务提升城市能级和核心竞争力。三是迈向高质量发展新阶段，聚焦目标导向、问题导向、效果导向，全面审视制造业发展外部环境和自身条件，着力破解瓶颈制约，加快构建新型产业体系，推动新动能培育成势，大力发展新技术、新业态、新模式。

**二、《规划》主要内容**

规划核心内容主要有5个部分：

（一）关于发展基础与思路。“十三五”是制造业承前启后、转型升级的重要五年，有力支撑了全市经济平稳运行。“十四五”时期要坚持巩固提升实体经济发展，坚定不移落实制造强国、质量强国、网络强国、数字中国战略，发展主线是“强化高端产业引领功能、加快产业数字化转型、全力打响‘上海制造’品牌”，发展方针是“强创新、广赋能、固基础、创集群、铸品牌”，全面推进关键核心技术攻关，全面推动产业基础高级化、产业链现代化，全面促进制造和服务融合发展，全面加强与长三角区域产业分工协作，打造具有国际竞争力的高端产业集群。

（二）关于发展目标指标。到2025年，产业基础能力和自主创新能力显著增强，高端产业重点领域从国际“跟跑”向“并跑”“领跑”迈进，长三角产业协同水平进一步提升，为打造成为联动长三角服务全国的高端制造业增长极和全球卓越制造基地打下坚实基础；展望2035年，“上海制造”成为具有国际影响力和竞争力的城市名片，基本建成高端制造业增长极和全球卓越制造基地。

指标体系上，从经济密度、创新浓度、品牌显示度、数字化转型等4个方面提出18项指标，例如实现300项核心基础零部件产业化突破、工业园区单位土地产值达到80亿元／平方千米、建设200家标杆性智能工厂等，其中，落实中央保持制造业比重基本稳定的要求，提出“十四五”时期上海制造业要保持与城市功能和高质量发展相适应的制造业比重，力争增速高于“十三五”时期，继续发挥对全市经济的支撑作用。同时，发挥相关区的制造业主战场作用，制造业占全区生产总值比重实现稳中有升。

（三）关于重点产业体系。着力构建“3+6”产业体系，打造高端产业集群。“3”：发挥集成电路、生物医药、人工智能等三大先导产业引领作用，加快落实“上海方案”，集合精锐力量，尽早取得突破，建设世界级产业集群，力争在“上海方案”的基础上实现规模倍增。“6”：加快发展电子信息、生命健康、汽车、高端装备、先进材料、时尚消费品等六大重点产业，推动制造向服务延伸，做强做大产业细分领域，形成具有国际竞争力的五千亿级、万亿级产业集群，发挥支柱产业的支撑作用，前瞻布局一批未来产业。同时，积极发展生产性服务业，全面提升服务型制造能力。

（四）关于产业空间布局。落实全市“中心辐射、两翼齐飞、新城发力、南北转型”的空间新格局，以产业地图为导向，构建“一极战略引领、三带集群支撑、五个新城发力、特色载体驱动”的制造业空间布局。一极战略引领，发挥临港新片区战略增长极作用，对全市制造业增量贡献率达到1/3以上。三带集群支撑，打造沿江、沿湾、沪西等3条高端产业集群发展带，推动各区形成各具特色、错位竞争、协同发展的产业体系。五个新城发力，坚持产业在新城建设中的基础性作用，打响“一城一名园”品牌。特色载体驱动，推动园区向特色化、专业化发展，加快建设特色产业园区。

（五）关于重点任务和保障措施。全面落实市委、市政府重点工作，围绕高质量发展的总目标，提出加快产业数字赋能、提高产业创新能力、实施产业基础再造、推进产业链现代化、强化项目投资牵引、培育卓越制造企业、促进产业人才汇聚、加快塑造产业名园、推进绿色低碳发展、服务双循环新格局等 10 项重点任务。围绕每项任务，细化提出“十四五”时期工作内容和目标。同时，提出 6 项制造业保障措施，加强改革创新、开放合作和企业服务，加大土地、人才、资金、数据等要素资源支撑。

（赵广君）

# 上海继续落实《实体经济 50 条》情况

2020 年，上海继续落实《实体经济 50 条》，将强化“四大功能”作为落实《实体经济 50 条》工作的突破口和重要着力点，着力加强产业发展、招商引资，持续推动经济高质量发展；着力提升产业基础能力和产业链水平，加快产业创新突破和新旧动能转换；着力推动“一网通办、一网统管”深化智慧城市建设，强化数字经济引领赋能。

## 一、创新发展高端产业

（一）增强高端产业引领功能

着力构建“3+6”重点产业体系，落实集成电路、生物医药、人工智能等三大产业“上海方案”；着力发展电子信息、生命健康、高端装备、先进材料、汽车、时尚消费品等六大重点产业，夯实以制造业为基础的实体经济。集成电路，积塔半导体项目建成投产，发布临港集成电路综合性产业基地建设方案，加快张江集成电路设计产业园、智能传感器产业园、电子化学品专区规划建设和运营。人工智能，微软、商汤、明略、达闼、平头哥等一批产业链企业集聚发展，华为生态创新中心、壁仞科技、百度飞桨等 36 个重点项目签约落户。生物医药，发布生物医药产业承载区特色化发展实施方案，制订生物医药产业高质量发展三年行动方案。

（二）加快产业创新转型

加快传统制造业改造升级，汽车、钢铁、化工、船舶等加快数字化、网络化、智能化转型。高端装备、汽车、电子信息、航空航天等行业推进 100 家无人工厂建设。发布“工赋上海”三年行动计划。新能源汽车累计推广超过 37.4 万辆，成为全球推广量最大的城市。特斯拉超级工厂零部件国产化配套率超过 60%。大众全球首个 MEB 工厂 30 万辆纯电动车产能规模建成投产。产业基础能力得到提升，制订实施《产业基础再造上海方案》，制造业创新中心能级持续提升，企业技术中心、产业创新平台和创新联盟等加快建设。

## 二、稳定工业增长

（一）推进六稳六保工作

全力推动产业稳增长，强化逆周期调节，出台抗疫惠企“28 条”政策及配套细则，推进战略预留区上的零增地技改项目。推动建立全市工业稳增长工作机制，规模以上工业增加值连续 8 个月实现月度正增长。推进补链固链强链“新生产”，分析汽车、集成电路、航空航天等 12 条主要产业链情况，建立风险清单和监测机制，提高国产化配套产品、技术水平。大力发展在线新经济，在线新经济呈现迅速发展势头，各种线上服务企业借势逆流而上，软件信息服务业营收超万亿元。实施在线新经济发展三年行动计划，远程办公、在线教育、生鲜电商等 12 个重点领域快速发展。

（二）加快重大项目投资和建设

发布加强投资促进“32 条”，搭建全市投资促进工作网络。举行 2020 年重大产业项目集中签约暨特色产业园区推介活动，签约 152 个项目，总投资 4418 亿元。闻泰半导体、云南白药、威高医疗等项目签约落地。推进一批重大项目建设，复制推广“特斯拉”项目推进中的突破性举措，腾讯长三角超算中心、华为青浦研发中心、达闼机器人、重燃项目等如期开工；全年推进各领域技改示范项目超过 200 项。布局推动特色产业园区建设，发布临港大飞机产业园、智能传感器产业园、碳谷绿湾等特色产业园区。全年完成推进实施市级调整项目 800 项以上。

## 三、推进新型智慧城市建设

（一）加快城市数字化转型

夯实“城市大脑”、信息设施、网络安全等三大基础保障。研究城市数字化转型顶层框架设计，谋划重点领域数字化转型举措。发展数据产业，推动医疗数据互联互通互认，首批公共数据开放应用试点项目发布。临港新片区增值电信业务开放，落实国际数据流通试点，推动引进 SAP 和亚马逊云服务项目。

（二）数字新基建加快推进

建成全国“双千兆第一城”，持续推动一批“5G+AI+工业互联网平台”标杆建设。首批绿色高端数据中心启动建设，数据中心总体机架数达到 13 万架，部署新型城域物联专网智能传感终端 60 多万个，实现 5G 网络中心城区和郊区重点区域室外连续覆盖。智能制造、健康医疗、智慧教育等十大领域383个5G应用项目加快推进。

**四、推进企业优质服务**

(一)企业服务精准高效

出台中小企业平稳健康发展“22条”。建立重点企业市级层面申诉协调机制,“百家重点企业服务专窗”上线试运行,市企业服务云启动二期建设。国企减免房租54亿元,在沪央企减免房租超过3亿元,惠及73500多户中小企业,营造更好的人才发展环境;协调解决企业更名、租金减免、跨区迁移等“个性化”难题。

(二)发展民营经济

实施民营经济百强培育提升计划,培育首批国家级专精特新“小巨人”企业17家,制造业单项冠军企业(产品)17家;培育张江核心园等国家创新创业特色载体4家。加快建设“上海市改制上市企业培育库”。

(赵广君)

# 全力打响“上海制造”品牌 加快迈向全球卓越制造基地三年行动计划执行情况

为深入贯彻落实中共十九大精神,以习近平新时代中国特色社会主义思想为指导,把握实体经济高质量发展的总要求,中共上海市委、市政府做出关于全力打响“四大品牌”的重要决策部署,印发《全力打响“上海制造”品牌加快迈向全球卓越制造基地2018—2020年行动计划》(以下简称《三年行动计划》。为落实好市委、市政府的总体部署要求,围绕推进制造业高质量发展,市经信委会同有关部门将《三年行动计划》分解为95项具体任务,加强“四名”引领、推动“六创”提质,全市相关委办局、各区、园区、企业等各方,按照职责分工抓紧行动,远近结合精准发力,协同联动久久为功,努力构建上海制造战略优势。

**一、全力打响“上海制造”品牌行动取得积极成效**

推进《全力打响“上海制造”品牌加快迈向全球卓越制造基地三年行动计划(2018—2020年)》的相关要求,以推进供给侧结构性改革为主线,以迈向全球产业链、价值链高端为目标,着力实施“四名六创”专项行动,聚焦集成电路、人工智能、生物医药等三大“上海方案”全面实施,推动“上海制造”率先实现质量变革、效率变革、动力变革,为上海建设国际经济、金融、贸易、航运、科技创新等“五个中心”奠定坚实基础,整体工作取得阶段性的成效。

(一)高端装备产业自主发展取得成效。建立市领导联系重点产业机制,加快承接国家重大战略项目,C919密集试飞、C929启动设计、ARJ21扩大商业运营;建设国家重燃试验基地,集成电路和智能传感器2家获批国家级制造业创新中心,国家机器人测试与评定中心、大数据国家重点实验室顺利落户;实现大型豪华邮轮的开工建设,全球首款采用双燃料推进的超大型集装箱船下水试航,万吨级驱逐舰首舰下水;新昇半导体、上海超硅、精测电子、盛美半导体等一批百亿级的半导体材料和装备项目相继建设,华力二期项目正式建成投产,工艺技术进入全球第一梯队。在工业强基、智能制造、绿色制造、工业互联网等领域争取一批国家专项支持,共支持116台(套)首台套,其中国际首台、打破垄断、进口替代的装备超过30%。积极承担国家高档数控机床等科技重大专项,牵头立项35个;11个项目列入国家智能制造试点示范名单;20个绿色制造系统集成项目获工信部立项支持。

(二)集成电路、人工智能、生物医药等三大产业持续发力。三大产业“上海方案”全面实施。集成电路产业规模占全国的22%,承担50%的集成电路领域国家重大专项,14纳米量产工艺、90纳米光刻机、5纳米刻蚀机、300毫米大硅片等技术产品打破国外垄断;连续举办3届世界人工智能大会,入选国家新一代人工智能创新发展试验区、创新应用先导区,首发全国人工智能“揭榜挂帅”赛道,启动智能网联汽车等4条赛道,智能芯片、计算机视觉技术产品全球领先;打造张江创新药产业基地、临港新片区生物医药园区等一批特色载体,涌现GV-971等全球首研新药、PET-CT等国际一流医疗器械,创新药研发数量占全国1/4。

(三)重大产业项目落地进展顺利。制定《关于加强招商引资工作推进经济高质量发展的若干意见》,完善全市招商引资机构,成立市投资促进服务中心;推动重大产业项目招商,复制推广特斯拉模式,推动盛美半导体、美的全球创新园、恒大全球研究院、商汤中国总部、华大基因第二总部、恒瑞新建研发和产业化项目、中国电科集团安可项目等一批重大项目落地;推进中芯国际、和辉二期、积塔半导体、大众MEB、ABB超级工厂、燃气轮机、高温超导电缆示范工程、48K大丝束碳纤维、英威达己二腈等一批重大项目建设,推进中交集团上海总部、中节能上海华座、中车产投总部、紫光展锐等总部项目落地和建设。海底长期科学观测网、转化医学、活细胞功能成像、硬X射线自由电子激光装置等一批重大科技基础设施启动建设。

**二、全力打响“上海制造”品牌主要目标进展顺利**

(一)世界级新兴产业策源地初步建成。大力培育发展战略性新兴产业，推进经济结构战略调整，人工智能、量子通信、5G、生命健康产业、新能源汽车等领域在研发，以及产业化应用方面步入快车道，为产业能级的爆发积蓄了能量。在上海制造整体受困于恶劣的外部环境的情况下，战略性新兴产业的发展速度快于整体制造业，高端制造对上海制造的支撑作用在持续增强。

（二）世界级先进制造业集群初步建成。以上海产业基础和资源禀赋的优势，主动承担国家战略，以三大先导产业为引领，聚焦集成电路、人工智能、生物医药等关键领域，服务国家战略，促进产业集群集聚发展，充分发挥张江高科技园区、上海化工区、漕河泾新兴技术开发区、国际汽车城、临港产业区等知名园区的“头雁”作用，集中推出徐汇西岸智慧谷、东方美谷、G60电子信息国际创新产业园、机器人产业园等26个特色产业园区，聚焦特定产业方向、特优园区主体、特强产业生态，打造具有全球竞争力的汽车产业、电子信息产业、民用航空产业、生物医药产业、高端装备产业、绿色化工产业等六大具有国际影响力和竞争力的高端产业集群，进一步强化长三角一体化合作交流，推动园区产业集群化升级，差别化发展。

（三）世界级制造品牌汇聚地初步建成。“四名六创”专项行动成效初显，各项主要任务进展顺利，围绕消费品改善供给、智能产品迭代升级、高端装备自主突破、新材料首批次应用四大领域，推进“名品”上市应用，推动形成包括国际一流企业、独角兽企业和“隐形冠军”在内的“名企”三层梯队，已培育国内细分市场占有率排名前三的制造业“隐形冠军”企业500多家。发布《上海市重点领域（产业类）紧缺人才开发目录》，形成推动高质量发展关键期紧缺急需人才的集聚导向，打造马桥AI创新区、嘉定氢能港、华东无人机基地等特色产业园区，促进张江、临港、漕河泾、嘉定汽车城、上海化工区等重点园区向“世界级品牌园区”迈进，进一步凸显崇明长兴岛、徐汇滨江、松江经开区、静安市北、闵行莘庄、奉贤东方美谷、宝山顾村、金山工业区、青浦市西软信园等“特色产业基地”优势。

**三、各项保障措施取得明显进展**

（一）深化产业扩大开放，创造具有国际竞争力的投资环境

1．加快推动自贸区发展政策落地。一是推动重大项目和平台向新片区集聚。出台《中共上海市委、上海市人民政府关于促进中国（上海）自由贸易试验区临港新片区高质量发展实施特殊支持政策的若干意见》，支持集成电路、人工智能、生物医药、航空航天、新能源和智能网联汽车、智能制造、高端装备等领域重点项目优先在新片区布局。二是构建世界级、开放型、现代化产业体系。编制形成《中国（上海）自由贸易试验区临港新片区创新型产业规划》，立足增强全球资源配置能力，集聚发展集成电路、人工智能、生物医药、民用航空等前沿产业集群，提升发展新型国际贸易、跨境金融、高能级航运、信息服务、专业服务等高端服务功能，培育发展离岸经济、智能经济、总部经济、蓝色经济等创新经济业态，着力构建“7+5+4”世界级、开放型、现代化产业体系。产业规划已经市政府常委会审议通过。三是积极培育国际高端重点产业。发布《洋山特殊综合保税区产业发展和空间布局规划》（2020年6月）。规划充分发挥洋山特殊综合保税区和临港新片区政策创新的叠加优势，进一步拓展功能创新和业务模式创新，培育国际供应链管理、国际高端制造及相关服务业等重点产业。

2．鼓励外商投资先进制造业。一是积极推动重大产业项目落地。发布《上海市贯彻落实国家进一步扩大开放重大举措加快建立开放型经济新体制行动方案》，鼓励外商投资先进制造业，重点推动汽车、航空、船舶、绿色进口再制造和维修等领域的进一步对外开放，推动重大产业项目落地。二是全面落实准入前国民待遇加负面清单管理制度。重点推动汽车、航空、船舶、绿色进口再制造和维修等领域的进一步对外开放，推动重大产业项目落地。全力打造汽车、电子信息产业，积极培育民用航空、生物医药、高端装备、绿色化工等产业集群。

3．严格保护外商投资企业知识产权。一是有效落实国家政策。印发《本市贯彻〈国务院关于进一步做好利用外资工作的意见〉若干措施》（2020年4月10日），明确“知识产权保护”的相关事宜，推进知识产权案件繁简分流，提高知识产权司法救济的及时性和便利性；以专业市场、展会、互联网平台等领域为重点，加强商标、专利、版权、地理标志等知识产权行政保护，构建“严保护、大保护、快保护、同保护”格局。二是积极加强制度建设。制定发布《知识产权评议技术导则》地方标准，修订《上海市知识产权试点示范园区评定与管理办法》《上海市专利一般资助申请指南》。起草《上海市知识产权保护条例》，已列入市人大常委会2020年立法工作计划正式项目，于11月提交市人大常委会进行初次审议。编制面向2035年的上海知识产权强市战略纲要，出台上海市贯彻落实两办《关于强化知识产权保护的实施意见》的实施方案等。三是深化国际合作。持续深化与世界知识产权组织（WIPO）的全方位合作，在沪共同主办第16届上海知识产权国际论坛，颁发首届上海市知识产权创新奖。四是开展创新探索。组织开展第13届中国专利周上海地区活动，与多家银行集中签订《促进上海市知识产权质押融资工作战略合作协议》，推动成立上海市知识产权金融服务联盟，进一步拓展科创型中小企业运用知识产权融资渠道。

（二）扩大制度有效供给，强化“上海制造”品牌的制

度保障

1．加强产业政策有效供给。一是落实13个方面的税收优惠政策。有效落实《创业就业平台税收优惠》《科技成果转化税收优惠》《集成电路企业税收优惠》《研制大型客机、大型发动机项目和生产销售新支线飞机企业》《创业投资企业税收优惠政策》等共计50项税收优惠政策。二是实施8项产业专项升级发展专项资金政策。积极推进《上海市重点技术改造专项支持》《上海市高端智能装备首台突破和示范应用专项支持》《上海市推进品牌经济发展专项支持》《上海市生产线服务业发展专项支持》《上海市产业技术创新专项支持》《上海市工业强基专项支持》《上海市人工智能创新》《上海市新材料首批次应用示范专项支持》等产业升级发展专项资金的有效实施。三是加应对疫情挑战，加快发展新经济形态。印发《上海市全力防控疫情支持服务企业平稳健康发展的若干政策措施》《上海市促进在线新经济发展行动方案（2020—2022年）》，借助于人工智能、5G、互联网、大数据、区块链等智能交互技术，与现代生产制造深度融合，培育产业新动能。

2．强化产业领域改革创新。一是进一步提高产业项目办事效率。对规划工业区块内的产业项目，确保所有项目的办事效率在法定时间基础上压缩1/3；对于规划工业区块内的重大制造业项目，将压缩1/2，审批提速50%左右。二是深入推动国有企业改革。重点开展国资监管机构、国资投资运营公司、国有企业联动改革，优化调整国资监管机构职能，修订权责清单。加强国有资本投资运营公司运作，采取股权注入、资本运作、收益投资等模式，服务国家战略、城市发展和国企改革。

（三）强化企业精准服务，一网受理、全网协同、全市通办

完善企业线上服务机制。一是持续推进上海市企业服务云建设。统筹推进上海市企业服务云建设，建成“政策知识库”为企业提供一站式政策服务，建成“服务资源库”为企业提供一门式专业服务，开设“诉求反映”窗口为企业提供一网式诉求解决。二是强化项目在线审批管理。印发《上海市投资项目在线审批监管平台运行管理办法》，实现项目网上申报、并联审批、信息公开、协同监管，不断优化办事流程，提高服务水平，并加强事中事后监管，主动接受社会监督。

（四）加强土地资源配置，积极保障先进制造产业用地需求

保持工业用地合理规模。一是提高资源配置效率效能。印发《关于本市促进资源高效率配置推动产业高质量发展的若干意见》，明确提出推进城市开发边界内存量工业用地“二次开发”和开发边界外低效工业用地减量，至2035年，产业基地内用于先进制造业的工业用地不低于150平方千米，保障必要的产业发展空间。二是推进产业用地节约集约利用。印发《上海产业用地指南》，详细说明上海各类产业用地情况要求，加强土地资源统筹和产业准入管理，促进产业高质量发展。三是保障新产业新业态发展建设需求。印发《产业用地政策实施工作指引》，深入推动节约集约用地，通过转变土地利用方式和提高土地利用效率释放更大的用地空间，保障新产业新业态发展和民生服务设施建设需求。

（赵广君）

# 附件：全力打响“上海制造”品牌　加快迈向全球卓越制造基地三年行动计划（2018—2020年）

制造业是实体经济的主战场。上海是中国近代重要的民族工业发祥地、民族品牌发源地和集聚地，“上海制造”曾以经典、优质而享誉海内外。在新时代背景下，需要牢固树立“上海制造”再出发的战略思维，赋予“上海制造”拥有核心技术、掌控产业链关键环节、占据价值链高端、引领业态模式创新的新使命和新内涵，加快建设全球卓越制造基地。为贯彻落实市委、市政府关于全力打响“上海制造”品牌的决策部署，构筑新时代上海发展战略优势，特制订本行动计划。本行动计划实施期为2018—2020年，根据发展需要滚动编制发布和实施。

## 一、总体要求

（一）指导思想

全面贯彻党的十九大精神，以习近平新时代中国特色社会主义思想为指导，把握实体经济高质量发展的总要求，坚定“上海制造”追求卓越的发展取向，坚定“上海制造”大有可为的信心决心，对标国际最高标准、最好水平，以推进供给侧结构性改革为主线，以迈向全球产业链、价值链高端为目标，着力实施“四名六创”专项行动，加强名品、名企、名家、名园“四名”引领，推动技术创新、品牌创响、质量创优、融合创智、集群创建、绿色创先“六创”提质，加快“上海制造”率先实现质量变革、效率变革和动力变革，擦亮新时代“上海制造”名片，为打响“上海服务”品牌、“上海购物”品牌和“上海文化”品牌提供有力支撑，为建设国际经济、金融、贸易、航运、科技创新“五个中心”奠

定坚实基础。

（二）基本原则

1．坚持服从服务国家战略。强化使命担当，始终坚持服从服务国家发展大局，主动承接国家重大战略任务，代表国家参与全球制造业竞争与合作，巩固提升实体经济能级，推动“上海制造”成为引领制造强国建设新标杆。

2．坚持创新引领。牢牢把握科技进步大方向、产业革命大趋势，加强以科技创新为核心的全面创新，大力发展新技术、新产业、新模式、新业态，推动互联网、大数据、人工智能和实体经济深度融合，构筑“上海制造”发展新动能。

3．坚持品质至上。立足新时代新需求，扩大高端化、品质化、个性化供给，不以牺牲品质为代价开展市场竞争，大力塑造以品牌、技术、质量、标准、设计、服务为核心的“上海制造”竞争新优势。

4．坚持开放协同。发挥自贸区先行先试优势，整合配置全球资源，主动融入长三角产业一体化发展，加强与长三角共建世界级产业集群，推动产业链布局优化、合作共赢，形成“上海制造”联动发展新格局。

5．坚持合力推进。完善统筹协调机制，强化部门协同和市区联动，充分激发市场主体内生动力，调动各方力量共同参与，形成支持打响品牌的工作合力，营造全社会共同打响“上海制造”品牌新氛围。

**二、行动目标和重点**

（一）主要目标

通过3年的努力，让“上海制造”技术更先进、制造更智能、产品更高端、品牌更响亮，加快建设全球卓越制造基地，为上海迈向卓越的全球城市提供实力支撑。

1．初步建成世界级新兴产业发展策源地之一。掌握一批具有国际领先水平和自主知识产权的产业核心技术，高质量产业化创新成果不断涌现，战略性新兴产业附加值显著提升。到2020年，战略性新兴产业增加值占全市生产总值比重达到20%以上，战略性新兴产业制造业产值占全市制造业总产值比重达到1/3左右。

2．初步建成若干世界级先进制造业集群。上海主动融入长三角产业一体化程度明显加深，产业链上下游配套协作更加紧密，产业集群组织、集群服务和集群生态更加完善，全力打造2个世界级产业集群，积极培育4个世界级产业集群。到2020年，重点集群面向长三角核心配套率达到60%以上。

3．初步建成世界级制造品牌汇聚地。制造品牌数量持续增加，品牌知名度不断提升，品牌经济贡献率明显提高，打造一批市场认可度高的名品，培育一批核心竞争力强的名企，汇聚一批行业地位高的名家，塑造一批国际影响力大的名园。

（二）发展重点

围绕高质量发展的总体要求，大力发展高端制造、品质制造、智能制造、绿色制造和高复杂高精密高集成制造，发挥“上海制造”在本市现代化产业体系建设中的支撑作用。超前布局未来前沿产业，聚焦科技创新中心建设，结合上海自身产业基础，在生命健康、人工智能、量子通信、空天海洋等未来前沿领域加强战略布局，实施一批基础前沿工程，填补国内空白。加快培育战略性新兴产业，聚焦发展新一代信息技术、智能制造装备、生物医药与高端医疗器械、新能源与智能网联汽车、航空航天、海洋工程装备、智慧能源装备、新材料、节能环保等产业，加快形成产业发展新动能。改造提升传统优势产业，加快推动汽车、船舶、钢铁、化工、都市等产业升级改造，加快生产方式向数字化、网络化、智能化、柔性化转变，提升传统优势产业核心竞争力。

**三、重点任务**

围绕全力打响“上海制造”品牌、加快迈向全球卓越制造基地的总体要求，聚焦“四名”引领和“六创”提质，着力实施名品打造、名企培育、名家汇聚、名园塑造、技术创新、品牌创响、质量创优、融合创智、集群创建、绿色创先等10个专项行动。

（一）名品打造专项行动

深入挖掘市场需求，着力打造500项市场美誉度高、质量掌控力强的制造精品。推进150项消费品改善供给，面向健康、时尚、个性、绿色等新需求，在健康护理、日化用品、时尚服饰、绿色食品、工艺美术等领域，深入推进增品种、提品质、创品牌，提高消费品有效供给能力和水平，更好适应和引领消费需求。推进100项智能产品迭代升级，围绕智能网联汽车、智能健康医疗、智能家居、智能穿戴等，加强产品技术集成和功能创新，扩大高端品牌供给。推进150项高端装备自主突破，瞄准民用航空、智能制造装备、集成电路装备、智慧能源装备、船舶及海洋工程装备等战略领域，突破复杂精密集成制造工艺和技术，推动重大短板装备首台（套）突破。推进100项新材料首批次应用，聚焦高温超导、石墨烯、高性能纤维等领域，健全首批次应用示范支持机制，加快新材料推广应用。

（二）名企培育专项行动

集中优势资源，着力培育以世界一流企业、独角兽和隐形冠军为核心的卓越制造企业群体。做强世界一流企业，对标世界顶尖跨国公司，构建根植本地、面向全球布局的创新、生产和服务网络，提升全球化资源配置能力，争取3家左右制造企业进入世界500强。做大独角兽企业，聚焦智能硬件、生物医药、新能源与智能网联汽车等领域，支持企业加强技术创新和商业模式创新，重点拓展股权基金、上市等融资渠道，培育企业生态圈，力争形成8～10家制造业

"独角兽"。做优隐形冠军企业，开展隐形冠军同行业对标，引导企业长期专注于细分产品的研发制造、工艺改进和市场拓展，长期专注于质量提升和品牌培育，打造"百年老店"，形成200家位于国内外细分市场前三名的隐形冠军。

（三）名家汇聚专项行动

对接产业需求，着力汇聚以卓越科学家引领、卓越企业家运营和精工巧匠支撑的卓越制造人才队伍。打造卓越科学家引领的创新人才队伍，瞄准科技前沿和新兴产业领域，集聚一批世界领先水平的卓越科学家，引进培育一批高层次的领军型创新人才，新增100名制造业"千人计划"和200名领军人才。培育卓越企业家运营的经营管理人才队伍，着力培育具有国际视野的企业家，弘扬追求卓越、勇于创新的企业家精神，在有条件的企业实行首席信息官和首席质量官制度。造就精工巧匠支撑的高技术和高技能人才队伍，加强工程师、工匠等高技术和高技能人才培养，倡导精益求精、爱岗敬业的工匠精神，打造一批专业一流的"上海工程师"和技艺精湛的"上海师傅"，新增300名首席技师和10个以上制造业高技能人才实训基地。

（四）名园塑造专项行动

集聚高端要素资源，着力塑造以世界级品牌园区、特色产业基地为重点的区域品牌。培育世界级品牌园区，对标国际一流园区，推进临港产业区、漕河泾新兴技术开发区、张江高科技园区、上海化学工业经济技术开发区、上海国际汽车城等载体建设，集群发展优势产业，集成高端综合服务，形成5家左右世界级品牌园区，有力支撑世界级先进制造业集群建设。创建特色产业基地，引导区域加强差异化产业定位，推动松江G60科创走廊建设，推进长兴岛船舶和海洋工程装备、徐汇滨江人工智能、静安市北大数据、闵行莘庄军民融合、奉贤东方美谷美丽健康、宝山顾村机器人、金山工业区新型显示等区域特色产业发展，支持市西软信园等区域向产城融合特色提升，形成100个"四新"经济创新基地。

（五）技术创新专项行动

1．加快推进产业技术创新。加强前沿和共性关键技术攻关，抢占产业技术制高点。超前布局前沿科技领域，主动对接国家战略，组织实施生命科学、信息技术、空天海洋、新能源、新材料等重大科技攻关，积极争取国家科技创新2030重大项目落户。推动新兴产业共性关键技术攻关，实施产业创新工程，制订重点领域技术路线图，推动产学研用联合攻关，在人工智能、工业互联网、智能网联汽车等领域实施100项产业创新项目。

2．加速重大创新成果产业化。深度对接高校、科研院所及全球创新团队，促进创新成果转化。加快战略性新兴领域重大成果产业化，重点推动华力微电子、中芯南方、和辉光电等战略性新兴产业重大项目，在集成电路、生物医药、高端装备等重点领域，继续组织实施一批战略性新兴产业重大项目。推动关键基础领域产业化突破，深入实施工业强基工程，推动40种核心基础零部件或元器件、30种关键基础材料、20种先进制造工艺实现工程化和产业化突破。建立重大科技成果跨区域转化协调机制，推动张江等科技创新策源地与临港、金山等承载区对接转化，统筹信息、空间、政策资源，推动一批重大创新成果转移转化。

3．加强产业创新转化平台建设。强化平台支撑，促进制造业协同创新。建设制造业新型研发机构，在新一代信息技术、高端装备等领域争创3～5家国家级制造业创新中心和产业创新中心，主动布局一批市级制造业创新中心、研发与转化功能型平台；建立"小核心＋大协作""公司＋联盟"的组织模式，通过技术授权、专利许可等方式实现自我循环、持续发展；赋能传统研发机构，加快与新型研发机构深度对接。加强企业研发载体建设，支持龙头企业建设中央研究院，鼓励企业内部研发机构开放协同，充分发挥国家级企业技术中心的辐射带动作用，国家级企业技术中心达到90家左右。推动制造业双创平台建设，推动制造业龙头企业利用园区或闲置厂房、楼宇等加快建设集聚研发设计、检验检测、投融资对接、成果转化、技能培训等功能的双创平台。

4．提高企业自主创新能力。分类施策，激发不同所有制企业创新活力。增强民营企业创新实力，引导和鼓励民营企业加大研发投入，加强产学研用合作，在高新技术企业认定、创新平台建设、承担重大研发项目、行业标准制定、科技创新券和"四新"券等方面给予重点支持，提升创新实力。提高外资企业创新溢出能力，支持外资企业运用研发资源及全球创新网络，与本市高校、科研院所、企业联合开展产业链核心技术攻关；鼓励外资研发中心将自主技术和成果进入上海技术交易平台进行交易，加速技术成果转化和溢出。激发国有企业创新动力，建立健全激发国有企业创新动力的考核、评价和激励制度，重点支持国有企业围绕国家战略领域开展关键核心技术攻关；支持央企参与科创中心建设，布局重大产业科技项目，建设研发总部。

5．加大技术改造焕新力度。全面实施技术改造焕新计划，推动传统制造业迸发新活力。大力实施"六化"改造升级，推进智能化、高端化、集群化、服务化、精品化、绿色化改造提升，扩大新技术、新工艺、新材料、新装备应用，建设600项技术改造标杆项目，带动规模以上制造企业实施5000项技术改造项目。拓宽技术改造支持范围，适应产业融合发展趋势，将软件、专利、实验、检测以及与生产制造紧密关联的技术能力建设、供应链改造等投资，纳入技术改造政策支持范围。支持规划工业区块外优质企业改造升级，在符合产业发展导向、地区规划控制和环境保护原则要求、不影响相邻地块合法权益、不改变原权利人的基础上，规划工业区块外优质企业可以实施技术改造。

（六）品牌创响专项行动

1．振兴经典品牌。加强传承创新，扶持振兴一批有历史底蕴、有潜在需求的经典品牌，唤起消费者对“上海牌”的美好记忆。支持经典品牌赋予新内涵，适应新生代消费群体的新需求，重点推动轻工、纺织、食品类经典品牌与文化创意、时尚设计等融合发展，挖掘文化资源，注入新元素。推动经典品牌融入新技术，鼓励经典品牌在传统工艺的基础上推陈出新，导入先进管理方法，加强生产智能化改造升级，提高科技含量和附加值。引导经典品牌创造新模式，推动经典品牌发展新型商业模式，运用互联网、大数据等方式，实现线上线下融合发展。鼓励经典品牌探索新机制，试点推动一批经典品牌运用市场化方式提升活力，引进社会资本参与经典品牌企业盘活重组、机制转化和市场交易，鼓励金融机构发起设立经典品牌投资基金。

2．培育新锐品牌。创造新供给，培育和引进一批适应和引领需求的新锐品牌。建立新锐品牌发现机制，聚焦智能、健康、时尚、创意等领域，建立新产品和新企业品牌培育库，实施基于市场化综合评价的动态优化调整，筛选一批潜力新锐品牌。开展新锐品牌培育试点示范，完善新锐品牌培育工作机制，引导企业在研发创新、品牌策划与营销、运营管理等领域开展品牌培育试点示范，加大对试点示范企业的政策扶持，建立新锐品牌科学化管理体系。加大新锐品牌推广力度，搭建品牌推广平台，支持企业开展新锐品牌的首发、展示、宣介等推广活动，依托工博会、上交会、信博会、广交会、华交会和重点境外展会等平台，扩大新品牌市场影响力。

3．提升优质品牌。进一步放大品牌效应，提升一批品质认可度高、市场影响力大的优质品牌。推动优质品牌高端化提升，鼓励优质品牌企业围绕产品定位、价值挖掘、传播渠道等领域制订实施品牌高端化提升战略，加强品牌差异化发展，提升品牌价值，树立品牌高端形象，不断增强品牌公信度、知名度和美誉度。推进优质品牌国际化发展，对标国际同行业品牌管理最高水平，鼓励优质品牌企业加强国际质量认证、国际商标注册，推动有条件的优质品牌企业通过兼并重组、管理输出等方式“走出去”和“全球行”，建设海外品牌营销渠道，打造国际化品牌。

（七）质量创优专项行动

1．全面开展质量提升。以质量为核心基础，树立“上海制造”全国质量标杆地位。开展“上海品质”自愿性认证，制定“上海品质”先进标准体系，组建国际认证联盟，实施第三方认证评价，推出一批制造业领域“上海品质”认证产品；探索开展长三角跨区域品牌认定。夯实质量技术基础，加强标杆比对和产学研合作，组织攻克一批质量技术基础共性问题，争创一批面向未来前沿产业、战略性新兴产业的产业计量测试平台和检验检测认证平台。推进全方位质量管理，强化质量事中事后监管，健全缺陷召回行政监管和技术支撑体系，完善市产品质量逐级提升示范平台，建立第三方质量安全评价制度。

2．加快标准升级提档。对标国际先进，推动标准引领产业发展。加强领跑标准制定，围绕消费品、高端装备等领域，主导制定一批拥有自主知识产权的高水平“上海制造”标准，并推动成为具有影响力的国际标准。开展标准化创新应用，筹建船舶和海洋工程装备等领域的国家技术标准创新基地，推进商用航空发动机、智能制造、物联网、智能网联汽车等产业标准化建设。拓展先进标准供给渠道，围绕上海制造优势领域培育发展团体标准，开展企业标准主要技术指标“领跑者”制度试点。推动内外销产品同线同标同质，缩短国内外市场“质量差距”和“信任差距”。

（八）融合创智专项行动

1．推动“制造＋服务”。不断增强制造与服务协同能力，促进生产型制造向服务型制造转变。推动服务型制造新模式应用，支持制造业企业加快发展系统解决方案、定制服务、研发设计、信息增值等重点模式，加大设备定制、工程设计、智能搜索等服务应用，实现跨领域、跨地域协同和“产品＋服务”式交付。组织开展服务型制造综合评价，重点围绕汽车、电子、装备等行业，制定行业评价标准，每年择优培育认定30家以上示范企业、30个示范项目和15个示范平台。推进服务型制造企业资源协同，鼓励和支持龙头企业协同利用社会化服务资源，实现服务“众筹”“众包”“众扶”“众创”，提高服务型制造企业服务化率。

2．推动“制造＋设计”。推动设计融入制造业全流程、全价值链，培育设计标杆企业，打造全国工业设计高地。实施重点产业设计再造，推动轻工、电子等领域加强产品功效设计、性能设计、适应性设计和可靠性设计，满足多品种、小批量、个性化消费需求；推动集装备、软件、在线服务于一体的集成设计，促进装备升级换代。推动工业设计高端、跨界发展，大力发展定制设计、网络协同设计、云设计和体验交互设计，鼓励“设计＋品牌”“设计＋文化”等商业模式和新业态发展。打造工业设计合作创新平台，筹划举办全球设计峰会，争取工业设计类国际组织和国家工业设计院落沪，支持企业建立产品设计创新中心和国家级、市级工业设计中心。

3．推动“制造＋互联网”。支持制造业与互联网深度融合，构筑制造业新生态。建设20个工业互联网平台，支持电子信息、航空航天、生物医药、钢铁化工等重点领域骨干企业及第三方运营商、服务商提升数据采集、边缘计算、设备连接、安全保障、生态搭建等能力，培育通用型和行业型工业互联网平台。推动万家企业上云平台，支持中小企业开展设备、生产、管理等平台化改造，实现设计研发、生产制造、运维服务等能力向平台迁移。推进1000个工业APP加载应用，推动平台开放共享知识组件、算法工具、人工智能算法等微服务组件，引导第三方开发者基于平台开发新型工业APP。

4．推动“制造+AI”。推进新一代人工智能技术在制造业领域各环节的探索应用，提升智能化水平。推动人工智能与制造全流程融合创新，加强网络协同研发、虚拟仿真等在产品研发设计中的应用，推动应用智能机器人、智能传感与控制、智能检测与装配等智能装备，建设“无人工厂”，加快大数据、机器学习等技术在供应链管理中的应用。推广智能制造新模式应用，在汽车、电子、船舶、航空航天、医药、能源装备等优势领域开展智能制造试点示范，建设100家智能制造新模式应用示范工厂，推广离散智能制造、流程智能制造、网络化协同制造、大规模个性化定制、远程运维服务等模式，推动制造业建立以状态感知、实时分析、自主决策、精准执行、学习提升为特征的智能制造系统。

5．推动军民深度融合。实施军民融合发展战略，实现跨越式发展，加快形成全要素、多领域、高效益的军民融合发展格局。对接国家军民融合产业重大工程，加快重型燃气轮机、海上核动力平台等重大项目建设，争取天地一体化信息网络工程、深空深海探测等一批重大工程落沪，支持军工集团功能性总部和区域总部建设。扩大军民融合产业开放合作，推动上海与全国军工特色高校开展产学研战略合作，促进军民融合技术成果产业化；推动国家军民融合发展产业投资基金和上海市军民融合产业投资基金联动发展；支持军工高新技术向民用转化，鼓励民参军技术实现工程化、产业化。创新军民融合产业促进机制，推动军民融合产业发展“1+X”布局，争创国家军民融合创新示范区；推动技术基础资源军民共享，搭建军民计量资源互通共享平台；促进军工经济和区域经济融合，支持军工企业混合所有制改革；建设军民融合产业促进中心、技术成果交易中心等3～5个公共服务平台。

（九）集群创建专项行动

1．全力打造两个世界级产业集群。聚焦汽车、电子信息产业，推动产业迭代升级和产业链延伸。打造具有全球话语权的汽车产业集群，大力拓展新能源和智能网联汽车产业链，加快新能源汽车重大产业项目落地和推广应用，加大智能网联汽车开放道路测试力度，加快智能网联汽车创新平台建设、示范应用和商业化推广，建立以龙头企业为核心、全球化布局的研发制造体系。打造迈向全球价值链高端的电子信息产业集群，做大做强集成电路、新型显示、智能传感器、高端软件、智能硬件等产业链，突破材料、装备、工艺等短板领域，加快长三角区域电子信息集群创新网络建设，建立以“硬件＋软件＋内容＋服务”为架构的产业链生态。

2．积极培育4个世界级产业集群。聚焦民用航空、生物医药、高端装备和绿色化工产业，推动产业扩链、补链、强链。培育具有全球资源整合能力的民用航空产业集群，以大型客机和民用航空发动机为中心，逐步形成主制造商引领、优势供应商集聚、核心配套企业支撑、专业化平台服务的航空产业体系，提高面向产业链协同配套水平。培育创新能力国际领先的生物医药产业集群，加强全球领先的生物医药创新研发能力建设，建设国际知名的高端生物医药产品和医疗器械制造基地，支持生物医药研发外包和健康服务应用示范。培育打破国外技术垄断的高端装备产业集群，推动智能制造装备、智慧能源装备、高端船舶和海洋工程等整机突破，提升核心零部件和关键材料自主化率，加快高端装备“走出去”步伐。培育最严标准和要求的绿色化工产业集群，聚焦推动以上海化学工业区为核心的杭州湾北岸化工集中区建设，加快产业高端化、精细化、绿色化发展，鼓励有竞争优势的企业融入国际供应链体系。

3．协同推动“集群长三角”建设。加强长三角区域产业协同，建立“基地＋基金＋机制”工作模式，共建世界级产业集群。引导龙头企业加强长三角产业链一体化布局，探索共建长三角产业链协同创新示范基地，推动龙头企业将研发设计、高端制造、营销服务等产业链环节扎根本地，引导富余要素资源优先向示范基地集中。推动长三角重大产业合作平台建设，推动长三角工业互联网等重点平台建设；支持临港、漕河泾、张江、金桥等品牌园区“走出去”，推动沪苏大丰产业联动集聚区、张江长三角科技城等跨省市合作园区建设；围绕人工智能、机器人及智能制造等领域，搭建一批长三角区域产业联盟。探索建立长三角产业合作机制，联合编制长三角产业集群地图，协商建立有利于重大产业项目跨省市迁移的利益共享机制，探索组建长三角产业合作基金，促进产业布局优化和要素资源跨区域流动。

4．推动产业园区集群集约发展。加强园区要素资源高效配置，促进园区高质量发展。推动园区产业集群化升级，引导园区差别化产业定位，聚焦发展优势特色产业，加强产业链布局；建设新型产业创新平台和机构，集聚创新型企业、人才和团队，构筑创新“场效应”；搭建集研发设计、检验检测、知识产权、金融对接等功能于一体的集群组织和服务平台，为集群企业提供优质服务；加快海关特殊监管区域整合优化，推动出口加工区向综合保税区转型，促进制造企业拓展研发、维修、展示、物流等功能。推动园区资源集约化提效，强化产业园区空间指引和用途管制，鼓励各区通过转型开发、政府收储、园区平台回购等方式，加快存量土地腾笼换鸟；提升园区产业承载容量，在园区交通、环境以及配套设施满足要求的情况下，鼓励通过提高容积率等方式提高园区土地利用效率。

（十）绿色创先专项行动

1．推进产业绿色提升。全面提升制造业资源能源利用效率和清洁生产水平。大力推进能效提升，扩大节能新产品、新技术、新工艺应用，每年完成改造项目节能量达50万吨标煤以上，全面淘汰高能耗落后机电设备，试点建设余热资源统筹共享网络，推动分布式光伏、区域能源中心建设。推行清洁生产全覆盖，研究制定上海市促进清洁生产条例，加大清洁生产技术改造，全面完成燃油燃气锅炉排放提标改造和汽车、船舶等行业挥发性有机物治理，实现重点行业、园区、区域清洁生产全覆盖。推动资源高效循环利用，综合提升工业固废、水、再生资源等的循环利用，建成3～5个“城市矿产”示范基地，完成全部国家级和50%以上市级工业园区循环化改造，培育高端智能再制造产业，再制造技术工艺达到国际先进水平。

2．推动绿色制造领跑。率先推进全员能效和环境管理，开展绿色制造评价，示范打造一批“低污染、低排放、低碳”领跑者，建成一批理念领先、技术一流、具有全球影响力的“四绿”标杆。开发100项绿色示范产品，聚焦产品全生命周期绿色管理，推行生态设计，发布绿色制造产品目录，引导绿色消费。创建100个绿色示范工厂，制订重点行业绿色工艺、技术和装备推广方案，在大中小企业全面推行绿色制造。培育20个绿色示范园区，推动园区余热、水、微电网等基础设施共建共享，打造布局集聚、结构绿色、链接生态的绿色园区。建设10条绿色示范供应链，以汽车、电子、高端装备等行业龙头企业为核心，全面推行绿色采购。

**四、保障措施**

（一）扩大制度有效供给

加强顶层设计，扩大打响“上海制造”品牌的制度供给。加强产业政策有效供给，围绕振兴历史经典品牌、支持企业技术改造、扶持创新型企业发展、加强企业分类指导、促进资源要素高效配置等方面，研究制定专项扶持政策，加大财政支持力度，强化政策精准性和有效性。建立健全产业合作共享机制，围绕促进创新策源地重大科技成果向产业化承载区转化、支持企业跨区域迁移、推动长三角产业一体化等领域，建立合作利益共享机制，促进要素资源合理流动。强化产业领域改革创新，深化“放管服”改革，发挥自由贸易港政策突破对制造业的开放带动作用，吸引产业重大项目落地，促进企业国际化经营；优化产业项目审批流程，大幅度压缩审批周期；深入推动国有企业集团加强二级及以下企业混合所有制改革，并扩大员工持股试点。

（二）强化企业精准服务

推进企业服务线上线下无缝对接，建设“上海市企业服务中心”，推动“一网受理、全网协同、全市通办”。完善企业线上服务机制，强化面向全所有制、全规模、全生命周期的“上海市企业服务云”功能，提高企业上云“网购”便利度；设立创新企业诉求直通车，及时响应企业诉求。健全企业线下精准服务网络，加强综合协调和兜底服务，优化企业诉求受理、汇总分解、跨部门协作、跟踪督办和第三方评估机制；匹配企业需求，制定发布服务清单、政策清单，打通服务企业“最后一公里”。

（三）加强土地资源配置

像保护耕地一样保护先进制造业用地，像保护文物一样保护老工业遗产。保持工业用地合理规模，制订工业用地布局规划，2020年，全市规划工业用地规模保持在550平方千米左右；加强工业用地用途管制，对于工业用地用途变更和用地改性的规划调整，应先行征求市规划土地和产业部门意见。保障工业项目用地需求，市统筹新增建设用地计划指标1平方千米用于市级重点产业项目，并向品牌园区倾斜；198区域减量化增减挂钩用于支持新增工业项目的土地指标不低于1/3。

（四）加快产业人才集聚

优化产业人才发展环境，为打响“上海制造”品牌提供坚实的人才支撑。实施“卓越制造人才计划”，加大卓越制造人才支持力度，统筹安排卓越制造人才专项资金，重点支持面向工程化、产业化应用的高精尖人才。开展卓越制造人才选树，对接世界技能大赛，深入实施“上海工匠”选树培养、技能人才晋级和高师带徒奖励计划，举办“上海制造”创新创业大赛，完善“智慧工匠”“领军先锋”评选，创设“上海制造”突出成就奖。加强人才服务保障，建立市区联动、全覆盖的管理服务网络，解决产业人才的租赁住房和落户需求。建立职业资格、职业技能等级与相应专业技术职称贯通的制度。

（五）推进产融深度结合

加强产融对接，强化金融对实体经济发展的支持。加大产业基金支持力度，对接国家级制造业发展、产业转型升级等基金，利用本市产业转型升级投资基金，吸引社会资本参与，聚焦支持人工智能、集成电路、智能制造、生物医药、园区转型升级等领域。拓展资本市场支持渠道，优先支持制造企业多渠道上市挂牌和发行债务融资工具，充分利用本市区域性股权交易市场挂牌进行股权融资，鼓励制造业企业通过资本市场并购重组，推进制造业领域资产证券化。加强产业金融创新服务，鼓励发展供应链金融和绿色金融业务，发挥本市科技型中小企业信贷风险补偿和信贷奖励政策的作用，引导商业银行加大信贷投放。推进重大技术装备首台（套）和新材料首批次应用保险试点。推动大型制造企业设立财务公司。

（六）加大品牌宣传力度

加强总体宣传策划，为打响“上海制造”品牌营造良好的社会氛围。加强全方位品牌宣传，面向国内外大力宣传“上海制造”品牌，注重应用新媒体宣传，扩大“上海制造”影响力。开展“上海制造”高层次研讨，创新研讨形式和内容，提高社会各方对打响“上海制造”品牌的认识，扩大“上海制造”品牌知晓度。组建“上海制造”高端智库，与知名高校、科研院所深入合作，围绕“上海制造”产业集群、品牌经济、企业成长、人才战略等问题开展持续研究和定期评估。建立“上海制造”品牌服务体系，完善品牌价值发现机制，支持营销、策划、培训等品牌公共服务机构提供市场化、专业化服务。

（七）强化组织机制保障

加强组织领导，明确工作责任，抓好行动计划落实。加强统筹推进，统筹发挥市推进《“中国制造2025”上海行动纲要》工作领导小组、市服务企业联席会议制度、市工业区发展联席会议等组织机制作用，各相关部门通力合作，协调解决打响“上海制造”品牌工作的重大事项。充分发挥各区和园区的积极性，各区和园区要制定切合实际的实施细则和方案，明确区域产业发展定位，推动资源要素向实体经济有效集聚，持续发力、久久为功，确保各项行动落实到位。加强督查考核，将打响“上海制造”品牌纳入市委、市政府的工作考核，定期进行工作督查，通报工作推进和完成情况，确保行动计划顺利实施。

# 在线新经济发展情况

2020年，上海市制订《上海市促进在线新经济发展行动方案（2020—2022年）》，借助于AI、5G、互联网、大数据、区块链等智能交互技术，推动制造业发展质量和效率提高，聚焦十二大发展重点：无人工厂、工业互联网、远程办公、在线金融、在线文娱、在线展览展示、生鲜电商零售、“无接触”配送、新型移动出行、在线教育、在线研发设计、在线医疗等，加快培育新增长点和新增长极。

**一、创新土壤孕育在线新经济发展**

（一）基础设施领先

上海深化智慧城市建设，加强网络基础设施、数据中心和计算平台、重大科技基础设施等布局，总体水平一直保持国内领先。从网络基础设施能力、网络覆盖以及用户感知度看，上海率先建成“双千兆宽带城市”，上海千兆固定宽带已覆盖960万户家庭、实现99%家庭覆盖，固定宽带平均可用下载速率达到50.32Mbps（兆比特每秒），是全国第一个超过50Mbps的城市。

上海5G建设、应用及相关产业规模领跑全国、处于全球第一阵营，截至2020年底，累计建设5G室外宏基站3.2万个、5G室内小微约5.1万个，实现中心城区和郊区重点区域5G连续覆盖，平均下载速率超300Mbps，重点区域下载速率超800Mbps。

上海已培育涵盖网络、平台、安全等39个综合解决方案提供商，打造宝信、上海电气“星云智汇”、智能云科、中科云谷等15个具有影响力的工业互联网平台，建成94个市级以上智能工厂，带动12万中小企业上平台，工业互联网的核心产业规模达到1000亿元。空间布局上，基本形成以松江、临港、嘉定、宝山、金山为支点的“一链多点”布局。先后落地国家首个工业互联网创新中心、标识解析国家顶级节点、首支地方性专项产业基金、首个地方性工业互联网协会等。

（二）业态模式创新

在最能代表创新活力的互联网领域，2020年上海互联网相关业务收入增速达20.9%，规模居全国第三。细分领域龙头众多，20家头部企业入围“中国互联网百强”，数量仅次于北京。占据全国40%的网络游戏市场，60%的金融信息服务市场，70%的O2O生活服务市场，具备业态最为完善的数字内容产业链。

行业主导特色鲜明，主要集中在生活服务、金融信息服务以及网络游戏等领域，并形成一定的地域集聚，拼多多位列中国第四大互联网公司，已经跻身头部互联网阵营，携程、B站、达达、小红书、喜马拉雅、叮咚买菜等中等体量的互联网公司后劲十足。

智能技术赋能百业，人工智能可以与5G、大数据等融合发展，为新业态、新模式、新产业发展充分赋能，传统行业的数字化转型已经在无形中被倒逼提速。截至2020年底，全市智能制造应用能级不断提升，初步建成国家级智能制造示范工厂14家，上海市智能工厂20家，工业机器人产量占全国近1/3。已建成覆盖2400万常住人口、200多万家企业以及涵盖全市域的人口、法人、空间地理基础数据库。智能技术在公共卫生领域充分展现力量，更与商业、教育、金融等行业深度融合，催生出“在线新经济”的实力矩阵。

（三）应用场景丰富

在线新业态新模式的创新，关键是要将技术与产业深度融合，打造新场景、创造新需求。上海作为一个拥有2400

万人口的超大型城市，人流、物流、车流、资金流、信息流密集，学校、医院、工厂、交通、商场、社区等场景资源丰富，在线新经济各领域都可以在上海得到广泛应用。

上海人工智能应用场景建设已经从单个场景、点上示范转向领域推广、城市赋能，从解决行业痛点趋向实现价值落地，先后对外发布三批共49个人工智能应用场景需求，已树立张江人工智能岛，洋山港智能网联集卡，进博会国网电力智能巡检，上海电气“AI+工业互联网”融合应用，肿瘤医院、儿中心AI全面赋能，乒乓球学院智能教练等世界级应用标杆。

**二、新举措推动在线新经济展现新亮点**

（一）放宽准入鼓励创新试点

上海积极探索适用于新业态新模式的监管措施，在严守安全底线的前提下为在线医疗、新型移动出行等重点领域发展留足空间。针对疫情期间咨询、诊疗、随访等需求的快速增长，制定出台《上海市互联网医院管理办法》和“互联网+护理”试点方案，支持互联网诊疗发展，截至6月，已有26家互联网医院开展互联网诊疗服务，已累计开展诊疗服务3万人次，长宁、静安、普陀、浦东等4个区已试点开展“互联网+护理服务”。

专栏1　互联网诊疗

上海市儿童医院互联网医院自上线以来，截至2020年9月，累计诊疗记录数已破万，咨询总量达到近5万人次，累计开出处方6000余张，为家长和患儿带去了优质、便捷的医疗服务新体验。

上海着力打造智能网联汽车创新生态，无人驾驶试点逐步推广，在全国实现“5个率先”：率先制定道路测试管理办法、率先开展智能网联汽车的示范应用、率先开展智能网联重卡高速公路载货的试点运营、率先布局发展智能网联汽车核心产业链、率先发布智能网联汽车道路测试标准体系。

专栏2　无人驾驶测试

上海在嘉定、临港、奉贤等3个区域累计开放无人驾驶测试道路131千米，包含1500多个测试场景，向20家企业颁发了119张道路测试和示范应用牌照，企业数和牌照数位居全国首位，有效测试里程超过44万千米。

（二）品牌网络营销提振消费

上海陆续举办信息消费节、云上购物节、创意设计周等活动，促进产品和服务的市场推广，做到线上线下融合发展。

“五五购物节”作为上海市推出的一项全新的大规模消费节庆活动，共推出160多项重点活动和920余项特色活动，参与的线上商家超过52万家，线下商家超过10万家，助推在线经济、新型消费等新业态、新模式逆势上扬、蓬勃发展。

专栏3　首届中国（上海）工业品在线交易节

2020首届中国（上海）工业品在线交易节聚合产、政、银、企、媒多方资源，创新工业消费新模式，打造工业品牌新亮点。交易节联动线上线下，围绕生产设备、机械部件、电控电工等工业品，与京东工业品、震坤行、顺丰速运等23家电商平台合作，提供检测认证、智能运维、直播营销等多维度产品服务，共举办15场综合性工业品牌活动周、18款新品云首发、149场次线上直播；联合17家金融机构，提供数据网贷等200亿元金融授信服务，吸引超1200家企业上线注册开店、超百万专业人士点击观看，新增工业品单品超300万，交易额超130亿元。其中，电子电器、仪器仪表等标准型工业产品约105.3亿元，工业机器人、大型生产设备等项目型产品约24.7亿元，间接撬动工业生产总值约400亿元。

（三）在线办事提升政府服务

持续运用互联网、大数据、AI等新技术，推进在线办事、“不见面”审批、“云招商”等智慧政务服务，加速释放服务型政府效能，提升城市治理水平。

专栏4　在线办事、“不见面”审批

推动政务服务“一网通办”再提速，加大“一网通办”平台服务力度，推出“零跑动”“零材料”提交事项，涵盖新版社保卡申请及开通、个人住房公积金查询等服务事项，为市民提供更多便利。促进企业需求“一站式服务”再升级，通过“市企业服务云”发布各类政策文件解读400多条，日均访问量达到27万次，日均受理企业诉求1200多件，帮助企业实现对优惠政策应知尽知、应享尽享。

加快招商引资“屏对屏洽谈”再加力，搭建上海市投资促进平台，整合发布400多项投资政策、200多个产业园区、3000多座商务楼宇以及20余万条产业配套设施信息，为全球投资者提供载体推介、政策咨询、智能选址、落地对接等一站式“云服务”。

（四）聚焦区域发展特色施策

上海率先在全国发布《促进在线新经济发展行动方案》以来，聚焦在线医疗、金融服务、展览展示、工业互联网等十二大领域，重点打造4个“100+”（“100+”创新型企业、应用场景、品牌产品、关键技术），各区结合自身特色，相继出台各自政策。全市有8个区出台各自在线新经济指导政策，其中行动方案、行动计划类6个，分别是杨浦区、宝山区、青浦区、徐汇区、静安区、虹口区；具体措施、实施意见类2个，分别是普陀区和长宁区。

**表 1 各城区已发布在线新经济专项政策概况**

| 区域 | 政策名称 | 主要内容 |
|---|---|---|
| 杨浦区 | 积极发力数字新基建、培育在线新经济打造发展新高地的行动计划 | 着力发展工业互联网、在线文娱、新型移动出行、新零售等领域，进一步加强制度创新、形成先发优势，打造经济发展新引擎。打造一个以在线新经济为核心，集平台、技术、应用于一体的“在线新经济生态园”。围绕“新网络”“新设施”“新平台”“新终端”，落地10个市级示范引领项目。围绕在线新经济、新基建的产业链条，引进、培育100余家具有硬核技术、高贡献、高成长的企业。挖掘杨浦优势基础，推动在线经济相关产业冲刺千亿元级规模。鼓励企业“上云用数赋智”，全面推动区域企业数字化转型，实现万家企业上云 |
| 宝山区 | 宝山区促进在线新经济发展行动方案（2021—2023年） | 努力打造上海在线新经济引领区。推动生产服务消费深度融合、线上线下应用场景深度融合、传统产业和新兴产业深度融合，积极打造“两城十园”的在线新经济生态布局。其中，“两城”即吴淞创新城、南大智慧城，“十园”即十个在线新经济示范园区 |
| 青浦区 | 青浦区促进在线新经济发展行动方案（2020—2022年） | 培育10～15家创新型企业。依托现有的人工智能、北斗导航、智慧物流等优势产业基础，聚焦掌握核心技术、具有自主知识产权的创新型领军企业发展。打造6～8家品牌企业。集中优势资源，支持企业加强技术创新、质量提升和品牌培育，力争培育出一批在线新经济“独角兽”、行业隐性冠军等品牌企业以及上市企业。孵化30家工业互联网企业。支持面向重点产业、重点环节的工业互联网平台建设，推动企业从单项应用向综合集成跨越，扶持工业互联网企业创新发展。突破8～10项关键技术。重点培育5G、人工智能、互联网、大数据等研发与转化功能型平台，加强产学研联动发展，培育在线新经济领域的技术创新成果 |
| 徐汇区 | 徐汇区关于大力支持在线新经济加快培育壮大新经济发展新动能的行动计划 | 到2022年末，支持推动1000+企业实现数字化转型，培育集聚100+在线新经济重点企业，使徐汇成为上海在线新经济发展先行区，形成徐汇在线新经济发展的创新生态。加快发展在线新经济新业态、加强在线新经济创新支持、加大金融资金扶持力度、实施数字化转型伙伴行动、营造法治化便利化发展环境、发挥“两翼一体”营商服务优势 |
| 静安区 | 静安区推进新型基础设施建设全力打造在线新经济卓越城区发展行动计划（2020—2022年） | 到2022年末，将静安区打造成具有国际影响力、国内领先的数字新基建标杆城区、数字新经济发展实践区和数字新生态卓越城区。围绕重点领域打造静安区在线新经济领域的“一园、三带，十、百、千、万”工程，即打造“市北在线新经济生态示范园”，构建中环两翼在线创新策源带、苏河两岸在线专业服务融合带、南京西路商业商务提升赋能带，形成十大关键平台，培育100家优势企业，推出1000个创新产品，部署1万个应用终端 |

（续表）

| 区域 | 政策名称 | 主要内容 |
|---|---|---|
| 虹口区 | 虹口区落实《上海市促进在线新经济发展行动方案（2020—2022年）》的实施意见 | 为虹口区产业高质量发展打造新亮点、创造新标杆，形成经济发展新增量。鼓励本区制造业加快智能化转型、鼓励发展工业互联网；大力发展在线金融服务、在线文娱、在线展览展示、在线教育、在线研发设计、在线医疗；拓展生鲜电商零售业态、推广“无接触”配送模式、探索新型移动出行模式、支持远程办公模式；实施北外滩应用示范专项行动、招大育强创新型企业专项行动、品牌网络推广专项行动、核心技术研发专项行动、新基建项目建设专项行动、数据资源共享专项行动 |
| 普陀区 | 普陀区支持新基建和在线新经济发展的实施意见（试行） | 加大引进和培育“数字新基建”“在线新经济”特征的智能软件产业领域重大项目力度，加快推进产业链上下游企业在普陀区集聚发展。聚焦自动化、数字化、网络化、智能化发展，围绕人工智能、大数据、云计算、网络游戏、工业互联网及信息安全、智能制造及机器人等方向，鼓励市场主体开展软硬件研发设计、系统集成与场景应用，促进相关领域企业技术创新、产业集群发展、园区能级提升、生态环境建设以及加速推进科技创新成果的产业化进程出台12条专项奖励政策 |
| 长宁区 | 长宁区支持在线新经济发展的若干政策（试行） | 加快“五个一批”建设，即培育一批创新型企业、推出一批新经济应用场景、打造一批品牌产品、突破一批创新技术、形成一批制度创新举措，推动长宁从“数字长宁”向“智慧长宁”升级，力争3年内引进和培育一批高成长性的优质企业和示范项目，把长宁区打造成为上海在线新经济发展高地，建设成为智慧城市样板区、智慧生活最佳体验区。促进创新驱动、创新策源，加强新经济总部企业引进和新经济企业培育、支持发展“在线+”模式，推动新业态新技术场景应用落地、优化产业发展生态环境，加强在金融、人才、监管领域内的精准服务等支持政策 |

## 三、持续发力打造在线新经济发展生态体系

上海市产业地图提供的数据显示：在融合型数字产业中，人工智能企业32%在浦东新区，20%在徐汇区；大数据企业29%在静安区，24%在浦东新区；工业互联网企业21%在浦东新区，18%在徐汇区，13%在闵行区。

**表 2 各区产业定位概况**

| 产业 | 行业 | 产业定位地区 |
|---|---|---|
| 现代服务业 | 金融服务 | 普陀区、虹口区、杨浦区、黄浦区、浦东新区 |
| | 生产性服务业 | 虹口区、黄浦区 |
| | 软件和信息服务业 | 青浦区、宝山区、浦东新区、金山区 |
| | 文化创意 | 徐汇区、长宁区、杨浦区、松江区、浦东新区 |
| | 现代物流 | 青浦区 |

（续表）

| 产业 | 行业 | 产业定位地区 |
| --- | --- | --- |
| 现代服务业 | 会展服务 | 静安区、黄浦区、青浦区 |
| | 现代商贸 | 静安区、黄浦区、青浦区、浦东新区 |
| 融合型数字产业 | 人工智能 | 徐汇区、长宁区、杨浦区、松江区、闵行区、宝山区 |
| | 大数据 | 静安区、杨浦区、松江区、浦东新区 |
| | 工业互联 | 松江区 |

按照全市产业地图布局，结合各区产业定位，通过老厂房、老仓库、工业标准厂房和商务楼宇等存量资源的改造提升，打造一批特色鲜明、功能错位、相对集聚的在线新经济特色园区和生态园，推动老厂房、老仓库焕发活力，构建以在线新产业为核心，集平台、技术、应用于一体的创新创业生态体系。

1．培育在线新经济载体

“十三五”以来，上海不断优化产业空间布局，累计实施5153项产业结构调整项目，园区单位土地产值从67.4提高至75亿元／平方千米。3月31日，上海正式对外推出26个特色产业园区，面向全球开展集中招商。总面积近110平方千米，规划产业用地超过60平方千米，其中可供产业用地增量空间超过25平方千米，可租售物业面积超过1400万平方米。截至四季度，26家特色园区意向签约项目数635个、投资额超过1940亿元；当年落地项目数超过60个、投资额超过990亿元。

26个面积在3～5平方千米的特色产业园区，具有鲜明的“小而美”定位，瞄准集成电路、人工智能、生物医药、航空航天、新材料、智能制造等六大核心产业领域，全力打造在线新经济发展新高地。

2．吸引在线新经济人才

2020年，上海推出人才新政二十条，召唤国内外优秀人才，尤其对于优秀青年人才和重点产业、科技专才的激励成为广受好评的亮点。相关调查显示，2020年全国互联网中高端人才的薪酬北京第一，上海第二；互联网人才最向往工作的城市杭州第一，上海第二。哔哩哔哩、得物、高顿教育等新经济企业，创始人的年龄都在40岁以下，甚至更年轻。

专栏5　创办在线新经济大学

普陀区政府、上海华谊集团、喜马拉雅等三方共同打造喜马拉雅大学，这是全国首个以市场需求为导向、以能力培养为核心的在线新经济大学，下设主播学院、红人学院和新职业学院。主播学院以喜马拉雅音频内容生态为载体，培养各类音频主播及上下游行业中的新职业；红人学院顺应移动互联网发展，开设直播带货、各类达人、短视频运营等专业课程，新职业学院则是各类新职业的孵化基地，市场需要什么人才，学校就及时跟进，培养什么人才，帮助他们找到在线工作的新机会。

3．发力在线新经济资本

上海正在发挥多层次资本市场的推动作用，将资本和新技术、新模式、新业态相结合，从股权投资、知识产权、金融保险等方面为在线新经济创造更有利的成长环境。金融工具和稳定经济增长是创新和生态发展的催化剂。

在推动多层次资本市场助力方面，上海相关部门推出一系列金融措施，扮演着创新创业启动器、推进器、加速器和减压器的角色。

专栏6　推动多层次资本市场助力创新企业

上海经过科技部认定的高新技术企业已经达到1万多家，有近1000家企业进入政府企业库，其中有66家企业基本成熟，已经正式对接资本市场，还有约300家企业相对成熟纳入重点培育对象。此外，上海还为科创企业融资提供风险增信服务，成立政策性融资担保基金，并支持保险机构研发推进，符合科创企业需求的保险产品。

（刘　文）

# 工业经济运行情况

2020年，上海遵照中央和中共上海市委、市政府的部署，一手抓疫情防控，一手抓复工复产，使工业经济保持稳定上升，工业生产实现稳定增长。

**一、工业生产逐季回升，增加值规模保持全国城市第一**

全年规模以上工业总产值完成34831亿元，可比上年增长1.9%，比一季度、上半年、前三季度分别回升19.3个、8.2个、3个百分点。全市实现工业增加值9657亿元，居全国主要城市首位。规模以上工业增加值增速位列全国第21位，比上年提高10位。

**二、相关服务业快速增长，对全市服务业支撑作用增强**

2020年，信息传输、软件和信息技术服务业完成增加值2761亿元，同比增长15.2%，高于全市第三产业增加值增速13.4个百分点；软件和信息技术服务业营业收入10913亿元，同比增长12.4%左右，增速逐季提高。在线新经济成为增长新引擎，美团、寻梦信息等龙头企业增长较快。生产性服务业重点领域企业实现营业收入30552亿元，同比增长6.2%，其中总集成总承包、研发设计服务分别增长5%和9.8%。文创产业实现增加值约5000亿元，同比增长1%，其中互联网和相关服务业、建筑设计业、工业设计业分别增长11.4%、7.1%、6%。

**三、重点领域引领增长，产业高质量发展初显成效**

战略性新兴产业制造业完成总产值13931亿元，同比增长8.9%，快于全市规模以上工业7个百分点，占全市规模以上工业比重达到40%。其中，新能源汽车增长1.7倍，新材料增长10.8%，新能源增长8.5%，新一代信息技术增长6.2%。生物医药产值1417亿元，同比增长2.9%。集成电路产业销售收入2071亿元，同比增长21%。其中，设计业954亿元，增长33%；芯片制造业467亿元，增长20%；封装测试业430亿元，同比增长13%；装备材料业219亿元，同比增长0.1%。人工智能产业规模约2000亿元，同比增长35%。

**表1 战略性新兴产业制造业分领域情况**

| 战略性新兴产业 | 2020年 | 增长（%） |
|---|---|---|
| 新一代信息技术 | 5584 | 6.2 |
| 新材料 | 2663 | 10.8 |
| 高端装备 | 2434 | −0.9 |
| 生物医药 | 1417 | 2.9 |
| 节能环保 | 827 | 4.9 |
| 新能源汽车 | 664 | 1.7倍 |
| 新能源 | 482 | 8.5 |
| 数字创意 | 129 | −1.2 |
| 合计 | 13931 | 8.9 |

**四、制造业投资保持两位数增长，大项目拉动作用明显**

全年工业投资同比增长15.9%，制造业投资增长20.6%，连续34个月两位数增长。主要领域中，电子信息、生物医药、汽车制造分别增长64.8%、27.3%、17.2%。大项目拉动作用明显，集成电路重大项目投资增长超过100%；新能源汽车重大项目投资增长超过30%。

**五、工业能耗持续下降，绿色集约水平提高**

全年全市规模以上工业用能总量同比下降1.2%，单位增加值能耗同比下降2.8%。“十三五”时期用能总量累计下降356万吨标煤，单位增加值能耗累计下降17%，圆满完成总量下降180万吨、强度下降15%的“十三五”节能目标。工业经济密度稳步提高，全年产业园区地均工业产值预计约76亿元／平方千米。

**六、市场回暖叠加稳增长成效，工业经济发展强劲**

从规模看，大中型企业产值2.5万亿元，同比增长3.3%；小型企业产值1万亿元，同比下降1.5%。从所有制看，外资企业产值同比增长20%；国有企业产值同比下降1.3%；民营企业产值同比增长1%。从产品看，95种重点产品中有34种产品产量实现增长，增长面达35.8%。其中，高新技术产品产量实现快速增长，新能源汽车、服务器和3D打印设备分别增长1.9倍、25.4%和23.2%。

**七、主要行业增降各半，汽车行业引领增长**

在政策刺激、市场需求复苏、新产能释放等多重因素影响下，全年汽车行业完成产值6735亿元，可比增长9.3%，拉高全市规模以上工业1.7个百分点。汽车产量265万辆，同比下降3.7%，其中，新能源汽车24万辆，增长1.9倍。电子行业完成产值5477亿元，可比增长5.4%，拉高全市工业增速0.8个百分点，主要是居家办公、在线教育、娱乐类消费电子产品需求增长。石化行业完成产值3868亿元，同比增长3.9%，拉高全市工业0.5个百分点，主要是汽车尾气催化类专用化学品制造带动。医药行业完成产值1000亿元，同比增长2.8%，主要是化学原料药生产旺盛。电力行业完成产值1127亿元，同比增长1.6%，主要是高温及寒潮天气下用电负荷持续攀升，达到3339万千瓦历史高峰。

轻工、机械、钢铁、烟草、船舶等5个行业出现下降。轻工行业完成产值5117亿元，可比下降4.6%，拉低全市工业0.7个百分点，一方面，前期疫情造成的损失未能有效回补，如珠宝首饰销量大幅减少；另一方面，要素成本、环保和规划因素造成产能转移。钢铁行业完成产值1120亿元，同比下降4.2%；烟草行业完成产值1002亿元，同比下降2.9%；船舶行业完成产值561亿元，同比下降1.9%；机械行业完成产值6665亿元，同比下降0.1%。

**表2 主要行业产值完成情况**

| 行业 | 2020年工业总产值（亿元） | 增长（%） |
|---|---|---|
| 汽车 | 6735 | 9.3 |
| 电子 | 5477 | 5.4 |
| 石化 | 3868 | 3.9 |
| 医药 | 1000 | 2.8 |
| 电力 | 1127 | 1.6 |
| 机械 | 6665 | −0.1 |
| 船舶 | 561 | −1.9 |
| 烟草 | 1002 | −2.9 |
| 钢铁 | 1120 | −4.2 |
| 轻工 | 5117 | −4.6 |

（吴 畅）

# 第 27 届全国企业管理现代化创新成果上海企业获奖情况

为深入学习贯彻习近平新时代中国特色社会主义思想，全面贯彻中共十九大和十九届二中、三中、四中、五中全会精神，贯彻落实中央经济工作会议精神，贯彻落实《中共中央、国务院关于营造企业家健康成长环境弘扬优秀企业家精神更好发挥企业家作用的意见》（中发〔2017〕25 号），深入实施工业和信息化部等 11 部委联合下发的《关于引导企业创新管理提质增效的指导意见》（工信部联产业〔2016〕245 号），根据《关于组织申报第二十七届全国企业管理现代化创新成果的通知》，全国企业管理现代化创新成果审定委员会（简称全国审委会）组织开展了第 27 届全国企业管理现代化创新成果的申报、推荐与审定工作。截至 2020 年 9 月底，共收到并受理企业申报材料 557 项。经组织高等院校、科研机构、企业团体等有关专家初审、预审，在中国企联官网进行公示，并由全国审委会终审，有 264 项被审定为全国企业管理现代化创新成果，其中一等成果 32 项、二等成果 232 项。

第 27 届全国企业管理现代化创新成果充分反映各类企业认真学习贯彻习近平新时代中国特色社会主义思想，贯彻落实中共十九大和十九届二中、三中、四中、五中全会精神，立足新发展阶段，贯彻新发展理念，构建新发展格局，持续推动企业高质量发展的总体情况。这些成果集中体现企业在复杂系统工程协同管理、自主可控产业链供应链构建、“一带一路”建设与国际化经营、与业务深度融合的数字化转型、国有企业改革与国有资本管理、抗击疫情和复工复产、扶贫脱贫攻坚与社会责任管理、战略转型升级与集团管控、精益管理与标准化建设、质量提升与品牌建设、财务管理与风险控制、人力资源管理与激励机制等方面的最新实践，展示我国企业管理的新特点、新趋势、新模式，为政府有关部门制定相关政策提供了参考，为其他企业提供可学习借鉴的成功经验，为大专院校和科研机构进行企业管理科学研究与教学提供实践案例。

其中，上海企业的获奖情况如下：

一等奖（2 项）：

| 成果名称 | 申报单位 |
|---|---|
| 大型军工企业以业务深度融合为导向的数字化转型管理 | 江南造船（集团）有限责任公司 |
| 商用航空发动机基于自主工业软件的数字化研发体系建设 | 中国航发商用航空发动机有限责任公司 |

二等奖（8 项）：

| 成果名称 | 申报单位 |
|---|---|
| 基于风险等级标准化体系的高铁智能化安全管理 | 中国铁路上海局集团有限公司 |
| 提高企业核心竞争力的大型船舶及海洋工程装备建造精度管理 | 上海外高桥造船有限公司 |
| 特大型航企基于大数据的飞行管理 | 中国东方航空股份有限公司 |
| 基于“产品质量先期策划”的宇航产品外协外包全流程质量管理 | 上海航天电子技术研究所 |
| 助力全球卓越城市建设的“能源管家”智慧服务提升 | 国网上海市电力公司浦东供电公司 |
| 管理咨询企业与客户共创价值的战略咨询服务管理 | 上海君智企业管理有限公司 |
| 实现电力行业供应链协同共赢的物资供应服务管理 | 上海华能电子商务有限公司 |
| 大型能源装备集团海外市场拓展策略转型 | 上海电气电站集团 |

（曹　恺）

# 工业互联网发展情况

2020 年，上海以落实《推动工业互联网创新升级实施“工赋上海”三年行动计划（2020—2022 年）》（以下简称“新三年行动计划”）为抓手，按照全市工业互联网工作推进大会部署要求，重点抓任务落实、抓时间进度，取得新的成果。

**一、加强顶层设计和前瞻研究**

（一）出台新一轮三年行动计划，正式印发《推动工业互联网创新升级实施“工赋上海”三年行动计划（2020—2022 年）》；召开全市工业互联网工作推进会议，面向全市进行工作动员部署；编制新三年行动计划任务分解表，细化明确工作任务和关键指标，推动相关委办局、各区、重点企业、功能型机构进行工作任务分解。

（二）加强产业前瞻性布局。研究编制工业互联网“十四五”规划，按照“适度前瞻、有效对接”的原则，延续“工赋上海”新三年行动计划的主要思想，并提出“12345”的总体构想，为下一轮工业互联网三年行动计划提供中长期理论和规划支撑；按照中央深改委和中共中央办公厅以及市领导要求，结合上海工业互联网及制造业数字化转型的工作方案，编制《关于本市加快贯彻落实深化新一代信息技术与制造业融合发展的实施意见》；结合阿里正式发布的“新制造”业务，编制《关于阿里“犀牛智造”的启示及对本市工业互联网创新发展建议的报告》；指导临港新片区、松江、浦东、金山、嘉定、宝山等重点区域工业互联网相关规划编制和发布实施。

**二、加大重点工程和项目推进**

（一）市经信委联合市国资委，启动实施国资国企工业互联网促数字化转型专项工程，推动25家重点集团，开展工业互联网促数字化转型专项规划编制和重点项目实施及成效评估等工作；联合召开上海国资国企工业互联网创新发展暨企业数字化转型宣贯会，进一步凝聚共识、交流经验、明确责任、落实要求。

（二）支持致景科技、东土科技、摩贝化学、甲佳智能、海克斯康等一批工业互联网重点企业落沪并启动建设，协调正泰集团在沪正式设立正泰自动化和正泰研发中心（上海）。

（三）加速建设长三角一体化工业互联网示范区，长三角一体化公共服务平台、长三角G60工业互联网创新应用体验中心、工业互联网系统与产品检验检测中心等功能型平台启动建设，建筑、医药、科学服务、服装、食品等一批行业性工业互联网平台实施落地。

**三、打造产业创新示范标杆**

（一）聚焦产业、应用和服务协同创新，支持引导一批工业互联网重点项目，年内引导项目总投资13.13亿元，支持1.46亿元；组织开展工信部制造业高质量发展项目申报，上飞制造、中芯国际、宝信软件等15个重点项目获批国家级专项；聚焦两化融合管理体系贯标、跨行业跨领域工业互联网平台、特色专业型工业互联网平台、中德智能制造合作等方向，10个重点项目列入2020年度制造业与互联网融合发展试点。

（二）按照“成规模、有创新、能复制、可形成产业牵引”要求，采取“揭榜挂帅”模式，面向全市开展“新四化（网络化协同、服务化延伸、个性化定制、智能化生产）”、“两网贯穿（消费互联网与工业互联网贯穿）”等场景征集，首批196个应用场景纳入征集范围，形成以标志性工业场景带动和催生具有世界水平解决方案和服务商的产业创新发展新路径。

**四、着力实施“新基建”品牌建设**

（一）聚焦电子信息、生物医药等六大重点产业领域，持续推动一批“5G+AI+工业互联网平台”标杆建设，形成“设计＋平台服务”“供应链＋区块链＋工业互联网平台”“5G+工业互联网”“工业大数据和算法中心”“两网贯穿”等推进模式和发展路径。

（二）推动建设一批标识解析节点，华峰超纤、海尔数字、迈迪信息、中天互联超20个二级节点接入标识解析国家顶级节点（上海），覆盖机械、仓储、快消品、家电等多个行业，上线运行累计标识注册量已超16亿个，累计标识解析量突破4亿次，接入二级节点的企业数近3000家。

**五、不断健全生态体系建设**

（一）聚焦工业互联网平台以及云网、标识解析、工业数据、两化融合贯标、集成和工业信息安全等专业服务，遴选发布2020年度工业互联网推荐目录，着力培育一批工业互联网“隐形冠军”。

（二）推动上海市工业互联网协会正式成立，获批市级工业互联网高技能人才培养基地，联动工业互联网创新中心（上海）、工业互联网产业联盟上海分联盟等，深入开展资源对接、成果转化、人才培养等服务，全市工业互联网推进体系日益完善。

（三）支持松江区开展新型工业化产业示范基地验收工作，打造“1+4”工业互联网标杆园区发展格局，形成以“工业互联网平台”为特色的上海临港松江科技城、以“产城融合”为特色的嘉定新城工业互联网产业园、以“5G产业链”为特色的金桥5G产业生态园、以“创新应用”为特色的宝山工业区发展路径。

**六、强化宣传服务和氛围营造**

（一）成功举办2020工业互联网创新发展大会暨工业人共振嘉年华活动，联动长三角开展示范区建设成果发布、重大项目签约和系列评奖。

（二）成功举办2020世界人工智能大会全球工业智能峰会，联合联合国工发组织、福布斯中国等，重磅发布工业互联网“湛卢奖”，打造全球工业智能领域“奥斯卡”。

（三）连续5年举办工博会国际工业互联网大会和工业互联网展，工业互联网系列宣传展示品牌日益凸显。

**七、分类分级构建标准体系**

（一）《工业互联网标杆园区建设指南和评估指标体系》正式立项地方标准，《企业数字化转型评估指南》列入全市标准化试点。

（二）依托工业互联网协会，开展“面向典型制造场景的边缘应用指南”“面向典型应用场景的工业知识图谱技术规范”等团体标准研究并立项公示。

（三）基于特色行业场景的工业互联网标准推广和试验验证，以及团体标准或地方标准、企业类建设导则的编制正式纳入新三年行动计划目标考核，编制完成航天领域工业互联网企业建设导则。

（四）两化融合管理体系在全市重点行业和区级层面得到全面推广，7602家企业开展两化融合自评估，比上年增加约90%，624家开展贯标，270家通过评定，数量比上年翻一番。

（张 诚）

# 产业技术创新情况

2020年，面对新冠肺炎疫情和百年未有之大变局，上海制造业以习近平新时代中国特色社会主义思想为指导，认真贯彻落实中共十九届五中全会精神，按照中共上海市委、市政府总体部署，统筹推进产业技术创新、产业基础再造，推动新兴产业发展，推进产学研用深度融合，齐心协力、奋发拼搏，为服务上海科创中心建设、全力做强创新引擎、打好产业基础高级化和产业链现代化攻坚战贡献重要力量。

**一、打响疫情防控阻击战，以技术创新支持防疫新技术、新产品、新应用研发**

面对突如其来的新冠肺炎疫情，市经信委按照市委、市政府总体部署，火速恢复防疫物资生产，全力推进复工复产复市，以技术创新支撑防疫抗疫。一是征集防疫创新产品。2月7日，紧急组织发布《关于开展征集第一批防控新型冠状病毒感染的肺炎疫情新技术、新产品、新应用的通知》，23件产品通过专家评审入选2020年度第一批创新产品目录，为疫情期间采购防疫产品提供了指南。二是组织立项支持。按照《上海市产业转型升级发展专项资金管理办法》要求，立项支持25个防控新型冠状病毒的新技术和新应用项目。三是组织战新特别专项。会同市发展改革委制定《关于组织新型冠状病毒诊断与治疗创新品种研发及产业化特别专项的实施细则》，支持新型冠状病毒诊断试剂、疫苗、治疗性药物和相关影像诊断、检测等医疗辅助设备的研发及产业化。

**二、加大关键技术攻关力度，战略性新兴产业逆势上扬**

面对宏观经济下行压力、中美贸易摩擦和新冠肺炎疫情的多重影响，战略性新兴产业表现出良好的韧性，逆势上扬，实现“两个快于”：1月—12月，全市战略性新兴产业制造业部分实现总产值13931亿元，比上年可比增长8.9%，比规模以上工业总产值快7个百分点；战略性新兴产业完成投资1128亿元，同比增长27.8%，快于全市工业投资增速11.9个百分点。中芯国际SN1工厂、特斯拉、复宏汉霖等一批重大项目开始发力，体现了战新产业中流砥柱的作用和强大的发展后劲。其中，新能源汽车、新材料、新能源等领域产值分别同比增长1.7倍、10.8%、8.5%。同时，聚焦关键领域核心技术攻关，围绕大规模数字电路仿真工具、超大规模行业智能知识图谱、5G智能驾驶系统、工业膜元件智能制造设备、大口径高损伤阈值光栅、高集成和低成本激光雷达等核心技术及产品，布局一批重大项目。

**三、实施产业基础再造工程，工业基础能力进一步提升**

产业基础再造工程是国家在新时期的重要战略任务，旨在发挥我国超大规模市场优势和内需潜力，构建国内国际双循环相互促进的新发展格局。上海率先制订产业基础再造实施方案，扎实推进产业基础能力提升建设，坚决打好产业基础高级化、产业链现代化的攻坚战。围绕核心基础零部件（元器件）、先进基础工艺、关键基础材料和产业技术基础等“五基”环节，重点聚焦集成电路、智能网联汽车、核电、生物医药、高端装备等领域，通过国家和上海工业强基项目的持续推进，企业的自主创新能力不断提升，关键核心技术取得突破，创新产品持续推广应用。

**四、紧扣国家战略深化布局，创新平台建设取得新突破**

对接《中国制造2025》国家战略，对照上海科创中心能级提升需求，瞄准国家明确的重点领域，培育认定上海燃气轮机制造业创新中心和上海高端医疗装备制造业创新中心，上海已建成2家国家级和6家市级制造业创新中心。中微半导体设备（上海）股份有限公司、同济大学建筑设计院（集团）有限公司、上海电气核电设备有限公司和上海飞凯光电材料股份有限公司4家企业获批2020年国家认定企业技术中心。认定上海商汤智能科技有限公司、上海逸思医疗科技有限公司、上海禾赛光电科技有限公司等24家企业为2020年度市级企业技术中心。全市国家级企业技术中心已达92家，市级企业技术中心660家。

**五、深化推进协同创新，产学研合作开启新阶段**

围绕上海建设科技创新重要策源地，提升科创中心能级以及打好产业基础高级化、产业链现代化攻坚战，促进产业高质量发展的战略目标，市经信委与市教委、市科协等就推进产学研用深度融合，加快建立以企业为主体、需求为导向的产业技术创新体系，构筑上海产业发展新优势开展全面合作。（一）与市教委联合召开“深化产学研合作促进产业创新发展”工作推进会，现场签约6项重大校企合作项目。（二）与市教委签订《关于加强产学研融合深化协同创新全面合作框架协议》，与市教委、中航商发签订《上海市商用航空发动机领域联合创新计划（第二期）三方框架协议》，推动构筑上海产业发展新优势。（三）与市科协签订《服务科技经济融合发展战略合作协议》，加快形成从思想策源、技术创新、成果孵化到产业发展的全链条创新体系。

**六、发挥上海企业技术中心创新联盟资源集聚优势，助力协同创新能级不断提升**

上海企业技术中心创新联盟以长三角区域内企业技术创新需求和各方的共同利益为基础，以提升产业技术创新能力为目标，充分激发企业创新活力，形成以创新资源调配、优势互补、利益共享、风险共担的技术创新合作组织，打造协同创新、跨界融合的产业交流平台，已有会员单位200余家。联盟按照市委书记李强关于“坚定逆势飞扬决心和勇气、努力走出逆周期表现”的指示精神，策划启动“创新引领，逆势飞扬——寻找‘新引擎’”计划，聚焦“技术、产品、模式”创新和新材料产业发展，邀请院士专家、龙头企业、相关机构进行在线分享和研讨。

**七、中国国际工业博览会大奖参评展品创历年新高，影响力不断扩大**

在受疫情影响展商数量减少情况下，2020年中国国际工业博览会参评展品434件，比上年增加118件，数量创历年新高。评奖专家委员会投票评选出“中国国际工业博览会大奖”（CIIF大奖）10项，并一致推荐“北斗三号中科院导航卫星”获得特别大奖。获奖展品既有彰显国家实力的国之重器，又有关键“卡脖子”环节取得的重大突破，同时反映了在数字经济领域取得的重要成就；大奖包括武汉中科极化医疗科技有限公司的人体肺部气体磁共振成像系统、上海振华重工（集团）股份有限公司的自动化码头装卸系统、中国科学院沈阳自动化研究所的海斗一号、上海节卡机器人科技有限公司的节卡共融系列协作机器人、上海三爱富新材料科技有限公司的新型显示用含氟高分子材料（PT853）、凯盛君恒有限公司等的中性硼硅药用玻璃管、上海汽车集团股份有限公司的上汽5G智能重卡、华南理工大学等的超高分子量聚乙烯制品短流程高效制造技术、长春希达电子技术有限公司的超高清超高分辨率大尺寸LED显示器。

**八、举办创新与新兴产业发展国际会议（2020），搭建政产学研高端交流平台**

9月15日—19日，创新与新兴产业发展国际会议（2020）在上海成功举办。上海市市长龚正、中国工程院院长李晓红、工业和信息化部副部长辛国斌出席开幕式并致辞，中国工程院副院长陈左宁、钟志华、何华武出席，副市长吴清主持开幕式。会议共邀请97位报告人，其中外方61位、中方36位；企业家报告人29位，院士报告人64位。8场专题会与上海重点发展的产业方向紧密结合，涵盖人工智能、集成电路、生物医药等战略性新兴产业领域。在开幕式上，组织首批8家技术需求方和院士团队代表签约，推动院士专家科技成果转化。同时首次策划院士行、需求对接闭门会等活动，着力将大会打造成链接全球高端智脑和产业领袖的对话平台，展示科技前沿成果和重大战略突破的开放平台，推动创新链和产业链深度融合的合作平台，在业内引起广泛关注。线上参会人数比上年增长超过50%，会议影响力持续增强。

**九、首次策划院士专家创新成果展亮相中国工博会，推动院士成果服务产业高质量发展**

首次亮相工博会的院士专家创新成果展，汇聚132个院士专家团队的237项创新科技成果，成为展会热点展区。创新成果展覆盖新一代信息技术、集成电路、智能制造与装备、生物医药、新材料等领域，聚焦服务国家战略的重大工程，聚焦引领世界前沿的新技术新突破，聚焦服务人民所需的新装备新产品，大量成果为首发首创，很多技术成果都是颠覆性创新，解决卡脖子问题和短板。

**十、完善创新要素体系建设，优化产业技术创新生态**

围绕产业链部署创新链，围绕创新链打造产业链，完善创新体系建设，推动科技成果产业化。（一）编制创新产品推荐目录，80件创新产品入选本年度创新产品推荐目录，助力创新产品的推广和应用。（二）以“标杆”引领企业质量品牌建设，17家企业被评为2019年度上海市“质量标杆”，其中6家企业入选2020年度全国“质量标杆”，数量全国第一。编制《2018—2020上海市质量标杆成果集》，加强先进质量管理方法和实践的应用推广。（三）以高标准推动产业高质量发展，推动组建“上海市增材制造标准化技术委员会”，组织推荐30项标准制修订项目和8项标准化试点项目。四是加强创新体系研究，构建上海企业创新活力指数指标体系，编制《产业技术创新白皮书（2020）》，形成“上海市企业技术中心2020年度创新榜单”。

（金智献）

# 大数据产业发展情况

2020年是《上海市大数据发展实施意见》发布的收官之年。“十三五”期间，上海市持续推进国家大数据综合试验区建设，在体制机制建设、公共数据开放、产业集聚发展、创新生态营造等方面取得良好成效。全市大数据产业能级不断跃升，数据红利深度释放，技术产品爆发增长，创新企业持续涌现，产业生态日趋繁荣，支撑体系日益完善。从世界范围看，对标国际发达地区，上海大数据产业发展基本处于并跑阶段；从全国范围来看，上海大数据产业发展始终位列第一梯队。

**一、上海大数据产业规模呈现两位数增长**

据2019年上海市大数据产业专项统计，上海大数据核心企业总数达到973家，比2018年增长24.6%；2019年总产值达2388.3亿元，同比增长16.3%，带动上下游及相关领域产业产值增长预计可达6000亿元。面对疫情和众多外部环境的挑战，大数据产业保持持续中高水平增长。

全年企业研发投入总计超过1884.7亿元，其中研发投入超过1000万元的企业334家，占比达34%；企业获授权专利数量达到7260项，授权发明专利数量2996项，形成上海市雄厚的技术储备和知识产权“护城河”。

在大数据产业链分布上，关键技术类企业393家，占比近40%，总营业收入达988.2亿元，集中在大数据基础软件、大数据采集、大数据存储、大数据处理、大数据可视化、大数据安全等核心业务。涌现出如星环科技、明略数据、达而观信息、爱数信息、跬智信息、观安信息等一批具有自主核心关键技术的行业领先企业，其中星环、明略、达而观多次入选全球Gartner魔力象限，部分产品性能处于国际一流领先水平。应用类企业达564家，占比超过50%，总营业收入达1162.3亿元，围绕工业生产、金融贸易、交通旅游、医疗健康、空间定位、商贸服务等重点行业领域，持续加大龙头企业引进培育的力度，形成如宝信软件、银联智策、携程旅游、卫宁健康、千寻位置、合合信息等一批新的行业领导者和“隐形冠军”型企业，引领着行业大数据标杆示范应用发展。此外，涌现出如德勤、尼尔森、艾瑞咨询、畅享网等一批创新推出大数据行业咨询、人力资源、教育培训等衍生类服务业务的企业。

**二、大数据产业集聚效应显著**

国家大数据示范基地、自贸新片区“信息飞鱼岛”等载体功能进一步凸显。国内外大数据龙头企业和近100家创新企业扎根落户，引进培育一批高速成长的优势企业。以市区联动为抓手，积极推动大数据产业基地（静安区市北高新基地）和大数据创新基地（杨浦区云基地）两个大数据产业集聚区建设。静安区有251家大数据核心企业，占全市的25.8%。市北高新基地吸引亚马逊AWS、浪潮云、金棕榈、合合信息、宝尊等国内外大数据龙头企业和近100家创新企业扎根落户，市大数据中心、大数据交易中心、大数据股份公司、大数据应用创新中心等机构汇聚。杨浦区拥有88家大数据核心企业，占全市的9.0%。杨浦云基地依托高校优势资源加快大数据创新人才培养，引进培育盛庞卡、博康智能、英语流利说等一批高速成长的优势企业。此外，徐汇大数据＋人工智能、松江大数据＋工业制造、嘉定大数据＋智能汽车、临港新片区国际数据港等大数据经济带产业支撑效果凸显。浦东新区共有229家大数据企业，占全市的23.5%。徐汇区有142家大数据企业，占全市的14.6%，产值均超过100亿元以上。

**三、持续完善大数据产业创新生态**

上海市先后开展两批试点共11个领域的大数据联合创新实验室建设，支持龙头企业、应用需求方、研究机构、知名高校等以“产学研用”联合共建模式，加快探索行业数据开放融合新模式，推动数据—知识—算法的有效转化。以上海大数据联盟为纽带，推动跨行业间企业协同创新和品牌建设，开展长三角地区大数据联盟战略合作，联盟全国注册会员已超过700家。复旦大学、上海交通大学、同济大学等10余所高校开设大数据学院、大数据专业、实训基地或研究中心，加强人才培养和数据科学基础研究。构建一批功能性机构支撑上海市大数据产业发展，如数据交易中心、应用创新中心、大数据产业基金等。

**四、2020年重点领域数据公开情况**

上海通过统一开放平台已累计向社会开放数据资源近5200项，包括4.3万个数据项，1.16亿条数据。其中，2200余个为实时更新的动态数据接口，开放内容基本覆盖各市级部门、各区的主要业务领域，涵盖经济建设、资源环境等12个重点领域。

（一）加强公共数据开放应用制度设计

上海市发布全国首部公共数据开放地方政府规章《上海市公共数据开放暂行办法》，制定分级分类、统筹协调、专家议事、多元生态等四大创新机制，建立条件审核、平台监管、跟踪追溯、风险预警、应急管理、评估考核等六大监管举措，全面保障公共数据开放应用的健康有序。分级分类开放方面，研究发布《上海市公共数据开放分级分类指南（试行）》，将公共数据从个人、组织、客体等3个维度，将公共数据分为48个不同开放级别，并归入无条件开放、有条件开放、非开放等三类，分别采取不同的管理流程和开放条件，对开放数据实行精细化管理。专家咨询方面，组建上海市公共数据开放专家委员会，首届专家委员会邀请40位大数据和各行业领域的专家学者和企业代表，共同研判公共数据开放风险，审议年度开放计划等重大事项，对公共数据开放工作提供专业建议。评估考核方面，每年末开展公共数据开放工作年度绩效评估，对全市各单位进行全面评估和排名，形成总报告和部门分报告，并将年度评估结果纳入市政府“公共数据和一网通办”年度考核体系。

（二）公共数据赋能多领域试点探索

自2018年起，重点聚焦金融、医疗、旅游、交通、社会信用服务等领域，汇聚产学研用多方主体和数据资源，探索建立两批11家大数据联合创新实验室，形成10个行业服务平台，汇聚250TB各行业高质量数据；形成17个标准，获得17个专利、软著，发布5个研究报告。医疗大数据共享资源平台汇聚超60TB高价值医疗数据；交通数据服务平台动态发布长三角路网状态指数；旅游大数据平台整合多源数据服务“一部手机游长三角”；智慧城市能源云平台服务近150幢商业楼宇，开展智能能耗监测和用电削峰填谷。

2020年，开展公共数据开放应用试点项目的征集工作，在交通出行、医疗健康、金融服务、社会信用、商业服务等领域遴选出11个具有标杆示范性和民众感知度的试点项目。其中，美团点评利用交通出行公共数据优化外卖骑手配送路线，提高城市运行效率；平安科技利用医疗机构公共数据建设智能健康咨询平台，为病患提供就医引导；国泰君安利用企业工商税务等数据优化信用评级和金融风险预警平台，为企业提供精准金融服务；上研智联融合政企交通数据打造自动驾驶AI训练数据集，服务东海大桥人工智能重卡运输。华闵科技综合利用环境监测数据面向园区开展精细化环保服务；社会信用促进中心利用企业信用数据建立信用地图，服务民众避开“黑商户”；工商银行“政采贷”项目利用政府采购数据面向企业提供信贷服务。这批项目于12月在中国（上海）大数据产业创新峰会上正式发布，标志着公共数据开放进入深度赋能的新阶段。

（三）普惠金融试点示范突破

以普惠金融应用为试点示范，向18家试点银行开放税务、人社、市场监管等8个部门共300余字段的企业相关数据，促进银行以公共信用为基础向小微企业提供融资服务和信贷产品。普惠金融试点项目已调用公共数据107万余次，为中小微企业提供贷款支持达400亿元。

在此基础上，组织开展一批试点项目征集建设工作，市经信委联合市商务委、财政局、科委、公安局、民政局、人社局、生态环境局、交通委、卫健委、市场监管局等部门面向社会企业应用场景开放公共数据，8个试点项目已形成初步成果，形成了标杆效应。

（四）完善数据开放创新应用生态体系

为推动社会各方对政府公共数据资源的深度应用和增值开发，上海连续6年举办“上海开放数据创新应用大赛（SODA）”及其系列赛事，以“数据众筹、问题共治”为理念，汇集公共数据和企业数据，广泛吸引海内外团队踊跃报名开展创新应用。同时，与浙江、香港、大连等地开展合作办赛，联合国内七大开放赛事成立开放数据赛事联盟，并建立全国首个围绕公共数据开放的孵化器SODASPACE，已首批引入11家企业入驻孵化。SODA系列赛事已初步形成开放数据、创新应用、落地孵化的创新生态。

（薛 威）

# 电子信息制造业产业发展情况

2020年，上海电子信息制造业呈现平稳发展态势，新旧动能转换顺利，传统产业不断升级，进一步向高质量发展目标迈进。

**一、产业实现逆势增长**

（一）电子信息制造业深化供给侧结构性改革，投资稳步提升，未来发展动能可期。2020年，电子信息制造业实现工业总产值比上年增长5.3%，占六大支柱行业比重达27.2%。

（二）新一代信息技术体系不断完善、产业加速向中高端迈进。新一代信息技术电子信息产业部分全年实现工业总产值同比增长6.2%，高于电子信息制造业增速，产业高端转型升级成效显著。

（三）核心环节形成突破，促进产业链整体跃升。在前期培育积累下，通信设备制造业总产值比上年增长5.3%；电子计算机制造业总产值同比增长11.5%；电子元件制造业总产值同比增长12.6%。

（四）集成电路产业超额完成“十三五”发展目标。2020年上海集成电路产业销售规模同比增长21.37%。

**二、坚持规划引领，加强产业发展顶层设计**

（一）做好“十三五”“十四五”规划衔接。对照《上海促进电子信息制造业发展“十三五”规划》推动各项工作目标顺利实现。加快电子信息产业和集成电路产业两个“十四五”规划编制工作，明确发展目标，制定发展任务。

（二）编制出台系列政策。进一步聚焦重点、明确任务，加快解决关键核心技术“卡脖子”问题。

**三、加快建设集成电路世界级产业集群**

（一）集成电路设计产业园加快建设。聚焦产业链上的重点环节，完成企业的落地；上海集成电路产业发展展示厅正式建成运行。

（二）智能传感器产业园持续完善。上海智能传感器产业园对接近项目洽谈入驻达成预期目标。

（三）支撑长三角集成电路一体化发展。长三角集成电路设计与制造协同创新中心、长三角集成电路产业公共服务机构联盟和平台，举办长三角集成电路产业融合发展座谈会。

**四、坚持核心攻关，推动重点领域实现系列突破**

（一）新一代通信和物联网扩展应用领域。推动应用场景部署，将产业发展与老旧小区加装电梯、停车场改造等惠民工程相结合，进一步寻找产业发展的蓝海空间。加强上下游对接，组织开展5G产业链对接交流活动，讨论研究新一代通信领域下一步发展重点。组织编制智能硬件、数据传输技术要求及建设运营规范。

（二）新型显示聚焦中小尺寸创新。AM-OLED显示链不断完善，推出笔记本电脑、车载显示等创新产品。OLED

光电材料加快突破，逐步在部分高端材料实现自主供给。新技术不断实现突破，超高对比度 mini LED 屏导入车载医疗领域。硅基微显示持续创新，分辨率和亮度达到国际领先水平。加强显示产业供应链研究。做好长三角三省一市新型显示产业链供应链梳理和风险点研究任务，签订长三角新型显示一体化发展协议。虚拟现实应用示范加快推进。推动上海虚拟现实行业协会正式组建成立，加快在 VR+ 商贸、文旅方面的试点应用合作。

（三）超高清视频产业链日趋成熟。产业链核心技术实现突破，超高清内容供给逐步丰富，上海电视台开通首个 4K 超高清频道，咪咕视频实现周均 4 场 4K 体育赛事直播，年产约 350 场，超高清内容储备超 1 万小时。超高清终端持续部署，东方有线 4K 智能机顶盒共发放近 20 万台，电信 IPTV 4K 机顶盒路数达到 322 万台。

（四）汽车电子实现量质齐飞。智能网关、智能座舱、域控制器形成产业化配套能力，固态激光雷达打开智能化产品出口配套局面。智能网联汽车示范测试区、网联试验场和 5G 无人驾驶试验场加快建设，为智能网联汽车安全示范应用提供了基础保障。

（五）智慧健康养老积极构建产品体系。积极支持面向居家、社区和机构养老的健康物联网及智慧养老产品研发产业化；以场景试点示范为推手促进应用普及。上海市经信委联合市民政局发布首批智慧养老应用场景需求，开展上海市智慧养老典型案例征集活动。

**五、搭建国际化交流平台**

（一）烘托集成电路产业发展氛围。Semicon China 2020、第三届全球 IC 企业家大会暨 IC China 2020、SENSOR China 2020 等行业活动，为产业发展搭建系列化的合作交流平台，集聚全球创新资源，展示中国产业发展成果。

（二）指导举办一系列高端会议。重点围绕电子信息重点发展领域，指导组织超高清视频、新型显示、汽车电子、物联网、智能传感器、亚洲消费电子展等一系列国际论坛、展会和大赛，促进国内外技术交流与产业合作。

（罗　萍）

# 软件和信息服务业发展情况

2020 年，面对新冠疫情的严重冲击，上海软件和信息服务业在中共上海市委、市政府的领导下，坚持稳中求进的工作总基调，坚持推动形成“大循环”“双循环”相互促进的新发展格局，积极落实“六稳”“六保”，布局实施“五个重点”专项，规划布局在线新经济产业生态园，产业活力显著增强，各项指标完成情况远超预期，圆满实现“十三五”时期产业发展目标。

**一、总体运行情况**

2020 年，上海信息服务业产业规模达到 10912.97 亿元。信息服务业增加值 3250.74 亿元，比上年增长 13.5%，占全市增加值的 8.4%，占第三产业增加值的 11.5%，信息服务业领先增长，成为支撑上海服务业增长的主要力量。截至 2020 年底，信息服务行业从业人员 80.9 万人，规模以上信息服务企业超过 2200 家，占全市服务业的比重超过 10%。其中经营收入超亿元企业 812 家，超百亿元企业 15 家。全年信息服务业固定资产投资额达到 278.2 亿元，同比增长 21%。

**二、重点领域发展情况**

（一）软件产业保持平稳增长

上海软件产业呈平稳增长态势，全年实现营业收入 6395.5 亿元，比上年增长 11.5%。其中集成电路设计增长 62.1%，成为拉动软件产业增长的重要动力。信息系统集成等细分领域下降 4%，但降幅比前三季度减少 1.5 个百分点。软件企业效益利润持续向好，实现利润 1003.8 亿元，比上年增长 23.6%，平均利润率达到 15.7%。上海软件出口额达到 54.4 亿美元，同比增长 11.9%。出口前三的国家是美国、德国和日本，出口方式主要是信息技术外包，出口额居首的仍是外商独资企业。截至年底，软件产业从业人员达到 55.3 万人。软件骨干企业加快发展，共有 85 家企业通过国家规划布局内重点软件企业和集成电路设计企业所得税优惠核查，其中重点软件企业 70 家，重点集成电路企业 15 家。（见表 1）

**表 1　软件产业主要指标完成情况**

| 主要指标 | 单位 | 绝对值 | 增长（%） |
| --- | --- | --- | --- |
| 营业收入 | 亿元 | 6395.5 | 11.5 |
| 利润总额 | 亿元 | 1003.8 | 23.6 |
| 软件出口 | 亿美元 | 54.4 | 11.9 |
| 超亿元企业数 | 家 | 633 | — |

（二）互联网信息服务业蓬勃发展

上海互联网信息服务业全年实现营业收入 3484.37 亿元，比上年增长 19.1%。上海占据全国 30% 的网络游戏市场，60% 的金融信息服务市场，70% 的 O2O 生活服务市场，具备业态最为完善的数字内容产业链。从大企业情况看，除携程、银联国际等与海外市场关联度较大的企业跌幅较大外，七成以上的企业均实现增长。拼多多、小红书、喜马拉雅、东方财富、途虎养车、哈罗单车、盒马等企业凭借其在所属细分市场的领先优势，继续保持较高速的增长。上海拥有增值电信业务经营许可企业6176家，其中，跨地区企业2295家，本地企业3881家，其中，拥有本地信息服务业务经营许可证（ICP）的企业数量为2811家。上海共有20家互联网企业入选2019中国互联网百强。

**三、主要运行特点**

（一）产业规模稳步扩大

“十三五”期间，上海信息服务业始终保持10%以上的增速，信息服务业产值从“十二五”末的6000亿元增长至10912.97亿元，占全市生产总值的比重从“十二五”末的7.0%提高至8.4%，从业人员从62.1万人增至80.9万人。超亿元企业从494家扩大至812家。产业能级、对经济社会的贡献稳步提升。同时，产业结构不断优化。软件产业、互联网信息服务业占信息服务业的比重从“十二五”末的82.4%提高至90.5%。软件产业支撑服务的领域日益广泛，产业链不断延伸，良性产业生态逐步形成。互联网信息服务业呈现出百花齐放的发展格局，网络音频领域的喜马拉雅、蜻蜓FM，生鲜电商领域的盒马生鲜和叮咚买菜等。一批新兴头部企业精准切入细分领域，成为细分领域的领军企业，从而带动上海互联网信息服务业的发展。

（二）企业发展卓有成效

企业单体规模稳步提升，上海软件企业平均收入超过2.5亿元，高于全国平均水平。龙头企业引领增长，超亿元软件企业的收入占全行业比重超过90%，超亿元软件企业的利润占全行业利润的95%以上。超亿元软件企业营业收入增速为14%，超10亿元软件企业增速超过20%，远远高于行业平均水平。特色领域龙头企业发展优势突出。信创领域，兆芯、中标、普元、达梦、格尔、汉邦等企业的产品销售大幅度提高。爱数、浪擎、星环等一批企业产品完成适配改造。吸引文思海辉、金山办公、博睿、瀚高数据库、福昕等一批重点企业落户上海。轨道交通领域，卡斯柯成功在1个月内将GoA4级全自动运行系统运用于成都9号线、上海轨道交通15、18号线。在国内已开通的4条GoA4级地铁线路中，卡斯柯独占3条。区块链领域，中远海运开发完成“中远海科区块链存证平台”“基于区块链的物流溯源管理系统”，以及一系列区块链技术应用场景，实现区块链技术的平台服务化，在航运、物流区块链存证应用方面形成示范应用。网络游戏领域，莉莉丝凭借《剑与远征》和《万国觉醒》在App Annie发布的《2020年度中国厂商出海榜单》中位列第2名，而米哈游凭借自研自发的《原神》上榜即爆款的现象级的爆发，不仅新晋出海收入30强，且直接跃居第9名。

（三）产业投融资受疫情影响有所下降

据统计，2020年上海公布的信息服务业投融资共有332笔，主要分布在互联网健康、在线文娱、垂直电商等领域。有116笔公布投资金额，涉及金额超过350亿元。从公布投资额来看，投资额超过100万元的项目有112个，超过5000万元的项目有82个，超过1亿元的项目有68个。尽管投融资数量有所下降，但超过1亿元的投资较上年增加24个，表明资本市场仍然看好上海信息服务业企业。从融资轮次看，信息服务业投融资以战略投资和A轮为主，占全市投资数的比重分别为30%、22%。同时，信息服务业大企业特别是上市企业，正通过投融资来整合产业链上下游，构建完整的生态体系，如哔哩哔哩、卫宁健康等。

（四）产业发展载体进一步完善

上海共有5个国家级产业基地、35个经认定的市级信息服务产业基地，形成“一中四方”错位发展的产业布局。2020年，围绕“一带一城”，打造在线新经济产业生态园，推动哔哩哔哩、喜马拉雅、小红书等一批新生代互联网企业总部在杨浦滨江和浦东张江落地，为上海在线新经济发展布局新的发展空间。联合浦东、杨浦、普陀、宝山、临港新片区等重点区和相关园区，推动国内国际互联网龙头企业在沪集聚。引入美团点评新上海总部项目、安恒信息长三角总部和智慧城市安全总部项目、SAP临港企业服务云总部项目、360集团上海总部项目、京东第二研发中心及电子商务运营基地项目、网易西岸研发中心及国际文创科技园项目。

（叶月明）

# 高端装备产业发展情况

2020年，上海高端装备产业坚持以科技创新为引擎，瞄准世界先进水平，不断增强创新能力，产业规模稳步上升，产业结构持续优化，“走出去”成效明显，为“十四五”期间的进一步发展打下较好的基础。

**一、“十三五”时期高端装备发展情况**

“十三五”时期，上海高端装备产业整体实现稳中有进，新兴技术领域快速增长。2020年，高端装备产业集群实现工业产值5395亿元，占全市工业总产值的14.6%。智能制造装备快速发展，工业机器人产业规模位居全国第一；民用航空航天装备综合实力不断增强，基本构建了以“中国商飞”为核心的较完整商用飞机产业链；民用船舶与海洋工程装备产业规模持续增长，规模以上船舶工业企业达99家；可再生能源发电装备占比持续提升，形成以风电装备、智能电网设备为主的新增长极。

“十三五”时期，一批标杆性高端装备取得重大突破。研制全球最长的玻纤S84风电叶片，打造全球发电煤耗最低的1000MW级二次再热超超临界机组，交付世界最大的18600立方薄膜式LNG加注船；C919大型客机实现首飞、CR929宽体客机启动设计、ARJ21支线客机投入商业运营；90纳米光刻机、5纳米刻蚀机打破垄断；660MW双水内冷发电机、G4型4.5万吨集装箱滚装船、双五轴镜像铣机床、PET-CT医学影像设备达到国际先进水平；重型燃气轮机试验基地启动建设；完成14家国家级智能工厂建设，实现250余项关键装备与部件首台（套）突破。

“十三五”时期，产业布局进一步优化，智能制造装备以临港世界级智能制造产业中心为核心，围绕浦东新区、闵行区、嘉定区、宝山区、松江区等区域形成的智能制造近郊产业带，形成“一核一带”发展布局。能源装备围绕闵行区、浦东新区、奉贤区、临港自贸区新片区、松江区等区域形成一批高端产业基地。航空产业围绕祝桥航空产业园和大飞机创新谷“一谷一园”，初步形成集设计研发、总装制造、生产支持、运营服务为一体的航空产业基地；无人机依托“苍穹计划”形成华东（金山）无人机基地、临港“三无”基地双基地格局。船舶与海工装备形成以长兴岛为核心的新型综合性船舶与海洋工程产业基地。

“十三五”时期，一批名品、名企、名园建设成果斐然，工业机器人“四大家族”、造船行业“三颗明珠”齐聚上海，获得“上海品牌”认证企业12家，建成国家级与市级企业技术中心83家，推出市级制造业创新中心4家，打造市级特色产业园区7家；龙头企业国际竞争力不断增强，“引进来”与“走出去”成果显著，吸收安萨尔多燃气轮机技术，实现国产重型燃气轮机“从无到有”突破；承揽迪拜950MW光热光伏复合电站总承包工程，为世界太阳能领域最高水平、最大规模光热光伏单体项目。

## 二、清洁高效发电装备

清洁高效发电装备产业主要集中在火电、风电、光伏、核电和气电等五大领域，2020年总产值超300亿元。从结构上看，火电、光伏发电装备近年产值持续下降（分别受环保以及光伏去补贴政策影响）；核电装备产值总体平稳；风电装备产值快速上升，5年增长3倍；气电装备通过上海电气与意大利安萨尔多合作，产值实现从0到10亿元的成长。

（一）能源装备技术创新成果丰硕。自主开发的百万等级超超临界二次再热机组为代表的燃煤发电装备工业技术已经进入世界领先水平。世界首创的300兆法级新一代调相机与世界容量最大“水水空”冷却660兆瓦双水内冷发电机顺利投运；拥有完全知识产权的全球首创低温多效蒸馏工艺结合热水闪蒸技术获得成功；突破CAP1400湿绕组电机主泵制造技术，全球首台高温气冷堆压力容器、金属堆内构件、控制棒系统交付；完成2兆瓦钍基熔盐缩比仿真堆主设备及回路系统的研制；在福能三川海上风场成批量安装投产的7兆瓦机组，将中国海上风电批量化应用功率等级提升至7兆瓦；研制成功全球最长玻纤S84风电叶片；首台8兆瓦海上风机下线，刷新国内最大海上风机最新纪录；研制成功6000片/小时（单台年产能200万千瓦）高效晶硅电池的背钝化设备（PERC）ALD；实现72对高效节能多晶硅还原炉首台突破；完成国际首创的晶体光阀电流互感器，适用高压、超高压和特高压交直流输电；实现550千伏高压开关首台突破；研制成功800兆伏特安培超大容量试验变压器；开发小型智能化145千伏、252千伏GIS等国际领先的技术产品。

（二）产业链布局逐步完善。光伏方面，上海光伏产业链以光伏装备板块为主，布局大型高效多晶硅还原炉（硅料环节）、大型切方机（硅片片环节）、离子注入设备（电池片环节）、背钝化设备（电池片环节）、HIT电池设备（电池片环节）、光伏逆变器（系统组件环节）等，代表企业包括理想能源、森松集团、正泰电源等。风电方面，以上海电气为主，海上风电占据国内一半以上市场规模，形成研发、生产制造、运维门类比较齐全的产业门类，并带动长三角地区产业发展。代表企业有上海电气风电集团、艾朗风电、远景能源、上海泰胜等。在重型燃气轮机制造方面，冷端部件已经基本实现自主化，燃烧室、透平叶片等高温热部件加速攻关中。国家“两机”专项之一的重型燃气轮机试验基地落地上海临港地区，规划建设1台300兆瓦级F级样机试验机组（预留1台H级试验机组台位），配套建设一台300兆瓦级F级和1台400兆瓦级H级的保障机组。于9月部件试验台将开工。

（三）能源装备“走出去”成效显著。国际市场份额不断扩大，上海电气承接巴基斯坦萨希瓦尔与塔尔超临界燃煤机组电站项目；与东方电气联合体取得埃及汉纳维电站百万等级超超临界总包合同；首次在欧洲国家（塞尔维亚）及中东、东南亚国家获得燃机订单；交付巴基斯坦卡拉奇2号机组的堆内构件、汽轮机、发电机等核电站关键主设备，获得南非项目6台蒸汽发生器的更换项目；获得克罗地亚项目39台4兆瓦级陆上风机订单，正式进入欧洲风电市场；艾朗风电风机叶片的海外市场销售额达到30%，市场涵盖欧洲、亚洲、美洲等全球主要的风电市场；上海电气与沙特国际电力和水务公司签订迪拜950兆瓦光热太阳能电站EPC总包合同，是世界太阳能领域最高水平、最大规模项目。

## 三、民用航空航天装备

航空方面，2008年以来，上海承担国家“大型客机”重大专项和“两机”专项，中国商飞公司和中国航发商发公司等龙头企业在上海成立。上海一方面全力保障国家重大专项实施；另一方面坚持民用飞机发展主线，围绕全产业链，重点布局飞机整机、商用航空发动机、机载等三大领域，带动无人机等通航产业快速发展。初步形成张江、临港自贸区新片区、闵行紫竹、青浦、金山等民用航空产业空间布局。大型客机领域，经历喷气式客机产品研制全过程，初步掌握大飞机研制规律、研制方法和关键核心技术，初步形成从支线飞机到中短程窄体客机到中远程宽体客机的产品谱系，初步奠定长远发展所需的人才、技术、管理等能力基础，初步带动相关基础学科、航空工业和相关产业发展，实现我国商用飞机“从无到有”的历史性跨越，开启我国民机产业“从弱到强”的新征程。同时确定2021年“三个一”的阶段性目标，即建党百年，ARJ21力争交付第100架，C919力争交付第1架，CR929力争开工制造第1架，完成下一个商用飞机基本型论证。发动机领域围绕发动机研发能力、材料攻关、验证保障、供应配套体系等方面加快建设，形成一支1600多人的年轻高素质人才队伍，实现与在沪高校、科研单位共建产学研体系；打造闵行紫竹研发基地和浦东临港装试基地，建立满足研发和试制需求的供应链保障体系。机载领域和无人机领域也在沪布局发展。无人机领域，已成功开通首条大型无人机运输航线（上海—嵊泗），初步形成“1基地+7功能性平台”。华东无人机基地已引进优伟斯、锋飞智能、伏尔甘、拉扎斯（饿了么）、东庭自动化等各类制造研发型、平台应用型无人机企业，总投资约15亿元。

航天方面，截至2020年底，上海北斗产业聚集行业企业100余家，经过10余年北斗高精度方面的技术储备，形成从基础设施，元器件，板卡，基础软件，整机集成及运营服务的完整产业链，其中上海在北斗高精度产品的研发及应用方面全国领先，例如高精度板卡，已经打破美国天宝和加拿大诺瓦泰的市场垄断，司南导航的高精度OEM板卡，已经抢回国内1/4以上的市场份额。

**四、船舶海工港机装备**

截至2020年，上海共拥有规模以上船舶工业企业99家，从业人员约5.3万人，拥有一批国内知名的设计研究院所、高等院校及国家工程实验室、产品研发中心、国家级企业技术中心等。高端船舶领域的设计建造能力全国领先，造船业“三颗明珠”江南造船、沪东中华造船和外高桥造船等三大龙头齐聚上海，其中“大船”“大型LNG运输船”已实现国产化建造，正在全力攻关“大型豪华邮轮”国产化。超大型集装箱船及双燃料船型、高规格自升式钻井平台、超深水FPSO等高端船型实现批量建造。在特种船舶领域，“东方红3号”科考船、“雪龙2号”破冰船等特种船均已交付。在船舶配套领域，推出一系列具有国际先进水平的柴油机，实现动力装备领域中速机、低速机、高速机、双燃料机的全覆盖。

（一）高端船舶自主设计和建造能力大幅提升。在集装箱船领域，上海船舶工业在超大型集装箱船自主研发设计建造方面取得连续突破，形成4600TEU、8800TEU、10000TEU、13500TEU、18000TEU、19500TEU、21000TEU、23000TEU系列船型以及双燃料船型，一举打破日韩船企在此领域的垄断。而4.5万吨集装箱滚装船更是全球首制，最大、最先进的G4型集装箱滚装船，处于世界领先地位。在液化气船领域，沪东中华通过大型LNG运输船的自主研发，不仅巩固了国内领先地位，还自主研发设计建造LNG船市场主流的17万立方级低速机加再液化推进船型和电力推进LNG船型、22万立方LNG船型，实现LNG船设计建造的自主化和批量化。此外，江南造船经过10多年的潜心攻关和不断摸索，自主开发“A型液舱围护系统”等10项核心关键技术，研发设计出了$82Km^3$、$83Km^3$、$84Km^3$等全系列的VLGC船型，形成具有自主知识产权的“Panda”VLGC品牌。江南造船通过研发、建造VLGC，极大提升我国船企在国际液化气船舶市场的话语权和竞争力。在豪华邮轮领域，上海不断加强对邮轮设计制造核心技术的攻关，提升邮轮制造国产化能力，依托上海外高桥造船有限公司，通过技术改造形成大型邮轮的建造能力，首艘国产大型邮轮于2019年10月开工，力争2023年交付使用。

（二）海洋工程装备建造能力大幅提高。在研发领域，依托上海国内实力最为雄厚的专业设计院所、国家级企业技术中心和设在厂所院校的众多国家工程实验室，形成具有强大研发能力的海洋工程研发体系，逐步打造具有自主知识产权的深水海工装备。中国船舶与海洋工程研究设计院（708研究所）通过多型FPSO的开发设计，具备不同海域、不同油气田尤其应用于恶劣海况FPSO的自主设计能力；同时自主设计“渤海一号”和“港海一号”自升式钻井平台、“勘探三号”半潜式钻井平台和“胜利三号”坐底式钻井平台等一批海工装备，具备不同型号钻井平台的设计能力。上海船舶研究设计院自主设计了地球物探船、起重铺管船、半潜驳、深水三用工作船、综合工程检测船、导管下驳船、全天候大功率救助船等海洋工程装备，具备多船型设计能力。

（三）船舶自主配套能力显著提升。上海船舶配套产业通过自主研发、引进合资等方式取得较大发展。特别是在船用柴油机领域取得重大进展，突破一系列关键技术，推出一系列具有国际先进水平的柴油机，如国内首台10S90ME-C9.2低速机、全球首台6G70ME-C9.2。自主研发的新一代小缸径低速柴油机6EX340EF和大功率中速柴油机12MV390的成功推出，标志我国船用柴油机进入自主研发的新纪元。通过兼并重组和合资控股方式，完成动力装备领域中速机、低速机、高速机、双燃料机的国际化布局，具有重要意义。

4．港机装备跨入世界一流水平。振华重工研制成功

3E-plus 超大型世界最大的岸桥，前伸距达 80 米，大车轨距 50 米，起升高度≥ 54 米，额定起重量 160 吨，核心指标远超全球其他竞争对手制造的产品。研制成功世界最大双起升双小车岸桥，它的起重量为吊具下 132 吨，工作效率最高达每小时 130 个标准箱。研制成功全桁架 3E 级大梁岸桥，填补亚洲空白。研制成功 1500 吨 / 小时螺旋式连续卸船机，额定生产能力 1500 吨 / 小时，最大生产能力 1800 吨 / 小时，设计作业船型为 7 万吨级，兼顾 10 万吨，是国内生产的能力最大、作业船型最大的环保型螺旋卸船机。突破自主驾驶无人跨运车系统技术、改进双起升八绳系统小车在 RTG 上的应用、完成岸桥风洞数值模拟方法及其应用系统的研究与开发。

**五、高端数控机床**

2020 年，上海市数控机床总产值 16 亿元，机床产业链相对完备，具备大部分的上游产业（如精品钢、高速轴承、电主轴）和全部的下游产业应用（汽车、船舶海工、航空航天等）。在数控机床产业链层面上，已形成涵盖零部件、主要系统及主要应用等核心环节的产业链条，聚集上海机床厂、上海航天八院、上海拓璞、诺倬力等国内数控机床骨干企业。

在高端数控机床方面，成功研制 GMHA-1823-A 桥式五轴龙门加工中心，知识产权完全自主可控，技术达到国内领先水平，打破国外发达国家多年来在五轴联动核心双臂式五轴铣头研发技术上的封锁垄断，实现高端五轴联动数控机床中国制造，可服务于航空航天、科研国防、轨道交通、工程机械等制造企业。完成 MK8220/SD 双砂轮架数控切点跟踪曲轴磨床的开发，达到国际前沿产品的技术水平，已可靠运行服务上汽生产线的并线生产近 5 年时间；完成 H376、H377 精密轴系零件复合磨削中心研发，与代表世界先进水平的复合数控磨床产品性能指标接近，提高我国高档精密复合磨削中心的设计制造水平与能力。针对曲面薄壁零件化铣加工污染高、精度差的问题，突破十轴联动镜像运动控制、多传感器实时测控、机床旋转轴传动等核心技术，在国内首次研制出火箭贮箱整体筒段三头并行镜像铣机床、火箭贮箱整体箱底立式双五轴镜像铣机床和飞机蒙皮卧式双五轴镜像铣机床。完成航空航天装备的部 / 总装装配过程高精度、自动化加工设备（箱底搅拌摩擦焊接、自动铆接等）及数字化智能生产线的研制，已广泛应用于长征系列火箭、探月工程、国产大飞机 C919、ARJ21 支线飞机等一系列国家重大需求和战略项目，提高我国航空航天装备制造的质量和效率，提升国产高档装备制造、机械加工的核心竞争力，为国家安全提供技术与装备保障，缩短了与西方发达国家的先进制造水平差距。

（杨　凯）

# 节能环保产业发展情况

2020 年，面对新冠肺炎疫情带来的严峻考验和复杂多变的国内外环境，上海节能和综合利用系统认真贯彻落实党中央、国务院决策部署，在中共上海市委、市政府的坚强领导下，超额完成“十三五”规划目标。

据统计，2020 年全市节能环保产业实现总收入为 1830.73 亿元（其中规模以下制造业产值为推算），比上年（1782.41 亿元）增长 2.71%。其中，规模以上制造业总产值 826.73 亿元，规模以下制造业总产值 49.57 亿元（根据工业总产值全口径占比推算），规模以上服务业总营收 713.95 亿元，规模以下服务业总营收 240.48 亿元。实现《上海市工业绿色发展“十三五”规划》提出的到 2020 年实现节能环保产业营业收入达到 1800 亿元的目标。

**一、产业发展现状分析**

（一）节能环保制造业

2020 年，全市节能环保规模以上制造企业 214 家，2020 年总产值共计 826.73 亿元，其中，上半年总产值 337.31 亿元，下半年总产值 489.42 亿元。全年比上年增加 40.8 亿元，增长 4.9%。

1．产业规模及分布

从区域分布来看，闵行区、嘉定区节能环保制造业产值较高，分别占 37.26% 和 26.45%；浦东新区排第三，占 10.49%；闵行、嘉定、浦东三区合计占 74.19%。闵行、嘉定两区分别在节能制造业、环保制造业两个板块处于领先地位（见表 1）。

**表 1　2020 年各区节能环保制造业产值情况（单位：亿元）**

| 行政区 | 合计 | 节能制造业 | 资源综合利用制造业 | 环保制造业 |
|---|---|---|---|---|
| 黄浦区 | 0.00 | 0.00 | 0.00 | 0.00 |
| 徐汇区 | 0.00 | 0.00 | 0.00 | 0.00 |
| 长宁区 | 0.88 | 0.00 | 0.00 | 0.00 |
| 静安区 | 0.00 | 0.00 | 0.00 | 0.00 |
| 普陀区 | 0.44 | 0.00 | 0.00 | 0.00 |
| 虹口区 | 0.00 | 0.00 | 0.00 | 0.00 |
| 杨浦区 | 0.00 | 0.00 | 0.00 | 0.00 |
| 闵行区 | 308.04 | 307.77 | 0.00 | 0.00 |
| 宝山区 | 49.75 | 36.88 | 9.99 | 2.88 |

（续表）

| 行政区 | 合计 | 节能制造业 | 资源综合利用制造业 | 环保制造业 |
|---|---|---|---|---|
| 嘉定区 | 218.63 | 80.08 | 8.90 | 129.65 |
| 浦东新区 | 86.71 | 62.45 | 7.60 | 16.65 |
| 金山区 | 39.74 | 32.31 | 4.11 | 3.32 |
| 奉贤区 | 29.32 | 18.37 | 7.26 | 3.70 |
| 松江区 | 52.38 | 40.44 | 5.73 | 6.21 |
| 青浦区 | 31.35 | 13.98 | 14.08 | 3.29 |
| 崇明区 | 1.63 | 0.00 | 1.17 | 0.00 |

从不同领域来看，节能制造业产值593.18亿元，占71.75%，资源综合利用制造业产值63.57亿元，占7.69%，环保制造业产值169.98亿元，占20.56%。

2．节能环保制造业变化情况

从细分领域看，增幅较大的为环保制造业，产值增加29.64亿元；节能制造业略有增长，为13.41亿元，资源综合利用制造业产值下降2.25亿元（见表2）。

**表2　2019—2020年节能环保制造业分领域变化情况**

（单位：亿元）

| 领域 | 2020年产值 | 2019年产值 | 产值变化 |
|---|---|---|---|
| 节能制造业 | 593.18 | 579.77 | 13.41 |
| 环保制造业 | 169.98 | 140.34 | 29.64 |
| 资源综合利用制造业 | 63.57 | 65.82 | −2.25 |

从细分行业看，增幅最大的是大气治理行业，产值增加30.03亿元；其次为泵行业，产值增加10.15亿元，空调、自动化系统等行业产值略有下降（见表3）。

**表3　2019—2020年节能环保制造业分行业变化情况**

（单位：亿元）

| 行业 | 2020年产值 | 2019年产值 | 产值变化 |
|---|---|---|---|
| 空调 | 124.61 | 139.67 | −15.06 |
| 大气治理 | 115.84 | 85.81 | 30.03 |
| 机械 | 61.20 | 57.63 | 3.58 |
| 泵 | 53.03 | 42.88 | 10.15 |
| 电机 | 41.89 | 40.60 | 1.29 |
| 水治理 | 39.79 | 39.88 | −0.09 |
| 自动化系统 | 25.29 | 28.50 | −3.21 |

从行政区看，嘉定区产值增幅明显，增加值为31.33亿元；闵行、金山、青浦、松江等4个区略有增长，其余各区产值略有下降（见表4）。

**表4　2019—2020年节能环保制造业产值分区变化情况**

（单位：亿元）

| 行政区 | 2020年产值 | 2019年产值 | 产值变化 |
|---|---|---|---|
| 黄浦区 | 0.00 | 0.00 | 0.00 |
| 徐汇区 | 0.00 | 0.00 | 0.00 |
| 长宁区 | 0.88 | 1.07 | −0.20 |
| 静安区 | 0.00 | 2.34 | −2.34 |
| 普陀区 | 0.44 | 0.48 | −0.04 |
| 虹口区 | 0.00 | 0.00 | 0.00 |
| 杨浦区 | 0.00 | 0.00 | 0.00 |
| 闵行区 | 308.04 | 296.60 | 11.44 |
| 宝山区 | 49.75 | 52.32 | −2.56 |
| 嘉定区 | 218.63 | 187.30 | 31.33 |
| 浦东新区 | 86.71 | 94.21 | −7.50 |
| 金山区 | 39.74 | 33.51 | 6.23 |
| 奉贤区 | 29.32 | 30.38 | −1.06 |
| 松江区 | 52.38 | 51.96 | 0.42 |
| 青浦区 | 31.35 | 25.68 | 5.67 |
| 崇明区 | 1.63 | 1.67 | −0.05 |

（二）节能环保服务业

2020年，全市规模以上服务企业367家，节能环保服务企业总营业收入共计954.43亿元，比上年下降1.9%。其中，规模以上服务企业下降3.2%，减少23.58亿元，规模以下服务企业增速2.1%，增加5亿元（见表5）。（以下所有数据分析仅针对规模以上服务企业）

**表5　2019—2020年节能环保服务业总营业收入情况**

（单位：亿元）

| | 单位数（家） | 2020年 | 2019年 | 增速（%） |
|---|---|---|---|---|
| 规上企业／事业 | 367 | 713.95 | 737.53 | −3.2 |
| 规下企业／事业 | 57 | 240.48 | 235.48 | 2.1 |
| 合计 | 424 | 954.43 | 973.01 | −1.9 |

1．产业规模及分布

从区域分布来看，浦东新区节能环保服务业营业收入居第一位，占规模以上服务企业总营业收入的25.59%，闵行区占18.85%，浦东新区、闵行区、徐汇区三区合计占58.35%。闵行区、浦东新区两区分别在节能服务业、环保服务业两个板块处于领先地位（见表6）。

**表6　2020年各区节能环保服务业营业收入情况**

（单位：亿元）

| 行政区 | 合计 | 节能服务业 | 资源循环利用服务业 | 环保服务业 |
|---|---|---|---|---|
| 黄浦区 | 41.52 | 27.40 | 5.97 | 8.15 |
| 徐汇区 | 99.29 | 25.56 | 13.39 | 60.34 |
| 长宁区 | 28.61 | 22.33 | 2.16 | 4.12 |
| 静安区 | 36.82 | 0.42 | 2.02 | 34.39 |
| 普陀区 | 47.80 | 14.26 | 21.88 | 11.66 |
| 虹口区 | 9.41 | 4.04 | 1.89 | 3.47 |
| 杨浦区 | 25.83 | 1.54 | 6.08 | 18.21 |
| 闵行区 | 134.59 | 104.69 | 6.71 | 23.18 |
| 宝山区 | 40.21 | 4.74 | 9.52 | 25.95 |
| 嘉定区 | 20.72 | 0.81 | 7.80 | 12.12 |
| 浦东新区 | 182.71 | 57.71 | 47.46 | 77.54 |
| 金山区 | 1.94 | 0.00 | 1.51 | 0.43 |
| 松江区 | 18.89 | 0.14 | 10.88 | 7.88 |
| 青浦区 | 6.12 | 1.42 | 2.92 | 1.78 |
| 奉贤区 | 13.95 | 0.00 | 8.85 | 5.10 |
| 崇明区 | 5.54 | 0.22 | 3.70 | 1.62 |

从服务领域来看，节能服务业总营业收入265.27亿元，占规模以上企业总营收的37.16%，资源循环利用服务业营业收入152.74亿元，占21.39%，环保服务业营业收入295.94亿元，占41.45%。

2．节能环保服务业变化情况

从细分领域看，环保和资源循环利用服务业营业收入皆有所增长，但节能服务业下降较多（见表7）。

**表7 2019—2020年节能环保服务业分领域变化情况**

（单位：亿元）

| 领域 | 2020年营业收入 | 2019年营业收入 | 产值变化 |
| --- | --- | --- | --- |
| 节能服务业 | 265.27 | 308.78 | −43.51 |
| 环保服务业 | 295.94 | 285.77 | 10.17 |
| 资源循环利用服务业 | 152.74 | 142.98 | 9.74 |

从行政区看，徐汇区、静安区等8个区总营收有所增长，其中徐汇区涨幅最大，为6.31亿元；其次为静安区，增涨5.89亿元。黄浦区、松江区等8个区总营收略有下降，其中普陀区下降幅度最大（见表8）。

**表8 2019—2020年节能环保服务业分区营业收入变化情况**

（单位：亿元）

| 行政区 | 2020年 | 2019年 | 收入变化 |
| --- | --- | --- | --- |
| 黄浦区 | 41.52 | 47.58 | −6.06 |
| 徐汇区 | 99.29 | 92.98 | 6.31 |
| 长宁区 | 28.61 | 32.02 | −3.41 |
| 静安区 | 36.82 | 30.93 | 5.89 |
| 普陀区 | 47.80 | 83.23 | −35.43 |
| 虹口区 | 9.41 | 11.02 | −1.61 |
| 杨浦区 | 25.83 | 26.04 | −0.21 |
| 闵行区 | 134.59 | 130.91 | 3.68 |
| 宝山区 | 40.21 | 36.91 | 3.3 |
| 嘉定区 | 20.72 | 20.63 | 0.09 |
| 浦东新区 | 182.71 | 180.63 | 2.08 |
| 金山区 | 1.94 | 2.94 | −1 |
| 松江区 | 18.89 | 19.75 | −0.86 |
| 青浦区 | 6.12 | 7.05 | −0.93 |
| 奉贤区 | 13.95 | 10.36 | 3.59 |
| 崇明区 | 5.54 | 4.55 | 0.99 |

## 二、部分企业营业收入下降原因及企业提出的难点

2020年，通过电话调研（疫情严重期间）、座谈、实地走访等多种渠道开展节能环保产业信息跟踪服务，涉及泵类、电梯、风机、空调、电梯、水处理等多个行业。绝大多数企业对上海的营商环境予以认可，认为政府服务规范、公正，大学、科研机构多，目前没有外迁等计划。

据统计，节能环保规模以上服务企业中，约53%（近200家）企业营业收入负增长。下滑原因主要为：一是疫情影响。节能服务公司开展的合同能源管理项目，涉及工厂、宾馆、酒店、商业、教育等行业，受疫情控制，企业停工停产，严重影响了节能项目收益，有的项目签约、改造停止；有的用能企业经费支付困难。二是产品需求量下降。部分企业产品需求量下降主要是受其他相关行业影响，如受汽车产业影响，下降较为明显的为汽车空调、排气处理系统等产业。三是招工难及人才难求。由于本市租房、生活成本较高，不少企业提出了招工困难及用工成本高。

## 三、产业发展主要举措

2020年，上海市经信委根据节能环保重点工作推进要求，围绕“稳定生产、拓展市场、提质增效”的目标，积极开展相关产业推进工作，主要举措及成果如下：

（一）推进相关政策落实

支持企业开展节能环保项目改造，推广合同能源管理、合同环境管理创新模式，提升企业节能环保水平，降本增效。

2020年，共计开展合同能源管理奖励项目及税收优惠项目申报、材料初审工作，两批共完成44个合同能源管理奖励项目，投资额1.58亿元，节能量3.64万吨标准煤。完成18个环境保护、节能（合同能源管理）、节水项目所得税优惠的申报、评估、核查工作，共减免税收2726.18万元。

（二）组织开展节能环保对接活动

在区开展节能环保对接活动，参加服务企业58家，工业企业289家。开展节能诊断活动，对15家重点用能单位开展“一对一”的节能诊断服务。开展空压机、中央空调、余热利用、绿色照明等专项节能专项推进活动，参加服务企业13家，工业企业115家。

（三）做好节能环保产业信息跟踪服务

按照战略性新兴产业目录，梳理全市制造及服务企业名单，协助各区开展目录对标，充实重点企业名录。与各区经委等产业部门建立完善重点企业定期沟通机制，分批、分行业召集全市重点制造及服务企业，组织开展专题座谈、调研及对接活动。及时跟踪、掌握企业发展情况，主动加强提供服务，及时发现情况并协调解决。

（四）推进环境污染第三方治理

组织开展第二批环境污染第三方治理示范项目征集、评审工作，共评出示范项目12个，并编制案例汇编，召开示范项目成果推广会。在金山工业园区和上海化工区开展2场环保法律法规及先进技术培训活动，有120家企业参加。

（五）开展绿色融资对接服务

继续推进绿色融资服务。据不完全统计，10家签约银行为100余个项目放贷200多亿元，其中，合同能源管理项目放贷近2.88亿元。

“产业绿贷”融资服务平台开展常态化工作，发布推荐企业名单178家，收集34家企业的绿色融资诉求，组织开展4次绿色融资贷款对接活动。“产业绿贷”融资服务平台上线市政府企业服务云。

（朱　海）

# 生产性服务业发展及服务型制造情况

2020年，虽然受到新冠疫情的影响，上海生产性服务业克服困难逆势上行，十大重点领域发展平稳，市场预期和信心逐步改善，经济运行中的积极因素明显增多，高质量发展态势持续显现，全市生产性服务业重点领域实现营业收入总额30552.4亿元，比上年增长6.15%，持续拉动经济增长。

**一、全力开展防疫抗疫工作，推动企业复工复产**

2020年上半年，根据全市新冠疫情防控工作部署要求，全市生产性服务业企业积极行动，全力开展防疫抗疫工作。市经信委积极协调推进企业复工复产，指导全市生产性服务业和服务型制造企业及生产性服务业功能区克服疫情影响，迅速恢复企业、园区运营。各级政府部门和组织努力协调解决企业及园区遇到的各种困难，调研把握行业发展动态和趋势，了解企业复工复产需求，帮助全市生产性服务业和服务型制造重点企业尽快恢复产能。在市信息委组织编制的《上海市促进在线新经济发展行动方案（2020—2022)》中，生产性服务业领域提出无人仓储配送、企业远程服务、在线研发设计等在线新经济发展重点、新业态新模式及重点企业和重点产品。

**二、深入贯彻落实在线新经济专项行动，培育新经济增长点**

为落实“六稳”“六保”重要任务，推动后疫情时代下在线新经济和工业品电商突破性发展，按照市“五五购物节”的统一部署，4月—6月，市经信委指导上海市电子商务行业协会、上海生产性服务业促进会等成功举办“2020中国（上海）首届工业品在线交易节”，助推在线新经济。副市长吴清亲临开幕式现场并宣布开幕，交易节工作专报报市委书记李强、市长龚正等领导阅示。交易节联动线上线下，围绕生产设备、机械部件、电控电工等工业品，举办15场综合性工业品牌活动周，18款新品云首发，开展149场次线上直播，超1200家企业上线注册开店，超100万专业人士点击观看，新增工业品单品超300万，交易额突破130亿元，间接撬动工业生产总值约400亿元。交易节系列活动被央视、新华社、人民网、上海电视台、《解放日报》等50家中央和本市主要媒体积极报道，百度“工业品在线交易节”相关搜索超85.5万条。

下半年，继续聚焦直播促销，助力经济稳增长，举办“上海工业品直播月”。推动百家工业品品牌线上展示、线上销售、线上服务、线上交易，联动电商平台帮助品牌商培育一批工业品领域“本土网红”。组织在沪国企、央企等集中采购、询盘问价、上线交易，促进消费、回补生产、拉动内需。举办近30场次线上直播，超10万专业人士点击观看，意向交易额超28亿元，间接撬动工业生产总值约84.9亿元。

**三、持续引导推动生产性服务业和服务型制造高质量发展**

《2020年生产性服务业和服务型制造发展专项资金支持指南》持续聚焦总集成总承包、产业电商“双推”工程、服务型制造、生产性服务业功能区等给予项目支持。同时围绕服务全市制造业重点产业，拓展专项资金支持领域，重点支持服务集成电路、生物医药、智能制造等重点产业的总集成总承包项目，创新支持服务型制造企业提升新技术、发展新模式，加大产品服务系统、创新设计、个性化定制、信息增值、科技创新创业等服务型制造重点模式应用。

**四、深化实施产业电商“双推”工程，挖掘高成长性平台企业**

2020年，产业电商“双推”工程共遴选25家B2B领域电商平台，涵盖检验检测、数字营销、大宗商品交易、工业品采购、数字供应链管理、企业法律服务、医药器械数字化管理等10个领域。产业电商“双推”工程21家入选平台成功对接中小企业客户1655家，其中全国客户468家，超过总数的28%，长三角区域客户达332家，占全国客户总数比重超过71%，有效加快平台企业服务能力“走出去”步伐，助力长三角一体化发展。

7月8日，市经信委联动长三角区域合作办公室、苏浙皖三省经信主管部门在上海临港松江科技城举行“2020长三角生产性服务业创新云峰会暨2020产业电商‘双推’工程启动大会”、首届中国上海工业品在线交易节闭幕式。大会揭晓2020年度25家“双推”工程服务平台企业名单，并为25家平台授牌。交易节组委会为京东工业品、欧冶云商、机器人在线、顺丰速运、德国莱茵、德国汉高、临港企业协会、物流协会等贡献突出的企业和协会颁发“数字转型先锋奖”。大会聚焦长三角联动发展和长三角产业协同创新，由沪、苏、浙、皖三省一市电商协会负责人共同启动“长三角电子商务行业联席会议机制”。会上举行G60科创走廊在线新经济发展战略合作签约，中国（上海）工业品在线交易节组委会与长三角G60科创走廊联席会议办公室联手打造“长三角G60科创走廊供应链共享服务平台”。大会还邀请爱姆意云商、焦点科技、聚水潭、三只松鼠等三省一市的4家产业电商企业代表，举行长三角新电商新经济创新峰会圆桌会议，就未来产业电商如何推动实体经济高速发展、如何为制造业赋能等话题展开讨论。

**五、研究制订《先进制造业和现代服务业深度融合发展试点方案（上海）》**

为贯彻落实国家发展改革委、工信部等15部门《关于推动先进制造业和现代服务业深度融合发展的实施意见》，市经信委组织实施由分管委领导牵头的委重点研究项目《先进制造业和现代服务业深度融合发展试点方案（上海）》，形成“两业融合”研究报告和试点方案，提出上海“两业融合”发展的思路目标、重点领域、实施路径和工作举措。

**六、研究编制《上海市生产性服务业发展“十四五”规划》**

根据“十四五”规划编制工作部署，围绕生产性服务业服务、支撑全市制造业重点产业发展的总体思路，聚焦三大先导产业、六大产业集群，通过召开座谈会、走访调研等形式，广泛开展企业调研，了解制造业企业对生产性服务业发展的需求，积极推进《上海市生产性服务业发展“十四五”规划》编制工作。

**七、开展全市第二批服务型制造示范评选**

为贯彻落实工信部等15部门《关于进一步促进服务型制造发展的指导意见》，发布《上海市经济信息化委关于开展服务型制造示范遴选的通知》，组织开展第二批市级服务型制造示范企业、项目、平台和示范区遴选，发布示范名单。经过2019年、2020年两批服务型制造示范遴选，全市共有46家示范企业、27个示范项目和17个示范平台入选，浦东新区、松江区2个区评为“服务型制造示范区”。据此编纂上海服务型制造示范案例《服务型制造在上海》，储备服务型制造重点项目，打造上海服务型制造标杆，发挥示范引领作用。

**八、规范生产性服务业功能区制度建设，推进载体发展**

为进一步规范生产性服务业功能区建设，市经信委联合市发改委、市规划资源局、市生态环境局开展《关于促进本市生产性服务业功能区发展的指导意见》及《上海市生产性服务业功能区建设指引》（2020版）的修订工作，经过专家研讨、处室会商、社会意见征询等，于8月中旬完成《指导意见》的修订工作。修订后的《指导意见》优化功能区的申报机制和流程，完善功能区管理考核制度，将提升功能区建设水平和质量。

**九、大力推进人才工作和教育培训发展**

根据产业人才工作要求，经过梳理将总集成总承包、研发设计、供应链管理、检验检测、产业电商与信息化服务、专业维修、服务型制造等7个生产性服务业重点领域列入重点产业及细分领域；向新制定的《上海市重点领域（产业类）急缺人才开发目录》分别新增推荐34家、90家生产性服务业企业列入第八批、第九批人才引进重点机构名单；面向生产性服务业各行业协会，开展2020年度上海市专业技术人才知识更新工程重点项目征集工作，征集包括“两业融合”、设备管理、产业电商、洁净技术等4个领域共12项知识更新工程项目，其中4项列入市知识更新工程项目，获得市人社局资金支持；推动2020年技能大师工作室及首席技师资助申报工作，5名生产性服务业企业首席技师获得资助；支持上海市电子商务行业协会成功申报认定为上海市高技能人才培训基地；配合市人社部门开展本市紧缺急需高技能人才职业工种目录调查，提出环保、产业电商、物流等领域的24个需补充的紧缺高技能人才职业工种，并推荐3家行业代表性企业参加相关自主评定的试点工作。参与《上海市产业人口变化趋势及政策举措》课题研究，完成《二产转三产对我市产业人才影响情况及下一步预测》分专题的研究工作，分析二经普到三经普期间，部分企业从二产转为三产对上海市整体产业人口变化带来的影响，并对“十四五”期间的相关情况作出预测。

**十、协同推进物流快递、检验检测、专业金融、专业维修等重点领域发展**

市经信委会同市发改委等部门共同贯彻落实国家发改委、工信部《推动物流业制造业深度融合创新发展实施方案》。市经信委会同市邮政局等部门共同研究制定贯彻落实工信部、国家邮政局《关于促进快递业与制造业深度融合发展的意见》的上海实施意见。市经信委会同市市场监管局等部门积极推进产业计量测试工作，共同制定发布《关于促进上海产业计量测试中心建设的指导意见》；市经信委会同市市场监管局指导推进生产性服务业领域标准化工作，共同开展生产性服务业标准化课题研究，指导产业电商、物流等领域企业申报开展标准化试点。市经信委还配合相关部门共同推进供应链金融发展，协调银行、基金、保险等金融机构加大对生物医药等主导产业的金融支持。11月，市经信委指导市设备管理行业协会开展“2020自贸区及全球维修高级研修班”，推动全球维修在自贸区创新发展，并开展产业园区企业专业维修公共服务需求调研，推进产业园区专业维修公共服务平台建设。

**十一、大力推进生产性服务业项目招商引资落地工作**

按照招商引资工作要求，结合实际启动生产性服务业招商工作机制，聚焦于供应链管理、研发设计、检验检测、融资租赁等生产性服务业重点领域，挖掘16个高质量生产性服务业招商引资项目，总投资额达129.05亿元。尤其是以顺丰在沪战略投资为主体，持续跟踪协调各子项目落实落地，协调解决包括钉子户动拆迁、土地招拍挂、业务拓展指导、企研学联合等问题，有效配合委内重大招商引资任务的持续推进。

**十二、深入推进产业援疆常态化发展**

市经信委持续推动上海—新疆呼叫产业生产性服务业功能区建设，在联合新疆前指、新疆工信厅、喀什地区行署完成上海—新疆呼叫产业生产性服务业功能区落户喀什的基础上，以功能区建设为载体、呼叫业务落地为突破口，助力当地促进就业、脱贫攻坚。功能区入驻座席810席，园区就业人数达844人，座席规模和就业人数均已成为疆内最大呼叫产业园。市经信委继续联合相关部门、相关企业加大宣传发动力度，拟计划引导推动韵达、中通、上海岐力、爱库存等10余家企业落地，业务涵盖电信运营商客服与产品营销、保险营销、酒店客服、财务会计、电商营销、电商直播、快递客服等。10月10日—12日，市长龚正率团考察上海—新疆呼叫产业生产性服务业功能区推进情况，对功能区建设给予高度评价。

（陈琦芳）

# 都市产业发展情况

2020年，上海都市产业受到新冠肺炎疫情影响，各行业努力克服各种困难，千方百计保证经济运行，为全市经济发展作出贡献。

**一、轻纺产业经济运行整体情况**

（一）经济逐月回升

2020年，轻纺产业规模以上企业实现现价工业产值5562.61亿元，比上年可比下跌4.99%；出口交货值910.41亿元，同比下跌11.29%；出口交货值占销售产值的16.48%。其中，轻工行业实现工业产值5117.43亿元，可比下降4.6%，拉低全市工业0.7个百分点，主要是前期疫情造成的损失未能有效回补，如珠宝首饰销量大幅减少；加上要素成本、环保和规划因素造成产能转移。纺织行业实现工业产值445.18亿元，可比下跌9.56%，主要是疫情影响复工复产，直接影响经济生产；同时国际经济形势和国际贸易阻滞对出口产生严重打击，但产业用纺织品因防疫物资的需求暴增出现快速增长，对纺织业发展起到积极作用。

（二）质效趋好，利润提升

全市轻纺产业3000家规模以上企业实现主营业务收入6575.96亿元，同比下跌3.38%；实现利润总额574.05亿元，同比增长10.83%；销售利润率达到10.39%，同比提高1个百分点。全市轻纺产业亏损面达25.63%，比上年上升3.47个百分点；亏损企业亏损额63.16亿元，同比扩大30.01%。

从全年来看，效益情况逐月趋好，亏损企业逐月减少，亏损面逐月缩小，轻纺工业整体从年初至年底呈恢复态势。

**二、分行业发展情况**

（一）产值方面

在18个子行业中，产值3升15降，增长的3个行业分别是饮料、纺织和食品，分别同比增长7.45%、6.07%、0.61%，3个行业总产值占轻纺总产值的18.41%。其中纺织业数年来首次出现产值同比上涨，主要是抗疫物资（如防护服、口罩）的需求持续增长。

产值排名前3的行业是塑料制品（725.95亿元）、食品（718.17亿元，不包括农副食品加工和饮料）和电池家电及照明器具（619.99亿元），分别占轻纺总产值的13.16%、13.02%、11.24%，其后是相关专用设备制造业和日用金属及设备制造，产值分别是466.09亿元、411.32亿元，这五个行业合计占轻纺工业的53.29%。排名后三的行业依旧是化纤（29.37亿元）、木竹藤棕草制品（43.99亿元）、饮料（109.55亿元），合计占比3.31%。

（二）出口方面

在18个子行业中，出口额2升16降，增长的行业是纺织品和文教体育用品，分别同比增长4.04%、0.84%、，但这两个行业出口规模总体量较小（占比11.32%）。出口交货值排名前三的行业是电池家电及照明器具（215.76亿元）、相关专用设备（131.32亿元）、塑料制品（119.92亿元），分别占轻纺总出口额的23.71%、14.43%、13.18%，合计占比51.33%。排名后三的行业是木竹藤棕草制品（0.70亿元）、饮料（1.79亿元）和化纤（3.13亿元），合计占比0.62%。

（三）利润方面

总体来看，轻纺产业利润有不同程度的提升，尤其是纺织业，因加大防疫物资的生产销售，销售利润率达到7.07%，比上年翻一番，但经营不善的企业亏损额严重扩大，行业企业处于两极分化状态。在18个子行业中，利润5降13升，增速最快的3个行业是纺织业、农副食品加工业和塑料制品业，同比增幅分别达到164.08%、68.67%、46.21%；利润同比减少的行业有纺织服装服饰、印刷、皮革、文教体育用品和日用化学品。

利润总额排名前三的行业是塑料制品业（82.72亿元）、食品（81.66亿元，不包括农副食品加工和饮料）、相关专用设备制造业（64.05亿元），分别占轻纺工业总利润的14.41%、14.23%、11.16%，合计占比39.80%；排名后三的行业是纺织服装服饰业（1.42亿元）、化纤（2.30亿元）、

**表1 2020年上海轻纺产业统计** （单位：亿元，%）

| 分类 | | | 可比价产值 | 同比 | 销售产值 | 同比 | 出口交货值 | 同比 | 利润总额 | 同比 | 税金 | 同比 |
|---|---|---|---|---|---|---|---|---|---|---|---|---|
| 轻工 | 1 | 皮革、毛皮、羽毛制品 | 137.44 | −14.74 | 126.74 | −18.91 | 21.61 | −31.16 | 6.42 | −36.17 | 1.91 | −27.86 |
| | 2 | 木、竹、藤、棕、草制品业 | 43.99 | −0.99 | 40.88 | −5.46 | 0.70 | −70.19 | 2.85 | 0.00 | 1.53 | −3.81 |
| | 3 | 家具制造业 | 279.07 | −7.88 | 279.93 | −8.10 | 36.08 | −30.35 | 41.58 | 16.13 | 6.43 | −13.63 |
| | 4 | 造纸及纸制品业 | 233.63 | −3.50 | 237.25 | −4.13 | 15.06 | −15.75 | 21.43 | 19.00 | 7.37 | −8.89 |
| | 5 | 印刷 | 184.00 | −11.47 | 185.44 | −10.07 | 22.60 | −7.95 | 10.43 | −44.42 | 5.82 | −20.30 |
| | 6 | 文教体育用品制造业 | 119.61 | −4.13 | 121.10 | −2.63 | 58.64 | 0.84 | 21.48 | −23.26 | 1.60 | 3.41 |
| | 7 | 塑料制品业 | 725.95 | −0.75 | 698.04 | −3.96 | 119.92 | −2.78 | 82.72 | 46.21 | 18.77 | 6.60 |
| | 8 | 工艺品及其他制造业 | 371.43 | −17.33 | 431.50 | −5.29 | 27.74 | −13.88 | 38.90 | 9.92 | 7.08 | −24.57 |
| | 9 | 日用化学产品制造业 | 338.02 | −7.74 | 335.84 | −7.11 | 28.69 | −15.75 | 56.17 | −7.03 | 12.57 | −15.97 |
| | 10 | 日用金属及设备制造 | 411.32 | −4.24 | 408.19 | −7.04 | 91.12 | −14.25 | 34.35 | 16.15 | 10.60 | 0.84 |
| | 11 | 电池、家电及照明器具 | 619.99 | −0.80 | 590.61 | −4.01 | 215.76 | −8.14 | 39.89 | 1.73 | 9.65 | −2.89 |
| | 12 | 相关专用设备制造业 | 466.09 | −4.16 | 480.13 | 0.21 | 131.32 | −2.59 | 64.05 | 2.51 | 14.07 | 6.13 |
| 食品 | 13 | 农副食品加工业 | 307.88 | −4.21 | 324.34 | 1.78 | 10.94 | −14.40 | 28.00 | 68.67 | 5.17 | 25.26 |
| | 14 | 食品制造业 | 718.17 | 0.61 | 709.13 | −0.83 | 25.40 | −27.21 | 81.66 | 6.96 | 30.24 | −8.54 |
| | 15 | 饮料制造业 | 109.55 | 7.45 | 108.01 | 8.35 | 1.79 | −3.98 | 12.51 | 27.04 | 6.17 | −18.74 |
| 纺织 | 16 | 纺织业 | 188.00 | 6.07 | 179.71 | 0.33 | 44.37 | 4.04 | 27.89 | 164.08 | 3.94 | 3.83 |
| | 17 | 纺织服装、服饰业 | 236.21 | −19.21 | 241.14 | −17.05 | 55.57 | −24.71 | 1.42 | −71.48 | 3.60 | −11.76 |
| | 18 | 化纤制造 | 29.37 | −7.92 | 26.32 | −17.44 | 3.13 | −63.97 | 2.30 | 14.02 | 0.83 | −9.00 |
| 消费品合计 | | | 5519.70 | −4.99 | 5524.28 | −4.67 | 910.41 | −11.29 | 574.05 | 10.83 | 147.36 | −6.65 |
| 工业合计 | | | 34679.13 | 2.10 | 33744.01 | −0.52 | 7541.46 | −0.45 | 2782.66 | −3.24 | 1738.22 | −0.41 |

木竹藤棕草制品（2.85亿元）。销售利润率最高的3个行业是文教体育用品、日化产品和纺织业，分别达到17.74%、16.72%和15.52%。

## 三、部分重点行业的现状分析

### （一）轻工行业

轻工行业实现规模以上工业产值5117.43亿元，可比下降4.6%；实现主营业务收入6049.64亿元，同比减少2.70%；实现利润总额542.45亿元，同比增长8.39%；轻工业出口交货值807.34亿元，同比下跌10.41%；纺织产业出口交货值103.07亿元，同比下跌17.63%。

轻工行业中，产值规模200亿元以上的大类行业有8个，除食品制造业产值同比增长0.6%外，其余7个行业均有不同程度的下降。食品制造业、饮料制造业分别由2019年下降5%、4.1%，转为2020年同比增长0.6%和0.4%。而产值居轻工第四位的农副食品加工业由2019年增长5.1%，转为2020年同比下降4.2%。

利润增长的主要原因是：居轻工行业利润第一位的塑料制品行业利润同比增长46.2%，增幅达33.4个百分点；居第二位的食品制造业行业利润增长7%；居利润第四位的家具制造业行业利润增长16.1%；位居利润第五、第六位的农副食品加工业和工艺美术行业分别增长68.7%和16.6%。居利润第三位的日用化学产品制造业下降7%，日用化学品制造（56.17亿元）下降7%，主要居第一、二位的肥皂及洗涤剂制造（20.45亿元）和化妆品制造（16.08亿元）分别下降17.1和27.9%，虽然香精香料制造（13.09亿元）增长60.2%，但整个日用化学品行业的利润下降。

1．食品业。食品行业规模以上企业410家，完成工业总产值（现价）1161.15亿元，同比增长2.11%；可比价产值1135.60亿元，同比基本持平，占全市工业总产值的3.4%；实现主营业务收入1388.87亿元，同比下跌0.74%；实现利润122.17亿元，同比增长18.84%。

存在的困难和问题：（1）发展速度较慢。近5年食品工业处于平缓发展的趋势，工业总产值一直在1000亿元左右徘徊。（2）创新能力不足。多数食品制造企业供给侧结构性不合理、缺乏市场竞争力，尤其在融资、人才、技术和管理等方面更是短板，存在产品低值化同质化严重，企业自主研发和创新能力不足，国际竞争力仍然薄弱等问题。（3）要素成本上升。随着土地、原材料、劳动力、能源管理销售、运输等成本的不断上升，不少企业经济效益下滑。四是综合利用水平不高。食品制造业的转化增值功能较低，综合利用意思薄弱。精深加工、专用型、功能性、保健型产品占比较低，满足市场多变化、多样化、品质化需求的意识不强，土地和资源的综合利用水平不高。

2. 日化行业。日用化学品行业实现现价产值 345 亿元，同比下降 6.9%%；可比价产值 338 亿元，同比下降 7.7%；销售产值 335 亿元，同比下降 7.1%；出口产值 28 亿元同比下降 15%；利润 60.7 亿元，12 月当月产值达到 32.4 亿元，同比增长 0.5%。

上海国际化妆总部有 36 家，其中世界 500 强企业有 1/3 以上；国际国内科研中心有 14 个，集中了国际国内的优秀科技人才。在制造业方面有近 10 个现代化化妆品生产企业正在崛起，5 个郊区新城正在发展智能化妆品工厂，不久这些智能工厂将会吸引投资成为世界一流的生产基地。资本运作集中，年内有 15 家企业获得注入资金，也使一批成立不久的企业成为行业头部企业，如完美日记仅成立 3 年就获得 20 轮 40 亿元的融资，是在美国上市的首个中国美妆公司。

但是，产业发展缺少统一规划，产业不够聚集，企业多小散，高端人才稀缺，研发创新不足，质量及品牌影响力不足，化妆品产业一直没有成为上海重点发展产业。同时，产业高质量发展的营商环境亟需优化，行业标准严重滞后产业发展，企业进口原料的供求矛盾日益突出，本土知名品牌培育和知识产权保护力度不够，化妆品与时尚产业融合发展关联度不够紧密，制假售假现象在部分区域仍然存在。

3. 家电行业。主要家电产品现价产值同比下降 7.5%，销售产值同比下降 5.8%，出口交货值同比下降 9.1%。据家电协会统计，家电企业空调产量 296.5 万台，同比下降 5.81%；销量 295.9 万台，同比下降 5.72%。冰箱产量 29.15 万台，同比下降 7.1%；销量 29 万台，同比下降 7.57%。洗衣机产量 73.45 万台，同比下降 2.41%；销量 73.29 万台，同比下降 2.46%。随着国内疫情情况逐步好转，企业受疫情影响逐步减缓，现阶段对企业影响最大的还是运行成本增加及海外疫情使得出口受阻。

4. 工美行业。工艺品及其他制造业实现工业产值 371.43 亿元，同比下降 17.33%；利润总额 38.90 亿元，同比增长 9.92%；主营收入 431.50 亿元，同比下跌 5.29%；出口交货值 27.74 亿元，同比下降 13.88%；从业人员平均数约 2948 人，同比下降 11.1%。

随着疫情逐步得到控制、社会活动的有序恢复，行业的产销情况奋力拼搏陆续向好，尤其是黄金饰品消费量持续回升。展望 2021 年，上海工艺美术行业有望实现：工艺制造上将有突破、数字化转型拓宽销售渠道、对低线城市渗透率预估还有较大的空间、市场将朝着“品牌化”和“细分化”方向发展、小微企业将出现分化。

5. 塑料制造业。塑料制品业经济运行总体呈现前低后高、持续恢复的发展态势。4 月复工复产以来，生产连续 9 个月实现环比增长。全年完成工业总产值 725.95 亿元，同比略降 0.7%，12 月当月工业总产值 75.18 亿元，同比增长 7.9%；当月出口交货值 11.41 亿元，同比增长 4.3%，恢复态势显著。

随着上海制造业结构调整和塑料加工产业转移，塑料产业发展重点已逐步转到注重配套高新技术的塑料新材料上，如应用于汽车、电子、医疗器械等领域较高端的工程塑料、改性塑料等，产品附加值提高，利润增加。加上全球抗疫产品需求猛增，防疫物资、医疗用品、医疗建设等都离不开塑料产品以及相配套产品；医用新材料、抗菌材料、安全包装、防护材料等塑料相关领域更成为市场热门，塑料行业也从中受益。塑料制品业全年利润总额 82.72 亿元，同比增长 46.2%。

（二）纺织业

纺织行业规模以上企业 394 户，同比增加 7 户。受新冠肺炎疫情影响，行业内销外贸均受到重创。实现工业产值 445.18 亿元，可比下跌 9.56%；实现主营业务收入 526.32 亿元，同比下降 10.57%；利润总额 31.60 亿元，同比增长 80.13%；亏损面 33.75%，亏损额 9.86 亿元，同比上升 45.69%。

从分行业生产情况来看，除产业用纺织品因防疫物资需求暴涨出现逆势增长外，大部分行业均有不同程度下跌。产业用纺织品工业产值达到 105.43 亿元，同比增长 35.12%，占纺织工业总产值的 23.7%；销量达到 97.35 亿元，同比增长 27.47%，成为 2020 年支撑纺织业发展的主要力量。家纺行业产值同比下降 21.96%，销量同比下降 18.69%，但产销率达到 103.32%，利润总额增长 23.45%，去库存情况较好。比重最大的机织服装，工业产值达 149.84 亿元，占全行业工业总产值的 33.70%，同比下跌 20.31%，销量同步下跌，但产销率保持在 103%。跌幅最大的毛纺行业，主营业务收入跌至 3.82 亿元，利润跌至 0.01 亿元，利润率仅为 0.36%。

受疫情影响，除非织造布与蚕丝被外，原本就处于下降通道的纺织产业链各类产品产量与销量均出现大幅下挫。纱产量 10196.58 吨，同比下降 42.63%；销量下降 37.04%，产销率达到 112.06%，去库存情况较好。布产量下降 9.20%，为 9510.76 万米；其中色织布（含牛仔布）产量下降 62.6%，棉混纺布产量下降 57.26%；棉布产量逆势增长 30.82%，缓解了布产量的下跌趋势；化纤依然严重滞销，产销率仅为 56.43%。

作为基础抗疫物资口罩，尤其是医用口罩产量出现井喷，全年口罩产量 26.68 亿个，同比增长 115.10%，其中医用口罩5.15亿个，同比增长196.98%，带动非织造布产量增长33.27%，达到65424.26吨。

合成纤维行业主营业务收入同比下降22.61%，为19.18亿元；利润总额增长82.59%，为0.25亿元，利润率虽然仅为1.31%，但行业实现扭亏为盈。针织或钩针编织物制造行业依旧处于亏损状态，产值额为0.03亿元。

（由　文）

# 文化创意产业发展情况

2020年，在中共上海市委、市政府和市文创领导小组领导下，在各成员单位和各区共同努力下，上海围绕国家战略和上海经济发展实际，根据《关于推动本市文化创意产业创新发展的若干意见》相关要求，完善顶层设计，完善政策保障，加快重大项目建设，以文创园区、楼宇、空间为载体，深入推进公共服务平台建设，促进文化创意和设计服务与实体经济深度融合，提升产业能级和核心竞争力，文化创意产业继续保持高质量稳步发展。

## 一、总体情况

2020年，在受疫情影响和宏观经济下行压力较大的情况下，上海文化创意产业逐步企稳恢复，产业结构性特点凸显。全年实现总产出20404.48亿元，比上年下降2.6%；与数字化相关的重点领域发展势头强劲，互联网和相关服务业、软件和信息技术服务业逆势上扬，实现两位数增长，分别同比增长18%和12.5%，建筑设计业和工业设计业也合计同比增长4.6%。在线新经济业务规模持续扩大，文化新业态特征明显的16个行业小类实现营业收入同比增长10.2%。

## 二、重点领域发展势头强劲

（一）工业设计新力量涌现。设计力量积极助力抗疫，如联影医疗“智能天眼CT”成为抗疫第一线诊断利器，通过智能识别人脸及全身位置信息，医护人员可以隔室操作，有效减少医患接触，降低交叉感染风险。启动首届“上海设计100+”征集工作，综合公众、专家、产业部门投票后，产生首届“上海设计100+”名单，包括100项正选、199项入围，并亮相上海信息消费“云峰汇”。完成市级工业设计中心和首批市级设计示范引领企业创建工作，通过企业自愿申报、区级初审、专家终审，共评出49家市级工业设计中心和53家市级引领示范企业。聚焦工业、服务业、数字经济等领域，共向工信部推荐参评产品（作品）148件，总数是上一届的3.8倍，创历年之最。其中，联影医疗技术集团的“世界首台全景动态扫描探索者”获中国优秀工业设计金奖。

（二）时尚消费潜力释放。加强招商引资，东方美谷新引进投资1亿元或者1000万美元以上国内外优质美丽健康企业10家，推动资生堂、吉恩药业等72个实体型产业项目签约。举办“时尚100+”征集评选，产生53个时尚新卡点、7个时尚新艺术、6个时尚新科技、11位时尚新人物、13位时尚新主播、16个时尚新文创，共计106个获奖单位和个人。市经信委会同市文旅局共同发布第一批上海市传统工艺振兴目录，遴选具有一定传承基础和生产规模、有发展前景的传统工艺美术品种技艺项目63项。开展“新锐工艺美术大师”评选，共有154位艺术家及其540件作品通过评审进入候选。

（三）影视产业持续扩容。上海科技影都建设粗具规模，上海已集聚7000多家影视企业，2020年票房在全国各城市中率先突破10亿元，最终以11.64亿元票房蝉联年度全国城市冠军，占全国票房总收入的7.5%。华策长三角国际影视中心项目开工建设，上海（车墩）高科技影视基地、中视儒意影视基地、昊浦影视基地建设取得阶段性进展，引进松江星空综艺影视制作研发基地、1905国际数娱影视产业园等项目。出台《上海科技影都总体概念规划》《促进上海科技影都影视产业发展若干政策》，发布《中国影都竞争力指数报告（2020)》；双创文化产业投资母基金与华策影视达成战略合作，助力长三角影视产业基金建设。成立上海市影视版权服务中心，推出4项20条服务清单。

（四）演艺产业稳中向好。截至2020年，全市已拥有22个专业剧场、60家已授牌“演艺新空间”，演艺大世界全年举办演出超过3万场，推出国内首演、亚洲首演、全球首演剧目79部，著名戏剧导演田沁鑫、陈薪伊和9次格莱美获奖艺术家Wynton Marsalisd等名家相继入驻。疫情催生“云演艺”模式不断涌现，上海越剧院、上海昆剧团、上海民族乐团、上海话剧艺术中心等多家院团的演艺IP、演员借此转型为新流量，创作出极具特色的“云端产品”，成为疫情期间“危中寻机”的典范。

（五）动漫游戏增长迅速。2020年，上海自主研发网络游戏销售收入达860亿元，同比增长17.6%，占全国总收入的近四成。中国游戏产业研究院落地上海张江国家数字出版基地。举办第16届中国国际动漫游戏博览会（CCGEXPO)，是疫情发生后上海举办的首个大规模国际动漫展，释放出吸引腾讯视频、东方明珠、万代、HOTTOYS等250家中外展商参展，展区面积近5万平方米。上海已集聚全国80%以上的电竞企业、俱乐部、战队和直播平台，超过40%的全国电竞赛事在上海举办，电竞媒体数量并列全国城市首位。落实《电竞场馆建设规范》《电竞网络直播标准》。英雄联盟赛事主办方拳头游戏亚太总部顺利落户上海，成功举办英雄联盟全球总决赛S10。

（六）艺术品交易氛围浓厚。试点推动涉外文物拍卖开放，制定《上海市涉外艺术品（社会文物）交易管理联席工作机制》。举办第二届上海国际艺术品交易月，聚焦全球艺术品交易的“上海时间”，明确国际拍卖周、高峰论坛周、生活品艺周和国际博览周“四大主题周”，共推出95场系列活动，徐汇西岸与浦东外高桥东西联动，形成上海艺术品交易双地标。

**三、文创扶持资金用途持续优化**

根据“优化结构、注重绩效”的原则，聚焦专项资金的使用效益和社会资本撬动力，重新梳理和定位文创扶持资金的重点方向和支持方式，落实专项资金“四个统一”，专项资金的政策影响力和资金管理规范提升显著。在优先支持事项中，增加“对在新冠肺炎疫情期间积极履行社会责任、加快业务创新、提升服务能级的文创企业”内容。同时，适当提高对文创园区、示范楼宇和空间的扶持额度，支持各类载体通过减免租金等方式主动减轻承租中小微企业的负担。全年市文创资金共扶持项目843个，其中民营企业项目数量占比超过89%，撬动社会资本投入文创产业超过32亿元。

**四、文创产业载体能级进一步提升**

为进一步提升与完善市级文化创意产业园区（以下简称“文创园区”）、示范楼宇和示范空间的动态管理机制，推动、引导和规范文创载体（指文创园区、楼宇和空间）的品牌化、特色化、连锁化的发展，修订并发布《上海市文化创意产业园区、示范楼宇和示范空间管理办法》。依据“动态管理、优胜劣汰”的总体要求，开展新一轮市级文创园区（含示范园区）、示范楼宇和示范空间的申报认定工作。经重新认定和评估，文创园区为149家（含示范园区25家），示范楼宇16家，示范空间28家。149家文创园区总建筑面积达836万平方米，入驻文创企业总数2万余家，带动就业70多万人，全年入驻企业所创造的税收贡献超过300亿元。经过多年培育，上海涌现出一批优秀的园区连锁运营企业，德必集团、锦和商业、科房投资等3家企业在本市管理的园区分别达64个、50个、18个。其中，“锦和商业”于4月在A股主板上市，成为“文创园区第一股”，“德必集团”于2月在创业板上市，为文创产业发展的物理载体建设注入新的资本活力。

**五、合作交流平台和机制更加完善**

（一）搭建创意设计产业新平台。举办上海“设计之都”10周年主题活动，邀请吴光辉、柳冠中、王澍、王受之、张磊、Charles Hayes等大批设计界泰斗；发布国际设计学院联盟、前沿设计创新奖、长三角工业设计产业联盟、上海创新创意设计研究院等一批优质项目。活动期间，同时举办第六届中国品牌经济（上海）论坛、工业设计和服务设计论坛、建筑设计论坛、时尚设计论坛、数字设计论坛、设计研究与教育会议、青年创意人才论坛等7场主线论坛，全方位剖析创意设计产业发展，献策推进上海设计之都建设；组织代表上海设计高水平的优秀作品参加第四届中国工业设计博览会（武汉），得到工信部领导及业内的高度肯定，进一步巩固和推介上海设计力量。

（二）加快推进“品质直播第一城”建设。发布推动上海建设“品质直播第一城”的若干举措，通过支持行业制定团队标准、构建人才体系、建立联动机制、搭建交流平台，推动上海培育一批高质量MCN机构，造就一批高技能直播人才，打造一批“特色直播间”和“网红直播打卡地”，形成一批直播经济品牌活动，建立一批直播经济产业基地，促进在线新经济、在线新文旅发展。

（三）推进上海设计服务和赋能制造业、服务业发展，促进消费。“五五购物节”期间，举办上海制造佳品汇，以设计赋能产业、引领消费，体现供给侧优势，重点推进轻工、纺织、食品、智能硬件“1000+”名品促销，动员小红书、拼多多等六大平台直播带货。活动共计2405万人次参与，新闻报道超1400条，促进消费超106亿元，再次掀起“上海设计·上海制造”消费高潮。

（四）成立市文化创意产业促进会。为健全文化创意产业协调机制和专业服务体系，营造良好的文化创意产业营商环境，筹备成立上海市文化创意产业促进会，已招募单位会员200多家，其中66家作为理事单位，19家发起单位负责人担任副会长。致力于构建全市文化创意产业园区、企业与政府及其他专业领域的沟通桥梁，健全文化创意产业协调沟通机制和专业服务体系，提升产业服务专业化水平，促进产业要素流通和合作，努力营造良好的文化创意产业营商环境。

（王 祺）

# 全面推进城市数字化转型总体情况

加快城市数字化转型，是上海面向未来塑造城市核心竞争力的关键之举，是超大城市治理体系和治理能力现代化的必然要求。2020 年，上海出台“3+3”智慧城市建设若干意见，持续推动经济、生活、治理等领域数字化建设，深化数据共享开放、应用融合创新，从 350 个国际城市中脱颖而出，摘取“世界智慧城市大奖”（这是中国城市第一次获奖），为全面推进城市数字化转型打下良好基础。

**一、进一步加强顶层设计，构筑上海新的战略优势**

为深入贯彻习近平总书记关于网络强国、数字中国、智慧社会战略部署，践行“人民城市人民建、人民城市为人民”重要理念，巩固提升城市能级和核心竞争力，构筑上海未来新的战略优势，中共上海市委、市政府于 2020 年底发布《关于全面推进上海城市数字化转型的意见》（简称《意见》），主要包括六方面内容：一是深刻认识转型意义，全面推进数字化转型是上海面向未来塑造城市核心竞争力的关键之举，是超大城市治理体系和治理能力现代化的必然要求。作为超大型城市，上海必须充分运用数字化方式探索城市治理新路子，回应人民美好生活新期待。二是明确转型总体要求，到 2025 年，国际数字之都建设形成基本框架。到 2035 年，成为具有世界影响力的国际数字之都。三是坚持整体性转变，强化系统集成、整体提升，推动经济、生活、治理等三大领域全面转型。四是坚持全方位赋能。以数据要素为核心，以新技术广泛应用为重点，以数字底座为支撑，构建数字城市建设基本框架。五是坚持革命性重塑，再造数字时代的社会运转流程，重构数字时代的社会管理规则，塑造数字时代的城市全新功能，重建数字时代的城市运行生态。六是创新工作推进机制，从领导力、专业能力、市场动力、示范引力、社会合力等方面对各区、各部门科学有序全面推进工作提出要求。

**二、推进经济领域数字化建设，提高经济发展质量**

推动数字产业化，产业数字化，放大数字经济的辐射带动作用，做优做强城市核心功能。

数字产业化方面，以在线新经济为代表的“五型经济”发展壮大，上海在线新经济基本形成以杨浦区、长宁区、徐汇区和浦东新区为主的“浦江 C 圈”，“张江在线”“长阳秀带”两个市级在线新经济生态园已揭牌成立；软件和信息服务业实现营业收入突破 3000 亿元，增速超 23%，哔哩哔哩、小红书、拼多多、汇付天下、喜马拉雅、叮咚买菜等一批新生代互联网企业打响品牌；培育大数据产业集群，推动静安区、杨浦区两大集聚区吸引培育龙头企业和创新创业企业，支持徐汇区、嘉定区、松江区、临港自贸区新片区等区域，针对大数据 + 智能、汽车、工业、跨境等，集聚发展一批“大数据 +”特色产业；据统计，全市大数据核心产业总产值超过 2300 亿元，核心企业数量超过 973 家，从业人员超过 10 万人。人工智能加快布局，推动实施商汤超算中心、依图异构芯片、达闼智能机器人等重点项目，推动人工智能应用赋能，发布 11 个第三批市级应用场景，持续推进洋山港、申通地铁、华东无人机基地、张江科学城等重量级应用场景建设，成功举办 2020 世界人工智能大会。

产业数字化方面，工业互联网快速发展，发布《推动工业互联网创新升级实施“工赋上海”三年行动计划（2020—2022 年）》，14 个二级节点接入标识解析国家顶级节点（上海），上线运行累计标识注册量已达 4.7 亿个，累计标识解析量突破 2 亿次，接入二级节点的企业数已达 1700 多家；发布《上海市建设 100+ 智能工厂专项行动方案（2020–2022 年）》，实施智能工厂“10030”专项行动；集成电路产业规模快速增长，全年实现销售收入 2071 亿元，同比增长 21%。中芯南方、华力二期、上海超硅 300 毫米大硅片等重大项目有序推进。

**三、加快生活领域数字化建设，提高城市生活品质**

重点聚焦医疗、养老、教育、文旅、出行等民生服务重点领域，打造智能便捷的数字化公共服务体系，满足市民对美好生活的向往。

医疗领域，面对突如其来的新冠疫情，全力构建突发公共卫生事件应急处置信息体系，覆盖“防”“控”一体化架构下的各个环节，系统有效解决防控救治、流行病学调查和复工复产等工作中的几个关键难点，包括入沪人员信息动态掌握、全口径入沪人员查疑补漏、大人群流行病学调查和密切接触者排查、社会防空和企业复工复产支撑、远程调度指挥等，实现趋势智能研判、态势全面感知、资源统筹调度，健全应急医疗救治体系，提高综合救治和应急作战能力。进一步加强便捷就医服务，通过预约挂号、信用就医等方式优化就医流程，深化建设互联网医院更好赋能实体就医，实现病人就医的最大便利化，助力本市分级诊疗机制的完善。

养老领域，努力打破“数字鸿沟”，通过广泛调研，梳理形成首批四类（安全防护类、照护服务类、健康服务类、情感关爱类）12 个智慧养老应用场景需求并向社会公布，引导企业开发相应产品和解决方案，推动智慧养老产品和服务落地应用，为老年人提供实时、快捷、高效、低成本，同时又具备物联化、互联化、智能化特征的养老服务；加强物联网、远程智能安防智能监控等新一代信息技术和智能产品在养老服务领域应用，实现经济困难的高龄独居老年人应急呼叫项目全覆盖。

教育领域，全力推进“空中课堂”建设，为全市基础教育、职业教育、高等教育300万学生提供在线教育服务，根据各级各类教育特点，发布差异化在线教学指导意见，满足各领域需求，同时加强违规信息检测力度，保障数据信息安全；推进数字学校建设，推动第一、二批共54所教育信息化应用标杆培育校建设，积极开展第三批上海市教育信息化应用标杆培育学校遴选；持续提升师生数字素养，开展教师信息技术应用能力提升工程2.0行动，积极推进信息技术课程进中小学课堂，支持高校人工智能等信息技术专业建设。

文旅领域，赋能传统业态转型升级，支持全市演艺单位积极探索视频录播演出、网络直播演出、艺术课堂等线上演艺新渠道，上海博物馆举办“云聚上博，共享江南诗意”江南文化艺术展文创产品直播；推动在线文旅新业态快速发展，以实现酒店30秒入住为切入点，以数字化重塑旅店入住流程，通过后台多部门数据联动，实现前台无感便捷入住的目标，推动整个旅店行业的数字化转型；成功举办英雄联盟S10全球总决赛吸引全球范围2亿人次在线观看，推出“五五购物节·品质生活直播周”“嗨翻魔都”文旅消费季等活动，支持文旅功能区丰富夜间游览产品，开拓夜间演出市场，举办“品质生活直播周”，带动线上线下消费50亿元，“非遗购物节”直播销售金额突破4000万元；文旅惠民能级提升，博物馆、美术馆重点展品实现二维码导览全覆盖，村居综合文化活动室配置“文化云盒”智能服务终端1157个；加强文化资源数字化转化和线上场馆建设，推出“云展览”“云演出”“云游园”“云过节”“云直播”等活动3万余场，吸引超过2亿人次参与；持续深化“建筑可阅读”项目，实现开放历史建筑1039处，完成二维码设置2458处。

出行领域，重点围绕医院周边、学校周边、交通枢纽周边、商业集聚区周边“停车难”顽疾，在汇聚全市4300多个公共停车场（库）和收费道路停车场、约89万个公共泊位的公共停车资源基础上，排摸分散在各类主体手上的车位资源，以各种可以触达的信息分发渠道，及时准确地推送给出行者，并辅以停车预约、无感支付等手段，实现停车资源有效共享，打造舒心停车服务；推进“一键叫车”出行服务，基于“申程出行”APP的“一键叫车”功能为不擅长操作智能手机的乘客，提供轻松叫车服务，同时与“上海出租汽车固定候客站”的信息化叫车系统联调，进一步引导市民有序约车，提高市民乘坐出租车的安全性与便捷性。

## 四、推动治理领域数字化建设，提高现代化治理效能

以“云网端边安”一体化数据资源服务平台为载体，形成“一网通办”“一网统管”互为表里、相辅相成、融合创新的发展格局。

提升“一网通办”服务能级，推行“一码”通行，“随申码”累计使用次数超21亿次，累计用码人数超4400万人，拓展“随申码”延伸服务场景，实现“脱卡就医”“信用就医”、乘坐公交、地铁、进出游泳场馆等便民服务；完成“一网通办”PC总门户、“随申办”APP以及支付宝、微信小程序升级改版，“一网通办”国际版正式上线；“一网通办”总门户已接入3071项服务事项，实际网办率55.6%，全程网办率47.15%，完善统一身份认证体系，个人实名用户数超4918万，法人用户超过214万；已接入55个收费事项，累计完成缴费超过4444万笔，金额超51亿元；接入物流事项2017项，累计物流办件超276万件；深化市民主页和企业专属网页特色服务，持续归集“一人（企）一档”信息，输出“专属”服务；深化电子证照应用，全力支撑“两个免于提交”落地，已归集市级590类、区级698类电子证照，累计归集证照过亿张，累计调用超3亿次；全力支撑“一件事”流程再造，市级重点15个“一件事”工作任务落实，全部上线试运行；推进长三角“一网通办”再提速，实现三省一市21类电子证照共享互认，83项服务事项跨省通办，开通550个线下专窗办理点。

“一网统管”建设有序推进，按照“三级平台、五级应用”逻辑架构，建立市、区、街镇三级城运中心，三级平台与上下级平台之间数据初步贯通，形成“王”字型架构，全市216个街镇城运中心，依托1+3+N网格系统，探索基础网格、警务网格、综治网格的多格合一，联勤联动处置问题；打造务实管用的智能化应用场景，研发市级应用场景40余个，区级应用场景300余个，重点建设城市之眼、道路交通管理（IDPS）、智慧气象、大客流监测、防汛防台、“1+3+N”网格化、公共卫生、人口综合管理、经济风险运行监测、应急联动融合指挥等系统；建立实时动态“观管防”一体化的城运总平台，接入50个部门的185个系统、730个应用，实现对气象、防汛防台、公共卫生、应急、交通、大客流、水电燃气等城市运行管理实时数据的共享交换、分析研判和闭环处置；建设高效处置突发事件的联动指挥系统，打通市城运中心和市级专业指挥中心以及16个区城运中心，支撑市城运中心统筹支援、现场指挥部现场决策、移动指挥车移动指挥，实现前线指挥部、后方指挥部、专业指挥部跨地域的联动指挥。

## 五、持续推进数据共享开放，夯实信息基础设施

推动数据开放共享、融合创新，聚焦交通出行、医疗健康、金融服务、社会信用、商业服务等领域，遴选11个具有标杆示范性和民众感知度的公共数据开放应用试点项目，探索公共数据开放应用新模式；普惠金融试点应用已对接18

家试点银行，面向中小微企业提供信贷服务超1.5万次，累计放贷近200亿元；截至年底，通过本市公共数据开放平台累计开放数据集超过4000项，平均每月调用／下载量超过2万次；启动国际数据港建设，围绕制订国际数据产业发展规划和制定相关制度、试点建设数据国际化流通服务核心体系、提升信息基础设施硬实力、引入国际龙头企业重大项目并形成国际协同创新标杆示范、聚焦临港新片区打造国际数据产业重要承载区等任务，形成具体分工推进计划；上海数据交易中心围绕市场营销、金融服务等形成两大类近200项商业数据产品，会员间的日数据交易量已超过7亿次。

信息基础设施能级不断提升，加快推进5G网络建设，至11月底，本市已累计建设5G室外基站超3.1万个、室内小站超5.1万个，实现5G网络中心城区和郊区重点区域室外连续覆盖，在智能制造、健康医疗、智慧教育等十大领域推进383项5G应用项目；统筹推进互联网数据中心建设，全年支持12个项目共计3.6万机架用能指标，阿里巴巴飞天云计算中心、腾讯长三角人工智能超算中心及产业基地、中国电信全球数据枢纽平台和公共算力中心、中国移动5G生态谷等重大产业项目在本市规划落地；推动新型城域物联专网建设，发布《新型城域物联专网建设导则2020版》，覆盖近30个行业领域、95个应用场景，进一步优化完善对本市“新基建”物联感知终端部署和“一网统管”的基础支撑，通过市场化手段在全市规模部署消防水压、门磁感应、烟雾报警、垃圾满溢、停车地磁、环境指数等30余种累计80余万个智能传感终端，为城市管理、民生服务、工程建设、生态环境等提供物联感知综合数据服务。

（张　诚）

# 临港新片区产业发展情况

2020年，上海自贸区临港新片区按照“体现国家战略、体现上海优势、体现国际竞争力”的发展要求，加快产业集聚发展和产业生态建设，在高端装备制造业和战略性新兴产业领域持续突破，特别是新片区成立以来，按照总体方案明确的集成电路、人工智能、生物医药、航空航天等前沿产业发展定位和“高端制造、智能制造、自主制造、关键制造”的制造业升级导向，加快创新要素集聚，持续提升产业能级和创新策源能力，不断增强新片区产业发展的集中度和显示度。

## 一、经济实力持续提升

“十三五”期间，临港工业总产值迈过1000亿元重要大关，年均增幅达到30%，经历从积累起步、到快速发展、再到爆发跨越的发展历程，发展速度和投资力度均位居全市前列，呈现出战略起点高、产业基础实、发展势头好、对外影响力大的特点。尤其是新片区设立以来，经济发展进一步提速，自2019年8月新片区揭牌至成立1周年，临港新片区签约重点产业项目140个，涉及签约总投资超2000亿元。2020年，产业固定资产投资完成320亿元，比上年增长60%；工业总产值完成1500亿元，同比增长25%；生产性服务业完成400亿元，同比增长60%。

## 二、重点领域成效显著

继续深耕以动力装置为核心技术的高端装备制造业，加速发展国产重型燃气轮机、微型燃气轮机、船用发动机、航空发动机等“装备制造业皇冠上的明珠”。积极布局以集成电路、人工智能、生物医药、民用航空为代表的前沿产业，增强以高端装备制造、智能新能源汽车为代表的优势产业，围绕数字经济、氢能源、智能机器人等重点领域拓展新兴产业。“东方芯港”“生命蓝湾”“大飞机园”“信息飞鱼”等一批特色产业园区启动建设。世界最大的船用双燃料低速机WinGDX92DF下线，全球首款互联网汽车荣威ERX5、全球最大缸径980毫米的低速大功率柴油机、中国首根国产12英寸单晶硅棒等一大批具有自主知识产权产品成功研发，交付我国自主三代核电全球首堆“华龙一号”核岛主设备堆内构件，首堆机组现已正式进入带功率运行状态，诞生一大批国际领先的创新成果和产品。

## 三、创新主体加速集聚

坚持头部带动、配套拉动、投招联动，加快重大项目集群集聚，特斯拉超级工厂等重大项目带动产业链配套本地化，智能新能源汽车产业集群效应持续彰显；新昇半导体大硅片研发与先进制造、积塔特色工艺生产线、格科微特色工艺研发与产业化、闻泰科技半导体晶元及封测项目等引领集成电路产业关键技术突破；寒武纪研发和生态总部、商汤科技新一代人工智能计算与赋能平台推动人工智能产业生态完善；君实生物科技产业化临港基地、和元生物基因药物研制、德建聪和糖尿病创新生物药研发及产业化促进生物医药产业加快集聚；中建材航空复合材料、上飞装备飞机部件生产全产业链及智能制造、微小卫星应用模块化研制加快航空航天领域创新发展；宇昂医用新材料、道生天合高性能系统材料、晋飞碳纤维复合材料增添新材料产业新动能。围绕前沿产业重点领域，依托上海产业、科技、人才优势，整合相关高等院校、科研机构、骨干企业和国际化资源，全力推进一批重大功能型平台载体建设。上海智能制造研发与转化平台、上海交大弗劳恩霍夫项目中心、国家工业互联网创新中心、朱光亚战略科技研究院、复旦大学工程与应用技术研究院、国家海洋工程装备创新中心等多个高端研发创新平台落户，积极服务前沿产业发展，为打造开放式协同创新的产业生态圈提供了有力支撑。对接世界顶尖科学家论坛资源，积极推动科学家国际实验室成果落地。

**四、政策环境不断完善**

产业政策迭代升级，围绕集成电路、人工智能、生物医药和航空航天等重点产业，相继制定和出台系列促进产业集聚发展的若干政策和措施，扩大政策覆盖面，提升政策精准度，基本形成临港新片区高新产业和科技创新“1+4”政策体系，快速落实相关专项资金政策。平台政策成效初显，发布《临港新片区科技创新型平台管理办法》，加强对各类产业平台政策支持，引导平台发挥创新服务功能。创新政策加大供给，发布《加快提升科技创新策源能力若干政策》《建设发展科技企业孵化载体若干政策》《科技企业载体认定和管理办法》以及科技服务业相关细则。新基建启动发力，发布《中国（上海）自由贸易试验区临港新片区工业互联网发展专项规划》和《中国（上海）自由贸易试验区临港新片区通信基础设施专项规划（2020—2025）》，加快推进规划组织实施。优惠税制落地实施，受惠企业覆盖面不断扩大。人才、金融、教育、住房保障等配套政策持续完善。

（赵广君）

# 工业吸收外资情况

2020 年，面临复杂严峻的国际形势和风险挑战，上海市坚决贯彻落实党中央、国务院决策部署，认真落实《中华人民共和国外商投资法》《上海市外商投资条例》，立足服务构建新发展格局，聚焦落实“六稳”“六保”，全力做好稳外资各项工作，推动上海新一轮更高水平对外开放。

**一、上海利用外资总体情况**

（一）总量“多”，外资规模创历史新高。2020 年，全市新设外商投资企业 5751 家，合同外资 516.54 亿美元，比上年增长 2.8%；实际使用外资 202.33 亿美元，在上年增长 10.1% 的基础上，继续增长 6.2%，全年实际使用外资首次超过 200 亿美元，再创历史新高。截至年底，上海累计吸引合同外资 5730.69 亿美元，累计实际使用外资 2797.21 亿美元。

（二）结构“优”，引资结构持续优化。服务业实际使用外资 191.12 亿美元，同比增长 10.6%，商务服务、信息服务、房地产、商贸、科技服务和金融服务等六大行业实际使用外资合计占比达 91.3%。高技术服务业成为最主要的增长领域。以信息技术、研发和科技服务为主的高技术服务业实际使用外资 59.19 亿美元，同比增长 73%，占服务业外资比重升至 31%。

（三）能级“高”，总部集聚度进一步提高。全市新增跨国公司地区总部 51 家，是新增数量最多的一年；总部能级不断提升，新增亚太区总部 21 家，嘉吉、沃尔沃建筑设备、圣戈班、科思创等一批跨国公司升级为亚太区总部；新增外资研发中心 20 家。至年底，上海累计引进跨国公司地区总部 771 家，其中亚太区总部 137 家，研发中心 481 家。

**二、工业吸收外资情况**

制造业引资向高端化发展。制造业实际使用外资 10.93 亿美元，其中，实际投资 1000 万美元以上项目 24 个，主要集中在汽车及其零部件、集成电路、化工、专用设备、医药和医疗器械制造领域，特斯拉、豪威半导体、富士迈、格科微电子、巴斯夫化工、特创工程塑料、维尔宁等项目增资到位，高技术制造业实际使用外资占制造业外资比重为 31.2%。

上海外商投资企业为上海工业发展做出重要贡献。2020 年，外商控股企业共完成工业总产值 10506 亿元，同比增长 0.8%；港澳台商控股企业产值 4093 亿元，增长 21.2%，两者合计占全市规模以上工业总产值的 39.4%。外商和港、澳、台商投资企业实现工业利润总额 1547 亿元，同比下降 3.0%，占全市规模以上工业企业利润总额的 53.3%。

2020 年，外商工业投资占全市制造业投资的 32%，投资规模同比上升 52.1%，主要涉及汽车、精细化工、电子信息、高端装备等领域，大项目拉动效应明显，如特斯拉第一阶段项目、大众 MEB 工厂项目、英威达己二睛、上汽通用 U358 大型豪华商务车及其变型车、科思创公司 60 万吨聚碳酸酯改扩建、联恒异氰酸酯 MDI 扩建、发那科机器人三期等持续性投入。

（蔡 霞 邵 敬 丁 玎）

# 工业品进出口情况

2020年，在全球新冠肺炎疫情爆发和蔓延的情况下，上海实现进出口总额3.48万亿元，比上年增长2.3%，其中，出口为1.37万亿元，与上年基本持平；进口2.11万亿元，同比增长3.8%。

## 一、2020年全市进出口总体情况

（一）四季度进口额创历史新高

据海关统计数据显示，2020年，全市进口呈现上半年低增长、下半年持续复苏的态势，主要源于党中央、国务院与上海市政府及时出台稳外贸政策措施，在保外贸主体、保市场份额、保出口订单等方面精准施策，国内迅速复工复产。

（二）工业出口前高后低

全市完成工业出口交货值7576亿元，同比下降0.6%。其中，9月、10月因苹果新品延迟发布，工业出口同比明显下滑。

（三）加工贸易持平，一般贸易稳定增长

一般贸易在全市进出口占比为72.7%，显著高于加工贸易占比，贸易方式继续优化。

**表1　2020年上海进出口（按贸易方式）总值**

（单位：亿元）

| 分类 | 进出口 | | 出口 | | 进口 | |
|---|---|---|---|---|---|---|
| | 总值 | 同比 | 总值 | 同比 | 总值 | 同比 |
| 一般贸易 | 18699.0 | 4.6% | 6394.4 | 0.0% | 12304.6 | 7.2% |
| 加工贸易 | 7031.4 | 0.0% | 4695.2 | −2.1% | 2336.2 | 4.2% |

## 二、主要行业工业出口情况

工业出口中，规模较大的行业主要是电子、机械、轻工、汽车、石化、船舶，这6个行业出口占全市工业出口的95%。

（一）电子行业

电子行业完成工业出口交货值4254亿元，同比增长4%，电子出口占全市工业出口的56.2%。电子行业以出口为主，出口外向度达78.6%。

（二）机械行业

机械行业完成工业出口交货值1101亿元，同比下降8.9%，机械出口占全市工业出口的14.5%。机械行业出口外向度为16.6%，低于全市5.7个百分点。细分行业中，物料搬运设备142亿元，同比下降16.7%；输配电设备出口124亿元，同比下降1.5%。

（三）轻工行业

轻工行业完成工业出口交货值807亿元，同比下降10.4%，轻工出口占全市工业出口的10.7%。轻工行业出口外向度为15.9%，低于全市6.4个百分点。细分行业中，家用电器159亿元，同比下降9.1%；塑料制品业出口120亿元，同比下降2.8%。

（四）汽车行业

汽车行业完成工业出口交货值389亿元，同比增长26.6%，汽车出口占全市工业出口的5.1%。汽车行业以内销为主，出口外向度为5.8%。汽车出口中，超过60%为汽车零部件出口。

（五）石化行业

石化行业完成工业出口交货值331亿元，同比下降20%，石化出口占全市工业出口的4.4%。石化行业外销比例较低，出口外向度为8.5%。细分行业中，石油加工出口83亿元，同比下降35.6%；合成材料制造出口77亿元，同比下降13.7%。

（六）船舶行业

船舶行业完成工业出口交货值312亿元，同比增长18.9%，船舶出口占全市工业出口的4.1%。船舶行业是全市出口外向度第二高的行业，2020年达53.9%。

（吴　畅）

# 工业投资情况

2020年，中共上海市委、市政府高度重视扩大投资对拉动经济的重要作用，将招商引资和扩大有效投资作为经济工作的生命线，相继发布扩大产业投资系列政策。加快推进项目复工开工，以招商引项目、以投资促增长、以改造增活力，使工业投资保持较高增幅，一批具有影响力的重大项目相继开工，技术改造成效显著，企业营商环境进一步优化，圆满完成年初制定的各项目标任务。

## 一、工业投资持续快速增长，成为支撑全社会固定资产增长的重要力量

“十三五”期间，上海紧盯重点领域、重点企业、重大

项目，工业投资规模5年间增长64%。其中，2018—2020年连续3年实现两位数增幅。2020年，全市工业投资比上年增长15.9%，投资规模创历史新高。其中，制造业同比增长20.6%，连续34个月保持两位数以上增幅，成为引领全社会投资增长的重要动力。制造业投资中，新一代信息技术、新能源汽车、生物医药等新兴产业增长较快：一是六大支柱行业投资稳步增长。2020年，六大支柱行业同比增长31.0%，呈现“4增2降”的特点，即电子信息产品制造业增长64.8%；生物医药制造业增长27.3%；汽车制造业增长17.2%；成套设备制造业增长13.3%；精品钢材制造业下降9.4%；石油化工制造业下降29.4%。二是战略性新兴产业投资增长较快。2020年，七大战略性新兴产业同比增长27.8%。其中，新一代信息技术同比增长45.8%，主要是加大芯片制造战略项目投入力度，如中芯国际SN1项目、积塔特色工艺生产线、华力12英寸产线等加快设备采购进度，集成电路投资同比增长67%；新能源汽车同比增长50%。三是外商投资维持高速增长。上海不断优化营商环境，有效促进制造业不断吸引外资，外商投资同比增长52%。外商投资主要涉及汽车、电子信息、高端装备、精细化工等领域重大优质项目的持续投入，英威达已二腈、科思创扩产等项目投资加快，投资活力不断激活，带来外商投资持续增长。

**二、大项目拉动效应明显，新开工项目数快速增长**

2020年，制造业投资占工业投资比重为84.8%，同比增长20.6%，主要集中在特斯拉超级工厂项目、大众MEB项目、和辉第6代AMOLED显示项目、华力12英寸先进生产线等项目。50亿元以上在建工业项目有17个（占工业投资的36%），同比增长64%，这些重大项目的持续性投入，推动工业投资高速增长。新开工项目同比增长10.4%，新开工项目中大项目投资占主导地位，其中亿元以上项目有204个，完成投资250多亿元。从行业上看，新开工项目主要集中于汽车整车及零部件、装备制造两个高端制造行业。

**三、建立重大项目统筹协调机制，推进早开工早竣工**

围绕“项目签约、落地开工、协调推进、竣工投产”等流程，建立完善重大项目协调推进机制，保障产业项目落地开工，形成全生命周期推进体系，提升重大项目服务水平。一是市经信委加快建设一批重大项目，推动项目早开工早竣工。推进华为青浦研发中心、重燃项目、上药浦东产业园正式开工；推动上汽大众MEB项目正式量产。二是做好项目开工、竣工保障。针对拟建重大产业项目，进一步深化定期沟通协调机制，积极协调项目落地推进遇到的规划、土地、环保、建设等问题。市经信委、市住建委联合下发《关于印发2020年度两个一批重点产业项目的通知》，梳理确保竣工、确保开工的亿元以上项目清单，统筹协调产业项目开工、竣工验收中的问题，加快推进项目建设。三是推进项目审批流程优化。建立“特斯拉式”服务专班，纳入督办予以重点推进，明确签约、拿地、获得施工许可证等的重要时间节点。出台《关于进一步深化行政审批制度改革加快推进重大项目建设的若干措施》。

**四、加快招商引资力度，为工业投资带来新增量**

创新招商引资方式，健全招商引资体制机制。一是2020年初，召开全市深化营商环境建设暨投资促进大会，成立市投促领导小组及办公室，组建市投资促进服务中心，上线投资促进平台，搭建全市投资促进工作网络。印发《关于加快特色产业园区建设促进产业投资的若干政策措施》，精准供给投资促进政策。二是全面加强招商基础工作，突出“数字招商”，打造资源池、招商链、项目库“三位一体”的全市招商引资线上平台。升级全市重大产业项目大数据平台。发布《投资上海2021》，为投资者提供针对性指引。三是举办系列高质量签约推介活动，加快推进一批重大产业项目落地。3月31日，市重大产业项目签约活动，总投资4418亿元的152个项目集中签约；举行生物医药特色产业园等招商活动。利用进博会平台开展全方位精准招商，实现参展商对接服务全覆盖。推进疫情期间网上洽谈、线上协调、在线签约等不见面招商举措。

**五、加快推进企业技术改造，支持企业技改全面升级**

技术改造“周期短，见效快”，在应对经济下行压力，推动产业经济“稳增长、调结构、促转型”方面发挥重要作用。一是加大技术改造支持力度。聚焦重点产业关键环节改造提升，重点对集成电路、新能源汽车、生物医药等重点发展行业进行集中支持。市区两级共支持技改示范项目362项，总投资超过500亿元，有效激发市场主体改造活力。二是加快产业提质增效。组织开始编制技术改造新三年行动计划，引导企业由单纯设备更新改造向软硬件全面改造提升转变，加快向现代制造模式转变。三是提振企业投资信心。组织编制技术改造重点支持方向，市技改政策对外资企业、民营企业、国有企业一视同仁，同等支持，有效激发各类市场主体发展活力。

（郑东林）

# 附件：2020 年重大工业投资项目表

| 单位名称 | 项目名称 |
| --- | --- |
| 特斯拉（上海）有限公司 | 特斯拉上海超级工厂项目（一期）第一阶段 |
| 上海华力集成电路制造有限公司 | 12 英寸先进生产线建设 |
| 上海积塔半导体有限公司 | 特色工艺生产线建设项目 |
| 上海和辉光电有限公司 | 第 6 代 AMOLED 显示项目 |
| 上汽大众汽车有限公司 | MEB 工厂项目 |
| 上海超硅半导体有限公司 | AST 上海项目 |
| 英威达尼龙化工（中国）有限公司 | 英威达尼龙 6.6 三期己二腈项目 |
| 中国航发商用航空发动机有限责任公司 | 临港基地建设项目 |
| 上海飞机制造有限公司 | 总装制造中心浦东基地建设项目 |

| 单位名称 | 项目名称 |
| --- | --- |
| 上海国能汽车有限公司 | 国能新能源汽车项目 |
| 上海精测半导体技术有限公司 | 精测电子全球研发总部和半导体装备制造基地 |
| 上海新昇半导体科技有限公司 | 300 毫米硅片技术研发与产业化二期项目 |
| 修正生物制药（上海）有限公司 | 修正上海高科技生物医药产业园 |
| 上海药明生物医药有限公司 | 创新型生物医药工艺研发与生物制药合同生产基地 |
| 顺络（上海）电子有限公司 | 松江研发及智能制造基地 |
| 上海城投水务（集团）有限公司 | 竹园污水处理厂四期工程 |
| 上海白龙港污水处理有限公司 | 白龙港污水处理厂提标改造工程 |

# 产业园区和结构调整工作情况

2020 年是“十三五”规划收官之年，上海产业园区和结构调整工作牢牢把握高质量发展主旋律，积极推动产业园区提质增效，持续推进落后产能调整淘汰。相比“十三五”初期，全年产业园区完成规模以上工业产值近 2.77 万亿元，比上年增长 5%，全市园区单位土地工业总产值水平达到 76.6 亿元 / 平方千米，同比增长 13.6%。累计完成市级产业结构调整项目 5908 项，实施成片调整重点区域 51 个，涉及土地 8.2 万亩，超额完成“十三五”规划的各项规划指标，高质量发展成效显著。

## 一、坚持以进固稳，更大力度推进产业统筹发展

（一）强化规划引领，推动实体经济聚力增能

对接《上海 2035》，编制《上海市先进制造业空间布局专项规划（2019—2035 年）》，重点解决上海中远期工业用地规模布局以及管控政策问题。依托“产业基地 - 产业社区 - 零星工业用地”体系，划定规划工业用地面积，并提出规划产业区块外过渡期政策。印发《上海市产业基地内用于先进制造业的工业用地范围划示成果》，划示产业发展底线空间，严格落实工业用地用途管制，加强产业发展资源保障。

（二）加强产业发展空间，梳理和政策协调

及时把握产业空间变化趋势，提高项目落户服务保障能力。2020 年 3 月 31 日，举行市级重大产业项目集中签约暨特色产业园区推介仪式，同步开展 60 平方千米增量产业空间推介活动，发出上海“好项目不缺土地、好产业不缺空间”的积极信号。着力推进行政审批制度改革，更新产业用地实施细则、优化控规管理办法，发布规划产业区块外优质项目认定指引，支持各产业园区持续优化营商环境、提高服务能级。加强产业用地收储、盘活和供应，探索带方案出让、标准地出让、先租后让等多种供地模式，实现“地等项目”“房等项目”。支持中航机载、腾讯超算中心、北芳物流、普实医疗、华勤集团、美的集团等项目落户。

（三）深化产业区块外优质项目认定工作机制

推进战略预留区成片解锁工作，实现金山二工区、奉贤综合保税区、庄行工业区等 3 个片区打开留白，回归产业社区功能定位。创新规划产业区块外优质项目认定机制，市级平台总计完成战略预留区 175 个优质项目认定工作，协调解决中航机载、完美日记、臻信生物等需增地项目的留白调整问题。在此基础上，积极响应行政审批制度改革要求，发布《规划产业区块外优质项目认定工作指引》，将优质项目的认定事权下放给区政府。支持战略预留区、新 195、新 198 等规划产业区块外优质项目实施“零增地”技术改造，增加有效投资。

## 二、坚持园区品牌化特色化发展，加强产业载体建设

（一）厚积产业竞争优势，夯实园区“高地”能级

统筹推进集成电路（浦东新区）、生物医药（浦东新区）、绿色化工（上海化工区）产业集群建设，市区联手加强主力园区联动布局，精心组织参与国家工信部先进制造业

产业集群决赛。强化全市新型工业化产业示范基地培育建设（全市目前建设国家级产业示范基地20家，占全国示范基地比重为5%，张江高科技园区等8家示范基地获得国家工信部五星级评价，占全国五星级示范基地比重为26%）。通过工信部评级、工博会展览等平台集中展示上海制造实力和园区水平。持续推进“区区合作、品牌联动”，支持临港、漕河泾、张江、金桥、闵开发、市北等品牌园区跨区拓展发展空间；加大园区整合力度，推动镇级园区转型升级。做好“一园一策”对口服务，推动落实张江在线、长阳秀带、金桥副中心、张江医械园、漕河泾浦江园电子信息产业园、马桥人工智能试验区等20多个园区（片区）的建设方案编制和空间规划调整，协调落实稳定工业用地规模、创新用地模式、提高综合配套水平。

（二）强化高端产业引领，实施特色园区“高峰”培育

聚焦关键产业链，打造“高峰”引领型26个特色产业园区。研究发布《关于加快特色产业园区建设促进产业投资的若干政策措施》《关于推动生物医药产业园区特色化发展的实施方案》等政策文件。牵头推进澎湃团队“追踪调研上海26个特色园区”系列报告，提高园区知晓度，评估政策改进方向。完成特色产业园区培育战略和实施路径研究，协调多项园区核名、规划调整和项目落地事项，形成《特色产业园区三年行动计划（暂定名）》征求意见稿和第二批特色产业园区储备名录。2020年，26家园区完成投资意向签约项目数635个、投资额超1940亿元；当年落地项目数超过60个、投资额超990亿元。

（三）优化园区发展环境，探索扩权赋能政策措施

加强园区统筹管理基本制度建设，强化全市产业园区用地调查、统计评价、开发管理范围梳理等工作统筹力度。发挥规划土地、生态环保、住房保障、交通管理条线与园区发展部门协商沟通机制，推广规划环评与项目环评联动、地价与绩效挂钩、详规管理流程简化等改革举措，协同研究解决交通、居住等难点问题。落实行政审批制度改革要求，着力优化营商环境，发布《关于本市工业园区绿地率统筹平衡的实施意见》《关于上海市推进产业用地高质量利用的实施细则（2020版）》，实施更具弹性的绿地率和产业空间管控的政策，服务园区发展。支持推进临港新片区整体提高产业用地容积率和高度的规划调整试点，为优质项目迅速落地创造了条件。

**三、坚持“四个论英雄”，更实举措提高经济密度**

（一）建立工作机制，启动资源利用效率评价工作

根据市级十部门《关于开展资源利用效率评价工作的指导意见》，进一步推动各区出台实施细则、建立工作机制、整合数据底板、市级层面加强部门联动和数据对接，完成本市《资源利用效率试点评价首轮成果报告》，首次编制本市A类和D类企业布局图（评价结果显示，本市D类规上企业共338家，占参评企业4.4%，用地面积21.6平方千米〈其中104区域13.2平方千米〉。D类规下企业共3390家，占参评企业13.4%，估算全市规模以下D类企业占地面积在40—50平方千米〈其中104区域16～20平方千米〉）。后续拟进一步深化资源利用效率评价工作，强化产业准入绩效引导，推动产业绩效与土地供应相挂钩，实施技术改造、环境评价等差别化政策，推动D类企业调整和土地资源盘活利用。

（二）聚焦重点区域，推动“5+X”区域整体转型升级

充分关注存量发展阶段资源要素盘活利用问题，通过“5+X”重点区域试点示范，进一步深化存量盘活二次开发实施路径，持续推动空间和产业的双调整、双优化。在五大重点区域稳步推进土地规划收储、项目落地建设的成功经验指导下，13个X区域加大规划定位、运营机制和存量盘活等方面的探索。其中有6个区域已明确功能定位，纳入首批特色产业园区范围。金山二工区加大“二转二”转型升级力度，同步推进淘汰落后产能与环境整治工作，花王、三井等优质项目增资扩产；马桥人工智能创新试验区建设工作方案获市政府批复；嘉定环同济片区“氢能港”正式启动建设；星火开发区转型升级方案已完成编制并提交市政府审议。

（三）坚持存量盘活，深化“腾笼换鸟”相关工作

宣贯推进《上海产业用地指南（2019版）》《上海市低效工业用地标准指南（2019版）》《本市低效产业用地处置工作的实施意见》等工作标准和指导政策落实，完善低效产业用地盘活引导机制。深化“腾笼换鸟”政策引导，创建“政策工具箱＋案例示范”模式，结合技术改造、提高容积率、节余土地分割转让、增减挂钩等实践案例，总结提炼“腾笼换鸟十九法”。各区实践亮点频出：闵行区持续推进“18+2+X”存量资源转型方案，优化“工业用地、工业企业信息平台”，推进信息全覆盖，加快低效用地研判和处置力度；青浦区研究制定产业用地提高容积率及开发利用地下空间土地价款减免政策，减免相关项目土地增容费近4亿元；嘉定区在符合规划和产业导向的前提下，进一步简化改扩建项目认定流程缩短项目准入时间；宝山区创新工业用地“带建筑收储”“园区平台定向受让”和“平台物业先租后让”等一揽子存量盘活模式；奉贤区提出存量产业用地流转税费区级收入转移支付政策，鼓励存量用地改造提升并降低开发成本。

**四、坚持底线思维标准引导，推动产业结构调整优化**

（一）锚固年度任务，全面完成产业结构调整工作目标

适度提高能耗、环保、质量、安全、技术等综合执行标准，更新发布《上海市产业结构调整指导目录限制和淘汰类（2020年版）》。全年推进实施市级调整项目820项、启动／验收重点区域（专项）8个，协同推进园区转型升级、生态

环境整治、建设用地减量化等工作。嘉定区安亭镇同济周边区域、宝山区富锦工业园区、宝山区顾村机器人产业园专项实施方案已启动。青浦区徐泾镇崧泽大道以北区域2020年共拨付产业结构调整扶持资金2.36亿元。据统计，2020年度市级产业结构调整项目共涉及土地0.5万亩，年减少能耗量10万吨标准煤，减排COD超30吨，减排SO2近5吨，减少低技能岗位1.7万个。

**表1 2020年主要区项目调整推进完成情况**

| 区名 | 浦东 | 奉贤 | 嘉定 | 松江 | 宝山 | 青浦 | 闵行 | 金山 | 合计 |
|---|---|---|---|---|---|---|---|---|---|
| 完成市级项目数量 | 92 | 100 | 164 | 103 | 50 | 100 | 111 | 100 | 820 |

**表2 2020年启动及验收重点区域情况**

| 序号 | 所属区 | 专项名称 | 区块类型 | 备注 |
|---|---|---|---|---|
| 1 | 宝山区 | 罗店工业园区 | 104 | 启动 |
| 2 | 青浦区 | 练塘镇重点区域 | 198 | 启动 |
| 3 | 奉贤区 | 奉城镇浦南机电园 | 104 | 验收 |
| 4 | 奉贤区 | 上海市工业综合开发区 | 104 | 验收 |
| 5 | 青浦区 | 重固镇福泉山园区 | 195 | 验收 |
| 6 | 松江区 | 泗泾镇北部工业园 | 104 | 验收 |
| 7 | 青浦区 | 青东农场二号厂区 | 198 | 验收 |
| 8 | 青浦区 | 金泽镇华为区块 | 198 | 验收 |
| 9 | 奉贤区 | 青港工业园区 | 104 | 验收 |
| 10 | 奉贤区 | 上海市工业综合开发区 | 104 | 验收 |

（二）突出重点难点，做实各类专项调整任务

收官《上海市打好污染防治攻坚战—优“化”行动》。推进浦东新区、松江区、奉贤区、青浦区等8个区涉及的100家“园区外零散化工企业”及“园区内低效化工企业”优先调整关停，基本完成化工落后产能的调整淘汰预期目标。并按计划完成“人口密集区危化品生产企业调整专项（2018—2020）”及“涉重金属企业调整专项（2018—2020）”中14家工业区外危化品生产企业和21家涉重金属污染企业的关闭和生产线关停调整，有力保障了城市的安全运行。

（三）响应发展需求推动政策改革创新

按照分类施策、引逼结合的工作思路，创新和完善促进绿色发展价格机制，牵头修订《上海市产业结构调整差别电价管理办法》，研究编制《上海市产业结构调整差别水价管理办法》，扩大范围、提高标准、优化程序，依法依规推动落后产能退出。

（余　潇）

# 电力运行情况

2020年，上海市电力运行总体特点是供需平衡情况正常。

## 一、2020年电力供需情况

（一）统调发电情况

全市累计统调发电量863.7亿千瓦时，比上年增长3.2%；累计发电设备平均利用小时为3258.0小时，同比增长132.0小时。

（二）全社会用电情况

全市全社会累计用电量1576.0亿千瓦时，同比增长0.5%。其中：第一产业用电量4.9亿千瓦时，增长0.2%；第二产业用电量784.3亿千瓦时，增长2.8%；第三产业用电量529.6亿千瓦时，下降4.7%；城乡居民生活用电257.1亿千瓦时，增长4.9%。

（三）电力电量平衡情况

全市累计全社会用电量1576.0亿千瓦时，同比增长0.5%；本地机组累计发电量863.7亿千瓦时，同比增长3.2%；市外净输入累计电量712.2亿千瓦时，同比下降2.7%。

**表1 2020年电量供需平衡情况**

（单位：亿千瓦时，%）

| 全社会用电量 | 本市机组发电量 | 市外净输入电量 |
|---|---|---|
| 1576.0 | 863.7 | 712.2 |
| 同比 | 同比 | 同比 |
| 0.5 | 3.2 | −2.7 |

## 二、2020年分行业用电情况

全市全社会累计用电量1576.0亿千瓦时。其中：第一产业用电量4.9亿千瓦时，增长0.2%；第二产业用电量784.3亿千瓦时，增长2.8%；第三产业用电量529.6亿千瓦时，下降4.7%；城乡居民生活用电257.1亿千瓦时，增长4.9%。

从电力消费结构看，第一产业占全社会用电量比重0.3%，比重同比持平；第二产业占比49.8%，比重同比提高1.1%；第三产业占比33.6%，比重同比下降1.8%；城乡居民生活用电占比16.3%，比重同比提高0.7%。

全年工业用电量769.5亿千瓦时，同比增长2.8%。其中：采矿业用电量减少0.11亿千瓦时，制造业用电量减少17.75亿千瓦时，电力、热力、燃气及水生产和供应业用电量增加38.93亿千瓦时。

高耗电密集的重工业细分行业中，汽车制造业用电量27.68亿千瓦时，同比增长16.6%；计算机、通信和其他电子设备制造业用电量57.23亿千瓦时，同比增长0.1%；黑色金属冶炼和压延加工业用电量146.42亿千瓦时，同比增长3.6%；石油、煤炭及其他燃料加工业用电34.11亿千瓦时，同比增长3.4%。同时，非金属矿物制品业用电量9.88亿千瓦时，同比下降18.9%；金属制品业用电量34.49亿千瓦时，同比下降15.2%；化学原料和化学制品制造业用电量78.42亿千瓦时，同比下降13.6%；通用设备制造业用电量20亿千瓦时，同比下降5.6%；橡胶与塑料制品业用电量30.6亿千瓦时，同比下降3.6%。

**表2 2020年本市分行业用电量及占比情况表**

（单位：亿千瓦时，%）

| 全社会用电合计 | 第一产业用电量及占比 | | 第二产业用电量及占比 | | 第三产业用电量及占比 | | 居民用电量及占比 | |
|---|---|---|---|---|---|---|---|---|
| 1576.0 | 4.87 | 0.3 | 784.31 | 49.8 | 529.63 | 33.6 | 257.14 | 16.3 |

（吴 畅）

# 开发区经济运行情况

2020年，上海市开发区经济面对新冠疫情和复杂多变的国内外环境的双重考验，经济运行呈现以下主要特点：

**一、开发区工业生产明显好于全市，可比增幅实现正增长**

开发区规模以上工业企业完成工业总产值28254.39亿元，与上年相比，可比增长3.21%，为全年最高增幅，占全市规模以上工业总产值的81.12%（见表1），其中市级开发区可比下降0.11%，国家级开发区可比增长5.20%。

**表1 2020年开发区规模以上工业企业工业总产值完成情况**

（单位：亿元、%）

| 序号 | 类别 | 2020年工业总产值 | 可比增幅 | 12月工业总产值 | 可比增幅 | 比上月增减 |
|---|---|---|---|---|---|---|
| 1 | 全市工业企业 | 34830.97 | 1.88 | 3690.09 | 8.87 | 6.05 |
| 2 | 开发区 | 28254.39 | 3.21 | 2961.43 | 8.68 | 4.09 |
| 3 | 占比 | 81.12 | | 80.25 | | |
| 4 | 市级以上开发区 | 19348.62 | 2.84 | 2079.37 | 10.20 | 10.04 |
| | 其中：国家级开发区 | 10946.33 | 5.20 | 1148.17 | 13.96 | 12.82 |
| | 市级开发区 | 8402.29 | −0.11 | 931.20 | 5.89 | 6.78 |
| 5 | 产业基地 | 5539.56 | 4.38 | 534.78 | 16.56 | −6.20 |
| 6 | 城镇工业地块 | 3366.22 | 3.30 | 347.28 | −8.43 | −9.85 |

注：表1–5的数据来源统计局。

开发区各区域所占比重有所变化，其中市级以上开发区所占比重为68%，产业基地所占比重为20%，城镇工业地块所占比重最低为12%。

2020年，开发区经济运行持续稳步复苏向好，呈现逐月回升、向上向好态势，稳增长政策效应持续显现，新发展动能持续增强，经济运行中积极因素持续增多，增速进一步扩大，明显好于全市工业生产。

从重点行业分析，五大行业共完成规模以上产值18263.10亿元，占开发区规模以上产值的64.64%，同比增长5.93%。其中第一大产业汽车制造业产值达到6378.30亿元，可比增长9.83%，为开发区工业生产全年实现正增长做出较大贡献；化学原料和化学制品制造业可比增长6.40%（见表2）。

**表2 2020年开发区重点行业工业总产值完成情况**

（单位：亿元、%）

| 行业 | 2020年 | 可比增幅 | 12月 | 可比增幅 | 比上月增减 |
|---|---|---|---|---|---|
| 汽车制造业 | 6378.30 | 9.83 | 643.90 | 32.82 | −11.14 |
| 计算机、通信和其他电子设备制造业 | 5233.44 | 6.57 | 528.35 | 2.12 | 3.94 |
| 化学原料和化学制品制造业 | 2660.02 | 6.40 | 271.18 | 7.76 | 2.81 |
| 通用设备制造业 | 2224.92 | −3.12 | 236.81 | 6.06 | 5.94 |
| 电气机械和器材制造业 | 1766.42 | 1.72 | 190.24 | 7.73 | 7.25 |
| 小计 | 18263.10 | 5.93 | 1870.48 | 13.47 | −1.15 |
| 占比 | 64.64 | | 63.16 | | |

从行业增长分析，开发区有15个行业实现可比增长，其中烟草制品业可比增长15.40%，排名第一；其次是酒、饮料和精制茶制造业可比增长9.98%；19个行业出现负增长，其中皮革、毛皮、羽毛及其制品和制鞋业降幅高达34.17%，排在第一位；共有4个行业降幅超10%。

从园区总量分析，国际汽车城以2643.52亿元产值排名第一，金桥经济技术开发区2422.68亿元排名第二，浦东康桥工业园区和松江经济技术开发区排名第三、第四。

从重点园区增幅分析，有43个园区实现可比增长，其中临港产业区增幅排名第一，长兴海洋装备产业基地和浦南机电园排名二、三。富盛经济开发区、临港松江科技城、南翔工业园区、虹桥临空经济园区、张江高科技园区、张堰工业园区、崇明工业园区、徐行工业园区、松江综合保税区、金山工业园区、马桥产业园区可比增幅排在前14位，且增幅均超过10%；有53个园区负增长，其中商榻工业园区、金泽工业园区等2个园区降幅均超过30%，共有17个园区降幅超过10%。

从单位土地产业水平分析，开发区工业用地全口径平均产出率为78.58亿元／平方千米（按已供应工业用地计算）。其中国家级开发区为128.28亿元／平方千米，市级开发区为64.43亿元／平方千米，产业基地为68.30亿元／平方千米，城镇工业地块为53.62亿元／平方千米。34个行业规模以上工业企业产值计算，计算机、通信和其他电子设备制造业单位土地产值为504.36亿元／平方千米，排名第一。燃气生产和供应业为304.66亿元／平方千米，烟草制品业为280.99亿元／平方千米，分别排名二、三。仪器仪表制造业、医药制造业、汽车制造业和食品制造业等行业排名前七，单位土地产出超过150亿元／平方千米。

## 二、开发区工业企业营业收入、利润总额同比小幅下降

### （一）开发区规模以上工业企业营业收入突破3万亿元，同比小幅下降

开发区规模以上工业企业实现营业收入31562.50亿元，同比下降1.66%。开发区4个区域除国家级开发区外，其他区域同比均呈负增长，其中产业基地降幅最大（见表3）。

**表3 2020年开发区规模以上工业企业营业收入情况**

（单位：亿元、%）

| 序号 | 类别 | 2020年 | 增幅 | 12月 | 增幅 | 比上月增减 |
|---|---|---|---|---|---|---|
| 1 | 全市工业企业 | 39174.80 | −1.67 | 4308.22 | 4.95 | 8.95 |
| 2 | 开发区 | 31562.50 | −1.66 | 3435.01 | 5.58 | 6.76 |
| 3 | 占比 | 80.57 | | 79.73 | | |
| 4 | 市级以上开发区 | 21853.29 | −0.39 | 2432.17 | 9.05 | 10.28 |
| | 其中：国家级开发区 | 12415.34 | 1.36 | 1329.62 | 14.28 | 8.12 |
| | 市级开发区 | 9437.95 | −2.61 | 1102.55 | 3.34 | 13.00 |
| 5 | 产业基地 | 6108.82 | −6.45 | 642.20 | 3.87 | 6.68 |
| 6 | 城镇工业地块 | 3600.40 | −0.75 | 360.64 | −10.89 | −12.06 |

从2月以来，开发区规模以上工业企业营业收入呈现单边向上增长势态，自5月开始出现正增长，且增幅逐月扩大，7月达到最高后就逐月回落。全年规模以上工业企业营业收入未实现正增长，降幅略低于全市。

开发区总体产销率为99.39%，比上年降低0.58个百分点，共有12个行业产销率在100%或以上，其中纺织服装、服饰业，造纸和纸制品业和化学纤维制造业排名前三，产销率超过102.3%。计算机、通信和其他电子设备制造业、通用设备制造业、专用设备制造业、电气机械和器材制造业等重点行业均低于100%。化学纤维制造业、农副食品加工业、纺织服装服饰业，水的生产和供应业、铁路、船舶、航空航天和其他运输设备制等14个行业产销率好于上年。食品制造业、医药制造业等19行业产销率低于上年。

全年，11个行业的营业收入实现同比增长，其中烟草制品业增长18.40%，增幅最大；其次是纺织业和计算机、通信和其他电子设备制造业；23个行业同比下降，其中燃气生产和供应业同比下降55.76%，降幅最大。

根据工业总产值、产销率与营业收入推算，开发区34个行业企业实现的部分营业收入是在外厂生产的，估算全年在外厂生产的规模达3476.78亿元，占比超过11.02%，其中汽车制造业有995.33亿元是在外厂生产，排在首位；其次是黑色金属冶炼和压延加工业有502.33亿元在外生产；外厂生产占比最高的行业是黑色金属冶炼和压延加工业，为32.36%；有色金属冶炼和压延加工业、水的生产和供应业、纺织业、黑色金属冶炼和压延加工业、燃气生产和供应业等行业超过20%在外省市生产。

### （二）开发区规模以上工业企业利润同比下降

开发区规模以上工业企业利润总额为2256.47亿元，占全市规模以上工业企业利润的79.68%，同比下降3.21%，降幅高出全市0.86个百分点。4个区域中，市级开发区和城镇工业地块实现同比增长，国家级开发区利润总额为865.64亿元，是开发区工业利润最重要区域，但同比下降12.32%，对全市开发区利润下降具有较大影响（见表4）。

**表4 2020年开发区规模以上工业企业利润情况**

（单位：亿元、%）

| 序号 | 类别 | 2020年利润总额 | 同比增幅 | 12月 | 同比增幅 | 比上月增减 |
|---|---|---|---|---|---|---|
| 1 | 全市工业企业 | 2831.81 | −2.35 | 219.92 | 1.38 | −24.08 |
| 2 | 开发区 | 2256.47 | −3.21 | 180.70 | 28.43 | −19.19 |
| 3 | 占比 | 79.68 | | 82.17 | | |
| 4 | 市级以上开发区 | 1635.61 | −3.29 | 135.38 | 21.14 | −3.79 |
| | 其中：国家级开发区 | 865.64 | −12.32 | 36.98 | −21.96 | −37.16 |
| | 市级开发区 | 769.97 | 9.37 | 98.40 | 52.87 | 20.19 |
| 5 | 产业基地 | 427.15 | −12.23 | 22.52 | 29.48 | −56.03 |
| 6 | 城镇工业地块 | 193.71 | 26.32 | 22.81 | 97.46 | −27.99 |

全年开发区规模以上工业企业利润降幅进一步收窄，仍然保持向上态势。

从重点园区分析，国际汽车城实现利润233.78亿元，排名第一；其次是张江高科技园区、上海金桥经济技术开发

区和上海松江经济技术开发区，长兴海洋工程及船舶制造基地、飞机总装基地等7个园区出现亏损。开发区工业企业利润同比保持增长的园区58个，富盛经济开发区、彭浦工业园区、新场工业区的增幅居前三。化学工业经济技术开发区、金桥经济技术开发区、张江高科技园区等重点园区呈现负增长。

从行业分析，34个行业中，33个行业实现盈利。开发区工业企业利润主要来源于汽车制造业、化学原料和化学制品制造业和通用设备制造业，排名前三的行业贡献了开发区规模以上工业企业利润总额的49.61%，其中汽车制造业实现利润590.39亿元，贡献26.16%。20个行业利润比上年有所增长，烟草制品业增长1727.9%，增幅最大；其次是化学纤维制造业增长360.8%。

从利润增减额分析，开发区工业企业同比减少74.84亿元。国际汽车城、张江高科技园区、金桥经济技术开发区、长兴海洋工程及船舶制造基地是减少最多的4个园区；汽车制造业、石油、煤炭及其他燃料加工业和铁路、船舶、航空航天和其他运输设备制造等3个行业，共减少271.78亿元；计算机、通信和其他电子设备制造业和橡胶和塑料制品业是利润增加最多的行业。

（三）开发区工业企业销售利润率保持较高水平

开发区规模以上工业企业销售利润率为7.23%，累计销售利润率下降0.15%。从园区分析，上海紫竹高新技术产业开发区、徐泾工业园区和北蔡工业园区销售利润率超20%，排名前3位（见表5）。

34个行业中，销售利润率超过开发区平均水平的行业有17个，废弃资源综合利用业、水的生产和供应业、医药制造业、家具制造业等12个行业销售利润率超过10%。

**表5　2020年开发区规模以上工业企业销售利润率情况**

（单位：%）

| 月份 | 全市规模以上工业 | 开发区 | 市级以上开发区 | 其中 | | 产业基地 | 城镇工业地块 |
|---|---|---|---|---|---|---|---|
| | | | | 国家级 | 市级开发区 | | |
| 2020年 | 7.23 | 7.15 | 7.48 | 6.97 | 8.16 | 6.99 | 5.38 |
| 12月 | 5.10 | 5.26 | 5.57 | 2.78 | 8.92 | 3.51 | 6.32 |

## 三、开发区引进外资实现正增长，落户内资增幅进一步扩大

开发区引进外资项目2649个，同比下降18.06%，降幅进一步缩小。开发区吸引合同外资金额220.42亿美元，同比增长0.26%，4个区域中仅城镇工业地块出现下降（见表6）。

开发区引进内资项目40377个，同比增长26.13%，开发区落户内资企业注册资金为4409.26亿元，同比增长61.17%，从项目数和注册资本金变化幅度来看，开发区内资项目在大中型园区集中明显，4个区域同比增幅均较大，产业基地落户内资企业注册资本金增长84.16%，落户内资企业数增长57.46%，增幅最大（见表7）。

**表6　2020年开发区合同外资完成情况**

（单位：亿美元、%）

| 序号 | 类别 | 合同外资 | | | 引进外资项目数 | | |
|---|---|---|---|---|---|---|---|
| | | 2020年 | 同比增长 | 12月 | 2020年月 | 同比增长 | 12月 |
| 1 | 开发区 | 220.42 | 0.26 | 24.41 | 2649 | −18.06 | 300 |
| 2 | 市级以上开发区 | 214.46 | 10.38 | 24.20 | 2334 | −16.04 | 268 |
| | 国家级开发区 | 177.68 | 8.91 | 20.17 | 1504 | −28.24 | 165 |
| | 市级开发区 | 36.78 | 18.07 | 4.04 | 830 | 21.35 | 103 |
| 3 | 产业基地 | — | — | — | — | — | — |
| 4 | 城镇工业地块 | 5.85 | −31.80 | 0.21 | 315 | −17.11 | 32 |

注：数据来源于市统计局和开发区统计。

**表7　2020年开发区落户内资完成情况**

（单位：亿元、%）

| 序号 | 类别 | 落户内资企业注册资本金 | | | 落户内资企业数 | | |
|---|---|---|---|---|---|---|---|
| | | 2020年 | 同比增长 | 12月 | 2020年 | 同比增长 | 12月 |
| 1 | 开发区 | 4409.26 | 61.17 | 456.25 | 40377 | 26.13 | 5204 |
| 2 | 市级以上开发区 | 3531.93 | 58.34 | 372.70 | 30486 | 21.01 | 4302 |
| | 国家级开发区 | 2470.22 | 61.70 | 232.84 | 11045 | 46.66 | 1132 |
| | 市级开发区 | 1061.71 | 51.04 | 139.86 | 19441 | 10.07 | 3170 |
| 3 | 产业基地 | 726.72 | 84.16 | 75.08 | 8232 | 57.46 | 895 |
| 4 | 城镇工业地块 | 150.61 | 36.15 | 8.47 | 1659 | 4.27 | 7 |

## 四、开发区全社会固定资产投资和工业投资稳步增长

全市开发区完成固定资产投资金额为2529.67亿元，同比增长27.14%，占全市比重为28.62%；4个区域中除市级开发区外，其他3个区域均同比大幅增长，其中产业基地同比增长56.49%，增幅最大（见表8）。

**表8　2020年开发区全社会固定资产投资完成情况**

（单位：亿元、%）

| 序号 | 类别 | 2020年 | 同比增长 | 12月 | 同比增长 |
|---|---|---|---|---|---|
| 1 | 全市 | 8837.47 | 10.30 | 1282.87 | 8.00 |
| 2 | 开发区 | 2529.67 | 27.14 | 269.00 | 20.21 |
| 3 | 占比 | 28.62 | | 20.97 | |
| 4 | 市级以上开发区 | 1893.55 | 22.05 | 198.10 | 2.52 |
| | 其中：国家级开发区 | 1269.67 | 43.11 | 117.84 | 5.05 |
| | 市级开发区 | 623.88 | −6.07 | 80.26 | −0.98 |
| 5 | 产业基地 | 502.29 | 56.49 | 59.11 | 59.42 |
| 6 | 城镇工业地块 | 133.83 | 14.14 | 11.79 | — |

注：数据来源于市统计局和开发区统计。

开发区累计完成工业固定资产投资1298.85亿元，占全市工业投资的82.92%，同比增长28.52%，4个区域中除市级开发区外，其他3个区域均同比大幅增长，其中国家级开发区同比增长60.98%，增幅最大（见表9）。

**表9 2020年开发区工业固定资产投资完成情况**

（单位：亿元、%）

| 序号 | 类别 | 2020年 | 同比增长 | 12月 | 同比增长 |
|---|---|---|---|---|---|
| 1 | 全市 | 1566.41 | 15.90 | 191.14 | 21.20 |
| 2 | 开发区 | 1298.85 | 28.52 | 95.99 | −20.37 |
| 3 | 占比 | 82.92 | | 50.22 | |
| 4 | 市级以上开发区 | 901.92 | 21.79 | 59.19 | −23.49 |
| | 其中：国家级开发区 | 599.24 | 60.98 | 38.47 | 31.77 |
| | 市级开发区 | 302.68 | −17.82 | 20.73 | −56.97 |
| 5 | 产业基地 | 279.81 | 58.23 | 29.65 | 19.06 |
| 6 | 城镇工业地块 | 117.13 | 25.62 | 7.15 | −60.88 |

注：数据来源于市统计局和开发区统计。

**五、开发区上缴税金同比下降**

开发区上缴税金5097.25亿元，同比下降5.84%，4个区域仅产业基地实现同比增长，增幅为3.01%；其他3个区域均呈现不同程度负增长，其中城镇工业地块2020年降幅最大（见表10）。

**表10 2020年开发区上缴税金情况**

（单位：亿元、%）

| 序号 | 类别 | 2020年 | 同比增长 | 12月 | 同比增长 |
|---|---|---|---|---|---|
| 1 | 全市开发区 | 5097.25 | −5.84 | 401.28 | −28.63 |
| 2 | 市级以上开发区 | 4291.99 | −6.60 | 273.45 | −24.88 |
| | 其中：国家级开发区 | 3250.86 | −7.05 | 205.62 | −34.33 |
| 2 | 市级开发区 | 1041.14 | −5.19 | 67.83 | 33.23 |
| 3 | 产业基地 | 567.76 | 3.01 | 110.36 | −16.34 |
| 4 | 城镇工业地块 | 237.49 | −11.05 | 17.48 | −73.65 |

**六、开发区第三产业营业收入同比增长**

开发区第三产业完成营业收入76089.45亿元，同比增长1.22%。4个区域中国家级开发区和市级开发区实现同比增长，产业基地和城镇工业地块同比下降9.49、1.87%（见表11）。

**表11 2020年开发区第三产业情况**

（单位：亿元、%）

| 序号 | 类别 | 2020年 | 同比增长 | 12月 | 同比增长 |
|---|---|---|---|---|---|
| 1 | 开发区 | 76089.45 | 1.22 | 7784.45 | −27.18 |
| 2 | 市级以上开发区 | 71326.11 | 1.82 | 7170.04 | −28.53 |
| | 国家级开发区 | 60070.74 | 0.23 | 5843.80 | −30.73 |
| | 市级开发区 | 11255.37 | 11.22 | 1326.24 | −16.91 |
| 3 | 产业基地 | 3116.38 | −9.49 | 483.91 | −8.54 |
| 4 | 城镇工业地块 | 1646.96 | −1.87 | 130.50 | 1.98 |

（刘亚斐）

# 国资国企改革发展情况

2020年，在中共上海市委、市政府的领导下，上海国资国企按照“大改革、新发展、强党建、优监管、多贡献”的总体思路，全力以赴抗击疫情，坚定不移深化改革，多措并举推进发展，国企党建取得实效，国企改革成效明显，国资监管效率稳步提高，国有经济持续向好，为上海经济社会发展和城市安全稳定作出积极贡献。全市地方国有企业实现营业收入3.76万亿元，比上年增长−1.5%；利润总额3368亿元，同比增长−6.6%；截至2020年底，资产总额24.58万亿元，同比增长12.1%，其中，国有权益3.11万亿元，同比增长3.9%。

**一、国有经济高质量发展进程加快**

鼓励企业抢抓市场机遇，努力扩大市场份额，上海建工、上海医药等6家企业入围2020年《财富》杂志世界500强。出台鼓励支持监管企业主动担当作为的政策措施，市国资委系统6000余个党组织、8万余名党员主动担当作为，奋战在疫情防控第一线，2名个人、4个集体获得国家级表彰，33名个人、16个集体获得市级表彰。首次召开“做强主业、做优业态”上海国资国企创新发展大会，出台创新驱动发展指导意见，与任期考核同步，企业主要领导落实创新使命责任。全年系统企业研发费用同比增长9%，73个项目荣获国家和本市科学技术奖。重视发挥全社会力量，开门编制国资国企“十四五”规划，完成“1+3+19+42”的规划框架，确立“十四五”时期上海国资国企改革发展的目标、主题和主线。

**二、国有资本布局结构优化调整**

出台国资国企服务上海自贸区临港新片区行动方案，完成临港集团和工投集团重组整合。6家企业实现科创板上市，电气风电分拆科创板上市获上交所上市委员会审议通过。组建长三角投资（上海）有限公司，出台上海国资国企服务长三角一体化发展行动计划，组建百企合作联盟。第三届进博会上海交易团国资分团完成采购金额28.8亿美元。出台上海国资国企推进三大重点产业发展行动计划，参与国家、上海集成电路投资基金二期、中国国企混改基金等市级重大投资项目累计投资超过265亿元。出台上海国资国企推进人民城市建设发挥主力军作用行动方案，41家企业集团全力推进8个专项75项重点工作共200余个项目。全力配合市重大工程动迁腾地122万余平方米。统筹推进对口帮扶和脱贫攻坚，市属国企结对帮扶云贵地区112个贫困村全部实现脱贫目标。41家企业集团向奉贤区、金山区、崇明区等郊区的经济相对薄弱村开展对口帮扶、党组织结对帮扶，捐赠帮扶资金2.1亿元，招录高校毕业生2万余人。

**三、国资带动国企改革纵深推进**

制订出台上海国资国企改革三年行动实施方案和8个专项行动。9家"双百企业"落实119项先行先试改革任务。和辉光电、集成电路研发中心完成并实施"科改示范行动"方案。筹建上海国投公司，构建"金融投资+实体投资+资本运营"国有资本投资、运营公司格局。推进金融服务类企业整体上市全覆盖，上海农商银行IPO通过发审委审核。4家国有控股上市公司融资或注入资产307.83亿元。扩大员工持股试点范围，10余家企业开展员工持股。3家企业集团完成职业经理人薪酬制度改革。6家国有控股上市公司实施股权或现金激励。出台改革国有资本授权经营体制实施方案，制定市国资委对监管企业授权放权清单。出台监事会主席履职考核管理办法等文件。新选聘21名外部董事、外派监事，任免企业领导人员215人次。稳妥实施同盛集团、交运集团市场化改革。成立新集体经济合作联社，启动市联社、工业联社、郊县联社改革重组。

**四、国资监管体制机制健全完善**

修订监管企业主业目录，出台监管企业主业管理办法。形成国有控股上市公司市值管理绩效水平分析规则。出台监管企业私募股权投资基金规范发展、监督管理暂行办法，以及投资管理金融企业的指导意见。完成7家企业集团经济责任审计。对融资性贸易、融资租赁等高风险业务开展专项风险排查和审计检查。完成17个重大资产项目评估备案，增值率达112.28%。构建国资国企在线监管服务平台。深化直属事业单位改革，推动市国资系统企业线上线下服务大厅建设。市委宣传部积极推动上海报业集团、东方网联合重组。市教委稳步推进复旦大学等高校36户一级企业整建制划转系统企业。浦东新区国资委持续推进区属企业横向整合、精简压缩主业，主业集中度提升至98%以上。黄浦区国资委推进老凤祥试点职业经理人制度改革，健全市场化用人机制。

**五、联合委办形成服务发展合力**

市国资委与司法局、上海大学、虹口区、青浦区签订合作协议，建立健全工作对接机制。会同市委组织部、市人社局等协同推进国有企业领导人员管理体制，深化薪酬制度改革。配合市发改委制定支持基础设施REITs发展的相关政策。会同市证监局、上证所建立提高国有控股上市公司质量加快发展长效常态化工作机制。会同市交通委全力提高轨道交通运营质量效率。会同市金融局全面排查金融国企重大风险。与市司法局签订共同推进市属国企法治建设工作机制。会同市规划局、市税务局、市工商联等协调推进解决国有企业改制重组中土地变更涉税问题。会同市财政局、市人社局推进14家企业集团国有股权划转充实社保基金工作。

**六、国有企业党的建设能力提升**

围绕习近平新时代中国特色社会主义思想、习近平总书记重要讲话等内容，开展中心组专题学习26次，"四史"专题学习交流10余场，推动系统企业开展"四史"宣讲等活动600余场次，覆盖人数近10万人。制订监管企业党委前置研究事项清单示范文本，形成党组织研究讨论前置程序要求"1+3"文件体系。完成16家企业集团党委换届，评选40个红旗党组织、100个党支部建设示范点。在20个城市深入推进沪外企业党建联建工作落实落地。召开首次国资系统人才工作会议，出台加强市管国有企业人才队伍建设的意见、系统企业经营管理人才队伍建设"十四五"规划和"国资骐骥"人才计划。弘扬企业家精神，陈虹、俞敏亮等2名同志获评"全国优秀企业家"称号。遴选市国资委首批教育培训基地、现场教学基地和人才实训基地40家。开展国资系统企业文化论坛、上海国企开放日等主题宣传活动。各类媒体宣传报道4200余篇。构建"全覆盖"安全生产监管体系，系统信访总量、重复信访数量、集体访批次分别同比下降22.5%、34.3%和72%。修订市国资委系统各级党委落实全面从严治党主体责任的实施意见。40家企业集团完成整改问题975项。出台建立健全巡察制度的指导意见，推动企业集团党委加强对本企业巡察工作的组织领导。

（鲍晨骏）

# 促进中小企业发展情况

2020年，上海市深入贯彻习近平总书记重要讲话精神，积极落实党中央、国务院有关要求，按照中共上海市委、市政府统一部署，以企业需求为导向，加强制度供给，优化营商环境，持续提升企业服务能级，积极促进中小企业发展，疫情期间有序推动企业复工复产，疫情后期全力帮助企业提振信心、实现平稳健康发展。

## 一、优化制度供给环境

加快中小企业地方立法。市委、市人大、市政府高度重视立法工作，6月18日，《上海市促进中小企业发展条例》经市十五届人大常委会二十二次会议表决通过并正式实施。制定“中小企业22条”。落实习近平总书记在企业家座谈会上的重要讲话精神，7月28日，市经信委等8部门联合印发《加大支持本市中小企业平稳健康发展的22条政策措施》。出台“疫情18条”。疫情初期，发布《关于应对疫情影响进一步加强企业服务促进中小企业平稳健康发展的若干措施》，全力帮助中小企业渡过疫情难关。

## 二、加强服务体系建设

线上，深化“市企业服务云”功能内涵，启动平台二期建设，提供“互联网＋政务”和十大类专业服务。企业服务云累计注册用户达60万，访问量超2735万，完成各类服务订单超38万个，受理解决各类企业诉求7.87万个。启动首届“稳企保业云动惠”，推出魔方公寓“云享房”、央企“云对接”等10余项云动惠系列产品。打造企业服务云手机版，通过“钉钉”实现诉求流转、政策推送、政策申报、企业赋能、科创对接等服务功能。

线下，做强市级中小企业服务中心功能，完善“1+16+X+N”中小企业服务体系。全市培育国家级中小企业公共服务示范平台25个，市级中小企业服务机构314家。开展中小企业服务专员试点。形成服务专员方案，年底前组建首批5000人的中小企业服务专员队伍，对口联系中小企业近10万家。

## 三、深化重点企业培育

市区联动形成培育合力。发布2020年度专精特新企业名单，全市专精特新企业近3000家。构建分层培育体系。培育国家级专精特新“小巨人”企业80家，第一至第四批制造业单项冠军企业（产品）17家，推荐第五批单项冠军企业（产品）10家。叠加人才、创新、市场等服务。推动培训视频上网，继续举办重点培育企业创始人、领军人才、首席质量官、知识产权、人力资源等系列培训。开展“走进央企”“共享计划”“信息化新动力”等活动，参与企业近500家次。促进重点企业转型升级。组织一批重点民营企业和“专精特新”企业投资项目集中开工，举办“专精特新”企业领军人才浦江21期、22期培训，开展专精特新企业质量提升行动。实施民营企业百强培育提升计划。形成百强培育提升企业名单，市区联动培育一批新业态、新经济、新模式民营龙头企业。召开“上海市民营经济发展战略咨询委员会”成立大会；加大招商引资力度，举办第二期全国知名民企走进上海座谈会。

## 四、助推双创企业发展

挖掘培育优质创业企业。2020年，创客中国上海赛区大赛暨阿里巴巴诸神之战暨50佳评选启动，新增5G、互联网＋汽车等专业赛道，报名参赛企业511家；贯彻落实国家“创客中国”资金奖补政策，支持27家企业，总金额640万元。做强志愿服务。完善“1（总队）+4（分团）+16（区）+Z（专家）+Y（园区工作站）”服务对接机制，发展志愿者223人、园区工作站111家；实施“千智万企”志愿服务计划，累计举办活动240场，线上参与1.2万人次。加强双创载体建设。培育张江核心园、漕河泾新兴技术开发区等国家创新创业特色载体4家，推荐金桥经济技术开发区等2家申报第三批特色载体。

## 五、强化融资服务

国家中小企业发展基金注册上海。国家中小企业发展基金有限公司完成工商注册，总规模357.5亿元，7月正式揭牌。推送“稳企业保就业金融支持重点企业名单”。联合人民银行上海总部加大金融支持力度，联合委办局和各区梳理稳企业保就业金融重点支持企业名单，首批推送企业6129家。加大融资担保力度。落实国家融资担保业务降费奖补政策，推出“小微企业流动资金应急贷”，对受疫情冲击明显的小微企业和复工复产延迟的制造业小微企业发生的担保代偿风险，给予最高70%的代偿。支持科创板上市。建设“上海市改制上市企业培育库”，入库企业369家，“科创企业上市贷”搭建信贷绿色通道，疫情期间为66家入库企业提供贷款27.55亿元，累计1400多家科创企业获得贷款300多亿元。推动供应链金融试点。聚焦汽车、重大装备等重点领域核心企业，联合银行、企业集团财务公司等金融机构，开展供应链金融试点。

（傅　今）

# 工业节能和综合利用工作情况

2020年，上海市深入学习贯彻中共十九大及历次全会精神和习近平新时代中国特色社会主义思想，落实习近平总书记上海讲话要求，按照中共上海市委、市政府部署，坚持稳中求进工作总基调，坚持新发展理念，持续推进工业节能减排、清洁生产和资源循环利用，不断提升科技创新应用能力，做大做强节能环保产业，圆满完成“十三五”节能目标，产业绿色高质量发展迈上新台阶；锁定“碳达峰”“碳中和”工作目标，高标准、高质量打好污染防治攻坚战。

**一、工业能效提升显著，产业绿色发展上新台阶**

（一）能效水平稳步提升，完成“十三五”节能目标。2020年，规模以上工业用能总量比上年减少1.16%，增加值同比增加1.7%，单位增加值能耗同比下降2.8%。“十三五”期间，用能总量累计下降356万吨标煤，单位增加值能耗累计下降17%。圆满完成总量下降180万吨，强度下降15%的“十三五”节能目标。完成两批次44个合同能源管理奖励项目，审核投资额1.58亿元，节能量3.64万吨标煤。完成18个环境保护、节能（合同能源管理）、节水项目所得税优惠申报核查，涉及减免税收2700多万元。

（二）通过重大工业节能检查，进一步排摸用能情况。根据工信部重大工业节能专项监察的部署要求，完成对20家重点用能单位的检查。组织开展112家重点用能单位产品能耗限额落实情况的检查，涉及国家标准22个、地方标准34个，实现标准和企业全覆盖，组织推进落后机电设备检查。开展能源利用状况上报，对480余家工业重点用能单位上报能源利用状况报告，实现100%上报率。

（三）通过绿色制造体系评审，推进产业绿色发展。围绕绿色制造体系创建总体目标，开展第五批绿色制造体系申报评审，评审出40个绿色工厂、3个绿色园区、5条绿色供应链、87项绿色产品，其中28个工厂、1个园区、3个供应链、14项产品入选工信部名单。至12月，累计建设市级绿色工厂100家、绿色园区20家，开发绿色设计产品116项，打造绿色供应链11条，超额完成《上海市绿色制造体系建设实施方案（2018—2020年）》提出的“1121”建设目标。完成8家绿色集成项目及9家绿色制造解决方案供应商项目验收，拨付补贴金额8840万元。

（四）加大节能技术、产品推广，培育领跑企业。多次组织开展重点用能单位合同能源管理和节能技改项目对接活动，开展空压机、余热利用等专项节能技术推进活动，开展“一对一”节能诊断服务，合计惠及企业400多家。创新2020年节能产品评审工作遴选机制，增设推荐制度，并聘请上海冷冻空调行业协会等10家单位作为首批节能产品推荐机构。评审通过45项技术产品，编制《2019—2020上海市节能产品和技术推广目录》。推荐5家“符合环保装备制造业规范条件企业”，其中4家入选国家名单；推荐9项“国家工业和通信业节能技术装备产品”，其中6项入选国家名单；为“国家鼓励发展的重大环保技术装备目录”推荐19项技术。组织2020年重点用水企业水效领跑者遴选工作。推荐的华润雪花啤酒（中国）有限公司上海分公司获得工信部发布的“水效领跑者”荣誉称号。

**二、全面完成环保三年行动计划，打好污染防治攻坚战**

（一）超额完成中小锅炉提标改造任务。认真落实《上海市打好污染防治攻坚战11个专项行动实施方案的通知》要求，按照3年内完成5525台中小锅炉提标改造的目标，提出“发现一台、统计一台、改造一台”的要求，一抓任务清单制定，二抓政策指导保障，三抓技术服务引领，结合示范项目甄选、保障进博会空气质量、锅炉脱硝改造与复工复产等专项工作，全方位大力推进减硝专项行动，完成6754台锅炉提标改造，超额22%完成工作目标。按NOx排放由150毫克／立方米下降至50毫克／立方米测算，减少NOx排放4400吨／年，为打赢蓝天保卫战发挥重要作用。

（二）开展工业领域各项环保工作。全面组织、协调、落实完成第七轮环保三年行动计划各项工作任务；组织编制第八轮环保三年行动计划工业专项；积极参与塑料污染治理实施方案的制定，组织开展对3000余家塑料制品企业全面排摸工作；协调推进第二轮中央环保督查问题和长江警示片突出问题整改工作。为确保各整改任务如期保质完成，市经信委配合市生态环境局、市发展改革委制定整改工作实施方案，开展现场调研，定期督导督办，推进各项整改措施落实到位。

（三）清洁生产水平持续提高。全年完成清洁生产审核评估75家，验收80家，通过审核的企业共实施清洁生产方案966项，其中无／低费方案868项，中／高费方案98项，带动企业投资2.4亿元，预计取得经济效益7017.6万元，可实现年节约标煤5422.4吨，节水29.9万吨，减少VOCs排放68.3吨，减少二氧化硫排放18.9吨，减少氮氧化物排放18.4吨，减少烟（粉）尘排放35.9吨，减少一般固废产生272.1吨，减少危险废物产生198.6吨。

（四）资源循环利用不断深入。大力推进工业固体废弃物深度利用，固废综合利用率保持在98%以上，利用水平、研发能力国内领先。编制《2020年循环经济和资源综合利用产业发展报告》，研究编写再制造产业发展专题报告。协调并落实宝武集团“宝山再生资源利用中心”（暂名）项目水泥产能指标事宜，补齐固废处置能力和方式短板。创新管理思路，继续支持集成电路行业发展，创立集成电路行业废硫酸与钛白粉行业“点对点”资源化再利用模式，打造循环经济典范。推进园区循环化改造。组织11个园区开展循环化改造方案编制，2020年已通过审核的20个园区项目预计可节能2万余吨标煤。持续推进余热共享平台建设。截至目前，已经实现800多家用能单位余热资源信息上平台，平台累计入驻企业达1500家；组织编制12项余热综合利用示范案例；与中国节能协会热泵专委会签署战略合作协议共同推进余热（冷）资源利用。

**三、节能环保产业稳步增长，积极探索长三角一体化合作发展机制**

（一）加大节能环保产业龙头企业培育力度。全年节能环保产业总营业收入1830.73亿元（其中规模以下制造业以产值为推算），比上年1782.41亿元增长2.71%。其中，规模以上制造业总产值826.73亿元，规模以下制造业总产值49.57亿元（根据工业总产值全口径占比推算），规模以上服务业总营业收入713.95亿元，规模以下服务业总营业收入240.48亿元。初步建立首批33家节能环保培育库企业名单，对包括复洁环保、重塑能源等节能环保企业开展现场调研和培育。已有2家企业在科创板成功上市。

（二）绿色金融有新突破。推动上海市中小企业服务云平台上线“产业绿贷”绿色金融服务板块，拓展企业绿色融资服务通道，全年积极推动项目征集和银企对接，据不完全统计，10家签约银行已为100余个项目放贷200多亿元，其中，合同能源管理项目放贷近2.88亿元。

（三）探索建立长三角一体化废弃物协调处置利用机制。召开“2020年长三角循环经济和资源综合利用产业推进联席工作会议”，就共建产业基地、建立固废预警机制、综合利用标准互认等提出建设性意见，并就长三角综合利用技术输出、产品上下游链接、投资、落实合作项目等进行对接交流。上海地区已有2家企业5个项目成功实现对接，2家企业实现技术、装备输出和形成产业链上下游。筹备成立长三角工业固废产业联盟，上海城建物资、田强环保、宇培特种建材等14家企业确定为上海首批联盟发起单位。

（四）发布国内首个能力等级评价团体标准。开展48家节能环保服务机构能力评级工作，共评出五星级企业5家、四星级企业9家、三星级企业34家。开展第七批上海市节能服务企业信用评价工作，共评出A级以上信用企业36家。

**四、广泛开展社会宣传，提前谋划“十四五”时期绿色发展**

（一）组织节能宣传周系列活动。适应防疫需要，采取“线下活动＋线上参与”双轨并行的模式开展活动，各市级部门、区、重点企业共组织308项丰富多彩、形式各异的节能宣传主题活动。抓住全国节能宣传周成功举办30周年的契机，全面梳理回顾并评选出评选出节能重点领域10件大事。紧扣在线经济发展及网络平台热度不断上升的趋势，首次和电商合作，采取受众面广的网络直播模式，独家通过苏宁易购榴莲平台，举办“绿色节能带货专场”和“节能增效大秀场”两场直播活动。呈现出线上模式全民参与，经典内容推陈出新，宣传力度更大，参与范围更广等特点，取得良好的效果。各类渠道发布的新闻数合计138篇，阅读人次合计约870万；两场直播活动的观看人数合计103.6万人次；知识竞赛参与人数14.2万；“节能宣传践行者评选活动”微信小程序的参与人数310673人，参与企业共112家；“上海市节能重点领域十件大事”的点赞数超过4765万。

（二）开展上海科学节能展示馆更新改造工作。为应对节能技术快速迭代、智能绿色耦合升级、展览模式推陈出新的新形式，指导市节能中心以深入展现上海节能最新成果、最亮产品、最佳方案，大力推进大众化节能科普和青少年低碳教育，创新打造展示内容和形式持续迭代优化的运营模式为目标，启动上海科学节能展示馆更新改造工程。预计2021年完成工程建设，并每5年推动50%左右展项软硬件更新。

（三）组织编制绿色发展“十四五”规划。组织编制《上海市“十四五”产业绿色发展规划》《上海市“十四五”节能环保产业规划》，经过多轮修改，完成征求意见稿，并征求相关委办和专家的意见建议，进入结题阶段。完成《打造绿色生态产业集群、加快新旧动能转换》课题报告。围绕绿色生态产业内涵、发展现状等展开研究，提出“十四五”时期绿色生态产业统计体系构建、重点发展领域及发展路径等建议。

（朱　海）

# 对口支援与合作交流情况

2020年，上海市深入学习习近平总书记在决战决胜脱贫攻坚座谈会和中央第七次西藏工作座谈会以及第三次中央新疆工作座谈会上的重要讲话精神，全面领会把握中央关于东西部扶贫协作和对口支援，以及长三角一体化发展的新部署新要求，围绕“双战双赢”目标任务，扎实推进对口支援和合作交流各项工作任务。

## 一、认真开展东西部扶贫协作和对口支援工作

5月22日，市经信工作党委会专门听取“关于东西部扶贫协作和对口支援2019年工作情况和2020年工作安排的汇报”。工作党委书记陆晓春于9月1日—3日和9月20日—24日分别带队赴河北张家口和陕西汉中进行扶贫调研工作，考察扶贫项目落地情况。市经信委主任吴金城于10月10日—12日陪同龚正市长赴新疆喀什，考察援疆项目推进情况。工作党委副书记马列坚于9月15日—18日带队赴四川木里县开展扶贫专题调研，实地考察产业综合帮扶试点项目。

（一）持续推动上海—新疆呼叫产业生产性服务业功能区建设

5月，泽普县呼叫功能区二期投入使用，面积5000平方米，座席1000席，并建设有消费扶贫电商直播基地、数据机房及跨境电商一键代发仓等项目。喀什、泽普两地园区呼叫中心建设面积超过1万平方米，座席总数超过2000席，呼叫功能区总计就业人数1050人（喀什园区450人，泽普园区600人），是新疆规模最大的呼叫中心产业园。功能区作为“喀什好味道·双线九进”线上服务平台的载体，通过自有渠道、企业及电商平台合作，累计帮助当地销售滞销农产品超600万元，其中“1000吨泽普冰糖心苹果采购”项目为上海援疆企业单笔最大苹果订单。

积极推动上海企业将呼叫业务和电商扶贫业务落户功能区。年内呼叫业务新发展意向企业共6家，包括：中通、申通、岐力、大骐、腾道和韵达，共拟试点座席数60席，预计可带动就业65人。电商扶贫业务发展方面，通过与叮咚买菜、盒马鲜生和爱库存等3家电商平台合作农产品扶贫项目，预计可带动喀什当地电商运营、供应链、直播、客服等岗位就业100人。

10月11日，上海市党政代表团考察功能区，龚正市长充分肯定功能区呼叫产业聚集发展程度，以及为解决当地就业做出的贡献，鼓励功能区加大力度挖掘当地资源禀赋，发挥上海的市场、技术和渠道，实现一、二、三产联动发展。

除此之外，喀什市“一带一路医疗器械产业园”于8月启动，先期5万平方米招商任务顺利完成。该园区由新跃物流和天呈医流两家双推企业联合发起，是继呼叫功能区后又一落户喀什的沪疆共建生产性服务园区。

（二）持续开展“双一百”村企结对精准帮扶工作

积极组织在沪央企开展“双一百”村企结对精准帮扶工作。参与帮扶活动的各在沪央企积极履行企业的社会责任，通过消费扶贫、产业帮扶等方式落实帮扶协议内容，提高扶贫工作的参与度和精准度。

其中，中远海运集运落实扶贫资金80万元，并组织系统内的工会组织、食堂踊跃参与遵义市赤水地区的消费扶贫，共计购买当地特色农产品30万元，将前几年“扶贫日”所捐的46万元全部用于帮助新店村改善基础设施，完成产业道路的扩建和路灯安装工程，惠及182户576人。解放军第四七二四工厂继上年资助遵义赤水市石梅村白茶栽种项目后，援助38.48万元用于石梅村竹加工厂建设项目，解决石梅村就业人员36人，预计村集体经济每年增加收入达到10万元以上。此外，工厂积极进行消费扶贫，采购相关产品70万元。中国航空无线电电子研究所全年累计投入资金51.28万元，解决结对村343户1196名村民的安全饮水问题，积极开展消费扶贫，累计金额12万元。

（三）广泛发动社会力量参与

指导市中小企业技术人才引进服务中心扎实开展东西部扶贫协作地区和对口支援地区的产业合作、劳务协作等工作，促进贫困劳动力转移输出及就地就近就业、增收脱贫。

1. 开展支持协助上海相关企业复工复产工作，为急需招聘用工企业提供劳务对接协作服务。为携福电器、吉田拉链等38家急需招聘用工的上海企业提供劳务对接协作服务，联络收集急需招聘用工5000余人需求信息，帮助企业拓展劳务用工渠道。同时，帮助对口支援地区近50名务工人员返沪及长三角地区返岗复工复产。

2. 务实开展产业合作。10月，组织华润大东、菲尼萨光电、老盛昌等10余家企业前往青海果洛甘德县和玛沁县进行产业合作考察，交流如何帮助当地发展特色产业、促进就地就近就业等事项。12月，将组织荷美尔、汉钟精机等8家企业赴云南文山州开展进行产业合作（扶贫车间）考察交流，洽谈相关事项。

3. 开展劳务协作就业扶贫工作，促进贫困劳动力转移输出及就地就近就业、增收脱贫。组织新锦江、奉井、寰众

等30余家企业在云南文山、红河、临沧、青海果洛地区开展劳务供需对接活动15场，提供就业岗位数1.5万个，帮扶当地贫困劳动力500余人来沪就业。

4．开展稳岗就业工作，提供就业后续服务。组织走访用工企业26家、慰问务工人员410人次，为在上海企业工作的建档立卡户及其他务工人员提供就业后续服务，持续就业脱贫。

5．开展关爱小学建设，减少就业人员后顾之忧。以建档立卡户中外出务工者在小学就读的子女作为最基本的帮扶人员，积极开展关爱小学建设系列活动。8月，协助组织为文山州19所关爱小学建立“健康小屋”并配备一系列卫生设备；邀请上海市口腔医学会口腔医院管理专委会主委袁学锋给孩子们进行健康检查；协助上海吉田拉链有限公司与临沧市刺竹林小学开展结对献爱心关爱活动，向刺竹林小学捐赠一台电子白板一体机和100套学习用具。

（四）协助完成2020年上海市对口支援地区实施人力资源开发项目

9月17日—24日，市经信委协助遵义工能局在同济大学经管学院举办沪遵产业合作专题培训班，讲授“一带一路”的政治经济形势、绿色食品发展、互联网时代制造业的转型与创新等方面最新知识和实践经验，组织学员到中国国际工业博览会（上海）、上海自贸区临港新片区、上海青浦现代农业园区以及浦东软件园进行现场教学。

根据向所有学员发放的问卷调查统计，本次培训总体课程平均分达到4.97分（满分为5分）。学员们反响很好，普遍认为培训课程设置合理实用，内容具有很强的理论性和操作性。

（五）加强与对口地区产业合作

按照“遵义所需、上海所能”与“上海所需、遵义所能”的原则和“政府引导、企业主体、平台运作、社会参与”的总要求，市经信委协助遵义市政府在沪举办各类投资推介活动，积极开展沪遵产业合作。与遵义市工能局召开沪遵产业合作座谈会，总结沪遵产业合作2020年开展情况，并对2021年工作做出安排部署，配合遵义市政府召开“红色圣地·最美遵义”特产品鉴暨遵义产业招商（上海对接会）。全年沪遵产业合作项目53个，到位资金79.2亿元，带动贫困人口数12604人。

## 二、有序推进长江经济带绿色发展

（一）大力推进化工污染治理

服务长江经济带和长三角区域一体化发展国家战略，做实各类专项调整任务。按照《上海市打好污染防治攻坚战——优“化”行动实施方案》部署，在科学评估现有企业环保、安全等生产条件的基础上，推进浦东新区、松江区、奉贤区、青浦区等8个区约100家化工企业启动调整提升。

加快推进合规园区外危化品生产企业调整提升及搬迁改造。在科学评估基础上，对规划工业园区以外的化工企业，根据风险可控原则，分步分类鼓励、推动具备条件的优质化工企业，搬迁进入合规工业园区。列入年度计划的5家企业均已完成危化品生产线关停。

（二）提高创新驱动能力

全面推进科创中心建设。积极参与科创中心“四梁八柱”搭建工作。聚焦产业创新体系建设、新兴产业布局和发展、产业创新载体、创新成果转化等方面，参与编制《关于进一步深化上海科技创新中心建设的若干意见》《建设具有全球影响力的科技创新中心十四五规划》《上海市科技创新中心建设报告》《新一轮全面创新改革试验方案》等文件。对照上海科创中心能级提升需求，瞄准国家明确的重点领域，抓紧培育具有产业和技术特色优势的领域，成功创建上海燃气轮机制造业创新中心和上海高端医疗装备制造业创新中心两家市级制造业创新中心。

推进长三角工业互联网公共服务平台建设。组建由工业互联网创新中心、电信一所、阿里云、朗新科技、安徽合力、交叉信息研究院、同济大学等单位组成的项目团队，完成项目总体规划、长三角区域数据服务、应用服务、平台应用推广、人才服务和政策服务等能力规划设计。

（三）推动产业转型绿色发展

1．传统制造业加快改造升级。汽车、钢铁、化工、船舶等行业加快数字化、网络化、智能化转型。高端装备、汽车、电子信息、航空航天等行业推进100家无人工厂建设。发布“工赋上海”三年行动计划，致景科技、东土科技、摩贝化学等一批工业互联网企业落地建设，一批工业互联网+中小企业综合解决方案加快应用推广，长三角工业互联网一体化发展示范区推进建设。新能源汽车累计推广超过37万辆，成为全球推广量最大的城市。

2．新业态新模式加快发展。130多个绿色制造项目开展试点示范，33个节能环保产业龙头企业加快培育，“上海产业绿色发展综合服务平台”开通运行。一批生产性服务业功能区推进建设，一批服务型制造项目开展试点示范。软件信息服务业、新生代互联网蓬勃发展，软件信息服务业营收超1万亿元。实施在线新经济发展三年行动，在线医疗、远程办公、生鲜电商零售等快速兴起，在线新经济生态加快培育。制订振兴消费计划，促进汽车、信息等领域消费。

3．重大项目加快投资和建设。建立完善重大项目推进机制，复制推广“特斯拉”经验，华为研发中心项目、网易上海西岸研发中心、重型燃机、达阀机器人、英威达己二睛、腾讯长三角超算中心、商汤人工智能计算和赋能平台、上药生物医药产业园等一批项目开工建设，中芯国际、积塔半导体、华力二期、特斯拉超级工厂、大众MEB项目、大型邮轮和LNG船等一批项目建设顺利。

4．落实压减淘汰落后产能任务。继续坚持“四个锁定”（锁定区块、锁定项目、锁定时间、锁定责任主体），瞄准“三高三低”企业（高能耗、高污染、高风险，低技能劳动密集型、低端加工型、低效用地型），发挥产业结构调整指导目录引导作用，推动环保、安全、能耗、技术、工艺等不达标的落后产能退出，全年启动实施项目800项，启动及验收重点区域8项。

5．创建绿色制造体系。围绕绿色制造体系创建总体目标，开展第五批绿色制造体系申报评审，评审出40个绿色工厂、3个绿色园区、5条绿色供应链、87项绿色产品。开展绿色集成项目验收，完成6家绿色集成项目及9家绿色制造解决方案供应商项目验收，拨付补贴金额8840万元。巩固绿色制造成效。加强对绿色制造示范企业跟踪管理，完成第一批、第二批绿色制造示范复核工作，确保示范引领作用，并开展绿色制造专题培训。

6．开展清洁生产。2020年共完成清洁生产审核评估75家，验收80家，通过审核的企业共实施清洁生产方案966项，其中无／低费方案868项，中／高费方案98项，带动企业投资2.4亿元，预计取得经济效益7017.6万元，可实现年节约标煤5422.4吨，节水29.9万吨，减少VOCs排放68.3吨，减少二氧化硫排放18.9吨，减少氮氧化物排放18.4吨，减少烟（粉）尘排放35.9吨，减少一般固废产生272.1吨，减少危险废物产生198.6吨。

7．企业服务保障优化提升。《上海市促进中小企业发展条例》发布实施，出台中小企业平稳健康发展的22条，应对疫情影响“18条”。建立重点企业市级层面申诉协调机制，“百家重点企业服务专窗”上线试运行，企业服务云启动二期建设，专业化服务能力加快提升。

**三、积极推动长三角一体化发展国家战略，推进沪苏大丰产业联动聚集区建设**

（一）项目招商重大突破

全年新签土地项目1个，厂房租赁项目4个，实现“当年签约、当年进驻”，总投资约37亿元，预计达产后年产值超90亿元。集聚区累计入驻项目8个，实质开工7个，投产3个。

1．新能源产业重大突破，正泰光伏新能源项目浙商投资、临港做媒、落户大丰，拟建5GW高效电池和5GW高效组件生产线，从签约、拿地到开工仅用3个月，为2021年初投产打下基础。

2．高新农业顺势崛起，借力当地资源，吸引中国农科院上海兽医所在集聚区设立国家级动物疫病疫苗研究中心（P3实验室），正由国家相关部委发起项目立项，同时争取沪苏两地政府支持。

3．产业链集聚初具规模，发挥龙头带动和高新科技引领作用，汽车产业链集聚上汽配套热处理设备、镁合金轮毂、汽车纳米真空镀膜等项目；手机产业链石墨烯薄膜、超高清液晶屏等项目携手入驻；建筑产业链上海材料研究所建筑减震装备、装配式建筑等项目纷至沓来。

（二）工程建设如火如荼

1．路网成型环境提升，7条道路总长近12千米，上半年陆续竣工投用，集聚区启动区“三纵六横”路网成型；2座封闭闸、3座防洪站7月初通过竣工验收，驳岸整治和提升工程即将完工，集聚区整体环境和形象更新进入设计阶段。

2．市政配套同步到位，能源中心（扬帆变电站、天然气站）实现常态化正常运行，环境中心（污水处理厂）7月开建，已于年底竣工。

3．产业配套有序推进，智造园一期标准厂房交付使用，智造园一期邻里中心（职工生活中心）配合招商项目需求正式开建，2021年3季度交付使用；管理服务中心已结构封顶，2021年3季度投入使用；占地约198亩的智造园二期项目，计划年内拿地，2021年初开工建设。

（三）创新打造服务平台

进一步优化沪苏集聚区发展环境和营商环境，打造有温度的产业园区和产业新城。

1．打造绿色经济发展平台，联合行业龙头企业推广分布式屋顶光伏发电，试点“隔墙售电”，探索打造冷热电三联供能源体系，构建智慧能源生态圈；主动对接“国家绿色发展”基金，促进绿色产业发展；积极申报建设“国家绿色产业示范基地”，建设“北上海·临港生态智造城”。

2．打造高端智库支持平台，联合国家级高端智库开展“长三角一体化背景下飞地经济发展”课题研究，筹备召开“飞地经济论坛”并永久落户集聚区，为发展提供顶尖智力和政策支持。

3．打造融资担保服务平台，解决中小企业融资担保难问题，积极推出“沪苏智造贷”专项业务，有效促成部分企业落户，后续还将探索设立“风险担保基金”。

4．打造专属人才服务平台，谋划建设一批“双限双定”人才公寓，增强招商、育商、稳商手段，解决引才、留才问题。按照临近在建高铁站、选址学区或景区的思路初步形成2套方案，待论证确定后加紧上马。

5．打造产业人才培养平台，联合专业人才服务机构，对接江苏公办本科院校盐城工学院和全国办学规模最大技工院校盐城技师学院，共建定向产业人才培养机制。

（四）首期土地成功交割

4月底，大丰公司取得宗地面积4515.65亩国有农用地不动产权证，与上海农场首期国有农用地使用权划转工作成功办结，为后续发展提供用地保障。集聚区一期控规修编获区政府认可，增加了土地利用面积、调整了局部用地性质，解决智造园二期等项目的开发需求。

**四、对口合作大连工作积极推进**

（一）围绕展会，进一步提升对口合作品牌效能。上海组织科大讯飞、芯讯通、深兰科技等25家知名企业参加第22届大连国际工业博览会，充分展示上海参展企业的先进技术和创新能力；大连组织蒂业技凯、伊通科技、大连理工等7家单位参加第22届中国国际工业博览会。

（二）加强智库交流，协助邀请专家出席沪连对口合作高端论坛并作主旨演讲。

（三）聚焦前沿，推进重点领域合作。在船舶与海洋工程领域，上海市船舶与海洋工程学会和大连市造船工程学会于10月，共同在大连举办“首届连沪船舶与海洋工程行业科技成果发布会”。沪连两市学会负责人和企业代表在会上发布超低温阀门及阀门遥控系统、智能深海网箱、管系聚乙烯涂塑技术、船舶总装工序精度数据可视化等领域的科技成果，有力推动两市船舶领域科技成果加快对接市场，取得更好经济效益。在燃料电池新能源汽车领域，市经信委会同市发改委、市财政局、市科委等市相关部门，以及嘉定等相关区，就上海与大连合作申报燃料电池汽车示范城市相关事宜多次会商讨论，推动嘉定区与大连市签署合作协议，并向大连市提供示范应用承诺函，支持大连城市群开展燃料电池汽车关键核心技术产业化攻关和示范应用，并在加氢站建设、燃料电池汽车运行监测、燃料电池汽车检验检测等方面提供技术支持和平台共享等。

（殷文琪）

# 中小微企业经济运行基本情况

2020年，上海市统筹推进疫情防控和经济社会发展，连续出台“抗疫惠企28条”“中小企业22条”“稳企业保就业18条”等纾困政策，修订出台《上海市促进中小企业发展条例》，积极对冲疫情不利影响，推动中小企业加快复苏。全市中小企业经济稳中有进，新兴行业增长强劲，市场主体信心增强，稳中向好态势不变。

**一、经济运行稳中有增，经济效益快速增长**

（一）工业生产加速恢复

2020年，全市规模以上中小工业企业（以下简称中小工业企业）完成总产值17650.61亿元，比上年增长2.3%，达到2019年以来的最高增速水平。12月，中小工业企业完成工业总产值2030.41亿元，同比增长12.3%，高于全市增速1.4个百分点，当月增速自4月由负转正且增速保持上升趋势，工业生产恢复迅速。其中，中型企业带动作用明显，12月实现总产值892.32亿元，同比增长19.4%。

**表1　2020年中小企业工业企业分行业产值**

| 指标 | 工业总产值（亿元） | 同比（%） | 与上月相比（%） |
|---|---|---|---|
| 中小工业企业合计 | 17650.61 | 2.3 | 1.3 |
| 其中：机械 | 4574.26 | −2.8 | 1.5 |
| 轻工 | 3963.43 | −6.0 | 1.6 |
| 石化 | 2385.07 | 27.0 | 2.2 |
| 汽车 | 2286.79 | 12.3 | −0.3 |
| 电子 | 1235.99 | 2.0 | −0.8 |
| 医药 | 745.29 | 6.0 | 0.6 |
| 建材 | 434.60 | 1.6 | 0.9 |
| 纺织 | 401.29 | −4.5 | 1.2 |
| 有色 | 321.45 | 2.6 | 2.4 |
| 冶金 | 300.18 | 1.7 | 2.6 |
| 电力 | 293.73 | −2.4 | 2.1 |
| 船舶 | 60.18 | −7.5 | 2.3 |
| 烟草 | 8.96 | 7.8 | 1.8 |

数据来源：市统计局。

分行业看，全市13个主要行业呈现“8升5降”，增长面较上月有所扩大（见表1）。其中，汽车行业保持高速增长态势，当月增速达44.9%，累计产值增速也达到27%，拉动全市中小产值增长；石化、医药行业分别增长12.3%、6%；机械、轻工行业虽然未能回正，但当月同比均为正增长。

（二）工业利润保持高位增长

2020年，中小工业企业实现利润总额1461.97亿元，比上年增长19.1%。中小企业利润迅速恢复，增速持续提高，拉动全市经济复苏。随着减税、减房租、免社保等中小企业纾困政策的实施落地，中小企业综合成本持续降低。中小企业每百元营业收入中成本减少0.41元，每百元营业收入中费用减少0.8元；营业收入利润率7.7%，同比提高1.1个百分点。

分行业看，利润增长面收窄，13个行业的利润呈现“9升4降”（见表2）。机械行业重新成为拉动中小利润增长的第一动力，对中小利润的增长率达30.2%；汽车行业保持高速增长，同比增长47.2%，拉动中小工业利润增长4.6个百分点；烟草、纺织行业分别增长172.4%、103.2%；电子行业波动明显；冶金行业增速由正转负。

表 2 2020 年规模以上中小企业利润总额情况

| 指标 | 利润总额（亿元） | 同比（%） | 与上月相比（%） |
|---|---|---|---|
| 中小工业企业合计 | 1461.97 | 19.1 | 2.7 |
| 其中：机械 | 419.04 | 20.4 | 8.4 |
| 轻工 | 379.08 | 11.8 | 0.2 |
| 石化 | 218.17 | 13.0 | 4.4 |
| 汽车 | 175.49 | 47.2 | 2.2 |
| 医药 | 132.76 | 23.4 | 3.4 |
| 电力 | 43.60 | 24.6 | −13.3 |
| 纺织 | 31.23 | 103.2 | 0.4 |
| 建材 | 27.98 | 57.9 | 4.9 |
| 电子 | 20.32 | −41.2 | −23.1 |
| 有色 | 10.54 | −7.7 | 10.2 |
| 冶金 | 1.71 | −56.0 | −63.3 |
| 船舶 | 1.51 | −15.3 | 7.8 |
| 烟草 | 0.53 | 172.4 | 24.7 |

数据来源：市统计局。

（三）服务业持续向好

2020 年，全市规模以上中小服务业企业实现总产出 18030.86 亿元，比上年下降 2.0%，降幅较年初收窄 11.0 个百分点；实现利润 1709.53 亿元，同比增长 8.4%，高于全市利润同比 13.1 个百分点。中小服务业主要经济指标逐渐改善，营业收入、营业成本降幅较年初明显收窄，恢复态势明显。在线新经济、数字新基建、人工智能领域逆势增长，软件和信息技术服务业保持高速增长，利润增长 33.1%，显著好于服务业平均水平。一批新经济企业发展成绩喜人，如西井科技提供全球智慧港口解决方案，全年营收已接近 1 亿元，全年营收增长 400%。

**二、跨境电商逆势增长，出口总体走弱**

2020 年，中小工业企业实现出口交货值 2447.06 亿元，比上年下降 7.0%。12 月，实现出口交货值 238.53 亿元，同比下降 5.2%。分行业看，全年医药、电子、汽车、船舶、有色行业出口实现增长，其中医药行业虽然体量较小，但出口始终保持较高增速水平，出口增量最大。

**三、市场主体活力释放，稳企业保就业形势良好**

（一）新设企业数量稳步增长

全市努力克服疫情不利影响，持续降低市场准入门槛，减少创业成本，创业活力持续涌现。根据市市场监管局数据，全年新设私营企业 40.09 万户，同比增长 14.6%。

（二）科技创新人才需求旺盛

全市就业形势较上年初出现改善，用工需求提振，全年招工 364.3 万人次，退工 347.7 万人次，净招工 16.6 万人次。科技推广和应用、专业技术、软件和信息技术服务业位列招工人数前列，其中 72% 以上是外省市户籍，反映出本市新兴经济领域人才优势明显，择天下英才而用之，同时也要求本市持续厚植人才优势，多措并举做好引才、留才。

（三）中小企业税收贡献显著

据市税务局数据，2020 年，全市完成税收收入 15964.85 亿元，同比下降 4.8%。其中，中小企业完成税收收入 11556.55 亿元，占全市税收收入的 72.4%。

（傅 今）

# 长三角区域产业和信息化合作情况

2020 年，江苏、浙江、安徽三省和上海市产业部门认真落实习近平总书记关于长三角一体化发展的重要指示，紧抓机遇、顺势而为，深入推进长三角产业和信息化一体化发展，合作关系更趋紧密，合作机制逐步完善，创新活力持续释放，整体竞争力实现提升，在区域发展中的支撑作用更为突出。《长江三角洲区域一体化发展规划纲要》（以下简称《规划纲要》）经中央政治局审议通过，《规划纲要》提出打造产业升级版和实体经济发展高地，不断提升在全球价值链中的位势；共同推动制造业高质量发展，按照集群化发展方向，打造全国先进制造业集聚区。

**一、长三角地区产业一体化发展基础**

长三角地区全域面积 35.8 万平方千米、常住人口 2.27 亿人，分别占全国的 1/26 和 1/6，是国际公认的六大世界级城市群、“一带一路”建设和长江经济带发展的重要交汇点，是我国经济最具活力、开放程度最高、科技创新能力最强、产业体系最完备、要素流动最便捷的区域，也是我国重要的先进制造业基地。沪苏浙皖四省市的产业体系各具特色和优势。上海科技创新资源密集，在先进制造业等领域具有雄厚研发基础和产业化能力，聚焦于科技创新和金融创新；江苏经济实力强、有苏南国家自主创新示范区，聚焦于制造业创新；浙江民营经济基础好、市场活力优势、数字经济发展特色鲜明，聚焦于中小企业创新创业；安徽作为长三角区域腹地，战略性新兴产业呈后发趋势，上海张江和安徽合肥同为综合性国家科学中心。

据不完全统计，长三角区域工业增加值接近全国的 1/4，整车产能占全国比重超 22%，新能源汽车市场份额超 1/3，机器人产能占全国的 50% 以上，集成电路产业规模和传感器企业数量逾占全国半壁江山，软件和信息服务业、生物医药、人工智能产业规模均约占全国1/3，5G布局建设、工业互联网应用和智能制造水平全国领先，已形成若干优势产业集群。

**二、推进长三角地区产业一体化发展**

聚焦《规划纲要》和《三年行动计划》推进，长三角地区产业链集聚和辐射效应日益增强，协同发展进程加快。

（一）产业合作载体加快建设

聚焦重点毗邻区、重点园区、重点廊圈带、重点飞地等载体建设，促进产业资源跨区域流动。建设张江长三角科技城，吸引长三角新松总部基地等一批项目签约落地；上海自贸区嘉善项目协作区复制推广“区区流转、分送集报”等政策制度；苏皖合作示范区形成《苏皖（溧阳、郎溪、广德）合作示范区规划》，获国家发改委批复；宁波杭州湾新区浙沪合作示范区实施全方位接轨上海三年行动计划；G60科创走廊九城市发布开放型经济一体化发展30条；嘉定与温州共建科技创新、产业发展示范园；沪苏大丰建设产业联动集聚区，打造“北上海”临港生态智造城；上海临港集团与慈溪市签订全面战略合作协议，合作建设新能源汽车供应链产业园等。

（二）产业合作项目加速布局

依托长三角制造业基础雄厚、战略性新兴产业集聚优势，龙头企业加快区域布局，延伸产业链、创新链资源配置。如在高端装备、集成电路、新能源汽车等领域，中国商飞、上海赛飞将客户服务、航空线缆等C919大型客机项目落地浙江；引领智能制造生态体系建设，三省一市启动长三角区域智能制造“百千万”工程；中芯、华虹、格科微等在绍兴、宁波、无锡、嘉善等地开展重大项目建设，阿里、科大讯飞分别与上海签署战略合作协议，将平头哥公司、人工智能研究院等创新业务主体落户上海，浙江大学成立上海高等研究院，上海交大也在苏州等地设立人工智能研究院；蔚来汽车将整车制造、创新中心、“三电”（电池、电机、电控）生产布局合肥、上海、南京等地等。目前，长三角已初步形成若干优势领域的产业集群发展格局。

（三）产业合作创新协同推进

充分发挥长三角创新资源和重大产业化平台作用，连接“产学研资用”，打造产业创新共同体。创新平台方面，成立国家集成电路创新中心（暨长三角集成电路设计与制造协同创新中心）、国家智能传感器创新中心（首期发起方1/3为苏浙皖企业），聚焦关键技术及器件结构、工艺连通等协同研发突破。创新生态方面，设立长三角协同优势产业基金（总规模1000亿元、首轮封闭规模超70亿元）、“G60科创走廊人工智能产业基金”等，以“硬科技”为主线，着力培育以人工智能、物联网、生物技术为核心驱动力的战略性新兴产业，促进产融对接。创新攻关方面，围绕高端数控机床及新一代核电等战略领域，共同承担国家重大专项，联合推进关键设备国产化、自主化。

（四）产业合作机制取得新突破

共谋合作机制，强化顶层设计。在省市政府层面，三省一市联合组建的长三角区域合作办公室挂牌成立。在“三级运作”机制下，三省一市经信部门均成立主要领导牵总、分管领导协调、专业处室推进的合作工作机制，做实做细做深合作事项。在地市政府层面，G60科创走廊九城市挂牌成立联席会议办公室，共派干部、共建制度、共商合作，成为全国首个地市级层面实体化运作协调机构。在行业组织方面，行业联盟建设加速推进。例如，上海市机器人行业协会、浙江省机器人产业协会、江苏省机械行业协会机器人专委会、安徽省机器人产业技术创新战略联盟共同成立“长三角机器人与智能制造合作组织”，发布《长三角区域机器人产业链地图》（收录长三角机器人产业链企业和机构信息1000余条，包括机器人本体、核心零部件、系统集成应用、高校科研院所等，为社会应用领域供需对接和资源配置提供有效信息）；长三角地区三省一市正式签署《长三角智能网联汽车道路测试互认协议》，并发起成立长三角一体化智能网联汽车自动驾驶功能检测机构互认联盟，推动区域内智能网联汽车道路测试的数据共享与测试结果互认；长三角开发区协同发展联盟理事会发布《长三角开发区建设营商环境高地共同宣言》，建立联盟招商专委会，覆盖长三角开发区的招商网络初步形成。

（五）共抗疫情深化产业互助合作

新冠肺炎疫情爆发以来，长三角三省一市有关部门着力落实习近平总书记关于“积极推动企业复工复产，推动重大项目开工建设”的指示精神，按照长三角三省一市视频会议的统一部署，充分发挥长三角区域合作机制作用，统筹推进疫情防控和企业复工复产工作。

1．协同推进重要防疫物资互助互济工作。例如上海为苏浙皖协调以及三省为上海协调配套企业复工共550余家。

2．协同解决重点企业用工需求。有关部门排摸重点企业用工需求，引导企业优先安排疫情平稳地区员工回流就业。对来自长三角地区非重点疫区的员工优先安排返岗。在三省一市的共同努力下，协调支持玉川卫生用品、精发实业等重点企业骨干员工征召回沪，有力保障了防疫物资的生产。

3．协同保障重点企业物资供给。依托长三角区域合作机制和长三角重要防疫物质互济互帮工作机制，协调产业链上下游的保供、复工、复产，构建重点企业生产物资保障机制。例如，市有关部门对上海烨映公司给予重点保障，满足江苏、浙江两地企业额温枪的生产要求。

（六）聚焦长三角一体化发展示范区先行先试

发挥示范区在长三角产业一体化发展中“先手旗”作用，

统筹做好“生态美”“产业优”的文章。在产业体系上，构建“五大经济”引领的绿色创新产业发展新体系。其中，功能型总部经济，放大虹桥国际开放枢纽溢出效应，重点引进和培育一批知识创新、功能创新、模式创新的企业总部。特色型服务经济，重点发展与区域生态资源相契合、创新资源相融合的服务经济，发展现代商贸物流、绿色金融、科技服务、节能环保等特色鲜明的高端服务业。融合型数字经济，加快新一代信息技术融合应用，发展“AI+”“5G+”“北斗+”“大数据+”等新产业、新业态和新模式。前沿型创新经济，发展生命健康、绿色新能源、轻质智能装备、服务型制造等新兴产业，推动绿色科技示范应用，支持传统产业焕发新生力。生态型湖区经济，释放湖荡水网、田园风光、古镇文化等资源魅力，因地制宜发展湖区水乡文体旅游、绿色农业、现代教育等滨湖产业。同时，聚焦先行启动区（金泽镇、朱家角镇、黎里镇、西塘镇、姚庄镇等五镇），制定《产业项目准入标准》，重点从产业契合度、环境友好度、创新浓度、经济密度等“四个维度”提升新项目招引质量，推动产业投资项目一体化管理服务，在全国首次实现了跨省级行政区域执行统一的产业项目准入标准。

（赵广君）

# 市区协同招商工作情况

2020年，上海为全面加强新时期招商引资工作统筹，针对市级招商引资统筹力度不够，街镇安商稳商工作弱化等问题，按照市领导要求，市经信委会同相关部门研究制定《关于加强投资促进工作推动经济高质量发展的若干意见》（简称“32条”）。一年多来，围绕文件明确的工作任务，围绕加强招商引资“四个统筹”开展如下工作：

**一、加强规划统筹**

（一）建立全市招商工作体系，年初召开全市深化营商环境建设暨投资促进大会，正式成立市投促领导小组及办公室，组建市投资促进服务中心。（二）制订全市招商引资考核工作方案，对2020年各区和重点产业园区招商引资工作进行考核。（三）加强重大招商引资载体布局，联合相关处室发布全市第一批特色产业园区，明确园区招商定位，进博会期间正式发布《上海市特色产业园区地图》《投资上海2021》，“一图一册”，为投资者提供针对性指引。

**二、加强工作统筹**

坚持“项目为王”原则，将项目落地作为所有招商工作的根本出发点和落脚点。2020年，全市签约重点产业项目近1200个，新注册企业数41.8万家，比上年增长13.6%。（一）指导疫情期间全市招商，下发《关于积极应对新冠肺炎疫情加强投资促进工作的通知》，推出一批网上洽谈、线上协调、在线签约等不见面招商举措。（二）举办一批高质量签约推介活动。3月31日，举办市重大产业项目签约活动，总投资4418亿元的152个重大产业项目集中签约。会同专业处室开展集成电路、航空航天、生物医药、智能制造、人工智能、新材料等特色产业园区集中招商活动。（三）利用进博会平台开展全方位精准招商。会同各区投促部门，在进博会期间举办各类投资推介活动超过50场，实现参展商对接服务全覆盖，共签约落地项目134个，总投资约62亿美元，锁定有投资意向企业429家。

**三、加强信息统筹**

（一）打造资源池、招商链、项目库“三位一体”的全市招商引资线上平台，建设招商辅助决策系统打通招商链。形成“重点产业链图谱、目标企业画像、目标企业招商图谱”。（二）升级全市重大产业项目大数据平台。实时链接发改委备案库、完善招商项目甘特图、建设归档项目库，目前入库招商项目2366个，在建项目2635个，其中10亿以上在谈项目213个。（三）编制全市招商引资资料集。编制《全球投资动态》，对全球行业龙头企业新布局动向、新业务板块、新收购并购进行统计，及时掌握投资信息动态；编制《全市招商信息报送排名》《全市企业跨区迁移排名》。

**四、加强政策统筹**

（一）印发《关于加快特色产业园区建设促进产业投资的若干政策措施》，从规划、土地、金融、服务等环节，精准供给投资促进政策。（二）突破重大产业项目落户限制，配合市人社局突破重大产业项目落户限制，对各区新引进的重点项目，给予特殊人才直接落户。杨浦区、奉贤区、青浦区、崇明区等区已发布引进人才公示。（三）突破非户籍人才购房政策，会同市房管局解决非上海户籍人才购房问题，该政策已在全市推广。（四）编制《重大产业项目招商引资工作指引》，包括重大产业项目首谈报备制度、市级主谈制度、信息共享制度、跨区布局统筹制度、协调推进制度等，制定项目信息共享、跨区布局积分制等配套措施。

（赵广君）

# 工业品牌建设情况

2020年，面对世界经济形势低迷、国内经济增速放缓等严峻经济形势，上海市深刻领会和认真贯彻习近平总书记在上海提出的“三大任务”“四大功能”等重要讲话指示批示精神，牢固树立新发展理念，按照中共中央关于推动高质量发展、创造高品质生活的战略要求和中共上海市委、市政府关于全力打响上海“四大品牌”的具体部署，深入推进供给侧结构性改革，实施制造强国、网络强国战略，充分依托自贸试验区改革开放优势及科技创新中心建设创新引领作用，积极开展增品种、提品质、创品牌“三品”专项行动，在原材料、消费品和装备制造等方面认真开展品牌建设和质量提升工作，全力打响“上海制造”品牌，努力实现技术更先进、产品更高端、品牌更响亮目标。

**一、精准施策，打响“上海制造”品牌**

深刻领会习近平总书记关于上海城市核心功能的精辟论断，更加精准施策推动经济高质量发展，把强化全球资源配置、科技创新策源、高端产业引领、开放枢纽门户“四大功能”作为做好上海经济工作的突破口和重要发力点。加强顶层设计，注重谋篇布局，促进经济脱虚向实、高质量发展。

（一）创新发展“上海制造”品牌

充分发挥集成电路、人工智能、生物医药等三大产业的引领作用，提出要加快四大高端产业集群转型发展，积极打造硬核科技、数字赋能、健康时尚、绿色生态等四大高端产业集群新势能，不断适应以信息、生物等新科技革命将催生大量新产业兴起；以制造和服务融合等新生产方式将衍生大量新产业发展；以智能、健康等新需求引领将拉动大量新产业崛起等产业发展大趋势。尤其是围绕汽车制造、电子信息等世界级产业集群的培育和打造，坚持“求新、求特、求先、求解”不动摇的精神，全面提升中国品牌核心竞争力。

（二）系列发布上海产业政策

推进实施《关于建设人工智能上海高地构建一流新生态的行动方案（2019—2021年）》《上海市智能制造行动计划（2019—2021年）》《上海5G产业发展和应用创新三年行动计划（2019—2021年）》等，大力推进5G、智慧赋能产业发展。尽全力将上海打造成为全国智能制造应用新高地、核心技术策源地和系统解决方案输出地，推动长三角智能制造协同发展。

（三）品牌助力复工复产

1．全力保障防疫物资供应。在“上海市企业服务云”开设防护物资对接通道，帮助2万余家企业购买近700万只/片口罩（垫），为数百家企业对接消杀用品、护目镜等物资。推动国内首款可循环用N95级别口罩从创意设计到量产上市，以1顶20，有效缓解口罩荒，同时冲上微博热搜第一，半天阅读量超1.1亿。

2．举办上海制造佳品汇，包括一场集中发布活动，以及化妆品、纺织服装、食品和设计新品四大板块共计超过150场重点活动，再次掀起“上海制造·上海品牌”消费新高潮，助力时尚消费品企业复工复产。

3．举办11直播月上海制造品牌在线购活动，包括“上”“海”“品”“牌”四大主题活动，超百场线上线下促销折扣，发挥消费新动能。

（四）着力发展实体经济

贯彻落实国务院推动经济高质量发展等一系列战略举措，推动供给侧结构性改革，大力振兴实体经济，促进经济脱虚向实、高质量发展。

1．强化为实体经济服务

落实推进《关于推进上海美丽健康产业发展的若干意见》（沪府发〔2017〕67号）。美丽健康产业涵盖日用化学、绿色食品、生物保健、运动装备、智能穿戴、时尚创意、健康管理等行业，着力构建“3+X”美丽健康产业体系。到2025年，上海将初步建成集研发设计、智能制造、检验检测、展示体验及交易功能为一体的美丽健康全产业链平台，上海美丽健康产业全产业形成千亿元产业能级。

2．促进产业链协同发展

考虑土地等资源的有限，落实《关于开展资源利用效率评价工作的指导意见》。充分考量产业链、供应链、价值链的补链和贯通，积极探索跨区域共建、集群化发展。“G60科创走廊”实体化运作，松江区在安徽宣城合作成立“宣州松江产业园”。青浦区、昆山、吴江、嘉善按照已签署环淀山湖战略协同区一体化发展合作备忘录和多个专项协议，推进未来3年的对接事项。嘉定区、昆山、太仓打造协同创新核心圈，将建立嘉昆太产业链创新联盟、嘉昆太科创产业园。嘉定区和温州市共同设立位于嘉定的“科技创新（研发）园”和位于温州的“先进制造业深度融合发展示范区（嘉定工业区温州园）”。

**二、提质增效，深化“三品”专项行动**

深化增品种、提品质、创品牌“三品”专项行动，从供给侧入手，为经济发展注入新活力、凸显新张力、形成新动能，不断提升上海制造竞争力。

（一）设计赋能提质增效

举办上海“设计之都”10 周年主题活动，邀请吴光辉、柳冠中、王澍、王受之、张磊、CharlesHayes 等大批设计界泰斗；发布国际设计学院联盟、前沿设计创新奖、长三角工业设计产业联盟、上海创新创意设计研究院等一批优质项目；围绕市民美好生活，举办 10 周年成果回顾配套展。3 天活动期内，有超过 9 万人观看视频直播，超过 5 万人观看图片直播，主流媒体和网络媒体合计发稿 500 余篇，阅读量超过 1200 万人次。首次开展上海“设计 100+”评选工作，征集上海市各领域 2019 年度各类优秀设计成果 100 项，投票系统访问量总计达 2060 万人次，充分体现设计在赋能产业、点亮生活、服务城市、洞见未来等领域的引领作用。精挑细选一批代表上海设计高水平的优秀作品参展，克服疫情等影响，参加第四届中国工业设计博览会（武汉），得到工信部领导及业内的高度肯定，进一步巩固和推介上海设计力量。

（二）创新创意提升供给水平

开展市级文创园区、文创楼宇和文创空间新一轮评审工作，加强对锦和、德必文创园区上市过程中的指导和服务，锦和成为文创园区主板上市第一股，德必创业板审核过会。优化文创资金申报和项目管理系统、上线新版市文创办门户网站、启用文创园区申报信息系统、发布文创园区产业地图，并实现所有信息平台的集成，提高服务企业效率，降低企业办事成本。

（三）加强品牌培育体系贯标

按照工信部《品牌培育管理体系实施指南／评价指南》和上海市品牌培育试点示范工作要求，坚持“体系化、社会化、专业化”原则，帮助本土企业学习如何做品牌、创名牌，受到企业广泛认同和欢迎。推进 300 家企业参加品牌培育试点工作，举行上海市品牌培育示范企业授牌仪式暨品牌创新论坛，为 36 家新认定的市级示范企业授牌。

**三、提升价值，大力推进品牌经济发展**

凝聚政府、社会、市场、企业诸方合力，不断优化营商环境，全力推进品牌经济发展。鼓励企业加强品牌建设、增强品牌意识、开展市级品牌培育试点示范工作。加强园区品牌建设、发挥社会作用，提高全社会参与的上海城市品牌、园区集群品牌的知名度和美誉度。

（一）集聚各方力量形成协同效应

贯彻落实《国务院办公厅关于发挥品牌引领作用推动供需结构升级的意见》（国办发〔2016〕44 号）、《关于全力打响上海“四大品牌”率先推动高质量发展的若干意见》（沪委发〔2018〕8 号）以及《本市贯彻〈国务院办公厅关于发挥品牌引领作用推动供需结构升级的意见〉的实施办法》（沪府办发〔2016〕38 号），积极推进本市品牌经济发展，深化供给侧结构性改革。

（二）加强产业集群区域品牌建设

推进产业基群区域品牌建设。充分发挥社会组织力量，开展园区品牌推选活动，按照规定程序，共有金桥经济技术开发区等 16 家入选上海品牌示范园区、漕河泾综合保税区等 23 家入选上海品牌园区、卓维 700 文创园等 26 家入选上海品牌特色园区，还有上海化学工业经济技术开发区党委书记、总经理等 6 人入选上海品牌园区优秀掌门人。出台促进资源高效率配置推动产业高质量发展若干意见，依托“3+5+X”重点区域统筹布局新兴产业。推动临港、漕河泾、张江、化工区、国际汽车城打造世界级品牌园区，优化增量、盘活存量、激活流量，建设一批绿色示范园区；集中力量推动土地的二次开发、腾笼换鸟，加快吴泾、高桥、南大、吴淞、桃浦等五个重点区域整体转型升级；全力打造汽车、电子信息两个世界级产业集群，积极培育民用航空、生物医药、高端装备、绿色化工等 4 个世界级产业集群。

（三）举办中国品牌经济论坛等重大会展活动

举办第六届中国品牌经济（上海）论坛，在线新经济企业与先进制造业企业和老品牌企业共话“经济双循环、品牌新站位”。市品牌所首发“2020 年外滩·长三角品牌创新价值榜（TOP100）”和“2020 年外滩·上海品牌创新价值榜（TOP50）”。其中，上海有 11 家企业进入全国百强，成为百强榜最为密集的区域之一，上海汽车、老凤祥等表现突出，进步明显。上海市质量协会举办第八届全国品牌故事大赛（上海赛区）暨 2020 年上海市质量品牌故事比赛活动，取得较好反响。

（刘晶明）

# 2020 世界人工智能大会情况

2020 年 7 月 9 日—11 日，2020 世界人工智能大会云端峰会在上海成功举办。大会深入贯彻习近平总书记重要讲话精神和党中央决策部署，抓住新一代人工智能发展新机遇，将人工智能的发展作为推动疫情后经济社会发展的新动能，充分发挥上海人工智能技术创新和应用优势，精心筹备、有力组织，线上、线下融合“云端”办会、“数字”办展，向全球展现上海统筹疫情防控和经济社会发展的显著成效，推动人工智能赋能城市高效率运行、经济高质量发展、人民高品质生活，表明上海坚定不移建设人工智能高地的信心和决心，在海内外业界和全社会引起广泛关注和广大影响。

**一、坚持高端定位，办成世界行业一流盛会**

中共中央、国务院要求统筹抓好常态化疫情防控和经济社会发展。习近平总书记提出“人民城市人民建，人民城市为人民”重要理念，指出人工智能发展应用将有力提高经济社会发展智能化水平，有效增强公共服务和城市管理能力。中共上海市委书记李强在大会开幕式上致辞，指出上海要成为国内大循环的中心节点、国内国际双循环的战略链接，人工智能是重要载体，上海将深入贯彻落实习近平总书记重要指示精神，着力打造链接协同创新的开放平台、链接产业发展的赋能平台、链接城市治理的智慧平台、链接美好生活的服务平台，与海内外朋友携手合作，共同开拓人工智能发展美好前景。市长龚正主持大会开幕式，指出上海把人工智能作为优先战略选择，将加快培育更多的智能经济新模式、新业态，为培育发展新动能提供上海示范。工业和信息化部部长苗圩、联合国工业发展组织总干事李勇、国际电信联盟秘书长赵厚麟等通过视频致辞。瑞士、韩国、芬兰、德国、新加坡、阿联酋等国相关城市和机构代表通过视频发表致辞。市四套班子 23 位领导参加多场会议致辞及外事活动。

面对疫情特殊背景，本届大会以“智联世界共同家园”为主题，首次采用“云峰会”模式，实现“百台同播、千网同发、亿人同观”目标，与国内同类型、同规格会议相比，传播范围最广、搜索热度最高、境外活动最多，成为联结全球人工智能发展最具影响力的专业化、国际化高端平台。

**二、集聚嘉宾强阵容，荟萃学界业界共同智慧**

大会累计举办 1 场开幕式、2 场全体会议、11 场主题论坛、20 多场行业论坛、20 多场特色活动，共邀请演讲嘉宾 550 余位。结合“云演讲”形式，本届大会嘉宾数量更多，层次更高。学术大咖展望前沿理论，中国唯一图灵奖得主姚期智、深度学习创始人之一 Yoshua Bengio、计算复杂性理论奠基人 Manual Blum、“贝叶斯网络之父”Judea Pearl 等 7 位图灵奖得主（比上年增加 5 位），诺贝尔经济学奖得主 Thomas Sargent，梅宏、高文、张钹、沈向洋、王坚等 62 位中外顶级院士、200 余位领军学者参会，就第三代人工智能、神经网络研究新视角、深度学习理论基础、有意识的人工智能、多学科交叉融合等前沿议题展开讨论，解读最新学术成果。大会期间还召开多场院士专家闭门会议，促进专业交流合作。产业领袖共议行业大势，大会首日 CEO 级演讲嘉宾 32 位，比上年翻一番。“三马”“二宏”齐聚，引发业界热烈讨论。BAT、科大讯飞、华为，以及特斯拉、SAP、高通、微软、苹果、IBM 等国内外龙头企业领袖，上汽、中移动、汉堡港等传统行业企业代表，提出“传统行业 +AI”将在下一阶段带来更大价值红利。清华大学朱民、华山医院张文宏等社会知名人士参会，研讨后疫情时代经济社会发展新趋势。行业新锐畅想未来变革，Bilibili、UiPath、商汤、依图、云从、明略等 55 位高成长创新性企业负责人参会，探讨经济智能化时代智能驾驶、智能芯片等新兴领域发展前景，以及算力基础、应用场景建设路径。大会期间还发布 27 份世界（区域）发展报告和倡议，包括中国 AI 青年科学家 Nature 论文、联合国工业发展组织首个工业智能开放创新生态倡议等。

**三、塑造云端参会优体验，树立办会办展创新标杆**

在有力防控疫情的背景下，本届大会跨越大洲、汇聚云端，众多“首创”亮点纷呈，对于亟待复苏的疫后经济社会发展，是一次提振信心的亮相，天津、重庆、江西等兄弟省市纷纷联系前来学习取经。

（一）强化最新智能技术应用。用 AI 技术办 AI 大会，与华为、商汤、腾讯、微软等头部企业深度合作，推出全球首次大会真人全息投影演讲、首场实时 3D 云嘉宾体验，运用 5G、VR/AR 等最新技术，结合云上会议全球分布式架构，打造“云 + 端 + 网 + 屏”沉浸式视真体验。市网安总队公司、CN_CERT 上海中心、安恒等企业运用网络智能攻防最新技术，共拦截 21 万余次网络攻击，成功保障网络安全。

（二）展现专业机构办会实力。第一财经推出首个 3 × 24 小时云上直播间，播放量达 9800 万，组织多家企业探营 VCR，通过 5G+4K/8K 高清网络面向全球实时直播；策划多场“洲际连线”，打破时空限制，链接亚美欧等各界人士。东浩兰生搭建首个纯 3D 虚拟环境展区“AI 家园”，以上海为蓝本，设置 AI 先导区、AI+ 教育、AI+ 医疗、AI+ 工业等 9 大板块，开展在线云会议、云商洽、云展示。

（三）突出首发首秀引领行业发展。在前两批 30 个应用场景基础上，发布申通地铁、华东无人机基地、张江科学城等世界级场景，以及新一批 11 个应用场景面向全球招标。地平线征程 2、燧原科技云端芯片等 16 款最新 AI 芯片亮相，上海 Top100 AI 企业展示亮点产品和解决方案。

（四）落实疫情防控要求，做好嘉宾服务保障。制订新冠疫情防控预案，做好各类应急防疫情况处置的准备，防范化解安全风险。对来沪参会的重要嘉宾，面向航班服务、商务考察、投资洽谈的需求，制订一对一个性化接待方案，协调落实核酸检测、防疫隔离等事项。

**四、搭建融通交流大平台，服务各类创新创业人才**

大会围绕服务全产业人才，举办丰富多彩各类活动。面向企业家，特别策划“AI 夜话”活动，邀请行业领军企业、独角兽企业、产业部门负责人等 15 位政企嘉宾同台，聚焦人工智能新浪潮、新基建等话题深入对话，探讨政策建议。面向投资人，策划投融资论坛和议题，搭建“上海 AI 会客厅”，黑石、红杉、中金、高瓴、武岳峰等30多位顶级基金投资人参与讨论；设置线上“投资俱乐部”，26家投资机构出展，100余个国际创新项目线上路演。面向国际人才，打造云端招聘平台，全球知名科技企业超过550个工作岗位在线发布，利用AI技术在线面试与测评。面向广大开发者，全新升级开发者日活动，突出开源开放，创新设置开发者Demo Day等活动，推动硬核技术实践落地。面向“90后”“00后”等年轻受众，推出全球首支人工智能作曲、四大虚拟偶像合唱演绎的MV《智联家园》，培养人工智能技术赋能美好生活的广泛认同。

**五、传播行业发展强声音，塑造国内国际权威影响**

大会构建大众媒体、专业媒体、外宣媒体、自媒体、户外媒体以及大会官方媒体等组成的传播矩阵，有效抓住宣传节点，精准宣传，形成涟漪传播效应。大会传播度再创纪录。大会各类活动66项内容上网，海内外媒体注册303家，逆势增长35%；131家广电媒体和流量平台播出大会盛况，辐射1200余家网络与自媒体，截至7月11日24时，观看者已突破2.5亿人次；线上“3DAI家园展”来自13个国家和地区、超过150家企业参展，外企参展率达25%，超过242万人次观展。网友大V、名人微博等相关话题阅播量超过3亿。国内权威媒体广泛报道。中国政府官网、《人民日报》头版专题报道上海AI发展成效；新华社连推10余篇大会成果热门文章，单篇阅读量突破120万；新闻联播月内3次播报，“学习强国”、新华网、人民网等网站、自媒体等报道共计13万余篇。国际影响力再攀高峰。彭博社、路透社、美国雅虎、日本共同社等知名海外平台广泛报道，让世界更有“AI”引发热议。联合国工发组织专题报道，充分肯定大会促进全球投资和技术合作重要作用。微软等人工智能龙头企业报道参会情况，AI Thority等海外专业媒体深度聚焦大会观点。大会在韩国、新加坡、德国等地召开3场海外站活动，得到当地广泛关注支持。

**六、各领域创新奖链接“全球创意”，加速原创成果转化**

大会面向世界顶尖科学家、企业家、开发者、青少年、女性菁英等不同主体，设置八大类AI创新大奖，成为加速创新成果转化、引领行业进步的重要“风向标”。SAIL奖目标瞄准全球人工智能行业“奥斯卡”，来自全球的800余个优质项目参评，海外比例超过10%，均创历年新高；IBM、联影、百度、卡内基梅隆大学和清华大学摘得桂冠。评审专家、业内专家一致认为，SAIL奖已经成为观察全球人工智能技术、产业发展走向的重要窗口。AIWIN大赛凝聚AI生态，聚焦产业应用真实场景，吸引头部型、创新型企业和高校科研院所共1472个项目团队参赛，亮相优质创新企业、加速优秀人才成长。行业奖挖掘AI领域的奔涌“后浪”，全球青年才俊角逐10篇AI顶尖“青年优秀论文”，100支年轻团队争冠“开发者日黑客马拉松”，“上海市巾帼创新奖”汇聚“她”智慧绽放创新之花，一批华人青年技术人才勇夺“人工智能杰出技术青年人才云帆奖”，为上海以及全球AI发展培养更多后起之秀。工业智能领域“湛卢奖”、全球区块链创新50强等成为业内明星榜单。

**七、招商平台载体链接“全球资源”，大力促进优质项目落地**

大会已打响人工智能“上海品牌”，树立“平台招商”标杆。着力增强产业吸引力。大会期间，李强书记会晤SAP、百度负责人，畅谈SAP公有云、百度飞桨和自动驾驶研发中心等产业项目合作；龚正市长与中国电信、中智行、地平线、优必选等企业负责人洽谈，积极促进中国电信智能驾驶攻关项目、地平线总部项目和优必选教育板块上市主体项目投资落地；吴清副市长会见腾讯、京东、阿斯利康等企业，力促微软小冰分拆等项目落地。着力提高产业竞争力。36个人工智能产业项目签约落户，项目总投资超过300亿元，包括华为“鲲鹏+昇腾”生态创新中心、华复长三角智能医疗产业谷等14个产业生态类项目，达闼科技全球总部、中智行车路协同应用等15个新兴产业类项目，壁仞科技芯片、紫光云等7个产业基础类项目。

**八、全链条链接“全球要素”，加快凝聚发展合力**

着力构建“政产学研用金服”全要素联通，“创新链、产业链、数据链”全链条畅通的一流创新生态。推动产融深度融合。上海人工智能产业投资基金完成首期募集，与上交所共建“科创板AI产业工作站”，大会期间签约首批8个明星投资项目。推动产学研联合攻关。上海人工智能实验室正式揭牌，加快战略性前瞻科学研究与关键核心技术攻关；“物质转化制造过程智能优化调控机制”基础科学中心，开展新一代人工智能技术与流程制造深度融合研究。推动国际国内双向循环。徐汇西岸AI Tower揭幕，面向全球招商，重点建设国际人工智能总部基地；张江人工智能赋能中心、红杉数字智能产业孵化中心揭牌成立，吸引集聚全球AI创新企业；上海白玉兰开源开放研究院以开源社区平台为牵引，推动人工智能领域开源软件的国际规则互认；上海人工智能行业协会揭牌成立，将进一步服务行业、加强国际合作交流，打造上海人工智能国际品牌。

（郑　直）

# 人工智能产业发展情况

2020年，上海人工智能作为重点发展的三大先导产业之一，克服新冠疫情带来的不利影响，危中迎机，逆势增长。产业规模持续扩大，重大创新成果涌现，应用赋能价值凸显，行业生态进一步完善。人工智能“上海方案”获批实施，国家新一代人工智能创新发展试验区、创新应用先导区建设稳步推进，2020世界人工智能大会云端峰会成功举办，品牌知名度进一步打响。上海人工智能产业的发展成绩为“十四五”期间建成人工智能“上海高地”，打造世界级产业集群奠定了良好基础。

**一、优势企业协同发展，产业规模持续扩大**

截至2020年，上海人工智能重点企业1149家，全年规模以上产业规模超过2000亿元，比2019年增长30%以上，其中一季度326亿元，二季度546亿元，三季度669亿元，行业复苏态势明显。

（一）产业链优势企业协同发展。微软、亚马逊、阿里、腾讯、百度等平台型龙头企业纷纷在围绕产业生态在沪布局；商汤、依图、深兰等技术类企业不断取得突破性创新成果，推进重大项目；寒武纪、平头哥、天数智芯、燧原、禾赛等基础类企业致力于研发高端智能芯片、传感器，突破关键环节“卡脖子”问题；达闼、钛米、高仙等产品类企业持续推出智能机器人、智能终端新产品，进一步拓展市场空间；明略、联影智能、达观、氪信、趣头条、极链、乂学等应用类企业深耕商贸、医疗、金融、文娱、教育等垂直领域，提升人工智能赋能价值。

（二）招商引资成果丰硕。在2020世界人工智能大会上，36个人工智能产业项目签约落户，项目总投资超过300亿元，包括华为“鲲鹏＋昇腾”生态创新中心、华复长三角智能医疗产业谷等14个产业生态类项目，达闼科技全球总部、中智行车路协同应用等15个新兴产业类项目，壁仞科技芯片、紫光云等7个产业基础类项目。此外，腾讯长三角AI超算中心、美的集团第二总部项目及人工智能研发中心、北杨人工智能小镇、天数智芯AI芯片、银河水滴计算机视觉等项目完成签约。

（三）产业空间格局初步形成。浦东张江“智能产业＋科创”融合发展，人工智能岛已成为国内行业地标，正推动由岛扩区。徐汇西岸国际人工智能中心正式启用，吸引国际顶尖企业和科研机构入驻。闵行马桥人工智能创新试验区以特色主导产业推动区域整体开发，创建“智生产、智生活、智生态”的产城共生家园，“达闼智能机器人产业基地”等重大项目开工。临港新片区积极探索前沿产业集聚和政策制度创新，地平线、寒武纪等一批领军企业落户，商汤人工智能计算与赋能平台项目建设推进，智能网联汽车综合测试稳步开展。此外，市北高新、长阳创谷、虹桥智谷等特色园区加快建设，华东无人机基地等区域产业正集聚发展。

**二、创新体系建设完善，重大项目实施推进**

（一）创新平台集群初步形成。上海人工智能实验室、上海期智研究院、上海白玉兰开源开放研究院等揭牌运作，中科院计算所处理器技术创新中心落地。第二批市级人工智能创新中心揭牌，围绕产业赋能和集成应用两大方向，依托微软－仪电创新院、电科所、联影智能、工商银行、建信金科、中国商飞等领军企业，在人工智能基础共性技术、智能机器人、AI+医疗、AI+金融、AI+制造等重点领域进行突破。

（二）重大创新项目加快推进。商汤“新一代人工智能计算与赋能平台”项目于临港奠基，总投资60亿元，已完成主体建筑封顶。依图“基于异构运算处理器芯片组的通用融合计算云平台”项目总投资20亿元，天数智芯7纳米通用GPU芯片流片成功，有望突破智能芯片领域“卡脖子”问题。国家创新应用先导区的应用场景公共服务平台项目获工信部立项支持。在科技部首批33个国家新一代人工智能2030重大项目中，上海3家单位牵头承担4个，承担项目数仅次于北京，排名全国第二。西井“智慧港口无人驾驶平台”、云从“人机协同智能操作系统”、扩博“基于计算机视觉的机器人全自动检测平台”等获市级战新重大项目支持。同济大学、上海交大、复旦大学围绕自主智能系统、机器智能、三元群智智能等方向，开展市级科技重大专项攻关。

**三、应用赋能百花齐放，示范推广成效显著**

（一）打造示范性应用场景。洋山港—东海大桥—芦潮中心站海铁联运、张江人工智能岛智慧园区等综合性应用场景持续建设，申通地铁、华东无人机基地、张江科学城等重量级场景发布，11项第三批人工智能应用场景需求开放，促进人工智能在制造、金融、交通、商贸、文旅等领域应用。此外，在抗疫期间，建设上海市公共卫生临床中心、上海市东方医院援鄂医疗队两个人工智能应用场景，一批上海人工智能产品投入疫情防控一线，取得良好成效。

（二）全国人工智能“揭榜挂帅”赛道建设推进。围绕智能网联汽车、医疗影像辅助诊断、视觉图像身份识别、智能传感器等4条赛道，开展测评工作，梳理一批行业标准成果和政策瓶颈。2020年2月，国务院批复在上海设立长三角医疗器械评审中心，重点推动AI+医疗落地推广进程。《上海道路交通自动驾驶开放测试场景管理办法》出台，智能网联汽车已累计开放测试道路530.57千米，向20家企业颁发道路测试和示范应用牌照119张，企业数、牌照数均居全国首位，整体发展水平领先全国。

**四、行业资源汇聚融合，形成健康发展生态**

（一）多层级人才队伍加快建设。在人才引进方面，将人工智能领域纳入人才引进重点支持领域范围，重点用人单位符合条件的核心业务骨干可直接落户。通过留学人员直接落户政策和“浦江人才计划”，对海归人才提供政策和资金支持。在人才培养方面，开展2020年度工程系列人工智能专业高级职称认定工作，本年度共有70人获得正、副高级职称；加强人工智能领域专业技术人才培养，依托上海交大、同济大学建立人工智能平台基地，依托仪电集团、计算技术研究所、上海电科所建设人工智能专业继续教育基地。依托大型企业、集团公司、产业园区和行业协会，启动开展人工智能产业领域高技能人才培养基地建设工作。

（二）资金保障进一步完善。通过市级战略性新兴产业专项、人工智能创新发展专项、科技创新行动人工智能专项等资金渠道，支持多批AI技术创新和应用项目。上海人工智能产业投资基金完成首期募集，与上交所共建“科创板AI产业工作站”。优刻得、澜起等企业科创板上市，市值规模超过千亿元。

（三）行业组织工作体系建立。在人工智能发展联盟的基础上，成立人工智能行业协会，开展资源对接、人才培训、行业研究等工作。形成人工智能产业专项统计调查制度，完善人工智能企业库，跟进一批新生代人工智能潜力企业运行情况，在科创板上市、企业融资、应用场景对接等方面予以积极支持。

（四）人工智能治理体系初步形成。国家人工智能试验区专委会治理工作组成立，积极参与全球人工智能治理问题研究与交流，开展人工智能治理方面的政策体系、伦理规范和技术标准研究。人工智能治理国际交流活跃，借助于世界人工智能大会平台，持续举办法治、安全、治理等论坛，发布《人工智能安全发展上海倡议》《人工智能安全与法治导则》《世界人工智能法治蓝皮书》等报告。人工智能地方立法加快探索，瞄准人工智能最核心的数据安全问题开展人工智能数据安全立法调研，开展可信人工智能研究，探索各类主体协同治理的长效机制。

**五、云端峰会成功举办，树立国际品牌标杆**

2020世界人工智能大会首次采用“云峰会”模式，以“智联世界共同家园”为主题，实现“百台同播、千网同发、亿人同观”目标。本次大会累计举办1场开幕式、2场全体会议、11场主题论坛、20多场行业论坛、20多场特色活动，共邀请演讲嘉宾550余位，众多“首创”亮点纷呈，对于疫后经济社会发展，起到了提振信心的作用。大会各类活动66项内容网上展示，海内外媒体注册303家，观看者突破2.5亿人次；线上“3DAI家园展”来自13个国家和地区、超过150家企业参展，超过242万人次观展。与国内同类型、同规格会议相比，本届大会传播范围最广、搜索热度最高、境外活动最多。

经过3年发展，大会已同上海人工智能产业发展形成循环联动。大会成为引进产业项目的“会客厅”。通过大会吸引凝聚的重量级演讲嘉宾、重要合作伙伴、战略咨询专家委委员已先后为上海带来了20多个重要合作项目，成为招商引资的重要门户。大会成为展示产业成果的“大舞台”。3年来，上海多项重要政策在大会上发布，10多个重要平台揭牌，一大批优秀企业和成果通过大会平台走向国内外市场。大会成为优化创新生态的“百花园”。大会上，有联动投资人的“投资俱乐部”，有集聚创新者的“开发者日”，有吸引海内外人才的AI云端招聘，有打造国际合作平台的“国际日”，有汇集全球成果的SAIL奖，为上海构建一流创新生态打下重要基础。

2021年，上海将进一步贯彻落实人工智能“上海方案”，以重点政策创新推动规划大布局，以重大招商项目打造产业大集群，以人工智能大会带动行业大生态，着力打造链接协同创新的开放平台、链接产业发展的赋能平台、链接城市治理的智慧平台、链接美好生活的服务平台，全面赋能城市数字化转型，加快向人工智能“上海高地”迈进。

（郑 直）

# 机器人产业发展情况

2020年，机器人产业已成为上海推进科技创新、发展智能制造、巩固实体经济的重要支柱。9月，《上海市建设100+智能工厂行动方案（2020—2022年）》发布，提出3年新增机器人应用1万台，进一步拉动工业机器人产量、质量双提升。

全年工业机器人产量约5.3万台，占全国规模1/4。国际机器人“四大家族”均在沪设立中国总部或机器人总部，国内机器人领军企业新松、新时达、科大智能等不断发展壮大。服务机器人，一大批细分领域的瞪羚企业快速成长，如小i、达闼、高仙、钛米等，正在崛起为新一代的产业生力军，带动智慧医疗、智慧商业、智能家居等应用场景加速落地，并为上海抗击新冠疫情作出突出贡献。上海机器人产业初步形成“3+X”的空间布局，“3”是指宝山区、嘉定区以及浦东新区，“X”是指分布于全上海的多个产业园。

机器人在上海电子通信、汽车和高端装备等行业深度推广应用。2020年，全市重点企业机器人密度为383台／万人，远高于全国行业平均140台／万人，其中汽车和电子设备制造领域机器人密度已达到发达国家水平。

**一、工业机器人**

（一）国际巨头方面。上海发那科机器人有限公司、上海ABB工程有限公司、库卡机器人（上海）有限公司、安川电机（中国）有限公司分别是国际机器人“四大家族”在上海设立的集研发、生产或总部等功能的实体子公司，占全市机器人产量超2/3。年内，发那科、ABB在沪持续追加投资布局，各自的新机器人超级工厂都处于建设阶段。

发那科是国际工业机器人“四大家族”之一，市场占有率排名全球第一。为进一步拓展中国市场，发那科与上海电气合作成立上海发那科机器人有限公司，企业总部注册地位于宝山区富联路1500号。12月，发那科机器人三期项目在宝山机器人产业园开工，计划投资10亿元建设一个新的生产、研发、展示、销售和系统集成中心及服务总部，建设一座中国最大、最先进机器人智能工厂，预计2023年投产。

（二）本土龙头方面。上海新时达、中科新松、沃迪、节卡、快仓、等企业已具备核心技术自主开发和多场景应用能力，由于技术积累、专利和人才的缘故，国产机器人本体企业与国际“四大家族”竞争时，在资质、品牌和资本方面均处于弱势竞争地位，国产工业机器人多集中于中低端应用领域。应用于汽车制造、焊接等高端行业领域的六轴或以上高端工业机器人市场，过去主要被日本和欧美企业占据，近年来国内企业市场份额在逐步爬坡中。此外，上海电器科学研究所作为国家机器人检测与评定中心总部承建单位，搭建国家级机器人产业标准化工作，打造提升产品质量的重要平台。

上海新时达机器人有限公司作为一家系统集成和本体制造均具备核心竞争力的企业，在3C、白电、汽车零部件、食品饮料、金属加工、军民融合等行业提供解决方案，掌握焊接、切割、分拣、装配、上下料、打磨抛光、搬运码垛等多种工艺，同时还掌握机器人专用控制器、伺服驱动器、系统软件等核心技术，成为中国国产高品质机器人品牌的标杆。12月22日，新时达全新机器人工厂投产，工厂总投资6.9亿元，具有年产能六轴工业机器人万台（套）以及机器人柔性工作站500套生产能力。

**二、服务机器人**

2020年，上海服务机器人大幅井喷，领域龙头企业有达闼、爱餐、擎朗、微创、观谷、邦邦、钛米、高仙机器人等，应用场景已扩散到教育、餐饮、医疗、清洁、安防等诸多应用场景。弗莱威、钛米机器人产品获得上海市2020年高端智能装备首台（套）突破专项认定与支持。

（一）餐饮领域。上海爱餐机器人研制的味霸炒菜机器人既能提供自动炒菜功能，也能在机器上实现点菜扫码支付，可在酒店、社区和家庭等多种场景下应用。擎朗提供的送餐机器人可以在酒店实现无接触配送、多点送餐、多机协作，在餐饮服务方面实现了业务的深度融合。

（二）医疗领域。上海电气集团、傅里叶智能、上海微创等知名企业开发的康复机器人、手术机器人等品牌强势崛起，上海电气集团旗下的智能康复医疗公司两款康复机器人产品在华山医院等多家医院完成了临床研究；上海微创推出腔镜、关节置换、血管介入等系列手术机器人产品。观谷科技、钛米、高仙、穿山甲等研制的机器人分别围绕各种环境下的医护、清洁、消毒、转运、测温等诸多场景需求提供服务。

（三）清洁领域。上海高仙自主研制的服务机器人，结合其自主定位导航技术，广泛用于商用清洁、安防巡检、楼宇配送。

（四）商业领域。达闼配送机器人具备导航避障和环境监测功能，实现自主避障、自主规划路径，自主完成运送餐食、物品、酒水、药品等任务，还可自主搭乘电梯，实现多楼层送餐／物。

新冠疫情爆发后，小i机器人在第一时间为浦东联洋社区免费提供智能防疫外呼机器人，大大缓解社区繁重的筛查工作量；达闼机器人为武汉协和医院、上海市第六人民医院等捐赠多款云端智能机器人，提供咨询导诊、送药送餐、清洁消毒等多种服务功能；高仙机器人主动为医院提供免费的清洁机器人自动消毒服务，整个疫情期间投入总价值超300万元的设备到疫区中心。还有科沃斯机器人、钛米机器人、爱餐机器人、方立数码科技等企业都通过各自的方式，捐献大量的防疫物资与机器人产品服务，为全国抗疫工作做出不可磨灭的贡献。

达闼科技是全球首家云端机器人运营商，创立于2015年，围绕“机器人服务于人、达闼服务机器人”的战略愿景，专注于云端机器人技术的研究与开发，致力于打造电信运营商级别的大型融合智能机器学习和运营平台，为全球的医疗、教育、地产、零售、智慧城市等行业提供云端机器人、人工智能和安全云网产品和服务。达闼科技在云计算、人工智能、人机融合智能、网络安全、区块链、云端智能控制终端、智能柔性执行器等方面拥有深厚的技术积累，在自然语言处理、机器视觉、室内导航等人工智能关键技术领域处于业界领先地位。3月，达闼智能机器人产业基地在闵行区开工。5月，达闼科技机器人在上海信息消费云峰汇上，荣获上海副市长吴清直播带货。7月，达闼科技全球总部落地上海。截至年底，达闼科技已经拥有近1801项专利申请，在云端机器人领域专利数全球第一。

上海钛米机器人股份有限公司是国内首家针对智慧医疗场景提供智能机器人解决方案的高新技术企业。钛米机器人以医疗机器人为载体，打造医疗智慧化系统，涵盖手术室药品，耗材，器械管理、病房护理和院感管理等领域，为医院提高决策监管效率，为病人提升就医体验，降低医疗成本，为医护人员降低职业伤害。随着AI技术、芯片技术、5G技术的不断发展，钛米医疗机器人产品线不断丰富、完整。目前，钛米的数百台，近10款医疗机器人产品已经应用到国内近300家大型三甲医院。钛米作为医疗机器人行业的领军者，通过将机器人技术与医疗业务深度融合，正不断助力智慧化医院的建设和发展。2月，钛米机器人第一时间开展疫情防控工作，成立应急指挥团队，及时制订了消毒机器人应急使用指南，并迅速为武汉为主的多个城市输送消毒机器人，保障疫情现场的消毒防控工作正常运行；同时钛米上海总部全力保障设备的生产与供应，并针对疫情及时提供更多全新智能设备，分别应用于空气物表高水平消毒、发热门诊智能筛查、医废及时智能转运、隔离病房体征检测等，为攻坚疫情保驾护航。

**三、其他大事记**

6月16日，上海市机器人产业园被授予“上海市智能制造特色产业园区”牌。产业园区位于宝山区顾村镇，占地面积3.09平方千米，园区重点聚焦“机器人＋智能制造”特色产业，集聚发那科、快仓、鑫燕隆、赛赫智能、伏能士、众宏自动化等智能制造、机器人领域企业200余家，重点推动全系列机器人产品在本市重点行业的集成与应用，倾力构建国际化、专业化、集约化、规范化的上海机器人产业高地和产业集聚发展标杆区。

9月15日—19日，中国工博会机器人展（RS）于国家会展中心（上海）7.1H&8.1H馆举行。展览携手国内外近300家全球知名品牌企业，在5.6万平方米展览面积上，围绕“人机协作、智联未来”主题，以更高水平更高规格的展示共同打造机器人行业最开放、最多元、最创新的交流合作共享平台。人机协作、智慧物流、工业互联网、新基建5G、人工智能、大数据、云技术等热点在机器人上的新融合应用不断推出。ABB、发那科携带新品全球／中国首发，安川电机展出至今为止最多的演示机数量，节卡全球首发新一代共融系列协作机器人，遨博首次带来多机协作组装流水线，新松GCR5协作机器人等组成的GCR5三合一操作台集成了涂胶、搬运和拧钉三个应用，非夕继续展出自适应机器人Rizon拂晓。

11月4日，在浦东机器人产业高质量发展发布会上，张江机器人谷正式登台亮相，标志着继张江人工智能岛之后，又一个“智能造”硬核产业集中承载空间在浦东落地生根。张江机器人谷面积3.9平方千米的产业空间规划，将在2025年前，分阶段完成先导区改造提升、机器人谷平台一期、二期、三期的建设，有效盘活存量资产和用地，实现生态价值转化。产业资源集聚持续提高，在ABB基础上，引进微创机器人、昂华、傅利叶、高仙、科沃斯、艾利特、云迹等一批“专精特新”的机器人企业以及泽玉浦，钧舵，纮匠等拥有核心技术的机器人创新企业80余家，企业集聚有效推动关键技术、关键基础软件、核心零部件三大基础领域和智能服务机器人的研发，进一步加快浦东打造全球一流的科技创新中心进程。

12月19日，首届上海市工业机器人技术应用技能大赛暨第四届全国工业机器人技能应用大赛选拔赛决赛在上海电器科学研究所举办。大赛由市经信委、市人力资源社会保障局、市教育委员会、市总工会和团市委五部门联合主办，上海市电器科学研究所承办。赛事于5月正式启动，共有72名来自全市各个职业院校、技工院校与相关企业的选手报名参赛，其中教师（职工）42名，学生30名，平均年龄27岁。经过激烈的初赛角逐，共有50名选手脱颖而出进入此次决赛，以理论考试与实际操作竞赛的形式接受工业机器人技术技能水平与职业综合素质的全面考核。获奖选手将优先推荐参评上海市技术能手、五一劳动奖章、上海市青年岗位能手等荣誉称号，同时名列前茅的选手还将推荐参加第四届全国工业机器人技能应用大赛。

（杨　凯）

# 上海市第五届工商业领军人物评选情况

为深入学习贯彻习近平总书记2020年7月在企业家座谈会上的重要讲话精神，贯彻落实《上海市全面深化国际一流营商环境建设实施方案》的总体部署，着力强化“四大功能”、持续打响“四大品牌”，大力弘扬企业家精神，经市有关主管部门批准，上海市工业经济联合会（上海市经济团体联合会）、上海市商业联合会、上海市企业联合会（上海市企业家协会）于2020年下半年共同组织开展上海市第五届工商业领军人物评选活动。

本次评选由企业提出申报，有关行业协会、集团公司、区商联会、区企联作推荐。经预审、初审、复审、信用征询、终审、社会公示等程序，并征求市有关部门意见后，共有62名企业家当选为“上海市第五届工商业领军人物”。

名单如下（按姓氏笔画为序）：

| 姓名 | 单位 | 职务 |
|---|---|---|
| 马劲松 | 上海联泰科技股份有限公司 | 总经理 |
| 王永清 | 上汽通用汽车有限公司 | 总经理 |
| 王宇飞 | 上海黄金有限公司 | 党委书记、执行董事 |
| 王雪松 | 农工商超市（集团）有限公司 | 党委书记、董事长 |
| 王斌 | 上海徐家汇商城股份有限公司 | 党委书记、总经理 |
| 王毅 | 上海景鸿国际物流股份有限公司 | 总裁 |
| 尹炳新 | 兄弟（中国）商业有限公司 | 董事长、总经理 |
| 叶敞 | 上海市工业区开发总公司（有限） | 党委书记、董事长 |
| 叶德建 | 上海清鹤科技股份有限公司 | 董事长 |
| 田晓宏 | 上海泰禾国际贸易有限公司（泰禾集团有限公司） | 董事长 |
| 冯跃军 | 上海创远仪器技术股份有限公司 | 董事长 |
| 冯德昌 | 上海新镇江酒家经营总公司 | 总支书记、董事长 |
| 许騂 | 上海九百（集团）有限公司 | 党委书记、董事长 |
| 许光荣 | 上海金标文化创意股份有限公司 | 董事长 |
| 孙雷 | 上海电力实业有限公司 | 董事长、党委书记 |
| 李凯 | 中国商用飞机有限责任公司上海飞机设计研究院 | 党委委员、主管质量副院长 |
| 李栋 | 上海外服（集团）有限公司 | 党委书记、董事长 |
| 李健成 | 上海英汇科技发展有限公司 | 董事长兼总经理 |
| 李裕陆 | 上海水星家用纺织品股份有限公司 | 董事长兼总裁 |
| 杨冰 | 上海识装信息科技有限公司 | CEO |
| 杨清 | 上海蔡同德药业有限公司 | 党委书记、总经理 |
| 吴连强 | 上海强丰投资集团有限公司 | 董事长 |
| 吴胜荣 | 上海大胜卫生用品制造有限公司 | 董事长 |
| 吴锦华 | 万丰锦源控股集团有限公司 | 总裁 |
| 应臻恺 | 上海博泰悦臻电子设备制造有限公司 | 董事长 |
| 辛敏琦 | 上海锦湖日丽塑料有限公司 | 总经理 |
| 沈翊 | 上海泓明供应链有限公司 | 总经理 |
| 张西强 | 上海太太乐食品有限公司 | CEO |
| 张润斌 | 上海致盛实业集团有限公司 | 董事长 |
| 张渝 | 中国航发上海商用航空发动机制造有限责任公司 | 总经理、党委副书记 |
| 陈忠伟 | 恒源祥（集团）有限公司 | 董事长、总经理 |
| 陈 | 上海新世界（集团）有限公司 | 党委副书记、副董事长、总裁 |
| 邵俊斌 | 上海之江生物科技股份有限公司 | 董事长 |
| 林鸥 | 江南造船（集团）有限责任公司 | 董事长、党委书记 |
| 罗岚 | 上海市北高新（集团）有限公司 | 党委书记、董事长 |
| 周亚东 | 上海启龙农业科技有限公司 | 董事长 |
| 周军 | 上海医药集团股份有限公司 | 董事长 |
| 周洁 | 上海第一医药股份有限公司 | 总经理 |
| 周桂华 | 上海起帆电缆股份有限公司 | 创始人、董事长 |
| 周婷 | 要客实业（上海）有限公司 | 首席执行官 |
| 郑忠斌 | 工业互联网创新中心（上海）有限公司 | 总经理 |
| 郑金龙 | 上海闽龙实业有限公司 | 董事长 |
| 郑锦荣 | 上海电气临港重型机械装备有限公司 | 执行董事、总经理、党委书记 |
| 钟中林 | 立邦投资有限公司 | 中国区总裁 |
| 姚皓 | 上海蓝魂环保科技有限公司 | 董事长 |
| 袁飞 | 东方美谷企业集团股份有限公司 | 党委副书记、总经理 |
| 袁肖琴 | 华宝香精股份有限公司 | 总裁 |
| 聂建明 | 上海恒实投资集团有限公司 | 董事长 |
| 夏国海 | 上海辉展果蔬市场经营管理有限公司 | 董事长、总经理 |
| 顾治强 | 上海电气环保集团 | 上海电气股份公司副总裁、环保集团负责人 |
| 钱建中 | 上海汇得科技股份有限公司 | 董事长兼总经理 |
| 钱晖 | 上海发那科机器人有限公司 | 总经理 |
| 高宝霖 | 上海中昊针织有限公司 | 董事长 |
| 郭莉君 | 上海君聪优格餐饮管理有限公司 | 董事长 |
| 姬生超 | 上海天马微电子有限公司 | 总经理、党委副书记、纪委书记 |
| 梁昌霖 | 上海壹佰米网络科技有限公司 | 创始人、CEO |
| 董顺德 | 上海龙阳精密复合铜管有限公司 | 总经理兼总工程师 |
| 蒋陆峰 | 上海柘中集团股份有限公司 | 总经理 |
| 韩文 | 上海珍鼎餐饮服务有限公司 | 董事长、总经理 |
| 谢峰 | 上海水产集团有限公司 | 党委书记、董事长、总裁 |
| 楚庆 | 紫光展锐（上海）科技有限公司 | 首席执行官 |
| 穆竟伟 | 上海凯宝药业股份有限公司 | 董事长 |

（曹　恺）

# 中国国际工业博览会情况

2020年，中共上海市委、市政府坚决贯彻党中央、国务院战略部署，在抗击疫情特殊背景下，坚持“四个放在”，强化“四大功能”，立足长三角勇当科技和产业创新的开路先锋。在汉诺威工博会等国际知名展会纷纷取消的情况下，于9月15—19日在上海成功举办第22届中国国际工业博览会（以下简称“工博会”），这是在常态化疫情防控下举办的首个国家级工业展会，彰显了我国疫情防控的成熟手段和主要成绩，展示了我国制造业高质量发展的重要成果，体现了我国深化改革、扩大开放的决心和国际形象。

本届工博会以“智能、互联——赋能产业新发展”为主题，中共中央政治局委员、上海市委书记李强，中国工程院院长李晓红，上海市委副书记、市长龚正，工业和信息化部副部长辛国斌等出席开幕式。工业和信息化部、国家发展和改革委员会、商务部、科学技术部、中国科学院、中国工程院、中国国际贸易促进委员会及中国机械工业联合会等积极支持推动工博会筹备及举办各项工作。本届工博会着力打造“专业化、国际化、市场化、品牌化”大平台，助力科技创新催生新发展动能，助力提振经济复苏信心，助力制造业加快转型升级。

**一、着力促进疫情防控和经济社会发展“两手抓”“两手赢”，打造高端化合作交流大平台**

本届工博会将做好疫情防控作为先决条件，努力做到全覆盖、全流程、全天候、全人员、全场景防控。一是完善疫情防控组织架构，增设医疗卫生防疫保障部，专门负责展会期间疫情防控工作。二是制订落实“1+3”疫情防控方案体系，即《第二十二届中国国际工业博览会疫情防控工作方案》及3个重要活动（巡馆、开幕式及主要论坛）专项方案，对重要活动的时长、人员规模等进行控制。三是严格防控标准，对参展人员采取“五举措”（实名、分时、错峰、预约、限流），做到“六必”（身份必问、信息必录、体温必测、口罩必戴、消毒必做、突发必处），实现全线上预约、人员信息可控，对在沪时间不满14天的嘉宾及工作人员，做到核酸检测全覆盖。通过周密部署、严谨安排，本届工博会未发生疫情及公共卫生突发事件，为中国国际进口博览会等后续重大会展活动的举办积累了疫情防控经验。

与此同时，始终坚持高质量高标准办展要求不松懈，进一步凸显展会深化开放合作交流的重要功能，构建了促进科技创新、产业发展、企业团队等深入沟通和互惠共赢的桥梁纽带，在更深层次、更广领域加强全球产业创新资源链接。一是热度上不减，展会面积达24.5万平方米，汇聚来自22个国家和地区的2238家展商参展，其中境外及外商投资企业约占20%；SAP将为汉诺威工博会准备的展品和工业4.0数字化展示厅搬到上海，展出7项智能制造领域的系统解决方案；青浦食品生产设备企业松川远亿立足参与国内大循环，积极参与工博会，开拓国内市场；到场专业观众19.2万人次，比上年增长4.3%，展会媒体传播覆盖超过3亿人次。二是形式上创新，首次采用“线下为主、线上融合”的办展新模式，首开“线上工博”，依托5G直播、短视频、虚拟展厅等新技术载体，在线观展人数超过1100万人次。三是影响力更广，创新与新兴产业发展国际会议（IEID）采取“1+8”模式，设置1个主论坛、8个专题会议（集成电路、人工智能、生物医药、智能制造、新材料、绿色低碳、现代交通工程、创新设计和数字创意），超过100位院士参会，为打造中国制造品牌、加快全球新兴产业发展建言献策。英国皇家工程院院长吉姆·麦克唐纳、巴斯夫新材料公司化学工程与工艺亚太研发中心全球副总裁沙和伟、瑞典皇家工程科学院院长图拉·泰里，国际电工委员会主席、中国华能集团董事长、院士舒印彪等多位专家学者，围绕通向零碳世界的工程系统方法、化学工业的可持续工艺与材料创新、研究驱动的创新和经济增长、构建长三角能源电力一体化发展新格局、创新驱动发展汽车工业的未来等主题，激荡智慧、凝聚共识。四是辐射力更强，对标国际一流展会评奖机制，受理434件参评展品，比上年增加118件，创历年新高，其中境外展品占比6.9%，兄弟省市展品占比45.6%，上海地区展品占比47.5%。

**二、着力促进产业链创新链协同和强基固链，打造新技术新产品首发首展大平台**

本届工博会共设置九大专业展区，涵盖制造业基础材料、关键零部件、先进制造装备、整体解决方案的智能绿色制造全产业链，科技创新策源、创新应用、创新协同效应进一步显现。本届工博会成为首发展品最多、首展技术最集中的一届展会。共首展300多项新产品、100多项新技术。西门子、ABB、欧姆龙、倍福等20多家企业调整参展策略，将重心放到工博会，增加首发首展技术产品和展览面积；三菱电机、安川电机等品牌企业及工业巨头将工博会作为新品“首秀场”，呈现创新成果亮丽风景线。发那科首发CRX新型协作机器人，SAP（中国）公司首发数字化供应链解决方案，上海微电子装备公司首发SSB260大Mask曝光机。美的集团的美云智数一体化工业仿真平台，是第一款国内自主产权的工业仿真软件，库卡公司首发的KR 4 AGILUS小型机器人完全由中国团队自研自造。工博会大奖聚焦“卡脖子”技术突破补短板。共评出10项CIIF奖（包括1项CIIF特别大奖和9项CIIF大奖），特别设置CIIF国家馆奖。既有彰显“中国制造”实力的“国之重器”，又有在关键“卡脖子”环节取得重大突破的新技术新材料。CIIF特别大奖由“北斗三号中科院导航卫星”获得，其突破框架面板式结构、相控阵星间链路等50多项关键技术，龙芯等国产部件用到900多台卫星产品中，打破外国垄断，帮助北斗提前完成全球组网，北斗系统在轨45颗卫星，北斗三号30颗、北斗二号15颗。产业链创新成果加快落地产业化。本届工博会首次设置院士专家创新成果展，围绕集成电路、生物医药、人工智能、智能制造、航空航天等新兴产业，促进院士团队科研成果对接，提高产业化落地转化率；来自中国工程院的132个院士团队带来237项创新成果，如钟志华院士团队的“智能车列交通系统”，采用无线通讯、传感器探测、高精度定位、智能影像识别等先进技术手段，实现对人车路的信息全面感知以及智能协同。展会期间，院士团队与57家企业初步达成合作意向，如方滨兴院士团队与上海观安信息技术公司、王耀南院士团队与深兰科技公司、丁文江院士团队与中信资本投资公司等。壮大在线新经济，扩大新消费。如上海汽车集团推出的5G智能重卡，基于5G-V2X+车路协同的智能驾驶技术，可实现智能驾驶控制系统对整车行驶及港区作业的精确操控，与上港集团、中国移动公司协同构建满足洋山港集装箱智能转运要求的整体解决方案；全球首款氢燃料电池MPV——上汽大通MAX USEUNIQ7首次亮相，各项技术指标达到全球一流水平。

**三、着力促进产业数字化、网络化、智能化转型升级，打造数字新基建赋能大平台**

本届工博会紧跟制造业与5G、人工智能、大数据、区块链、互联网等融合趋势，展示制造业在新产业变革中迈向全球价值链中高端的新进展。集中展示工业互联网深度应用的新场景。中国电信、中国移动、中国联通等呈现“互联网+工业”的技术新趋势，如中国电信上海公司实施的宝钢5G工业互联网标本项目，通过运用独立组网的5G网络充当无人重载框架车的“千里眼”，加快工厂智慧化物流建设。集中展示新基建为双循环夯实数字基础的新成效。如华为、海尔、美的、上海电气等借助于工业互联网，加速行业智能化转型；BATJ深化工业互联网新业态新模式，百度推出智能制造解决方案，阿里打造“犀牛智造”平台，腾讯布局C2M社交电商，京东投资供应链电商公司苏州工品汇，赋能中小企业转型升级，有力支撑“六稳”“六保”。集中展示行业龙头智能化布局的新动向。如ABB公司围绕未来工厂、未来医院、未来汽车等三大主题，以数字化、智能化机器人解决方案帮助客户提高生产效率与柔性，在中国落地的首套柔性机器人药房自动化系统，展示了未来医院的美好愿景。

**四、着力促进全球资源加速集聚和优化配置，打造国内国际大循环战略链接平台**

本届工博会坚持国际化视野办展，继续加强招展招商、强化国际宣传，深入推动制造业领域的资源深度融合。强化了企业探索发展之道、变革之路的交流，助力畅通国内经济有效循环。大中小企业加强合作、融通发展，国内机器人行业龙头新松机器人公司推出的火狐智能焊接机器人，首发现场即达成订购近200套；宏山激光科技公司5天内签约订单20多台，销售额突破3000万元。紧扣“高质量”和“一体化”扎实推进长三角一体化发展，举办第三届长三角智能制造专属资源对接会，30多家采购商及参展企业纷纷表示，采购对接会很有价值，实现了优势资源互补和多方共赢。打造了全球产业互联互通的新空间，展现产业链深入合作的广阔前景。专设意大利国家馆，推动国际交流合作从“面上拓展”向“点上纵深”转变，为中意两国建交50周年搭建了深入互动平台；意大利国家馆面积超过1200平方米，集中展示意大利制造业领域的先进技术及优质产品，包括玛莎拉蒂、歌诗达邮轮、达涅利公司等在内的45家意大利知名企业参展，工博会国家馆奖颁给玛莎拉蒂新Ghibli Fenice限量版轿车，同期举办“意大利机械技术中国周”系列活动；国际品牌厂商参展热情不减，进一步坚定投资中国、深耕市场的信心。

**五、着力促进民生和经济高质量发展，打造满足人民群众需求的对接服务平台**

本届工博会专门设置疫情防控精品展，集中展示在抗疫防护用品、医疗器械等领域的创新成果，展览面积超过425平方米，共有22家企业参展，展品数达100多件。一批新冠肺炎检测创新成果涌现。如联影公司展出的天眼CT通过5G传输定位数据，医生隔室操作、对患者进行智能扫描，1天可完成300人的大通量扫描，是传统CT扫描速度的2倍，读片时间是医生的1/10～1/5、准确率达到专家水平。东华理工大学的“电喷雾萃取电离源质谱检测仪”，通过实时检测人呼气中携带生理病理信息的生物分子，快速筛查出肺部病变患者。疫苗、药品和医疗器械加快研发创新。复星医药和德国Bio-NTech公司联合开发的mRNA疫苗，已完成Ⅰ期临床试验第一针疫苗接种，斯微生物研发的mRNA疫苗已完成临床前的试验工作；上海医药展示硫酸羟氯喹等抗疫药品，开展瑞德西韦研制，君实生物、复宏汉霖等加快研制新冠抗体药物；微创公司是体外膜肺氧合机（ECMO）全国三家“揭榜挂帅”单位之一，与301医院深入合作，预计2022年完成原型样机制作。突破全民用药“卡脖子”瓶颈。获得CIIF大奖的“中性硼硅药用玻璃管”由凯盛君恒公司等联合研发，作为国务院国资委精准扶贫重点项目、唯一药玻扶贫项目，采用自主创新的“全氧燃烧”熔化工艺和铂金料道技术，产品质量达到国际先进水平，实现国内从无到有和高品质批量化生产。此外，钛米的消毒机器人疫情以来销售增长了100倍，纳米iTEX口罩滤材、高纯有机溶剂、医用隔离眼罩等抗疫产品，充分展示了工业助力疫情防控的重大成效。

（殷文琪）

# 政策法规建设情况

2020年，按照中共市委、市政府的决策部署，上海市经信委紧紧围绕经济和信息化工作重点，贯彻法治政府建设相关要求，加强法律制度建设、深化政府职能转变，顺利完成各项目标任务。

**一、依法行政，法治建设加速推进**

（一）经信法治建设扎实推进。修订《上海市促进中小企业发展条例》并获得人大常委会通过。联合开展人工智能领域立法调研、产业安全领域法制研究。按要求及时开展政府规章清理自查工作。加强规范性文件制定、审查等工作，印发关于加强行政规范性文件管理工作通知。制定《上海市首批次新材料专项支持办法》《上海市促进产业高质量发展专项资金管理办法（暂行）》等规范性文件14件，内容涉及行政执法裁量、专项资金、疫情复工复产等方面，均已完成向市政府备案。

（二）日常法律事务高效办理。审核《上海市公共卫生条例》《中华人民共和国文化促进法》等过路文件40余件，提出60多条修改意见。加强框架协议和合同法律审核，累计审核由市经信委起草的框架协议和政府购买服务合同400余份。根据《民法典》最新规定，修订市经信委合同示范文本，印发做好合同管理工作通知。积极发挥外聘法律顾问作用，尤其是疫情爆发以来在协助处理有关应急征用事务，提供复工复产法律服务等方面发挥支撑和保障作用。推进行政复议案件办理，办理6件政府信息公开等领域行政复议案件的处理。加强市民服务热线知识库更新和管理，逐一对在库465条信息完成格式更新转换。

（三）行政执法建设深入推进。1．对节能、监控化学品、民用爆炸物品、煤炭4个领域的执法裁量基准进行修订和完善。2．推进事中事后监管。对于下放的成品油零售经营资格审批事项，加强市区两级及各部门间信息共享和监管联动。特别是在整治非法加油点工作方面，发挥联动机制，提高事中事后监管水平。3．加强对重点领域、关键环节的监管。在无线电领域、监控化学品领域、节能领域严格落实“双随机，一公开”工作要求，加强监督检查工作，并将日常检查和专项检查相结合。4．依托“互联网＋监管”平台，实现监管信息归集共享。建立“黑名单”曝光、部门通报等机制，充分发挥部门联合惩戒和社会监督作用。5．制定市经信委重大行政执法决定法制审核目录清单，完成行政执法三项制度落实情况自查。进一步加强行政执法的知识培训、案卷评测、执法证件管理和执法信息平台建设，完善案件移送制度，不断提升行政执法的规范化、制度化、智慧化水平。

（四）法治宣传教育常抓不懈。制定年度经信系统普法工作要点，加强对全系统普法工作指导，完成经信系统“七五”总结验收。做好市经信委领导和系统单位领导学习《民法典》的组织保障。落实普法责任制。持续打响普法品牌，会同相关部门举办第四届上海市企业法务技能大赛。举办央企法总论坛。组织跨行业、跨系统普法交流。开展疫情防控法治宣传教育。获评2019年度上海市法治宣传教育工作优秀单位。

**二、转变职能，行政审批制度改革深入推进**

（一）优化政府服务事项。根据《国务院关于取消和下放一批行政许可事项的决定》《国务院办公厅关于加快发展流通促进商业消费的意见》以及本市机构改革情况，调整市经信委行政审批事项12项，调整政务服务事项类别6项，新增公共服务事项9项，并实现全程网办。

（二）提高政务服务效率。审批方式上，开通“一网通办”办理事项的移动端领导审批功能，与PC端审批功能并行，实现在线签章，提升审批效率，缩减办理时限。审批材料上，积极推进“两个免于提交”，经对接市大数据中心，对市经济信息化委涉及的政府核发材料，已逐项明确电子证照调用、数据核验技术实现方式。申请人在“一网通办”办理事项时，如能直接调用电子证照或者数据核验，则纸质材料免于提交。审批流程上，新能源汽车专用牌照申领“一件事”在“一网通办”正式发布。推动实现“一网办理”“只跑一次”，办理时间从26～39个工作日压减到7～14个工作日，并在“购车资格审核”环节，实现“无人干预自动办理”，本地用户可以通过“一网通办”平台上传基础信息，实时查询购车资格。

（三）推进重大项目建设相关改革。按照沪府规〔2020〕16号文件规定，战略预留区等规划产业区块外优质项目认定权下放各区。为推动实施操作，与市发改委、市科委、市规资局、市环保局联合印发《规划产业区块外优质项目认定工作指引》，明确由区政府承接优质项目认定事权，项目经由区产业部门牵头会区级相关部门初审后报区政府评审认定，原则上认定时间不超过10个工作日。

（范芳芳）

# 2021·上海工业年鉴

SHANGHAI
INDUSTRIAL
YEARBOOK

# 区工业

## 浦东新区工业

**【概况】**

2020年，面对新冠肺炎疫情、中美贸易战科技战加速演变、国内外经济形势深刻变革的形势，浦东新区充分发挥工业经济压舱石、稳定器、动力源作用，有力支撑新区经济高质量发展，为“十三五”规划收官划上圆满句号。

**【2020年发展情况】**

一、产业规模站稳万亿，质量效益显著提升

浦东新区工业总产值2017年首破万亿元大关，并连续站稳万亿元。2020年，浦东新区实现规模以上工业总产值10395.58亿元，比上年增长8.3%，创年度产值的历史新高；工业增加值2885.97亿元，较2015年增长43.5%；战略性新兴产业总产值5035.68亿元，占新区工业总产值的48.4%；产业结构持续优化。从全市看，浦东新区工业增加值占比29.9%，工业总产值占比29.8%。

二、产业能级显著提升，新兴动能加快培育

聚焦六大硬核产业，着力推动产业高质量发展。电子信息制造业完成产值2523.71亿元，同比增长8.5%。集成电路产业全产业链销售规模达1471亿元，占全市的71%。汽车制造业在三大整车企业拉动下完成产值2618.69亿元，同比增长31.6%。成套设备产值1323.22亿元，国产首艘大型豪华邮轮在上海外高桥船厂正式开建。生物医药产业产值626.03亿元，占全市的43%，诞生了占全国15%的原创新药和10%的创新医疗器械。航空航天产值100.97亿元，大型宽体客机CR929已确定总体技术方案，C919成功首飞，产值规模呈十倍速增长，进入快速发展阶段。

三、产业布局持续优化，集群发展格局形成

工业投资634.33亿元，同比增长29.2%，超额完成全年目标。打造形成“5+10”（市级5个，区级10个）的特色产业园区布局，上海集成电路设计园、张江创新药生产基地等初步建成，形成以龙头企业为引领的产业集群。构建工业用地全生命周期监管平台，实现对项目准入、开工、投产和达产的全过程监督管理。推动上海奥普生物医药股份、清美集团三期等12个项目完成零增地改扩建，提升经济密度。

**【2021年发展趋势】**

2021年，稳增长形势依然严峻。浦东新区GDP增速目标为“保八争十”，力争在地规模以上工业总产值完成12000亿元（含烟草500亿元），比上年增长10%左右；属地规模以上工业总产值完成6350亿元，增长9%左右；工业固定资产投资目标完成698亿元，增长10%左右，确保“十四五”时期迈出坚定而有力的第一步。

一、夯实稳增长工作网络

巩固已形成的相关委办局、开发区、镇稳增长协同网络，根据近两年积累的稳增长工作经验，总结提炼有益经验，制订稳增长工作方案。各片区在经济总量和创新发展上都已形成较好的机制，需进一步发挥辐射带动作用，带动周边镇提质扩容，两者“组团”发展。

二、强化科学统计体系

着力抓好区域内重点企业，积极争取增量，挖掘潜能，做好科学统计，稳住新区工业基本盘。推动制造业总部统计，推广勤允落地经验，在生物医药等领域（恒瑞等）持续推进。服务好规下样本企业，将其纳入企业服务工作体系，稳定企业运行。

三、提高产业投资效率

推进低效产业用地处置和盘活，加强产业项目全生命周期管理。加快推进现有工业投资项目建设，争取早开工、早验收、早生产、早达产，形成新的产值增长点。鼓励企业优化升级，支持企业进行“零增地”技改，释放增长潜能。强化产业招商，改善空间资源配置，坚持头部企业核心引领，带动上下游企业集聚，形成规模效应。

四、提升企业服务能级

重点企业是完成稳增长任务目标的关键所在。强化对重点企业的精准服务，及时了解企业运行动态和发展诉求，继续帮助企业解决扩大产能、人员招聘等过程中遇到的新情况、新问题，更高效地帮助企业解决实际问题。优化“浦东企业服务在线”，建设一个多渠道集中受理企业诉求、反映企业呼声、解决企业问题的平台，为企业排忧解难。

五、健全政策要素保障

尽快发布2021年高质量政策和《浦东新区促进制造业高质量“十四五”规划》，继续支持企业发展。加快研究出台新区特色产业园区相关支持政策，从规划、土地、金融、服务等环节支持特色产业园区发展。

（葛 青）

# 中国（上海）自由贸易试验区临港新片区工业

**【概况】**

2019年8月20日，中国（上海）自由贸易试验区临港新片区（以下简称新片区）正式揭牌。新片区建设的重要使命是推动产业高质量发展，加快构建创新型产业体系，打造特殊经济功能区。2020年，新片区主要经济指标表现总体较好，同比增长率全部呈现两位数的高速增长，充分体现新片区“起步就是冲刺、开局就是决战”的速度。全年累计实现工业总产值和生产性服务业营收2143亿元，比上年增长40%。

**【2020年发展情况】**

一、规划引领顶层设计

面临新形势、新变革、新要求，新片区以规划引领推动产业高质量发展，着眼于产业链供应链自主可控，立足增强全球资源配置功能，完成《临港新片区创新型产业规划》《新片区前沿产业发展“十四五”规划》《临港新片区智能网联汽车产业专项规划（2020—2025）》等综合规划，明确临港新片区创新型产业发展体系和空间布局。聚焦特色园区，启动编制集成电路、生物医药、民用航空等重点产业“十四五”专项规划，成功实现东方芯港、生命蓝湾、大飞机园等特色产业园区的开园。

二、精准招商成效显著

在一盘棋统筹、一体化管理、一条龙保障、一揽子宣介“四个一”招商机制和“谈、跟、落”招商服务协同机制保障下，新片区全年完成签约落地项目105个，涉及投资额1918亿元。项目重点集中在集成电路、生物医药、新能源汽车等领域。

三、投资推进稳步增长

全年共计实现产业用地供应47幅253.9公顷，推动29个项目开工，其中28个项目当年拿地、当年开工，项目推进方面展现了临港速度。全年产业投资完成336亿元，同比增长58.7%。其中，格科微电子、商汤科技上海人工智能计算与赋能平台、新微化合物半导体、德建聪和等项目的贡献度较为突出。

四、产业产能加快释放

全年实现工业总产值和生产性服务业营收2143亿元，同比增长40%。其中，工业总产值完成1703亿元，同比增长39%；生产性服务业营收完成440亿元，同比增长45%。工业企业增速贡献主要来自汽车制造、节能环保、战略新兴产业。此外，高端智能装备、集成电路、海洋装备等领域也在持续发力。

五、园区转型提质增效

为引导低效存量项目提升能级或转移腾退，提高存量产业项目产出效益，镇级园区转型升级工作稳步落实。全年完成转型升级项目认定4笔，预计总投资8.5亿元，工业企业资源利用效率评价打分有序推进。

六、科创生态初具规模

新片区在智能制造、高端装备、人工智能、集成电路、航空航天等重点产业领域进行近20家科技创新平台的建设布局和培育工作。经过近几年的发展建设，6家平台被认定为首批新片区科技创新型平台，致力于打通产学研通道，着眼于解决科技成果转化的“最后一公里”，成为临港新片区科技企业发展的助推器和加速器。

**【2021年发展趋势】**

2021年，新片区将深入贯彻中共中央、国务院的要求，全面落实中共上海市委、市政府的战略部署，以“五个重要”战略定位为统领，对标最高标准、最高水平，以更快的加速度、更高的活跃度、更大的显示度为“十四五”规划开好局，为上海改革开放发展贡献更大力量。全年确保前沿产业招商签约落地项目总投资额1500亿元以上，确保完成产业投资500亿元，完成工业总产值和生产性服务业营收3000亿元。

一、持续加强招商，促进投资落地

全力聚焦产业招商，落实新片区产业发展“十四五”规划，加强产业集聚引导，重点加强源头招商、战略招商、产业链招商，与龙头企业谋划合作，健全“四个一”招商统筹机制，跟进重点项目落地。持续完善优化投资推进机制，项目落地和建设阶段分类实施推进。聚焦项目落地，推动供地开工；聚焦项目建设，推动投资完成，强化“专人”帮办机制，优化升级管理信息系统。推动一批重点项目加快建设，推动一批重大产业项目拿地开工。

二、加速产能释放，培育千亿级产业集群

推动产业高质量发展，推动特斯拉、积塔半导体等一批项目加速产能释放，加快格科、商汤等项目调试投产，支持恒玄、燧原等企业营收增长。聚焦新能源和智能网联汽车、高端装备制造等产业，保障发展速率，做好服务，形成首个千亿级产业集群；同时统筹梳理新建项目竣工投产、存量项目扩产增能等，加强产业项目全生命周期管理，加强对项目单位的投产、达产履约管理，全面推动企业加快释放产能。

三、加快低效工业园区转型，盘活存量低效资源

完成2019—2020年新片区工业用地效率评价，引导低效存量项目提质增效，加快对低效用地的转型和盘活，推动低效工业园区转型升级，全年完成不少于6个存量厂房或低效用地转型升级案例。加快推进存量低效产业资源的二次开发力度，通过“调整一批、收储一批、嫁接一批”，不断提高集约节约利用水平。加强盘活存量工作的统筹管理，重点推动镇级园区、闲置地块、存量厂房的盘活。

四、聚焦园区建设，打造特色品牌

加强特色园区整体谋划推进，促进产业集聚和生态建设，聚焦东方芯港、生命蓝湾、大飞机园、信息飞鱼、中日（上海）地方合作示范区、海洋高新园以及绿色再制造园区，力出形象、力出功能、形成特色品牌。

五、促进两化融合，发展数字经济

将在线新经济作为数字经济的落脚点，率先培育新业态、新模式。推进数据跨境流动，构建安全便利的国际互联网数据专用通道，推动临港新片区内工业数据、贸易数据、金融数据跨境流通试点。启动“信息飞鱼”全球数字经济创新岛规划建设，加快建设亚太信息通信枢纽港，加快建设车路协同无人驾驶道路测试场景，推动工业互联网标杆园区、标杆企业、“两业融合”创新示范项目。打造国际领先、国内一流的工业互联网研发和转化平台。加快工业互联网标准实验室建设，强化工业智能融合创新场景示范应用。

（申心泉）

# 徐汇区工业

**【概况】**

2020年，徐汇区工业面对国际国内形势的深刻复杂变化特别是突如其来的新冠肺炎疫情，牢牢把握高质量发展的根本要求，集中精力保增长，培育发展新动能，扎实推进产业结构转型升级，积极开拓市场、持续创新，工业经济展现出较强的韧性与活力。全年实现规模以上工业总产值663.44亿元，比上年增长0.8%。规模以上工业产销率101.14%，与上年持平。实现规模以上工业利润58.50亿元，比上年增长27.5%。完成工业税收26.58亿元，比上年下降21.6%。

**【2020年发展情况】**

一、重点企业逆势向好，贡献突出

2020年，全区20家重点工业企业实现工业总产值583.85亿元，占规模工业的88.0%，同比增长4.8%，增幅较规模工业平均水平高4个百分点。其中，复宏汉霖和科华生物继续拓展国内市场，推进技术创新和产品研发，带动生物医药制造业产值同比增长11.0%。电气风电集团紧紧把握风电“抢装潮”，引领电气机械制造业产值同比增长65.1%。金饰品制造（老凤祥）及时调整经营策略，把握金价上升趋势，化整为零召开订货会，深入市场一线，积极应对市场变化，产值同比增长1.5%。

二、漕河泾开发区聚焦创新，持续升级

在电子信息、生物医药等领域一批优势企业带动下，漕河泾开发区工业企业完成产值231.67亿元，占全区工业总产值的34.9%。同时，开发区不断推动产业融合发展，持续引进培育高端和新兴产业项目，继续加强引进国内外著名企业“一部三中心”项目，新引进一批如采埃孚亚太集团、大唐恩智浦、字节跳动、雅诗兰黛全球研发中心、德马物流等世界500强、超大型独角兽等行业排名领先的企业，以及米哈游、电气数科、博动医学、泽怡信息等一大批线上经济、生物医药领域的知名企业，形成以电子信息为支柱、现代服务业为支撑，新材料、生物医药、高端装备、汽车研发配套、环保新能源等五大重点产业协同、互动发展的“一五一”产业格局。园区产业能级得到进一步提升，聚焦发展数字经济、人工智能、生命健康等三大先导产业，通过有针对性的市场营销活动，拓展项目渠道，着力培育新动能，打造经济新增长点。2020年，在全国218家国家级经济开发区的综合评价中，漕河泾开发区位列综合发展水平第16位，在上海108家市级以上开发区综合评价中，名列中型园区第一位。

三、企业自主创新意识增强，能力提升

年内，上海太易检测技术有限公司获上海市产业转型升级（服务型制造）专项支持；上海工业自动化仪表研究院有限公司获上海市促进产业高质量发展（技术改造）专项支持；上海隧道工程有限公司等2家企业获上海市高端智能装备首台突破专项支持；上海巨哥电子科技有限公司等3家企业产品被列入上海市创新产品推荐目录；上海市建筑科学研究院有限公司等3家企业被认定为上海市第26批市级企业技术中心；上海复宏汉霖生物制药有限公司等14家企业通过区级

企业技术中心认定。

四、工业节能降耗稳步推进，成效显现

全年规模以上工业能耗总量12.66万吨标准煤。制订《徐汇区2020年节能减排和应对气候变化重点工作安排》，明确职责分工，分解目标任务，开展重点用能单位节能目标考核和双控目标责任书签约。做好节能预警预测，积极发挥节能减排专项资金的推动作用，液化空气上海有限公司通过能源管理体系认证，并获市级专项补贴。快板电子科技（上海）公司、上海凸版光掩模有限公司两家企业申报2020年上海市清洁生产审核（自愿性）名单。上海先进半导体制造有限公司实施的磁悬浮冷水机组节能改造项目，列入2020年上海市第二批节能技改示范项目并获得专项扶持。

**【2021年发展趋势】**

2021年，徐汇区工业将继续贯彻国家和上海市关于发展先进制造业的工作部署和要求，积极推动先进制造业与现代服务业融合发展，全面落实智能制造行动计划。预计全年实现规模以上工业总产值650亿元。

一、先进制造业能级持续提升

（一）发挥专项资金的推动作用。开展重点企业走访，挖掘企业优质项目。支持企业积极申报市产业技术创新、高端智能装备首台套、工业强基项目，做好项目的指导、协调和服务工作。鼓励企业加快产业链、供应链、创新链协同发展，主动适应以国内大循环为主体、国内国际双循环相互促进的新发展格局。（二）鼓励企业加大技术改造力度。继续组织企业申报市重点技术改造项目，推动企业以技术改造提升自身的造血功能，实施产品升级换代、工艺流程再造、引进先进技术。支持制造企业走时尚化、品牌化升级之路，鼓励老字号品牌复兴，打响徐汇“时尚智造”名片。（三）持续推进技术创新机制建设。鼓励企业增强技术创新能力，建立企业技术中心、工业设计中心等。积极对接市级产业扶持政策，着力促进企业技术进步，不断推动企业做强做优；充分发挥区域科技研发资源集中、大所大院集聚的特点，加快推进技术创新平台集聚，持续推进区域创新体系建设。

二、企业服务机制精准发力

（一）积极开展走访调研。充分发挥“两翼一体”基层属地综合管理和服务优势，建设“精准营商”智慧应用系统，形成全方位营商服务合力。加强与规模以上重点工业企业的沟通联系，特别是受外部环境影响较大的企业，及时了解企业面临的新情况、新问题，将企业诉求与政府职能相对应，有针对性地排忧解难，助力企业发展。（二）加大政策宣传力度。积极推动“十四五”时期产业政策、节能减排政策等调整优化，提升产业政策与四大重点产业和“五型”经济的精准匹配度，加大市、区两级政策的宣传与解读力度，不断增强服务企业的能力，精准施策，把促进企业平稳健康发展和推动企业节能减排工作落到实处，为“十四五”时期区域经济发展开好局、起好步奠定坚实基础。（三）切实抓好安全生产工作。继续发挥第三方专业机构的力量，协助区域内工业企业开展安全评估、检查和培训等咨询服务，进一步贯彻和落实市、区安全生产工作相关要求，强化区域内工业企业的风险管控和隐患排查，提高安全生产工作的针对性及有效性，守牢安全底线。（四）持续打造“随行、随心”企业服务品牌。线上完善新版“企业服务随心选”平台，充实服务内容，提升服务内涵，加大对平台、微信公众号的宣传推广；线下推进企业服务专家志愿者工作，为促进中小企业发展和创业创新发挥积极作用。

三、工业节能工作不断完善

（一）持续完善节能工作机制。继续推进工业领域节能目标责任签约制度，严格落实重点企业的节能目标责任考核。加强与市、区相关部门沟通协调，进一步提高重点企业能耗统计数据上报的质量水平。（二）继续加强重点用能单位管理。鼓励重点用能单位积极开展节能技术改造项目申报，推动企业挖掘节能潜力，提高能效利用率。组织重点用能单位开展节能业务培训，提高企业的节能意识和技术水平。（三）继续推动各类专项节能工作。继续开展清洁生产审核、节能改造技术推介、合同能源管理进千家用能单位、节能宣传等工作。

（苏　哲）

# 长宁区工业

**【概况】**

2020年，受新冠肺炎疫情影响，长宁区工业下降幅度较大，规模以上企业完成工业总产值101.15亿元，比上年下降20.2%。降幅比较大的两家企业东航技术和东航食品，同比下降62%。两家航空服务业企业完成工业总产值占全区规模以上工业总产值的70%。

**【2020年发展情况】**

一、重点产业推进情况

（一）推动航空服务业高水平运营。1. 扎实开展企业系服务。积极谋划、密切联系，分解任务、压实责任，联动市级政策，支持企业拓展业务，推动航空产业集聚，完成东航系七家公司设立。密集走访空管局、上海华港雅阁酒店有限公司等空管系重点企业，了解企业经营情况，以解决突出问题为抓手，从财政政策支持、人才落户、人才公寓、酒店业务推广、党建联动等方面深度服务。2．精准对接发展诉求。统筹协作，破解东航电商ICP项目申请难题。在市区和海关的通力合作下，助力东航食品获颁全国首张“一址两证”食品许可，实现空餐地享的转型升级。积极争取虹桥商务区专项资金给予东航股份境外经营性租赁飞机租金补贴支持，助推业务拓展。3．全面做好航空产业人才服务。积极协助区内受疫情影响严重的企业申报区特殊人才租房补贴政策。与长宁区总工会共同推动指导企业进行航空职业培训，指导春秋航空参加上海职工技能大赛。

（二）强化时尚创意产业高品质建设。1．提升产业品牌影响力。推动美腕、IDEO等企业落地上生新所，推动李佳琦直播室首次线下展示活动落地长宁来福士。德必成为首个在创业板上市的文创园区运营企业，爱奇艺旗下企业纷纷迁入长宁，短视频业务获得拓展；携程开创“BOSS直播带货”模式，直播销售大幅增长；地素成为恢复销售最快的服装企业，涨势领跑行业平均水平。2．推动产业融合发展。支持2020MODE线下订货会在世贸商城举办，在抖音平台打造“云逛MODE”等热点节目；打造云订货系统，推动产业B端订货线上全面转性。与市文创办积极对接，在长宁推出市级文创园区“文创金融服务站”试点工作，在11家市级文创园区率先试点建设以文创金融服务为核心、聚焦中小微文创企业的文创产业公共服务平台，主动对接长宁区包括市级文创产业园区入驻的各类中小微企业融资需求。推动上服集团、深兰科技等将人工智能、大数据等新型技术结合时尚创意场景进行应用开发。3．优化产业发展环境。依托产业联盟开展在线培训、产业沙龙等，形成资源的有效流动。吸引优质企业人才落户长宁，全面做好产业人才服务。支持企业参与上海市“设计100+”评选，11个项目成功获评，位列全市第三。推荐园区参与2019年上海园区品牌推选活动，德必易园、创邑space、幸福里成功入选。

（三）做好大健康产业高效率推进。1．加强顶层设计系统谋划，研究拟定《长宁区支持大健康产业发展若干政策（试行）实施细则》，并形成联系机制。2．摸清工作底数精准施策，会同区相关部门排摸区内大健康产业企业的基本情况，拟定《长宁区大健康产业重点监测企业名单》，并制定《长宁区大健康产业发展领导小组月报工作机制》。运用多种手段，了解多方信息，掌握行业发展态势和企业一线运作情况。以大健康产业认定为抓手推进产业发展。拟定《长宁区大健康产业发展分类指导目录》和《长宁区大健康产业认定办法（试行）》，明确工作职责。

二、重点规模以上工业企业运行情况

（一）东航食品生产运营情况。经市区两级相关部门的协调，东航食品SC（食品生产）许可证办理完毕，企业可以在机场内外开展配餐和食品生产销售服务，实现“空餐地享”。顶峰时刻机场外销售收入占全部收入一半以上，但这不足以弥补受疫情影响造成的营收缺口。疫情对企业影响主要体现在：1．飞机班次减少，配餐需求下降。2．班次恢复后，配餐标准下降（正餐改为食品袋，且仅提供头等舱，经济舱用餐取消）。3．现在国际航线不接受国内配餐，均自带返程餐，且客座率下降20%，而国际航线的配餐本是东航食品的重点业务，占比其销售量的一半。以上三方面原因导致企业配餐销售额下降。

（二）东方航空技术有限公司生产运营情况。东航技术公司主营业务为东航集团做航空维修配套服务，受疫情影响东航集团国际航班量锐减，导致东航技术工业产值下降严重。

三、中小企业发展情况

高效助力企业复工复产。认真落实上海市复工指南要求，按照经营类型，多批次、分重点对企业诉求进行细致排摸和梳理，并协调各方资源，精准施策，全程指导并帮助企业制订防疫计划，推动一大批企业在短时间内安全复工。在高标准、严要求迅疾落实各项防控举措的同时，高度重视区内企业的诉求动态，在走访中广泛听取企业的“需、盼、求”，帮助企业解决复工复产复市中的困难和问题，牵头相关部门同步建立企业诉求响应反馈机制，形成闭环条块联动完成对接。深入开展企业重点服务、部门专业服务、街镇综合服务的全方位立体化服务体系，稳外资稳外贸，促转型抢先机，拓平台升能级，精准服务助推企业高效运营发展。

精准服务企业提质增效。根据市商务委关于2020年民营总部的申报通知，沟通税务、市场监管部门，参照具体认定标准进行筛选形成初步名单，提高工作精准度和效率。组织各街镇、工商联、企联会等相关部门机构建立工作群，进一步深入排摸、宣传发动，争取做到“应报尽报”，已有神州数码、索电科技等4家企业申报。开展2020年长宁区支持民营经济和中小企业创新发展专项政策中支持企业向“专业化、精细化、特色化、新颖化”发展、支持企业境内外上市、支持民营企业总部发展三项扶持资金的申报工作。推荐优质企业申报市发改委、经信委、科委等市级条线部门的政策，形成市、区政策的放大效应；组织企业申报市级“工业强基”“首台套”“绿色产品”“节能改造”等项目政策，提升企业能级；推荐企业进入工信部2020年“先进安全应急装备产品”名录等。受疫情影响，广大民营中小企业在经营上遇到前所未有的困难，区商务委聚焦用人单位劳动争议这一主题，联合区企联会等相关专业机构共同合作组织“影响人力资源的劳动争议裁审口径及经典案例”“后疫情时代高发劳动争议的应诉处理”两场线上培训活动，共有 210 家企业参与培训。另外结合固定资产投资项目信息管理工作，组织企业参加市级固投信息管理培训。为切实减轻民营企业负担，国务院和上海市政府成立专门联席办，清理政府以及国有企业拖欠民营企业中小企业账款。区商务委牵头区财政局、区国资委制定清欠工作流程和机制，每月收集汇总区财政对政府部门和所属事业单位，区国资委对大型区属国有企业拖欠民营企业的账款情况，督促相关部门和单位按照上级要求尽快清欠拖欠款项。截至 7 月底，区级部门及国企均无拖欠民营企业款项。

**【2021 年发展趋势】**

一、聚焦政策修订，促进企业快速发展

受疫情影响，广大民营中小企业在经营上遇到前所未有的困难，区委、区政府领导高度重视，要求“十四五”政策修订要做到提质、增效、扩面、精准。结合长宁区实际情况和工作重点，拟出台区级“专精特新”“区级民营企业总部”等政策。

二、聚焦复工复产，保障产业平稳运行

继续对接区内电商、直播平台，开展企业入驻电商、直播平台相关业务流程培训，在疫情新常态下借力网红经济、在线新经济等发展势头帮助企业开拓更多销售模式，助力企业转型升级。持续扩大区内政策的宣传力度和覆盖面。开展立体化、多层级的政策宣传、培训巡讲。推进民营及中小企业政策的评审和兑付，对政策扶持的重点项目进行跟踪服务，做好绩效评估。进一步提升政策系统性、针对性和联动性，形成政策优势高地。

三、聚焦营商环境，优化服务力度

结合企业服务平台建设和营商环境优化等重点工作推进，精准对接企业需求，积极回应热点关注，邀请各方面专家为中小企业开办各类讲座，不断促进中小企业健康发展。持续用微信、电联、走访等形式扩大调研企业数量，把最新外贸政策及时推送给企业，帮助企业对接相关部门解决企业实际困难。

四、聚焦资本市场，助推企业上市

结合科创板科创属性进一步细化明确、创业板实行注册制改革等政策宣传解读，加大对上市进程及重点意向企业的走访力度，加强联系沟通，提供及时精准服务，尽力协助企业扫清上市过程的障碍，助力企业尽快迈向资本市场。

（王韵华）

# 普陀区工业

**【概况】**

“十三五”时期是普陀区发展很不平凡的时期。面临严峻复杂的国际环境、新冠疫情的冲击和自身转型的阵痛，在中共上海市委、市政府的坚强领导下，历届区委、区政府接续奋斗、砥砺前行，坚持围绕中心服务大局，全力以赴促增长、持之以恒补短板、坚定不移调结构、千方百计惠民生，全面胜利完成“十三五”规划的各项目标任务，经济社会发展再上新台阶，为“十四五”时期实现新跨越奠定良好基础。

**【2020 年发展情况】**

一、工业整体下滑，跌幅好于预期

受疫情影响，一季度经济活动受限，工业生产出现较大幅度下滑。随着国内疫情逐步控制，企业复工情况明显改善，3 月开始各经济数据降幅均有所收窄，疫情对于国内经济的影响或集中在一季度，工业生产逐步完全恢复正常。但国内外疫情的反复程度和持续时间，影响区工业的整体发展和运行。

二、行业分化加剧

传统的货币制造和印制、机械制造等行业的增速逐步下降，而自动化制造等行业增长迅速。这和国内外整体的工业产业周期有关，也同普陀区整体的存量工业结构调整有关。

三、总量进一步萎缩，利润水平持续下降

工业利润持续下降，这同行业周期有关，更重要的是区内整体工业的产品收益率呈现逐年下降趋势。

**【2021 年发展趋势】**

2021 年，普陀区工业经济缺乏大增长点，但不乏小的亮点，“十四五”期间，普陀区的目标是：与“一带一路”“长三角一体化”等国家战略和“具有全球影响力的科技创新中心”等全市战略相结合，依托普陀自身基础优势，全面打造“三地一极”。

一、统筹并加速打造“1+3”产业园区体系

“1”是指桃浦智创城核心区，依托大规模高品质研发和商办载体，打造生命健康产业总部型企业集聚地，加快国际创新技术吸收转化，培育一批跨国及本土“隐形冠军”企业。“3”包括中以（上海）创新园、桃浦国际健康创新产业园、同济生命健康产业园，突出细分特色和引进培育等功能。构建形成“1+3”园区间产业协同功能和创新主体培育转移机制，为生命健康产业链打造、创新型企业全生命周期发展提供承载空间和环境土壤。

二、加强数字医疗场景建设

以上海市儿童医院、普陀区中心医院为依托，推进互联网医院发展，支持在线开展就医复诊、健康咨询、健康管理、家庭医生等各类服务。加快推进区医疗健康大数据公共服务平台建设，探索“普陀影像云”、智能读片等新模式，促进数据共享共用，提升在线服务水平。探索开放医疗大数据应用，强化对在线医疗企业吸引力度。结合5G示范区建设，积极推广基于5G技术的远程会诊、远程手术、远程超声、远程监护、远程流行病学调查等远程医疗应用。围绕护理、养老等民生需求，深入推进国家“互联网＋安宁疗护服务”、上海市“互联网＋护理服务”试点建设，加快人工智能技术和产品创新应用，提高健康服务、养老服务智能化水平。

三是要着力培育技术引进研发转化能力

充分发挥中以（上海）创新园、上海清华国际创新中心、上海化工院、同济大学等创新资源溢出效应，加大医疗器械、药物、材料等前沿领域技术引进研发支持力度，推动技术产业化、场景化。支持智能机器人和在线医疗融合发展，支持发展智能医学影像设备、手术机器人、康复机器人、消杀机器人等智能医疗设备。突破健康大数据分析、医疗物联网等关键技术，创新研发适宜社区普及和居家应用的智能化健康检测与监测设备。

（高　远）

# 虹口区工业

**【概况】**

2020年，虹口区规模以上工业企业13家，完成工业总产值12.34亿元，比上年下降3.2%，现价下降2.7%。

由于新冠疫情影响，规模以上工业企业生产在第一季度同比下降明显，第二季度开始逐步恢复正常。从第三季度开始，企业产值开始企稳回升。

主要增长点：(1) 上海雷允上中药饮片厂有限公司。以中药饮片生产、代配代煎、膏方定制一体的经营模式为主，常年生产中药饮片品种约600余种，为上海各大中药厂提供优质原料，并保障各医院和门店中药配方的需求。在新冠疫情期间，中药饮片的需求量进一步提升。2020年，实现工业产值2.47亿元，同比增长36.5%。(2) 上海尼赛拉传感器有限公司。从事智能传感器、安全防范，节能照明等领域产品的研发和生产，主要研发、生产和销售热释电红外传感器、超声波传感器、霍尔器件、滤光片及各类传感器应用品，产品销售到欧美、日本等多个国家和地区。新冠疫情爆发后，企业生产受到极大影响，上半年尼赛拉产值同比下降约10%。企业根据疫情防控导致市场对红外传感器需求的急剧上升，加快研发新产品，及时调整生产重心，区相关部门也在各个方面予以协助，下半年扭转逆势，全年完成工业产值2.27亿元，同比增长3.4%。

**【2020年发展情况】**

一、做好规模以上工业企业防疫工作

在疫情发生后，虹口区根据及时发布管理要求和工作指南，制定出台工业企业复工管理工作提示，督促企业落实主体责任、严格遵守各项规定、制订落实疫情防控方案预案、加强防疫防控举措。制订发布《关于在抗击新型冠状病毒肺炎期间加强本区工业企业宿舍管理的通知》，对企业“衣（口罩）、食、住、行”做到全覆盖要求。对13家规模以上工业企业进行全覆盖走访排摸，畅通信息沟通渠道，建立联络机制。每日开展监测预警工作，同时做好疫情防控宣传，通过微信公众号以及微信工作群及时向企业推送区疫情防控工作提示、普及疫情防控要点和健康教育知识。在疫情进入常态化管理之后，持续关注全国疫情发展情况，在出现高、中风险地区后，及时通报企业并做好人员排查工作。

二、促进企业复工复产工作

（一）积极保障助力企业复工。结合防疫工作要求，出台《虹口区工业企业复工工作提示》，督促区内生产企业做好复工后的防控措施。在得知企业应急物资紧缺的困难后积极帮助企业寻求购买渠道，通过提供国外渠道信息与苏宁易购、第一医药等企业开展对接，采取在虹口商务微信公众号和苏宁易购平台开放防疫物资采购通道等方式，保障企业物资储备顺利进行。同时，还为企业准备好一周的使用量作为储备应急。疫情最紧张期间，区商务委共帮助企业采购口罩等防疫物资约20多万件。在走访调研企业过程中宣传各类政策、答复企业诉求，帮助企业解决不少实际困难。对企业反映最迫切的现金流紧张问题通过积极联系银行给予贷款帮助，协调物业载体给予房租补贴等为企业复工做好各类保障。积极协调企业申请“长三角交通运输一体化货车通行证”，及时配送原材料和产品，保证生产正常运转。到2020年2月28日，13家规模以上工业企业全部复工复产，企业复岗人数超85%，产能恢复到70%以上。（二）建立产业经济运行调度平台。根据市经信委《关于建立全市规上工业企业联络员制度切实做好经济运行工作的通知》要求，建立市、区、街道（园区）三级经济运行体系，指导企业和政府联络员充分利用产业经济运行调度平台，切实解决企业融资、市场拓展、劳动用工、外贸出口等困难，保障产业链供应链平稳运行，促进产业经济企稳回升。（三）加强中小微企业金融支持。贯彻党中央“六稳”“六保”任务决策部署，搭建政银企融资对接平台，牵头汇总虹口区62家稳企业保就业金融重点支持企业名单，帮助企业打通融资渠道、降低融资成本。同时，加强日常联系服务，注重提高服务效率和精准度，助力中小微企业缓解融资压力，将金融支持稳企业保就业任务落到实处。

**【2021年发展趋势】**

2021年，虹口区由于土地和人力成本等因素影响，以及中心城区面临更多的环保、安全生产等要求，制造业企业逐年减少。上海爱思旅行用品有限公司已关停，仍在地生产的几家企业场地租期也即将到期，后续发展具有极大不确定性。存量企业在扩大生产规模、提升产量上也受到诸多限制。工业总产值目标为11.5亿元。

一、进一步加强企业服务工作

加强对企业的走访调研，继续发挥产业经济运行调度平台作用，畅通与企业沟通渠道，增强与市、区各职能部门联动，合力解决企业生产遇到的难点问题，做好国家各种惠企政策宣介稳定企业发展信心。

二、进一步做好产业提升工作

全面贯彻数字化转型工作，促进数字经济与实体经济深度融合，推动现有生产企业、制造企业数字化赋能，进一步提升产能效率。利用现有园区载体资源以及科研资源，积极布局创新产业、研发力量，打造各类创新服务体系，大力发展生产性服务业。

三、进一步优化营商环境

持续深化“放管服”改革，加大简政放权力度，创新监管方式，有效提高服务效能，充分激发市场活力。结合虹口区北外滩新一轮发展规划，加强宣传推介加大招商引资力度，力争引进制造业总部企业、龙头企业落户虹口，带动虹口区域产值增长。

（施　洋）

# 杨浦区工业

**【概况】**

2020年，杨浦区属地工业累计完成工业产值66.06亿元，比上年增长6.70%，增幅较上年提高1.72个百分点；实现利润总额4.80亿元，同比增长240.21%，非金属矿物制品业和计算机、通信和其他电子设备制造业的总产值规模排前两位，贡献超六成的属地工业总产值。全口径规模以上工业实现总产值1231.84亿元，是继上年首次突破1200亿元以后，再一次创历史新高。制造业区级税收增幅力压房地产业和信息软件业，全年实现区级税收4.18亿元，同比增长3.9%。高新技术产业占比继续提高，电子信息、新能源发展势头良好。高新技术企业完成工业总产值203.61亿元，同比增长8.1%。实现利润2.96亿元，同比下降49.57%。从内部结构来看，电子信息、新能源、新材料保持盈利，其中电子信息产业产值下降、利润增加，高质量发展成效显著。新能源汽车、高端装备、生物医药均处于亏损阶段，其中新能源汽车受上汽大通加大投入推出一系列低成本大电量车型影响，产值提升，但仍未实现盈利，亏损进一步放大，使得杨浦区新能源汽车产业整体亏损。生物医药利润亏损呈现减小趋势。

**【2020年发展情况】**

一、辖区企业全面复工复产复能

建立联防联控工作机制。依托信息化手段搭建“杨浦区企业疫情监管防控平台”，制定《杨浦区关于支持中小企业共抗疫情的十条政策》及实施细则，及时主动将政策“干货”推送给企业。大力支持规模以上工业企业有序复工复产复能。（一）严格把好复工准入关，至5月底规模以上工业企业复工率达100%，复工人数达99%，产能恢复92%。（二）强化防控物资保障，先后免费发放口罩1.8万个，并提供额温枪平价购买渠道。排摸督查407家规模以下工业企业复工情况，加强工厂内的消毒防控措施，共签订企业承诺书203份。服务保障重点企业提前复工。配合落实上海粮油仓储有限公司杨浦粮食仓库（上海乐惠物流有限公司）和上海乐惠米业有限公司杨浦分公司提前复工。对春节期间支持疫情防控重点企业给予一次性吸纳就业补贴。分类指导文创园区、科技园区复工复市。指导区内17家文创园区共1773家企业有序复工复产，签订企业承诺书1579，文创园区共计减免5399.8万元租金，科技园区以减、免、缓2～3个月房租（或服务费）的形式落实企业申请1300余件，涉及金额6000万余元。

二、全面落实“六稳”“六保”

保障产业链供应链稳定。重点保障48家规模以上工业企业产业链供应链稳定，梳理关键进口零部件、原材料、设备的库存、订单、运输情况。联系中行、工行等金融机构，先后为25家企业提供金融服务和融资贷款。根据市经信委要求，梳理核实排摸24家涉及安全（应急）生产企业信息。提升能级稳外资解决难题。研究制定区级利用外资行动方案，制定20条措施。指导班安欧、达疆网络等总部和研发中心申报能级提升、开办及房租等专项扶持资金。努力解决企业停车、隔离、就餐等困难。统筹谋划稳外贸提前布局。积极对接进博会优质参展商全球最大的消费品包装公司安姆科集团落户杨浦。联合杨浦海关、欧坚集团举办“抗击新冠疫情，通关及国际贸易论坛”，依托中信保提供信用保险服务，帮助外贸企业保市场、保订单、保履约。

三、企业技术中心培育体系日趋完善

企业技术中心梯队建设成效明显。市级企业技术中心认定取得较大突破。中和软件、宝存信息、千寻位置、天跃科技、优刻得等5家企业被认定为上海市第25批市级企业技术中心。已建成各级企业技术中心72家，其中国家级企业技术中心4家，市级企业技术中心21家，区级企业技术中心47家，形成较为合理的培育梯队。注重顶层设计政策落地，发布《杨浦区区级企业技术中心认定申请和评价工作指南》(2020版)，与相关部门协商落实相关政策的路径和流程，落实新认定的12家区级企业技术中心享受奖励政策共计360万元，均已拨付到位。

推进产业投资项目申报。产业投资金额达18.53亿元。领域涉及新能源汽车、装备制造、检测检验、新材料等。

全力推动重点技术改造。指导申报上海市产业转型升级发展专项资金项目（技术改造）3项，总投入16057.82万元，其中固定资产投资12028.82万元，其他投入4029万元。助力企业提升能级，上汽大通汽车有限公司成功创建国家级工业设计中心。实现国家级工业设计中心“0”的突破。推动企业技术中心成功上市科创板。1月20日，市级企业技术中心优刻得科技股份有限公司科创板上市，成为杨浦区企业上市科创板的第一股。8月17日，区级企业技术中心上海复洁环保科技股份有限公司科创板上市，成为杨浦科创板上市第二股。据统计，全区各级企业技术中心中上市企业已达19家，占技术中心总数的26.39%。其中沪市主板1家，香港联交所主板1家，深圳创业板2家，上交所科创板2家，新三板12家，上海股交中心1家。

四、安商稳商注重企业服务优质化供给

建设杨浦区文化金融服务站，宣传贯彻《上海市促进中小企业发展条例》，完善中小企业服务体系。培育上海市中小企业服务机构28家，其中2家为国家小型微型企业创业创新示范基地，3家为国家中小企业公共服务示范平台。推动中小企业服务专员工作向街道、园区、楼宇下沉，扩选150名服务专员，覆盖企业3000家。聚焦专精特新梯度培育，现有国家级专精特新“小巨人”2家，市级“专精特新”143家，区级“专精特新”177家。扶持创新创业创客大赛。推荐75家初创小微企业参加2020年“创客中国”上海市中小企业创新创业大赛，推荐新氦类脑、云瓣科技等10家企业参与2020年全国双创活动周主题展示项目。注重高层次人才培育。推荐6人申报杨浦区重点人才引进，推荐12名企业家参与杨浦区高层次人才分类认定。

五、推进产业结构调整和工业节能

根据“十三五”工作目标，继续对高能耗、高污染、高危险、低附加值企业开展产业结构调整，为杨浦经济转型升级提供空间。为配合军工路地区转型的工作，完成2家企业产业结构调整，降低能耗465.07吨标准煤。积极推广节能新技术，继续鼓励企业重点推进工业锅炉、空调系统、绿色照明工程的技术改造，使节能技改项目做到全覆盖。结合多年来的产业结构调整和转型升级，参考市经信委发布的《上海产业用地指南（2019)》，连续2年开展工业低效用地评价，盘活存量用地，发挥工业用地最佳效率，配合市经信委探索退出机制，为最终实现差别化政策措施打下基础提供参考意见和依据。

六、强化高端产业引领功能

推动杨浦区国家工业设计研究院被工信部列入首批国家工业设计研究院培育对象名单。推动CIDI与中科院上海光学精密机械研究所合作，通过原创科技与工业设计融合创新，实现原创技术、关键技术、共性技术与工业设计融合创新和成果转化。积极创建国家级工业设计创新研发和转化功能型平台。通过工业设计在线服务平台精准服务到广大制造业企业、工业设计机构和设计师，帮助企业、设计机构和设计师发布需求、展示资源、树立品牌等，获得更多有效的客户和商业机会。

新一代信息技术产业迅猛发展。杨浦区电子信息技术类国家高新技术企业达334家，营业收入279.08亿元，从业人数达到3.6万人。现有智能云科和优刻得两个行业级工业互联网平台，累计推动1020家企业上云上平台，共推动109家企业开展两化融合管理体系自评估，24家企业开展两化融合管理体系贯标工作。

**【2021年发展趋势】**

一、进一步完善企业技术中心培育体系

坚持持续进行企业技术中心认定和评价工作，坚持不降低认定评价标准，坚持优中选优、严进严出、政策倾斜、重点培育的方针，加大对企业的扶持力度和个性化培育。

二、建成竣工一批重要平台和重点技改项目

依托中国工业设计研究院打造长三角工业设计创新中心和智能制造创新中心，推进国家级工业设计创新研发和转化功能型平台建设。上海工具厂有限公司引进关键设备提升数控刀具能级技术改造项目、上海无线电设备研究所高性能汽车毫米波雷达研发及产业化项目、华域车身工程和自动化能力提升项目（暨技术中心二期技改）6月底竣工。华域汽车车身零件（上海）有限公司新能源汽车及轻量化车身零件机加工技改项目、上海柴油机股份有限公司高性能2.0T柴油机项目产业化项目、上汽大通自主品牌新能源与节能汽车研发能力建设项目、上汽大通智能汽车研发核心竞争力建设项目、上海大众联合发展车身配件有限公司大众联合工程和自动化能力提升项目12月底竣工。

三、持续推进产业结构调整

制订新一轮产业结构调整的三年行动计划（2021—2023），总目标5个。产业结构调整重点领域涉及纺织印染、化工印刷、混凝土、食品加工，2021年目标2个，同时跟踪和推动上海杨浦区长福纸品印刷厂、上海电站辅机厂有限公司、上海宝莱包装有限公司等项目的进展。

四、探索推进北斗产业基地建设

推进北斗导航定位技术、高精度授时和测量技术、芯片技术、机载导航系统技术和船载导航系统技术的军民两用发展，打造卫星导航技术军民融合产业生态圈。联手区发改委与中兵北斗、千寻位置网合作，积极组建全球位置服务平台，探索打造北斗产业研发应用基地。

五、积极发展工业设计与产业链深度结合

（一）开展数字设计基础研究和成果转化。研究数字设计定义，确定数字设计的研究对象、研究范畴、研究工具与方法，计划于2021年举办的首届世界设计之都大会上首次发布。规划数字设计功能、价值、示范应用场景和推广工程，打造数字设计产业区和滨江数字生活带，加速实现数字产业化、产业数字化。推动“卡脖子”工业软件开发及应用，并实现多领域的“国产替代进口”，满足数字新基建与在线新经济对软件的产业需求，填补国内空白，打破国际垄断。（二）开展数字领域产业研究与产业链设计工作。规划建设“5G+数字设计应用创新中心”“人工智能数字设计创新中心”“数字设计大数据创新中心”，以区域数字经济产出为目标，围绕产业链、设计创新链，推动工业互联网数字化改造和数字新基建发展，打造上海杨浦数字设计策源地和新基建产业高质量发展，为杨浦区培育省部级以上工业设计中心10个。（三）建设数字设计新经济平台，挖掘和培育杨浦重点设计企业和品牌，将杨浦打造成“上海设计”品牌的重要承载区。

六、整合资源开展质量品牌建设

进一步开展“上海品牌”认证试点工作，支持各类园区创建国家级知名品牌示范区，着力引导智能云科、挚达科技、纳琳威、复展智能等制造型企业开展研发设计创新、技术工艺创新、产品质量提升等自主创新项目建设，促进“上海制造”品牌做优、做大、做强。

（刘　伟）

# 黄浦区工业

**【概况】**

2020年，黄浦区有规模以上工业企业13家，其中在地企业2家、属地企业11家。受新冠疫情影响，全年工业经济有所下降。

**【2020年发展情况】**

一、工业主要经济指标完成情况

全年完成工业总产值32.22亿元，比上年下降20.5%；出口交货值0.29亿元，同比下降49.5%；营业收入63.69亿元，同比下降10.7%；利润总额7.0亿元，同比下降50.7%。其中属地企业完成工业总产值24.03亿元，同比下降26.2%。

二、各行业完成情况

从行业分布来看，食品加工企业数量较多，共有江崎格力高、老大昌、哈尔滨食品厂和兼光食品等4家企业。从企业规模上看，珠宝首饰制造企业生产规模较大。其中老凤祥珠宝首饰有限公司产值10.19亿元，同比下降9.5%；江崎格力高食品有限公司产值7.30亿元，下降5.5%；临港海上风力发电有限公司产值4.48亿元，增长23.9%；上海建筑材料集团水泥有限公司产值3.72亿元，下降16.5%；海迅机电工程有限公司产值2.21亿元，增长15.1%；中船重工（上海）节能技术发展有限公司产值1.44元，增长44.2%。

三、工业经济运行特点

（一）行业景气企业得益。受益于环保节能行业发展态势良好，中船重工（上海）节能技术发展有限公司和临港海上风力发电有限公司产值同比增幅分别为44.2%和23.9%，位列全区企业前两位。海迅机电工程有限公司生产定制军工产品，全年产值同比增长15.1%。

（二）大型企业生产企稳。老凤祥珠宝首饰有限公司和江崎格力高食品有限公司位列全区工业企业生产规模前两位，两家企业克服新冠疫情带来的负面影响，二季度以来生产稳步回升，累计降幅分别收窄至9.5%和5.5%，好于全区工业生产整体表现。

（三）小型企业表现不佳。年产值低于2000万元的小型企业运行情况整体弱于大型企业。宇宝工贸有限公司和兼光食品有限公司两家企业同比降幅均超过四成，申花电器企业发展有限公司降幅也接近两成。

【2021 年发展趋势】

2021 年，黄浦区工业生产总体保持较高增长态势，受上年基数影响，增幅上将呈现前高后低的趋势。从企业构成上看，新增在地企业 1 家（上海申能长兴第二风力发电有限公司）属地企业 1 家（上海童涵春堂中药饮片有限公司）减少属地企业 1 家（上海兼光食品有限公司）。预测全年完成工业总产值 35 亿元以上，其中属地企业完成工业产值 25.2 亿元以上。

（陈修文）

# 静安区工业

【概况】

2020 年，静安区完成在地工业总产值 60 亿元，比上年下降 16.8%；完成出口交货值 5.02 亿元，同比下降 15.3%；完成主营业务收入 69.38 亿元，同比下降 17.2%；实现利润 5.4 亿元，同比下降 8.9%。

【2020 年发展情况】

一、工业产值受疫情影响降幅较大

由于雷迪埃、古林印刷等企业因环保因素搬迁，以及中心城区工业受制于地价成本、转型调整等因素，制造业逐步向郊区和外省市搬迁，工业总规模逐步下降。同时，上半年由于受疫情影响较严重，大部分企业一季度生产经营停摆，导致工业总产值进一步下降，四季度区商务委根据市区两级稳增长要求，重点走访和电话联系区属规模以上工业企业 29 家，绝大部分企业受疫情影响，造成产值下降。从走访企业情况看，各企业生产经营下半年好于上半年。年末全区区属工业产值下降幅度保持在降幅 20% 以内。其中，红宝石较上半年有所恢复，营收与上年持平。威旭半导体产品主要用于出口，国外疫情持续导致订单下降，积极拓展国内市场。铁路印刷主要印制火车票上半年疫情影响大，下半年出台电子票政策，企业面临转型增长较难。

二、加快产业园区转型升级

为帮助中小企业复工复产，号召国有园区及多媒体谷等部分民营园区对企业进行租金减免。做好有关扶持政策的咨询解答和指导服务，组织 8 家企业申报上海市民营企业总部，推荐 3 家单位申报“创客中国”项目，组织 7 家企业申报市民营经济百强计划，组织汇智园满星空间申报国家中小企业公共服务示范平台，26 家企业申请上海市中小企业发展专项资金，其中 13 家获批。

三、市北园区打造数智经济产业科创新城

作为静安实施“一轴三带”发展战略和对接上海全球科创中心建设的重点发展区域，近几年来，市北高新园区按照上海大数据“创新基地 + 交易中心 + 产业基金 + 发展联盟 + 研究中心”五位一体的产业规划布局，筑巢迎凤，先后吸引上海市政府大数据中心、上海大数据股份有限公司、上海数据交易中心、上海市大数据联盟、大数据流通与交易技术国家工程实验室、上海市大数据应用创新中心、上海超算中心大数据产业孵化基地、亚马逊 AWS 联合创新中心等数据要素资源平台和一大批全国重点大数据、人工智能、云计算等重点企业落户。

市北高新园区于 2020 年成立沪上首个以区块链为主要业态的生态谷——上海市北区块链生态谷，引进华为上海区块链生态创新中心、万向区块链大数据联合创新中心、信息发展区块链技术研究中心和上海科学院区块链技术研究所等一系列重磅数据智能研发、营销中心入驻，使园区迅速成为静安乃至上海在区块链技术自主创新突破方面的“桥头堡”。

【2021 年发展趋势】

一、加快推进产业园区转型升级

强化园区工作网络建设。建立专业服务机构志愿服务进驻园区服务体系。以园区服务为主线，围绕“6 个一”，即一个强大的服务联盟、一批核心的咨询服务点、一支专业的导师队伍、一场大型主题活动、一系列创新服务活动、一本服务案例手册，创新园区服务网络体系形成稳定的服务机构、服务网点、服务案例和服务制度，为园区入驻企业提供各种服务活动。

二、加快发展以大数据为重点的数智产业

持续引进具有自主知识产权和技术创新能力的大数据、云计算、人工智能以及工业互联网、智能制造龙头企业，支持大数据、人工智能、物联网和区块链等产业融合创新发展。发挥国家级大数据基地辐射效应，推进传统行业智能化、数字化转型，打造市北区块链生态谷等面向重点产业、重点环节研发与转化的产业功能性平台。推进华为上海区块链生态创新中心、上海科学院区块链技术研究所、华院数据认知智能研究中心等各类重大创新项目和创新要素集聚落地，形成在线经济创新策源高地。

三、培育壮大一批技术创新型企业

支持高新技术企业参与国际上的重大产业技术研发、行业共性技术攻关等，提升核心竞争力。不断完善上市科创企业储备库，围绕大数据、云计算、物联网和人工智能等重点产业领域，梯度推进一批优质科创企业上市。

四、积极打造战略性新兴产业集群

重点聚焦数据智能、生命健康两大产业，围绕大数据、云计算、人工智能、区块链、智慧医疗等领域及其产业链，引进一批具有自主知识产权和全球服务能力的龙头企业，壮大一批产业上下游企业。推动市北功能区打造数字经济发展引擎，建设“中国大数据产业之都、中国创新型产业社区”，打造国际领先的数智产业园区，成为国际一流的“数智经济城”。

五、有效推进在线新经济领域探索突破

培育一批以高新技术企业为主体的在线新经济骨干企业，培育一批美誉度高、创新性强的在线新经济品牌产品和服务，推动一批新产品先行先试，加快创新产品市场化和产业化，支持一批拥有核心技术、用户流量、商业模式的在线新经济领域创新型头部企业和领军企业。

（黄鹏程）

# 宝山区工业

**【概况】**

2020年，宝山区按照中共上海市委书记李强关于“将宝山打造成为上海科创中心主阵地之一”的战略定位，找准切入点、发力点和支撑点，统筹推动宝山产业经济实现高质量发展，全面完成工业经济各项主要指标，超额完成市级下达的区属工业总产值730亿元目标。全区规模以上工业产值1986亿元，与上年总量持平；完成工业固定资产投资近100亿元；战略性新兴产业（制造业部分）总产值占区属规模以上工业总产值约25.4%，同比持平；“2+4”工业园区单位土地主营收入同比增长约9.4%。完成产业结构调整项目98项，精准盘活低效产业用地面积为1112亩。全区规模以上工业企业综合能耗控制在33.5万吨标煤以内，产值能耗下降率为1.1%，超额完成市里下达的任务目标。

**【2020年发展情况】**

一、全力以赴抓复工复产，打好疫情防控狙击战

强化“一个统筹”，确保战“疫”有方。区经委成立一支驻场队伍，全力以赴做好协调疫情防控应急物资的生产、采购、调拨、储备等工作，帮助应急物资生产企业加快复工、释放产能。聚焦防疫物资生产保障、企业复工复产、后疫情达产增能等3个阶段，直插一线、分片包干，充分发挥监管员、协调员、服务员的作用，精准对接、精细服务，确保防控物资产能迅速恢复，确保产业项目引进建设投产等工作不停步。在复工复产阶段，坚持从企业需求出发，帮助宝钢上下游企业、梵通科技、小卫科技、东芝电梯等企业解决复工复产困难、上下游企业协调、流动资金紧张、防疫物资紧缺、劳动力紧缺、成本上涨、物流不畅、通勤不便、健康筛查等问题，多措并举协调推进企业复工复产。

二、聚焦重大项目推进，推动新旧动能转换

围绕“上海科创中心主阵地建设”工作主线，努力营造全区重视招商引资的氛围，形成招引洽谈一批、签约落地一批、开工建设一批、竣工投产一批的良好态势。（一）建立“25+15+X”重点产业项目推进工作机制，动态更新项目信息，定期实地勘察项目情况，及时掌握项目进度，针对审批要求、土地规划和方案设计内容等可预见性的问题，会同相关部门协调推动联东U谷、临港城工科技绿洲、克来机电等项目竣工投产。（二）牵头梳理形成33个区级重点投资促进项目，针对项目规模及成熟度，重点聚焦上药、宝济、国盛、索灵、厚友、快仓、发那科三期、京东等10个重大投资项目落地建设，明确时间节点，压实责任单位，按周推进落实。（三）着力引进一批优质项目，不断增强经济发展后劲，持续推动斯丹姆、塞力斯、复创达索、章臣机械等在谈项目加快落地。年内成功引进投资额1亿元以上产业类项目51个，总投资额达554.67亿元，特别是生物医药产业方面取得了显著成效，签约落地生物医药企业23家，投资总额约76.2亿元。

三、聚焦重点园区重点产业，推动产业做大做强

对接国家战略部署和上海市产业导向，结合自身产业基础与特色，依托三大市级特色产业园区建设全力打造高附加值、高成长性、高投资回报、高利润率的“高峰”产业，构筑宝山产业发展硬核实力。（一）依托北上海生物医药产业园大力发展生物医药产业。研究形成加快建设北上海生物医药产业园工作方案，编制《宝山区生物医药产业发展三年行动计划（2020—2022年）》以及《宝山区生物医药产业展示厅初步建设方案》，逐步推进功能提升、实现要素集聚、形成融合示范，构建生物医药产业集聚发展的“强磁场效应”。加快推动上药宝山“超级工厂”、景泽生物、宝济重组蛋白药物、正大天晴康方、国盛生物医药产业园、慈云通医药冷链运输、斯丹姆等重点企业和项目落地建设；复星医药、君实生物、汉氏联合集团、江苏豪森、药物牧场等一批生物医药产业项目正在积极对接中。联合区医保局推动市医保局与宝山区政府达成战略合作，共同推进宝山生物医药高质量发展。（二）依托超能新材料科创园大力发展先进材料产业。

聚焦高温超导、超碳石墨烯、新型太阳能硅片等前沿新材料产业，依托石墨烯功能型平台、申和热磁等一批龙头企业引领，加快推动索灵医学诊断、国家无线电检测中心等一批项目引进落地，积极推进临港城工科技绿洲、联东U谷宝山科创中心、容弋电子等16个重点产业项目开工和投产，打造具有较高品牌标识度与影响力的“国际超能谷”。（三）依托上海机器人产业园大力发展机器人及智能制造产业。加大对机器人及智能制造研究力度，制定上海机器人产业园机器人及智能制造产业集聚发展标杆区建设的三年行动计划等。重点推动发那科机器人超级智能工厂、快仓全球研发中心、保集e智谷二期等项目建设，加快羿鹏轨道、小米打印等一批项目引进落地，启动园区提标升级改造项目15个，总投资近20亿元，打造中国机器人及智能制造产业集聚发展标杆区。

四、聚焦招商引资，建设技术创新应用高地

（一）进一步健全投促工作机制。制定《关于进一步加强投资促进工作，推动经济高质量发展的若干意见》，形成“投促部门统筹协调、产业部门齐抓共管、保障部门密切协同、区镇园区整体联动”的工作机制。搭建重点项目区级统筹推进平台，形成“区领导挂帅督办、职能部门协调服务、镇（园区）跟进落实”的重点项目推进机制。（二）进一步加强招商统筹工作。发布《宝山区产业地图2020版》，启动编制特色园区产业地图。积极布局招商引资信息化系统，推动实现集网上投资考察、精准对接项目、高效动态管理等于一体的招商引资服务化平台。研究制定新的准入评估办法，通过简化程序、提高标准，促进提升土地产出效益，加快高质量产业项目落地。（三）进一步显现招商引资成效。聚焦重点产业领域，着力引进华能煤电替代项目、倍豪船舶研发制造、上药超级工厂、宝济重组蛋白药物产业化等一批具有突破“卡脖子”技术的战略性产业项目。（四）投促活动影响力进一步扩大。积极承接进博会、工博会等大型展会，联合专业招商机构、银行、VC等资源优势，开展线上+线下招商宣传活动，向国内外展示宝山区一流投资环境，打造宝山区产业蓬勃发展“强磁场”。

五、聚焦发展新模式，打造产业发展新亮点

区经委大力推进工业互联网示范平台、示范园区创建，创新企业服务模式，以互联网技术为支撑，促进企业转型发展。连续第7年举办“中国产业互联网高峰论坛”，认定中国产业互联网创新示范区重点园区10家，宝山区产业互联网创新示范企业33家，充分发挥带动示范效应，深入推进中国产业互联网创新实践区建设。借助人工智能、5G、互联网、大数据、区块链等智能交互技术与现代生产制造、商务金融、文娱消费、教育健康和流通出行等深度融合，发展在线新经济，积极打造无人工厂、无人车间。在疫情暴发的特殊时期，作为中国钢铁行业领军企业的宝钢股份通过远程运行维护、大数据、人工智能等综合智慧手段，把上海宝山基地的冷轧热镀锌智能车间变成一座24小时运转却不需要多人值守的“黑灯工厂”，在防控阻击疫情时打好了稳产、高产的守卫战。

**【2021年发展趋势】**

2021年是“十四五”规划开局之年，更是宝山“打造上海科创中心主阵地”的起步之年。力争规模以上工业总产值比上年增长3%；工业增加值占GDP比重不低于30%；工业固定资产投资实现150亿元；规模以上战略性新兴产业（制造业部分）产值占比达27%；工业园区单位土地营收同比增长10%；力争完成低效产业用地精准盘活1500亩；全年引进、服务世界500强、国内500强、上市企业、隐形冠军、独角兽等各类重点优秀企业10家以上、重大功能项目10个以上；工业万元产值能耗完成市级考核目标；申报1～2家国家级企业技术中心，10家市级企业技术中心；新增20家市级“专精特新”中小企业。

一、加快产业转型升级，汇聚高质量发展合力

（一）发挥宝山独特优势，打造产业高地。充分发挥“南总部+北制造”产业链一体化布局优势，进一步用好用活产业空间、产业政策、应用场景等各类资源要素，打好南大—上大、吴淞—宝武“两张牌”，加快建设“三大特色产业园”、逐步放大“环上大科技创新圈”优势、积极培育“在线新经济”，持续不断引项目、强投资、促转型、抓产出，聚焦生物医药、新材料、人工智能及高端装备、新一代信息技术、邮轮经济等五大领域，努力打造宝山产业新“高峰”，为产业高质量发展积蓄强劲势能。（二）做好产业统筹，提高产业质量标准。坚持“规划引领、政策牵引、服务助力”，制定宝山区先进制造业发展“十四五”规划，完善编制区级产业地图，修订产业准入标准，制定宝山区加强产业统筹实施办法，推动产业集聚，加强区域统筹。（三）多链协同、重点突破。进一步发挥创新链与产业链协同发展的作用，加强创新资源集聚能力，强化与上海大学、复旦大学等高校、宝武集团、上实集团等大集团合作联动，全力推动环上大科技创新圈做优做强，承接好科技创新溢出效应，推动科技成果加速转移转化；加快推进南大智慧城、吴淞创新城招商引资体制机制创新步伐，导入更多产业资源和项目；引进培育更多科创板上市企业，持续增加高新技术企业数量，厚植产业创新发展的土壤。

二、推动重点产业项目落地建设，不断提升经济密度

（一）加大工业投资推进力度。重点推动上药超级工厂、垒知、福然德、申和二期等项目开工建设；协调推动京东、厚朴、赛赫智能、联东U谷创新港、科技绿洲二期等项目竣工投产、招商入驻；持续推动汉氏、复创达索等战新领域

在谈项目加快落地。(二)加快三大市级特色产业园区建设。高水平做好上海机器人产业园、北上海生物医药产业园、超能新材料科创园园区产业规划和提标升级三年行动计划。围绕基础设施建设、服务功能完善、产业氛围营造开展提标升级，打造高品质的特色产业园区。(三)推动低效用地盘活。完善低效产业用地盘活实施办法，优化倒逼和激励机制，鼓励通过多种方式开展二次开发，加快推动低效用地“腾笼换鸟”。推动富锦工业园区、机器人产业园、罗店工业园区成片调整专项完成验收，加快园区向高质量发展转型。

三、优化产业扶持政策，做优宝山“筑巢引凤”和“凤凰涅槃”的产业环境

(一)优化完善产业政策体系，强化政策供给。制订出台国资企业投资产业项目的管理实施办法，探索设立政府产业引导基金，联合社会资本按市场化方式运作，发挥财政资金的杠杆放大效应，支持带动性、战略性特征明显的战略性新兴产业重大项目；针对普遍遇到的存量盘活土地发展制造业的资金核算“剪刀差”问题，探索联合组建区级产业调整转型基金，鼓励各类社会资本参与。(二)用好用足土地政策，保障产业项目用地。鼓励存量产业用地提容增效，加大低效产业用地盘活力度，大力推进优质项目“零增地”改扩建，推动优质产业载体项目建设，鼓励新增土地项目提高土地产出及复合利用水平，加快土地储备出让、存量盘活、减量化的节奏，保证优先快捷供地，让好项目不缺土地、好产业不缺空间。(三)营造服务便利、服务意识浓厚的“软环境”。当好服务企业的“金牌店小二”，围绕企业关心的财政扶持、安居保障、子女教育、医疗等问题，特别是要聚焦企业办事的痛点、堵点和难点，提升企业办事的便捷性和舒适度。

(王　洁)

# 闵行区工业

**【概况】**

2020年，面对新冠疫情带来的严重影响和复杂多变的外部环境，闵行区坚持“稳中求进”工作总基调，统筹推进疫情防控和经济社会发展工作，按照“加快存量转型、激发增量潜能、提高经济密度”的工作思路，聚焦“南北”战略，围绕重点园区、重点领域、重点项目，推动全区经济高质量发展。全区实现工业总产值3480.3亿元，比上年下降0.8%；规模以上工业总产值3238.4亿元，同比下降0.7%；工业增加值855.9亿元，同比下降0.1%。

**【2020年发展情况】**

一、积极应对疫情冲击，经济形势逐季向好

从全年情况看呈前低后高、加速回升走势。1、2月受疫情和春节等多重因素影响，全区工业总产值累计下降22.4%；3、4月随着复工复产工作的推进，累计降幅快速收窄至10.0%以内；5、6月继续保持良好的发展势头，上半年降幅收窄至4.7%；三季度开始稳增长，降幅收窄至3.9%；四季度稳增长冲刺，降幅收窄至0.8%。从单季度对比看，第二季度完成工业总产值818.9亿元，同比增长8.1%；第三季度完成946.9亿元，同比增长1.5%；第四季度完成1053.6亿元，同比增长6.1%。从趋势上看，闵行区工业企业正逐步摆脱疫情带来的不利影响，发展势头稳定向好。

二、形成“应统尽统”合力，稳增长取得一定成效

闵行区加大“应统尽统”工作力度，建立相关工作机制，形成“应统尽统”合力，多渠道增加纳统企业数量。全区规模以上工业企业因关、停、并、转、迁等原因减少70家，减少产值12.7亿元；因企业规模成长、从外区迁入以及转变行业分类等因素新增规模以上企业67家，增加产值194.3亿元；通过“应统尽统”机制，全区各部门信息数据共享比对，新增纳统入库的规模以上工业企业达到76家，新纳统单位数比上年增长15.2%。全区实现区属规模以上工业产值2319.3亿元，同比下降0.8%，为“十三五”期间年度最高，总量排名全市第4，超额完成全年稳增长工作目标。

三、有效落实“南北”议题，经济发展质量更高

以重点园区为着力点，加速形成区域发展新引擎。推动理顺园区工作机制，加强园区目标管理和考核评估，莘庄工业区、闵行开发区、临港浦江园、紫竹高新区等四大工业园区实现规模以上工业产值2046.9亿元，占全区的63.2%。马桥AI创新区、闵行开发区智能制造产业基地成功入围全市首批26个特色产业园区。莘庄工业区、紫竹高新区、闵行开发区在2020年上海市开发区综合评价30强中分列第3、第5和第10名。马桥人工智能试验区公司、东方智媒城建设开发公司等5家单位完成园区平台认定。

以重点领域为切入点，积极培育产业发展新动力。高端装备产业加快集聚，全年实现工业总产值241.7亿元。东富龙细胞药物制备成套系统、拓璞数控五轴机床等17个项目获得市区装备首台套、创新产品产业化等专项政策扶持。人工智能产业快速发展，全区人工智能企业近400家，其中核心人工智能企业达到86家，呈现出应用主导、技术支撑、多领域全面赋能的特点。紫光芯云中心等4个重点项目参加2020世界人工智能大会云端峰会签约；扩博智能“新零售商

品机器视觉智能系统”、移康智能“家庭安全防御系统”等15个创新项目和应用场景获得市区人工智能专项政策扶持；剑桥科技智能工厂、航天器复杂构件智能工厂等5家企业成为全市首批上海市智能工厂。新一代信息技术产业发展平稳有序，以壁仞科技、晟碟半导体、正帆科技、艾为电子等一批龙头企业为引领，形成芯片设计、制造等较完整的电子信息制造产业链配套链。制造业政策扶持不断完善，修订出台《闵行区关于推进先进制造业高质量发展的若干产业政策意见》及操作细则，保障先进制造业高质量发展。

以重点项目为关键点，加快打造经济增长新标杆。完善产业项目跟踪推进机制，建立分管区领导牵头的月度例会制度，建立“一项目一专员”跟踪推进机制，扎实推进55个重大产业项目。积极探索存量资源盘活，持续推进“18+2+X”存量资源转型方案。启动推进存量产业资源转型项目58个，涉及土地近2998亩。力波啤酒地块项目（西块）竣工、众欣产业园区启动开工建设。加速实现优质项目落地，开展区重大产业项目库储备及滚动管理。新增华茂药业、云南白药等4个项目为区重大产业项目。完成中航机载、拓璞数控、天伟生物等3个战略预留区市级优质项目认定。

**【2021年发展趋势】**

2021年，闵行区将以“稳住基本盘、提升显示度、探索新模式”为主线，紧扣“比学赶超”的工作要求，抢抓虹桥国际开放枢纽建设的宝贵机遇，着力提升闵行产业链供应链现代化水平，不断提高经济质量效益和核心竞争力。

一、完善机制稳增长、扩规模

完善经济运行分析工作机制，在定期例会、月度分析、走访调研等常态化机制的基础上进一步形成统筹合力，加强信息交流共享，做好相关经济运行数据统计、预测和分析。完善应统尽统工作机制，制定出台《闵行区关于鼓励企业跨越式发展的意见》，鼓励企业纳统、提质，充分发挥“四上”企业经济发展主力军和排头兵作用，进一步夯实统计基础工作，确保应统尽统、应统必统。完善重点企业走访和服务工作机制，将规模以上工业企业等“四上”企业纳入重点走访服务范围，密切跟踪企业生产经营情况，积极协调解决企业诉求，以企业服务聚力稳增长，以营商环境建设促进经济高质量发展。

二、千方百计促落地、扩投资

加强部门对接，做好重大签约项目、拿地项目与2022年拿地项目、开工项目的衔接。遴选重大产业项目70个，总投资1030.5亿元，涉及“4+4”主导产业52个、占比74.3%。加强环节把控，积极落实区级双月例会、每月重大项目推进协调会、双周例会和重大项目专管员等制度。按照项目清单精准制定推进“任务书”，勤调度协调、勤检查指导，推进重大产业项目早拿地、早开工、早竣工、早投产、早纳统。加强存量挖掘，储备一批有利于推动高质量发展、有利于优化经济结构、有利于增强发展后劲的重大项目。鼓励企业采用新技术、新设备、新工艺、新材料实施生产工艺和生产线技术改造，支持优质产业项目提高容积率，鼓励存量优质企业开展“零增地”技术改造。提高产业用地投资强度，进一步发挥投资对稳增长的关键作用。

三、全力以赴显能级、显聚焦、显效益

加快特色园区培育“显能级”，制定区级特色产业园区管理办法，推出一批区级产业特色园区。加强基金投资与特色园区匹配度，优化目标奖励，激发社会化管理主体加强招商服务、打造品牌园区的积极性，形成“载体＋投资＋配套服务”的核心竞争力。

锚定产业发力方向“显聚焦”，鼓励高端装备板块优质企业开展工业强基和首台套装备创新项目，着力解决一批“卡脖子”技术难题，增强产业链供应链自主可控性。新一代信息技术板块，推动紫光（上海）芯云中心、上海电气西门子智慧能源赋能中心等项目落地，通过软件和集成电路专项政策、工业互联网专项政策等，打造一批集成电路设计和工业互联网领域的质量标杆产品和品牌企业。人工智能板块，以马桥人工智能创新试验区为重点推动达闼机器人、科大讯飞、AI公园等项目建设，打造开放创新生态体系。

提高经济密度“显效益”，加强土地全生命周期管理，继续做好新一轮工业企业综合绩效评估工作，实施差别化资源配置政策，探索低效用地处置机制，形成低效用地“及时发现机制”和“联动处置机制”。持续推进“18+2+X”转型升级，完成《闵行区关于加快存量产业资源转型发展的三年行动计划（2019—2021年）》的各项目标任务。完成存量用地新增建筑面积130万平方米，提高土地集约利用水平。

（陈　昊）

# 嘉定区工业

**【概况】**

2020年，面对国际国内形势深刻变化，特别是新冠肺炎疫情突如其来的严重影响，嘉定区工业系统紧紧围绕“六稳”“六保”工作总体部署，坚持稳中求进工作总基调，坚持高质量发展主线，出实招、求实效，努力实现工业领域经济运行回稳复苏。全年规模以上工业产值降幅显著收窄，汽车特强产业生产实现回升，新兴产业发展取得逆势增长，工业投资规模维持百亿以上，产业发展质效进一步提升。

**【2020年发展情况】**

一、促进“两个生产”，努力稳住工业基本盘

统筹疫情防控和工业生产。制定出台《关于应对疫情支持中小企业发展的十二条意见》和《关于应对疫情促进规模企业发展的十二条意见》，全力支持企业复工复产复市和平稳健康运行。落实疫情防控重点企业生产保障，利康消毒、依顺医疗等8家企业进入市应急物资征用企业名单，名冠净化材料等8家企业实施应急技改项目、提升产能，康德莱医疗器械等多家企业增加设备投入、转产重点防疫物资，联影医疗、上药中西等积极驰援国内疫情防控，加紧生产紧要医疗器械设备及相关药品药物。推动实施工业稳增长。贯彻落实全市稳增长工作总体要求，研究部署《关于深化推进本区工业领域稳增长的工作方案》，实现工业生产形势改善回升。全年完成规模以上工业产值5341.7亿元，比上年下降7.7%，实现季度增速由负转正逐季走高，各季度增速依次为−37.1%、−10.6%、+1.5%和+12.4%；工业总量规模继续位居“市郊八区”首位，规模优势较好保持。实现区属工业产值2726.4亿元，同比下降3.8%，大幅超额完成市稳增长目标任务，为全市工业增长作出重要贡献。

二、紧抓汽车工业生产，加强提升产业链运行安全

汽车特强产业生产触底回升。全年共实现产值3676.1亿元，同比下降9.9%，降幅明显收窄，占全区工业比重68.8%，同比降低2.5个百分点。其中，零部件企业生产表现相对稳定，合计实现产值1880.1亿元，同比下降2.5%；整车产业生产略显低迷，实现产值1796.0亿元，同比下降16.6%。立足“内循环”提升产业链运行安全。有效化解疫情全球化情况下汽车产业需求萎缩和产业链供应链运行不畅等问题，深入开展“上汽大众818金秋购车节活动”，举办2020世界智能网联汽车大会、2020第八届先进制造业大会、第三届长三角科技成果交易博览会、2020外冈镇产业链协同发展交流会等系列活动，广泛搭建合作交流平台促进资源共享共用，加速区域“内循环”形成上下游产业链同频共振。

三、完善产业空间布局，支撑新兴产业逆势发展

推进建设特色产业园区，发布《嘉定区关于加快特色产业园区建设的实施意见》，围绕汽车“新四化”、集成电路、生物医药等重点领域发展，加速形成“3+16”特色产业园区布局，提升新兴产业承载能力。氢能港、汽车新能港、智能传感器产业园等3个园区成功入选2020年度全市26个市级特色产业园。稳步提升新兴产业规模，全年实现战略性新兴产业产值1227.7亿元，增长4.2%，占全区工业的23.0%，比“十二五”末提升9.9个百分点；产业五年年均增速达到8.1%，位居“市郊八区”首位。其中，生物医药、节能环保、新能源汽车三大领域年度增速分别达到26.2%、17.3%和16.4%。四大新兴产业集群保持稳步发展，产业发展先导作用进一步体现，实现产值545.8亿元，增长3.1%。其中，高性能医疗设备及精准医疗产业在联影医疗等重点企业发展带动下取得大幅增长，增幅36.5%。

四、工业投资总体稳定，投资结构优化调整

全年共完成工业固定资产投资106.1亿元，连续两年保持100亿元以上投资规模。上汽大众MEB工厂加快建设并竣工投产，捷氢科技燃料电池项目、堀场仪器中国总部等一批重点产业项目建设启动。总投资亿元以上项目88个，占项目总数的38.6%；完成投资90.6亿元，占投资总额的85.4%；总投资10亿元以上项目10个，完成投资48.1亿元，占投资总额的45.3%；汽车制造业完成投资79.1亿元，占投资总额的74.6%。技术改造投资同比增长，全年共完成技改投资95.8亿元，增长4.3%，占工业投资比重90.3%。上汽大众的“新一代高性能电动汽车平台产业化项目（MEB工厂项目）”等25个项目获市级技改专项资金立项支持，累计总投资159.9亿元；安波福中央电气的“连接器插针柔性组装技术改造项目”等27个项目获区级技改专项资金立项支持，累计总投资5.29亿元，获得扶持资金4366.8万元。

五、产业转型加快推进，发展质效持续体现

推进产业结构调整和节能降耗工作，淘汰劣势企业165家，腾出土地773亩，节约标煤1.3万吨，完成福斯润滑油等4家危化企业关停并转，启动安亭镇环同济地区成片区域调整。企业资源综合利用效率进一步提升，规模以上工业单位产值能耗降至0.061吨标煤／万元。研究制定《嘉定区存量工业用地“零增地”改扩建认定办法》，简化改扩建项目认定流程，缩短改扩建项目准入时间。共有存量工业企业改

扩建项目73个，总投资257.8亿元，预计新增产值307亿元，新增税收19.2亿元。完善出台新一轮“小巨人计划”奖励办法，支持奖励企业137家，奖励项目165个。推进企业技术中心建设，蔚来汽车、禾赛光电2家企业获评市级企业技术中心；司南导航、玖道信息等21家企业获评区级企业技术中心，累计企业技术中心总量达到296家（国家级7家，市级88家，区级201家），数量位居全市第二；新增国家级和市级“专精特新”企业112家，其中国家级“专精特新”企业11家。企业数字化应用水平显著提高。共有49家企业开展两化融合贯标，其中博世华域、威派格、太太乐等22家企业通过贯标评定。网宿科技、爱孚迪等6家企业申报市工业互联网平台和专业服务商推荐目录。网宿科技、重塑能源等7家企业获市工业互联网创新发展专项资金立项支持。

**【2021年发展趋势】**

2021年是“十四五”规划开局之年，全区将继续按照“稳中求进”工作总基调，营造“比学赶超”氛围，统筹抓好常态化疫情防控和经济社会发展工作，推动经济社会平稳健康有序发展。2021年，计划规模以上工业总产值比上年增长8%以上，区属工业产值增长6%以上，战略性新兴产业产值1410亿元，3个千亿级产业总产出1510亿元，工业投资120亿元，产业结构调整项目100个。

一、加强培育3个千亿级产业集群

（一）围绕世界级汽车产业中心核心承载区目标，深入推进氢能港等园区建设，放大头部企业集聚优势，推动新能源汽车、智能网联汽车和智慧交通融合发展。（二）落实全市集成电路产业“一体两翼”布局，推进上海智能传感器产业园建设，依托国家智能传感器创新中心等平台，加快推进集成电路重点项目建设。（三）落实全市健康医疗服务业“5+X”布局，差异化打造精准医疗与健康服务产业集聚区，推进复诺健中国研发总部等项目建设。

二、加快推进嘉定新城新一轮建设

聚焦嘉定新城新一轮开发建设，突出产城融合，注重以产业引领城市发展，充分发挥社会资本作用，积极引入产业投资项目，以项目建设带动新城开发强度提升，推动嘉定新城新一轮建设在“十四五”开局之年率先有突破、率先树形象、率先出成果，努力把嘉定新城建设成具有较强辐射带动作用的上海新城样板。

三、加快推动特色产业园区高质量发展

发挥《加快特色产业园区建设的实施意见》的政策引导作用，推动产业、资本、人才流向与之匹配的特色产业园区，加快特色产业集聚发展。优化特色园区布局规划，聘请专业机构深入特色园区实地调研，进一步完善特色园区规划和产业定位。研究制定特色园区认定办法和考核办法，采用轮动方式，每年认定一批新的特色园区，淘汰考核未达标的园区，推动园区更优更快发展。

四、加强构建企业核心竞争力

进一步完善区级技术改造政策，强化牵引和撬动作用。加强企业技术中心体系建设，发挥高端产业引领、新兴产业培育的示范作用。提供一对一“专精特新”辅导服务，引导中小企业走专业化、精细化、特色化、新颖化发展之路。深度融入长三角一体化、长江经济带、自贸区等国家战略，加强交流合作，围绕“卡脖子”技术共同攻关。

五、积极推进数字赋能焕新

紧抓后疫情时代新基建加速建设机遇，推动人工智能、工业互联网、5G、大数据、云计算等新一代信息技术应用，拓展“智能+”赋能实体经济。以汽车产业为重点，建设无人工厂、无人生产线、无人车间，培育新型生产方式。发挥嘉定新城工业互联网标杆试点园区功能，打造工业互联网高地，为区内实体企业数字化应用提供支撑。

六、优化招商引资激发新活力

不断探索优化招商模式，引进符合嘉定产业导向的优质项目。结合嘉定产业结构特点，聚焦3个千亿级、在线新经济等重点领域，进一步改革招商体制、完善激励机制、强化目标考核。加强区级层面统筹领导作用，探索实施全域招商，进一步压实产业部门、街镇、经济小区、区域企业和特色园区等招商主体责任，创新开展“基金+基地”、产业链式招商等模式，激发招商引资新活力。

（许朝军）

# 金山区工业

**【概况】**

2020年，面对新冠肺炎疫情、中美经贸摩擦、产业转型升级等多重挑战，金山区紧紧围绕“两区一堡”战略定位，坚持稳中求进工作总基调，统筹推进疫情防控和经济社会发展工作，扎实做好“六稳”工作，全面落实“六保”任务，保持经济运行平稳健康，顺利完成主要目标任务。全年在地规模以上工业企业完成产值2067.4亿元，比上年下降3%；属地规模以上工业企业完成产值1382.1亿元，同比增长 6.8%；属地规模以上工业企业利润完成 93.2 亿元，同比增长 20.9%。

【2020 年发展情况】

一、高质量编制产业规划，充分发挥规划引领作用

立足全局、着眼统筹，积极对接市级部门、行业协会等单位，通过召开规划开题会、专家论证会、实地调研等方式，深入了解各镇（工业区）产业现状、产业定位存量转型以及未来发展方向等，摸清底数，全面推进制造业和生产性服务业“十四五”规划编制工作，加快构建产业集群主导、特色产业支撑、数字制造赋能、生产性服务业协同的现代化产业体系，优化完善“1+4+4”总体布局，着力打造智造产业引领区、硬核科技功能区、数字经济实践区。

二、培育特色产业，塑造金山顶端优势

围绕产业发展特色优势，研究制定特色产业发展指引，探索建立特色产业培育体系。在持续做强 4 个产业集群的基础上，提出打造“特色微园—区级特色产业园—市级特色产业园”的三级培育体系，梳理一批特色微园、区级特色产业园名单，依据好中选好、优中选优原则，在全市首发 6 家区级特色产业园，推动特色产业规范化、品牌化、集聚化发展。

三、加强产业政策供给，推动精准有效落实

加快推动落实实体经济 40 条政策，细化制定无人机、民营企业总部等 16 部实施细则，并通过线上线下等方式加强宣传解读，积极组织企业申报，累计兑现约 1.27 亿元政策扶持补贴。新增 1 家市级企业技术中心，认定 20 家区级企业技术中心，新增 54 家市级“专精特”新企业，认定 15 家区级瞪羚企业、11 家“专精特”新小巨人。组织推荐 30 余个项目申报工业强基、高端智能装备首台套等市级专项。4 个项目获创新协同专项支持；6 家企业的 10 个产品纳入市创新产品推荐目录。

四、坚持效益优先，树立高质量发展导向

积极践行“四个论英雄”理念，探索完善评价机制，开展企业绩效评估工作。积极推动落实园区转型三年行动计划，开展园区综合评价，第二工业园区、金山工业园区、枫泾工业园区和张堰工业园区 4 个单位名列上海市开发区综合评价 30 强。全力推进土地二次开发和低效用地减量工作，全年完成土地二次开发 1177.6 亩，完成低效用地减量 1353 亩。积极推进产业结构调整，全年完成产业结构调整项目 105 个，腾出土地约 817 亩，规模以上工业企业能源消费总量同比下降 2.17%，万元产值能耗同比下降 7.8%。引导企业参与“四绿”单位创建，激发企业绿色发展的内生动力。持续推进清洁生产，组织 63 家企业申报自愿性清洁生产审核，推进金山工业区实施园区循环化改造，促进园区绿色循环低碳发展。

【2021 年发展趋势】

2021 年，世界经济形势仍然复杂严峻，经济工作仍有不确定性。综合各方面因素，主要目标是：属地规模以上工业产值比上年增长 6% 以上、工业性投资 100 亿元左右、调整低效产业用地 1000 亩。

一、加强体系研究，全力以赴稳增长

按照“十四五”规划和产业高质量发展要求，研究产业指标运行分析体系。进一步完善工业、商贸服务业、生产性服务业等指标统计体系。发挥稳增长工作专班作用，进一步强化经济运行监测预警和协调服务，探索建立规上工业企业培育库，加强企业走访服务和宏观经济形势研判，确保区域产业经济稳定增长。

二、抓产业链增长，提升园区发展后劲

结合特色产业园区建设，密切研究生物医药、无人机、碳纤维复合材料、新型显示等特色产业的发展形势与未来趋势，尤其围绕产业链上下游，研究特色产业链“补链、固链、强链”中面临的新情况，提出新的思路和举措。根据“十四五”规划的“三个倍增”“三个快于”“三个争取”总体目标，明确园区转型升级的目标，加强目标任务的分解和责任的细化，切实推动园区转型升级发展。通过延伸资源利用效率评价结果的应用和产业项目全生命周期管理为产业项目和工业用地提供明晰画像，为特色产业提供发展空间。

三、加强政策宣介兑现，助力企业创新发展

加强创新载体梯度培育，鼓励企业持续加大研发投入；鼓励企业攻克核心技术，开展高端智能装备自主研制创新，加强新材料研制及应用推广，支持企业申报高端智能装备首台套、首批次新材料等专项，培育创新型头部企业和领军企业。支持创新产品扩大应用，申报创新产品推荐目录等市级专项。聚焦 4 个产业集群及特色产业，鼓励企业实施品牌发展战略，积极推荐企业申报市级品牌经济发展、品牌培育示范等专项。

四、精准高效服务企业，打造金企服务品牌

制订区级企业服务云平台（二期）建设方案，通过信息、企业和管理等 3 个核心，打造建设产品超市、服务超市和政策超市，进一步完善服务网络、优化服务流程、提升服务能力。充分发挥区内第三方服务机构、市级服务专业机构的作用，组织实施好金山区专精特新企业总裁研修班和改制上市人才培训。以“企业家下午茶”为平台，开展各类惠企服务活动，进一步优化完善金企服务工作方案，打造“金企服务”品牌。

（崔怀芳）

# 松江区工业

**【概况】**

2020年，在世界经济形势严峻叠加新冠疫情全球蔓延的双重压力下，松江区始终秉持新发展理念，牢牢把握“双循环”新发展格局，坚持疫情防控和经济社会发展“两手抓”，抢抓进度，狠抓落实，产业经济呈现高质量发展逆势飞扬的良好态势，核心和先导性指标走在前列。实现工业总产值4476.9亿元，比上年增长7.0%，其中规模以上工业总产值4072.65亿元，同比增长7.9%，总量居全市区级工业第二位，比“十二五”末增长19%，实现“十三五”期间年均增长约3.5%，完成“十三五”原定目标。新旧动能加速转换。战略性新兴产业产值占规模以上工业总产值比重从“十二五”末的19.1%提升到29%，共完成产值1180.21亿元，同比增长11.4%。六大战略新产业同比增长19.8%。产业投资保持高位。完成工业固定资产投资200.2亿元，同比增长21.7%，连续4年突破百亿规模，总量郊区第一，比“十二五”末增长3.5倍，创历史新高，“十三五”期间年均增长约35.2%。投资结构持续优化，技改类项目数占总数66%，投资额占工业固定资产总投资50%，为产业高质量发展提供有力支撑。民营经济健康发展。新增民营企业3.1万户，同比增长49.5%。实现税收214.4亿元，占全区总税收的46.6%，当年达税率40.1%。

**【2020年发展情况】**

一、打好防疫防控阻击战，全力抓实企业复工复产

（一）挖掘产能保供应。第一时间对防疫物资生产供应做出积极部署。协调大胜等防疫物资加快生产，协助报喜鸟等企业紧急转产。截至5月8日征用结束，累计口罩出货1.71亿只，消杀产品35.045吨，酒精棉球14.24万瓶，医用隔离衣39.11万件，为全市防疫物资保障工作发挥了积极作用。（二）有序推进复工复产。启动复工复产工作机制，全区复工复产企业数量及员工复岗率位于全市前列。按照“三个全覆盖”要求，有效组织分级分类集中走访工作，累计走访企业超万家，收集问题超1500条，为宜瑞安、庞仕水产等一批企业协调解决困难。通过建立线上信息平台等方式服务企业，为20多家企业对接融资超5200万元。

二、围绕高质量发展要求，有效发挥科技创新和制度创新双轮驱动作用

（一）强化规划研究和制度供给。初步编制《松江区先进制造业高质量发展“十四五”规划》、生物医药专项政策；完成新能源汽车、食品产业规划；配合制定抗疫26条和“六稳”“六保”19条；梳理完成“6+X”产业发展报告。（二）提高产业链创新力和竞争力。新阳半导体、瑞钼特两个项目纳入区“卡脖子”项目库。新增2家市级企业技术中心、43家区级企业技术中心。（三）推进生产性服务业提速发展。发布《生产性服务业三年行动计划》。松江区获批市级服务型制造示范区，全市仅2家。凯盛机器人等4家企业被认定为市级服务型制造示范企业。格拉曼等4家企业入围“上海设计100+”。润米科技等7家企业被认定为区级总部。

三、依托G60科创走廊辐射引领效应，产业集群加速崛起

（一）注入高质量发展强劲动能。G60脑智等54个项目通过区政府常务会审议确认供地，计划供地面积2732亩，计划固定资产投资362亿元。协调恒大研究院获市级统筹用地指标246亩。（二）跑出项目建设加速度。以周报表形式跟踪协调32个重点产业项目开工建设。腾讯长三角AI超算中心、海尔卡萨帝等重点项目陆续开工，其中腾讯项目在签约后58天即完成土地摘牌，3天拿到施工许可证，创下又一个“松江速度”。全年实现开工项目71个、竣工投产93个。（三）推动存量项目改造升级。箭牌等12个战略留白区项目被认定为优质项目支持改扩建。港凯等5个项目获市应急技改扶持，6个项目列入市技改扶持名单。两批次共46个项目获区技改支持，预计将完成总投资13.8亿元。

四、充分挖掘产业用地潜力，提高土地集约利用水平

（一）开展资源利用绩效评估。排摸产业用地产出情况，分类评价规模以上企业资源利用效率，对纳入生命周期管理的115幅产业地块进行土地利用绩效评估，进一步提高投入产出水平。（二）持续盘活存量土地资源。累计调整劣势企业132家，涉及土地面积1367.79亩，再利用项目29个。洞泾、永丰、新桥等3个市级重点区块分别完成88.46%、87.27%、92.45%。2016年以来，全区共完成产业结构调整企业1381家，涉及土地14167.02亩，对标“十三五”400家调整工作目标，超额完成345%。加快土地收储，完成存量工业用地收储690.64亩，提供可用于产业发展建设指标500亩以上。（三）打造一批现代化产业园区载体。G60电子信息国际创新产业园成为市级26个特色园区之一。金熵实业等5家园区被认定为园区平台开发主体。启动特色园区信息梳理工作，挖掘一批特色化、品牌化园区。

五、按照“金牌店小二”服务标准，优化软实力，提升硬实力

（一）提振民营企业发展信心。修订完善民营小区目标考核办法，支持民营经济发展壮大。交科科创园被首次认定为国家小型微型企业创业创新示范基地。保隆汽车无内胎气门嘴入选国家第五批制造业单项冠军产品，实现零的突破。10家企业获评第二批国家级“专精特新”小巨人，总数累计全市第二。新认定市级、区级“专精特新”企业184家和194家，市级新认定数连续2年位居全市第二。（二）做实做精企业服务。建立全区规上工业企业联络员制度和中小企业服务专员工作制度。开展常态化调研走访，加大各类产业政策宣贯力度精准对接，扎实做好“六稳”工作、落实“六保”任务。（三）搭建合作交流平台。组织15家新材料企业组团参展第22届工博会，区经委获得“优秀组织奖”。开展松江制造产品“共享计划”，拓展企业销售渠道。

**【2021年发展趋势】**

2021年，预计完成规模以上工业产值4355亿元，比上年增长7%，力争实现4395亿元以上，战略性新兴产业占规上企业比重29%。完成工业固定资产投资额240亿元。重点产业项目开工数70个、投产数90个。新增注册企业户数3.6万个，民营经济税收总量260亿元。

一、打造千亿级先进制造业产业集群，勇当“中国制造”迈向“中国创造”的引领者

准确把握“十四五”时期发展大势，紧扣松江区产业经济发展实际，系统谋划好先进制造业、生产性服务业及文创产业“十四五”规划。加强制度供给，出台生物医药、集成电路、人工智能等专项政策。配合五大新城产业发展规划，制定松江新城产业发展“十四五”规划。研究更新和完善6+X产业发展报告，为经济高质量发展创造更好条件。强化创新引领，引导支持企业开展基础研究，培育40家企业技术中心，攻克产业链“卡脖子”环节。推动服务型制造、工业设计等向专业化和价值链高端延伸。精准扶持培育一批创新型经济、服务型经济、开放型经济、总部型经济、流量型经济的头部企业，形成松江特色的“五型经济”集聚区。聚焦增量项目，规划布局新能源汽车、新一代电子信息技术等打造千亿级产业集群，加强统筹协调，加大重大产业头部项目的引进和落地，重点推进恒大研究院、国科、众辰等项目开工建设。挖掘存量潜力，推进传统制造业优化升级，支持企业改扩建和技术改造，做好战略留白区项目区级审核认定工作。制定发布产业区块外优质项目改扩建区级操作细则。常态化开展产业项目全生命周期管理。推动形成先导产业引领发展、传统产业赋能升级、战略性新兴产业培育成势的产业发展格局。

二、释放产业发展空间，为服务长三角G60科创走廊高质量建设提供空间保障

高度重视存量盘活利用，完善产业项目绩效评价，常态化跟踪全区工业区块产出效益情况，探索存量土地集约化、高效化利用新路径。挖掘高质量发展空间，持续推进产业结构调整，淘汰劣势企业80家。确保完成新桥、洞泾、永丰等3个重点区块专项调整，同步开展“十四五”期间重点区域调整立项排摸。加快土地收储开发，建立收储再开发项目库，实施项目化管理。强化丰富产业载体建设，编制全区产业园区地图，协调推进松江生物医药特色园区成为市级第二批特色园区，形成“市级特色园区—区级星级园区—优秀园中园”三级梯度发展。做好第三批星级园区综合评价及园区平台认定工作，指导园区平台成为核心产业集聚度高、运营服务水平高的“两高”式现代化产业园区。

三、精准施策强化企业服务，打造国际一流营商环境

完善企业服务机制，制定区领导联系走访重点产业和重点税源企业制度，最大程度为企业“供氧、输血”。进一步完善企业服务体系，健全中小企业服务专员制度。搭建服务对接平台，搭建“智造松江”常态化政策宣讲平台，扩大政策知晓覆盖面。坚持需求导向、问题导向、效果导向，有效开展针对性培训、对接交流活动，解决企业发展堵点和痛点，全力支持企业在松江放心投资、安心经营、做大做强。深化中小企业培育，对标一流，深化培育和集聚一批优势企业，推动国家、市、区三级“专精特新”中小企业梯度良性发展。挖掘行业细分领域的隐形冠军，增强企业核心竞争力，助推企业提升产业链附加值，向智能化、高端化发展。

（王晴雯）

# 奉贤区工业

**【概况】**

2020年，新冠疫情对奉贤经济发展带来前所未有的冲击，奉贤区认真贯彻落实中央和上海市的决策部署，扎实做好“六稳”“六保”工作。规模以上工业产值创历史新高，工业投资持续高速增长，消费、外贸出口稳步回升，经济运行保持总体平稳和稳中有进态势。全年实现工业增加值725亿元，比上年增长2.0%，占全区增加值的60.9%。完成工业固定资产投资111.1亿元，同比增长22%。完成工业总产值2333.1亿元，同比增长1.7%。全区规模以上工业企业1055家，完成工业总产值1901.5亿元，同比增长1.7%；完成工

业企业利润总额 197.8 亿元，同比增长 10.4%。

**【2020 年发展情况】**

一、工业经济发展低开高走、持续向好

全区规模以上工业完成总产值 1901.5 亿元，同比增长 1.7%，目标完成率达 102.8%，首次突破 1900 亿元。其中临港奉贤园区规模以上企业产值增速位列全区各街镇（开发区）之首，全年规模以上企业产值 221 亿元，同比增长 76.8%。实现工业产值超亿元企业 371 家，完成工业产值 1603 亿元，占全区规模以上企业产值的 84.3%，其中 10 亿元以上企业 33 家，同比增加 6 家，完成产值 752.9 亿元，占全区规模以上企业产值的 39.6%。按工业企业注册类型分，外商及港澳台商经济完成规模以上产值 735.8 亿元，占全区规模以上企业产值的 38.7%，比重最大。规模以上企业完成销售产值 1893.7 亿元，产销率 99.6%；完成营业收入 2114.2 亿元，同比增长 2.3%；实现利润总额 197.8 亿元，同比增长 10.4%。2020 年奉贤规上产值现价增长 1.7%，同比增长 2.6%，增速排名郊区第四，规模以上产值自 2016 年以来已连续 5 年保持正增长。

二、美丽健康产业不断集聚

全区美丽健康产业规模以上企业数量从 131 家增加至 169 家，累计完成产值 396.6 亿元，同比下降 2.9%，占规模以上工业总产值的 20.9%。占主导的 3 个子产业呈现“一升两降”：生物保健产业平稳增长，完成产值 141.4 亿元，同比增长 1.2%；绿色食品产业加速回升，完成产值 90.3 亿元，同比下降 2.3%，其中芝然乳品同比增长 104.6%；日用化学产业受疫情冲击较大，完成产值 120.3 亿元，同比下降 7.9%，主要企业科丝美诗、中翊日化、伽蓝等均有不同程度下降。

三、重点区域专项调整

奉贤区 104 板块调整腾出土地 338.6 公顷、引入新项目 206 个、消化利用土地 161.7 公顷。年内通过区产业项目推进联席会议审议项目 206 个，累计租赁空置厂房 108 万平方米，消化利用土地 2426 亩，完成年度计划（2000 亩）的 121%。提前完成工业综合开发区重点区域调整，区域内 56 家企业已于上半年全部调整完毕，共腾出土地 446 亩，分流职工 740 人，并在 8 月顺利通过受市经信委委托的第三方机构组织的现场验收。浦南机电园重点区域调整于 2020 年 7 月顺利通过市级验收。青港园区重点区域调整进入收尾验收阶段，涉及区域内 58 家企业，占地面积 757 亩。

四、大力推进高标准工业厂房建设

全区启动 100 万平方米高标准厂房开工建设。截至 12 月 31 日，累计启动 35 个高标准厂房项目开工建设，涉及建筑面积共 113 万平方米，完成全年目标的 113%，涉及基建投资额 44.3 亿元，其中 13 个项目为东方美谷园中园综合体，涉及建筑面积共 65 万平方米，基建投资 24.3 亿元。加快淘汰落后产能，引进符合区产业准入标准的新项目，推进工业厂房出租转租整治工作，结合复工复产巡视检查对 448 个点位进行“回头看”，未发现返潮生产现象。加快整治点位的二次开发，有效提高产业地块经济密度和投入产出效率。累计消化利用点位 227 个，完成年度目标（224 个点位）的 101.3%。

五、加快培育区级特色产业园区

结合产业基础和资源优势明确功能定位，立足现有产业基础和资源优势，培育一批特色鲜明、产业集聚、管理科学、功能完善、竞争有力的特色产业园区，并提供相应的政策支持和保障。区内 4 个特色产业园区已推荐并入选 2020 年度上海市 26 个特色产业园区。同时，制定《关于打造特色园区加快园区高质量发展的指导意见（征求意见稿）》，拟定首批入围区级特色园区培育名单的 5 个园区：四团镇新能源智能网联汽车核心零部件特色产业园、金汇镇国际健康食品产业园、青村镇文教创意产业园、工业综合开发区东方美谷爱宠经济产业园、东方美谷中医药产业园。

六、企业竞争力不断提升

全区新增市级企业技术中心 1 家、区级企业技术中心 18 家；市级工业强基 1 家、区级“工业强基”专项 22 个、区级“四新”经济示范企业 30 家；区级引进创新专项立项 42 个；市级创新产品目录 1 个、区级创新产品立项 42 个。现有企业技术中心 181 家，其中国家级 5 家、市级 34 家、区级 142 家。经过动态调整，有 259 家企业入选“三个一百”企业库，其中：领军型企业 47 家，成长型 73 家，科创型 139 家。47 家领军型企业纳税 60.38 亿元，占地面积 3500 亩，亩均税收 172.5 万元；73 家成长型企业占地面积 4805 亩，亩均税收 44.1 万元。

**【2021 年发展趋势】**

2021 年，全区经济形势将整体向好，但局部有忧。大宗商品价格持续攀升，市场需求不断回暖，区内化工、有色金属加工等行业处于大的行情周期。预计 2021 年国家在新基建方面仍然会加大投入，奉贤的装备产业、智能电网等相关产业仍会受益。此外，因疫情原因汽车芯片短缺对整车汽车企业产生较大冲击，预计会对上游供应链企业产生影响。

全年总目标：规模以上工业产值 2000 亿元；工业固定资产投资 130 亿元；外资到位资金 3 亿美元；产业结构调整腾地面积不少于 3000 亩。

一、以双引擎为驱动，久久为功做强特色产业

加快培育“东方美谷 + 未来空间”两大千亿级产业集群。深化与法国化妆品谷、张江药谷、人民网等平台合作，继续办好东方美谷“一会一展一节”，持续推动东方美谷品牌国际化。加快推进东方美谷中医药产业基地建设。新增东方美谷产业集聚中心 200 家。大力推进未来空间建设，打造“整车 + 核心零部件 + 智慧出行”全产业链，建设自动驾驶

汽车开放测试场景二期，推动无人驾驶公交等高级别应用场景落地。启动建设100万平方米高标准厂房。聚焦食品、爱宠经济等方向，打造市区两级特色产业园区。

二、以奉贤新城建设为契机，因地制宜“赋能”综合产业

抓住“十四五”关键窗口期，结合重点领域发展构建具有鲜明奉贤特色的全球生命健康产业创新高地。按照“四个论英雄”要求强化资源节约集约利用，优化用地结构提升资源利用效率。加快形成产城融合发展示范，推动生产生活生态功能复合、互融互通，加强产业园区、大学校区和城镇生活区的设施共享、空间联动和功能融合。加强功能复合和空间复合，打造高水平通用空间、特色园区、园中园等跨界空间。

三、以能级提升为落脚点，联动发展优结构促转型

深化“四个一批”项目建设，加快药明生物二期、保集产业园等重大产业项目落地见效，实现亿元级以上投资项目开工、竣工、投产各10家以上，增强投资增长后劲。积极引入大集团、大平台和大基金，提升园区基础设施配套和招商运营水平。强化土地全生命周期管理，落实项目达产综合评估认定和结果运用。深化与市化工区联动发展，推进电子化学品专区和国际化工新材料创新中心建设。推动专业市场转型提升和健康有序发展。持续推进产业结构调整，以盘活存量用地为目标，消化利用土地3000亩，减量低效建设用地3750亩。开工建设12个东方美谷园中园。

（季重维）

# 青浦区工业

**【概况】**

2020年，青浦区以“抢拼实善”的新时代奋斗精神，落实“六稳”“六保”各项任务，坚持统筹推进疫情防控和经济社会发展，及时出台“纾困惠企”硬核政策，推动企业复工满产达产，确保工业经济平稳运行。全区868家规模以上工业企业完成产值1590.9亿元，比上年下降2.6%，其中12月完成产值183.7亿元，同比增长11.4%，连续9个月实现月度增长，攀至单月峰值，创下10年来历史新高。全区工业固定资产投资65.89亿元，同比增长40.9%；全区工业固定资产投资（含研发和生产型服务业）91.06亿元。

**【2020年发展情况】**

一、聚焦产业集群，全力打造产业集聚

（一）政策扶持不遗余力。聚焦北斗导航、民用航空及人工智能等三大产业领域，共拨付区级扶持资金近2300万元。推荐精测半导体等9家企业上报市级集成电路产业发展专项，推荐遥聚信息等8家企业申报市级JM融合专项。（二）加速人工智能产业布局。启迪人工智能科技城于8月正式开工；积极打造爱仕达上海智能谷，计划引入产业链企业50家以上，建成智能制造的全产业平台；旷世、影谱、爱湃斯、美的等知名企业相继开展人工智能产业布局。（三）制定华为人才政策配套方案，草拟《青浦区关于支持华为产业发展的人才配套方案》，为重点项目华为研发中心建设提供人才支撑，从人才落户、住房补贴及境外人才政策等方面提供保障。（四）推进长三角通航产业基地建设，接洽炼石航空、冠一航空、奥科赛、温德克飞机、中联投等通航企业，加强产业导入，形成规模集聚效应，积极推进通航跑道落地事宜。（五）积极打造在线新经济生态园。研究制订《青浦区促进在线新经济发展行动方案（2020—2022年）》，聚焦人工智能、数字经济、工业互联网等创新载体。力争打造一批特色鲜明、功能错位、相对集聚的在线新经济生态园。

二、聚焦资源优化，深化落实区域发展

（一）调研梳理形成《关于青东联动发展产业布局协调相关工作情况的汇报》，组织开展《青东五镇重点产业（链）投资布局导引》，制订形成《青东联动产业园区二次开发工作方案（2020）》，重点聚焦青东“2+2+1”产业园区。（二）组织开展存量工业厂房出租调研，全区涉及出租存量工业厂房地块1114个，土地面积2.44万亩，建筑面积1215万平方米。研究制订并提请审议《关于促进工业厂房规范管理实施办法》。（三）修订形成《青浦区特色产业园区（平台）认定及扶持管理办法》，分两批开展青浦区特色产业园区创建和认定评审，15家企业通过评审创建，现有区级园区27家，市级、国家级和储备园区18家；北斗西虹桥产业基地入选首批26个重点打造市级特色产业园区，推荐上报7家园区作为市级特色产业园区储备园区；汇编发布《投资青浦——特色产业园区（2021）》。（四）持续推进产业结构调整，完成产业结构调整项目470项，调整土地面积2828亩，关停D类企业250家；市级重点调整项目上海国兴金属制品有限公司完成调整；重固镇福泉山工业区专项、金泽镇华为周边地区专项通过市级验收，白鹤中小河道周边工业企业专项、徐泾西虹桥科创园专项分别累计完成169家、25家，完成率分别为99.4%、46%；练塘蒸淀社区重点区域调整专项50家企业获批立项并启动调整。（五）推进生产性服务业发展，助力5家企业获得“2020年上海市产业转型升级发展专项资金（生产性服务业和服务型制造发展）”立项，共获批专项资

金390万元；推荐2家企业申报“市经济和信息化委员会第二批服务型制造示范遴选工作”。六是建立健全企业有序流动长效机制，以引导优质企业落户、清理清退低效企业为目标，加快低效企业落后过剩产能退出，解决企业注册地和实际经营地分离的问题，全年完成区外分离企业45户。

**【2021年发展趋势】**

2021年是“十四五”规划开局之年，全区坚持稳中求进工作总基调，坚持新发展理念，努力克服疫情带来的不利影响，准确把握经济形势的不断变化，凝心聚力、勇于担当，共绘青浦未来发展蓝图。主要目标：规模以上工业总产值达到1638.6亿元；实现工业固定资产投资（含研发与生产性服务业）100亿元；产业结构调整项目不少于120项，调整土地面积1200亩，“四个一批”项目出让36个，开工27个，竣工13个，投产10个。

一、进一步加强招商引资

深度挖掘华为、美的等龙头企业，梳理上下游企业，开展各种形式招商活动；深挖上市及拟上市企业的投资意愿及动向，延伸产业链；加大招商活动的次数与力度。鼓励各级招商机构把各类招商活动办出影响力，进一步扩大青浦知名度。

二、进一步聚焦重点区域

围绕“青东联动、青西协同、新城融合”研究三大片区产业错位发展。加快西岑科创中心、市西软件园、生命科学园建设，以高品质园区建设推动高质量产业发展。结合青浦新城中央商务区建设谋划区内总部企业的集中集聚展示。全力推动工业园区创建国家级经济开发区。

三、进一步优化资源配置

加强特色产业园区培育、发展和评估，开展资源利用效率评价，加快调整低效企业。结合青浦新城建设，推进青浦工业园区产城融合示范区产业结构重点区域调整，推进徐泾西虹桥科创园和练塘富民开发区两个区域的专项调整工作。支持低效用地存量二次开发，导入更多高成长性项目。

四、进一步推进先导产业

研究制定人工智能相关政策提升人工智能产业集聚度，加快市西软件园、启迪人工智能科技城、爱仕达智能谷等重大项目的建设。推动21个智能化改造项目竣工验收。研究制订生物医药产业规划布局，出台相关专项行动方案和扶持政策，建立重点企业和产业项目库。研究制订新材料基地新一轮产业规划和培育工作方案。重点推进尚之坊等区级园区申报创建市级生产性服务业功能区。推动威马等企业上市，力争科创板上市有所突破。

五、进一步强化企业服务

推进服务专员队伍建设，完善服务专员工作流程，逐步优化专员工作制度，打通政策信息和诉求处置渠道。实施“政策计算器”建设，由企业找政策变为政策找企业，为企业主动推送、精准匹配当前阶段可申报的政策；梳理项目扶持类别清单，在部分扶持门类实施“免申即享”。搭建资源对接及诉求提出平台，形成区内企业产业链，创造合作机会；同时对各单位诉求处置情况加强跟踪督办。

（钱 欢）

# 崇明区工业

**【概况】**

2020年，崇明区围绕创新驱动、转型发展，积极应对严峻的外部经济形势和国内疫情影响，强服务、重落实、求实效，各项目标任务有力有序推进。全区完成工业总产值（在地口径）475.3亿元，比上年增长9.3%，其中规模以上企业产值实现452.3亿元，同比增长9.3%。销售产值实现472.9亿元，同比增长9.4%。产销率为99.5%。出口交货值实现86.8亿元，同比增长26.8%。

**【2020年发展情况】**

一、海洋装备产业稳中有升

全区海洋装备产业实现产值347.5亿元，同比增长12.1%，占全区总量的73.1%，其中中船长兴两条生产线实现产值269.1亿元，同比增长12.5%；华润大东实现产值22.4亿元，同比增长25.2%；中远海运实现产值24.3亿元，同比增长7%；振华配套企业实现产值10.5亿元，同比下降6.2%。

二、乡镇园区工业保持平稳

全区18个乡镇工业实现产值423.6亿元，同比增长8.9%，增幅低于全区水平0.4个百分点。18个乡镇中有7个单位同比保持正增长，比上半年增加3个。增幅前3位的分别是中兴镇24.5%、建设镇22.8%和堡镇14.6%。降幅前3位的分别是绿华镇 -34.5%、庙镇 -32.8%和横沙乡 -20.8%。三大园区中，工业园区实现产值19.9亿元，同比增长26.9%；长兴产业基地实现产值22.7亿元，同比增长9.1%；富盛开发区实现产值7.1亿元，同比下降0.1%。重点地区长兴实现产值331.3亿元，同比增长11%，占全区总量比重为69.7%。

三、产业转型发展持续推进

制定《崇明区开展工业企业资源利用效率评价工作实施

意见》，拟开展产业区块内存量工业用地工业企业资源利用效率评价试点工作。制定《崇明区优质项目认定暂行办法》，开展优质项目认定工作。完成全区制造业发展“十四五”规划编制。

四、中小企业服务全力以赴

发布2019年度红榜企业610家。33家企业获2019年度扶持民营实体企业发展专项资金2785万元。终审2019年度区促进绿色工业发展专项资金项目22个，补贴资金222.8万元。2家企业获市级企业技术中心认定。指导9家企业申请第八批区级企业技术中心认定，最终8家企业成功入围。指导并初审11家企业申报市中小企业发展专项资金154万元。企业服务微信公众号发布信息338条。举办中小企业培训7次，培训企业负责人900余人次。累计培育“专精特新”企业60家。结合崇明区工业企业资源利用效率评价数据库的建设制订实体企业摸底方案，落实乡镇园区收集2018、2019年度数据，并完成2020年度数据补录，初步建立区镇二级数据系统。

五、工业经济运行和节能降耗力度加大

分解落实乡镇园区年度工业总产值预期目标。每月、季度、年度分析预测工业经济运行情况。完成国家、市和区级各专项企业调查10次。开展非法加油站点排查工作，推动华润大东开展撬装加油装置试点。完成成品油经营企业2019年度年检初审，油库、加油站安全生产落实到位。在节能降耗上举办重点企业节能岗位专业培训，华润大东、中远海运淘汰高耗能电机50多台。备案能源管理单位26家。永利输送和运良企业能源审计通过市级评审。推进企业节能改造项目13个，年节约标煤约2300吨，指导工业园区、富盛开发区开展循环化改造自查，推动工业园区创建绿色园区。申报清洁生产审核企业38家，15家通过评估，8家通过验收。完成锅炉提标改造52台，46家企业共获市、区两级补贴800多万元。2家单位获燃气管道建设配套补贴20多万元。4家合同能源管理企业实施光伏发电项目，投资额304万元，节约标煤4900多吨。2家企业通过市协会热处理达标验收。节能宣传周活动圆满完成。

六、产业结构调整和工商投资更加深化

实施产业结构调整项目4个，完成调整关闭工作。推进第七轮环保三年行动计划2020年相关重点工作。对认定为存在淘汰、落后产能的生产企业协调落实差别电价，加快推进项目关停。在工商投资上，全年核准备案工商领域投资项目29个，总投资4.8亿元。全区共完成工业投资18.65亿元，同比增长919.1%，其中新开工的临港长兴科技园完成投资6.1亿元。4个项目准入产业园区，总投资约4亿元。认定区级优质项目14个，项目总投资24.1亿元，其中老企业技改类项目8个，总投资2.5亿元。新准入类项目6个，总投资21.6亿元。专项跟踪产业园区内拟建在建项目28个。办理企业住所证明56个。起草《崇明区推动制造业高质量发展若干意见》《崇明区2020年推进军民融合发展工作报告》。

**【2021年发展趋势】**

2021年主要目标：工业总产值480亿元左右，比上年增长1%，其中海洋装备产业355亿元左右，增长2%。工业投资8亿元左右。规模以上工业企业能耗总量控制在15万吨标煤以内，万元产值能耗同比略降。

一、加大实体项目招商力度，推动经济提质增效

推进实体经济高质量发展。加强以海洋装备产业为重点的产业链招商，开展现代农业、旅游休闲、健康服务、文化体育等领域的精准招商，力争引进一批大企业、大项目。拟定出台《关于进一步加强实体产业招商推进实体经济高质量发展的工作方案》及相关扶持政策、奖励考核办法等措施，从政策层面出实招、闯新路、破难题，推动优质实体项目落地。完善工作机制加强实体招商队伍建设，建立首谈报备和快审机制。统筹招商资源，摸清资源底数，梳理汇总形成招商政策包，建立招商载体及招商信息资源库。举办实体经济项目投资推介、项目集中签约、集中开工等活动，为引进优质实体产业项目搭建平台。

二、提升工业产业能级，促进实体工业转型发展

加强对宏观趋势、产业运行情况的深入分析，及时发现趋势性、苗头性问题，提高预测预警的及时性。加强对专精特新、小微企业以及困难行业和困难企业的运行监控，加强对影响工业增长的重点行业和龙头企业跟踪监测，及时收集通报相关情况，针对存在问题落实应对措施。持续开展产业结构调整淘汰落后产能工作，计划实施产调项目5～7个。推进重点能耗企业节能工程项目建设，重点监督5000吨以上用能企业。推进2020年度名单企业清洁生产审核工作，验收拨付2019年度补贴资金。开展2021年全国节能宣传周崇明系列活动。验收工业园区和富盛开发区循环化改造项目。加强成品油经营企业的管理。申请核拨锅炉提标改造补贴资金。

三、持续优化产业结构，统筹园区转型促进绿色发展

根据区制造业发展“十四五”规划制定2021年目标任务，推进园区实施高端发展和特色发展。根据《崇明区开展工业企业资源利用效率评价工作实施意见》要求，对现状工业企业实施资源利用效率评价。完善104区块转型升级工作考核机制，更加注重工业用地节约、集约利用的考核绩效，指导园区绿色发展。加强产业投资管理。规范开展投资备案，提高行政审批透明度和效率。会同园区落实产业项目全过程监管机制，全力推进已准入项目和在建重点项目建设。落实一地一策、分类帮扶举措，推进低效企业改造提升。做好优质项目认定，对信息化、智能化水平较高的项目进行政

策倾斜，认定3个以上区级优质项目。鼓励支持园区内企业技术改造，推荐企业申报2021年市级产业转型升级专项资金项目，扶持优质企业良性发展。

四、主动服务中小企业，全力为企业发展创造条件

促进中小企业健康发展。深化走访联系企业制度，及时解企业所忧、帮企业所难，当好有求必应、无事不扰的“店小二”。认定市、区级企业技术中心。评选公布2020年度红榜企业名单。收集2020年度中小企业数据，优化完善中小企业数据库。完善修订新一轮产业扶持政策，进一步加大政策宣贯力度，组织中小企业申报国家、市级各类专项扶持资金项目。加强中小企业服务工作专员队伍建设，点对点、面对面服务好企业。举办中小企业管理人员、车间干部培训。注重培育市级“专精特新”中小企业。

（陈　彪）

上海青浦工业园区，1995 年 11 月经上海市人民政府批准设立，属九大市级工业开发区之一，规划面积 56.2 平方公里。目前，拥有青浦综合保税区、张江高新青浦园 2 个国家级开发区。相继获批了国家新型工业化产业示范基地发展质量五星级评价、国家级生态园区、国家循环化改造示范试点园区、中国产学研合作创新示范基地、上海品牌园区、上海十佳生产性服务业功能区示范园区、上海市文明单位、上海市平安示范单位等称号。2020 年成功创建市级绿色园区，开发区综合评价在全市 12 家大型开发区中排名第三，在全市 108 家参评开发区中排名第六。

园区交通便捷，沪渝高速、沪常高速等 6 条高速公路穿越和邻近，轨交 17 号线，这条青浦经济发展的生命线、景观线和文化线横贯整个园区，并在园区内设有 4 个站点。正在建设中的崧泽高架，贯穿园区中心，向东直通国家会展中心和虹桥枢纽，向西规划与昆山无缝对接，建成通车后，不管落户在园区东西南北中哪个区域的企业，驱车前往虹桥机场、虹桥火车站 15 分钟就能到达。园区内部路网四通八达，建成路网里程高达 152 公里，园区内公交线路密布，配套轨交的公交线路全覆盖整个园区。

经过 25 年的发展，园区形成了雄厚的产业基础。集聚了 3300 多家国内外优质企业，23 家世界 500 强，50 多家地区总部、研发中心，149 家行业龙头企业，37 家上市及关联企业，近 20 家企业已进入上市辅导期，已经成为产值千亿元、税收百亿元经济规模的高质量产业园区。

园区致力于打造产业机构更优、营商环境更优、综合服务更优的“三优”高地。未来以“五大新城”建设为契机，以创建国家级经济技术开发区为引领，聚焦“3+6”主导产业和特色产业集聚发展，在现有八大优质产业的基础上，布局打造“1+5+8”园区新一轮产业发展新格局。以盘活土地资源、加快产业发展，推进“四个一批”实现产业机构更优化；以加大政策扶持的宣传引导，加强网格化管理的巡查监测，提升一网通办的办证服务，实现营商环境更优化；以企业需求为导向，实行网格片区班子定期走访负责制，新增“企业诉求二维码”，举办企业沙龙、政策宣讲、人才招聘等活动，实现综合服务更优化。目前，园区已拥有上海淀山湖生产性服务业功能区、启迪人工智能科技城、民用航空产业功能平台、跨境电商商务平台、尚之坊时尚文化创意产业园、移动智地互联网产业园等多个功能性园区。已具备完善高效的基础设施配套，道路、供水、供电、工业用气、通讯、集中供热、雨污分流处理等设施和生态环境已达国际标准水平，为园区企业的快速发展创造了独特的投资优势。

“十四五”时期，园区将立足更大区域谋划自身定位，紧紧围绕“融合”寻求发展目标，努力打造长三角发展强劲活跃增长极，长三角高质量发展样板区，率先基本实现现代化引领区，区域一体化发展示范区，新时代改革开放新高地。

# 上海青浦工业园区

# 上海市莘庄工业区

## 概述

2020年，上海市莘庄工业区按照区委、区政府的决策部署，坚持稳中求进工作总基调，多措并举推进疫情后复工复产，切实推动园区经济平稳运行和高质量发展。全年实现财政总收入（含免抵）120.3亿元（其中免抵13.5亿元），实现区级财政收入33.3亿元；完成工业生产总值921.7亿元（其中规模以上工业区总产值901.6亿元），同比增长1.3%；完成工业固定资产投资17.5亿元；完成社会消费品零售总额205亿元，同比增长57.6%。在1-4月受到疫情巨大冲击之后，自5月份起，主要经济指标均实现了两位数增长。园区实地经营1602家企业，复工率达到100%。园区规模以上175家企业，复工率达到100%，复产率达到99%。防疫期间为园区企业免费提供约9.5万只口罩、350个额温枪，协助215家园区企业购买口罩共72万只。协助科莱恩、芬美意、赢创、索尔维、电装等外籍企业高管通过绿色通道入境。

## 招商引资取得显著成效

1、招商引资指标全面超额完成。全年新增外资企业50户，合同吸收外资2.9亿美元，实际到位外资1.2亿美元；新增内资企业2777户，新增内资注册资本82.7亿元。新增雅诗兰黛跨国地区总部，新增顺丰速运、太阳生物、兆维科技3家内资企业总部。

2、重大产业项目引进名列全区前茅。围绕发展品牌经济，成功引进路威酩轩香水化妆品电商平台、范思哲总部两大知名品牌项目。围绕全区“4+4”产业发展定位，通过“投资带动招商”的方式引进国内人工智能芯片头部企业中星微；引进康桥生物、士卓曼、圣湘生物等多家生物医药企业，引进洞光特种设备等高端装备项目。与复旦大学共建上海智能产业研究院莘庄工业区基地。积极参与“投资闵行月月签”活动，三个月累计签约重大项目20项，位列全区第一。

3、招商引资机制和政策不断完善。采用“请进来”和“走出去”相结合的办法，在深圳、宁波举办专场招商推介会，并多次赴北京、广东、浙江、江苏、河南等地拜访意向企业，引进的半数以上重大项目来自外省市。筹备在北京和深圳设立招商处。完善对企业、园中园、招商中介机构的扶持政策，土地出让项目和租赁项目的决策机制进一步完善。开展“清园扫地”专项行动，巡园641次，走访企业3773户，新增迁入企业170户，其中，搏力谋、匠聚新材料、伯雷顿科技三家企业新增税收3500万元。

## 重点产业项目全面有序推进

1、重大项目推进任务全面完成。承担区级重大产业科技项目16项，约占全区产业科技项目的30%。截至年底，除调整项目外，全部完成年度节点任务。

2、区域经济统筹发展稳步推进。完成储备地块4幅，面积共计474.44亩。完成10个项目土地出让，合计出让土地面积330.8亩，合计出让金额3.03亿元。其中，工-274号地块莘庄工业区标准厂房项目作为全市第一幅先租后让地块成功摘牌。统筹园区基础设施项目稳步推进，中韵路（陪昆河—紫顺璐）新建工程竣工，紫顺路新建工程开工。

3、积极培育军民融合产业。发挥申南路515号核心服务区带动作用，西工大协同创新中心和前瞻创新研究院正式入驻运营。军民两用技术成果转化和功能实验室筹建工作进展顺利。全年引入12家军民融合项目企业。

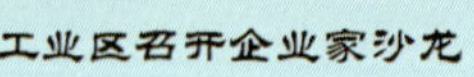
工业区召开企业家沙龙

工业区企业圣湘奠基仪式

## 优化营商环境取得新进展

1、持续提升企业服务。落实财政扶持、租金减免、金融支持等各项措施，协调解决企业在资金、用工、产业链供应等方面的难题、帮助企业尽快复工复产。开展扶持资金提前兑现工作，涉及498家企业，拨付扶持资金8.03亿元；减免中小企业房屋租金1951.67万元，涉及企业141家、工商户105家，有效缓解疫情期间企业资金紧张状况。积极培育上市企业，正帆科技成功在科创板上市，雅创电子获得上市批文。协助做好园区6家企业进博会参展工作。全力推进战略留白区转型升级项目，大金空调、索尔维、华茂药业等7个项目开工或竣工，在不增加产业用地的情况下，可新增产业用房12.7万平方米。

2、加强品牌园区建设。在全市108个开发区综合评价中，莘庄工业区连续两年名列第三位。本部园区和“国家民用航天产业基地”连续两年获得“国家新型工业化产业示范基地”五星评级，获得“上海品牌示范园区”称号，获评产业园区公益热度榜十佳。

上海市莘庄工业区
Shanghai Xinzhuang Industry Park
上海市莘庄工业区
Shanghai Xinzhuang Industry Park
虹桥国际开放枢纽
Hongqiao International Hub for Opening Up
南部科创中心入口
Entrance to south science and technology innovation center
上海市莘庄工業區
Shanghai Xinzhuang Industry Park
上海市莘庄工业区
Shanghai Xinzhuang Industry Park
制造
没有平凡时刻
Manufacturing, more than excellent.
上海市莘庄工业区
Shanghai Xinzhuang Industry Park
上海市莘庄工业区
Shanghai Xinzhuang Industry Park
虹桥国际开放枢纽
Hongqiao International Hub for Opening Up
南部科创中心入口
Entrance to south science and technology innovation center

# 上海市工业综合开发区有限公司

上海市工业综合开发区，成立于1994年，1995年8月，经市政府批准被列为市级工业区，是上海市的九个市级开发区之一，是一个集工业园区、科技孵化、综合保税区于一体的综合性园区。开发区分为奉浦园区和海港园区两大园区，同时全面托管庄行园区。

2018年4月18日，经国务院批准同意将“上海闵行出口加工区”整合优化为“奉贤综合保税区”，核准面积为1.88平方公里。2019年1月25日，奉贤综合保税区正式封关运行。现已初步形成新能源、电子信息、装备制造、仓储物流四大优势产业。

奉浦园区位于奉贤新城规划板块中的中西部，园区具有良好的区位优势与交通网络，距上海市市中心仅20公里，距上海虹桥机场29公里，距上海浦东机场、上海洋山深水港均在50公里以内。区域规划面积21.03平方公里，产业区域约11.26平方公里，内含1.88平方公里的奉贤综合保税区。

海港园区位于奉贤区东南部，东临上海临港新城，靠近浦东国际机场、洋山深水港、中国（上海）自由贸易区，规划面积16.53平方公里，产业板块面积3.56平方公里。

庄行园区成立于2001年，规划面积5000亩，钜庭路贯穿其中，分为东西两个园区，面积共3.32平方公里；其中，东区面积2.26平方公里，西区面积1.06平方公里。

经过 20 多年的发展，已经形成六大支柱性产业，分别为：以美乐家、如新、上美、百雀羚、科丝美诗、皇誉宠物、凯宝、和黄、雷允上等为代表的美丽健康产业；以晶澳、同创普润、万泽精密等为代表的新能源新技术产业；以马勒、采埃孚、奥托立夫等为代表的汽车配件产业；以先锋高科技、泛微等为代表的电子信息产业；以宝马格、马肯依玛仕等为代表的装备制造产业；以米思米、苏宁、宜家等为代表的物流产业。同时，积极推进生产性服务业发展，实现先进制造业、现代服务业两轮驱动发展。

开发区先后获得上海市品牌园区、上海市首批新型工业化示范基地、上海市智慧园区试点单位、上海首批“四新基地”试点单位、上海市优秀园区运营机构、上海市级安全标准化园区等荣誉称号，“园区品牌服务”获“上海名牌”称号，“Fengpu”商标被评为“上海市著名商标”。2019 年，开发区正式获批国家生态工业示范园区。2020 年，开发区获评上海品牌示范园区，“上海市中医药科技产业基地”正式挂牌。

2020 年，开发区全年实现税收 78 亿元，同比增长 2.2%，其中地方税 22.4 亿元，同比增长 6%。工业总产值 394 亿元，固定资产投资 25.4 亿元，同比增长 18.7%。固定资产投资总额 25.9 亿元，同比增长 21%（其中工业投资 17.2 亿元）。

# 上海市崇明工业园区

上海市崇明工业园区成立于 1994 年 3 月，1996 年 2 月经上海市人民政府批准被列为市级工业园区，是全市首批批准建设的综合性市级工业园区。经过二十余年的建设发展，已基本完成规划一期、二期开发建设，形成了以机械、电子和服装等传统制造业为主导，总部经济、文化创意等新兴产业萌发的产业格局。

"十三五"期间，园区围绕产业规划方向，在承载空间布局上形成了"一园六区"的空间格局，包含总部经济园、文化创意产业区、绿色智能制造区、休闲商务生活配套区、工业产业集中承载区和现代物流集散区，初步构建起了功能多样化的综合性产业园区和产业承载空间。同时，积极推动总部经济园和中小企业创业园建设，并留有大量土地资源，为后续产业发展，承接市区辐射，把握北沿江高铁的历史发展机遇奠定了良好发展空间和提升潜力。

未来，园区将围绕创新策源型和人才引智型两大方面积极构建"1+3"产业体系，即打造以"生态＋" "智能＋"为特色亮点，文化创意、特色商务和职业教育相互融合的产业体系。园区将以增强产业整体竞争力为核心，以服务园区入驻企业为主攻方向，以培育、引进重大项目为突破口，结合各主导产业的发展需求，完善产业平台和配套服务体系建设。围绕产业平台创建，加快构建产学研一体化平台，设立创新孵化平台和产业引导基金，打造人才导入体系。加紧与城桥片区、高铁小镇等周边城市配套服务发展，完善宜居生活、生态底板、高端商务与智慧出行四大领域的软硬件配套设施建设。

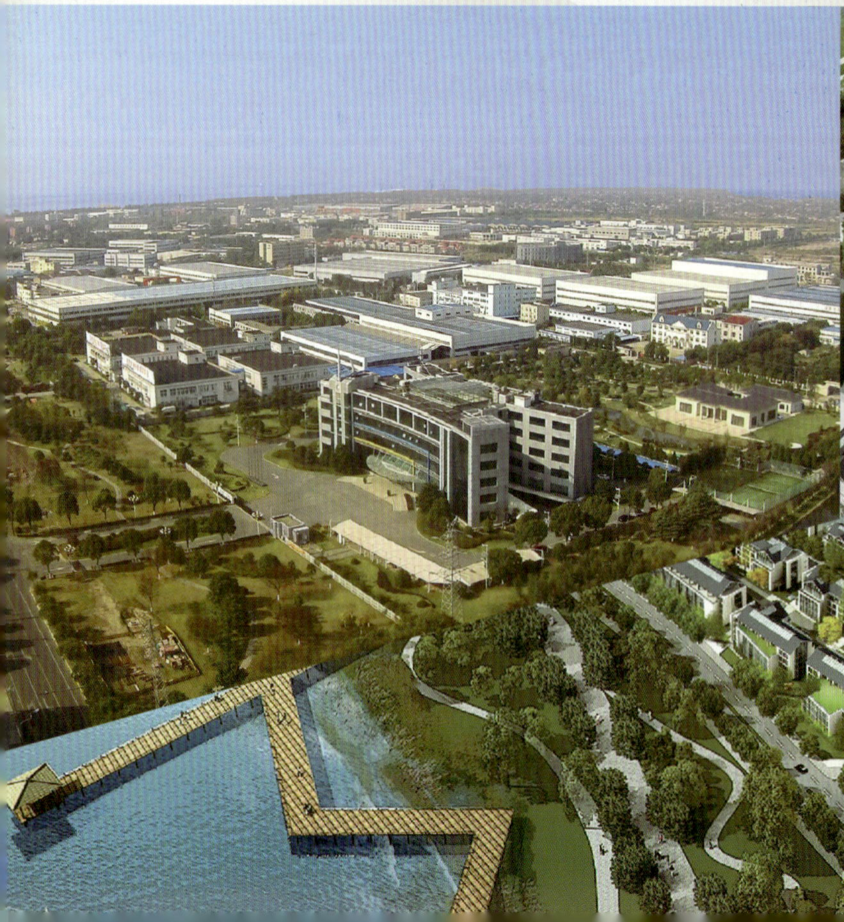

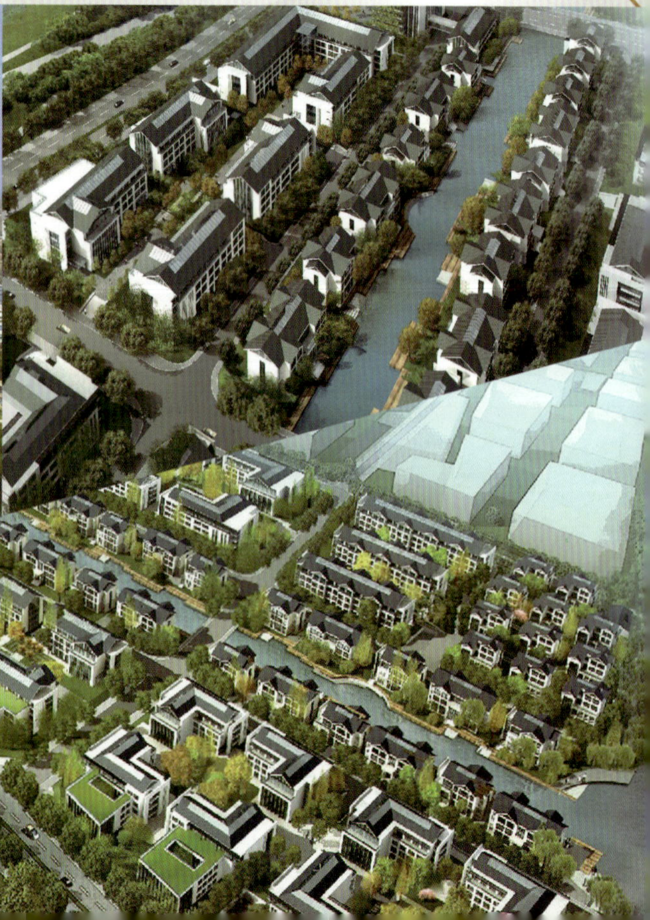

# 上海张江（集团）有限公司

## 张江科学城简介

张江科学城起源于1992年7月创建的张江高科技园区，规划面积95平方公里，承载着打造世界级高科技园区、国家科创中心的战略任务。2015年4月经国务院批准张江园区37.2平方公里纳入中国（上海）自由贸易试验区。2017年，《张江科学城建设规划》正式获批，张江科学城将充分依托国家实验室建设和高校、科研机构等，集聚全球顶尖创新企业和人才资源，转型发展成为"科研要素更集聚、创新创业更活跃、生活服务更完善、交通出行更便捷、生态环境更优美、文化氛围更浓厚"的国际一流科学城。

## 张江集团简介

上海张江（集团）有限公司（前身上海市张江高科技园区开发公司）成立于1992年7月28日，统筹承担张江科学城开发建设、项目引进、产业培育、功能服务、创新创业氛围营造等重要功能。在上海建设"全球科创中心"背景下，围绕"科学城开发主力军、新兴产业推动者、科创生态营造者"三大定位，张江集团将勇挑创新发展重担，为建成世界一流科学城发挥中坚作用。

宝山城市工业园区是 1995 年由上海市人民政府批准建立的高科技、外向型、综合性市级工业园区，占地面积 5.98 平方公里，位于宝山区西南角，紧靠外环线宝山段，是距离市中心最近的市级工业园区。园区 2020 年被列入上海市 26 个特色产业园区之一"超能新材料科创园"。

2020 年，完成工业总产值 130.74 亿元，完成地方财政收入 5.14 亿元。园区在上海市 108 家开发区综合评价结果中，营业总收入居第 21 位、创新发展指数居 22 位；在小型园区（68 家）综合发展指数中排名第 6 位。

聚焦科技创新。努力打造宝山科创中心主阵地的重要承载区，当好产业转型升级的主力军。全力打造超能新材料科创园，通过石墨烯平台建设，推进石墨烯晶圆、轻量化高强烯碳铝合金、石墨烯复合材料河道治理等一批项目成果转化，其中石墨烯 8 英寸晶园已实现小批量生产，推进超导电缆项目提升产业化能力。2020 年 10 月 1.2 公里超导电缆在徐汇中心区域施工下埋并挂网运行；11 月环上大科技园开园仪式在城工科技绿洲举行。园区作为环上大科技园核心区，积极融入科技园建设，环上大科技园 1 号基地和 3 号基地分别在城工科技绿洲和石墨烯功能型平台挂牌。研究制定《园区产业地块利用效率评价办法》，将园区地块分类定性，实施差别化政策指导，出台实施《园区存量资源盘活五年行动计划》（2020 年—2024 年），2020 年启动森德、飞和等 22 个地块 748 亩的盘活，年底完成了 150 亩的盘活任务。

紧盯产业发展。围绕园区重点产业，新增康达卡勒幅、烯望材料科技等一批 15 家优质项目落户园区。索灵医疗诊断、国家无线电检测中心、电信一所三个重大项目签订战略合作协议。扎实推进科技绿洲、联东 U 谷、科勒 4.0、钢联二期、光驰二期等 13 个已开工项目的建设进度。

优化营商环境。完成台鼎、丰翔新城、金地艺境城雨污混接改造工程。完成市台路道路延伸及业绩路连接段工程，对真陈路、城银路路口打通项目进场施工；进一步优化驿动短驳公交 1 号线、2 号线，新增南翔线，为职工、居民提供便捷、安全的出行方式。制定《园区营商环境之配套篇实施计划》，对道路、绿化、企业外立面设计综合提标方案。完成"城中村"改造初步方案编制和 5 座农村公厕的改造，通过开展各类整治不断提升农村人居环境。深化第三方监管服务，抓牢垃圾分类、河道治理、扬尘控制等生态环保工作。

# 上海宝山城市工业园区管理委员会

上海嘉定工业区开发（集团）有限公司（以下简称工业区集团）成立于 1992 年 8 月，是嘉定区国资委旗下的国有独资企业。负责上海嘉定工业区这一市级工业园区范围内综合开发，主要从事产业招商服务、园区综合开发、资产运营管理和开展战略投资等业务活动。

工业区集团立足嘉定建设上海科创中心重要承载区核心区的功能定位，坚持发展第一要务，持续加快转型发展和创新发展步伐，产业能级和集聚效应不断提升，吸引了来自全球 40 多个国家和地区的 2700 家实体型企业落户，其中包括 50 余家世界 500 强企业和一批国际、国内著名企业，形成了新能源汽车和汽车智能化、集成电路和物联网、高端医疗设备和精准医疗、智能制造和机器人“四大新兴产业”和总部经济、文化创意、电子商务、在线新经济“四大特色产业”为主体的特色鲜明、优势突出的八大支柱产业体系。

目前，园区规上工业总产值已突破千亿元，商品销售总额突破三千亿元，各项主要经济指标持续快速增长，位列全市各大工业区前列，获评有上海市品牌园区、国家新型工业化产业示范基地、国家电子商务示范基地等称号。三友医疗、沪硅产业、盛剑环境等一批高新技术与新兴产业领军企业先后成功上市。

当前，工业区集团聚焦高质量发展，深入推进创新驱动发展战略，致力引进和培育一批引领性、标杆性、高成长性的科技型企业，加速壮大以战略性新兴产业为主体的高科技产业集群，重点围绕智能传感器、生物医药、在线新经济领域，集中力量做实做优标杆性特色园区，构建特色鲜明、业态高端、功能集成、富有竞争力的产业生态圈和创新生态链，全力打造转型发展的新引擎新高地。

地址：上海市嘉定区汇源路 200 号
网站：http://www.jiading.gov.cn/gongyequ
电话：021-39966500

# 上海杨行工业园区

杨行工业园区1999年4月经宝山区人民政府批准成立，位于宝山区中部，东至蕰川路、南至富锦路、北与月浦镇相临、西与罗店镇交界。园区地理位置优越，紧毗郊环线，南接地铁一号线富锦路站，距内环线10公里，西南距虹桥国际机场28公里。园区内形成四横五纵道路网格；雨、污水全部分流排放；用电有3.5万伏变电站及10千伏开关站各一座；市政自来水、10千伏供电、通讯、天然气等配套设施一应俱全，园区道路、绿化完整。

园区批准规划面积为3.21平方公里，园区现以科技装备制造业、新材料研发和生物工程研发为产业定位，实施“技术创新、应用引领”双轮驱动，加快转型发展，导入和集聚一批集成电路、新材料、新一代网络、新型显示、汽车电子、物联网、车联网、智能硬件等新兴产业，逐步形成以智能制造为主导的上下游产业链闭环的特色园区。

为全面塑造魅力园区、和谐园区、创建园区新形象，杨行工业园区坚持以“热心、诚心、恒心、细心、耐心”的标准服务企业。

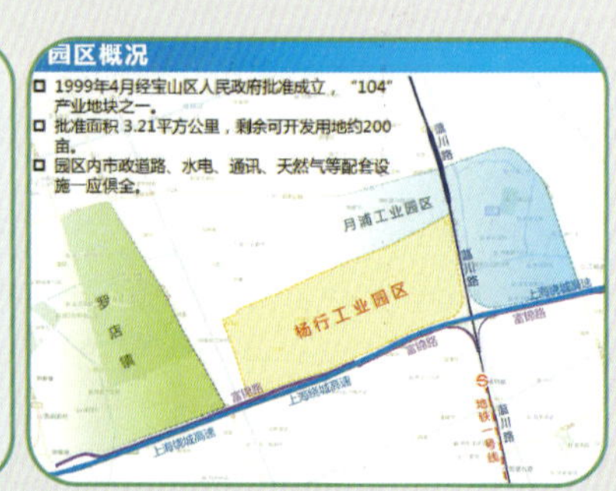


## 园区优质企业

遠中實業

# 上海远中实业有限公司产业园

远中产业园由上海远中实业有限公司于 2004 年至 2011 年期间，分四期陆续投资开发建成，一期工程于 2006 年竣工验收后开始投入运营。园区整体开发项目总占地约 9 万平方米，总建筑面积约 22 万平方米，目前正陆续开发五期、六期工程。

园区地处徐汇区漕河泾开发区内，与闵行区毗邻，位于虹梅路以西，宜山路南北两侧，东面与中环线虹许路相邻，南面紧靠地铁九号线漕河泾开发区站，公交 131 路、731 路、927 路、804 路等十多条线路均能到达，距虹桥枢纽仅半小时车程，交通出行非常方便。

园区定位于以现代服务业为主要业态的高端都市型产业园，目前已吸引了众多 IT 研发、信息服务、网络科技、设计研发、电子设备研发等现代服务业和科技类企业，园区年创税收过亿元。

园区于 2011 年 4 月通过 ISO9001:2008 版质量管理体系认证，并于 2018 年 3 月通过 ISO9001:2015 转版认证。始终以“科学管理、优质高效；贴心服务、顾客满意；持续改进、争创一流”为质量管理方针，不断提升物业服务质量和客户满意度，2016 年起被徐汇区商务委员会评定为“四星级产业园区”，于 2018 年 1 月通过安全标准化三级认证。

我们将竭诚为广大客户服务，为客户提供良好的办公环境，充分发挥人文资源和地域优势，不断提升客户企业形象，热忱欢迎更多企业和个人来园区创业。

地　　址：上海市徐汇区虹梅路 2007 号
招商热线：021-64853330 64855118　传　　真：021-64959342
微信公众号：远中产业园　网站地址：www.yzcyy.com

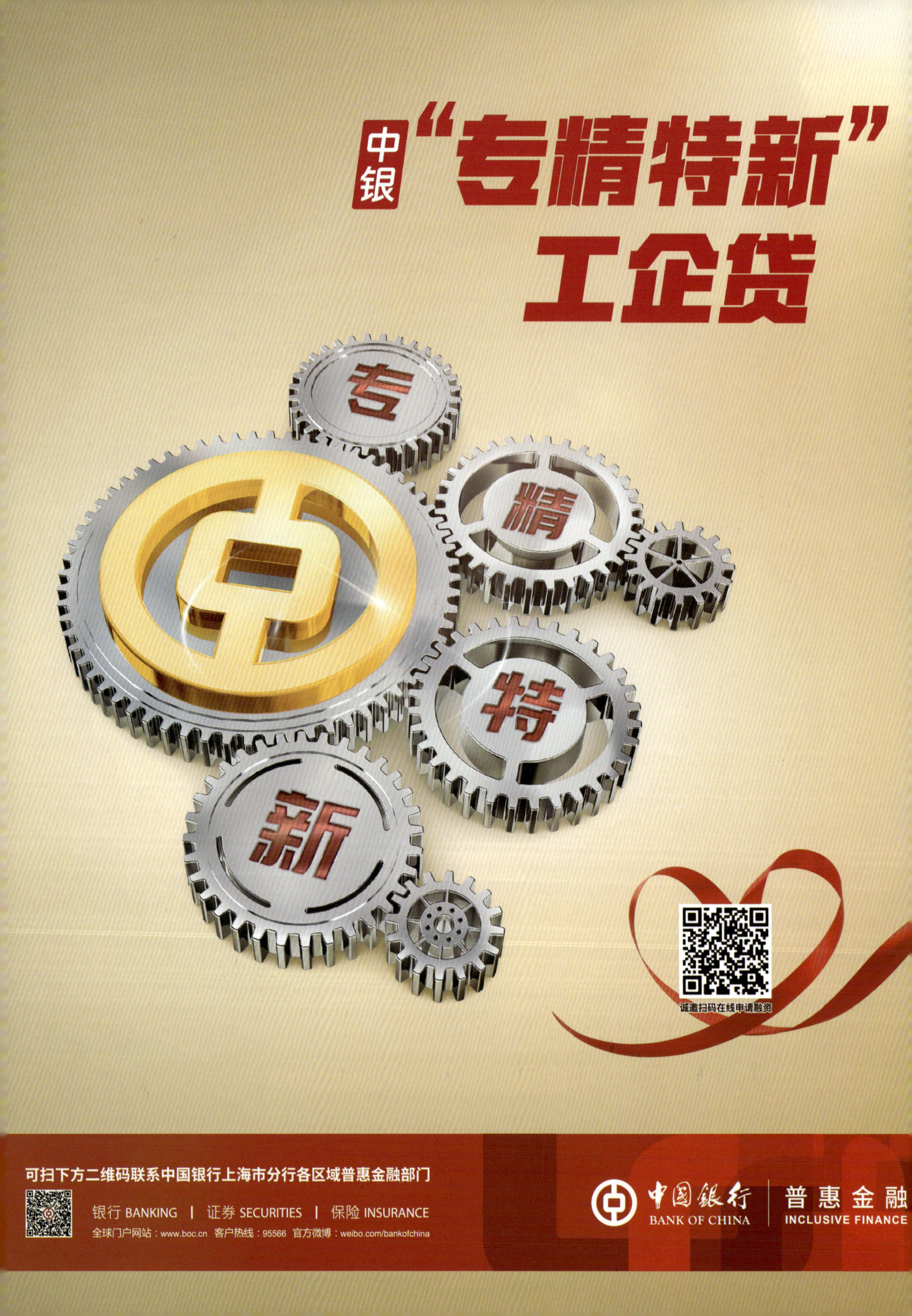

中银“专精特新”工企贷

专 精 特 新

诚邀扫码在线申请融资

可扫下方二维码联系中国银行上海市分行各区域普惠金融部门

中国银行 BANK OF CHINA | 普惠金融 INCLUSIVE FINANCE

# 浦发银行科技金融

## 信赖相依　全程相伴

知识产权质押贷款

科技含权贷

高新技术信用贷

上市贷

万户工程

创客贷

小巨人信用贷

专业　专心　专享　专注

智慧金融·专业服务

# 上海银行绿色金融管理体系

上海银行围绕“十四五”规划及“碳中和”目标引领，将绿色金融作为重要战略目标之一，全力推进绿色金融专业服务体系建设。

## 构建“绿色金融+”服务体系 助力生态文明建设

进一步加大绿色信贷支持力度
设立200亿元专项资金

支持绿色金融发展。投向方面，除了聚焦传统绿色环保领域，上海银行将绿色金融服务范围进一步延伸，提出“绿色金融+”概念，专业化经营绿色金融高质量发展。

“绿色金融+”服务范围：基础设施绿色升级、绿色交通、水资源利用和保护、新能源与再生能源、生态环境产业、高碳转型产业

优惠政策（资金支持外）：
- 绿色审批通道
- 重点支持行业
- 开户
- 结算费用减免

服务绿色新经济

## 打造全方位多维度绿色金融系列产品

上海银行推出绿色金融系列产品，聚焦绿色信贷、绿色债券、绿色资产证券化、供应链金融、跨境贸易、财资一体化平台等领域，提供“绿色金融+”各企业一站式综合金融服务，为绿色产业注入新的发展动力。

绿色金融系列产品

**绿色债券**：对于节能环保、绿色建筑、新能源等领域债券承销业务，通过快捷备案申报机制，提高业务落地效率。

**绿色资产证券化**：合理运用资产证券化金融工具，释放本行绿色资源，成为服务国家绿色战略的推进器。

**供应链金融**：通过“上行e链”金融服务平台，运用金融科技公司提供的大数据，与长三角各区域政府合作，搭建线上供应链纽带。

**绿色信贷**：合同能源贷、碳排放权质押、围绕重点行业的绿色信贷创新产品体系及综合金融服务方案。

**跨境贸易**：通过跨境贸易服务中心，为境内外企业提供符合国际标准的跨境贸易服务方案。

**财资一体化平台**：为企业提供一对一、开放式、自由式的财资管理服务方案及专属定制系统。

## 上海银行八大绿色倡议

- 做绿色出行的先行者
- 做绿色办公的实践者
- 做绿水青山的守护者
- 做绿色金融的倡导者
- 做垃圾分类的履行者
- 做绿色购物的力行者
- 做绿色能源的拥护者
- 做廉洁清正的践行者

「智慧金融 专业服务」
上海银行 股票代码：601229.SH
24小时客户服务热线：95594
上海银行官方网站：www.bosc.cn

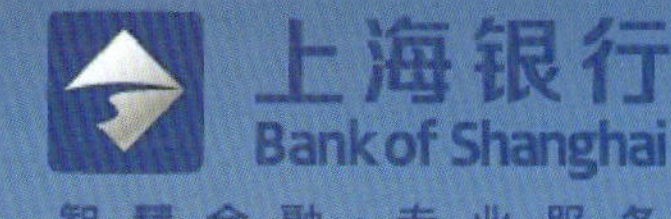

智慧金融·专业服务

# 海创e家

## 科创金融服务平台

### 您值得信赖的成长伙伴

## 01 一站式服务体系

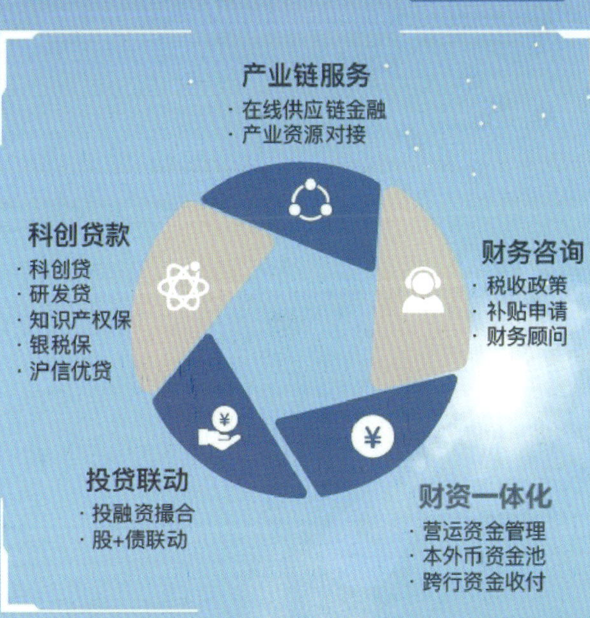


## 02 上市周期金融服务

**上市前**

财务咨询特色服务
支协助企业制定上市计划、规范财务制度、调整股权结构等

应收账款融资
通过“上行e链”平台实现全流程在线服务，美化财务报表

上市前融资
为企业IPO阶段的资金需求提供保障

**上市后**

并购融资服务
支持企业上市后产业整合、战略扩张

上市公司再融资
提供涵盖股票质押融资、定向增发、配股、可转债、战略投资者推荐等一揽子服务

债券承销发行
包括发行承销、债券投资、财务顾问等

## 03 科创企业专属权益

「智慧金融 专业服务」
上海银行|股票代码：601229.SH
24小时客户服务热线：95594
上海银行官方网站：www.bosc.cn

# 中国工商银行上海市分行

为助力上海科创中心建设以及进一步支持上海集成电路、人工智能、生物医药的三大产业发展，2018 年 11 月工商银行在上海设立了总行级科创企业金融服务中心（上海），中心立足上海，辐射长三角，通过探索科创企业金融服务专营模式，提供科创企业信贷等金融服务支持。

工商银行上海分行紧密聚焦上海科创中心建设和打造上海"集成电路、生物医药、人工智能"世界级产业集群的国家战略。截至目前，上海分行科创企业表内外融资已突破千亿元，扶持了一批集成电路、生物医药、人工智能等关键领域龙头企业。工行上海分行科创中心还相继荣获了全球工业智能峰会与福布斯中国联袂颁发的首届全球工业互联网奖项"湛卢奖""2020 年度上海银行业科技金融服务奖""上海市金融创新奖"等一系列国家和上海市重大奖项和荣誉。

## 科创中心定位高规格

中国工商银行在上海成立总行级科创中心是工行服务实体经济、支持上海市科创中心建设和长三角一体化的重大举措和重要战略布局。工行上海分行以科创中心为统领，以张江科技支行为标杆，以杨浦、漕河泾、临港、松江、嘉定等 11 家支行为重点，形成了"1+1+N"科创金融业务组织架构，建立了"顶层有规划，基层有落实，制度有保障"的完整业务推进体系，确保工行的金融服务能更广泛地传导到每一个科创企业。

## 科创投贷联动出亮点

2019 年 11 月，工行联合中金设立了中金工银长三角科创股权基金，总规模 60 亿元，重点投资长三角区域内的"硬核"科技企业，并为一批被投科创企业提供了融资、账户管理、跨境金融等一系列商行服务。

## 科创金融服务全周期

工行上海分行以提供融资服务为重点，针对科创企业初创期、上市筹备期、上市申报期以及上市后期，提供包括便捷开户、财务管理、信贷、股权投资、债券发行、员工持股计划、跨境融资、兼并收购、私人银行等"全周期、全产品、全服务"综合金融服务方案。在产品创新方面，工行上海分行相继推出"科创贷""科创知产贷""可认股安排权"等创新产品，特别是"科创知产贷"在中国专利周上海地区活动启动仪式上发布后得到良好的社会反响。

## 科创金融生态圈已形成

工行上海分行充分利用工银集团品牌、渠道、牌照等资源优势，跨界融合，积极探索构建赋能科创的生态圈。如广泛参与"浦江之光"行动，"科创企业上市贷""知识产权金融联盟"、市科委首批科创板培育库计划，对接长三角资本市场服务基地，充分发挥工商银行服务和创新优势支持科创企业成长。

## 科创重点领域新模式

工行上海分行着力聚焦集成电路、生物医药、人工智能等几大行业，努力探索可复制、可推广的科创企业服务模式。例如，针对集成电路产业，积极探索"基金 + 并购 + 发债"的金融服务模式，先后参与投资了武岳峰集成电路基金、为数家集成电路领域龙头企业提供并购融资和债券发行服务。针对生物医药产业，积极探索"并购 + 项目"的金融服务模式，为多家生物医药企业提供跨境并购和项目融资支持方案；针对人工智能产业，积极探索"场景应用 + 融资 + 投资"的金融服务模式，不仅为人脸识别、NLP 等知名企业提供流动资金贷款支持、股权投资，还在场景共建中实现了共赢发展。针对"新基建"领域数据中心行业，积极探索"项目融资 +ABS"的金融模式，为多家 IDC 企业提供基于未来收益权的项目贷款。

ICBC

# 上海农村商业银行股份有限公司

上海农村商业银行股份有限公司（以下简称上海农商银行）成立于 2005 年 8 月 25 日，是由国资控股、总部设在上海的法人银行，是全国首家在农信基础上改制成立的省级股份制商业银行。目前注册资本为 86.8 亿元人民币，营业网点近 370 家，员工总数超 8,000 人。

围绕上海新三大任务、“五个中心”以及“四大品牌”建设，上海农商银行以“普惠金融助力百姓美好生活”为使命，践行“诚信、责任、创新、共赢”的核心价值观，推进“坚持客户中心、坚守普惠金融、坚定数字转型”核心战略，努力打造为客户创造价值的服务型银行，建设具有最佳体验和卓越品牌的区域综合金融服务集团。

在英国《银行家》公布的“2020 年全球银行 1000 强”榜单中，上海农商银行位居全球银行业第 153 位，比 2019 年上升 3 位；位列 2019 年中国银行业 100 强榜单第 23 位，在全国农商银行中排名第 2；在英国“品牌金融”评估机构发布的 2021 年度“全球银行品牌价值 500 强排行榜”中位列第 187 位；标普信用评级（中国）主体信用等级“AAspc-”，展望稳定。

诞生于 1949 年的上海农信事业，亲历了共和国旗帜下城市发展的宏伟诗篇，上海农商银行传承上海农信七十余载历史，扎根大都会、携手千百业、贴近老百姓，以金融诚善守护生活本真，以专业进取回应市场期待，努力践行使命、达成愿景。

中信银行关税e贷

您的大额通关“信用卡”
纯信用，更便捷！

周转活
秒放款
易操作
纯信用
利率低
额度高

为小微企业进口海关税费缴纳提供的实时信用融资服务，帮助企业降低资金占用，如同“信用卡”般的便捷体验，助您实现快速通关。

- **额度高**：高至300万
- **纯信用**：无需抵质押
- **易操作**：全程线上化
- **期限长**：一年期
- **利率低**：极具市场竞争力
- **周转活**：随借随还，按日计息

客服热线：95558
CITICBANK.COM

# 平安养老保险股份有限公司上海分公司

平安养老保险股份有限公司上海分公司（以下简称平安养老险上海分公司或分公司)2007年3月在上海成立，主要经营以年金为主的养老资产管理，以企业员工福利保障和城乡居民大病保障为主的保险业务，具备企业年金、职业年金、基本养老金、第三方资管等资质。公司拥有优秀的专业团队，截至2021年末，公司员工总数600余人。

自2007年成立以来，分公司紧紧抓住了平安养老险成立快速发展、做大做强的历史机遇，公司业务规模不断扩大，经营绩效持续提升。截至2021年末，保费规模27.05亿，市场份额39.2%。

作为市场上首批同时拥有受托、投资、帐管三项资格的专业养老险公司，平安养老险上海分公司凭借平安养老险强大的专业能力和集团强大的后台 IT 系统，为上海地区广大客户提供“三位一体”的年金服务。在2021年上海市机关事业单位职业年金计划受托人评选中，平安养老险脱颖而出，成功中标。

同时，作为企业保险福利的供应商，平安养老险上海分公司全面关注员工健康，协助企业完善员工福利体系，十几年间为众多行业知名企业提供优质保险服务，受到广大客户的普遍认可。

放眼未来，平安养老险上海分公司将以“专业的养老资产管理机构”和“专业的民生福利保障供应商”为目标，继续肩负服务民生保障的重任，坚持创新、协调、绿色、开放、共享的发展理念，将更加聚焦民生服务事业并支持养老健康产业发展，解决好老百姓“老有所养、病有所医、贫有所助”的民生问题，为全面建成小康社会做出更大的贡献。

中国平安 PINGAN
金融·科技
专业 让生活更简单
医保卡原功能为用于药房购药
和医疗费用结算支付等
在未患病情况下可用机会相对较少
睡眠资金比例高达75%
政府来支招！只需一分钟
唤醒医保卡
睡眠资金
医保卡可以购买
重疾/医疗保险!!!
平安专属
医账通APP
不用现金，费率低
自费部分可报销
保障详细内容请以保险合同为准
可续保
至75周岁
扫一扫 移动链接直接投保
95511按#转6转5
pingan.com
微博@中国平安V
平安养老保险 上海分公司

上海造币有限公司(原上海造币厂,以下称上币)是隶属于中国人民银行的国家造币企业。上币创立于1920年,是近代以来唯一存续至今的国家级造币厂,是我国近代重要的金融机构和上海工业文明的历史见证。2020年,上币迎来了成立100周年的重要时刻。

如今,上币已成为国内屈指可数的现代化程度高、竞争优势强的造币企业之一,拥有唯一国家级硬币设计中心。主要从事设计生产国家流通硬币、金属纪念币;兼营金属纪念章、奖牌、工业金银、机械设计制造等加工业务。

2019年,上币深入学习贯彻习近平新时代中国特色社会主义思想,开展了“不忘初心,牢记使命”主题教育,全面完成生产、科技研发和企业党建等各项工作任务。

公司推动党建工作与业务工作深度融合,取得显著成效。成功举办首届“上海硬币设计论坛暨硬币设计大赛”,扩大硬币设计国际影响力;高质量完成国家定制任务,践行“为国造币”的使命;入选“国家工业遗产”和“中国工业遗产保护名录”,扩大品牌影响力。

“为国造币”的精神,激励着上币人在硬币的方寸之间,创造出精美绝伦的“国家名片”。屹立于苏州河畔一个世纪,上币先后铸造四套人民币流通硬币,以及我国第一套贵金属纪念币、第一套熊猫金币、第一套普通纪念币,并建成国内唯一的钢芯镀镍坯饼生产基地,开启人民币硬币材质的新纪元。历年设计铸造的熊猫金银币、“双龙”银币、“孔雀开屏”银币先后荣获世界“最佳金币奖”“最佳银币奖”等荣誉。普通纪念币、贵金属纪念币、章及奖牌等产品均享誉国内外。2019武汉军运会奖牌、2008年北京奥运会金镶玉奖牌等国家定制产品,都是上币荣誉出品。上币人以报国为使命,以创新为动力,以艺术为追求,为上海制造、上海品牌、上海文化贡献力量,向世界造币产业的新高峰不断攀登。

2020年上币正迈向百年新起点,上币人将坚持党对国有企业的绝对领导,坚持走高质量发展之路,为建设成为具有全球竞争力的世界一流造币企业而不懈奋斗。

建厂100周年纪念大会

建厂100周年纪念大会

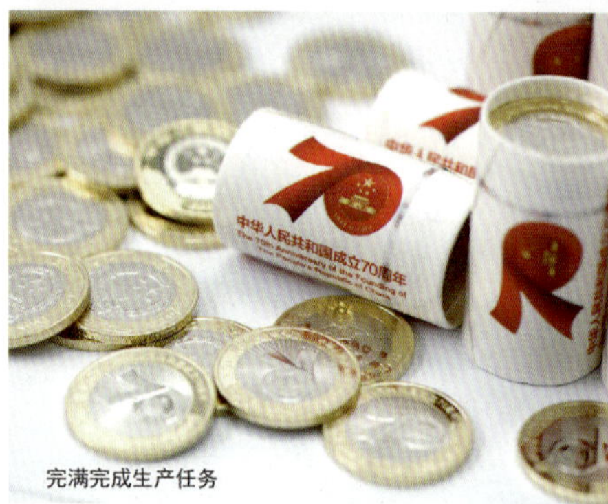

完满完成生产任务

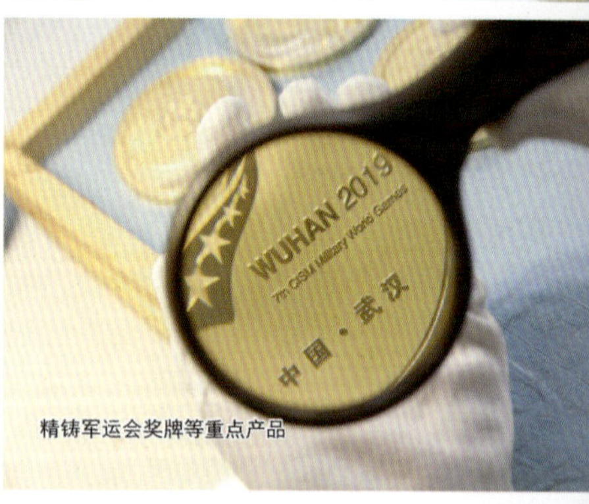

精铸军运会奖牌等重点产品

造币博物馆为新时代货币文化传播赋能

爱企日

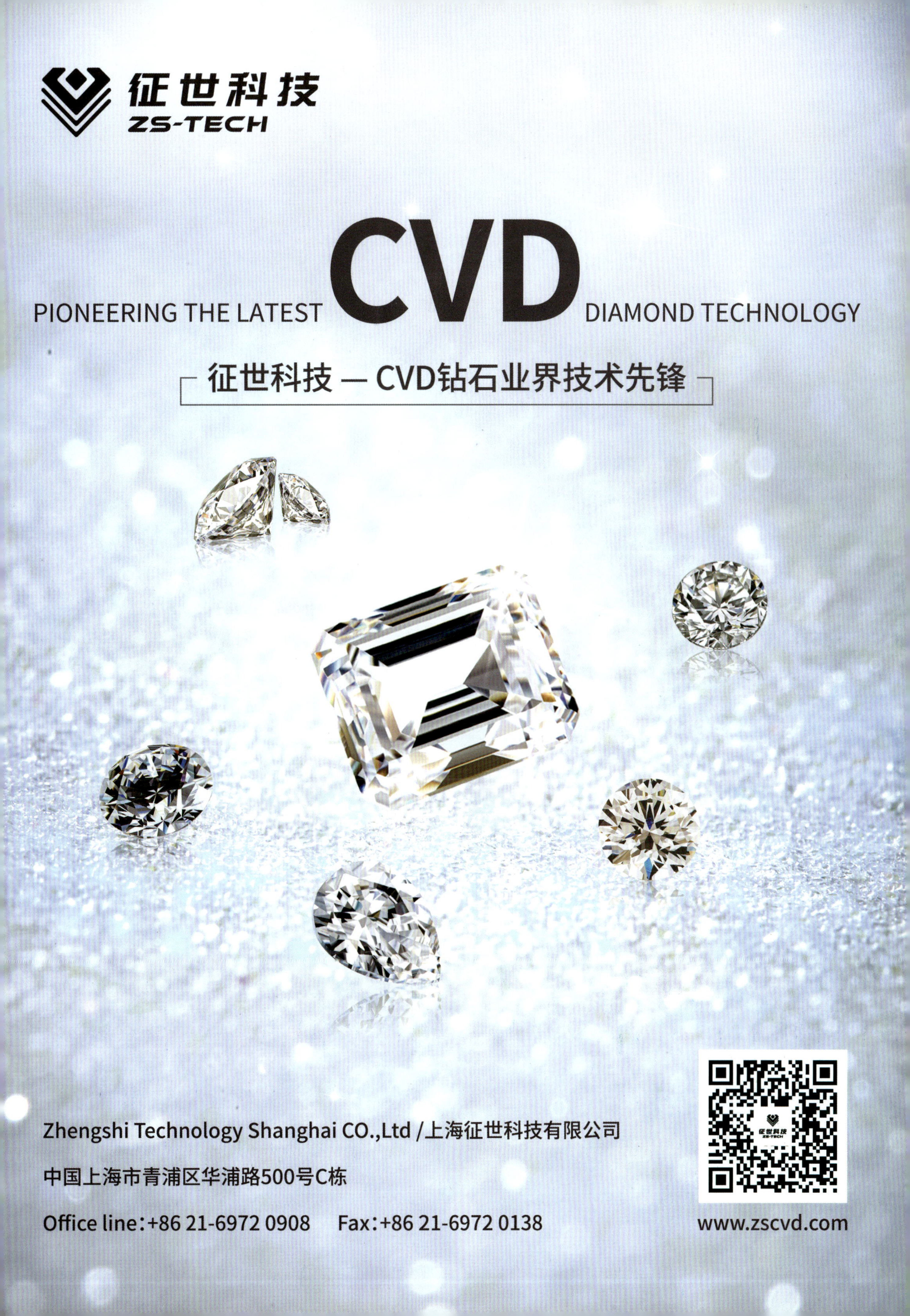

PIONEERING THE LATEST CVD DIAMOND TECHNOLOGY

征世科技 — CVD钻石业界技术先锋

Zhengshi Technology Shanghai CO.,Ltd /上海征世科技有限公司

中国上海市青浦区华浦路500号C栋

Office line:+86 21-6972 0908 Fax:+86 21-6972 0138

www.zscvd.com

# 中国化妆品领军企业伽蓝（集团）股份有限公司

## ◆ 企业简介

中国化妆品领军企业伽蓝（集团）股份有限公司JALA（以下简称伽蓝集团）是一家集研发、生产、销售、服务于一体，聚焦于化妆品、个人护理品与美容功能食品产业，规模和实力领先的中国化妆品集团企业。伽蓝集团坚持向高科技美妆企业发展，树立世界顶尖科技与东方美学艺术完美结合的企业形象，在研发、制造、零售、服务、运营、形象各方面全面科技化；从东方人的文化、饮食和肌肤特点出发，为消费者提供五感六觉完美超卓的世界一流品质的产品与服务，向世界传递东方美学价值。

自2001年在中国上海发展以来，伽蓝集团先后创立了中国原创高端美妆品牌——美素、源自喜马拉雅的自然主义品牌——自然堂、敏感肌肤护肤品牌——植物智慧、针对年轻人的高功效护肤品牌——春夏、专业功效性护肤品牌——珀芙研、个性化的专业彩妆潮牌——COMO、新锐香水品牌——莎辛那等多个品牌，业务规模迅速发展壮大。至今，伽蓝在全国31个省、市（自治区、直辖市）建立各类零售网络近40,000多个，覆盖全国各级城市、县城及1万多个城镇，在百货商场、KA卖场、超市、美妆店等多个渠道均设有品牌专柜，拥有直属员工近8500人，产业链从业人员5万余人，是中国市场份额、消费者口碑与社会影响力俱佳的行业领跑者。

## ◆ 使命、愿景及价值观

将东方生活艺术和价值观的精髓传遍世界，为消费者提供爱不释手的、富有艺术感染力的、世界一流品质的产品和服务，帮助消费者实现更加美好快乐的生活！这是伽蓝肩负的使命。

伽蓝的愿景，是成为可持续发展的、具有稳定的成长性和盈利能力的、富有社会责任感的亚洲最大、世界知名的美与健康产业集团。

为达成这一使命和愿景，伽蓝及其伙伴在秉持诚实、正直、信任、进取心、主人翁精神这五个基本价值观的同时，共同坚守"合作共赢、诚信负责、客户至上、创新突破"的企业核心价值观，以此作为公司发展的内在动力。

## ◆ 自主研发、科技创新

伽蓝集团从创建伊始，便坚持立足自主研究与开展全球合作相结合的研发总策略，在全球范围寻找安全性高、功效好、可持续来源的天然成分，运用世界先进科技，确保其生产配方及工艺既适合东方人肤质，又时刻同步于国际一流水平。伽蓝集团的每款产品从原料选择开始，都经过至少60种科学验证，满足消费者对质量、功能、环境的要求；2013年6月，伽蓝集团首次通过搭载神舟十号开展太空生物科学研究，成为亚洲率先通过世界先进航天技术开展空间生物科学研究的化妆品企业；2013年10月，经国内外专家鉴定，伽蓝集团研发中心自主构建的3D皮肤模型达到国际先进水平；2016年9月，伽蓝集团的皮肤模型研发团队与世界顶尖的法国皮肤实验室LabSkin Creations合作，终于用3D生物打印机第一次成功打印出亚洲人的皮肤。此外，继2017年调控皮肤的表观调节因子microRNA发表之后，2018年伽蓝集团又发布喜马拉雅植物小RNA创新研究成果。伽蓝集团亦受邀赴德国参加被誉为化妆品学术界的奥运会的2018年IFSCC大会进行学术成果展示。2019年6月意大利米兰第24届世界皮肤科学大会上，伽蓝集团《关于西藏高原温泉水在皮肤敏感和再生机制上的研究》被大会官方收录，世界皮肤科学大会4年一届，一直被外界誉为"皮肤科学的奥运会"，首次有中国品牌的身影。2019年8月，伽蓝集团同上海交通大学合作在国际核心期刊发表高影响因子原创性论文，报道了对喜马拉雅区域微生物资源的研究成果。2019年11月上海东方美谷国际化妆品大会，伽蓝发布中国首款"私人定制"护肤品，根据消费者不同"肌因"实现功效性精华的定制化。截止当前，伽蓝集团已申请发明专利167项，共进行商标注册申请5062件，拥有有效注册商标3717件，通过马德里协议注册国际商标自授权117件，单独国家注册国际商标62件，累计有效注册商标持有量位居上海市前列。

## ◆ 企业社会责任

伽蓝集团的企业社会责任，是为员工提供发展，关注每一个员工的贡献与成长，与员工共同进步；与客户合作共赢、共同成长；为消费者提供能激发和反映其价值主张的世界一流品质的产品和服务。

在发展业务的同时，伽蓝集团始终坚持作为合格企业公民的责任，致力中国传统文化的保护、传承与发展，推动教育事业，消除赤贫，保护环境，以实际行动回报社会。

地址：上海市静安区铜仁路299号东海广场49楼　邮箱：200040
电话：021-62220000　网址：www.jala.com.cn

# 汉斯格雅卫浴产品(上海)有限公司

享誉全球的知名厨卫产品制造商汉斯格雅集团创始于1901年，总部位于德国南部城市希尔塔赫。旗下拥有奢华厨卫设计品牌 AXOR 雅生及百年经典高端厨卫品牌汉斯格雅（hansgrohe)。集团以其卓越品质、独特设计、创新技术及在可持续发展方面的贡献，在卫浴行业蜚声国际，广受赞誉。

汉斯格雅集团在以龙头、花洒以及淋浴系统为代表的厨卫产品中始终坚持以创新设计为本，荣获共计17,000多项专利，600多个设计类国际奖项，其中包括首个升降式花洒杆、首个可抽拉式厨房龙头等。产品足迹遍布国内外各大闻名场所和地标性建筑。

以“浴见水，邂逅美”为品牌理念，希冀借助厨卫产品呈现出水之美与生活之美，让人们尽情享受与水互动的美妙体验。业务涵盖浴室龙头，花洒，淋浴系统、恒温及管道技术、厨房龙头和水槽。凭借 QuickClean 快速清洁功能、AirPower 空气注入技术、EcoSmart 智能节水技术、便捷的 Select 按键技术以及带来全新沐浴感官体验的 PowderRain 沄雨水流技术等创新科技，2019年汉斯格雅推出全新 Rainfinity 境雨，开启未来淋浴新时代。

汉斯格雅的花洒龙头在行业中久负盛名，作为汉斯格雅全球第四个产品生产基地，汉斯格雅中国上海松江工厂每天都向全球用户提供百年经典德国品质的产品。

## 汉斯格雅中国大事记

1999年：汉斯格雅卫浴产品(上海)有限公司 —— 汉斯格雅集团全资中国子公司在上海松江工业区成立，这也是汉斯格雅在德国、法国、美国以外的第四家制造工厂。

2006年：汉斯格雅新工厂奠基，续写百年汉斯格雅新华章。在当地政府的支持下为这家时下最先进的工厂举行了官方奠基仪式。

2012年：汉斯格雅宣布汉斯格雅中国成为其最大的国际子公司。汉斯格雅中国收购松江工厂厂址，并将在2012年对其进行扩建以提高产量。

2013年：汉斯格雅松江工厂二期扩建圆满完成，其在环境和可持续发展方面不遗余力的投入体现了公司高度的社会责任感，并通过英国劳氏 ISO9001，ISO14001 和 OHSAS 18001 三体系认证，确保了汉斯格雅在卫浴行业的优质口碑。

2018年：汉斯格雅中国产品中心成立(China Product Center，CPC)，作为集团第二大市场，汉斯格雅中国不仅逐渐成为全球业务的增长引擎，CPC的成立意味着中国市场不仅在生产、销售发展迅速，相应的在中国市场对产品研发等核心环节上，也将提供更多本土化洞察与贡献。

2019-2020年：汉斯格雅工厂在G60科创走廊高质量发展企业座谈会上荣获年度综合效益优胜奖。

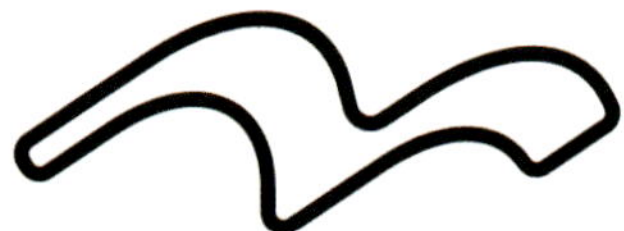

MERCURY
水星家纺

孙俪
水星家纺品牌代言人

股票代码：603365

## 品牌文化

上海水星家用纺织品股份有限公司是水星控股集团下属主要成员企业，也是中国现代家纺业的重要奠基者。经过十多年的发展，已快速成为集研发、设计、生产、销售于一体，专注于家用纺织品行业的专业化、多品牌企业，公司生产、销售、渠道规模及综合实力居行业前三，2009 年通过上海市高新技术企业评审，2017 年成功登陆上海证券交易所。公司坐落于上海奉贤综合工业开发区，下辖上海百丽丝家纺有限公司、上海水星电子商务有限公司、河北水星家用纺织品有限公司、浙江星贵纺织品有限公司、上海水星家纺海安有限公司、上海水星家纺海门有限公司等，拥有"水星""百丽丝"两大著名家纺品牌。

公司总部工业园自主生产能力处于同行业领先地位，拥有国内先进的电脑绗缝、制被等多条生产线，实现了"日产万件，衣被天下"的生产能力。公司按照现代企业制度的标准，结合自身实际不断规范企业管理，从 2001 年开始先后导入并在同行业中率先通过 ISO9001、ISO14001、0HSAS18001 管理体系认证以及 ERP 信息系统建设，在质量、环境、安全、职业健康、信息管理方面在同行业中处于领先水平。

公司产品涵盖床罩多件套、被子、枕芯、单件组合、靠坐垫、儿童用品、夏令用品、毛毯等八大系列 300 多个品种。一直以来坚持"人无我有、人有我优"的产品开发原则，始终贴近广大消费者的真实消费需求，使老百姓消费得起的、有品位有档次的床上用品走进了千家万户。

水星家纺采取以连锁专卖为主要销售方式的特许营销模式，营销网点遍布全国各省市，目前在全国各地拥有 2700 多家专卖店、商场专柜。在追求渠道网络数量拓展的同时，公司特别注重网络质量的提升，通过在全国建立区域营销中心不断强化对营销网络的规范化管理，形成了以经销商、直营和电商销售渠道为主，国际贸易、电视购物、团购为辅，形式多样、消费者覆盖广、成长空间大的规模化立体销售网络。

公司在行业内较早实施品牌战略，通过产品品质、CIS 形象推广、市场宣传等方式在国内外树立了良好的品牌形象。先后荣获"中国驰名商标""中国 500 最具价值品牌""中国纺织服装行业品牌价值 50 强企业""中国纺织工业协会开发贡献奖""上海市文明单位""上海市五星级诚信创建企业""奉贤区第七届区长质量金奖"、2018 年中国纺织工业联合会"重点跟踪培育的中国服装家纺自主品牌企业""2019 年上海民营企业 100 强""2020 年奉贤区工商联（总商会）抗击新冠肺炎疫情先进单位"等一系列荣誉称号。

公司高度重视科技创新工作，致力于高性能、绿色环保及可降解纤维为主体材料的家纺产品的研究与开发。采取与国内专业院校、科研机构合作，建立家纺技术中心、家纺实验室、研究生实习基地，通过整合社会行业资源，优势互补，互惠互利，共同开展家纺技术研究和开发，推动行业技术攻关和突破，2016 年度奉贤区中小企业专利新产品项目（天丝和精梳棉交织超柔家纺套件）、天猫家居家纺 2017 年度最具影响力品牌、天猫"TES 年度消费者最喜爱品牌"、2017 年度纺织十大创新产品（黄金搭档被）、2018 年度十大类纺织创新产品（丝路传奇）、2019 年硅藻土纤维科技获得中国纺工联"科技进步二等奖"，并建立了上海市科协"院士专家工作站"、2020 年度质量口碑典范品牌、中纺联 2020 年科技进步二等奖（功能性微胶囊制备及应用关键技术研发与产业化）。截止到 2019 年底，获得发明专利 36 项，实用新型专利 39 项，外观设计专利 76 项，并有多项发明专利处于受理和实审阶段；先后被认定为工信部"工业企业知识产权应用试点企业""上海市知识产权优势企业""上海市专利工作示范企业""上海市专利试点（培育）企业""奉贤区小巨人企业""奉贤区企业技术中心""奉贤区纤维新材料工程技术研究中心"。

# 上海中昊针织有限公司

上海中昊针织有限公司成立于2000年，是一家专营袜类产品的出口的民营企业，上海总部自有厂房10万平方米。毗邻国家会展中心、上海虹桥机场等，交通便捷。

公司现有外贸销售员230余名，自控工厂15家，产品100%出口。2013年上海中昊在上海徐泾设立上海东北亚新纺织科技有限公司，作为智能生产研发和设计中心，2017年被授予"上海市高新技术企业"，2018年中国对外贸易民营企业500强企业中名列第367位，获2019-2020年度上海市"专精特新"企业称号，连续多年被评为上海市"诚信创建企业"和"中国纺织服装进出口行业企业信用等级评价" 3A级企业 ，同时在江苏、安徽和湖北三省近10个国家级贫困县设立多个织造中心和扶贫车间，直接解决当地劳动就业共6700余人。

上海中昊针织有限公司始终坚持专业化和国际化的经营理念，坚持科技创新，经过20年的不懈努力，公司连续至今袜类出口为全国第一并且遥遥领先于同行，是行业龙头企业，拥有ENERWEAR、PLUSAG等多个自有品牌，60%以上为自有技术和自有品牌的功能原料或由自有智能机器人生产。产品主要出口到美国、日本和欧洲。我司在日本京都和美国纽约设有设计室，2019年出口丝袜、棉袜、裤袜等各类袜子超过17亿双，年出口额4亿美元，销售袜品数量世界第一，主要为尖端品牌的ODM和自有品牌产品。

上海中昊针织有限公司创业之初，外贸自主品牌占公司销售份额仅为5%—10%，经过20多年的不懈追求，如今，外贸自主品牌的比例已上升到了一半以上，公司的自主品牌"ENERWEAR"早已成为美国开市客、沃尔玛、亚马逊和日本佳世客等零售渠道的畅销货。自主品牌的价值就在于我们有了一批固定的海外消费者，从而有了议价权 ，有了自主品牌，我们在海外市场就有一批忠诚的消费者。

应对新冠肺炎疫情，既是一场抗疫阻击战，也是一场经济保卫战。公司在青浦区相关部门的支持下，及时转型布局口罩生产线，公司投资设立了专门生产口罩的上海蟠龙医用材料有限公司，马上投入生产，并向包括政府、社区、有关企业、一线工作人员等各方面捐赠口罩200万个。

统一企业于1967年在台湾台南成立，由最初的食品制造本业开始，生产及销售面粉、油脂及方便面等产品，一路发展至今，包括食品、连锁便利、贸易、食用油、马口铁、物流、生物科技等产业领域，涵盖如贸易、证券、休闲、零售百货等包括了多项民生相关的消费品及服务产业，已成为一个多元化、国际化经营的综合生活产业集团。事业版图已扩充至祖国大陆、越南、印度尼西亚、菲律宾以及泰国等地。

1992年，统一企业集团开始在祖国大陆投资设厂。1998年，统一企业（中国）投资有限公司在上海成立，统筹管理所属各子公司生产和销售的方便、饮料、包装水、乳品等产品。统一企业一直秉持“三好一公道”的经营理念，致力于提供品质安全的产品，让消费者吃得放心、吃得健康，在全国创立了众多饮料和方便面知名品牌，如统一冰红茶，统一绿茶，统一鲜橙多，阿萨姆奶茶、统一冰糖雪梨、海之言、小茗同学、如饮、雅哈、水趣多、爱夸、统一老坛酸菜牛肉面、统一卤肉面、满汉宴、满汉大餐、汤达人、都会小馆、香拌一城、小浣熊、来一桶、开小灶、煮时光等，深受广大消费者的喜爱。

保障食品安全是企业的生存之本，更是企业肩负的社会责任。不论是原物料还是产品，大陆统一企业持续推动食品安全的有效管理，并成立了通过中国合格评定国家认可委员会（CNAS）认可的食品安全检测中心。公司内部一直坚持对所有原材料进行严格质检，并不断加强对产业链上下游的控制，确保产品质量安全。

统一企业在经营事业的同时，也善尽社会公民的责任，参与祖国大陆的社会公益活动。2008年第二十九届奥林匹克运动会在北京隆重举行，统一企业积极参与奥运，成为奥运有史以来唯一的方便面赞助商。我们捐助奥运希望工程、希望小学等，同时也积极捐赠救助汶川地震、青海玉树地震、甘肃舟曲泥石流、雅安地震、定西地震、昭通地震、广河县洪灾、宜宾地震、以及抗击新冠肺炎疫情等。

统一企业一直秉持公司“三好一公道”的经营理念，致力于提供品质安全，以及深受消费者喜爱的产品。统一企业，以成为全球最大的食品公司之一作为21世纪的战略目标，掌握时代脉搏，全心尽力演奏出一首永为大家喜爱的食品交响乐，传播健康与快乐，与消费者携手共创美好的生活。

开创健康快乐的明天

统一企业（中国）投资有限公司
UNI-PRESIDENT ENTERPRISES (CHINA) INVESTMENT CO.,LTD.

# 整体解决方案

Triowin

沃迪智能成立于1999年，专注于工业智能机器人研发与制造，自动化成套装备、数字化工厂、智能制造系统集成，致力于为工业自动化、标准化、信息化生产线提供一站式解决方案。公司下辖食品智能、机器人智能包装、生物智能三大业务版块。

THE INTERGRATED SOLUTION

www.triowin.com

owin Intelligent was founded in 1999, specialized in industrial robotics R&D technology, automatic equipment, digitalplant, and integrat- manufacturing system; and devoted to one-stop solutions for industrial automation, standardization and informatization. Triowin intelli- nt has three business sections: Food intelligence, robot packaging and biological intelligence.

# 上海持云工程技术有限公司

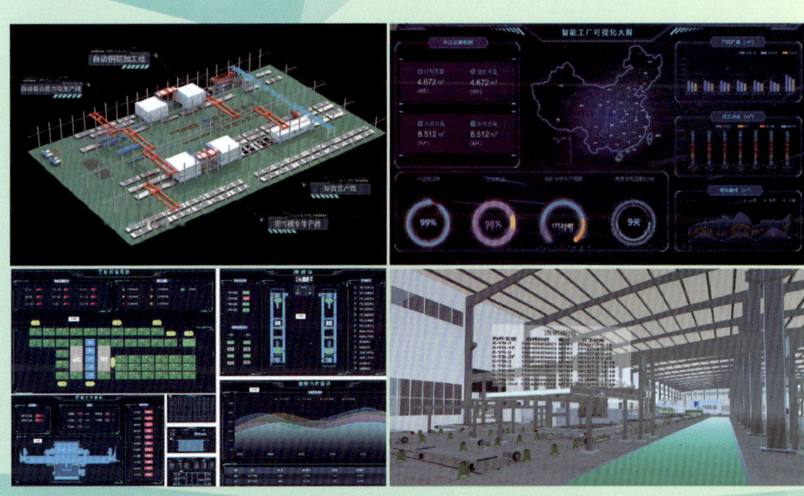

上海持云工程技术有限公司是一家集智能装备研发制造、信息化系统开发于一体的建筑工业化公司。

公司围绕装配式建筑预制混凝土构件、轻质隔墙，轻钢结构模块房，路桥 T 梁、箱梁等产品，提供建筑工业化领域部品部件智能制造工厂数字化规划与建设、非标定制产线及智能装备、以及 MES 信息化管理系统等精益化、智能化、数字化特色的产品与服务。

智能布模划线机械手突破国外品牌技术垄断并形成量产，获 2019 年度安徽省科技进步奖；预制构件隐蔽工程 AI 视觉检测系统、钢筋绑扎机器人多项技术独创并处于国内国际领先水平；面向预制混凝土构件工厂搭建的智能制造一体化服务平台，应用 BIM、MES、SCADA、CAM、ICS 中央调度、AI 视觉、工业物联网及大数据等信息化、智能制造技术，实现预制构件的精益化、柔性化、可视化生产，获 2020 年度上海市发改委“服务业引导资金”立项资助。

公司凭借建筑工业化领域智能制造的探索实践、技术沉淀，主编省级地标 1 项、受邀参编行业协会智能制造相关标准 3 项。2017 年、2019 年两次入围中国创新创业大赛先进制造行业国赛总决赛；2018 年获批上海市高新技术企业，2019 年获上海市科技小巨人培育企业立项、上海市“专精特新”中小型科技企业；与同济大学、上海交通大学、合肥工业大学、华中科技大学等院校保持长期良好的产学研合作关系，开展智能制造技术及装备课题研究。

公司的愿景成为建筑工业化领域工业化、自动化、智能化领先的工程公司、助力建筑业产业化升级高质量发展。

# 上海回力鞋业有限公司

## ◆ 企业简介

上海回力鞋业有限公司是上海华谊集团股份有限公司全资的子公司，专业从事回力、飞跃、回力 1927 等品牌鞋类及其衍生产品的开发、制造及销售，产品涵盖时尚休闲鞋、运动鞋等多个品类，畅销全国，并出口东南亚、中东、欧洲等几十个国家和地区。

回力品牌始创于 1927 年，历史悠久，深受喜爱，先后被评为上海市著名商标和中华老字号，“回力”鞋类产品历获国家质量银质奖、化工部及上海市优质产品奖，连续数年获上海市名牌产品称号和上海市出口免验证书，中华老字号传承创新先进单位，并荣获第 21 届西班牙国际质量奖。企业通过了 ISO 9001:2015 质量管理体系的认证和诚信企业评审等，代表着上海制造的品质，也承载了几代国人对青春时代的美好回忆。

近年来，公司深入贯彻落实国家和上海民族品牌振兴的各项工作要求，推进品牌战略规划发展。回力品牌坚持“永远的陪伴，永恒的记忆”为品牌定义，明确“大众化、高品质、全系列、更时尚”的品牌定位，注重质量及健康环保，选材严格，做工精良。公司不断加强创新研发，提升产品品质，获得了市场的认可和青睐。

展望未来，回力人将“不忘初心，顺势而为”，继续贯彻落实品牌强国战略，努力讲好新时代的回力故事，培育新一代的国潮品牌！

# 民族精神、国货情结

## 大博文努力塑造时尚、健身、运动新形象

上海大博文鞋业有限公司的历史可追溯到上世纪三十年代的中国飞跃球鞋诞生地——上海胶鞋一厂。

1993年由上海兰生股份有限公司与上海大孚橡胶总厂（前称上海胶鞋一厂）合资组建的上海大博文鞋业有限公司，现隶属于上海市国资委东浩兰生集团。

传承Feiyue品质，提升大博文工匠精神，是新时代赋予我们的责任。

公司秉承：体育运动是民生健康之本，大博文是民生健康之基。

上海大博文鞋业有限公司

公司地址：上海青浦区新胜路238号

邮编：201712

电话：021-59220060

传真：021-59228585

HTTP://www.shdbwxy.com

E-mail:TOP_dbw@126.com

# 上海烟草机械有限责任公司

上海烟草机械有限责任公司是由中国烟草机械集团有限责任公司和上海烟草集团有限责任公司共同出资的国有合资企业。公司创建于 1952 年，前身为新中国成立的第一家烟草机械厂——上海烟草公司机械厂。上世纪八十年代被列为中国烟草总公司首批烟机生产定点企业。目前，已经成为中国烟草行业具有“窗口”定位、发挥引领示范作用的装备制造基地。

公司坐落于上海浦东新区金桥经济技术开发区〔属中国（上海）自由贸易试验区〕锦绣东路 2555 号，占地面积 14 万平方米，注册资本达到 10.3 亿元，拥有新场铸造、苏州锦晨智能科技、中臣配件、中臣数控等多家下属企业，从业人员 1100 多人。截至 2020 年底，公司总资产超过 38 亿元，年产值规模达到 22 亿元。

公司建立了集产品研发、铸造加工、热处理、金属切削、钣金加工、装配调试、维修服务、零配件供应、数控技术与技能培训为一体的生产经营管理体系，拥有世界一流的数控加工设备、精密测量仪器和素质优良的人才队伍，具备国际先进的机械加工制造能力。产品主要为中速、高速及超高速全系列烟草包装成套设备，用户遍布全国卷烟工业企业，在国内市场居于主导地位，并出口至多个国家和地区。

为贯彻落实国家局“国产烟机要抓好烟草机械与非烟机械统筹发展”的要求及中烟机械集团公司“做好烟机，走出烟机”的部署，公司围绕高端装备制造和智能制造，积极在数控机床、汽车、模具、机器人、商用飞机等非烟机械领域寻求战略合作，不断拓展非烟业务范围。目前，已经与上海汽车变速器有限公司，中国航发商用发动机有限责任公司，上海航天设备制造总厂有限公司，西航莱特公司，中科新松机器人公司等多家企业建立战略合作伙伴关系。

公司连续多年入选“中国工业专业设备制造行业排头兵企业”，位列“中国机械 500 强”；被评为“上海市高新技术企业”“上海市文明单位”，同时荣获“上海 5G+ 智慧工厂”“上海市花园单位”“上海市质量管理奖”“上海市模范集体”等称号；产品多次获国家级和省部级科技进步奖、优质产品等荣誉；被国家人力资源和社会保障部列入第一批国家高技能人才培养示范基地，并被授予“国家技能人才培育突出贡献奖单位”称号。

进入发展的新阶段，“十四五”期间，公司以“做精做强烟机主业，做优做大非烟产业；打造国内窗口，追赶国际先进”为战略方针，狠抓“丰富系列化产品、推动智能化制造、加快服务化转型、推进精益化管理、构建多元化经营”五大任务，继续依托技术优势、装备优势和产业链优势，在立足装备中国烟草的同时，积极拓展高端精密制造、现代化生产性服务等新领域，为国家装备制造业的发展贡献力量。

创新 务实 协同 高效

上海城投瀛洲生活垃圾处置有限公司于2005年11月注册成立，公司注册资本人民币2.1463亿元，上海环境集团有限公司占股比例70%，上海崇明建设投资发展有限公司占股比例30%。公司是崇明区域内唯一一家集固废焚烧、危废填埋、餐厨处理于一体的集约化、市场化、专业化处理处置单位。

公司经营业务范围覆盖崇明三岛固体废物处置，业务分属崇明固体废弃物处置利用中心工程、崇明区固体废物处置场工程、崇明固体废弃物处置利用中心扩建工程、崇明餐厨垃圾处理厂四个项目。分别承担500吨生活垃圾焚烧处置、132.5吨灰渣及固废填埋处置、500吨生活垃圾焚烧处置扩建、餐厨垃圾处理等业务等四大块业务。配合崇明固废处置中心园区以实现崇明三岛“三废统筹、三岛联动”为目标，提高固废资源化处置能力。以建立固体废弃物产业循环经济发展为方向，提高固废的资源化利用率，形成与“现代化生态岛”相匹配的生态环境体系、基础设施体系和民生保障体系。履行上海国企社会责任，服务第十届中国花卉博览会，为崇明创建世界级生态岛作贡献。

# 上海城投瀛洲生活垃圾处置有限公司

# 上海比利迦环保粘胶制品有限公司

公司坐落于上海松江大昆工业园区，建筑面积 13000 平方米，集商务办公楼、制造中心、质检室、仓储物流中心于一体。公司环境优美，地理位置优越，位于 G1501、G60 和 A30 大港高速出口，交通便利。

主要产品：生活用纸类包装、纸巾卷膜、纸巾提把、软抽纸巾外包装、预置袋、各种复合包装、各种生活用品包装袋、各种妇女用品包装袋。

主要客户：金红叶（清风纸业）、金佰利、尤妮佳、王子妮飘、太阳纸业、亚青纸业、景兴纸业、东冠纸业。

设备概况：

1、北人 10 色、8 色和 9 色电脑高速凹版印刷机。"北人牌"代表了国内同类产品的最高技术水平，此款系列凹印机色组分别为 10 色、8 色和 9 色，印刷速度达 250m/min。

2、太阳全轮转七色印刷机。日本太阳的标签轮转印刷机色组达 7 色，速度达 120m/min。

3、手帕纸标签和提带产品生产线的全自动温控涂布复合机，是公司 2000 年自主参与设计研制成功的设备。公司亦从此走上全自动化生产路线。

4、干巾复合机及湿巾无溶剂复合机。高速无溶剂复合机是环保型复合设备和工艺，其多种世界首创的新型专利结构和功能展现了复合的新趋势。

5、全自动高速检品机提升产品质量和稳定性。

6、4 台自动分切机运转平稳，操作方便，适应性强，产量高 。

7、8 台膜切机。公司强化膜切工序稳定性，实现工作效率和产品质量的提升。

8、20 台各类制袋机，包括卫生巾制袋机、平口袋制袋机一体机、预置袋制袋机和高速制袋机（中封、侧边封、四边封）。

发展目标：公司正全力推广市场，继续研发塑料制品如（抗摔 PE，CPE，SPP，复合膜，消光膜，压纹膜，镀铝 CPP 和超低温乳白膜），提升包装袋（膜）的市场占有率，不断开拓其他产品系列市场领域。开展进出口业务，朝着产品遍天下的目标迈进。

上海城投
SHANGHAI CHENGTOU
城投水务 WATER

# 上海城投水务(集团)有限公司

石洞口污水处理厂污泥处理三期工程

上海城投水务(集团)有限公司于 2014 年 7 月 18 日挂牌成立，隶属于上海城投(集团)有限公司。是专业从事原水供应，自来水制水、输配和销售服务，雨水防汛和干线输送，污水处理、污泥处理，供排水投资、水务基础设施建设管理、水环境科技研发等城市水务产业的国有大型企业集团，从业人数近 9000 人。

集团总计拥有原水供应能力 1810 万立方米 / 日，原水管渠长度 435. 64 公里；自来水供应能力923. 3 万立方米 / 日，用户表数 619 万只，供水服务面积 1852 平方公里，服务常住人口 1465 万人；防汛能力 2177 立方米 / 秒，拥有污水输送总管 191 公里；污水处理能力 512. 3 万立方米 / 日，污泥处理能力 781. 5 吨干泥 / 日。

作为全国单体城市综合水处理能力最大的企业之一，在水处理能力、自来水水质、资产规模、科研水平等方面，均居国内同行业领先水平，集团先后荣获全国模范劳动关系和谐企业、中国建设工程鲁班奖、全国市政金杯示范工程、上海市五一劳动奖状、上海市重点工程实事立功竞赛金杯公司等多项荣誉。

上海城投水务（集团）有限公司牢牢把握卓越的水务基础设施和公共服务整体解决方案提供商这一定位，秉承让城市生活更美好的愿景，恪守创新、专业、诚信、负责的企业精神，当好城市建设和运营管理的主力军，当好服务全市重大任务的突击队，争做国企改革和创新发展的先行者，努力成为全市经济高质量发展和高品质生活的助推器，成为城市精细化管理的标杆和生态环境保护的标兵，在上海建设卓越的全球城市、生态之城和超大城市精细化管理中发挥更大的作用。

青草沙水库南侧换排水口工程

城投水务排水应急保障集结演练

竹园污水处理厂四期工程

城投水务供水公司职工在国家会展中心附近进行消防栓应急处置演

杨树浦水厂深度处理改造工程

# 上海城建物资有限公司

上海城建物资有限公司(以下简称城建物资、公司)系隧道股份(上海城建集团公司)专业子公司，成立于1979年，注册资本1.85亿元，资产总额超过50亿元，年销售总额60亿元以上。

城建物资以“致力于成为中国最卓越的新材料综合服务商及生态圈资源集成商”为愿景，充分结合隧道股份中长期规划对城建物资之定位，并结合国家产业政策变化，以“一体两翼、科技赋能”为总体战略目标，致力于做大新材料的产、学、研、用、孵、投为一体的新材料服务产业规模。大力发展以绿色高性能商品混凝土、装配式建筑为主的材料新实业，大力发展和以“阳光采购云平台”为基础，创新供应链的服务模式的材料新贸易两翼，加大科研投入，公司充分利用材料新科技与工业互联网、5G、云计算、区块链等新一代互联网技术为产业赋能，培育新材料数据服务产业，提高服务业的占比，充分调动科研开发人员的积极性和创造力，调整组织架构以适应服务业的发展，打造成一家技术壁垒高、模式创新强、产品有核心竞争力的新材料集团。

近年来城建物资所获荣誉：全国优秀企业、中国混凝土行业协会优秀企业、中国混凝土行业绿色生产示范单位、中国房屋建筑构件生产十强企业、预制混凝土行业十佳创新企业奖、全国装配式建筑产业基地、全国模范职工之家、上海市文明单位、上海市五一劳动奖状、上海市重点工程实事立功竞赛优秀公司、五星级诚信创建企业、治安安全合格单位、上海市循环经济和资源综合利用示范企业、上海市建设工程施工行业十大领军企业、上海市装配式建筑产业基地等。

企业核心价值观：和谐为本，追求卓越企业精神：工作求精，管理求严，质量求优，服务求实。企业使命：质量造福万代，创新连接未来企业愿景：致力于成为中国最卓越的新材料综合服务商。

城建物资秉承“一流质量、一流服务、一流管理、一流信誉”的经营理念，贯彻“合格产品、优质服务、科学管理、持续发展”的工作方针，以和谐发展的思想理念牢牢抓住市场机遇，推进技术创新，提升管理能级，为适应全球经济形式的新变化，调整经济发展方式，调整管理工作重点，深化企业改革，转变产业结构，大力发展生产服务业、绿色环保节能新材料、产业互联网等战略新兴产业，使城建物资成为产业格局合理、产权多元、资产优质、管理先进的最卓越新型材料综合服务商和具有强劲发展潜力的上市公司，为进一步发展我国的城市建设事业作出贡献。

# 上海市固体废物处置有限公司

## 企业概况

上海市固体废物处置有限公司(以下简称固处公司),成立于2001年10月,注册资本45942万元人民币,隶属于上海城投(集团)有限公司,是由政府投资建设、企业化运营、承担政府托底保障职能的重大环境保护设施。是上海市行政区域内首个集危险废物填埋、医疗废物焚烧、危险废物焚烧、医用一次性医塑回收利用和一般工业固废填埋于一体的集约化、专业化处理处置单位。

历年来,固处公司先后通过多项国际管理体系认证,获得国家环境保护科学技术奖二等奖、上海市高新技术企业等多项国家级、市级技术领域奖项,并被授予全国安全文化建设示范企业、中国环境保护产业协会医疗废物和危险废物焚烧处理处置培训基地、上海市危险废物应急处置指定单位、上海市环境教育基地等荣誉。

## 业务简介

(一)危险废物填埋

作为上海市唯一(崇明除外)的危险废物填埋处置单位,固处公司危险废物一期填埋库于2002年建成投运,总库容30.38万立方米,于2016年1月完成封场。危险废物二期填埋库于2015年建成投运,总库容30.2万立方米。主要处置对象包括三大类:工业危险废物、生活危险废物及其它危险废物,设计处置能力3万吨/年。

(二)危险废物(医疗废物)焚烧

作为上海市唯一(崇明除外)的医疗废物收运处置单位,固处公司嘉定基地拥有的三条医疗废物焚烧线已稳定运营10余载,采用成熟的回转窑焚烧技术,总处理能力为122吨/天。

2018年12月,固处公司在浦东老港固体废弃物综合利用基地内启动医疗废物及危险废物焚烧处置项目的建设工作,并于2021年1月建成投运。3条焚烧线的许可处理规模为240吨/天,处置类别覆盖18大类,223小类危险废物。

(三)医用一次性塑料输液瓶(袋)回收利用处置

作为上海市唯一指定的医用一次性塑料、玻璃输液瓶(袋)的回收处理单位,固处公司主要是回收医院使用后产生的一次性塑料、玻璃输液瓶(袋),对这些回收的塑料、玻璃进行分选、清洗、破碎,最终实现这些固体废物的资源化处理与利用。本项目于2014年建成投运,玻璃、塑料的设计能力分别为10吨/天。

(四)一般工业固废填埋

作为上海市唯一的工业固体废物处置场项目的建设运营单位,固处公司于2007年在浦东老港固体废弃物综合利用基地内启动上海市工业固体废物处置场的建设工作,并于2011年底建成投入运行。处置场占地面积4.54万平方米,总库容25.6万立方米,设计处理规模为51.7 吨/天。

固处公司将以"保障城市环境安全运营"的主人翁精神和高标准、严要求,努力践行当好城市建设和运营管理的主力军、服务全市重大任务的突击队的光荣使命。

# ABOUT US
# 公司简介

上海北横通道1标北虹立交

上海竹园污水处理厂

上海松江有轨电车示范工程T1线

上海市城市建设设计研究总院（集团）有限公司成立于1963年，是从事基础设施建设的勘察、设计、总承包为主的综合性设计咨询研究单位，具有国家工程设计综合甲级、国家工程勘察综合甲级、工程咨询甲级综合资信，为工程建设提供全行业、全过程服务。

上海城建设计集团致力于聚焦技术革新，建有劳模工作室、博士后工作站、上海市企业技术中心、上海城市雨洪管理工程技术研究中心、上海工业化装配化市政工程技术研究中心、上海有轨电车工程技术研究中心、上海建筑信息化工程技术研究中心，内设9个创新中心，是高新技术企业。在科学探索和技术创新中作出贡献，荣获国家、部和市级各类奖项近千项，拥有各类专利近千项。主编和参编各类标准、规范、通用图，推动行业发展。

上海城建设计集团专注于服务城市功能升级。旗下包括12个设计院、1个总承包部，19家区域分公司，7家全资子公司，2家控股子公司，1家区域办事处；凭借强有力的资源整合能力和总承包管理能力，为业主提供高品质的集成服务。将宜居理念融入设计作品，将设计作品遍布全国和世界各地。

上海城建设计集团汇聚了一大批优秀的设计师，在2700多名员工中，硕、博士比例达36%，拥有全国工程勘察设计大师、国务院政府特殊津贴、劳动模范、上海市领军人才、重大工程建设杰出人物、全国青年岗位能手等业界精英。

上海城建设计集团关注提升自我发展，获得全国五一劳动奖状、上海市文明单位、金杯公司、红旗党组织、质量管理奖、职工最满意企业、专利试点企业、创新型企业等多项荣誉称号，铸就了城建设计品牌。

地址：上海浦东新区东方路3447号
邮编：200125
电话：021-20507000
传真：021-63760994
网址：www.sucdri.com

Add:3447Dongfang Rd.Shanghai China
P.C.200125
Tel:86-21-20507000
Fax:86-21-63760994
Website:www.sucdri.com

# 上海荣泰健康科技股份有限公司

上海荣泰健康科技股份有限公司成立于 2002 年，品牌创立于 1997 年，于 2017 年 1 月 11 日 A 股上市（股票简称：荣泰健康，股票代码：603579）。主要业务为按摩器具的设计、研发、生产、销售，以及打造按摩体验平台，提供共享按摩服务。

荣泰健康在以“进入千万家庭，服务亿万用户”为企业愿景的同时，一直关注科研创新，在产品上不断突破延伸，打造出系列智能按摩椅、按摩器、按摩垫等健康产品。致力于以最舒服的方式，让人们的生活更健康！

通过多年积累，公司的按摩椅生产技术在行业中保持了一定的竞争优势。公司共参与制定、修订了 4 项按摩椅产品国家技术标准和 3 项行业技术标准。截至 2020 年末，公司国内外累计专利数量 383 件，软件著作权 38 件，商标 156 件。曾先后被授予中国驰名商标、上海市品牌培育示范企业、上海著名商标、上海市五一劳动奖状、科技小巨人企业、上海创新型企业、高新技术企业、上海市认定企业技术中心、上海文明单位、海关高级认证等多项荣誉。

荣泰健康以科技的力量，成就全球用户的健康生活，坚持使用节能环保的材料，以先进的制造方式，争当业内环境贡献模范企业，为中国节能环保作出贡献。目前荣泰企业通过了 ISO9001 质量体系认证、ISO13485 质量管理体系认证、ISO14001 环境管理体系认证，产品获得了 CE，CB，ETL，RoHS，PSE，FCC 等多项品质和安全认证。

科技让生活更健康

上海荣泰健康科技股份有限公司(二厂区)

用按摩科技，拯救每一块肌肉

# 上海天演建筑物移位工程股份有限公司

上海天演建筑物移位工程股份有限公司，国家高新技术企业，是专门从事建筑物移位的特种专业公司，具有建筑物平移纠偏、顶升、结构补强、文物保护设计及施工资质，为客户提供咨询、论证、设计、施工和监测等一揽子解决方案及全方位技术服务。

公司技术力量雄厚，拥有一支由专家领衔，理论精湛、经验丰富、业务娴熟的设计与施工专业队伍，配备有国内最为先进的建筑物移位计算机控制系统及液压设备。二十多年来，已完成各类建筑物移位和桥梁顶升工程数百项，在国内第一次将电脑控制技术与托换移位技术相结合，开创了“PLC 液压控制技术”在建筑物托换移位领域应用的先河。通过典型项目的引领，中国中央电视台等众多媒体的宣传，推动了建筑物托换移位这一冷门行业的快速发展。其代表工程有上海音乐厅平移与顶升、浙江三门千年古樟平移、宁夏吴忠宾馆（13 层）平移、上海南浦大桥浦东引桥顶升及浦西 W3 匝道降低、成都二环路桥梁顶升、厦门仙岳路桥梁顶升（顶升高度 11.181 米）、上海中环抢修、上海董家渡天主堂（164 年）的主动托换、上海玉佛寺大雄宝殿平移与顶升、厦门后溪车站主站房平移＋旋转（重约三万吨）、海南淇水湾旅游度假综合体（重约一万三千吨）托换平移顶升、上海华东医院南楼整体顶升工程等。不仅填补移位领域国内多项空白，且一直领跑国内桥梁顶升高度的新纪录。

公司拥有各类专利 55 件，省部级科研成果 21 项，其中获省部级科技进步奖 6 项，主编、参编规范及专著等 11 部，公司是上海市“专精特新”企业、上海市“科技小巨人企业”、上海市“专利试点企业”“守合同重信用”企业，获得 CCTV《见证·品牌》栏目合作伙伴称号。

上海音乐厅平移与顶升工程

上海南浦大桥浦东引桥顶升及浦西 W3 匝道整理降坡工程

厦门后溪长途汽车站主站房平移、旋转工程

上海玉佛禅寺大雄宝殿平移与顶升工程

厦门仙岳路桥梁顶升工程

地址：上海市天山路641号3-205室
电话：021-62281171
传真：021-62281171-810
邮编：200336
网址：www.shtianyan.com.cn
E-Mail：tianyanbangong@vip.163.com

# 智贸通(上海)供应链管理有限公司

## 企业简介

智贸通位于上海嘉定综合保税区，为嘉定城发集团所属国有控股企业。项目投资 5.6 亿元人民币。以先进的自动化仓储物流技术为中心，建设智贸通智慧产业园项目。该项目面向新零售行业，涉及业务包括跨境电商、国内电商、一般贸易等，提供集订单处理、仓配一体服务、物流保险、库内交易平台、供应链金融等为一体的全流程线上线下整合供应链服务。

“智贸通智慧产业园”项目是 2016 年上海市嘉定区重大项目之一，于 2018 年 11 月开工建设，在 2020 年 9 月正式开张运营。它以国际领先水平的日本大福和范德兰德自动化仓储设备系统为基础载体，专业定制研发的 WMS 仓库管理、OMS 订单管理的系统化集成软件为核心支撑，着力打造面向国内及跨境电商行业的自动化仓配服务体系，为其提供创新的仓配一体化解决方案。该方案运用当今最先进的自动化仓配技术及智能化软件系统，将商品备案、货物存储、订单处理、通关申报、拣货包装、快递配送等多个环节有机结合，实现高效精准的仓配运营水准，在提高运作效率的同时还能有效降低物流成本，创建全流程一站式物流服务新模式。

## 公司优势

1、区位优势

嘉定区作为上海的电商物流集中区，承载了江浙地区 30% 的电商物流。智贸通智慧产业园选址上海嘉定综合保税区，背靠上海西大门，可快速辐射整个长三角地区。项目距离 G15 沈海高速公路入口仅 2 公里，交通便利，仅需 30 分钟即可将货物运抵各大快递公司分拣中心，确保当天内完成快递分拣，向全国各地发运。

2、自动化设备优势

智贸通引进国外先进设备，配合自主研发的智能化软件系统，发挥集成优势，可实现简化人工操作，提高作业效率，消除产能瓶颈，并满足客户的弹性需求。

3、政企关系优势

智贸通非常注重与地方政府合作，自项目立项伊始，“智贸通智慧产业园”项目就得到了嘉定区政府、嘉定区海关以及综合保税区的大力支持，共同探索零售电商物流产业的新方向，政企双方同步同向成果不断显现。

## 增值服务助力企业发展

智贸通将在满足客户基本需求的基础上，根据客户的个性化需求提供各种延伸性业务活动或其它服务项目，如配套软件服务及保险等。为客户创造更高的价值，给客户提供更满意的体验，是智贸通努力提升运作效率、降低成本和风险所追求的最终目标。

# 上海紫泉标签有限公司

上海紫泉标签有限公司成立于2002年，投资总额4500万美元，在2008年中国印刷企业排行中名列前3。公司于2010年在广东清远投资成立了广东紫泉标签有限公司。公司主要生产热收缩膜标签、绕贴标签、不干胶标签、模内标签、LDPE弹性标签等各类标签、高透明PE热收缩彩膜以及卫生用品包装等产品。年产销各类标签300亿张、高透明PE热收缩彩膜1.5万吨、卫生用品包装袋8亿只。

公司拥有从日本、意大利、丹麦、德国引进的生产设备和质量检测设备数十台。这些国际一流水准的设备为确保产品的质量奠定了物质基础。

公司注重管理和技术创新，通过了DNV的ISO9001:2008质量体系认证，又先后实施了ERP、6S、SOP、TPM等管理。公司设有技术研发中心，具有雄厚的技术实力，现有国家发明专利授权8项，实用新型专利授权14项，是上海市高新技术企业和上海市科技小巨人企业。

多年来，公司与可口可乐、百事可乐、宝洁、联合利华、雀巢等国际品牌建立了良好的合作关系，也是农夫山泉、统一、伊利、光明等众多国内知名企业的主要供应商。

紫泉作风：脚踏实地地干、只争朝夕地赶

紫泉精神：胸怀大志、脚踏实地、励精图治、争创一流

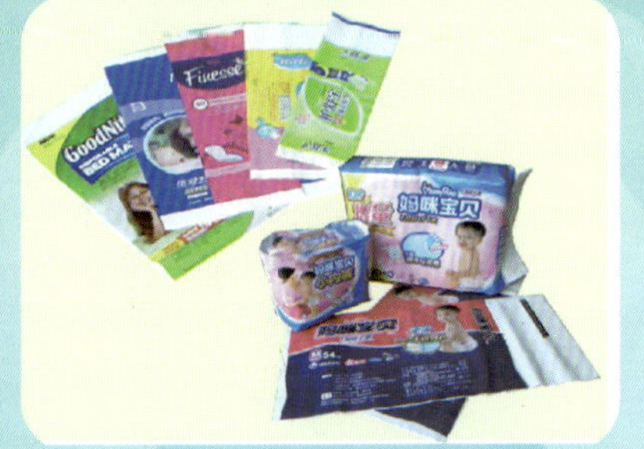

地址：上海市闵行区颛兴路1288号

电话：021-51598200

# 美迪科(上海)包装材料有限公司

## 一、公司概述

美迪科(上海)包装材料有限公司(以下简称美迪科)成立于2003年7月，注册地址为奉贤区奉城镇奉坚路233号，注册资本3000万元人民币的内资企业，法人代表－杨建刚。美迪科公司占地6.6亩，建筑面积4400平方米，是专业生产医疗器械灭菌包装及包装材料、消毒器械、医疗器械的国家级高新技术企业，2019年生产总值22365千万元、上缴利税566万元。

美迪科主要产品为：医疗器械灭菌包装材料及包装袋、二类消毒器械(消毒灭菌指示包装袋)、二类医疗器械(防护服及其他防护产品)。

## 二、投资方背景介绍

美迪科公司是由：上海富森包装纸业(66.67%)，自然人－江华(23.33%)、钱海根(10%)共同出资成立。上海富森包装纸业成立于2000年1月，是美国杜邦特卫强材料在中国区的唯一经销商。

## 三、企业荣誉

美迪科公司是上海医疗器械行业协会会员单位、中国医疗器械包装协会理事单位、中国卫生监督协会消毒专业委员会理事企业、上海市高新技术企业协会初始会员单位、中国印刷协会理事单位。

2016年获得：奉贤区企业技术中心荣誉称号、奉贤区科技小巨人企业、上海市奉贤区印刷协会颁发的爱心企业和销售状元荣誉称号、消毒器械和干燥剂包装两项产品获得上海市名牌产品荣誉称号、奉贤区"四新"企业称号。

2017年荣获：上海市专精特新企业称号。

2018年被上海市奉贤区知识产权局评为专利试点企业，并申报成功"专利新产品"、研发产品"易剥离膜打孔顶头袋"荣获全国包装委员会包装科技技术三等奖、被上海市包装技术协会授予"上海包装创新企业"称号、获得"中国卫生监督协会消毒与感染控制专业委员会"认可，成立"基层医疗机构消毒供应技能培训实施基地"、研发的"基于杜邦特卫强Tyvek材料的全封闭隔离防护服的示范应用"项目申报奉贤区工业强基项目并获得认可。

2019年组建奉贤区工程技术研究中心并申报获得认可、再次荣获上海市专精特新企业称号；美迪科公司通过ISO13485体系认证，消毒器械系列产品通过美国FDA510K认证；通过安全生产标准化三级企业认证；通过知识产权管理体系认证。拥有授权发明专利5项，实用新型专利17项，软件著作权3项。

## 四、企业特色

美迪科是美国杜邦公司在中国地区的医用级Tyvek材料唯一授权经销商和指定加工商；公司专注于医疗器械领域和新型材料的研发，拥有符合GMP标准的10万级无尘净化车间数千平方米，拥有进口4色柔印机，涂布机、光控分切机、全自动制袋机等先进设备，还拥有先进水平的质量检测设备。工艺流程从电脑设计、制版、涂布、印刷、分切、制袋等形成一条龙生产。我公司建立了区级研发中心，每年投入不低于销售额5%的研发费用，建立了一支年轻的研发团队，并通过和杜邦(中国)有限公司的技术合作，不断开拓新技术、新工艺、新材料、新产品。其中最具代表的：研发投入了国内唯一"气刀涂胶生产线"填补了国内空白；研发的消毒器械"医疗器械灭菌指示包装"项目荣获国家科技型中小企业技术创新基金立项支持并且已顺利通过国家验收，现已销售到国内2000家三甲医院，并通过美国FDA认证进入日本、美国等国家；2020年因新型冠状病毒的影响，公司从车间改造、购置机器、采购原材料，到招聘工人、医疗器械"两证"审批仅用半个月，实现二次创业完成向医疗器械研发、生产企业的转型。

"不畏艰险、勇攀高峰"是美迪科的精神，美迪科未来将专注实现工业4.0；医疗器械的研发、销售、医护人员培训；生命科技，这三个新型领域为目标，持续发展。

为医护人员
提供完美的
安全防护

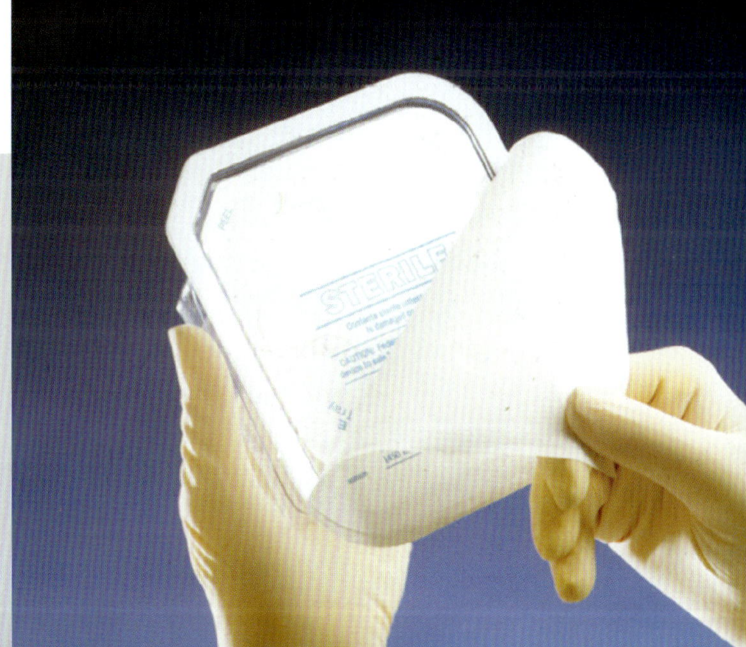

# 上海市工商外国语学校

上海市工商外国语学校隶属于上海市经济和信息化委员会，成立于1978年，是国家级重点中专，上海市文明单位，上海市中等职业教育改革发展特色示范学校，家庭教育指导示范校，2018、2019、2020连续三年荣获“亚太职业院校影响力50强”，上海唯一一家ISO29990学习服务管理体系认证学校，教育部PASCH项目示范校、上海市“龙文化”——民族文化传承教育基地、全国中等职业教育合作发展联席会常务副理事长单位、中国高等教育学会外国留学生教育管理分会和上海教育国际交流协会理事单位，也是沪上唯一一所以外国语命名、唯一有招收外国留学生资质的中等职业学校。

2020年韩国语普及事业签约

经济德语证书开发研讨会

学校现有国际经济与贸易、德语(商务方向)、西班牙语(商务方向)、朝鲜语(商务方向)4个中本贯通专业，国际商务、应用德语、应用韩语、机电一体化技术、应用法语、计算机应用技术(大数据应用)、旅游日语和应用英语(少儿英语)8个中高职贯通专业。学校还设有普通中专商务英语(上海市示范性品牌专业)、商务德语(市精品特色专业)、数控技术应用(市精品特色专业、上海市品牌专业立项)、国际商务、商务日语、商务韩语等校级重点专业、商务西班牙语、商务法语、商务俄语和软件与信息服务、商务汉语等专业。

学校紧紧围绕“提供高质量的教学、实施高水平的管理、培养高品质的学生”的战略部署，把握国际化发展战略，为学生发展提供多元通道，密切与韩国、日本、俄罗斯、法国等外国驻沪领事馆，与西班牙、德国、日本、俄罗斯等国文化教育机构，与德国工商会、俄罗斯工商大会、西班牙工商会等密切联系与合作，为国际校企合作奠定良好基础。以中外校长论坛为平台，促成高层管理的沟通与交流。与海外11国19所学校建立了姐妹校，为学生海外深造打通通道。

学校为学生提供多元的升学和就业途径，学生通过专科学校自主招生、“三校生”高考、海外留学等途径升学，本校“三校生”高考成绩好、升学率名列全市中职校前茅，2020年上线率100%，进入本科人数占上海“三校生”本科指标的20%以上。学校与德国、芬兰等教育机构合作，培养学生自主自发择业和自发创业的能力，锻炼学生就业软技能，培养学生青年理财、信息化素养等能力，学生通过专业学习获得国际认证证书。学校还与美国佛吉尼亚卫斯理大学等院校、机构合作，为优秀学生提供2周到半年不等的海外实习实训实践机会，在实习阶段学生语言及专业都得到最好的锻炼，大大提高竞争力和就业率。

上海市工商外国语学校探索创新，勇攀高峰，在教育事业发展道路上取得一个又一个令人瞩目的成就。国家级教学成果奖二等奖、上海市中等职业学校信息化教学大赛五个一等奖、上海市教学成果奖特等奖1项、一等奖1项、二等奖2项；学生获得德语A1国际证书通过率达100%、优秀率35%；A2国际证书通过率75%；数控专业学生参加德国AHK证书培训，考核通过率为100%；学生参加全国职业技能大赛的“职业英语”项目的角逐，连续三届蝉联冠军；学生参加上海市中等职业学校“星光大赛”“职业外语技能－日语”比赛，蝉联三届冠军；学生作为中国代表参加了第24届世界高中生日语演讲比赛荣获第一名；全国第一届中学生商业设计大赛特等奖；第25届高中生日语作文比赛一等奖2项、二等奖1项；每年有近30名学生出国留学，一项又一项教学成就实至名归。

2020连续三年荣获“亚太职业院校影响力50强”

乘时代东风，谱辉煌华章。面向充满希望的新时代，上海市工商外国语学校全面贯彻落实全国教育大会会议精神，全力以赴、精益求精，结合经济和社会发展需要，深入推进内涵发展，提升人才培养教育质量，努力发展成为中国人才的培养高地，在实现中华民族伟大复兴的宏伟征程中书写绚丽多彩的篇章！

# 上海电力实业有限公司

上海电力实业有限公司(原上海电力实业总公司)建于1992年，隶属于国网上海市电力公司。主要从事新能源建设、生产、消费的全价值链服务体系，业务涵盖工程建设、新能源发电运营、电动汽车充电服务和房产租赁等。已成为上海区域最大的风电投资、运营商和充电设施运维商。近年来，通过推进建设充电桩运维平台、风电场智慧运维平台，推进充电设施机器人巡检等不断提升信息化水平，向国内领先的新能源互联网企业发展。先后获得国家科学技术进步奖二等奖、国网公司科技进步一等奖等多项荣誉。

公司拥有电力工程施工总承包二级资质、承装(修、试)电力设施二级许可证、安全生产许可证、中国电力行业信用AAA等级企业证书、ISO9001 2015质量管理体系认证证书、ISO14001 2015环境管理体系认证等证书。

公司秉承"追求卓越、努力超越"的企业精神，坚持创新驱动、转型发展，以提升"创新能级、经营能级"为核心，推进产业转型升级，以"率先、争先、领先"为动力，提升"市场拓展力、核心竞争力、集团管控力"，加快建设与世界一流城市能源互联网企业相适应的新能源综合服务商，不断推动公司高质量发展，为服务我国经济社会发展作出新的更大贡献。

地址：黄浦区宁波路309号
邮编：200001
电话：63506896
邮箱：gwshdl-sy@sh.sgcc.com.cn

# 国网上海市电力公司

国网上海市电力公司是从事上海电力输、配、售的特大型企业，统一调度上海电网，参与制定、实施上海电力、电网发展规划和农村电气化等工作，并对全市的安全用电、节约用电进行监督和指导。

国网上海市电力公司管辖的上海市电网位于长江三角洲的东南前缘，北靠长江，东临东海，与江苏、浙江两省接壤。供电营业区覆盖整个上海市行政区。截至 2018 年底，国网上海市电力公司管辖各类电网企业、发电企业、施工、科研、能源服务、培训中心等单位 27 家，共有职工 13366 人。到 2018 年底，35 千伏及以上变电站 1146 座，输电线路 2.74 万公里，全市装机容量 2524.82 万千瓦；最大市外来电 1676.2 万千瓦，最高用电负荷 3268.2 万千瓦，年售电量 1325.83 亿千瓦时。

你用电·我用心
Your Power Our Care

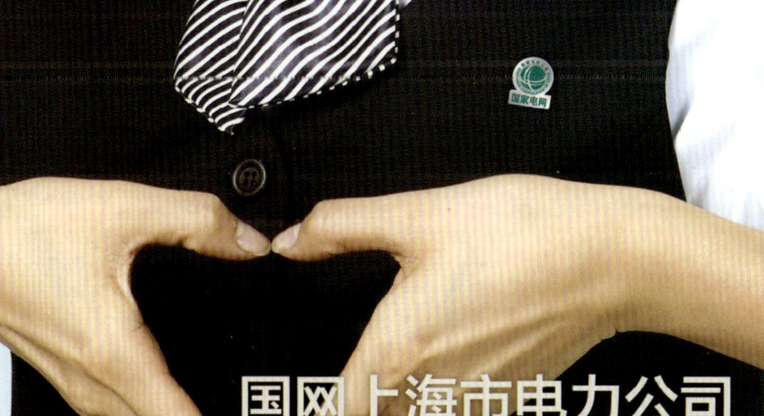


企业网址：www.sh.sgcc.com.cn

中国电建集团上海能源装备有限公司
POWERCHINA SPEM COMPANY LIMITED

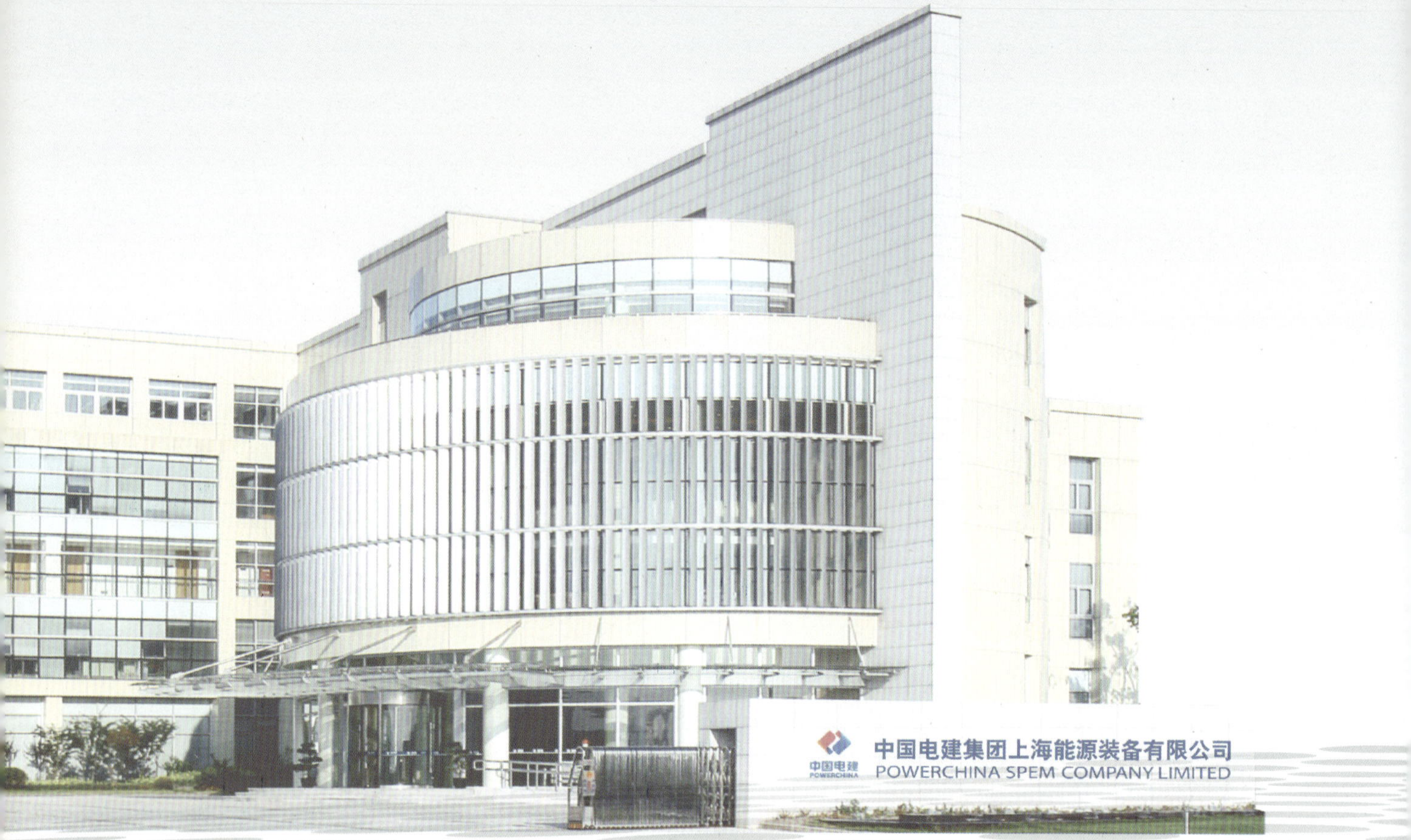

地址：中国 上海航都路80号
Add: No.80 Hang Du Rd.,Shanghai,P.R.China
邮编(Post Code)：201316
传真(Fax)：021 3375 8818
电话(Tel)：021 3375 8800
网址(Website)：http://www.spem.com.cn

中国电建集团上海能源装备有限公司，原名上海电力修造总厂有限公司，始建于1956年4月，是世界500强企业中国电力建设集团有限公司全资子公司，注册资本金5亿元。

公司秉承“自强不息、勇于超越”的企业精神，长期致力于研发、制造电站调速锅炉给水泵组、高温高压电站阀门、焊接材料、散料装卸机械、特种车辆、生物质发电、脱硫脱硝、光热熔盐泵、电网电气产品、电站节能改造整体方案的提供等，产品远销海外三十多个国家地区，业务涵盖电力、水利、军工、航天、交通、运输、造船、港口、核工业、石油化工、矿山冶金、光热光伏、节能环保等领域。中国电建集团上海能源装备公司以领先的技术，诚信的理念，全方位的顾客服务方案，全球性的战略视野，现已发展成为集产品研发、设备制造、工程成套和技术服务四大功能为一体的现代化能源装备制造企业。

# 华能上海石洞口第一电厂
HUANENG SHANGHAI SHIDONGKOU FIRST POWER PLANT

华能上海石洞口第一电厂（原上海石洞口发电厂、上海石洞口发电有限责任公司）系我国“七五”期间重点能源建设工程项目，全国特大型企业，上海电网第一座超百万容量的现代化港口电站，装有 4 台国产第一批 30 万千瓦亚临界燃煤机组。电厂于 1982 年 4 月筹建，1985 年 3 月打桩，1987 年 12 月第一台机组并网发电，1990 年 5 月 4 台机组全部投产。

2020 年 7 月 3 日，华能上海石洞口第一电厂 2x65 王千瓦项目三大主机设备合同签字仪式顺利举行

建厂以来，电厂曾先后荣获上海市优秀企业，全国电力系统安全文明生产达标企业，环境保护先进单位，全国部门造林绿化“四百佳”单位，国家电力公司“九五”期间安全生产先进单位，上海市和华能集团公司文明单位，华能系统创建“四好”领导班子先进集体等荣誉称号。电厂秉承华能的企业宗旨、理念和精神，深化改革，规范管理，负重自强，奋力拼搏，努力把电厂建设成对公司发展不断作出贡献，员工自身价值得到充分体现，和谐而又充满活力的节约环保型企业。

目前石洞口一厂正以欧罗仓方式加快实施煤场封闭改造，建成后将成为全国首台首座大型容积欧罗仓，也是世界上首例在软土地基上建设的大型欧罗仓，对生态环境保护和城市绿色发展具有较大的示范意义。同时，电厂还在积极推进 2 台 65 万千瓦等容量煤电替代项目，该项目已于 2019 年 8 月 30 日获得核准，计划于 2022 年建成投产。

国核电站运行服务技术有限公司（简称国核运行）是国家电力投资集团有限公司(简称国家电投)所属二级单位，于2008年3月正式成立，是一家技术先进、装备精良、人员素质高和应急服务能力强的为能源行业提供安全保障和运维服务的高新科技企业。国核运行公司本部位于上海市漕河泾新兴技术开发区科技绿洲园区，在上海市张江高新技术产业开发区青浦园区建有研发实验基地，在山东海阳、浙江海盐、福建福清、江苏连云港等地设有技术服务保障基地。国核运行拥有两个国家能源局核电重大专项科研开放共享平台、两个国家电投技术研究中心、三个电站运行维护技术研发平台，拥有下属全资企业—上海和运工程咨询有限公司、上海睦诚工程监理有限公司、苏州天河中电电力工程技术有限公司，参股企业上海石化设备检验检测有限公司。肩负着为核能、火电、水电、新能源等能源领域提供安全保障的重大责任。

国核运行秉承核工业无损检测中心二十多年无损检测技术研发和专业化核电技术服务经验积累，在引进消化和吸收三代核电运行维护技术的基础上，持续推进电站运行维护技术自主化，积极培育和发展电站寿期保障服务核心技术能力。主营业务涉及无损检测和在役检查、性能试验和设备监测、寿命评估和老化管理、特种检修维护、核燃料维修和装卸料服务、智能装备及机器人研发应用、三维数字化技术应用、重型燃机、氢能、储能、先进核能等先进能源运维技术研发、行业培训、工程监理、检修监理、设备监造、新能源总承包等领域，承担了“AP1000 核岛运行和维护技术”“CAP1400 核电站运行和维护技术研究”及“核岛关键部件自动检测维修设备和技术研发平台”等多项国家科技重大专项课题，通过配备先进技术装备设施及建设高素质人才队伍，已全面研发掌握世界先进的电站运行维护技术，并建立起具有自主知识产权的先进核电运行维护技术服务体系，正在为我国能源行业安全、经济、环保和可持续发展提供创新技术服务，全力打造具有行业权威性、人员专业化和平台国际化的科技创新型一流能源行业安全保障技术服务商。

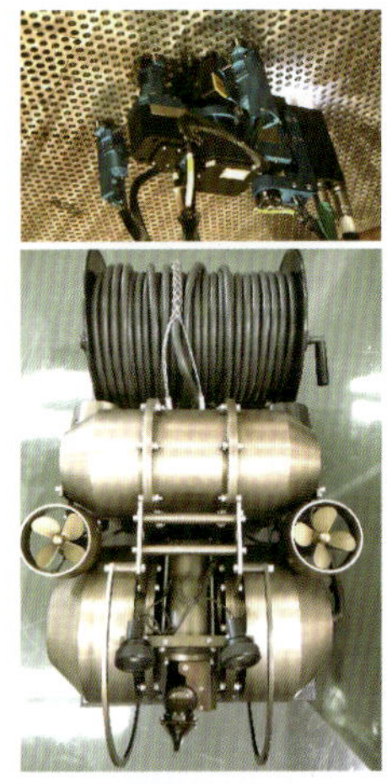

国核电站运行服务技术有限公司
STATE NUCLEAR POWER PLANT SERVICE COMPANY

公司总部地址：上海市闵行区田林路888弄6号楼(邮编：200233)
青浦研发实验基地地址：上海市青浦区天辰路1600号(邮编：201712)
电话总机：021-33326999
传　　真：021-33326888
网　　址：www.snpsc.com

# 国网上海浦东供电公司

国网上海市电力公司浦东供电公司于2010年1月正式挂牌成立，于2012年12月升格为国家电网公司大型重点供电企业，主要承担上海市浦东新区的电网规划、建设和供电服务任务，供电面积约1210平方公里，辖区内拥有各类用电客户251.52万户，最高用电负荷782.9万千瓦（2021年1月7日），2020年完成售电量346.62亿千瓦时。公司拥有员工总数1214人。全员劳动生产率656.1万元/人·年。近年来，公司先后获得"亚洲质量创新奖""中国质量奖""全国文明单位""中央企业先进集体"、全国"五一劳动奖状"。连年被授予"国家电网公司先进集体""上海市文明单位"、在上海公司业绩考核连续6年保持第一。

浦东电网是上海电网的重要组成部分，位于上海东南部。在地方政府的大力支持下，经过二十余年的投资建设，浦东地区已逐步建成500千伏主网架下的安全、稳定、成熟的区域电网。网内拥有4座500千伏变电站、30座220千伏变电站、43座110千伏变电站和193座35千伏变电站，35千伏及以上变电总容量28718.5兆伏安；283座35千伏及以上用户站，主变容量10405.30兆伏安；1107座10千伏开关站，1.9万余座各类变配电站；架空线10523.66公里，电缆29148.45公里。浦东电网综合电压合格率100%，供电可靠率99.9925%，陆家嘴沿江10平方公里核心区供电可靠率高于99.999%，与新加坡等国际先进城市达到同一水平，超过香港、纽约等大都市。浦东电网的稳步发展，为浦东新区经济社会跨越式发展和人民生活水平持续提高提供了有力的供电保障。

7月6日，浦东公司配电运行人员郑祥常、金晓风冒雨对10千伏国展云台环网柜进行特巡（王春雷）

7月2日，浦东公司用电检查人员孙苇庭、黄海前往上海市进才中学检查高考考场用电设备运行情况（顾宇方摄）

# 华东送变电工程有限公司

青海—河南 ±800 千伏特高压直流工程(陕 4 标段)

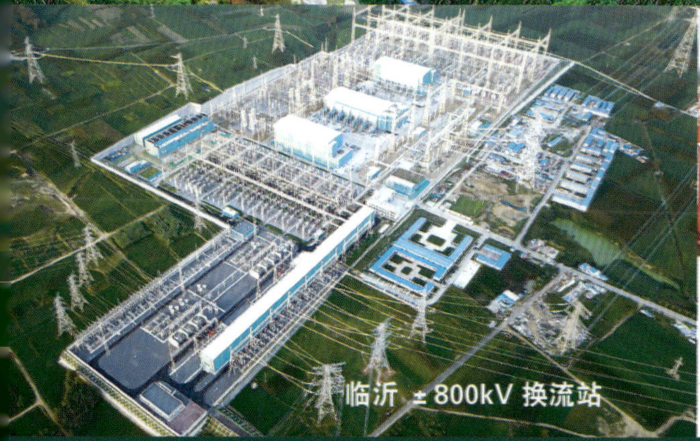

临沂 ±800kV 换流站

巴西美丽山二期 ±800 千伏直流输电工程大负荷试验成功

华东送变电工程有限公司成立于 1953 年，是国家电网公司所属从事电网工程建设为主业的国有施工企业，隶属于国网上海市电力公司。公司具备电力工程施工总承包壹级、市政公用工程施工总承包壹级、机电工程施工总承包壹级资质，电网工程类甲级调试能力资格等级，持有承装(修、试)电力设施一级许可证，具备承包境外送变电行业资格，并取得上海市质量体系审核中心颁发的质量管理、职业健康安全管理、环境管理体系证书。

公司成立 60 多年来，始终致力于建设坚强电网，维护电网安全稳定运行。累计承建各类电压等级输电线路 2 万 5 千余公里，变电站 400 余座。参与了国内包括 ±1100 千伏直流输电工程在内的“九交十直”20 个特高压输变电工程建设，实现了线路、变电、通信全专业、全电压等级覆盖。公司积极响应国家“一带一路”倡议，“借船出海”走出国门，在巴西、巴基斯坦、科特迪瓦、赤道几内亚等国家参与电网建设，打造了一批精品工程、安全工程、放心工程。公司出色完成了 2008 年抗冰抢险任务，并以高度的政治责任感和社会责任感，完成了世博会、进博会等多次重大保电任务。

公司先后获得中央企业先进集体、全国优秀施工企业、上海市五一劳动奖状、上海市“安康杯”竞赛优胜单位、安全生产“先进单位”等荣誉称号，多项工程荣获国家优质工程奖，连续多年荣获上海市重点工程实事立功竞赛优秀公司。

# 上海上电漕泾发电有限公司

上海上电漕泾发电有限公司(以下简称漕泾电厂)坐落于上海化学工业区西端，毗邻金山区漕泾镇，紧靠杭州湾北岸，作为国内首个以“上大压小”核准建成的百万千瓦超超临界燃煤电厂，是国家电力投资集团公司首座建成投产的百万等级燃煤电厂，由上海电力股份有限公司和申能股份有限公司按照总股本的65%与35%比例合资成立。漕泾电厂被列为上海市“十一五”重大工程项目，也是2010年上海世博会配套工程之一，工程于2007年12月18日正式开工，1号、2号机组分别于2010年1月、4月建成投产。

漕泾电厂建有国内首座210米高度异形烟囱，配套建设一座3.5万吨级卸煤码头，可停靠5万吨级煤船。采用主汽压26.25MPa、主汽温600℃的超超临界发电技术。锅炉是滑压运行燃煤直流塔式炉，一次再热、露天布置、全悬吊钢结构锅炉。汽轮机是单轴、四缸四排、凝汽式汽轮机。发电机是水氢氢冷却方式，无刷励磁。锅炉、汽机、发电机三大主设备和绝大部分辅机均采用国产设备，国产化率达到95%以上。2011年，荣获工程建设行业规格最高的国家级荣誉“国家优质工程金质奖”，并入选“国优三十周年经典工程”，也是国家电投第一个获此殊荣的燃煤电厂。

漕泾电厂以集团公司“三商”战略为指引，积极打造“一主两翼”发展格局。于2014年实施供热改造，此次改造在国内百万等级燃煤电厂中尚属首次。目前单机高、中压同时供热可达200t/h，降低供电煤耗3.7g/kwh，在进一步提升化工区整体供热可靠性的同时拓宽了盈利空间。于2018年开始在行业内首次检验1000MW机组在掺烧含水量高达60%的污水厂污泥的适应性。该项目于2019年10月21日获得上海市生态环境局批复，10月24日投入运行，成为上海地区首个批准通过、建成投产的火电厂污泥处置项目，该项目目前年可处置含水率60%污泥10万吨，为当地污泥减量化、无害化、资源化处置提供了新思路。

漕泾电厂坚持创新驱动发展战略，紧盯发展方向，深入开展全领域、全环节创新工作。先后开展状态检修管理、基于人工智能的火电厂灰库安全清理机器人应用研究、设备状态三维可视化管理、圆形煤场堆取料机无人值守、基于数字孪生体技术的火电智能应用研究与开发等项目的系统建设。于2019年，顺利通过中国水利电力质量管理协会组织的现场验收，成为上海电力首家获得“全国电力行业卓越绩效标杆(AAAA)”称号的企业；同年，通过国家高新技术企业资质认定，成为上海地区现阶段唯一一家高新技术发电企业。

展望未来，漕泾电厂将本着“创新创造，持续奋斗，和谐共生”的企业精神，围绕“安全、创新、卓越”的价值观，不忘初心，持续奋斗，敢于担当，主动作为，优化机组运行，推进节能降耗，减少环保排放，促进绿色发展、创新发展、和谐发展。

上海金联热电有限公司是杭州热电集团旗下走出浙江向外拓展的一家项目公司，继承热电集团的技术优势产业——热电产业，为上海金山园区提供区域供热的基础配套服务。

公司始建于 2007 年 3 月，位于上海市金山工业区九工路 888 号，占地约 157.20 亩，注册资金 2 亿元。2007 年 12 月开工建设，2009 年 5 月开始对外供汽，2014 年 11 月并网发电实现热电联产。2017 年 7 月 1 日正式启动燃气锅炉清洁能源替代技术改造项目，于 2017 年 9 月 28 日完成上海集中供热首台煤改气锅炉的投运，2018 年 3 月 31 日实现全燃气锅炉运行。公司目前建成热网管线长度约 58 公里，覆盖金山工业区、亭林工业区以及漕泾工业区，热用户 140 余家。

上海金联公司始终正确处理好经济发展同生态环境保护的关系，树立和践行绿水青山就是金山银山的理念，勇担社会责任，自觉地推动园区绿色发展、循环发展、低碳发展。一直以来，公司内筑基础、外树形象，从规范安全生产、完善内部管理、科学实施技改、提升员工素质、构建和谐劳动关系到用户至上、优质服务，努力成为工业园区能源环保服务最佳合作伙伴，不断提升公司在工业园区的影响力。近年来获得过上海市文明单位、上海市平安示范单位、上海市治安安全合格单位等多项荣誉。

上海金联热电有限公司

# 上海电力股份有限公司
# 吴泾热电厂

## 公·司·简·介

上海电力股份有限公司吴泾热电厂（以下简称电厂），前身是上海吴泾热电厂，位于黄浦江上游西岸，成立于1958年8月，是大型的火力供热发电电厂。1998年8月，改制成立上海电力股份有限公司吴泾热电厂，为上海电力股份有限公司的独资电厂，现拥有2台300MW级亚临界燃煤供热发电机组，另代管上海吴泾发电有限责任公司2台300MW机组。

# 上海电力燃料有限公司

上海电力燃料有限公司是国家电力投资集团公司的三级单位，隶属于国家电力投资集团公司上海电力股份有限公司领导管理。前身是华东电业管理局燃煤出灰运输队，于1964年12月21日成立，1968年改名为上海电力水上运输队，1973年改组为华东电管局燃料供应站，1980年更名为华东电管局燃料供应公司，1986年划归上海市电力工业局，更名为上海电力燃料公司，2001年划归上海电力股份有限公司，并于2010年更名为上海电力燃料有限公司沿用至今。

公司是集燃料采购、运输为一体的自主经营、独立核算的法人实体。注册资本金人民币6000万元。自创建以来，时刻以“立足市场讲质量，经营电厂适烧煤炭为基础”作为公司的经营理念，主要为上海地区各火力发电厂采购运输发电煤炭。

公司年营销煤炭基本保持在1300万吨左右，拥有一批稳定、可靠的供应方，同时具备一定规模的水上运输能力。目前拥有4.5万吨散货海轮4艘，2千吨以上驳船3艘，2500吨散货船2艘，300吨级船舶4艘，1700马力拖轮1艘，200马力拖轮1艘。公司的营销能力、调运能力及海外煤炭自主采购能力成熟，能够应对市场的各种变化，持续保证上海地区电力生产对燃料的需求。

500 千伏虹杨输变电工程竣工投运

久隆电力集团设计的上海市北展祥110千伏输变电工程展祥变电站效果图

架空线入地拆除施工

新江湾 110 千伏主变吊装

上海久隆电力（集团）有限公司成立于1995年，是国网上海市电力公司直属企业，公司以国内外电力工程综合服务为主，业务涉及输配电设计、电力设施安装、电力配套服务、管理咨询等领域。

公司拥有电力工程总承包壹级、输变电工程专业承包壹级、设计（送电、变电）乙级、工程咨询丙级、消防设施工程专业承包二级、城市及道路照明工程三级、中国电力建设行业协会“调试”乙级和国家进出口企业等资质以及承装（修、试）电力设施一级许可证。公司多次荣获全国用户满意企业、全国守合同重信用企业、全国精神文明建设工作先进单位、中国工程建设信用AAA级企业、中国诚信企业和全国电力行业质量特别奖等称号，16次获评上海市重点工程实事立功竞赛优秀公司，1次上海市重点工程实事立功竞赛金杯公司，2017年、2018年连续两年获得上海市五一劳动奖状，是国家电网系统省管产业单位优秀施工示范企业。

近年来，公司围绕用户需求深化EPC+S服务，努力为客户提供从前期咨询、设计、施工、物资采购和运维为一体的全过程服务，优质完成了500千伏世博（静安）输变电、虹杨500千伏输变电等一批重点工程，实施了中国联通浦江数据中心110千伏变电站工程、吴淞港国际邮轮码头岸电、中移动临港数据中心供电配套、新江湾220千伏输变电、黄浦区董家渡金融城配电、星港国际变电站和山东济南东城220千伏架空线落地、苏州居配接入工程设计、西安东北部330千伏架空输电线路迁改落地工程等重大用户项目任务。

公司紧紧跟踪国际、国内电力前沿技术，着力发展提高企业核心竞争优势的电力施工技术，全电压等级电缆敷设、接头具有国际顶尖水平，近年来优质完成电缆敷设单线长度逾4000公里，接头数约10000相；变压器检测中心获得国家级CNAS实验室授权，具备变压器电试及油化两大类检测能力；在国内六氟化硫电气设备的安装、调试、检修、电气试验等业务拥有先进的技术优势。

进入新时代，公司提出“建设集咨询、设计、施工、运维为一体的现代能源综合服务公司”的战略目标，努力为企业、为客户、为社会创造更大价值。“服务于心、力能永续”，久隆始终为您提供无可替代的精诚服务！

# 上海久隆电力（集团）有限公司

# 上海电气电力电子有限公司

## 产品简介

动态电压调节器(Active Voltage Conditioner),以下简称 AVC,是一种针对电压暂降、暂升或者短时中断问题而设计的电能治理装置,其依靠设备内部的储能装置,可以实现电压的短时能量支撑,从而确保重要、敏感负荷的不间断供电。我司自主研发生产的 AVC 装置有 30kW 与 50kW 两种额定功率可供选择。

## 产品特点

- 有效解决电压暂降问题:本装置通过超级电容储能, 在电网电压出现暂降时,为敏感负荷提供短时电压支撑,有效提高敏感负荷供电的可靠性;
- 安全可靠:本装置具备过压、过流、过温、雷击等多种保护功能,可靠性高;热备用工作方式,对生产工艺设备无安全隐患;
- 操作方便:本装置采用显示面板进行控制参数设置、数据显示,无需人工干预,自动运行;
- 易维护:本装置功率密度高、可节省安装空间,模块化结构设计,支持热插拔,可实现多机并联,扩展性强。

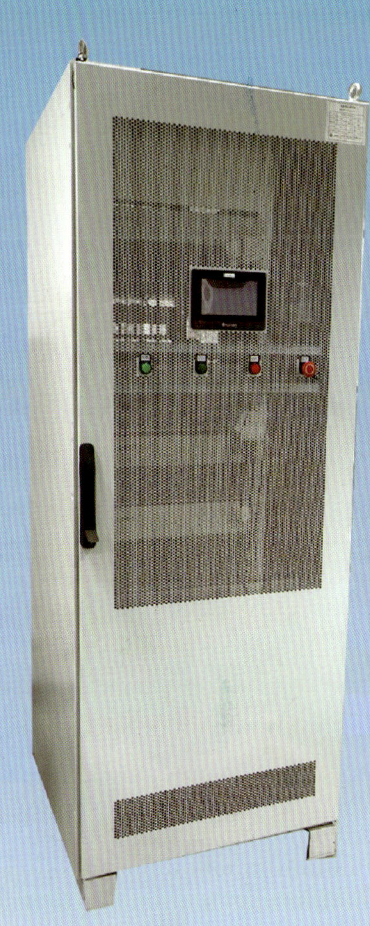

## 应用场景

AVC 大量用于船舶、汽车、飞机制造行业、石化行业、半导体行业、集成电路、通信与大数据处理、冶金、制药等相关行业,为设备安全稳定运行保驾护航。尤其针对电能质量要求极高,供电系统发生电压暂降等问题导致设备停机的工作场景。

与创造者共创未来

CREAT OUR FUTURE TOGETHER

**上海电气电力电子有限公司**

地址:上海市宝山区富桥路 66 号

电话:021-33713200

传真:021-33713262

网址:https://www.shanghai-electric.com/

# 上海泽鑫电力科技股份有限公司

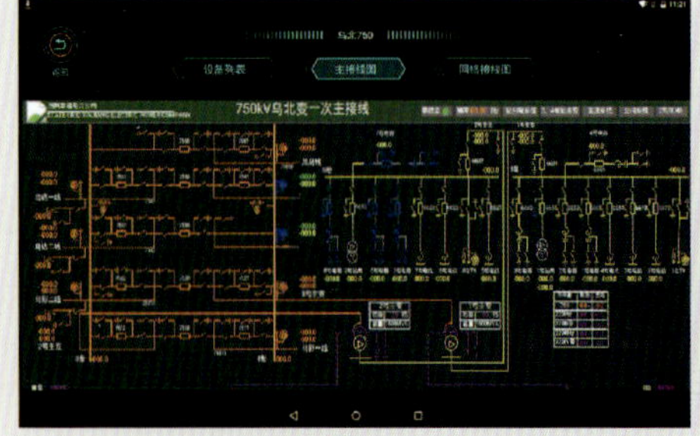

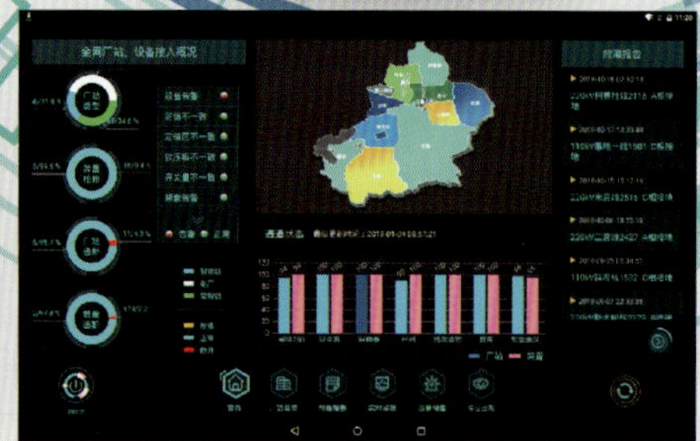

上海泽鑫电力科技股份有限公司是一家专业从事智能电网自动化领域的软硬件研发、销售及技术服务的高新技术企业和软件型企业。公司坐落于充满活力、前景无限的上海市浦东新区自由贸易示范区，股票简称：泽鑫科技，证券代码：838587。

2019 年 7 月设立全资子公司南通鑫途信息技术有限公司。

泽鑫科技坚守“立志如山、行道若水”的企业文化，坚持“以人为本、客户至上、诚信进取、创新发展”的经营理念，秉承“助力电网更智能”的共同愿景，弘扬“服务客户为先、携手合作为重、全力进取为要”的价值观。公司在电力信息采集与分析、故障诊断、实时控制与接入、大数据挖掘、人工智能应用等领域具有较深厚的专业积累和创新能力，能够为客户提供有竞争力的解决方案和专业化的技术服务。

主要产品包括：继电保护故障信息系统、二次设备在线监视与分析系统、继电保护在线监视与智能诊断系统、变压器冷却器智能控制系统、压板智能管控系统、电动刀闸二次回路智能控制系统等。

主要客户包括：国家电网及南方电网下属的各省、各地区电网公司；各大发电集团下属的电厂、电站。主打产品在细分领域的市场占有率位列全国前三。公司积极参与国家电网及南方电网重点项目，相关产品已经遍布近千座高压及特高压变电站并得到广泛应用。如上海庙 ±800kV 换流站、宁夏银川东 750kV 变电站、宁夏贺兰山沙湖 750kV 变电站、江苏连云港田湾核电站（2*1000MW）、浙江核电秦山二厂（2×650MW）等项目。二次设备在线监视与分析系统在国内十几个网省调主站得到应用，如国网西南分部、国网四川备调，黑龙江省调、吉林省调、辽宁省调、冀北调度、湖南省调、新疆省调、青海省调，四川超高压主站等。

自公司创立以来，公司管理层及全体员工一直秉承脚踏实地的“工匠”精神，深耕智能电网有关细分领域，为国家的电网安全运行提供了有力的支撑。

# 上海浦城热电能源有限公司

上海浦城热电能源有限公司是一家专门从事生活垃圾资源化利用的中外合资企业。运营管理中国大陆地区第一座千吨级生活垃圾焚烧发电厂，作为本地从事生活垃圾发电的重点企业，浦城热电公司始终致力于为浦东新区提供最清洁、最安全和环境影响最小的城市生活垃圾处理方案，依靠先进的设备技术，资源化处理生活垃圾，提供可再生能源。

上海浦城热电公司在运营中坚持不断完善自身，努力提高环保和运行绩效，执行更加严格的环保标准，提高垃圾发电效率。浦城热电公司致力于建立标准化的管理体系，率先开展并通过清洁生产，持续推进 ISO 质量、环境和职业健康安全三项标准化管理体系认证管理以及安全生产标准化管理体系建设。2006 年荣获“迪拜国际改善居住环境最佳范例奖”；2006 年开始开展 ISO9001、14001 标准体系认证，2010 年开展 OHSAS18001( 2019 年转版成 ISO45001 )认证，至今已连续开展 13 年三体系认证，实施多方位标准化管理；2008 年首批通过了上海市清洁生产审核；2015 年开始开展安全生产标准化，2003 年至 2019 年，已连续获评 8 届“浦东新区文明单位”。

生产线配备三炉两机，设置 3 台日焚烧 360 吨垃圾的炉排，3 台自然循环余热锅炉，余热锅炉产生的蒸汽供 2 台 8.5MW 汽轮发电机组发电，产生的电能输入城市电网。

烟气净化主要通过焚烧炉内的超高温充分燃烧和配套的烟气净化装置，每台垃圾焚烧锅炉配置的烟气净化装置，采用：炉内脱硝、石灰浆中和反应、消石灰喷射、活性炭喷入、袋式除尘器和活性炭吸附塔组合工艺。

焚烧炉内的超高温充分燃烧可以消除烟气中的有毒有害物质，脱硝可以降低氮氧化合物排放，石灰浆中和反应主要通过石灰浆吸附中和烟气中的二氧化硫、氯化氢等酸性气体；活性炭喷入主要用来去除二恶英和重金属；布袋除尘器主要用来吸附飞灰；最后在烟气排入大气前，再经过活性炭吸附塔进行深度过滤，去除有毒有害物质。

渗沥水处理系统采用先进、可靠的专业渗沥水处理工艺和设备，不断消除污泥、杂质等污染物，净化水质，通过实验室在线监测分析，达到标准后排放。

上海浦城热电公司利用先进技术为浦东新区生活垃圾进行无害化处理和资源综合利用，并提供清洁、可再生和安全能源。每年约处理 40 万吨生活垃圾，节约大概 12 公顷填埋场地，减少近 60 万吨温室气体的排放。利用生活垃圾发电 1 亿度，相当于 3 万吨以上标煤产生的能量。生产的电能输入城市电网，为浦东新区的千家万户带来了光明。

上海漕泾热电有限责任公司隶属国家电投上海电力股份有限公司，股权结构为上海电力股份有限公司占比 36%，申能股份有限公司占比 30%，新加坡胜科公用事业私人有限公司占比 30%，上海化工区发展公司占比 4%。

公司于 2004 年 6 月开工建设，2006 年初进入商业运行，是我国西气东输工程配套的第一座燃气－蒸汽联合循环热电厂，是世界级先进化工制造业 ----- 亚洲最大的上海化学工业区循环经济“一体化”的重要组成部分，承担着为多家大型跨国化工企业提供优质电能、热能、除盐水的重要职责。目前拥有 30 余家优质客户和多家潜在客户包括 BASF、Covestro、三井化学等世界著名化工企业。

公司配备了 2 台 300MW GE 9FA 燃气－蒸汽联合循环机组、3 台 110T/H 快速启动锅炉和 1400T/H 除盐水制水设备。其中燃气轮机属国家第一批“打捆招标”项目，均采用美国通用 PG9351FA+e 型燃气轮机，该燃气轮机原配 DLN 2.0+ 燃烧系统。公司分别于 2014 年完成了全亚洲第一台 9F 级燃机低氮排放燃烧器 DLN2.6+ 升级改造，以及在 2017 年完成了全国第一台 9F 级燃机先进热通道(AGP)改造。升级改造完成后，机组排放和性能指标均达到行业领先水平。

公司以习近平新时代中国特色社会主义思想为指导，深入贯彻落实“创新、协调、绿色、开放、共享”新发展理念，各股东方和全体员工携手同心，提升清洁能源品质，转型综合能源服务，打造智慧互联平台，实现经济发展和社会责任的高度统一，先后荣获中央企业先进集体、上海市文明单位、上海市五一劳动奖状、中国最美电厂、全国实施用户满意工程(服务类)用户满意称号(全国唯一一家发电类企业获此殊荣)、上海市质量金奖等荣誉称号。公司热网示范项目获中国电力企业联合会电力科技创新一等奖，热网系统关键技术与应用获上海市科学技术进步二等奖。

# 上海漕泾热电有限责任公司

# 2021·上海工业年鉴

SHANGHAI
INDUSTRIAL
YEARBOOK

# 中国宝武钢铁集团有限公司

**【概况】**

中国宝武钢铁集团有限公司（简称中国宝武）的前身是始建于1978年12月的上海宝山钢铁总厂，后经历宝山钢铁（集团）公司、上海宝钢集团公司、宝钢集团有限公司等不同发展阶段，于2016年12月与武汉钢铁（集团）公司实施联合重组后揭牌成立。2019年9月，中国宝武对马钢（集团）控股有限公司（简称马钢集团）实施联合重组；2020年10月，对中国中钢集团有限公司（简称中钢集团）实施托管；12月，正式成为重庆钢铁股份有限公司（简称重庆钢铁）实际控制人，完成对太原钢铁（集团）有限公司（简称太钢集团）的联合重组，对重庆钢铁（集团）有限责任公司（简称重钢集团）实施托管。中国宝武注册资本527.9亿元，资产规模10140亿元，是国有资本投资公司试点企业。总部设在中国（上海）自由贸易试验区世博大道1859号。2020年底，在册员工227007人。

中国宝武致力于通过技术引领、效益引领、规模引领，打造以绿色精品智慧的钢铁制造业为基础，新材料产业、智慧服务业、资源环境业、产业园区业、产业金融业等相关产业协同发展的格局。其中，钢铁制造业拥有宝山钢铁股份有限公司（简称宝钢股份，含宝钢股份直属厂部、上海梅山钢铁股份有限公司、宝钢湛江钢铁有限公司、武汉钢铁有限公司、黄石涂镀板有限公司、宝钢日铁汽车板有限公司、广州JFE钢板有限公司等），宝武集团中南钢铁有限公司（简称中南钢铁，含广东韶钢松山股份有限公司、宝武集团鄂城钢铁有限责任公司、重庆钢铁股份有限公司），太钢集团〔含太原钢铁（集团）有限公司、宝钢德盛不锈钢有限公司、宁波宝新不锈钢有限公司〕，及马钢集团、宝钢集团新疆八一钢铁有限公司（简称八一钢铁）等企业，钢产量居全球第一，产品广泛应用于汽车、机械、军工、家电、能源、电力、船舶、交通、海洋工程等行业。

**【2020年经济工作情况】**

2020年，中国宝武克服新冠肺炎疫情不利影响，持续深化推进供给侧结构性改革，以“三高两化”（高科技、高效率、高市场占有率、生态化、国际化）为路径推进高质量发展，全年完成工业总产值（现行价格）6079.11亿元，工业销售产值6029.35亿元，资产总值10140.7亿元，营业收入6737.4亿元，实现利润总额455.4亿元，比上年增利110亿元，营业收入、利润总额均创历史新高，上缴税费256.1亿元，净资产收益率8.21%；铁产量10117.68万吨，钢产量11528.81万吨，商品坯材产量11261.94万吨，商品坯材销量11261.43万吨，出口钢材453.09万吨。期末资产总额10178亿元，提前实现“万亿资产”规划目标。全年，研发投入率2.81%，专利申请3779件，其中发明专利2447件。吨钢综合能耗590千克标准煤，较2019年同口径下降1.7%；二氧化硫、化学需氧量和氮氧化物排放总量分别为28635吨、1887吨和68106吨，较2019年同口径分别下降14%、10%和11%。对外捐赠2.795亿元。中国宝武被纳入中央企业创建世界一流示范企业。在2019年度中央企业负责人经营业绩考核中，中国宝武获评A级企业，在中央企业排名第14位，较上年进步12位，考核得分和排名均为历史最好水平。位列美国《财富》世界500强榜单第111位，首次跃居全球钢铁企业首位。在美国《财富》（中文版）发布的“最受赞赏的中国公司”全明星榜上位列第八。国际三大评级机构标准普尔、穆迪、惠誉继续给予全球综合性钢铁企业最高信用评级。

2020年，中国宝武正式成为重庆钢铁实际控制人，完成对太钢集团的联合重组，对中钢集团、重钢集团实施托管。钢铁主业完善沿海沿江空间布局，优化钢铁产业结构，推进专业化、区域化、平台化公司建设，成立中南钢铁等平台公司。多元产业推进业务聚焦和专业化整合，包括：组建欧冶工业品股份有限公司；重组西藏自治区矿业发展总公司；构建大原料保障体系，组建宝武原料供应有限公司；推进吴淞科创园等重点地块规划和项目等。

一、防控疫情

中国宝武全面开展新冠肺炎疫情防控，向抗疫一线捐赠7600万元，多渠道筹措抗疫物资，保障员工健康安全。武汉总部及在鄂各单位加量生产医用氧，保障武汉市医院一半的氧气供应，改造5家医院供氧系统；腾挪企业场地为武汉建立1所方舱医院和3个集中隔离观察点；为火神山医院、雷神山医院建设提供钢材。

二、联合重组

6月29日，中国宝武与日喀则珠峰城市投资发展集团有限公司、仲巴县马泉河投资有限公司对西藏自治区矿业发展总公司进行改制重组，变更其为中国宝武主导、四方共同合资经营的公司。8月21日，中国宝武与山西省国有资本运营有限公司签署太钢集团股权划转协议，推进太钢集团与中国宝武的联合重组；12月23日，太钢集团完成51%股权工商变更登记，控股股东变更为中国宝武。10月19日，中国宝武对中钢集团进行托管。12月2日，重庆钢铁完成工商登记变更，中国宝武正式成为其实际控制人。12月5日，八一钢铁完成对新兴铸管新疆有限公司100%股权收购、工商变更，挂牌成立新疆天山钢铁巴州有限公司。12月17日，八一钢铁完成对新疆伊犁钢铁有限责任公司的股权收购。

三、重要项目

全球唯一完全面向新能源汽车行业的高等级无取向硅钢专业生产线——宝钢股份无取向硅钢产品结构优化项目开工建设；重庆钢铁七号转炉点火投产，四号连铸机新建项目开工建设；宝钢德盛不锈钢有限公司1780热轧热负荷试车；10万吨超高功率石墨电极项目在宝武炭材料科技有限公司兰州基地投产；宝武铝业有限公司一期工程30吨熔铸线、2500毫米冷轧机等生产线陆续投产，并启动二期规划；首批氢能重型卡车在宝钢股份交付使用，全球一次性批量投入最大的氢能重卡商业化项目投入运营；宝钢资源有限公司马钢矿业罗河矿一期扩能工程建设项目开工建设。

四、科技研发

中国宝武加大高水平研发投入，研发投入率达到2.81%，比上年提高0.21个百分点。完成智慧制造三年（2018—2020年）行动计划，基于工业互联网平台的智慧制造技术体系逐步完善；启动工程数字化设计交付云平台关键技术研究和应用项目；中国宝武大数据中心建设初具规模，其中宝钢股份数据中心建成投运。形成高强度低屈强比耐候桥梁钢、轴重45吨重载车轮等一批具有行业影响力的科研创新成果，易成形、高性能耐磨钢产品（BW400QP）等8项新产品实现全球首发。在汽车轻量化、新能源等战略性新材料领域，汽车航空用铝合金板带生产线投产，中间相沥青基碳纤维、低成本耐热压铸镁合金等新材料产品创新和应用技术实现重点突破；在金属及新材料包装领域，开发成功深冲覆膜铁罐等新产品。太钢集团“宽幅超薄精密不锈带钢工艺技术及系列产品开发”项目获中国工业大奖。

五、深化改革

中国宝武深化国有资本投资公司改革试点，推进公司治理体系和治理能力现代化：按照“管资本”定位，优化完善与国有资本投资公司相匹配的治理体系；优化一级子公司重大事项决策程序，“一企一策”充分授权、放权，完善股东会、董事会事项决策流程及决策方式，落实差异化管控，完善权责对等的法人治理体系。股权多元化及混合所有制改革等方面取得突破：宝武炭材料科技有限公司新收购兼并项目全部落实非公资本参股，旗下子公司混合所有制改革比例逾六成；上海宝钢包装股份有限公司在制罐业务板块和新项目团队中试点职业经理人改革；宝武特种冶金有限公司引入非公资本、管理资源，推进员工持股。推进剥离企业办社会职能和历史遗留问题解决：“三供一业”（供水、供电、供气和物业管理）移交收尾、厂办大集体改革、退休人员社会化管理等按时间节点完成改革任务。其中，完成“三供一业”分离移交中央财政补助资金清算和收尾工作，获得18亿元维修改造资金，维修改造工程全面完工；完成厂办大集体改革，妥善安置在职员工2.29万人；完成27.31万退休人员移交社会化管理工作。常态化推进瘦身健体、低效无效资产处置等各项提质增效工作。完成法人压减38户，同比增加50%，退出参股企业50户，同比增加80%，回笼资金达到24亿元，同时完成管理层级压缩15户。

六、专业化整合

中国宝武以专业化整合为抓手，推进管理覆盖、业务整合和资产重组。组建宝武集团中南钢铁有限公司，夯实中南地区发展根基、蓄势东南亚市场境外布局；成立欧冶工业品股份有限公司、宝武重工有限公司、宝武原料资源共享平台；中国宝武运营共享服务中心武汉、乌鲁木齐、马鞍山分中心，以及宝钢股份中央研究院马钢技术中心相继挂牌。马钢集团推进与多元板块的专业化整合融合，欧冶链金再生资源有限公司、宝武重工有限公司等新业务整合后实现市场规模扩大与业务结构升级，马钢专业化整合取得协同效益9.2亿元。宝钢股份成立硅钢事业部，将多基地硅钢产品纳入一体化管理，同时设立炼铁部、炼钢部、热轧部、冷轧部，并调整设立新的厚板部。金融板块完成宝钢财务公司和武钢财务公司、马钢财务公司的整合与托管，华宝都鼎（上海）融资租赁有限公司和马钢（上海）融资租赁有限公司整合、欧冶商业保理有限责任公司和马钢（上海）商业保理有限公司整合。宝钢资源托管马迹山港商务业务、梅钢矿业、八钢矿业等单元。

七、平台化运营

中国宝武推进平台化运营，探索“一总部多基地”管控模式。优化钢铁产业结构，推进宝钢股份、中南钢铁等5个专业化、区域化、平台化钢铁公司建设，提高资源要素集聚和配置能力。在原有多元板块平台公司的基础上，针对大宗原燃料、备品备件、冶金装备制造、废钢、工业气体、设备运维等业务建立相应的专业化平台公司。通过推进平台化运营，各平台公司在管理模式、商业模式和体制机制等方面突破创新，基本形成专业化聚焦和区域化协同相结合的“一总部多基地”管控模式。

八、生态化协同

中国宝武强化生态化协同，共建高质量钢铁生态圈。各单元聚焦网络化、数字化、智能化构建产业链集群，相互协同支撑，提高资源配置效率、制造能力、运营能力，宝钢股份、韶钢松山协同支撑重庆钢铁，建立体系化精准支撑攻关项目30个，实现协同效益5亿元。专业化平台公司之间全方位推进营销、采购、技术、智慧制造、绿色环保等协同共建。欧冶工业品股份有限公司作为第三方产业互联网平台，通过创新商业模式，提供采购共享服务，全年降低采购成本6.5亿元。

九、市场化发展

中国宝武各子公司瞄准20%市场占有率和集团外业务占比超50%的目标，拓展市场份额。宝武炭材料科技有限公司焦油加工规模实现全球第一，上海宝钢包装股份有限公司两片罐、宝武特种冶金有限公司镍基合金市场占有率均为国内第一。上海宝信软件股份有限公司成为多元板块首家完成“百十”（百亿元级营业收入、十亿元级利润）目标的公司，盈利能力稳居同行前列。宝武水务科技有限公司新签手持订单36亿元，其中集团外订单占比25%。宝武集团环境资源科技有限公司矿粉产能达1700万吨，矿粉行业龙头地位进一步巩固，还原铁粉的市场占有率达20%。欧冶链金再生资源有限公司废钢规模1440万吨，市场占有率快速提升。华宝证券有限责任公司进入A类券商行列，并取得保荐业务资格。

十、履行社会责任

中国宝武对外捐赠2.795亿元，其中向新冠肺炎抗疫一线捐赠7600万元。年内，加大扶贫资金投入力度，投向“两不愁三保障”重点问题的资金数和帮助人口数是2019年的2～3倍。定点扶贫和对口支援的10个县全部实现脱贫摘帽。5月27日，中国宝武党委书记、董事长陈德荣走进云南省普洱市江城县，为扶贫特色农产品倾情直播带货，当晚带货总金额达到7481.23万元。国务院扶贫开发领导小组通报2019年中央单位定点扶贫工作成效评价情况，中国宝武获得“好”的最高等次评价。

**【2021年发展趋势】**

2021年，中国宝武经营管理工作的总体指导思想是：以习近平新时代中国特色社会主义思想为指导，全面贯彻中共十九大和十九届历次全会精神，深入贯彻落实习近平总书记在太钢集团和马钢集团考察调研时的重要讲话精神，认真贯彻落实中共中央、国务院决策部署、中央经济工作会议、中央企业负责人会议精神，在集团公司党委和董事会领导下，紧紧围绕“全面对标找差、创建世界一流”的管理主题，积极贯彻新发展理念，围绕“资产效率、高市场占有率、国际化、绿色低碳”四大主线优化产业布局、开展经营活动，推进商业模式创新和技术创新，坚定落实国有企业改革三年行动方案，大力推进子公司混合所有制改革、现代企业制度建设、三项制度改革等三大改革任务，加快实现由“老大”向“强大”的转变，把中国宝武打造成具有全球竞争力的世界一流示范企业，引领钢铁行业高质量发展。2021年生产经营目标是：粗钢产量12975万吨，营业收入保持较快增长，利润总额保持稳定增长。各子公司要实现经济效益增速与国民经济增速相匹配，钢铁业子公司利润目标同比增长10%以上，其他产业增长8%以上。

（张文良）

# 上海汽车集团股份有限公司

**【概况】**

上海汽车集团股份有限公司（以下简称上汽集团）是国内产销规模最大的汽车集团，从2006年以来，整车销量已连续15年位居国内第一。上汽集团于2011年完成整体上市（股票代码600104），现总股本116.83亿股，业务主要包括整车、零部件、移动出行和服务、金融、国际经营等5个业务板块，向社会公众提供包括整车（乘用车、商用车）与零部件的研发、生产、销售；物流、移动出行、汽车生活服务；汽车相关金融、保险、投资；汽车相关海外经营、国际商贸等在内的产品与服务。随着近年来世界汽车工业的深刻变革，以电动智能网联为主要特征的发展新动能正在加速形成，下一轮产业竞争的新赛道正在加快构建。面对重构中的行业竞争格局，上汽集团在继续焕新现有业务发展动能的同时，着力培育壮大发展新动能。一方面，全力推进电动智能网联汽车技术的产业化发展，不断推出“科技含量高”的新品，积极探索“应用场景广”的示范项目，同步抓好电池、电驱、电控，感知、决策、执行等核心产业链建设；另一方面，加快提高数据决定体验与软件定义汽车的技术能力，有序布局软件开发、大数据、人工智能、云计算、网络安全等新兴技术领域，着力提升汽车产品、出行服务、运营体系等的数字化水平，持续完善以用户为中心的商业模式创新，推动公司全面向技术升级化、业务全球化、品牌高档化、体验极致化的移动出行服务与产品的高科技企业转型。

**【2020年经济工作情况】**

2020年，面对车市调整、疫情冲击、芯片短缺等严峻挑战，上汽集团销售整车560万辆，国内市场占有率超过20%，在《财富》“世界500强”榜单上排名第52位，在全球汽车行业位列第7。

一、市场销售

上汽集团实现新能源车销售32万辆，比上年增长73.4%，排名跃居国内第一，全球位列第三；实现整车出口及海外销售39万辆，同比增长11.3%，在全国整车出口下滑6.2%的情况下，实现逆势增长，占全国整车出口销量的比重超过1/3，已连续5年蝉联全国第一。一是抢抓国内市场机遇。公司瞄准健康出行、消费升级等新需求，结合新基建、物流配送等热点机会，全年累计投放40余款新品，努力挖掘细分市场潜力。名爵新MG5、别克全新GL8、五菱凯捷和宏光MINIEV、红岩杰狮牵引车等新品的市场表现突出，尤其是五菱宏光MINIEV微型电动车，通过“人民的代步车”的精准定位，从8月起就一直占据国内电动车销售榜首位置；与此同时，上汽通用凯迪拉克品牌、五菱微车及MPV、上汽大通宽体轻客、红岩自卸车等继续在细分市场保持领先地位。在推进营销体系变革方面，上汽集团通过“云发布”、虚拟展厅、视频直播等手段，加快提升线上营销能力，并加大区域营销的经营自主权，推进渠道下沉和精细化运营。同时，推出终身质保、终身免费保养、二手车回购等增值服务，制订“以旧换新”“致敬抗疫英雄”等营销专案，办好“五五购物节”“双11”等汽车专场活动，打造荣威“城市异想空间”网红地标和城市体验店，积极探索汽车新零售模式。报告期内，上汽奥迪项目启动经销商招募，营销及产品上市准备工作稳步推进。二是拓展海外市场。上汽集团发挥新能源、互联网等差异化竞争优势，海外销量规模和市场份额实现逆势上扬。全年上汽自主品牌的海外销量达26.7万辆，占公司海外总销量的比重将近70%；特别是在欧洲市场实现上汽自主品牌销量超过4万辆，并且新能源车型占到六成，主力产品EZS在多个国家已跻身细分市场前列。上汽的产品和服务已进入全球60余个国家和地区，已培育形成9个“万辆级”海外区域市场，在中东、印度、泰国市场的年销量已达“3万辆级”，在埃及、澳新市场也实现了翻倍式增长。

二、品牌战略升级

为把握消费升级趋势，加强创新赋能、推动品牌向上，结合荣威新“狮标”和新R标、五菱全球“银标”、大通EUNIQ等品牌焕新工作，上汽集团启动新一轮产品投放，加快创新技术的落地应用，着力提升品牌的年轻化和智能化形象。上汽携手阿里巴巴和张江高科，打造智能电动汽车高端品牌“智己汽车”，通过自主开发中央计算和域融合的全新一代电子架构，以及开放型面向服务软件架构的SOA软件平台，致力实现“数据决定体验、软件定义汽车”，让车辆真正成为移动的智能终端，并具备硬件预装、软件迭代的订阅式服务能力，为用户提供全生命周期可定制化的软件服务，成为“智能时代出行变革的实现者”。在新能源产业链建设方面，上汽集团持续推进电动车专属架构升级开发和新一代电驱动系统等“三电”关键系统及核心部件的开发；上汽新一代燃料电池电堆产品PROME M3的一级零部件已全部实现国产化，并已搭载到上汽大通EUNIQ7上实现批量上市；上汽英飞凌第七代IGBT顺利量产，产品性能世界领先，成本较进口产品大幅下降，为公司IGBT供应提供了重要保证。同时，公司与宁德时代、QuantumScape、SolidEnergy、清陶等企业开展战略合作，加快新一代锂电池、固态电池的国内外布局；结合“车电分离模式”，加快充换电站建设布局；与宝武集团、上海机场集团、上海化工区和华谊集团等伙伴开展“氢”战略合作，共建共享燃料电池汽车产业生态。

三、智能网联战略推进

上汽集团发布全球首款整舱交互5G的量产车型MARVEL-R；上汽洋山港5G智能重卡完成全年2万标箱准商业化运营任务，“一拖四”队列行驶及港区内智驾技术水平进一步提升。斑马智行VENUS系统搭载在荣威RX5 PLUS上成功上市，面向海外的i-Smart车联系统激活量已突破10万台。智驾“4i核心技术”——域控制器iECU、5G智能网关iBOX、智驾底盘iEPS和iBS已实现产业化落地。中海庭高精电子地图成为首家获得自然资源部商用批准的产品，并完成全国近30万千米高速公路高精地图数据采集。智驾数据工厂启动建设，智联网络安全能力持续加强，已实现远场、近场、车载及车内四大类安全检测场景的产品化。上汽集团还携手华为、中国移动在嘉定建设全球首个“5G智慧交通示范区”；通过战略投资地平线、晶晨半导体等“独角兽”企业，加快布局车规级AI芯片开发，并携手地平线建立人工智能联合实验室，推动机器视觉算法研究和产业化应用不断深入。在数字化能力建设方面，上汽集团加快提升“云管端”一体的数字化能力，零束软件中心创新打造全栈智能汽车数据平台解决方案，建立“端到端”数字化产品体验闭环。上汽大众MEB工厂、上汽通用凯迪拉克工厂、乘用车分公司临港工厂等首批数字化工厂建设加快推进。郑州数据中心完成交付验收，数据存储、云安全及容灾能力进一步提升。在移动出行和服务布局方面，享道出行持续拓展业务区域布局，并加强“享道专车、享道租车、环球车享、申程出行”四大产品线的协同互补发展，目前注册用户数已突破2600万，日订单量超15万。上汽安吉物流不断巩固汽车物流传统优势，大力发展快运、物流科技、供应链金融、货运后市场等新业务，加快向社会化服务的科技平台转型。

四、履行企业社会责任

上汽集团及下属企业积极投身抗疫斗争、脱贫攻坚等各类社会公益事业。全年抗疫捐赠现金及车辆价值总额超过6000万元，并捐赠口罩等防疫用品近1亿件。同时，上汽集团与韩红慈善基金会开展公益合作，对贫困地区进行医疗援助；与云南宣威结对的4个贫困村已全部实现脱贫摘帽，并续签帮扶协议、巩固脱贫成果。

**【2021年发展趋势】**

2021年，上汽集团牢牢把握科技进步大方向、市场演变大格局、行业变革大趋势，继续深入推进“电动化、智能网联化、共享化、国际化”的“新四化”战略，坚持创新引领、重点突破、以点带面、压茬推进，在抢抓市场结构性机遇、努力提升经营业绩的同时，深入部署推进创新链建设，在全球汽车产业价值链重构的过程中，全力抢占有利地位和制高点，加快推动业务转型升级，向成为具有全球竞争力和影响力的出行服务与产品的综合供应商迈进。在研发端，重点突破新能源、智能网联等关键技术，不断争创技术优势；在制造端，加快发展数字化、定制化生产方式，不断向高端制造、智能制造迈进；在用户端，重点突破出行平台、智能物流、金融服务等新商业模式，不断打开转型发展的新空间；在市场端，以创新的科技与服务优势，为开拓国际国内两个市场持续赋能，不断提升品牌竞争力和国际影响力，展现上汽“创新活力、科技魅力、真诚服务”的品牌形象。

到2025年，上汽集团要成为具有全球竞争力和影响力的出行服务与产品的综合供应商，争创世界一流汽车企业。

（厉　倩）

# 中国石化上海石油化工股份有限公司

【概况】

中国石化上海石油化工股份有限公司（简称上海石化）位于上海市金山区，占地面积9.40平方千米，是中国最大的炼油化工一体化综合性石油化工企业之一，也是中国首家股票在上海、香港、纽约三地同时挂牌上市的国际上市公司。前身为创建于1972年的上海石油化工总厂，1993年6月改制为上海石油化工股份有限公司，2000年10月更名为现名。2020年末，上海石化下设炼油部、烯烃部、芳烃部、化工部、腈纶部、碳纤维事业部、涤纶部、塑料部、热电部、公用事业部（海堤管理所）、先进材料创新研究院（科技部）、储运部、环保水务部以及物资采购中心、销售中心、IT服务中心、质量管理中心、统计中心、行政事务中心、培训与交流安置中心等单位，并由资本运营部管理对外投资企业。总资产447.70亿元，在岗员工总数8087人。主要生产石油制品、中间化工原料、合成树脂及塑料制品、合纤原料及合成纤维等四大类产品。2020年，上海石化连续第六届获得全国文明单位称号，通过中国石化绿色企业复审、获中国石化2020年度节能环保先进单位。

【2020年经济工作情况】

2020年，上海石化认真贯彻落实上海市和中国石化工作部署，在开展疫情防控的同时统筹推进复工复产，坚持抓主要矛盾、抓系统优化、抓疫情防控、抓化危为机，取得好于预期的经营业绩。全年加工原油1467.15万吨（含来料加工40.24万吨），比上年下降3.47%。生产成品油837.95万吨，下降8.84%；乙烯82.52万吨，下降1.91%；丙烯53.34万吨，下降1.31%；对二甲苯66.24万吨，下降0.67%；塑料树脂及共聚物（不包括聚酯和聚乙烯醇）108.91万吨，增长6.54%；合纤原料55.34万吨，下降9.28%；合纤聚合物34.52万吨，下降6.78%；合成纤维14.95万吨，下降15.39%。发电24.14亿千瓦时，上升0.28%。实现工业总产值（现价）648.37亿元，比上年下降18.90%；营业收入747.05亿元，下降25.55%；利润总额5.74亿元，下降78.38%。

一、疫情防控扎实有效

面对突如其来的新冠肺炎疫情，践行中央企业的责任与担当，支持全国抗疫大局。强化组织领导，第一时间成立由“一把手”任组长的疫情防控领导小组，启动重大突发公共卫生事件一级响应，努力实现疫情防控和生产经营工作“两手抓、两手硬、两不误”。压实属地责任，统筹安排人员管控、防疫物资保供、企地联防联控。履行社会责任，支持地方防疫，仅用12天攻克高熔融指数聚丙烯生产难题，缓解医用口罩原料紧缺局面。常态化防控疫情，抓好外防输入、内防反弹，落实日常防控措施，实现“零输入、零扩散、零盲区、零死角、零感染”目标。

二、生产运行总体平稳

落实HSSE（健康、安全、公共安全、环保）管理体系，加强设备完整性体系建设，实施过程安全管理，严格执行《加强直接作业管理环节十条措施》，聚焦承包商和直接作业环节管理，实施全员安全记分，抓实变更管理、限值管理、报警管理等，扎实开展作业安全分析、作业票证管理等，实现严控“小波动、小异常、小偏差”，杜绝“非计划停车、非计划停炉、非计划停机”。全年装置平稳率98%，比上年提高0.36个百分点；非计划停车17次，比上年下降32%。落实安全生产专项整治三年行动计划，开展安全隐患治理。巩固绿色企业创建成果，完成27家绿色基层创建，加强环保设施运行管理，现场环境持续改善。在公司考核的58项主要技术经济指标中，44项指标好于上年，同比进步率为75.86%。

三、继续深化节能减排

按照国家节能减排的有关要求，继续落实各项节能减排措施，持续优化碳排放核算方法，减少碳排放履约成本528万元。制定水资源管理优化措施49项，工业取水总量下降10.54%。全年累计综合能源消费量692.01万吨标煤，产值综合消费0.743吨标煤／万元，比上年0.745吨标煤／万元下降0.27%。同上年相比，全年化学需氧量、氨氮、二氧化硫、氮氧化物排放分别下降14.97%、33.79%、4.74%、3.37%，全年厂区边界挥发性有机物（VOCs）浓度累计均值99.10微克／立方米，比上年下降26.92%。外排废水、有控废气达标率100%，危险废物妥善处理处置率100%。加热炉平均热效率为92.46%，与上年基本持平。

四、攻坚创效精准发力

开展“百日攻坚创效”和“持续攻坚创效”行动，深挖效益潜力。坚持效益导向，注重经营优化，进一步推进原料和产品结构优化。利用疫情期间装置低负荷运行时机，完成12套炼油装置检修。调整原油采购策略，降低原油采购成本4.45亿元。外购乙烯、碳四、碳五等资源开足开满下游装置。优化乙烯原料结构，降低吨乙烯原料成本。优化渣油加氢（RDS）装置操作和催化原料管控，加工低硫原油，实现RDS装置单系列换剂期间催化装置的满负荷运行。压减航煤产量61.4万吨，沥青产量同比增加21.96万吨，柴汽比1.22；增产丁二烯、环氧乙烷等高收益产品，其中，生产环氧乙烷31.29万吨，比上年增长13.69%，增效6158万元；增产高牌号汽油，全年销量达114.4万吨，高牌号汽油占比34.8%，创历史新高，全年产品产销率100.11%。注重降本减费，强化成本管控，采取签约考核等方式，严控成本费用，继续挖掘规模采购的降本潜力，节约采购资金。通过发行超短期融资券等方式，降低公司综合融资成本。

五、创新发展稳步推进

加强科技创新力量，成立先进材料创新研究院，进行技术攻关，碳纤维“事业部＋公司”运行模式取得实质性突破。加快项目建设，金山地区环境综合整治油品清洁化项目投用，年产1500吨聚丙烯腈（PAN）基碳纤维二阶段项目氧化碳化部分完成“三查四定”，烯烃部中控室隐患整改项目完成结构封顶，大丝束碳纤维项目桩基开工。积极推进合资合作，与巴陵石化弹性体新材料项目完成可行性研究上报；收购浙江中航油石化储运有限公司，参股浙江中航油港务有限公司，满足公司储运系统现有运行和未来发展需求。加大新产品产销研用一体化力度，首次成功调和生产92号国ⅥB车用汽油，累计销量4.46万吨。完成合成树脂替代进口项目，成功开发大口径低熔垂承压管道料产品，累计销售3108.6吨。新型高韧性聚酯类工程塑料及应用荣获第22届中国国际工业博览会CIFF新材料奖，乙烯装置效益最大化的优化控制技术获国家科技进步二等奖。全年完成申请专利91件，获专利授权44件。稳步推进智能工厂建设，智能工厂推广、实时数据库升级等8个项目通过验收，智能仓储项目、承包商及直接作业管理平台上线运行。

六、改革管理实现突破

印发《上海石化对标世界一流管理提升行动实施细则》，制订工作清单。外学先进、内抓管理，邀请院士、专家组指导公司发展战略；专题赴茂名石化调研学习，制订中长期赶超计划。优化管控模式，有序承接国家管网改革任务，平稳实现白沙湾分公司一阶段移交工作；有序推进涤纶部工业长丝装置关停及人员安置工作。调整优化组织机构，实施合资企业分类指导管理，加强与公司生产运行密切相关的合资企业管理。规范内部管理，开展全面风险管理和内控管理，聚焦投资、财务、合同、HSSE等重点领域，组织开展问题和风险排查。实施市场化污水模拟处置方案，倒逼生产单位源头减排。积极推进并全面完成退休人员社会化管理、退休人员档案数字化及移交工作。深入推进为基层减负工作，形成长效工作机制。推动人才强企工程，加大年轻干部培养使用力度，推进专业精英人才建设，增加高层次人才储备量。稳步推进“一岗多能”培训，深入推进智能练兵基本功训练，广泛开展业务竞赛活动。

**【2021年发展趋势】**

2021年，上海石化以习近平新时代中国特色社会主义思想为指导，全面贯彻中共十九大和十九届二中、三中、四中、五中全会精神，落实中央经济工作会议、中央企业负责人会议部署，按照集团公司和上海市的工作要求，坚持稳中求进工作总基调，全面贯彻新发展理念，紧扣高质量发展主题、供给侧结构性改革主线，主动融入集团公司世界领先发展方略和“一基两翼三新”产业格局，坚持“向先进水平挑战、向最高标准看齐”，着力“五个聚焦”，不断筑牢安全环保根基、推进生产经营优化、提升公司治理效能、实现公司高质量发展、促进党政工作深度融合，确保“十四五”开好局、起好步，以优异成绩庆祝中国共产党成立100周年。

一、聚焦绿色洁净，筑牢环保根基

全面推进HSSE管理体系建设，建立完善PDCA闭环管理机制。以“识别大风险、消除大隐患、杜绝大事故”为主线，强化重点领域和关键环节风险管控，继续严格承包商安全管理，持续推动安全文化建设，不断提升员工安全意识和技能。大力实施绿色洁净战略，加强碳排放管理，实现废气、废水稳定达标排放，确保厂区边界VOCs浓度均值低于100微克／立方米。抓实抓好防疫物资供应、应急事态处置、员工队伍稳定等工作，确保员工的生命安全和身心健康。强化职业卫生教育，全面提升员工健康管理水平。

二、聚焦提质增效，持续生产经营优化

优化停开工统筹，完善检修安全管控方案，强化装置停开工阶段管控力度，确保检修安全环保，消除运行瓶颈，提升公司技术经济指标。做好系统优化，利用优化模型提升原油比选、生产经营和产品结构优化工作的准确性和可靠性。拓宽原油采购品种，增强调配灵活性，降低原油采购成本。灵活调整成品油收率和柴汽比，做大高牌号汽油总量，开拓汽油、航煤出口新途径。抓住市场机会，抓好新产品和专用料开发。抓好公用工程优化，推进储运物流系统优化，加大炼油业务的优化力度，以及单位和装置（车间）层面优化。持续开展“优良日”活动，动员员工及时消除安全隐患，保障装置稳定运行。

三、聚焦深化改革，提升公司治理效能

落实《上海石化深化改革三年行动方案》，抓紧抓实三项制度改革、科研体制改革、健全市场化经营体制等重点改革任务。加强投资企业管理，将全资、控股子公司纳入公司一体化管理体系。全面开展对标提升行动，强化全员成本目标管理，进一步挖潜增效，严格控制各项费用支出，加大业财融合力度，持续推动核算财务向管理财务转变。

四、聚焦创新驱动，实现公司高质量发展

按照国家碳排放“3060”要求，把碳的“净零”排放作为终极目标，坚持降碳进程与转型发展相统筹。全力推进航煤装置80万吨／年改110万吨／年、汽油吸附脱硫（S-Zorb）装置150万吨／年改180万吨／年、气体分馏装置50万吨／年改70万吨／年扩能改造、38万吨／年乙二醇装置结构优化改造等一批提质增效项目。培育具有差异化的高附加值产品，努力打造以碳纤维产业为核心，以聚酯、聚烯烃、弹性体、碳五下游精细化工新材料为突破和延伸发展的新材料产业集群。

五、聚焦队伍建设，筑牢发展根基

深入实施人才强企工程，加大应届毕业生招聘力度，构建新进高校毕业生5年培养机制，以工程思维抓好人才队伍建设。树立旗帜鲜明的用人导向，先行先试干部、人才的选聘机制，继续探索通过成熟人才引进、选聘职业经理人等途径选拔任用干部，提升干部年轻化水平。尊重基层和群众的首创精神，提升员工就医服务及补充医疗保障水平等，提升员工幸福指数，进一步增强员工队伍的向心力和凝聚力。

（吴文华）

# 中国石化上海高桥石油化工有限公司

**【概况】**

中国石化上海高桥石油化工有限公司（以下简称高桥石化）始建于1981年11月，是中国第一个跨行业、跨部门的特大型经济联合体，隶属于中国石油化工集团公司。成立以来历经多次体制变更，2016年2月，在中国（上海）自由贸易区注册，由中国石油化工集团公司旗下的分公司变更为子公司。高桥石化占地面积412公顷，共有56套生产装置，可生产200余种产品，主要产品有汽油、航空煤油、柴油、润滑油基础油、石蜡、合成橡胶、有机化工原料、合成塑料以及精细化工产品等，公司拥有年原油加工能力1250万吨，年化工产品生产能力50万吨，自备电厂具有装机容量17.5万千瓦。公司加强对外经济合作与交流，先后与世界著名大公司德国巴斯夫公司、美国雪佛龙公司、日本三井石化株式会社等分别成立了合资企业。

**【2020年经济工作情况】**

2020年，高桥石化加工原油1030万吨，炼油产品总量1004万吨、化工产品总量49万吨；实现营业收入405亿元，实现利润7.84亿元。

一、严抓实抓HSSE工作

保持HSSE管理体系有效运行，修订公司领导班子成员、部门（单位）和岗位HSSE责任制，建立领导干部“四不两直”督查与安全观察制度，健全HSSE绩效管理体系。着力加强风险识别管控和隐患排查治理，制订《安全生产专项整治三年行动实施方案》，落实最大风险“一把手”承包责任制，完善“三级”问题台账、风险和隐患清单，累计完成27项安全隐患治理项目，安全风险总值下降18%。严格承包商和直接作业环节安全管理，执行作业现场管理“三条底线”规定，强化现场施工安全管理，严格承包商安全考核，全年承包商累计安全记分1050分，1家承包商单位和6名承包商人员被列入“黑名单”。抓好员工健康管理和公共安全管理，全力抓好疫情防控，制订专项方案，完善防控措施，守护员工生命安全和身体健康。完善公共安全工作机制，落实“两特两重”管控措施，圆满完成“进博会”保障任务。完善应急预案，加强应急队伍建设，提升应急处置能力。推进绿色企业建设，累计完成57项任务和12个创建项目，通过总部“绿色企业”创建审核。

二、持续推动攻坚创效

完善经营工作机制，开展提质增效暨“百日攻坚创效”和“持续攻坚创效”行动，推动落实九方面重点工作、60项降本减费和增产增效措施。通过攻坚创效，累计增利20.22亿元。提高安稳运行水平，执行机电仪管操“五位一体”巡检、生产系统重大事项报告制度，全年非计划停车数同比降低 50%。开展在役装置 HAZOP 分析，公司 A 类装置平稳率在总部 25 家参评企业中排名第 3。开展设备完整性管理提升行动，推动设备完整性管理体系建设，发布《高桥石化设备完整性管理手册》。提高优化工作水平，优化原油采购策略和油种结构，年度原油加工计划完成率比总部平均水平高 3.47 个百分点；加强原油接运、输转、调合和加工全过程管理，原油加工总损失同比下降 14.65%；优化产品结构，增产润滑油基础油、白油、石蜡等高附加值产品，发挥炼油系统增效潜力。提高增收节支工作水平，炼油吨油费用、化工吨产品费用分别同比下降 5.22 元／吨和 25.25 元／吨，全年节约财务费用 5343.5 万元。加强股权和投资管理，累计取得投资收益 12.96 亿元。争取财税、金融、社保等支持政策，获得浦东新区大企业总部补贴 2661.36 万元。

三、深化改革严格管理

坚持深化企业改革。深化“三项制度”改革，推进新一轮“三定”工作。开展管理体制评估诊断，优化管理体制和运行机制。推进原油管输体制配套改革，完成资产收购、管理职责移交、人员配备等各项工作。坚持依法从严治企，制订《诚信合规管理手册》和《合规管理体系建设方案》，完善《内控手册实施细则》。开展重要领域、重点业务审计督查，实施 7 个专项审计项目，防范经营风险。

四、积极推动提升调整

持续夯实发展基础，投资 2.1 亿元实施供电系统隐患治理、高温高危泵密封升级治理、污水系统和油罐 VOCs 及异味治理等 69 个安全环保治理项目。持续推动提升调整，谋划公司战略定位、主攻方向和业务结构，初步完成《公司十四五发展规划》编制工作，制订改制企业处置方案，实施相关合资企业“一企一策”，推动相关配套工作。持续推动技术进步，完成集团公司“十条龙”科技攻关项目，高纯氢气生产示范装置开工一次成功。开展低硫船燃、沥青 A 等高附加值新产品研发，首批国 VI（B）92 号车用汽油供应市场。

五、加强干部员工队伍建设

贯彻落实全面从严治党要求。坚持以习近平新时代中国特色社会主义思想武装头脑、指导实践、推动工作，贯彻执行民主集中制和“三重一大”事项集体决策，贯彻落实中央八项规定精神，严格执行集团公司党组实施细则，落实“马上就办”工作要求。加强队伍建设，实施职能部门干部队伍建设专项调研和综合评价，抓好领导人员关键事项记录和绩效考核。开展部门（单位）负责人经济责任审计，加强退出现职中基层领导人员管理。开展中基层领导干部培训、“三大员”轮训和班组长培训、技能操作人员岗位培训，职工创新工作室获得市级评定，有效激发队伍创新活力。关心和服务职工，开展“爱我中华、振兴石化”“为美好生活加油”教育。加强和改进生活后勤管理，完成生活后勤设施维修和改造，提高职工群众满意度。坚持“真困难、真帮助”原则，全年累计实施帮扶 332 人次，发放慰问品、慰问金 110.24 万元，让职工真切感受企业温暖。

**【2021 年发展趋势】**

2021 年，主要经营目标是：原油加工量 903 万吨，化工产品总量 44.6 万吨。实现利润 18.1 亿元，炼油吨油完全加工费低于 354.1 元、化工吨产品完全加工费低于 2960 元；全面完成总部下达的技术经济指标等考核要求。产品出厂合格率 100%，化工产品等级品率≥ 98%。

一、聚焦绿色洁净，推动 HSSE 工作再上新台阶

建立公司 HSSE 责任制管理规定，完善各部门、各单位 HSSE 责任制，明确责任、履职要求和考核标准，确保责任制落实无盲区。加强 HSSE 管理体系要素监测，跟踪、验证体系要素监测指标完成情况，真正做到“管业务必须管安全、管生产必须管安全”。健全重大、系统性风险和重大隐患清单，定量评估安全风险，确保公司级风险总值下降 15% 以上，隐患治理项目完成率 100%。加大合规性整改和安全环保项目投入，投资 1.5 亿元，实施 28 项安全环保配套项目，提升本质安全环保水平。严格作业许可管理，做好 JSA 风险分析，制定并落实针对性安全技术措施，从严监督检查和考核问责，力促承包商提升 HSSE 管理体系执行力，提升自主管理水平。以建设“无异味工厂”为目标，持续加大环保投入，加快推进常压储罐 VOCs 隐患排查治理、1 号污水区域现场异味整治等项目。

二、坚持问题导向，推动安稳长满优运行取得新成效

加强生产波动、生产异常及非计划停工管理，深入分析根本原因，落实针对性防范措施。做到巡检内容表单化、标准化。严格执行“五位一体”巡检制度、内外操作参数分析比对，加大对隐患发现的奖励力度，及时堵塞漏洞。抓好在役装置 HAZOP 分析和工艺纪律管理，完善技术规程、操作法，规范操作行为，确保安稳生产。深化设备全生命周期管理，推动设备完整性管理体系高效运行，提升设备专业水平。加强泄漏与防腐管理，积极应用 LDAR、定点测厚、探针在线监测等技术手段，提升设备运行可靠性；推进电气隐患整改攻关，夯实电力系统运行基础。严格供应商资格审核和招标管理，抓实特殊物资监造和出厂检验，把好设备设施质量关。优化采购方式，通过“寄售”等形式，降低设备采购成本。

三、聚焦提质增效，推进优化生产经营取得新业绩

坚持市场导向战略，打好市场攻坚主动仗。推进产业链延伸和产品价值赋能，从单一产品竞争向产业链竞争、供应链竞争过渡。以计划为龙头，以市场为导向，以客户为中心，建立市场快速反应机制；以产品为中心建立“产销研用”专业团队，做到市场细分、客户细分和产品细分。坚持攻坚

创效对标一流，全力推动产品增效价值赋能。密切跟踪市场动向，加强效益测算，动态调整生产方式，优化原油结构和产品结构；优化调整中间物料流向、装置负荷和切割方案，加大重点增效产品攻关力度，围绕提质增效加大技术攻关力度，加快推进短平快改造项目，增产高附加值产品，提升整体创效能力；发挥基础油生产基地优势，保持装置高负荷运行，努力增加高价值基础油牌号比例，优化ABS、丁苯橡胶产品结构，增加高附加值牌号产销量。

四、聚焦创新驱动，推进转型升级发展打开新局面

坚持立足当前，着眼长远，对标先进企业，准确研判内外部环境，科学谋划公司战略定位、主攻方向和业务结构，持续滚动完善并加快实施公司“十四五”发展规划。建立科学的创新评价机制，健全以创新能力、质量、实效、贡献为导向的科技人才评价体系。以“炼厂氢纯化制取燃料电池车用氢气”工业实验成功为契机，实现氢能产业化。严格投资项目立项审批，强化过程控制、评估考核，确保投资质量和效益。

五、聚焦改革管理，推进治理效能提升迈出新步伐

全面推进公司对标提升行动，推动工作清单中141项改进措施的落实、87项提升目标的实现、39项重点任务的完成；聚焦“市场引领、科技驱动、产品赋能、价值增值、转型发展”，创新管理体制机制、固化先进管理模式，为公司高质量发展拓空间、提效率。修订《职责划分手册》，梳理管理制度和体系文件，持续推进管理制度化、制度流程化、流程信息化；健全“三行”检查与岗位责任制检查内容和标准，强化日常检查的协调统筹和质量评价，建立检查问效机制，强化制度执行力建设。抓好“三重一大”决策、经营投资、物资采购、招标管理、大额资金管控等经营环节的合规审查和监督，提升依法依规治理能力。

六、聚焦务实创新融合，党建工作队伍赋能取得新成果

深入学习中共十九届四中、五中全会精神、习近平总书记重要讲话和指示批示精神，推动“第一议题”制度全面落实。以庆祝中国共产党成立100周年为主题，以高桥石化成立40周年为契机，强化基层党组织建设。开展职能部门与基层单位双向测评，建立科学测评体系。切实履行“一岗双责”，强化党风廉政建设，从廉政制度执行、廉洁教育等各方面入手，抓好廉政建设，真正做到“两手抓、两手硬”。

（魏之臣）

# 上海电气（集团）总公司

**【概况】**

上海电气是中国最大的综合性装备制造企业集团之一。产业门类众多，涵盖三大客户群和42个业务单元，为国民经济各行各业提供各种重大技术装备。能源客户群包括：煤电、燃机、核电、风电、光伏、储能、电力电缆、开关柜、低压元器件、电力电子、变压器、化工、油气、新能源汽车零部件、氢能。城市客户群包括：烟气处理、固废、水处理、海水淡化、医学影像、医疗机器人、电梯、压缩机、装配式建筑、轨道交通信号、轨道交通维保、轨道交通综合监控。工业客户群包括：工业紧固件、汽车紧固件、电机、专网通讯、航空装备产线、叶片、仪器仪表、锂电池设备产线、机床、3D打印、工业汽轮机、液压、轴承、工具。

截至2020年底，集团从业人员7.2万人，总资产3900亿元。上海电气属于“高端制造”品牌，知名品牌总数达70多个，入选世界制造500强、中国企业500强，位列中国机械工业百强第3名、亚洲品牌第87位（2020年《中国500最具价值品牌》）、亚洲机械行业品牌第2位。

**【2020年经济工作情况】**

2020年，面对突如其来的新冠肺炎疫情和复杂严峻的外部环境，集团坚持“三步走”战略目标的总基调，以推动高质量发展为主题，以产业转型和结构调整为主线，以改革创新为根本动力，扎实推进各项重点工作。

一、经济运行稳中有进

营业收入、归母净利润、新接订单保持两位数增长，完成有挑战性的预算目标。电气康达、赢合科技等新产业比上年实现两位数增长，智能制造业务新接订单同比增长48%，轨道交通业务新接订单同比增长120%，新收购并控股马瑞利（香港）控股有限公司和上海科致电气自动化股份有限公司，加快推动新旧动能转换。

二、产业转型迈出重要步伐

智能化解决方案取得新突破。国轩南通锂电池智能工厂正式投运、“风光储充控”一体化的闵行工业园区智慧能源项目正式投运、青海格尔木电网侧储能项目正式投运、承接上海轨交5号线综合运维项目，实现车辆、通号、供电三专业融合维保的首台套业绩等。工业互联网平台迈入新阶段。星云智汇平台接入设备新增2.6万余台，平台人工智能算法升级，可视化工具和低代码开发工具上线，完成部署生产管理等行业应用，形成多个行业解决方案，用户点击量超过11万次，月平均数据量5GB。电子商务开启新模式。智慧供应链服务形成智能采购平台、寻源竞价管理和采购电子商城等

1个平台级产品、3个系统级产品和3个解决方案级产品。

三、创新能力不断增强

科技投入结构持续优化。研发投入持续增加，新产业、新业务研发投入占比、预研开发投入占比和对外支出研发投入占比均保持两位数以上。产品技术和新一代信息技术融合发展。智慧风场数字化产品实现风资源评估、风电场建设、整机优化设计、风电场智慧运维、风电场后评估等功能；燃气轮机智能化服务产品为京能上庄热电厂提供部分负荷优化改造；燃煤电厂智能运维产品为国华太仓电厂提供设备健康全生命周期管理服务等。创新成果加速涌现。以汕头智慧能源项目为契机，实现世界首次5MW以上级别风机黑启动，形成智慧能源解决方案的完整技术能力；快速研制口罩全自动生产线、方舱CT和车载CT，为抗疫斗争做贡献；90米风电钢筋混凝土试验塔筒完成吊装验证等。

四、压力动力活力明显提升

战略管理和绩效管理加强衔接。集团“十四五”战略规划明确下一步转型发展的方向和计划。战略管理重心下移，颗粒度从产业集团向业务单元转变，工作环节从战略规划向战略推进、战略评价延伸，推动中长期战略落地。激励机制加速推广。已经覆盖50%的三级次企业，比年初提高21个百分点。

五、国企担当得到充分体现

抗疫斗争主动作为。1月27日，成立疫情防控工作领导小组，抓实抓细国内和海外的疫情防控工作。自动化集团集体和医疗集团个人分别荣获上海市抗击新冠肺炎疫情先进荣誉。总部职能部门和产业集团全面梳理疫情对合同履行的影响，评估风险，积极减损。安全生产、环境保护总体受控。全年无生产安全死亡事故，无重大环境污染事件，无重大火灾事故。开展危险化学品、有限空间、涉爆粉尘等安全专项检查145次，提出问题和意见680条，企业整改率100%。员工获得感持续提升。修订《关于加快引进高端人才的若干意见》，优化配套政策，引进高端人才，举办数字化转型高级人才研修班、财务总监培训班加强专业性人才储备，推出“百人计划”、沪外人才“星火计划”、国际化人才培养项目等“五跨”交流项目，“E学苑”平台为全体员工提供线上培训。

**【2021年发展趋势】**

2021年，集团严格落实中共市委、市政府“六稳”“六保”任务要求，服务“三大任务、一大平台”国家战略，紧抓“高目标传递高压力、新体制机制激发新动力、新产业催生新动能”牛鼻子，继续实现高质量发展。

一、承担好国企责任，承担好国家战略

继续承担好高端重型装备制造的国家战略任务，为国家争光、民族争气，为振兴国家、振兴民族而多做贡献。

二、坚持高质量发展，坚持高目标发展

继续自我挑战、自我加压，营业收入和归母净利润继续保持两位数以上增长；继续坚持更高质量、更可持续、更为健康的发展，注重风险可控，注重提高经济运行质量。

三、加快数字化转型，加快智能化转型

加快以智能制造、智慧能源、智慧城市为转型方向，全力打造智能装备、工业互联网、智慧供应链构成的“工业三角生态”。通过数字化转型，推动企业的产品服务化、服务产品化的战略转型。

四、坚持体制创新，坚持机制创新

体制上，放得更活、管得更好、服务更优。坚持放权、监管与服务相统一，总部加强各种服务中台建设。机制上，更加市场化、更有动力活力、更有竞争力。重点推进超额利润激励全覆盖、混改和核心员工持股等。

五、加快产业结构调整，加快新旧动能转换

优化存量，进一步加速由一般制造向智能制造的数字化转型、由生产型制造向服务型制造的产业形态转型，果断退出非第一梯队企业。发展增量，通过兼并收购第一梯队企业、与全球跨国公司开展合资合作、自主研发和风险投资等方式，重点发展新能源、智能制造、数字化、高端医疗装备等战略性新兴产业。

六、坚持国内大循环，坚持国际新循环

坚持长三角一体化和全球化发展。立足长三角，推动国内大循环。加快推动产业链、供应链、资源链、创新链等在长三角地区的战略布局。面向全球，推动国际新循环。加大开放式创新，加快推动人才、技术、市场、资源、采购、制造等方面的全球化布局。

（韩晓啸）

# 上海华谊（集团）公司

**【概况】**

上海华谊（集团）公司，前身为成立于1957年4月的上海市化学工业局，1995年12月28日改制为上海化工控股（集团）公司，1996年11月重组改制为上海华谊（集团）公司，2016年5月18日核心资产上市，资产注入原双钱集团股份有限公司，双钱集团股份有限公司更名上海华谊集团股份有限公司。上海华谊（集团）公司／上海华谊集团股份有限公司总部位于上海市常德路809号华谊集团大厦。

上海华谊（集团）公司是上海化学工业区发展有限公司的主要股东之一，拥有行业内先进的研发软硬件创新条件，包括国家级企业技术中心、市级企业中心、上海市高新技术企业、国家检测实验室，并设有博士后科研工作站，构筑了“工业催化、化工新材料、精细化工、过程开发、分析检测”等5个技术研究平台；主要从事能源化工、绿色轮胎、先进材料、精细化工和化工服务五大核心业务，并已基本形成“制造＋服务”双核驱动的业务发展模式，覆盖“基础化学品、精细化学品和先进材料、面向终端客户产品”的上下游产业链一体化发展体系。主要产品包括甲醇、醋酸、醋酸乙酯、合成气、载重胎、乘用胎、丙烯酸及酯、工业涂料、颜料、油墨、日用化学品等；在化工生产的同时配套有化工贸易、化工物流、化工投资、信息技术等，为化工主业提供相应的配套物流、投资、信息化服务等业务。

**【2020年经济工作情况】**

2020年，集团完成主营收入421亿元，其中制造收入311亿元，实现利润总额21亿元，超额完成年度预算目标。持续推进精益生产，全年完成降本增效8亿元，完成本市工业产值365亿元。集团主要装置运行平稳，产能利用率91%，与上年持平。生产各类化工品523万吨，其中：甲醇146万吨、醋酸115万吨、烧碱70万吨、液氯58万吨、氟化学品2.4万吨、丙烯酸及酯69万吨，轮胎1216万条。2020年，在上海企业百强榜中，上海华谊（集团）公司位列第32位，在上海制造业企业百强中位列第10位；在中国石油和化工企业500强排行榜（综合类）中位列第33位，在中国石油和化工企业500强排行榜（独立生产、经营企业类）榜单中居第23位。

一、持续降本增效

集团聚焦核心主业，实现资产保值增速。全年完成技改项目463项、降本增效项目310项，生产制造系统降本7.3亿元，采购降本1亿元，三项费用增加0.3亿元，合计完成降本8亿元。同比减亏4亿元，存量资产增值增效成果显现，运营效率稳定提升。

二、扩大开放创新

全年科研投入10亿元，占制造收入3.2%实现双增长，获得上海市技术发明奖及科技进步奖各1项，项目PT853获得“第二十二届中国国际工业博览会大奖”，32个项目获得专项支持。推进重大项目建设，完成投资72亿元，创历史最高。钦州基地一期进入安装收尾阶段，二期主体装置全面开工建设，完成钦州三期产品方案研究。

三、持续机制改革

启动中长期激励计划，集团管理层及骨干员工股权激励方案落地实施；推进市场化选人探索，机制创新覆盖一批重点三级企业，试点新领导任职“新三条”，对4家企业新调整的主要领导进行任职评价；推进营销采购机制改革，集团主要产品直销同比提升6个百分点，加大各类直播平台推广宣传，推进钦州基地产品预销售研究，研究集团采购模式改革方案，完成采购降本1亿元目标，建立集团12种主要产品、原料的价格数据库和大宗原材料采购预测分析新机制。

四、推进管理转型

深化总部组织架构改革，减少控制部门，增设能力中心，增强赋能功能，设立数字化中心，推动全面数字化升级；制订数字化转型三年行动方案，启动灯塔工厂、研发知识共享平台、大宗原料价格预测等七大标杆项目，新材料公司获评首批上海市智能工厂；开门做规划，组织专家形势报告会和座谈会，深入分析“十四五”时期国际国内宏观形势和化工行业发展趋势，明确未来5年集团发展方向及目标。

五、推进品牌建设

持续推进落实老字号振兴工作，鼓励老字号品牌参与上海市首届“五五购物节”“11直播月”等营销推广活动。2020年第一届“五五购物节”中，回力、白象、蜂花等品牌累计实现线上零售端销售收入7.1亿元。回力品牌亮相上海购物宣传片，参与“国潮老字号”“全球大直播”“55杨浦购物节”等购物节配套活动；制皂品牌多平台多维度推出各类促销活动，参与东方卫视“2020五五购物节”全球大直播、新华社民族品牌工程主办“510中国品牌日消费节”、天猫520告白季、天猫聚划算百亿补贴、东方明珠直播等各类线上推广活动；白象品牌参与上海人民广播电台55位主持人讲述上海品牌故事活动，提升品牌的知名度与影响力。11月8日，回力、制皂、双钱公司参与“11直播月”在线购启动仪式，仪式上回力、制皂作品牌发布，双钱与途虎养车网进行电子签约。“直播月”活动期间，回力和制皂实现零售收入2.2亿元，回力轮胎和飞跃轮胎在途虎养车网上累计售出3.57万条轮胎。9月24日，“华谊集团入选新华社民族品牌工程签约仪式”在沪举行。双方围绕“品牌建设和企业高质量发展”在创意策划、品牌推广、海外传播、智库服务、资本市场、定制化服务等方面开展全方位合作共同提升集团品牌价值，打造具有国际影响力的华谊百年民族化工品牌。

**【2021年发展趋势】**

2021年，集团聚焦高质量发展，坚持“1350目标”，按照“建设世界一流企业”愿景，围绕“夯实基础、数字赋能、卓越运营、创新发展、深化改革”五方面做好全年重点工作安排，持续提升运营效率效益，打造集团核心竞争新优势，凝心聚力开好局，奠定“十四五”发展基础。

一、全面推进华谊钦州一体化基地建设

加快推进一、二期项目建设和三期产品方案落地，提升并购重组能力。

二、全面提升运营水平和管理效率

面向市场，聚焦效益、效率和竞争力，以安全环保、成本管控、管赋结合、供应链优化为路径实现高质量运营和高水平管理。

三、全面打造“创新优先”发展模式

打造以技术为主导的自主创新、协同创新体系，形成以创新为先的强烈共识和企业文化。

四、全面深化机制改革激发人才活力动力

重点推进混合所有制企业全面建立灵活高效的市场化经营机制，切实提升综合改革成效。搭建更加公开、透明、自由的人才市场，最大限度发挥员工个人的贡献与价值。

五、全面加强国有企业党的建设

坚持以习近平新时代中国特色社会主义思想为指导，以高质量党建引领高质量创新发展把党建工作放在进入新发展阶段、构建新发展格局的集团战略中去谋划和推动，聚焦主责主业，扎实推进集团做强做优做大，力争规模、质量、管理达到世界一流企业水平。

（圣　蕾）

# 东方国际（集团）有限公司

**【概况】**

东方国际（集团）有限公司（以下简称集团）由具有150年历史的上海纺织集团和具有近70年外贸历史的原东方国际集团联合重组而成，是一家拥有先进制造业与现代服务业，以时尚产业、健康产业和供应链服务为核心主业，以科技实业、产业地产、金融投资为支撑的大型综合性企业集团，是中国最大的纺织服装集团和最大的纺织品服装出口企业。名列中国企业500强第210位，中国服务业企业500强第84位，中国对外贸易500强第31位，中国100大跨国公司第91位，中国纺织服装企业竞争力百强企业第3位。集团拥有总资产637亿元、员工7.3万人（海外员工占66%），所属企业372家，上市公司4家（东方创业、申达股份、龙头股份、香港联泰控股）。集团在海外拥有96家业务机构，拥有全球第二的汽车内饰、全球第二的时尚箱包、全球第四的毛衫制造能力。2020年，实现营业收入924亿元，进出口69.3亿美元（出口44.9亿美元、进口24.4亿美元）。

**【2020年经济工作情况】**

2020年，集团全面贯彻中共十九大和十九届历次全会、中央经济工作会议、习近平总书记考察上海重要讲话以及市委十一届十次全会精神，紧紧围绕中共上海市委、市政府对集团提出的要求，积极应对各种风险挑战，统筹疫情防控和复工复产工作，深化改革取得突破，稳外贸、稳制造、稳内贸取得阶段性成效，以保促稳、稳中有进，全面实现了预期目标。

一、攻坚克难，经济运行好于预期

（一）多措并举积极应对疫情。2020年伊始，新冠疫情突发。集团第一时间成立由党政主要领导挂帅的防控应急领导小组和工作小组，1月22日，进入全面临战状态。1．积极组织各外贸公司拓展防疫物资进口。从全球19个国家和地区采购近801.1万只口罩、58.4万套防护服、3118台呼吸机等4.3亿元防疫物资。1月31日，使用东航包机运送25万件进口防护服和13万只进口口罩，有效保障上海市春节期间防疫物资的供应。2．龙头股份三枪康桥基地投资1.2亿元积极转产口罩、隔离服、医用防护服。共生产一次性口罩1.5亿只、防护服65万件、隔离服、鞋套及帽子540万件等。3．全力组织各外贸公司加大防疫物资出口。全年共向70余个国家或地区出口口罩6.6亿只、防护服6996.8万件、手套3583.8万只等防疫物资，货值2.9亿美元，圆满完成商务部下达的挪威政府防疫物资采购项目。4．及时出台政策全力支持企业复工、复产、复商。

（二）彰显国企责任担当。1．捐赠防疫物资。通过上海市慈善基金会，集团下属龙头股份、星海地产、东方资产等向湖北疫情防控一线人员捐赠价值1亿元、55万件（套）的三枪全棉保暖衣裤。集团还向上海机场集团以及埃塞俄比亚、巴拿马和布基纳法索等3个国家捐赠防疫物资。2．按时完成对中小企业的免租。根据市委、市政府和市国资委部署，免除4093家中小企业租户2～4月的租金2.5亿元。

（三）经济运行好于预期。2020年，集团实现营业收入924亿元，完成预算目标112.6%；归母净资产收益率比上年增长0.53个百分点。部分投资企业逆势增长。东方物流、棉交中心、纺研院、新疆公司等4家企业实现营业收入、利润总额双增长。东方创业（中创业）、东方外贸、纺织品公司、德福伦、时尚公司、东方投资、国际物流等7家企业实现单增长。

二、深化改革，业务转型发展有突破

（一）精心谋划推动总部改革。“十四五”发展规划编制工作有序推进，集团总体规划、专项规划以及事业部、投资企业规划均已形成征求意见稿。总部事业部实体化改革正式起步。为了更好地推动稳增长、促转型工作，新设新型贸易推进办公室、内贸零售推进办公室、产业物产推进办公室，同时出台《推动企业稳增长、促转型的若干措施》《推进新型贸易业务发展的奖励政策》等支持企业发展政策。

（二）初步实现外贸和供应链业务整体上市。5月18日，东方创业重大资产重组获得证监会正式核准，完成资产交割和新增发行股份登记；第二阶段核心业务上市工作稳定推进；实现社会募资12.58亿元并全额募足。推进外贸企业全面深化改革试点，东方创业（本体）与纺织装饰、东方利泰联合重组形成东方创业（中创业）管理平台。东方商业加快进口业务转型力度，全年实现进口业务同比增长160%。新联纺着力推进改革转型，加强梭织面料服装等进出口供应链自营业务体系。

（三）外贸业务结构进一步优化。2020年，集团进口业务额占比35.2%，比上年增加5.2个百分点，进出口结构进一步得到优化。部分出口业务实现增长。东方创业毛衫业务抓住关键客户，出口自营ODM订单实现出口额700万美元，同比增长180%。东方外贸铅笔等文具项目争取印度、墨西哥等国家订单，年出口额约2500万美元，同比增长80%。部分进口业务逆势增长。东松医疗加快引进医疗设备分销渠道建设和物流配送体系建设，进口增长规模超亿元，同比增长19.6%。新疆公司创新纱线小批量直播带货直采销售模式，自营进口SOA纱线销售同比增长60%。部分出口企业拓展了国内市场。香港公司下属联泰控股与Skechers合作开拓内地市场，全年实现销售5800万美元，同比增长132%。

三、危中寻机，核心业务创新见实效

（一）服务进博能力持续增强。集团专业化服务40个国家和地区的126家展商，招展面积6911平方米，场内意向采购总金额为4.5亿美元，继续位列国资分团第三名，成为分团内仅有的一家连续3届均入围成交签约榜前三甲的企业。各项指标均逆势增长，实现全方位超越。上届东方物流取得进博会主场运输服务商资质，集团成为业内唯一进博会全系列资质的一站式服务商。进口商品集散地扩容。虹桥品汇在一期6000平方米运营的基础上实现南片区扩容，总体规模扩大至3万平方米，已有来自70多个国家和地区的109家企业、2000多个品牌、2万多种商品入驻，其中70%为进博会同款商品。进口商品内销实现新突破。各外贸企业结合“五五购物节”等活动，利用虹桥品汇、上海国际时尚中心、东方名品汇等平台，积极推进进口商品进园区、进社区、进机关，全年实现零售3368万元。

（二）时尚产业逆势开新局。龙头股份积极探索三枪shoppingmall、智慧门店等零售模式试点，吸引K9年轻消费群，提高购买转化率，同时用智能化、信息化提升门店管理水平。推进“品牌加盟招商”工作，完善“合伙人制度”，新增加盟店162家，全年加盟店达417家，实现销售7540万元。打造全球首个“云上时装周”。上半年，上海时装周全球率先推出“云走秀、云直播、云逛店”，下半年，成为全球唯一线下走秀的时装周，全年共发布251场秀，在新华社全球时装周活力指数发布中名列全球第四，再次展现“全球最活跃时装周”形象；MODE展通过线下订货会＋线上“云订货”，继续荣获“亚洲最大订货季”称号。花卉公司业务起步平稳。在崇明完成了全球最大“逆季郁金香展”，8天客流超10万人次。

（三）产业物产加快拓展步伐。星海地产成功竞得南通市CR20036地块；绍兴镜湖（3-5号）项目完成认购557套，年底前结构封顶；徐泾别墅项目结构封顶，年底前竣工，第一批销售去化率达92.6%；绍兴袍江（G7-2）项目完成桩基工程。星海物业江场西路200号租赁住宅项目基坑全面施工，年内完成9层结构。海外制造基地建设平稳推进。联泰控股天河毛衣收购柬埔寨毛衣工厂，香港慧联柬埔寨毛衣工厂实现排单生产。埃塞毛衫基地开工建设，施工平稳推进。

（四）健康产业取得新突破。东方投资探索技术入股社会办医新模式，上海东济香山中医医院公司12月完成工商注册，医院正在加快建设中；对接费森尤斯公司，合资设立上海首家高端血透中心及慢病管理中心。新联纺慢病呼吸疾病预防管理试点在长宁华阳社区卫生服务中心首家成功落地。

四、困中破局，产业协同联动有成效

（一）产业链协同提升制造业能级。1．打造口罩、防护服为核心的医卫产业链。龙头股份投资1.2亿元积极转产口罩、隔离服、医用防护服，申达股份、裕丰科技投资2000多万元提供配套，累计生产熔喷布30吨、N95口罩耳带2.8吨。2．境内外联动打造毛衫产业链。东方创业在国内合作打造河南、江西、四川等生产基地，境外利用柬埔寨针织圆机生产基地、香港慧联横机生产基地，承接出口欧洲、日本的毛针织订单，完成400万美元羊绒衫订单。3. 协同推进新产品开发。德福伦、龙头股份、裕丰科技积极做好调温纤维、抗菌天然银纤维以及聚乳酸纤维等产品协同开发和推广。

（二）全球资源协同拓展汽车内饰市场。申达股份加强汽车内饰产业链供应链全球整合，通过欧美技术与中国成本的优势互补，成功获得宝马、奔驰、沃尔沃等多个全球项目，新增订单年销售额10.7亿元。同时，凭借中国制造的综合优势，加大零部件、模具、原材料等国内采购规模，有效降低了海外的制造成本和原材料成本。

（三）科工贸协同促科研成果转化。中央研究院（纺研院）"一所一课题"项目取得阶段性成果，5个重点科研项目共实现销售2.97亿元、净利润1309万元。开发出的声学结构材料已协助Auria公司拿到通用、奔驰等多个电动汽车项目；3D智能打样系统设计出毛针织花型56款，实现ODM自营出口销售额225万元；功能纺织品所开发的全球第一款蛋白莱赛尔纤维有望进入高端人造纤维、面料和服装市场。

（四）物贸协同助力业务转型发展。供应链板块为集团出口国外的344票、3.6万箱防疫物资提供供应链全流程服务。东方物流完成防疫物资进出口包机业务800多批次、2万余吨，被授予"上海市抗击新冠肺炎疫情先进集体"；虹桥商务区保税物流中心（B型）1号库满仓率逐月提高，最高达80%。国际物流配合东方外贸争取到ABB公司的电压柜运输业务，完成560台低、中柜运输任务。

（五）产融协同助力企业复工复产。财务公司完成外部融资47.5亿元，获得20.1亿元优惠利率贷款；累计发行25亿元债券，较LPR基准利率节省财务成本约7550万元。统一协调成员企业争取优惠利率，推出集团内防疫专项金融服务措施，发放优惠贷款9.3亿元，为企业节省财务成本670万元；替换企业高成本贷款4亿元，为企业节省财务成本约245万元。

五、强化管控，夯实管理基础防风险

（一）提升经济运行质量。强化跟踪、专人监控，完成年度控亏目标。加大3年以上应收账款、存货清理力度，存货清理超额完成年度目标。

（二）强化风控机制防风险。制订防范化解重大风险工作方案，定期召开风险防控联席会议部署并检查落实情况。优化客商背景调查，在实现报告自动化出具的基础上加强抽查分析和通报警示。坚持按照风险导向开展审计工作，强化审计整改的过程管理，将审计整改情况与经营者绩效考核挂钩，全年完成89个整改事项。推进时尚公司、原料公司、星海物业、东方资产4家企业"1+3"法律工作体系建设。

（三）加强信息化建设夯实基础。完成外贸ERP2.5版优化升级全覆盖，确定3.0版技术优化方案。启动全面预算信息化项目，财务预算填报系统上线。启动主数据管理系统（二期），客商系统自动审核准确率达93.1%。大数据分析与应用平台项目（一期）开始实施，完成数字化大屏的设计、开发和上线试运行。截至年末，集团信息化系统用户数达1.4万多个，协同管理平台流程数超过10万条，主数据系统覆盖人员2万多个，正式客商1.3万多个，客商背景调查报告近4万份，外贸信息化系统平均每天财务单据处理数约为1.2万条，为集团业务发展、效率提升、风险管控等提供了重要的支撑。

（四）继续推进资金管理。财务公司提升资金归集能力，全年全口径资金归集率达61%，创历史新高。深化外汇现金池建设，集中结售汇6.7亿美元。即期结售汇业务资质获批。上海票交所会员资格、电票业务代理资格均获批，票据业务方案已确定。

**【2021年发展趋势】**

2021年，集团以习近平新时代中国特色社会主义思想为指导，全面贯彻落实中共十九大和十九届历次全会精神、中央经济工作会议、习近平总书记考察上海重要讲话精神和十一届市委十次全会精神，紧扣集团党委工作主线，坚持高质量发展理念、打造可持续发展新引擎，坚持全面深化改革、增加可持续发展新活力，坚持新发展格局、增添可持续发展新动能，坚持核心能力建设、增强可持续发展新优势，坚持数字化转型、提升可持续发展新能级，扎实走好"全球布局、跨国经营"第二步，确保"十四五"开好局。

一、坚持高质量发展理念，打造可持续发展新引擎

聚焦主业发展，体现效益优先。提升运行质量，夯实主业基础。优化业务结构，提升发展后劲。

二、坚持全面深化改革，增加可持续发展新活力

编制集团新发展规划。完善集团法人治理结构。持续推动总部深化改革。加快重点企业深化改革。探索推进混合所有制改革。

三、坚持新发展格局，增添可持续发展新动能

加快进口商品展销体系建设。服务进博带动外贸业务转型。加快老字号品牌创新发展。积极培育时尚产业新亮点。加快产业物产市场化拓展。着力培育健康医疗服务体系。推进纺织原材料交易平台建设。

四、坚持核心能力建设，增强可持续发展新优势

加强制造企业核心能力建设。加快境内外毛衫产业链协同。构建汽车内饰全球产业新格局。强化物贸联动体系建设。

五、坚持数字化转型，提升可持续发展新能级

推进信息化建设，加强数字化智能化应用。利用大数据技术，进一步提升管理能级。持续提升资金管控能力。

（詹理敏）

# 上海医药集团股份有限公司

**【概述】**

2020年，上海医药集团股份有限公司（简称上海医药）从业人员48136人；全年实现营业收入1919.09亿元，比上年增长2.86%，其中医药工业实现收入237.43亿元，同比增长1.08%；医药商业实现收入1681.66亿元，同比增长3.12%；实现归属于上市公司股东的净利润44.96亿元，同比增长10.17%。

**【2020年经济工作情况】**

2020年，上海医药持续加速创新突破，深化集约化发展，凝聚发展合力，创新服务模式，强化资本运作，实现经营业绩增长以及经营质量、盈利能力、创新动力、运营效率、行业地位提升，持续为股东创造价值。全年工业销售收入过亿元产品的数量从2019年的35个增长至42个，产品覆盖心血管、消化系统、免疫代谢、全身抗感染、精神神经和抗肿瘤等领域。

一、开拓国际化市场取得新突破

公司响应国家“一带一路”倡议，落实集团国际化战略，启动埃塞俄比亚制药厂项目。项目结合公司海外现有工业企业的建设管理经验以及成熟的生产工艺，拟于埃塞俄比亚新建药厂，并将成为上海医药在非洲的第二个生产和营销基地及埃塞俄比亚的首家青霉素和头孢类药厂。

二、创新研发取得新成果

公司研发总投入19.72亿元（含资本性投入）同比增长30.70%，占工业销售收入的8.31%。已进入临床前及后续研究阶段的创新药管线已有25个产品，其中15个产品进入临床或已上市。全年共计16个品种（18个品规）通过仿制药一致性评价。

在创新药早期孵化、临床研究平台建设、中药创新及二次开发等方面开展高水平创新合作，与多家高校、医院及科研院所在新药物发现、新作用机制、新疗法开发及商业化等多个方面的合作相继落实推进。与上海交通大学医学院签署共建“上海医药－交大医学院创新成果”孵化平台战略合作框架协议，推进前沿创新项目的研发提速和产业化落地；继续推进与四川大学华西医院的创新项目与院内制剂合作，组建“华西－上药西部科研及成果转化中心”，与华西医院合作的四川省精准医学产业创新中心已获批组建；依托“转化医学国家重大科技基础设施（上海）”的实验室及临床研究平台与瑞金医院开展战略合作；推进与天津中医药大学和上海中医药大学的战略合作，共同开展大品种培育；与中科院分子细胞卓越中心签署共建“中科院分子细胞卓越中心—上海医药”创新成果孵化平台的战略合作框架协议，以实现分子细胞卓越中心原创科学研究成果和前沿创新技术的孵化、转化；与国家儿童医学中心（上海）和上海交通大学医学院附属上海儿童医学中心分别签署《CAR－T临床研究技术成果转让》和《CAR－T联合靶向治疗急性淋巴细胞白血病和淋巴瘤研究合作》协议，旨在构建高效对接临床研究和产品研发的院企合作新机制，推动生物医药技术新发展；与同济大学附属第十人民医院合作共建的肿瘤细胞治疗中心正式落成并启用。

三、探索混合所有制的创新体制取得新进展

公司作为第一大股东的创新药企业复旦张江成功登陆科创板；2018年与国内制剂方面的专家团队组建的上海惠永药物研究公司实行创始团队持股，成立2年即进入A轮融资；与交大医学院教授团队等专家共建的多个混合所有制研发创新平台正在组建中。公司参与设立总规模500亿元的上海生物医药产业股权投资基金，并于报告期内完成首期70亿元基金的募集工作。共计16个品种（18个品规）通过仿制药一致性评价，其中第四季度获批的包括：头孢氨苄胶囊、盐酸贝那普利片、盐酸度洛西汀肠溶胶囊、阿普唑仑片、硝酸甘油片、盐酸二甲双胍片及头孢拉定胶囊。截至年末，公司获批品种合计已达21个（27个品规），位居行业前列。公司共完成申报36个品种（51个品规），其中固体制剂30个品种（39个品规），注射剂6个品种（12个品规）。新一代抗癫痫药醋酸艾司利卡西平片获得美国FDA对于该药物4个规格的ANDA（即美国仿制药申请）暂时批准，另有6个产品（15个品规）完成ANDA申报。此外，瑞舒伐他汀钙片3个品规及卡波姆产道凝胶于报告期内获得国家药监局颁发的药品注册证书；作为溴吡斯的明片和卡马西平片的药品上市许可持有人（MAH），上海医药在报告期内获得上海市药监局颁发的药品生产许可证。

四、推进疫苗战略性布局取得新成效

公司依托专业的承接疫苗产业化的技术平台、质控体系和销售网络以及在二类疫苗分销配送方面的龙头地位，与业内头部企业就疫苗开发、产业化、销售和配送等多方面达成合作。参与成都威斯克生物医药有限公司的A轮融资。重组科技创新理事会，由陈凯先院士任理事长、裴钢院士任首席科学顾问，将其作为研发管理中心的科学咨询机构，在创新发展规划、创新项目立项及引进过程中给出专业意见。对标市场化的科技创新人员中长期研发创新激励机制，新出台了制度化的中长期激励方案和跨部门长效协作机制，给予研发人员项目跟投、科研成果收益提成等多种激励方式。

积极推进疫苗战略性布局，依托专业的承接疫苗产业化的技术平台、质控体系和销售网络以及在二类疫苗分销配送方面的龙头地位，与业内头部企业就疫苗开发、产业化、销售和配送等多方面达成合作。公司作为领投方参与了成都威斯克生物医药有限公司的A轮融资；与康希诺生物签署战略合作，携手推进疫苗产业化及供应链服务。

五、挖掘和构建新的商业模式和核心能力取得新提高

医药分销业务实现销售收入1676.50亿元，同比增长3.24%。疫情期间，依托自身“互联网医院＋药品供应链服务延伸项目”的优势，公司不断加速医院诊疗线上化，已对接232家医院。公司参股的镁信健康，是国内创新医疗支付服务的领导品牌，同时也是“互联网＋医＋药＋险”闭环生态模式的领头羊，旗下创新医疗支付及患者福利平台——“药康付”为患者提供互联网＋医疗管理服务，是国内最有影响力的综合药品福利品牌之一。

公司被确定为上海市唯一的专业医用应急物资储备平台，储备物资包括药品、疫苗、医疗设备、耗材、诊断设备和配套试剂、个人防护类等。根据国家“建设现代流通体系”的要求，本着供应链的集约化、现代化和智能化，公司启动绥德路二期、宝山和临港三大超级物流中心建设工作。

**【2021年发展趋势】**

2021年，上海医药将积极应对行业变革，确保实现良好的运营质量，力争完成经营业绩再跨越，为“十四五”规划开好局。

在业务发展方面，公司将聚焦优势资源，持续做“大”工业板块潜力产品，加快工业板块创新业务导入与试点；在医药商业板块持续推动省级平台建设和创新业务快速发展，以创新转型驱动增长；继续提升经营质量，确保高质量发展。

在科技创新方面，公司将继续加大工业板块创新投入，加强科技创新能力，持续建设高效研发体系，提升研发成果质量和数量，推动建设一批重大创新平台，加速构建从研发、中试、制造到销售的一体化创新孵化转化平台；在商业板块持续推进数字化、互联网业务发展，加速服务创新转型。

在体系能力建设方面，公司将持续加快数字化上药建设，进一步提升体系能力，打造高效组织。

（谢　萍）

# 上海仪电（集团）有限公司

**【概况】**

上海仪电（集团）有限公司（简称上海仪电）是上海市国有资产监督管理委员会所属国有全资的产业集团，聚焦发展以物联网、云计算、大数据、人工智能为特征的新一代信息技术产业，致力于成为智慧城市整体解决方案提供商和运营商。现有三大产业：以电子制造和信息服务业为主体的新一代信息技术产业、产城融合的智慧产业地产、产融结合的金融服务业。

公司注册资本35亿元。下属成员企业267家，其中控股企业203家（含3家上市公司）。从业人员近1.5万人。

**【2020年经济工作情况】**

2020年，实现合并营业收入186亿元，比上年下降7.6%；主营业务收入184亿元，同比下降7.7%；利润总额10.1亿元，主业利润−2.1亿元；归属母公司净利润2.4亿元，同比上升219%。净资产收益率1.8%，同比提高1.2个百分点。

一、统筹抓好疫情防控和经营发展，努力克服疫情影响

有力组织新冠肺炎疫情防控和复工复产。第一时间建立覆盖全系统的防控工作机制，落实各项防疫措施，确保疫情防控处于稳定受控状态。有序推进企业复工复产，多措并举提高复工复产达产率。通过提升复工复产效率、线上线下维持和拓展市场客户、内部挖潜降本节支、积极寻找疫情后新商机、在落实房屋租金减免政策的同时争取政策支持等举措，努力将疫情影响降低到最小程度。系统企业积极响应国家号召，从抗疫物资生产配套、远程医疗服务、“随申码”开发运维、城市运维保障、抗疫物资和资金捐助等方面为打赢疫情防控攻坚战贡献力量。

二、着力抓好重点产业布局和重点业务发展，提升行业影响力

积极布局人工智能产业。发起成立上海市人工智能行业协会并当选为会长单位，参与发起长三角人工智能发展联盟；争取本市人工智能研发与转化功能型平台建设项目；上海仪电人工智能创新院与微软签署合作运营协议；开展人工智能高阶人才在线培训；发布人工智能实训平台；与国泰君安、证通股份开展“AI+金融”合作。

加快提升云服务、大数据运营服务能力。积极参与市、区两级“一网通办”“一网统管”项目建设，中标市大数据中心新三年数据运营服务项目、市电子政务灾备项目；智慧

电梯应用场景在“一网统管”平台上线。中标并实施闵行区、虹口区、嘉定区、崇明区等区级城运中心、大数据平台、“一网统管”等项目。松江大数据中心开工建设。“仪电云”获ITSS云计算服务能力二级认证和三项可信云认证。

积极参与城市数字治理顶层设计和标准制定。担任市数标委“数据运营”工作组组长单位，主导编制《数据运营技术规范》通过审核；中标《上海市电子政务灾难备份管理研究》重大课题；助力浦东新区在国内率先发布《政务区块链建设规范》；主导编制首份智慧城市领域国际标准提案《智慧城市水务系统》通过国际投票正式立项。

持续拓展智慧城市业务。主动拜访大客户，与崇明区政府、市体育局、上海电信等签署战略合作协议和工作备忘录。持续拓展并实施一批智慧城市重大项目。圆满完成第三届进博会18项重点保障任务。与苏州、南通、嘉兴、昆山、海安等地政府加强多个领域合作沟通。

三、推进支撑主业稳步发展，重点项目取得突破

商务不动产板块抢抓重点项目开发进度，“鑫侨高”项目完成一期住宅认筹；“馨伴寓”项目完成项目运营方案；众欣产业园开工建设，实现园区管理和服务对外输出的落地；完成西岸华鑫金融中心建设；启动武夷路地块改造项目；完成华鑫科技园整体改造和运营管理系统升级。

金融服务板块股基交易量、代理买卖证券业务、息费收入等排名均创历史新高。华鑫证券取得券商A类评级，荣获证券公司金融科技“金牛奖”，两家营业部跻身国内百强龙虎榜营业部前十位；完成摩根华鑫证券2%股权转让，获得证券承销、债券自营、基金托管业务牌照；金融科技产品加速迭代和拓展商用范围。

四、完成飞乐音响重大资产重组，上市公司解困取得关键性进展

飞乐音响完成重大资产重组。完成北京申安100%股权、华鑫股份6.63%股权的置出，汽车电子、自仪院、智能电子等3家公司100%股权置入，并非公开发行股份募集配套资金。飞乐音响严重经营危机得到缓解。

有序推进北京申安业务重整。成立北京申安业务重整工作领导小组，组织工作专班，全面梳理现状，及时缓解矛盾，从项目回款、案件诉讼、资产保全、海外企业处置等方面持续推进相关工作，取得明显成效。

五、积极推进深化改革，加快解决历史遗留问题

云赛智联完成国企改革“双百行动”试点阶段性任务。有序推进与自仪院联合重组；修订绩效考核方案，优化薪酬激励分类管理。完成调整工作计划和长鑫房地产公司、检测技术所改制。突破性解决一批历史遗留问题，“僵尸企业”清理处置完成国资委下达的目标要求。

六、加强科技创新和人才队伍建设，培育核心能力

加强科技创新工作。核心业务板块科技投入率达到4%以上；申请知识产权308件，其中发明专利114件；系统企业被认定可享受加计扣除税收政策额度4.3亿元；完成《“十四五”创新专题研究》编制；开展疫情防控创新项目研发；系统企业主持或参与制定／修订的40多项技术标准颁布实施；举办“科技月”系列活动，召开第八届科技工作大会，选聘新一届专家委员会和技术委员会。

加强人才队伍建设。完成“智云计划”“智翔计划”、青年导航班等专项培训项目；举办“AI转型赋能班”和人工智能高级研修班；推动干部挂职锻炼18人。陈正伟、方逸洲分别获上海智慧城市建设“领军先锋”和“智慧工匠”荣誉称号。

七、完善运营管理和内控体系，积极防控重大风险

加强运营管理。持续跟踪预算和业务计划执行情况，加强运营质量分析；整合融资渠道，调整融资结构，降低财务费用；推进产品规划实施；持续开展运营效率提升活动；完善项目管理制度。

推进信息化建设。制订实施《工业互联网创新发展促企业数字化转型三年行动方案》；增强信息化基础设施能力，扩大集团专网覆盖范围；统筹推进信息系统项目建设。加强网络安全管理，建成网络安全态势感知平台，启动数据中心同城异地灾备中心建设。

加强内控体系建设和审计整改。完成40多项制度修订和8项制度制定；配合市审计局完成任期经济责任审计工作；加大审计整改工作力度，上线审计整改管理系统；完成139个审计项目，提出各类建议413条。推进合规管理和风险防控。制订发布合规管理体系实施方案和《合规管理办法（试行）》；建立合规工作网络；开展合规理论及制度宣贯培训。动态排查重大风险事项，推进重大经营风险防范和处置化解。

八、系统组织“十四五”规划编制，谋划后续发展

在全面总结“十三五”规划实施、梳理业务现状和资源条件的基础上，将仪电未来发展与服务国家战略、上海发展大局相融合，组织编制“十四五”规划以及科技创新、人力资源、信息化、品牌、重点产业业务战略等专项规划，初步完成市国资委《人工智能产业发展专题研究报告》编制。

**【2021年发展趋势】**

2021年，上海仪电以习近平新时代中国特色社会主义思想和中共十九大、十九届历次全会精神为指导，认真学习贯彻习近平总书记考察上海重要讲话和在浦东开发开放30周年庆祝大会上重要讲话精神，在主动服务国家和本市重大发展战略中积极作为，着力推进“稳增长、提质量，育先机、开新局，抓改革、破瓶颈，排隐患、防风险”等重点举措，锻长板、补短板、强内功，在聚焦发展主业、提升核心能力

方面争取新突破，以实现“十四五”良好开局庆祝建党100周年。

全年工作突出8个方面重点：一、努力稳增长提质量，夯实高质量发展基础水平；二、加快培育新产业新业务，拓展高质量发展增长空间；三、加大科技创新力度，提升高质量发展核心能力；四、推进资源整合聚焦，优化高质量发展资源配置；五、加强人才队伍建设，提供高质量发展智力支撑；六、深化体制机制改革，激发高质量发展动力活力；七、加强企业经营管理，提升高质量发展管理水平；八、积极排隐患防风险，确保高质量发展稳步健康。

（陈 栋）

# 申能（集团）有限公司

**【概况】**

申能创建于1987年，1996年成立集团公司，注册资本200亿元，是上海市国资委出资监管的国有独资有限责任公司。创立30余年来，申能始终将保障上海能源安全和国资保值增值作为核心使命，秉持“锐意开拓、稳健运作”的经营理念，逐步发展成为一家涉足电力、燃气、金融、线缆、能源服务与贸易等领域的综合性能源企业集团。截至2020年底，公司系统全资和控股管理企业逾100家，员工近1.7万人，其中二级企业15家，包括申能股份（600642.SH）、上海燃气、东方证券（600958.SH、03958.HK）、上海电缆所等。

2020年，面对严峻复杂的外部环境、艰巨繁重的改革发展任务特别是新冠疫情的冲击，公司坚决贯彻落实中共上海市委、市政府和市国资委的决策部署，坚持稳中求进工作总基调，围绕中心、服务大局，坚持“两手抓”“两不误”，业绩指标再创新高、重大项目顺利投产、新兴业务加快布局、重点改革取得突破、管理协同不断提升，各项工作取得了新进展、新成效，圆满完成集团“十三五”规划目标，公司实力和规模迈上一个新台阶。截至2020年底，公司总资产2099亿元，归属母公司所有者权益1059亿元，当年实现营业收入447亿元，归母净利润58.2亿元，连续19年名列中国企业500强。

**【2020年经济工作情况】**

一、主要指标

申能集团坚决贯彻落实市委市政府和市国资委的决策部署，围绕中心、服务大局，坚持“两手抓”“两不误”，各项工作取得新进展、新成效。奉献清洁电力，引领行业发展。截至2020年底，公司累计建成控股装机1263万千瓦，全年控股发电量达到393.6亿千瓦时。公司大力发展新能源产业，至年末，风电、光伏控股项目达到42个，新能源装机超过215万千瓦，比“十二五”末增长7.5倍。节能减排行业领先，控股电厂标准供电煤耗280.9克／千瓦时，比全国平均低24克／千瓦时以上。优化产供储销体系建设，加快天然气全产业链拓展。公司构建生产采购、管网配输、销售供应为一体的完整的天然气产业链，天然气经营规模达到91.5亿立方米，占上海市场份额的95%以上，拥有天然气用户639万户。坚持金融服务实体，深入推进产融协同。证券优势业务保持行业领先。东证资管业务净收入行业排名第一，获近3年、5年权益类基金业绩双冠军，汇添富基金管理规模超过1万亿元，公募非货币理财规模4898亿元，排名全行业第二。打造能源“双创”升级版，加快企业创新转型。公司打造“产学研用”创新联合体。高温超导电缆示范工程加快推进；5G光电混合线缆缆材料等一批新产品投入市场、反响良好，电缆检测业务影响力不断提升，年业务受理量超过1.2万项。新兴业务加快培育。围绕“大虹桥，大浦东”布局，积极开展分布式供能业务，累计区域供能面积近400万平方米。

二、改革发展

申能集团狠抓任务落地，持续推进改革像纵深发展。上海燃气“三化”改革取得突破。10月27日，上海燃气与港华燃气在沪港两地同步举行合资合作“云签约”仪式，上海燃气通过“混改”增资的方式引入港华燃气，港华燃气持有上海燃气25%股权。双方未来将按照对等投资原则，推进“交叉持股、双向进入”，进一步深化战略合作。东方证券实施员工持股。积极把握本市员工持股试点扩大机遇，制订《东方证券H股员工持股计划》，实施后员工参与踊跃，认购参与率达到63%，市场整体反应良好。国际超导公司“引战”稳步落实。通过联交所公开增资方式，成功引入民营奥盛集团成为战略投资者，2家地方国企和科研团队持股公司一起完成摘牌，通过嫁接民营资本，完善了市场化机制，加快了超导技术应用推广。凯波电缆料公司、国缆检测公司启动上市计划。围绕上市发展目标，电缆所下属凯波电缆料公司、国缆检测公司先后完成股份制改造，启动上市辅导程序。公司主业目录完成优化调整。经市改革领导小组审定，金融企业投资管理成为公司核心业务之一。经市国资委批准，集团注册资本调增至200亿元，为公司加快改革发展、做优主业奠定基础。

三、项目建设

“135”国家示范项目完成厂用电受电、锅炉水压试验等重要工程节点，成功实现机组并网。新能源建设克服疫情受阻影响，38个新能源项目先后完成收购和投运，新增新能源装机117万千瓦。公司天然气基础设施加快建设。洋山LNG储罐扩建工程正式投产，公司储存能力从81.5万方提升至121.5万方，有效提高天然气应急保供和调峰能力。第二LNG站线项目前期工作取得实质性进展，项目纳入“2021年国家发改委互联互通重大项目清单”和沪浙两地“十四五”规划。崇明岛—长兴岛—五号沟工程和五号沟LNG站—临港首站工程项目得到推进。“柯坪南”勘探开发稳步推进；东海平湖油气田项目完成新三维地震准备工作。

四、科技创新

电缆所科研实力不断巩固，全年获得专利授权9项，科研项目立项13项。超导电缆示范工程稳步推进，首根国产化公里级超导电缆完成试制和生产，启动敷设；积累形成工程关键数据和工艺文件，填补国内空白。电力技术加快创新应用。新能源“风光储信息系统”获全国智慧企业建设最佳实践案例，系统已完成17个场站接入，实现生产管理、数据分析、安全运行的实时监控。“亚临界机组高效化改造”成为国际能源署清洁煤中心（IEACCC）唯一“知识伙伴”，徐州节能改造项目获美国*POWER*杂志“顶级电站”奖。智慧燃气应用持续推广。无线智能表应用推广全年超过80万台，居民用户智能表覆盖率达82.7%。管网智能监测、应急指挥和处置系统不断完善。金融科技加快创新赋能。东方证券系统自主研发比例提升至60%，建立行业首个基于区块链的债权发行平台。财务公司完成新一代核心系统功能升级，支付结算功能进一步提升，新安全硬件和安全策略部署上线。

五、文化建设

公司深化精神文明创建活动，在市文明办和市国资委文明办的指导下，组织集团系统19家单位创建第20届上海市文明单位。有序推进工会工作，弘扬劳模工匠精神，多个集体和个人被评为上海市劳动模范、上海市模范集体上海工匠和全国“安康杯”竞赛优胜单位等荣誉称号。扩大帮困覆盖面，年内集团层面拨付帮困金58.05万元，帮困职工182人次。公司品牌形象进一步提升。申能集团总部和系统企业品牌焕新落地实施，“赋能更多可能”的品牌理念逐步深入人心。推进系统共青团建设。动员系统广大团青争当战疫保供生力军，组建28支疫情防控青年突击队，400余名青年党、团员奋战在集团战疫前线。抓实“青字号”创建，系统团组织获上海市五四红旗团委等称号。

六、社会责任

公司圆满完成疫情期间安全保供任务。新冠疫情发生后，电力、燃气生产运营一线压力空前，洋山LNG频现严重“胀库”预警，本市能源安全供应风险陡增，面对严峻形势，公司全面升级防控登记，确保全市电、气安全供应和服务稳定，实现了“零疫情、稳供应、保民生”的防疫保供目标。公司积极贯彻落实市府“28条”，及时出台“气七条”，两次阶段性下调非居民气价，降低客户用气成本约6.5亿元。落实减免中小企业房屋租金要求，共计减免3344万元。在防控疫情的特殊战斗中，为保障经济社会平稳运行，保障百姓群众正常生产生活作出积极贡献。公司积极开展“百企帮百村”精准扶贫工作，通过民生帮扶、产业帮扶、特色帮扶，助力云南富宁打赢脱贫攻坚战。2020年，公司共计投入扶贫金额超600万元，完成富宁县当地道路硬化近10千米，安排30余名富宁县干部人才赴沪进行培训，并与富宁县签署了2021年和2022年的结对帮扶协议。

七、党建工作

申能集团认真落实中央和市委要求，广泛开展“四史”学习教育，学习教育期间，基层党支部组织专题学习270次，开展主题党日活动946次，做到了全覆盖、不遗漏。组织召开集团第二次党代会，选举产生了集团新一届党委和纪委班子。认真落实市委巡视整改任务，形成并落实40项整改内容、逾百条整改措施，做到件件有落实、事事有回音。开展巡察工作和党建责任制考核。将巡察工作列为年度重点工作以及全面从严治党工作的重要任务，研究制定集团巡察制度。首次对集团全部13家直属企业党组织开展党建考核、纪检评估及全面从严治党专项检查，实现直属企业党建考核全覆盖。加大干部选拔任用工作力度。全年共调整充实了集团总部中层管理人员和直属企业领导班子39人次。做好防疫抗疫和复工复产工作，270余家系统党组织、3181名党员、65支党员突击队奋战一线，确保疫情防控与能源安全保供。强化宣传和意识形态工作，由党委分管副书记牵头，组织开展集团宣传工作调研，形成宣传工作调研报告，为完善“大宣传”的组织架构打下扎实基础。

八、坚守安全底线

2020年，申能集团圆满完成电气安全保供任务。新冠疫情突发后，实现了“零疫情、稳供应、保民生”的防疫保供目标。安全管理和隐患治理夯实强化。居民住宅老旧立管改造10.68万户，地下老旧管网改造105千米，提前完成“市府实事项目”和“城市精细化管理”年度目标。发电企业严格落实防范非停措施，机组故障跳机同比减少1次。切实防范化解突出风险和安全隐患，重大工程建设、洋山LNG接收站等多处高风险源整体安全受控。安全生产标准化体系启动建设，形成了建设目标和实施方案。网络安全防护到位，公司严格落实《网络安全法》和行业监管要求，不断提升防范水平，电力、燃气和金融等重要领域关键信息基础设施运行稳定，网络安全态势平稳可控。

【2021 年发展趋势】

“十四五”期间，申能集团将按照“一二三四”的总体战略，不断加快高质量发展。围绕一个愿景：申能集团将坚持“锐意开拓，稳健运作”的经营理念，按照“产融并举、多元创新、协同共赢”的发展路径，深入构筑战略新优势，深耕上海，融入长三角一体化发展大局，加快全国布局和国际化拓展，努力将公司打造成立足上海、面向全国、具有国际竞争力的综合性能源企业集团。践行两项使命：申能集团将“引领价值创造，赋能美好生活”作为企业的发展使命。打造三个定位：低碳发展的领跑者、美好生活的保障者、人本理念的践行者。提升四个能级：提升产业发展能级、提升安全保障能级、提升企业创新能级、提升党建引领能级。

2021 年，公司将深入贯彻习近平总书记考察上海重要讲话和在浦东开发开放 30 周年庆祝大会上重要讲话精神，全面落实中央、市委和市国资委工作要求，紧紧抓住和用好重要战略机遇期，主动服务和融入新发展格局，齐心协力、锐意开拓，加快将公司打造成为立足上海、面向全国、具有国际竞争力的综合性能源产业集团，实现“十四五”发展良好开局，争取高质量发展新进展，以优异成绩迎接建党 100 周年。

经营工作要点：着力增强电气安全保供能力、着力加快电力绿色高效发展、着力提升燃气大产业链能级、着力做强做优金融产业、着力打造战略新兴产业新增长极、着力加大科技创新助推高质量发展、着力深化改革和体制机制创新、着力提升管理支撑“十四五”发展。

（吴子涵）

# 上海航天局

【概况】

上海航天局，又称上海航天技术研究院，是中国航天科技集团有限公司（以下简称集团公司）三大总体院之一，创建于 1961 年 8 月。经过 60 年的发展，已成为航天系统唯一的弹箭星船器多领域并举、军民协同发展的国防科技工业骨干企业。

上海航天局主要承担防空导弹、运载火箭、应用卫星、空间科学探索与应用等领域产品研制生产任务。此外，通过坚持军民协同发展，形成以航天技术应用产业和航天服务业为主的民用产业发展格局。上海航天局拥有主要从事军工产品研制生产的 12 家单位和主要发展航天技术应用及服务业的 8 家企业，其中包括我国第一家以航天命名的上市公司——上海航天汽车机电股份有限公司（股票代码：600151），并形成汽车热系统全球化发展布局。2020 年年末，上海航天局有从业人员 20081 人。

面对突如其来的新冠肺炎疫情，上海航天坚决贯彻落实党中央、集团公司和上海市的决策部署全力抗击疫情，未发现感染病例，为全国疫情防控和复工复产作出了积极贡献。上海航天坚持科学发展和创新发展，坚持强军首责，坚持融入上海，以“发展航天事业、建设航天强国”和“上海建设具有全球影响力的科技创新中心”为己任，勇担航天强国新使命，勇攀型号任务新高峰，勇拓产业发展新局面，深入推动全面深化改革，加快推动军民协同发展，为国防现代化建设和地方经济发展做出了积极的贡献。

【2020 年经济工作情况】

2020 年，上海航天局全面实现年度经营发展目标，发展质量持续提升，实现营业收入 470.27 亿元，比上年增长 9.16%；实现利润 41.14 亿元，同比增长 33.78%；实现经济增加值 38.1 亿元，同比增长 29.02%；全员劳动生产率 59 万元／人年。实现“十三五”圆满收官。

一、疫情防控得当，率先复工复产

面对严峻的疫情，上海航天局第一时间成立疫情防控领导小组，领导干部率先垂范，各级党组织和广大党员充分发挥战斗堡垒作用和先锋模范作用，组织全体员工迅速返回单位驻地，在集团和上海市率先实现复工复产。开通京津沪专车协调试验队包机，打通疫情期间人员和产品运输通道，确保型号科研生产的顺利进行。在全局干部职工的共同努力下，累计确诊病例、疑似病例、无症状感染者均为零。同时，积极响应中央号召，对外减免租金近 2000 万元，个人自发捐赠近 150 万元，为全国和上海地区疫情防控和复工复产作出积极贡献。

二、圆满完成宇航发射任务

上海航天局圆满完成以发射嫦娥五号探测器为代表的 17 次发射任务，发射次数再创新高。创造 23 天内实施 4 次发射的高强密度发射纪录。

1 月 15 日，长征二号丁运载火箭成功将“吉林一号”宽幅 01 星送入预定轨道。任务还搭载发射阿根廷 Satellogic 公司的两颗 NewSat 卫星及上海埃依斯航天科技有限公司的天启星座 05 星。此次发射是上海航天抓总研制的长征系列运载火箭的第 113 次发射，也是长征系列运载火箭的第 325 次发射。

2 月 20 日，长征二号丁运载火箭以一箭四星的方式成功将四颗新技术试验卫星送入预定轨道。本次发射是上海航天抓总研制的长征系列运载火箭的第 114 次发射，也是长征系列运载火箭的第 326 次发射。

5 月 5 日，长征五号 B 运载火箭成功将新一代载人飞船试验船等载荷的组合体送入预定轨道，其中火箭助推模块、试验船能源管理系统、试验船信息管理功能测控子系统及飞船太阳帆板等由上海航天局研制。此次发射是长征系列运载火箭的第 331 次发射。

5 月 31 日，长征二号丁运载火箭成功将高分九号 02 星、和德四号卫星送入预定轨道。此次发射是上海航天抓总研制的长征系列运载火箭的第 115 次发射，也是长征系列运载火箭的第 333 次发射。

6 月 17 日，长征二号丁运载火箭成功将高分九号 03 星、皮星三号 A 星及和德五号卫星送入预定轨道。此次发射是上海航天抓总研制的长征系列运载火箭的第 116 次发射，也是长征系列运载火箭的第 335 次发射。

7 月 3 日，长征四号乙运载火箭成功将高分辨率多模综合成像卫星送入预定轨道，任务搭载发射了“西柏坡”科普卫星及“八一 02 星”。此次发射是上海航天抓总研制的长征系列运载火箭的第 117 次发射，也是我国长征系列运载火箭的第 337 次发射。

7 月 5 日，长征二号丁运载火箭成功将试验六号 02 星送入预定轨道。此次发射是上海航天抓总研制的长征系列运载火箭的第 118 次发射，也是长征系列运载火箭的第 338 次发射。

7 月 23 日，长征五号运载火箭成功发射“天问一号”火星探测器。其中火箭的 4 个助推器、探测器中的火星环绕器由上海航天局抓总研制。此次发射是长征系列运载火箭的第 340 次发射。

7 月 25 日，长征四号乙运载火箭成功将资源三号 03 星送入预定轨道，并搭载发射了龙虾眼 X 射线探测卫星、天启星座一零星。此次发射是上海航天抓总研制的长征系列运载火箭的第 119 次发射，也是长征系列运载火箭的第 341 次发射。

8 月 6 日，长征二号丁运载火箭成功将高分九号 04 星送入预定轨道，任务搭载发射了清华科学卫星。此次发射是上海航天抓总研制的长征系列运载火箭的第 120 次发射，也是长征系列运载火箭的第 342 次发射。

8 月 23 日，长征二号丁运载火箭成功将高分九号 05 星及两颗搭载星送入预定轨道。此次发射是上海航天抓总研制的长征系列运载火箭的第 121 次发射，也是长征系列运载火箭的第 343 次发射。

9 月 7 日，长征四号乙运载火箭成功将高分十一 02 星送入预定轨道。此次发射是上海航天抓总研制的长征系列运载火箭的第 122 次发射，也是长征系列运载火箭的第 345 次发射。

9 月 21 日，长征四号乙运载火箭成功将海洋二号 03 星送入预定轨道。此次发射是上海航天抓总研制的长征系列运载火箭的第 123 次发射，也是长征系列运载火箭的第 347 次发射。

9 月 27 日，长征四号乙运载火箭成功将海环境减灾二号 A、B 星送入预定轨道。此次发射是上海航天抓总研制的长征系列运载火箭的第 124 次发射，也是长征系列运载火箭的第 348 次发射。

11 月 6 日，长征六号运载火箭成功将 10 颗阿根廷 NewSat 卫星、天雁 05 星、北航空事卫星一号、“太原号”科普卫星共 13 颗卫星送入预定轨道。此次发射是我国新一代运载火箭首次整箭级承担国际商业卫星发射任务，是上海航天抓总研制的长征系列运载火箭的第 125 次发射，也是长征系列运载火箭的第 351 次发射。

11 月 24 日，长征五号运载火箭成功将嫦娥五号探测器送入预定轨道。上海航天局承担长征五号助推器和嫦娥五号轨道器的研制任务。此次发射是我国长征系列运载火箭的第 353 次发射。嫦娥五号探测器连续实现我国航天史上首次月面采样、月面起飞、月球轨道交会对接、带样返回等多个重大突破。

12 月 27 日，长征四号丙运载火箭成功将遥感三十三号卫星和搭载的一颗微纳技术试验卫星送入预定轨道。此次发射是上海航天抓总研制的长征系列运载火箭的第 126 次发射，也是长征系列运载火箭的第 357 次发射。至此，长征系列运载火箭“十三五”期间发射任务圆满收官。

三、嫦娥五号首次实现地外天体采样

2020 年 11 月 24 日，长征五号运载火箭成功将嫦娥五号探测器送入预定轨道。在经历地月转移、月面着陆，月球采样、样品转移、月地转移等 11 个工作阶段后，12 月 17 日，嫦娥五号轨道器与返回器成功分离，返回器成功着陆于我国内蒙古四子王旗着陆场，上海航天局抓总研制的轨道器成功完成人类首次月球轨道自动交会对接和样品转移，产品性能稳定，表现出色。标志着中国首次月球样品自动采样返回任务圆满成功；标志着探月工程“绕、落、回”三步走发展规划完美收官，为探月工程及深空探测后续发展奠定坚实基础，具有承前启后、里程碑式的重要意义。

四、“天问一号”火星探测器成功发射

7 月 23 日，中国首次自主火星探测任务探测器“天问一号”成功发射。上海航天局承担本次火星探测任务中的环绕器总体设计与研制工作，不仅攻克火星制动捕获、长期自主管理等关键技术难点，更实现地火间的超远距离测控通信，并将通过环绕探测实现火星全球性、综合性探测，完成火星表面重点地区高精度、高分辨率精细详查。此次火星探测任务不仅对推动中国突破深空探测基础关键技术具有巨大推动作用，同时也使中国实现由月球探测到火星探测的巨大科技跨越，对于进一步推动航天技术发展、带动基础领域、高新领域及前沿领域的科技进步具有深远意义。至 12 月 31 日，火星探测器飞行约 3.9542 亿千米，预计 2021 年 2 月 10 日飞抵火星。

五、航天成果亮相工博会

9月15日，上海航天局携60多件展品亮相第22届中国国际工业博览会，覆盖国之重器至航天技术应用产业转化的最前沿市场产品。商业中型运载火箭获得特别荣誉奖。空间用34%效率砷化镓太阳电池获得产品金奖。星载激光通信获得创新金奖。光学导航敏感器获得产品银奖。上海埃依斯航天科技有限公司可重复回收航天器平台高清成像及传输系统获创新银奖。月面着陆起飞地面集成验证平台获创新奖。工博会上，中国首次自主火星探测任务"天问一号"探测器展品成为媒体和观众关注的焦点。由上海航天局抓总研制的商业中型液体火箭模型首度公开亮相，火箭具有"运载效率高、经济性好、自主智能、测发简捷"等特点，呈现了航天科技的优秀成果。

六、深入推动军民协同发展

依托上海航天创新创业中心（以下简称双创中心），加强航天与市场主体的协同，加强产业与资本的融合，为上海航天局培育平台经济迈出关键一步。构建双创中心"战略、产业、孵化和外部投资"项目差异化管理模式，提升运营效率，推动上海航天空间技术公司快速设立，上海航天局的商业航天发展平台在卫星领域率先落地；推动智能交通雷达、激光装备等一批重点创新产品走向市场，培育形成上海黎明瑞达电子科技公司、上海杭和智能科技有限公司等混合制创新型产业公司。双创中心入驻企业（项目团队）26家，签约入驻率达到95%，成功创建了上海市职工体育示范基地、青年梦创工坊、闵行区科普教育基地、研学教育基地、文创园区、青年中心等资质，提升了园区的品牌度和协同发展能力。

七、创新驱动能力持续提升

上海航天局对标"两个世界一流"（支撑世界一流军队建设、建成世界一流航天企业集团）标准，支撑航天强国建设，持续开展"十四五"发展战略研究和策划，创新基础持续加强。梳理出28项支撑型号发展、40项支撑专业建设的核心技术，明确"十四五"时期技术发展重点。首次设立航天技术应用产业研发专项，重点开展了14项关键技术攻关。全年获省部级以上科技奖励65项，风云四号卫星获国防科技进步特等奖。上海航天局首次获得世界知识产权组织授予的"上海知识产权创新奖"。

八、落实人才兴企战略

上海航天局围绕航天强国建设目标，立足上海人才高地，落实人才兴企战略，持续推动干部队伍年轻化。全年新提拔干部中"80后"占比超过1/3，各单位基本配置"80后"副职。新选拔的型号两总／副总中，"80后"占比超过35%。强化高层次科技人才及后备专家培养，入选国家百千万人才工程、国防科技卓越青年等省部级以上专家24人，入选各级各类专家组专家40人。技能人才队伍建设成果丰硕，装配钳工、加工中心工种分获集团公司竞赛第一、第二名。6家厂所实施了不同形式的中长期激励政策，有效调动了队伍的积极性。

**【2021年发展趋势】**

2021年是"十四五"规划开局之年，站在"两个一百年"的历史交汇点，将迎来建党100周年、建局60周年。面对全年的发展目标和重点任务，上海航天局将树立更加强烈的使命感、责任感、紧迫感，抢抓机遇、深化转型、埋头苦干、狠抓落实，圆满完成全年各项目标任务，为实现"十四五"规划良好开局而努力奋斗，为推动航天强国建设和地方经济发展作出新的更大贡献！

一、主要经济目标

全年实现营业收入475亿元、净利润41.8亿元、全员劳动生产率62万元／人年。

二、十项工作措施

（一）强化科研生产管理；（二）深化落实质量强企战略；（三）深化产业发展模式转型；（四）发挥战略规划引领作用；（五）深入落实创新驱动战略；（六）持续健全核心能力体系；（七）优化国际化发展路径；（八）持续优化队伍管理模式；（九）持续推动依法合规治企；（十）持续推进全面从严治党。

（付晓海）

# 中国商用飞机有限责任公司

**【概况】**

中国商用飞机有限责任公司（以下简称中国商飞公司）是实施国家大型飞机重大专项中大型客机项目的主体，也是统筹干线飞机和支线飞机发展、实现我国民用飞机产业化的主要载体，主要从事民用飞机级相关产品的科研、生产、试验试飞，从事民用飞机销售及服务、租赁和运营等相关业务。

中国商飞公司于2008年5月11日成立，总部设在上海。中国商飞公司由国务院国有资产监督管理委员会、上海国盛（集团）有限公司、中国航空工业集团有限公司、中国铝业集团有限公司、中国宝武钢铁集团有限公司和中国中化股份有限公司出资组建。2018年底，新增股东单位中国建材集团有限公司、中国电子科技集团有限公司、中国国新控股有限责任公司。

中国商飞公司使命是："让中国的大飞机翱翔蓝天"，愿景是:“为客户提供更加安全、经济、舒适、环保的民用飞机”。截至2020年底，中国商飞公司所属单位有上海飞机设计研究院、上海飞机制造有限公司、上海飞机客户服务有限公司、北京民用飞机技术研究中心、中国商飞民用飞机试飞中心、上海航空工业（集团）有限公司、中国商飞营销中心、上海《大飞机》杂志社有限公司、中国商飞美国公司、中国商飞四川分公司、商飞资本有限公司、商飞集团财务有限责任公司、商飞大学（商飞党校)。与俄罗斯联合航空制造集团公司（UAC）合资成立中俄国际商用飞机有限责任公司，作为CR929宽体客机研制主体。设立美国办事处、欧洲办事处，参股中国航空发动机集团有限公司、成都航空公司、浦银金融租赁公司等。截至2020年底，中国商飞公司从业人员15774人。

**【2020年经济工作情况】**

2020年，中国商飞公司推进落实国企改革三年行动，持续提升公司治理能力和水平。型号研制取得重要进展，ARJ21飞机竞争能力不断提升，持续改进产品，研发高原构型，加快系列发展；C919飞机进入审定试飞阶段，狠攻技术难关，扎实推进试验试飞；CR929飞机初步设计稳步推进，深化产品设计，开展供应商选择，推进复材攻关，夯实对俄合作，推进首件开工。生产交付提质提速，ARJ21飞机再创纪录，C919飞机首批投产。市场开拓步伐不断加快，ARJ21飞机与专注支线运营的华夏航签署订单，全年新增国航、东航、南航、江西航、华夏航等用户，C919飞机完成首次公开飞行展示。

2020年中国商飞重大事件：

ARJ21飞机获2019年度国家科学技术进步奖一等奖。1月10日，国家科学技术奖励大会在北京隆重召开，国产喷气支线客机ARJ21获2019年度国家科学技术进步奖一等奖。这是ARJ21飞机项目迄今为止荣获的最高奖项。

江西航空接收首架ARJ21飞机。1月19日，江西航空有限公司在南昌瑶湖机场接收首架ARJ21飞机。江西航空接收此架飞机，标志着ARJ21飞机正式加入江西航空机队。江西航空首批计划引进5架ARJ21飞机，以井冈山、赣州、南昌等机场为运营基地，干支结合，联通全国。

浦东生产线第一架ARJ21飞机进行首次生产试飞。3月6日，浦东生产线第一架ARJ21飞机132架机在浦东机场完成首次生产试飞，标志着ARJ21飞机第二条生产线——浦东生产线从部装到总装再到生产试飞的各环节已完全打通。浦东生产线自2019年开始逐步投入使用，采用以工位制为基础的“节拍化精益生产”模式，包括部装、总装、喷漆等生产环节。

江西航空首架ARJ21飞机“井冈山”号正式投入运营。5月15日，江西航空首架ARJ21飞机“井冈山”号从中国革命摇篮井冈山启航，经过33分钟的飞行，平稳降落在南昌昌北机场，标志江西航空ARJ21飞机首航圆满完成。随着第三家运营商江西航空的加入，ARJ21飞机将实现以四川成都、内蒙古呼和浩特和江西南昌为主基地的规模化运营。

中国商飞公司正式向三大航交付ARJ21飞机。6月28日，中国商飞公司同时向中航集团、东航集团、南航集团交付ARJ21飞机，标志着ARJ21飞机正式入编国际主流航空公司机队，全面接受全球行业最高水平、最严要求的检验。

国航ARJ21飞机完成首航。7月10日，中国国际航空公司全新引进的ARJ21飞机执飞的CA1109航班，从北京首都国际机场飞抵锡林浩特机场，成功完成首航任务，正式投入航线运营。国航ARJ21飞机采用90座全经济舱，共18排座椅“左二右三”座位布局，座椅选用国产最新的超薄型座椅，外观简洁，乘坐舒适，间距、后仰、宽度与国航现有单通道客机配置水平相当。

ARJ21飞机载客逾100万人次。7月20日，成都航空“中国梦”涂装的EU6674航班客机从上饶三清山机场起飞，至成都双流机场降落，ARJ21飞机运送旅客突破100万人次。这是ARJ21飞机投入航线运行以来的一个重要里程碑，标志着飞机安全性、舒适性初步得到航空公司和旅客认可，为后续规模化、产业化发展奠定坚实基础。

中国商飞公司参加2020年南昌飞行大会。10月31日—11月1日，在南昌飞行大会上，江西航空“宜春”号ARJ21飞机进行现场展示，C919飞机首次亮相行业活动并进行飞行表演。

华夏航空接收首架ARJ21飞机。11月10日，华夏航空与中国商飞100架国产民机签约发布暨第一架ARJ21飞机交接活动在重庆举行。标志着ARJ21飞机正式入列中国长期专注支线运营的华夏航空机队，国产商用飞机运营客户数量增至7家，未来将进一步丰富我国支线航空网络，助力民航业大众化发展。

华夏航空首架ARJ21飞机首航。11月27日，一架名为“华夏通程号”的ARJ21飞机从重庆江北国际机场起飞，于上午10时10分平稳降落延安，标志着华夏航空首架ARJ21飞机首航成功，正式投入商业运营。华夏航空首架ARJ21飞机首航目的地选择延安，旨在传承红色精神。

C919飞机进入局方审定试飞阶段。11月27日，C919飞机型号检查核准书评审会在江西南昌召开。中国民航上海航空器适航审定中心签发C919项目首个型号检查核准书（TIA)。这意味着C919飞机构型基本到位，飞机结构基本得到验证，各系统的需求确认和验证的成熟度能够确保审定试飞安全有效；同时也标志着C919飞机正式进入局方审定试飞阶段。

一二三航空ARJ21飞机首航。12月28日，一二三航空有限公司引进的首架ARJ21飞机执行MU5159航班，以超过90%的高客座率正式开启首航之旅。本次航班于14时25分从上海虹桥国际机场起飞，飞往北京首都国际机场，一二三航空迈出市场化运营国产飞机的标志性一步。

【2021 年发展趋势】

2021 年重点工作：

一、推进型号研制发展，推进 ARJ21 飞机设计优化和系列化发展、C919 飞机试飞取证和 CR929 飞机研制。

二、守牢质量安全底线，持续完善体系，严格安全管理，强化质量管理。

三、不断扩大产业规模，全力开拓市场，持续批量生产，做好运营支持，带动产业发展。

四、强化战略科技力量，规划科技发展，开展预先研究，加固技术基础，深化合作机制。

五、推进全面深化改革，加强战略管理，推进管理变革，做好信息化建设，加快数字化转型。

六、不断提升自身能力，推进八大过程建设，推进责任体系建设，推进标准规范建设。

七、做好基础管理工作，推进党建业务融合，提升行政办公效率，加强财务管理，加强人力管理，全面依法治企，做好审计监督，建设廉洁商飞。

（邬家鹏）

# 上海烟草集团有限责任公司

【概况】

上海烟草集团有限责任公司是一家以卷烟工业为主的多元化、集约化、现代化的大型国有企业。2020 年，公司实现税利 1131.02 亿元，比上年增长 0.53%；实现利润 260.03 亿元，同比下降 9.34%。公司被上海市企业联合会、企业家协会、经济团体联合会评为 2020 年度“上海企业 100 强”第 18 位。公司拥有一流水准的卷烟工业企业以及烟草储运、印刷、机械、材料等配套工业企业，并涉足商业、物流产业以及宾馆酒店、金融保险等行业。2003 年和 2004 年，公司先后与北京卷烟厂和天津卷烟厂实现战略性联合重组。公司出品的主要卷烟品牌有熊猫、中华、红双喜、中南海、牡丹、凤凰、大前门、孟菲斯、江山、恒大等。多年来，以“中华”卷烟为代表的集团名优品牌以其高知名度和高品质赢得全国卷烟消费市场的推崇，并始终保持畅销不衰。

【2020 年经济工作情况】

一、坚持发挥党建引领作用，持续深化全面从严治党

不断加强党的领导，落实全面从严治党主体责任。修订完善集团党组和各级党组织工作规则，严格执行党内各项制度规定，把党的领导贯穿生产经营全过程；制定“四责协同”机制责任清单，构建三级联动考核体系，压紧压实各级党组织管党治党主体责任；引导广大党员深化对党的十九届五中全会精神的领会把握，深入开展“四史”学习教育和政绩观专题教育，巩固深化“不忘初心、牢记使命”主题教育成果；持续运用“达标创优”验收定级、“特色主题党日”和“特色主题实践活动”评选、优秀党支部工作法等工作载体，努力实现党支部标准化规范化建设全覆盖，有效推动全面从严治党向基层延伸。

不断深化党风廉政建设，切实加强党员教育管理。完成 3 家基层单位的常规巡察，持续提升巡察监督质量；综合运用“四种形态”加大监督执纪问责力度，扎实做好信访和纪律审查工作；驰而不息纠正“四风”，不断巩固贯彻中央八项规定精神成果；编制集团及下属单位《廉政风险防控手册》，推动廉政风险防控运行机制有效落地；广泛深入开展廉政警示教育，加大党员管理教育监督力度，增强党员干部纪律规矩意识。

二、统筹抓好两大任务，实现经济运行稳中向好

疫情防控成效显著。始终把职工生命安全和身体健康放在首位，牢固树立“疫情就是命令，防控就是责任”的信念意识，充分发挥基层党组织战斗堡垒作用和共产党员先锋模范作用，着力强化集团本级和各基层单位的防控责任，严格落实“联防联控、群防群治”机制和疫情常态化防控各项措施，及时完善疫情防控应急预案，确保各类防疫制度、后勤保障方案、防疫物资准备工作落实到位。在集团全体干部职工的共同努力下，全年未发生确诊和疑似病例。

生产经营平稳有序。坚持“稳中求进”工作总基调和“总量控制、稍紧平衡，增速合理、贵在持续”十六字方针，坚持全年工作指导思想、预期目标、重点任务“三个不变”，通过持续加强经济运行分析和市场监测、不断优化组织协调和集中调度、合理调整生产进度和营销策略、切实保障原辅材料供应和物流运输畅通等有力举措，努力将疫情影响降至最低，保持经济运行在合理区间。同时，集团烟草印刷、滤棒、薄片、香精香料等企业，以及宾馆、酒店等多元化企业着力狠抓生产经营，创新开展产品研发，扎实做好客户服务，进一步提升了对集团税利增长的贡献度。2020 年，集团实现工商税利 1131.02 亿元，同比增长 0.53%。完成内销卷烟产量 247.1 万箱，同比增长 0.4%；工业销量 282.97 万箱，同比增长 0.4%；商业销量 281.48 万箱，同比增长 0.3%。集团实现工业单箱销售收入 4.50 万元，同比增长 2.4%；商业单箱销售收入 6.74 万元，同比增长 2.7%。

三、坚定实施品牌战略，赋能重点品牌提质升级

持续提升中华品牌规模效益。2020年，中华品牌实现商业销量138.95万箱，同比增长2.2%；实现批发销售额1547.36亿元，同比增长2.5%，已连续两年保持年批发销售额超过1500亿元。中华新品实现年度销量17.33万箱，同比增加10.36万箱，增长148.6%，占中华品牌商业销量比重12.5%，同比上升7.3个百分点，新旧动能转换进一步加快；其中，中华（金中支）、（双中支）2款产品分别实现商业销量2.21万箱、12.22万箱，中支引领作用日益凸显。中华（金细支）、（细支）2款新品成功上市，全面实现中华品牌在高端细支品类的新布局。

持续加快中端品牌升级优化。完成红双喜（硬）、红双喜（硬江山精品）、中南海（金8mg）、中南海（5mg细支）及牡丹（软）等产品的提价工作，实现红双喜、牡丹、中南海品牌的整体结构提升。推出牡丹（飞马）、牡丹（蓝中支）2款新品，形成牡丹品牌全品类发展的新定位。2020年，红双喜、牡丹、中南海品牌分别实现商业销量63.06万箱、30.07万箱、27.14万箱，有力支撑集团品牌整体发展。公司持续推进新型烟草研发销售。以市场需求和消费体验为导向，开发加热卷烟、口含烟等产品、器具12款。实现金鹿（魔都）口含烟在境内免税市场的上市销售，以及加热卷烟“HOO”在印尼免税市场的落地试销。

四、持续深化改革创新，增强集团发展动力活力

不断完善技术创新体系。紧紧围绕“制造一支烟”，推动“1+5+1”协同创新体系再升级。顺利实现5家研究室联合入驻浦东园区，技术创新主体的融合度进一步增强；坚持以市场为导向，紧紧围绕集团品牌发展战略，着力强化产品研发和升级维护，完成6款新品研发上市和一批概念储备产品的研发；完成2种香原料替代品的开发，形成产品数字化设计平台和卷烟包装3D展示平台，烟叶养护、薄片制造、烟用材料应用等领域均取得新的技术成果；着力加强烟草基础研究，1篇论文入选2020年CORESTA大会交流，取得受理专利136件，其中发明专利67件；授权专利75件，其中发明专利22件。

持续优化全产业链生产布局。推进“一厂两点”新模式有效运行，浦东科技创新园区全面达产。科学优化配置京津沪三地卷烟生产力和品牌生产布局，不断提升响应市场能级。紧紧围绕市场反馈，建立产品质量分析改进长效机制，持续推进卷烟产品、烟用材料质量检测和真伪卷烟鉴别等工作，确保产品质量稳定受控。积极推动设备转型升级，持续完善设备管理体系，着力形成自主可替代设备，有效满足生产需求。深化信息技术与生产制造的融合应用，着力打造数字工厂、智慧园区。

扎实推进上海商业改革。探索设置两级营销组织机构，通过星级评定、技能比武等载体持续打造高素质专卖、营销队伍。2020年，上海市实现卷烟商业销量80.83万箱；商业销售额356.81亿元，同比增长5.4%；单箱销售收入4.41万元，同比增长5.0%。

五、着力强化“双基”工作，确保企业管理精益规范

原料保障取得新突破。克服疫情、洪涝等负面影响，优化采购区域和加工点布局，实施高端卷烟原料定制化开发，不断调整优化烟叶库存结构，强化采购和加工环节的精益管控，提升烟叶养护技术水平和供应质量。公司规范管理再上新水平。严格落实“三重一大”集体决策机制，充分发挥董事会及其专门委员会作用；聚焦重点领域健全各类规章制度，分层分批完成430项标准制修订任务；加强重大决策法制审查服务，加大行政执法监督及资格管理，强化法律服务保障，维护集团合法权益，加大法治烟草建设力度；深化“为你想的更多、为你做得更好”服务理念，不断拓展适应常态化疫情防控的后勤管理新方法、新途径；保持海烟糖酒队伍稳定和经营稳定。公司队伍素质得到新提升。2020年共有1人获评“上海工匠”，2人获评上海市劳动模范，2个集体获评上海市模范集体，20人获评“上海烟草工匠”。

财务审计取得新成果。完善“日税利”实时监督机制并向基层延伸；着力增强成本控制力，全年集团降本增效6562万元，完成国家局下达的任务。公司专卖内管取得新成效。深化“放管服”改革，全面落实市政府“一网通办”工作要点，持续优化“互联网＋政务服务”。不断完善“3+3”监管模式，推动专卖内管制度体系长效运行。保持打假打私高压态势，2020年共查处案值5万元以上假烟案件159起，破获国标网络案件20起（其中部督案件8起），查获各类违法卷烟204.9万条，依法拘留31人，追究刑事责任26人。其中，上海奉贤“6·18”部督案为历年来上海在境外查获实物案值最大的涉烟违法案件。

**【2021年发展趋势】**

一、坚持高质量党建引领，凝聚推动集团高质量发展正能量

（一）坚持把党的政治建设摆在首位。深入学习贯彻习近平新时代中国特色社会主义思想和党的十九届五中全会精神，始终同以习近平同志为核心的党中央保持高度一致。（二）持续强化理论武装。扎实开展理论学习中心组学习，充分发挥党组中心组和党员领导干部领学促学作用，巩固深化“不忘初心、牢记使命”主题教育和“四史”学习教育。（三）加强基层组织建设。压紧压实意识形态工作责任，严格落实“三会一课”制度，深化“四责协同＋党员责任区”工作机制和党支部标准化规范化建设。（四）扎实推进国家局党组巡视整改。巩固深化中央巡视整改、政治生态突出问题全面整改成果。（五）深入推进正风肃纪。用好监督执纪“四种形态”，严格规范直属单位纪检监察工作，持续推进第二轮政治巡察。

(六) 持续提升企业文化软实力。突出价值引领，立足岗位实践，传承创新“和搏一流”企业精神，大力弘扬劳模精神、工匠精神、创新精神，激励青年岗位成才、岗位建功。

二、聚焦品牌发展新目标，全面完成经济效益指标

(一) 坚持发展高端品牌。加强新品中华市场培育，推进中华中支系列规模发展、细支系列逐步扩量；实现熊猫（硬经典）扩量销售，做好熊猫新品上市培育。(二) 持续推进中端发力。进一步做大牡丹品牌规模；推动中南海品牌海外拓展。(三) 前瞻布局加热卷烟。进一步加大加热卷烟海外上市培育力度，不断提升市场竞争力。(四) 加强经济运行调控。全面提升经济运行稳定性、协调性、可持续性，高质量完成国家局下达的各项经济效益指标。(五) 充分发挥战略引领作用。切实把行业要求、职工智慧、专家意见、基层经验充分吸收进来，持续推动上海烟草高质量可持续发展。

三、增强三大发展动力，不断提升集团发展能级

(一) 不断增强创新驱动力。围绕“制造一支烟”，积极推进“1+5+1”协同创新体系升级，不断提升各创新主体核心竞争力和对品牌发展的支撑度。把握高端产品创新发展趋势，努力在软硬、细支中华技术维护和熊猫新品研发储备上取得新突破。推进中端产品技术储备，加强牡丹新品研发工作，提升产品综合竞争力。(二) 不断增强营销驱动力。开展品牌诊断和市场分析，深化营销策略研究，推进精准营销升级，协同产品维护改造，不断提升品牌开发和培育实效，以中华品牌创牌 70 周年为契机深入挖掘品牌文化内涵。(三) 不断增强人才驱动力。坚持党管干部原则，把政治要求、政治标准贯穿干部选育管用全链条。健全创新型人才选育留用机制，拓宽高技能人才引进通道，加强关键岗位人才梯队建设和专家型、领军型技术人才培养，创新博士后及高端人才揽蓄途径和渠道。完善技能人才培训机制，充分发挥鉴定、竞赛等平台载体作用，加强各领域技能人才队伍建设。

四、深化四项重点工作，持续提高精益管理水平

(一) 加强生产制造保障。提高数据协同应用能力，持续探索推进智能工厂、数字化车间建设，持续提升生产组织柔性化、质量检测全数化水平。(二) 加快现代商业发展。深化卷烟营销市场化取向改革，优化两级营销组织结构，进一步完善营销一体化流程，实现货源一体化投放，打造需求拉动型商业销售模式。(三) 提高成本管控实效。持续完善成本布局，提升投入产出效率，推动成本管控向产业链基层延伸，协同提升全产业链降本动能。(四) 筑牢专卖监管防线。保持打假打私高压态势，深化与政府多部门协作机制，注重打防结合，深化源头治理，组织全链条全环节精准打击，坚决遏制假烟、走私烟反弹势头。

五、提升“双基”工作水平，夯实高质量发展基础

(一) 补齐基础管理瓶颈短板。坚持“深实细新严”工作作风，把“严”的标准贯穿生产经营全过程。健全完善职责清晰、管理顺畅的制度管理体系，有序开展系统梳理、识别转化、全员培训，提高制度标准执行力。深化精准防控，全面识别采购管理、法律风险等重点领域薄弱环节，构建专卖内管、财务审计、规范管理、组织人事、纪检监察等多部门协调配合机制，增强规范工作整体效能。(二) 强化基层单位主体意识。产业链核心企业进一步增强特色功能定位，在烟标设计和供应保障、特种滤棒研发、“原味薄片”提质应用、香精香料核心技术风险防控等方面着力取得突破；物流企业加强物流运行保障，不断提升物流效率；商业公司持续加强终端建设、市场管理、品牌培育、资产管理和队伍建设。

(张颖盈)

# 中船上海船舶工业有限公司

**【概况】**

中船上海船舶工业有限公司是中国船舶集团有限公司在上海的派驻机构，主要任务是受中国船舶集团有限公司委托，对集团公司在上海及苏、皖地区的企事业单位进行管理、协调、监督、服务，不断加强与地方和其他方面的沟通协调，并协助集团公司开展业务归口管理工作。

中国船舶上海地区一直以来就是中国船舶集团有限公司船舶海洋工程装备制造的主力军。拥有较完整的船舶、海工、船用柴油机设计、制造体系。船舶产品涵盖散货船、油轮、集装箱三大船型各系列，并覆盖各类液货船、气体船、科考船、工程船、特种船等船型，以及自升、半潜式钻井平台、FPSO 等海洋工程产品，近年在豪华邮轮方面亦取得突破。开发生产多种新型绿色节能环保型散货船、超大型万箱级集装箱船、LNG 船、VLGC、高端双相不锈钢化学品船等主力船型，并建成交付新型深远海综合科学考察实习船、极地科学考察破冰船、海监船等特种船，世界造船皇冠上的三颗明珠之一的豪华邮轮也已开工建造。在产业升级上加快海洋工程装备生产设施技术改造，半潜式钻井平台、自升式钻井平台、FPSO、新型钻井船、物探船等海工产品建造相继取得突破。在海洋动力业务方面，船用柴油机产品初步建立起品牌体系，中国船舶上海地区中速机、低速机产量国内市场占有率处于主导地位。

**【2020年经济工作情况】**

2020年，面对百年未遇新冠肺炎疫情、世界经济面临严重衰退的严峻形势，上海船舶制造行业统筹疫情防控和科研经营生产，壮大主业实业，强化创新驱动，整体实力更加突出，经营业绩持续改善。复工复产以来，没有发生一起在岗感染病例和境外输入病例，赢得疫情防控阻击战和科研生产攻坚战的胜利。

上海船舶工业完工船舶62艘，比上年增长11%；造船产量693万吨，同比下降8%；工业总产值549亿元；同比增长7%；销售产值549亿元，同比增长7%；出口交货值292亿元，同比增长21%；柴油机154台，同比下降16%；造船主业合同金额369亿元，同比下降29%；签约新船订单378万吨，同比下降39%。（以上数据不含上海除中国船舶集团外其他船舶企业。）

一、高端产品层出不穷，实现批量交付

江南造船（集团）有限责任公司、沪东中华造船（集团）有限公司齐头并进，共完工交付4艘全球最大2.3万TEU双燃料动力集装箱船，在世界大型集装箱船领域成功实现从跟随到引领的历史性跨越。上海外高桥造船有限公司建造的全球首艘具有自航能力的世界独创Fast4Ward通用型海上浮式生产储油船（FPSO）、沪东中华造船（集团）有限公司建造的全球首创和最大1.86万立方米LNG加注船，以及江南造船（集团）有限责任公司建造的8艘8.4万立方米超大型全冷式液化气船（VLGC）等一批高端产品的成功交付，为产品转型升级、增强市场影响力、打造国际品牌、树立行业新标杆起到推波助澜的作用，也为2020年这一特殊年份增添浓墨重彩的一笔。

二、部分主建船型关键周期持续缩短

上海外高桥造船有限公司21万吨散货船最短关键周期为141天，沪东中华造船（集团）有限公司大型LNG船等主建船型关键周期也较2019年显著缩短。

三、重大工程取得阶段性进展

11月10日，备受关注的中国首制大型邮轮在上海外高桥造船有限公司迎来里程碑节点，转入坞内连续搭载总装新阶段。这标志着中国船舶集团在大型邮轮领域实现从详细设计、生产设计、模块制造到实船总装搭载的重大跨越，也标志着中国船舶工业在摘取“皇冠上最后一颗明珠”的征程上又迈出坚实的一大步。

四、科技创新取得新成果

持续开展三大主力船型升级。紧密跟踪国际规则规范和新技术发展动态，不断向市场推出具有国际竞争力的品牌船型。中国船舶及海洋工程设计研究院开展LNG双燃料船型开发，特别是加强燃料舱舱型对船型的适应性研究，实现主力船型全覆盖。上海船舶研究设计院推进主力船型升级换代工作，大型工程船10万吨级浮船坞和3500吨起重船继续受到俄罗斯市场的青睐；研发的3.5万吨、5万吨和7.6万吨系列内贸散货船和2400TEU、2800TEU和4500TEU的系列内贸集装箱船实现批量接单；并且加强多元产品市场开发，高效适应扭曲舵、扇形导管和节能毂帽等节能产品业务稳定发展，自主开发的装载计算机软件用于三大主力船型，DOSS系统取得了市场实船订单，并已完成交付验收。船海动力业务创新稳步推进。中船动力集团已经拥有国际领先的低速机整机试验验证能力；L23/30柴油机C1/C2认证完成1720小时耐久试验和6次排放测试；年内完成WinGDX92DF、全球首台LGIP机以及12台L23/30DF和L28/32DF等一系列重点新产品。工艺助推转型升级取得新进展。上海船舶工艺研究所助力上海外高桥造船有限公司建设薄板平面分段流水线的应用，实现智能化程度和效率的双提升；上海船舶工艺研究所承接的船厂涂装房VOCs有机废气治理项目，成功开发应用基于催化燃烧的VOCs处理技术，指标参数超过标准要求，大幅降低了企业运行成本；T排智能化生产线、平面分段线智能化改造、全自动预处理线等项目的实施，为船厂绿色智能转型、高质量发展提供有力支撑。

**【2021年发展趋势】**

2021年，中国船舶集团有限公司所属上海地区企业重点做好以下工作：

强力推动船海产业升级优化，强力开拓市场、强化生产管理、强化统筹协调；打造应用产业和船海服务业竞争新优势，深入推进应用产业专业化、规模化发展；着力增强科技自立自强能力，加强关键核心技术攻关，加强先进制造技术研究与应用，加快改革与整合融合，全力推进深化改革三年行动实施方案落实落地；不断强化精细化管理，深入开展对表世界一流管理提升，持续深化管理体系和管理能力建设等。

（张水灿）

# 上海化学工业经济技术开发区

**【概况】**

上海化学工业经济技术开发区是国家级经济技术开发区，位于杭州湾北岸，规划面积29.4平方千米，是以石油化工产品为主的专业开发区，建成以乙烯为龙头的循环经济产业链、以化工新材料为主导的特色产业集群，成为全国集聚知名跨国化工企业最多、主导产业能级高端、安全环保管理严格、循环经济水平领先的化工园区，被列为全国重点建设的七大石化产业基地之一，被评为国家新型工业化产业示范基地、国家生态工业示范园区、全国循环经济先进单位、全国低碳工业园区试点单位，连续数年位列中国化工园区20(30)强。2020年，化工区（包括金山、奉贤分区）共完成工业总产值1122.28亿元，销售收入1229.84亿元；引进项目投资57.57亿元，完成固定资产投资48.13亿元；园区企业实现利润158亿元，上缴税金87.79亿元；万元产值能耗0.386吨标准煤。截至2020年底，化工区累计批准项目总投资306.57亿美元，累计完成固定资产投资1510.02亿元。

**【2020年经济工作情况】**

一、确保落实重点任务，增强高质量发展动力

（一）疫情防控与复工复产两不误。化工区齐心抓实企业主体责任、细心抓实疫情防控措施、精心抓实复工复产方案、用心抓实防控常态机制，在全面落实疫情防控要求的前提下，全力确保各项重点任务实现目标。（二）投资促进与土地工作两手抓。贯彻落实市委关于加强投资促进工作的精神，全力协调工业气体、孚宝港务等配套项目进度衔接，有力确保英威达己二腈项目如期开工，并进入全面建设阶段。对本年度重点招商项目的跟踪、协调和服务，全力确保彤程可降解材料、昭和高纯气体等项目落地并启动建设，推进了西萨化工、三菱瓦斯光学级PC、毕克助剂生产、博耳化学UV油墨、3M、腾阔科技高端胶粘剂等项目落户园区。化工区本区完成招商项目备案50亿元，超额完成年度项目招商目标。（三）做强做精做优提升项目储备。坚持以高端为主攻方向，紧扣“强链、补链、延链”目标，瞄准重大项目和重点领域，做精做优招商引资，提升后续项目储备。坚持以重大项目为龙头，主动出击以商促商，对接已有意向的企业及相关配套项目；坚持以园区企业上下游需求为导向，延长补齐产业链，进一步提升高端化工产品在园区产业中的比重；着眼于长三角一体化发展对石化产业布局的变化与需求，开展化工50强企业长三角布局情况调研，制定有针对性的走访接洽计划，为扩大和提升“十四五”时期项目储备做足准备。（四）聚力推进园区投资促进工作。研究制定化工区“关于落实《加强投资促进工作推进经济高质量发展的若干意见》的工作方案”，从“稳投资、稳运行、稳增长”和“抓招商、抓开工、抓投产”等方面强化服务，协助企业抗疫复产扩能。与金山、奉贤两区加强发展联动，争取相关扶持政策落地，从一体化发展角度开展人才公寓调研等相关工作，不断提升园区营商配套环境。

二、推进高端创新发展，提升高质量发展能级

（一）全面推进科创中心建设。全力推进一期工程建设，朗盛亚太应用开发中心（AADC）大楼、综合能源站完成竣工验收交付，科创中心综合楼及景观绿化等室外总体进入收官阶段，通用厂房等主体建筑完成结构封顶，科创中心展示厅完成布展，F6-1管廊工程及相关市政基础配套项目完成竣工验收。对科创中心公用工程配套方案、智慧运管系统方案、安全环保管理方案等进一步深化完善。（二）探索打造电子化学品专区。12月3日，上海电子化学品专区正式揭牌成立，将以上海化工区为主体，重点发展光刻胶、电子特气和湿电子化学品、基地电子化学品等四大类产品，着力打造电子化学品的研发试验基地、生产基地和物流存储基地。已有12个投资项目签署合作意向。（三）助力建设智慧化工园区。推进化工区智慧决策平台项目，各项建设工作有序开展。智慧决策平台一期项目建设已完成竣工验收；i-SCIP智慧门户项目已完成相关微信小程序开发并正式上线，第二年度政府购买服务已完成招标采购；神工路汇聚机房（土建）项目已启动建设。全年完成39杆通信基站、225杆智慧路灯和1.5千米通信管线建设。年内，“智慧园区产业联盟”新增16家加盟企业，联盟官方网站正式上线运营。

三、筑牢底线，发展基础不断夯实

（一）强化安全风险防范。贯彻落实《关于全面加强危险化学品安全生产工作的意见》等文件精神，制定细化工作措施和分工落实。《重要危险源安全风险评估和防范措施研究报告》通过国家危化专家评审论证，落实国务院安委会《全国安全生产专项整治三年行动计划》，部署重大危险源企业专项检查和化工管线专项整治任务。制定《生产装置及设备检维修作业安全管理措施二十条》，做好指导服务和提前对接。（二）加强隐患排查治理。深入企业开展安全督查和联合大检查，督促指导企业做好年度安全生产、环境保护工作及重大危险源安全管理，制定实施《上海化工区安全生产监督检查程序规定（试行）》《安监处服务园区企业工作制度》和《安

监处监督检查工作制度》。(三)改善生态环境质量。推进金山地区环境综合整治行动，完成6项深度减排任务，每季度开展LDAR治理工作，5项能力建设项目已形成研究成果。开展园区“一厂一方案2.0”污染治理，完成36家重点企业现场核查和评估方案编制。对园区公共区域先后开展25次走航监测，强化重点区域问题的整改。完善园区区域环境监测项目方案，初步建立园区征污染物指纹库、典型装置大气污染物特征谱污染预警与溯源的方法。推进生态湿地建设，完成湿地扩建工程方案编制。园区区域环境空气中挥发性有机物浓度53.1微克／立方米，同比下降18.1%；PM2.5、PM10、硫化氢、氮氧化物浓度同比分别下降3.2%、20%、3.6%、11.9%

四、多措并举，营商环境持续改善

(一)推进“放管服”措施落地。统一开展竣工规划验收、土地核验、档案验收，将3个合格证合并为项目竣工规划资源综合验收合格证。工程规划许可证办理全部电子报建，全部电子签章，制作电子证照。对非审批要素和要件，采取容缺后补，有关审批的有效期延续和申请注销、补证等采用零材料申请。创新使用云端评审、云观现场、云上咨询等新模式，提高建设项目预审、应急预案备案等办理效率。对接建筑许可营商环境3.0版本改革政策，项目审批管理纳入本市建设工程联审共享平台，全流程网上无纸化、零窗口办理，施工许可证缩短至3个工作日。(二)全力落实惠企政策。孚宝、中法水务等公用工程企业延续2019年优惠政策，针对疫情期间实施阶段性让利，为企业降低成本超过1亿元。加大财政资金扶持保障，对产业绿色发展、智慧园区、科技创新与成果转化核定专项扶持资金9523.4万元，带动企业投资4亿元。加强与金山、奉贤工作对接，促进园区企业享受区域政策。积极落实电价和增值税下调政策，园区纳入直供电交易的企业从2019年的19家扩大至35家，并通过双边协商、挂牌交易获得2000万元左右的优惠；天然气价格自10月1日起直供用户销售基准价格下降0.2元／立方米，降至每立方米2.5元，并延长疫情期间的价格优惠，确保减税降费红利落到实处。

**【2021年发展趋势】**

上海化工区以习近平新时代中国特色社会主义思想为指导，以学习贯彻中共十九届五中全会、习近平总书记在浦东开发开放30周年庆祝大会上的重要讲话和中共上海市委十一届十次全会精神为动力，贯彻落实李强书记调研园区时的讲话精神，全面把握新发展阶段、认真贯彻新发展理念、积极融入新发展格局，对标国际最高标准、最好水平，把“5个放在”作为一切工作的基点，巩固拓展疫情防控成果，努力保持经济运行在合理区间，持续提升园区治理现代化水平，确保“十四五”开好局。

全年预期批准项目投资66亿元，销售收入1190亿元，固定资产投资60亿元，缴纳各类税收将同比略增。

一、促进经济持续平稳运行

(一)打好疫情防控持久战。持续抓好口岸入境、重点区域、重要节点的疫情防范，坚持常态化措施，提高全员防范意识，继续压实疫情防控主体责任。关注国内外疫情动态，动态调整各项防疫措施，指导服务企业落实常态化疫情防控和安全风险防范工作要求。(二)走好重点项目关键步。跟进推动英威达己二腈项目，同步推进英威达配套的工业气体空分项目的安评工作及孚宝港务的建设进度。跟踪推进安悦苏伊士环境危废、彤程化学可降解材料、神马尼龙66切片、朴玛等离子危废等重点项目进展，加快推进科思创水性PUD项目等新增招商项目的落地，跟踪巴斯夫、三菱瓦斯等园区重点企业后续投资项目计划。全面推进电子化学品专区建设，打造电子化学品材料领域的产业集群。(三)推进科创中心硬设施。加快推动凯米锐、焕澄、SGS等项目落地，落实璐彩特、罗姆、英威达、中巨芯等潜在客户的落户意向。探索“创新中心科学家数据库”“绿色化工实验室基金”等项目方案，为科创中心建设赋能。争取打造微反应通道等特色科创项目群，第一个中试项目建成投用、引进一家功能性研发平台。(四)落好发展规划新举措。坚持以提升园区发展能级和核心竞争力为主线，制定《上海化工区发展资金政策性扶持项目全过程管理操作办法》，奋力开创“十四五”发展新局面，引领园区长远发展。

二、确保安全运行总体可控

(一)强化本质安全。实施《化工区安全生产管理规范》和《安全生产和应急“十四五”专项规划》，形成《化工企业安全管理指南》。强化企业安全生产主体责任，严格落实安全风险研判与承诺公告制度，加强检维修及边生产边施工隐患排查，全面实施危化品安全整治三年专项行动任务。(二)做好危化品重点管控。开展涉及硝化、光气化等12种重点监管危险化工工艺企业的专家指导服务，持续提升危化品安全专项检查的深度和效能。完善三区联动联控危化品建设项目联动审批和权威咨询专家技术支撑制度，主动做好项目审批各环节、多层面的沟通协调与服务。推动企业加强危化品生产、储存、使用，经营、运输和废弃处置各环节管理措施执行到位，全面推进危化品企业和化工检维修单位人员落实安全生产责任险工作。(三)加强重点领域管控。进一步严格安全生产管理和监督，落实防汛防台工作，做好风险的全面排查、全面覆盖、全面把控。探索承包商安全信用分级管理，搭建园区与企业信息互通的承包商全过程安全管理信息系统。整合重大危险源监测预警系统、危化品电子标签系统和应急管理指挥系统，研究启动危化品“一网统管”项目建设。(四)完善应急处置。完善园区应急管理工作制度，推进区域应急一体化建设，实现应急救援一个方案、应急资源一个数据库。推进医疗中心地下应急灾备中心项目建设，完善疫情防控常态化形势下的防疫应急物资储备保障机制。推进化工区与分区应急响应一体化联动工作。健全应急响应中心专项应急流程模块化体系。

三、建设绿色生态美丽园区

（一）推进大气污染治理。突出科学治污，以挥发性有机和氮氧化物同步按比例削减为核心，严把项目准入关，深入推进挥发性有机物治理2.0工作，指导企业科学制定减排方案，落实挥发性有机物和氮氧化物排放量等比下降要求。积极谋划新一轮金山地区环境综合整治方案，推进污染物浓度下降和空气质量改善。（二）强化固废污染防治。严格危险废物管理，突出危险废物资源化、减量化导向，深化危险废物区内闭环运行管理。严把危险废物综合利用企业准入关，严防危废非法处置。强化土壤污染防治，开展重点企业厂区内土壤污染状况调查，实施治理工程。（三）美化区容区貌。推进管理中心区域形象提升工程，完成E6-1地块环境综合整治工程、架空线入地和合杆整治等项目建设，推进体育中心提升改造工程、生态湿地扩建工程建设，开展生态植物园改造、科创中心整体景观配套、雄华路道路提升改造等项目前期工作。

四、持续优化营商环境

（一）扩大审改政策效应。开展审批标准化研究，提高审批效能，服务项目的落地。编制精细化管理工作操作手册，打造具有园区特色的管理规范及管理标准。加强政策解读宣传，推进标准化、规范建设，提高政务公开工作效率。扩大政策受益面，积极推进政策落地，加强容缺后补机制应用，增加合并办理事项，提高审批效能，服务项目的落地。结合规划资源审批改革政策落实深化，运用规划、土地、项目等要素信息归集的“一张图”，开展审批标准化研究，精准审批要素，简化审批事项，优化审批流程，提高审批效能。（二）提升公用工程服务能力。加强公用工程价格指导，推进公用工程和公共服务企业通过扩大服务外延和增加服务内涵，确保中法水务新建金汇港原水管线安全、稳定运行，同时推进龙泉港原水管线检修项目实施，保障园区供水安全；推进污水厂总氮提标改造项目建设和稳定运行，保障园区污水处理达标排放。促进园区内生产、物流一体化，并增强物流供应可靠性和灵活性。（三）降低企业运营成本。发挥财政资金的引导作用和政策效应，支持企业开展节能技改，提升能级。降低企业用能成本；关注能源体制改革，跟踪天然气、电力价格变化，搭建企业与市发改委等部门的沟通平台，发挥协调作用，为用户争取更多优惠。继续开展化工区铁路物流利用研究，为进一步降低企业生产成本探索新方向。

五、推进治理体系现代化

（一）增强园区治理能力。加快推进“一网通办”“一网统管”两张网建设，对标国际最高标准、最好水平，立足园区的特点和规律，查找园区管理的短板与不足，探索实施精准有效的措施，优化治理方式和治理流程。（二）加快智慧项目建设。建立智慧园区常态长效机制，实施新基建三年行动计划，夯实信息基础设施建设，构建更加全面、更深层次的智慧业务、智慧政务、智慧服务。加强关键信息基础设施的安全测试、风险评估和应急演练等安全运营，确保公共数据运行安全。（三）提升精细管理水平。发挥网格化管理平台效用，推进园区规划、土地、项目等要素信息归集的“一张图”工程，筑牢数字化底板基础。落实土地利用监管，跟踪监管清单各地块建设项目开工、竣工、投产履约状态。

（陈晓中）

# 国网上海市电力公司

**【概况】**

国网上海市电力公司（简称公司）隶属于国家电网公司，是从事上海地区电力输、配、售的特大型企业，统一调度上海电网，参与制订、实施上海电力、电网发展规划和农村电气化等工作，并对全市的安全用电、节约用电进行监督和指导。国网上海市电力公司管辖的上海电网位于长江三角洲的东南前缘，北靠长江，东临东海，与江苏、浙江两省接壤。供电营业区覆盖整个上海市行政区。截至2020年底，公司下设23个部门，国网上海市电力公司管辖各类电网企业、发电企业、施工、科研、能源服务、培训中心等单位28家，共有职工13162人。服务客户1110.69万户。

**【2020年经济工作情况】**

截至2020年底，全市发电装机容量2669.1516万千瓦，实现最大市外来电1676.2万千瓦，最高用电负荷3268.2万千瓦，年售电量1355.69亿千瓦时。35千伏及以上变电站1220座，输电线路2.81万千米。坚决贯彻中共上海市委、市政府和国家电网公司党组各项决策部署，坚持“稳”的基调，保持“进”的态势，集聚“育”的动能，创建“开”的格局，在大战大考中交出出色答卷，在坚守坚韧中展现电网铁军风采。安全生产保持平稳，电网实现高质效发展，经营管理创造佳绩，服务品质树立标杆，改革创新取得突破，党建引领全面加强。公司连续6年保持企业负责人业绩考核A级，连续20年保持上海市政风行风和12345热线绩效考核第一。

一、两场战役展现担当

贯彻中央“两场战役”战略部署，落实国网“一个提高、六个强化”总要求，创新应用“智慧党建+抗疫保电+复工保障”精准保障模式，彰显央企“顶梁柱”担当和“主力军”作为。在非常时期扛起非常之责，不辱使命守牢电网安全“主阵地”。率先启动应急响应，成立疫情防控领导机构，动态部署应对举措，迅速拉起抗疫保电“防护网”。全力支援防疫最前线，以“火神山速度”完成上海公共卫生中心新建医疗用房等项目送电，86天封闭坚守调度、换流站，保障入境点、隔离点、救治点等377个抗疫重点单位可靠供电。全力守护职工生命健康，安全撤离境外人员20批次251人，守牢“双零”局面。3个集体、13人获上海市和国网公司抗疫表彰。在关键时刻使出关键之力，主动作为当好复工复产“助推器”。“新基建”领域投资调增至13.95亿元，率先复工黄渡站改造等一批输变电工程。严格执行阶段性降费和支持性两部制电价调整政策，配合推动转供电主体传导降价红利，释放红利31.18亿元。以“共享电工”保障了防疫企业不间断生产，以“办电不出门、欠费不停电、减免违约金”贴心服务居民和小微企业，以电力复工复产指数助力政府科学决策，获李强书记批示肯定。依托国际大城市供电组织平台向全球同行分享“上海经验”。

二、安全生产保持平稳

始终坚持安全首要，贯彻“四个最”，全面完成安全目标。亮明全员安全责任，修订安全责任清单9329项。吸取国网系统“7.2”等事故教训，建立安全生产巡查长效机制，开展“查风险、治违章、抓落实”安全大检查，检查作业点2.6万个、基建现场1801个，查处违章2050个、处罚367人次。发放安全奖励5000万元、覆盖4.7万人次。完成安全生产专项整治“一下一上”，排查问题隐患61项、制定制度措施15项。集中整治特高压变压器、电缆“六防”等安全隐患1793项。发布电网风险预警单1232份。输电、变电、配电故障跳闸数同比分别降低22%、35%、18%。全力应对历史级寒潮和高温，经受住夏冬两季用电负荷双创新高、冬峰首超夏峰考验。特高压复奉线安全运行10年。完成重大保电68项，成功打赢第三届进博会、浦东开发开放30周年庆祝大会“双特级保电”攻坚战。推动出台首个省级重大活动供电保障地方性规范。圆满完成公安部网络安全专项演习。

三、电网发展全面推进

坚持“计划不调、任务不减、目标不变”，协调推进各级电网发展。编制形成“十四五”输配电网规划报告成果，完成长三角一体化发展示范区电网规划、临港能源互联网示范区规划。82项35千伏及以上项目获核准。特高压青豫线陕4标段提前实现全线贯通。500千伏三林、新余站主变扩建顺利投运。500千伏崇明输变电等受阻工程取得突破。迎峰度夏项目完成55项。投运首个110千伏数字孪生变电站和首条智慧输电线路。虹杨－杨行500千伏线路工程获国网公司输变电优质工程金奖。收官首轮262千米架空线入地三年行动，启动新一轮600千米架空线入地。供电可靠率创出省级公司、重点城市、中心城区“三个第一”，首次开展跨省不停电作业，协助中西部3家贫困县提升供电可靠性。率先建成基建全过程综合数字化平台，配合总部承办建设成果上线发布会。推广变电站模块化建设，试点应用新型装配式电缆工井排管。

四、经营管理保持稳健

设立经营业绩专项奖励基金，鼓励加大市场开拓力度。综合能源服务业务收入5.66亿元、实现营收再翻番。电力工程市场化业务收入28.86亿元，比上年增长35.2%。大数据运营、基础资源运营等新兴产业收入6500万元。完成替代电量44.45亿千瓦时，新建投运电动汽车充电桩2508个、公交充电站37座、岸电设施39套，全社会充换电设施充电量6.95亿千瓦时、同比增长27.92%。优化投资预算等经营策略，搭建量本利模型。优化购电结构，压减成本6.41亿元。反窃查违追补电费1.76亿元。收取充电服务费和运营补贴费1.21亿元。高损线路、台区数较年初分别压减76%、63%。收回宝钢自备电厂交叉补贴2亿元。183.7万只电表经评价合格继续合规使用。通过资本运作、房产资源盘活、废旧物资处置等手段，增加收益6.06亿元。率先建成现代智慧供应链体系，发布首个电力行业智慧供应链白皮书，上线数字化审计平台，实施产业升级专项行动。试点市外项目利润分红，市外业务收入2.02亿元，同比增长578.49%。拓展“EPC+”一体化综合服务业务，合同金额达到11.51亿元，同比增长30.86%。

五、电力营商环境打响品牌

当好“先行官”、架好“连心桥”，获得政府、客户、社会认可。FREE3.0“五新五优”改革举措被世行誉为最佳实践，“网上国网”与政府“一网通办”“联审平台”全面贯通，率先建立了城市中断供电财务遏制机制。“获得电力”世行排名有望进十，国内排名将继续进位。对接长三角一体化合作办和示范区执委会，创新试点跨省服务“码上办”，联合市发改院成立长三角智慧能源研究中心。深化与临港新片区管委会战略合作，配合试点用户接入全免费，完成特斯拉二期、积塔半导体等市重大项目接电31项。配合落实“一户多人口”政策实施范围扩大，实现“不动产登记和水电气联办过户”对接“一网通办”。完成83项“早餐工程”、305

项老旧小区加梯工程供电配套。“网上国网”用户数突破216万，同比增长691%。电力物资西部帮扶1005万元，采购扶贫农产品367万元。

六、改革创新取得突破

交易中心第二阶段43%股权优化方案获国资委批复，率先进场挂牌。配合制定上海市售电侧改革试点办法和现货市场建设方案，调峰辅助服务市场结算进入试运行。市场化交易电量304亿千瓦时，其中跨区现货交易7.8亿千瓦时，同比提高81.8%。输配电价核价水平相对稳定。增量配电试点石电能源公司运营平稳。制定国企改革三年行动八方面32项重点任务。省管产业单位全部完成“三会一层”设置，并建立平台资本纽带关系。完成综合能源公司股权优化调整。参与国际超导公司混改。退休人员社会化管理主体移交工作获得市国资委肯定。完成本部机构编制和交易中心职责优化调整。实施第三批“放管服”事项66项。全面推行科技项目举手、揭榜、挂帅制，实施项目170项。韧性电网概念和研究成果获广泛关注好评。率先在华东电试院试点项目分红。开放共享3个国网级实验室并纳入国家实验资源共享平台。建成科技创新智慧平台。挂牌运作上海电力人工智能工程技术研究中心。命名首批15家特色技术攻关基地。牵头成立IEEEPES海上风电分委会。与市生态环境局、中移动开展数字新基建应用合作。首个国产高温超导电缆示范项目通过试拉试验并全面开工通道建设。智能配网PMU工程二期完成系统接入。率先完成业务运营管理中台营配调板块建设。建成10座电力北斗增强基站。获中国电力奖7项、上海市科技奖15项、国网科技奖25项，科技奖项创历史最好水平。获国家管理科学专项奖1项、中国质量技术一等奖1项、国网软科学成果奖2项，新增“上海品牌”认证2个。4项科技成果首次在上海市知识产权交易中心成功交易。主导推进IEC标准3项、IEEE标准2项，参与国际标准10项。

七、党建引领全面加强

滚动修订落实习近平总书记重要指示批示精神“台账制”18类、170项。开展中心组集中学习27次。“四史”学习教育成果获市委督查调研组肯定。举行南京路“亮灯”仪式，打造了“人民电业为人民”的城市历史观摩点。完成“基层党建巩固提升年”任务，构建“党委—党支部—党员服务队—党员攻坚小组”红色战斗力矩阵。实施“智慧党建+”工程，迭代开发59个应用场景。获评上海市、国网公司先进基层党组织2个、市经信委系统“党支部建设示范点”6个。实现巡视巡察整改“三个见底清零”。完成2家直属单位常规巡察、7家产业单位提级巡察，立行立改问题189条。严格落实中央八项规定精神，严肃查纠“四风”。连续4年全覆盖式开展基层纪委书记当面报告。1人、6人和3人分别获全国、上海市和国网劳模称号，各有1人获全国青年岗位能手和市五一劳动奖章，分别有3人和1人获“上海工匠”和“国网工匠”称号。3个集体被评为上海市模范集体，6个集体获国网公司先进集体和工人先锋号称号。新增3家全国文明单位，29家获评市文明单位。

**【2021年发展趋势】**

2021年，公司以习近平新时代中国特色社会主义思想为指导，按照“世界观察中国电力的窗口”定位，全方位推进电网建设、服务提升、管理精益、质效双升，全面建设具有中国特色国际领先的城市能源互联网企业，支撑国网公司做强做优做大，服务上海更好地落实中央赋予的战略定位和使命任务，以优异成绩迎接建党100周年。

一、坚决守牢安全平稳局面

深入分析电力系统“双高”、电力现货市场放开等影响，完善大受端电网安全控制策略，优化运行方式和停电计划管理，强化电网重大风险预警预控。推进精准负荷控制系统接入华东电网频控系统。完成861项继电保护“排雷”工作。完成调控云平台升级扩容。压实设备主人制，开展18项反措执行情况排查和问题整改，加强密集通道、枢纽站、换流站运维保障，深化特高压全过程技术监督、变电站远程智能巡检以及无人机巡检等技术应用。严格落实“四个管住”，开展安全性评价、安全生产标准化建设，抓好检修施工等现场管控和“四不两直”监督检查。健全全网全天候网络安全在线监测机制。完成电力监控系统网络安全管理平台告警信息全接入。持续抓好通信系统隐患排查治理和运维保障。切实增强政治担当，紧盯中共一大、二大会址等红色地标和庆典、会展场所，固化“世界会客厅”级保电标准，强化常态化保电措施，全力实现“六零三确保”。持续守牢防疫“双零”目标，毫不放松抓好“外防输入、内防反弹”。

二、加快推进电网高质量发展

推进黄渡主变增容、崇明输变电等5项500千伏工程。完成青海750千伏佑西线和四川杨房沟水电站500千伏送出工程中标标段建设任务。按期投运220千伏上南主变扩建等38项迎峰工程。建成朱松输变电等5项220千伏工程和37项110千伏工程。开工220千伏海陆主变增容等81项工程。尽早开工泰日改造等3项受阻工程。扎实做好架空线入地民心工程。推广“钻石型”配电网建设，构建双环目标网架，实现故障扰动秒级自愈。提升带电作业技术水平和承载能力，确保业扩不停电接火率100%、单体工程完全不停电施工率90%。优化网格化抢修体系，平均抢修半径小于3千米。在城市核心区全面消除计划停电。推进架空设备全绝缘化改造，设备故障数量进一步压降20%。开展“大云物移智链”等数字技术与能源技术深度融合的试点应用。在临港新片区构建全息数字孪生能源互联网，在长三角示范区打造生态绿色一体化能源互联网。加快数字基础设施建设，升级传输通信网络，建成能源大数据中心，优化部署信息采集终端。

三、持续优化电力营商环境

实施“获得电力”提升专项行动。落实全面提升“获得电力”服务水平九项举措，实施FREE+改革举措，确保“获得电力”国际排名领先、国内处于标杆。深化政企办电信息互联互通，实现客户电子证照共享调用、零证办电。深化“阳光业扩”，推行契约制项目管控，实现业扩接电再提速、办电进程全透明。全面推行中低压客户“先接入、后改造”。按期完成商汤科技、格科半导体等30个重大项目送电。新增电子账单200万户，“网上国网”新增注册126万户。试点建设全新数字化智慧营业厅。完成2万户二次回路巡检仪加装，推广HPLC建设230万户，推进营销系统2.0建设，深化用电采集系统2.0应用。开展消费扶贫和人才、物资等东西帮扶。

四、积极推动改革创新

有序推进电力改革任务。完成交易中心股权结构优化，搭建科学规范管理体系和运行机制。配合推进外高桥港区第四批增量配电改革试点落地。配合完成能源互联网研究院科改示范试点工作。深化省管产业改革，力争在理顺平台监管（管理）体系、明晰产权、股份制改革等方面取得新的突破，完成8项参股投资股权处置。落实城市数字化转型要求，深度融入政务服务“一网通办”和城市运行“一网统管”。加快建成互联网大区智慧物联平台。初步建成国家工业互联网电力行业二级标识解析节点。加快基于企业微信的移动应用场景建设。

五、强化从严治党治企

坚持“第一议题”制度，持续完善习近平总书记重要指示批示精神贯彻落实台账，强化党史、党性教育。实施强根铸魂争先专项行动1.0工程，推进“旗帜领航·提质登高”行动计划，深化“双带头双保障”等长效机制。持续开展各级党组织书记抓党建逐级述职评议考核和党建综合绩效考评。策划“建党百年·百年电力”系列活动，塑造“领航灯”共产党员服务队统一品牌标识，建成“一馆观四史、一脉传精神”公司爱国主义教育基地。实施智慧党建3.0，深化“智慧党建＋八大应用生态”工程。开展“两优一先”评选，选树宣传“道德模范”“中国好人”“国网楷模”。开展“青马工程”、青创赛、岗位建功行动。健全党风廉政发现和巡视巡察问题协同协作机制。强化智慧纪检体系建设，贯通运用“微流程”和“小微权力”清单。深化“一单位一品牌”和“六微”载体，加强案例警示、党纪国法等教育。抓好“12345”热线诉求管控。

（龙　飞）

# 上海漕河泾新兴技术开发区

**【概况】**

上海漕河泾新兴技术开发区（以下简称漕河泾开发区）是1991年3月经国务院批准设立的首批国家级高新技术产业开发区，也是国家级出口加工区、中国服务外包示范基地。2012年，漕河泾开发区被环保部、科技部、商务部联合命名为“国家生态工业示范园区”。通过8年的持续建设，园区在产业转型升级、资源集约利用、环境管理模式等方面取得了显著成效，尤其是园区在支撑建设上海科创中心承载区、创新“一区多园”规划建设和生态文化品牌输出、老工业基地转升级、园区智慧管理平台建设等方面具有鲜明特色。

**【2020年经济工作情况】**

2020年，漕河泾开发区以“再创业、再出发”为总纲，内强管理，外塑品牌，继续保持良好发展势头。

一、园区经济平稳向好增动能

疫情影响下，园区经济率先筑底、率先企稳、率先上行，走出逆周期表现。漕河泾开发区实现营业收入5423.66亿元（含浦江），比上年增长6.2%，三产收入3530亿元，同比增长8.3%；利润总额363亿元，同比增长8.1%；税收总额151亿元，同比下降2.6%；从业人员数27.5万人。

园区科创动能不断增强，在2020年上海开发区综合评价中，综合发展指数名列中型园区第一名。在4项分项指数中，营商环境指数排名第一，产业发展指数和创新发展指数排名第二；在9项专业评价指数中，持续发展指数和产业发展指数排名第一，创新成果指数和管理服务水平指数排名第二；在25项单项评价指标中，“世界500强企业地区总部数和入区投资企业数及上市公司、挂牌公司数加权合计数”“园区内公共服务平台数”和“认定的国家级或市级功能性园区加权合计数”排名第一。

二、产业集聚化危为机谱新篇

开发区利用现有总部与研发中心的集聚优势，以商养商、以商招商，加快“一部三中心”引进力度，发挥“总部经济”强磁场效应，引入新项目近90个，包括世界500强企业2家（全球领先的汽车技术公司采埃孚亚太集团、中荷合资汽车电子IC生产商大唐恩智浦半导体公司），美国500强1家（雅诗兰黛全球创新研发中心），央企3家（国家电投集团风电产业创新中心、东华工程科技华东总部、上海电气集团数字科技有限公司)，科创板企业1家（中国领先物流输送分拣系统提供商德马物流），以及思特威中国总部、米哈游、泽怡信息等一大批线上经济、生物医药和芯片设计的知名企业项目，年内5家区内企业上市或挂牌，开发区累计上市企业143家，逆势提振了园区产业实力。

三、工程建设降本增效铸精品

拿地、新建项目均按计划推进，全年建设面积218万平方米，包括本部100万平方米、赵巷88万平方米、北杨30万平方米；规划面积129万平方米，其中北杨80万平方米、颛桥31万平方米、河南队18万平方米。努力克服疫情影响，17万平方米的科技绿洲四期项目为虹桥镇首个、闵行区第二个复工工地，在11月底竣工，比原计划提前40天；45万平方米的科技绿洲五期、六期完成地下室结构。32.5万平方米的漕河泾中心6月竣工备案，一举解决了困扰多时的规划验收和土地核验等多个难点问题。30万平方米的北杨项目A、B地块年内开工，其中B地块仅用13天即拿到施工许可证。31万平方米的颛桥项目完成公司组建、项目组框架搭建，明确相关职能部门权责，确定拿地方案。各工程项目在多点推进同时，竣工项目也获多个行业内荣誉：漕河泾中心荣获LEED金奖、上海市优质工程“白玉兰奖”、中国绿色建筑协会“绿色建筑二星”；科技绿洲四期获得“2020年度中国十大绿色项目”、上海市优质工程“白玉兰奖”，“上海市文明工地”等荣誉。

四、创新创业服务线上线下齐发力

双创服务方面，年内揭牌成立上海证券交易所资本市场服务徐汇漕河泾开发区基地。举办11场股权融资对接活动，24个项目获风投26.3亿元。帮助16家企业获得1.74亿元科技信贷。投贷联动新增4家服务入股企业。融资平台制定了无还本续贷、延长贷款期限、降低放贷利率、开辟信息化申贷快速通道、贴息补助等一系列纾困措施，受理企业贷款61家次，通过授信58家次，授信额度达3.475亿元，成立运营至今累计向526家次企业发放贷款24.16亿元。

知识产权服务方面，沪上首单企业商标保险在开发区落地，牵头成立徐汇人工智能产业知识产权联盟、上海市商标品牌创新创业（漕河泾）基地和中国（上海）知识产权维权援助中心漕河泾工作站。国家知识产权服务业集聚发展示范区通过评估验收。年内对接区内“三中心＋二协会＋重点服务机构”，促成路傲、东升、鸿研等区内企业利用知识产权融资政策获批专利质押贷款1.2亿元。开发区企业全年申请专利6837件，累计申请专利50172件，每万人拥有发明专利数419.6件，比肩国外科技创新发达地区。

**【2021年发展趋势】**

2021年是“十四五”规划开局之年。漕河泾开发区工作总体要求是：全面贯彻中共十九届五中全会、中共上海市委十一届十次会议精神，持续提升科技创新中心重要承载区建设水平，加快世界级“一部三中心”集聚，保持开发区各项经济指标稳中有升，力争成为上海科技创新新引擎、产业发展新高地、城市更新新标杆、产城融合新典范，推动开发区“再创业、再出发”，努力成为国内一流、国际知名的高科技产业园区整体解决方案提供商。

全年重点做好以下几方面工作：

一、打造具有国际影响力的高端产业引领地

围绕集团产业布局要求，结合漕河泾园区实际，重点提升电子信息和现代服务业产业能级；加快提升数字经济、人工智能、生命健康等三大先导产业在园区内的集聚度和显示度；加快引进一批世界500强、行业龙头、隐形冠军企业的“一部三中心”项目在开发区落户，跟踪落地蔚来汽车研发中心等重点项目，发挥园区产业的示范带动效应。

二、打造具有全市示范效应的科技创新策源地

启动漕河泾北片区科创中心建设。以打造“M15科创新干线”为目标，有效统筹漕总、资管、南大等科创资源，落实科创载体分步实施方案，建立覆盖宝山区、静安区、虹口区的科创服务体系，南北联动，互通互补，提升科创中心重要承载区建设能级。打造漕河泾科创公园。启动占地10.4万平方米的绿色生态科技走廊——漕河泾科创公园改造。联手商汤，借助于其人工智能技术优势，实现AI功能的再聚焦、漕河泾配套的再丰富、科创主题和品牌的再展示，打造上海首个人工智能公园。深化科技服务示范区建设。做响科创嘉年华活动品牌，推进国家知识产权服务业集聚发展示范区、国家知识产权示范园区建设，完善具有知识产权特色的科创服务体系，强化资本市场徐汇漕河泾基地特色，搭建创新链、资金链、产业链对接平台，提升漕河泾科技服务示范区辐射力和影响力，进一步优化创新生态，培育构建具有全市示范效应的科技创新策源地、原始创新样板间。

三、打造具有漕河泾特色的精品建筑高地

重大项目确保进度。科技绿洲四期（17万平方米）一季度交房，三季度获取产证；科技绿洲五期（18万平方米）年底竣工；科技绿洲六期（27万平方米）年底工程现场完工；光启园四期（5万平方米）二季度获竣工备案；会议中心二期改造项目一季度竣工并投入使用；漕河泾印象城二季度完成景观绿化、地铁出口接驳通道、标识标牌、配电箱等配合工程，力争6月开业。北杨项目确保年度建设计划（30万平方米）。争取一期D地块三季度开工，二期E1以及北地块F1地块四季度开工；落实人工智能国家实验室项目控详调整。新项目确保拿地。颛桥项目一季度拿地250亩，南地块四季度开工，总建筑面积约8万平方米；河南队／左村项目60亩年内拿地，确定概念设计方案。深耕本部园区城市更新。落实区区合作会议精神，在区政府支持下分析排摸本部区域自有、租

售、散售地块情况，统筹考虑本部区域内的城市更新，打造城市更新标杆项目，盘活存量空间。启动上澳塘沿线绿带升级改造，实施9号线漕河泾开发区站地铁口、田林路隧道周边环境整治等项目，进一步营造生产、生活、生态有机融合的创新社区、活力街区氛围，整体提升区容区貌。

四、打造更具核心竞争能力的营商环境

聚焦靶心发力优化营商环境。对标学习，追赶超越，把“店小二”服务品牌落实到实际行动中。以市场评价为第一评价，以企业感受为第一感受，“客户至上，追求卓越”，发挥营商环境高地的“强磁场”效应，加快企业集聚，助推企业发展。落实新的企业服务机制。用好业管一体化的客户信息系统，建好具有漕河泾特色的客户管理系统，逐步覆盖至漕河泾区域所有企业；完善对重点企业的联络员制度，加强企业走访，了解企业动态和意见建议，增强客户黏性和招商服务的附加值；建立“接诉即办”的责任机制，促进服务企业制度化、常态化，确保企业诉求反映畅通、办理及时、反馈满意。构建多层次、立体化、全覆盖的园区服务体系。构建多层次、立体化、全覆盖的园区服务体系。一方面要继续推进科创、人才、物业等条线的服务优化，提升上述增值服务的专业性和精细度；另一方面要广借外力，把园区作为平台经济的重要端口，积极导入市场化资源，与园区专业服务优势互补。联合“一街一镇”打好服务组合拳。在现有网格工作基础上，加强重点企业走访，确保市、区产业政策落地，打好服务组合拳，共同服务好区域经济发展。漕河泾印象城示范打造“以城兴产”新标杆。项目借助前沿科技与商业生活场景的结合，打造业态丰富、创新跨界的徐汇科技潮玩新地标，实现商业、产业相互融合、相互促进。

（任　朕）

# 上海市机械设备成套（集团）有限公司

**【概况】**

上海市机械设备成套（集团）有限公司是一家以招标咨询、国内外贸易、设备集成及工程承包为主营业务板块的多元化国有企业。2020年，集团在上级党政及董事会的领导下，全体干部员工团结一心，坚定“十三五”战略规划目标任务，坚持“一手紧抓疫情防控不松懈、一手紧抓企业发展不松劲”，立足自身发展特色，围绕“防风险、稳增长、调结构、补短板、强管理”工作重点，进一步开拓培育市场、着力“内功”修炼，在积极进取中应对变局，在创新转型中开拓新局。

**【2020年经济工作情况】**

一、经营指标总体趋稳，主营业务稳扎稳打

（一）提前完成“十三五”指标，业务经营危中寻机

成套集团提前完成规划目标。2020年，集团经济指标数据虽出现一定程度的波动，但各项指标仍基本完成，部分指标超额完成。实现经营规模872亿元；营业收入54.43亿元。

（二）招标监理咨询板块：固强补弱稳发展，转型开拓谋新篇

招标业务，机电招标及浦成招标两家公司在传统科教文卫、医疗健康、轨道交通、市政建设等行业市场；公检法、科研院所、政府委办局等行政机构委托的招标代理业务中均保持较为稳定的市场份额。

监理咨询业务：全年中标项目23个（轨交项目11个）。受疫情影响，新签合同总量绝对数比上年下降，但中标率及新签合同月平均数同比未明显下降，且从中标项目质量分析，部分更有提升。其中，年初中标重庆轨交9号线站后工程的建设管理咨询项目，为首次在PPP模式下承接的轨交机电系统建设管理咨询项目，是真正意义上的工程管理咨询；年中，中标温州市域铁路S2线一期智能化机电系统项目工程监理服务，为监理公司承接的首条城际轨交项目。公司已初步形成以上海、武汉为基础，重点辐射华东、华中和西南地区业务的市场布局，以设备总监理、车站装饰装修和联调咨询等优势专业为基础，以全自动驾驶、PPP项目为重点突破的业务格局。全年完成工程造价金额超16亿元；咨询业务完成项目13项，包括进口设备减免税及贴息、专项资金申报和可行性研究报告编写等，承接上海建工股权投资基金公司临港新片区金融西九项目，为其进行投资估算，项目总投资65.6亿元。

再度中标2020年市经信委重点技术改造项目核价工作，并于10月圆满完成各项工作。由招标公司、进出口公司、浦东公司等共同组成核价工作小组，共完成核价项目239个，审核申报总投入568.89亿元，经核价，核定总投入353.96亿元，核减比例37.78%，今年单批次的项目数量和审核总投入金额均创五年来的新记录。

（三）贸易板块：聚焦龙头保业绩，重塑流程强风控

在管理层面：明确目前贸易板块业务性质为生产性供应链配套服务。在集团层面推动建立全面风险管理流程，明确贸易代理类业务归口管理措施。全面梳理贸易操作流程的风控，提出事前充分论证、事中严控流程、事后及时总结的全面管理思路。由进出口公司牵头，总结业务经验及操作思路，开发客户授信及授信额度评估模型，制订实施细则及各

类结构化定量化评价依据。

在业务经营层面：进出口公司实现利润4135万元再创历史新高；营业收入40.46亿元，全面完成“十三五”经济指标。实现进出口总额2.6亿美元。光伏领域，实现光伏相关产品销售额近22亿元。浦东公司继续推进包括马来西亚顶级手套公司等原有部分老客户的业务，新承接包括湖北南湖水利改造工程及华中科大无锡研究院等体制内机构的进口代理业务；积极对接上安集团，为其总包的成都机场集团天府国际机场及静安区天目社区部分地块开发项目提供国内设备物资采购代理服务。二分公司（工程公司）继续做好天然气管网的外贸代理服务。汽车贸易领域，浦星福特完成增资，抓紧办理股权转让手续。南通申成于10月底取得特斯拉钣喷中心的南通地区授权，12月31日正式营业。浦惠传祺在7月完成广汽埃安网约车项目在上海区域的首次批量采购，截至12月，新能源车提车167台，开票121台。浦宸日产实现11台由“传祺GM6车型”改装打造的“工程车”销售。

（四）设备集成及工程承包：深化优势稳市场，业务创新求突破

截至12月底，工程板块各单位累计参与全国各地项目投标106个，中标29个，中标率近28%。其中：一分公司中标南宁市朝阳溪河道综合整治工程、赵家沟东泵闸新建工程机电设备安装工程均为首次中标的新型业务；西安污水处理项目为新开辟的市场。二分公司（工程公司）中标金华轨道交通、南昌轨道交通项目。六分公司（净化公司）中标深圳市前海—南山排水深邃系统工程闸门设备采购项目，成功签约嘉定区湿垃圾资源化处理及通沟污泥项目等，与包括北控水务、苏伊士中国水务、嘉定城发等大型水务集团合作，形成资源共享，优势互补新模式。三分公司（浦东公司）在无锡、常熟、镇江市分别中标污水处理及地方水厂臭氧系统设备采购标。

（五）新兴业务板块：主动出击运维市场，相关业务有序孵化

集团运营维保业务进入城市水务、光伏电站、轨道交通、水利工程、污泥处置5个领域。净化公司5月底前完成苏州河河口水闸改造抢险项目。至12月底，集团投资建设的三座分布式光伏发电站累计发电约764.9万度电，应收电费335.85万元，应收各项补贴535.6万元。此外，由集团直接投资运营管理的BOT建设项目江阴亚同环保污水处理厂实现利润532万元，完成营收1250万元，处理水量170万吨。监理公司深入轨交运维监理领域，2020年新签运维监理合同额70万元，实现营收102万元。

二、市场开拓全面开花，科技创新逐年提升

2020年，集团下属机电招标公司承接的外地项目已超千项，同比增幅近25%，中标金额实现234亿元；工程公司先后参加世行贷款的乌兹别克斯坦泵站项目二个包件投标，同时继续跟踪蒙古乌兰巴托抽水蓄能电站项目。集团各单位跟踪投标、实现中标、参与建设的项目几乎已覆盖全国各个省市自治区，并在常州、武汉、郑州、贵州、南宁、深圳、西藏等地形成一定规模，树立了较好的市场口碑。

积极参与上海建工“长三角一体化绿色科技示范楼”项目“零能耗、零水耗”建筑目标的配套服务工作，聚焦水资源再利用的设计咨询及光伏外立面设备集成供货。同时，各单位正积极参与上海及相关省市区新一轮城市污水提标改造投标工作。

集团与建工所属包括总承包部、市政设计院、建工设计院、基础、机施、安装等兄弟单位均取得较好的沟通协作，且在积极跟进后续项目对接。

编制完成《知识管理体系建设与科技创新工作推进计划》和《科技创新计划专项资金管理办法（试行）》讨论稿。工程板块各公司积极开展轨道交通设备集成化和智能化的创新、探索设备系统运维业务模式的创新；净化公司积极探索智慧水务、水务设备运维业务等的创新，注重成果转化为生产力，全年获得2项发明授权，同时1项发明和10项实用新型发明在申请中；完成申请自主课题2项，发表论文2篇，3篇在定稿中。

三、整体建设不断推进，内控管理持续提升

认真做好“十四五”规划前期调研，完成“十三五”规划评估总结，广泛听取各级管理部门及经营单位的意见和建议，形成3.3万多字的规划送审稿，经集团党委会及董事会讨论审议通过，进一步明确“十四五”期间的战略目标及实现路径。

牢固树立“促一方发展、保一方平安”的政治责任，落实主体责任，坚决遏制较大及以上生产安全事故，本年度生产安全责任事故为零、未发生较大及以上生产安全事故和无出租场所安全责任事故的责任目标。

积极迎检扎实整改。7月，建工对董事长张林发三年任期审计。8月，海关AEO高级认证复评。9月，总裁严锦顺离任审计。10月，内部依法合规检查。11月，国资委融资性贸易及风险隐患排查。12月，立信年度审计预审。

合规管理规范采购，基本完成建工电商平台全流程运行，采购合同在建工平台的线上询价及流转审批工作进入常态运行。至12月底，完成注册入库及缴费分供商70家，计划注册155家，注册入库项目20个。办公用品及固定资产均实现建工电商平台下单采购。

持续推进信息建设，完成集团信息化三期第一阶段全面上线和平滑过渡，实现信息化工作成果35项。进一步明确了网络安全管理组织体系，不断强化网络安全建设。

加强人力资源建设。全年党委提拔使用10人。上报高

级政工师、高级工程师、高级经济师各1人及工程师10人参评。申请稳岗补贴、吸纳就业补贴、多元化专项资金和离休干部医疗补贴共计26.8万元，顺利通过“和谐劳动关系达标企业”复审。开展丰富多样的培训活动。

2020年，集团获上海市平安示范单位；机电招标公司获年度上海市建设工程咨询奖；监理公司承接的武汉市轨道交通6号线一期工程项目获国家优质工程金奖；进出口公司蝉联八届上海市文明单位荣誉称号，并完成新一届市级文明单位的申报工作。8月，以98分的绝对高分顺利通过海关AEO高级认证复审。

四、认真落实社会责任，努力营造和谐氛围

紧急驰援抗疫工作，集团进出口公司紧急从国外采购109万只医用外科口罩。集团第一时间向上海各大医院以及武汉金银潭医院、武汉天佑医院等抗疫一线医疗单位，捐赠28.65万只；以采购成本价供应给上海市国有药房，为市民提供服务；定向供给至包括公安系统、交通运输、电信企业等为本市抗疫工作提供保障服务的生产企业及相关单位。2月16日、3月12日，受市经信委委托，完成本市新冠肺炎疫情应急物资技改项目的核价评估工作。完成项目39个，应急技改项目总投入近1.2亿元，增加本市紧缺防疫物资100%～150%生产能力，缓解市场供应短缺问题，得到市经信委充分肯定。

营造和谐文化氛围，推进集团新版《宣传册》和《成套志》的编撰工作。在现有企业愿景、经营理念、企业精神及核心价值观的基础上，开展企业文化基因大讨论工作，进一步丰富企业文化内涵，凝聚集团新发展的内生动力。

**【2021年发展趋势】**

2021年，集团工作的总体要求是：坚持市场引领、创新驱动、稳中向好的工作总基调，围绕集团“十四五”规划的实施，进一步提升企业经济发展质量、优化企业组织结构；进一步提高依法合规意识、扎实基础管理水平；进一步推进全面风控体系建设、拾遗补缺制度漏洞；进一步提升产业核心竞争力，加强企业可持续发展能力；进一步提高干部员工整体素质，形成勇于担当、守土有责、奋发有为的精神状态。进一步做实“抓发展、增效益、促和谐”，为“十四五”战略规划开好局奠定扎实的基础。

主要任务是：确保集团“十四五”发展战略规划开好局、起好步；确保主营业务板块经营指标平稳实现；确保集团人才队伍建设跟上企业发展步伐；确保集团内部文化氛围积极向上、和谐有序；确保集团组织结构调整及优化有序推进、平稳落地。

（李雯菁）

# 国核自仪系统工程有限公司

**【概况】**

国核自仪系统工程有限公司（以下简称国核自仪）是上海市高新技术企业和文明单位，注册资本2亿元，占地37亩，建筑面积4.3万平方米，是国家电力投资集团有限公司（以下简称国家电投）所属二级企业。承担AP1000仪控技术引进消化吸收和再创新、实现三代核电站数字化仪控系统和设备的国产化、自主化和自主可控国家任务，具备同时开工六台套百万千瓦级核电数字化仪控系统集成制造的能力。承担大型先进核电站（06专项）、核心自主化芯片和基础软件（01专项）、重型燃机（“两机”专项）等3个国家科技重大专项。全面参与全球首批AP1000电站、“国和一号”、CAP1000电站等工程项目实施。国核自仪已经发展成为仪控领域专业化供应商，为客户提供仪控系统工程设计、设备研制、集成制造、安装调试和运维服务等全寿期、一站式解决方案。

国核自仪研发成功具有完全自主知识产权的“和睿”系列数字化仪控系统产品，包括核电站反应堆保护系统平台（NuPAC）、控制系统平台（NuCON）、多样化驱动系统平台（NuBAC）、堆内测量和堆外核测系统（NuNIS）、棒控和棒位系统（NuRIC）、辐射监测系统（NuRAD）、特殊监测系统和地震监测系统（NuTEC）以及全范围模拟机（NuSIM）。其中，基于FPGA技术的反应堆保护系统平台（NuPAC）同时获得中国国家核安全局和美国核管会（NRC）认证，成为全球首个通过中美两国政府核安全监管机构行政许可的核级产品。

国核自仪拥有从事仪控相关领域业务的必要资质，包括国家核安全局颁发的民用核安全设备设计许可证、民用核安全设备制造许可证，美国核管会（NRC）认证、德国莱茵TUV-ISTec公司颁发的核安全级软件独立验证和确认体系认证，信息系统安全集成和信息安全风险评估信息安全服务资质等。已取得30项发明专利、61项实用新型、114项计算机软件注册权、41枚注册商标的授权，制定或修订标准13项。

**【2020年经济工作情况】**

2020年，国核自仪围绕国家电投“2035一流战略”和国核自仪“一三五”发展战略，立足核电核能，重点落实重大工程建设，强化科研创新与市场应用的“双轮驱动”，积极开拓新领域，保持高质量稳定发展。

公司承接的“国和一号”全厂数字化仪控系统和设备集成项目、钍基熔盐实验堆仪控系统和设备集成项目稳步推进。自主研发的控制系统平台（NuCON）在江西分宜 2x660MW 超超临界机组取得成功投运，且 1 号机组于 4 月获得上海大世界吉尼斯火电机组（66 万）试运行后连续在网时间之最认证。

高质量完成国家科技重大专项年度任务。在大型先进压水堆核电站重大专项方面夯实产品及行业标准化工作；在重型燃气轮机重大专项方面，完成 300MW 级 F 级重型燃气轮机控制系统硬件平台的研制和工程样机集成，通过中国联合重燃组织的专家评审；在“核高基”重大专项方面，全面完成“基于国产软硬件的核能仪控方案及设备研制和应用”课题各项目标任务。

强化多元化市场拓展，开拓四代实验堆、船舶仿真、教学辅助培训、半实物仿真等领域市场，核电核能和非核领域在手合同持续攀升。梳理公司主营业务资质需求，获取信息安全运维、应急响应三级资质，完成 ISO27001 信息安全体系建设工作。优化组织机构，组建公司综合智慧能源专项工作机构，启动综合智慧能源管控平台开发工作；推动新产品开发，完成基于增强现实技术的仪控系统数字巡检系统研发、光伏智能跟踪控制系统原理样机研制。

**【2021 年发展趋势】**

2021 年，国核自仪持续聚焦国家电投“2035 一流”战略，继续落实“一三五”企业发展战略，努力成为世界知名、国内先进的仪控领域专业化供应商。

创新引领专业化发展战略，在稳步推进核电重大专项科研工作基础上持续开展仪控系统基础平台的适应性研发工作，全面提升科研创新能力，保持体系有效运行。推行“三个一代”科研管理和产品研发思路：即以工程项目正在应用的产品为代表的“实施一代”，以结合国家科技重大专项课题，实现关键元器件和操作系统等国产化替代，转向市场应用为目标的“研发一代”，实现完全国产化和自主可控，结合“十四五”规划及长远期需求前瞻性分析为主体的“预研一代”。高质量完成国家科技重大专项仪控系统供货任务，确保按期保质完成“大型先进压水堆核电站”“重型燃气轮机”等科研攻关任务。

通过深化改革推动数字化转型发展，面向多元市场，提升公司核心竞争力及可持续发展能力，适应能源发展新形势，利用国内国际“双循环”的新机遇，培育国核自仪能源仪控领域的核心优势。

（鲍璐璐）

# 上海振华重工（集团）股份有限公司

**【概况】**

上海振华重工（集团）股份有限公司（ZPMC）是重型装备制造行业的知名企业，为国有控股 A、B 股上市公司，控股方为世界五百强之一的中国交通建设集团有限公司。公司成立于 1992 年，于 2009 年正式更名为振华重工。公司总部设在上海，并在上海及江苏等地设有 10 个生产基地，占地总面积约 1 万亩，总岸线 10 千米，其中深水岸线 5 千米，承重码头 3.7 千米，是世界上最大的港口重型装备制造商之一。公司拥有 20 余艘 6 万吨～ 10 万吨级整机运输船，可将大型产品整机运往全世界。振华重工产品已进入全球 104 个国家和地区，覆盖约 300 座港口，岸桥产品全球市场占有率达 70%以上，连续 23 年全球第一。

振华重工在全面建设具有国际竞争力的世界卓越公司的征程中，承载着让中国名牌响遍全世界的企业使命。除港机、海工、系统总承包、重大件远洋运输等传统优势板块，公司还积极向智慧产业、民生消费、数字产业等业务领域拓展，通过“装备制造 + 资本运作 + 互联网”的“一体两翼”的商业模式，正全力打造民族工业的“旗帜 + 旗舰”。

**【2020 年经济工作情况】**

2020 年，在全球疫情爆发时期，振华重工交机、交船、售后、经营等人员在做好自身防疫的基础上，前往码头现场与值守人员协同作战，振华重工成为疫情期间全球唯一逆行的港机制造商、海工钢构制造商。

一、港机产业

港机业务重点发力，产品进入全球第 104 个国家和地区——东帝汶。中标印度阿达尼 7 台岸桥 21 台场桥、马士基科特迪瓦 6 台岸桥 13 台场桥、中远海海口及秀英码头 11 台岸桥 39 台场桥等重点项目。同时，瑞典和黄智能跨运车、日本装船机、柬埔寨西哈努克港正面吊等项目实现零的突破。

二、海工、海服产业

在海工产业方面进一步打开局面，库存化解与项目新签同步推进，盾构机减速箱等核心配套件销售形势良好，客户几乎涵盖国内所有主要的盾构机厂家。承建 JSD6000 深水起重铺管船，在国家海洋强国战略下打造又一重器。海服业务发展势头较好，承接中广核广东集约化风电施工总承包项目等。

三、钢结构产业

钢结构业务积极推动优质项目落地，签约科特迪瓦大桥、瓦努阿图桥、广东揭阳风电管桩、厦门第二通道等重点项目。此外，振华重工承建的首个国外建筑类钢结构制作项目——美国华盛顿州会议中心附属大楼钢结构项目也顺利完工。

四、智慧、数字产业

振华重工数一体化服务业务直面海外疫情蔓延挑战，全面完成生产经营目标任务。积极发展5G技术应用，联合广州港集团、华为公司等签订智慧港口5G联合应用创新合作意向书，将广州港南沙四期打造成为真正意义上的智慧港口。此外，首次尝试将5G通讯技术与岸桥调试工作结合，打造岸桥调试远程集控管理平台。智慧停车业务中标衡阳市智慧停车、曙光医院立体停车等项目，经济效益显著。

五、民生消费

在民生消费产业方面积极探索，老旧小区改造、智慧校园完善布局，装配式建筑模块逐步实现租赁和销售，首个加装电梯项目正式开工。雄安分公司公务车业务规模增强。

六、脱贫攻坚目标达成

积极贯彻落实上级关于做好扶贫攻坚工作的部署要求，自觉履行央企使命，投入、引进帮扶资金支持云南省兰坪县兔峨乡基础和学前教育，为感谢公司帮扶，当地将一社区幼儿园改名为“振华幼儿园”。此外，积极协调干部人才培训、购买当地农产品、订购当地生产的工装、转移安置当地富余劳动力。云南省兰坪县兔峨乡贫困人口在2020年全部实现脱贫，圆满完成脱贫攻坚目标。

**【2021年发展趋势】**

2021年，振华重工继续坚持以习近平新时代中国特色社会主义思想为指导，立足新发展阶段，践行新发展理念，融入新发展格局，坚持“一体两翼”发展战略，以深化供给侧结构性改革为主线，以深化改革为动力，为全面建设具有国际竞争力的世界一流公司而奋斗。

一、强化战略引领，深化企业改革

抓住“双百企业”改革契机，加快改革步伐。强化总部职能改革，优化机构设置和运行机制。推动制度体系化、规范化、标准化，提高决策效率和工作效率。激发基层单位活力，夯实各单位专业化发展主体责任，激发基层动力。

二、强化风险防控，营造安全氛围

继续压实疫情防控的企业主体责任，常态化防控疫情。建立健全风险预判、识别、应对机制，从源头做好风险预判，注重风险预判应对。提升公司法治化管理水平，加强重大风险监管。

三、狠抓生产经营，保障发展效益

抓住国内大循环发展机遇，创新方式、开源节流、全力以赴，继续强化市场开拓。切实压实责任、提升管理、提高效益，进一步提升港机、海工等生产资源的效用，确保全面完成生产任务。

四、强化科技创新，打造强大驱动

持续强化科技创新体系建设，构建并完善科研新格局，着力突破“卡脖子”技术，强化机制建设。完善“双创平台”建设，强化平台资源聚焦和产业引导。优化科技人才培育、激励和评价体系，激发人才潜力。

五、全面管理提升，夯实发展基础

进一步激发两化建设团队的创新力与主动性，提高两化管理水平。提升生产管理水平，各部门加强协同，为项目高效建设保驾护航。进一步引导全体干部职工强化危机意识和成本意识，提高降本增效水平。持续推动公司现代化制度建设，狠抓制度贯彻执行。

六、加强队伍建设，培育人才实力

优化人才结构，确保人才结构配置科学合理。完善激励机制，借助于“双百企业”改革等契机，逐步建立和完善差别化绩效考核与薪酬体系。强化全面培育，进一步梳理总结前期教育培训成果和经验，丰富培训载体。

七、坚持党的领导，提升政治本领

强化党的领导，以习近平新时代中国特色社会主义思想为指引，增强“四个意识”、坚定“四个自信”、做到“两个维护”。进一步完善党组织体系建设，推动党建与生产经营进一步融合。加强队伍建设，坚持党建带团建、带群建，着力推动基层党员先锋队和党员示范岗的创建和优势发挥。

（郑　晴）

# 上海航空发动机制造有限公司

**【概况】**

上海航空发动机制造有限公司（以下简称公司）成立于1978年，是中国航空工业集团公司在沪企业，于2004年12月注册成立股份有限公司；2018年4月改制为有限责任公司，2019年3月增资扩股后注册资本17486.174万元。公司注册地上海市宝山区富联路1058号，下设上海顾村、烟台、沈阳、武汉、滁州、张家口六地七厂。

公司主要业务为汽车零部件成型和连接，产品主要涉及车身结构件、开闭件、总装电泳件，包含纵梁、车底&顶盖横梁、轮罩、天窗、门窗框、后端板、水箱框架上横梁、A/B/C/D柱、滑移门支架、仪表板梁等，产品涉及整车车身及总装的大部分区域。公司主要客户有上汽通用、上汽乘用车、上汽大众、吉利汽车、华晨宝马、华人运通。公司还是恒大汽车、长城汽车、特斯拉（上海）有限公司的潜在供应商。

**【2020年经济工作情况】**

2020年，公司全面正确把握内外部环境，在“一心、两融、三力、五化”新时代集团战略指引下，借力航空工业试点改革时机，深化公司改革，调结构、转方式、强基础、补短板、防风险，强化经营理念，为“十四五”开局厚植基础。

一、坚持战略导向，深化改革提质增效

转换方式，深化改革谋发展。制定公司”十四五”发展规划框架，深化改革，发布深改30条，增强管理内生动力。优化生产组织方式，推进部分基地外包内做，优化人员配置。将低附加值的生产环节外包，对现有人员进行深度梳理和数量、质量优化。年底，公司从业人员801人，比2019年末的1481人减少680人。在主动作为进行人员优化的同时，为提升管理效能，聚焦核心能力建设，开展公司全层级的核心、关键岗位梳理工作，明确岗位序列、职责及岗位要求，按市场化薪酬提升核心、关键岗位人员薪酬水平，进一步拉开差距。市场化招聘1名财务副总监，淘汰1名财务总监。通过校园招聘和社会招聘引进各类人才36人。深化混合所有制改革，推动改革向纵深发展，继续寻求股权融资。分别与威海产投（政府产业引导基金）和海通资本进行接触洽谈，探讨混合所有制改革方案。

盘活资产，推进资产轻量化运行。持续推进存量资产转让，烟台上发土地厂房目前在评估备案阶段；沈阳沈北厂区与意向方进行多轮接触洽谈，正在办理权证；武汉厂区探讨空余场地转让事宜。调配部分滁州基地生产设备及设施用于其他基地的新产品开发。开展资产清查工作，进行投入产出调查，清理呆滞存货和供应链，加强存货管控和采购管理，优化库存结构，及时处理账物不符存货，夯实家底，有针对性地推出原材料配送制，减少库存和资金占用。12月末存货金额为1.61亿元，比年初下降2.08亿元。

多措并举，加强资金成本管控。加强资金的使用预算管理，量入为出，修订资金审批权限，严控资金使用。加强投资管理，严控技改技措实施，强化利旧和全公司范围内资产调拨理念，非必须不投入。多渠道想办法降低融资成本，减轻资金压力。对银行融资成本进行分析比对，按高低排名进行替换，拓展宁波银行、农业银行融资，停止向利率较高的招商银行续贷。通过增加流贷并加大开银票额度，将客户支付银票尽量到期托收或贴现来增加流动资金。

二、聚焦技术引领，实施工艺和设计技术双轮驱动

推动新工艺技术升级优化和新订单落地。提升激光连接技术的应用能力，降低在产项目A2的质量成本，新承接458等车型激光连接订单。加强技术与市场的协同，共同拓展新业务，如参与蒂森克虏伯悬架系统避震器的项目，滁州高铁集气箱项目前期技术方案论证和试制。承接通用加油小门项目，积极参与沈阳地区军民融合项目。技术先行，尝试导入带产品设计功能的项目，与市场共同探讨车身铰链项目的市场营销和业务拓展。推动产学研项目及与客户的同步预研开发合作。与泛亚技术中心合作，启动“基于动态摩擦系数的钣金成形一致性研究”。与上海理工大学签署“卓越工程教育”院企合作合同。做好信息化技术的顶层设计与系统升级。加强数据（信息）收集、处理、运用意识，与公司实际相结合，首先实施生产经营中急、难、重问题的关键流程，推动公司投入产出环节“日清月结”工作落实。强化信息化与财务数据的高关联。

三、坚持市场策略清单化管理，大力开拓潜在市场

加强客户风险评估和业务的风险评估，如吉利路特斯项目，实施订单管理，强化市场策略的清单化管理，分析现有业务（产品），与技术深度协同，在资金、利润、战略共同作用下实施订单承接。稳固大客户，开拓新市场，关注各基地间结构性不平衡问题，规避高风险客户和高风险车型，向高端品牌和高端市场靠拢。一方面，继续稳定最大客户上汽通用业务份额、深耕上汽大众、上海赛科利等现有客户订单承接份额；另一方面，努力开拓以“两田”为代表的日系车企、BBA、高铁车厢配套等市场优化客户结构。承接了上汽

通用水箱框架新项目，保持公司在激光焊接工艺技术专业化方面的先发优势。承接从上海飞众公司转移出来的上汽通用量产车型的优质订单，提前超额完成2020年承接新订单年度指标。积极开拓新市场，各基地拓展二级配套业务。武汉基地积极与日系一级供应商联络拜访客户，承接郑州日产的二配业务，沈阳基地积极拓展了军民融合业务。

四、聚焦基础管理，强弱项、补短板

强化投入产出意识，加强价值链分析与监控。对收、发、存及开票环节进行检查、监控，及时查找短板，完善管理措施，取消2家供应商资质，加强对开平供应商的过程审核，并对相关责任人进行问责。在对价值链和公司的有限资源进行分析的基础上，调整上海、烟台、滁州的生产模式，实施外包内做。健全制度体系。梳理、调整、夯实各部门管理职能，在深化改革“三十条”的基础上，制定落实《规范合同管理等五个经营过程和调整资金审批权限的二十六条要求》、《关于细化生产管控措施和夯实公司基础管理责任的二十三条要求》等细化生产管控措施、管理规定，严格规范在各类物资、产品加工、服务、后勤保障等方面与供应商之间采购业务的行为。围绕中心工作开展专项审计内控工作。落实全面风险管理，管控资金风险和经营风险，对高风险客户、高风险车型进行评估，及时采取应对措施，积极化解风险。规范和加强基础管理过程，提高公司的经营效率和效益，促进公司管理持续改进与创新。开展合规经营，树立全员合规管理理念。根据集团及汽车相关要求成立公司合规管理委员会，明确组织机构及职责，制定《合规管理规定》，明确合规管理范围及工作流程，组织开展集团《合规手册》的宣贯和培训。

五、坚持市场化选人用人机制，加强管理者和人才队伍建设

坚持“党管干部”原则。领导班子坚持正确选人用人导向，严格选人用人程序，优选配强并及时调整各基地领导团队，不断优化公司管理队伍结构，持续增强队伍整体合力。对中层管理人员实施定期考核测评，强化责任担当，落实“能上能下”，营造风清气正、干事创业的良好氛围。坚持“党管人才”，提升人员素质。根据公司发展实际，分阶段开展人员优化工作，合理制订招聘计划，根据岗位特性分层级开展招聘工作，招录重点院校相关专业优秀毕业生或具有成熟经验的社会化人才填补紧缺、核心岗位。2020年招聘录用36名本硕学历、专业对口的人才到财务、法务、市场、质量、物流管理等岗位。完善薪酬体系、员工职级体系，从制度上提供适应各类人才的发展通道。完善激励政策公司绩效考核体系，问责与奖励并举，进一步完善激励约束机制，制订技术创新、市场激励、员工激励、任期激励等办法，激发员工的主动性、创造性，确保公司战略、重大决策、决议及规章制度的贯彻执行。对在工作中表现平庸、碌碌无为、屡出差错、推诿执行的按规定实施问责，实施“员工能进能出”，2020年问责9人，解除4人。

**【2021年发展趋势】**

2021年，公司全面承接集团战略，落实中航汽车战略部署，全面推进深化改革创新，着力“五个聚焦、五个狠抓”；以高质量发展为“十四五”开好局。

一、坚持“五个聚焦”

聚焦经济运行。发布“十四五”发展规划、技术发展子规划、人力资源子规划。继续深化改革，围绕体制机制变革，推进混改工作。优化带息负债结构、做好税务统筹、风险管控等工作；上海本部申请2021年高新技术企业。做好闲置资产处置、提升净资产收益率、提升资本回报率；持续推进存量资产转让如：烟台基地、沈阳基地等。严格合同管理的订立、执行、变更、验收等各环节；落实主体责任，清理合同应收、应付。完善经济运行体系，有效监督公司各项经营活动，落实“一企一策”，提升公司经济运行质量。转变公司采购模式，压降库存、降低采购价格。在全价值链的（技术、工艺、采购、管理等）各环节做好专项核查、全面降本工作。全层级研究产业政策，争取政策补贴、税收返还。以采购配送制、结算寄售制为契机进一步压降存货，严控两金占比、做好开票管理、应收应付管理。

聚焦技术创新。聚焦细分工艺技术能力升级，传统工艺技术向新技术、新工艺转型，产品专业化向工艺专业化转型。导入产品设计功能，建设带产品设计技术的核心能力基础。寻求国内外技术合作方，打通技术升级的合作通道，落实国内外细分工艺或设计技术的引进和合作。达成信息化建设、在“收、发、存”ERP环节改进的落地，在销售端做好与顾客、沪外基地接口。放大和提升已掌握的优势技术，推广技术应用面、拓展新增长点。

聚焦市场拓展。落实战略要求，灵活市场机制；聘用外部的市场开拓人员，共同开发新的客户、包括国内外的整车厂。拓展高端客户、高端品牌，向附加值高的车身底盘、开闭件、功能件、发动机总成附件上拓展，向技术同源的高铁领域拓展。争取在车身铰链、悬挂系统避震器支架、高铁项目、军民融合等项目上有较大突破。市场围绕技术先行策略，导入带产品设计功能多车型、单车多件、适合多地供货的项目。夯实主营订单管理，定期分析报告各基地的预期订单和在手订单的滚动数据，落实“一地一策、一企一策、一车一策”。

聚焦人力资源结构优化。制定人力资源结构优化的目标、思路、措施，存量上继续积极主动优化人员能力，增量上加大引进社招和校招力度；全员劳动生产率不低于22.9万／人。优化各层级人员专业、层次、年龄、文化、职称等

"硬结构"，提升知识、能力、素质等"软结构"中高级职称占比不低于5%。

聚焦基础管理。坚持目标导向、问题导向，完善各项管理制度和工作流程。加强合规管理，制定合规管理风险清单，更新各类授权文件，通过专项审计、过程审核，堵塞各类管理漏洞。

二、落实"五个狠抓"

狠抓预算落地。将全面预算管理作为公司年度全部经营活动的依据，提升滚动预算编制水平，提高预算的准确性。加强预算的在途管理，定期开展经济运行分析，强化预算的刚性约束。发挥预算的指引作用，切实提升公司整体绩效和管理水平。

狠抓"CBA"的运用。应用好CBA管理工具，完善公司CBA管理模板，全面应用到公司资本项目投资、市场报价等业务领域中，进行全生命周期数据分析和管理。

狠抓全员培训。多渠道、多形式提升中层管理人员能力，结合公司战略和核心能力建设，针对生产经营管理中的薄弱环节，开展全层级的全员分类指导、培训和培养。提升全员经营意识、危机意识；发动全员参与，提升内部管理和业务水平，凝聚和打造一支价值观趋同、目标一致的奋斗者队伍。

狠抓"收、发、存"管理。建立科学有效的管理制度，在完善内部控制、建立适用的信息管理系统、整合物流资源等方面对存货管理过程进行优化，下大气力加强"收、发、存"管理；关注基础管理在基层运行的落地。通过狠抓"收、发、存"，杜绝库存账物不符的现象；杜绝销售端开票遗漏和不及时现象。通过狠抓"收、发、存"促进库存基础数据的准确性和及时性，提升投入产出管控的严肃性，做到日清月结。

狠抓公司内部经济循环。通过狠抓公司内部经济循环，加强公司跨区域内部资源协同和闲置资产协同再利用。通过狠抓公司内部经济循环，将高价值业务从"外包"转为"内做"，增强内部经济循环，提升公司核心竞争力。

（黄安全）

# 沪东中华造船（集团）有限公司

**【概况】**

沪东中华造船（集团）有限公司是中国船舶集团有限公司旗下核心造船企业，公司围绕全球视野下海运装备需求，依托两大总装造船基地和强大的自主研发和先进制造能力，形成完善的品控体系和服务网络，致力向全球客户提供一流的产品与优质服务。

公司是中国综合实力最强的民用船舶制造企业之一，秉承"为客户创造最大价值"的理念，矢志服务国家战略，成功摘取世界造船"皇冠上的明珠"，成为中国唯一的大型LNG运输船建造企业，已经交付和在建的大型LNG船超过30艘，实现了国家重大能源运输装备的自主可靠生产。8000箱位以上超大型集装箱船建造业绩超过50艘，建造的2.3万箱集装箱船是当今世界上载箱量最大，技术性能最先进，全球首个应用LNG为主要动力燃料的"超级工程"。公司拥有国家级企业技术中心，国家能源LNG海上储运装备重点实验室，在国内船厂中唯一设有LNG技术研究所，建立了企业博士后科研工作站和船体、轮机、信息化博士工作室。先后承担了国家一系列装备研制、技术创新、能力建设等重大科研项目，拥有70多项国家级奖励和700多项发明专利。立足新时代，公司深入贯彻习近平新时代强军思想和坚持海陆统筹，建设海洋强国的重大战略部署，坚持科技创新引领市场需求；坚持高端制造支撑发展战略；坚持中国创造实现产业报国，努力建设卓越的全球化海洋科技装备产业集团。

**【2020年经济工作情况】**

一、突出党建引领，沉着应对突发疫情风险挑战

年初，面对突发疫情考验公司深入贯彻习近平总书记关于疫情防控重要指示，突出党建引领，第一时间建立以党组织为核心的疫情防控领导和工作机制，迅速制订疫情防控总体方案，层层落实疫情防控要求，快速开展人员信息排查和疫情防控措施落实，有序做好回沪返岗人员医学隔离观察，在春节离沪员工占比达到70.7%的情况下确保了零感染。在疫情常态化防控阶段公司强化外防输入，全力复工复产，克服配套供货推迟船东代表、船员、服务商无法按期到厂等困难，坚持不等不靠确保各项任务目标按期实现。

二、保持砥砺奋进，坚定完成全年各项任务目标

面对疫情严重冲击、全球贸易深陷低迷的考验，公司全年完工交船17艘/110.44万载重吨，Yamal-LNG、化学品船项目完美收官，世界最大的23000TEU双燃料集装箱船交付3艘；长荣24000TEU集装箱船、马石油7.99万方江海联运型LNG船等一批新项目顺利开工，11家直接管理投资企业运行质量有效提升。全年公司完成工业总产值180.6亿元，比上年增长11.2%；实现营业收入178.94亿元，实现集团考核目标；承接新船订单113.87亿元；与卡塔尔石油签订超200亿元LNG造船项目合作协议，成功签约国内首座薄

膜型 LNG 岸罐项目，产业结构持续优化升级，发展基础持续夯实。

三、深化科技创新，持续增强企业内涵发展动力

坚持创新驱动，加快科技赋能，年内完成“海上 LNG 装备产业链提升工程”顶层设计论证，推动 LNG 产业链上中下游融通创新及自主可控；围绕船舶行业工业软件自主可控的重大战略要求，开展“船舶国产三维 CAD 关键技术研究及应用验证专项”研究和申报，支撑船舶工业数字化转型。研发并向市场推出 13 型新船型，16 项科研项目获国拨经费支持，12 项科技成果获得国家、上海市奖励。LNG 加注船获工博会金奖，“23000TEU 集装箱船建造”获第六届中国工业大奖表彰奖，智能制造技术应用获中国工业互联网大赛三等奖；制造二部 QC 小组获“国际质量管理小组铂金奖”。全年新申请专利 525 件，发明专利占比 80%，同比增长 20%。

四、围绕效率提升，深入成本工程狠抓源头降本

围绕效率效益，公司狠抓主建船型提效降本，Yamal-LNG 项目系列船建造周期接近世界先进水平，采购占比降至 56%，相比美孚项目下降 9%，实现全面盈利；新一批次 6 艘化学品船全部按期交付，平均建造周期相比前一批次缩短 7 个月。全年每修正吨消耗工时同比降低 9.6%，年人均修正吨同比提升 14.1%。通过深化成本工程，强化预算管控，压降成本 2.52 亿元，完成率达到 113%；物资采购、外包外协、人工成本占收入比同比分别下降 1.43%、1.69% 和 1.28%；通过严格缺损件管理，新 38000 吨系列化学品船缺损件费用降幅达 90%。

五、提升发展质量，坚定不移推进全面深化改革

围绕高质量发展战略，公司推进全面深化改革，撤销生产运行部推进机构精简，提升管理效能，压实总装部门交船责任；围绕资源整合完成崇南公司资产处置，统筹推进浦西厂区停产，推动总装三部产能向本部转移；通过与上海市发改委签订《复兴岛厂区搬迁合作备忘录》，走通资源整合、产能转移关键路径；同时，公司按照《集团全面深化改革三年行动方案（2020—2022 年）》，细化分解目标，明确分阶段、分步骤落实 10 个方面 98 项深化改革任务。

六、谨慎投资决策，科学编制“十四五”规划

围绕严控投资和可持续发展，公司加快推进本部整体搬迁和综合开发前期工作，有序推进一号船坞接长，实现长兴二期工程和年产 26 万只以上的绝缘箱流水线新建工程 2021 年初开工建设，累计实施固定资产投资 83222.36 万元。在抓好当前同时，公司深入学习贯彻党的十九届五中全会精神和习近平总书记关于构建“国际国内双循环”新发展格局的重要论述，贯彻集团《高质量发展战略纲要》，以“做精军品，做强民品，做专配套，做大服务”为目标，科学制订“十四五”发展规划，确立未来 5 年公司高质量发展的“任务书”和“路线图”。

七、强化巡视整改，不断扎紧扎密扎实制度笼子

年内，集团对公司开展制度建设专项巡视，提出 12 个方面 38 项巡视整改要求。公司高度重视巡视整改，深入学习贯彻党的十九届四中全会精神，认真制订整改方案，层层分解整改责任，确保按期优质完成整改任务。并以巡视整改为促进，推动健全制度运行长效机制。同时，以制度建设为牵引，进一步梳理业务流程，规范权力运行，强化职能监督，加大党风廉政和反腐败斗争力度，积极践行“四种形态”，抓早抓小、防微杜渐，持续深化“干净工程”；扎实推进治理体系和治理能力现代化，扎紧制度笼子，让权力在阳光下运行。

八、深化主题教育，切实增加员工幸福感获得感

不断巩固深化“不忘初心、牢记使命”主题教育成果，把职工群众对美好生活的向往作为奋斗目标，努力增强职工群众的获得感、幸福感、安全感、归属感。通过年中生产激励、年末岗级标准调整、年度业绩考核兑现等方式，切实提高员工收入，实现全员年度收入增幅 10.7%，其中低收入群体收入增幅达到 12.7%。

**【2021 年发展趋势】**

一、生产任务

确保完成 80 项生产大节点，完工交船 18 艘 /149 万吨。努力保持 LNG 系列船全面盈利；争取超大型集装箱船建造不断提速，23000TEU 系列船圆满交付；克服生产技术准备周期短困难，确保新接 LNG 船、集装箱船项目连续建造，首个陆上储罐围护系统安装工程安全有序。

二、经济指标

完成工业总产值 190 亿元，实现营业收入 195 亿元，确保营业利润正增长，利润总额为正。

三、经营承接

实现经营承接 262.9 亿元目标；做大应用和服务产业，确保应用产业和服务增长分别不低于 28% 和 11%。

四、科技创新

持续推进 11 项船型优化和新船型研发，力争实现专利申请数 528 项；争取国拨科研经费获批不低于 2 亿元。

五、降本增效

强化成本控制，推进成本工程，确保全年实现成本压降 4.7 亿元；工时利用率提升 7.68%。

六、投资企业

确保营业收入增长 15% 以上，净利润增长 15% 以上目标。

七、收入增长

稳步提高员工收入，确保人均收入上涨不低于 7%，骨干收入上涨不低于 15%。

八、安全质量

确保实现“〇〇一”安全目标，全年无生产安全死亡事故，无重大火灾、环境污染事故，无重大刑事案件，无新发职业病，安全事故季频率小于1‰。完善质量精细化管理，加强质量全过程管控，确保全年无重大质量事故发生，品质信誉持续提升。

九、重大工程

确保长兴造船一号船坞接长工程2021年6月完工投产；实现新的绝缘箱生产流水线2021年7月完工投产；有序推进长兴二期工程建设，年内实现船坞、港池、船体联合车间等九大主体工程全部开工建设；有序推进浦西区域搬迁腾地，提前策划本部整体搬迁。

（顾　坚）

# 上海外高桥造船有限公司

**【概况】**

2020年，上海外高桥造船有限公司（简称外高桥造船）以“计划高标准执行、资源高效率配置、产业高质量发展、企业高效益运营”作为年度经营方针，紧紧围绕“强根基、扬优势”的管理主题，全年实现营业收入108亿元；全年交付新船27+（1）艘（座）/490.6万载重吨，造船总量继续保持世界前列。

**【2020年经济工作情况】**

2020年，公司营业收入合计119.06亿元，其中：外高桥造船108.82亿元、外高桥海工33.57亿元、外高桥设计0.34亿元。工业总产值合计92.54亿元，其中：外高桥造船75.78亿元、外高桥海工16.76亿元。研发投入占营业收入比例8.5%，其中：外高桥造船占比8.33%、外高桥海工占比3.07%、外高桥设计占比6.39%。

一、主营业务方面

上海外高桥造船有限公司全力以赴将新冠肺炎疫情的影响降至最低，取得积极成效。邮轮工程顺利推进。11月10日，国产首艘大型邮轮顺利入坞，进入全面连续搭载阶段。海洋工程连续交付。实现3座自升式平台、2艘PSV交付运营，此外还有2艘PSV已签字交船。同时上海外高桥造船有限公司为荷兰SBM公司建造的第二艘Fast4Ward海上浮式生产储油船（FPSO）于8月底成功交付，这是全球首艘具有自航能力的通用型FPSO。民船保持连续高效建造。好望角型散货船、400K VLOC等实现连续交付，全年交付8艘180KBC、13艘210KBC、1艘400K VLOC，合计22艘/456.9万载重吨。

二、管理提升和降本增效方面

外高桥造船着力构建与邮轮、海工、民船等3种不同业态相适应的组织架构与管理体系，加强人才队伍建设。进一步优化后行管理模式，进一步平衡邮轮、海工、民船各产品之间的后续总装和调试负荷。进一步梳理完善公司制度体系，推进邮轮、海工和民船“一体化”的项目质量管理体系。着力提升效率和降低成本并举，在设计成本改善、采购机制创新、生产加工管控、财务费用管控等方面持续发力，全面完成年度降本目标。

三、科技创新和信息化建设方面

外高桥造船有序推进CAPE/AFRA/SUEZ/VLCC等重点船型配置双燃料方案及常规燃料升级优化地研发设计工作，成功开发10万吨级极地双向破冰阿芙拉DAT（Double Acting Tanker）线性。持续加强SWS-TIME建设，正式发布新一代一体化移动平台，有效联动邮轮设计、计划派工、供应链、质量安全、成本等方面管理。

**【2021年发展趋势】**

2021年是外高桥造船巩固“邮轮引领、一体两翼”战略格局的关键一年。公司坚决贯彻集团公司年度工作会总体部署，紧紧围绕“夯实大型邮轮主体地位、提升民船海工盈利能力”的经营方针和“协同、创新”的管理主题，扎实开展生产经营工作，完成好各项目标任务。为公司高质量发展及可持续性发展而不断努力。

（严　超）

# 江南造船（集团）有限责任公司

**【概况】**

江南造船（集团）有限责任公司（以下简称江南造船），隶属于中国船舶集团有限公司，前身是1865年清朝创办的江南机器制造总局，是中国民族工业的发祥地，是中国打开国门、对外开放的先驱，同时也是国家特大型骨干企业和国家重点军工企业。

2020年，江南造船始终坚持保军首责，积极推动技术进步、努力创新管理模式、夯实核心能力建设，转变理念、革新思维、力求突破，年初预测的九大风险妥善化解，9项重点工作有效推进。2020年，全年交船6型19艘（含增产3艘），实现营业收入233亿元，利润总额5亿元，成本费用率93%，超额完成集团下达的各项年度任务与指标。“十三五”期间，江南造船累计营收894亿元，利润总额41.87亿元，较“十二五”期间的营收584亿元、利润总额8.12亿元均有大幅提升，公司高质量发展全面持续深化，“十三五”规划目标全面实现。

**【2020年经济工作情况】**

一、坚持党建引领，提高政治站位

公司领导班子坚持把习近平新时代中国特色社会主义思想作为一切工作的行动指南，认真学习贯彻中共十九大和十九届二中、三中、四中、五中全会精神，并带领广大干部员工一起解放思想、统一认识、凝聚共识，将理论学习与谋划公司发展战略紧密结合。与此同时，公司班子始终把关乎广大职工切身利益的工作摆在重要位置，以各种方式加强与职工的日常沟通交流，了解职工所思所想，消除职工的后顾之忧，增强职工幸福感、满意度。

二、打赢疫情防控攻坚战

面对突发的新冠肺炎疫情，为切实保障公司广大职工的生命安全与身体健康，同时在最快的时间内抓好复工复产，公司第一时间成立了疫情防控小组。一方面按照习总书记“科学防治，精准施策”的总要求，采取分地区、分岗位、差异化、精准实施的策略：疫情防控工作覆盖3个生活区、31个社区，组织300余位志愿者共同保障6省15市、7批次、72辆车、1136位职工顺利返沪，尽心服务1.3万余名观察职工、500余名服务商，确保顺利返岗复工。同时，为解职工所难，公司通过各种渠道集中采购酒精、口罩、力度伸、药皂、消毒液等防疫物资，充分保障广大职工的日常防疫与生活需求。另一方面，通过有针对性的“抓设计，抓生产，抓营销”，确保疫情防控与复工复产两手抓、两手硬，打赢2020年的疫情攻坚战。

三、体现保军首责担当

2020年是江南历史上高新产品建造数量最多、合同节点最密集的一年。面对疫情影响，公司快速启动、及早应对，以新工艺、新工法推动过程管控，形成高新产品2型4艘下水、3型8艘试航、3型8艘交付的良好态势，确保重点产品后墙不倒，体现传承百年的责任担当。H2618船按照多区域并造的思路，按时高质量、高水准实现工程入坞节点；水面高新产品围绕“统全局、抢先机、重协调、强团队”的总体要求，刷新纪录首次实现1+4艘大型水面舰艇的批量交付，其中某D后续船2017年开工以来，在最短时间内形成年交付4艘的能力；水下产品以驱动产品质量可靠性、建造技术先进性、产品类别全面性为抓手，强化过程管控，成功将船台周期压缩至4个月，抢回因外部因素失去的时间，守住任务底线。

四、经营生产同步提升

民品经营方面，持续发挥智慧营销作用，在世界航运市场持续低迷及新冠疫情影响的双重压力下，始终坚持以客户为中心，着力强化团队建设，积极推介自主研发高端船型，获得航运市场主流船东高度认可：VLGC年度接单全球市场占有率达57%，位居世界第一；打破韩企MGC船型市场垄断，成功进入日本市场，实现LPG运输船全谱系实单覆盖；军品经营方面，积极服务国家战略全局，系统梳理价格管理模式变化，推行“三表合一”成本价格体系，时刻响应军品报价、议价、审价需求；同时深入研判市场格局变化，充分把握行业竞争机遇，依托产品进度质量与服务保障能力的同步提升，巩固第一军工地位。

民品生产方面，8艘84000立方米VLGC批量交付，向成为全球液化气船建造中心的目标迈出坚实一步；“中山大学号”科考船按照“四同建造”的理念，确保按期下水；全球最大双燃料集装箱船成功突破气试新模式，实现连续交付；A型液罐通过工法革新和工装优化，实现量质齐升。军品生产方面，大型水面高新产品推行集约化交验模式，做精做细特装系泊及航行试验计划，有效缩短建造周期，形成年交付5艘的批量高效节拍；某Ⅱ系列克服国产主机可靠性问题，优化后行建造及异地验收模式，确保年交付3艘，型号圆满谢幕；某C系列化解采购模式变化、新设备技术指标超标等难题，优化材料敷设、压载水舱内部完整性施工等关键工序，成功压缩建造周期150天，年度节点全面受控。

五、技术进步有创新突破

智能建设方面，总段智能对接系统在3分钟内成功完成H2618巨型总段精准、快速、低应力对接，确保严丝合缝、一次成功，开启总段对接智能化先河；水下数字化生产线顺利完成1/4肋骨制造站位的首套样机制造并投入试生产，大幅提升人均效率；吊马智能工作站实现连续生产，人员数量由27人减至5人，有效提升人工产出，智能制造水平显著提升。数字化转型方面，GS信息管理平台全面实现物资管理的全产品、全流程覆盖，创新突破高新产品应用难题；智慧园区推进取得初步成效，综合安防、便捷通行及智慧餐线等场景上线应用，实现厂区数字运营；以“规范差旅管理，便捷职工出行”为原则，以“免垫资、免取票、免报销”为目标，搭建完善的差旅平台体系，真正做到事前逐层审批、事中标准管控、事后快速闭环，在大幅提升办公效率的同时，切实增强职工日常差旅出行便捷性和体验感。

六、实现管理全覆盖

生产计划方面，一是以可视化看板为载体，对影响生产的痛点与难点进行快速响应、分级筛选，责任到人、限期闭环；二是对标年度计划设置节点红黑榜；三是提升先行中日程与月度计划匹配度；四是优化钢板供应方案。劳务激励方面，制订“加工费分配激励2.0”方案，坚持“多劳多得，优劳优得”，年度工时物量较去年同期提升12%。成本管控方面，推进单船单图套料设计和余料库管理，切实减少余料库存，年度完工产品钢材一次利用率达88.20%；开展型船设计专项提升工作，针对多发、典型设计问题进行分析改善，年度设计准确率提升4%；依托VOCs管控中心，在确保治理设备平均排放达标率99%以上的同时，年度动能源费用较年初预估目标值下降约30%。基础管理方面，大力推进涂装技术攻关，水性涂料实现向公务船的覆盖，保修船实现“无尘除漆除锈”；保密管理方面，着力推进公司密网行政办公系统。

**【2021年发展趋势】**

2021年，江南造船严格按照公司党委的工作部署与要求，继续聚焦制度建设、制度执行，持续深化政治引领，围绕一个方向，抓好两项重点，推进三条主线，重点抓实“疫情、保密、安全及廉政”风险，抓细“高质量保交船”风险，抓深“培植核心竞争力”风险，切实围绕全年“营业收入255亿元，经营承接240亿元，交船12+1型32+1艘，工业总产值245亿元，利润总额6亿元”的任务目标，以“保交船、抓策划、提管理”为抓手，坚持问题导向、系统思考、数据说话，在理念、思维、方法论上狠下功夫，努力确保年度任务与指标全面落实，为“十四五”规划开好头、起好步，确保公司在转型升级的道路上行稳致远，以更加饱满的状态和出色的业绩喜迎建党100周年。

（陆　骋）

# 中船动力（集团）有限公司

**【概况】**

中船动力（集团）有限公司（简称：中船动力集团）于2020年11月27日注册成立，隶属于中国船舶集团有限公司，由中国船舶工业集团有限公司、中国船舶工业股份有限公司以各自持有的动力业务资产出资组建。公司在整合沪、苏、皖地区及海外各动力企业相关业务、资源的基础上，对研发创新、全球服务、低速机、中／高速机、关重零部件、电气及应用等动力相关业务实施一体化运营管理，着力于推进研发、制造、服务一体化发展，努力建设世界一流的动力公司。

公司主营适用于远洋近海船舶、内江内河运输船舶的全系列低、中、高速发动机；核电、电站等特种用途动力系统集成装备、供气系统、减排装置、综合电力系统；高端制造（铸件和加工）、设备维修、码头营运等相关业务。同时建有集铸、锻、焊、机加工及精密制造为一体的船用动力关重零部件专业配套基地；拥有全球售后服务网络，专注于打造动力产品全球服务能力，发挥研发、制造、服务整体合力，为客户提供解决方案和增值服务。

公司控股或参与投资的企业共18家（并表11家），员工近6000人，其中技术人才比例25%。拥有有效专利1695件，其中发明专利289件。拥有国家级中／低速机企业技术中心、国家级博士后科研工作站。公司研发体系主要由中船动力研究院、两个国家级企业技术中心和一个海外设计公司组成。公司拥有国家高新技术企业、国家知识产权优势企业、质量信誉AAA等级企业、军工单位安全生产标准化一级达标企业等下属子公司。

2020年是中船动力集团成立元年，在中船集团党组和公司党委的正确领导下，坚持以习近平新时代中国特色社会主义思想为指引，深入贯彻中共十九届四中全会精神和习近平总书记、李克强总理关于组建中国船舶集团的重要指示精神，牢记强军兴军首责、聚焦发展壮大主业实业，推进管理体系建设，动员全体员工统一思想，积极进取。始终坚持党建工作与中心工作深度融合，以理顺组织架构和优化体制机制为抓手，精简机构人员，优化职责体系，确立公司管控模式，将公司业务性质划分为战略任务型、主营业务型、培育发展型、投资收益型四类，根据业务特点，针对不同业务性质企业实施差异化的管控。在新冠疫情爆发的不利环境下，公司各成员单位积极推进转型，推进产品结构优化、实施相关多元发展、整合内部资源、强化科技创新、加大对外合作、开展管理提升等多种措施，整体上基本搭建起“研发、总装制造、关重件、服务于一体”动力产业发展雏形。

**【2020 年经济工作情况】**

一、经济指标

2020 年营业收入超过 70 亿元，工业总产值完成 56.6 亿元，柴油机完工 492 台 /322.1 万千瓦。工业增加值 13.1 亿元，出口产值 828 万元。经营承接 78.1 亿元，其中低速机承接额比上年增长 2%，中、高速机承接额同比增长 13%，市场占有率继续保持全球第三，持续增长至 29%。至年底，手持订单金额 70.4 亿元，其中低速机手持订单金额同比增长 5%，中高速机手持订单金额同比增长 17%

二、主营业务

落实船舶制造强国战略，顺利交付国家高新工程配套的产品、完成重点装备研制任务、深度参与装备维修改革，全寿期平均在航率由 70% 提升至 93%。船海产业方面，中船动力集团积极推进产品转型升级，交付世界最大船用双燃料低速机 WinGD 7 台 12X92DF、全球首台 LGIPS 商品机（6G60ME−C9.5−LGIP−HPSCR）、12 台 L23/30DF 和 L28/32DF。主营产品取得重大突破同时，公司进入核电站应急发电机组售后服务市场；同时获得首批船用高压 LNG 供气系统（FGSS）订单，实现零的突破；环保业务（SCR）外销承接突破 8000 万元，业务范围从海洋扩展向陆地；承接海外箱式电站项目（中铝几内亚陆用电站机组）、风电齿轮箱、声呐收放装置以及压缩机曲轴箱体机械加工业务。

三、科技创新

积极开展低速机创新工程，其中两型工程样机（CX40DF、CX52）研制进入攻坚阶段、六型关重件配机试验取得阶段性进展；进行自主品牌产品（390 大缸径中速机、340 小缸径低速机）优化设计工作；开展关键零部件本土化工作（DE 系列凸轮轴，6DK−26、6DK−28 曲轴、柴油机电控系统）；开发国际首创、完全满足 Tier Ⅲ排放要求的第二代低压 SCR 产品。

四、管理提升

全年成本工程累计降本贡献超过 1.85 亿元。编制对标世界一流提升工程方案；落实质量问题“减存量、遏增量”和“双归零”；持续推进两化融合，自主开发中船动力集团信息系统。

**【2021 年发展趋势】**

一、战略定位和总体思路

构建产业结构合理、质量效益领先、科技水平先进，具有国际竞争力的世界一流动力企业；坚持党的领导，坚持两个“一以贯之”，坚持以中国船舶集团的重要指示为根本遵循，强化战略引领，聚焦兴装强军使命、壮大主业实业，积极融入重大战略，认真抓好重点工作、重大工程、重要项目；全面深化改革，深化整合融合，坚定不移地走质量效益型的内涵式发展道路；全力“抢市场、拓总量、促转型”，不断增强研发、制造、服务一体化的综合竞争能力；确保圆满完成各项任务和发展目标，迈好中船动力集团高质量发展的第一步，开启新的征程。

二、公司主要经济目标

营业收入 74.7 亿元，承接合同（不含增值税）82.2 亿元，工业总产值 62.2 亿元，工业增加值 12 亿元。

三、年度重点工作

加强企业文化建设，依靠文化融合感情，依靠品牌统一目标，依靠信息化统一行动。继续加强党政建设，强化基层党组织建设；坚定不移深化全面从严治党；加强干部人才队伍建设并强化制度执行；凝聚力量引领公司高质量发展，切实保障中船动力集团“十四五”规划开好局。

理顺组织层级管理和股权关系，健全和完善管理制度体系，致力深化改革创新，高效稳妥推进整合融合。坚决履行兴装强军首责，全力承接军工新任务订单；加强军工业务经营和科研生产组织管理；着力构建装备全寿期服务保障体系。

构建协同高效的科技创新体系、激发创新活力。夯实生产设计、先进制造和工艺技术，提升核心竞争能力，谋求行业领先地位；谋求关重件设计开发和产业化优势；推动船海产品自主可控等重大科技攻关项目；推动新技术产品产业化；积极布局，积极参与行业交流，严格知识产权保护。

增强船海业务接单和交付能力；以供气系统、陆用电站、核电应急柴油发电机组、绿色环保产业为核心，适时开展新业务，发展新动能，向非船领域延伸发展相关业务，集聚资源壮大应用产业；中船服务引领、加强全球合作，增强服务业支撑制造业能力。

发挥整体协调优势，理顺生产条线，推进精益生产、合理统筹资源、提高利用效能；构建新型供应链关系。在绩效考核、资产管理、成本管控和资金管理、质量管理、安全环保和内控等方面不断强化精细化管理水平；构建相对集中统一标准、突出法人责任的档案管理体系；认真细致做好常态化疫情防控。

（查祥蕊　刘　奇）

# 上海电力能源科技有限公司

【概况】

上海电力能源科技有限公司（以下简称能源科技或公司）系国家电力投资集团有限公司上海电力下属的国有企业（股票代码：600021），是一家主要以清洁能源投资、运营、服务为一体的多业务能源科技公司。

能源科技创立于2021年3月，由原上海上电电力运营有限公司与上海上电电力工程有限公司重组成立。公司聚焦“3060”碳达峰、碳中和目标，坚持以绿色发展为主线，致力于可再生能源、综合智慧能源、清洁高效火电及海外业务等领域，开展投资运营、运行维护、检修技改、工程服务等业务。公司具体经营范围主要包括：能源领域内的技术开发、技术服务、技术咨询、技术转让、技术推广，投资运营；电力成套设备及其附件的设计、安装、调试、运行、维护、检修，电力设施承装、承修、承试；各类工程建设活动，工程管理服务，建设工程监理；合同能源管理，企业管理咨询，人力资源服务；环境污染防治及咨询服务，检验检测服务等。

公司资质完备，具备承装（修、试）电力设施二级许可证、电力工程施工总承包贰级许可证、安全生产许可证、锅炉维修1级许可证、起重机械A级许可证、压力管道安装许可证、辐射安全许可证等资质证书，中核集团合格供应商证书、对外劳务合作经验资质、检验检测机构资质（CMA）、再生资源回收经营资质等。公司通过挪威船级社（DNV）ISO9001质量管理体系认证、ISO14001环境管理体系认证及OHSAS18001职业健康安全管理体系认证。

公司现有员工1337人，其中本科及以上学历320人，中高级职称136人，高级技师23人，技师135人，高级工435人。为提升“能源科技”品牌效应，公司多措并举加快培养高素质人才队伍，打造核心竞争力。

公司秉承“专业、高效、融合、创新”的理念，始终坚持以客户为中心、以奋斗者为本，通过与内外部客户的文化融合，全面提升项目质量，为客户创造更大的效益，实现多方共赢。

公司致力于打造核心竞争力，以一流的服务和业绩创建“能源科技”品牌。在精耕常规火电业务的基础上，公司重点在泵与风机差异化检修、新能源、燃机、海外业务等市场领域进行市场布局与拓展深耕，并已形成一定的品牌效应。

在能源投资领域，能源科技以“自主开发为主，合作并购为辅”的发展思路以及“以点带面、全员发展”的举措，创新思维，加强跨界合作，寻找优质项目投资机会，着力推动由单一服务型企业向服务型、管理型和投资型的复合型企业转变，努力创建世界一流清洁能源服务商。

（杨铁明）

# 2021·上海工业年鉴

SHANGHAI
INDUSTRIAL
YEARBOOK

# 上海工商类上市公司行业分类

| 序号 | 代码 | 公司简称 | 行业 |
|---|---|---|---|
| 1 | 000668 | 荣丰控股 | 房地产业—房地产业 |
| 2 | 000863 | 三湘印象 | 房地产业—房地产业 |
| 3 | 002022 | 科华生物 | 制造业—医药制造业 |
| 4 | 002028 | 思源电气 | 制造业—电气机械和器材制造业 |
| 5 | 002058 | *ST 威尔 | 制造业—仪器仪表制造业 |
| 6 | 002116 | 中国海诚 | 建筑业—土木工程建筑业 |
| 7 | 002158 | 汉钟精机 | 制造业—通用设备制造业 |
| 8 | 002162 | 悦心健康 | 制造业—非金属矿物制品业 |
| 9 | 002178 | 延华智能 | 科学研究和技术服务业—专业技术服务业 |
| 10 | 002184 | 海得控制 | 制造业—电气机械和器材制造业 |
| 11 | 002195 | 二三四五 | 信息传输、软件和信息技术服务业—软件和信息技术服务业 |
| 12 | 002211 | 宏达新材 | 制造业—化学原料和化学制品制造业 |
| 13 | 002252 | 上海莱士 | 制造业—医药制造业 |
| 14 | 002269 | 美邦服饰 | 制造业—纺织服装、服饰业 |
| 15 | 002278 | 神开股份 | 制造业—专用设备制造业 |
| 16 | 002324 | 普利特 | 制造业—橡胶和塑料制品业 |
| 17 | 002328 | 新朋股份 | 制造业—汽车制造业 |
| 18 | 002346 | 柘中股份 | 制造业—电气机械和器材制造业 |
| 19 | 002401 | 中远海科 | 信息传输、软件和信息技术服务业—软件和信息技术服务业 |
| 20 | 002451 | 摩恩电气 | 制造业—电气机械和器材制造业 |
| 21 | 002454 | 松芝股份 | 制造业—汽车制造业 |
| 22 | 002486 | 嘉麟杰 | 制造业—纺织服装、服饰业 |
| 23 | 002506 | 协鑫集成 | 制造业—计算机、通信和其他电子设备制造业 |
| 24 | 002527 | 新时达 | 制造业—电气机械和器材制造业 |
| 25 | 002561 | 徐家汇 | 批发和零售业—零售业 |
| 26 | 002565 | 顺灏股份 | 制造业—造纸和纸制品业 |
| 27 | 002568 | 百润股份 | 制造业—酒、饮料和精制茶制造业 |
| 28 | 002605 | 姚记科技 | 信息传输、软件和信息技术服务业—互联网和相关服务 |
| 29 | 002636 | 金安国纪 | 制造业—计算机、通信和其他电子设备制造业 |
| 30 | 002669 | 康达新材 | 制造业—化学原料和化学制品制造业 |
| 31 | 002706 | 良信股份 | 制造业—电气机械和器材制造业 |
| 32 | 002825 | 纳尔股份 | 制造业—橡胶和塑料制品业 |
| 33 | 002858 | 力盛赛车 | 文化、体育和娱乐业—体育 |
| 34 | 300008 | 天海防务 | 建筑业—土木工程建筑业 |
| 35 | 300017 | 网宿科技 | 信息传输、软件和信息技术服务业—软件和信息技术服务业 |
| 36 | 300039 | 上海凯宝 | 制造业—医药制造业 |
| 37 | 300059 | 东方财富 | 金融业—资本市场服务 |
| 38 | 300061 | 旗天科技 | 租赁和商务服务业—商务服务业 |
| 39 | 300067 | 安诺其 | 制造业—化学原料和化学制品制造业 |
| 40 | 300074 | 华平股份 | 信息传输、软件和信息技术服务业—软件和信息技术服务业 |
| 41 | 300126 | 锐奇股份 | 制造业—通用设备制造业 |
| 42 | 300129 | 泰胜风能 | 制造业—电气机械和器材制造业 |
| 43 | 300153 | 科泰电源 | 制造业—电气机械和器材制造业 |
| 44 | 300168 | 万达信息 | 信息传输、软件和信息技术服务业—软件和信息技术服务业 |
| 45 | 300170 | 汉得信息 | 信息传输、软件和信息技术服务业—软件和信息技术服务业 |
| 46 | 300171 | 东富龙 | 制造业—专用设备制造业 |
| 47 | 300180 | 华峰超纤 | 制造业—橡胶和塑料制品业 |
| 48 | 300222 | 科大智能 | 制造业—电气机械和器材制造业 |

（续表）

| 序号 | 代码 | 公司简称 | 行业 |
| --- | --- | --- | --- |
| 49 | 300225 | 金力泰 | 制造业—化学原料和化学制品制造业 |
| 50 | 300226 | 上海钢联 | 信息传输、软件和信息技术服务业—互联网和相关服务 |
| 51 | 300230 | 永利股份 | 制造业—橡胶和塑料制品业 |
| 52 | 300236 | 上海新阳 | 制造业—化学原料和化学制品制造业 |
| 53 | 300245 | 天玑科技 | 信息传输、软件和信息技术服务业—软件和信息技术服务业 |
| 54 | 300253 | 卫宁健康 | 信息传输、软件和信息技术服务业—软件和信息技术服务业 |
| 55 | 300262 | 巴安水务 | 水利、环境和公共设施管理业—生态保护和环境治理业 |
| 56 | 300272 | 开能健康 | 制造业—电气机械和器材制造业 |
| 57 | 300286 | 安科瑞 | 制造业—仪器仪表制造业 |
| 58 | 300326 | 凯利泰 | 制造业—专用设备制造业 |
| 59 | 300327 | 中颖电子 | 制造业—计算机、通信和其他电子设备制造业 |
| 60 | 300330 | 华虹计通 | 信息传输、软件和信息技术服务业—软件和信息技术服务业 |
| 61 | 300336 | 新文化 | 文化、体育和娱乐业—广播、电视、电影和影视录音制作业 |
| 62 | 300378 | 鼎捷软件 | 信息传输、软件和信息技术服务业—软件和信息技术服务业 |
| 63 | 300380 | 安硕信息 | 信息传输、软件和信息技术服务业—软件和信息技术服务业 |
| 64 | 300398 | 飞凯材料 | 制造业—化学原料和化学制品制造业 |
| 65 | 300442 | 普丽盛 | 制造业—专用设备制造业 |
| 66 | 300462 | 华铭智能 | 制造业—专用设备制造业 |
| 67 | 300469 | 信息发展 | 信息传输、软件和信息技术服务业—软件和信息技术服务业 |
| 68 | 300483 | 首华燃气 | 采矿业—石油和天然气开采业 |
| 69 | 300493 | 润欣科技 | 信息传输、软件和信息技术服务业—软件和信息技术服务业 |
| 70 | 300501 | 海顺新材 | 制造业—医药制造业 |
| 71 | 300508 | 维宏股份 | 信息传输、软件和信息技术服务业—软件和信息技术服务业 |
| 72 | 300511 | 雪榕生物 | 农、林、牧、渔业—农业 |
| 73 | 300551 | 古鳌科技 | 制造业—专用设备制造业 |
| 74 | 300578 | 会畅通讯 | 信息传输、软件和信息技术服务业—软件和信息技术服务业 |
| 75 | 300590 | 移为通信 | 制造业—计算机、通信和其他电子设备制造业 |
| 76 | 300609 | 汇纳科技 | 信息传输、软件和信息技术服务业—软件和信息技术服务业 |
| 77 | 300613 | 富瀚微 | 信息传输、软件和信息技术服务业—软件和信息技术服务业 |
| 78 | 300627 | 华测导航 | 制造业—计算机、通信和其他电子设备制造业 |
| 79 | 300642 | 透景生命 | 制造业—医药制造业 |
| 80 | 300762 | 上海瀚讯 | 制造业—计算机、通信和其他电子设备制造业 |
| 81 | 300802 | 矩子科技 | 制造业—计算机、通信和其他电子设备制造业 |
| 82 | 300892 | 品渥食品 | 批发和零售业—零售业 |
| 83 | 300899 | 上海凯鑫 | 水利、环境和公共设施管理业—生态保护和环境治理业 |
| 84 | 300915 | 海融科技 | 制造业—食品制造业 |
| 85 | 300947 | 德必集团 | 租赁和商务服务业—商务服务业 |
| 86 | 300963 | 中洲特材 | 制造业—有色金属冶炼和压延加工业 |
| 87 | 300983 | 尤安设计 | 科学研究和技术服务业—专业技术服务业 |
| 88 | 300999 | 金龙鱼 | 制造业—农副食品加工业 |
| 89 | 301000 | 肇民科技 | 制造业—橡胶和塑料制品业 |
| 90 | 301001 | 凯淳股份 | 信息传输、软件和信息技术服务业—互联网和相关服务 |
| 91 | 301005 | C 超捷 | 制造业—汽车制造业 |
| 92 | 600000 | 浦发银行 | 金融业—货币金融服务 |
| 93 | 600009 | 上海机场 | 交通运输、仓储和邮政业—航空运输业 |
| 94 | 600018 | 上港集团 | 交通运输、仓储和邮政业—水上运输业 |
| 95 | 600019 | 宝钢股份 | 制造业—黑色金属冶炼和压延加工业 |
| 96 | 600021 | 上海电力 | 电力、热力、燃气及水生产和供应业—电力、热力生产和供应业 |

（续表）

| 序号 | 代码 | 公司简称 | 行业 |
|---|---|---|---|
| 97 | 600026 | 中远海能 | 交通运输、仓储和邮政业—水上运输业 |
| 98 | 600061 | 国投资本 | 金融业—资本市场服务 |
| 99 | 600072 | 中船科技 | 建筑业—土木工程建筑业 |
| 100 | 600073 | 上海梅林 | 制造业—食品制造业 |
| 101 | 600081 | 东风科技 | 制造业—汽车制造业 |
| 102 | 600088 | 中视传媒 | 文化、体育和娱乐业—广播、电视、电影和影视录音制作业 |
| 103 | 600094 | 大名城 | 房地产业—房地产业 |
| 104 | 600097 | 开创国际 | 农、林、牧、渔业—渔业 |
| 105 | 600104 | 上汽集团 | 制造业—汽车制造业 |
| 106 | 600115 | 东方航空 | 交通运输、仓储和邮政业—航空运输业 |
| 107 | 600119 | 长江投资 | 交通运输、仓储和邮政业—道路运输业 |
| 108 | 600150 | 中国船舶 | 制造业—铁路、船舶、航空航天和其他运输设备制造业 |
| 109 | 600151 | 航天机电 | 制造业—计算机、通信和其他电子设备制造业 |
| 110 | 600170 | 上海建工 | 建筑业—土木工程建筑业 |
| 111 | 600171 | 上海贝岭 | 制造业—计算机、通信和其他电子设备制造业 |
| 112 | 600193 | ST 创兴 | 建筑业—建筑装饰和其他建筑业 |
| 113 | 600196 | 复星医药 | 制造业—医药制造业 |
| 114 | 600210 | 紫江企业 | 制造业—橡胶和塑料制品业 |
| 115 | 600272 | 开开实业 | 批发和零售业—零售业 |
| 116 | 600278 | 东方创业 | 批发和零售业—批发业 |
| 117 | 600284 | 浦东建设 | 建筑业—土木工程建筑业 |
| 118 | 600315 | 上海家化 | 制造业—化学原料和化学制品制造业 |
| 119 | 600320 | 振华重工 | 制造业—专用设备制造业 |
| 120 | 600420 | 国药现代 | 制造业—医药制造业 |
| 121 | 600490 | 鹏欣资源 | 制造业—有色金属冶炼和压延加工业 |
| 122 | 600500 | 中化国际 | 制造业—化学原料和化学制品制造业 |
| 123 | 600503 | 华丽家族 | 房地产业—房地产业 |
| 124 | 600508 | 上海能源 | 采矿业—煤炭开采和洗选业 |
| 125 | 600517 | 国网英大 | 金融业—其他金融业 |
| 126 | 600530 | 交大昂立 | 制造业—医药制造业 |
| 127 | 600532 | 未来股份 | 采矿业—黑色金属矿采选业 |
| 128 | 600597 | 光明乳业 | 制造业—食品制造业 |
| 129 | 600601 | ST 方科 | 制造业—计算机、通信和其他电子设备制造业 |
| 130 | 600602 | 云赛智联 | 信息传输、软件和信息技术服务业—软件和信息技术服务业 |
| 131 | 600604 | 市北高新 | 房地产业—房地产业 |
| 132 | 600605 | 汇通能源 | 批发和零售业—批发业 |
| 133 | 600606 | 绿地控股 | 房地产业—房地产业 |
| 134 | 600608 | ST 沪科 | 批发和零售业—批发业 |
| 135 | 600610 | 中毅达 | 制造业—化学原料和化学制品制造业 |
| 136 | 600611 | 大众交通 | 交通运输、仓储和邮政业—道路运输业 |
| 137 | 600612 | 老凤祥 | 制造业—其他制造业 |
| 138 | 600613 | 神奇制药 | 制造业—医药制造业 |
| 139 | 600615 | *ST 丰华 | 制造业—金属制品业 |
| 140 | 600616 | 金枫酒业 | 制造业—酒、饮料和精制茶制造业 |
| 141 | 600618 | 氯碱化工 | 制造业—化学原料和化学制品制造业 |
| 142 | 600619 | 海立股份 | 制造业—通用设备制造业 |
| 143 | 600620 | 天宸股份 | 综合—综合 |
| 144 | 600621 | 华鑫股份 | 金融业—资本市场服务 |

（续表）

| 序号 | 代码 | 公司简称 | 行业 |
|---|---|---|---|
| 145 | 600622 | 光大嘉宝 | 房地产业—房地产业 |
| 146 | 600623 | 华谊集团 | 制造业—化学原料和化学制品制造业 |
| 147 | 600624 | 复旦复华 | 综合—综合 |
| 148 | 600626 | 申达股份 | 批发和零售业—批发业 |
| 149 | 600628 | 新世界 | 批发和零售业—零售业 |
| 150 | 600629 | 华建集团 | 科学研究和技术服务业—专业技术服务业 |
| 151 | 600630 | 龙头股份 | 制造业—纺织业 |
| 152 | 600634 | 退市富控 | 信息传输、软件和信息技术服务业—互联网和相关服务 |
| 153 | 600635 | 大众公用 | 电力、热力、燃气及水生产和供应业—燃气生产和供应业 |
| 154 | 600636 | 国新文化 | 制造业—化学原料和化学制品制造业 |
| 155 | 600637 | 东方明珠 | 信息传输、软件和信息技术服务业—电信、广播电视和卫星传输服务 |
| 156 | 600638 | 新黄浦 | 房地产业—房地产业 |
| 157 | 600639 | 浦东金桥 | 房地产业—房地产业 |
| 158 | 600640 | 号百控股 | 信息传输、软件和信息技术服务业—互联网和相关服务 |
| 159 | 600641 | 万业企业 | 房地产业—房地产业 |
| 160 | 600642 | 申能股份 | 电力、热力、燃气及水生产和供应业—电力、热力生产和供应业 |
| 161 | 600643 | 爱建集团 | 金融业—其他金融业 |
| 162 | 600647 | 同达创业 | 批发和零售业—批发业 |
| 163 | 600648 | 外高桥 | 批发和零售业—批发业 |
| 164 | 600649 | 城投控股 | 房地产业—房地产业 |
| 165 | 600650 | 锦江在线 | 交通运输、仓储和邮政业—道路运输业 |
| 166 | 600651 | 飞乐音响 | 制造业—电气机械和器材制造业 |
| 167 | 600652 | *ST 游久 | 信息传输、软件和信息技术服务业—互联网和相关服务 |
| 168 | 600654 | ST 中安 | 信息传输、软件和信息技术服务业—软件和信息技术服务业 |
| 169 | 600655 | 豫园股份 | 批发和零售业—零售业 |
| 170 | 600661 | 昂立教育 | 教育—教育 |
| 171 | 600662 | 强生控股 | 交通运输、仓储和邮政业—道路运输业 |
| 172 | 600663 | 陆家嘴 | 房地产业—房地产业 |
| 173 | 600675 | 中华企业 | 房地产业—房地产业 |
| 174 | 600676 | 交运股份 | 交通运输、仓储和邮政业—道路运输业 |
| 175 | 600679 | 上海凤凰 | 制造业—铁路、船舶、航空航天和其他运输设备制造业 |
| 176 | 600688 | 上海石化 | 制造业—石油加工、炼焦和核燃料加工业 |
| 177 | 600689 | 上海三毛 | 制造业—纺织业 |
| 178 | 600692 | 亚通股份 | 房地产业—房地产业 |
| 179 | 600695 | *ST 绿庭 | 金融业—资本市场服务 |
| 180 | 600696 | ST 岩石 | 房地产业—房地产业 |
| 181 | 600708 | 光明地产 | 房地产业—房地产业 |
| 182 | 600732 | 爱旭股份 | 制造业—电气机械和器材制造业 |
| 183 | 600741 | 华域汽车 | 制造业—汽车制造业 |
| 184 | 600748 | 上实发展 | 房地产业—房地产业 |
| 185 | 600754 | 锦江酒店 | 住宿和餐饮业—住宿业 |
| 186 | 600816 | ST 安信 | 金融业—其他金融业 |
| 187 | 600818 | 中路股份 | 制造业—铁路、船舶、航空航天和其他运输设备制造业 |
| 188 | 600819 | 耀皮玻璃 | 制造业—非金属矿物制品业 |
| 189 | 600820 | 隧道股份 | 建筑业—土木工程建筑业 |
| 190 | 600822 | 上海物贸 | 批发和零售业—批发业 |
| 191 | 600823 | 世茂股份 | 房地产业—房地产业 |
| 192 | 600824 | 益民集团 | 批发和零售业—零售业 |

(续表)

| 序号 | 代码 | 公司简称 | 行业 |
|---|---|---|---|
| 193 | 600825 | 新华传媒 | 文化、体育和娱乐业—新闻和出版业 |
| 194 | 600826 | 兰生股份 | 租赁和商务服务业—商务服务业 |
| 195 | 600827 | 百联股份 | 批发和零售业—零售业 |
| 196 | 600833 | 第一医药 | 批发和零售业—零售业 |
| 197 | 600834 | 申通地铁 | 交通运输、仓储和邮政业—道路运输业 |
| 198 | 600835 | 上海机电 | 制造业—通用设备制造业 |
| 199 | 600836 | 界龙实业 | 制造业—印刷和记录媒介复制业 |
| 200 | 600837 | 海通证券 | 金融业—资本市场服务 |
| 201 | 600838 | 上海九百 | 批发和零售业—零售业 |
| 202 | 600841 | 上柴股份 | 制造业—通用设备制造业 |
| 203 | 600843 | 上工申贝 | 制造业—专用设备制造业 |
| 204 | 600845 | 宝信软件 | 信息传输、软件和信息技术服务业—软件和信息技术服务业 |
| 205 | 600846 | 同济科技 | 建筑业—土木工程建筑业 |
| 206 | 600848 | 上海临港 | 房地产业—房地产业 |
| 207 | 600850 | 华东电脑 | 信息传输、软件和信息技术服务业—软件和信息技术服务业 |
| 208 | 600851 | 海欣股份 | 制造业—医药制造业 |
| 209 | 600882 | 妙可蓝多 | 制造业—食品制造业 |
| 210 | 600895 | 张江高科 | 房地产业—房地产业 |
| 211 | 600958 | 东方证券 | 金融业—资本市场服务 |
| 212 | 601021 | 春秋航空 | 交通运输、仓储和邮政业—航空运输业 |
| 213 | 601200 | 上海环境 | 水利、环境和公共设施管理业—生态保护和环境治理业 |
| 214 | 601211 | 国泰君安 | 金融业—资本市场服务 |
| 215 | 601229 | 上海银行 | 金融业—货币金融服务 |
| 216 | 601231 | 环旭电子 | 制造业—计算机、通信和其他电子设备制造业 |
| 217 | 601328 | 交通银行 | 金融业—货币金融服务 |
| 218 | 601519 | 大智慧 | 金融业—其他金融业 |
| 219 | 601595 | 上海电影 | 文化、体育和娱乐业—广播、电视、电影和影视录音制作业 |
| 220 | 601601 | 中国太保 | 金融业—保险业 |
| 221 | 601607 | 上海医药 | 批发和零售业—零售业 |
| 222 | 601611 | 中国核建 | 建筑业—土木工程建筑业 |
| 223 | 601616 | 广电电气 | 制造业—电气机械和器材制造业 |
| 224 | 601696 | 中银证券 | 金融业—资本市场服务 |
| 225 | 601702 | 华峰铝业 | 制造业—有色金属冶炼和压延加工业 |
| 226 | 601727 | 上海电气 | 制造业—通用设备制造业 |
| 227 | 601788 | 光大证券 | 金融业—资本市场服务 |
| 228 | 601828 | 美凯龙 | 租赁和商务服务业—商务服务业 |
| 229 | 601866 | 中远海发 | 交通运输、仓储和邮政业—水上运输业 |
| 230 | 601872 | 招商轮船 | 交通运输、仓储和邮政业—水上运输业 |
| 231 | 601968 | 宝钢包装 | 制造业—金属制品业 |
| 232 | 603003 | 龙宇燃油 | 批发和零售业—批发业 |
| 233 | 603006 | 联明股份 | 制造业—汽车制造业 |
| 234 | 603009 | 北特科技 | 制造业—汽车制造业 |
| 235 | 603012 | 创力集团 | 制造业—专用设备制造业 |
| 236 | 603020 | 爱普股份 | 制造业—食品制造业 |
| 237 | 603022 | 新通联 | 制造业—造纸和纸制品业 |
| 238 | 603030 | 全筑股份 | 建筑业—建筑装饰和其他建筑业 |
| 239 | 603037 | 凯众股份 | 制造业—汽车制造业 |
| 240 | 603039 | 泛微网络 | 信息传输、软件和信息技术服务业—软件和信息技术服务业 |

（续表）

| 序号 | 代码 | 公司简称 | 行业 |
|---|---|---|---|
| 241 | 603056 | 德邦股份 | 交通运输、仓储和邮政业—邮政业 |
| 242 | 603068 | 博通集成 | 制造业—计算机、通信和其他电子设备制造业 |
| 243 | 603083 | 剑桥科技 | 制造业—计算机、通信和其他电子设备制造业 |
| 244 | 603108 | 润达医疗 | 批发和零售业—批发业 |
| 245 | 603121 | 华培动力 | 制造业—汽车制造业 |
| 246 | 603128 | 华贸物流 | 交通运输、仓储和邮政业—装卸搬运和运输代理业 |
| 247 | 603131 | 上海沪工 | 制造业—通用设备制造业 |
| 248 | 603159 | 上海亚虹 | 制造业—专用设备制造业 |
| 249 | 603189 | 网达软件 | 信息传输、软件和信息技术服务业—软件和信息技术服务业 |
| 250 | 603192 | 汇得科技 | 制造业—化学原料和化学制品制造业 |
| 251 | 603196 | 日播时尚 | 制造业—纺织服装、服饰业 |
| 252 | 603197 | 保隆科技 | 制造业—汽车制造业 |
| 253 | 603200 | 上海洗霸 | 水利、环境和公共设施管理业—生态保护和环境治理业 |
| 254 | 603214 | 爱婴室 | 批发和零售业—零售业 |
| 255 | 603226 | 菲林格尔 | 制造业—木材加工和木、竹、藤、棕、草制品业 |
| 256 | 603232 | 格尔软件 | 信息传输、软件和信息技术服务业—软件和信息技术服务业 |
| 257 | 603236 | 移远通信 | 制造业—计算机、通信和其他电子设备制造业 |
| 258 | 603256 | 宏和科技 | 制造业—非金属矿物制品业 |
| 259 | 603324 | 盛剑环境 | 制造业—专用设备制造业 |
| 260 | 603329 | 上海雅仕 | 交通运输、仓储和邮政业—装卸搬运和运输代理业 |
| 261 | 603330 | 上海天洋 | 制造业—化学原料和化学制品制造业 |
| 262 | 603365 | 水星家纺 | 制造业—纺织业 |
| 263 | 603378 | 亚士创能 | 制造业—化学原料和化学制品制造业 |
| 264 | 603466 | 风语筑 | 文化、体育和娱乐业—文化艺术业 |
| 265 | 603496 | 恒为科技 | 制造业—计算机、通信和其他电子设备制造业 |
| 266 | 603499 | 翔港科技 | 制造业—印刷和记录媒介复制业 |
| 267 | 603501 | 韦尔股份 | 制造业—计算机、通信和其他电子设备制造业 |
| 268 | 603515 | 欧普照明 | 制造业—电气机械和器材制造业 |
| 269 | 603565 | 中谷物流 | 交通运输、仓储和邮政业—水上运输业 |
| 270 | 603579 | 荣泰健康 | 制造业—电气机械和器材制造业 |
| 271 | 603580 | 艾艾精工 | 制造业—橡胶和塑料制品业 |
| 272 | 603587 | 地素时尚 | 制造业—纺织服装、服饰业 |
| 273 | 603619 | 中曼石油 | 采矿业—开采辅助活动 |
| 274 | 603633 | 徕木股份 | 制造业—计算机、通信和其他电子设备制造业 |
| 275 | 603648 | 畅联股份 | 租赁和商务服务业—商务服务业 |
| 276 | 603650 | 彤程新材 | 制造业—化学原料和化学制品制造业 |
| 277 | 603659 | 璞泰来 | 制造业—电气机械和器材制造业 |
| 278 | 603681 | 永冠新材 | 制造业—化学原料和化学制品制造业 |
| 279 | 603682 | 锦和商业 | 租赁和商务服务业—商务服务业 |
| 280 | 603683 | 晶华新材 | 制造业—化学原料和化学制品制造业 |
| 281 | 603690 | 至纯科技 | 制造业—专用设备制造业 |
| 282 | 603713 | 密尔克卫 | 交通运输、仓储和邮政业—装卸搬运和运输代理业 |
| 283 | 603718 | 海利生物 | 制造业—医药制造业 |
| 284 | 603728 | 鸣志电器 | 制造业—电气机械和器材制造业 |
| 285 | 603729 | ST 龙韵 | 租赁和商务服务业—商务服务业 |
| 286 | 603730 | 岱美股份 | 制造业—汽车制造业 |
| 287 | 603777 | 来伊份 | 批发和零售业—零售业 |
| 288 | 603786 | 科博达 | 制造业—汽车制造业 |

（续表）

| 序号 | 代码 | 公司简称 | 行业 |
|---|---|---|---|
| 289 | 603790 | 雅运股份 | 制造业—化学原料和化学制品制造业 |
| 290 | 603855 | 华荣股份 | 制造业—专用设备制造业 |
| 291 | 603868 | 飞科电器 | 制造业—电气机械和器材制造业 |
| 292 | 603881 | 数据港 | 信息传输、软件和信息技术服务业—互联网和相关服务 |
| 293 | 603885 | 吉祥航空 | 交通运输、仓储和邮政业—航空运输业 |
| 294 | 603886 | 元祖股份 | 制造业—食品制造业 |
| 295 | 603887 | 城地香江 | 信息传输、软件和信息技术服务业—软件和信息技术服务业 |
| 296 | 603895 | 天永智能 | 制造业—专用设备制造业 |
| 297 | 603899 | 晨光文具 | 制造业—文教、工美、体育和娱乐用品制造业 |
| 298 | 603918 | 金桥信息 | 信息传输、软件和信息技术服务业—软件和信息技术服务业 |
| 299 | 603956 | 威派格 | 制造业—专用设备制造业 |
| 300 | 603960 | 克来机电 | 制造业—专用设备制造业 |
| 301 | 603987 | 康德莱 | 制造业—专用设备制造业 |
| 302 | 603991 | 至正股份 | 制造业—橡胶和塑料制品业 |
| 303 | 605050 | 福然德 | 交通运输、仓储和邮政业—装卸搬运和运输代理业 |
| 304 | 605081 | 太和水 | 水利、环境和公共设施管理业—生态保护和环境治理业 |
| 305 | 605098 | 行动教育 | 教育—教育 |
| 306 | 605128 | 上海沿浦 | 制造业—汽车制造业 |
| 307 | 605136 | 丽人丽妆 | 批发和零售业—零售业 |
| 308 | 605151 | 西上海 | 制造业—汽车制造业 |
| 309 | 605186 | 健麾信息 | 制造业—专用设备制造业 |
| 310 | 605208 | 永茂泰 | 制造业—有色金属冶炼和压延加工业 |
| 311 | 605222 | 起帆电缆 | 制造业—电气机械和器材制造业 |
| 312 | 605289 | 罗曼股份 | 建筑业—建筑装饰和其他建筑业 |
| 313 | 605338 | 巴比食品 | 制造业—食品制造业 |
| 314 | 605339 | 南侨食品 | 制造业—食品制造业 |
| 315 | 605398 | 新炬网络 | 信息传输、软件和信息技术服务业—软件和信息技术服务业 |
| 316 | 688008 | 澜起科技 | 制造业—计算机、通信和其他电子设备制造业 |
| 317 | 688012 | 中微公司 | 制造业—专用设备制造业 |
| 318 | 688016 | 心脉医疗 | 制造业—专用设备制造业 |
| 319 | 688018 | 乐鑫科技 | 信息传输、软件和信息技术服务业—软件和信息技术服务业 |
| 320 | 688019 | 安集科技 | 制造业—计算机、通信和其他电子设备制造业 |
| 321 | 688063 | 派能科技 | 制造业—电气机械和器材制造业 |
| 322 | 688065 | 凯赛生物 | 制造业—化学纤维制造业 |
| 323 | 688085 | 三友医疗 | 制造业—专用设备制造业 |
| 324 | 688098 | 申联生物 | 制造业—医药制造业 |
| 325 | 688099 | 晶晨股份 | 信息传输、软件和信息技术服务业—软件和信息技术服务业 |
| 326 | 688118 | 普元信息 | 信息传输、软件和信息技术服务业—软件和信息技术服务业 |
| 327 | 688123 | 聚辰股份 | 制造业—计算机、通信和其他电子设备制造业 |
| 328 | 688126 | 沪硅产业－U | 制造业—计算机、通信和其他电子设备制造业 |
| 329 | 688129 | 东来技术 | 制造业—化学原料和化学制品制造业 |
| 330 | 688133 | 泰坦科技 | 科学研究和技术服务业—研究和试验发展 |
| 331 | 688155 | 先惠技术 | 制造业—专用设备制造业 |
| 332 | 688158 | 优刻得－W | 信息传输、软件和信息技术服务业—互联网和相关服务 |
| 333 | 688160 | 步科股份 | 制造业—仪器仪表制造业 |
| 334 | 688179 | 阿拉丁 | 科学研究和技术服务业—研究和试验发展 |
| 335 | 688180 | 君实生物－U | 制造业—医药制造业 |
| 336 | 688188 | 柏楚电子 | 信息传输、软件和信息技术服务业—软件和信息技术服务业 |

（续表）

| 序号 | 代码 | 公司简称 | 行业 |
|---|---|---|---|
| 337 | 688202 | 美迪西 | 科学研究和技术服务业—研究和试验发展 |
| 338 | 688217 | 睿昂基因 | 制造业—医药制造业 |
| 339 | 688301 | 奕瑞科技 | 制造业—专用设备制造业 |
| 340 | 688317 | 之江生物 | 制造业—医药制造业 |
| 341 | 688330 | 宏力达 | 制造业—电气机械和器材制造业 |
| 342 | 688335 | 复洁环保 | 制造业—专用设备制造业 |
| 343 | 688336 | 三生国健 | 制造业—医药制造业 |
| 344 | 688366 | 昊海生科 | 制造业—医药制造业 |
| 345 | 688368 | 晶丰明源 | 信息传输、软件和信息技术服务业—软件和信息技术服务业 |
| 346 | 688505 | 复旦张江 | 制造业—医药制造业 |
| 347 | 688519 | 南亚新材 | 制造业—计算机、通信和其他电子设备制造业 |
| 348 | 688521 | 芯原股份 -U | 信息传输、软件和信息技术服务业—软件和信息技术服务业 |
| 349 | 688538 | 和辉光电 -U | 制造业—计算机、通信和其他电子设备制造业 |
| 350 | 688578 | 艾力斯 -U | 制造业—医药制造业 |
| 351 | 688585 | 上纬新材 | 制造业—化学原料和化学制品制造业 |
| 352 | 688590 | 新致软件 | 信息传输、软件和信息技术服务业—软件和信息技术服务业 |
| 353 | 688596 | 正帆科技 | 制造业—通用设备制造业 |
| 354 | 688608 | 恒玄科技 | 制造业—计算机、通信和其他电子设备制造业 |
| 355 | 688660 | 电气风电 | 制造业—通用设备制造业 |
| 356 | 688680 | 海优新材 | 制造业—橡胶和塑料制品业 |
| 357 | 688682 | 霍莱沃 | 信息传输、软件和信息技术服务业—软件和信息技术服务业 |
| 358 | 688981 | 中芯国际 | 制造业—计算机、通信和其他电子设备制造业 |

# 上海工商类上市公司 2020 年度经营情况之一

（单位：万元）

| 序号 | 代码 | 公司简称 | 资产总计 | 股东权益 | 主营业务收入 | 利润总额 | 净利润 |
|---|---|---|---|---|---|---|---|
| 1 | 000668 | 荣丰控股 | 261925.19 | 94409.33 | −2111.29 | 10958.33 | −2317.91 |
| 2 | 000863 | 三湘印象 | 966168.28 | 491589.00 | 29318.06 | 488941.58 | 29967.42 |
| 3 | 002022 | 科华生物 | 597715.35 | 314095.88 | 135604.08 | 415542.88 | 67535.64 |
| 4 | 002028 | 思源电气 | 1107521.53 | 652127.53 | 111492.18 | 737251.99 | 93332.89 |
| 5 | 002058 | *ST 威尔 | 21802.38 | 17468.01 | 27.34 | 8232.33 | −64.77 |
| 6 | 002116 | 中国海诚 | 452065.15 | 140177.50 | 9486.02 | 509662.73 | 6384.96 |
| 7 | 002158 | 汉钟精机 | 396377.45 | 229181.42 | 42789.11 | 227220.81 | 36311.94 |
| 8 | 002162 | 悦心健康 | 250155.84 | 103497.03 | 6699.65 | 119470.31 | 5719.50 |
| 9 | 002178 | 延华智能 | 172540.82 | 56557.89 | −31555.89 | 65985.27 | −27175.64 |
| 10 | 002184 | 海得控制 | 234732.06 | 107489.91 | 19225.55 | 226553.46 | 12701.48 |
| 11 | 002195 | 二三四五 | 990815.87 | 913505.14 | −86132.34 | 122579.28 | −91315.82 |
| 12 | 002211 | 宏达新材 | 113583.25 | 75911.86 | 7080.86 | 92108.85 | 5269.58 |
| 13 | 002252 | 上海莱士 | 2549379.86 | 2512278.00 | 147723.46 | 276168.20 | 132371.11 |
| 14 | 002269 | 美邦服饰 | 529852.52 | 118025.76 | −82139.66 | 381903.85 | −85936.70 |
| 15 | 002278 | 神开股份 | 172129.42 | 113971.75 | 4585.99 | 72616.06 | 2838.39 |
| 16 | 002324 | 普利特 | 440948.94 | 269827.76 | 46480.65 | 444754.21 | 39570.57 |
| 17 | 002328 | 新朋股份 | 473708.31 | 260499.82 | 25457.21 | 425059.66 | 14465.17 |
| 18 | 002346 | 柘中股份 | 270153.99 | 208429.37 | 16691.52 | 60442.22 | 15564.90 |
| 19 | 002401 | 中远海科 | 352540.83 | 114243.74 | 21627.49 | 152053.74 | 19282.76 |
| 20 | 002451 | 摩恩电气 | 122744.35 | 70486.30 | 1047.46 | 45427.20 | 746.13 |
| 21 | 002454 | 松芝股份 | 654845.40 | 363669.97 | 29901.41 | 338383.48 | 24690.74 |
| 22 | 002486 | 嘉麟杰 | 125269.60 | 94228.10 | 3111.06 | 117129.33 | 1667.58 |
| 23 | 002506 | 协鑫集成 | 1379982.41 | 424974.89 | −254548.06 | 595676.61 | −263847.46 |
| 24 | 002527 | 新时达 | 606421.79 | 270932.56 | 14959.64 | 395706.35 | 8679.77 |
| 25 | 002561 | 徐家汇 | 264022.44 | 221802.52 | 12927.71 | 58897.16 | 7539.50 |
| 26 | 002565 | 顺灏股份 | 302116.96 | 194842.95 | 2379.53 | 159867.44 | 783.08 |
| 27 | 002568 | 百润股份 | 388686.58 | 321629.97 | 67480.31 | 192664.32 | 53550.77 |
| 28 | 002605 | 姚记科技 | 388635.86 | 206000.27 | 130727.23 | 256189.58 | 109336.15 |
| 29 | 002636 | 金安国纪 | 532607.51 | 284703.73 | 23908.29 | 360680.40 | 18034.92 |
| 30 | 002669 | 康达新材 | 332655.86 | 233418.22 | 25234.99 | 193213.55 | 21500.48 |
| 31 | 002706 | 良信股份 | 326094.59 | 203805.16 | 43715.49 | 301656.32 | 37546.72 |
| 32 | 002825 | 纳尔股份 | 122128.19 | 78799.91 | 12621.97 | 125371.61 | 9579.87 |
| 33 | 002858 | 力盛赛车 | 59345.18 | 35436.24 | −4191.89 | 20009.76 | −5098.20 |
| 34 | 300008 | 天海防务 | 203899.64 | 164883.26 | 1757.29 | 52355.27 | 2555.75 |
| 35 | 300017 | 网宿科技 | 1016074.54 | 869455.31 | 21833.43 | 568664.10 | 22000.12 |
| 36 | 300039 | 上海凯宝 | 287728.42 | 257832.44 | 13160.43 | 90800.89 | 10612.27 |
| 37 | 300059 | 东方财富 | 11032873.58 | 3315646.72 | 551545.42 | 325228.83 | 477810.49 |
| 38 | 300061 | 旗天科技 | 214960.77 | 129946.32 | −76464.00 | 146520.50 | −75822.01 |
| 39 | 300067 | 安诺其 | 233035.52 | 173834.71 | 14245.15 | 99504.36 | 11516.85 |
| 40 | 300074 | 华平股份 | 173868.05 | 115277.62 | 2065.50 | 44533.04 | 2266.49 |
| 41 | 300126 | 锐奇股份 | 126815.62 | 102253.72 | 1064.06 | 42918.61 | 1153.49 |
| 42 | 300129 | 泰胜风能 | 485327.94 | 258860.67 | 42930.77 | 360396.85 | 34876.51 |
| 43 | 300153 | 科泰电源 | 124189.22 | 75559.53 | −20542.90 | 70213.08 | −17044.99 |
| 44 | 300168 | 万达信息 | 697831.01 | 146413.01 | −127490.97 | 300827.11 | −129155.24 |
| 45 | 300170 | 汉得信息 | 521757.73 | 331153.04 | 6034.18 | 249308.50 | 6570.95 |
| 46 | 300171 | 东富龙 | 657981.93 | 360346.56 | 54956.45 | 270768.82 | 46349.37 |
| 47 | 300180 | 华峰超纤 | 805502.77 | 508038.10 | −45212.92 | 321910.46 | −48389.54 |
| 48 | 300222 | 科大智能 | 557569.74 | 156225.61 | −23566.88 | 273845.29 | −28007.24 |

（续表）

| 序号 | 代码 | 公司简称 | 资产总计 | 股东权益 | 主营业务收入 | 利润总额 | 净利润 |
|---|---|---|---|---|---|---|---|
| 49 | 300225 | 金力泰 | 142932.14 | 100941.60 | 10451.07 | 88495.96 | 9128.57 |
| 50 | 300226 | 上海钢联 | 1304082.25 | 135896.23 | 47731.42 | 5852122.78 | 21667.46 |
| 51 | 300230 | 永利股份 | 403343.50 | 217952.03 | −47292.09 | 320888.10 | −54477.72 |
| 52 | 300236 | 上海新阳 | 609034.58 | 472951.61 | 32961.19 | 69388.58 | 27433.56 |
| 53 | 300245 | 天玑科技 | 167736.51 | 148274.31 | 4173.34 | 49216.72 | 3898.88 |
| 54 | 300253 | 卫宁健康 | 605714.79 | 452202.23 | 54615.78 | 226657.98 | 49109.80 |
| 55 | 300262 | 巴安水务 | 530762.31 | 185314.35 | −54999.05 | 42904.57 | −47024.86 |
| 56 | 300272 | 开能健康 | 181840.58 | 117265.75 | 6630.42 | 118112.16 | 2641.76 |
| 57 | 300286 | 安科瑞 | 115305.52 | 81617.31 | 12988.91 | 71874.79 | 12143.90 |
| 58 | 300326 | 凯利泰 | 368080.11 | 264304.28 | −8726.68 | 106157.44 | −12653.66 |
| 59 | 300327 | 中颖电子 | 131982.89 | 105963.08 | 21762.15 | 101225.60 | 20941.07 |
| 60 | 300330 | 华虹计通 | 64565.29 | 38062.20 | 506.97 | 32435.03 | 588.23 |
| 61 | 300336 | 新文化 | 142564.43 | 33310.57 | −166403.91 | 33885.64 | −167261.54 |
| 62 | 300378 | 鼎捷软件 | 232902.56 | 152088.91 | 16626.20 | 149608.53 | 12138.95 |
| 63 | 300380 | 安硕信息 | 86492.56 | 47826.16 | 6974.92 | 66094.88 | 6122.34 |
| 64 | 300398 | 飞凯材料 | 553943.19 | 284525.24 | 27490.68 | 186401.05 | 22983.29 |
| 65 | 300442 | 普丽盛 | 135104.09 | 50945.15 | −23645.71 | 45949.40 | −22726.16 |
| 66 | 300462 | 华铭智能 | 262575.51 | 170998.91 | 13495.57 | 124977.36 | 12716.80 |
| 67 | 300469 | 信息发展 | 103338.09 | 23523.75 | −6665.14 | 57199.85 | −6385.87 |
| 68 | 300483 | 首华燃气 | 712984.59 | 274446.26 | 35306.90 | 152553.53 | 10775.52 |
| 69 | 300493 | 润欣科技 | 108936.33 | 74977.94 | 5220.06 | 138673.77 | 4502.49 |
| 70 | 300501 | 海顺新材 | 140548.67 | 80524.61 | 11874.45 | 71378.50 | 10290.38 |
| 71 | 300508 | 维宏股份 | 64265.10 | 55935.50 | 3470.96 | 20924.18 | 2908.24 |
| 72 | 300511 | 雪榕生物 | 456461.25 | 203401.62 | 22181.45 | 220218.59 | 24724.18 |
| 73 | 300551 | 古鳌科技 | 83779.71 | 62241.05 | 2644.00 | 29207.28 | 2399.10 |
| 74 | 300578 | 会畅通讯 | 173926.82 | 129202.03 | 15001.11 | 78800.85 | 12037.13 |
| 75 | 300590 | 移为通信 | 126372.49 | 107704.13 | 9993.34 | 47267.72 | 9046.83 |
| 76 | 300609 | 汇纳科技 | 123777.57 | 112042.13 | −1171.46 | 21875.11 | −812.96 |
| 77 | 300613 | 富瀚微 | 145466.71 | 133527.08 | 9106.38 | 61024.79 | 8767.62 |
| 78 | 300627 | 华测导航 | 192403.63 | 108539.04 | 21901.70 | 140952.59 | 19694.08 |
| 79 | 300642 | 透景生命 | 137177.43 | 126658.20 | 13037.70 | 48958.09 | 12055.28 |
| 80 | 300762 | 上海瀚讯 | 188763.05 | 137676.32 | 17195.94 | 64086.41 | 16725.50 |
| 81 | 300802 | 矩子科技 | 116499.36 | 102696.82 | 10832.17 | 48225.59 | 8916.47 |
| 82 | 300892 | 品渥食品 | 136857.18 | 107138.78 | 18018.60 | 150282.06 | 13584.31 |
| 83 | 300899 | 上海凯鑫 | 68977.56 | 61910.24 | 5012.19 | 18927.68 | 4387.62 |
| 84 | 300915 | 海融科技 | 148923.36 | 132121.83 | 10102.43 | 57165.35 | 8682.82 |
| 85 | 300947 | 德必集团 | 144690.28 | 93340.97 | 14568.22 | 83336.57 | 9839.91 |
| 86 | 300963 | 中洲特材 | 73641.67 | 52522.68 | 6817.83 | 60027.84 | 6108.57 |
| 87 | 300983 | 尤安设计 | 107135.03 | 70874.12 | 34088.39 | 92556.05 | 29228.70 |
| 88 | 300999 | 金龙鱼 | 17917732.20 | 8353360.00 | 894581.20 | 19492155.50 | 600087.40 |
| 89 | 301000 | 肇民科技 | 44467.18 | 26894.48 | 12139.42 | 49505.70 | 10435.70 |
| 90 | 301001 | 凯淳股份 | 48700.84 | 33913.11 | 11153.74 | 88660.15 | 8461.05 |
| 91 | 301005 | C 超捷 | 39465.34 | 26935.95 | 9371.72 | 34465.49 | 8127.46 |
| 92 | 600000 | 浦发银行 | 795021800.00 | 63819700.00 | 6668200.00 | 19638400.00 | 5832500.00 |
| 93 | 600009 | 上海机场 | 3320218.10 | 2921547.52 | −151562.52 | 430346.51 | −126665.14 |
| 94 | 600018 | 上港集团 | 15592475.00 | 8751786.54 | 1057426.28 | 2611946.08 | 830714.32 |
| 95 | 600019 | 宝钢股份 | 35622505.19 | 18437128.48 | 1602165.46 | 28367441.25 | 1267677.57 |
| 96 | 600021 | 上海电力 | 12894683.68 | 1961082.58 | 250255.46 | 2420283.78 | 88921.18 |

(续表)

| 序号 | 代码 | 公司简称 | 资产总计 | 股东权益 | 主营业务收入 | 利润总额 | 净利润 |
|---|---|---|---|---|---|---|---|
| 97 | 600026 | 中远海能 | 6595985.65 | 3462182.75 | 289513.86 | 1638475.77 | 237251.91 |
| 98 | 600061 | 国投资本 | 21874297.64 | 4558777.81 | 610281.06 | 95966.31 | 414832.03 |
| 99 | 600072 | 中船科技 | 905205.40 | 392360.81 | 16584.17 | 187493.77 | 14346.00 |
| 100 | 600073 | 上海梅林 | 1478048.10 | 432941.16 | 100872.06 | 2386671.66 | 40464.38 |
| 101 | 600081 | 东风科技 | 730784.54 | 142689.99 | 26018.81 | 688917.01 | 9854.68 |
| 102 | 600088 | 中视传媒 | 157267.85 | 109878.11 | −14769.47 | 77834.10 | −10707.23 |
| 103 | 600094 | 大名城 | 3783295.81 | 1313103.84 | 75280.88 | 1483694.28 | 44817.18 |
| 104 | 600097 | 开创国际 | 281541.04 | 187979.63 | 14806.94 | 196895.22 | 14120.39 |
| 105 | 600104 | 上汽集团 | 91941475.58 | 26010295.44 | 3589162.47 | 72304258.92 | 2043103.75 |
| 106 | 600115 | 东方航空 | 28240800.00 | 5400700.00 | −1648100.00 | 5863900.00 | −1183500.00 |
| 107 | 600119 | 长江投资 | 99685.14 | 34737.12 | −11121.50 | 49946.52 | −9687.14 |
| 108 | 600150 | 中国船舶 | 15250952.85 | 4577683.27 | 31072.24 | 5524354.13 | 30580.10 |
| 109 | 600151 | 航天机电 | 1064248.15 | 546804.50 | 8558.96 | 609330.23 | 17150.05 |
| 110 | 600170 | 上海建工 | 32135673.36 | 3668049.26 | 441373.03 | 23132723.20 | 335084.93 |
| 111 | 600171 | 上海贝岭 | 387953.15 | 329185.61 | 61861.19 | 133220.57 | 52800.91 |
| 112 | 600193 | ST 创兴 | 130155.96 | 29199.73 | 10161.19 | 109596.53 | 5794.18 |
| 113 | 600196 | 复星医药 | 8368600.97 | 3699553.31 | 467784.44 | 3030698.13 | 366281.29 |
| 114 | 600210 | 紫江企业 | 1106660.10 | 531274.36 | 69407.80 | 841763.92 | 56521.43 |
| 115 | 600272 | 开开实业 | 104346.91 | 51630.82 | 2282.50 | 76182.16 | 1367.48 |
| 116 | 600278 | 东方创业 | 1708255.81 | 694371.96 | 44083.73 | 3940941.65 | 26799.29 |
| 117 | 600284 | 浦东建设 | 1668345.18 | 643040.42 | 52297.40 | 837648.58 | 44461.35 |
| 118 | 600315 | 上海家化 | 1129532.06 | 649922.41 | 53397.85 | 703238.56 | 43020.17 |
| 119 | 600320 | 振华重工 | 7932064.45 | 1457082.21 | 50220.64 | 2265514.17 | 42224.03 |
| 120 | 600420 | 国药现代 | 1825045.48 | 813120.87 | 104112.68 | 1255628.16 | 64879.26 |
| 121 | 600490 | 鹏欣资源 | 839886.19 | 653768.74 | 37001.69 | 871433.22 | 46276.55 |
| 122 | 600500 | 中化国际 | 5593690.23 | 1295935.31 | 217484.01 | 5416193.76 | 30687.43 |
| 123 | 600503 | 华丽家族 | 566439.21 | 379335.33 | 19232.51 | 107957.12 | 15015.44 |
| 124 | 600508 | 上海能源 | 1674012.37 | 1029805.58 | 80742.02 | 765412.13 | 66846.26 |
| 125 | 600517 | 国网英大 | 3967996.92 | 1726991.84 | 201443.08 | 504425.14 | 117600.98 |
| 126 | 600530 | 交大昂立 | 129396.11 | 83490.01 | 10206.05 | 33269.55 | 9267.01 |
| 127 | 600532 | 未来股份 | 257908.24 | 188361.15 | 2846.76 | 428344.37 | 2190.22 |
| 128 | 600597 | 光明乳业 | 2030991.03 | 627908.74 | 115691.18 | 2522271.60 | 60759.03 |
| 129 | 600601 | ST 方科 | 898641.06 | 73209.60 | −85803.69 | 597254.64 | −91852.10 |
| 130 | 600602 | 云赛智联 | 624824.78 | 429122.36 | 31700.23 | 458921.87 | 24865.54 |
| 131 | 600604 | 市北高新 | 1910914.26 | 646781.07 | 23799.08 | 120234.56 | 17582.65 |
| 132 | 600605 | 汇通能源 | 85881.57 | 77453.44 | 6629.50 | 9258.57 | 4972.16 |
| 133 | 600606 | 绿地控股 | 139733628.64 | 8477640.08 | 3068978.61 | 45575312.33 | 1499777.44 |
| 134 | 600608 | ST 沪科 | 20864.55 | 6301.63 | 230.67 | 89060.82 | 229.17 |
| 135 | 600610 | 中毅达 | 139455.10 | 8993.47 | 5771.13 | 107894.08 | 4555.83 |
| 136 | 600611 | 大众交通 | 1723120.62 | 928473.00 | 79774.55 | 247201.31 | 53537.49 |
| 137 | 600612 | 老凤祥 | 1956327.43 | 796489.91 | 279441.87 | 5172150.42 | 158601.80 |
| 138 | 600613 | 神奇制药 | 309797.14 | 227736.76 | −34027.84 | 181900.67 | −34120.26 |
| 139 | 600615 | *ST 丰华 | 67669.83 | 63281.85 | 193.23 | 5993.61 | 146.42 |
| 140 | 600616 | 金枫酒业 | 226842.02 | 195648.77 | 1907.90 | 60788.80 | 1223.97 |
| 141 | 600618 | 氯碱化工 | 621495.77 | 514074.93 | 66528.59 | 488866.25 | 60669.19 |
| 142 | 600619 | 海立股份 | 1494790.36 | 451057.21 | 20480.32 | 1107252.35 | 16251.05 |
| 143 | 600620 | 天宸股份 | 293710.53 | 237525.57 | 10572.43 | 3688.59 | 10532.42 |
| 144 | 600621 | 华鑫股份 | 2726693.32 | 690681.98 | 94147.24 | 15374.02 | 70828.71 |

（续表）

| 序号 | 代码 | 公司简称 | 资产总计 | 股东权益 | 主营业务收入 | 利润总额 | 净利润 |
|---|---|---|---|---|---|---|---|
| 145 | 600622 | 光大嘉宝 | 3387703.12 | 668255.35 | 64841.10 | 393736.19 | 41245.39 |
| 146 | 600623 | 华谊集团 | 4559277.21 | 1859206.67 | 55628.34 | 2812676.46 | 42344.21 |
| 147 | 600624 | 复旦复华 | 205280.48 | 110241.94 | −3644.03 | 94032.75 | −5583.28 |
| 148 | 600626 | 申达股份 | 940826.83 | 242473.13 | −86749.59 | 1082397.19 | −80869.52 |
| 149 | 600628 | 新世界 | 609071.49 | 434100.43 | 9040.91 | 104622.53 | 7063.21 |
| 150 | 600629 | 华建集团 | 1161747.62 | 298216.47 | 32987.39 | 861373.35 | 17384.49 |
| 151 | 600630 | 龙头股份 | 262649.41 | 152669.23 | −28227.69 | 325404.28 | −29418.95 |
| 152 | 600634 | 退市富控 | 197205.52 | −419102.83 | −187464.53 | 23910.17 | −188032.87 |
| 153 | 600635 | 大众公用 | 2362208.03 | 864344.01 | 77844.66 | 478323.68 | 51523.14 |
| 154 | 600636 | 国新文化 | 326227.91 | 304594.13 | 17184.54 | 69939.30 | 15552.82 |
| 155 | 600637 | 东方明珠 | 4405887.24 | 2957309.92 | 197948.79 | 1003335.20 | 162096.18 |
| 156 | 600638 | 新黄浦 | 2009291.35 | 431306.78 | 38371.33 | 119412.98 | 26878.62 |
| 157 | 600639 | 浦东金桥 | 3003012.11 | 1076001.69 | 147466.12 | 359322.49 | 110776.23 |
| 158 | 600640 | 号百控股 | 661486.65 | 450722.00 | −1117.83 | 444922.60 | 1031.27 |
| 159 | 600641 | 万业企业 | 771475.89 | 666746.62 | 41653.77 | 93149.01 | 31528.34 |
| 160 | 600642 | 申能股份 | 7629843.56 | 3084851.78 | 348799.67 | 1970885.87 | 239256.34 |
| 161 | 600643 | 爱建集团 | 2707402.83 | 1171749.54 | 188212.11 | 177816.40 | 135197.11 |
| 162 | 600647 | 同达创业 | 50452.13 | 29944.05 | 1224.41 | 23919.25 | 1169.52 |
| 163 | 600648 | 外高桥 | 3929617.06 | 1095731.97 | 105578.04 | 1015071.22 | 72162.68 |
| 164 | 600649 | 城投控股 | 6152414.31 | 1994998.85 | 109353.94 | 656492.58 | 76969.07 |
| 165 | 600650 | 锦江在线 | 515899.11 | 354647.46 | 36359.46 | 266198.22 | 24154.80 |
| 166 | 600651 | 飞乐音响 | 910845.52 | 269626.64 | 38834.19 | 443348.21 | 43149.94 |
| 167 | 600652 | *ST 游久 | 183472.03 | 175180.13 | −2746.19 | 1234.16 | −2746.19 |
| 168 | 600654 | ST 中安 | 462966.65 | 9261.20 | −22727.64 | 301432.86 | −18233.51 |
| 169 | 600655 | 豫园股份 | 11224718.96 | 3300926.64 | 527394.13 | 4405075.96 | 361033.72 |
| 170 | 600661 | 昂立教育 | 249889.12 | 56127.92 | −27922.21 | 180892.71 | −24847.36 |
| 171 | 600662 | 强生控股 | 685550.44 | 323610.96 | 9607.22 | 270106.12 | 5839.29 |
| 172 | 600663 | 陆家嘴 | 10135435.43 | 2026449.03 | 668249.77 | 1447472.72 | 401193.02 |
| 173 | 600675 | 中华企业 | 4934421.78 | 1572398.96 | 260320.73 | 1155208.93 | 137818.14 |
| 174 | 600676 | 交运股份 | 835733.66 | 559281.88 | −21422.15 | 777032.09 | −20469.82 |
| 175 | 600679 | 上海凤凰 | 268743.43 | 190151.67 | 13962.88 | 137572.03 | 6072.23 |
| 176 | 600688 | 上海石化 | 4474917.30 | 2921803.30 | 57381.60 | 7470518.30 | 62811.00 |
| 177 | 600689 | 上海三毛 | 68656.61 | 42669.05 | −3123.76 | 94541.75 | −3539.99 |
| 178 | 600692 | 亚通股份 | 281805.88 | 88081.63 | 9291.96 | 100250.91 | 5866.21 |
| 179 | 600695 | *ST 绿庭 | 96063.86 | 66571.90 | −242.76 | 2563.11 | −2158.53 |
| 180 | 600696 | ST 岩石 | 40300.86 | 30992.12 | 1137.25 | 7971.77 | 802.19 |
| 181 | 600708 | 光明地产 | 8822025.16 | 1391434.21 | 68922.25 | 1498475.08 | 10684.81 |
| 182 | 600732 | 爱旭股份 | 1270195.70 | 534327.18 | 91127.64 | 966374.38 | 80545.76 |
| 183 | 600741 | 华域汽车 | 15043595.96 | 5253885.52 | 793989.96 | 13357763.97 | 540327.69 |
| 184 | 600748 | 上实发展 | 4247913.71 | 1214872.92 | 132235.88 | 804876.19 | 81794.22 |
| 185 | 600754 | 锦江酒店 | 3863656.21 | 1270951.88 | 30359.39 | 989755.63 | 11021.09 |
| 186 | 600816 | ST 安信 | 1993211.81 | 89290.52 | −823121.49 | −126392.16 | −673800.28 |
| 187 | 600818 | 中路股份 | 95438.63 | 64544.75 | 11641.43 | 73439.74 | 9613.36 |
| 188 | 600819 | 耀皮玻璃 | 697599.77 | 344333.54 | 18567.29 | 408469.28 | 17928.15 |
| 189 | 600820 | 隧道股份 | 10938608.28 | 2315942.67 | 279159.57 | 5400624.69 | 226723.23 |
| 190 | 600822 | 上海物贸 | 219220.54 | 78856.84 | 14053.59 | 785573.09 | 11453.41 |
| 191 | 600823 | 世茂股份 | 14930475.40 | 2608843.57 | 450454.93 | 2170534.22 | 155016.68 |
| 192 | 600824 | 益民集团 | 340831.54 | 262533.71 | 26147.78 | 101105.17 | 17544.42 |

(续表)

| 序号 | 代码 | 公司简称 | 资产总计 | 股东权益 | 主营业务收入 | 利润总额 | 净利润 |
|---|---|---|---|---|---|---|---|
| 193 | 600825 | 新华传媒 | 369930.25 | 240614.70 | −28434.87 | 129284.02 | −29136.32 |
| 194 | 600826 | 兰生股份 | 456108.53 | 370786.19 | 18666.26 | 298215.30 | 13835.37 |
| 195 | 600827 | 百联股份 | 5414544.33 | 1828351.69 | 142686.50 | 3520940.62 | 79700.50 |
| 196 | 600833 | 第一医药 | 139625.58 | 74230.94 | 9065.51 | 158690.37 | 6854.09 |
| 197 | 600834 | 申通地铁 | 284517.56 | 153411.33 | 10505.90 | 30136.52 | 7382.03 |
| 198 | 600835 | 上海机电 | 3617179.10 | 1192840.73 | 197148.94 | 2339410.58 | 112996.13 |
| 199 | 600836 | 界龙实业 | 199846.14 | 101072.97 | 29758.72 | 219329.30 | 23490.48 |
| 200 | 600837 | 海通证券 | 69407335.07 | 15344846.78 | 1575730.96 | 3821982.83 | 1087539.63 |
| 201 | 600838 | 上海九百 | 149564.93 | 137297.86 | 5338.34 | 9334.58 | 5338.34 |
| 202 | 600841 | 上柴股份 | 918051.10 | 398203.65 | 18450.66 | 613147.15 | 20332.05 |
| 203 | 600843 | 上工申贝 | 467672.37 | 234865.71 | 13352.31 | 306461.26 | 8446.48 |
| 204 | 600845 | 宝信软件 | 1407044.86 | 728249.06 | 148188.41 | 951776.30 | 130062.16 |
| 205 | 600846 | 同济科技 | 1131813.40 | 303593.96 | 110907.31 | 630263.13 | 59599.92 |
| 206 | 600848 | 上海临港 | 4181020.37 | 1453345.88 | 219851.33 | 392955.63 | 141436.92 |
| 207 | 600850 | 华东电脑 | 835689.52 | 272458.35 | 36948.26 | 812961.66 | 31747.39 |
| 208 | 600851 | 海欣股份 | 562506.61 | 418907.13 | 10536.90 | 93272.80 | 11939.18 |
| 209 | 600882 | 妙可蓝多 | 309217.55 | 148556.68 | 9527.96 | 284680.72 | 5925.80 |
| 210 | 600895 | 张江高科 | 3281973.06 | 1080513.02 | 236815.81 | 77919.82 | 182208.23 |
| 211 | 600958 | 东方证券 | 29111744.16 | 6020285.09 | 278636.38 | 2313394.68 | 272298.85 |
| 212 | 601021 | 春秋航空 | 3243008.10 | 1418085.58 | −60455.13 | 937291.81 | −58841.30 |
| 213 | 601200 | 上海环境 | 2705745.08 | 925190.87 | 86296.17 | 451175.44 | 62540.99 |
| 214 | 601211 | 国泰君安 | 70289917.22 | 13735325.95 | 1487194.42 | 3520028.24 | 1112209.92 |
| 215 | 601229 | 上海银行 | 246214402.10 | 19039789.00 | 2240992.90 | 5074612.30 | 2088506.20 |
| 216 | 601231 | 环旭电子 | 3093849.59 | 1204982.02 | 197356.31 | 4769622.82 | 173943.54 |
| 217 | 601328 | 交通银行 | 1069761600.00 | 86660700.00 | 8642500.00 | 24620000.00 | 7827400.00 |
| 218 | 601519 | 大智慧 | 197552.14 | 151685.38 | 8604.73 | 70776.24 | 7248.01 |
| 219 | 601595 | 上海电影 | 283843.14 | 201934.38 | −50264.61 | 30929.92 | −43121.71 |
| 220 | 601601 | 中国太保 | 177100400.00 | 21522400.00 | 2923800.00 | 42218200.00 | 2458400.00 |
| 221 | 601607 | 上海医药 | 14918565.55 | 4535467.77 | 717548.26 | 19190915.62 | 449621.70 |
| 222 | 601611 | 中国核建 | 14576926.23 | 1707841.84 | 217133.26 | 7280046.30 | 135989.12 |
| 223 | 601616 | 广电电气 | 328271.51 | 263393.84 | 11801.72 | 103830.44 | 7569.05 |
| 224 | 601696 | 中银证券 | 5395976.15 | 1499989.31 | 111715.82 | 324417.23 | 88322.69 |
| 225 | 601702 | 华峰铝业 | 499975.54 | 266413.75 | 27260.59 | 406688.99 | 24947.16 |
| 226 | 601727 | 上海电气 | 31540273.40 | 6640083.40 | 634643.90 | 13654032.00 | 375817.50 |
| 227 | 601788 | 光大证券 | 22873638.43 | 5244887.97 | 399881.06 | 1586634.34 | 233407.81 |
| 228 | 601828 | 美凯龙 | 13154791.86 | 4756321.89 | 281414.85 | 1423646.01 | 173058.18 |
| 229 | 601866 | 中远海发 | 14603879.49 | 2437000.71 | 244929.00 | 1894131.21 | 213051.68 |
| 230 | 601872 | 招商轮船 | 5863466.91 | 2556262.34 | 295143.79 | 1807293.26 | 277748.94 |
| 231 | 601968 | 宝钢包装 | 645775.55 | 235503.50 | 25673.36 | 578550.69 | 15866.09 |
| 232 | 603003 | 龙宇燃油 | 425200.21 | 378028.81 | −10752.76 | 894346.90 | −6756.59 |
| 233 | 603006 | 联明股份 | 201396.64 | 116937.74 | 12060.93 | 91078.21 | 8280.38 |
| 234 | 603009 | 北特科技 | 327946.98 | 148677.95 | 1652.47 | 147047.91 | 3031.97 |
| 235 | 603012 | 创力集团 | 579820.88 | 291568.44 | 52245.58 | 228724.40 | 36560.90 |
| 236 | 603020 | 爱普股份 | 279085.18 | 222344.29 | 23932.65 | 266825.51 | 17023.50 |
| 237 | 603022 | 新通联 | 90610.06 | 67288.12 | 4311.27 | 68146.26 | 3597.04 |
| 238 | 603030 | 全筑股份 | 1050858.98 | 230966.76 | 20791.98 | 542416.50 | 13327.73 |
| 239 | 603037 | 凯众股份 | 96324.69 | 86886.45 | 8900.15 | 49439.79 | 8271.85 |
| 240 | 603039 | 泛微网络 | 271273.75 | 134682.26 | 24965.65 | 148239.52 | 22955.01 |

（续表）

| 序号 | 代码 | 公司简称 | 资产总计 | 股东权益 | 主营业务收入 | 利润总额 | 净利润 |
|---|---|---|---|---|---|---|---|
| 241 | 603056 | 德邦股份 | 1019126.21 | 462418.47 | 73617.65 | 2750344.65 | 56437.92 |
| 242 | 603068 | 博通集成 | 217800.81 | 198839.14 | 2951.57 | 80869.97 | 3322.24 |
| 243 | 603083 | 剑桥科技 | 354130.22 | 166529.91 | −26783.38 | 270883.56 | −26630.85 |
| 244 | 603108 | 润达医疗 | 1017654.73 | 320338.78 | 63583.58 | 706915.63 | 32998.12 |
| 245 | 603121 | 华培动力 | 160581.39 | 111882.23 | 7157.74 | 63844.30 | 5892.87 |
| 246 | 603128 | 华贸物流 | 750273.45 | 458563.39 | 71931.48 | 1409454.35 | 53047.04 |
| 247 | 603131 | 上海沪工 | 232970.86 | 132171.91 | 13834.13 | 108584.21 | 12150.75 |
| 248 | 603159 | 上海亚虹 | 60076.69 | 43931.51 | 4740.08 | 59195.08 | 4023.54 |
| 249 | 603189 | 网达软件 | 108684.09 | 88905.14 | 8048.93 | 32800.40 | 7167.59 |
| 250 | 603192 | 汇得科技 | 201358.75 | 129123.89 | 13930.39 | 149771.78 | 12422.02 |
| 251 | 603196 | 日播时尚 | 109226.22 | 82591.19 | −8762.71 | 82254.15 | −4752.21 |
| 252 | 603197 | 保隆科技 | 391333.48 | 115067.60 | 19658.40 | 333108.51 | 18318.45 |
| 253 | 603200 | 上海洗霸 | 116624.86 | 80413.11 | 3756.79 | 53009.48 | 3489.68 |
| 254 | 603214 | 爱婴室 | 171079.75 | 101977.36 | 17120.87 | 225644.31 | 11657.17 |
| 255 | 603226 | 菲林格尔 | 130032.41 | 99985.49 | 7153.39 | 60160.09 | 6087.71 |
| 256 | 603232 | 格尔软件 | 162423.87 | 132918.57 | 6398.94 | 44480.78 | 5707.80 |
| 257 | 603236 | 移远通信 | 460124.61 | 186867.63 | 17856.70 | 610577.94 | 18901.60 |
| 258 | 603256 | 宏和科技 | 222150.65 | 147929.84 | 13344.98 | 62057.43 | 11707.88 |
| 259 | 603324 | 盛剑环境 | 133400.67 | 70296.67 | 14317.58 | 93774.21 | 12160.95 |
| 260 | 603329 | 上海雅仕 | 134734.97 | 66428.34 | 7986.50 | 173389.75 | 6425.98 |
| 261 | 603330 | 上海天洋 | 141288.91 | 65390.41 | 6788.27 | 69905.63 | 5178.84 |
| 262 | 603365 | 水星家纺 | 300517.47 | 235717.40 | 32939.20 | 303478.07 | 27453.98 |
| 263 | 603378 | 亚士创能 | 519461.67 | 204733.19 | 34615.52 | 350669.36 | 31560.26 |
| 264 | 603466 | 风语筑 | 432883.47 | 197257.82 | 39090.50 | 225630.19 | 34252.54 |
| 265 | 603496 | 恒为科技 | 116852.81 | 81516.79 | 3579.48 | 53312.45 | 3639.52 |
| 266 | 603499 | 翔港科技 | 93277.42 | 60081.78 | 1224.39 | 48393.76 | 794.57 |
| 267 | 603501 | 韦尔股份 | 2264799.23 | 1123864.29 | 299113.25 | 1982396.54 | 270610.93 |
| 268 | 603515 | 欧普照明 | 856046.21 | 524911.54 | 94017.96 | 796973.27 | 79996.69 |
| 269 | 603565 | 中谷物流 | 1156089.39 | 517118.42 | 136744.98 | 1041918.42 | 101878.29 |
| 270 | 603579 | 荣泰健康 | 295027.35 | 165941.70 | 19817.16 | 202051.64 | 19300.11 |
| 271 | 603580 | 艾艾精工 | 49525.68 | 43892.22 | 3492.83 | 19415.97 | 3056.51 |
| 272 | 603587 | 地素时尚 | 409877.94 | 343912.15 | 85069.48 | 256417.06 | 62985.72 |
| 273 | 603619 | 中曼石油 | 504497.15 | 190475.91 | −44745.22 | 158466.39 | −48609.12 |
| 274 | 603633 | 徕木股份 | 179904.58 | 108058.60 | 4785.52 | 52945.03 | 4288.31 |
| 275 | 603648 | 畅联股份 | 196198.88 | 174052.55 | 13970.84 | 151683.05 | 11124.73 |
| 276 | 603650 | 彤程新材 | 458372.00 | 244699.45 | 46707.71 | 204588.71 | 41049.42 |
| 277 | 603659 | 璞泰来 | 1448627.54 | 891416.40 | 81548.51 | 528067.41 | 66763.75 |
| 278 | 603681 | 永冠新材 | 339511.26 | 155687.05 | 19559.66 | 241407.82 | 17550.11 |
| 279 | 603682 | 锦和商业 | 187133.56 | 154520.90 | 20836.03 | 73926.26 | 15613.51 |
| 280 | 603683 | 晶华新材 | 165088.79 | 92773.24 | 18767.73 | 103874.07 | 15549.69 |
| 281 | 603690 | 至纯科技 | 595666.28 | 314273.47 | 29818.06 | 139705.61 | 26059.97 |
| 282 | 603713 | 密尔克卫 | 367824.07 | 171137.29 | 34943.85 | 342695.22 | 28849.89 |
| 283 | 603718 | 海利生物 | 178674.60 | 105832.95 | −2334.17 | 25912.85 | 892.66 |
| 284 | 603728 | 鸣志电器 | 275835.61 | 218011.87 | 23392.87 | 221283.55 | 20079.09 |
| 285 | 603729 | ST 龙韵 | 104852.23 | 78635.81 | −3025.24 | 62143.18 | −2163.10 |
| 286 | 603730 | 岱美股份 | 548549.34 | 389455.16 | 46566.55 | 395011.00 | 39314.98 |
| 287 | 603777 | 来伊份 | 270763.62 | 166522.64 | −5556.90 | 402623.09 | −6519.54 |
| 288 | 603786 | 科博达 | 471008.38 | 381264.26 | 65293.26 | 291372.77 | 51467.92 |

（续表）

| 序号 | 代码 | 公司简称 | 资产总计 | 股东权益 | 主营业务收入 | 利润总额 | 净利润 |
|---|---|---|---|---|---|---|---|
| 289 | 603790 | 雅运股份 | 141226.38 | 112863.60 | 5529.88 | 80384.70 | 5505.66 |
| 290 | 603855 | 华荣股份 | 338551.67 | 162082.89 | 30666.41 | 228271.22 | 26068.23 |
| 291 | 603868 | 飞科电器 | 388924.17 | 283058.80 | 86102.04 | 356788.10 | 63827.50 |
| 292 | 603881 | 数据港 | 767342.23 | 289163.03 | 16355.28 | 90973.59 | 13635.85 |
| 293 | 603885 | 吉祥航空 | 3230847.37 | 1085118.08 | −64601.63 | 1010155.21 | −47378.35 |
| 294 | 603886 | 元祖股份 | 255110.67 | 149769.04 | 37420.34 | 230326.84 | 30003.29 |
| 295 | 603887 | 城地香江 | 858555.26 | 405611.81 | 46157.07 | 393340.31 | 39266.61 |
| 296 | 603895 | 天永智能 | 124749.77 | 59489.05 | 852.77 | 50689.28 | 1220.40 |
| 297 | 603899 | 晨光文具 | 970990.84 | 519356.87 | 151714.88 | 1313774.57 | 125542.67 |
| 298 | 603918 | 金桥信息 | 137991.85 | 72295.96 | 9915.49 | 100425.13 | 8854.20 |
| 299 | 603956 | 威派格 | 222432.32 | 131876.03 | 18902.06 | 100223.46 | 17082.51 |
| 300 | 603960 | 克来机电 | 122487.62 | 95684.42 | 16317.03 | 76614.28 | 12919.05 |
| 301 | 603987 | 康德莱 | 425777.12 | 176134.10 | 39016.89 | 264538.20 | 20277.11 |
| 302 | 603991 | 至正股份 | 57171.25 | 37101.52 | −5278.08 | 31131.62 | −4807.96 |
| 303 | 605050 | 福然德 | 544717.70 | 290067.57 | 41615.16 | 668881.45 | 30694.28 |
| 304 | 605081 | 太和水 | 126982.00 | 96891.26 | 18812.24 | 55992.98 | 16159.80 |
| 305 | 605098 | 行动教育 | 117497.36 | 44678.89 | 12940.23 | 37867.74 | 10671.92 |
| 306 | 605128 | 上海沿浦 | 136628.57 | 100725.21 | 10071.71 | 79182.03 | 8123.52 |
| 307 | 605136 | 丽人丽妆 | 311511.42 | 233903.22 | 44271.18 | 459979.63 | 33948.05 |
| 308 | 605151 | 西上海 | 167492.23 | 113857.58 | 14645.17 | 116979.78 | 10746.52 |
| 309 | 605186 | 健麾信息 | 99740.41 | 81314.68 | 12341.47 | 28680.70 | 9573.93 |
| 310 | 605208 | 永茂泰 | 224497.85 | 124319.03 | 22217.15 | 269621.81 | 17322.20 |
| 311 | 605222 | 起帆电缆 | 578114.99 | 277051.50 | 55278.90 | 973586.77 | 41034.19 |
| 312 | 605289 | 罗曼股份 | 123792.13 | 65960.87 | 12526.52 | 60065.32 | 10792.99 |
| 313 | 605338 | 巴比食品 | 199114.29 | 163411.20 | 23330.74 | 97509.03 | 17546.66 |
| 314 | 605339 | 南侨食品 | 289271.22 | 194419.90 | 40778.78 | 232240.09 | 32524.85 |
| 315 | 605398 | 新炬网络 | 66292.14 | 41545.88 | 11972.65 | 56097.70 | 10848.92 |
| 316 | 688008 | 澜起科技 | 841944.19 | 807025.07 | 120464.35 | 182366.56 | 110368.35 |
| 317 | 688012 | 中微公司 | 580087.69 | 436905.77 | 51269.68 | 227329.19 | 49219.92 |
| 318 | 688016 | 心脉医疗 | 137606.60 | 123397.22 | 24955.32 | 47025.23 | 21461.29 |
| 319 | 688018 | 乐鑫科技 | 182963.12 | 164113.04 | 11045.92 | 83128.65 | 10405.20 |
| 320 | 688019 | 安集科技 | 128734.63 | 104810.48 | 17212.99 | 42237.99 | 15398.91 |
| 321 | 688063 | 派能科技 | 321376.41 | 273352.33 | 31194.34 | 112007.01 | 27448.50 |
| 322 | 688065 | 凯赛生物 | 1213515.13 | 1038474.38 | 52078.78 | 149719.14 | 45767.21 |
| 323 | 688085 | 三友医疗 | 167067.39 | 153442.60 | 13694.62 | 39043.25 | 11855.88 |
| 324 | 688098 | 申联生物 | 151446.94 | 139641.29 | 14999.28 | 33773.24 | 12951.43 |
| 325 | 688099 | 晶晨股份 | 368568.50 | 291892.22 | 11879.26 | 273825.33 | 11483.44 |
| 326 | 688118 | 普元信息 | 108949.14 | 97802.12 | 3115.67 | 36071.82 | 3136.52 |
| 327 | 688123 | 聚辰股份 | 155646.99 | 146107.93 | 17754.26 | 49385.21 | 16294.77 |
| 328 | 688126 | 沪硅产业－U | 1449850.73 | 944304.00 | 11410.64 | 181127.78 | 8707.08 |
| 329 | 688129 | 东来技术 | 88621.26 | 79052.73 | 9054.54 | 40798.91 | 7835.33 |
| 330 | 688133 | 泰坦科技 | 185044.04 | 143802.42 | 11741.89 | 138448.47 | 10276.10 |
| 331 | 688155 | 先惠技术 | 138829.37 | 108009.98 | 6608.52 | 50235.24 | 6073.53 |
| 332 | 688158 | 优刻得－W | 430466.41 | 325918.86 | −33856.45 | 245513.43 | −34275.88 |
| 333 | 688160 | 步科股份 | 78288.25 | 60816.62 | 8194.03 | 43408.97 | 6617.33 |
| 334 | 688179 | 阿拉丁 | 86354.76 | 81670.07 | 8636.81 | 23422.02 | 7443.21 |
| 335 | 688180 | 君实生物－U | 799740.95 | 582780.85 | −167242.93 | 159489.66 | −166860.68 |
| 336 | 688188 | 柏楚电子 | 261143.46 | 249277.75 | 40872.01 | 57082.93 | 37059.29 |

（续表）

| 序号 | 代码 | 公司简称 | 资产总计 | 股东权益 | 主营业务收入 | 利润总额 | 净利润 |
|---|---|---|---|---|---|---|---|
| 337 | 688202 | 美迪西 | 136432.31 | 112330.96 | 15008.24 | 66595.59 | 12938.63 |
| 338 | 688217 | 睿昂基因 | 71171.27 | 64668.54 | 4008.86 | 28492.60 | 3871.35 |
| 339 | 688301 | 奕瑞科技 | 289536.57 | 263353.83 | 25429.68 | 78408.07 | 22224.72 |
| 340 | 688317 | 之江生物 | 187957.17 | 146259.86 | 110920.02 | 205214.19 | 93200.94 |
| 341 | 688330 | 宏力达 | 339646.81 | 302515.14 | 36916.08 | 90851.99 | 31819.86 |
| 342 | 688335 | 复洁环保 | 123341.09 | 107802.20 | 7512.55 | 37576.14 | 6673.32 |
| 343 | 688336 | 三生国健 | 495386.57 | 450313.57 | −28240.57 | 65500.58 | −21746.03 |
| 344 | 688366 | 昊海生科 | 629870.54 | 549074.85 | 25702.48 | 133242.70 | 23007.01 |
| 345 | 688368 | 晶丰明源 | 162759.06 | 125896.78 | 7052.61 | 110294.23 | 6886.33 |
| 346 | 688505 | 复旦张江 | 250070.10 | 201093.08 | 17670.11 | 83380.27 | 16466.28 |
| 347 | 688519 | 南亚新材 | 362284.15 | 259286.29 | 15301.44 | 212068.14 | 13575.62 |
| 348 | 688521 | 芯原股份－U | 319523.09 | 262644.76 | −822.91 | 150612.93 | −2556.64 |
| 349 | 688538 | 和辉光电－U | 2477067.01 | 1034135.65 | −103611.54 | 250205.44 | −103611.54 |
| 350 | 688578 | 艾力斯－U | 298705.89 | 287804.86 | −31051.52 | 56.09 | −31051.52 |
| 351 | 688585 | 上纬新材 | 198794.22 | 106454.14 | 15191.77 | 194596.19 | 11895.09 |
| 352 | 688590 | 新致软件 | 202665.54 | 104882.97 | 9040.81 | 107428.05 | 8161.04 |
| 353 | 688596 | 正帆科技 | 282601.49 | 170479.03 | 14286.37 | 110898.55 | 12425.81 |
| 354 | 688608 | 恒玄科技 | 576432.25 | 549578.63 | 19990.20 | 106117.11 | 19839.05 |
| 355 | 688660 | 电气风电 | 3176634.44 | 432459.12 | 46073.01 | 2068541.46 | 41668.51 |
| 356 | 688680 | 海优新材 | 152764.42 | 75273.31 | 25392.24 | 148109.24 | 22323.22 |
| 357 | 688682 | 霍莱沃 | 33993.75 | 19437.75 | 4907.54 | 22919.87 | 4482.73 |
| 358 | 688981 | 中芯国际 | 20460165.40 | 9912803.70 | 449106.80 | 2747070.90 | 433227.00 |

# 上海工商类上市公司 2020 年度经营情况之二

（单位：元、%）

| 序号 | 代码 | 公司简称 | 每股收益 | 每股净资产 | 净资产收益率 | 每股经营现金净流量 |
|---|---|---|---|---|---|---|
| 1 | 000668 | 荣丰控股 | −0.16 | 6.43 | −2.42 | −0.64 |
| 2 | 000863 | 三湘印象 | 0.23 | 4.01 | 5.57 | 2.31 |
| 3 | 002022 | 科华生物 | 1.33 | 5.83 | 24.57 | 2.66 |
| 4 | 002028 | 思源电气 | 1.23 | 8.55 | 16.14 | 1.07 |
| 5 | 002058 | *ST 威尔 | −0.01 | 1.22 | −0.37 | 0.12 |
| 6 | 002116 | 中国海诚 | 0.15 | 3.36 | 4.57 | 1.11 |
| 7 | 002158 | 汉钟精机 | 0.68 | 4.28 | 16.76 | 0.68 |
| 8 | 002162 | 悦心健康 | 0.07 | 1.21 | 5.68 | 0.18 |
| 9 | 002178 | 延华智能 | −0.38 | 0.79 | −38.03 | 0.04 |
| 10 | 002184 | 海得控制 | 0.53 | 4.49 | 12.43 | 1.06 |
| 11 | 002195 | 二三四五 | −0.16 | 1.60 | −9.47 | 0.14 |
| 12 | 002211 | 宏达新材 | 0.12 | 1.76 | 7.19 | −0.78 |
| 13 | 002252 | 上海莱士 | 0.21 | 3.73 | 7.23 | 0.17 |
| 14 | 002269 | 美邦服饰 | −0.34 | 0.47 | −53.38 | 0.10 |
| 15 | 002278 | 神开股份 | 0.08 | 3.13 | 2.50 | 0.26 |
| 16 | 002324 | 普利特 | 0.47 | 3.19 | 15.55 | 0.49 |
| 17 | 002328 | 新朋股份 | 0.19 | 3.38 | 5.60 | 0.29 |
| 18 | 002346 | 柘中股份 | 0.35 | 4.72 | 7.57 | 0.02 |
| 19 | 002401 | 中远海科 | 0.63 | 3.68 | 18.39 | 0.78 |
| 20 | 002451 | 摩恩电气 | 0.02 | 1.60 | 1.06 | −0.07 |
| 21 | 002454 | 松芝股份 | 0.39 | 5.79 | 6.99 | 0.77 |
| 22 | 002486 | 嘉麟杰 | 0.02 | 1.13 | 1.79 | 0.31 |
| 23 | 002506 | 协鑫集成 | −0.52 | 0.73 | −61.07 | 0.15 |
| 24 | 002527 | 新时达 | 0.14 | 4.10 | 3.23 | 0.44 |
| 25 | 002561 | 徐家汇 | 0.18 | 5.33 | 3.34 | 0.27 |
| 26 | 002565 | 顺灏股份 | 0.01 | 1.84 | 0.40 | 0.13 |
| 27 | 002568 | 百润股份 | 1.03 | 6.00 | 20.53 | 1.35 |
| 28 | 002605 | 姚记科技 | 2.75 | 5.12 | 61.55 | 1.31 |
| 29 | 002636 | 金安国纪 | 0.25 | 3.91 | 6.54 | 0.59 |
| 30 | 002669 | 康达新材 | 0.85 | 9.24 | 9.62 | −0.49 |
| 31 | 002706 | 良信股份 | 0.49 | 2.60 | 19.53 | 0.81 |
| 32 | 002825 | 纳尔股份 | 0.65 | 5.36 | 12.73 | 0.85 |
| 33 | 002858 | 力盛赛车 | −0.41 | 2.81 | −12.84 | 0.57 |
| 34 | 300008 | 天海防务 | 0.03 | 0.95 | 2.49 | −0.07 |
| 35 | 300017 | 网宿科技 | 0.09 | 3.54 | 2.54 | 0.33 |
| 36 | 300039 | 上海凯宝 | 0.10 | 2.46 | 4.12 | 0.24 |
| 37 | 300059 | 东方财富 | 0.58 | 3.85 | 17.58 | 0.53 |
| 38 | 300061 | 旗天科技 | −1.21 | 1.94 | −42.25 | −0.02 |
| 39 | 300067 | 安诺其 | 0.12 | 1.87 | 6.71 | 0.08 |
| 40 | 300074 | 华平股份 | 0.04 | 2.16 | 1.92 | 0.18 |
| 41 | 300126 | 锐奇股份 | 0.04 | 3.36 | 1.15 | 0.02 |
| 42 | 300129 | 泰胜风能 | 0.49 | 3.60 | 14.22 | −0.10 |
| 43 | 300153 | 科泰电源 | −0.53 | 2.36 | −20.07 | −0.10 |
| 44 | 300168 | 万达信息 | −1.10 | 1.23 | −59.30 | 0.22 |
| 45 | 300170 | 汉得信息 | 0.07 | 3.55 | 2.06 | 0.51 |
| 46 | 300171 | 东富龙 | 0.74 | 5.73 | 13.72 | 1.78 |
| 47 | 300180 | 华峰超纤 | −0.28 | 2.88 | −9.37 | 0.36 |
| 48 | 300222 | 科大智能 | −0.39 | 2.16 | −16.12 | −0.08 |

（续表）

| 序号 | 代码 | 公司简称 | 每股收益 | 每股净资产 | 净资产收益率 | 每股经营现金净流量 |
|---|---|---|---|---|---|---|
| 49 | 300225 | 金力泰 | 0.19 | 2.06 | 9.51 | 0.31 |
| 50 | 300226 | 上海钢联 | 1.13 | 7.12 | 17.33 | −6.26 |
| 51 | 300230 | 永利股份 | −0.67 | 2.67 | −20.31 | 0.62 |
| 52 | 300236 | 上海新阳 | 0.94 | 16.27 | 8.80 | 0.62 |
| 53 | 300245 | 天玑科技 | 0.12 | 4.73 | 2.68 | 0.04 |
| 54 | 300253 | 卫宁健康 | 0.23 | 2.12 | 11.90 | 0.18 |
| 55 | 300262 | 巴安水务 | −0.70 | 2.77 | −22.31 | 0.28 |
| 56 | 300272 | 开能健康 | 0.05 | 2.03 | 2.23 | 0.24 |
| 57 | 300286 | 安科瑞 | 0.60 | 3.80 | 15.43 | −0.21 |
| 58 | 300326 | 凯利泰 | −0.18 | 3.66 | −4.69 | 0.39 |
| 59 | 300327 | 中颖电子 | 0.75 | 3.79 | 20.67 | 0.77 |
| 60 | 300330 | 华虹计通 | 0.04 | 2.22 | 1.56 | −0.34 |
| 61 | 300336 | 新文化 | −2.07 | 0.41 | −141.84 | 0.11 |
| 62 | 300378 | 鼎捷软件 | 0.46 | 5.71 | 8.31 | 0.85 |
| 63 | 300380 | 安硕信息 | 0.45 | 3.39 | 13.22 | 0.53 |
| 64 | 300398 | 飞凯材料 | 0.45 | 5.12 | 8.74 | 0.33 |
| 65 | 300442 | 普丽盛 | −2.27 | 5.09 | −36.41 | −0.17 |
| 66 | 300462 | 华铭智能 | 0.68 | 8.94 | 7.70 | −0.52 |
| 67 | 300469 | 信息发展 | −0.31 | 1.15 | −23.61 | 0.12 |
| 68 | 300483 | 首华燃气 | 0.85 | 18.40 | 4.47 | 4.21 |
| 69 | 300493 | 润欣科技 | 0.09 | 1.57 | 6.03 | 0.18 |
| 70 | 300501 | 海顺新材 | 0.67 | 5.14 | 13.73 | 0.50 |
| 71 | 300508 | 维宏股份 | 0.32 | 6.15 | 5.31 | 0.39 |
| 72 | 300511 | 雪榕生物 | 0.57 | 4.44 | 13.10 | 1.26 |
| 73 | 300551 | 古鳌科技 | 0.12 | 3.07 | 3.96 | 0.32 |
| 74 | 300578 | 会畅通讯 | 0.72 | 7.42 | 10.04 | 1.47 |
| 75 | 300590 | 移为通信 | 0.38 | 4.45 | 8.69 | 0.21 |
| 76 | 300609 | 汇纳科技 | −0.07 | 9.19 | −0.95 | 0.09 |
| 77 | 300613 | 富瀚微 | 1.10 | 16.69 | 7.09 | 2.39 |
| 78 | 300627 | 华测导航 | 0.58 | 3.18 | 18.97 | 0.68 |
| 79 | 300642 | 透景生命 | 1.33 | 13.97 | 9.90 | 1.07 |
| 80 | 300762 | 上海瀚讯 | 0.78 | 6.43 | 12.89 | 0.35 |
| 81 | 300802 | 矩子科技 | 0.55 | 6.32 | 9.05 | 0.18 |
| 82 | 300892 | 品渥食品 | 1.67 | 10.71 | 19.27 | 1.37 |
| 83 | 300899 | 上海凯鑫 | 0.85 | 9.71 | 10.43 | 0.01 |
| 84 | 300915 | 海融科技 | 1.88 | 22.02 | 10.92 | 1.32 |
| 85 | 300947 | 德必集团 | 2.43 | 23.09 | 10.99 | 4.82 |
| 86 | 300963 | 中洲特材 | 0.68 | 5.84 | 12.16 | 0.56 |
| 87 | 300983 | 尤安设计 | 4.87 | 11.81 | 49.32 | 2.63 |
| 88 | 300999 | 金龙鱼 | 1.21 | 15.41 | 8.09 | 0.22 |
| 89 | 301000 | 肇民科技 | 2.61 | 6.72 | 44.55 | 1.37 |
| 90 | 301001 | 凯淳股份 | 1.41 | 5.65 | 28.47 | 1.25 |
| 91 | 301005 | C 超捷 | 1.90 | 6.29 | 33.01 | 1.66 |
| 92 | 600000 | 浦发银行 | 1.88 | 17.90 | 9.79 | 4.31 |
| 93 | 600009 | 上海机场 | −0.66 | 15.16 | −4.14 | −0.63 |
| 94 | 600018 | 上港集团 | 0.36 | 3.78 | 9.80 | 0.48 |
| 95 | 600019 | 宝钢股份 | 0.57 | 8.28 | 7.00 | 1.26 |
| 96 | 600021 | 上海电力 | 0.29 | 6.27 | 4.60 | 2.78 |

(续表)

| 序号 | 代码 | 公司简称 | 每股收益 | 每股净资产 | 净资产收益率 | 每股经营现金净流量 |
|---|---|---|---|---|---|---|
| 97 | 600026 | 中远海能 | 0.52 | 7.27 | 7.56 | 1.48 |
| 98 | 600061 | 国投资本 | 0.97 | 10.03 | 9.80 | −0.94 |
| 99 | 600072 | 中船科技 | 0.20 | 5.33 | 3.68 | 0.89 |
| 100 | 600073 | 上海梅林 | 0.43 | 4.62 | 9.69 | 2.36 |
| 101 | 600081 | 东风科技 | 0.31 | 4.55 | 6.99 | 1.04 |
| 102 | 600088 | 中视传媒 | −0.27 | 2.76 | −9.17 | 0.20 |
| 103 | 600094 | 大名城 | 0.18 | 5.30 | 3.44 | −0.98 |
| 104 | 600097 | 开创国际 | 0.59 | 7.80 | 7.72 | 1.35 |
| 105 | 600104 | 上汽集团 | 1.75 | 22.26 | 8.02 | 3.21 |
| 106 | 600115 | 东方航空 | −0.72 | 3.30 | −19.60 | 0.07 |
| 107 | 600119 | 长江投资 | −0.32 | 0.95 | −35.27 | 0.07 |
| 108 | 600150 | 中国船舶 | 0.07 | 10.24 | 1.00 | 0.22 |
| 109 | 600151 | 航天机电 | 0.12 | 3.81 | 3.19 | 0.12 |
| 110 | 600170 | 上海建工 | 0.34 | 3.14 | 9.61 | 0.04 |
| 111 | 600171 | 上海贝岭 | 0.75 | 4.68 | 16.67 | 0.11 |
| 112 | 600193 | ST 创兴 | 0.14 | 0.69 | 22.11 | −0.11 |
| 113 | 600196 | 复星医药 | 1.43 | 14.44 | 10.63 | 1.01 |
| 114 | 600210 | 紫江企业 | 0.37 | 3.50 | 11.05 | 0.70 |
| 115 | 600272 | 开开实业 | 0.06 | 2.12 | 2.65 | 0.34 |
| 116 | 600278 | 东方创业 | 0.35 | 8.00 | 4.80 | 0.07 |
| 117 | 600284 | 浦东建设 | 0.46 | 6.63 | 7.08 | −0.76 |
| 118 | 600315 | 上海家化 | 0.64 | 9.59 | 6.73 | 0.95 |
| 119 | 600320 | 振华重工 | 0.08 | 2.67 | 2.80 | 0.16 |
| 120 | 600420 | 国药现代 | 0.63 | 7.66 | 8.26 | 1.52 |
| 121 | 600490 | 鹏欣资源 | 0.21 | 2.95 | 7.14 | 0.41 |
| 122 | 600500 | 中化国际 | 0.11 | 4.22 | 2.35 | 0.93 |
| 123 | 600503 | 华丽家族 | 0.09 | 2.37 | 3.87 | 0.15 |
| 124 | 600508 | 上海能源 | 0.92 | 14.25 | 6.63 | 0.86 |
| 125 | 600517 | 国网英大 | 0.21 | 3.02 | 11.37 | −0.03 |
| 126 | 600530 | 交大昂立 | 0.12 | 1.07 | 11.68 | 0.09 |
| 127 | 600532 | 未来股份 | 0.04 | 3.65 | 1.17 | 1.32 |
| 128 | 600597 | 光明乳业 | 0.50 | 5.13 | 10.13 | 1.76 |
| 129 | 600601 | ST 方科 | −0.42 | 0.33 | −70.19 | 0.30 |
| 130 | 600602 | 云赛智联 | 0.18 | 3.14 | 5.91 | 0.34 |
| 131 | 600604 | 市北高新 | 0.09 | 3.45 | 2.76 | −0.82 |
| 132 | 600605 | 汇通能源 | 0.34 | 5.26 | 6.69 | −4.34 |
| 133 | 600606 | 绿地控股 | 1.23 | 6.97 | 18.33 | 3.68 |
| 134 | 600608 | ST 沪科 | 0.01 | 0.19 | 3.70 | −0.03 |
| 135 | 600610 | 中毅达 | 0.04 | 0.08 | 67.84 | 0.00 |
| 136 | 600611 | 大众交通 | 0.23 | 3.93 | 5.72 | −0.30 |
| 137 | 600612 | 老凤祥 | 3.03 | 15.23 | 21.17 | 4.49 |
| 138 | 600613 | 神奇制药 | −0.64 | 4.26 | −13.94 | 0.19 |
| 139 | 600615 | *ST 丰华 | 0.01 | 3.37 | 0.23 | −0.08 |
| 140 | 600616 | 金枫酒业 | 0.02 | 2.92 | 0.63 | −0.04 |
| 141 | 600618 | 氯碱化工 | 0.52 | 4.45 | 12.39 | 0.35 |
| 142 | 600619 | 海立股份 | 0.19 | 5.11 | 3.60 | 0.39 |
| 143 | 600620 | 天宸股份 | 0.15 | 3.46 | 4.30 | −0.06 |
| 144 | 600621 | 华鑫股份 | 0.67 | 6.51 | 10.80 | 0.49 |

(续表)

| 序号 | 代码 | 公司简称 | 每股收益 | 每股净资产 | 净资产收益率 | 每股经营现金净流量 |
|---|---|---|---|---|---|---|
| 145 | 600622 | 光大嘉宝 | 0.28 | 4.46 | 6.32 | 0.92 |
| 146 | 600623 | 华谊集团 | 0.20 | 8.83 | 2.29 | 0.53 |
| 147 | 600624 | 复旦复华 | −0.08 | 1.61 | −4.89 | 0.09 |
| 148 | 600626 | 申达股份 | −0.95 | 2.85 | −28.01 | 0.20 |
| 149 | 600628 | 新世界 | 0.11 | 6.71 | 1.63 | 0.45 |
| 150 | 600629 | 华建集团 | 0.33 | 5.59 | 5.89 | 2.28 |
| 151 | 600630 | 龙头股份 | −0.69 | 3.59 | −17.57 | 0.45 |
| 152 | 600634 | 退市富控 | −3.27 | −7.28 | | −0.11 |
| 153 | 600635 | 大众公用 | 0.17 | 2.93 | 6.17 | 0.08 |
| 154 | 600636 | 国新文化 | 0.35 | 6.82 | 5.12 | 0.46 |
| 155 | 600637 | 东方明珠 | 0.47 | 8.66 | 5.52 | 1.06 |
| 156 | 600638 | 新黄浦 | 0.40 | 6.40 | 6.41 | 2.01 |
| 157 | 600639 | 浦东金桥 | 0.99 | 9.59 | 10.71 | 2.91 |
| 158 | 600640 | 号百控股 | 0.01 | 5.66 | 0.23 | −0.10 |
| 159 | 600641 | 万业企业 | 0.35 | 6.96 | 4.87 | 0.52 |
| 160 | 600642 | 申能股份 | 0.49 | 6.28 | 7.92 | 0.99 |
| 161 | 600643 | 爱建集团 | 0.83 | 7.22 | 12.02 | 1.29 |
| 162 | 600647 | 同达创业 | 0.08 | 2.15 | 3.98 | −0.14 |
| 163 | 600648 | 外高桥 | 0.64 | 9.65 | 6.71 | 3.69 |
| 164 | 600649 | 城投控股 | 0.30 | 7.89 | 3.92 | 0.42 |
| 165 | 600650 | 锦江在线 | 0.44 | 6.43 | 6.85 | 0.54 |
| 166 | 600651 | 飞乐音响 | 0.19 | 1.08 | 81.02 | 0.01 |
| 167 | 600652 | *ST 游久 | −0.03 | 2.10 | −1.59 | −0.02 |
| 168 | 600654 | ST 中安 | −0.14 | 0.07 | −89.83 | 0.01 |
| 169 | 600655 | 豫园股份 | 0.93 | 8.50 | 11.21 | −0.25 |
| 170 | 600661 | 昂立教育 | −0.91 | 1.96 | −33.66 | −0.26 |
| 171 | 600662 | 强生控股 | 0.06 | 3.07 | 1.81 | 0.42 |
| 172 | 600663 | 陆家嘴 | 0.99 | 5.02 | 20.90 | −0.17 |
| 173 | 600675 | 中华企业 | 0.23 | 2.58 | 8.92 | 0.43 |
| 174 | 600676 | 交运股份 | −0.20 | 5.44 | −3.58 | 0.51 |
| 175 | 600679 | 上海凤凰 | 0.15 | 4.08 | 3.71 | 0.26 |
| 176 | 600688 | 上海石化 | 0.06 | 2.70 | 2.13 | 0.16 |
| 177 | 600689 | 上海三毛 | −0.18 | 2.12 | −7.94 | 0.19 |
| 178 | 600692 | 亚通股份 | 0.17 | 2.50 | 6.90 | 2.02 |
| 179 | 600695 | *ST 绿庭 | −0.03 | 0.94 | −3.15 | −0.07 |
| 180 | 600696 | ST 岩石 | 0.02 | 0.93 | 2.84 | 0.17 |
| 181 | 600708 | 光明地产 | −0.03 | 4.93 | 0.76 | 1.87 |
| 182 | 600732 | 爱旭股份 | 0.42 | 2.62 | 21.71 | 0.13 |
| 183 | 600741 | 华域汽车 | 1.71 | 16.66 | 10.60 | 2.97 |
| 184 | 600748 | 上实发展 | 0.41 | 6.04 | 7.20 | 0.44 |
| 185 | 600754 | 锦江酒店 | 0.12 | 13.27 | 0.85 | 0.16 |
| 186 | 600816 | ST 安信 | −1.23 | 0.16 | −158.10 | 0.09 |
| 187 | 600818 | 中路股份 | 0.30 | 2.01 | 15.84 | 0.03 |
| 188 | 600819 | 耀皮玻璃 | 0.19 | 3.68 | 5.33 | 0.65 |
| 189 | 600820 | 隧道股份 | 0.72 | 7.37 | 10.05 | 1.01 |
| 190 | 600822 | 上海物贸 | 0.23 | 1.59 | 15.69 | 0.41 |
| 191 | 600823 | 世茂股份 | 0.41 | 6.95 | 6.02 | 1.29 |
| 192 | 600824 | 益民集团 | 0.17 | 2.49 | 6.88 | 0.29 |

(续表)

| 序号 | 代码 | 公司简称 | 每股收益 | 每股净资产 | 净资产收益率 | 每股经营现金净流量 |
|---|---|---|---|---|---|---|
| 193 | 600825 | 新华传媒 | −0.28 | 2.30 | −11.47 | 0.35 |
| 194 | 600826 | 兰生股份 | 0.26 | 6.92 | 3.83 | −0.14 |
| 195 | 600827 | 百联股份 | 0.45 | 10.25 | 4.36 | 2.49 |
| 196 | 600833 | 第一医药 | 0.31 | 3.33 | 9.34 | 0.38 |
| 197 | 600834 | 申通地铁 | 0.15 | 3.21 | 4.90 | −0.24 |
| 198 | 600835 | 上海机电 | 1.10 | 11.66 | 9.70 | 1.07 |
| 199 | 600836 | 界龙实业 | 0.35 | 1.53 | 26.30 | 0.35 |
| 200 | 600837 | 海通证券 | 0.90 | 11.75 | 7.78 | 0.94 |
| 201 | 600838 | 上海九百 | 0.13 | 3.42 | 3.95 | 0.00 |
| 202 | 600841 | 上柴股份 | 0.24 | 4.59 | 5.23 | 0.18 |
| 203 | 600843 | 上工申贝 | 0.16 | 4.28 | 3.63 | 0.58 |
| 204 | 600845 | 宝信软件 | 1.15 | 6.30 | 18.13 | 1.27 |
| 205 | 600846 | 同济科技 | 0.95 | 4.86 | 20.45 | 2.55 |
| 206 | 600848 | 上海临港 | 0.67 | 6.91 | 10.05 | −0.41 |
| 207 | 600850 | 华东电脑 | 0.74 | 6.38 | 12.02 | 1.53 |
| 208 | 600851 | 海欣股份 | 0.10 | 3.47 | 2.97 | 0.10 |
| 209 | 600882 | 妙可蓝多 | 0.15 | 3.63 | 4.31 | 0.65 |
| 210 | 600895 | 张江高科 | 1.18 | 6.98 | 18.12 | 0.11 |
| 211 | 600958 | 东方证券 | 0.38 | 7.89 | 4.77 | 4.03 |
| 212 | 601021 | 春秋航空 | −0.64 | 15.47 | −4.03 | 0.90 |
| 213 | 601200 | 上海环境 | 0.64 | 8.25 | 7.78 | 0.93 |
| 214 | 601211 | 国泰君安 | 1.20 | 14.18 | 8.09 | 2.50 |
| 215 | 601229 | 上海银行 | 1.40 | 12.00 | 11.38 | 0.88 |
| 216 | 601231 | 环旭电子 | 0.80 | 5.45 | 15.58 | 0.65 |
| 217 | 601328 | 交通银行 | 0.99 | 9.87 | 9.43 | 2.01 |
| 218 | 601519 | 大智慧 | 0.04 | 0.76 | 4.86 | −0.01 |
| 219 | 601595 | 上海电影 | −0.96 | 4.51 | −19.14 | −0.88 |
| 220 | 601601 | 中国太保 | 2.63 | 22.37 | 12.49 | 11.55 |
| 221 | 601607 | 上海医药 | 1.58 | 15.96 | 10.33 | 2.41 |
| 222 | 601611 | 中国核建 | 0.43 | 4.34 | 8.33 | 0.82 |
| 223 | 601616 | 广电电气 | 0.08 | 2.82 | 2.89 | 0.18 |
| 224 | 601696 | 中银证券 | 0.32 | 5.40 | 6.37 | 1.07 |
| 225 | 601702 | 华峰铝业 | 0.31 | 2.67 | 11.94 | −0.03 |
| 226 | 601727 | 上海电气 | 0.25 | 4.37 | 5.79 | 0.31 |
| 227 | 601788 | 光大证券 | 0.50 | 10.94 | 4.67 | 5.58 |
| 228 | 601828 | 美凯龙 | 0.44 | 12.18 | 3.71 | 1.07 |
| 229 | 601866 | 中远海发 | 0.16 | 1.58 | 8.77 | 0.85 |
| 230 | 601872 | 招商轮船 | 0.41 | 3.79 | 10.92 | 1.12 |
| 231 | 601968 | 宝钢包装 | 0.19 | 2.83 | 6.80 | 0.85 |
| 232 | 603003 | 龙宇燃油 | −0.17 | 9.08 | −1.76 | 0.81 |
| 233 | 603006 | 联明股份 | 0.43 | 6.12 | 7.27 | 1.28 |
| 234 | 603009 | 北特科技 | 0.08 | 4.50 | 1.97 | 0.20 |
| 235 | 603012 | 创力集团 | 0.57 | 4.58 | 13.24 | 0.48 |
| 236 | 603020 | 爱普股份 | 0.53 | 6.95 | 7.87 | 0.69 |
| 237 | 603022 | 新通联 | 0.18 | 3.36 | 5.48 | 0.22 |
| 238 | 603030 | 全筑股份 | 0.25 | 4.19 | 5.99 | 0.55 |
| 239 | 603037 | 凯众股份 | 0.78 | 8.28 | 9.65 | 1.76 |
| 240 | 603039 | 泛微网络 | 1.11 | 6.05 | 20.43 | 1.43 |

（续表）

| 序号 | 代码 | 公司简称 | 每股收益 | 每股净资产 | 净资产收益率 | 每股经营现金净流量 |
|---|---|---|---|---|---|---|
| 241 | 603056 | 德邦股份 | 0.59 | 4.82 | 13.00 | 1.85 |
| 242 | 603068 | 博通集成 | 0.24 | 13.22 | 2.04 | 0.42 |
| 243 | 603083 | 剑桥科技 | −1.12 | 6.60 | −18.70 | −0.81 |
| 244 | 603108 | 润达医疗 | 0.57 | 5.34 | 11.07 | 0.56 |
| 245 | 603121 | 华培动力 | 0.23 | 4.32 | 5.29 | 0.43 |
| 246 | 603128 | 华贸物流 | 0.41 | 3.50 | 12.19 | 0.58 |
| 247 | 603131 | 上海沪工 | 0.38 | 4.10 | 9.55 | 0.52 |
| 248 | 603159 | 上海亚虹 | 0.29 | 3.14 | 9.24 | 0.59 |
| 249 | 603189 | 网达软件 | 0.32 | 4.03 | 8.41 | 0.35 |
| 250 | 603192 | 汇得科技 | 1.16 | 12.11 | 9.94 | 1.52 |
| 251 | 603196 | 日播时尚 | −0.20 | 3.44 | −5.44 | 0.33 |
| 252 | 603197 | 保隆科技 | 1.12 | 6.97 | 16.76 | 1.39 |
| 253 | 603200 | 上海洗霸 | 0.35 | 7.98 | 4.42 | −0.12 |
| 254 | 603214 | 爱婴室 | 0.83 | 7.14 | 11.47 | 1.40 |
| 255 | 603226 | 菲林格尔 | 0.29 | 4.75 | 6.34 | 0.29 |
| 256 | 603232 | 格尔软件 | 0.32 | 6.88 | 5.73 | 0.76 |
| 257 | 603236 | 移远通信 | 1.77 | 17.46 | 10.55 | −3.72 |
| 258 | 603256 | 宏和科技 | 0.13 | 1.69 | 8.06 | 0.17 |
| 259 | 603324 | 盛剑环境 | 1.31 | 7.56 | 18.94 | 0.97 |
| 260 | 603329 | 上海雅仕 | 0.49 | 5.03 | 10.17 | 0.67 |
| 261 | 603330 | 上海天洋 | 0.34 | 4.28 | 8.20 | 0.32 |
| 262 | 603365 | 水星家纺 | 1.04 | 8.84 | 11.83 | 1.42 |
| 263 | 603378 | 亚士创能 | 1.62 | 9.93 | 18.49 | 1.23 |
| 264 | 603466 | 风语筑 | 1.19 | 6.77 | 18.81 | 0.75 |
| 265 | 603496 | 恒为科技 | 0.18 | 4.06 | 4.50 | −0.40 |
| 266 | 603499 | 翔港科技 | 0.04 | 2.83 | 1.40 | 0.06 |
| 267 | 603501 | 韦尔股份 | 3.21 | 12.95 | 28.24 | 3.86 |
| 268 | 603515 | 欧普照明 | 1.06 | 6.96 | 15.59 | 1.37 |
| 269 | 603565 | 中谷物流 | 1.65 | 7.76 | 25.07 | 3.03 |
| 270 | 603579 | 荣泰健康 | 1.42 | 11.55 | 11.74 | 1.97 |
| 271 | 603580 | 艾艾精工 | 0.23 | 3.36 | 7.13 | 0.15 |
| 272 | 603587 | 地素时尚 | 1.31 | 7.15 | 18.67 | 1.50 |
| 273 | 603619 | 中曼石油 | −1.22 | 4.76 | −22.77 | 0.54 |
| 274 | 603633 | 徕木股份 | 0.19 | 4.10 | 4.66 | 0.43 |
| 275 | 603648 | 畅联股份 | 0.30 | 4.72 | 6.48 | 0.66 |
| 276 | 603650 | 彤程新材 | 0.70 | 4.18 | 17.48 | 0.35 |
| 277 | 603659 | 璞泰来 | 1.52 | 17.97 | 10.84 | 1.40 |
| 278 | 603681 | 永冠新材 | 1.05 | 9.08 | 12.01 | 1.29 |
| 279 | 603682 | 锦和商业 | 0.35 | 3.27 | 12.86 | 0.44 |
| 280 | 603683 | 晶华新材 | 1.23 | 7.11 | 18.10 | 0.60 |
| 281 | 603690 | 至纯科技 | 1.01 | 9.97 | 11.27 | −0.91 |
| 282 | 603713 | 密尔克卫 | 1.86 | 11.06 | 18.34 | 2.19 |
| 283 | 603718 | 海利生物 | 0.01 | 1.64 | 0.84 | 0.26 |
| 284 | 603728 | 鸣志电器 | 0.48 | 5.24 | 9.59 | 0.79 |
| 285 | 603729 | ST 龙韵 | −0.23 | 8.42 | −2.72 | −0.31 |
| 286 | 603730 | 岱美股份 | 0.68 | 6.72 | 10.30 | 1.32 |
| 287 | 603777 | 来伊份 | −0.19 | 4.94 | −3.80 | 0.28 |
| 288 | 603786 | 科博达 | 1.29 | 9.53 | 14.59 | 1.30 |

（续表）

| 序号 | 代码 | 公司简称 | 每股收益 | 每股净资产 | 净资产收益率 | 每股经营现金净流量 |
|---|---|---|---|---|---|---|
| 289 | 603790 | 雅运股份 | 0.29 | 5.90 | 4.89 | 0.48 |
| 290 | 603855 | 华荣股份 | 0.78 | 4.80 | 16.69 | 1.02 |
| 291 | 603868 | 飞科电器 | 1.47 | 6.50 | 23.38 | 2.25 |
| 292 | 603881 | 数据港 | 0.63 | 12.31 | 6.84 | 0.71 |
| 293 | 603885 | 吉祥航空 | −0.24 | 5.52 | −3.99 | 0.31 |
| 294 | 603886 | 元祖股份 | 1.25 | 6.24 | 20.07 | 2.01 |
| 295 | 603887 | 城地香江 | 1.05 | 9.94 | 10.66 | 0.85 |
| 296 | 603895 | 天永智能 | 0.11 | 5.50 | 2.07 | 0.90 |
| 297 | 603899 | 晨光文具 | 1.36 | 5.60 | 26.73 | 1.37 |
| 298 | 603918 | 金桥信息 | 0.38 | 3.08 | 12.99 | 0.50 |
| 299 | 603956 | 威派格 | 0.40 | 2.88 | 14.00 | 0.48 |
| 300 | 603960 | 克来机电 | 0.51 | 3.67 | 16.53 | 0.64 |
| 301 | 603987 | 康德莱 | 0.46 | 3.99 | 12.05 | 0.91 |
| 302 | 603991 | 至正股份 | −0.65 | 4.98 | −12.17 | 0.90 |
| 303 | 605050 | 福然德 | 0.81 | 6.67 | 12.99 | 0.23 |
| 304 | 605081 | 太和水 | 2.76 | 16.54 | 18.09 | 0.38 |
| 305 | 605098 | 行动教育 | 1.69 | 7.06 | 25.92 | 2.99 |
| 306 | 605128 | 上海沿浦 | 1.25 | 12.59 | 10.69 | 1.51 |
| 307 | 605136 | 丽人丽妆 | 0.92 | 5.85 | 17.31 | 0.44 |
| 308 | 605151 | 西上海 | 1.06 | 8.54 | 12.72 | 1.50 |
| 309 | 605186 | 健麾信息 | 0.94 | 5.98 | 17.39 | 0.53 |
| 310 | 605208 | 永茂泰 | 1.23 | 8.82 | 15.00 | 0.18 |
| 311 | 605222 | 起帆电缆 | 1.10 | 6.92 | 18.96 | −3.78 |
| 312 | 605289 | 罗曼股份 | 1.66 | 10.15 | 17.80 | 0.61 |
| 313 | 605338 | 巴比食品 | 0.87 | 6.59 | 14.94 | 1.01 |
| 314 | 605339 | 南侨食品 | 0.90 | 5.40 | 17.30 | 1.40 |
| 315 | 605398 | 新炬网络 | 2.43 | 9.31 | 29.23 | 2.05 |
| 316 | 688008 | 澜起科技 | 0.98 | 7.14 | 14.33 | 0.89 |
| 317 | 688012 | 中微公司 | 0.92 | 8.17 | 12.12 | 1.58 |
| 318 | 688016 | 心脉医疗 | 2.98 | 17.14 | 18.66 | 3.02 |
| 319 | 688018 | 乐鑫科技 | 1.30 | 20.51 | 6.40 | 0.45 |
| 320 | 688019 | 安集科技 | 2.90 | 19.74 | 15.91 | 2.13 |
| 321 | 688063 | 派能科技 | 2.36 | 17.65 | 17.27 | 1.81 |
| 322 | 688065 | 凯赛生物 | 1.18 | 24.92 | 6.09 | 1.24 |
| 323 | 688085 | 三友医疗 | 0.63 | 7.47 | 12.02 | 0.38 |
| 324 | 688098 | 申联生物 | 0.32 | 3.41 | 9.67 | 0.27 |
| 325 | 688099 | 晶晨股份 | 0.28 | 7.10 | 4.02 | 2.25 |
| 326 | 688118 | 普元信息 | 0.33 | 10.25 | 3.23 | 0.19 |
| 327 | 688123 | 聚辰股份 | 1.35 | 12.09 | 11.68 | 0.77 |
| 328 | 688126 | 沪硅产业 −U | 0.04 | 3.81 | 1.20 | 0.15 |
| 329 | 688129 | 东来技术 | 0.82 | 6.59 | 14.34 | 0.78 |
| 330 | 688133 | 泰坦科技 | 1.70 | 18.86 | 10.27 | −1.81 |
| 331 | 688155 | 先惠技术 | 0.96 | 14.28 | 8.19 | 0.57 |
| 332 | 688158 | 优刻得 −W | −0.82 | 7.71 | −13.70 | 0.91 |
| 333 | 688160 | 步科股份 | 1.02 | 7.24 | 16.05 | 0.61 |
| 334 | 688179 | 阿拉丁 | 0.93 | 8.09 | 12.80 | 0.81 |
| 335 | 688180 | 君实生物 −U | −2.03 | 6.68 | −37.90 | −1.67 |
| 336 | 688188 | 柏楚电子 | 3.71 | 24.93 | 15.97 | 3.62 |

（续表）

| 序号 | 代码 | 公司简称 | 每股收益 | 每股净资产 | 净资产收益率 | 每股经营现金净流量 |
|---|---|---|---|---|---|---|
| 337 | 688202 | 美迪西 | 2.09 | 18.12 | 12.23 | 3.35 |
| 338 | 688217 | 睿昂基因 | 0.93 | 15.52 | 6.17 | 1.68 |
| 339 | 688301 | 奕瑞科技 | 3.77 | 36.30 | 14.53 | 3.62 |
| 340 | 688317 | 之江生物 | 6.38 | 10.02 | 91.62 | 7.82 |
| 341 | 688330 | 宏力达 | 3.92 | 30.25 | 17.36 | 0.71 |
| 342 | 688335 | 复洁环保 | 1.11 | 14.86 | 10.07 | −0.90 |
| 343 | 688336 | 三生国健 | −0.37 | 7.31 | −5.90 | −0.07 |
| 344 | 688366 | 昊海生科 | 1.30 | 30.99 | 4.20 | 1.48 |
| 345 | 688368 | 晶丰明源 | 1.12 | 20.44 | 5.76 | −0.08 |
| 346 | 688505 | 复旦张江 | 0.17 | 1.93 | 11.19 | 0.11 |
| 347 | 688519 | 南亚新材 | 0.69 | 11.06 | 8.32 | −0.13 |
| 348 | 688521 | 芯原股份 −U | −0.06 | 5.40 | −1.43 | −0.26 |
| 349 | 688538 | 和辉光电 −U | −0.10 | 0.96 | −9.71 | −0.02 |
| 350 | 688578 | 艾力斯 −U | −0.84 | 6.40 | −15.29 | −0.44 |
| 351 | 688585 | 上纬新材 | 0.32 | 2.64 | 12.35 | −0.15 |
| 352 | 688590 | 新致软件 | 0.58 | 5.76 | 10.17 | 0.16 |
| 353 | 688596 | 正帆科技 | 0.58 | 6.65 | 10.47 | −0.22 |
| 354 | 688608 | 恒玄科技 | 2.20 | 45.80 | 6.59 | 2.33 |
| 355 | 688660 | 电气风电 | 0.52 | 5.41 | 10.14 | 1.85 |
| 356 | 688680 | 海优新材 | 3.54 | 11.95 | 34.46 | −2.63 |
| 357 | 688682 | 霍莱沃 | 1.62 | 7.00 | 24.12 | 1.10 |
| 358 | 688981 | 中芯国际 | 0.67 | 12.30 | 6.07 | 1.67 |

# 上海工商类上市公司 2020 年度资产总额排序

（单位：万元）

| 序号 | 代码 | 公司简称 | 资产总额 | | 序号 | 代码 | 公司简称 | 资产总额 | |
|---|---|---|---|---|---|---|---|---|---|
| | | | 2020 年 | 2019 年 | | | | 2020 年 | 2019 年 |
| 1 | 601328 | 交通银行 | 1069761600.00 | 990560000.00 | 48 | 600648 | 外高桥 | 3929617.06 | 3480790.60 |
| 2 | 600000 | 浦发银行 | 795021800.00 | 700592900.00 | 49 | 600754 | 锦江酒店 | 3863656.21 | 3887427.12 |
| 3 | 601229 | 上海银行 | 246214402.10 | 223708194.30 | 50 | 600094 | 大名城 | 3783295.81 | 4195259.10 |
| 4 | 601601 | 中国太保 | 177100400.00 | 152833300.00 | 51 | 600835 | 上海机电 | 3617179.10 | 3418757.09 |
| 5 | 600606 | 绿地控股 | 139733628.64 | 114570652.99 | 52 | 600622 | 光大嘉宝 | 3387703.12 | 2841677.66 |
| 6 | 600104 | 上汽集团 | 91941475.58 | 84933327.96 | 53 | 600009 | 上海机场 | 3320218.10 | 3717122.91 |
| 7 | 601211 | 国泰君安 | 70289917.22 | 55931427.83 | 54 | 600895 | 张江高科 | 3281973.06 | 2561713.44 |
| 8 | 600837 | 海通证券 | 69407335.07 | 63679363.16 | 55 | 601021 | 春秋航空 | 3243008.10 | 2936674.03 |
| 9 | 600019 | 宝钢股份 | 35622505.19 | 33963300.44 | 56 | 603885 | 吉祥航空 | 3230847.37 | 3313817.71 |
| 10 | 600170 | 上海建工 | 32135673.36 | 25728089.65 | 57 | 688660 | 电气风电 | 3176634.44 | 2225607.71 |
| 11 | 601727 | 上海电气 | 31540273.40 | 28052358.90 | 58 | 601231 | 环旭电子 | 3093849.59 | 2191185.13 |
| 12 | 600958 | 东方证券 | 29111744.16 | 26297144.16 | 59 | 600639 | 浦东金桥 | 3003012.11 | 2460497.03 |
| 13 | 600115 | 东方航空 | 28240800.00 | 28293600.00 | 60 | 600621 | 华鑫股份 | 2726693.32 | 2268267.17 |
| 14 | 601788 | 光大证券 | 22873638.43 | 20409034.69 | 61 | 600643 | 爱建集团 | 2707402.83 | 2674690.30 |
| 15 | 600061 | 国投资本 | 21874297.64 | 17810850.16 | 62 | 601200 | 上海环境 | 2705745.08 | 2088519.54 |
| 16 | 688981 | 中芯国际 | 20460165.40 | 11481706.33 | 63 | 002252 | 上海莱士 | 2549379.86 | 1185305.11 |
| 17 | 300999 | 金龙鱼 | 17917732.20 | 17068496.50 | 64 | 688538 | 和辉光电 –U | 2477067.01 | 2287696.16 |
| 18 | 600018 | 上港集团 | 15592475.00 | 14217729.59 | 65 | 600635 | 大众公用 | 2362208.03 | 2256539.84 |
| 19 | 600150 | 中国船舶 | 15250952.85 | 4435138.37 | 66 | 603501 | 韦尔股份 | 2264799.23 | 1747622.34 |
| 20 | 600741 | 华域汽车 | 15043595.96 | 13912743.21 | 67 | 600597 | 光明乳业 | 2030991.03 | 1763710.68 |
| 21 | 600823 | 世茂股份 | 14930475.40 | 12756390.62 | 68 | 600638 | 新黄浦 | 2009291.35 | 1512598.87 |
| 22 | 601607 | 上海医药 | 14918565.55 | 13702639.59 | 69 | 600816 | ST 安信 | 1993211.81 | 2079366.78 |
| 23 | 601866 | 中远海发 | 14603879.49 | 14449411.78 | 70 | 600612 | 老凤祥 | 1956327.43 | 1718100.00 |
| 24 | 601611 | 中国核建 | 14576926.23 | 12445990.05 | 71 | 600604 | 市北高新 | 1910914.26 | 1821293.14 |
| 25 | 601828 | 美凯龙 | 13154791.86 | 12229441.86 | 72 | 600420 | 国药现代 | 1825045.48 | 1763846.38 |
| 26 | 600021 | 上海电力 | 12894683.68 | 11102271.74 | 73 | 600611 | 大众交通 | 1723120.62 | 1670618.47 |
| 27 | 600655 | 豫园股份 | 11224718.96 | 9945316.69 | 74 | 600278 | 东方创业 | 1708255.81 | 874866.15 |
| 28 | 300059 | 东方财富 | 11032873.58 | 6183141.10 | 75 | 600508 | 上海能源 | 1674012.37 | 1665556.84 |
| 29 | 600820 | 隧道股份 | 10938608.28 | 9041684.73 | 76 | 600284 | 浦东建设 | 1668345.18 | 1448470.79 |
| 30 | 600663 | 陆家嘴 | 10135435.43 | 9144017.53 | 77 | 600619 | 海立股份 | 1494790.36 | 1393833.15 |
| 31 | 600708 | 光明地产 | 8822025.16 | 8583242.61 | 78 | 600073 | 上海梅林 | 1478048.10 | 1372924.40 |
| 32 | 600196 | 复星医药 | 8368600.97 | 7611964.57 | 79 | 688126 | 沪硅产业 –U | 1449850.73 | 996324.41 |
| 33 | 600320 | 振华重工 | 7932064.45 | 7441078.33 | 80 | 603659 | 璞泰来 | 1448627.54 | 813092.45 |
| 34 | 600642 | 申能股份 | 7629843.56 | 6794407.05 | 81 | 600845 | 宝信软件 | 1407044.86 | 1026767.75 |
| 35 | 600026 | 中远海能 | 6595985.65 | 6584186.19 | 82 | 002506 | 协鑫集成 | 1379982.41 | 1604211.28 |
| 36 | 600649 | 城投控股 | 6152414.31 | 3982741.55 | 83 | 300226 | 上海钢联 | 1304082.25 | 1080416.13 |
| 37 | 601872 | 招商轮船 | 5863466.91 | 5481764.37 | 84 | 600732 | 爱旭股份 | 1270195.70 | 816605.00 |
| 38 | 600500 | 中化国际 | 5593690.23 | 5266805.07 | 85 | 688065 | 凯赛生物 | 1213515.13 | 598177.65 |
| 39 | 600827 | 百联股份 | 5414544.33 | 5569277.40 | 86 | 600629 | 华建集团 | 1161747.62 | 1022258.80 |
| 40 | 601696 | 中银证券 | 5395976.15 | 4831178.98 | 87 | 603565 | 中谷物流 | 1156089.39 | 831212.26 |
| 41 | 600675 | 中华企业 | 4934421.78 | 5385505.84 | 88 | 600846 | 同济科技 | 1131813.40 | 1215212.03 |
| 42 | 600623 | 华谊集团 | 4559277.21 | 4871017.90 | 89 | 600315 | 上海家化 | 1129532.06 | 1114749.25 |
| 43 | 600688 | 上海石化 | 4474917.30 | 4563612.80 | 90 | 002028 | 思源电气 | 1107521.53 | 884514.65 |
| 44 | 600637 | 东方明珠 | 4405887.24 | 4469222.57 | 91 | 600210 | 紫江企业 | 1106660.10 | 1078115.42 |
| 45 | 600748 | 上实发展 | 4247913.71 | 3994082.73 | 92 | 600151 | 航天机电 | 1064248.15 | 1095148.38 |
| 46 | 600848 | 上海临港 | 4181020.37 | 3778045.45 | 93 | 603030 | 全筑股份 | 1050858.98 | 967480.96 |
| 47 | 600517 | 国网英大 | 3967996.92 | 867392.39 | 94 | 603056 | 德邦股份 | 1019126.21 | 907798.18 |

（续表）

| 序号 | 代码 | 公司简称 | 资产总额 | | 序号 | 代码 | 公司简称 | 资产总额 | |
|---|---|---|---|---|---|---|---|---|---|
| | | | 2020 年 | 2019 年 | | | | 2020 年 | 2019 年 |
| 95 | 603108 | 润达医疗 | 1017654.73 | 903284.89 | 142 | 603730 | 岱美股份 | 548549.34 | 527170.60 |
| 96 | 300017 | 网宿科技 | 1016074.54 | 1033094.87 | 143 | 605050 | 福然德 | 544717.70 | 381826.21 |
| 97 | 002195 | 二三四五 | 990815.87 | 1138391.49 | 144 | 002636 | 金安国纪 | 532607.51 | 475172.10 |
| 98 | 603899 | 晨光文具 | 970990.84 | 756511.53 | 145 | 300262 | 巴安水务 | 530762.31 | 591976.52 |
| 99 | 000863 | 三湘印象 | 966168.28 | 1282717.33 | 146 | 002269 | 美邦服饰 | 529852.52 | 637779.86 |
| 100 | 600626 | 申达股份 | 940826.83 | 1065477.89 | 147 | 300170 | 汉得信息 | 521757.73 | 419298.94 |
| 101 | 600841 | 上柴股份 | 918051.10 | 745164.62 | 148 | 603378 | 亚士创能 | 519461.67 | 318029.88 |
| 102 | 600651 | 飞乐音响 | 910845.52 | 989754.79 | 149 | 600650 | 锦江在线 | 515899.11 | 489335.68 |
| 103 | 600072 | 中船科技 | 905205.40 | 919587.00 | 150 | 603619 | 中曼石油 | 504497.15 | 542525.13 |
| 104 | 600601 | ST 方科 | 898641.06 | 997107.75 | 151 | 601702 | 华峰铝业 | 499975.54 | 447261.70 |
| 105 | 603887 | 城地香江 | 858555.26 | 634620.61 | 152 | 688336 | 三生国健 | 495386.57 | 332000.04 |
| 106 | 603515 | 欧普照明 | 856046.21 | 810740.48 | 153 | 300129 | 泰胜风能 | 485327.94 | 427517.99 |
| 107 | 688008 | 澜起科技 | 841944.19 | 778075.35 | 154 | 002328 | 新朋股份 | 473708.31 | 399569.78 |
| 108 | 600490 | 鹏欣资源 | 839886.19 | 1006424.26 | 155 | 603786 | 科博达 | 471008.38 | 393378.41 |
| 109 | 600676 | 交运股份 | 835733.66 | 907915.44 | 156 | 600843 | 上工申贝 | 467672.37 | 447429.46 |
| 110 | 600850 | 华东电脑 | 835689.52 | 699175.75 | 157 | 600654 | ST 中安 | 462966.65 | 541714.93 |
| 111 | 300180 | 华峰超纤 | 805502.77 | 839005.28 | 158 | 603236 | 移远通信 | 460124.61 | 293197.35 |
| 112 | 688180 | 君实生物 –U | 799740.95 | 441195.46 | 159 | 603650 | 彤程新材 | 458372.00 | 409323.36 |
| 113 | 600641 | 万业企业 | 771475.89 | 728603.93 | 160 | 300511 | 雪榕生物 | 456461.25 | 384185.02 |
| 114 | 603881 | 数据港 | 767342.23 | 373961.66 | 161 | 600826 | 兰生股份 | 456108.53 | 450593.87 |
| 115 | 603128 | 华贸物流 | 750273.45 | 640828.18 | 162 | 002116 | 中国海诚 | 452065.15 | 430310.50 |
| 116 | 600081 | 东风科技 | 730784.54 | 628772.75 | 163 | 002324 | 普利特 | 440948.94 | 389210.32 |
| 117 | 300483 | 首华燃气 | 712984.59 | 710345.13 | 164 | 603466 | 风语筑 | 432883.47 | 374059.86 |
| 118 | 300168 | 万达信息 | 697831.01 | 761402.41 | 165 | 688158 | 优刻得 –W | 430466.41 | 220924.50 |
| 119 | 600819 | 耀皮玻璃 | 697599.77 | 710613.65 | 166 | 603987 | 康德莱 | 425777.12 | 376967.96 |
| 120 | 600662 | 强生控股 | 685550.44 | 702403.75 | 167 | 603003 | 龙宇燃油 | 425200.21 | 594129.65 |
| 121 | 600640 | 号百控股 | 661486.65 | 682275.49 | 168 | 603587 | 地素时尚 | 409877.94 | 392457.69 |
| 122 | 300171 | 东富龙 | 657981.93 | 520857.76 | 169 | 300230 | 永利股份 | 403343.50 | 460627.84 |
| 123 | 002454 | 松芝股份 | 654845.40 | 580744.44 | 170 | 002158 | 汉钟精机 | 396377.45 | 349865.20 |
| 124 | 601968 | 宝钢包装 | 645775.55 | 663602.48 | 171 | 603197 | 保隆科技 | 391333.48 | 375055.35 |
| 125 | 688366 | 昊海生科 | 629870.54 | 615186.94 | 172 | 603868 | 飞科电器 | 388924.17 | 369415.89 |
| 126 | 600602 | 云赛智联 | 624824.78 | 612699.88 | 173 | 002568 | 百润股份 | 388686.58 | 256151.92 |
| 127 | 600618 | 氯碱化工 | 621495.77 | 573404.15 | 174 | 002605 | 姚记科技 | 388635.86 | 302097.19 |
| 128 | 600628 | 新世界 | 609071.49 | 657053.23 | 175 | 600171 | 上海贝岭 | 387953.15 | 339241.26 |
| 129 | 300236 | 上海新阳 | 609034.58 | 186193.81 | 176 | 600825 | 新华传媒 | 369930.25 | 397826.69 |
| 130 | 002527 | 新时达 | 606421.79 | 635745.17 | 177 | 688099 | 晶晨股份 | 368568.50 | 332347.49 |
| 131 | 300253 | 卫宁健康 | 605714.79 | 511890.31 | 178 | 300326 | 凯利泰 | 368080.11 | 377016.86 |
| 132 | 002022 | 科华生物 | 597715.35 | 370484.24 | 179 | 603713 | 密尔克卫 | 367824.07 | 256912.34 |
| 133 | 603690 | 至纯科技 | 595666.28 | 325710.65 | 180 | 688519 | 南亚新材 | 362284.15 | 180825.73 |
| 134 | 688012 | 中微公司 | 580087.69 | 477405.43 | 181 | 603083 | 剑桥科技 | 354130.22 | 289449.58 |
| 135 | 603012 | 创力集团 | 579820.88 | 542141.28 | 182 | 002401 | 中远海科 | 352540.83 | 331721.04 |
| 136 | 605222 | 起帆电缆 | 578114.99 | 358975.32 | 183 | 600824 | 益民集团 | 340831.54 | 318154.08 |
| 137 | 688608 | 恒玄科技 | 576432.25 | 63085.99 | 184 | 688330 | 宏力达 | 339646.81 | 104032.42 |
| 138 | 600503 | 华丽家族 | 566439.21 | 656820.12 | 185 | 603681 | 永冠新材 | 339511.26 | 185777.56 |
| 139 | 600851 | 海欣股份 | 562506.61 | 515850.06 | 186 | 603855 | 华荣股份 | 338551.67 | 286127.75 |
| 140 | 300222 | 科大智能 | 557569.74 | 635909.48 | 187 | 002669 | 康达新材 | 332655.86 | 255011.82 |
| 141 | 300398 | 飞凯材料 | 553943.19 | 473034.32 | 188 | 601616 | 广电电气 | 328271.51 | 345895.59 |

（续表）

| 序号 | 代码 | 公司简称 | 资产总额 | | 序号 | 代码 | 公司简称 | 资产总额 | |
|---|---|---|---|---|---|---|---|---|---|
| | | | 2020年 | 2019年 | | | | 2020年 | 2019年 |
| 189 | 603009 | 北特科技 | 327946.98 | 322420.00 | 236 | 300061 | 旗天科技 | 214960.77 | 357992.51 |
| 190 | 600636 | 国新文化 | 326227.91 | 353145.66 | 237 | 600624 | 复旦复华 | 205280.48 | 216737.81 |
| 191 | 002706 | 良信股份 | 326094.59 | 232964.88 | 238 | 300008 | 天海防务 | 203899.64 | 202453.79 |
| 192 | 688063 | 派能科技 | 321376.41 | 79694.60 | 239 | 688590 | 新致软件 | 202665.54 | 135089.18 |
| 193 | 688521 | 芯原股份－U | 319523.09 | 149878.45 | 240 | 603006 | 联明股份 | 201396.64 | 203371.25 |
| 194 | 605136 | 丽人丽妆 | 311511.42 | 222490.44 | 241 | 603192 | 汇得科技 | 201358.75 | 170894.61 |
| 195 | 600613 | 神奇制药 | 309797.14 | 355612.90 | 242 | 600836 | 界龙实业 | 199846.14 | 318905.77 |
| 196 | 600882 | 妙可蓝多 | 309217.55 | 244309.45 | 243 | 605338 | 巴比食品 | 199114.29 | 96731.99 |
| 197 | 002565 | 顺灏股份 | 302116.96 | 305713.09 | 244 | 688585 | 上纬新材 | 198794.22 | 134597.16 |
| 198 | 603365 | 水星家纺 | 300517.47 | 282913.42 | 245 | 601519 | 大智慧 | 197552.14 | 205080.93 |
| 199 | 688578 | 艾力斯－U | 298705.89 | 132841.44 | 246 | 600634 | 退市富控 | 197205.52 | 490787.62 |
| 200 | 603579 | 荣泰健康 | 295027.35 | 246137.30 | 247 | 603648 | 畅联股份 | 196198.88 | 195854.15 |
| 201 | 600620 | 天宸股份 | 293710.53 | 316161.35 | 248 | 300627 | 华测导航 | 192403.63 | 159385.46 |
| 202 | 688301 | 奕瑞科技 | 289536.57 | 69763.75 | 249 | 300762 | 上海瀚讯 | 188763.05 | 166394.61 |
| 203 | 605339 | 南侨食品 | 289271.22 | 261921.36 | 250 | 688317 | 之江生物 | 187957.17 | 64193.01 |
| 204 | 300039 | 上海凯宝 | 287728.42 | 284249.93 | 251 | 603682 | 锦和商业 | 187133.56 | 128299.02 |
| 205 | 600834 | 申通地铁 | 284517.56 | 277551.21 | 252 | 688133 | 泰坦科技 | 185044.04 | 93120.92 |
| 206 | 601595 | 上海电影 | 283843.14 | 359588.56 | 253 | 600652 | *ST游久 | 183472.03 | 184712.94 |
| 207 | 688596 | 正帆科技 | 282601.49 | 169540.51 | 254 | 688018 | 乐鑫科技 | 182963.12 | 172504.74 |
| 208 | 600692 | 亚通股份 | 281805.88 | 257444.54 | 255 | 300272 | 开能健康 | 181840.58 | 197272.58 |
| 209 | 600097 | 开创国际 | 281541.04 | 257423.53 | 256 | 603633 | 徕木股份 | 179904.58 | 138015.66 |
| 210 | 603020 | 爱普股份 | 279085.18 | 262934.54 | 257 | 603718 | 海利生物 | 178674.60 | 170128.59 |
| 211 | 603728 | 鸣志电器 | 275835.61 | 265084.94 | 258 | 300578 | 会畅通讯 | 173926.82 | 139084.61 |
| 212 | 603039 | 泛微网络 | 271273.75 | 192633.18 | 259 | 300074 | 华平股份 | 173868.05 | 151584.58 |
| 213 | 603777 | 来伊份 | 270763.62 | 286629.63 | 260 | 002178 | 延华智能 | 172540.82 | 203883.45 |
| 214 | 002346 | 柘中股份 | 270153.99 | 291894.53 | 261 | 002278 | 神开股份 | 172129.42 | 164079.33 |
| 215 | 600679 | 上海凤凰 | 268743.43 | 183793.07 | 262 | 603214 | 爱婴室 | 171079.75 | 165540.66 |
| 216 | 002561 | 徐家汇 | 264022.44 | 275985.06 | 263 | 300245 | 天玑科技 | 167736.51 | 159054.76 |
| 217 | 600630 | 龙头股份 | 262649.41 | 295879.90 | 264 | 605151 | 西上海 | 167492.23 | 111526.75 |
| 218 | 300462 | 华铭智能 | 262575.51 | 317968.41 | 265 | 688085 | 三友医疗 | 167067.39 | 55147.67 |
| 219 | 000668 | 荣丰控股 | 261925.19 | 271353.73 | 266 | 603683 | 晶华新材 | 165088.79 | 151190.00 |
| 220 | 688188 | 柏楚电子 | 261143.46 | 222072.22 | 267 | 688368 | 晶丰明源 | 162759.06 | 137236.67 |
| 221 | 600532 | 未来股份 | 257908.24 | 318060.14 | 268 | 603232 | 格尔软件 | 162423.87 | 85516.47 |
| 222 | 603886 | 元祖股份 | 255110.67 | 239275.00 | 269 | 603121 | 华培动力 | 160581.39 | 140684.95 |
| 223 | 002162 | 悦心健康 | 250155.84 | 234035.12 | 270 | 600088 | 中视传媒 | 157267.85 | 163235.09 |
| 224 | 688505 | 复旦张江 | 250070.10 | 156482.46 | 271 | 688123 | 聚辰股份 | 155646.99 | 141589.77 |
| 225 | 600661 | 昂立教育 | 249889.12 | 271138.20 | 272 | 688680 | 海优新材 | 152764.42 | 104407.13 |
| 226 | 002184 | 海得控制 | 234732.06 | 202188.84 | 273 | 688098 | 申联生物 | 151446.94 | 144762.62 |
| 227 | 300067 | 安诺其 | 233035.52 | 203053.76 | 274 | 600838 | 上海九百 | 149564.93 | 144449.10 |
| 228 | 603131 | 上海沪工 | 232970.86 | 161860.14 | 275 | 300915 | 海融科技 | 148923.36 | 42044.79 |
| 229 | 300378 | 鼎捷软件 | 232902.56 | 226979.73 | 276 | 300613 | 富瀚微 | 145466.71 | 128043.18 |
| 230 | 600616 | 金枫酒业 | 226842.02 | 233992.15 | 277 | 300947 | 德必集团 | 144690.28 | 140469.35 |
| 231 | 605208 | 永茂泰 | 224497.85 | 197173.07 | 278 | 300225 | 金力泰 | 142932.14 | 117664.65 |
| 232 | 603956 | 威派格 | 222432.32 | 147078.42 | 279 | 300336 | 新文化 | 142564.43 | 325647.90 |
| 233 | 603256 | 宏和科技 | 222150.65 | 189542.30 | 280 | 603330 | 上海天洋 | 141288.91 | 107285.64 |
| 234 | 600822 | 上海物贸 | 219220.54 | 160046.15 | 281 | 603790 | 雅运股份 | 141226.38 | 132890.77 |
| 235 | 603068 | 博通集成 | 217800.81 | 159830.08 | 282 | 300501 | 海顺新材 | 140548.67 | 123486.15 |

（续表）

| 序号 | 代码 | 公司简称 | 资产总额 | | 序号 | 代码 | 公司简称 | 资产总额 | |
|---|---|---|---|---|---|---|---|---|---|
| | | | 2020 年 | 2019 年 | | | | 2020 年 | 2019 年 |
| 283 | 600833 | 第一医药 | 139625.58 | 121655.16 | 321 | 603189 | 网达软件 | 108684.09 | 97778.00 |
| 284 | 600610 | 中毅达 | 139455.10 | 125049.39 | 322 | 300983 | 尤安设计 | 107135.03 | 85176.92 |
| 285 | 688155 | 先惠技术 | 138829.37 | 66012.78 | 323 | 603729 | ST 龙韵 | 104852.23 | 113471.88 |
| 286 | 603918 | 金桥信息 | 137991.85 | 132243.19 | 324 | 600272 | 开开实业 | 104346.91 | 104061.36 |
| 287 | 688016 | 心脉医疗 | 137606.60 | 115570.91 | 325 | 300469 | 信息发展 | 103338.09 | 131147.82 |
| 288 | 300642 | 透景生命 | 137177.43 | 124649.32 | 326 | 605186 | 健麾信息 | 99740.41 | 48240.49 |
| 289 | 300892 | 品渥食品 | 136857.18 | 78530.53 | 327 | 600119 | 长江投资 | 99685.14 | 133525.80 |
| 290 | 605128 | 上海沿浦 | 136628.57 | 87957.78 | 328 | 603037 | 凯众股份 | 96324.69 | 94082.65 |
| 291 | 688202 | 美迪西 | 136432.31 | 112831.96 | 329 | 600695 | *ST 绿庭 | 96063.86 | 85823.41 |
| 292 | 300442 | 普丽盛 | 135104.09 | 154293.97 | 330 | 600818 | 中路股份 | 95438.63 | 91697.03 |
| 293 | 603329 | 上海雅仕 | 134734.97 | 109847.63 | 331 | 603499 | 翔港科技 | 93277.42 | 68563.09 |
| 294 | 603324 | 盛剑环境 | 133400.67 | 135962.50 | 332 | 603022 | 新通联 | 90610.06 | 85116.65 |
| 295 | 300327 | 中颖电子 | 131982.89 | 119877.32 | 333 | 688129 | 东来技术 | 88621.26 | 40060.37 |
| 296 | 600193 | ST 创兴 | 130155.96 | 109423.00 | 334 | 300380 | 安硕信息 | 86492.56 | 64434.49 |
| 297 | 603226 | 菲林格尔 | 130032.41 | 113939.85 | 335 | 688179 | 阿拉丁 | 86354.76 | 39058.82 |
| 298 | 600530 | 交大昂立 | 129396.11 | 141580.04 | 336 | 600605 | 汇通能源 | 85881.57 | 76831.37 |
| 299 | 688019 | 安集科技 | 128734.63 | 99119.89 | 337 | 300551 | 古鳌科技 | 83779.71 | 89802.62 |
| 300 | 605081 | 太和水 | 126982.00 | 105796.48 | 338 | 688160 | 步科股份 | 78288.25 | 31456.69 |
| 301 | 300126 | 锐奇股份 | 126815.62 | 118701.49 | 339 | 300963 | 中洲特材 | 73641.67 | 73169.60 |
| 302 | 300590 | 移为通信 | 126372.49 | 118624.07 | 340 | 688217 | 睿昂基因 | 71171.27 | 65581.34 |
| 303 | 002486 | 嘉麟杰 | 125269.60 | 110034.66 | 341 | 300899 | 上海凯鑫 | 68977.56 | 30566.18 |
| 304 | 603895 | 天永智能 | 124749.77 | 125761.92 | 342 | 600689 | 上海三毛 | 68656.61 | 72383.76 |
| 305 | 300153 | 科泰电源 | 124189.22 | 165590.69 | 343 | 600615 | *ST 丰华 | 67669.83 | 67745.70 |
| 306 | 605289 | 罗曼股份 | 123792.13 | 104668.94 | 344 | 605398 | 新炬网络 | 66292.14 | 54703.73 |
| 307 | 300609 | 汇纳科技 | 123777.57 | 73816.60 | 345 | 300330 | 华虹计通 | 64565.29 | 59819.98 |
| 308 | 688335 | 复洁环保 | 123341.09 | 41593.43 | 346 | 300508 | 维宏股份 | 64265.10 | 60643.40 |
| 309 | 002451 | 摩恩电气 | 122744.35 | 120528.88 | 347 | 603159 | 上海亚虹 | 60076.69 | 57002.10 |
| 310 | 603960 | 克来机电 | 122487.62 | 124619.01 | 348 | 002858 | 力盛赛车 | 59345.18 | 73946.29 |
| 311 | 002825 | 纳尔股份 | 122128.19 | 108222.89 | 349 | 603991 | 至正股份 | 57171.25 | 68984.56 |
| 312 | 605098 | 行动教育 | 117497.36 | 97468.42 | 350 | 600647 | 同达创业 | 50452.13 | 49296.29 |
| 313 | 603496 | 恒为科技 | 116852.81 | 96341.69 | 351 | 603580 | 艾艾精工 | 49525.68 | 46287.80 |
| 314 | 603200 | 上海洗霸 | 116624.86 | 107447.86 | 352 | 301001 | 凯淳股份 | 48700.84 | 41702.89 |
| 315 | 300802 | 矩子科技 | 116499.36 | 111426.38 | 353 | 301000 | 肇民科技 | 44467.18 | 31366.86 |
| 316 | 300286 | 安科瑞 | 115305.52 | 112095.51 | 354 | 600696 | ST 岩石 | 40300.86 | 45245.58 |
| 317 | 002211 | 宏达新材 | 113583.25 | 107886.08 | 355 | 301005 | C 超捷 | 39465.34 | 31784.65 |
| 318 | 603196 | 日播时尚 | 109226.22 | 113856.09 | 356 | 688682 | 霍莱沃 | 33993.75 | 28974.86 |
| 319 | 688118 | 普元信息 | 108949.14 | 108845.37 | 357 | 002058 | *ST 威尔 | 21802.38 | 20479.72 |
| 320 | 300493 | 润欣科技 | 108936.33 | 97407.80 | 358 | 600608 | ST 沪科 | 20864.55 | 17357.49 |

# 上海工商类上市公司 2020 年度总股本排序

（单位：万股）

| 序号 | 代码 | 公司简称 | 总股本 | | 序号 | 代码 | 公司简称 | 总股本 | |
|---|---|---|---|---|---|---|---|---|---|
| | | | 2020 年 | 2019 年 | | | | 2020 年 | 2019 年 |
| 1 | 601328 | 交通银行 | 7426272.66 | 7426272.66 | 48 | 002269 | 美邦服饰 | 251250.00 | 251250.00 |
| 2 | 600000 | 浦发银行 | 2935214.09 | 2935208.04 | 49 | 600651 | 飞乐音响 | 250702.80 | 98522.00 |
| 3 | 600018 | 上港集团 | 2317367.47 | 2317367.47 | 50 | 688126 | 沪硅产业 -U | 248026.00 | — |
| 4 | 600019 | 宝钢股份 | 2226944.77 | 2227446.04 | 51 | 600094 | 大名城 | 247532.51 | 247532.51 |
| 5 | 600115 | 东方航空 | 1637950.92 | 1637950.92 | 52 | 300017 | 网宿科技 | 245301.22 | 243401.56 |
| 6 | 601727 | 上海电气 | 1518135.29 | 1515246.24 | 53 | 600611 | 大众交通 | 236412.29 | 236412.29 |
| 7 | 601229 | 上海银行 | 1420652.87 | 1420652.87 | 54 | 600708 | 光明地产 | 222863.67 | 222863.67 |
| 8 | 600837 | 海通证券 | 1306420.00 | 1150170.00 | 55 | 600490 | 鹏欣资源 | 221288.71 | 221576.71 |
| 9 | 600606 | 绿地控股 | 1216815.44 | 1216815.44 | 56 | 601231 | 环旭电子 | 220934.34 | 217908.80 |
| 10 | 600104 | 上汽集团 | 1168346.14 | 1168346.14 | 57 | 600601 | ST 方科 | 219489.12 | 219489.12 |
| 11 | 601866 | 中远海发 | 1160812.50 | 1160812.50 | 58 | 300253 | 卫宁健康 | 213882.11 | 164118.37 |
| 12 | 600688 | 上海石化 | 1082381.35 | 1082381.35 | 59 | 600623 | 华谊集团 | 210529.68 | 210529.68 |
| 13 | 601601 | 中国太保 | 962034.15 | 906200.00 | 60 | 600848 | 上海临港 | 210206.82 | 210206.82 |
| 14 | 601211 | 国泰君安 | 890844.82 | 890794.82 | 61 | 600732 | 爱旭股份 | 203632.92 | 182988.82 |
| 15 | 600170 | 上海建工 | 890439.77 | 890439.77 | 62 | 601519 | 大智慧 | 198770.00 | 198770.00 |
| 16 | 300059 | 东方财富 | 861313.65 | 671560.87 | 63 | 603885 | 吉祥航空 | 196614.42 | 196614.42 |
| 17 | 688981 | 中芯国际 | 770350.75 | — | 64 | 600009 | 上海机场 | 192695.84 | 192695.84 |
| 18 | 600958 | 东方证券 | 699365.58 | 699365.58 | 65 | 600604 | 市北高新 | 187330.48 | 187330.48 |
| 19 | 002252 | 上海莱士 | 674078.79 | 497462.21 | 66 | 600748 | 上实发展 | 184456.29 | 184456.29 |
| 20 | 601872 | 招商轮船 | 674012.01 | 606661.27 | 67 | 600827 | 百联股份 | 178416.81 | 178416.81 |
| 21 | 600675 | 中华企业 | 609613.53 | 609613.53 | 68 | 300180 | 华峰超纤 | 176106.02 | 170375.36 |
| 22 | 002195 | 二三四五 | 572484.77 | 577042.77 | 69 | 300008 | 天海防务 | 172802.91 | 96001.62 |
| 23 | 600517 | 国网英大 | 571843.57 | 135616.78 | 70 | 600643 | 爱建集团 | 162192.25 | 162192.25 |
| 24 | 600816 | ST 安信 | 546913.79 | 546913.79 | 71 | 600503 | 华丽家族 | 160229.00 | 160229.00 |
| 25 | 300999 | 金龙鱼 | 542159.15 | — | 72 | 600895 | 张江高科 | 154868.96 | 154868.96 |
| 26 | 600320 | 振华重工 | 526835.35 | 526835.35 | 73 | 600210 | 紫江企业 | 151673.62 | 151673.62 |
| 27 | 002506 | 协鑫集成 | 508227.15 | 508155.08 | 74 | 600622 | 光大嘉宝 | 149968.54 | 149968.54 |
| 28 | 600642 | 申能股份 | 491203.83 | 491203.83 | 75 | 600151 | 航天机电 | 143425.23 | 143425.23 |
| 29 | 600026 | 中远海能 | 476269.19 | 403203.29 | 76 | 600602 | 云赛智联 | 136767.35 | 136767.35 |
| 30 | 601788 | 光大证券 | 461078.76 | 461078.76 | 77 | 603128 | 华贸物流 | 130946.30 | 101203.84 |
| 31 | 600150 | 中国船舶 | 447242.88 | 137811.76 | 78 | 600654 | ST 中安 | 128302.10 | 128302.10 |
| 32 | 600061 | 国投资本 | 422712.97 | 422712.97 | 79 | 000863 | 三湘印象 | 122520.82 | 137127.11 |
| 33 | 600663 | 陆家嘴 | 403419.74 | 403419.74 | 80 | 600597 | 光明乳业 | 122448.75 | 122448.75 |
| 34 | 601828 | 美凯龙 | 390500.00 | 355000.00 | 81 | 600851 | 海欣股份 | 120705.67 | 120705.67 |
| 35 | 600655 | 豫园股份 | 388349.85 | 388376.20 | 82 | 300168 | 万达信息 | 118758.48 | 113985.40 |
| 36 | 600823 | 世茂股份 | 375116.83 | 375116.83 | 83 | 600618 | 氯碱化工 | 115640.00 | 115640.00 |
| 37 | 600637 | 东方明珠 | 341450.02 | 341450.02 | 84 | 600845 | 宝信软件 | 115543.88 | 114037.03 |
| 38 | 600741 | 华域汽车 | 315272.40 | 315272.40 | 85 | 600648 | 外高桥 | 113534.91 | 113534.91 |
| 39 | 600820 | 隧道股份 | 314409.61 | 314409.61 | 86 | 688008 | 澜起科技 | 112981.39 | 112981.39 |
| 40 | 600635 | 大众公用 | 295243.47 | 295243.47 | 87 | 600639 | 浦东金桥 | 112241.29 | 112241.29 |
| 41 | 601607 | 上海医药 | 284208.93 | 284208.93 | 88 | 601200 | 上海环境 | 112185.85 | 91338.76 |
| 42 | 601696 | 中银证券 | 277800.00 | — | 89 | 600610 | 中毅达 | 107127.46 | 107127.46 |
| 43 | 600500 | 中化国际 | 276058.65 | 270791.65 | 90 | 600621 | 华鑫股份 | 106089.93 | 106089.93 |
| 44 | 601611 | 中国核建 | 265046.49 | 262500.97 | 91 | 002565 | 顺灏股份 | 106015.69 | 106015.69 |
| 45 | 600021 | 上海电力 | 261716.42 | 261716.42 | 92 | 600824 | 益民集团 | 105402.71 | 105402.71 |
| 46 | 600196 | 复星医药 | 256289.85 | 256289.85 | 93 | 600662 | 强生控股 | 105336.22 | 105336.22 |
| 47 | 600649 | 城投控股 | 252957.56 | 252957.56 | 94 | 300039 | 上海凯宝 | 104600.00 | 104600.00 |

(续表)

| 序号 | 代码 | 公司简称 | 总股本 | | 序号 | 代码 | 公司简称 | 总股本 | |
|---|---|---|---|---|---|---|---|---|---|
| | | | 2020 年 | 2019 年 | | | | 2020 年 | 2019 年 |
| 95 | 600825 | 新华传媒 | 104488.79 | 104488.79 | 142 | 600624 | 复旦复华 | 68471.20 | 68471.20 |
| 96 | 688505 | 复旦张江 | 104300.00 | – | 143 | 600315 | 上海家化 | 67796.95 | 67124.85 |
| 97 | 600676 | 交运股份 | 102849.29 | 102849.29 | 144 | 600638 | 新黄浦 | 67339.68 | 67339.68 |
| 98 | 600420 | 国药现代 | 102695.94 | 102694.03 | 145 | 300061 | 旗天科技 | 66987.02 | 67691.40 |
| 99 | 600835 | 上海机电 | 102273.93 | 102273.93 | 146 | 300262 | 巴安水务 | 66976.70 | 66976.70 |
| 100 | 601702 | 华峰铝业 | 99853.06 | – | 147 | 600616 | 金枫酒业 | 66900.50 | 51461.92 |
| 101 | 600284 | 浦东建设 | 97025.60 | 97025.60 | 148 | 603565 | 中谷物流 | 66666.67 | 14430.00 |
| 102 | 603056 | 德邦股份 | 96000.00 | 96000.00 | 149 | 600836 | 界龙实业 | 66275.31 | 66275.31 |
| 103 | 600754 | 锦江酒店 | 95793.64 | 95793.64 | 150 | 600628 | 新世界 | 64687.54 | 64687.54 |
| 104 | 600641 | 万业企业 | 95793.04 | 80615.87 | 151 | 603718 | 海利生物 | 64400.00 | 64400.00 |
| 105 | 600073 | 上海梅林 | 93772.95 | 93772.95 | 152 | 603012 | 创力集团 | 63656.00 | 63656.00 |
| 106 | 601616 | 广电电气 | 93557.50 | 93557.50 | 153 | 002454 | 松芝股份 | 62858.16 | 62858.16 |
| 107 | 600819 | 耀皮玻璃 | 93491.61 | 93491.61 | 154 | 300171 | 东富龙 | 62833.70 | 62833.70 |
| 108 | 300067 | 安诺其 | 93194.93 | 93064.98 | 155 | 600846 | 同济科技 | 62476.15 | 62476.15 |
| 109 | 603899 | 晨光文具 | 92742.76 | 92000.00 | 156 | 002527 | 新时达 | 62020.91 | 62019.14 |
| 110 | 601021 | 春秋航空 | 91646.27 | 91672.77 | 157 | 688336 | 三生国健 | 61621.14 | – |
| 111 | 300170 | 汉得信息 | 88401.69 | 88401.69 | 158 | 603650 | 彤程新材 | 58598.75 | 58598.75 |
| 112 | 600619 | 海立股份 | 88330.03 | 88330.03 | 159 | 603108 | 润达医疗 | 57953.63 | 57953.41 |
| 113 | 603256 | 宏和科技 | 87780.00 | 87780.00 | 160 | 603730 | 岱美股份 | 57953.24 | 40059.45 |
| 114 | 688180 | 君实生物 –U | 87249.60 | 60140.00 | 161 | 300272 | 开能健康 | 57687.15 | 58301.81 |
| 115 | 600278 | 东方创业 | 86845.94 | 52224.17 | 162 | 600634 | 退市富控 | 57573.21 | 57573.21 |
| 116 | 603501 | 韦尔股份 | 86759.94 | 86366.21 | 163 | 600650 | 锦江在线 | 55161.01 | 55161.01 |
| 117 | 600841 | 上柴股份 | 86668.98 | 86668.98 | 164 | 600843 | 上工申贝 | 54858.96 | 54858.96 |
| 118 | 002162 | 悦心健康 | 85377.50 | 85377.50 | 165 | 603030 | 全筑股份 | 53812.80 | 53821.38 |
| 119 | 600626 | 申达股份 | 85229.13 | 85229.13 | 166 | 600826 | 兰生股份 | 53592.09 | 42064.23 |
| 120 | 002324 | 普利特 | 84505.19 | 52815.75 | 167 | 002568 | 百润股份 | 53585.24 | 51980.27 |
| 121 | 601968 | 宝钢包装 | 83333.33 | 83333.33 | 168 | 002158 | 汉钟精机 | 53488.18 | 53502.88 |
| 122 | 600652 | *ST 游久 | 83270.35 | 83270.35 | 169 | 688012 | 中微公司 | 53486.22 | 53486.22 |
| 123 | 002486 | 嘉麟杰 | 83200.00 | 83200.00 | 170 | 600613 | 神奇制药 | 53407.16 | 53407.16 |
| 124 | 300230 | 永利股份 | 81620.60 | 81620.60 | 171 | 600629 | 华建集团 | 53390.18 | 53415.30 |
| 125 | 300336 | 新文化 | 80623.02 | 80623.02 | 172 | 300074 | 华平股份 | 53389.29 | 54234.01 |
| 126 | 600640 | 号百控股 | 79569.59 | 79569.59 | 173 | 600612 | 老凤祥 | 52311.78 | 52311.78 |
| 127 | 002706 | 良信股份 | 78473.69 | 78501.59 | 174 | 600532 | 未来股份 | 51606.57 | 51606.57 |
| 128 | 600530 | 交大昂立 | 78000.00 | 78000.00 | 175 | 300398 | 飞凯材料 | 51585.80 | 51764.20 |
| 129 | 002328 | 新朋股份 | 77002.00 | 76177.00 | 176 | 002022 | 科华生物 | 51435.72 | 51452.66 |
| 130 | 002028 | 思源电气 | 76302.33 | 76020.93 | 177 | 603659 | 璞泰来 | 49602.84 | 43521.88 |
| 131 | 603515 | 欧普照明 | 75469.57 | 75606.38 | 178 | 600822 | 上海物贸 | 49597.29 | 49597.29 |
| 132 | 600072 | 中船科技 | 73624.99 | 73624.99 | 179 | 300225 | 金力泰 | 48920.53 | 47034.00 |
| 133 | 002636 | 金安国纪 | 72800.00 | 72800.00 | 180 | 688521 | 芯原股份 –U | 48551.86 | – |
| 134 | 300222 | 科大智能 | 72376.21 | 72475.06 | 181 | 603587 | 地素时尚 | 48120.00 | 40100.00 |
| 135 | 300326 | 凯利泰 | 72297.63 | 72232.93 | 182 | 600834 | 申通地铁 | 47738.19 | 47738.19 |
| 136 | 600508 | 上海能源 | 72271.80 | 72271.80 | 183 | 300493 | 润欣科技 | 47706.90 | 47706.90 |
| 137 | 300129 | 泰胜风能 | 71915.33 | 71915.33 | 184 | 603682 | 锦和商业 | 47250.00 | – |
| 138 | 002178 | 延华智能 | 71215.30 | 71215.30 | 185 | 600679 | 上海凤凰 | 46574.02 | 40219.89 |
| 139 | 600695 | *ST 绿庭 | 71113.21 | 71113.21 | 186 | 688578 | 艾力斯 –U | 45000.00 | – |
| 140 | 600171 | 上海贝岭 | 70412.16 | 70384.07 | 187 | 601595 | 上海电影 | 44820.00 | 37350.00 |
| 141 | 600620 | 天宸股份 | 68667.71 | 68667.71 | 188 | 600636 | 国新文化 | 44693.69 | 44693.69 |

（续表）

| 序号 | 代码 | 公司简称 | 总股本 | | 序号 | 代码 | 公司简称 | 总股本 | |
|---|---|---|---|---|---|---|---|---|---|
| | | | 2020年 | 2019年 | | | | 2020年 | 2019年 |
| 189 | 300511 | 雪榕生物 | 44202.99 | 42923.99 | 236 | 300126 | 锐奇股份 | 30395.76 | 30395.76 |
| 190 | 603987 | 康德莱 | 44160.90 | 44160.90 | 237 | 603466 | 风语筑 | 29155.04 | 29175.10 |
| 191 | 002346 | 柘中股份 | 44157.54 | 44157.54 | 238 | 300236 | 上海新阳 | 29064.89 | 29064.89 |
| 192 | 002451 | 摩恩电气 | 43920.00 | 43920.00 | 239 | 600661 | 昂立教育 | 28654.88 | 28654.88 |
| 193 | 603868 | 飞科电器 | 43560.00 | 43560.00 | 240 | 300327 | 中颖电子 | 27944.04 | 25405.86 |
| 194 | 605050 | 福然德 | 43500.00 | – | 241 | 603365 | 水星家纺 | 26667.00 | 26667.00 |
| 195 | 002211 | 宏达新材 | 43247.58 | 43247.58 | 242 | 300378 | 鼎捷软件 | 26625.44 | 26601.90 |
| 196 | 600850 | 华东电脑 | 42685.22 | 42685.22 | 243 | 603633 | 徕木股份 | 26350.12 | 20339.15 |
| 197 | 603956 | 威派格 | 42596.01 | 42596.01 | 244 | 603960 | 克来机电 | 26094.45 | 17576.00 |
| 198 | 600193 | ST创兴 | 42537.30 | 42537.30 | 245 | 603121 | 华培动力 | 25920.00 | 21600.00 |
| 199 | 600630 | 龙头股份 | 42486.16 | 42486.16 | 246 | 688596 | 正帆科技 | 25650.00 | 14924.50 |
| 200 | 688158 | 优刻得－W | 42253.22 | 36403.22 | 247 | 002669 | 康达新材 | 25249.29 | 25249.29 |
| 201 | 002116 | 中国海诚 | 41762.89 | 41762.89 | 248 | 603083 | 剑桥科技 | 25222.06 | 16944.89 |
| 202 | 688065 | 凯赛生物 | 41668.20 | – | 249 | 605338 | 巴比食品 | 24800.00 | – |
| 203 | 603003 | 龙宇燃油 | 41653.24 | 41653.24 | 250 | 600272 | 开开实业 | 24300.00 | 24300.00 |
| 204 | 603728 | 鸣志电器 | 41600.00 | 41600.00 | 251 | 300590 | 移为通信 | 24221.70 | 16149.00 |
| 205 | 002561 | 徐家汇 | 41576.30 | 41576.30 | 252 | 600097 | 开创国际 | 24093.66 | 24093.66 |
| 206 | 688099 | 晶晨股份 | 41112.00 | 41112.00 | 253 | 603196 | 日播时尚 | 24000.00 | 24000.00 |
| 207 | 688098 | 申联生物 | 40970.00 | 40970.00 | 254 | 603886 | 元祖股份 | 24000.00 | 24000.00 |
| 208 | 600882 | 妙可蓝多 | 40930.90 | 40935.70 | 255 | 002184 | 海得控制 | 23939.34 | 24025.45 |
| 209 | 688585 | 上纬新材 | 40320.00 | – | 256 | 603918 | 金桥信息 | 23504.43 | 23332.53 |
| 210 | 002605 | 姚记科技 | 40202.48 | 39988.50 | 257 | 603881 | 数据港 | 23494.80 | 21058.65 |
| 211 | 600838 | 上海九百 | 40088.20 | 40088.20 | 258 | 688519 | 南亚新材 | 23440.00 | – |
| 212 | 605222 | 起帆电缆 | 40058.00 | – | 259 | 600833 | 第一医药 | 22308.63 | 22308.63 |
| 213 | 603786 | 科博达 | 40010.00 | 40010.00 | 260 | 603189 | 网达软件 | 22080.00 | 22080.00 |
| 214 | 605136 | 丽人丽妆 | 40001.00 | – | 261 | 300286 | 安科瑞 | 21493.96 | 21501.56 |
| 215 | 603619 | 中曼石油 | 40000.01 | 40000.01 | 262 | 300762 | 上海瀚讯 | 21419.95 | 13336.00 |
| 216 | 600088 | 中视传媒 | 39770.64 | 39770.64 | 263 | 603039 | 泛微网络 | 21385.91 | 15164.03 |
| 217 | 603887 | 城地香江 | 37558.03 | 26831.08 | 264 | 603226 | 菲林格尔 | 21035.02 | 15133.11 |
| 218 | 603648 | 畅联股份 | 36866.67 | 36866.67 | 265 | 603378 | 亚士创能 | 20617.33 | 19480.00 |
| 219 | 002278 | 神开股份 | 36390.96 | 36390.96 | 266 | 688085 | 三友医疗 | 20533.35 | – |
| 220 | 603009 | 北特科技 | 35900.22 | 35900.22 | 267 | 300469 | 信息发展 | 20513.54 | 20513.54 |
| 221 | 600692 | 亚通股份 | 35176.41 | 35176.41 | 268 | 300551 | 古鳌科技 | 20275.20 | 11264.00 |
| 222 | 300627 | 华测导航 | 34143.20 | 24388.00 | 269 | 603499 | 翔港科技 | 20215.07 | 14184.65 |
| 223 | 603855 | 华荣股份 | 33766.00 | 33107.00 | 270 | 600689 | 上海三毛 | 20099.13 | 20099.13 |
| 224 | 603777 | 来伊份 | 33713.21 | 33906.78 | 271 | 603496 | 恒为科技 | 20098.52 | 20266.64 |
| 225 | 600696 | ST岩石 | 33446.94 | 33446.94 | 272 | 603022 | 新通联 | 20000.00 | 20000.00 |
| 226 | 600608 | ST沪科 | 32886.14 | 32886.14 | 273 | 603232 | 格尔软件 | 19310.17 | 12126.80 |
| 227 | 600818 | 中路股份 | 32144.79 | 32144.79 | 274 | 603790 | 雅运股份 | 19136.00 | 19136.00 |
| 228 | 300153 | 科泰电源 | 32000.00 | 32000.00 | 275 | 603006 | 联明股份 | 19107.82 | 19107.82 |
| 229 | 603020 | 爱普股份 | 32000.00 | 32000.00 | 276 | 300226 | 上海钢联 | 19093.06 | 15910.89 |
| 230 | 603131 | 上海沪工 | 31797.43 | 31797.43 | 277 | 300462 | 华铭智能 | 18826.50 | 18826.50 |
| 231 | 600081 | 东风科技 | 31356.00 | 31356.00 | 278 | 600615 | *ST丰华 | 18802.05 | 18802.05 |
| 232 | 300245 | 天玑科技 | 31345.75 | 31345.75 | 279 | 688590 | 新致软件 | 18202.23 | – |
| 233 | 002401 | 中远海科 | 31014.23 | 30324.00 | 280 | 688366 | 昊海生科 | 17720.66 | 17784.53 |
| 234 | 603690 | 至纯科技 | 30780.46 | 25890.86 | 281 | 300578 | 会畅通讯 | 17412.00 | 17419.70 |
| 235 | 600119 | 长江投资 | 30740.00 | 30740.00 | 282 | 300330 | 华虹计通 | 17115.79 | 16800.00 |

（续表）

| 序号 | 代码 | 公司简称 | 总股本 | | 序号 | 代码 | 公司简称 | 总股本 | |
|---|---|---|---|---|---|---|---|---|---|
| | | | 2020 年 | 2019 年 | | | | 2020 年 | 2019 年 |
| 283 | 603681 | 永冠新材 | 16659.16 | 16659.16 | 315 | 603037 | 凯众股份 | 10490.14 | 10582.37 |
| 284 | 603197 | 保隆科技 | 16513.30 | 16607.79 | 316 | 688179 | 阿拉丁 | 10093.34 | 7570.00 |
| 285 | 300802 | 矩子科技 | 16245.25 | 10000.00 | 317 | 603200 | 上海洗霸 | 10076.76 | 10130.28 |
| 286 | 300501 | 海顺新材 | 15652.98 | 15652.98 | 318 | 300442 | 普丽盛 | 10000.00 | 10000.00 |
| 287 | 688063 | 派能科技 | 15484.45 | — | 319 | 300892 | 品渥食品 | 10000.00 | — |
| 288 | 603713 | 密尔克卫 | 15473.70 | 15247.40 | 320 | 688188 | 柏楚电子 | 10000.00 | 10000.00 |
| 289 | 603330 | 上海天洋 | 15288.00 | 10920.00 | 321 | 688330 | 宏力达 | 10000.00 | — |
| 290 | 300483 | 首华燃气 | 14918.43 | 12322.00 | 322 | 688118 | 普元信息 | 9540.00 | 9540.00 |
| 291 | 600605 | 汇通能源 | 14734.46 | 14734.46 | 323 | 603729 | ST 龙韵 | 9333.80 | 9333.80 |
| 292 | 002825 | 纳尔股份 | 14694.10 | 14412.71 | 324 | 300508 | 维宏股份 | 9091.20 | 9091.20 |
| 293 | 000668 | 荣丰控股 | 14684.19 | 14684.19 | 325 | 300642 | 透景生命 | 9072.94 | 9081.75 |
| 294 | 688317 | 之江生物 | 14602.83 | 14602.83 | 326 | 688160 | 步科股份 | 8400.00 | — |
| 295 | 002058 | *ST 威尔 | 14344.83 | 14344.83 | 327 | 688018 | 乐鑫科技 | 8003.05 | 8000.00 |
| 296 | 603214 | 爱婴室 | 14280.84 | 10205.90 | 328 | 300613 | 富瀚微 | 8000.06 | 4444.48 |
| 297 | 300380 | 安硕信息 | 14100.98 | 13744.00 | 329 | 605128 | 上海沿浦 | 8000.00 | — |
| 298 | 603159 | 上海亚虹 | 14000.00 | 14000.00 | 330 | 688133 | 泰坦科技 | 7624.90 | 5718.66 |
| 299 | 603579 | 荣泰健康 | 14000.00 | 14000.00 | 331 | 688155 | 先惠技术 | 7563.00 | — |
| 300 | 600647 | 同达创业 | 13914.36 | 13914.36 | 332 | 603991 | 至正股份 | 7453.50 | 7453.50 |
| 301 | 603068 | 博通集成 | 13871.35 | 13871.35 | 333 | 688301 | 奕瑞科技 | 7254.78 | — |
| 302 | 605186 | 健麾信息 | 13600.00 | — | 334 | 688335 | 复洁环保 | 7252.15 | 5048.70 |
| 303 | 605151 | 西上海 | 13334.00 | — | 335 | 688016 | 心脉医疗 | 7197.81 | 7197.81 |
| 304 | 603329 | 上海雅仕 | 13200.00 | 13200.00 | 336 | 605289 | 罗曼股份 | 6500.00 | 6500.00 |
| 305 | 603580 | 艾艾精工 | 13067.32 | 13067.32 | 337 | 300899 | 上海凯鑫 | 6378.35 | 4783.35 |
| 306 | 603683 | 晶华新材 | 12667.00 | 12667.00 | 338 | 605098 | 行动教育 | 6325.19 | 6325.19 |
| 307 | 002858 | 力盛赛车 | 12632.00 | 12632.00 | 339 | 688680 | 海优新材 | 6301.00 | 6301.00 |
| 308 | 300609 | 汇纳科技 | 12192.24 | 10114.10 | 340 | 688202 | 美迪西 | 6200.00 | 6200.00 |
| 309 | 688123 | 聚辰股份 | 12084.19 | 12084.19 | 341 | 688368 | 晶丰明源 | 6160.00 | 6160.00 |
| 310 | 688129 | 东来技术 | 12000.00 | — | 342 | 300915 | 海融科技 | 6000.00 | — |
| 311 | 688608 | 恒玄科技 | 12000.00 | — | 343 | 300983 | 尤安设计 | 6000.00 | 6000.00 |
| 312 | 603895 | 天永智能 | 10808.00 | 10808.00 | 344 | 301001 | 凯淳股份 | 6000.00 | 6000.00 |
| 313 | 603236 | 移远通信 | 10701.60 | 8918.00 | 345 | 688019 | 安集科技 | 5310.84 | 5310.84 |
| 314 | 603192 | 汇得科技 | 10666.67 | 10666.67 | | | | | |

# 上海工商类上市公司 2020 年度净资产排序

（单位：万元）

| 序号 | 代码 | 公司简称 | 净资产 | | 序号 | 代码 | 公司简称 | 净资产 | |
|---|---|---|---|---|---|---|---|---|---|
| | | | 2020 年 | 2019 年 | | | | 2020 年 | 2019 年 |
| 1 | 601328 | 交通银行 | 86660700.00 | 79324700.00 | 48 | 600708 | 光明地产 | 1391434.21 | 1433613.49 |
| 2 | 600000 | 浦发银行 | 63819700.00 | 55386100.00 | 49 | 600094 | 大名城 | 1313103.84 | 1292103.04 |
| 3 | 600104 | 上汽集团 | 26010295.44 | 24970200.97 | 50 | 600500 | 中化国际 | 1295935.31 | 1312496.49 |
| 4 | 601601 | 中国太保 | 21522400.00 | 17842700.00 | 51 | 600754 | 锦江酒店 | 1270951.88 | 1325512.20 |
| 5 | 601229 | 上海银行 | 19039789.00 | 17670861.20 | 52 | 600748 | 上实发展 | 1214872.92 | 1056758.64 |
| 6 | 600019 | 宝钢股份 | 18437128.48 | 17805311.48 | 53 | 601231 | 环旭电子 | 1204982.02 | 1027561.57 |
| 7 | 600837 | 海通证券 | 15344846.78 | 12609099.36 | 54 | 600835 | 上海机电 | 1192840.73 | 1137527.07 |
| 8 | 601211 | 国泰君安 | 13735325.95 | 13750148.98 | 55 | 600643 | 爱建集团 | 1171749.54 | 1077867.57 |
| 9 | 688981 | 中芯国际 | 9912803.70 | 4357335.43 | 56 | 603501 | 韦尔股份 | 1123864.29 | 792639.43 |
| 10 | 600018 | 上港集团 | 8751786.54 | 8205674.88 | 57 | 600648 | 外高桥 | 1095731.97 | 1054894.88 |
| 11 | 600606 | 绿地控股 | 8477640.08 | 7890119.05 | 58 | 603885 | 吉祥航空 | 1085118.08 | 1289903.06 |
| 12 | 300999 | 金龙鱼 | 8353360.00 | 6479918.20 | 59 | 600895 | 张江高科 | 1080513.02 | 930558.21 |
| 13 | 601727 | 上海电气 | 6640083.40 | 6334585.60 | 60 | 600639 | 浦东金桥 | 1076001.69 | 992546.66 |
| 14 | 600958 | 东方证券 | 6020285.09 | 5396551.63 | 61 | 688065 | 凯赛生物 | 1038474.38 | 464185.76 |
| 15 | 600115 | 东方航空 | 5400700.00 | 6676500.00 | 62 | 688538 | 和辉光电 –U | 1034135.65 | 1100447.20 |
| 16 | 600741 | 华域汽车 | 5253885.52 | 4942299.82 | 63 | 600508 | 上海能源 | 1029805.58 | 986259.34 |
| 17 | 601788 | 光大证券 | 5244887.97 | 4744472.48 | 64 | 688126 | 沪硅产业 –U | 944304.00 | 507201.00 |
| 18 | 601828 | 美凯龙 | 4756321.89 | 4571463.79 | 65 | 600611 | 大众交通 | 928473.00 | 942137.00 |
| 19 | 600150 | 中国船舶 | 4577683.27 | 1541565.00 | 66 | 601200 | 上海环境 | 925190.87 | 683029.35 |
| 20 | 600061 | 国投资本 | 4558777.81 | 3907806.39 | 67 | 002195 | 二三四五 | 913505.14 | 1015921.44 |
| 21 | 601607 | 上海医药 | 4535467.77 | 4165905.47 | 68 | 603659 | 璞泰来 | 891416.40 | 340941.61 |
| 22 | 600196 | 复星医药 | 3699553.31 | 3188806.61 | 69 | 300017 | 网宿科技 | 869455.31 | 863121.95 |
| 23 | 600170 | 上海建工 | 3668049.26 | 3305413.76 | 70 | 600635 | 大众公用 | 864344.01 | 806327.80 |
| 24 | 600026 | 中远海能 | 3462182.75 | 2812473.52 | 71 | 600420 | 国药现代 | 813120.87 | 758746.99 |
| 25 | 300059 | 东方财富 | 3315646.72 | 2121248.93 | 72 | 688008 | 澜起科技 | 807025.07 | 732972.44 |
| 26 | 600655 | 豫园股份 | 3300926.64 | 3137784.89 | 73 | 600612 | 老凤祥 | 796489.91 | 701997.06 |
| 27 | 600642 | 申能股份 | 3084851.78 | 2960357.51 | 74 | 600845 | 宝信软件 | 728249.06 | 706459.95 |
| 28 | 600637 | 东方明珠 | 2957309.92 | 2919386.54 | 75 | 600278 | 东方创业 | 694371.96 | 422354.34 |
| 29 | 600688 | 上海石化 | 2921803.30 | 2988534.10 | 76 | 600621 | 华鑫股份 | 690681.98 | 620814.30 |
| 30 | 600009 | 上海机场 | 2921547.52 | 3200442.38 | 77 | 600622 | 光大嘉宝 | 668255.35 | 637830.11 |
| 31 | 600823 | 世茂股份 | 2608843.57 | 2538330.13 | 78 | 600641 | 万业企业 | 666746.62 | 627278.73 |
| 32 | 601872 | 招商轮船 | 2556262.34 | 2531978.23 | 79 | 600490 | 鹏欣资源 | 653768.74 | 642026.70 |
| 33 | 002252 | 上海莱士 | 2512278.00 | 1147869.62 | 80 | 002028 | 思源电气 | 652127.53 | 504221.40 |
| 34 | 601866 | 中远海发 | 2437000.71 | 2420771.85 | 81 | 600315 | 上海家化 | 649922.41 | 628575.01 |
| 35 | 600820 | 隧道股份 | 2315942.67 | 2195447.97 | 82 | 600604 | 市北高新 | 646781.07 | 627578.46 |
| 36 | 600663 | 陆家嘴 | 2026449.03 | 1811923.21 | 83 | 600284 | 浦东建设 | 643040.42 | 612609.60 |
| 37 | 600649 | 城投控股 | 1994998.85 | 1929185.21 | 84 | 600597 | 光明乳业 | 627908.74 | 571793.84 |
| 38 | 600021 | 上海电力 | 1961082.58 | 1905839.42 | 85 | 688180 | 君实生物 –U | 582780.85 | 297803.28 |
| 39 | 600623 | 华谊集团 | 1859206.67 | 1835371.04 | 86 | 600676 | 交运股份 | 559281.88 | 583678.52 |
| 40 | 600827 | 百联股份 | 1828351.69 | 1829839.08 | 87 | 688608 | 恒玄科技 | 549578.63 | 52205.33 |
| 41 | 600517 | 国网英大 | 1726991.84 | 342390.59 | 88 | 688366 | 昊海生科 | 549074.85 | 545477.96 |
| 42 | 601611 | 中国核建 | 1707841.84 | 1556840.13 | 89 | 600151 | 航天机电 | 546804.50 | 528915.76 |
| 43 | 600675 | 中华企业 | 1572398.96 | 1517784.73 | 90 | 600732 | 爱旭股份 | 534327.18 | 207609.22 |
| 44 | 601696 | 中银证券 | 1499989.31 | 1273312.03 | 91 | 600210 | 紫江企业 | 531274.36 | 491766.97 |
| 45 | 600320 | 振华重工 | 1457082.21 | 1554340.40 | 92 | 603515 | 欧普照明 | 524911.54 | 501553.28 |
| 46 | 600848 | 上海临港 | 1453345.88 | 1362358.60 | 93 | 603899 | 晨光文具 | 519356.87 | 420150.04 |
| 47 | 601021 | 春秋航空 | 1418085.58 | 1503855.00 | 94 | 603565 | 中谷物流 | 517118.42 | 295595.39 |

（续表）

| 序号 | 代码 | 公司简称 | 净资产 | | 序号 | 代码 | 公司简称 | 净资产 | |
|---|---|---|---|---|---|---|---|---|---|
| | | | 2020 年 | 2019 年 | | | | 2020 年 | 2019 年 |
| 95 | 600618 | 氯碱化工 | 514074.93 | 465435.99 | 142 | 688578 | 艾力斯 -U | 287804.86 | 118439.21 |
| 96 | 300180 | 华峰超纤 | 508038.10 | 524802.93 | 143 | 002636 | 金安国纪 | 284703.73 | 266822.74 |
| 97 | 000863 | 三湘印象 | 491589.00 | 584953.15 | 144 | 300398 | 飞凯材料 | 284525.24 | 241245.72 |
| 98 | 300236 | 上海新阳 | 472951.61 | 150236.51 | 145 | 603868 | 飞科电器 | 283058.80 | 262966.77 |
| 99 | 603056 | 德邦股份 | 462418.47 | 405567.22 | 146 | 605222 | 起帆电缆 | 277051.50 | 155886.07 |
| 100 | 603128 | 华贸物流 | 458563.39 | 411515.11 | 147 | 300483 | 首华燃气 | 274446.26 | 207463.14 |
| 101 | 300253 | 卫宁健康 | 452202.23 | 373333.08 | 148 | 688063 | 派能科技 | 273352.33 | 44445.03 |
| 102 | 600619 | 海立股份 | 451057.21 | 450969.55 | 149 | 600850 | 华东电脑 | 272458.35 | 255742.82 |
| 103 | 600640 | 号百控股 | 450722.00 | 453987.49 | 150 | 002527 | 新时达 | 270932.56 | 266287.42 |
| 104 | 688336 | 三生国健 | 450313.57 | 286801.19 | 151 | 002324 | 普利特 | 269827.76 | 239133.86 |
| 105 | 688012 | 中微公司 | 436905.77 | 375107.70 | 152 | 600651 | 飞乐音响 | 269626.64 | −163106.83 |
| 106 | 600628 | 新世界 | 434100.43 | 431193.64 | 153 | 601702 | 华峰铝业 | 266413.75 | 151614.39 |
| 107 | 600073 | 上海梅林 | 432941.16 | 401862.10 | 154 | 300326 | 凯利泰 | 264304.28 | 274830.51 |
| 108 | 688660 | 电气风电 | 432459.12 | 389649.46 | 155 | 601616 | 广电电气 | 263393.84 | 260502.66 |
| 109 | 600638 | 新黄浦 | 431306.78 | 406876.25 | 156 | 688301 | 奕瑞科技 | 263353.83 | 42554.07 |
| 110 | 600602 | 云赛智联 | 429122.36 | 411985.90 | 157 | 688521 | 芯原股份 -U | 262644.76 | 96149.01 |
| 111 | 002506 | 协鑫集成 | 424974.89 | 439094.10 | 158 | 600824 | 益民集团 | 262533.71 | 247624.35 |
| 112 | 600851 | 海欣股份 | 418907.13 | 384870.98 | 159 | 002328 | 新朋股份 | 260499.82 | 255846.32 |
| 113 | 603887 | 城地香江 | 405611.81 | 331354.69 | 160 | 688519 | 南亚新材 | 259286.29 | 67102.73 |
| 114 | 600841 | 上柴股份 | 398203.65 | 379879.15 | 161 | 300129 | 泰胜风能 | 258860.67 | 231546.35 |
| 115 | 600072 | 中船科技 | 392360.81 | 388267.40 | 162 | 300039 | 上海凯宝 | 257832.44 | 256949.16 |
| 116 | 603730 | 岱美股份 | 389455.16 | 373764.21 | 163 | 688188 | 柏楚电子 | 249277.75 | 214814.08 |
| 117 | 603786 | 科博达 | 381264.26 | 324086.56 | 164 | 603650 | 彤程新材 | 244699.45 | 224994.42 |
| 118 | 600503 | 华丽家族 | 379335.33 | 395903.76 | 165 | 600626 | 申达股份 | 242473.13 | 335028.84 |
| 119 | 603003 | 龙宇燃油 | 378028.81 | 389905.81 | 166 | 600825 | 新华传媒 | 240614.70 | 267610.41 |
| 120 | 600826 | 兰生股份 | 370786.19 | 351185.16 | 167 | 600620 | 天宸股份 | 237525.57 | 252434.06 |
| 121 | 002454 | 松芝股份 | 363669.97 | 343255.58 | 168 | 603365 | 水星家纺 | 235717.40 | 228504.12 |
| 122 | 300171 | 东富龙 | 360346.56 | 315245.86 | 169 | 601968 | 宝钢包装 | 235503.50 | 231110.37 |
| 123 | 600650 | 锦江在线 | 354647.46 | 350607.39 | 170 | 600843 | 上工申贝 | 234865.71 | 231093.24 |
| 124 | 600819 | 耀皮玻璃 | 344333.54 | 328824.04 | 171 | 605136 | 丽人丽妆 | 233903.22 | 158410.49 |
| 125 | 603587 | 地素时尚 | 343912.15 | 330921.35 | 172 | 002669 | 康达新材 | 233418.22 | 213486.48 |
| 126 | 300170 | 汉得信息 | 331153.04 | 306690.14 | 173 | 603030 | 全筑股份 | 230966.76 | 213810.76 |
| 127 | 600171 | 上海贝岭 | 329185.61 | 304289.91 | 174 | 002158 | 汉钟精机 | 229181.42 | 204065.80 |
| 128 | 688158 | 优刻得 -W | 325918.86 | 174352.16 | 175 | 600613 | 神奇制药 | 227736.76 | 261693.57 |
| 129 | 600662 | 强生控股 | 323610.96 | 322026.93 | 176 | 603020 | 爱普股份 | 222344.29 | 210510.95 |
| 130 | 002568 | 百润股份 | 321629.97 | 200113.66 | 177 | 002561 | 徐家汇 | 221802.52 | 229266.79 |
| 131 | 603108 | 润达医疗 | 320338.78 | 275840.41 | 178 | 603728 | 鸣志电器 | 218011.87 | 200900.75 |
| 132 | 603690 | 至纯科技 | 314273.47 | 148292.15 | 179 | 300230 | 永利股份 | 217952.03 | 318446.20 |
| 133 | 002022 | 科华生物 | 314095.88 | 235710.82 | 180 | 002346 | 柘中股份 | 208429.37 | 203044.68 |
| 134 | 600636 | 国新文化 | 304594.13 | 303024.27 | 181 | 002605 | 姚记科技 | 206000.27 | 149300.80 |
| 135 | 600846 | 同济科技 | 303593.96 | 279182.60 | 182 | 603378 | 亚士创能 | 204733.19 | 136600.70 |
| 136 | 688330 | 宏力达 | 302515.14 | 64064.79 | 183 | 002706 | 良信股份 | 203805.16 | 180656.59 |
| 137 | 600629 | 华建集团 | 298216.47 | 292367.83 | 184 | 300511 | 雪榕生物 | 203401.62 | 174047.60 |
| 138 | 688099 | 晶晨股份 | 291892.22 | 279870.63 | 185 | 601595 | 上海电影 | 201934.38 | 248571.71 |
| 139 | 603012 | 创力集团 | 291568.44 | 260860.43 | 186 | 688505 | 复旦张江 | 201093.08 | 93152.54 |
| 140 | 605050 | 福然德 | 290067.57 | 182390.20 | 187 | 603068 | 博通集成 | 198839.14 | 126216.83 |
| 141 | 603881 | 数据港 | 289163.03 | 109831.32 | 188 | 603466 | 风语筑 | 197257.82 | 166962.09 |

（续表）

| 序号 | 代码 | 公司简称 | 净资产 | | 序号 | 代码 | 公司简称 | 净资产 | |
|---|---|---|---|---|---|---|---|---|---|
| | | | 2020年 | 2019年 | | | | 2020年 | 2019年 |
| 189 | 600616 | 金枫酒业 | 195648.77 | 195882.84 | 236 | 300613 | 富瀚微 | 133527.08 | 113962.85 |
| 190 | 002565 | 顺灏股份 | 194842.95 | 194185.09 | 237 | 603232 | 格尔软件 | 132918.57 | 66372.66 |
| 191 | 605339 | 南侨食品 | 194419.90 | 181548.46 | 238 | 603131 | 上海沪工 | 132171.91 | 122350.15 |
| 192 | 603619 | 中曼石油 | 190475.91 | 236482.02 | 239 | 300915 | 海融科技 | 132121.83 | 26943.58 |
| 193 | 600679 | 上海凤凰 | 190151.67 | 137456.62 | 240 | 603956 | 威派格 | 131876.03 | 112094.44 |
| 194 | 600532 | 未来股份 | 188361.15 | 186433.65 | 241 | 300061 | 旗天科技 | 129946.32 | 229011.23 |
| 195 | 600097 | 开创国际 | 187979.63 | 177689.82 | 242 | 300578 | 会畅通讯 | 129202.03 | 110516.12 |
| 196 | 603236 | 移远通信 | 186867.63 | 171472.31 | 243 | 603192 | 汇得科技 | 129123.89 | 120786.45 |
| 197 | 300262 | 巴安水务 | 185314.35 | 236170.70 | 244 | 300642 | 透景生命 | 126658.20 | 116864.92 |
| 198 | 603987 | 康德莱 | 176134.10 | 160486.24 | 245 | 688368 | 晶丰明源 | 125896.78 | 113270.62 |
| 199 | 600652 | *ST游久 | 175180.13 | 170463.29 | 246 | 605208 | 永茂泰 | 124319.03 | 106603.73 |
| 200 | 603648 | 畅联股份 | 174052.55 | 169470.12 | 247 | 688016 | 心脉医疗 | 123397.22 | 106597.00 |
| 201 | 300067 | 安诺其 | 173834.71 | 169352.08 | 248 | 002269 | 美邦服饰 | 118025.76 | 203982.01 |
| 202 | 603713 | 密尔克卫 | 171137.29 | 143466.86 | 249 | 300272 | 开能健康 | 117265.75 | 119542.91 |
| 203 | 300462 | 华铭智能 | 170998.91 | 159185.01 | 250 | 603006 | 联明股份 | 116937.74 | 110950.30 |
| 204 | 688596 | 正帆科技 | 170479.03 | 66885.72 | 251 | 300074 | 华平股份 | 115277.62 | 120364.09 |
| 205 | 603083 | 剑桥科技 | 166529.91 | 118306.48 | 252 | 603197 | 保隆科技 | 115067.60 | 103522.13 |
| 206 | 603777 | 来伊份 | 166522.64 | 176345.95 | 253 | 002401 | 中远海科 | 114243.74 | 95522.53 |
| 207 | 603579 | 荣泰健康 | 165941.70 | 162899.17 | 254 | 002278 | 神开股份 | 113971.75 | 113049.38 |
| 208 | 300008 | 天海防务 | 164883.26 | 40429.82 | 255 | 605151 | 西上海 | 113857.58 | 55146.51 |
| 209 | 688018 | 乐鑫科技 | 164113.04 | 160982.29 | 256 | 603790 | 雅运股份 | 112863.60 | 112201.34 |
| 210 | 605338 | 巴比食品 | 163411.20 | 71493.61 | 257 | 688202 | 美迪西 | 112330.96 | 99304.72 |
| 211 | 603855 | 华荣股份 | 162082.89 | 150265.43 | 258 | 300609 | 汇纳科技 | 112042.13 | 58946.56 |
| 212 | 300222 | 科大智能 | 156225.61 | 191218.06 | 259 | 603121 | 华培动力 | 111882.23 | 110741.36 |
| 213 | 603681 | 永冠新材 | 155687.05 | 136513.73 | 260 | 600624 | 复旦复华 | 110241.94 | 118303.08 |
| 214 | 603682 | 锦和商业 | 154520.90 | 88245.87 | 261 | 600088 | 中视传媒 | 109878.11 | 123578.60 |
| 215 | 688085 | 三友医疗 | 153442.60 | 43780.98 | 262 | 300627 | 华测导航 | 108539.04 | 99067.70 |
| 216 | 600834 | 申通地铁 | 153411.33 | 148096.29 | 263 | 603633 | 徕木股份 | 108058.60 | 76054.17 |
| 217 | 600630 | 龙头股份 | 152669.23 | 182267.21 | 264 | 688155 | 先惠技术 | 108009.98 | 40277.76 |
| 218 | 300378 | 鼎捷软件 | 152088.91 | 140192.96 | 265 | 688335 | 复洁环保 | 107802.20 | 24757.68 |
| 219 | 601519 | 大智慧 | 151685.38 | 146828.26 | 266 | 300590 | 移为通信 | 107704.13 | 100454.60 |
| 220 | 603886 | 元祖股份 | 149769.04 | 149183.55 | 267 | 002184 | 海得控制 | 107489.91 | 96797.35 |
| 221 | 603009 | 北特科技 | 148677.95 | 158434.35 | 268 | 300892 | 品渥食品 | 107138.78 | 33818.80 |
| 222 | 600882 | 妙可蓝多 | 148556.68 | 126565.73 | 269 | 688585 | 上纬新材 | 106454.14 | 86144.51 |
| 223 | 300245 | 天玑科技 | 148274.31 | 143171.83 | 270 | 300327 | 中颖电子 | 105963.08 | 96661.57 |
| 224 | 603256 | 宏和科技 | 147929.84 | 142540.08 | 271 | 603718 | 海利生物 | 105832.95 | 106081.45 |
| 225 | 300168 | 万达信息 | 146413.01 | 289161.39 | 272 | 688590 | 新致软件 | 104882.97 | 55616.68 |
| 226 | 688317 | 之江生物 | 146259.86 | 57184.32 | 273 | 688019 | 安集科技 | 104810.48 | 88756.96 |
| 227 | 688123 | 聚辰股份 | 146107.93 | 132830.73 | 274 | 002162 | 悦心健康 | 103497.03 | 97774.07 |
| 228 | 688133 | 泰坦科技 | 143802.42 | 56361.49 | 275 | 300802 | 矩子科技 | 102696.82 | 94461.25 |
| 229 | 600081 | 东风科技 | 142689.99 | 139435.60 | 276 | 300126 | 锐奇股份 | 102253.72 | 97495.60 |
| 230 | 002116 | 中国海诚 | 140177.50 | 139099.17 | 277 | 603214 | 爱婴室 | 101977.36 | 101369.00 |
| 231 | 688098 | 申联生物 | 139641.29 | 128129.57 | 278 | 600836 | 界龙实业 | 101072.97 | 77552.83 |
| 232 | 300762 | 上海瀚讯 | 137676.32 | 121796.18 | 279 | 300225 | 金力泰 | 100941.60 | 90980.41 |
| 233 | 600838 | 上海九百 | 137297.86 | 133127.53 | 280 | 605128 | 上海沿浦 | 100725.21 | 51193.95 |
| 234 | 300226 | 上海钢联 | 135896.23 | 114209.87 | 281 | 603226 | 菲林格尔 | 99985.49 | 92055.13 |
| 235 | 603039 | 泛微网络 | 134682.26 | 90063.64 | 282 | 688118 | 普元信息 | 97802.12 | 96282.22 |

（续表）

| 序号 | 代码 | 公司简称 | 净资产 | | 序号 | 代码 | 公司简称 | 净资产 | |
|---|---|---|---|---|---|---|---|---|---|
| | | | 2020 年 | 2019 年 | | | | 2020 年 | 2019 年 |
| 283 | 605081 | 太和水 | 96891.26 | 81749.61 | 321 | 688217 | 睿昂基因 | 64668.54 | 60797.19 |
| 284 | 603960 | 克来机电 | 95684.42 | 60616.29 | 322 | 600818 | 中路股份 | 64544.75 | 56851.48 |
| 285 | 000668 | 荣丰控股 | 94409.33 | 97444.09 | 323 | 600615 | *ST 丰华 | 63281.85 | 63135.43 |
| 286 | 002486 | 嘉麟杰 | 94228.10 | 92171.15 | 324 | 300551 | 古鳌科技 | 62241.05 | 58828.66 |
| 287 | 300947 | 德必集团 | 93340.97 | 85732.92 | 325 | 300899 | 上海凯鑫 | 61910.24 | 22254.89 |
| 288 | 603683 | 晶华新材 | 92773.24 | 79062.77 | 326 | 688160 | 步科股份 | 60816.62 | 21633.33 |
| 289 | 600816 | ST 安信 | 89290.52 | 763090.80 | 327 | 603499 | 翔港科技 | 60081.78 | 53734.62 |
| 290 | 603189 | 网达软件 | 88905.14 | 81456.83 | 328 | 603895 | 天永智能 | 59489.05 | 58372.17 |
| 291 | 600692 | 亚通股份 | 88081.63 | 82070.87 | 329 | 002178 | 延华智能 | 56557.89 | 86353.61 |
| 292 | 603037 | 凯众股份 | 86886.45 | 84515.23 | 330 | 600661 | 昂立教育 | 56127.92 | 91506.64 |
| 293 | 600530 | 交大昂立 | 83490.01 | 75258.51 | 331 | 300508 | 维宏股份 | 55935.50 | 53600.01 |
| 294 | 603196 | 日播时尚 | 82591.19 | 92252.57 | 332 | 300963 | 中洲特材 | 52522.68 | 47914.11 |
| 295 | 688179 | 阿拉丁 | 81670.07 | 34618.10 | 333 | 600272 | 开开实业 | 51630.82 | 51486.60 |
| 296 | 300286 | 安科瑞 | 81617.31 | 75839.82 | 334 | 300442 | 普丽盛 | 50945.15 | 73884.65 |
| 297 | 603496 | 恒为科技 | 81516.79 | 80135.02 | 335 | 300380 | 安硕信息 | 47826.16 | 44800.49 |
| 298 | 605186 | 健麾信息 | 81314.68 | 28763.47 | 336 | 605098 | 行动教育 | 44678.89 | 37653.90 |
| 299 | 300501 | 海顺新材 | 80524.61 | 69373.18 | 337 | 603159 | 上海亚虹 | 43931.51 | 43127.97 |
| 300 | 603200 | 上海洗霸 | 80413.11 | 77347.86 | 338 | 603580 | 艾艾精工 | 43892.22 | 41889.70 |
| 301 | 688129 | 东来技术 | 79052.73 | 30240.23 | 339 | 600689 | 上海三毛 | 42669.05 | 46475.45 |
| 302 | 600822 | 上海物贸 | 78856.84 | 67106.33 | 340 | 605398 | 新炬网络 | 41545.88 | 32696.96 |
| 303 | 002825 | 纳尔股份 | 78799.91 | 71696.23 | 341 | 300330 | 华虹计通 | 38062.20 | 37212.87 |
| 304 | 603729 | ST 龙韵 | 78635.81 | 80620.19 | 342 | 603991 | 至正股份 | 37101.52 | 41909.48 |
| 305 | 600605 | 汇通能源 | 77453.44 | 71086.33 | 343 | 002858 | 力盛赛车 | 35436.24 | 43960.36 |
| 306 | 002211 | 宏达新材 | 75911.86 | 70642.28 | 344 | 600119 | 长江投资 | 34737.12 | 20200.45 |
| 307 | 300153 | 科泰电源 | 75559.53 | 94272.71 | 345 | 301001 | 凯淳股份 | 33913.11 | 25527.73 |
| 308 | 688680 | 海优新材 | 75273.31 | 54285.89 | 346 | 300336 | 新文化 | 33310.57 | 202528.26 |
| 309 | 300493 | 润欣科技 | 74977.94 | 74358.49 | 347 | 600696 | ST 岩石 | 30992.12 | 25482.74 |
| 310 | 600833 | 第一医药 | 74230.94 | 72532.97 | 348 | 600647 | 同达创业 | 29944.05 | 28774.53 |
| 311 | 600601 | ST 方科 | 73209.60 | 188520.79 | 349 | 600193 | ST 创兴 | 29199.73 | 23220.70 |
| 312 | 603918 | 金桥信息 | 72295.96 | 63977.13 | 350 | 301005 | C 超捷 | 26935.95 | 22308.49 |
| 313 | 300983 | 尤安设计 | 70874.12 | 47645.41 | 351 | 301000 | 肇民科技 | 26894.48 | 19958.78 |
| 314 | 002451 | 摩恩电气 | 70486.30 | 69740.16 | 352 | 300469 | 信息发展 | 23523.75 | 30581.47 |
| 315 | 603324 | 盛剑环境 | 70296.67 | 58135.72 | 353 | 688682 | 霍莱沃 | 19437.75 | 17730.02 |
| 316 | 603022 | 新通联 | 67288.12 | 63878.35 | 354 | 002058 | *ST 威尔 | 17468.01 | 17532.78 |
| 317 | 600695 | *ST 绿庭 | 66571.90 | 70501.48 | 355 | 600654 | ST 中安 | 9261.20 | 31334.36 |
| 318 | 603329 | 上海雅仕 | 66428.34 | 59956.56 | 356 | 600610 | 中毅达 | 8993.47 | 4437.63 |
| 319 | 605289 | 罗曼股份 | 65960.87 | 55279.36 | 357 | 600608 | ST 沪科 | 6301.63 | 6072.46 |
| 320 | 603330 | 上海天洋 | 65390.41 | 60929.11 | 358 | 600634 | 退市富控 | −419102.83 | −230890.00 |

# 上海工商类上市公司 2020 年度主营业务收入排序

（单位：万元）

| 序号 | 代码 | 公司简称 | 主营业务收入 | | 序号 | 代码 | 公司简称 | 主营业务收入 | |
|---|---|---|---|---|---|---|---|---|---|
| | | | 2020 年 | 2019 年 | | | | 2020 年 | 2019 年 |
| 1 | 600104 | 上汽集团 | 72304258.92 | 82653000.30 | 48 | 600663 | 陆家嘴 | 1447472.72 | 1477293.88 |
| 2 | 600606 | 绿地控股 | 45575312.33 | 42782270.61 | 49 | 601828 | 美凯龙 | 1423646.01 | 1646923.78 |
| 3 | 601601 | 中国太保 | 42218200.00 | 38548900.00 | 50 | 603128 | 华贸物流 | 1409454.35 | 1025246.48 |
| 4 | 600019 | 宝钢股份 | 28367441.25 | 29159397.87 | 51 | 603899 | 晨光文具 | 1313774.57 | 1114110.14 |
| 5 | 601328 | 交通银行 | 24620000.00 | 23247200.00 | 52 | 600420 | 国药现代 | 1255628.16 | 1219910.67 |
| 6 | 600170 | 上海建工 | 23132723.20 | 20549670.78 | 53 | 600675 | 中华企业 | 1155208.93 | 1328172.98 |
| 7 | 600000 | 浦发银行 | 19638400.00 | 19068800.00 | 54 | 600619 | 海立股份 | 1107252.35 | 1214021.42 |
| 8 | 300999 | 金龙鱼 | 19492155.50 | 17074342.00 | 55 | 600626 | 申达股份 | 1082397.19 | 1469691.04 |
| 9 | 601607 | 上海医药 | 19190915.62 | 18656579.65 | 56 | 603565 | 中谷物流 | 1041918.42 | 990031.31 |
| 10 | 601727 | 上海电气 | 13654032.00 | 12664771.80 | 57 | 600648 | 外高桥 | 1015071.22 | 894085.07 |
| 11 | 600741 | 华域汽车 | 13357763.97 | 14402362.61 | 58 | 603885 | 吉祥航空 | 1010155.21 | 1674941.24 |
| 12 | 600688 | 上海石化 | 7470518.30 | 10034604.80 | 59 | 600637 | 东方明珠 | 1003335.20 | 1234460.00 |
| 13 | 601611 | 中国核建 | 7280046.30 | 6359347.73 | 60 | 600754 | 锦江酒店 | 989755.63 | 1509902.45 |
| 14 | 600115 | 东方航空 | 5863900.00 | 12086000.00 | 61 | 605222 | 起帆电缆 | 973586.77 | 764724.33 |
| 15 | 300226 | 上海钢联 | 5852122.78 | 12257175.17 | 62 | 600732 | 爱旭股份 | 966374.38 | 606923.72 |
| 16 | 600150 | 中国船舶 | 5524354.13 | 2313618.79 | 63 | 600845 | 宝信软件 | 951776.30 | 684904.34 |
| 17 | 600500 | 中化国际 | 5416193.76 | 5284646.31 | 64 | 601021 | 春秋航空 | 937291.81 | 1480351.71 |
| 18 | 600820 | 隧道股份 | 5400624.69 | 4362368.02 | 65 | 603003 | 龙宇燃油 | 894346.90 | 1349795.57 |
| 19 | 600612 | 老凤祥 | 5172150.42 | 4962865.80 | 66 | 600490 | 鹏欣资源 | 871433.22 | 1478730.99 |
| 20 | 601229 | 上海银行 | 5074612.30 | 4980029.20 | 67 | 600629 | 华建集团 | 861373.35 | 717089.12 |
| 21 | 601231 | 环旭电子 | 4769622.82 | 3720418.84 | 68 | 600210 | 紫江企业 | 841763.92 | 921096.36 |
| 22 | 600655 | 豫园股份 | 4405075.96 | 4291222.81 | 69 | 600284 | 浦东建设 | 837648.58 | 621961.06 |
| 23 | 600278 | 东方创业 | 3940941.65 | 1769248.48 | 70 | 600850 | 华东电脑 | 812961.66 | 777884.94 |
| 24 | 600837 | 海通证券 | 3821982.83 | 3442864.12 | 71 | 600748 | 上实发展 | 804876.19 | 886555.59 |
| 25 | 600827 | 百联股份 | 3520940.62 | 5045877.32 | 72 | 603515 | 欧普照明 | 796973.27 | 835485.86 |
| 26 | 601211 | 国泰君安 | 3520028.24 | 2994931.18 | 73 | 600822 | 上海物贸 | 785573.09 | 729719.02 |
| 27 | 600196 | 复星医药 | 3030698.13 | 2858515.20 | 74 | 600676 | 交运股份 | 777032.09 | 869635.20 |
| 28 | 600623 | 华谊集团 | 2812676.46 | 3752604.63 | 75 | 600508 | 上海能源 | 765412.13 | 762255.22 |
| 29 | 603056 | 德邦股份 | 2750344.65 | 2592210.13 | 76 | 002028 | 思源电气 | 737251.99 | 638009.52 |
| 30 | 688981 | 中芯国际 | 2747070.90 | 2201788.29 | 77 | 603108 | 润达医疗 | 706915.63 | 705195.02 |
| 31 | 600018 | 上港集团 | 2611946.08 | 3610163.20 | 78 | 600315 | 上海家化 | 703238.56 | 759695.18 |
| 32 | 600597 | 光明乳业 | 2522271.60 | 2256323.68 | 79 | 600081 | 东风科技 | 688917.01 | 653051.28 |
| 33 | 600021 | 上海电力 | 2420283.78 | 2369003.46 | 80 | 605050 | 福然德 | 668881.45 | 548095.82 |
| 34 | 600073 | 上海梅林 | 2386671.66 | 2340354.24 | 81 | 600649 | 城投控股 | 656492.58 | 364358.87 |
| 35 | 600835 | 上海机电 | 2339110.58 | 2211624.83 | 82 | 600846 | 同济科技 | 630263.13 | 635103.64 |
| 36 | 600958 | 东方证券 | 2313394.68 | 1905209.73 | 83 | 600841 | 上柴股份 | 613147.15 | 403327.02 |
| 37 | 600320 | 振华重工 | 2265514.17 | 2459558.79 | 84 | 603236 | 移远通信 | 610577.94 | 412974.60 |
| 38 | 600823 | 世茂股份 | 2170534.22 | 2144912.56 | 85 | 600151 | 航天机电 | 609330.23 | 690989.54 |
| 39 | 688660 | 电气风电 | 2068541.46 | 1013455.64 | 86 | 600601 | ST 方科 | 597254.64 | 582965.85 |
| 40 | 603501 | 韦尔股份 | 1982396.54 | 1363167.06 | 87 | 002506 | 协鑫集成 | 595676.61 | 868359.08 |
| 41 | 600642 | 申能股份 | 1970885.87 | 3884130.38 | 88 | 601968 | 宝钢包装 | 578550.69 | 576988.62 |
| 42 | 601866 | 中远海发 | 1894131.21 | 1418917.28 | 89 | 300017 | 网宿科技 | 568664.10 | 600749.78 |
| 43 | 601872 | 招商轮船 | 1807293.26 | 1455641.30 | 90 | 603030 | 全筑股份 | 542416.50 | 693611.62 |
| 44 | 600026 | 中远海能 | 1638475.77 | 1388007.51 | 91 | 603659 | 璞泰来 | 528067.41 | 479852.60 |
| 45 | 601788 | 光大证券 | 1586634.34 | 1005736.24 | 92 | 002116 | 中国海诚 | 509662.73 | 558132.98 |
| 46 | 600708 | 光明地产 | 1498475.08 | 1361073.57 | 93 | 600517 | 国网英大 | 504425.14 | 517680.81 |
| 47 | 600094 | 大名城 | 1483694.28 | 1304316.65 | 94 | 000863 | 三湘印象 | 488941.58 | 198758.16 |

（续表）

| 序号 | 代码 | 公司简称 | 主营业务收入 | | 序号 | 代码 | 公司简称 | 主营业务收入 | |
|---|---|---|---|---|---|---|---|---|---|
| | | | 2020 年 | 2019 年 | | | | 2020 年 | 2019 年 |
| 95 | 600618 | 氯碱化工 | 488866.25 | 646377.34 | 142 | 600662 | 强生控股 | 270106.12 | 383630.38 |
| 96 | 600635 | 大众公用 | 478323.68 | 545979.99 | 143 | 605208 | 永茂泰 | 269621.81 | 264282.32 |
| 97 | 605136 | 丽人丽妆 | 459979.63 | 387446.77 | 144 | 603020 | 爱普股份 | 266825.51 | 247465.77 |
| 98 | 600602 | 云赛智联 | 458921.87 | 488912.41 | 145 | 600650 | 锦江在线 | 266198.22 | 254180.57 |
| 99 | 601200 | 上海环境 | 451175.44 | 364674.88 | 146 | 603987 | 康德莱 | 264538.20 | 181690.79 |
| 100 | 600640 | 号百控股 | 444922.60 | 417834.62 | 147 | 603587 | 地素时尚 | 256417.06 | 237841.65 |
| 101 | 002324 | 普利特 | 444754.21 | 359996.66 | 148 | 002605 | 姚记科技 | 256189.58 | 173659.59 |
| 102 | 600651 | 飞乐音响 | 443348.21 | 292753.21 | 149 | 688538 | 和辉光电 -U | 250205.44 | 151308.53 |
| 103 | 600009 | 上海机场 | 430346.51 | 1094466.85 | 150 | 300170 | 汉得信息 | 249308.50 | 272344.06 |
| 104 | 600532 | 未来股份 | 428344.37 | 567271.94 | 151 | 600611 | 大众交通 | 247201.31 | 363651.79 |
| 105 | 002328 | 新朋股份 | 425059.66 | 360248.72 | 152 | 688158 | 优刻得 -W | 245513.43 | 151491.76 |
| 106 | 002022 | 科华生物 | 415542.88 | 241447.13 | 153 | 603681 | 永冠新材 | 241407.82 | 214425.74 |
| 107 | 600819 | 耀皮玻璃 | 408469.28 | 451101.62 | 154 | 605339 | 南侨食品 | 232240.09 | 235109.41 |
| 108 | 601702 | 华峰铝业 | 406688.99 | 359043.66 | 155 | 603886 | 元祖股份 | 230326.84 | 222266.81 |
| 109 | 603777 | 来伊份 | 402623.09 | 400249.10 | 156 | 603012 | 创力集团 | 228724.40 | 228847.36 |
| 110 | 002527 | 新时达 | 395706.35 | 353396.93 | 157 | 603855 | 华荣股份 | 228271.22 | 194254.65 |
| 111 | 603730 | 岱美股份 | 395011.00 | 481788.85 | 158 | 688012 | 中微公司 | 227329.19 | 194694.93 |
| 112 | 600622 | 光大嘉宝 | 393736.19 | 482058.74 | 159 | 002158 | 汉钟精机 | 227220.81 | 180697.15 |
| 113 | 603887 | 城地香江 | 393340.31 | 292411.18 | 160 | 300253 | 卫宁健康 | 226657.98 | 190800.79 |
| 114 | 600848 | 上海临港 | 392955.63 | 394977.30 | 161 | 002184 | 海得控制 | 226553.46 | 205841.24 |
| 115 | 002269 | 美邦服饰 | 381903.85 | 546329.20 | 162 | 603214 | 爱婴室 | 225644.31 | 246036.51 |
| 116 | 002636 | 金安国纪 | 360680.40 | 332221.77 | 163 | 603466 | 风语筑 | 225630.19 | 202991.52 |
| 117 | 300129 | 泰胜风能 | 360396.85 | 221902.58 | 164 | 603728 | 鸣志电器 | 221283.55 | 205797.48 |
| 118 | 600639 | 浦东金桥 | 359322.49 | 335238.28 | 165 | 300511 | 雪榕生物 | 220218.59 | 196457.47 |
| 119 | 603868 | 飞科电器 | 356788.10 | 375936.78 | 166 | 600836 | 界龙实业 | 219329.30 | 109327.13 |
| 120 | 603378 | 亚士创能 | 350669.36 | 242499.06 | 167 | 688519 | 南亚新材 | 212068.14 | 175817.02 |
| 121 | 603713 | 密尔克卫 | 342695.22 | 241879.82 | 168 | 688317 | 之江生物 | 205214.19 | 25887.25 |
| 122 | 002454 | 松芝股份 | 338383.48 | 340599.88 | 169 | 603650 | 彤程新材 | 204588.71 | 220799.77 |
| 123 | 603197 | 保隆科技 | 333108.51 | 332096.43 | 170 | 603579 | 荣泰健康 | 202051.64 | 231391.18 |
| 124 | 600630 | 龙头股份 | 325404.28 | 409457.16 | 171 | 600097 | 开创国际 | 196895.22 | 221209.49 |
| 125 | 300059 | 东方财富 | 325228.83 | 147804.10 | 172 | 688585 | 上纬新材 | 194596.19 | 134872.21 |
| 126 | 601696 | 中银证券 | 324417.23 | 290766.76 | 173 | 002669 | 康达新材 | 193213.55 | 106607.44 |
| 127 | 300180 | 华峰超纤 | 321910.46 | 324034.41 | 174 | 002568 | 百润股份 | 192664.32 | 146843.96 |
| 128 | 300230 | 永利股份 | 320888.10 | 326329.14 | 175 | 600072 | 中船科技 | 187493.77 | 332838.78 |
| 129 | 600843 | 上工申贝 | 306461.26 | 321045.86 | 176 | 300398 | 飞凯材料 | 186401.05 | 151330.78 |
| 130 | 603365 | 水星家纺 | 303478.07 | 300199.02 | 177 | 688008 | 澜起科技 | 182366.56 | 173773.47 |
| 131 | 002706 | 良信股份 | 301656.32 | 203851.32 | 178 | 600613 | 神奇制药 | 181900.67 | 192759.32 |
| 132 | 600654 | ST 中安 | 301432.86 | 289399.83 | 179 | 688126 | 沪硅产业 -U | 181127.78 | 149250.98 |
| 133 | 300168 | 万达信息 | 300827.11 | 212450.10 | 180 | 600661 | 昂立教育 | 180892.71 | 239132.33 |
| 134 | 600826 | 兰生股份 | 298215.30 | 361088.97 | 181 | 600643 | 爱建集团 | 177816.40 | 169848.46 |
| 135 | 603786 | 科博达 | 291372.77 | 292213.90 | 182 | 603329 | 上海雅仕 | 173389.75 | 175537.50 |
| 136 | 600882 | 妙可蓝多 | 284680.72 | 174434.91 | 183 | 002565 | 顺灏股份 | 159867.44 | 173436.68 |
| 137 | 002252 | 上海莱士 | 276168.20 | 258498.40 | 184 | 688180 | 君实生物 -U | 159489.66 | 77508.92 |
| 138 | 300222 | 科大智能 | 273845.29 | 231331.90 | 185 | 600833 | 第一医药 | 158690.37 | 124316.95 |
| 139 | 688099 | 晶晨股份 | 273825.33 | 235773.34 | 186 | 603619 | 中曼石油 | 158466.39 | 246290.48 |
| 140 | 603083 | 剑桥科技 | 270883.56 | 297374.86 | 187 | 300483 | 首华燃气 | 152553.53 | 153064.69 |
| 141 | 300171 | 东富龙 | 270768.82 | 226400.43 | 188 | 002401 | 中远海科 | 152053.74 | 120371.21 |

（续表）

| 序号 | 代码 | 公司简称 | 主营业务收入 | | 序号 | 代码 | 公司简称 | 主营业务收入 | |
|---|---|---|---|---|---|---|---|---|---|
| | | | 2020年 | 2019年 | | | | 2020年 | 2019年 |
| 189 | 603648 | 畅联股份 | 151683.05 | 129531.57 | 236 | 600061 | 国投资本 | 95966.31 | 66810.32 |
| 190 | 688521 | 芯原股份-U | 150612.93 | 133991.46 | 237 | 600689 | 上海三毛 | 94541.75 | 136954.33 |
| 191 | 300892 | 品渥食品 | 150282.06 | 137984.39 | 238 | 600624 | 复旦复华 | 94032.75 | 139990.18 |
| 192 | 603192 | 汇得科技 | 149771.78 | 143997.84 | 239 | 603324 | 盛剑环境 | 93774.21 | 88570.94 |
| 193 | 688065 | 凯赛生物 | 149719.14 | 191619.95 | 240 | 600851 | 海欣股份 | 93272.80 | 111174.24 |
| 194 | 300378 | 鼎捷软件 | 149608.53 | 146671.81 | 241 | 600641 | 万业企业 | 93149.01 | 186882.87 |
| 195 | 603039 | 泛微网络 | 148239.52 | 128603.44 | 242 | 300983 | 尤安设计 | 92556.05 | 85430.23 |
| 196 | 688680 | 海优新材 | 148109.24 | 106322.00 | 243 | 002211 | 宏达新材 | 92108.85 | 110465.89 |
| 197 | 603009 | 北特科技 | 147047.91 | 130277.11 | 244 | 603006 | 联明股份 | 91078.21 | 103601.05 |
| 198 | 300061 | 旗天科技 | 146520.50 | 123345.29 | 245 | 603881 | 数据港 | 90973.59 | 72664.12 |
| 199 | 300627 | 华测导航 | 140952.59 | 114552.27 | 246 | 688330 | 宏力达 | 90851.99 | 70512.96 |
| 200 | 603690 | 至纯科技 | 139705.61 | 98643.92 | 247 | 300039 | 上海凯宝 | 90800.89 | 141902.62 |
| 201 | 300493 | 润欣科技 | 138673.77 | 145010.90 | 248 | 600608 | ST沪科 | 89060.82 | 119007.80 |
| 202 | 688133 | 泰坦科技 | 138448.47 | 114409.69 | 249 | 301001 | 凯淳股份 | 88660.15 | 77022.86 |
| 203 | 600679 | 上海凤凰 | 137572.03 | 97489.11 | 250 | 300225 | 金力泰 | 88495.96 | 81350.20 |
| 204 | 688366 | 昊海生科 | 133242.70 | 160433.39 | 251 | 688505 | 复旦张江 | 83380.27 | 102929.48 |
| 205 | 600171 | 上海贝岭 | 133220.57 | 87862.92 | 252 | 300947 | 德必集团 | 83336.57 | 91003.16 |
| 206 | 600825 | 新华传媒 | 129284.02 | 134663.37 | 253 | 688018 | 乐鑫科技 | 83128.65 | 75742.86 |
| 207 | 002825 | 纳尔股份 | 125371.61 | 101719.10 | 254 | 603196 | 日播时尚 | 82254.15 | 111438.78 |
| 208 | 300462 | 华铭智能 | 124977.36 | 144018.08 | 255 | 603068 | 博通集成 | 80869.97 | 117462.39 |
| 209 | 002195 | 二三四五 | 122579.28 | 244076.14 | 256 | 603790 | 雅运股份 | 80384.70 | 95655.79 |
| 210 | 600604 | 市北高新 | 120234.56 | 109038.24 | 257 | 605128 | 上海沿浦 | 79182.03 | 81380.94 |
| 211 | 002162 | 悦心健康 | 119470.31 | 116623.75 | 258 | 300578 | 会畅通讯 | 78800.85 | 53464.55 |
| 212 | 600638 | 新黄浦 | 119412.98 | 127610.52 | 259 | 688301 | 奕瑞科技 | 78408.07 | 54611.12 |
| 213 | 300272 | 开能健康 | 118112.16 | 105252.55 | 260 | 600895 | 张江高科 | 77919.82 | 147668.47 |
| 214 | 002486 | 嘉麟杰 | 117129.33 | 100535.63 | 261 | 600088 | 中视传媒 | 77834.10 | 85582.14 |
| 215 | 605151 | 西上海 | 116979.78 | 122253.44 | 262 | 603960 | 克来机电 | 76614.28 | 79630.24 |
| 216 | 688063 | 派能科技 | 112007.01 | 81984.92 | 263 | 600272 | 开开实业 | 76182.16 | 87039.83 |
| 217 | 688596 | 正帆科技 | 110898.55 | 118570.45 | 264 | 603682 | 锦和商业 | 73926.26 | 82196.08 |
| 218 | 688368 | 晶丰明源 | 110294.23 | 87367.69 | 265 | 600818 | 中路股份 | 73439.74 | 58472.38 |
| 219 | 600193 | ST创兴 | 109596.53 | 55634.68 | 266 | 002278 | 神开股份 | 72616.06 | 78523.95 |
| 220 | 603131 | 上海沪工 | 108584.21 | 90748.29 | 267 | 300286 | 安科瑞 | 71874.79 | 60020.83 |
| 221 | 600503 | 华丽家族 | 107957.12 | 234568.04 | 268 | 300501 | 海顺新材 | 71378.50 | 62103.04 |
| 222 | 600610 | 中毅达 | 107894.08 | 19939.00 | 269 | 601519 | 大智慧 | 70776.24 | 68333.92 |
| 223 | 688590 | 新致软件 | 107428.05 | 111769.86 | 270 | 300153 | 科泰电源 | 70213.08 | 104759.03 |
| 224 | 300326 | 凯利泰 | 106157.44 | 122228.80 | 271 | 600636 | 国新文化 | 69939.30 | 124822.05 |
| 225 | 688608 | 恒玄科技 | 106117.11 | 64884.16 | 272 | 603330 | 上海天洋 | 69905.63 | 65906.73 |
| 226 | 600628 | 新世界 | 104622.53 | 165319.41 | 273 | 300236 | 上海新阳 | 69388.58 | 64098.57 |
| 227 | 603683 | 晶华新材 | 103874.07 | 93138.71 | 274 | 603022 | 新通联 | 68146.26 | 68476.91 |
| 228 | 601616 | 广电电气 | 103830.44 | 69896.86 | 275 | 688202 | 美迪西 | 66595.59 | 44939.28 |
| 229 | 300327 | 中颖电子 | 101225.60 | 83414.72 | 276 | 300380 | 安硕信息 | 66094.88 | 64679.65 |
| 230 | 600824 | 益民集团 | 101105.17 | 147570.59 | 277 | 002178 | 延华智能 | 65985.27 | 91815.31 |
| 231 | 603918 | 金桥信息 | 100425.13 | 94464.79 | 278 | 688336 | 三生国健 | 65500.58 | 117739.18 |
| 232 | 600692 | 亚通股份 | 100250.91 | 86001.88 | 279 | 300762 | 上海瀚讯 | 64086.41 | 54596.99 |
| 233 | 603956 | 威派格 | 100223.46 | 85858.44 | 280 | 603121 | 华培动力 | 63844.30 | 63072.14 |
| 234 | 300067 | 安诺其 | 99504.36 | 112449.31 | 281 | 603729 | ST龙韵 | 62143.18 | 64292.25 |
| 235 | 605338 | 巴比食品 | 97509.03 | 106397.32 | 282 | 603256 | 宏和科技 | 62057.43 | 66267.48 |

（续表）

| 序号 | 代码 | 公司简称 | 主营业务收入 | | 序号 | 代码 | 公司简称 | 主营业务收入 | |
|---|---|---|---|---|---|---|---|---|---|
| | | | 2020 年 | 2019 年 | | | | 2020 年 | 2019 年 |
| 283 | 300613 | 富瀚微 | 61024.79 | 52208.02 | 321 | 688085 | 三友医疗 | 39043.25 | 35431.93 |
| 284 | 600616 | 金枫酒业 | 60788.80 | 94407.69 | 322 | 605098 | 行动教育 | 37867.74 | 43865.50 |
| 285 | 002346 | 柘中股份 | 60442.22 | 45165.67 | 323 | 688335 | 复洁环保 | 37576.14 | 34345.68 |
| 286 | 603226 | 菲林格尔 | 60160.09 | 79660.22 | 324 | 688118 | 普元信息 | 36071.82 | 39597.86 |
| 287 | 605289 | 罗曼股份 | 60065.32 | 69302.48 | 325 | 301005 | C 超捷 | 34465.49 | 30650.20 |
| 288 | 300963 | 中洲特材 | 60027.84 | 63204.43 | 326 | 300336 | 新文化 | 33885.64 | 55605.38 |
| 289 | 603159 | 上海亚虹 | 59195.08 | 56409.41 | 327 | 688098 | 申联生物 | 33773.24 | 25380.93 |
| 290 | 002561 | 徐家汇 | 58897.16 | 192865.41 | 328 | 600530 | 交大昂立 | 33269.55 | 33260.27 |
| 291 | 300469 | 信息发展 | 57199.85 | 64019.83 | 329 | 603189 | 网达软件 | 32800.40 | 29809.89 |
| 292 | 300915 | 海融科技 | 57165.35 | 58357.18 | 330 | 300330 | 华虹计通 | 32435.03 | 26062.44 |
| 293 | 688188 | 柏楚电子 | 57082.93 | 37607.10 | 331 | 603991 | 至正股份 | 31131.62 | 46186.56 |
| 294 | 605398 | 新炬网络 | 56097.70 | 55429.29 | 332 | 601595 | 上海电影 | 30929.92 | 110651.78 |
| 295 | 605081 | 太和水 | 55992.98 | 53236.51 | 333 | 600834 | 申通地铁 | 30136.52 | 65891.61 |
| 296 | 603496 | 恒为科技 | 53312.45 | 43411.42 | 334 | 300551 | 古鳌科技 | 29207.28 | 46625.35 |
| 297 | 603200 | 上海洗霸 | 53009.48 | 58360.73 | 335 | 605186 | 健麾信息 | 28680.70 | 30023.97 |
| 298 | 603633 | 徕木股份 | 52945.03 | 46500.47 | 336 | 688217 | 睿昂基因 | 28492.60 | 25547.90 |
| 299 | 300008 | 天海防务 | 52355.27 | 58936.93 | 337 | 603718 | 海利生物 | 25912.85 | 27799.30 |
| 300 | 603895 | 天永智能 | 50689.28 | 46993.63 | 338 | 600647 | 同达创业 | 23919.25 | 1593.30 |
| 301 | 688155 | 先惠技术 | 50235.24 | 36494.39 | 339 | 600634 | 退市富控 | 23910.17 | 96029.97 |
| 302 | 600119 | 长江投资 | 49946.52 | 79966.77 | 340 | 688179 | 阿拉丁 | 23422.02 | 20960.34 |
| 303 | 301000 | 肇民科技 | 49505.70 | 33469.36 | 341 | 688682 | 霍莱沃 | 22919.87 | 16873.58 |
| 304 | 603037 | 凯众股份 | 49439.79 | 49369.25 | 342 | 300609 | 汇纳科技 | 21875.11 | 32479.83 |
| 305 | 688123 | 聚辰股份 | 49385.21 | 51337.19 | 343 | 300508 | 维宏股份 | 20924.18 | 19134.96 |
| 306 | 300245 | 天玑科技 | 49216.72 | 42227.47 | 344 | 002858 | 力盛赛车 | 20009.76 | 44013.54 |
| 307 | 300642 | 透景生命 | 48958.09 | 44145.25 | 345 | 603580 | 艾艾精工 | 19415.97 | 19350.21 |
| 308 | 603499 | 翔港科技 | 48393.76 | 32515.51 | 346 | 300899 | 上海凯鑫 | 18927.68 | 26076.04 |
| 309 | 300802 | 矩子科技 | 48225.59 | 42324.80 | 347 | 600621 | 华鑫股份 | 15374.02 | 14686.75 |
| 310 | 300590 | 移为通信 | 47267.72 | 62946.63 | 348 | 000668 | 荣丰控股 | 10958.33 | 41886.44 |
| 311 | 688016 | 心脉医疗 | 47025.23 | 33373.25 | 349 | 600838 | 上海九百 | 9334.58 | 7423.28 |
| 312 | 300442 | 普丽盛 | 45949.40 | 64006.02 | 350 | 600605 | 汇通能源 | 9258.57 | 12028.49 |
| 313 | 002451 | 摩恩电气 | 45427.20 | 36702.32 | 351 | 002058 | *ST 威尔 | 8232.33 | 8951.26 |
| 314 | 300074 | 华平股份 | 44533.04 | 47768.12 | 352 | 600696 | ST 岩石 | 7971.77 | 10927.85 |
| 315 | 603232 | 格尔软件 | 44480.78 | 37054.13 | 353 | 600615 | *ST 丰华 | 5993.61 | 6618.49 |
| 316 | 688160 | 步科股份 | 43408.97 | 34532.36 | 354 | 600620 | 天宸股份 | 3688.59 | 4945.26 |
| 317 | 300126 | 锐奇股份 | 42918.61 | 45911.74 | 355 | 600695 | *ST 绿庭 | 2563.11 | 4143.27 |
| 318 | 300262 | 巴安水务 | 42904.57 | 95897.08 | 356 | 600652 | *ST 游久 | 1234.16 | 16682.18 |
| 319 | 688019 | 安集科技 | 42237.99 | 28541.02 | 357 | 688578 | 艾力斯 –U | 56.09 | 62.97 |
| 320 | 688129 | 东来技术 | 40798.91 | 46759.76 | 358 | 600816 | ST 安信 | –126392.16 | –26732.14 |

# 上海工商类上市公司 2020 年度利润总额排序

（单位：万元）

| 序号 | 代码 | 公司简称 | 利润总额 | | 序号 | 代码 | 公司简称 | 利润总额 | |
|---|---|---|---|---|---|---|---|---|---|
| | | | 2020 年 | 2019 年 | | | | 2020 年 | 2019 年 |
| 1 | 601328 | 交通银行 | 8642500.00 | 8820000.00 | 48 | 600827 | 百联股份 | 142686.50 | 159810.87 |
| 2 | 600000 | 浦发银行 | 6668200.00 | 6981700.00 | 49 | 603565 | 中谷物流 | 136744.98 | 114972.35 |
| 3 | 600104 | 上汽集团 | 3589162.47 | 4095779.22 | 50 | 002022 | 科华生物 | 135604.08 | 32876.25 |
| 4 | 600606 | 绿地控股 | 3068978.61 | 3059264.62 | 51 | 600748 | 上实发展 | 132235.88 | 134434.52 |
| 5 | 601601 | 中国太保 | 2923800.00 | 2796600.00 | 52 | 002605 | 姚记科技 | 130727.23 | 50037.10 |
| 6 | 601229 | 上海银行 | 2240992.90 | 2237708.90 | 53 | 688008 | 澜起科技 | 120464.35 | 97874.70 |
| 7 | 600019 | 宝钢股份 | 1602165.46 | 1499404.83 | 54 | 600597 | 光明乳业 | 115691.18 | 107377.74 |
| 8 | 600837 | 海通证券 | 1575730.96 | 1387192.10 | 55 | 601696 | 中银证券 | 111715.82 | 101540.82 |
| 9 | 601211 | 国泰君安 | 1487194.42 | 1144461.95 | 56 | 002028 | 思源电气 | 111492.18 | 63174.75 |
| 10 | 600018 | 上港集团 | 1057426.28 | 1182403.05 | 57 | 688317 | 之江生物 | 110920.02 | 6102.85 |
| 11 | 300999 | 金龙鱼 | 894581.20 | 695811.10 | 58 | 600846 | 同济科技 | 110907.31 | 125016.01 |
| 12 | 600741 | 华域汽车 | 793989.96 | 943484.56 | 59 | 600649 | 城投控股 | 109353.94 | 83829.69 |
| 13 | 601607 | 上海医药 | 717548.26 | 626246.66 | 60 | 600648 | 外高桥 | 105578.04 | 125108.19 |
| 14 | 600663 | 陆家嘴 | 668249.77 | 634101.21 | 61 | 600420 | 国药现代 | 104112.68 | 107285.53 |
| 15 | 601727 | 上海电气 | 634643.90 | 709177.10 | 62 | 600073 | 上海梅林 | 100872.06 | 71526.39 |
| 16 | 600061 | 国投资本 | 610281.06 | 471454.85 | 63 | 600621 | 华鑫股份 | 94147.24 | 3054.16 |
| 17 | 300059 | 东方财富 | 551545.42 | 212758.75 | 64 | 603515 | 欧普照明 | 94017.96 | 103831.57 |
| 18 | 600655 | 豫园股份 | 527394.13 | 540608.68 | 65 | 600732 | 爱旭股份 | 91127.64 | 65306.37 |
| 19 | 600196 | 复星医药 | 467784.44 | 452575.26 | 66 | 601200 | 上海环境 | 86296.17 | 82209.95 |
| 20 | 600823 | 世茂股份 | 450454.93 | 534949.69 | 67 | 603868 | 飞科电器 | 86102.04 | 91077.77 |
| 21 | 688981 | 中芯国际 | 449106.80 | 142699.73 | 68 | 603587 | 地素时尚 | 85069.48 | 84752.43 |
| 22 | 600170 | 上海建工 | 441373.03 | 568346.12 | 69 | 603659 | 璞泰来 | 81548.51 | 76880.65 |
| 23 | 601788 | 光大证券 | 399881.06 | 121885.37 | 70 | 600508 | 上海能源 | 80742.02 | 65156.72 |
| 24 | 600642 | 申能股份 | 348799.67 | 328841.01 | 71 | 600611 | 大众交通 | 79774.55 | 143917.87 |
| 25 | 603501 | 韦尔股份 | 299113.25 | 78445.93 | 72 | 600635 | 大众公用 | 77844.66 | 68946.29 |
| 26 | 601872 | 招商轮船 | 295143.79 | 167551.82 | 73 | 600094 | 大名城 | 75280.88 | 131790.81 |
| 27 | 600026 | 中远海能 | 289513.86 | 101973.89 | 74 | 603056 | 德邦股份 | 73617.65 | 41368.09 |
| 28 | 601828 | 美凯龙 | 281414.85 | 620307.80 | 75 | 603128 | 华贸物流 | 71931.48 | 46768.17 |
| 29 | 600612 | 老凤祥 | 279441.87 | 249316.88 | 76 | 600210 | 紫江企业 | 69407.80 | 59458.21 |
| 30 | 600820 | 隧道股份 | 279159.57 | 278754.87 | 77 | 600708 | 光明地产 | 68922.25 | 141292.67 |
| 31 | 600958 | 东方证券 | 278636.38 | 285453.07 | 78 | 002568 | 百润股份 | 67480.31 | 38099.49 |
| 32 | 600675 | 中华企业 | 260320.73 | 395115.61 | 79 | 600618 | 氯碱化工 | 66528.59 | 85424.38 |
| 33 | 600021 | 上海电力 | 250255.46 | 253321.98 | 80 | 603786 | 科博达 | 65293.26 | 60748.12 |
| 34 | 601866 | 中远海发 | 244929.00 | 194287.56 | 81 | 600622 | 光大嘉宝 | 64841.10 | 68266.69 |
| 35 | 600895 | 张江高科 | 236815.81 | 80332.63 | 82 | 603108 | 润达医疗 | 63583.58 | 68569.29 |
| 36 | 600848 | 上海临港 | 219851.33 | 180484.30 | 83 | 600171 | 上海贝岭 | 61861.19 | 26508.35 |
| 37 | 600500 | 中化国际 | 217484.01 | 197131.58 | 84 | 600688 | 上海石化 | 57381.60 | 265411.60 |
| 38 | 601611 | 中国核建 | 217133.26 | 180067.53 | 85 | 600623 | 华谊集团 | 55628.34 | 93961.43 |
| 39 | 600517 | 国网英大 | 201443.08 | 5208.45 | 86 | 605222 | 起帆电缆 | 55278.90 | 44406.65 |
| 40 | 600637 | 东方明珠 | 197948.79 | 258911.68 | 87 | 300171 | 东富龙 | 54956.45 | 18611.81 |
| 41 | 601231 | 环旭电子 | 197356.31 | 143276.30 | 88 | 300253 | 卫宁健康 | 54615.78 | 41262.51 |
| 42 | 600835 | 上海机电 | 197148.94 | 191721.21 | 89 | 600315 | 上海家化 | 53397.85 | 70199.43 |
| 43 | 600643 | 爱建集团 | 188212.11 | 185016.88 | 90 | 600284 | 浦东建设 | 52297.40 | 46012.33 |
| 44 | 603899 | 晨光文具 | 151714.88 | 129367.97 | 91 | 603012 | 创力集团 | 52245.58 | 40966.33 |
| 45 | 600845 | 宝信软件 | 148188.41 | 100253.51 | 92 | 688065 | 凯赛生物 | 52078.78 | 55586.91 |
| 46 | 002252 | 上海莱士 | 147723.46 | 73314.23 | 93 | 688012 | 中微公司 | 51269.68 | 19838.22 |
| 47 | 600639 | 浦东金桥 | 147466.12 | 143635.81 | 94 | 600320 | 振华重工 | 50220.64 | 59087.22 |

（续表）

| 序号 | 代码 | 公司简称 | 利润总额 | | 序号 | 代码 | 公司简称 | 利润总额 | |
|---|---|---|---|---|---|---|---|---|---|
| | | | 2020 年 | 2019 年 | | | | 2020 年 | 2019 年 |
| 95 | 300226 | 上海钢联 | 47731.42 | 33777.06 | 142 | 688301 | 奕瑞科技 | 25429.68 | 10296.68 |
| 96 | 603650 | 彤程新材 | 46707.71 | 37806.62 | 143 | 688680 | 海优新材 | 25392.24 | 7241.91 |
| 97 | 603730 | 岱美股份 | 46566.55 | 70956.59 | 144 | 002669 | 康达新材 | 25234.99 | 15678.35 |
| 98 | 002324 | 普利特 | 46480.65 | 18055.45 | 145 | 603039 | 泛微网络 | 24965.65 | 14269.57 |
| 99 | 603887 | 城地香江 | 46157.07 | 37513.23 | 146 | 688016 | 心脉医疗 | 24955.32 | 16433.64 |
| 100 | 688660 | 电气风电 | 46073.01 | 28705.17 | 147 | 603020 | 爱普股份 | 23932.65 | 21076.44 |
| 101 | 605136 | 丽人丽妆 | 44271.18 | 36656.73 | 148 | 002636 | 金安国纪 | 23908.29 | 18631.51 |
| 102 | 600278 | 东方创业 | 44083.73 | 23636.78 | 149 | 600604 | 市北高新 | 23799.08 | 37842.55 |
| 103 | 002706 | 良信股份 | 43715.49 | 31448.31 | 150 | 603728 | 鸣志电器 | 23392.87 | 19257.91 |
| 104 | 300129 | 泰胜风能 | 42930.77 | 18207.49 | 151 | 605338 | 巴比食品 | 23330.74 | 20813.62 |
| 105 | 002158 | 汉钟精机 | 42789.11 | 27933.59 | 152 | 605208 | 永茂泰 | 22217.15 | 16181.24 |
| 106 | 600641 | 万业企业 | 41653.77 | 78055.64 | 153 | 300511 | 雪榕生物 | 22181.45 | 20806.61 |
| 107 | 605050 | 福然德 | 41615.16 | 37389.53 | 154 | 300627 | 华测导航 | 21901.70 | 16217.87 |
| 108 | 688188 | 柏楚电子 | 40872.01 | 26648.19 | 155 | 300017 | 网宿科技 | 21833.43 | 2166.52 |
| 109 | 605339 | 南侨食品 | 40778.78 | 36883.04 | 156 | 300327 | 中颖电子 | 21762.15 | 19240.03 |
| 110 | 603466 | 风语筑 | 39090.50 | 29924.06 | 157 | 002401 | 中远海科 | 21627.49 | 11581.53 |
| 111 | 603987 | 康德莱 | 39016.89 | 28891.04 | 158 | 603682 | 锦和商业 | 20836.03 | 23290.52 |
| 112 | 600651 | 飞乐音响 | 38834.19 | −177311.41 | 159 | 603030 | 全筑股份 | 20791.98 | 34994.52 |
| 113 | 600638 | 新黄浦 | 38371.33 | −49848.57 | 160 | 600619 | 海立股份 | 20480.32 | 37309.44 |
| 114 | 603886 | 元祖股份 | 37420.34 | 31500.26 | 161 | 688608 | 恒玄科技 | 19990.20 | 6864.02 |
| 115 | 600490 | 鹏欣资源 | 37001.69 | 42046.77 | 162 | 603579 | 荣泰健康 | 19817.16 | 32778.84 |
| 116 | 600850 | 华东电脑 | 36948.26 | 39715.46 | 163 | 603197 | 保隆科技 | 19658.40 | 26132.41 |
| 117 | 688330 | 宏力达 | 36916.08 | 27729.90 | 164 | 603681 | 永冠新材 | 19559.66 | 16648.09 |
| 118 | 600650 | 锦江在线 | 36359.46 | 36639.31 | 165 | 600503 | 华丽家族 | 19232.51 | 29093.70 |
| 119 | 300483 | 首华燃气 | 35306.90 | 38889.76 | 166 | 002184 | 海得控制 | 19225.55 | 9778.28 |
| 120 | 603713 | 密尔克卫 | 34943.85 | 25005.30 | 167 | 603956 | 威派格 | 18902.06 | 13645.76 |
| 121 | 603378 | 亚士创能 | 34615.52 | 12835.93 | 168 | 605081 | 太和水 | 18812.24 | 17191.15 |
| 122 | 300983 | 尤安设计 | 34088.39 | 31041.09 | 169 | 603683 | 晶华新材 | 18767.73 | −757.35 |
| 123 | 600629 | 华建集团 | 32987.39 | 37613.50 | 170 | 600826 | 兰生股份 | 18666.26 | 22997.77 |
| 124 | 300236 | 上海新阳 | 32961.19 | 26309.10 | 171 | 600819 | 耀皮玻璃 | 18567.29 | 23371.28 |
| 125 | 603365 | 水星家纺 | 32939.20 | 37304.55 | 172 | 600841 | 上柴股份 | 18450.66 | 10757.36 |
| 126 | 600602 | 云赛智联 | 31700.23 | 31452.69 | 173 | 300892 | 品渥食品 | 18018.60 | 13166.61 |
| 127 | 688063 | 派能科技 | 31194.34 | 16433.34 | 174 | 603236 | 移远通信 | 17856.70 | 14535.33 |
| 128 | 600150 | 中国船舶 | 31072.24 | 55950.28 | 175 | 688123 | 聚辰股份 | 17754.26 | 10225.42 |
| 129 | 603855 | 华荣股份 | 30666.41 | 21823.07 | 176 | 688505 | 复旦张江 | 17670.11 | 24631.16 |
| 130 | 600754 | 锦江酒店 | 30359.39 | 175908.81 | 177 | 688019 | 安集科技 | 17212.99 | 7334.66 |
| 131 | 002454 | 松芝股份 | 29901.41 | 20983.86 | 178 | 300762 | 上海瀚讯 | 17195.94 | 11844.48 |
| 132 | 603690 | 至纯科技 | 29818.06 | 11981.65 | 179 | 600636 | 国新文化 | 17184.54 | 18828.95 |
| 133 | 600836 | 界龙实业 | 29758.72 | −9977.66 | 180 | 603214 | 爱婴室 | 17120.87 | 22704.55 |
| 134 | 000863 | 三湘印象 | 29318.06 | 34543.51 | 181 | 002346 | 柘中股份 | 16691.52 | 13815.99 |
| 135 | 300398 | 飞凯材料 | 27490.68 | 30381.18 | 182 | 300378 | 鼎捷软件 | 16626.20 | 14272.62 |
| 136 | 601702 | 华峰铝业 | 27260.59 | 20714.40 | 183 | 600072 | 中船科技 | 16584.17 | 11893.53 |
| 137 | 600824 | 益民集团 | 26147.78 | 11981.56 | 184 | 603881 | 数据港 | 16355.28 | 12228.86 |
| 138 | 600081 | 东风科技 | 26018.81 | 33425.89 | 185 | 603960 | 克来机电 | 16317.03 | 13996.90 |
| 139 | 688366 | 昊海生科 | 25702.48 | 43434.88 | 186 | 688519 | 南亚新材 | 15301.44 | 16937.15 |
| 140 | 601968 | 宝钢包装 | 25673.36 | 19237.07 | 187 | 688585 | 上纬新材 | 15191.77 | 10017.04 |
| 141 | 002328 | 新朋股份 | 25457.21 | 21329.05 | 188 | 688202 | 美迪西 | 15008.24 | 7750.15 |

（续表）

| 序号 | 代码 | 公司简称 | 利润总额 | | 序号 | 代码 | 公司简称 | 利润总额 | |
|---|---|---|---|---|---|---|---|---|---|
| | | | 2020年 | 2019年 | | | | 2020年 | 2019年 |
| 189 | 300578 | 会畅通讯 | 15001.11 | 10706.85 | 236 | 603918 | 金桥信息 | 9915.49 | 7059.15 |
| 190 | 688098 | 申联生物 | 14999.28 | 9083.73 | 237 | 600662 | 强生控股 | 9607.22 | 15008.84 |
| 191 | 002527 | 新时达 | 14959.64 | 10253.97 | 238 | 600882 | 妙可蓝多 | 9527.96 | 2253.90 |
| 192 | 600097 | 开创国际 | 14806.94 | 23190.96 | 239 | 002116 | 中国海诚 | 9486.02 | 9155.20 |
| 193 | 605151 | 西上海 | 14645.17 | 12747.57 | 240 | 301005 | C超捷 | 9371.72 | 5133.43 |
| 194 | 300947 | 德必集团 | 14568.22 | 16345.88 | 241 | 600692 | 亚通股份 | 9291.96 | 6345.44 |
| 195 | 603324 | 盛剑环境 | 14317.58 | 13430.36 | 242 | 300613 | 富瀚微 | 9106.38 | 7597.85 |
| 196 | 688596 | 正帆科技 | 14286.37 | 9434.40 | 243 | 600833 | 第一医药 | 9065.51 | 6862.90 |
| 197 | 300067 | 安诺其 | 14245.15 | 19885.81 | 244 | 688129 | 东来技术 | 9054.54 | 9547.60 |
| 198 | 600822 | 上海物贸 | 14053.59 | 10080.48 | 245 | 600628 | 新世界 | 9040.91 | 4943.98 |
| 199 | 603648 | 畅联股份 | 13970.84 | 14498.68 | 246 | 688590 | 新致软件 | 9040.81 | 9078.20 |
| 200 | 600679 | 上海凤凰 | 13962.88 | 5307.55 | 247 | 603037 | 凯众股份 | 8900.15 | 9304.93 |
| 201 | 603192 | 汇得科技 | 13930.39 | 15188.71 | 248 | 688179 | 阿拉丁 | 8636.81 | 7360.95 |
| 202 | 603131 | 上海沪工 | 13834.13 | 10098.06 | 249 | 601519 | 大智慧 | 8604.73 | 1526.17 |
| 203 | 688085 | 三友医疗 | 13694.62 | 11395.99 | 250 | 600151 | 航天机电 | 8558.96 | −75606.78 |
| 204 | 300462 | 华铭智能 | 13495.57 | 31907.43 | 251 | 688160 | 步科股份 | 8194.03 | 5176.37 |
| 205 | 600843 | 上工申贝 | 13352.31 | 12544.45 | 252 | 603189 | 网达软件 | 8048.93 | 3295.12 |
| 206 | 603256 | 宏和科技 | 13344.98 | 11855.91 | 253 | 603329 | 上海雅仕 | 7986.50 | −11971.00 |
| 207 | 300039 | 上海凯宝 | 13160.43 | 30120.65 | 254 | 688335 | 复洁环保 | 7512.55 | 7752.10 |
| 208 | 300642 | 透景生命 | 13037.70 | 18114.37 | 255 | 603121 | 华培动力 | 7157.74 | 11136.16 |
| 209 | 300286 | 安科瑞 | 12988.91 | 11804.93 | 256 | 603226 | 菲林格尔 | 7153.39 | 12995.87 |
| 210 | 605098 | 行动教育 | 12940.23 | 14293.45 | 257 | 002211 | 宏达新材 | 7080.86 | −7634.01 |
| 211 | 002561 | 徐家汇 | 12927.71 | 30479.52 | 258 | 688368 | 晶丰明源 | 7052.61 | 9805.35 |
| 212 | 002825 | 纳尔股份 | 12621.97 | 4814.21 | 259 | 300380 | 安硕信息 | 6974.92 | 3466.94 |
| 213 | 605289 | 罗曼股份 | 12526.52 | 16918.08 | 260 | 300963 | 中洲特材 | 6817.83 | 7294.46 |
| 214 | 605186 | 健麾信息 | 12341.47 | 12117.32 | 261 | 603330 | 上海天洋 | 6788.27 | 2271.21 |
| 215 | 301000 | 肇民科技 | 12139.42 | 8305.17 | 262 | 002162 | 悦心健康 | 6699.65 | 5301.86 |
| 216 | 603006 | 联明股份 | 12060.93 | 12146.30 | 263 | 300272 | 开能健康 | 6630.42 | 17728.28 |
| 217 | 605398 | 新炬网络 | 11972.65 | 11438.76 | 264 | 600605 | 汇通能源 | 6629.50 | 3078.41 |
| 218 | 688099 | 晶晨股份 | 11879.26 | 16912.30 | 265 | 688155 | 先惠技术 | 6608.52 | 8254.49 |
| 219 | 300501 | 海顺新材 | 11874.45 | 7312.70 | 266 | 603232 | 格尔软件 | 6398.94 | 7921.47 |
| 220 | 601616 | 广电电气 | 11801.72 | 18740.89 | 267 | 300170 | 汉得信息 | 6034.18 | 6584.86 |
| 221 | 688133 | 泰坦科技 | 11741.89 | 8386.81 | 268 | 600610 | 中毅达 | 5771.13 | 3003.58 |
| 222 | 600818 | 中路股份 | 11641.43 | −7035.51 | 269 | 603790 | 雅运股份 | 5529.88 | 13741.58 |
| 223 | 688126 | 沪硅产业 U | 11410.64 | −7326.66 | 270 | 600838 | 上海九百 | 5338.34 | 9898.63 |
| 224 | 301001 | 凯淳股份 | 11153.74 | 9151.18 | 271 | 300493 | 润欣科技 | 5220.06 | 2930.06 |
| 225 | 688018 | 乐鑫科技 | 11045.92 | 17206.41 | 272 | 300899 | 上海凯鑫 | 5012.19 | 6597.98 |
| 226 | 300802 | 矩子科技 | 10832.17 | 10576.38 | 273 | 688682 | 霍莱沃 | 4907.54 | 3679.64 |
| 227 | 600620 | 天宸股份 | 10572.43 | 7121.89 | 274 | 603633 | 徕木股份 | 4785.52 | 4847.84 |
| 228 | 600851 | 海欣股份 | 10536.90 | 13240.47 | 275 | 603159 | 上海亚虹 | 4740.08 | 2467.07 |
| 229 | 600834 | 申通地铁 | 10505.90 | 10129.97 | 276 | 002278 | 神开股份 | 4585.99 | 5648.86 |
| 230 | 300225 | 金力泰 | 10451.07 | 3246.49 | 277 | 603022 | 新通联 | 4311.27 | 3743.94 |
| 231 | 600530 | 交大昂立 | 10206.05 | −8815.73 | 278 | 300245 | 天玑科技 | 4173.34 | 3315.20 |
| 232 | 600193 | ST创兴 | 10161.19 | 3819.72 | 279 | 688217 | 睿昂基因 | 4008.86 | 3709.00 |
| 233 | 300915 | 海融科技 | 10102.43 | 9033.73 | 280 | 603200 | 上海洗霸 | 3756.79 | 4642.06 |
| 234 | 605128 | 上海沿浦 | 10071.71 | 10831.01 | 281 | 603496 | 恒为科技 | 3579.48 | 6477.73 |
| 235 | 300590 | 移为通信 | 9993.34 | 17403.31 | 282 | 603580 | 艾艾精工 | 3492.83 | 4080.11 |

（续表）

| 序号 | 代码 | 公司简称 | 利润总额 | | 序号 | 代码 | 公司简称 | 利润总额 | |
|---|---|---|---|---|---|---|---|---|---|
| | | | 2020 年 | 2019 年 | | | | 2020 年 | 2019 年 |
| 283 | 300508 | 维宏股份 | 3470.96 | 7404.98 | 321 | 603003 | 龙宇燃油 | −10752.76 | 947.42 |
| 284 | 688118 | 普元信息 | 3115.67 | 5344.86 | 322 | 600119 | 长江投资 | −11121.50 | 11144.36 |
| 285 | 002486 | 嘉麟杰 | 3111.06 | 2360.88 | 323 | 600088 | 中视传媒 | −14769.47 | 13065.68 |
| 286 | 603068 | 博通集成 | 2951.57 | 27549.33 | 324 | 300153 | 科泰电源 | −20542.90 | −44.82 |
| 287 | 600532 | 未来股份 | 2846.76 | 5250.54 | 325 | 600676 | 交运股份 | −21422.15 | 19933.39 |
| 288 | 300551 | 古鳌科技 | 2644.00 | 5216.48 | 326 | 600654 | ST 中安 | −22727.64 | 794.79 |
| 289 | 002565 | 顺灏股份 | 2379.53 | −21703.42 | 327 | 300222 | 科大智能 | −23566.88 | −262328.18 |
| 290 | 600272 | 开开实业 | 2282.50 | 3298.31 | 328 | 300442 | 普丽盛 | −23645.71 | 1038.50 |
| 291 | 300074 | 华平股份 | 2065.50 | 2120.87 | 329 | 603083 | 剑桥科技 | −26783.38 | 2163.31 |
| 292 | 600616 | 金枫酒业 | 1907.90 | 4190.70 | 330 | 600661 | 昂立教育 | −27922.21 | 4129.60 |
| 293 | 300008 | 天海防务 | 1757.29 | −35887.67 | 331 | 600630 | 龙头股份 | −28227.69 | 3715.58 |
| 294 | 603009 | 北特科技 | 1652.47 | −14902.71 | 332 | 688336 | 三生国健 | −28240.57 | 22923.14 |
| 295 | 600647 | 同达创业 | 1224.41 | 1851.62 | 333 | 600825 | 新华传媒 | −28434.87 | 3239.04 |
| 296 | 603499 | 翔港科技 | 1224.39 | 1319.46 | 334 | 688578 | 艾力斯 −U | −31051.52 | −39750.25 |
| 297 | 600696 | ST 岩石 | 1137.25 | 1619.28 | 335 | 002178 | 延华智能 | −31555.89 | 1626.64 |
| 298 | 300126 | 锐奇股份 | 1064.06 | 963.70 | 336 | 688158 | 优刻得 −W | −33856.45 | 2254.18 |
| 299 | 002451 | 摩恩电气 | 1047.46 | 4906.94 | 337 | 600613 | 神奇制药 | −34027.84 | 10826.46 |
| 300 | 603895 | 天永智能 | 852.77 | −5234.99 | 338 | 603619 | 中曼石油 | −44745.22 | 11418.47 |
| 301 | 300330 | 华虹计通 | 506.97 | 389.45 | 339 | 300180 | 华峰超纤 | −45212.92 | 18188.38 |
| 302 | 600608 | ST 沪科 | 230.67 | 437.00 | 340 | 300230 | 永利股份 | −47292.09 | 36021.39 |
| 303 | 600615 | *ST 丰华 | 193.23 | 4148.25 | 341 | 601595 | 上海电影 | −50264.61 | 15718.50 |
| 304 | 002058 | *ST 威尔 | 27.34 | −1232.07 | 342 | 300262 | 巴安水务 | −54999.05 | 11739.85 |
| 305 | 600695 | *ST 绿庭 | −242.76 | 2759.88 | 343 | 601021 | 春秋航空 | −60455.13 | 240420.69 |
| 306 | 688521 | 芯原股份 −U | −822.91 | −2391.61 | 344 | 603885 | 吉祥航空 | −64601.63 | 139709.19 |
| 307 | 600640 | 号百控股 | −1117.83 | 23240.78 | 345 | 300061 | 旗天科技 | −76464.00 | 5756.75 |
| 308 | 300609 | 汇纳科技 | −1171.46 | 7341.19 | 346 | 002269 | 美邦服饰 | −82139.66 | −81960.90 |
| 309 | 000668 | 荣丰控股 | −2111.29 | 9414.97 | 347 | 600601 | ST 方科 | −85803.69 | −127440.23 |
| 310 | 603718 | 海利生物 | −2334.17 | 682.72 | 348 | 002195 | 二三四五 | −86132.34 | 81534.46 |
| 311 | 600652 | *ST 游久 | −2746.19 | 1717.92 | 349 | 600626 | 申达股份 | −86749.59 | 13905.86 |
| 312 | 603729 | ST 龙韵 | −3025.24 | −5866.04 | 350 | 688538 | 和辉光电 −U | −103611.54 | −100596.98 |
| 313 | 600689 | 上海三毛 | −3123.76 | 1248.42 | 351 | 300168 | 万达信息 | −127490.97 | −139063.54 |
| 314 | 600624 | 复旦复华 | −3644.03 | 8407.54 | 352 | 600009 | 上海机场 | −151562.52 | 666757.73 |
| 315 | 002858 | 力盛赛车 | −4191.89 | 4882.98 | 353 | 300336 | 新文化 | −166403.91 | −104991.91 |
| 316 | 603991 | 至正股份 | −5278.08 | −5790.46 | 354 | 688180 | 君实生物 −U | −167242.93 | −76661.94 |
| 317 | 603777 | 来伊份 | −5556.90 | 2794.23 | 355 | 600634 | 退市富控 | −187464.53 | 126882.78 |
| 318 | 300469 | 信息发展 | −6665.14 | −17362.08 | 356 | 002506 | 协鑫集成 | −254548.06 | 15256.52 |
| 319 | 300326 | 凯利泰 | −8726.68 | 35870.49 | 357 | 600816 | ST 安信 | −823121.49 | −526187.09 |
| 320 | 603196 | 日播时尚 | −8762.71 | −534.51 | 358 | 600115 | 东方航空 | −1648100.00 | 430200.00 |

# 上海工商类上市公司2020年度每股收益排序

（单位：元）

| 序号 | 代码 | 公司简称 | 每股收益 | | 序号 | 代码 | 公司简称 | 每股收益 | |
|---|---|---|---|---|---|---|---|---|---|
| | | | 2020年 | 2019年 | | | | 2020年 | 2019年 |
| 1 | 688317 | 之江生物 | 6.38 | 0.35 | 48 | 688366 | 昊海生科 | 1.30 | 2.27 |
| 2 | 300983 | 尤安设计 | 4.87 | 4.42 | 49 | 603786 | 科博达 | 1.29 | 1.30 |
| 3 | 688330 | 宏力达 | 3.92 | 3.18 | 50 | 603886 | 元祖股份 | 1.25 | 1.03 |
| 4 | 688301 | 奕瑞科技 | 3.77 | 1.77 | 51 | 605128 | 上海沿浦 | 1.25 | 1.47 |
| 5 | 688188 | 柏楚电子 | 3.71 | 2.96 | 52 | 002028 | 思源电气 | 1.23 | 0.73 |
| 6 | 688680 | 海优新材 | 3.54 | 1.09 | 53 | 600606 | 绿地控股 | 1.23 | 1.21 |
| 7 | 603501 | 韦尔股份 | 3.21 | 0.76 | 54 | 603683 | 晶华新材 | 1.23 | 0.03 |
| 8 | 600612 | 老凤祥 | 3.03 | 2.69 | 55 | 605208 | 永茂泰 | 1.23 | 0.88 |
| 9 | 688016 | 心脉医疗 | 2.98 | 2.31 | 56 | 300999 | 金龙鱼 | 1.21 | 1.11 |
| 10 | 688019 | 安集科技 | 2.90 | 1.45 | 57 | 601211 | 国泰君安 | 1.20 | 0.90 |
| 11 | 605081 | 太和水 | 2.76 | 2.53 | 58 | 603466 | 风语筑 | 1.19 | 0.91 |
| 12 | 002605 | 姚记科技 | 2.75 | 0.87 | 59 | 600895 | 张江高科 | 1.18 | 0.38 |
| 13 | 601601 | 中国太保 | 2.63 | 3.06 | 60 | 688065 | 凯赛生物 | 1.18 | 1.32 |
| 14 | 301000 | 肇民科技 | 2.61 | 1.80 | 61 | 603192 | 汇得科技 | 1.16 | 1.24 |
| 15 | 300947 | 德必集团 | 2.43 | 2.82 | 62 | 600845 | 宝信软件 | 1.15 | 0.78 |
| 16 | 605398 | 新炬网络 | 2.43 | 2.37 | 63 | 300226 | 上海钢联 | 1.13 | 1.13 |
| 17 | 688063 | 派能科技 | 2.36 | 1.28 | 64 | 603197 | 保隆科技 | 1.12 | 1.05 |
| 18 | 688608 | 恒玄科技 | 2.20 | 0.83 | 65 | 688368 | 晶丰明源 | 1.12 | 1.89 |
| 19 | 688202 | 美迪西 | 2.09 | 1.36 | 66 | 603039 | 泛微网络 | 1.11 | 0.95 |
| 20 | 301005 | C超捷 | 1.90 | 1.03 | 67 | 688335 | 复洁环保 | 1.11 | 1.23 |
| 21 | 600000 | 浦发银行 | 1.88 | 1.95 | 68 | 300613 | 富瀚微 | 1.10 | 1.84 |
| 22 | 300915 | 海融科技 | 1.88 | 1.70 | 69 | 600835 | 上海机电 | 1.10 | 1.06 |
| 23 | 603713 | 密尔克卫 | 1.86 | 1.29 | 70 | 605222 | 起帆电缆 | 1.10 | 0.95 |
| 24 | 603236 | 移远通信 | 1.77 | 1.94 | 71 | 603515 | 欧普照明 | 1.06 | 1.18 |
| 25 | 600104 | 上汽集团 | 1.75 | 2.19 | 72 | 605151 | 西上海 | 1.06 | 0.95 |
| 26 | 600741 | 华域汽车 | 1.71 | 2.05 | 73 | 603681 | 永冠新材 | 1.05 | 0.95 |
| 27 | 688133 | 泰坦科技 | 1.70 | 1.40 | 74 | 603887 | 城地香江 | 1.05 | 1.58 |
| 28 | 605098 | 行动教育 | 1.69 | 1.86 | 75 | 603365 | 水星家纺 | 1.04 | 1.19 |
| 29 | 300892 | 品渥食品 | 1.67 | 1.32 | 76 | 002568 | 百润股份 | 1.03 | 0.58 |
| 30 | 605289 | 罗曼股份 | 1.66 | 2.23 | 77 | 688160 | 步科股份 | 1.02 | 0.67 |
| 31 | 603565 | 中谷物流 | 1.65 | 1.43 | 78 | 603690 | 至纯科技 | 1.01 | 0.46 |
| 32 | 603378 | 亚士创能 | 1.62 | 0.59 | 79 | 600663 | 陆家嘴 | 0.99 | 0.91 |
| 33 | 688682 | 霍莱沃 | 1.62 | 1.29 | 80 | 601328 | 交通银行 | 0.99 | 1.00 |
| 34 | 601607 | 上海医药 | 1.58 | 1.44 | 81 | 600639 | 浦东金桥 | 0.99 | 0.97 |
| 35 | 603659 | 璞泰来 | 1.52 | 1.50 | 82 | 688008 | 澜起科技 | 0.98 | 0.88 |
| 36 | 603868 | 飞科电器 | 1.47 | 1.57 | 83 | 600061 | 国投资本 | 0.97 | 0.70 |
| 37 | 600196 | 复星医药 | 1.43 | 1.30 | 84 | 688155 | 先惠技术 | 0.96 | 1.28 |
| 38 | 603579 | 荣泰健康 | 1.42 | 2.13 | 85 | 600846 | 同济科技 | 0.95 | 0.97 |
| 39 | 301001 | 凯淳股份 | 1.41 | 1.11 | 86 | 300236 | 上海新阳 | 0.94 | 0.73 |
| 40 | 601229 | 上海银行 | 1.40 | 1.36 | 87 | 605186 | 健麾信息 | 0.94 | 0.90 |
| 41 | 603899 | 晨光文具 | 1.36 | 1.15 | 88 | 600655 | 豫园股份 | 0.93 | 0.83 |
| 42 | 688123 | 聚辰股份 | 1.35 | 1.05 | 89 | 688179 | 阿拉丁 | 0.93 | 0.84 |
| 43 | 002022 | 科华生物 | 1.33 | 0.39 | 90 | 688217 | 睿昂基因 | 0.93 | 0.86 |
| 44 | 300642 | 透景生命 | 1.33 | 1.74 | 91 | 600508 | 上海能源 | 0.92 | 0.79 |
| 45 | 603324 | 盛剑环境 | 1.31 | 1.22 | 92 | 605136 | 丽人丽妆 | 0.92 | 0.79 |
| 46 | 603587 | 地素时尚 | 1.31 | 1.56 | 93 | 688012 | 中微公司 | 0.92 | 0.37 |
| 47 | 688018 | 乐鑫科技 | 1.30 | 2.32 | 94 | 600837 | 海通证券 | 0.90 | 0.83 |

（续表）

| 序号 | 代码 | 公司简称 | 每股收益 | | 序号 | 代码 | 公司简称 | 每股收益 | |
|---|---|---|---|---|---|---|---|---|---|
| | | | 2020 年 | 2019 年 | | | | 2020 年 | 2019 年 |
| 95 | 605339 | 南侨食品 | 0.90 | 0.83 | 142 | 603108 | 润达医疗 | 0.57 | 0.53 |
| 96 | 605338 | 巴比食品 | 0.87 | 0.83 | 143 | 300802 | 矩子科技 | 0.55 | 1.12 |
| 97 | 002669 | 康达新材 | 0.85 | 0.56 | 144 | 603020 | 爱普股份 | 0.53 | 0.47 |
| 98 | 300899 | 上海凯鑫 | 0.85 | 1.23 | 145 | 002184 | 海得控制 | 0.53 | 0.22 |
| 99 | 300483 | 首华燃气 | 0.85 | 0.72 | 146 | 600618 | 氯碱化工 | 0.52 | 0.70 |
| 100 | 600643 | 爱建集团 | 0.83 | 0.81 | 147 | 688660 | 电气风电 | 0.52 | 0.31 |
| 101 | 603214 | 爱婴室 | 0.83 | 1.10 | 148 | 600026 | 中远海能 | 0.52 | 0.11 |
| 102 | 688129 | 东来技术 | 0.82 | 0.91 | 149 | 603960 | 克来机电 | 0.51 | 0.57 |
| 103 | 605050 | 福然德 | 0.81 | 0.78 | 150 | 600597 | 光明乳业 | 0.50 | 0.41 |
| 104 | 601231 | 环旭电子 | 0.80 | 0.58 | 151 | 601788 | 光大证券 | 0.50 | 0.12 |
| 105 | 300762 | 上海瀚讯 | 0.78 | 0.91 | 152 | 002706 | 良信股份 | 0.49 | 0.35 |
| 106 | 603037 | 凯众股份 | 0.78 | 0.77 | 153 | 603329 | 上海雅仕 | 0.49 | −0.75 |
| 107 | 603855 | 华荣股份 | 0.78 | 0.57 | 154 | 600642 | 申能股份 | 0.49 | 0.48 |
| 108 | 600171 | 上海贝岭 | 0.75 | 0.34 | 155 | 300129 | 泰胜风能 | 0.49 | 0.21 |
| 109 | 300327 | 中颖电子 | 0.75 | 0.75 | 156 | 603728 | 鸣志电器 | 0.48 | 0.42 |
| 110 | 600850 | 华东电脑 | 0.74 | 0.76 | 157 | 600637 | 东方明珠 | 0.47 | 0.60 |
| 111 | 300171 | 东富龙 | 0.74 | 0.23 | 158 | 002324 | 普利特 | 0.47 | 0.31 |
| 112 | 600820 | 隧道股份 | 0.72 | 0.68 | 159 | 300378 | 鼎捷软件 | 0.46 | 0.39 |
| 113 | 300578 | 会畅通讯 | 0.72 | 0.55 | 160 | 603987 | 康德莱 | 0.46 | 0.39 |
| 114 | 603650 | 彤程新材 | 0.70 | 0.56 | 161 | 600284 | 浦东建设 | 0.46 | 0.42 |
| 115 | 688519 | 南亚新材 | 0.69 | 0.86 | 162 | 300398 | 飞凯材料 | 0.45 | 0.50 |
| 116 | 300462 | 华铭智能 | 0.68 | 1.90 | 163 | 600827 | 百联股份 | 0.45 | 0.54 |
| 117 | 603730 | 岱美股份 | 0.68 | 1.54 | 164 | 300380 | 安硕信息 | 0.45 | 0.23 |
| 118 | 002158 | 汉钟精机 | 0.68 | 0.46 | 165 | 601828 | 美凯龙 | 0.44 | 1.26 |
| 119 | 300963 | 中洲特材 | 0.68 | 0.71 | 166 | 600650 | 锦江在线 | 0.44 | 0.49 |
| 120 | 300501 | 海顺新材 | 0.67 | 0.44 | 167 | 600073 | 上海梅林 | 0.43 | 0.39 |
| 121 | 600621 | 华鑫股份 | 0.67 | 0.06 | 168 | 601611 | 中国核建 | 0.43 | 0.40 |
| 122 | 600848 | 上海临港 | 0.67 | 0.71 | 169 | 603006 | 联明股份 | 0.43 | 0.38 |
| 123 | 688981 | 中芯国际 | 0.67 | 0.34 | 170 | 600732 | 爱旭股份 | 0.42 | 0.37 |
| 124 | 002825 | 纳尔股份 | 0.65 | 0.30 | 171 | 600748 | 上实发展 | 0.41 | 0.42 |
| 125 | 601200 | 上海环境 | 0.64 | 0.67 | 172 | 600823 | 世茂股份 | 0.41 | 0.65 |
| 126 | 600315 | 上海家化 | 0.64 | 0.83 | 173 | 601872 | 招商轮船 | 0.41 | 0.27 |
| 127 | 600648 | 外高桥 | 0.64 | 0.77 | 174 | 603128 | 华贸物流 | 0.41 | 0.35 |
| 128 | 002401 | 中远海科 | 0.63 | 0.32 | 175 | 603956 | 威派格 | 0.40 | 0.29 |
| 129 | 600420 | 国药现代 | 0.63 | 0.62 | 176 | 600638 | 新黄浦 | 0.40 | −0.82 |
| 130 | 603881 | 数据港 | 0.63 | 0.52 | 177 | 002454 | 松芝股份 | 0.39 | 0.28 |
| 131 | 688085 | 三友医疗 | 0.63 | 0.64 | 178 | 300590 | 移为通信 | 0.38 | 1.01 |
| 132 | 300286 | 安科瑞 | 0.60 | 0.54 | 179 | 600958 | 东方证券 | 0.38 | 0.35 |
| 133 | 600097 | 开创国际 | 0.59 | 0.71 | 180 | 603131 | 上海沪工 | 0.38 | 0.30 |
| 134 | 603056 | 德邦股份 | 0.59 | 0.34 | 181 | 603918 | 金桥信息 | 0.38 | 0.28 |
| 135 | 300627 | 华测导航 | 0.58 | 0.58 | 182 | 600210 | 紫江企业 | 0.37 | 0.33 |
| 136 | 688590 | 新致软件 | 0.58 | 0.58 | 183 | 600018 | 上港集团 | 0.36 | 0.39 |
| 137 | 688596 | 正帆科技 | 0.58 | 0.45 | 184 | 600836 | 界龙实业 | 0.35 | −0.14 |
| 138 | 300059 | 东方财富 | 0.58 | 0.28 | 185 | 002346 | 柘中股份 | 0.35 | 0.21 |
| 139 | 300511 | 雪榕生物 | 0.57 | 0.51 | 186 | 600278 | 东方创业 | 0.35 | 0.22 |
| 140 | 600019 | 宝钢股份 | 0.57 | 0.56 | 187 | 603200 | 上海洗霸 | 0.35 | 0.40 |
| 141 | 603012 | 创力集团 | 0.57 | 0.46 | 188 | 603682 | 锦和商业 | 0.35 | 0.47 |

(续表)

| 序号 | 代码 | 公司简称 | 每股收益 | | 序号 | 代码 | 公司简称 | 每股收益 | |
|---|---|---|---|---|---|---|---|---|---|
| | | | 2020年 | 2019年 | | | | 2020年 | 2019年 |
| 189 | 600636 | 国新文化 | 0.35 | 0.27 | 236 | 601968 | 宝钢包装 | 0.19 | 0.15 |
| 190 | 600641 | 万业企业 | 0.35 | 0.75 | 237 | 603633 | 徕木股份 | 0.19 | 0.21 |
| 191 | 600170 | 上海建工 | 0.34 | 0.41 | 238 | 600651 | 飞乐音响 | 0.19 | −1.68 |
| 192 | 603330 | 上海天洋 | 0.34 | 0.16 | 239 | 603496 | 恒为科技 | 0.18 | 0.34 |
| 193 | 600605 | 汇通能源 | 0.34 | 0.16 | 240 | 600602 | 云赛智联 | 0.18 | 0.18 |
| 194 | 600629 | 华建集团 | 0.33 | 0.52 | 241 | 600094 | 大名城 | 0.18 | 0.30 |
| 195 | 688118 | 普元信息 | 0.33 | 0.70 | 242 | 002561 | 徐家汇 | 0.18 | 0.51 |
| 196 | 601696 | 中银证券 | 0.32 | 0.32 | 243 | 603022 | 新通联 | 0.18 | 0.15 |
| 197 | 603189 | 网达软件 | 0.32 | 0.16 | 244 | 600635 | 大众公用 | 0.17 | 0.18 |
| 198 | 603232 | 格尔软件 | 0.32 | 0.58 | 245 | 688505 | 复旦张江 | 0.17 | 0.25 |
| 199 | 688098 | 申联生物 | 0.32 | 0.21 | 246 | 600692 | 亚通股份 | 0.17 | 0.10 |
| 200 | 688585 | 上纬新材 | 0.32 | 0.22 | 247 | 600824 | 益民集团 | 0.17 | 0.08 |
| 201 | 300508 | 维宏股份 | 0.32 | 0.72 | 248 | 601866 | 中远海发 | 0.16 | 0.13 |
| 202 | 600081 | 东风科技 | 0.31 | 0.47 | 249 | 600843 | 上工申贝 | 0.16 | 0.16 |
| 203 | 600833 | 第一医药 | 0.31 | 0.24 | 250 | 600834 | 申通地铁 | 0.15 | 0.14 |
| 204 | 601702 | 华峰铝业 | 0.31 | 0.25 | 251 | 600679 | 上海凤凰 | 0.15 | 0.07 |
| 205 | 603648 | 畅联股份 | 0.30 | 0.32 | 252 | 002116 | 中国海诚 | 0.15 | 0.14 |
| 206 | 600649 | 城投控股 | 0.30 | 0.24 | 253 | 600620 | 天宸股份 | 0.15 | 0.10 |
| 207 | 600818 | 中路股份 | 0.30 | −0.20 | 254 | 600882 | 妙可蓝多 | 0.15 | 0.05 |
| 208 | 600021 | 上海电力 | 0.29 | 0.36 | 255 | 002527 | 新时达 | 0.14 | 0.09 |
| 209 | 603159 | 上海亚虹 | 0.29 | 0.19 | 256 | 600193 | ST 创兴 | 0.14 | 0.05 |
| 210 | 603226 | 菲林格尔 | 0.29 | 0.76 | 257 | 600838 | 上海九百 | 0.13 | 0.25 |
| 211 | 603790 | 雅运股份 | 0.29 | 0.61 | 258 | 603256 | 宏和科技 | 0.13 | 0.13 |
| 212 | 600622 | 光大嘉宝 | 0.28 | 0.30 | 259 | 300067 | 安诺其 | 0.12 | 0.17 |
| 213 | 688099 | 晶晨股份 | 0.28 | 0.41 | 260 | 002211 | 宏达新材 | 0.12 | −0.20 |
| 214 | 600826 | 兰生股份 | 0.26 | 0.42 | 261 | 300245 | 天玑科技 | 0.12 | 0.09 |
| 215 | 601727 | 上海电气 | 0.25 | 0.23 | 262 | 300551 | 古鳌科技 | 0.12 | 0.41 |
| 216 | 603030 | 全筑股份 | 0.25 | 0.39 | 263 | 600151 | 航天机电 | 0.12 | −0.52 |
| 217 | 002636 | 金安国纪 | 0.25 | 0.22 | 264 | 600530 | 交大昂立 | 0.12 | −0.10 |
| 218 | 603068 | 博通集成 | 0.24 | 1.98 | 265 | 600754 | 锦江酒店 | 0.12 | 1.14 |
| 219 | 600841 | 上柴股份 | 0.24 | 0.14 | 266 | 600500 | 中化国际 | 0.11 | 0.17 |
| 220 | 603580 | 艾艾精工 | 0.23 | 0.27 | 267 | 600628 | 新世界 | 0.11 | 0.06 |
| 221 | 300253 | 卫宁健康 | 0.23 | 0.25 | 268 | 603895 | 天永智能 | 0.11 | −0.37 |
| 222 | 000863 | 三湘印象 | 0.23 | 0.21 | 269 | 300039 | 上海凯宝 | 0.10 | 0.24 |
| 223 | 600675 | 中华企业 | 0.23 | 0.38 | 270 | 600851 | 海欣股份 | 0.10 | 0.09 |
| 224 | 600822 | 上海物贸 | 0.23 | 0.12 | 271 | 600503 | 华丽家族 | 0.09 | 0.12 |
| 225 | 603121 | 华培动力 | 0.23 | 0.46 | 272 | 300017 | 网宿科技 | 0.09 | 0.01 |
| 226 | 600611 | 大众交通 | 0.23 | 0.42 | 273 | 300493 | 润欣科技 | 0.09 | 0.06 |
| 227 | 002252 | 上海莱士 | 0.21 | 0.12 | 274 | 600604 | 市北高新 | 0.09 | 0.11 |
| 228 | 600517 | 国网英大 | 0.21 | 0.01 | 275 | 600647 | 同达创业 | 0.08 | 0.14 |
| 229 | 600490 | 鹏欣资源 | 0.21 | 0.14 | 276 | 601616 | 广电电气 | 0.08 | 0.19 |
| 230 | 600623 | 华谊集团 | 0.20 | 0.30 | 277 | 600320 | 振华重工 | 0.08 | 0.10 |
| 231 | 600072 | 中船科技 | 0.20 | 0.19 | 278 | 603009 | 北特科技 | 0.08 | −0.37 |
| 232 | 002328 | 新朋股份 | 0.19 | 0.14 | 279 | 002278 | 神开股份 | 0.08 | 0.12 |
| 233 | 300225 | 金力泰 | 0.19 | 0.06 | 280 | 300170 | 汉得信息 | 0.07 | 0.10 |
| 234 | 600619 | 海立股份 | 0.19 | 0.33 | 281 | 600150 | 中国船舶 | 0.07 | 0.29 |
| 235 | 600819 | 耀皮玻璃 | 0.19 | 0.22 | 282 | 002162 | 悦心健康 | 0.07 | 0.04 |

（续表）

| 序号 | 代码 | 公司简称 | 每股收益 | | 序号 | 代码 | 公司简称 | 每股收益 | |
|---|---|---|---|---|---|---|---|---|---|
| | | | 2020 年 | 2019 年 | | | | 2020 年 | 2019 年 |
| 283 | 600272 | 开开实业 | 0.06 | 0.09 | 321 | 600676 | 交运股份 | −0.20 | 0.12 |
| 284 | 600688 | 上海石化 | 0.06 | 0.21 | 322 | 603729 | ST 龙韵 | −0.23 | −0.63 |
| 285 | 600662 | 强生控股 | 0.06 | 0.09 | 323 | 603885 | 吉祥航空 | −0.24 | 0.54 |
| 286 | 300272 | 开能健康 | 0.05 | 0.17 | 324 | 600088 | 中视传媒 | −0.27 | 0.23 |
| 287 | 300074 | 华平股份 | 0.04 | 0.03 | 325 | 300180 | 华峰超纤 | −0.28 | 0.09 |
| 288 | 600610 | 中毅达 | 0.04 | 0.02 | 326 | 600825 | 新华传媒 | −0.28 | 0.02 |
| 289 | 300126 | 锐奇股份 | 0.04 | 0.03 | 327 | 300469 | 信息发展 | −0.31 | −0.73 |
| 290 | 300330 | 华虹计通 | 0.04 | 0.03 | 328 | 600119 | 长江投资 | −0.32 | 0.20 |
| 291 | 600532 | 未来股份 | 0.04 | 0.07 | 329 | 002269 | 美邦服饰 | −0.34 | −0.33 |
| 292 | 603499 | 翔港科技 | 0.04 | 0.10 | 330 | 688336 | 三生国健 | −0.37 | 0.43 |
| 293 | 688126 | 沪硅产业 −U | 0.04 | −0.05 | 331 | 002178 | 延华智能 | −0.38 | 0.03 |
| 294 | 601519 | 大智慧 | 0.04 | 0.00 | 332 | 300222 | 科大智能 | −0.39 | −3.67 |
| 295 | 300008 | 天海防务 | 0.03 | −0.37 | 333 | 002858 | 力盛赛车 | −0.41 | 0.19 |
| 296 | 002451 | 摩恩电气 | 0.02 | 0.08 | 334 | 600601 | ST 方科 | −0.42 | −0.60 |
| 297 | 002486 | 嘉麟杰 | 0.02 | −0.02 | 335 | 002506 | 协鑫集成 | −0.52 | 0.01 |
| 298 | 600616 | 金枫酒业 | 0.02 | 0.06 | 336 | 300153 | 科泰电源 | −0.53 | 0.01 |
| 299 | 600696 | ST 岩石 | 0.02 | 0.04 | 337 | 600613 | 神奇制药 | −0.64 | 0.16 |
| 300 | 600640 | 号百控股 | 0.01 | 0.18 | 338 | 601021 | 春秋航空 | −0.64 | 2.01 |
| 301 | 603718 | 海利生物 | 0.01 | 0.02 | 339 | 603991 | 至正股份 | −0.65 | −0.77 |
| 302 | 600615 | *ST 丰华 | 0.01 | 0.16 | 340 | 600009 | 上海机场 | −0.66 | 2.61 |
| 303 | 002565 | 顺灏股份 | 0.01 | −0.19 | 341 | 300230 | 永利股份 | −0.67 | 0.32 |
| 304 | 600608 | ST 沪科 | 0.01 | 0.01 | 342 | 600630 | 龙头股份 | −0.69 | 0.05 |
| 305 | 002058 | *ST 威尔 | −0.01 | −0.10 | 343 | 300262 | 巴安水务 | −0.70 | 0.12 |
| 306 | 600652 | *ST 游久 | −0.03 | 0.02 | 344 | 600115 | 东方航空 | −0.72 | 0.21 |
| 307 | 600695 | *ST 绿庭 | −0.03 | 0.05 | 345 | 688158 | 优刻得 −W | −0.82 | 0.06 |
| 308 | 600708 | 光明地产 | −0.03 | 0.19 | 346 | 688578 | 艾力斯 −U | −0.84 | −1.10 |
| 309 | 688521 | 芯原股份 −U | −0.06 | −0.10 | 347 | 600661 | 昂立教育 | −0.91 | 0.19 |
| 310 | 300609 | 汇纳科技 | −0.07 | 0.68 | 348 | 600626 | 申达股份 | −0.95 | 0.08 |
| 311 | 600624 | 复旦复华 | −0.08 | 0.08 | 349 | 601595 | 上海电影 | −0.96 | 0.37 |
| 312 | 688538 | 和辉光电 −U | −0.10 | | 350 | 300168 | 万达信息 | −1.10 | −1.27 |
| 313 | 600654 | ST 中安 | −0.14 | 0.05 | 351 | 603083 | 剑桥科技 | −1.12 | 0.13 |
| 314 | 000668 | 荣丰控股 | −0.16 | 0.25 | 352 | 300061 | 旗天科技 | −1.21 | 0.08 |
| 315 | 002195 | 二三四五 | −0.16 | 0.13 | 353 | 603619 | 中曼石油 | −1.22 | 0.04 |
| 316 | 603003 | 龙宇燃油 | −0.17 | 0.02 | 354 | 600816 | ST 安信 | −1.23 | −0.73 |
| 317 | 300326 | 凯利泰 | −0.18 | 0.42 | 355 | 688180 | 君实生物 −U | −2.03 | −0.96 |
| 318 | 600689 | 上海三毛 | −0.18 | 0.04 | 356 | 300336 | 新文化 | −2.07 | −1.18 |
| 319 | 603777 | 来伊份 | −0.19 | 0.03 | 357 | 300442 | 普丽盛 | −2.27 | 0.13 |
| 320 | 603196 | 日播时尚 | −0.20 | 0.04 | 358 | 600634 | 退市富控 | −3.27 | 2.18 |

# 上海工商类上市公司 2020 年度净利润排序

（单位：万元）

| 序号 | 代码 | 公司简称 | 净利润 | | 序号 | 代码 | 公司简称 | 净利润 | |
|---|---|---|---|---|---|---|---|---|---|
| | | | 2020 年 | 2019 年 | | | | 2020 年 | 2019 年 |
| 1 | 601328 | 交通银行 | 7957000.00 | 7806200.00 | 48 | 002605 | 姚记科技 | 113408.12 | 44289.35 |
| 2 | 600000 | 浦发银行 | 5899300.00 | 5950600.00 | 49 | 688008 | 澜起科技 | 110368.35 | 93285.84 |
| 3 | 600104 | 上汽集团 | 2918805.09 | 3528890.69 | 50 | 600639 | 浦东金桥 | 110064.33 | 108063.66 |
| 4 | 601601 | 中国太保 | 2535200.00 | 2835400.00 | 51 | 603565 | 中谷物流 | 102351.28 | 86181.71 |
| 5 | 600606 | 绿地控股 | 2113565.95 | 2095010.96 | 52 | 002028 | 思源电气 | 99383.51 | 57581.30 |
| 6 | 601229 | 上海银行 | 2091487.10 | 2033285.90 | 53 | 688317 | 之江生物 | 93200.94 | 5152.18 |
| 7 | 600019 | 宝钢股份 | 1398538.33 | 1346901.45 | 54 | 600420 | 国药现代 | 90004.69 | 92846.71 |
| 8 | 600837 | 海通证券 | 1203722.93 | 1054066.28 | 55 | 601696 | 中银证券 | 88491.87 | 80006.18 |
| 9 | 601211 | 国泰君安 | 1173706.99 | 905135.60 | 56 | 600846 | 同济科技 | 87104.79 | 95865.42 |
| 10 | 600018 | 上港集团 | 918340.33 | 992584.54 | 57 | 600748 | 上实发展 | 85023.93 | 91447.67 |
| 11 | 600741 | 华域汽车 | 697808.40 | 851629.45 | 58 | 600732 | 爱旭股份 | 80621.75 | 58504.50 |
| 12 | 300999 | 金龙鱼 | 656481.50 | 556363.60 | 59 | 603515 | 欧普照明 | 79984.60 | 89076.56 |
| 13 | 601607 | 上海医药 | 560526.40 | 483074.20 | 60 | 600827 | 百联股份 | 79546.92 | 90802.57 |
| 14 | 601727 | 上海电气 | 526600.30 | 581261.00 | 61 | 600597 | 光明乳业 | 78514.20 | 68245.24 |
| 15 | 600663 | 陆家嘴 | 501342.61 | 496808.34 | 62 | 600648 | 外高桥 | 76944.17 | 92102.89 |
| 16 | 300059 | 东方财富 | 477810.49 | 183128.89 | 63 | 600649 | 城投控股 | 76937.94 | 63783.76 |
| 17 | 600061 | 国投资本 | 470634.75 | 350008.64 | 64 | 600073 | 上海梅林 | 75172.46 | 56079.48 |
| 18 | 600655 | 豫园股份 | 402325.33 | 390615.06 | 65 | 601200 | 上海环境 | 74601.88 | 71504.68 |
| 19 | 688981 | 中芯国际 | 402132.60 | 126852.87 | 66 | 603659 | 璞泰来 | 72693.79 | 67909.57 |
| 20 | 600196 | 复星医药 | 393997.98 | 374352.13 | 67 | 600621 | 华鑫股份 | 69260.29 | 1544.37 |
| 21 | 600823 | 世茂股份 | 324885.82 | 384141.34 | 68 | 600688 | 上海石化 | 63943.60 | 222515.30 |
| 22 | 600170 | 上海建工 | 322230.96 | 431224.73 | 69 | 603868 | 飞科电器 | 63691.69 | 68351.96 |
| 23 | 600642 | 申能股份 | 303998.19 | 282597.59 | 70 | 603587 | 地素时尚 | 62985.75 | 62436.85 |
| 24 | 601872 | 招商轮船 | 281191.40 | 162648.69 | 71 | 600618 | 氯碱化工 | 60135.79 | 80933.38 |
| 25 | 600958 | 东方证券 | 272176.38 | 247873.89 | 72 | 600508 | 上海能源 | 60056.62 | 48867.72 |
| 26 | 603501 | 韦尔股份 | 268312.17 | 70527.65 | 73 | 600210 | 紫江企业 | 59463.66 | 51987.29 |
| 27 | 600026 | 中远海能 | 262254.86 | 68935.51 | 74 | 600635 | 大众公用 | 59434.23 | 63353.08 |
| 28 | 601788 | 光大证券 | 246639.24 | 69408.83 | 75 | 603128 | 华贸物流 | 57618.70 | 37492.79 |
| 29 | 600820 | 隧道股份 | 230677.54 | 218103.45 | 76 | 603786 | 科博达 | 57397.01 | 53787.97 |
| 30 | 601866 | 中远海发 | 213051.68 | 174312.65 | 77 | 600611 | 大众交通 | 57035.46 | 103231.89 |
| 31 | 600612 | 老凤祥 | 207233.13 | 183028.30 | 78 | 603056 | 德邦股份 | 56513.72 | 32363.21 |
| 32 | 601828 | 美凯龙 | 206407.74 | 468624.17 | 79 | 600171 | 上海贝岭 | 54176.48 | 24348.24 |
| 33 | 600675 | 中华企业 | 198380.63 | 287985.36 | 80 | 002568 | 百润股份 | 53548.78 | 30020.89 |
| 34 | 600021 | 上海电力 | 191130.82 | 201782.78 | 81 | 600094 | 大名城 | 52295.15 | 99808.70 |
| 35 | 600835 | 上海机电 | 178574.16 | 172804.37 | 82 | 300253 | 卫宁健康 | 50552.54 | 39557.18 |
| 36 | 601611 | 中国核建 | 175227.23 | 142182.04 | 83 | 603108 | 润达医疗 | 50383.05 | 51110.15 |
| 37 | 600500 | 中化国际 | 174133.58 | 159759.63 | 84 | 688012 | 中微公司 | 49230.65 | 18858.28 |
| 38 | 601231 | 环旭电子 | 173356.52 | 126010.76 | 85 | 300171 | 东富龙 | 48138.76 | 14979.88 |
| 39 | 600895 | 张江高科 | 173265.29 | 53143.64 | 86 | 688065 | 凯赛生物 | 45734.10 | 47888.04 |
| 40 | 600848 | 上海临港 | 163080.34 | 148125.28 | 87 | 600284 | 浦东建设 | 45563.14 | 41236.44 |
| 41 | 600637 | 东方明珠 | 156111.93 | 222927.33 | 88 | 603012 | 创力集团 | 43391.05 | 34257.49 |
| 42 | 600517 | 国网英大 | 150348.65 | 1537.34 | 89 | 600651 | 飞乐音响 | 43296.07 | −173641.38 |
| 43 | 600845 | 宝信软件 | 136007.90 | 92487.23 | 90 | 600315 | 上海家化 | 43020.17 | 55709.11 |
| 44 | 600643 | 爱建集团 | 135198.36 | 132063.93 | 91 | 603650 | 彤程新材 | 42659.70 | 32020.32 |
| 45 | 002252 | 上海莱士 | 131859.04 | 60592.34 | 92 | 688660 | 电气风电 | 41668.51 | 25162.94 |
| 46 | 603899 | 晨光文具 | 123837.37 | 107607.68 | 93 | 600320 | 振华重工 | 41613.54 | 49712.16 |
| 47 | 002022 | 科华生物 | 114220.26 | 27339.44 | 94 | 600490 | 鹏欣资源 | 41088.07 | 28245.78 |

（续表）

| 序号 | 代码 | 公司简称 | 净利润 | | 序号 | 代码 | 公司简称 | 净利润 | |
|---|---|---|---|---|---|---|---|---|---|
| | | | 2020 年 | 2019 年 | | | | 2020 年 | 2019 年 |
| 95 | 605222 | 起帆电缆 | 41034.19 | 33334.87 | 142 | 300017 | 网宿科技 | 21950.45 | 3723.99 |
| 96 | 600623 | 华谊集团 | 40714.38 | 63648.41 | 143 | 688016 | 心脉医疗 | 21461.29 | 14175.59 |
| 97 | 002324 | 普利特 | 39810.56 | 16404.60 | 144 | 002669 | 康达新材 | 21458.87 | 13858.00 |
| 98 | 603730 | 岱美股份 | 39314.15 | 62668.48 | 145 | 601968 | 宝钢包装 | 20987.24 | 15325.03 |
| 99 | 603887 | 城地香江 | 39253.90 | 33127.28 | 146 | 000863 | 三湘印象 | 20858.63 | 21097.65 |
| 100 | 600622 | 光大嘉宝 | 37874.69 | 43871.65 | 147 | 600619 | 海立股份 | 20688.46 | 36382.82 |
| 101 | 002706 | 良信股份 | 37546.72 | 27308.98 | 148 | 603728 | 鸣志电器 | 20182.69 | 17460.51 |
| 102 | 688188 | 柏楚电子 | 36961.13 | 24614.03 | 149 | 300327 | 中颖电子 | 20010.70 | 18137.02 |
| 103 | 300226 | 上海钢联 | 36631.04 | 32772.06 | 150 | 002328 | 新朋股份 | 19937.69 | 17383.86 |
| 104 | 002158 | 汉钟精机 | 36459.02 | 24485.13 | 151 | 688608 | 恒玄科技 | 19839.05 | 6737.88 |
| 105 | 300129 | 泰胜风能 | 35597.99 | 15389.85 | 152 | 300627 | 华测导航 | 19823.95 | 14203.89 |
| 106 | 603466 | 风语筑 | 34251.09 | 26218.03 | 153 | 002401 | 中远海科 | 19282.76 | 10288.09 |
| 107 | 605136 | 丽人丽妆 | 33780.07 | 28448.28 | 154 | 603020 | 爱普股份 | 19271.03 | 17025.18 |
| 108 | 600850 | 华东电脑 | 33519.71 | 34271.45 | 155 | 603236 | 移远通信 | 18901.60 | 14800.15 |
| 109 | 600278 | 东方创业 | 33454.47 | 18732.26 | 156 | 002636 | 金安国纪 | 18360.88 | 16130.20 |
| 110 | 603987 | 康德莱 | 32633.32 | 24855.82 | 157 | 600604 | 市北高新 | 18191.26 | 26798.67 |
| 111 | 605339 | 南侨食品 | 32560.17 | 29845.88 | 158 | 603579 | 荣泰健康 | 18096.65 | 28816.35 |
| 112 | 688330 | 宏力达 | 31819.86 | 23858.76 | 159 | 603030 | 全筑股份 | 17856.03 | 27602.08 |
| 113 | 603378 | 亚士创能 | 31560.26 | 11418.23 | 160 | 600824 | 益民集团 | 17696.98 | 8325.55 |
| 114 | 600638 | 新黄浦 | 31509.25 | −54230.89 | 161 | 603681 | 永冠新材 | 17550.11 | 14827.83 |
| 115 | 605050 | 福然德 | 31301.07 | 28119.53 | 162 | 605338 | 巴比食品 | 17513.29 | 15400.89 |
| 116 | 603886 | 元祖股份 | 30002.06 | 24783.36 | 163 | 605208 | 永茂泰 | 17322.20 | 12436.69 |
| 117 | 600641 | 万业企业 | 29502.59 | 57394.13 | 164 | 603956 | 威派格 | 17059.44 | 12039.66 |
| 118 | 300983 | 尤安设计 | 29319.31 | 26600.74 | 165 | 300762 | 上海瀚讯 | 16709.27 | 11236.84 |
| 119 | 603713 | 密尔克卫 | 28978.86 | 19616.60 | 166 | 600819 | 耀皮玻璃 | 16557.28 | 22223.15 |
| 120 | 600602 | 云赛智联 | 28872.10 | 27873.95 | 167 | 688505 | 复旦张江 | 16425.93 | 22065.41 |
| 121 | 300483 | 首华燃气 | 28811.51 | 31285.62 | 168 | 688123 | 聚辰股份 | 16282.34 | 9510.62 |
| 122 | 300236 | 上海新阳 | 27676.59 | 21088.51 | 169 | 605081 | 太和水 | 16159.80 | 14790.23 |
| 123 | 603365 | 水星家纺 | 27453.98 | 31553.64 | 170 | 002184 | 海得控制 | 15852.10 | 6512.41 |
| 124 | 688063 | 派能科技 | 27448.50 | 14411.42 | 171 | 600636 | 国新文化 | 15786.80 | 12602.81 |
| 125 | 603855 | 华荣股份 | 27192.36 | 19356.31 | 172 | 603682 | 锦和商业 | 15631.26 | 17941.70 |
| 126 | 600650 | 锦江在线 | 26608.15 | 31208.57 | 173 | 002346 | 柘中股份 | 15564.90 | 9466.38 |
| 127 | 600836 | 界龙实业 | 26530.23 | −10716.35 | 174 | 688019 | 安集科技 | 15398.91 | 6584.60 |
| 128 | 002454 | 松芝股份 | 26112.52 | 18716.00 | 175 | 603683 | 晶华新材 | 15278.23 | 341.63 |
| 129 | 603690 | 至纯科技 | 26075.03 | 11033.39 | 176 | 600097 | 开创国际 | 14612.69 | 18246.23 |
| 130 | 600150 | 中国船舶 | 25585.54 | 51646.59 | 177 | 600826 | 兰生股份 | 14461.58 | 18035.76 |
| 131 | 601702 | 华峰铝业 | 24946.15 | 18352.80 | 178 | 603960 | 克来机电 | 14234.18 | 12378.27 |
| 132 | 600754 | 锦江酒店 | 23989.77 | 127911.95 | 179 | 600072 | 中船科技 | 13967.37 | 11019.78 |
| 133 | 300398 | 飞凯材料 | 23918.28 | 26223.80 | 180 | 300892 | 品渥食品 | 13584.31 | 9893.35 |
| 134 | 600629 | 华建集团 | 23755.24 | 31851.45 | 181 | 688519 | 南亚新材 | 13575.62 | 15112.38 |
| 135 | 600081 | 东风科技 | 23073.84 | 29261.98 | 182 | 603881 | 数据港 | 13419.58 | 11036.19 |
| 136 | 603039 | 泛微网络 | 22940.74 | 13932.78 | 183 | 688202 | 美迪西 | 13418.95 | 6851.84 |
| 137 | 600841 | 上柴股份 | 22762.71 | 11586.14 | 184 | 600708 | 光明地产 | 13289.07 | 85639.56 |
| 138 | 688366 | 昊海生科 | 22633.85 | 37637.66 | 185 | 603197 | 保隆科技 | 13215.07 | 16002.86 |
| 139 | 300511 | 雪榕生物 | 22505.19 | 20901.93 | 186 | 688098 | 申联生物 | 12936.73 | 7795.72 |
| 140 | 688680 | 海优新材 | 22323.22 | 6688.05 | 187 | 603214 | 爱婴室 | 12782.99 | 16995.27 |
| 141 | 688301 | 奕瑞科技 | 22309.40 | 9531.80 | 188 | 300462 | 华铭智能 | 12686.50 | 27715.47 |

（续表）

| 序号 | 代码 | 公司简称 | 净利润 | | 序号 | 代码 | 公司简称 | 净利润 | |
|---|---|---|---|---|---|---|---|---|---|
| | | | 2020 年 | 2019 年 | | | | 2020 年 | 2019 年 |
| 189 | 300578 | 会畅通讯 | 12600.50 | 9453.20 | 236 | 600818 | 中路股份 | 8339.09 | −7577.28 |
| 190 | 600151 | 航天机电 | 12496.78 | −75787.02 | 237 | 603037 | 凯众股份 | 8154.42 | 8116.54 |
| 191 | 600503 | 华丽家族 | 12492.54 | 12391.23 | 238 | 301005 | C 超捷 | 8127.46 | 4421.21 |
| 192 | 688596 | 正帆科技 | 12425.81 | 8392.09 | 239 | 605128 | 上海沿浦 | 8123.52 | 8838.42 |
| 193 | 603192 | 汇得科技 | 12422.02 | 13215.54 | 240 | 600834 | 申通地铁 | 7938.03 | 7286.49 |
| 194 | 600822 | 上海物贸 | 12340.62 | 7563.20 | 241 | 688129 | 东来技术 | 7835.33 | 8198.72 |
| 195 | 603324 | 盛剑环境 | 12160.95 | 11337.46 | 242 | 688179 | 阿拉丁 | 7443.21 | 6369.10 |
| 196 | 300286 | 安科瑞 | 12143.90 | 11327.12 | 243 | 600882 | 妙可蓝多 | 7398.45 | 1922.99 |
| 197 | 603131 | 上海沪工 | 12114.08 | 8832.57 | 244 | 688160 | 步科股份 | 7291.13 | 4668.47 |
| 198 | 300642 | 透景生命 | 12055.28 | 15701.83 | 245 | 601519 | 大智慧 | 7248.01 | 596.17 |
| 199 | 300378 | 鼎捷软件 | 12054.61 | 10389.35 | 246 | 603189 | 网达软件 | 7167.59 | 3439.68 |
| 200 | 688585 | 上纬新材 | 11895.09 | 7826.80 | 247 | 600628 | 新世界 | 7120.21 | 3719.47 |
| 201 | 688085 | 三友医疗 | 11855.88 | 9805.98 | 248 | 688368 | 晶丰明源 | 6975.02 | 9234.39 |
| 202 | 605151 | 西上海 | 11804.21 | 10395.62 | 249 | 600833 | 第一医药 | 6854.09 | 5308.94 |
| 203 | 300067 | 安诺其 | 11711.24 | 16149.86 | 250 | 688335 | 复洁环保 | 6673.32 | 6414.82 |
| 204 | 603256 | 宏和科技 | 11707.88 | 10424.25 | 251 | 300380 | 安硕信息 | 6592.22 | 3192.51 |
| 205 | 688099 | 晶晨股份 | 11430.23 | 15705.53 | 252 | 600692 | 亚通股份 | 6536.91 | 4458.15 |
| 206 | 603648 | 畅联股份 | 11225.36 | 11663.71 | 253 | 002116 | 中国海诚 | 6384.96 | 5860.92 |
| 207 | 002825 | 纳尔股份 | 11200.39 | 4562.33 | 254 | 603329 | 上海雅仕 | 6218.70 | −10786.30 |
| 208 | 600843 | 上工申贝 | 10930.56 | 9915.02 | 255 | 300170 | 汉得信息 | 6144.74 | 8646.67 |
| 209 | 605398 | 新炬网络 | 10853.99 | 10562.90 | 256 | 300963 | 中洲特材 | 6108.57 | 6397.43 |
| 210 | 605098 | 行动教育 | 10845.41 | 12169.06 | 257 | 688155 | 先惠技术 | 6104.49 | 7263.07 |
| 211 | 605289 | 罗曼股份 | 10843.49 | 14583.03 | 258 | 600193 | ST 创兴 | 6093.80 | 2425.99 |
| 212 | 600679 | 上海凤凰 | 10739.98 | 4056.75 | 259 | 603226 | 菲林格尔 | 6078.72 | 11277.30 |
| 213 | 605186 | 健麾信息 | 10678.87 | 10537.97 | 260 | 603121 | 华培动力 | 5894.97 | 9756.38 |
| 214 | 300039 | 上海凯宝 | 10612.27 | 25098.65 | 261 | 002162 | 悦心健康 | 5711.05 | 3707.05 |
| 215 | 300947 | 德必集团 | 10604.11 | 12105.37 | 262 | 603232 | 格尔软件 | 5692.01 | 6992.29 |
| 216 | 300501 | 海顺新材 | 10542.74 | 6573.38 | 263 | 600662 | 强生控股 | 5635.50 | 9773.07 |
| 217 | 301000 | 肇民科技 | 10483.22 | 7158.12 | 264 | 603330 | 上海天洋 | 5455.62 | 1918.99 |
| 218 | 688018 | 乐鑫科技 | 10405.20 | 15850.54 | 265 | 600838 | 上海九百 | 5338.34 | 9898.63 |
| 219 | 601616 | 广电电气 | 10356.21 | 17985.06 | 266 | 002211 | 宏达新材 | 5269.58 | −8799.69 |
| 220 | 600620 | 天宸股份 | 10261.58 | 6167.91 | 267 | 300272 | 开能健康 | 5052.86 | 12045.21 |
| 221 | 688133 | 泰坦科技 | 10190.42 | 7369.55 | 268 | 603790 | 雅运股份 | 5052.36 | 11946.23 |
| 222 | 600851 | 海欣股份 | 9811.45 | 10754.69 | 269 | 600605 | 汇通能源 | 4958.70 | 2306.95 |
| 223 | 600530 | 交大昂立 | 9499.14 | −7081.84 | 270 | 600610 | 中毅达 | 4555.83 | 2598.40 |
| 224 | 002527 | 新时达 | 9285.11 | 6055.87 | 271 | 300493 | 润欣科技 | 4520.17 | 2954.90 |
| 225 | 300802 | 矩子科技 | 9229.39 | 9242.66 | 272 | 688682 | 霍莱沃 | 4462.80 | 3457.02 |
| 226 | 300590 | 移为通信 | 9046.83 | 16226.73 | 273 | 300899 | 上海凯鑫 | 4393.32 | 5874.91 |
| 227 | 300225 | 金力泰 | 9023.26 | 2985.84 | 274 | 603633 | 徕木股份 | 4288.31 | 4230.60 |
| 228 | 688126 | 沪硅产业 −U | 9000.24 | −10125.81 | 275 | 603159 | 上海亚虹 | 4023.54 | 2279.18 |
| 229 | 300613 | 富瀚微 | 8979.80 | 7260.31 | 276 | 688217 | 睿昂基因 | 3881.77 | 3594.77 |
| 230 | 603006 | 联明股份 | 8967.74 | 7894.39 | 277 | 300245 | 天玑科技 | 3679.64 | 3399.33 |
| 231 | 603918 | 金桥信息 | 8854.20 | 6374.28 | 278 | 603022 | 新通联 | 3597.04 | 2975.22 |
| 232 | 300915 | 海融科技 | 8682.84 | 7671.82 | 279 | 002278 | 神开股份 | 3542.77 | 4990.96 |
| 233 | 002561 | 徐家汇 | 8578.16 | 22827.96 | 280 | 603068 | 博通集成 | 3322.24 | 25237.02 |
| 234 | 688590 | 新致软件 | 8512.71 | 8531.11 | 281 | 603200 | 上海洗霸 | 3238.84 | 4029.52 |
| 235 | 301001 | 凯淳股份 | 8461.05 | 6656.34 | 282 | 688118 | 普元信息 | 3136.52 | 5027.46 |

（续表）

| 序号 | 代码 | 公司简称 | 净利润 | | 序号 | 代码 | 公司简称 | 净利润 | |
|---|---|---|---|---|---|---|---|---|---|
| | | | 2020 年 | 2019 年 | | | | 2020 年 | 2019 年 |
| 283 | 603496 | 恒为科技 | 3096.69 | 6166.06 | 321 | 603003 | 龙宇燃油 | −11238.52 | 544.89 |
| 284 | 603580 | 艾艾精工 | 3041.81 | 3543.73 | 322 | 600088 | 中视传媒 | −11415.97 | 9542.40 |
| 285 | 300508 | 维宏股份 | 2908.24 | 6586.78 | 323 | 300326 | 凯利泰 | −12495.13 | 30308.85 |
| 286 | 300008 | 天海防务 | 2626.42 | −36254.08 | 324 | 600654 | ST 中安 | −18233.51 | 6685.75 |
| 287 | 300074 | 华平股份 | 2526.92 | 1612.32 | 325 | 300153 | 科泰电源 | −19217.13 | 543.25 |
| 288 | 300551 | 古鳌科技 | 2421.45 | 4496.23 | 326 | 688336 | 三生国健 | −23581.26 | 21004.56 |
| 289 | 603009 | 北特科技 | 2274.85 | −14162.03 | 327 | 300442 | 普丽盛 | −23901.54 | 782.99 |
| 290 | 600532 | 未来股份 | 2189.91 | 3634.58 | 328 | 300222 | 科大智能 | −25326.53 | −263188.55 |
| 291 | 002486 | 嘉麟杰 | 1834.74 | −1665.75 | 329 | 600676 | 交运股份 | −25846.60 | 13852.52 |
| 292 | 600616 | 金枫酒业 | 1737.15 | 2696.75 | 330 | 603083 | 剑桥科技 | −26630.85 | 2174.62 |
| 293 | 002565 | 顺灏股份 | 1474.84 | −19324.92 | 331 | 600661 | 昂立教育 | −28477.34 | 811.35 |
| 294 | 600640 | 号百控股 | 1454.30 | 15760.25 | 332 | 002178 | 延华智能 | −28762.99 | 1141.74 |
| 295 | 600272 | 开开实业 | 1290.59 | 2167.52 | 333 | 600825 | 新华传媒 | −29139.93 | 2020.41 |
| 296 | 603499 | 翔港科技 | 1258.68 | 1453.29 | 334 | 600630 | 龙头股份 | −29145.74 | 2035.98 |
| 297 | 603895 | 天永智能 | 1220.40 | −4046.13 | 335 | 688578 | 艾力斯 −U | −31051.52 | −39750.25 |
| 298 | 600647 | 同达创业 | 1186.91 | 1863.77 | 336 | 688158 | 优刻得 −W | −34270.37 | 2080.91 |
| 299 | 300126 | 锐奇股份 | 1151.69 | 897.00 | 337 | 600613 | 神奇制药 | −35347.30 | 8056.84 |
| 300 | 600696 | ST 岩石 | 784.84 | 1246.16 | 338 | 601595 | 上海电影 | −47251.20 | 12715.38 |
| 301 | 002451 | 摩恩电气 | 748.61 | 3657.50 | 339 | 300262 | 巴安水务 | −48392.58 | 7920.15 |
| 302 | 300330 | 华虹计通 | 588.23 | 512.13 | 340 | 300180 | 华峰超纤 | −48430.64 | 15827.50 |
| 303 | 600608 | ST 沪科 | 230.67 | 437.00 | 341 | 603885 | 吉祥航空 | −48548.39 | 101203.36 |
| 304 | 600615 | *ST 丰华 | 146.43 | 3085.32 | 342 | 603619 | 中曼石油 | −48716.45 | 1718.82 |
| 305 | 002058 | *ST 威尔 | −65.77 | −1397.72 | 343 | 300230 | 永利股份 | −52667.32 | 27850.68 |
| 306 | 300609 | 汇纳科技 | −947.57 | 7296.80 | 344 | 601021 | 春秋航空 | −59117.91 | 183819.00 |
| 307 | 600695 | *ST 绿庭 | −2093.55 | 3776.68 | 345 | 300061 | 旗天科技 | −76790.16 | 2520.73 |
| 308 | 603729 | ST 龙韵 | −2202.79 | −5914.61 | 346 | 002269 | 美邦服饰 | −85936.70 | −82547.29 |
| 309 | 000668 | 荣丰控股 | −2328.53 | 4218.79 | 347 | 002195 | 二三四五 | −91300.33 | 76987.01 |
| 310 | 688521 | 芯原股份 −U | −2556.64 | −4117.04 | 348 | 600601 | ST 方科 | −91991.22 | −132772.39 |
| 311 | 600652 | *ST 游久 | −2746.19 | 1717.92 | 349 | 600626 | 申达股份 | −97457.69 | −7108.31 |
| 312 | 603718 | 海利生物 | −3215.24 | −2640.96 | 350 | 688538 | 和辉光电 −U | −103611.54 | −100596.98 |
| 313 | 600689 | 上海三毛 | −3484.65 | 972.44 | 351 | 600009 | 上海机场 | −116858.46 | 526086.45 |
| 314 | 002858 | 力盛赛车 | −3891.36 | 3764.93 | 352 | 300168 | 万达信息 | −128578.34 | −140239.89 |
| 315 | 603991 | 至正股份 | −4807.96 | −5705.42 | 353 | 688180 | 君实生物 −U | −166860.73 | −74772.88 |
| 316 | 600624 | 复旦复华 | −5096.58 | 6117.55 | 354 | 300336 | 新文化 | −170125.51 | −95160.53 |
| 317 | 300469 | 信息发展 | −6193.48 | −14928.50 | 355 | 600634 | 退市富控 | −188032.14 | 125316.81 |
| 318 | 603777 | 来伊份 | −6519.54 | 1037.07 | 356 | 002506 | 协鑫集成 | −262663.87 | 6962.73 |
| 319 | 603196 | 日播时尚 | −8016.84 | −489.89 | 357 | 600816 | ST 安信 | −673851.65 | −399410.31 |
| 320 | 600119 | 长江投资 | −10539.43 | 8326.15 | 358 | 600115 | 东方航空 | −1255400.00 | 348300.00 |

# 上海工商类上市公司2020年度每股净资产排序

（单位：元）

| 序号 | 代码 | 公司简称 | 每股净资产 | | 序号 | 代码 | 公司简称 | 每股净资产 | |
|---|---|---|---|---|---|---|---|---|---|
| | | | 2020年 | 2019年 | | | | 2020年 | 2019年 |
| 1 | 688608 | 恒玄科技 | 45.80 | 5.80 | 48 | 688680 | 海优新材 | 11.95 | 8.62 |
| 2 | 688301 | 奕瑞科技 | 36.30 | 7.83 | 49 | 300983 | 尤安设计 | 11.81 | 7.94 |
| 3 | 688366 | 昊海生科 | 30.99 | 30.67 | 50 | 600837 | 海通证券 | 11.75 | 10.96 |
| 4 | 688330 | 宏力达 | 30.25 | 8.54 | 51 | 600835 | 上海机电 | 11.66 | 11.12 |
| 5 | 688188 | 柏楚电子 | 24.93 | 21.48 | 52 | 603579 | 荣泰健康 | 11.55 | 11.64 |
| 6 | 688065 | 凯赛生物 | 24.92 | 12.38 | 53 | 688519 | 南亚新材 | 11.06 | 3.82 |
| 7 | 300947 | 德必集团 | 23.09 | 21.21 | 54 | 603713 | 密尔克卫 | 11.06 | 9.27 |
| 8 | 601601 | 中国太保 | 22.37 | 19.69 | 55 | 601788 | 光大证券 | 10.94 | 10.29 |
| 9 | 600104 | 上汽集团 | 22.26 | 21.37 | 56 | 300892 | 品渥食品 | 10.71 | 4.51 |
| 10 | 300915 | 海融科技 | 22.02 | 5.99 | 57 | 688118 | 普元信息 | 10.25 | 10.09 |
| 11 | 688018 | 乐鑫科技 | 20.51 | 20.12 | 58 | 600827 | 百联股份 | 10.25 | 10.26 |
| 12 | 688368 | 晶丰明源 | 20.44 | 18.39 | 59 | 600150 | 中国船舶 | 10.24 | 11.19 |
| 13 | 688019 | 安集科技 | 19.74 | 16.71 | 60 | 605289 | 罗曼股份 | 10.15 | 8.50 |
| 14 | 688133 | 泰坦科技 | 18.86 | 9.86 | 61 | 600061 | 国投资本 | 10.03 | 9.24 |
| 15 | 300483 | 首华燃气 | 18.40 | 16.84 | 62 | 688317 | 之江生物 | 10.02 | 3.92 |
| 16 | 688202 | 美迪西 | 18.12 | 16.02 | 63 | 603690 | 至纯科技 | 9.97 | 5.38 |
| 17 | 603659 | 璞泰来 | 17.97 | 7.83 | 64 | 603887 | 城地香江 | 9.94 | 12.35 |
| 18 | 600000 | 浦发银行 | 17.90 | 16.73 | 65 | 603378 | 亚士创能 | 9.93 | 7.01 |
| 19 | 688063 | 派能科技 | 17.65 | 3.83 | 66 | 601328 | 交通银行 | 9.87 | 9.34 |
| 20 | 603236 | 移远通信 | 17.46 | 19.23 | 67 | 300899 | 上海凯鑫 | 9.71 | 4.65 |
| 21 | 688016 | 心脉医疗 | 17.14 | 14.81 | 68 | 600648 | 外高桥 | 9.65 | 9.29 |
| 22 | 300613 | 富瀚微 | 16.69 | 25.64 | 69 | 600639 | 浦东金桥 | 9.59 | 8.84 |
| 23 | 600741 | 华域汽车 | 16.66 | 15.68 | 70 | 600315 | 上海家化 | 9.59 | 9.36 |
| 24 | 605081 | 太和水 | 16.54 | 13.96 | 71 | 603786 | 科博达 | 9.53 | 8.10 |
| 25 | 300236 | 上海新阳 | 16.27 | 5.17 | 72 | 605398 | 新炬网络 | 9.31 | 7.33 |
| 26 | 601607 | 上海医药 | 15.96 | 14.66 | 73 | 002669 | 康达新材 | 9.24 | 8.46 |
| 27 | 688217 | 睿昂基因 | 15.52 | 14.59 | 74 | 300609 | 汇纳科技 | 9.19 | 5.83 |
| 28 | 601021 | 春秋航空 | 15.47 | 16.40 | 75 | 603681 | 永冠新材 | 9.08 | 8.19 |
| 29 | 300999 | 金龙鱼 | 15.41 | 13.28 | 76 | 603003 | 龙宇燃油 | 9.08 | 9.36 |
| 30 | 600612 | 老凤祥 | 15.23 | 13.42 | 77 | 300462 | 华铭智能 | 8.94 | 8.39 |
| 31 | 600009 | 上海机场 | 15.16 | 16.61 | 78 | 603365 | 水星家纺 | 8.84 | 8.57 |
| 32 | 688335 | 复洁环保 | 14.86 | 4.56 | 79 | 600623 | 华谊集团 | 8.83 | 8.72 |
| 33 | 600196 | 复星医药 | 14.44 | 12.44 | 80 | 605208 | 永茂泰 | 8.82 | 7.56 |
| 34 | 688155 | 先惠技术 | 14.28 | 7.10 | 81 | 600637 | 东方明珠 | 8.66 | 8.55 |
| 35 | 600508 | 上海能源 | 14.25 | 13.65 | 82 | 002028 | 思源电气 | 8.55 | 6.63 |
| 36 | 601211 | 国泰君安 | 14.18 | 13.63 | 83 | 605151 | 西上海 | 8.54 | 5.51 |
| 37 | 300642 | 透景生命 | 13.97 | 12.87 | 84 | 600655 | 豫园股份 | 8.50 | 8.08 |
| 38 | 600754 | 锦江酒店 | 13.27 | 13.84 | 85 | 603729 | ST龙韵 | 8.42 | 8.64 |
| 39 | 603068 | 博通集成 | 13.22 | 9.10 | 86 | 603037 | 凯众股份 | 8.28 | 7.99 |
| 40 | 603501 | 韦尔股份 | 12.95 | 9.18 | 87 | 600019 | 宝钢股份 | 8.28 | 7.99 |
| 41 | 605128 | 上海沿浦 | 12.59 | 8.53 | 88 | 601200 | 上海环境 | 8.25 | 7.08 |
| 42 | 603881 | 数据港 | 12.31 | 5.22 | 89 | 688012 | 中微公司 | 8.17 | 7.01 |
| 43 | 688981 | 中芯国际 | 12.30 | 7.31 | 90 | 688179 | 阿拉丁 | 8.09 | 4.57 |
| 44 | 601828 | 美凯龙 | 12.18 | 12.88 | 91 | 600278 | 东方创业 | 8.00 | 8.09 |
| 45 | 603192 | 汇得科技 | 12.11 | 11.32 | 92 | 603200 | 上海洗霸 | 7.98 | 7.64 |
| 46 | 688123 | 聚辰股份 | 12.09 | 10.99 | 93 | 600958 | 东方证券 | 7.89 | 7.72 |
| 47 | 601229 | 上海银行 | 12.00 | 11.03 | 94 | 600649 | 城投控股 | 7.89 | 7.63 |

（续表）

| 序号 | 代码 | 公司简称 | 每股净资产 | | 序号 | 代码 | 公司简称 | 每股净资产 | |
|---|---|---|---|---|---|---|---|---|---|
| | | | 2020 年 | 2019 年 | | | | 2020 年 | 2019 年 |
| 95 | 600097 | 开创国际 | 7.80 | 7.38 | 142 | 300762 | 上海瀚讯 | 6.43 | 9.13 |
| 96 | 603565 | 中谷物流 | 7.76 | 4.93 | 143 | 600638 | 新黄浦 | 6.40 | 6.04 |
| 97 | 688158 | 优刻得 -W | 7.71 | 4.79 | 144 | 688578 | 艾力斯 -U | 6.40 | 3.29 |
| 98 | 600420 | 国药现代 | 7.66 | 7.13 | 145 | 600850 | 华东电脑 | 6.38 | 5.99 |
| 99 | 603324 | 盛剑环境 | 7.56 | 6.26 | 146 | 300802 | 矩子科技 | 6.32 | 9.45 |
| 100 | 688085 | 三友医疗 | 7.47 | 2.84 | 147 | 600845 | 宝信软件 | 6.30 | 6.20 |
| 101 | 300578 | 会畅通讯 | 7.42 | 6.34 | 148 | 301005 | C 超捷 | 6.29 | 5.21 |
| 102 | 600820 | 隧道股份 | 7.37 | 6.98 | 149 | 600642 | 申能股份 | 6.28 | 6.03 |
| 103 | 688336 | 三生国健 | 7.31 | 5.17 | 150 | 600021 | 上海电力 | 6.27 | 6.06 |
| 104 | 600026 | 中远海能 | 7.27 | 6.98 | 151 | 603886 | 元祖股份 | 6.24 | 6.22 |
| 105 | 688160 | 步科股份 | 7.24 | 3.43 | 152 | 300508 | 维宏股份 | 6.15 | 5.90 |
| 106 | 600643 | 爱建集团 | 7.22 | 6.65 | 153 | 603006 | 联明股份 | 6.12 | 5.81 |
| 107 | 603587 | 地素时尚 | 7.15 | 8.25 | 154 | 603039 | 泛微网络 | 6.05 | 5.94 |
| 108 | 688008 | 澜起科技 | 7.14 | 6.49 | 155 | 600748 | 上实发展 | 6.04 | 5.73 |
| 109 | 603214 | 爱婴室 | 7.14 | 9.93 | 156 | 002568 | 百润股份 | 6.00 | 3.85 |
| 110 | 300226 | 上海钢联 | 7.12 | 7.18 | 157 | 605186 | 健麾信息 | 5.98 | 2.82 |
| 111 | 603683 | 晶华新材 | 7.11 | 6.24 | 158 | 603790 | 雅运股份 | 5.90 | 5.86 |
| 112 | 688099 | 晶晨股份 | 7.10 | 6.81 | 159 | 605136 | 丽人丽妆 | 5.85 | 4.40 |
| 113 | 605098 | 行动教育 | 7.06 | 5.95 | 160 | 300963 | 中洲特材 | 5.84 | 5.32 |
| 114 | 688682 | 霍莱沃 | 7.00 | 6.39 | 161 | 002022 | 科华生物 | 5.83 | 4.58 |
| 115 | 600895 | 张江高科 | 6.98 | 6.01 | 162 | 002454 | 松芝股份 | 5.79 | 5.46 |
| 116 | 603197 | 保隆科技 | 6.97 | 6.23 | 163 | 688590 | 新致软件 | 5.76 | 4.07 |
| 117 | 600606 | 绿地控股 | 6.97 | 6.32 | 164 | 300171 | 东富龙 | 5.73 | 5.02 |
| 118 | 600641 | 万业企业 | 6.96 | 7.78 | 165 | 300378 | 鼎捷软件 | 5.71 | 5.27 |
| 119 | 603515 | 欧普照明 | 6.96 | 6.63 | 166 | 600640 | 号百控股 | 5.66 | 5.71 |
| 120 | 600823 | 世茂股份 | 6.95 | 6.77 | 167 | 301001 | 凯淳股份 | 5.65 | 4.25 |
| 121 | 603020 | 爱普股份 | 6.95 | 6.58 | 168 | 603899 | 晨光文具 | 5.60 | 4.57 |
| 122 | 600826 | 兰生股份 | 6.92 | 8.35 | 169 | 600629 | 华建集团 | 5.59 | 5.47 |
| 123 | 605222 | 起帆电缆 | 6.92 | 4.45 | 170 | 603885 | 吉祥航空 | 5.52 | 6.56 |
| 124 | 600848 | 上海临港 | 6.91 | 6.48 | 171 | 603895 | 天永智能 | 5.50 | 5.40 |
| 125 | 603232 | 格尔软件 | 6.88 | 5.47 | 172 | 601231 | 环旭电子 | 5.45 | 4.72 |
| 126 | 600636 | 国新文化 | 6.82 | 6.78 | 173 | 600676 | 交运股份 | 5.44 | 5.68 |
| 127 | 603466 | 风语筑 | 6.77 | 5.72 | 174 | 688660 | 电气风电 | 5.41 | 4.87 |
| 128 | 301000 | 肇民科技 | 6.72 | 4.99 | 175 | 688521 | 芯原股份 -U | 5.40 | 2.21 |
| 129 | 603730 | 岱美股份 | 6.72 | 9.33 | 176 | 605339 | 南侨食品 | 5.40 | 5.04 |
| 130 | 600628 | 新世界 | 6.71 | 6.67 | 177 | 601696 | 中银证券 | 5.40 | 5.09 |
| 131 | 688180 | 君实生物 -U | 6.68 | 3.80 | 178 | 002825 | 纳尔股份 | 5.36 | 4.88 |
| 132 | 605050 | 福然德 | 6.67 | 5.07 | 179 | 603108 | 润达医疗 | 5.34 | 4.76 |
| 133 | 688596 | 正帆科技 | 6.65 | 3.48 | 180 | 002561 | 徐家汇 | 5.33 | 5.51 |
| 134 | 600284 | 浦东建设 | 6.63 | 6.31 | 181 | 600072 | 中船科技 | 5.33 | 5.27 |
| 135 | 603083 | 剑桥科技 | 6.60 | 6.98 | 182 | 600094 | 大名城 | 5.30 | 5.22 |
| 136 | 605338 | 巴比食品 | 6.59 | 3.84 | 183 | 600605 | 汇通能源 | 5.26 | 4.82 |
| 137 | 688129 | 东来技术 | 6.59 | 3.36 | 184 | 603728 | 鸣志电器 | 5.24 | 4.83 |
| 138 | 600621 | 华鑫股份 | 6.51 | 5.85 | 185 | 300501 | 海顺新材 | 5.14 | 4.43 |
| 139 | 603868 | 飞科电器 | 6.50 | 6.04 | 186 | 600597 | 光明乳业 | 5.13 | 4.67 |
| 140 | 000668 | 荣丰控股 | 6.43 | 6.64 | 187 | 002605 | 姚记科技 | 5.12 | 3.73 |
| 141 | 600650 | 锦江在线 | 6.43 | 6.36 | 188 | 300398 | 飞凯材料 | 5.12 | 4.66 |

(续表)

| 序号 | 代码 | 公司简称 | 每股净资产 | | 序号 | 代码 | 公司简称 | 每股净资产 | |
|---|---|---|---|---|---|---|---|---|---|
| | | | 2020年 | 2019年 | | | | 2020年 | 2019年 |
| 189 | 600619 | 海立股份 | 5.11 | 5.11 | 236 | 600151 | 航天机电 | 3.81 | 3.69 |
| 190 | 300442 | 普丽盛 | 5.09 | 7.39 | 237 | 688126 | 沪硅产业-U | 3.81 | 2.73 |
| 191 | 603329 | 上海雅仕 | 5.03 | 4.54 | 238 | 300286 | 安科瑞 | 3.80 | 3.53 |
| 192 | 600663 | 陆家嘴 | 5.02 | 4.49 | 239 | 601872 | 招商轮船 | 3.79 | 3.76 |
| 193 | 603777 | 来伊份 | 4.94 | 5.20 | 240 | 300327 | 中颖电子 | 3.79 | 3.80 |
| 194 | 600708 | 光明地产 | 4.93 | 5.12 | 241 | 600018 | 上港集团 | 3.78 | 3.54 |
| 195 | 600846 | 同济科技 | 4.86 | 4.47 | 242 | 002252 | 上海莱士 | 3.73 | 2.31 |
| 196 | 603056 | 德邦股份 | 4.82 | 4.22 | 243 | 002401 | 中远海科 | 3.68 | 3.15 |
| 197 | 603855 | 华荣股份 | 4.80 | 4.46 | 244 | 600819 | 耀皮玻璃 | 3.68 | 3.52 |
| 198 | 603619 | 中曼石油 | 4.76 | 5.91 | 245 | 603960 | 克来机电 | 3.67 | 3.28 |
| 199 | 603226 | 菲林格尔 | 4.75 | 6.08 | 246 | 601156 | N东物 | 3.66 | 2.36 |
| 200 | 300245 | 天玑科技 | 4.73 | 4.57 | 247 | 300326 | 凯利泰 | 3.66 | 3.80 |
| 201 | 603648 | 畅联股份 | 4.72 | 4.60 | 248 | 600532 | 未来股份 | 3.65 | 3.61 |
| 202 | 002346 | 柘中股份 | 4.72 | 4.60 | 249 | 600882 | 妙可蓝多 | 3.63 | 3.09 |
| 203 | 600171 | 上海贝岭 | 4.68 | 4.32 | 250 | 300129 | 泰胜风能 | 3.60 | 3.22 |
| 204 | 600073 | 上海梅林 | 4.62 | 4.29 | 251 | 600630 | 龙头股份 | 3.59 | 4.29 |
| 205 | 600841 | 上柴股份 | 4.59 | 4.38 | 252 | 300170 | 汉得信息 | 3.55 | 3.47 |
| 206 | 603012 | 创力集团 | 4.58 | 4.10 | 253 | 300017 | 网宿科技 | 3.54 | 3.55 |
| 207 | 600081 | 东风科技 | 4.55 | 4.45 | 254 | 600210 | 紫江企业 | 3.50 | 3.24 |
| 208 | 601595 | 上海电影 | 4.51 | 6.66 | 255 | 603128 | 华贸物流 | 3.50 | 4.07 |
| 209 | 603009 | 北特科技 | 4.50 | 4.41 | 256 | 600851 | 海欣股份 | 3.47 | 3.19 |
| 210 | 002184 | 海得控制 | 4.49 | 4.03 | 257 | 600620 | 天宸股份 | 3.46 | 3.68 |
| 211 | 600622 | 光大嘉宝 | 4.46 | 4.25 | 258 | 600604 | 市北高新 | 3.45 | 3.35 |
| 212 | 300590 | 移为通信 | 4.45 | 6.22 | 259 | 603196 | 日播时尚 | 3.44 | 3.84 |
| 213 | 600618 | 氯碱化工 | 4.45 | 4.02 | 260 | 600838 | 上海九百 | 3.42 | 3.32 |
| 214 | 300511 | 雪榕生物 | 4.44 | 4.05 | 261 | 688098 | 申联生物 | 3.41 | 3.13 |
| 215 | 601727 | 上海电气 | 4.37 | 4.18 | 262 | 300380 | 安硕信息 | 3.39 | 3.26 |
| 216 | 601611 | 中国核建 | 4.34 | 3.81 | 263 | 002328 | 新朋股份 | 3.38 | 3.36 |
| 217 | 603121 | 华培动力 | 4.32 | 5.13 | 264 | 600615 | *ST丰华 | 3.37 | 3.36 |
| 218 | 002158 | 汉钟精机 | 4.28 | 3.81 | 265 | 603022 | 新通联 | 3.36 | 3.19 |
| 219 | 600843 | 上工申贝 | 4.28 | 4.21 | 266 | 300126 | 锐奇股份 | 3.36 | 3.21 |
| 220 | 603330 | 上海天洋 | 4.28 | 5.58 | 267 | 603580 | 艾艾精工 | 3.36 | 3.21 |
| 221 | 600613 | 神奇制药 | 4.26 | 4.90 | 268 | 002116 | 中国海诚 | 3.36 | 3.33 |
| 222 | 600500 | 中化国际 | 4.22 | 4.37 | 269 | 600833 | 第一医药 | 3.33 | 3.25 |
| 223 | 603030 | 全筑股份 | 4.19 | 3.97 | 270 | 600115 | 东方航空 | 3.30 | 4.08 |
| 224 | 603650 | 彤程新材 | 4.18 | 3.84 | 271 | 603682 | 锦和商业 | 3.27 | 2.33 |
| 225 | 603633 | 徕木股份 | 4.10 | 3.74 | 272 | 600834 | 申通地铁 | 3.21 | 3.10 |
| 226 | 002527 | 新时达 | 4.10 | 4.02 | 273 | 002324 | 普利特 | 3.19 | 4.53 |
| 227 | 603131 | 上海沪工 | 4.10 | 3.85 | 274 | 300627 | 华测导航 | 3.18 | 4.06 |
| 228 | 600679 | 上海凤凰 | 4.08 | 3.42 | 275 | 600170 | 上海建工 | 3.14 | 2.98 |
| 229 | 603496 | 恒为科技 | 4.06 | 3.96 | 276 | 603159 | 上海亚虹 | 3.14 | 3.08 |
| 230 | 603189 | 网达软件 | 4.03 | 3.69 | 277 | 600602 | 云赛智联 | 3.14 | 3.01 |
| 231 | 000863 | 三湘印象 | 4.01 | 4.27 | 278 | 002278 | 神开股份 | 3.13 | 3.11 |
| 232 | 603987 | 康德莱 | 3.99 | 3.63 | 279 | 603918 | 金桥信息 | 3.08 | 2.74 |
| 233 | 600611 | 大众交通 | 3.93 | 3.99 | 280 | 600662 | 强生控股 | 3.07 | 3.06 |
| 234 | 002636 | 金安国纪 | 3.91 | 3.67 | 281 | 300551 | 古鳌科技 | 3.07 | 5.22 |
| 235 | 300059 | 东方财富 | 3.85 | 3.16 | 282 | 600517 | 国网英大 | 3.02 | 2.52 |

（续表）

| 序号 | 代码 | 公司简称 | 每股净资产 | | 序号 | 代码 | 公司简称 | 每股净资产 | |
|---|---|---|---|---|---|---|---|---|---|
| | | | 2020 年 | 2019 年 | | | | 2020 年 | 2019 年 |
| 283 | 600490 | 鹏欣资源 | 2.95 | 2.90 | 321 | 300061 | 旗天科技 | 1.94 | 3.38 |
| 284 | 600635 | 大众公用 | 2.93 | 2.73 | 322 | 688505 | 复旦张江 | 1.93 | 1.01 |
| 285 | 600616 | 金枫酒业 | 2.92 | 3.81 | 323 | 300067 | 安诺其 | 1.87 | 1.82 |
| 286 | 300180 | 华峰超纤 | 2.88 | 3.08 | 324 | 002565 | 顺灏股份 | 1.84 | 1.83 |
| 287 | 603956 | 威派格 | 2.88 | 2.63 | 325 | 002211 | 宏达新材 | 1.76 | 1.63 |
| 288 | 600626 | 申达股份 | 2.85 | 3.93 | 326 | 603256 | 宏和科技 | 1.69 | 1.62 |
| 289 | 603499 | 翔港科技 | 2.83 | 3.79 | 327 | 603718 | 海利生物 | 1.64 | 1.65 |
| 290 | 601968 | 宝钢包装 | 2.83 | 2.77 | 328 | 600624 | 复旦复华 | 1.61 | 1.73 |
| 291 | 601616 | 广电电气 | 2.82 | 2.78 | 329 | 002451 | 摩恩电气 | 1.60 | 1.59 |
| 292 | 002858 | 力盛赛车 | 2.81 | 3.48 | 330 | 002195 | 二三四五 | 1.60 | 1.76 |
| 293 | 300262 | 巴安水务 | 2.77 | 3.53 | 331 | 600822 | 上海物贸 | 1.59 | 1.35 |
| 294 | 600088 | 中视传媒 | 2.76 | 3.11 | 332 | 601866 | 中远海发 | 1.58 | 1.48 |
| 295 | 600688 | 上海石化 | 2.70 | 2.76 | 333 | 300493 | 润欣科技 | 1.57 | 1.56 |
| 296 | 600320 | 振华重工 | 2.67 | 2.95 | 334 | 600836 | 界龙实业 | 1.53 | 1.17 |
| 297 | 300230 | 永利股份 | 2.67 | 3.90 | 335 | 300168 | 万达信息 | 1.23 | 2.43 |
| 298 | 601702 | 华峰铝业 | 2.67 | 2.02 | 336 | 002058 | *ST 威尔 | 1.22 | 1.22 |
| 299 | 688585 | 上纬新材 | 2.64 | 2.39 | 337 | 002162 | 悦心健康 | 1.21 | 1.15 |
| 300 | 600732 | 爱旭股份 | 2.62 | 1.13 | 338 | 300469 | 信息发展 | 1.15 | 1.49 |
| 301 | 002706 | 良信股份 | 2.60 | 2.30 | 339 | 002486 | 嘉麟杰 | 1.13 | 1.11 |
| 302 | 600675 | 中华企业 | 2.58 | 2.49 | 340 | 600651 | 飞乐音响 | 1.08 | −1.66 |
| 303 | 600692 | 亚通股份 | 2.50 | 2.33 | 341 | 600530 | 交大昂立 | 1.07 | 0.96 |
| 304 | 600824 | 益民集团 | 2.49 | 2.35 | 342 | 688538 | 和辉光电 −U | 0.96 | 0.64 |
| 305 | 300039 | 上海凯宝 | 2.46 | 2.46 | 343 | 300008 | 天海防务 | 0.95 | 0.42 |
| 306 | 600503 | 华丽家族 | 2.37 | 2.47 | 344 | 600119 | 长江投资 | 0.95 | 0.66 |
| 307 | 300153 | 科泰电源 | 2.36 | 2.95 | 345 | 600695 | *ST 绿庭 | 0.94 | 0.99 |
| 308 | 600825 | 新华传媒 | 2.30 | 2.56 | 346 | 600696 | ST 岩石 | 0.93 | 0.76 |
| 309 | 300330 | 华虹计通 | 2.22 | 2.22 | 347 | 002178 | 延华智能 | 0.79 | 1.21 |
| 310 | 300074 | 华平股份 | 2.16 | 2.22 | 348 | 601519 | 大智慧 | 0.76 | 0.74 |
| 311 | 300222 | 科大智能 | 2.16 | 2.64 | 349 | 002506 | 协鑫集成 | 0.73 | 0.86 |
| 312 | 600647 | 同达创业 | 2.15 | 2.07 | 350 | 600193 | ST 创兴 | 0.69 | 0.55 |
| 313 | 600272 | 开开实业 | 2.12 | 2.12 | 351 | 002269 | 美邦服饰 | 0.47 | 0.81 |
| 314 | 600689 | 上海三毛 | 2.12 | 2.31 | 352 | 300336 | 新文化 | 0.41 | 2.51 |
| 315 | 300253 | 卫宁健康 | 2.12 | 2.27 | 353 | 600601 | ST 方科 | 0.33 | 0.86 |
| 316 | 600652 | *ST 游久 | 2.10 | 2.05 | 354 | 600608 | ST 沪科 | 0.19 | 0.18 |
| 317 | 300225 | 金力泰 | 2.06 | 1.93 | 355 | 600816 | ST 安信 | 0.16 | 1.40 |
| 318 | 300272 | 开能健康 | 2.03 | 2.05 | 356 | 600610 | 中毅达 | 0.08 | 0.04 |
| 319 | 600818 | 中路股份 | 2.01 | 1.77 | 357 | 600654 | ST 中安 | 0.07 | 0.24 |
| 320 | 600661 | 昂立教育 | 1.96 | 3.19 | 358 | 600634 | 退市富控 | −7.28 | −4.01 |

# 上海工商类上市公司2020年度净资产收益率排序

（单位：%）

| 序号 | 代码 | 公司简称 | 净资产收益率 | | 序号 | 代码 | 公司简称 | 净资产收益率 | |
|---|---|---|---|---|---|---|---|---|---|
| | | | 2020年 | 2019年 | | | | 2019年 | 2018年 |
| 1 | 688317 | 之江生物 | 91.62 | 9.33 | 48 | 688330 | 宏力达 | 17.36 | 44.83 |
| 2 | 600651 | 飞乐音响 | 81.02 | – | 49 | 300226 | 上海钢联 | 17.33 | 17.20 |
| 3 | 600610 | 中毅达 | 67.84 | – | 50 | 605136 | 丽人丽妆 | 17.31 | 19.85 |
| 4 | 002605 | 姚记科技 | 61.55 | 20.95 | 51 | 605339 | 南侨食品 | 17.30 | 17.64 |
| 5 | 300983 | 尤安设计 | 49.32 | 72.09 | 52 | 688063 | 派能科技 | 17.27 | 40.56 |
| 6 | 301000 | 肇民科技 | 44.55 | 38.61 | 53 | 002158 | 汉钟精机 | 16.76 | 12.66 |
| 7 | 688680 | 海优新材 | 34.46 | 13.47 | 54 | 603197 | 保隆科技 | 16.76 | 17.22 |
| 8 | 301005 | C超捷 | 33.01 | 21.72 | 55 | 603855 | 华荣股份 | 16.69 | 12.91 |
| 9 | 605398 | 新炬网络 | 29.23 | 37.29 | 56 | 600171 | 上海贝岭 | 16.67 | 8.80 |
| 10 | 301001 | 凯淳股份 | 28.47 | 27.49 | 57 | 603960 | 克来机电 | 16.53 | 18.27 |
| 11 | 603501 | 韦尔股份 | 28.24 | 9.74 | 58 | 002028 | 思源电气 | 16.14 | 11.60 |
| 12 | 603899 | 晨光文具 | 26.73 | 27.85 | 59 | 688160 | 步科股份 | 16.05 | 20.78 |
| 13 | 600836 | 界龙实业 | 26.30 | −11.27 | 60 | 688188 | 柏楚电子 | 15.97 | 20.20 |
| 14 | 605098 | 行动教育 | 25.92 | 36.24 | 61 | 688019 | 安集科技 | 15.91 | 10.67 |
| 15 | 603565 | 中谷物流 | 25.07 | 33.28 | 62 | 600818 | 中路股份 | 15.84 | −10.48 |
| 16 | 002022 | 科华生物 | 24.57 | 8.93 | 63 | 600822 | 上海物贸 | 15.69 | 9.64 |
| 17 | 688682 | 霍莱沃 | 24.12 | 27.81 | 64 | 603515 | 欧普照明 | 15.59 | 19.04 |
| 18 | 603868 | 飞科电器 | 23.38 | 26.22 | 65 | 601231 | 环旭电子 | 15.58 | 12.82 |
| 19 | 600193 | ST创兴 | 22.11 | 8.65 | 66 | 002324 | 普利特 | 15.55 | 6.99 |
| 20 | 600732 | 爱旭股份 | 21.71 | 46.04 | 67 | 300286 | 安科瑞 | 15.43 | 15.14 |
| 21 | 600612 | 老凤祥 | 21.17 | 21.32 | 68 | 605208 | 永茂泰 | 15.00 | 12.40 |
| 22 | 600663 | 陆家嘴 | 20.90 | 21.50 | 69 | 605338 | 巴比食品 | 14.94 | 23.66 |
| 23 | 300327 | 中颖电子 | 20.67 | 20.73 | 70 | 603786 | 科博达 | 14.59 | 18.52 |
| 24 | 002568 | 百润股份 | 20.53 | 15.31 | 71 | 688301 | 奕瑞科技 | 14.53 | 25.53 |
| 25 | 600846 | 同济科技 | 20.45 | 23.91 | 72 | 688129 | 东来技术 | 14.34 | 29.91 |
| 26 | 603039 | 泛微网络 | 20.43 | 17.20 | 73 | 688008 | 澜起科技 | 14.33 | 17.05 |
| 27 | 603886 | 元祖股份 | 20.07 | 17.43 | 74 | 300129 | 泰胜风能 | 14.22 | 6.79 |
| 28 | 002706 | 良信股份 | 19.53 | 15.32 | 75 | 603956 | 威派格 | 14.00 | 12.26 |
| 29 | 300892 | 品渥食品 | 19.27 | 34.26 | 76 | 300501 | 海顺新材 | 13.73 | 10.01 |
| 30 | 300627 | 华测导航 | 18.97 | 14.95 | 77 | 300171 | 东富龙 | 13.72 | 4.72 |
| 31 | 605222 | 起帆电缆 | 18.96 | 23.94 | 78 | 603012 | 创力集团 | 13.24 | 11.07 |
| 32 | 603324 | 盛剑环境 | 18.94 | 21.60 | 79 | 300380 | 安硕信息 | 13.22 | 7.08 |
| 33 | 603466 | 风语筑 | 18.81 | 17.07 | 80 | 300511 | 雪榕生物 | 13.10 | 13.32 |
| 34 | 603587 | 地素时尚 | 18.67 | 19.52 | 81 | 603056 | 德邦股份 | 13.00 | 8.01 |
| 35 | 688016 | 心脉医疗 | 18.66 | 22.11 | 82 | 603918 | 金桥信息 | 12.99 | 10.51 |
| 36 | 603378 | 亚士创能 | 18.49 | 8.53 | 83 | 605050 | 福然德 | 12.99 | 16.57 |
| 37 | 002401 | 中远海科 | 18.39 | 10.57 | 84 | 300762 | 上海瀚讯 | 12.89 | 12.57 |
| 38 | 603713 | 密尔克卫 | 18.34 | 14.59 | 85 | 603682 | 锦和商业 | 12.86 | 22.58 |
| 39 | 600606 | 绿地控股 | 18.33 | 19.79 | 86 | 688179 | 阿拉丁 | 12.80 | 19.04 |
| 40 | 600845 | 宝信软件 | 18.13 | 12.86 | 87 | 002825 | 纳尔股份 | 12.73 | 6.34 |
| 41 | 600895 | 张江高科 | 18.12 | 6.45 | 88 | 605151 | 西上海 | 12.72 | 18.99 |
| 42 | 603683 | 晶华新材 | 18.10 | 0.44 | 89 | 601601 | 中国太保 | 12.49 | 16.92 |
| 43 | 605081 | 太和水 | 18.09 | 19.28 | 90 | 002184 | 海得控制 | 12.43 | 5.55 |
| 44 | 605289 | 罗曼股份 | 17.80 | 30.27 | 91 | 600618 | 氯碱化工 | 12.39 | 18.93 |
| 45 | 300059 | 东方财富 | 17.58 | 9.92 | 92 | 688585 | 上纬新材 | 12.35 | 9.48 |
| 46 | 603650 | 彤程新材 | 17.48 | 14.61 | 93 | 688202 | 美迪西 | 12.23 | 9.93 |
| 47 | 605186 | 健麾信息 | 17.39 | 38.03 | 94 | 603128 | 华贸物流 | 12.19 | 8.76 |

(续表)

| 序号 | 代码 | 公司简称 | 净资产收益率 | | 序号 | 代码 | 公司简称 | 净资产收益率 | |
|---|---|---|---|---|---|---|---|---|---|
| | | | 2020 年 | 2019 年 | | | | 2019 年 | 2018 年 |
| 95 | 300963 | 中洲特材 | 12.16 | 13.96 | 142 | 600061 | 国投资本 | 9.80 | 7.86 |
| 96 | 688012 | 中微公司 | 12.12 | 6.43 | 143 | 600018 | 上港集团 | 9.80 | 11.50 |
| 97 | 603987 | 康德莱 | 12.05 | 11.42 | 144 | 600000 | 浦发银行 | 9.79 | 11.49 |
| 98 | 688085 | 三友医疗 | 12.02 | 25.14 | 145 | 600835 | 上海机电 | 9.70 | 9.73 |
| 99 | 600850 | 华东电脑 | 12.02 | 13.11 | 146 | 600073 | 上海梅林 | 9.69 | 9.35 |
| 100 | 600643 | 爱建集团 | 12.02 | 12.92 | 147 | 688098 | 申联生物 | 9.67 | 7.38 |
| 101 | 603681 | 永冠新材 | 12.01 | 13.11 | 148 | 603037 | 凯众股份 | 9.65 | 9.66 |
| 102 | 601702 | 华峰铝业 | 11.94 | 12.95 | 149 | 002669 | 康达新材 | 9.62 | 6.91 |
| 103 | 300253 | 卫宁健康 | 11.90 | 11.60 | 150 | 600170 | 上海建工 | 9.61 | 12.26 |
| 104 | 603365 | 水星家纺 | 11.83 | 14.11 | 151 | 603728 | 鸣志电器 | 9.59 | 9.06 |
| 105 | 603579 | 荣泰健康 | 11.74 | 18.96 | 152 | 603131 | 上海沪工 | 9.55 | 8.54 |
| 106 | 688123 | 聚辰股份 | 11.68 | 11.45 | 153 | 300225 | 金力泰 | 9.51 | 3.36 |
| 107 | 600530 | 交大昂立 | 11.68 | −9.40 | 154 | 601328 | 交通银行 | 9.43 | 10.36 |
| 108 | 603214 | 爱婴室 | 11.47 | 16.24 | 155 | 600833 | 第一医药 | 9.34 | 7.65 |
| 109 | 601229 | 上海银行 | 11.38 | 12.01 | 156 | 603159 | 上海亚虹 | 9.24 | 5.33 |
| 110 | 600517 | 国网英大 | 11.37 | 0.46 | 157 | 300802 | 矩子科技 | 9.05 | 12.89 |
| 111 | 603690 | 至纯科技 | 11.27 | 11.49 | 158 | 600675 | 中华企业 | 8.92 | 16.18 |
| 112 | 600655 | 豫园股份 | 11.21 | 10.68 | 159 | 300236 | 上海新阳 | 8.80 | 15.14 |
| 113 | 688505 | 复旦张江 | 11.19 | 24.25 | 160 | 601866 | 中远海发 | 8.77 | 8.25 |
| 114 | 603108 | 润达医疗 | 11.07 | 11.76 | 161 | 300398 | 飞凯材料 | 8.74 | 11.10 |
| 115 | 600210 | 紫江企业 | 11.05 | 10.53 | 162 | 300590 | 移为通信 | 8.69 | 17.37 |
| 116 | 300947 | 德必集团 | 10.99 | 14.25 | 163 | 603189 | 网达软件 | 8.41 | 4.28 |
| 117 | 300915 | 海融科技 | 10.92 | 32.10 | 164 | 601611 | 中国核建 | 8.33 | 9.41 |
| 118 | 601872 | 招商轮船 | 10.92 | 7.08 | 165 | 688519 | 南亚新材 | 8.32 | 25.02 |
| 119 | 603659 | 璞泰来 | 10.84 | 20.61 | 166 | 300378 | 鼎捷软件 | 8.31 | 7.59 |
| 120 | 600621 | 华鑫股份 | 10.80 | 1.04 | 167 | 600420 | 国药现代 | 8.26 | 9.12 |
| 121 | 600639 | 浦东金桥 | 10.71 | 11.56 | 168 | 603330 | 上海天洋 | 8.20 | 2.75 |
| 122 | 605128 | 上海沿浦 | 10.69 | 18.90 | 169 | 688155 | 先惠技术 | 8.19 | 20.15 |
| 123 | 603887 | 城地香江 | 10.66 | 15.88 | 170 | 601211 | 国泰君安 | 8.09 | 6.62 |
| 124 | 600196 | 复星医药 | 10.63 | 11.10 | 171 | 300999 | 金龙鱼 | 8.09 | 8.72 |
| 125 | 600741 | 华域汽车 | 10.60 | 13.64 | 172 | 603256 | 宏和科技 | 8.06 | 8.34 |
| 126 | 603236 | 移远通信 | 10.55 | 12.49 | 173 | 600104 | 上汽集团 | 8.02 | 10.58 |
| 127 | 688596 | 正帆科技 | 10.47 | 14.54 | 174 | 600642 | 申能股份 | 7.92 | 8.23 |
| 128 | 300899 | 上海凯鑫 | 10.43 | 29.02 | 175 | 603020 | 爱普股份 | 7.87 | 7.42 |
| 129 | 601607 | 上海医药 | 10.33 | 10.12 | 176 | 600837 | 海通证券 | 7.78 | 7.81 |
| 130 | 603730 | 岱美股份 | 10.30 | 17.72 | 177 | 601200 | 上海环境 | 7.78 | 9.67 |
| 131 | 688133 | 泰坦科技 | 10.27 | 15.61 | 178 | 600097 | 开创国际 | 7.72 | 10.02 |
| 132 | 688590 | 新致软件 | 10.17 | 15.25 | 179 | 300462 | 华铭智能 | 7.70 | 25.02 |
| 133 | 603329 | 上海雅仕 | 10.17 | −14.83 | 180 | 002346 | 柘中股份 | 7.57 | 4.65 |
| 134 | 688660 | 电气风电 | 10.14 | 8.33 | 181 | 600026 | 中远海能 | 7.56 | 1.53 |
| 135 | 600597 | 光明乳业 | 10.13 | 9.02 | 182 | 603006 | 联明股份 | 7.27 | 6.82 |
| 136 | 688335 | 复洁环保 | 10.07 | 34.14 | 183 | 002252 | 上海莱士 | 7.23 | 5.44 |
| 137 | 600820 | 隧道股份 | 10.05 | 10.08 | 184 | 600748 | 上实发展 | 7.20 | 7.61 |
| 138 | 600848 | 上海临港 | 10.05 | 13.18 | 185 | 002211 | 宏达新材 | 7.19 | −11.73 |
| 139 | 300578 | 会畅通讯 | 10.04 | 12.70 | 186 | 600490 | 鹏欣资源 | 7.14 | 5.23 |
| 140 | 603192 | 汇得科技 | 9.94 | 11.37 | 187 | 603580 | 艾艾精工 | 7.13 | 8.74 |
| 141 | 300642 | 透景生命 | 9.90 | 14.32 | 188 | 300613 | 富瀚微 | 7.09 | 7.53 |

（续表）

| 序号 | 代码 | 公司简称 | 净资产收益率 | | 序号 | 代码 | 公司简称 | 净资产收益率 | |
|---|---|---|---|---|---|---|---|---|---|
| | | | 2020年 | 2019年 | | | | 2019年 | 2018年 |
| 189 | 600284 | 浦东建设 | 7.08 | 6.82 | 236 | 600641 | 万业企业 | 4.87 | 9.20 |
| 190 | 600019 | 宝钢股份 | 7.00 | 7.00 | 237 | 601519 | 大智慧 | 4.86 | 0.41 |
| 191 | 600081 | 东风科技 | 6.99 | 11.00 | 238 | 600278 | 东方创业 | 4.80 | 2.86 |
| 192 | 002454 | 松芝股份 | 6.99 | 5.24 | 239 | 600958 | 东方证券 | 4.77 | 4.61 |
| 193 | 600692 | 亚通股份 | 6.90 | 4.37 | 240 | 601788 | 光大证券 | 4.67 | 1.20 |
| 194 | 600824 | 益民集团 | 6.88 | 3.73 | 241 | 603633 | 徕木股份 | 4.66 | 5.67 |
| 195 | 600650 | 锦江在线 | 6.85 | 7.94 | 242 | 600021 | 上海电力 | 4.60 | 5.51 |
| 196 | 603881 | 数据港 | 6.84 | 10.51 | 243 | 002116 | 中国海诚 | 4.57 | 4.15 |
| 197 | 601968 | 宝钢包装 | 6.80 | 5.85 | 244 | 603496 | 恒为科技 | 4.50 | 8.67 |
| 198 | 600315 | 上海家化 | 6.73 | 9.21 | 245 | 300483 | 首华燃气 | 4.47 | 4.20 |
| 199 | 300067 | 安诺其 | 6.71 | 9.68 | 246 | 603200 | 上海洗霸 | 4.42 | 5.35 |
| 200 | 600648 | 外高桥 | 6.71 | 8.44 | 247 | 600827 | 百联股份 | 4.36 | 5.54 |
| 201 | 600605 | 汇通能源 | 6.69 | 3.28 | 248 | 600882 | 妙可蓝多 | 4.31 | 1.55 |
| 202 | 600508 | 上海能源 | 6.63 | 5.93 | 249 | 600620 | 天宸股份 | 4.30 | 2.79 |
| 203 | 688608 | 恒玄科技 | 6.59 | 21.18 | 250 | 688366 | 昊海生科 | 4.20 | 8.18 |
| 204 | 002636 | 金安国纪 | 6.54 | 6.03 | 251 | 300039 | 上海凯宝 | 4.12 | 9.93 |
| 205 | 603648 | 畅联股份 | 6.48 | 7.12 | 252 | 688099 | 晶晨股份 | 4.02 | 8.06 |
| 206 | 600638 | 新黄浦 | 6.41 | −12.80 | 253 | 600647 | 同达创业 | 3.98 | 6.75 |
| 207 | 688018 | 乐鑫科技 | 6.40 | 16.50 | 254 | 300551 | 古鳌科技 | 3.96 | 8.02 |
| 208 | 601696 | 中银证券 | 6.37 | 6.44 | 255 | 600838 | 上海九百 | 3.95 | 7.79 |
| 209 | 603226 | 菲林格尔 | 6.34 | 12.91 | 256 | 600649 | 城投控股 | 3.92 | 3.18 |
| 210 | 600622 | 光大嘉宝 | 6.32 | 7.23 | 257 | 600503 | 华丽家族 | 3.87 | 5.08 |
| 211 | 688217 | 睿昂基因 | 6.17 | 6.09 | 258 | 600826 | 兰生股份 | 3.83 | 5.43 |
| 212 | 600635 | 大众公用 | 6.17 | 6.78 | 259 | 601828 | 美凯龙 | 3.71 | 10.25 |
| 213 | 688065 | 凯赛生物 | 6.09 | 12.28 | 260 | 600679 | 上海凤凰 | 3.71 | 1.98 |
| 214 | 688981 | 中芯国际 | 6.07 | 4.23 | 261 | 600608 | ST 沪科 | 3.70 | 7.60 |
| 215 | 300493 | 润欣科技 | 6.03 | 3.99 | 262 | 600072 | 中船科技 | 3.68 | 3.62 |
| 216 | 600823 | 世茂股份 | 6.02 | 9.90 | 263 | 600843 | 上工申贝 | 3.63 | 3.79 |
| 217 | 603030 | 全筑股份 | 5.99 | 10.54 | 264 | 600619 | 海立股份 | 3.60 | 6.43 |
| 218 | 600602 | 云赛智联 | 5.91 | 5.96 | 265 | 600094 | 大名城 | 3.44 | 5.93 |
| 219 | 600629 | 华建集团 | 5.89 | 9.70 | 266 | 002561 | 徐家汇 | 3.34 | 9.42 |
| 220 | 601727 | 上海电气 | 5.79 | 5.80 | 267 | 688118 | 普元信息 | 3.23 | 8.10 |
| 221 | 688368 | 晶丰明源 | 5.76 | 13.33 | 268 | 002527 | 新时达 | 3.23 | 2.01 |
| 222 | 603232 | 格尔软件 | 5.73 | 10.90 | 269 | 600151 | 航天机电 | 3.19 | −13.35 |
| 223 | 600611 | 大众交通 | 5.72 | 10.87 | 270 | 600851 | 海欣股份 | 2.97 | 2.86 |
| 224 | 002162 | 悦心健康 | 5.68 | 3.96 | 271 | 601616 | 广电电气 | 2.89 | 6.94 |
| 225 | 002328 | 新朋股份 | 5.60 | 4.27 | 272 | 600696 | ST 岩石 | 2.84 | 4.50 |
| 226 | 000863 | 三湘印象 | 5.57 | 4.91 | 273 | 600320 | 振华重工 | 2.80 | 3.35 |
| 227 | 600637 | 东方明珠 | 5.52 | 7.11 | 274 | 600604 | 市北高新 | 2.76 | 3.41 |
| 228 | 603022 | 新通联 | 5.48 | 4.74 | 275 | 300245 | 天玑科技 | 2.68 | 2.08 |
| 229 | 600819 | 耀皮玻璃 | 5.33 | 6.54 | 276 | 600272 | 开开实业 | 2.65 | 4.35 |
| 230 | 300508 | 维宏股份 | 5.31 | 13.09 | 277 | 300017 | 网宿科技 | 2.54 | 0.40 |
| 231 | 603121 | 华培动力 | 5.29 | 11.69 | 278 | 002278 | 神开股份 | 2.50 | 3.90 |
| 232 | 600841 | 上柴股份 | 5.23 | 3.11 | 279 | 300008 | 天海防务 | 2.49 | −61.95 |
| 233 | 600636 | 国新文化 | 5.12 | 3.92 | 280 | 600500 | 中化国际 | 2.35 | 3.77 |
| 234 | 600834 | 申通地铁 | 4.90 | 4.61 | 281 | 600623 | 华谊集团 | 2.29 | 3.43 |
| 235 | 603790 | 雅运股份 | 4.89 | 10.80 | 282 | 300272 | 开能健康 | 2.23 | 8.55 |

（续表）

| 序号 | 代码 | 公司简称 | 净资产收益率 | | 序号 | 代码 | 公司简称 | 净资产收益率 | |
|---|---|---|---|---|---|---|---|---|---|
| | | | 2020 年 | 2019 年 | | | | 2019 年 | 2018 年 |
| 283 | 600688 | 上海石化 | 2.13 | 7.35 | 321 | 603196 | 日播时尚 | −5.44 | 0.94 |
| 284 | 603895 | 天永智能 | 2.07 | −6.63 | 322 | 688336 | 三生国健 | −5.90 | 7.53 |
| 285 | 300170 | 汉得信息 | 2.06 | 2.87 | 323 | 600689 | 上海三毛 | −7.94 | 1.77 |
| 286 | 603068 | 博通集成 | 2.04 | 29.75 | 324 | 600088 | 中视传媒 | −9.17 | 7.45 |
| 287 | 603009 | 北特科技 | 1.97 | −8.17 | 325 | 300180 | 华峰超纤 | −9.37 | 3.05 |
| 288 | 300074 | 华平股份 | 1.92 | 1.53 | 326 | 002195 | 二三四五 | −9.47 | 7.80 |
| 289 | 600662 | 强生控股 | 1.81 | 2.88 | 327 | 688538 | 和辉光电 −U | −9.71 | −9.38 |
| 290 | 002486 | 嘉麟杰 | 1.79 | −1.85 | 328 | 600825 | 新华传媒 | −11.47 | 0.78 |
| 291 | 600628 | 新世界 | 1.63 | 0.84 | 329 | 603991 | 至正股份 | −12.17 | −12.53 |
| 292 | 300330 | 华虹计通 | 1.56 | 1.38 | 330 | 002858 | 力盛赛车 | −12.84 | 5.65 |
| 293 | 603499 | 翔港科技 | 1.40 | 2.75 | 331 | 688158 | 优刻得 −W | −13.70 | 1.22 |
| 294 | 688126 | 沪硅产业 −U | 1.20 | −2.13 | 332 | 600613 | 神奇制药 | −13.94 | 3.26 |
| 295 | 600532 | 未来股份 | 1.17 | 1.96 | 333 | 688578 | 艾力斯 −U | −15.29 | −63.33 |
| 296 | 300126 | 锐奇股份 | 1.15 | 0.95 | 334 | 300222 | 科大智能 | −16.12 | −82.50 |
| 297 | 002451 | 摩恩电气 | 1.06 | 5.38 | 335 | 600630 | 龙头股份 | −17.57 | 1.05 |
| 298 | 600150 | 中国船舶 | 1.00 | 2.65 | 336 | 603083 | 剑桥科技 | −18.70 | 1.88 |
| 299 | 600754 | 锦江酒店 | 0.85 | 8.44 | 337 | 601595 | 上海电影 | −19.14 | 5.71 |
| 300 | 603718 | 海利生物 | 0.84 | 1.15 | 338 | 600115 | 东方航空 | −19.60 | 5.22 |
| 301 | 600708 | 光明地产 | 0.76 | 4.22 | 339 | 300153 | 科泰电源 | −20.07 | 0.35 |
| 302 | 600616 | 金枫酒业 | 0.63 | 1.51 | 340 | 300230 | 永利股份 | −20.31 | 8.41 |
| 303 | 002565 | 顺灏股份 | 0.40 | −9.81 | 341 | 300262 | 巴安水务 | −22.31 | 3.45 |
| 304 | 600615 | *ST 丰华 | 0.23 | 5.03 | 342 | 603619 | 中曼石油 | −22.77 | 0.73 |
| 305 | 600640 | 号百控股 | 0.23 | 3.15 | 343 | 300469 | 信息发展 | −23.61 | −39.71 |
| 306 | 002058 | *ST 威尔 | −0.37 | −7.64 | 344 | 600626 | 申达股份 | −28.01 | 1.98 |
| 307 | 300609 | 汇纳科技 | −0.95 | 12.27 | 345 | 600661 | 昂立教育 | −33.66 | 4.96 |
| 308 | 688521 | 芯原股份 −U | −1.43 | −7.27 | 346 | 600119 | 长江投资 | −35.27 | 35.46 |
| 309 | 600652 | *ST 游久 | −1.59 | 1.36 | 347 | 300442 | 普丽盛 | −36.41 | 1.83 |
| 310 | 603003 | 龙宇燃油 | −1.76 | 0.17 | 348 | 688180 | 君实生物 −U | −37.90 | −23.75 |
| 311 | 000668 | 荣丰控股 | −2.42 | 4.02 | 349 | 002178 | 延华智能 | −38.03 | 2.71 |
| 312 | 603729 | ST 龙韵 | −2.72 | −7.01 | 350 | 300061 | 旗天科技 | −42.25 | 2.26 |
| 313 | 600695 | *ST 绿庭 | −3.15 | 5.65 | 351 | 002269 | 美邦服饰 | −53.38 | −33.57 |
| 314 | 600676 | 交运股份 | −3.58 | 2.18 | 352 | 300168 | 万达信息 | −59.30 | −42.83 |
| 315 | 603777 | 来伊份 | −3.80 | 0.57 | 353 | 002506 | 协鑫集成 | −61.07 | 1.29 |
| 316 | 603885 | 吉祥航空 | −3.99 | 8.91 | 354 | 600601 | ST 方科 | −70.19 | −51.87 |
| 317 | 601021 | 春秋航空 | −4.03 | 12.98 | 355 | 600654 | ST 中安 | −89.83 | 25.33 |
| 318 | 600009 | 上海机场 | −4.14 | 16.70 | 356 | 300336 | 新文化 | −141.84 | −37.88 |
| 319 | 300326 | 凯利泰 | −4.69 | 11.52 | 357 | 600816 | ST 安信 | −158.10 | −40.65 |
| 320 | 600624 | 复旦复华 | −4.89 | 4.76 | | | | | |

# 上海工商类上市公司 2020 年度每股现金流量排序

（单位：元）

| 序号 | 代码 | 公司简称 | 每股经营现金净流 | | 序号 | 代码 | 公司简称 | 每股经营现金净流 | |
|---|---|---|---|---|---|---|---|---|---|
| | | | 2020 年 | 2019 年 | | | | 2020 年 | 2019 年 |
| 1 | 601601 | 中国太保 | 11.55 | 12.34 | 48 | 603037 | 凯众股份 | 1.76 | 0.98 |
| 2 | 688317 | 之江生物 | 7.82 | 0.52 | 49 | 600597 | 光明乳业 | 1.76 | 1.97 |
| 3 | 601788 | 光大证券 | 5.58 | 7.74 | 50 | 688217 | 睿昂基因 | 1.68 | 0.28 |
| 4 | 300947 | 德必集团 | 4.82 | 4.66 | 51 | 688981 | 中芯国际 | 1.67 | 1.61 |
| 5 | 600612 | 老凤祥 | 4.49 | −2.40 | 52 | 301005 | C 超捷 | 1.66 | 1.23 |
| 6 | 600000 | 浦发银行 | 4.31 | −2.34 | 53 | 688012 | 中微公司 | 1.58 | 0.25 |
| 7 | 300483 | 首华燃气 | 4.21 | 5.50 | 54 | 600850 | 华东电脑 | 1.53 | 2.01 |
| 8 | 600958 | 东方证券 | 4.03 | 1.48 | 55 | 600420 | 国药现代 | 1.52 | 1.24 |
| 9 | 603501 | 韦尔股份 | 3.86 | 0.93 | 56 | 603192 | 汇得科技 | 1.52 | 0.84 |
| 10 | 600648 | 外高桥 | 3.69 | −1.99 | 57 | 605128 | 上海沿浦 | 1.51 | 2.13 |
| 11 | 600606 | 绿地控股 | 3.68 | 1.58 | 58 | 603587 | 地素时尚 | 1.50 | 1.81 |
| 12 | 688188 | 柏楚电子 | 3.62 | 2.40 | 59 | 605151 | 西上海 | 1.50 | 1.28 |
| 13 | 688301 | 奕瑞科技 | 3.62 | 0.57 | 60 | 600026 | 中远海能 | 1.48 | 1.33 |
| 14 | 688202 | 美迪西 | 3.35 | 0.94 | 61 | 688366 | 昊海生科 | 1.48 | 1.96 |
| 15 | 600104 | 上汽集团 | 3.21 | 3.96 | 62 | 300578 | 会畅通讯 | 1.47 | 0.61 |
| 16 | 603565 | 中谷物流 | 3.03 | 2.89 | 63 | 603039 | 泛微网络 | 1.43 | 1.57 |
| 17 | 688016 | 心脉医疗 | 3.02 | 1.99 | 64 | 603365 | 水星家纺 | 1.42 | 0.88 |
| 18 | 605098 | 行动教育 | 2.99 | 2.90 | 65 | 605339 | 南侨食品 | 1.40 | 1.24 |
| 19 | 600741 | 华域汽车 | 2.97 | 3.06 | 66 | 603659 | 璞泰来 | 1.40 | 1.13 |
| 20 | 600639 | 浦东金桥 | 2.91 | −1.22 | 67 | 603214 | 爱婴室 | 1.40 | 1.27 |
| 21 | 600021 | 上海电力 | 2.78 | 2.27 | 68 | 603197 | 保隆科技 | 1.39 | 1.21 |
| 22 | 002022 | 科华生物 | 2.66 | 0.48 | 69 | 603899 | 晨光文具 | 1.37 | 1.18 |
| 23 | 300983 | 尤安设计 | 2.63 | 3.26 | 70 | 300892 | 品渥食品 | 1.37 | 1.75 |
| 24 | 600846 | 同济科技 | 2.55 | 0.55 | 71 | 301000 | 肇民科技 | 1.37 | 1.41 |
| 25 | 601211 | 国泰君安 | 2.50 | 4.09 | 72 | 603515 | 欧普照明 | 1.37 | 1.47 |
| 26 | 600827 | 百联股份 | 2.49 | 1.47 | 73 | 600097 | 开创国际 | 1.35 | 0.81 |
| 27 | 601607 | 上海医药 | 2.41 | 2.12 | 74 | 002568 | 百润股份 | 1.35 | 1.02 |
| 28 | 300613 | 富瀚微 | 2.39 | 1.15 | 75 | 603730 | 岱美股份 | 1.32 | 1.10 |
| 29 | 600073 | 上海梅林 | 2.36 | 1.04 | 76 | 300915 | 海融科技 | 1.32 | 2.13 |
| 30 | 688608 | 恒玄科技 | 2.33 | 0.63 | 77 | 600532 | 未来股份 | 1.32 | 1.13 |
| 31 | 000863 | 三湘印象 | 2.31 | 1.66 | 78 | 002605 | 姚记科技 | 1.31 | 1.77 |
| 32 | 600629 | 华建集团 | 2.28 | 0.79 | 79 | 603786 | 科博达 | 1.30 | 1.41 |
| 33 | 688099 | 晶晨股份 | 2.25 | 0.83 | 80 | 603681 | 永冠新材 | 1.29 | 1.20 |
| 34 | 603868 | 飞科电器 | 2.25 | 1.07 | 81 | 600823 | 世茂股份 | 1.29 | 1.26 |
| 35 | 603713 | 密尔克卫 | 2.19 | 1.37 | 82 | 600643 | 爱建集团 | 1.29 | 0.91 |
| 36 | 688019 | 安集科技 | 2.13 | 1.59 | 83 | 603006 | 联明股份 | 1.28 | 1.13 |
| 37 | 605398 | 新炬网络 | 2.05 | 2.44 | 84 | 600845 | 宝信软件 | 1.27 | 0.78 |
| 38 | 600692 | 亚通股份 | 2.02 | −0.05 | 85 | 600019 | 宝钢股份 | 1.26 | 1.32 |
| 39 | 601328 | 交通银行 | 2.01 | −1.11 | 86 | 300511 | 雪榕生物 | 1.26 | 1.37 |
| 40 | 603886 | 元祖股份 | 2.01 | 1.42 | 87 | 301001 | 凯淳股份 | 1.25 | 0.75 |
| 41 | 600638 | 新黄浦 | 2.01 | 0.49 | 88 | 688065 | 凯赛生物 | 1.24 | 0.96 |
| 42 | 603579 | 荣泰健康 | 1.97 | 3.19 | 89 | 603378 | 亚士创能 | 1.23 | 2.19 |
| 43 | 600708 | 光明地产 | 1.87 | −2.15 | 90 | 601872 | 招商轮船 | 1.12 | 0.69 |
| 44 | 688660 | 电气风电 | 1.85 | 3.46 | 91 | 002116 | 中国海诚 | 1.11 | 0.81 |
| 45 | 603056 | 德邦股份 | 1.85 | 0.69 | 92 | 688682 | 霍莱沃 | 1.10 | 0.98 |
| 46 | 688063 | 派能科技 | 1.81 | 1.07 | 93 | 600835 | 上海机电 | 1.07 | 0.17 |
| 47 | 300171 | 东富龙 | 1.78 | 0.71 | 94 | 002028 | 思源电气 | 1.07 | 1.09 |

（续表）

| 序号 | 代码 | 公司简称 | 每股经营现金净流 | | 序号 | 代码 | 公司简称 | 每股经营现金净流 | |
|---|---|---|---|---|---|---|---|---|---|
| | | | 2020 年 | 2019 年 | | | | 2020 年 | 2019 年 |
| 95 | 601696 | 中银证券 | 1.07 | 4.13 | 142 | 300627 | 华测导航 | 0.68 | 0.67 |
| 96 | 300642 | 透景生命 | 1.07 | 1.93 | 143 | 002158 | 汉钟精机 | 0.68 | 0.57 |
| 97 | 601828 | 美凯龙 | 1.07 | 1.15 | 144 | 603329 | 上海雅仕 | 0.67 | 1.30 |
| 98 | 600637 | 东方明珠 | 1.06 | 0.82 | 145 | 603648 | 畅联股份 | 0.66 | 0.50 |
| 99 | 002184 | 海得控制 | 1.06 | 1.16 | 146 | 600819 | 耀皮玻璃 | 0.65 | 0.64 |
| 100 | 600081 | 东风科技 | 1.04 | 1.54 | 147 | 600882 | 妙可蓝多 | 0.65 | 0.71 |
| 101 | 603855 | 华荣股份 | 1.02 | 0.90 | 148 | 601231 | 环旭电子 | 0.65 | 1.11 |
| 102 | 600820 | 隧道股份 | 1.01 | 1.55 | 149 | 603960 | 克来机电 | 0.64 | 1.27 |
| 103 | 605338 | 巴比食品 | 1.01 | 0.60 | 150 | 300230 | 永利股份 | 0.62 | 0.62 |
| 104 | 600196 | 复星医药 | 1.01 | 1.26 | 151 | 300236 | 上海新阳 | 0.62 | 0.13 |
| 105 | 600642 | 申能股份 | 0.99 | 1.03 | 152 | 605289 | 罗曼股份 | 0.61 | 1.35 |
| 106 | 603324 | 盛剑环境 | 0.97 | 1.53 | 153 | 688160 | 步科股份 | 0.61 | 0.78 |
| 107 | 600315 | 上海家化 | 0.95 | 1.12 | 154 | 603683 | 晶华新材 | 0.60 | 0.70 |
| 108 | 600837 | 海通证券 | 0.94 | 1.97 | 155 | 603159 | 上海亚虹 | 0.59 | 0.60 |
| 109 | 600500 | 中化国际 | 0.93 | 0.59 | 156 | 002636 | 金安国纪 | 0.59 | 0.73 |
| 110 | 601200 | 上海环境 | 0.93 | 1.80 | 157 | 600843 | 上工申贝 | 0.58 | 0.07 |
| 111 | 600622 | 光大嘉宝 | 0.92 | −0.08 | 158 | 603128 | 华贸物流 | 0.58 | 0.28 |
| 112 | 688158 | 优刻得 −W | 0.91 | 0.88 | 159 | 688155 | 先惠技术 | 0.57 | 1.37 |
| 113 | 603987 | 康德莱 | 0.91 | 0.58 | 160 | 002858 | 力盛赛车 | 0.57 | 0.63 |
| 114 | 603895 | 天永智能 | 0.90 | −0.47 | 161 | 603108 | 润达医疗 | 0.56 | 0.43 |
| 115 | 601021 | 春秋航空 | 0.90 | 3.75 | 162 | 300963 | 中洲特材 | 0.56 | 0.50 |
| 116 | 603991 | 至正股份 | 0.90 | 0.61 | 163 | 603030 | 全筑股份 | 0.55 | 0.45 |
| 117 | 600072 | 中船科技 | 0.89 | 0.35 | 164 | 603619 | 中曼石油 | 0.54 | 0.74 |
| 118 | 688008 | 澜起科技 | 0.89 | 0.77 | 165 | 600650 | 锦江在线 | 0.54 | 0.42 |
| 119 | 601229 | 上海银行 | 0.88 | −0.56 | 166 | 300380 | 安硕信息 | 0.53 | 0.32 |
| 120 | 600508 | 上海能源 | 0.86 | 2.78 | 167 | 605186 | 健麾信息 | 0.53 | 0.75 |
| 121 | 601866 | 中远海发 | 0.85 | 0.74 | 168 | 600623 | 华谊集团 | 0.53 | 0.54 |
| 122 | 603887 | 城地香江 | 0.85 | 0.54 | 169 | 300059 | 东方财富 | 0.53 | 1.75 |
| 123 | 002825 | 纳尔股份 | 0.85 | 0.55 | 170 | 600641 | 万业企业 | 0.52 | 0.15 |
| 124 | 300378 | 鼎捷软件 | 0.85 | 0.90 | 171 | 603131 | 上海沪工 | 0.52 | 0.22 |
| 125 | 601968 | 宝钢包装 | 0.85 | 0.78 | 172 | 600676 | 交运股份 | 0.51 | 0.47 |
| 126 | 601611 | 中国核建 | 0.82 | −1.50 | 173 | 300170 | 汉得信息 | 0.51 | 0.08 |
| 127 | 002706 | 良信股份 | 0.81 | 0.42 | 174 | 603918 | 金桥信息 | 0.50 | −0.09 |
| 128 | 603003 | 龙宇燃油 | 0.81 | −0.31 | 175 | 300501 | 海顺新材 | 0.50 | 0.61 |
| 129 | 688179 | 阿拉丁 | 0.81 | 0.74 | 176 | 002324 | 普利特 | 0.49 | 0.67 |
| 130 | 603728 | 鸣志电器 | 0.79 | 0.51 | 177 | 600621 | 华鑫股份 | 0.49 | 0.87 |
| 131 | 688129 | 东来技术 | 0.78 | 0.78 | 178 | 603956 | 威派格 | 0.48 | 0.21 |
| 132 | 002401 | 中远海科 | 0.78 | 1.30 | 179 | 600018 | 上港集团 | 0.48 | 0.27 |
| 133 | 002454 | 松芝股份 | 0.77 | 0.39 | 180 | 603012 | 创力集团 | 0.48 | 0.31 |
| 134 | 300327 | 中颖电子 | 0.77 | 0.86 | 181 | 603790 | 雅运股份 | 0.48 | 0.49 |
| 135 | 688123 | 聚辰股份 | 0.77 | 0.61 | 182 | 600636 | 国新文化 | 0.46 | 0.31 |
| 136 | 603232 | 格尔软件 | 0.76 | 0.68 | 183 | 688018 | 乐鑫科技 | 0.45 | 1.28 |
| 137 | 603466 | 风语筑 | 0.75 | 0.87 | 184 | 600628 | 新世界 | 0.45 | 0.10 |
| 138 | 603881 | 数据港 | 0.71 | 0.90 | 185 | 600630 | 龙头股份 | 0.45 | −0.46 |
| 139 | 688330 | 宏力达 | 0.71 | 0.40 | 186 | 002527 | 新时达 | 0.44 | 0.43 |
| 140 | 600210 | 紫江企业 | 0.70 | 0.65 | 187 | 600748 | 上实发展 | 0.44 | 0.11 |
| 141 | 603020 | 爱普股份 | 0.69 | 0.67 | 188 | 605136 | 丽人丽妆 | 0.44 | 0.61 |

（续表）

| 序号 | 代码 | 公司简称 | 每股经营现金净流 | | 序号 | 代码 | 公司简称 | 每股经营现金净流 | |
|---|---|---|---|---|---|---|---|---|---|
| | | | 2020年 | 2019年 | | | | 2020年 | 2019年 |
| 189 | 603682 | 锦和商业 | 0.44 | 0.70 | 236 | 603022 | 新通联 | 0.22 | 0.42 |
| 190 | 603633 | 徕木股份 | 0.43 | 0.53 | 237 | 300999 | 金龙鱼 | 0.22 | 2.77 |
| 191 | 603121 | 华培动力 | 0.43 | 0.38 | 238 | 600150 | 中国船舶 | 0.22 | 0.24 |
| 192 | 600675 | 中华企业 | 0.43 | −0.13 | 239 | 300168 | 万达信息 | 0.22 | 0.15 |
| 193 | 600649 | 城投控股 | 0.42 | −2.31 | 240 | 300590 | 移为通信 | 0.21 | 0.69 |
| 194 | 600662 | 强生控股 | 0.42 | 0.55 | 241 | 600626 | 申达股份 | 0.20 | 0.24 |
| 195 | 603068 | 博通集成 | 0.42 | 0.18 | 242 | 600088 | 中视传媒 | 0.20 | 0.19 |
| 196 | 600490 | 鹏欣资源 | 0.41 | 0.04 | 243 | 603009 | 北特科技 | 0.20 | 0.04 |
| 197 | 600822 | 上海物贸 | 0.41 | 0.43 | 244 | 688118 | 普元信息 | 0.19 | −0.01 |
| 198 | 300326 | 凯利泰 | 0.39 | 0.35 | 245 | 600689 | 上海三毛 | 0.19 | −0.13 |
| 199 | 600619 | 海立股份 | 0.39 | 0.79 | 246 | 600613 | 神奇制药 | 0.19 | 0.24 |
| 200 | 300508 | 维宏股份 | 0.39 | 0.41 | 247 | 300493 | 润欣科技 | 0.18 | 0.57 |
| 201 | 605081 | 太和水 | 0.38 | 0.51 | 248 | 601616 | 广电电气 | 0.18 | 0.13 |
| 202 | 600833 | 第一医药 | 0.38 | 0.47 | 249 | 300253 | 卫宁健康 | 0.18 | 0.14 |
| 203 | 688085 | 三友医疗 | 0.38 | 0.40 | 250 | 600841 | 上柴股份 | 0.18 | 0.71 |
| 204 | 300180 | 华峰超纤 | 0.36 | 0.44 | 251 | 300802 | 矩子科技 | 0.18 | 0.73 |
| 205 | 603189 | 网达软件 | 0.35 | 0.16 | 252 | 002162 | 悦心健康 | 0.18 | 0.15 |
| 206 | 300762 | 上海瀚讯 | 0.35 | −0.04 | 253 | 605208 | 永茂泰 | 0.18 | 0.72 |
| 207 | 600836 | 界龙实业 | 0.35 | 0.56 | 254 | 300074 | 华平股份 | 0.18 | 0.00 |
| 208 | 600618 | 氯碱化工 | 0.35 | 0.75 | 255 | 002252 | 上海莱士 | 0.17 | 0.18 |
| 209 | 603650 | 彤程新材 | 0.35 | 0.71 | 256 | 603256 | 宏和科技 | 0.17 | 0.20 |
| 210 | 600825 | 新华传媒 | 0.35 | −0.95 | 257 | 600696 | ST 岩石 | 0.17 | −0.08 |
| 211 | 600602 | 云赛智联 | 0.34 | 0.22 | 258 | 688590 | 新致软件 | 0.16 | −0.12 |
| 212 | 600272 | 开开实业 | 0.34 | 0.09 | 259 | 600688 | 上海石化 | 0.16 | 0.47 |
| 213 | 603196 | 日播时尚 | 0.33 | 0.48 | 260 | 600754 | 锦江酒店 | 0.16 | 2.75 |
| 214 | 300398 | 飞凯材料 | 0.33 | 0.36 | 261 | 600320 | 振华重工 | 0.16 | 0.24 |
| 215 | 300017 | 网宿科技 | 0.33 | 0.25 | 262 | 002506 | 协鑫集成 | 0.15 | 0.19 |
| 216 | 603330 | 上海天洋 | 0.32 | 0.42 | 263 | 688126 | 沪硅产业 −U | 0.15 | 0.48 |
| 217 | 300551 | 古鳌科技 | 0.32 | 0.59 | 264 | 603580 | 艾艾精工 | 0.15 | 0.23 |
| 218 | 002486 | 嘉麟杰 | 0.31 | −0.09 | 265 | 600503 | 华丽家族 | 0.15 | −0.02 |
| 219 | 603885 | 吉祥航空 | 0.31 | 1.39 | 266 | 002195 | 二三四五 | 0.14 | 0.29 |
| 220 | 601727 | 上海电气 | 0.31 | 0.69 | 267 | 002565 | 顺灏股份 | 0.13 | 0.18 |
| 221 | 300225 | 金力泰 | 0.31 | 0.14 | 268 | 600732 | 爱旭股份 | 0.13 | 0.87 |
| 222 | 600601 | ST 方科 | 0.30 | 0.38 | 269 | 600151 | 航天机电 | 0.12 | 0.39 |
| 223 | 600824 | 益民集团 | 0.29 | 0.10 | 270 | 002058 | *ST 威尔 | 0.12 | −0.05 |
| 224 | 603226 | 菲林格尔 | 0.29 | 0.67 | 271 | 300469 | 信息发展 | 0.12 | −0.12 |
| 225 | 002328 | 新朋股份 | 0.29 | 0.44 | 272 | 300336 | 新文化 | 0.11 | 0.08 |
| 226 | 603777 | 来伊份 | 0.28 | 0.30 | 273 | 688505 | 复旦张江 | 0.11 | 0.29 |
| 227 | 300262 | 巴安水务 | 0.28 | −0.15 | 274 | 600171 | 上海贝岭 | 0.11 | 0.19 |
| 228 | 002561 | 徐家汇 | 0.27 | 0.54 | 275 | 600895 | 张江高科 | 0.11 | −4.35 |
| 229 | 688098 | 申联生物 | 0.27 | 0.13 | 276 | 600851 | 海欣股份 | 0.10 | −0.02 |
| 230 | 600679 | 上海凤凰 | 0.26 | 0.05 | 277 | 002269 | 美邦服饰 | 0.10 | 0.05 |
| 231 | 603718 | 海利生物 | 0.26 | 0.09 | 278 | 600816 | ST 安信 | 0.09 | 0.13 |
| 232 | 002278 | 神开股份 | 0.26 | 0.20 | 279 | 600624 | 复旦复华 | 0.09 | 0.03 |
| 233 | 300272 | 开能健康 | 0.24 | 0.20 | 280 | 600530 | 交大昂立 | 0.09 | 0.13 |
| 234 | 300039 | 上海凯宝 | 0.24 | 0.32 | 281 | 300609 | 汇纳科技 | 0.09 | 0.67 |
| 235 | 605050 | 福然德 | 0.23 | 1.14 | 282 | 600635 | 大众公用 | 0.08 | 0.41 |

（续表）

| 序号 | 代码 | 公司简称 | 每股经营现金净流 | | 序号 | 代码 | 公司简称 | 每股经营现金净流 | |
|---|---|---|---|---|---|---|---|---|---|
| | | | 2020 年 | 2019 年 | | | | 2020 年 | 2019 年 |
| 283 | 300067 | 安诺其 | 0.08 | 0.14 | 321 | 688519 | 南亚新材 | −0.13 | 0.70 |
| 284 | 600115 | 东方航空 | 0.07 | 1.77 | 322 | 600826 | 兰生股份 | −0.14 | −0.24 |
| 285 | 600119 | 长江投资 | 0.07 | 0.21 | 323 | 600647 | 同达创业 | −0.14 | −0.05 |
| 286 | 600278 | 东方创业 | 0.07 | 0.47 | 324 | 688585 | 上纬新材 | −0.15 | 0.12 |
| 287 | 603499 | 翔港科技 | 0.06 | 0.32 | 325 | 300442 | 普丽盛 | −0.17 | −0.79 |
| 288 | 002178 | 延华智能 | 0.04 | 0.02 | 326 | 600663 | 陆家嘴 | −0.17 | 0.13 |
| 289 | 300245 | 天玑科技 | 0.04 | 0.16 | 327 | 300286 | 安科瑞 | −0.21 | 0.76 |
| 290 | 600170 | 上海建工 | 0.04 | 0.51 | 328 | 688596 | 正帆科技 | −0.22 | 0.44 |
| 291 | 600818 | 中路股份 | 0.03 | 0.03 | 329 | 600834 | 申通地铁 | −0.24 | −1.26 |
| 292 | 002346 | 柘中股份 | 0.02 | 0.13 | 330 | 600655 | 豫园股份 | −0.25 | 0.91 |
| 293 | 300126 | 锐奇股份 | 0.02 | 0.14 | 331 | 600661 | 昂立教育 | −0.26 | −0.30 |
| 294 | 600654 | ST 中安 | 0.01 | 0.11 | 332 | 688521 | 芯原股份 −U | −0.26 | −0.15 |
| 295 | 300899 | 上海凯鑫 | 0.01 | 0.69 | 333 | 600611 | 大众交通 | −0.30 | −0.11 |
| 296 | 600651 | 飞乐音响 | 0.01 | −0.06 | 334 | 603729 | ST 龙韵 | −0.31 | 1.73 |
| 297 | 600610 | 中毅达 | 0.00 | 0.06 | 335 | 300330 | 华虹计通 | −0.34 | 0.45 |
| 298 | 600838 | 上海九百 | 0.00 | −0.02 | 336 | 603496 | 恒为科技 | −0.40 | 0.08 |
| 299 | 601519 | 大智慧 | −0.01 | 0.25 | 337 | 600848 | 上海临港 | −0.41 | −2.29 |
| 300 | 600652 | *ST 游久 | −0.02 | −0.05 | 338 | 688578 | 艾力斯 −U | −0.44 | −0.72 |
| 301 | 300061 | 旗天科技 | −0.02 | 0.20 | 339 | 002669 | 康达新材 | −0.49 | 0.75 |
| 302 | 688538 | 和辉光电 −U | −0.02 | −0.02 | 340 | 300462 | 华铭智能 | −0.52 | 1.60 |
| 303 | 601702 | 华峰铝业 | −0.03 | 0.20 | 341 | 600009 | 上海机场 | −0.63 | 2.54 |
| 304 | 600608 | ST 沪科 | −0.03 | 0.10 | 342 | 000668 | 荣丰控股 | −0.64 | −1.27 |
| 305 | 600517 | 国网英大 | −0.03 | 0.12 | 343 | 600284 | 浦东建设 | −0.76 | 1.24 |
| 306 | 600616 | 金枫酒业 | −0.04 | 0.20 | 344 | 002211 | 宏达新材 | −0.78 | −0.57 |
| 307 | 600620 | 天宸股份 | −0.06 | −0.02 | 345 | 603083 | 剑桥科技 | −0.81 | 0.94 |
| 308 | 688336 | 三生国健 | −0.07 | 1.06 | 346 | 600604 | 市北高新 | −0.82 | −0.16 |
| 309 | 600695 | *ST 绿庭 | −0.07 | −0.01 | 347 | 601595 | 上海电影 | −0.88 | 1.16 |
| 310 | 002451 | 摩恩电气 | −0.07 | 0.75 | 348 | 688335 | 复洁环保 | −0.90 | −0.71 |
| 311 | 300008 | 天海防务 | −0.07 | 0.03 | 349 | 603690 | 至纯科技 | −0.91 | −0.43 |
| 312 | 300222 | 科大智能 | −0.08 | −0.03 | 350 | 600061 | 国投资本 | −0.94 | −0.35 |
| 313 | 688368 | 晶丰明源 | −0.08 | 1.11 | 351 | 600094 | 大名城 | −0.98 | 4.16 |
| 314 | 600615 | *ST 丰华 | −0.08 | −0.01 | 352 | 688180 | 君实生物 −U | −1.67 | −1.50 |
| 315 | 300153 | 科泰电源 | −0.10 | 0.08 | 353 | 688133 | 泰坦科技 | −1.81 | −0.56 |
| 316 | 300129 | 泰胜风能 | −0.10 | 0.45 | 354 | 688680 | 海优新材 | −2.63 | −0.16 |
| 317 | 600640 | 号百控股 | −0.10 | −0.25 | 355 | 603236 | 移远通信 | −3.72 | −1.61 |
| 318 | 600193 | ST 创兴 | −0.11 | 0.10 | 356 | 605222 | 起帆电缆 | −3.78 | 0.37 |
| 319 | 600634 | 退市富控 | −0.11 | 0.12 | 357 | 600605 | 汇通能源 | −4.34 | 1.75 |
| 320 | 603200 | 上海洗霸 | −0.12 | 0.46 | 358 | 300226 | 上海钢联 | −6.26 | −4.01 |

# 2021·上海工业年鉴

SHANGHAI
INDUSTRIAL
YEARBOOK

# 上海市工业经济联合会
# 上海市经济团体联合会

上海市工业经济联合会成立于1991年3月。2008年9月经市有关部门批准增挂上海市经济团体联合会牌子。是上海经济类行业协会、专业性行业协会、中央在沪企业、大中型企业（集团）、工业经济研究单位、全国知名的民营企业以及经济界知名人士自愿联合组成的非营利性的社会团体法人。现有会员单位400余家。

2020年主要工作：

**一、助力抗击疫情和复工复产，彰显社会组织责任担当**

新冠肺炎疫情爆发后，市工经联、经团联领导班子第一时间成立疫情防控工作领导小组，先后召开多次专题会议，部署疫情防控工作。积极做好所属行业协会的组织协调工作，及时将各行业协会抗击疫情的动态信息汇总整理上报。完成“上海市企业复工复产30问”和“上海市企业疫后用工情况排摸”等网上问卷调查。主动配合市经信委排摸挖掘、收集汇总上海市防护用品应急物资重点生产企业信息，积极协同相关防控物资原料生产企业迅速复工复产。组织发动系统广大党员干部为抗击疫情捐款13万余元。领导班子成员先后深入30多家协会进行慰问和调研，多次召开专题座谈会，撰写题为《上海家装行业受新冠疫情重创期盼得到政府有关政策扶持》《关于加快完善本市中药储备应对突发疫情的建议》的情况专报，向政府有关部门建言献策。整理编辑抗疫内容信息稿件60余篇，推送市工经联微信公众号8期，汇编《上海工经联》抗击疫情专刊。3月，上海市工经联和系统内70余家行业协会受到市经信委、商务委发来的感谢信。

**二、做好市人大常委会确定的基层立法联系点工作**

4月21日，市人大常委会举行基层立法联系点“扩点提质”工作推进会。宣布上海市人大常委会基层立法联系点从原先的10家扩充至25家，基本覆盖上海16个区。市工经联作为上海重要的枢纽型社会组织被确定为第二批基层立法联系点。基层立法联系点挂牌后积极投入工作，先后与市企业法律顾问协会、乔文律师事务所就立法点相关工作开展交流对接，商讨合作。参与《上海市促进中小企业发展条例》（修订草案）有关建议的起草，列席市人大法制委的审定会，多次参加市区两级人大相关活动。并逐步建立制度不断完善工作机制，将此项工作作为一项重要的常态化工作持续开展。

**三、举办媒体通报会，打造行业协会新闻发布新平台**

为更好地发挥枢纽型社会组织的积极作用，为会员提供发布信息的新渠道，面向社会传递正能量，创新举办以“传递行业之声，回应社会关切”为主题的市工经联、经团联媒体通报会。聚焦政府关心、社会关注的重点领域，传递会员已经做的、正在做的和计划做的工作亮点和成果。4月，以聚焦“商务写字楼空调设备的有效清洗和消毒，消除常态化疫情防控中的盲点和潜在隐患”为主题，携手空调清洗行业协会召开媒体通气会，呼吁社会各界关注空调安全卫生。新华社、人民网、东方网、《解放日报》《新民晚报》等10家新闻媒体到会采访并作重点报道。媒体通气会在社会上引起广泛反响，各方对空调公共卫生安全的重视程度普遍提高，有效推动商务写字楼空调清洗和消毒，助力本市常态化疫情防控。据上海空调清洗行业协会统计，1月—11月，上海商务写字楼空调清洗工程的备案数比上一年增长70%。12月初，又会同空调清洗行业协会举办“聚焦常态化疫情防控，关注秋冬季空调卫生”主题活动，推动空调清洗消毒的技术升级，助力常态化疫情防控。上海主要媒体对活动做了专题报道，产生积极的社会效应。

**四、成功举行市工经联、经团联六届一次会员大会暨理事会**

8月11日，市工经联、市经团联召开六届一次会员大会暨理事会，选举产生新一届领导班子。中共中央政治局委员、上海市委书记李强在市工经联、经团联报送的《关于召开上海市工经联六届一次会员大会的情况汇报》上作出重要批示，希望新一届联合会深入学习贯彻习近平总书记考察上海重要讲话精神，按照市委、市政府决策部署，充分发挥枢纽型行业协会联合组织作用，坚定信心、凝聚共识，更好地服务企业发展、助推产业转型升级，为建设“五个中心”、强化“四大功能”、打响“四大品牌”作出新的更大的贡献。上海市委常委、副市长吴清出席会议并讲话，第十届上海市政协主席蒋以任、中国工经联、市委组织部、市经信委、市国资委、市民政局等领导出席会议。苏、浙、皖三省工经联分别发来贺信祝贺。

**五、聚焦重点，全力以赴完成好政府购买服务项目**

聚焦政府购买服务重点项目，加大工作力度、加快推进速度，克服疫情影响，确保全年任务的完成。

助推科研成果产业化。积极参与政协科促会产学研优秀合作项目奖调研、推荐等工作。8月，与上海科技成果转化促进会一起开展2020年“上海产学研合作优秀项目奖”申报评选，动员会员企业和行业协会参加项目奖申报。市工经联推荐4个项目参加评选，其中上海电气核电设备有限公司“三代核电蒸汽发生器关键检测技术研究及系统开发”项目获得特等奖。

组织推荐上海制造业单项冠军。策划上海市制造业单项冠军评选活动，推动上海制造业高质量发展。在市经信委、市中小办的支持下，开展“专精特新”中小企业培育工作，办好制造业单项冠军交流会。从48家申报企业中推荐15家企业上报工信部和中国工经联，最终12家企业榜上有名，其中7家企业获得第五批制造业单项冠军示范企业（产品）荣誉，5家企业通过复核。

做好2020年上海市企业管理创新成果奖的评审。为进一步推广上海企业的管理创新成果，鼓励和引导各类企业不断提升管理水平，促进创新发展。协会持续做好上海市企业管理创新成果奖的评审工作。12月，经上海市企业管理现代化创新成果评审委员会审定，共有159项成果被审定为“2020年上海市企业管理现代化创新成果”。其中一等奖成果15项，二等奖成果61项，三等奖成果83项。

评选第五届上海市工商业领军人物。市工经联与市商业联合会、企业联合会等联合开展第五届上海市工商业领军人物评选工作。共评选出领军人物62名，其中，工经联系统29名。通过评选、表彰和交流，进一步弘扬企业家爱国敬业、追求卓越、勇于创新的精神，营造尊重企业家价值、发挥企业家作用的氛围，营造更加法治化、国际化、便利化的营商环境。

继续推进（JJ）小组等活动，拓展项目成效。2020年是JJ小组活动新十年的起点。该项工作在体现活动群众性、基层性的同时，在日常工作中不断创新机制，将活动参与对象从传统制造业、服务业领域向新经济领域拓展。开展JJ小组活动实际成效的量化研究。举办多场节能减排知识培训、积极参与交通运输行业节能减排小组工作指南标准制定、研究2021年JJ项目评分标准，优化评分细则。推进该项工作创新可持续开展。

举行上海市企业社会责任报告发布会。9月24日，市工经联、经团联举行“2020上海市企业社会责任报告发布会”。334家企事业单位和社会团体书面和现场发布2019年度社会责任报告。本次发布会有九方面的特色与亮点：（一）发布数量历史新高；（二）研发投入稳步增长；（三）合规经营注重信用；（四）绿色发展意识增强；（五）安全生产势头良好；（六）劳动关系和谐稳定；（七）权益保护注重实效；（八）就业岗位大幅增加；（九）公益事业成效显著。

**六、加强内部管理，推进进修学院和高技能人才培训基地建设**

8月以来，市工经联、市经团联以完善和修订内部管理制度为抓手，加强内部管理。秘书处根据会长办公会工作部署，按照对会员服务联络制度、秘书处内部管理制度、党建工作制度等三大板块内容，对市工经联原有规章制度进行梳理根据梳理情况提出完善修订的具体意见。重点对财务报销、会议制度等进行修订和完善。

进修学院克服疫情影响，积极探索线上教育的培训模式，加大企业培训力度，采取送教上门，将疫情带来的影响降到最低。全年完成培训收入673万元，同比增长45%；完成培训人次5000人，同比上升10%。同时，积极拓展新的培训项目，与100个左右行业协会建立业务联系，与10多个行业协会开展紧密合作。进修学院还重点完成通过光电子基地3年一次绩效评估。推进与商业会计学校战略合作，积极与上海微电子公司合作推进实训基地建设。此外，在组织开展新一轮新型学徒制、新技能和专项职业能力培训等方面都取得了新的突破。

**七、加强智库建设，建立“1+5”委员会体系**

为提升决策咨询与服务能力，新班子将智库建设作为工作重点，建立起“1+5”委员会体系，即1个专家委员会、5个专业委员会。六届二次会长办公会议审议通过关于设立市工经联（市经团联）专业委员会的议案。设立品牌建设专业委员会、文化创意专业委员会、合作交流专业委员会、投融资服务专业委员会、法治服务委员会。明确专业委员会主要职能、组织机构、管理运行等将由各专业委员会负责制定。并要求新设立的专业委员会要做到有计划、有载体、有活动，方案要可操作、可持续、有成效。四季度，按照成熟一家成立一家的要求，各专业委员会加快制订工作方案，年前专家委员会、投融资服务专业委员会成立运作，发展态势良好。

**八、深入开展走访与调研，搭建交流平台，助力制定“十四五”规划**

为进一步传达学习、贯彻落实李强书记对市工经联工作的重要批示和吴清副市长的讲话精神，六届一次会长办公会议提出，开展调查研究，提升服务能级作为新一届领导班子重点工作之一。党委书记、会长管维镛带头、各位班子成员带领职能部门深入协会、走进企业，采取多形式、多渠道的调研方式，征求行业协会、会员企业对新一届工经联改革发展的建议，了解行业协会与企业的诉求。据统计，新班子成立后的3个月调研走访共137人次，行业协会78家、会员企业48家，还拜访市经信委、市场管理监督局、市总工会等政府部门以及金融机构9家。通过调研，服务意识进一步增强，工作作风明显改进，走下去成为工作常态。

围绕“服务企业、规范行业、发展产业”的宗旨，按照市委、市政府决策部署和市经信工作党委、市经信委工作要求，努力发挥枢纽型行业协会作用，在深入调研的基础上，搭建交流平台，助力政府部门更好地制订和完善“十四五”规划。先后多次举行行业协会“十四五”规划座谈会、主席团主席活动、会长沙龙活动，邀请企业家、专家为“十四五”实体经济高质量发展建言献策并对企业家和专家们提出的建议认真梳理编发《专报》，提供相关政府部门参考，得到政府有关委办领导的高度赞扬。

**九、组织编辑“百年上海工业故事”丛书和筹备举办百年上海工业摄影展**

为纪念建党100周年，在市经信工作党委、市经信委和相关政府部门指导下，组织编纂“百年上海工业故事”和筹备举办百年上海工业摄影展，以挖掘和铭记上海工业发展历程中的英雄史迹，宣传和弘扬上海工人阶级的光荣传统，为党史、新中国史、改革开放史、社会主义发展史提供生动教材。四季度正式启动此项工作，召开工作部署会、拟定丛书编纂提纲、成立5个采编工作小组、收集到100多个选题。2021年2月初基本完成初稿。百年上海工业摄影展筹备工作也在有序推进。

**十、发挥政治核心作用，党建工作取得新成效**

市工经联党委以习近平新时代中国特色社会主义思想为指导，全面贯彻落实党的十九大精神，把党建工作贯穿市工经联及各行业协会运行和发展的全过程，党建工作取得新成效。（一）加强理论学习，用习近平新时代中国特色社会主义思想武装头脑，深入开展“四史”学习教育。（二）加强党的领导，发挥党组织政治核心作用，顺利完成工经联理事会和党委会换届工作。（三）加强责任意识，抓好党建工作三项责任制的落实，认真履行管党治党主体责任。把任务分解到协会党支部，把工作落实到协会党支部。（四）加强调查研究，紧紧围绕中心工作以及上海的产业发展献计献策。（五）加强制度建设，制订并组织实施党建工作三年规划，夯实党支部工作基础，认真落实“三会一课”和党内各项工作制度。2020年，共有3名入党积极分子发展为预备党员，有4名预备党员转为正式党员。（六）加强组织建设，以党支部书记队伍建设为龙头，推进党支部标准化建设。坚持由符合条件的协会会长、副会长、秘书长担任党支部书记，坚持一年两次的党支部书记培训工作，不断提高行业协会党支部书记队伍的思想政治水平和业务工作能力。

（杨　磊）

# 上海市创业投资行业协会

上海市创业投资行业协会成立于2000年11月，是由从事创业投资、投资管理、投资咨询公司，有律师、会计师事务所等中介服务机构，有银行、证券公司等金融机构，还有创业企业及孵化机构等自愿具有社会团体法人资格的社会组织。协会遵循“服务第一”的宗旨，致力于创投资本与创新技术的有机结合，致力于政府与创投行业的沟通和交流。根据行业特点和会员需求开展各项服务活动。现有团体会员250余家。

2020年主要工作：

2020年面对新冠肺炎带来的重大挑战，协会在全体会员的共同努力下，坚定信心、科学防治、精准施策，努力使疫情的影响降至最低。与此同时，不断开拓创新，改进和完善服务，为上海市创业投资事业发挥交流沟通的纽带作用、合作互助的平台作用和展示形象的窗口作用，为上海经济建设和社会发展做出应有贡献。

**一、投身疫情抗击，承担社会责任**

新春伊始，新冠肺炎疫情来势汹涌，面对新冠病毒这一看不见的敌人，在党中央的坚强领导下，上海创投行业行动起来，驰援武汉，同全国人民心手相连，共克时艰，积极投身抗击疫情的阻击战中，彰显创投机构人的政治自觉和责任担当。协会竭力筹集物资驰援武汉，并将5万元会员大会的预算费用悉数捐赠武汉，为抗击疫情略尽薄力；协会响应国家号召，减少人员聚集，用书面通信替代现场会议的方式进行工作报告，以此来降低病毒传播概率，践行社会责任；协会收集并记录抗疫过程中的感人之举，制成公益视频广为宣传，分享那一幕幕感人至深的大爱时刻。

**二、开展会员活动，做好服务工作**

创投协会是创投机构之家，根据会员的需求，协会汇聚社会资源，搭建合作平台，开展多项适合于行业特点、内容丰富的会员活动。

（一）组织项目对接，筹办路演活动。项目对接工作旨在将社会上优秀企业和优秀项目推荐给创投机构，助力上海形成创投机构与创新企业相互促进、共同发展的良好格局。通过自身与政府、开发区、创业园区等联系渠道，组织项目资源，举办多场线下项目融资路演活动，项目涉及领域广泛，包含高端装备、生物医药、新一代信息技术、新材料、新能源、节能环保、大消费等众多领域，重点聚焦国家战略新兴产业。

协会通过线上“云路演”的方式帮助创投企业与创投机构进行“无缝对接”，共举办8次网上云路演，超过130家创投企业参加，同时还与创合汇资本联合推出20多场线上公益直播活动，在线观众达数万人次。

（二）组织行业交流，实现长三角联动发展。协会从会员单位的实际需求出发，围绕创投行业的“热点”问题发掘议题，组织多场信息沙龙活动。围绕生物科技、科技型中小微企业投融资、大数据项目投融资、新零售等话题展开讨论，通过研讨、交流、沟通，各界代表对各自关心的问题增进了解和共识。

为强化区域联动发展，打造区域创业投资服务平台，加强社会各界对长三角区域人才、资本、技术等多维度的关注，协会组织会员与长三角资本市场服务基地、上交所等，于5月20日赴镇江举办对接科创板金融合作交流活动，与当地一批有上科创板潜力的企业对接交流。7月，组织会员参加上海－张家港科技企业投融资对接会，以实现上海优质资本与张家港市需求企业的高效对接。10月，组织20多家会员参加在温州举办的世界青年科学家峰会·高层次人才硬科技创新创业投融资对接会。

（三）联合组织创客大赛，助力科创企业发展。协会继续与工信部、市经信委等联合组织创客中国上海市中小企业创新创业大赛、阿里巴巴全球诸神之战创客大赛（上海赛区）及上海市最具投资潜力50佳创业企业评选活动。通过政府、市场、金融三方合力的组织机制，“创客中国、诸神之战、最具投资潜力50佳”一赛三评的办赛模式，高规格、高效率、高质量“赛马”遴选一批上海创业英雄。以往四届大赛，累计吸引近1700个参赛项目，超80万次“云”上参与最具人气项目投票。10家企业晋级创客中国全国榜单，13家企业亮相诸神之战全球决赛舞台，200家上海最具投资潜力创业企业脱颖而出。

**三、认真完成政府委托的各项任务**

（一）完成政府引导基金申请审批及绩效评价工作。受市发改委等政府部门的委托，协会认真做好政府创业投资引导基金、天使投资引导基金的评审工作。评审工作全程做到公平、公正、透明，助力于提升政府出资投资基金服务实体经济的质效，构建行业守信联合激励和失信惩戒机制，促进行业高质量持续健康发展。

（二）做好创投企业的备案年检，完成创投联动项目的资格认定。协会承担收集、整理资料预审等前道工作，方便企业申报和相关部门的审查。为加快审批速度，使创投企业尽快享受到税收优惠政策，协会采取“收集一批、评审一批”的工作方法，2020年通过备案的投资机构，总计312家。

（三）编制行业发展报告，加强软课题研究。创业投资是全球科技创新中心产生和发展的关键支撑性要素，是上海建设具有全球影响力科技创新中心的重要力量。受政府部门委托，协会努力做好《创投行业发展年度报告》和《上海市创业投资协会行业调查报告》的编纂工作。根据上海市创业投资发展遇到的新问题、所面临的新形势，梳理总结上海创业投资发展的特点与问题并展开分析研究，提出上海创业投资发展过程中的亟待解决的若干问题和瓶颈，为相关部门提供决策参考。

（四）加强协会内部管理。全年聘请上海泛微网络科技股份有限公司，为协会建立OA办公自动化系统；聘请忠档信息技术有限公司对协会文档进行系统整理及数字化扫描加工。协会积极进行软硬件升级，提高工作效率。对协会内部存在的财务管理、创新能力建设、会费收缴等问题，积极进行整改。在会员单位的大力支持及配合下，协会获得4A社团组织和优秀行业组织贡献奖。

（李忠湖）

# 上海漕河泾新兴技术开发区企业协会

上海漕河泾新兴技术开发区企业协会成立于1998年9月，是经上海市社会团体管理局批准设立的市级社会团体。是由上海市漕河泾新兴技术开发区发展总公司等单位发起，漕河泾开发区内各企事业单位自愿参加并组织。下设集成电路、通信、金融、软件、现代服务业、人力资源、汽车研发与配套、法律、生物医药9个专业委员会。现有会员单位300余家。

2020年主要工作：

**一、服务至上，营造开发区良好营商环境**

协会始终坚持服务至上，工作中以促进企业稳步发展、科技创新和改善园区营商环境为主要目标，切实关注并解决企业及企业员工诉求。

（一）解难题促进园区企业发展。面对疫情防控管理的大考，企业协会第一时间向园区会员企业推送开发区及上海市关于园区企业开展疫情防控工作的相关要求，及时在邮件和微信群中推送最新实用信息，并随时就会员单位的各种咨询和需求如企业开工备案、园区餐饮服务、公共区域消毒情况、企业部分员工复工前进出、外籍员工出入境政策等及时协调资源沟通解答，为园区整体防控工作的铺开，贡献积极力量。

协会依托政府和开发区，努力协助企业解决发展中遇到的政务咨询、办公搬迁、工商年检、海关稽查、安全环保、高新申报、非公党建等问题。如现场了解并协助对接老牌外企的关停及后续人员安置问题；向企业发布并协助寻找可采购的防疫物资；走访了解多家企业的退扩租及搬迁需求，促进二次招商的达成；协助多家单位联系对接疫情期间的医疗服务尤其是单位体检需求；协助园区生产型企业咨询反馈环评问题；协助多家园区企业对接街道党建服务等行政服务资源。

（二）落实帮助企业员工发展。员工是企业发展的根本和源泉。协会关注企业高管和员工的身心健康、积极促进员工个人发展、帮助解决单身男女婚恋问题等，为区内企业发展解决后顾之忧。例如，帮助技术人员对接人才公司的职称申报和培训服务；送健康到企业和白领身边，分别联合龙华医院、嘉会医院和全景医疗开展医疗咨询服务和健康宣讲会；推送有政府补贴的专场医疗急救培训活动进入多家会员企业；为解决开发区内的青年员工婚恋问题，举办相约漕河泾单身男女联谊活动等。各项工作均落实到位并深受好评。

（三）跨区域实现异地联动。协会在积极确保园区企业平安发展的同时，还多方为企业谋求更大更广阔的发展空间。协会紧跟漕总公司和临港集团战略发展布局，帮助需求企业积极实现与赵巷、海宁、遵义、大同、重庆等分区及友好园区的对接，还向企业推送传递玉环招商会等外省市招商推介活动信息。与产业转移促进中心合作，联合召开人工智能对话美丽乡村、茶产业研讨会等多地互动活动。

**二、资源整合，打造便捷有效资源网络**

企业协会作为开发区的“企业之家”，一直致力于搭建开发区与企业之间、政府与企业之间以及企业与企业之间多方交流沟通的平台。

（一）整合开发区内自有资源。协会整合开发区总公司和创业中心、人才公司、企服公司等开发区系统内子分公司服务资源，面向会员单位统一发布铺开。协会发挥开发区品牌优势，塑造良好的文化体育氛围，通过会员邮件、微信公众号和微信群的方式，持续向会员企业推送“漕河泾微课堂”、“漕河泾大讲堂”等优秀的文化资源和精神食粮；推送和协助组织企业参加企服公司和开发区企业协会承办的“活力漕河泾”开发区公共文化体育类活动；联合创业中心开展高新技术企业申报和研发加计扣除政策宣讲会议，并及时转发政府扶持资金申报信息；联合物业公司开展卫生防疫宣传；转发人才公司的服务贸易系列和人才政策等公益性专场政策解读会，并转发推送开展的各类企业内训和职称素养类培训项目等；联合嘉会医院开展粉红丝带公益宣传；走访了解开发区企业公益项目发展情况和现实需求，积极咨询公益组织探讨开发区的公益发展之路。

（二）利用五块牌子附带优势。协会一套班子同时兼任开发区侨联、园区科协、工商联和欧美同学会分会等5块工作。协会秘书处一岗多能统筹发展，充分吸取各个条线的资源优势，极大丰富协会服务的广度和活动内容的丰富度。

（三）挖掘会员单位和其他社会机构资源。协会以专业委员会为活动抓手，开展形式多样的活动，并有效推进园区企业的互动交流与资源分享。例如，企业协会金融专委会开展了两次业务交流活动，互通有无促业务发展；组织会员单位参加工博会主题论坛和高新技术企业系列宣讲活动、帮助多家会员单位寻求会务场地和医疗服务，向会员单位宣传海关和社区卫生服务中心最新服务信息等。

（四）做好政府和开发区发展智囊。协会不仅做好面向企业端的输送传达工作，还充分发挥企业资源聚集优势，做好政府的智囊团和对接通道。在开发区和政府需要的时候，做好政企沟通的桥梁纽带。多次邀请企业参加市、区两级政府机构和行业协会等组织的调研和政策发布会；协助接待上海市及全国多地政府和开发区代表团参观区内会员单位；积极发布信息，邀请企业参加开发区展示厅升级改造；积极参与对口条线如市工经联和市科协的“十四五”规划讨论。

**三、基础扎实，确保协会发展稳中有新**

协会注重内部治理的严谨性，不忘创新活动模式，确保协会有序和可持续性运转。

（一）做好园区企业的联络与会员发展工作。全年，协会累计走访企业110余家。举办一次较大规模会员单位联络员专场活动，与会单位相互了解企业特色和可共享资源，现场气氛活跃；同时不定期举办多场小规模会员企业交流活动；组织企业参加区工商联开展的羽毛球赛，并取得季军的好成绩。通过丰富多彩的活动，在更轻松的氛围下密切协会与会员单位之间，以及会员单位与会员单位之间的关系。

（二）实现对会员单位的科学有序管理。协会通过分会建设和园中园，对开发区内企业实现更有效的管理和沟通。通过“双创分会”，针对科技型中小企业开展全生命周期特色服务；保持与贝岭科技园、聚科生物园、普天科技园、仪电产业园等园中园的联动与合作，形成协会在本部园区的全面覆盖。同时，做好与会员单位的日常信息沟通工作，做到活动信息全覆盖。

（三）通过党建引领促进秘书处人才发展。秘书处在2020年度实现工作人员全部加入党组织。在全年度持续的党员教育和实践活动中，不断锤炼党性提升思想境界，不忘艰辛发展历史，牢记协会人的初心和使命，为开发区和园区企业发展贡献自己的全部力量。

（郑百慧）

# 上海市开发区协会

上海市工业开发区协会成立于2002年9月，2004年3月更名为上海市开发区协会。协会是由全市开发区以及从事开发区规划设计、土地厂房开发、信息沟通、环境建设、招商引资、对外交流、投资融资和中介服务会员单位组成的专业性社会团体。

2020年主要工作：

**一、坚持多措并举，为抓好疫情常态化防控工作打下坚实基础**

协会坚持“两手抓”，一手抓疫情防控，自觉遵守市政府关于疫情防控的各项要求，科学防控、精准施策，切实管好自己的人，守好自己的门。努力帮助会员做好疫情防控和复工复产工作。党员带头组织开展全体员工捐款活动。积极主动为各开发区对接有关防疫物资生产设备、原料等物资信息，对接各政府部门和相关金融机构，加快各类防疫要求和惠企政策的信息传递和落地，帮助园区内中小企业减负；协会还在金山区相关防疫物资生产企业驻厂近2个月，面对在生产防疫物资中遇到的原材料短缺、用工困难、资金不足等问题，第一时间将企业的信息报告至市经信委，为企业生产保驾护航；利用《上海开发区》杂志、上海开发区网和上海产业园区微信公众号等媒体平台宣传党中央、国务院的决策、部署以及上海相关委办、各有关开发区应对疫情的相关政策和措施，宣传开发区抗疫期间的先进事迹，推广开发区在推进疫情防控和复工复产方面的经验做法。

**二、《上海市志·开发区分志》正式通过验收出版**

受市经信委委托，协会于2013年10月作为参编单位承接并启动上海市第二轮地方志《上海市志·开发区分志(1978—2010)》的编纂工作。历时7年，从定立篇目、制订实施方案；收集资料、制作资料卡片、编纂资料长篇；编纂分纂、总纂；开发区确认、组织内部审议，于2021年1月出版发行。《上海市志·开发区分志》分上下两册，240.5万字，收录卷首照191张。志书对上海开发区的创建设立、管理机制、规划建设、招商引资、产业集聚、土地利用、生态保护等内容作了全面记述，系统反映上海开发区30多年来的发展历程和在改革开放发展中做出的巨大贡献，在推动上海经济和社会发展中发挥的重要作用。

**三、做好常规工作，以强烈的事业心责任感谋服务、促发展**

配合政府部门工作。加强与市政府有关委办的沟通联系，积极配合相关部门的工作。受市经信委委托，对全市26家特色园区开展统计调研及实施意见编制工作，为相关部门决策提供第一手资料。按要求完成各级政府部门委托的研究任务：(一)受市经信委委托，组织撰写《2020年上海市开发区发展报告》；(二)完成《上海市产业园区转型升级“十四五”规划》编制工作；(三)组织开展2020年上海市国家新型工业化示范基地发展质量评价工作，跟踪指导上海市29个国家级、市级新型工业化示范基地材料申报及填报工作；(四)受张江管委会委托，开展上海市张江高新区“十四五”产业规划及园区统筹协调研究工作；(五)《上海工业开发区建设规范标准》完成标准发布流程，于11月正式发布实施。与上海市社团管理局共同发起“公益进园区”活动，有10家产业园区荣登“产业园区公益热度榜top10”。

会员交流工作。全年举办9场会议培训活动，开展2家开发区个性化服务业务。年初，根据防疫工作的要求，积极协调相关单位开展线上培训，宣传防疫政策和提升园区服务能力；开设“产业园区服务规范”课程，全面讲解产业园区服务的相关操作规范，通过园区服务标准的宣传贯彻，帮助园区管理机构进一步提升园区的营商环境。5月，举行上海市开发区2020年投资促进高级研修班，来自本市各个开发区、产业集团等从事招商引资、投资促进的中高级管理人员近60人参加研修班。研修班围绕全球经济与园区战略选择、投资促进政策解读、园区营商环境建设、疫情下园区招商新变化和招商实务等主题，邀请政府经济部门领导、高校专家、咨询机构及园区一线招商领导等进行培训，通过线下+线上结合、理论和实际结合、课堂和考察调研结合的方式，为疫情常态化形势下的招商提供新政策、新方式、新思路。6月，举行智慧园区建设及数字化升级研讨会，以园区分享智慧园区建设和企业服务智能化的应用为主题，邀请资深专业老师，通过现场讲解、案例分析、交流互动等形式，进一步推进智慧园区建设和优化营商环境的工作。7月，举办上海产业园区自媒体运营暨综合管理能力提升研修班，以加强园区的营商环境建设，提高产业园区公文质量和对外宣传工作水平为出发点，使园区的行政宣传工作更好地适应新时期发展态势和特点，提升上海产业园区新闻宣传和综合管理队伍的业务水平；当月还举办《上海市促进在线新经济发展行动方案（2020—2022年)》政策解读会，本市27家园区、企业参与线下交流，300余人收看线上直播；还举办“金融服务进园区”活动，邀请银行机构进行金融产品介绍，帮助园区拓宽金融服务渠道，解决银行和企业信息不对称问题，并将金融服务延伸到园区内企业。9月，举办2020年招商引资新模式和开放发展新路径中国产业园区高级管理人才研修班，来自浙江、安徽、山东、黑龙江等地区各园区管委会负责人、产业园区各领域专业人士共33名园区高级管理干部参加研修班。11月，举办上海产业园区优化环境暨综合服务能力提升研修班，围绕开发区高质量发展需求，邀请专家进行专题培训。当月还举办首期产业园区知识产权服务能力提升培训班，以“知识产权＋金融”为切入点，专设“面向企业创新创业与投融资需求”的互动教学与交流环节，邀请专家就从投资人角度看知识产权助力企业科技创新、创新型企业不同发展阶段的知识产权特性与融资需求等进行专题讲解，本市40多家园区及企业共60多人参加培训。年内还为2家开发区开展个性化服务。10月，在上海宏方公司邀请银行及证券等专家讲解企业在IPO过程中的政策、法律、金融等问题；12月，在北斗西虹桥基地举行中国进出口银行与相关园区企业，就扶持航空航天产业与银行信贷支持组织金融的对接交流会。

研究咨询服务。协会依托礼森智库一方面注重在提升研究咨询能力、集聚整合智力资源上下功夫；另一方面通过研究咨询对开发区论断、把脉，树立协会品牌服务，更好地解决开发区的实际问题与需求。在对长三角乃至全国开发区先进经验进行整理汇总基础上，完成张江高新区“十四五”规划课题工作、杭州湾化工新材料特色园区产业发展规划课题工作、上海市产业园区和结构调整“十四五”规划编制工作、2020年国家级经开区运行统计分析和综合评价课题编撰工作、开展张江科学城工业企业绩效评估工作等数十个咨询研究服务项目。

宣传信息方面。精心打造《上海开发区》杂志，增强内容权威性，密切关注时政焦点、宏观经济、热点话题，全面提升内容可读性；在年初新冠肺炎疫情爆发之际，通过“抗疫特刊”，以写实手法反映市区级领导奔走一线、全市开发区抗击疫情、复工复产两手抓、各级政府企业扶持政策及时出台，众志成城，打赢园区疫情防控战和经济发展保卫战抗疫全景。杂志设《浦东开放30周年》专栏，回顾浦东国家级开发区的开发建设历程和浦东开发先行者们的光荣事迹。同澎湃新闻推出“追踪调研上海26个特色园区”系列报告，对上海特色园区进行集中宣传报道。大力推进网站、微信平台建设工作。疫情期间，微信和网站成为协会线上培训的载体。微信公众号每日进行内容更新，受到各园区的重视，关注人员超4300人。

会员管理方面。协会新发展11家开发区会员单位，其中5家为特色产业园区。全面梳理会员单位通讯信息变更情况，对有变化的单位重新启动填报工作，编印2020版《会员单位通讯录》并发送至各会员单位。根据会员活跃度分析，重点加强活跃度一般和活跃度低的会员单位的联系。完成新会员档案归档工作，并按章程规定履行了因机构撤销等原因提出退会申请的会员单位退会手续。

内部建设方面。完成协会及下属单位的年度审计和专项审计工作；完成2019年度协会年检和《上海开发区》杂志年检工作；召开四届三次理事会和会员大会；加强保密工作，签署《上海市开发区协会在职人员保密承诺书》；制定《车辆使用管理办法》。

**四、凝心聚力，以科学管理促进分支机构健康发展**

协会成立青年工作专业委员会，为在开发区开发主体内工作的青年干部和员工提供社交和学习的优质平台。招商工作专业委员会先后走访30余家产业园区，了解园区的招商和企业服务工作情况、问题和困难、意见和建议；接待来自江苏、浙江、安徽、山东、吉林、天津、广西等省市的20余批外省市开发区代表，深入交流开发区发展经验和产业对接合作意向；与高力集团、联东集团、万科地产、碧桂园等地区总部建立联系开展合作，不定期交流项目信息，加强产业地产商与本市园区的对接合作，促进招商资源共享，帮助本市优秀园区的品牌输出。科创园区专业委员会聚焦知识产权保护，助推园区科技创新，与国家知识产权国际运营（上海）平台建立战略合作关系，设立“上海国际知识产权服务窗口”，提供知识产权专业咨询服务、建立“上海产业园区国际知识产权实训基地”、健全知识产权保护工作例会制度，形成有利于服务产业园区的工作机制。全年调研走访863软件基地、临港浦江国际科技城及临港松江科技城等多家产业园区。6月，联合闵行交大科技园、南京大学环境规划设计研究院，设立首个“上海产业园区绿色制造工作驿站环境管理工作室”。11月，与上海市环境保护产业协会建立战略合作关系。12月，联合市环保产业协会发起的首个“上海现代环境治理与绿色制造试点园区”项目在国盛产投·宝山药谷揭牌。协会政策研究工作委会成功吸纳接近30个专委会会员单位，年内分别召开上海产业园区“十四五”规划研讨会和上海市产业用地指南政策解读会，编辑出版《2020年度上海开发区政策汇编》，为各会员单位提供政策查询便利。长三角开发区协同发展联盟初步完成《长三角开发区营商环境评价标准》。编制完成《长三角开发区发展报告系列之一》。完善长三角开发区产业创新协同发展试点基地工作。形成马鞍山经济技术开发区、江苏南通未来岛硬科技产业园、浙江慈溪滨海经济开发区等合作试点基地，完善基地网络建设。走访调研省际产业合作园，推荐授予上海漕河泾新兴技术开发区海宁分区、沪苏大丰产业联动集聚区、上海市北高新（南通）科技城、中新苏滁高新技术产业开发区4家园区首批“长三角共建省际产业合作示范园”称号。建立铺设长三角产业项目信息采集机制及海外招商网络，同日本京都科技园初步达成战略合作意向，计划与京都科技园探索互相挂牌、设立招商联络处等方式，在企业推荐、项目推介、资源双向导入等方面开展深入合作。礼森智库全年共完成《礼森园区研究》12 期，开展基础研究 40 项，其中 27 篇在《中国开发区》等杂志上发表；"礼森公众号"线上订阅数达到 3200 人，实现一年翻番；开展行业标准研究，研发长三角开发区营商环境评价标准体系，发布第一个《长三角开发区营商环境指数》；年底编辑出版第二部年度报告《中国产业园区研究新论——2020》，礼森通过扎实的开发区基础研究，在长三角园区中的影响不断扩大，为长三角乃至全国开发区发展作贡献，实现良好的社会效益。

（严　佳）

# 上海市股份合作制企业协会

上海市股份合作制企业协会成立于 2008 年 1 月 18 日，是由 12 家市股份合作制企业的企业家牵头、以市股份合作制企业为主体和相关的中小微企业自愿组成的专业性、跨行业、非营利性的社会团体法人。协会成立以来不断加强自身管理，完善协会各项制度。到 2020 年，协会已建立和制定：市股份合作制企业协会财务章程、市股份合作制企业协会财务管理、市股份合作制企业协会资金使用制度、市股份合作制企业协会印章管理制度、市股份合作制企业协会发言人制度、市股份合作制企业协会人力资源管理制度、市股份合作制企业协会资产管理制度等。这些制度的制定，为协会能规范做实、做好协会各项企业服务和自身建设夯实基础。现有会员单位 157 家。

2020 年主要工作：

**一、提升特殊时期的协会服务内涵和效率**

（一）牢记协会工作主要服务的宗旨。协会紧扣市政府 27 号文件精神，对一些有计划自愿按照文件精神进行深化改革改制的企业，提供服务，先后帮助上海长江企业发展合作公司、上海虹口商业服务总公司、上海中艺美术合作公司、上海新镇江酒家经营总公司、上海申一百货（九百集团）、上海宝山盈源燃料物质有限公司（改制后企业）等企业深化改革改制；为上海千斤顶厂、上海漂染二厂、上海益中食品合作公司、上海灯具厂有限公司、上海华东木器厂、上海黄浦区五金合作公司、上海虹口区新唐建筑装饰工程公司、上海羽毛球厂、上海焦化化工发展商社、上海汽车配件总公司威海路进口配件分公司、上海开源制罐厂、上海新康达商业贸易合作公司、上海同缘商贸合作公司等企业提供上门咨询和服务，及来访接待工作。

（二）用正确的导向做好维稳工作。协会适时调整服务工作对企业的切合性，积极协调，为股份合作制企业解决历史遗留难题。年内接待大量来访群访，包括咨询答疑、上下沟通、化解和缓解矛盾及冲突，减轻政府相关接待部门压力，为维护社会稳定尽心尽责。

（三）完成续用 5 年所有申报手续。5 月 12 日，协会接到市发改委办公室来电，如果继续延用市政府 27 号文件精神，必须走延用程序，且要通过评估。5 月 14 日，市发改委要求协会一星期完成，写一份 10 年使用 27 号文件的情况评估报告。6 月 17 日，经各方专家论证，一致同意 27 号文件再次续用，并在会议决议上确认。后送报市政府审批。8 月 3 日，《上海市人民政府批转市发改委关于进一步深化本市股份合作制企业改革指导意见的通知》，同意有效期延长至 2025 年 7 月 20 日。

**二、非常时期保证协会抗疫工作有序进行**

新冠疫情肆虐期间，协会接到急需寻找生产口罩耳带的信息，会长第一时间协调上海宽紧带厂的生产基地（当时还没有复工）的聚豪织带公司，尽快安排复工投入试产，让聚豪织带公司加入保供企业队伍中来，并将市、区抗疫与复工要求转给企业；由于复工来沪员工要有规定的隔离时间，厂长亲力亲为，将已退休在家的工程师派去郊区工厂提前打样做试产的准备。与此同时，上海宽紧带厂在资金调动上帮助解决聚豪公司的后顾之忧，力争早出产品。得知任务重、时间紧，协会又联系另外二家织带企业迅速行动，抓紧购置备件、采购原料尽快投产扩产。通过努力，上海潜鑫织带、怿颉绳带等 3 家企业首批 200 万米口罩耳绳带直供上海东方国际“三枪”集团等 5 家单位的口罩生产线；上海宽紧带厂聚豪织带基地生产绳带提供给上海港凯净化制品有限公司的生产线。协会会员单位新镇江餐饮集团连续数日为华东医院、华山医院、静安区中心医院、静安寺警署和曹家渡警署等抗疫第一线单位捐赠餐食供应、爱心午餐。协会秘书处还为会员单位上海长江企业发展合作公司急需额温枪和上海漫极（国际）控股集团所需防护服、消毒洗手液及各类规格口罩等需求提供 8 家供货信息和渠道，给予有力支持与帮助。

在协会群里及时转发市政府有关部门和市促进中小企业发展协调办公室发布的支持企业抗疫复产政策的每条信息，让会员单位互相之间在群里沟通、了解和对接，疫情中协会平台更好地更接地气的服务企业；大家纷纷表示：“齐心抗疫，奋力拼搏，复工复产，协会和企业一起在行动！”

（朱桂芬）

# 上海生产性服务业促进会

上海生产性服务业促进会成立于2013年，业务主管单位为上海市经济和信息化委员会，是国内第一家专业从事生产性服务业领域研究、前瞻性分析、引领发展的社团组织，也是全国第一家生产性服务业专业领域的创新型、联合型5A级社会团体组织。促进会已蝉联六届上海市经信委颁发的中小企业优秀服务机构称号。旗下成立上海生产性服务业功能区工作委员会、上海产业电商和产业互联网工作委员会、上海两业融合工作委员会等专委会。现有会员单位近500家。

2020年主要工作：

促进会学习贯彻《关于推动先进制造业和现代服务业深度融合发展的实施意见》《关于进一步促进服务型制造发展的指导意见》《上海市促进在线新经济发展行动方案（2020—2022年）》等文件精神，坚持优化服务、精准施策，打好服务牌，全面推进上海生产性服务业、服务型制造发展。

**一、携手共抗新冠疫情，积极助力复工复产**

（一）第一时间响应号召，积极履行社会责任。促进会自年初三起积极部署开展防疫各项工作，发布《上海生产性服务业促进会关于疫情防控倡议书》，号召会员单位、行业企业及生产性服务业功能区，强化组织领导，严格落实疫情防控工作。促进会发动理事、会员单位捐款捐物，会长单位爱企谷带头捐款20万元。据不完全统计，理事、会员单位累计捐赠20532万元。响应市民政局号召，参与市民政局基金会管理处发起的“爱心助力”疫控紧缺物资支持项目，关爱养老服务机构的易感老人，得到惠生工程、西信信息、汇珏网络、昂丰矿机、邑通道具、筑想信息、金石湾功能区等会员单位的积极响应，共募得资金22万元，资助养老服务机构。

（二）对接需求协调资源，助力企业抗疫复产。促进会广泛了解企业需求，协调各方资源，帮助企业解决前期防疫物资紧缺的难题，先后对接近10万多只口罩的购买途径，向部分企业免费捐赠2万只口罩及额温枪、消毒液，发动企业向市民政局捐赠200台红外线测温仪，向徐汇区商务委捐赠部分额温枪，支持企业复工复产等。促进会助力各类生产性服务业复工复产，发布《上海生产性服务业复工复产复市工作指引》，建立“复工复产供需对接公益服务平台”，会商相关金融机构拓宽企业融资渠道和采购防护物资渠道，帮助企业做好稳就业工作。

（三）实时跟踪广泛调研，排摸情况密集宣传。促进会定期跟踪调研100多家企业及42家生产性服务业功能区情况，形成每周1次的生产性服务业重点领域复工复产专报；促进会平均每天发布1篇微信公众号、1篇电子简报，加强企业、功能区复工复产相关典型案例的报道。

（四）开展深度分析研究，做好政府决策高参。促进会开展《关于新冠肺炎疫情对于上海生产性服务业发展影响及对策建议的分析报告》专题研究，被市经信委收入《上海产业和信息化研究》专报；通过《本市生产性服务业与长三角产业链联动企业在复工复产中的问题及建议》报告，提出产业链联动发展的相关建议。同时，通过收集整理复工复产中远程办公、无人经济、无接触配送等新业态新模式，形成《上海生产性服务业复工复产及经验总结》报告。这些研究报告得到市经信委、市民政局、上海工业经济联合会、中国工业经济联合会的肯定。

**二、拥抱在线新经济，推动两业深度融合**

（一）4月28日—7月8日，圆满举办首届中国（上海）工业品在线交易节。此次活动由市经信委指导，上海生产性服务业促进会和上海电子商务协会共同主办，是上海市在线消费节“五五购物节”的重要活动之一。交易节依托“生产性服务＋商业模式＋金融供应链”的专属电商平台，联动线上线下，筹划百场活动、汇聚千家企业、撬动百亿消费，推动制造业数字化转型升级。活动期间，共举办15场线下活动周、149场次线上直播，超过2.5万家企业参与，60万专业人士观看，累计交易额突破130亿元。促进会因精心组织企业参与首届“五五购物节”，获得上海市国际消费城市建设领导小组办公室的感谢与嘉奖。

（二）5月27日，由促进会和爱企谷共同举办的东方美谷“5·27”爱企谷网红直播节暨2020首届中国（上海）工业品在线交易节奉贤分会场、上海生产性服务业功能区分论坛在促进会会长单位爱企谷开幕。据不完全统计，此次直播节共有1240家企业、3820个产品参与本次直播节活动，80家企业参与直播，销售数8500件，销售额580.3万元。

（三）6月28日，“海智在线非标零部件品牌日”作为“2020首届中国（上海）工业品在线交易节”活动分会场之一，在松江G60科创长廊启迪展示厅举办“创新赋能NEW智造云峰会”，旨在为制造业企业提供数字化转型参考和交流平台，围绕新技术、新材料、新工艺，探讨行业前沿热门话题，共享核心商业资源。

（四）7月8日，“2020长三角生产性服务业创新云峰会暨上海市产业电商‘双推’工程启动仪式、中国（上海）工业品在线交易节闭幕式”在上海临港松江科技城举行。峰会以“拥抱新经济，助力长三角”为主题，展开长三角联动的系列活动，回顾总结首届中国（上海）工业品在线交易节的成果。促进会特邀请福卡智库首席研究员王德培教授就“在线新经济助力长三角产业高质量发展”作主旨演讲。下午，峰会召开长三角三省一市经信部门工作会议，围绕长三角生产性服务业“十四五”规划协同、推进长三角生产性服务业一体化高质量发展进行研讨；组织“双推”工程新服务平台企业微谱化工、摩库数据、画龙信息进行路演宣传。

（五）4 月 23 日—25 日，促进会在惠生中心举办先进制造业与现代服务业融合创新高级研修班。研修班开设服务型制造的商业模式创新如何重塑制造业价值链、全球疫情影响下的企业发展战略思考、基于大数据的企业数字化转型的调整与研究、疫情影响下的供应链创新及优化、工业互联网在两业融合创新中的价值探讨等课程，并邀请相关委办领导、专家解读相关政策实施细则，指导符合要求的企业积极申报。

**三、提升服务水平能级，共创良好营商氛围**

（一）长三角协同联动，服务全国共谋发展。促进会联手各区有序开展各项资源对接、招商引资活动。与青浦区携手调研江苏吴中、浙江嘉善，了解产业发展动态情况，助力招商引资工作。与常熟经济技术开发区联动，合作成立“上海—常熟生产性服务业发展联盟”。与江苏淮安、泰兴开展资源对接，推动企业落户，设立工业品在线交易节分会场，进行生产性服务业高质量发展课题研究等。9 月 17 日，携手阿里云、爱企谷功能区合作召开云栖大会 2020 百城汇 · 爱企谷专场，阿里云和爱奇网联合推出“爱企 360 云智付”智慧园区解决方案。

（二）积极扩大服务半径，推进产业纵深发展。受新冠疫情冲击，许多企业供应链一度中断。促进会及时了解、反馈企业遇到的问题，帮助企业重新畅通供应链，衔接产业链。疫情缓解后，促进会通过举办工业品在线交易节、东方美谷“5 · 27”网红直播节、2020 长三角生产性服务业创新云峰会、阿里云云栖大会等各类活动，组织企业支持援疆，推进喀什呼叫中心生产性服务业功能区建设，以及在全国各地开展资源对接服务。

（三）首次开展线上培训，深入推进政策宣贯。召开 2020 年上海市产业转型升级发展专项资金（生产性服务业和服务型制造发展）政策线上解读培训会、奉贤贤商汇在线培训 2020 年上海市产业转型升级发展专项资金（生产性服务业和服务型制造发展）等。举办 2020 年上海市生产性服务和服务型制造发展专项资金立项管理工作会议。联手各区开展相关政策指导培训。

（四）举办各类座谈调研，服务企业发展需求。如分别举行先进制造业企业、生产性服务业重点领域企业、三大先导产业企业、生产性服务业相关行业协会、跨境电商互联网企业、在线新经济典型企业、二转三企业、供应链金融企业座谈会，听取企业发展中面临的问题，为政府部门出台专项政策提供依据；调研生产性服务业及服务型制造企业，实地考察数十家典型企业，为企业传达政策、答疑解惑、出谋划策。10 月 11 日，促进会与宝武集团、上海电气、金桥管委会、爱姆意等企业负责人参加国家发改委召开的服务型制造企业座谈会；11 月，促进会将组织优秀示范企业一同赴杭州参加 2020 年中国服务型制造大会。

（五）加强人才队伍建设，积极推荐产业人才。根据《上海市人力资源和社会保障局关于开展 2020 年技能大师工作室及首席技师资助申报工作的通知》，在市经信领域内开展相关高技能人才的推荐工作，推荐一批生产性服务业领域和服务型制造领域的专家。

（六）完善宣传服务功能，加强交流沟通力度。编辑出版《2019 年上海生产性服务业发展报告白皮书》《服务型制造在上海》两本书，获得国家发改委、工信部等部委的认可。进一步加强《生产性服务业》刊物、简报、网站功能，上海生产性服务业、上海检验检测及上海产业电商与产业互联网三大微信公众号，其中上海生产性服务业公众号推送公众号 110 多篇。

**四、承接政府服务委托，认真做好政府助手**

（一）加快推动功能区建设发展工作。1. 受市经信委委托，组织开展《关于促进本市生产性服务业功能区发展的指导意见》《上海市生产性服务业功能区建设指引（2018 年版）》以及复审评估标准的修订完善工作。2. 指导帮助园区进一步明确产业定位，加快产业集聚，提升服务平台能力。加强市区联动，形成申报一批、培育一批、储备一批生产性服务业功能区库。

（二）做好电子商务“双推”第三方服务工作。1. 积极做好“双推”工程全过程服务工作。启动前组织召开培训会讲解政策，指导企业申报。过程中专人现场参与和监督平台企业推介会，召开操作培训会。活动结束后，及时总结，收集整理相关验收材料，组织跟踪与后评估等，并召开总结工作会议。全年申请资金补贴的 20 家“双推”平台企业，累计新签约发展中小企业客户数共计 1655 家，其中全国客户达 468 家，超过总数的 28%；长三角区域客户达 332 家，占全国客户总数超过 71%。2. 开展产业电商宣传推广，联合相关行业组织和专业机构，围绕电子商务领域的模式创新、技术创新，通过“上海产业电商与产业互联网”简报专栏，每月动态更新产业电商平台企业发展情况，通过“双推工程”宣传册、杂志专题报道、上海产业电商与产业互联网微信公众号等媒体渠道，及时推送和宣传推广本市电子商务“双推”平台的应用发展成果、创新模式。

（三）开展本市服务型制造专项资金申报、示范遴选等工作。通过座谈培训积极发动服务型制造企业，争取专项资金支持，2020 年共支持服务型制造项目 20 个。配合市经信委，开展第二批市级服务型制造示范遴选工作。收集到申报材料近 80 多份，11 月上旬组织开展对申报企业、平台、项目的评审。

（四）做好生产性服务业统计工作。按照市经信委、市统计局要求，开展季度数据预报工作，定期上报预报数据，包括全市、各区县、主管集团分类的数据汇编；分析每季度统计数据，完成季度统计分析报告的编写任务。多次组织开展统计培训会，不断提高样本企业的上报率和业务水平。对生产性服务业重点领域的 top50 头部企业进行常态化跟踪，定期组织召开头部企业座谈会，了解跟踪企业的经济运行情况，做好全年发展情况的预测。加强与各区、集团的沟通联动，主动上门走访调研，发现问题沟通改进，提升各区统计上报质量。

（五）承接一系列区级服务委托。开展奉贤相关项目服务工作、闵行区生产性服务业推进工作及青浦区系列服务工作。做好各区开展统计培训、建立数据库等。

**五、不断加强创新研究，积极发挥智库作用**

（一）开展市级重大课题研究，包括上海生产性服务业“十四五”规划项目研究、上海先进制造业和现代服务业深度融合发展试点方案研究、“上海市产业人才结构”专题三——“二产转三产对我市产业人才影响情况及下一步预测”项目研究。

（二）积极助力区域经济发展，做好顶层设计。开展金山区生产性服务业“十四五”规划项目研究、松江区生产性服务业高质量发展项目研究、浦东新区商业综合体项目研究、加快奉贤区现代服务业发展、综合保税区建设等项目研究。

**六、不断提升工作能力，做好会员服务工作**

（一）积极联系沟通、服务会员企业，开展上门走访、座谈交流和资源对接活动，帮助企业解决实际问题，帮助园区开展招商引资工作。促进会连续第五年获得上海市优秀中小企业服务机构称号。

（二）加强内部建设，按 5A 级社团组织标准，进一步调整细化秘书处各部门的分工和制度章程，加强工作绩效考核，提升工作能力和水平。定期开展内部学习，就生产性服务业发展热点、政策等展开讨论。不定期召开秘书长工作会议，使促进会工作更上一层楼。

（三）加强党支部建设，充分发挥党员先锋模范作用，做到一个党员一面旗帜。疫情期间，各位党员积极带头，放弃休息，做好各项工作。支部书记王惠珍被评为金桥开发区综合党委 2018—2020 年度优秀党务工作者。

（张建民）

# 上海市企业法律顾问协会

上海市企业法律顾问协会成立于 2004 年。现有理事单位会员 162 家，其中，央企占 15%、地方国企占 44%、民企占 27%、外企占 10%、其他占 4%。个人会员约 600 名。

2020 年主要工作：

**一、不断转型，做好会员服务**

（一）月度培训服务。上半年，疫情防控处于关键期，协会迅速反应，将常规月度线下培训课程改为线上教学，应需举办 23 场线上专题培训及研讨会。下半年，举办 21 场线下培训、讲座、沙龙及研讨会。

（二）企业内部培训服务。协会承接上海铁路局、上海医药集团股份有限公司、中船重工集团第 711 研究所等 11 家单位的内部培训工作。

（三）调解咨询服务。协会与上海市先行法治调解中心共同设立的“联合调解中心”发挥着重要作用。一年来，纠纷化解率达到 90.24%。协会还为一批企业提供专项法律服务，追回或避免损失上亿元。

（四）协会窗口服务。协会出版 6 期《企业法律顾问》会刊和《业务学习资料》。协会向会员、企业发布《疫情防控倡议书》，并联合《法治天地》频道，对一些与保民生企业的抗疫情况进行采访报道。对协会在疫情期间所做的卓有成效的工作得到市政府有关部门的肯定，上海市经信委专程寄来感谢信，向无私奉献的同志们致以崇高的敬意。

**二、多措并举，开展法宣工作**

（一）成功承办第四届上海市企业法务技能大赛和评优活动。这一年，由协会承办，市法宣办、市经信委、市司法局、市国资委、市工商联共同举办第四届上海市企业法务技能大赛。本届大赛通过征文的形式，充分反映企业法务工作者对法治精神的追求和为上海法治建设作出的新贡献。共收到参赛征文 168 篇，其中长三角地区企业报送征文 11 篇。同时，大赛组委会还开展 2017—2020 年度企业法务技能大赛“法务之星”和“优秀法务团队”评选表彰活动。最终评选出“法务之星”和“优秀法务团队”奖各 10 名，提名奖 10 名。

（二）普法相关工作。协会配合市经信委起草“上海经信系统2019年法宣工作总结和2020年法宣工作安排”、经信系统各单位2019年法宣工作总结，协会还完成经信系统各单位“七五”普法工作总结的收集汇总等工作。

（三）法治工作调研。协会领导先后赴市工经联、市中小企业发展服务中心、市企联、市外商投资协会、市律协等单位就法律相关工作进行商洽，并先后走访诸多单位开展法治工作调研，听取了解有关方面意见，与企业负责人进行交流，思考协会如何进一步开展法治宣传工作。

（四）编纂书籍。协会组织编写《法治抗疫》书籍。还从参加第四届上海市法务技能大赛的优秀征文中遴选近70篇文章汇编成《责任与担当——防疫抗疫中的企业法务》一书。

**三、资源共享，做好合作交流工作**

（一）建立合作共赢机制。10月，协会与上海市企业联合会组建“法律培训服务部”，为更多的市企业单位提供法律培训服务。11月，协会与上海市经济团体联合会商洽，探讨共同组建企业法律服务机构，拟为全市企业提供法律培训、咨询服务。12月，协会与上海市外商投资协会进一步细化战略合作协议，开展更多的合作服务。12月29日，成立协会“外资企业法务专委会”，并联合上海市外商投资协会共同成立“上海市外商投资企业联合法律服务中心”，服务于外资企业。

（二）全国地方法律顾问协会、长三角协会深化合作。5月，协会受浙江省企业法律顾问协会邀请，与浙江法总会联合举办“企业合规体系建设的探索和实践”专题分享会、与浙江中小企业协会开展法律服务经验交流会。8月，长三角企业法律顾问协会联席会议暨扩大会议在杭州召开，就长三角协会间的合作理念、机制、路径进一步探讨交流。9月，第十届全国地方企业法律顾问协会论坛在长春召开，12省市地方企业法律顾问及部分省市国资委、企业代表逾100人出席。10月，长三角企业法律顾问协会联席会议在江苏南京中船重工第八研究院召开，江浙皖沪同行集聚一堂，互相交流，共同探讨合作服务新模式。

（三）发挥“特邀专委会”作用。疫情期间，协会“特邀专家委员会”和“特邀专业委员会”各成员单位众志成城，各自发挥独特优势，或是运用法理研究提出减少疫情对企业影响的对策措施；或是开设线上直播讲座，为企业传经送宝提升企业法务抗疫意识和能力；或是直接担任企业维权的卫士，为企业挽回涉疫经济损失。

**四、对接政府，助力优化营商环境**

（一）《公平监管和公正执法》课题项目。根据上海市委常委、常务副市长陈寅“关于开展进一步提升上海优化营商环境国际竞争力”为主题的大调研工作部署，4月，协会受市司法局委托承接“提升公平监管和公正执法法治化水平”课题项目。通过采取问卷调查、征询意见、走访座谈等方式，并在此基础上对本市近年来工作实践进行简要总结，组织法律和实务专家进行论证，最终于7月完成课题调研报告。

（二）《上海市促进中小企业发展条例》实施情况课题报告。6月18日，新修订的《上海市促进中小企业发展条例》正式开始实施。7月起，在上海市中小企业发展服务中心指导下，协会开展一系列调研活动，形成若干大类问题及其对策建议。经有关专家论证后，已撰写《上海市促进中小企业发展条例实施情况调研报告（审议稿）》，得到市有关部门肯定。

（三）配合开展市国资系统优秀法务评选工作。6月，协会受市国资委政策法规处委托，组织开展“上海国企优秀法务工作者最佳网络人气奖”投票评选活动，该活动以协会微信公众号平台为依托，共有逾10万人参与此次评选活动。

（四）中小企业培训项目。受上海市中小企业发展服务中心委托，协会承办第八期上海中小企业法律风险防范培训班。该班围绕中小企业法律风险防范主题，开设风险控制等相关理论结合实务的系列课程。全市82家中小企业的管理人员参加培训。

（五）市人社局紧缺人才培训项目。经上海市人社局批准，协会承办优化营商环境法律保障实务高级研修班，全市62位学员参加培训。针对高级研修班培训要求，协会邀请7位专家教授领导授课。课程设置具有系统性和针对性，教学既有理论又有实际操作经验，学员反应较好。

**五、凝聚团队，抓好自身建设**

（一）协会规范化建设。协会顺利通过上海市民政局（上海市社会组织管理局）规范化社会组织复评，获得中国社会组织评估4A等级证书（2020年1月—2025年1月）。

（二）拓展协会队伍。在稳定现有会员、理事单位的基础上，协会通过自身品牌建设和外界良好口碑，不断拓展会员队伍规模。

（三）推进党建工作。1. 协会党支部采取线上形式，组织大家重点学习习近平总书记系列重要讲话以及中央关于新冠肺炎防控工作的重要指示精神，并组织捐款活动，获得全体党员的一致支持和积极响应。2. 党支部组织全体党员学习聆听华东政法大学民商法学博士、民商法学副教授、硕士研究生导师吴一鸣老师的《民法典》专题线上讲座。3. 制订“协会党支部‘四史’学习教育实施方案”。7月16日，与市经信委政策研究和法规处党支部、市国资委政策法规处党支部、长三角一体化示范区执委会政策法规组党支部共同举办联合党建活动，此次活动对加强“四史”学习，推动支部下一步工作具有启发作用。协会还与上海稀土协会共同组织党建活动，参观上海市劳动模范、先进工作者展览馆。

（姜　潮）

# 上海市质量协会

上海市质量协会成立于1981年6月13日，原为事业单位，现为上海市各行业致力于质量管理与质量创新企事业单位会员组成的专业性非营利社团法人组织。具有国内外影响力的5A级社团组织。上海市质协设立战略研究会和专家委员会，建立涵盖国际合作伙伴、长三角等区域与上海市区级质量组织、枢纽型社团、行业协会、高校与专业机构、质量标杆组织的质量工作网络，会员单位覆盖上海市90%的国民经济产业门类，服务本市中小微企业数千家。

2020年主要工作：

**一、全力打赢质量战“疫”与复工复产行动**

新冠肺炎疫情爆发后，市质协根据上级党委和政府主管部门要求，与会员单位同舟共济，协同作战，把疫情防控作为协会工作的重中之重，将质量推进和年度重点工作融入疫情防控大局。通过微信公众号“上海质量”和上海质量网等编发、转发相关信息，开展上海市民对疫情认知调查和免费在线质量教育系列课程。向所在新华街道社区和部分会员捐助口罩、额式体温仪等防疫用品。调查了解会员单位疫情防控、复工复产情况和存在的主要困难，并及时上报上级党委和政府主管部门。

**二、服务质量强国与长三角一体化国家战略**

市质协对接质量强国战略的工作部署，承担2020年全国公共服务监测项目，完成国家市场监管总局质量发展局委托的“质量文化建设及全面质量管理创新工作”与“先进质量文化和管理创新应用推广项目”二项工作任务。依托全国公共服务质量监测的工作网络技术优势，发挥市质协战略研究会的专家力量和会长、副会长单位的平台优势，充分应用互联网、大数据等技术手段，开展科创板上市企业创新质量指数研制工作。

在长三角区域合作办公室的支持下，在政府相关部门的指导下，市质协会同苏浙皖3省的质量专业组织，牵头筹建“政府指导、社团协作、企业互动”的长三角地区质量专业组织负责人圆桌会议机制。举办首次“长三角质量组织负责人圆桌会议”和“首届长三角质量创新论坛”。

在国家和市相关部门指导下，围绕打造“国际化高端质量人才的培养基地、具有国际影响力的质量智库”的目标定位，汇聚国际、国内资源，积极探索筹建治理规范、运作高效的国际高端质量人才培养机构。

**三、服务上海经济社会高质量发展大局**

9月17日，举办中国国际工业博览会质量创新论坛暨首届长三角质量创新论坛。9月18日，与中国德国商会合作，在第22届中国国际工业博览会期间，举办中德“隐形冠军”质量标杆研讨会。11月6日，举行2020国际质量创新论坛暨中外企业家论坛。本次论坛是进博会上海交易团配套活动之一，多个国际质量组织负责人、进博会参展企业及中外企业家进行交流分享。

配合市市场监督管理局标准化主管部门，推动、指导7家会员单位完成上海市标准化试点申报。配合市经信委，市市场监管局标准化主管部门，推进本市10家战略型新兴产业的国家级创新中心、市级创新平台的标准化创新工作。

市质协策划2020年度质量月系列活动10项。举行上海市“质量月”升旗仪式。宣传新发展理念和高质量发展思想，倡导和营造“政府重视质量、企业追求质量、社会崇尚质量、人人关心质量”的浓厚氛围。“质量大讲堂”作为上海市质协定期举办的公益质量宣传教育品牌活动，旨在传播先进质量理念和交流质量管理的最佳实践，线上线下结合，先后举办3期，参与人数超过10万人。受疫情防控影响，采用线上线下交互的质量教育新模式。

参与上海市经济团体联合会主办的“2020上海市企业社会责任报告发布会”，引导本市企事业单位和社会团体瞄准标杆，切实提高履行社会责任的能力和绩效水平，促进全市企业社会责任建设可持续发展。

根据国家发展战略、中共上海市委和市政府的重点工作，结合民生热点、难点、痛点，市质协主动开展关于新型肺炎疫情居民的认知情况、2020年夏令热线投诉回访满意度、本市居民早餐现状及需求、本市老年人积极养老现状、长三角地区轨道交通服务质量等5项社会公益调查，为政府主管部门决策提供科学支撑。开展“质量志愿者进园区”便民服务活动。全年，上海市质协通过“上海质量网”上海市质协官方网站、“上海质量”微信公众号、《上海质量》杂志，先后发布近800篇信息、报道。并在《质量强国》《文汇报》《新民晚报》《中国质量报》等新闻媒体与平台上，发布8篇专题报道。

**四、整合资源、创新方式，提升会员发展与会员服务质量**

发挥市质协公益平台作用，转变服务理念和工作方式，加快建成集在线活动、在线申报、在线研讨、在线分享等功能的会员在线服务平台。先后发布2020年会员活动与服务指南，开通“中国企业品牌创新成果·上海优秀成果发布”

和“上海市质量品牌故事比赛优秀作品巡展活动”在线平台，拓展会员活动和互动的方式。

在线下活动受限的情况下，年内举行二次线上、线下结合的会员大组活动，分别是“众志成城防控疫情、质量管理赋能逆行”为主题的物业会员大组活动，主题为“抗击疫情砥砺前行质量管理疏而不漏”的医药食品和医疗养护会员大组交流活动。举办4次会员日活动，分别是以在线分享和录播分享形式举行。另外，采用线下交流方式，举办5次群众性质量提升活动。通过各项会员服务与活动、助力会员单位在疫情防控下的质量提升。组织专家队伍深入企业现场一线，累计为98家会员企业，就质量技术6个领域，开展35人次的专家诊断活动，支撑解决会员单位的质量技术共性问题和改进难点。

**五、政治引领、规范治理，提升治理水平与服务能级**

市质协通过会长工作会议、会长传达两会精神专题会议、党总支会议、秘书处例会等渠道，及时传达学习习总书记系列重要讲话、中共十九届五中全会和市委、市政府重要会议精神。召开战略研究会会议，请专家指导如何更好地服务国家重大战略、服务上海市经济社会发展大局出谋划策。会长班子坚持贯彻自主办会和民主办会的原则，引领上海市质协各项工作。上海市质协从管理制度着手，精心策划、分步推进规范治理。加强重点项目、重大活动的管理，指导下属机构合规经营与规范化管理。通过管理制度的完善，推进协会和下属机构的规范治理。

中共市质协党总支委员会于6月16日举行换届选举会议，选举产生新一届党总支委员会。党总支组织开展“四史”学习教育活动，包括龙华烈士陵园主题党日活动、“学‘四史’、守初心、担使命”征文活动，以及党总支书记上党课等活动。通过高质量的党建活动，引领业务工作的高质量发展。

（华蔚筠）

# 上海服装行业协会

上海服装行业协会成立于1986年3月，是上海市服装行业企事业单位自愿组成的跨部门、跨所有制的非营利性的行业社会团体法人。上海服装行业协会以服务为宗旨，在政府与企业、企业与企业、企业与国际之间发挥桥梁和纽带作用，尽全力为上海乃至中国的服装行业的发展和繁荣而努力。现有会员单位260家。

2020年主要工作：

**一、直面疫情，积极承担社会责任**

（一）积极主动发挥政企间桥梁作用，为抗击新冠疫情建言献策

年初，新冠疫情来势凶猛，疫情就是命令，防控就是责任，协会秘书处第一时间统一行动，积极承担社会责任，春节假期主动放弃休息，配合市经信委排摸挖掘、收集汇总上海市防护用品应急物资重点生产企业信息。协会领导带队深入会员企业三枪、嘉麟杰、东隆、吉玫、服良、杰西、伊佳林等单位了解企业生产信息，开展调查研究，对企业复工复产过程中遇到的问题与困难进行统计与梳理，积极帮助企业寻找和协调相关原材料与设备尽快到位，落实惠企政策，尽快恢复正常生产秩序，从而为相关企业得以迅速开通生产线。疫情无情行业有爱，三枪、嘉麟杰、东隆等会员企业急国家所需，转产口罩、防护服等防疫物品，及时保证防疫用品的供应。为此，市经信委特发感谢信，对秘书处在疫情期间所做的工作给予肯定。

（二）推荐企业积极参与五五购物节，促进企业复工复产

4月23日，市政府宣布5月4日起开始举办五五购物节系列活动，组织重点商圈、特色商街、商业企业、品牌企业开展营销活动，多家在线新经济企业参与，实现电商与实体零售融合互动，通过线上流量优势反哺线下卖场带动实体消费，促进消费回补和潜力释放，提振消费信心强力释放消费需求，驱动消费复苏。协会在市经信委等有关部门的指导下，推荐服装行业内的民族品牌、传统品牌和时尚潮牌等积极参与五五购物节的营销活动，扩大品牌影响力，提升品牌销售，为有关企业的复工复产有益增力。

（三）在企业复工复产中，协会秘书处主动上门服务，多次到会员企业进行现场调研，对企业遇到的困难与问题进行梳理统计，在政府、企业间多方协调，帮助落实惠企政策。同时，利用新媒体手段，克服疫情的影响，以视频通话形式举办理事会和会长会议，探讨疫情对服装行业企业发展的影响，汇总整理行业企业呼声，及时向政府相关部门反映。

**二、开展行业研讨，服务行业企业发展**

（一）开展产业研究，积极建言献策。针对国内外经济形势和服装产业发展现状与趋势，坚持在收集整理汇总上海服装行业经济数据的基础上，为市政府相关职能部门提供季度上海市服装行业经济运行简报、半年度和年度上海市服装行业经济运行分析报告，为政府部门的行业决策提供参考和依据。

（二）收集整理上海服装行业协会网络信息商场的服装销售情况，每月编写《上海服装行业协会网络商场销售情况

分析》、发布月度服装销售品牌排行榜。配合中国服装协会组织开展的全国“百强”企业申报评审活动，协会秘书处动员具有核心竞争力的企业参与评审活动。最终，在对申报企业“营收收入”“利润总额”和“利润率”三项指标进行排序的百强榜单中，由协会推荐的嘉麟杰纺织品股份有限公司、上海东隆羽绒制品有限公司、安莉芳（上海）有限公司等6家会员单位榜上有名。

（三）为进一步整合供应链资源，帮助企业寻求优质制造工厂，秘书处在严守疫情防控要求的同时，组织部分企业分别考察福建泉州、山东青岛等地同行，交流对接。此外，配合定制专业委员会工作要求，组织企业赴绍兴柯桥参加中国服装定制高峰论坛和纺织面料博览会等活动。

**三、开展人才培育，确保行业持续发展**

（一）认真做好中（高）级职称的评审工作。根据市经信委、市人社局关于开展2020年度上海市工艺美术系列服装设计专业中（高）级专业技术职务任职资格评审工作的通知精神，协会秘书处认真落实、积极做好中（高）级职称的评审工作，经过考前辅导、专业考试及专家评审，有77位同志顺利通过专家评审委员会的评审，获得上海市工艺美术师系列服装设计专业中级技术职务任职资格，有1位同志获得上海市工艺美术师系列服装设计专业高级技术职务任职资格。

（二）积极开展职业技能竞赛活动。协会带领选拔的行业优秀选手参加11月13日—16日在上海国际时尚教育中心举办的第六届“富怡杯全国十佳服装制版师大赛”，并取得优异成绩。协会被大赛组委会授予“优秀组织奖”称号；协会选派的、来自会员企业上海东方国际创业品牌管理有限公司的赵叶云以总分第二名，获得“全国十佳服装制版师”称号。另有领克贸易（上海）有限公司王太平和上海蔓楼兰企业发展有限公司王华获得竞赛优秀奖。

（三）推荐企业参与2020年度“上海工匠”培养选树的申报工作。为大力弘扬劳模精神、工匠精神和劳动精神，推进产业工人队伍建设，培养造就有理想、守信念、懂技术、会创新、敢担当、讲奉献的高技能人才队伍，上海工匠培养选树活动在全市范围内开展。协会结合本行业发展实际，将本系统中具有工艺专长、掌握高超技能、确能体现领军作用、作出突出贡献的职工作为申报对象进行推荐申报，推荐会员企业上海雅缇服饰有限公司技术总监王彬参与评审活动。

**四、积极开展行业标准编制工作，规范行业企业运行**

（一）上海作为全国定制领域的风向标，必须制定适合服装定制地方标准，以规范服装定制行业。在市消保委的指导下，协会作为发起单位，积极配合上海市纺织标准化委员会牵头起草《服装高级定制技术规范》上海市地方标准，经过多次专家论证和市经信委立项，2020年已基本结束此项工作，2021年将正式发布，填补服装定制领域的一项空白。

（二）上海市质量检验院纤维研究所编写的上海市地方标准《纺织产品绿色供应链管理通则》，协会有20多家会员单位参与前期调研工作，协会秘书处也积极配合，邀请企业家三批次参加编写方组织的通则制定意见征求会。该项地方标准在年底已通过上级部门最终审定，2021年将付诸实施，为行业的绿色环保生态发展保驾护航。

**五、夯实自身服务功能，加强协会规范建设**

（一）做好各项筹备工作，平稳有序完成协会换届选举。因为新冠疫情，原定年初举行的协会换届选举再次推迟，秘书处积极直面变化，认真仔细做好换届改选工作的各项材料准备、章程修改等工作，充分做好各项会务准备，最终于10月20日圆满顺利地完成换届选举，受到与会会员单位、相关单位和上级主管部门的一致肯定。

（二）为切实联系会员服务会员，秘书处积极走访会员企业，倾听会员心声，关注会员需求，特别是在疫情期间，为会员企业的转产防疫产品、复工复产提供力所能及的服务。协会充分利用协会官网、协会微信公众号等新媒体，及时为会员企业提供行业动态、经济形势，发布活动通知等，提升信息服务的时效性。

（三）扎实推进党建工作，充分发挥党员凝聚力、创造力和战斗力，使党组织有力推进企业发展、服务企业、凝聚人心，促进劳动关系和谐发展，先后组织秘书处全体党员群众观看“勇立潮头——庆祝浦东开发开放30周年文艺晚会”，参观上海工匠馆等。

（杨红穗）

# 上海市节能协会

上海市节能协会成立于1985年3月21日，是由上海市生产和转换能源、使用能源、生产节能产品和节能减排服务等企业单位，能源管理、科研、设计、教育、信息等事业单位自愿组成的节能专业性、非营利性的社会团体法人组织。协会积极开展节能减排技术和技改项目咨询；进行节能减排、低碳环保、能源（电力、燃气、石油等）、能源互联网等课题研究；编制节能专项规划等。现有会员单位259家。

2020年主要工作：

**一、明确协会“围绕中心、突出重点、做好服务”工作主线**

围绕中心：贯彻国家节能减排要求和实施《长江三角洲区域一体化发展规划纲要》精神；为上海打响“四大品牌”、推进“五个中心”建设，实现高质量绿色发展发挥桥梁纽带作用。

突出重点：聚焦绿色制造、高技术引领、新能源应用、能源互联网、临港新片区建设、长三角一体化发展等关键要素；积极关注节能和环境约束性指标，把握新动向，适应新发展。

做好服务：服务于会员需求，服务于政府决策，服务于社会发展；提升平台服务能力，加快建设品牌协会。

**二、众志成城、共克时艰，认真做好新冠肺炎疫情防控工作**

面对突如其来的疫情，协会第一时间成立疫情防控工作组，建立应急机制，在工作群内发布《倡议书》《关于突发新冠疫情应急处置预案》。《上海节能》杂志开通免费线上阅读，微信公众号开辟《抗击疫情》专栏，帮助企业了解疫情最新动向、防疫知识，协调物资购买渠道；连续发送25篇有关复工复产动态、复工复产扶持政策，积极宣传企业复工复产、保障城市能源和物资供给的推文。市经信委特地发来感谢信，充分肯定协会在抗击新冠疫情中的防控工作。

**三、主动作为、开拓创新，“三为”服务工作取得可喜成绩**

（一）积极配合市经信委编制“十四五”节能环保产业规划，补充重大技术装备发展情况；并认真组织“节能金点子”征集活动，7个“金点子”涵盖智慧用能、生物制氢、LNG冷能利用等领域。参与市发改委“十四五”能源发展规划编制工作，并配合该委开展“基于分布式供能的增量配网实施方案”研究。年内，共承接各类课题、项目23个，已完成15个。（二）完成《燃气直燃性溴化锂吸收式冷（热）水机组安全和能效技术要求》《燃煤凝汽式汽轮发电机组单位产品能源消耗限额》2个地方标准的修编工作。（三）配合市能效中心开展节能减排技术产品评审，并充分利用协会的媒体矩阵进行宣传和推广。累计推荐节能减排技术产品100多个。联合该中心，进一步做好本市余热回收利用有关工作。上海余热资源信息共享服务平台已有1456家企业入驻，可查询总余热量1200万千瓦。（四）全年举办（协办）各类专业展会、论坛和培训14次，约2000人参与，有效提高专业人员节能减排意识和业务水平。协会还收到第22届工博会主办方感谢信。8月6日，在浙江杭州与有关单位合作举办“第三届长三角区域能源互联网创新发展论坛”；并积极参与长三角其他省份能源互联网组织的筹建工作。（五）经协会评审推荐，《上海电力大学临港校区智能微电网项目》和《退役电池储能技术项目》入选市工经联2019年企业科技创新最佳案例。同时，协会获得市工经联“创新最佳案例优秀组织奖”。

**四、创新工作理念和工作载体，节能宣传工作取得新进展**

（一）《上海节能》杂志品质进一步提升，在同类杂志中处于中上水平，为推动上海节能减排工作发挥了应有作用。（二）承担“上海节能宣传”微信公众号运营工作，共发布推文442篇，总阅读量达到130907次，推文转发数103421次，订阅用户数从两位数增长至五位数。（三）节能宣传周活动与时俱进、精彩纷呈。首先，揭晓上海市节能重点领域10件大事，及首次开展直播带货；其次，启动“节能宣传践行者评选活动”微信2.0版。再次，举办“上汽杯”节能绿色知识竞赛活动。同时，评选出节能减排先进集体20个，先进个人30名；发布2020年上海市节能宣传周专刊数字版。

**五、坚持专业化发展道路，推进天然气分布式能源建设**

在市分布式供能推进办指导下，客观评价本市天然气分布式供能系统四轮政策取得显著成效：上海现有分布式供能项目62个，累计装机容量约21万千瓦，扶持资金总量约2.5亿元，拉动社会投资约20亿元，项目建成数量及规模均居国内领先水平。这些项目节能率平均超过30%，二氧化碳减排率平均超过40%，每年可节约标煤9万吨，减排二氧化碳23万吨。7月23日，市发改委第五轮政策相关文件正式印发，将推动本市天然气分布式供能项目新一轮发展。同时，《天然气分布式能源系统建设和运维评价标准化试点》以总分103分（考核96分、附加7分）顺利通过验收，得到市市场监督管理局高度认可。

**六、立足上海，放眼长三角，主动联手发展氢能源**

加强课题研究，协会组织专家通过《上海氢能源开发和利用研究》摸清上海氢能源全产业链“家底”，客观分析了氢能源行业发展的瓶颈和痛点，并建设性地提出上海氢能源开发和利用的技术路径、政策路径。关注国内外氢能源发展前沿技术、宏观政策和新闻动态，进一步明确联盟的定位和发展方向。

指导长三角区域氢能源基础设施产业联盟有序开展工作。为科学布局上海氢能产业不同环节的发展，积极构建高质量发展的长三角区域氢能产业生态圈，3月5日，协会筹建成立上海市氢能产业发展专业委员会。

**七、夯实基础、创新机制，加强协会自身建设**

（一）继续优化秘书处人力资源，不断提升能力和水平。初步建立专兼职人员两套不同收入分配体系，专委会专家库和《上海节能》编辑部专家库进一步融合，形成相对固定的生态“工作圈”“工作流”。（二）及时完成“上海节能宣传微信公众号”迁移工作，上海节能网与协会OA系统、杂志编务系统的“链接”进一步优化。同时，在全面梳理会员基础上，按照行业、企业性质、地域等属性把会员分成6个类别，组建微信小群，为更好地开展线上服务奠定基础。（三）加强协会党建工作，充分发挥党支部战斗堡垒作用。不断完善党内的基本工作制度，积极探索新形势下社会团体党建工作的新途径和新思路；巩固“不忘初心、牢记使命”主题教育成果，积极开展“四史”教育；继续与中国银行上海市泰康路支行、上海燃气市北销售有限公司销售服务部等单位党组织开展共建活动。

（钟　磊）

# 上海市包装技术协会

上海市包装技术协会成立于1978年10月28日，为行业企事业单位与科技工作者自愿组成的非营利性的社会团体法人。协会下设10个专业委员会。

2020年主要工作：

**一、义不容辞全力抗击疫情**

疫情伊始，协会在第一时间积极行动组织协调工作，发挥专业优势、渠道优势和信息优势做好信息沟通、应急响应、服务保障等工作。协会领导、办公室和各专委会深入企业走访调研，竭尽全力积极引导企业树立信心、沉着应对、注重长远、迎难而上，力争把疫情带来的损失降到最低。高汝楠会长向全行业发表全力“抗疫”新年寄语，要求协会全体工作人员要本着努力工作服务前移的理念，积极行动起来想会员企业所想，急会员企业所急，尽力为会员企业提供各种高效有益的信息，为企业排忧解难。春节期间，协会秘书处有关人员放弃休息，主动协助市经信委排摸，收集汇总上海市防护用品应急物资重点生产企业信息，及时在会员企业中开展调查研究提出政策建议，并对复工复产过程中遇到的问题与困难进行统计与梳理，积极帮助企业协调防疫物资到位，落实惠企政策，尽快恢复正常生产秩序。3月13日，协会收到市经信委的表扬信，肯定协会强烈的社会责任感和使命感，表扬协会充分发挥政府与企业之间的桥梁、纽带作用。

**二、搞调研、搭平台，助推行业健康发展**

受上海市中小企业服务中心委托，协会进行企业诉求协调工作。以走访、问卷、召开座谈会形式，听取企业对政府相关政策、融资、法律、人力资源、专业诉求、行业现状、产业前景、产业链等方面的意见与建议，分析形成报告递交政府，同时为协会如何服务企业提出明确目标。协会进一步完善健全中小企业服务平台建设。根据行业实际运行情况向市经信委汇报2020年季度和年度上海包装行业经济运行报告。继续开展“海派伴手礼”走出上海文旅产业逆境的探索工作。

**三、为企业后疫情时期的生存发展做好全方位服务工作**

协会领导、协会办公室、各专委会纷纷深入企业第一线，走访宝钢包装、高斯、烟印、顺灏、希悦尔等副会长单位和几十家会员企业，调研复工复产防控工作开展情况、协调解决企业实际困难、尽力为会员企业服务，力所能及地为会员企业解决困难，共同探讨企业和行业后疫情的发展思路。为推动协会团体标准化工作的开展，提高团体标准制修订工作管理质量，协会制定《上海市包装技术协会团体标准制修订工作管理办法（试行）》，绿色包装和塑料包装委员会积极开展此方面的前期工作。协会联合上海市乡镇协会邀请上海市政协副主席，民建中央副主席周汉民做“当前形势与任务”报告，协会会员135人出席会议。协会组织专家对王子包装（上海）有限公司和上海出版印刷高等专科学校的两个项目开展科技评价工作。与沪苏皖浙三省一市食品学会、协会共同发起组建长三角食品产业创新合作联盟，共同召开2020年长三角食品产业创新合作工作会议。11月25日—26日，在上海举办2020长三角食品产业创新发展论坛暨长三角名优食品品牌建设交流大会。协会和专委会联手举办专业论坛。在第25届中国美容博览会期间，由协会主办，《上海包装》编辑部承办“内外环境变化推动美妆包装技术创新与提升”论坛。联手绿色包装委员会与上海博华国际展览有限公司联合举办“创新与可持续发展的包装论坛”。与上海出版印刷高等专科学校签订战略合作协议，双方以学校包装检测应用研发中心为载体开展深度合作，推动学校包装学科专业发展、包装技术服务平台建设。

**四、精准服务练好“内功”，进一步加强协会自身建设**

1月21日，协会召开2019年度总结考评工作会议，评选2019年度上海包装行业十大新闻和协会十大活动。4月28日，召开协会专委会秘书长工作会议对各级秘书长作专题培训。10月13日，再次召开协会专委会秘书长工作会议。协会重建金属包装委员会，金属包装专业委员会隆重召开2020年首次工作会议。会员企业的领导近30人参加会议。高汝楠会长等领导重点抓专业委员会建设，完善协会组织架构。重点加强塑料包装、绿色包装、纸制品包装等委员会的自身建设。上半年新增会员企业55家，已缴纳会费达213家，会费收缴率超过52%。包机委87家会员企业已全部缴纳2020年度会费，会费收缴率100%。协会通过上海市科协“三星级协会”的复审工作。加强与兄弟协会的交流活动，邀请10多家印刷协会秘书长在科学会堂举行沙龙活动。拜访石家庄商会，组织骨干会员企业专程赴吴兴实地考察投资环境和产业链环境。2020年，协会继续通过市科协三星级协会的复审，被中国包装联合会授予特殊贡献奖、包装行业优秀奖。协会办事机构、专业委员会、党建工作等都取得较好成绩。

**五、各专业委员会开展丰富多样的活动为会员服务**

包装机械专业委员会先后举办政策下工厂培训班、包装机械优秀企业ERP培训班、包装机械重点企业对外贸易对接会。组织“看世界500强，学精益生产数字化管理”的企业家交流考察活动。召开“2021勇争第一”为主题的2020年包机委年会。纸制品包装专业委员会召开“稳市场保就业谋发展新环境下包装的生存和发展”研讨会、组团参加2020华南国际瓦楞展／国际彩盒展／包装容器展，并考察当地的优秀包装企业。组织多家会员企业参加第22届中国国际工业博览会。包装印刷委员会组织骨干食品包装企业参加2020长三角食品产业创新发展论坛及食品加工及包装展会和2020长三角食品产业创新发展论坛暨长三角名优食品品牌建设交流大会。召开2020年上海包协包印委三新论坛暨年会。塑料制品委员会组织会员企业参观在宁波国际会展中心举办的第12届宁波塑料橡胶工业展览会，并参与2020塑料包装材料与包装技术创新论坛。绿色包装专业委员会和塑料包装专业委员会组织有关会员单位召开专题讨论会，就成立上海绿色包装研究所申报工作、团体标准等工作进行专题讨论。包装设计专业委员会举行第十届包装设计委员会第一次会员代表大会，会议表彰为上海设计事业做出卓越贡献的前辈、优秀设计师以及行业精英。协会物流包装专业委员会与美狮传媒集团联合召开第七届中国电子商务包装发展论坛，并召开《物流包装通识手册》的首发仪式以及第四届美狮先锋奖颁奖典礼。

（舒仁厚）

# 上海市咨询业行业协会

上海市咨询业行业协会的前身为上海市科技咨询学会，成立于1987年3月。1994年更名为上海市咨询协会，2004年4月更名为上海市咨询业行业协会。2020年，获得上海现代服务业联合会颁发的“上海现代服务业特殊贡献奖”，继续获得上海市科学技术协会颁发的三星级学会称号。现有各种所有制会员单位有103家。会长副会长单位15家，理事单位43家。

2020年主要工作：

**一、协会的组织建设和工作**

（一）协会正式成立党的工作组。2019年底，协会向上海科学技术交流中心科技社会组织党委递交《关于上海市咨询业行业协会建立党的工作组的请示》，2020年10月13日，收到中共上海科学技术交流中心科技社会组织委员会《关于同意上海市咨询业行业协会建立党的工作组的批复》（沪科技交流科社委〔2020〕3号），正式成立党的工作组。协会开展党的工作，履行相关职责，促进协会更规范、全面、健康发展。

（二）疫情期间采用通讯方式召开理事会和会员大会。根据疫情期间不能召开集聚性现场会议的要求，为保证协会工作正常开展，协会采取通讯方式，于3月24日寄出召开八届四次理事会的通知和会议材料；于4月2日寄出召开八届三次会员大会的通知和会议材料。经反馈汇总，一致同意通过会议议项，协会可顺利开展年内工作。

（三）召开八届三次会长办公会议。8月11日，协会召开八届三次会长会议，就前一阶段工作进行回顾和总结，提出下一阶段工作计划。10月30日，协会召开八届二次监事会。

（四）走访会员单位。5月19日和7月14日，协会秘书处分别走访会员单位上海青蓝管理咨询有限公司和上海名略企业管理咨询有限公司。

（五）积极应对疫情突发态势，支持中小企业复工复产。协会极响应国家新冠疫情防控的有关政策和要求，努力为会员单位战胜疫情，复工复业提供服务和支持。经协会党工组和领导紧急商议决定，对小微企业会员单位的会费减半收取。

**二、联合兄弟协会和政府部门共同开展政策宣讲和业务培训**

（一）成功举办上海市科学技术协会2020年会暨上海科技发展论坛。在市科协的支持下，9月18日，协会和上海市普陀区科协联合主办上海市科学技术协会2020年学术年会暨上海科技服务业发展论坛，成功探索协会与区县科协的联合，共同促进科技服务业的发展。《上海科技报》在头版通栏报道了会议实况。

（二）举办讲座与交流学术会。协会邀请副会长祝波善做新生态背景下的咨询创新思维讲座。新生态、新生长，企业从外向型转向内生型发展；如何面对新形势，把问题变成发展的机遇，给咨询业从业人员及管理者带来新的理念、新的思路。

（三）协会、上海市普陀区建筑工程学会、上海市地质学会联合举办高质量发展要求下的装配式混凝土建筑创新技术研讨与交流学术会。并参观施工现场。

（四）开展第十届上海市注册咨询专家和第三届咨询业行业协会咨询师评审工作。报名参评的咨询专家和咨询师共57人，56人参加培训。邀请专家主讲“洞悉管理咨询本质，用专业成就专业”和“国内外经济发展新格局下智业从业者的机会与作为”两场培训会。对新经济形势下，咨询人担负的责任和担当提出了具体的要求。

（五）推广科技创新券应用，支持中小微科技企业创新创业。4月16日，协会召开建立创新券专家库研讨会，专题研究配合国家技术转移中心东部中心建立创新券专家库，提供专业化高质量支持服务，推动咨询企业发展。承接并完成国家技术转移中心东部中心委托的《创新卷定价机制研究》课题，通过大数据挖掘，结合典型案列分析，提出可供实际操作的分类综合定价机制，为2021年推广创新券做准备。

**三、编撰发展报告，开展平台交流，加强横向合作**

（一）继续编撰《上海咨询业发展报告（白皮书）》。参与由上海市发展研究中心和上海现代服务业联合会联合编撰的《上海现代服务业发展报告》（白皮书）组稿工作，提供约一万字的《上海咨询业发展报告》，详细阐述上海咨询业发展的成就、存在的问题和解决问题的办法。

（二）协会年度会刊的编辑印发工作。完成12期《上海咨询信息》，传递最新政策，并为会员提供沟通交流信息的平台。共计发表文章132篇，约34万字数。

（三）加强与兄弟省协会的合作，共同推进咨询业发展。8月18日，协会接待嘉兴市民营经济发展研究会来沪考察团，互相探讨促进长三角城市间的人文交流、经验分享、产业协同发展，增进城市之间产业、信息、技术、项目互联互通，以及建立服务业联盟，实现长三角一体化核心区合作共赢、更高质量发展等问题。

（郭德利）

# 上海市环境保护工业行业协会

上海市环境保护工业行业协会成立于1992年11月，是上海地区从事环保工程设计、环保装备、仪器仪表、环保药剂和新材料的开发研制、生产，环保教学和环保运行技术服务等设计院所、高等院校和企事业单位自愿组建的跨部门、跨所有制的非营利性具有法人资格的社会团体。现有会员企业306家。

2020年主要工作：

**一、为会员企业服务，注重落实**

为会员企业服务是协会的生命线，是协会工作的重心，协会开展的主要工作有信息服务，市场开拓服务，标准服务及技术创新和质量提升服务。在常态化抗击疫情推行线上服务为主、线下为辅的工作方法。

（一）举办高层论坛和技术交流产品展示会为企业开拓市场发展服务。1．协会举办两个技术论坛，即超低排放技术工匠论坛，邀请中钢天澄、宝钢设计院、浙江菲达、合肥设计院、尚泰环保、科林环保、上海市环监中心等多位行业领域顶尖专家参加论坛，与相关会员单位专业人员进行论坛交流。2．举办大气污染及空气净化行业论坛。由协会空气净化设备专委会召开“民用空气净化器行业技术论坛”，以“健康家电与健康生活”为主题，就行业发展方向、标准动向等展开讨论。对引领民用空气净化器行业的健康发展，起到积极作用。

（二）组团参加中国环博会。中国环博会是协会长期支持及合作的展会，也是亚洲最大的环保展会。8月，在上海举行的第21届中国环博会。在协会组织下，会员单位共展出优秀品牌30余个，展出近100款，环保净化产品。上海环保工业的技术装备水平，受到专业人士的关注。

本次组团参展的企业30余家，涉及“水处理、固废、大气、噪声、监测、新材料”等多个环保领域。全面展示水与污水处理、泵管阀配件、固体废弃物处理、资源回收利用、大气污染治理、室内空气污染治理、场地修复、环境监测、环境服务业等环境污染治理领域的前沿技术与最新解决方案。

（三）开展与国内外交流合作拓展对外服务功能。协会举办2020中韩环境技术线上交流会，进一步搭建科技环保项目对接交流平台，展示中韩两国优秀创新项目成果，促进中韩两国创新创业沟通互融、协同发展，加强两国资本流通、人才沟通及技术交流，加速科技成果在国内落地转化。

（四）组织开展政策扶持项目申报。1. 协会组织企业申报2020《上海市创新产品推荐目录》。通过筛选、评估和推荐，推荐企业6家：柏美迪康、泓济环保、彼得森材料、云火科技、尚泰环保、安杰环保。2. 组织企业申报2020《国家鼓励发展的重大环保技术装备目录》。受市经信委委托，开展对上海市21家环保企业申报的25项环保装备进行评审及走访调研。经评审，上海北分科技股份有限公司、上海复洁环保科技股份有限公司等17家企业的18项技术产品符合申报要求，评审意见呈报市经信委作为《国家鼓励发展的重大环保技术装备目录（2020版）》推荐意见。

（五）开展政策宣传，为企业提供行业资讯。环境工作依托政策法规、环境项目依靠市场动态、环境治理依靠技术能力。协会努力为会员单位和行业企业提供及时、全面、专业的政策动态与资讯服务。自2018年底正式启动微信平台进行资讯服务以来，经统计，已发布行业相关讯息172条，行业受众突破6500人，阅读量20000+。

（六）提升产品质量、开展行业标准化工作。1. 联合成立“上海市在线新经济标准化联盟”。5月，市政府出台《上海市促进在线新经济发展行动方案（2020—2022年）》，全面指导本市在线新经济的健康发展。借助于2019年协会参与成立的“上海申创行业标准化推进委员会”，在市市场监督管理局的指导下，上海申创中小企业合作交流促进中心联合本市市级行业协会及龙头企业，共同发起成立“上海在线新经济标准化联盟”。旨在通过整合行业资源，开展依托于各相关领域行业协会及专家团队，协同开展行业标准化建设。为推动和促进长三角一体化建设，为企业、行业及地区的标准化建设，以及各领域标准化融合建设，提供通道和平台。2. 顺利完成国家第二批“团体标准试点单位”项目。协会建立团体标准化组织机构和相关制度，制定一批快速响应创新和市场需求的团体标准。推动团体标准国际化进程，并着力加强团体标准的实施与应用。尝试开展良好行为评价机制建设。如在新冠疫情期间，协会组织起草发布团体标准《空气净化器除病毒性能测试方法标准》，为社会各界有效抗疫提供技术支撑。

**二、推进社会责任建设为社会为政府服务**

（一）组织行业企业向武汉疫区医院捐赠空气净化器。在新冠疫情爆发初期，协会组织空气净化专委会会员企业为武汉疫区医院的一线医务工作者捐赠空气净化器，会员企业通过武汉总会，共计向包括武汉市中医医院汉阳分院、同济医院、华中科大附属协和医院、武汉大学附属省人民医院、亚洲心脏病医院、孝感市中心医院在内的疫区医院，捐赠空气净化器约2000台。这批空气净化器主要是使用在医务工作者的休息室内，可以有效降低病毒交叉感染几率，保护奋斗在一线工作者的健康安全。

（二）开展由人民法院委托的环境类质量鉴定工作。协会作为最高人民法院环境类专业鉴定机构，且全国唯一环境类专业鉴定机构。2019年度受江西省新余市中级人民法院委托和上海市崇明区人民法院委托，开展案件的鉴定工作。

为政府服务，完成政府委托的工作。为政府服务是协会的主要工作，完成政府委托的工作是协会的责任。1. 协会积极组织质量认定工作，开展“上海市节能环保产品”称号评审，并组织相关产品复审工作。2. 积极开展行业统计工作，受市场监管局委托，依据《上海市统计条例》《上海市检验检测条例》和《检验检测机构资质认定管理办法》，联合市计量院、市认证协会等机构开展上海市环境检验检测行业资源调查统计分析报告工作。

（周树鹃）

# 上海市室内环境净化行业协会

上海市室内环境净化行业协会成立于2006年8月22日，是主要从事高端制造环境保障、公共场所空气净化、家庭装修污染治理的研发、生产、销售、服务等产业链、供应链组成的社会团体法人。协会提出“空气经济”行业发展总目标，坚持“自主、自养、自律”的“三自”办会精神，夯实质量提升、人才培养、科技创新三大核心支撑点，着力推动行业高质量发展，获5A级社会组织全国巾帼文明岗集体称号及上海先进社会组织等多项荣誉。现有会员单位527家。

2020年主要工作：

**一、主动作为，积极开展疫情防控工作**

（一）积极戮力抗疫。1. 求质量，倡稳价。年初，疫情发生后，防疫涉疫商品物资出现价格上扬，协会立即开展产业稳价保供工作，向会员企业传达上海市经信委、市发改委、市商务委、市市场局等相关部门关于稳价保供的相关工作要求，并于1月23日向全体会员企业发出《关于严禁囤积居奇、哄抬物价等扰乱正常市场秩序的行为通知》，号召行业企业不囤积居奇，不乱涨价，做良心企业、行业典范。涉疫物资生产企业纷纷响应，承诺坚决不涨价，为国家抗疫作贡献，确保涉疫净化行业产品价格总体稳定。2．促产能，倡保供。受新型冠状病毒肺炎疫情影响，部分防疫情涉疫相关商品和物资出现短缺和脱销情况，协会积极通过各种宣传平台发布防疫商品信息目录，对行业内负压隔离病房设计、建造、维护以及相关材料、工艺设备制造生产的企业进行备案登记，全力保障涉疫物资的供应。

（二）倡议支援武汉。协会向全体会员发起《抗击新冠疫情倡议书》，集中调配全产业链资源。针对武汉疫情严峻形势，协会主动对接武汉市青山区防疫指挥部，提出“一个行业支援一个系统”共同抗疫工作思路，于1月30日发布《武汉市青山区六家医院接受社会捐赠的公告通知》，呼吁并动员行业企业支援武汉青山区医疗系统。协会会员企业积极响应，捐赠智能雾淋室、净化传递窗、消毒机、空气净化器、口罩、消毒液等防疫物资，还对医院净化隔离区技术改造、医护人员消毒装备使用规范等提供技术方案，有力支持青山区医疗系统抗疫工作，受到青山区政府及医院好评和由衷感谢。4月15日，协会与青山区疫情防控指挥部专门举办“上海空净企业驰援武汉市青山区医院疫情物资在线表彰会”，对以上企业进行表彰嘉奖。经统计，在疫情期间，协会会员单位向包括武汉在内的多地捐款捐物总价值超过2000万元。

（三）积极建言献策。协会向上海市政协、统战部门、民主党派提出《有关加大现有隔离病房数量评估和改造，防控新型病毒疫情建议》《有关疫情防控加大对口罩管理的建议》《关于征用社会闲置洁净房建议》《关于疫情期间减轻中小企业负担，为企业人力资源成本减负的建议》《社区居委会在重大公共卫生事件中的社会治理能力及建议》《上海需要建设高等级生物安全实验室》以及《关于进一步加强我国在全球公共卫生安全领域国际话语权的建议》等9篇建议和提案，得到相关部门的肯定和采纳。其中，《上海需要建设高等级生物安全实验室》得到上海两位副市长的批示；《关于进一步加强我国在全球公共卫生安全领域国际话语权的建议》被全国政协采纳。

（四）助力复工复产。1．制定规章助复工。协会发布《公共场所新冠肺炎疫情期间预防性消毒服务指引》《消毒杀菌服务企业服务资质等级认定暂行办法》等一系列行业指导性文件，为公共场所提供专业的消毒服务规程，引导会员加强行业自律和技术提升，以应对消毒服务市场需求高潮的到来。2．线上培训助服务。在复工复产前期，协会提前布局，为会员推出线上培训课程，让会员员工在家储备能量，为复工做好前期准备。协会会员从事消杀服务企业约150多家，为指导会员规范从事消杀服务，防止出现消毒安全事故，协会在疫情中期紧急推出消毒防控员培训项目，编制培训大纲、教材和考题，邀请疾控、医院和大学专家开展“消毒产品管理要求”“公共场所消毒技术与防控”“疫情期间的空调使用”在线培训课程。近100家企业，1100多名职工参加在线培训和在线课题考试，切实提升企业从事疫情消杀服务的能力。3．编制团标助复产。在复工复产期间，各种消毒服务、消毒设备乱象频发。协会紧急发布行业召集令，号召会员共同参与《公共场所消毒服务规范》《过氧化氢消毒机》《负压救护车》等团体标准编制，30多家企业积极参编。3月初，《公共场所消毒服务规范》团体标准向社会发布。

**二、克难前行，扎实推进各项工作**

（一）人才建设。上海室内环境净化行业学校——上海市室内环境净化高技能人才培养基地以企业需求为中心，围绕行业教材开发、师资队伍建设、技能人才培养，不断提升行业人才建设水平。1．教材开发。通过深入调研，结合企业和技能人才实际需求，新开发《新风系统安装与运维》培训教材，并招募参编企业，征集行业专家意见，确保教材内容的严谨性。2．师资队伍建设。2020年培养行业讲师18名，从中并遴选出6名佼佼者参加上海师范大学教育专业的培训，顺利通过教师上岗证的考核。3．行业技能培训。协会根据企业需求，基地申报开发新技能培训项目《洁净室运行与管理》。至10月，完成第一期洁净室运行与管理新技能培训班的培训、鉴定工作。协会开展《公共场所消毒与防控》系列网络培训，培训消毒防控人员719人。4．企业新型学徒制项目。经市人保局审批通过“洁净室检测”“室内环境空气治理”“工业洁净师”“新风技术与维护”共4个企业新型学徒制项目，共计282人完成为期一年“企校双制、工学一体”的企业技能人才培养任务，不仅在专业知识及操作技能上有所提升，还获得相应的岗位能力证书。2021年1月，新一轮学徒制工作已启动，将为更多企业提供人才培养的机会。5．中职教师企业实践项目。协会连续两年获市教委教育技术装备中心颁发的“优秀企业实践基地”称号；有12位中等职业院校教师进入9家会员企业进行为期2个月的企业实践，让学员学习高级研修班的内容，提高个人职称等级。6．职业技能竞赛。8月12日，协会组织实施“2020年长三角（上海）室内环境净化技能比武大赛“，推动长三角空气治理技能人才一体化发展。10月14日，协会在南京举办“第一届长三角洁净技术比武大赛”，促进长三角洁净产业协同创新发展。12月27日，协会举办2020年上海市室内环境净化行业职业技能大赛，来自本市11个区62名参赛选手，通过选拨赛，前20名选手进入决赛争夺前3名。本次技能竞赛为第46届世界技能大赛预热的同时，也在室内净化行业掀起“岗位大练兵，技术大比武，素质大提升”的新高潮。

（二）科技引领。协会依托经市科委批准成立的上海市室内环境净化行业院士专家服务中心，广泛吸收社会专家进入行业专家库，积极帮助会员企业建立院士工作站，大力开展技术研发、融资调研、科普宣传、科技成果转化和创新创业实践。

协会院士专家服务中心开展精准建站辅导服务、举办消毒科普宣传进社区、进园区讲座、组织上海理工大学学生到企业及净化工程场地开展创新创业教学实践活动、帮助3家企业技术领头人争取到企业首席技师，成为上海室内环境净化行业首批新建首席技师。11月，协会院士专家服务中心获得“上海市优秀院士专家服务中心”荣誉称号，也是协会继2016年、2018年度获此殊荣后，蝉连三连贯荣誉称号。

（三）质量提升。1．完善组织机构和工作制度。6月，协会秘书处成立质量提升部，修订《上海市室内环境净化行业协会团体标准管理办法》，新制定《上海市室内环境净化行业协会团体标准知识产权管理办法》及《上海市室内环境净化行业协会团体标准涉及专利处理管理办法》和相关实施细则。2．标准制修订。在团体标准工作上，制定并发布《公共场所消毒服务规范》《过氧化氢雾化消毒机》《空气净化用电解水》3项团体标准；修订并发布《室内空气质量评价准则》1项团体标准，另有《负压救护车》《生活垃圾集中收运场所环境净化除臭用微酸性次氯酸水技术规范》2项团体标准在编制中。9月22日，受市市场监督管理局委托，静安区市场监督管理局组织专家对协会承担的“负离子空气净化液等团体标准试点”项目进行考核验收，最终以考核总分为102分的高分通过验收，在市市场监管局组织的交流会上作介绍。在参与编制国家标准工作上，组织多家会员企业参与国家标准《洁净室及相关受控环境第1部分：根据粒子浓度划分空气洁净度等级》《洁净室及相关受控环境第2部分：用粒子浓度监测提供洁净室空气洁净度的证据》的编制。参与编制国家标准《细胞培养洁净室设计技术规范》及配合国标委完成相关工作。3．品牌培育和品牌。9月，协会和市工经联联合举办品牌培育宣贯会议，11家会员企业注册申报上海品牌培育。4．质量风险监测。协会被上海市市场监督管理局授予行业产品质量风险监测站，成为全市首批10个监测站之一。根据顶层设计政策方向，创新行业产品质量风险监测机制，授权设立产品质量企业监测点，形成“政府面，行业站，企业点”三位一体市场风险监测体系。上半年，完成市市场监督管理局下达的《上海市质量状况白皮书（2019年）》任务。下半年，协会提交行业8个产品的质量安全风险信息报送；完成有关负离子发生器质量安全风险信息的《室内环境净化行业产品质量安全形势专题分析报告》；上报5家企业作为首批质量风险监测企业站点的工作计划。

（四）信用建设。协会积极开展会员企业信用评价，加强会员企业信用信息共享和应用。疫情期间，协会以“诚信、自律、严谨”表现，得到市发改委关注和支持，该委将协会发布的19家涉疫企业产品名单纳入信用平台，并于8月申报为市发改委2020年信用建设专项试点项目，成为年度市发改委十三个信用试点单位之一。此外，协会编写的《上海洁净高技术服务业“十四五”规划建议》得到市经信委生产性服务业处的认可，并与行业企业共同召开洁净高技术服务业“十四五”规划建议讨论会，为洁净高技术服务业发展助力。

（裘　军）

# 上海市机电设备招标投标协会

上海市机电设备招标投标协会成立于2004年8月，是由从事机电设备招标代理业务的机构和与招标投标活动相关的机电设备制造企业及供应商、咨询单位、设计研究机构、高等院校等自愿组成的非营利性的社团法人组织。协会以“服务、协调、自律、监督”为宗旨，坚持执行《招标投标法》和有关法律、法规，以规范招标投标行为，依法维护招标投标当事人的合法权益，协助行政主管部门实施对机电设备招标投标活动的组织协调，培育和完善招标投标市场，促进本市机电设备招标投标事业的健康深入发展。现有会员单位60家。

2020年主要工作：

**一、积极参与本市公共资源交易平台升级改造“一网三平台”建设工作**

3月，市发改委开展上海市公共资源交易平台升级改造“一网三平台”建设工作。在市经信委、市发改委等有关部门关心支持下，协会参与这项工作。（一）参与《上海市公共资源交易平台“一网三平台”建设实施方案》等7项制度讨论修改、复函反馈修改建议。（二）及时向工作组提供本市机电设备国内招投标行政监督平台系统数据规范、用户手册；机电设备国内招投标相关政策法规、评审专家推荐名单、市公共资源交易中心门户网修改建议等，为优化公共资源交易平台资源整合共享、“统一规则、统一平台、统一管理”提供合理化建议。（三）通过协会理事会扩大会议，率先开展学习宣传活动，引导广大招标代理机构为本市公共资源交易平台升级改造“一网三平台”，机电设备国内招投标交易电子化实施发挥引领作用。（四）协助工作组研议机电设备国内招投标交易平台建设实施工作，并对交易平台功能建设及运行提出优化建议，力促交易平台便捷、高效，更好地为交易、监管和信息电子化提供高质量服务。

**二、协助行业主管部门开展本市机电设备国内招标评标专家库建设工作**

为贯彻落实市经信委（下称，行业主管部门）关于建立本市机电设备国内招标评标专家库的工作要求，协会极力协助行业主管部门积极开展相关工作：（一）依法及结合本行业专业实际，协助制订机电设备国内招标评标专家库专家征集规则，并在上海市公共资源交易平台总门户网上发布，向社会公开征集相关专家。（二）及时汇总分析市公共资源交易平台门户网上申报评标专家人员情况。（三）受行业主管部门委托，共审核网上申报专家1280余人。本市机电设备国内招标评标专家库已初步建成，为本市综合专家库建设以及公共资源交易平台，依法必须招标项目的机电设备国内招投标交易打下基础。

**三、坚持开展市重点工程立功竞赛先进评选推荐及协会其他工作**

协会根据市重点工程立功竞赛先进装备分赛区的有关要求，经相关单位推荐及本市有关部门依规定程序评选，会员单位上海电信工程有限公司被评为2020年上海市重点工程实事立功竞赛优秀公司，上海三菱电梯有限公司凌杰同志和上海浦东国际机场进出口有限公司涂殷健同志被评为2020年上海市重点工程实事立功竞赛优秀建设者荣誉称号。

**四、“协会网”《简报通讯》是协会为会员单位提供信息服务的重要载体**

协会秘书处坚持每月出刊简报，迄今已累计出刊201期。协会网及时登录转载相关信息，访问数已逾15万人，流量已达32万次，得到社会广泛关注。

**五、每月汇总并向市政府有关信息部门上报本市机电设备国内招投标交易数据**

这项工作获得广大会员单位的大力支持，也得到政府有关部门的认同。2020年，本市机电设备国内招标交易总量4353项，交易总额183.9亿元，因受新冠肺炎疫情影响，总体交易数额均有下降。

**六、认真开展党员学习、单位走访、沟通交流等形式灵活多样的党建活动**

（董红生）

# 上海市设备管理协会

上海市设备管理协会成立于1986年5月，是独立的社团法人组织。下辖仪电、轻工、宝钢、船舶、电气、维修等6个行业工作委员会。现有会员单位1082家。

2020年主要工作：

**一、全力以赴，保障全市口罩设备正常运行**

新春伊始，新冠肺炎疫情突如其来。1月29日，协会向全体会员发出《众志成城共抗疫情》的倡议书，得到各会员单位的积极响应。2月9日，市经信委向协会下达保障全市口罩设备正常运行的任务，协会第一时间作出应急响应，选派多个业内骨干维修企业24小时待命，全力以赴地完成各项抢修、改造和安装调试任务。在56天中，协会调集精干技术力量1000余人次，完成口罩机制造14台，为9家企业的38台（套）口罩生产设备提供故障维修、改造和新建生产线的安装调试等保障，日新增口罩产能约250万只，为缓解防疫口罩需求作出应有贡献。

4月1日，《新民晚报》以《口罩生产背后的幕后英雄》为题，专题报道本市部分设备维修安装企业为口罩机提供安装调试维修保障的事迹。3月13日，市经信委向协会发来感谢信，对协会会员单位在疫情防控阻击战中展现的强烈的社会责任感和使命感、对所有无私奉献的同志们致以衷心感谢和崇高敬意。

**二、助推复工复产，保障产业链的总体稳定**

按照习近平总书记提出的“要发挥行业协会、商会等社会组织的作用，指导和帮助企业等会员单位科学精准防疫、有序复工复产”的要求，协会及时对会员单位开展调查研究，对企业在复工复产过程中遇到的问题和困难，进行统计分析和梳理，并积极向有关部门提出政策建议。同时，协会通过网站、微信公众号等平台，及时推送《上海市全力防控疫情支持服务企业平稳健康发展的若干措施》《疫情期间本市各区县支持中小企业政策汇总》和《上海企业复工指南》等政策和信息，积极帮助企业落实惠企政策，尽快恢复正常生产秩序。

**三、做好《上海市设备维修安装行业年度发展报告》的编写和发布工作**

为使行业年度发展报告进一步反映行业的发展现状，首次将信息采集范围延伸至船舶修理和地铁维保专业，使行业覆盖面得到进一步的扩展。同时，年度报告增辟“本市设备维修安装行业抗击新冠肺炎疫情实录”篇幅，记录本市设备维修安装企业在疫情防控阻击战中奋力逆行的足迹，彰显行业企业心系社会的责任意识和使命担当。8月11日，协会在上海电气培训基地报告厅召开“《上海市设备维修安装行业年度发展报告》发布暨抗击新冠疫情表彰会”，向荣膺年度行业50强的企业和在抗击新冠疫情中做出突出贡献的先进集体与个人举行隆重的授牌仪式。

为加快设备智能维护的应用与推广，11月18日，协会在宝武装备智能科技有限公司召开“推进智能运维管理，助力企业转型升级——设备智能维护与管理”交流研讨会，来自本市钢铁、电气、商飞、造船、汽车、石化、医药、烟草、地铁、设备维修等10个行业的企业代表50余人出席会议。会上，宝武装备智能科技有限公司、上海地铁维护保障有限公司、上海电气集团数字科技有限公司、利戴工业技术服务（上海）有限公司和上海外高桥造船有限公司等作主题交流。各自介绍企业在设备智能管理体系变革、智能化运维解决方案、智能化维修服务升级等方面的探索与实践。

**四、加强地区合作，推进长三角设备维修与管理一体化发展**

1月9日，协会会同江苏、浙江、安徽省及无锡设备管理协会在上海首次召开“长三角地区设备管理协会联席会议”，就制定社团标准、筹办会展、举办技能大赛、区域内设备维修行业的一体化发展等议题进行深入探讨，通过并签署《关于促进长三角设备管理一体化发展的共识》。10月22日，在南京召开第二届“长三角地区设备管理协会联席会议”，就长三角地区设备智能维护的推进、设备维修服务资源的共享、区域内设备维修行业年度发展报告的编制等议题进行深入探讨，以期在合作中提高对长三角地区产业发展的设备保障支撑能力，推动产业链深度融合，形成新发展格局。

**五、表彰先进，举办高研，加强党建**

（一）组织开展全国设备管理优秀单位表彰活动。根据中设协《关于开展第十二届全国设备管理优秀单位表彰评选活动的通知》要求，协会在本市各行业系统开展全国设备管理优秀单位、设备管理先进班组和设备工程大工匠工作室评选表彰活动。各集团公司和行业企业积极推荐名单，经市设协审核后共推荐30家企业为第12届全国设备管理优秀单位，3个设备管理先进班组和2个设备工程大工匠工作室，涵盖电气、汽车、船舶、航天、商飞、医药、华谊、轻工、设备维修和建设机械等行业系统。（二）举办“自贸区及全球维修”高研班，促进企业转型升级和创新发展。在市经信委、市商务委、市人社局和上海海关的指导下，11月24日—27日，协会在临港新片区举办为期4天的“自贸区及全球维修高级研修班”。近30家企业的中、高级专业技术和管理人员近40人参加。市经信委生产性服务业处处长和上海海关商品检验处处长分别出席开班仪式和结业典礼。（三）加强党建凝聚队伍。协会党支部按照上级党委的要求，认真落实“三会一课”制度，并积极参与讨论市工经联系统党建工作三年规划，认真履行市工经联第一次党代会代表职责。党支部结合协会工作的实际组织开展形式多样的主题党日活动。如推进“四史”学习教育，组织全体员工参观“上海四行仓库抗日纪念馆”，以牢记抗战历史，弘扬爱国精神；认真学习贯彻习近平总书记在浦东开发开放30周年庆祝大会上的重要讲话精神，组织全体员工收看“勇立潮头——庆祝浦东开发开放30周年文艺晚会”节目，为建设现代化国际大都市作出努力。

（夏仁海）

# 上海市新材料协会

上海市新材料协会成立于2000年12月，下设抗菌防疫新材料、可降解材料及循环利用等6个技术专业委员会和上海市新材料高技能人才培养基地等，并拥有新型金属、先进高分子、新型无机非金属、先进复合材料等领域的两院院士、教授、专家、企业家组成的专家库。现有会员单位358家。

2020年主要工作：

**一、加强协会自身建设，适应新形势和新任务要求**

（一）加强协会制度建设，对原规章制度进行梳理、修订和完善。协会重新聘请律师事务所担任法律顾问，并与之签订《法律服务合作协议》，对协会经常使用的9个对外合作协议文本从法律角度进行规范，并对原有的财务管理流程进行修订和完善。同时，以市民政局社团处委托社会第三方对协会内部审计为切入点，对协会内部管理制度进行自查、梳理和完善，加强对内、对外两方面业务的管理，加强相互协同，明确岗位职责，做到有章可循。

（二）加强业务知识学习，推进职业化、专业化、年轻化建设。协会制订业务学习计划，定期开展专业基础知识的学习和资料推送；加强协会专委会和专家库建设；坚持抓党建促会建，发挥党组织和党员的保驾护航作用。认真做到每两周组织一次业务知识学习，注意遴选具有创新思维、充满创新活力的年轻专家和企业家加盟协会专家库；坚持开展“三会一课”制度，抓好“四史”学习活动，加强协会秘书处学习能力的培养，营造良好的协会工作环境，在疫情防控和复工复产中，党支部和党员始终战斗在第一线，以推动争先创优迈上新台阶。

**二、围绕“三服务”开展工作，以优质赋能做到政府、行业和企业“三满意”**

（一）在服务政府方面，积极宣贯政府政策，发挥桥梁纽带作用。1．积极配合市经信委做好《2020年度上海市首批次新材料支持指南》和《2020年度上海市工业强基重点方向》（关键基础材料部分）的制定和发布工作。2．承担《2021年新材料发展重点方向》项目调研，共收集到80多家企业提交的141个项目，形成2021年首批次和工业强基项目指南推荐稿。3．根据《工业战略性新兴产业分类》，对未纳入统计范围的近200家材料企业的产品进行分类，并提供相关产品代码，为准确掌握本市新材料产业发展现状提供依据。4．协助市经信委新材料处开展企业复工情况调研并进行跟踪，了解企业在复工过程中遇到的困难和诉求。5．配合上海新材料产业“十四五”规划编制，协助新材料处组织开展座谈和调研，了解和掌握对上海新材料产业“十四五”发展的建议。6．组织编制《上海新材料特色产业园政策汇编》并完成定稿。同时，完成《上海市新材料产业政策汇编》。7．协助市经信委开展新材料产业安全链调查和分析，梳理并协调解决企业遇到的堵点难点痛点问题，稳定供应链，畅通产业链。8．参与编写《上海新材料发展三年行动计划》，编制完成《2020年度上海市首批次新材料支持指南》，并向市经信委成立的“上海新材料专家决策委员会”推荐专家，助力上海新材料“十三五”圆满收官，“十四五”顺利开局。

（二）在服务行业方面，发挥协会第一批上海市标准化试点协会和团标制定示范协会的优势，积极帮助会员提升产品质量，积极推进团体标准制定，推进会员企业的“上海品牌”建设工作。

发掘和放大“2020中国•上海新材料产业发展高峰论坛”溢出效应，积极组织举办1+N的系列技术研讨会和应用交流活动，促进区域及行业间的技术交流和合作。推动与西安市促进会开展合作，与之签订“沪—陕两地产业联动发展合作协议”。与宁夏宁东能源化工基地开展对接交流、与宁波贸促会探讨协办2020中国（宁波）国际新材料科技与产业博览会、与安徽省蚌埠市开展新材料产业合作与交流，联手建立长三角可降解材料产业一体化绿色发展的联动合作机制。

组织成立各类专业委员会，通过专委会进一步发挥协会优势，建设好服务会员单位服务的资源，拓展协会发展的空间、提升协会的影响力和综合能力。以提升职业素质和技能为核心，重视抓好新材料人才培养基地建设和技能岗位培训，努力建设一支高技能人才队伍。在遭受疫情影响的情况下，协会及基地成员单位组织培训人员总数超过5000人次，其中网上培训超过1500人次，取得较好成绩。

（三）在服务企业方面，积极开展走访调研，认真反映企业呼声，帮助解决实际问题。1．年初秘书处深入企业开展走访调研逾100次，认真听取会员单位对新材料产业发展的意见和建议。同时，加强对市场需求的调研，主动为会员单位、特别是中小企业服务，做到从简单服务向高层次服务转型。2．积极为会员单位提供政策解读、项目申报辅导、知识产权保护、分析测试咨询、关键设备选型、人才招聘引进等全方位的服务，协会与30多家会员单位签订具体服务项目，协助企业开展产学研用对接和企业项目规划等活动；帮助做好华谊树脂等12家企业产品市场对接和拓展工作，并组织会员参加工博会、长三角地区的新材料展览等。3．在疫情防控和复工复产中，协会深入了解企业需求，发挥协会资源优势，帮助企业缓解疫情防控和复工复产中的难题，为企业产品进入市场开展专家评审，打通瓶颈，受到会员单位欢迎并得到市经信委的表彰。4．发挥协会服务平台资源优势，积极宣传和推广会员单位的创新发展，促进“产学研用”交流。利用协会新材料杂志和公众号，及时宣传和反映会员单位创新发展的新情况、新面貌。5．组织开展“高端制造业化工新材料配套发展机会研究”，重点分析聚酰亚胺材料、水性树脂、碳纤维复合材料用树脂和助剂、大飞机配套材料、生物医用材料和电子信息材料等6个领域的发展需求，为华谊集团制定“十四五”规划中的新材料发展提供支持。支持特色企业特色产品的推广，组织这些企业与相关设计院实行对接，帮助其产品进入设计目录和推荐产品名单，为实现关键材料的进口替代做出贡献。

**三、组织参与工博会，积极开拓思路，创新论坛形式**

（一）创新工作思路，组织参与工博会新材料展。为展示近年来上海新材料产业发展成果，进一步宣传“上海新材”品牌形象，本届工博会新材料展创设“上海新材料高端应用展示区”。协会甄选一批满足先进制造业和高端装备需求的新材料优秀案例，首次以“上海新材料高端应用”为专题在工博会新材料展上集中展示，取得良好的宣传效果和市场效应。并为此实行“一竿子兜底”式服务，加强与工展公司、参展企业的沟通，为入选企业申报评奖提供辅导，为有需要的企业提供展板设计制作等全方位服务。协会的优质服务得到工展公司和参展企业的认可。

协会还积极贯彻工博会组委会关于“评奖工作面向全

国，开展市场化运作”的要求，发挥专家资源优势，做好评奖推荐工作，对参评新材料展品的技术水平、创新程度、产业贡献、社会及经济效益等各方面进行综合评估。推荐的12项展品入围新材料奖，其中2项展品进入工博会大奖角逐并荣获CIIF大奖，另外10项展品荣获CIIF新材料奖。

（二）不断创新高峰论坛组织形式、扩大和提高高峰论坛影响力。协会以“后疫情时代新材料产业的挑战和机遇”为主题，成功举办“2020中国·上海新材料产业发展高峰论坛”。本届“高峰论坛”在组织形式、论坛规格、影响力等各方面都有提升，使其特色更明显、亮点更突出。积极争取上级支持，首次邀请市政协主席董云虎、市经信工作党委书记陆晓春等领导出席活动并为获得奖项的企业颁奖；尤其工信部原材料司余薇副司长第二次来到高峰论坛并发表热情洋溢的讲话。主办单位从2019年2家央企和国企增加4家（市区国企和跨国公司）企业作为主办单位在“高峰论坛”亮相；“高峰论坛”首次采用主论坛＋分论坛形式，充分发挥专委会的作用，既凸显品牌效应，增强合作交流；又集多方智慧，聚业界共识，进一步强化新材料产业引领功能，在培育新材料生态圈及构建上下游产业链方面，促进协会对外合作服务能力得到锻炼和提升。

**四、加强协会党组织建设，坚持抓党建促会建，进一步争先创优迈上新台阶**

8月20日，协会换届，新一届党支部相继成立。党支部围绕“两学一做”要求，开展“四史”学习活动，使党建与业务工作相融合，促进争先创优迈上新台阶。（一）坚持开展“学习工作化，工作学习化”的创新实践，使“请进来”上党课、“走出去”开展经常性专题研讨活动常态化；贯彻每双周开展一次支部党员学习与工作实践相结合的学习制度，形成“学习、研究、讲座、点评相结合的”四位一体“学习交流模式。（二）围绕“三服务”，抓好“三建设”，促进“三提高”，坚持将党建工作与业务工作一同谋划、一同部署、一同落实，以促进党建工作与业务工作融合发展。（三）定期召开党员组织生活扩大会议，邀请协会秘书处的全体同志参加，一起学理论，一起交流工作中的心得体会，促进协会党组织思想建设和协会作风建设并驾齐驱，共同进步。（四）创建党建共建新形式。协会党支部与市经信委新材料处党支部、会员单位太平洋产险上海分公司特险部党支部达成党建共建合作协议。定期开展党建结对共建交流活动，充分发挥党建共建优势互补，实现党组织工作互动和资源共享，提升党建工作水平。（五）开辟党建工作宣传墙。协会在会议室走廊上开辟“党建宣传墙”，内容包括“入党誓词”等6项专题板块，既积极宣传党员标准、权利和义务，也记录协会党建工作活动情况；既增强协会党建工作的直观性、教育性和指导性，营造“处处是课堂、时时受教育”的浓厚学习氛围；又发挥党建引领作用，不断增强党建活力，促进协会各项工作的蓬勃发展。

（陈友新）

# 上海市信息安全行业协会

上海市信息安全行业协会成立于2003年3月，协会下设商用密码专业委员会、职业能力教育专业委员会、金融科技安全专业委员会、上海市网络和信息安全服务能力评估办公室、ISG网络安全技能竞赛组委会办公室秘书处、上海市信息安全标准化技术委员会秘书处、上海市信息安全高技能人才培养基地、上海信息安全职业技能鉴定所。现有会员单位200余家。

2020年主要工作：

**一、积极承担社会责任，在抗击新冠肺炎疫情中发挥协会作用**

抗疫初期，协会向瑞金医院赴武汉医疗队捐赠抗疫保障用品，向湖北省内3家合作伙伴捐赠一次性医用口罩及消毒物品，并向上海红十字会公益捐款。为有效防控新冠肺炎疫情蔓延，突出落实企业疫情防控主体责任，引导会员企业有序开展复工复产，在抗疫物资全面短缺的情况下，协会竭尽全力寻找渠道，帮助会员单位对接抗疫物资采购事宜，确保会员单位顺利到岗复工。

疫情爆发关键时期，为有效应对疫情，协会向会员单位征集防疫期间新型信息服务产品，将收到的服务产品上报给相关部门，并对行业企业受疫情影响的情况及诉求进行调研统计及上报，为政府相关部门提供决策参考。

**二、大力开展网络安全宣传活动，促进本市网络安全宣传活动的质量提升和覆范围**

“2020年国家网络安全宣传周（上海地区活动）”，（以下简称“网安周”）于9月14日—20日成功举办。为贯彻落实习近平总书记对国家网络安全宣传周“四个坚持”重要指示精神，全面提升广大人民群众在网络空间的获得感、幸福感、安全感，本届活动以“全市动员、各行参与、适当延伸”为总方针，结合本市疫情防控实际，创新探索宣传方式，推动线上线下高度融合，紧紧围绕人民群众，推出更接地气的宣传活动。

在市网信办的指导下，协会联合市教委、市卫健委、市密码管理局、中国人民银行上海总部、国家计算机网络应急技术处理协调中心上海分中心、上海交通大学等有关部门，以及杨浦区、松江区、崇明区等各区开展开幕式、高峰论坛、网络安全进基层、主题日、网络安全嘉年华、“身边的网络安全”短视频评选、闭幕式等活动。广泛开展网络安全宣传教育，直接参与人数达132万人次。活动宣传方面，向全市发送公益短信3560万条，发放宣传海报、手册等材料95万份，发布原创稿件137篇，转载稿件271篇，总点击量超1000万次。通过本届网安周活动，切实增强全社会的网络安全意识，广泛普及网络安全防护技能，有效提升广大人民群众在网络空间的获得感、幸福感和安全感。

**三、扎实推进网络安全人才培养，为本市网络安全保障工作贡献行业力量**

协会继续以上海市信息安全高技能人才培养基地为依托，主动对接行业上下游企业的需求，整合资源，多面向、多元化、多层级地开展高技能职业培训和专业素养培训，年度各类培训人数超过4000人次。培训工作主要包括：在实训室建设方面，积极推进“工业控制信息系统安全防护（专项职业能力）”实训室建设和项目验收工作，同时启动配套培训机构选择和入网事宜；在项目开发方面，组织完成“代码安全检测和验证（新技能培训）”项目教材开发、评审及备案工作，完成“电子数据鉴定（专项职业能力）教材开发”项目立项及开发工作；在培训及鉴定方面，做好专项职业能力培训实训室交接工作，对电子数据鉴定、移动应用软件安全检测两个开班项目的培训、鉴定工作进行全面梳理，按计划开展培训及鉴定工作，严控课程培训质量，做好教务教学管理，建立培训后续的跟踪反馈机制。年内，基地积极迎接市人社局3年为一周期的基地和鉴定所检查评估工作，上海信息安全职业技能鉴定所、上海市信息安全高技能人才培养基地均以高分顺利通过。此外，作为中国网络安全审查技术与认证中心上海地区唯一授权培训机构，协会组织开展“信息安全保障人员认证（CISAW）”专业级培训工作，涉及安全运维、安全集成、安全开发、风险管理、安全应急5个方向，疫情期间为160余人提供线下培训。同时，协会积极为相关业务指导部门和行业上下游相关单位提供定制化网络和信息安全专项培训服务，在业内获得较好的口碑。

**四、进一步加强产业趋势及应用需求研究，强化协会的纽带功能**

协会在国家网络信息安全相关重大政策、法律、标准的框架和原则下，以促进上海相关产业发展和安全治理的良性互动为研究导向，对本行业所属企业的发展现状、产品研发、技术创新、人才培养、产业示范应用等情况进行调查研究，参与《上海信息化年鉴》《上海现代服务业发展报告》等报告编制工作，为政府职能部门决策提供参考，为企业发展提供政策支持；为继续推动网络与信息安全服务外包单位的能力提升，促进行业自律和制度规范建设，协会于下半年开展上海市网络与信息安全服务能力评估和推荐工作，共有48家单位参评，推荐单位名单于2021年3月底前公示。为充分发挥标准在完善网络安全保障体系、促进城市安全有序发展中的技术支撑作用，11月，上海市信息安全标准化技术委员会（简称“市信安标委”）正式成立，秘书处设在协会。作为全市信息安全专业领域的标准化技术组织，市信安标委将承担上海地区信息安全专业领域标准起草和技术审查等工作，并代表上海市对接全国信息安全标准化技术委员会(TC260)，负责上海地区的信息安全标准化技术归口工作。12月，市信安标委第一期标准化技术人员培训班成功举办。

**五、积极开展党建活动，加强协会自身建设**

协会党支部在市工经联党委的直接领导下，通过组织开展专题讨论、参观学习、基层组织生活会、民主评议等多种形式的党员活动，凝聚力量，进一步发挥党支部战斗堡垒作用和党员在协会工作中的先锋模范作用，积极履行社会责任，不断提升服务意识，切实加强诚信自律建设，有力推动协会各项工作的开展。

（朱方园）

# 上海安全防范报警协会

上海安全防范报警协会成立于1992年。现有会员单位884家，个人会员207人。会员单位包括从事安全技术防范产品科研、开发、生产、经营、推广应用、技术培训、信息服务、安全技术工程设计、施工、维修等技术服务和安全防范行业宣传教育、出版、印刷等企事业单位。

2020年主要工作：

**一、从实处着力，促进共同抗疫取得成效**

新冠疫情来袭，协会携手会员单位共抗疫情，为上海“智慧城市”“平安城市”贡献力量。（一）委派多名技防专家，为全市131家医疗机构发热门诊安装调试防疫设备，筑牢抗疫第一道防线。（二）发起“一起为武汉加油”筹集新冠疫情防控专项基金活动，受到行业内外爱心人士高度关注，共向武汉慈善总工会募集善款12余万元。（三）协会利用网站、会刊和微信公众号等宣传媒介，广泛宣传党和政府重大决策部署，以及本市复工复产工作要求和流程。（四）通过线上线下联络等多种形式了解企业现状，发现和梳理企业工作中遇到的问题，及时向行业主管部门反馈意见建议，积极解决会员单位实际困难。

**二、从细处着手，推动服务工作迈上新台阶**

（一）支持会员单位开展招投标等工作。为协会会员单位参与政府招投标、申请知名品牌推荐等活动，出具各类证明材料10余份。（二）开展中高级技术职称评审工作。会员单位报名参评中级职称的人员共52人，经过严格审核，有19人符合申报条件进入评审。（三）组织开展系列讲座、沙龙、座谈等活动。包括邀请同济大学法学院院长解读《中华人民共和国民法典》、组织行业专家分享智能安防建设与应用案例等系列活动。（四）制作工作流程视频。通过"小鹅通"平台，开发并上线技防项目Ukey使用说明、入会指南、职称评审申报流程以及技防项目设计施工技巧等多款视频内容，进一步优化会员服务工作。五是积极做好入会服务工作。全年吸纳新会员108家。

**三、从大处着眼，引导技防工作主动求变**

年初，协会在疫情期间提倡远程办公的同时，主动调整技防项目评审及验收流程，协助会员完成多个在线评审工作；在防疫等级缓解后，协会组织专家力量投入复工复产中，在保障设计施工质量的同时，加快评审及验收流程。同时，邀请多位技防专家为医疗系统、金融系统等多个安防领域的标准开展宣贯工作（一）启动现场评审会线上直播。于3月13日开通现场评审会线上直播，评审直播内容涉及智能小区、宾（旅）馆、商务办公楼、医院等多个区域。同时，成功搭建技防专家在线学习交流的平台，使众多会员单位参与其中，起到全行业共学习、同进步、促监督的作用。共有350余场评审会通过钉钉平台直播。（二）积极做好预备专家招聘工作。为进一步发挥技防专家的作用，5月，协会面向全体会员单位开展预备技防专家招聘工作，共收到158名从业人员的申报意向。随后，协会组建教材编制组，根据目前的业务要求，对历年培训的内容重新编制课件教材，并录制20节视频课程，于6月举行预备技防专家上机考试。（三）组织技防专家开展培训等工作。8月开始，协会组织专家为医疗和金融系统100余人开展技防业务培训座谈。11月，召开第四季度技防专家管理委员会工作会议。会上，专家管理委员就目前行业内及专家团队中存在标准认知、智能应用、评验判定、检测规范等问题等工作进行讨论，为进一步加强专家管理工作打下坚实基础。

**四、倡导规范有序，当好行业发展的"稳定剂"**

（一）为规范行业、倡导有序竞争的市场环境，上半年，协会启动安防行业团体标准的制定工作，召集主管部门、理事单位、行业专家以及法律顾问等20余人组成团标制定委员会开展走访、调研与起草，并不断对初稿内容进行完善及充实。（二）认真做好技防监管平台、产品应用平台维护工作，切实保障技防设施的正常运行。截至10月，本市申报安防评审项目共计2519个，其中一级项目403个、二级项目413个、三级项目1703个。委派评审专家达5449人次。验收安防项目共计1350个，其中，一级项目235个、二级项目376个、三级项目739个。委派验收专家达2956人次。技防产品库共受理168个品牌入库，共涉及1736个产品申请入库，其中入库通过1438个。同时，监管平台还存储104745路监控图像。

**五、做好培训工作，当好人才培育的"催化剂"**

协会每年组织开展有针对性的系列培训。年内，采用网上直播授课，课程内容丰富，受到从业人员的高度好评。协会还将历年培训课程录制成视频课件，供新从业者学习，同时为其他从业人员提供一个巩固知识的良好渠道。10月，协会为参培人员开设线上考试，共3069人参加，合格率为89.8%。

**六、办好"一刊一号两网"，当好信息交流的"黏合剂"**

（一）积极办好《上海内保与技防》、"微信公众号"和"上海安防网与上海安博会官网"。截至11月，共编辑发行《上海内保与技防》11期共10万余册。（二）微信公众号、上海安防网和上海安博会官网每周更新，内容涉及协会通知、协会新闻、企业新闻、新品新技等多方面的信息。上海安防网已成为集行业资讯、会员服务、技防监管以及产品入库等多重功能的一站式服务平台。微信阅读转发量日益增加，随着线上服务功能日趋完善，网站每月访问量超10万余次。

**七、表彰先进，开展抗疫优秀单位和先进个人评选活动**

为宣扬行业抗疫事迹，表彰优秀、鼓励先进，协会开展抗击新冠疫情优秀单位和先进个人评选表彰活动。秘书处收到30多份申报材料。并组织专人对申报事迹、相关报道等资料进行审核，报理事长办公会研究，遴选出10家候选单位和10名候选个人。

**八、快速调整，稳步做好第20届上海安博会延期工作**

受疫情影响，复工后协会第一时间对第20届上海安博会参展商进行调研，并与展馆保持密切联系，听取多方意见，于3月30日通过微信、网站等平台发布《关于第二十届上海国际公共安全产品博览会暨上海国际警用及安防无人系统博览会》延期公告。4月，对上海世博展览馆及国家会展中心等场地的档期进行调研，综合展馆档期及市场情况，初步确定将第20届上海安博会延期至2021年8月11日—13日召开。组委会结合后疫情时代的行业发展，对展会主题、现场活动、论坛内容进行及时调整。

**九、加强合作，推进“智慧安防”长三角发展一体化进程**

11 月 18 日，上海安全防范报警协会联合嘉定区人民政府共同支持举办的“智启未来”长三角智慧安防高峰论坛，在上海汽车会展中心顺利召开。该论坛作为第三届长三角科技成果交易博览会的系列活动之一，以 5G 时代的智慧安防为主题，集中聚焦智能安防产业的发展和创新，为区域新旧动能转化增添新引擎。长三角地区安全技术防范行业协会领导，嘉定区科委、商务委、华亭镇党政领导及相关科研院所、企业家共计 80 余人参加。

（施赛琴）

# 上海电子商会

上海电子商会（上海电子制造行业协会）成立于 2002 年 4 月，是由上海市从事电子业制造、服务、采购经销企业，相关大学、科研院所、信息中心以及协会、学会等单位自愿组成的地区性跨部门、跨所有制具有社团法人资格的行业社团组织。商协会下设流通分会、绿色照明应用专业委员会、智能安防专业委员会、智慧园区产业服务专委会、大健康专委会专家委员会等机构，具有较强的行业代表面和广泛的行业基础。现有会员单位 185 家。

2020 年主要工作：

商会牢记初心使命，坚持党建引领，凝聚各方力量，找准工作切入点，真抓实干，充分发挥党组织的战斗堡垒作用和行业协会的桥梁纽带作用，为商会健康发展提供坚强政治保证，扎实有效推动各项工作。特别是在疫情防控和复工复产中，以高度的社会责任感，主动担当，积极作为，为企业“送健康、送政策、送服务”，为抗击新冠疫情贡献绵薄之力，不仅获得会员企业的称赞，也得到政府有关部门的肯定和好评。

**一、承接政府职能，当好政府参谋助手**

商会正确认识和把握新形势下行业协会的地位和作用，立足行业，服务政府，不断加强政府与企业间的信息沟通，积极向政府建言献策。根据政府相关部门的工作要求，撰写分析报告为政府决策提供积极支撑；应邀参加《上海市促进中小企业发展条例（修订草案）调研》会议；承接上海市中小企业发展服务中心“中小企业诉求调研合作”项目；受市经信委委托，承办本市电子信息产业工作会议与 2020 年度电子信息制造业行业秘书长会议；承接市商务委“2020 年公平贸易工作站公共服务”项目；承接市节能监察中心“上海市节能减排与技术系列培训”；承接上海市竞赛办“市重点工程实事立功竞赛先进评选”推荐活动；申报设立“劳模工作站”活动点；联合举办徐汇区“119”消防宣传月主题活动。

**二、服务企业，持之不懈**

抗疫期间，为企业“送健康、送政策、送服务”，助力企业复工复产，为抗疫工作尽绵薄之力；履行宗旨，服务企业，会长带队，为企业排忧。围绕年度重点工作，实施推进重点企业的发展，形成内循环的产业联动；努力发挥行业协会的桥梁纽带和平台作用，开展中小企业主宾月活动，为企业提供多元化精准服务；开展线上线下主题培训，为中小企业持续健康发展提供个性化服务；开展电子信息类技能人才需求调研；协助仪电举办 2020 工博会上海仪电科技创新论坛；开展特色活动；加强与兄弟协会的互动。

**三、经济基础是支撑商协会健康持续发展的根本保证**

商会是一个社会团体组织，也是一个政治组织与经济组织。当好政府和企业之间的桥梁和纽带，是社会主义市场经济环境下商会的基本定位，也是支撑商会健康持续发展的根本保证。商会深感所做的工作和取得的成绩，离不开会员单位的支持，也深深地感到，商会的工作还存在一些薄弱环节和不足之处，有待于在今后的工作中不断改进和完善。

（李　瑾）

# 上海市信息服务业行业协会

上海市信息服务业行业协会成立于 2001 年 1 月，协会下设 7 个专业委员会、3 个基地、6 个联盟，以“服务企业、规范行业、发展产业”为宗旨，维护信息服务行业的市场秩序和会员单位的合法权益，增强上海信息服务行业的诚信自律管理水平，促进信息服务行业健康发展。现有会员单位 300 余家。

2020年主要工作：

**一、开展品牌项目建设，持续增强协会影响力**

协会积极参与并着力支撑“欢迎回家，上海骄傲”向抗疫天使致敬活动、“促进在线新经济发展”恳谈会、上海信息消费节、世界人工智能大会云端峰会、上海市产业青年创新大赛、上海市无线电管理宣传月、上海“在线新经济”论坛·虹桥峰会、上海智慧城市体验周等重大活动。

3月25日—29日，协会作为主办单位之一，发起“欢迎回家，上海骄傲”向战疫天使致敬活动，获得社会广泛关注。随着活动影响力扩大，80家网红餐饮品牌也加入其中，向援鄂医护人员送上价值300万元的免费大餐。协会通过上海多家医院，将1649份福袋送到每一位上海援鄂英雄手中。

4月，协会参与举办“促进在线新经济发展”恳谈会，由哔哩哔哩、腾讯集团、喜马拉雅等为代表的10余家行业巨头云集论道，共同探讨在线新经济发展时代内容科技产业的创新实践。

5月—6月，协会参与承办2020年“上海信息消费节”，以“数字赋能消费新时代”为主题，通过组织148场活动、汇集3000种商品，助力1.2万家企业数字化转型，撬动信息消费增量近260亿元，不断推进新制造、新消费，激发信息消费新活力。本次信息消费节共发布3200多条媒体报道，覆盖各行各业各个方面，并邀请科技作者撰写深度文章，参与观看、讨论的互动网民总计超过3000万人次。

7月，2020世界人工智能大会云端峰会在上海世博中心拉开帷幕。协会邀请甲子光年、极客公园、雷锋网等科技自媒体撰文，共发布15篇深度好文，分别在微信公众号、百家号、头条号、微博、雪球专栏等网站和平台上发布，引起业内人士的广泛关注。

8月，上海市产业青年创新大赛启动，协会作为承办单位，参与构建大赛的报名平台，动员企业与社会报名，对接参赛团队收集项目材料，邀请专家评委参与相关评审，组织开展2场培训考察主题活动，以及策划组织大赛颁奖大会。大赛共吸引264个创新项目报名参赛，经64位专家在线初评、21位专家决赛现场评审，以及共计213866人次的大赛网络投票。11月26日，在杨浦区创智天地举办颁奖大会。

9月，协会作为2020上海市无线电管理宣传月承办单位，参与宣传海报、地铁灯箱画面的设计制作与公益广告的投放，引起社会广泛关注，获得较好的宣传效果与传播效果。协会积极参与“上海公益伙伴月”，作为“一平方米的温暖”主办单位之一，联络28家餐饮企业，通过在门店搭建公益角落，售卖“爱心助力套餐”的形式，13天内为上海困境儿童筹得善款70770元。同时，协会支持“安学线上、助力发展——长三角协同共育在线教育论坛”“共行共美好——杨浦滨江世界会客厅高峰论坛”的顺利举办，论坛取得较好成效。

10月，2020上海“在线新经济”论坛·虹桥峰会在沪召开。协会作为主办单位之一，邀请国务院发展研究中心宏观经济研究部张立群研究员、市经信委总工程师刘平、长宁区区长王岚、市社联主席王战等先后做主旨演讲。另外，还邀请拼多多CEO陈磊，携程CEO孙洁，联影医疗董事长、CEO张强，途虎养车联合创始人、总裁胡晓东，轻轻教育联合创始人、CEO刘常科，叮咚买菜创始人梁昌霖等沪上知名互联网企业和科创企业，就各自所在行业领域如何抓住在线新经济发展机遇，打造技术、模式、场景联动的创新闭环分享前沿观点与实践经验。

协会热情投入2020上海智慧城市体验周，以“数字化转型下的智慧城市”为主题，聚焦数字化转型升级改造，以“4+X”活动为重点，加以全媒体宣传推广融合。包括开幕式暨“智慧工匠”选树、“领军先锋”颁奖典礼、四类重点主题系列活动（数字化转型主题思想汇、上海智慧城市建设成果展、上海智慧城市场景直播秀、数字上海系列谈）以及在全市范围内征集36场高质量的“X”活动（智慧应用、高峰论坛、培训宣讲、现场观摩等）。这些活动展示上海智慧城市建设的新格局，开启智慧城市建设常态化体验模式。

**二、开展日常会员服务，持续加强协会自身建设**

顺应疫情形势，协会发出《行动起来打赢疫情防控阻击战》倡议书，于2月26日召开第五届二次理事会，审议通过《关于适当减免有困难会员企业2020年度会费的决议》，凡当年6月1日前向协会秘书处提出申请的企业，审核后可减免2020年度会费并保留会员资格，成为第一家减免企业会费的行业协会。共计73家会员单位申请并审议通过减免企业会费。

协会会员服务部共走访近70家企业，通过走访与交流，深入了解会员企业在疫情期间的生产经营状态和发展需求，关注产业创新能力，充分发挥协会桥梁纽带作用，提高协会的服务水平。同时，为配合市中小企业发展服务中心工作，协会把已收集的146份“民营经济百强培育提升计划”企业申请表入库。为会员企业创造举荐渠道，推荐多家企业参与各项评选活动及大赛，至今已揭晓部分企业获得相关荣誉。

协会组织企业走进上海交通大学、同济大学、华东理工大学、上海大学、东华大学、上海理工大学、上海应用技术大学等7所高校开展线下漕河泾专场类校园招聘活动。参与招聘活动的10家企业提供30余个工作岗位，不仅为本土大学生提供就业便利，也迎合企业在疫情时期下的招聘需求，助力企业招工用工。

**三、开展专业交流活动，持续促进企业发展机遇**

3月26日，协会于腾讯会议平台召开软集专项政策解读会，会议邀请市经信委和市中小企业发展服务中心相关处室负责人，在网络会议上与到会的企业负责人进行解读互动，近50位企业负责人参加会议。

4月，协会召开关于智慧城市建设示范区会议，了解企业在项目落地过程中遇到的困难以及需要政府提供哪些扶持。6月，协会参与举办高新互联网平台交流品鉴会，号召扎根于上海本土的高新互联网平台，并与平台建立一个长期友好的关系，多方建立有效的交流渠道，实现合作共赢。7月，协会参与2020台北上海城市论坛，邀请喜马拉雅副总裁屠琤、爱库存首席执行官冷静、商米集团创始合伙人苏宏然等会员企业嘉宾做主题分享。

8月20日，协会组织召开2020年C+沙龙暨企业诉求座谈会，专家给企业带来“数字化时代，企业如何降本增效”的主题分享，从发展现状及行业痛点、用工风险和分析到企业降本增效，给企业做了一系列解读。在随后的企业诉求座谈会上，企业根据自身情况提出不同诉求，市中小企业发展服务中心诉求协调部徐晓懿老师现场就相关方面给予指导性意见。

9月3日，协会参与举办在线新经济企业优化营商环境调研会，9位企业家代表结合自身经营实际畅所欲言，就企业经营、招才引智、品牌打造等方面提出当前遇到的问题以及相应诉求，并且对于如何优化当前在线新经济营商环境提出各自的见解和看法。

11月，协会参与主办2020“一带一路”信息产业国际合作高峰论坛国际合作闭门洽谈会议，与会企业家代表畅所欲言，结合经济形势分析中国企业出海的前景与展望。

**四、开展行业调研与标准化建设，持续强化产业发展**

（一）调研中小企业诉求。为及时了解行业发展动态，倾听行业企业共性诉求，协会通过2次座谈、20次走访以及为企业募集服务产品上“企业服务云”等形式，让本协会会员企业能够增加市场拓展的机会，并直接面对政府提出他们自身所面临的痛点及难点，现场给出解决方案或途径。调研工作最终形成企业走访记录、同企业座谈会诉求一并汇总分析、形成各季度企业诉求分析及年度诉求调研总报告。

（二）在线新经济行业调研项目。协会受市经信委委托，承接在线新经济行业调研项目，通过60多次企业走访以及问卷调研等形式，调研上海在线新经济企业的经营状况以及遇到的困难和诉求，并定期整理行业内企业的新亮点和政府的新举措，编制成12期在线新经济调研简报，此外，还将开展座谈及在线新经济行业相关培训会，最终根据企业调研走访情况，梳理撰写年度情况发展报告。

（三）推进标准化建设。协会参与编写《2020年在线新经济发展白皮书》，于8月编制完成；参与编制《风电场无人机巡检作业技术规范》（团体标准编号T/ITSS000005-2020）经过专家评审通过，于7月29日批准发布，从2020年8月29日起正式实施。

（贺　静）

# 上海市通信制造业行业协会

上海市通信制造业行业协会成立于2002年3月26日，是上海市通信制造业行业企事业单位自愿组成的跨部门、跨所有制的非营利性的行业性社会团体法人。下设上海5G创新发展联盟、移动终端、移动互联网应用等专委会，并建立了各专业领域的专家库。协会坚持新发展理念，努力促进行业高质量发展，围绕协会2.0版本创建，以“三认清、三务实、三提高”为工作准则，进一步加强对行业、会员服务工作深度和广度提升，重点针对行业及会员发展需求，创新工作形式，丰富活动内容。现有会员单位100余家。

2020年主要工作：

**一、服务政府，齐心抗疫**

受新冠疫情影响，协会及会员企业单位积极响应国家及政府号召，时刻关注疫情进展，形成《行业抗击疫情简报》材料，随时发布行业最新投身抗击疫情动态事迹，与协会网站、微信同步更新。1月29日，协会发布《行业抗击疫情倡议书》，呼吁企业落实科学防控措施。2月12日、15日，协会分别结合“沪28条”发布及《上海企业复工指南》文件精神，调研收集企业复工复产情况及遇到的困难、问题及政策需求，形成《关于上海通信制造行业抗“疫”期间企业复工情况的专报》，供市经信委、市民政局、市工经联等委办（部门）参考。

上半年度，各中小微企业运营遭遇不同程度的困境，协会积极配合市政府各部门及时宣传推广优惠政策信息，征集各会员单位所遇现状及困境反馈给有关主管部门，并建立沟通渠道，协助企业复工复产，攻克难关。3月，协会收到来自市经信委致协会及广大会员的感谢信。感谢各会员单位在疫情防控期间的捐助以及对协会工作的大力支持和积极配合。

年内，协会完成3项课题编制，分别是《关于美国高科技产品“断供”的解读及行业研判》《5G在智慧城市的应用模式及案例分析》《浦东5G产业推进报告》。课题的承接，密切了协会同政府的联系，更为全面把握行业发展最新态势，挖掘新兴技术与产业，为行业下阶段发展提供有益建议。协会还配合市经信委、市科委、市商务委、浦东新区科经委、嘉定科委、中科上研院等政府部门及科研院所参与各类规划、目录编制及组织专家开展行业预判与论证工作；做好"第五届上海市工商业领军人物"推荐工作。协会组织及参与的专题会议有：年度5G推进突出贡献奖表彰大会、5G发展机遇下的国际贸易形势与挑战培训会、"2020'双千兆宽带城市'发展高峰论坛""2020嘉定智慧城市体验周"政策培训会等，及时提供行业发展方向，搭建政府与企业沟通桥梁。

**二、服务行业，赋能5G**

下半年，协会开展37次研讨、培训、座谈、沙龙等专题活动。协会及上海5G创新发展联盟（下简称"联盟"）围绕5G商用元年的技术应用创新发展，积极参与筹划各类活动。（一）成功参与举办工信部第三届"绽放杯"5G应用征集大赛上海分赛。大赛历时3个月，共征集到参赛项目150余个，角逐出30个优秀项目获奖，并推荐参加"绽放杯"全国大赛，最终有3个项目分别获得全国大赛二等奖和三等奖。（二）聚焦行业热点及应用趋势，合作开展各类专题活动。4月，协会与联盟及虹口区委、运营商共同承办"5G+卫星通信融合创新实验室启动仪式"，促进5G与卫星通信融合技术发展。9月，协会组织举办工博会新一代信息技术与应用展系列论坛之一"新智造·新发展"5G创新论坛，邀请5G产业链、生态链上下游企业代表150余位，共同探讨"5G"与工业创新融合发展新趋势。10月，召开"5G发展机遇下的国际贸易形势与挑战培训会"，结合"后疫情时代"、国际贸易形势及行业特征，为广大企业开展国际业务合作带来的新挑战。11月19日，承办"5G领跑新基建·赋能城市新发展"5G+智慧城市创新发展论坛。12月，协会及联盟承办"2020嘉定智慧城市体验周"，围绕5G+智慧城市建设，开展专题展示、5G+嘉定新城十大应用领域案例征集活动。同期，开展专项资金培训与产业政策分享培训会、召开"筑建智慧新城、畅谈智慧交通"研讨会，搭建行业间技术交流的平台，探索智慧城市发展之道。

协会继续作为上海之帆"一带一路"经贸巡展组委会副主任单位之一，参与主办经贸巡展线上系列活动，协助企业直观了解海外市场政策、需求及趋势。打造"上海之帆365线上公共服务平台"，全面展示企业实力，帮助本市通信行业拓展海外市场，提升国际竞争力。

**三、服务会员，稳企稳业**

协会全力服务于业内企业，（一）通过每周的信息汇编发放至理事单位及会员单位让大家获得更多资讯信息；（二）通过每月简报和协会网站信息发布使会员单位更好了解协会动态；（三）定时更新协会微信公众平台，更好开展好对接工作；（四）协会作为上海市进出口公平贸易行业工作站、上海通信制造产业安全预警监测站，及时分析行业贸易动态，推动行业健康发展。

全年，协会通过实地走访、书面征询等方式，先后开展195次调研工作，根据企业个性化需求做好对接服务。如协助会员单位康希通信公司开展总部迁至上海事宜服务，分别对接浦东科经委、张江集团等相关部门；协助上海裕度机器人与易景信息对接，推进5G+AI+教育智能机器人应用项目；协助易景对接电信一所，推进军民融合应用领域；协助先进通信研究院拜访上海移动公司，加强5G技术产学研用互动交流；协助影创科技配合徐汇中学开展教学应用，寻求可持续性智慧课堂模式；协助比亚迪公司与锐嘉科集团、申腾信息、鼎尚铭星在智慧园区及精准定位等方面的技术、应用场景进行专题交流对接。

随着通信技术的不断发展，通信企业也在不同程度的创新与转型发展，协会开设《会员风采》专栏，通过简报、微信、网站等多渠道宣传及推广会员单位新业务与发展经验等。同时，通过微信、网站推出"会员需求征集"帖，根据企业诉求时效，及时整合资源尽力给予帮助。协会还汇总整理市发改委、市经信委、市商委、市科委、大张江管委会及企业荣誉资质专项资金申报政策，每年更新相关内容并印发《政策汇编》供会员单位参考申报。协会还站在行业角度，从人才、品牌、商标等领域，为会员单位出具行业推荐意见。协会定期开展月、季度统计报表及经济运行情况的收集工作，做好"2020全国电子百强推荐工作"，把握核心会员单位情况摸清家底，并开展2020年年报收集整理及审核。获得由市经信委颁发的"2020年度上海市电子信息制造业统计工作先进单位称号"。

**四、自身建设，规范务实**

年内发展会员11家。新会员中有1家单位（惠州光弘科技）申请担任协会理事单位。受疫情影响，协会原计划4月召开的换届理事会及会员大会延期举行，但按章程规定，以邮件形式向所有会员单位征询第六届理事单位名单意见，换届筹备工作持续进行。

2月24日，协会会员单位上海拓自达商贸有限公司日本总部第一时间捐赠给协会秘书处2000个口罩，用于协会工作人员防御病毒疫情期间使用，考虑到一线医护工作人员更需要疫情防护物资，协会党支部和秘书处将此批口罩物资转赠给上海仁济医院工会，并由院方统一派车送至武汉，分配给抗击疫情一线医护人员。

根据《团体标准管理规定》（国标委联〔2019〕1号）及《上海市通信制造业行业协会团体标准管理办法》的相

关规定，在协会的组织下，由电信科学技术第一研究所有限公司等单位起草的《移动通信用户感知度测评规范》(T/SHCIA000001-2020) 团体标准已经专家审定，按照规定程序批准自 2020 年 9 月 21 日起实施，并于全国标准平台和上海市场监督管理局网站公示。

**五、党建引领，夯实基础**

第三党建工作站围绕全年工作目标，求真务实推进各项工作取得新成效。(一) 以制度建设为重点，加强组织建设。工作站坚持把抓好党员干部的学习摆在首位，发挥党建微信群信息平台作用，开展“便利式”网上党组织生活。努力实现学习要求第一时间传达，学习资料第一时间上传，学习信息第一时间推送，增强学习的针对性和时效性。(二) 以创建和谐社会为载体，发挥党建引领效应。强化区域化党建的联动效应。7 月和 11 月，工作站配合长宁区临空党委分别开展“同创文明城区，共建临空家园”志愿服务和“服务保障进博会，参与奉献践初心”的党员志愿者执勤活动。(三) 以思想建设为抓手，不断夯实党建基础。加强思想互动交流，结合“四史”教育，11 月，工作站 3 家协会的党员对党建工作与业务工作如何同谋划、同部署、同推进，深度融合等问题进行深入的探讨。就各支部存在的问题，根据协会现状及服务特色，提出改进措施。工作站努力发挥“合作共建、经验分享、共同促进”的作用，形成政治上相互关心、工作上相互支持、学习上相互勉励的良好氛围。

（张逸瑾）

# 上海市软件行业协会

上海市软件行业协会成立于 1986 年 6 月，是国内最早成立的软件行业协会之一，是 5A 级社团和全国先进社会组织。下设 6 个专业委员会，协会遵循“行业代表、行业服务、行业自律、行业协调”的原则，按照公开、公平、公正的原则积极开展多种行业服务活动。30 多年来，协会形成服务企业、软件工程规范和行业自律的工作特色，积极发挥行业组织优势，为推动软件产业的发展竭诚服务，获得政府、企业和上级协会的认可，连续 10 多年被中国软件行业协会评为“先进行业协会”。现有会员单位超过 1500 家。

2020 年主要工作：

**一、抗击疫情、奉献爱心**

为抗击疫情协会及秘书处全体工作人员通过上海市红十字会等捐款合计 10 万元。并自筹资金向湖北软协捐赠口罩、一次性手套等防疫物资。协会还协助政府向企业分发 16 万只口罩。此外，协会会员累计捐款捐物超 10 亿元。

协会配合各政府部门开展“企业受疫情影响”系列调查，撰写《关于“新冠肺炎疫情”对软件企业的影响及应对措施建议》《关于应对疫情，推动信息消费发展的建议》《新一代信息技术支撑服务战“疫”复产》等报告呈送政府部门。

协会广泛宣传会员抗疫复产先进事迹，及时向市经信委、市科委等报送会员抗疫先进事迹两百条；编发《上海软件行业响应党中央号召、打赢疫情防控阻击战专报》4 期，宣传报道近百家会员单位超 150 条事迹；编辑出版《深度信念：上海软件行业抗疫志》，记录近 50 家会员单位抗疫事迹。为“上海软件行业抗疫复工复产特别贡献企业”颁发感谢信。

**二、强化党建、加强领导**

以协会党支部名义第一时间向会员发出《响应党中央号召、打赢疫情防控阻击战倡议书》。党员带头奋战在抗疫复工第一线，支部书记杨根兴被党总支评为“战疫先锋”。认真加强“支部党员活动室”建设、机制化开展系列党课教育、组织学习“学习强国 APP”、发展新党员和培养支部年轻骨干。通过理事会和会员代表大会向协会会员单位宣讲认真学习习近平总书记系列讲话精神和党的十九届五中全会精神，分享主题教育学习体会，凸显强化党对协会的领导地位与作用，以协会党支部的实际行动指导协会工作的开展。

**三、规范运作、优化服务**

在充分理解部分会员企业面临困难的基础上通过不断吸引新会员自愿入会，新增会员单位 252 家，使会员单位不断吐故纳新，会员单位保持在 1500 余家。编制并报请理事会通过协会“十四五”规划建议。年内，协会共发布团体标准 5 项，其中 1 项被上海市市场监督局批准为“团体标准试点项目”。协会举办“工业软件技术标准化沙龙”，受到政府部门、企业的重视与积极参加。依据团体标准遵循自愿、免费、公平、公正的原则，协会在会员中开展软件技能人才和软件企业核心竞争力评价评价活动，并自筹经费将评价结果发布在《文汇报》上，受到会员的欢迎。依据中软协社团标准，根据会员免费、企业自愿的原则，完成软件企业和产品贯标评估服务超 7000 余项 / 次。协会微信号新增“会员动态”板块，全年累计发布 202 条信息，关注人数超 4400 人，同比增长 20%。全年编发《上海市软件行业协会最新动态》专报共计 12 期。协会推荐 64 家会员完成的中软协信用评价的新评、年审、换证等工作。知识产权。协会继续做好知识产权法院的“诉前调解”服务，全年代理服务软件著作权超 1600 项。

**四、产业研究、政策宣贯**

协会完成《23号文实施成效评估及后续政策建议》《2019上海软件产业发展报告》《2019张江科学城软件和信息技术服务产业发展报告》等多项课题研究。开展双软评估解析、会员服务解读、著作权申报指南等线上直播。还组织召开职称申报、云办公挑战与展望、工业软件技术标准化、新时代软件产业政策等线下宣讲活动，累计服务软件企业近100家。此外，协会继续为上大科技园区提供创业辅导服务，包括政策宣传、上下游对接合作、项目申报、投融资对接等无偿服务。协会以政府采购合同支撑完成年度软件设计人员奖励和软件企业税收优惠核查等工作，服务累计企业近600家次，服务人员近6000人；受市发改委委托完成2020年全国“大众创业万众创新活动周”线上展览——上海分会场产业新高地板块牵头组织工作，服务企业60家；受市商务委委托完成软件产业安全预警数据填报工作，连续5年获得“产业安全预警监测优秀服务奖”。

**五、建设基地、培养人才**

协会获批国家级高技能人才实训基地。新扩175平方米培训场地，将培训工位扩大至101个，全面升级软硬件设施；开发完成专项职业能力、技能等级鉴定、新型学徒制、新技能等方面的10个培训课程项目；完成5个单元共计32个网上培训课软件开发，开展线上授课。协会承办“上海市经济和信息化系统职业技能竞赛－软件开发质量控制竞赛”，78位选手获得“软件开发质量控制”专项职业能力证书。年内，协会共完成28位中、高职教师软件企业实践培训，再次获“优秀企业实践基地”称号。协会继续做好世界技能大赛选手的培养与上海集训队的选拔工作。在第一届中华人民共和国职业技能大赛上，上海选手获得“网站设计与开发”项目金牌和“云计算”项目铜牌。

**六、创新服务、活跃产业**

协会成功举办以“创新、服务、高质量发展”为主题的第12届“上海软件创新论坛”，邀请十九大代表、中国信通院华东分院院长张雪丽以“新基建助力数字化转型，推动经济社会高质量发展”为题作主旨演讲；邀请聚水潭创始人骆海东就“SaaS化应用与发展”发布主题演讲，举行“信创使命”圆桌论坛。论坛上，市经信委发布“2020上海软件和信息技术服务业百强”和“2020上海软件和信息技术服务业高成长百家”的公示名单。协会发布《深度信念：上海软件行业2020抗疫志》和《2020上海软件企业核心竞争力评价报告》。此外，沪苏浙皖软件行业协会举行《长三角软件品牌一体化发展战略合作协议》云签约仪式。协会继续指导、支持等上湖、新炬等会员单位成功举办数据应用大赛、全球敏捷运维峰会、客户大会等行业促进活动，活跃产业氛围。

（姚宝敬）

# 上海照明电器行业协会

上海照明电器行业协会成立于1996年10月15日，是跨部门、跨系统、跨所有制，既有电光源、灯具及照明电器附件（材料）的生产企业，又有照明电器研究所和高等院校，还有照明电器大型专业市场和经营商家以及照明工程设计、施工服务，集科工贸于一体的面向全行业的社会团体法人。现有会员单位100多家。

2020年主要工作：

**一、众志成城、团结一致，坚定信心，攻坚克难战疫情**

（一）及时通过协会微信群和微信公众号等方式向会员企业转发和转达市政府以及市经信委、市民政局的各项防疫指示和要求，并根据市委、市政府统筹做好疫情防控和经济发展工作的部署，及时统计行业内企业的复工复产复市情况，为政府部门决策提供依据。（二）协会积极发挥行业作用，动员照明企业按照政府要求的统一部署投入抗疫防疫战斗中。会员企业欧普、昕诺飞、芯龙光电、易壳、欧司朗、松下、华荣科技等纷纷向武汉疫区及其他重疫区，捐助紫外杀菌灯，紫外线消毒杀菌器等消毒设备数千台和各类照明灯具、移动灯具和医用物品。及时通过各类宣传形式进行报道，时刻关注企业在采购防疫物资的需求，通过市经信委行业协会微信群、轻工行业协会微信群等途径，积极帮助企业快速采购物品和提供相关信息。（三）坚持问题导向，对会员企业进行经营、制造、销售摸底调研。4月7日，协会组织8家照明生产制造企业参加与市经信委都市产业处召开的面对面沟通会议，就关于政府在补链领域、固链需要具体政策等提出建议和需求。协会及时将会议沟通的建议、意见汇总成报告提交市经信委相关部门，作为政府部门制定相关政策依据。为此，协会获得市经信委特发的感谢信。

**二、坚持把服务和促进上海照明行业的发展，作出不懈努力**

（一）主动联系政府相关部门、承接政府政策支持并落实到会员企业。协会积极响应市市场监督管理局关于开展2020年度第一批市级标准化试点工作的通知，发起并组织会员企业参与，在征询相关企业、检测机构意见的基础上，申报《中小学校教室照明质量分级评价》《LED读写作业台灯分级评价》参加第一批市级标准化试点工作，获得批准立项。从1月15日召开酝酿策划会议到12年底工作会议总结，协会共召开各类会议23次，3月开始项目启动、项目策划、申报答辩、提交任务书、成立协会标委会、工作组开展工作、团标编制、专家审核、平台团标申报、阶段汇报、优秀台灯产品评价及启动教室照明质量评价的申报等工作。11月，正式发布T/SIEATA000001−2020《中小学校教室照明质量分级评价》、T/SIEATA000002−2020《LED读写作业台灯分级评价》，并已收录在市局标准发布管理系统中。12月，组织专家组根据产品检测结果和评价细则要求，对参与评选的读写作业台灯进行评价，筛选飞利浦轩泰智能护眼台灯、米家飞利浦读写台灯、华为智能台灯等优秀产品申报星级产品并上报市局，市市场监督管理局网已向社会公开发布获得五星评价的产品。

（二）及时关注政府发布的政策及申报项目，推荐企业参加，助力企业创品牌，提升企业在行业中影响力。1. 协会参与市经信委提出的2020上海“设计之都”建设，共推设计赋能产业、铸造品牌、服务城市、点亮生活的面向“上海设计100+”征集活动，推荐复旦规划建筑设计研究院的《黄浦江两岸景观照明总体方案及实施管控》参与评审，并获得2019—2020年度上海设计100+正选，且列服务城市类排名第二。推荐三思的《智能语音读写台灯》参与评审，获得了“上海制造佳品汇”活动中的产品展示。2. 协会在年初被上海市节能中心聘为“上海市节能产品评审工作照明电器”领域的推荐机构，也为企业申报上海市节能减排产品评选创造条件。推荐易勇光电的《LED高校节能路灯》、森本照明的《防爆LED产品FG系列》获得“2020年度上海市节能减排技术产品”称号，三思的路灯系列产品申报复审通过。3. 开展“3·15”国际消费者维权活动，协会在灯具城组织“关于授予上海市企业标准“领跑者”五星级企业及产品称号”的颁发证书的活动。4月，推荐欧普、华荣科技、芯龙光电参与由中国轻工业联合会2019年度中国轻工业百强企业、行业十强企业等评价工作；8月，公布名单中欧普、华荣科技、芯龙光电榜上有名。4. 协会参加上海市轻工工会和上海市轻工协会组织开展的“上海轻工工匠”选树活动，推荐昕诺飞电子技术（上海）有限公司马斌被授予“上海轻工工匠”的荣誉称号。4月17日，上照协联合上海电子商会进行公益直播活动，由会员单位汉盛律师事务所张砾律师为企业“复工复产中解困局、促发展”中遇到的问题提供法律援助和咨询。协会担任2020阿拉丁神灯奖评审组工作，推荐芯龙光电、亚明、欧普参加2020第八届阿拉丁神灯奖评选活动，并担任光源类产品评审工作。6月，市经信委发布关于开展2020年度《上海市创新产品推荐目录》编制申报工作的通知，通过沟通，同意照明产品申请列入《推荐目录》中节能环保类产品，协会立即动员照明制造企业参加申报。在12月公布的目录中，亚明、三思自主研发的港口照明LED灯具、LED路灯灯具、LED隧道灯具4个产品第一次入录《上海市创新产品推荐目录》，这将是今后政府照明工程招标中首选的照明产品。5. 8月，由协会、市消保委保健办、虹口区消保委、联合举办的虹口区消保委5G+云课堂第三期“保护心灵之窗”爱眼护眼直播间，邀请复旦大学附属华山医院眼科副主任医师肖医生、上海时代之光照明电器检测有限公司／高级工程师宋洁琮作“近视的常见误区和防控”“为孩子居家学习营造健康的光环境”科普讲课。协会还联合汉盛律师事务所对企业在疫情时期遇到的各类问题进行一对一法律咨询活动。6. 10月、11月，协会会同江苏、浙江、安徽三省照明行业协会共同倡议成立“长三角一体化照明产业联盟”，并在安徽合肥和江苏高邮举行筹备会及成立会议。此外，协会推荐欧普和三思获得市经信委公布的2020年度市级工业设计中心认定。联合中国之光网•明课堂共同推出“上海之光”系列线上沙龙。每次课程的参与人次都超过1000人以上，行业反响非常好。

（三）完成《上海市志•工业分志•轻工业卷》中上海照明行业志的编撰任务。协会多次召开会议，组织企业人员参与培训，成立编撰工作组，按规范要求，编辑卡片、汇集成长篇，再提炼成行业总篇。上海照明电器行业篇中有8个章节；照明发展史沿革、工艺设备、产品选介、企业选介、自主品牌、科研院校、破、停产企业、人物，2.7万多字。

（四）关注上海照明电器行业经济运行趋势，为政府制定政策提供参考。协会按时收集汇总上海照明行业经济运行数据，关注国内外照明行业的发展趋势的信息，通过对数据、资料和信息的整理和汇总并形成报告，为政府制定相关产业政策和了解行业发展提供信息参考。

（五）加强党建工作，完善支部管理制度。协会党支部于7月任期已满，根据《中国共产党章程》和《中国共产党支部工作条例试行》的规定进行换届选举。按沪工经联委（2020）20号《关于上海照明电器行业协会党支部换届选举及党支部书记候选人的批复》，支部大会于10月12日召开，顺利完成党支部换届工作，任秋萍担任本届党支部书记。协会党支部积极发挥政治核心和战斗堡垒作用，把党的工作和协会的改革发展结合起来，实现行业协会的可持续发展。

（黄振帼）

# 上海市信息家电行业协会

上海市信息家电行业协会成立于2002年3月，为上海市信息家电行业企事业单位自愿组成的跨部门、跨所有制的非营利性的行业性社会团体法人。2019年5月，在市经信委和市文旅局的支持和指导下，由协会牵头成立上海市超高清视频产业联盟。现有会员单位116家。

2020年主要工作：

**一、积极承担社会责任，协调落实新冠肺炎疫情防控各项措施**

协会积极配合市经信委等有关部门开展防疫防控、复工复产调研工作，帮助会员企业协调解决复工复产面临的防疫物资紧缺、融资困难等问题，及时向主管部门反映企业情况和提出建议措施，市经信委、市委统战部特向协会颁发了感谢信，以此表彰协会在抗疫期间的突出工作。

**二、坚持党建引领，加强自身建设**

协会党支部在市经信工作党委和市工经联党委的指导下，有序开展党建工作。年初，协会党支部响应上级党委号召，党支部全体党员积极捐款为抗击疫情贡献力量；组织参观金山卫抗战遗址纪念馆、上海工匠馆、国歌纪念馆等红色文化教育基地，激励大家深入“四史”学习教育，将勇于奉献、开拓进取的精神融入日常生活和工作，进一步促进党建与业务的融合发展，以实际行动迎接中国共产党成立100周年。

协会注重协会人员队伍建设，积极组织工作人员参与各类培训和学习交流活动，包括市社团局专题培训、市商务委公平贸易工作系列培训、参加标准化岗位培训，并通过考核取得证书等，不断提升工作人员各方面的专业能力，为企业和政府提供更好的服务。

**三、发挥平台优势，积极推动产业发展**

推进超高清视频产业发展。协会围绕深入贯彻国家及本市超高清视频产业发展行动计划，在促进产业合作、超高清频道开播、超高清终端部署、标准制定、技术提升及产业化等方面开展工作，主要包括：（一）超高清视频成为疫情常态化防控的重要技术支撑，进一步驱动超高清视频产业的快速发展。（二）协助市经信委推进《部（局）省市共同推动超高清视频产业发展工作方案》。（三）助推上海首个上星4K超高清频道正式开播。通过不断协调和努力，7月15日，上海广播电视台“欢笑剧场”首个上星4K超高清频道正式开播，为全国五个超高清频道之一，是本市落实超高清产业行动计划取得的阶段性成果。（四）超高清智能融合终端团体标准得到有效实施，推动超高清机顶盒量产和超高清用户发展。（五）推荐超高清视频领域投资标的。（六）围绕超高清视频产业陆续举办研讨会、论坛等交流活动：2020第八届亚太内容分发大会—超高清论坛、20205G全球家庭互联网大会——5G+4K/8K超高清论坛、多次组织举办超高清产业专题沙龙及研讨会，为行业交流、对接合作提供多样化的平台。

推进智能家居产业发展。随着5G、人工智能等技术快速发展，为驱动智能家居产业不断发展提供动力。尤其在疫情影响下，居民对无接触式的智能家居产品产生更大需求，如智能门禁、智能音箱、智能楼宇、智能机器人等，为智能家居行业增长提供契机。协会围绕推进智能家居产业发展开展专题调研，为理事单位移康智能研发智能门禁产品，帮助进行产业合作对接；为电信智慧家庭生态体系建设积极推荐智能家居相关企业，成功进入浦东电信供应库，并与电信智慧社区中心开展合作；推进以海尔为代表的智能家居全屋定制模式。

**四、配合政府部门，做好产业政策建言和落实工作**

协会积极配合市经信委、市商务委等政府部门做好产业政策建言及落实工作。主要包括：受市经信委委托，开展软件和集成电路专项指南（超高清视频和智能硬件领域）征集工作；协会秘书长参加市经信委组织召开的上海电子信息制造业行业协会秘书长工作会议，向主管领导汇报产业发展工作情况；根据国家制造业转型升级基金的函，组织有融资或拟上市需求的相关会员单位上报市经信委列入投资标的项目储备；参与上海市电子信息产业发展“十四五”规划编制工作，参与编制“十四五”规划中关于信息家电和超高清视频领域的相关内容；承担市商务委公平贸易公共服务项目“2020上海信息家电产业安全预警研究”，顺利通过市商务委验收；协会承担上海数字音视频行业经济运行统计工作，被市经信委授予“统计工作先进单位”称号。

**五、持续开展标准研制，推动产业高质量发展**

协会积极研制超高清视频和智慧家庭相关团体标准，取得良好成效：超高清团体标准示范试点项目高分通过市市场监督管理局验收。11月20日，市市场监督管理局组织有关专家对协会承担的“超高清视频产品系列团体标准试点”项目进行考核验收，最终以总分99.4分的高分顺利通过专家组的验收，得到与会领导和专家的一致好评。

协会团体标准《住宅入户光缆端接及户内布线技术指南》（T/SIAA000006—2020）正式发布。家庭网络质量是影响智慧家庭产业发展的重要因素之一，为有效提升家庭网络质量，为相关运营商、开发商、用户等提供合理科学的家庭光缆端接及布线指导，由协会组织主导，联合中国电信上海公司、上海邮电设计咨询研究院、东方有线等会员单位共同制定此项团体标准，于12月10日正式发布，在全国团体标准信息平台和市市场监督管理局平台均已完成备案登记。

**六、成立高技能人才培养基地，满足行业人才需求**

11月，根据《上海市人力资源和社会保障局关于公布第十批“上海市高技能人才培养基地”名单的通知》，协会成功获批“上海市超高清视频产业高技能人才培养基地”，基地由市人社局和市经信委共同授牌。认真做好人才需求对接工作。(一) 受市经信委委托，协会对本市超高清视频产业紧缺人才岗位进行征集，超高清人才目录现已纳入上海市重点领域（产业类）紧缺人才开发目录。(二) 为全面贯彻落实市委市政府就业工作会议精神，主动服务用人单位复工复产复市及引才需求，为会员单位招聘人才提供渠道。(三) 受市经信委委托征集重点企业目录，为会员单位招聘应届生争取政策支持。

**七、提升综合服务能力，做好相关推优推荐工作**

协会参与编写由市经信委等政府部门主编的行业年鉴、白皮书等出版刊物，为提升行业整体影响力以及宣传展示会员单位形象提供平台；为帮助会员单位全面了解工程师职称申报程序和注意事项，协会组织职称申报方面的资深专家进行咨询和指导，助力会员单位更好提升技术人才队伍建设；做好相关荣誉奖项的推优推荐工作，推荐符合条件、发展态势良好的会员单位申报上海市科学技术奖、上海市创新产品推荐目录、上海市产业转型升级发展专项资金项目等，帮助会员单位提升品牌影响力。

（朱珍妮）

# 上海市交通电子行业协会

上海市交通电子行业协会成立于2008年7月，涵盖汽车电子、航空电子、船舶电子、轨交电子等领域企业、高校、科研院所。现有会员单位202家。

2020年主要工作：

**一、倡议引领，凝心聚力抗疫复产**

（一）行业倡议，共克时艰。1月30日，协会紧急召开电话会议，经会长授权，由秘书长倡议，通过微信公众号和邮件方式面向全行业及会员企业发布《行业防控疫情倡议书》，呼吁会员企业认真、科学落实防控措施。倡议书发出后，迅速得到广大会员单位的热烈响应。会员单位齐心协力，认真落实疫情防控工作要求，充分发挥在行业内的各自技术优势，做好防疫防控的保障工作。

（二）宣传政策，促进保障。疫情初期，协会通过官方渠道收集国家及上海市政府关于防疫措施、政府政策、复工指南。2月8日、15日，依托协会公众号、微信群和电子邮件等多种发布渠道，向会员企业转发《抗疫复工指南》《上海“28”条》《关于应对疫情影响进一步加强企业服务促进中小企业平稳健康发展的若干措施》等文件，使会员企业在疫情期间了解政府相关支持政策和完善复工前的各项保障措施。

（三）会员事迹，及时报送。协会持续报道宣传会员单位的抗疫复产先进事迹。一方面，秘书处代表协会向有需要的地区捐赠1万只医用口罩，贡献绵薄之力；另一方面，围绕负压救护车领域，与市室内环境净化行业协会合作，组织上汽大通、上海120急救中心等单位开展负压救护车的团体标准编写，引导行业标准的统一。与此同时，协会从会员单位网站、企业微信公众号和各大新闻媒体中收集多家理事和会员单位支援抗疫、捐资防疫的先进事迹，并编辑多期专报上报市经信委。

（四）跟踪信息，助力复产。2月以来，协会配合市经信委联系近100家重点企业，建立复工跟踪群，每周督促企业填报反馈复工到岗信息，编辑《关于上海市交通电子行业协会“抗疫防疫”期间企业复工情况的专报》，报送市经信委的同时，也向市政府及时反映企业复工复产中面临的实际困难和问题。

**二、协会规范运作，提升平台行业影响**

（一）协会运作规范化。经协会秘书处审核，至10月底，协会新加入会员单位5家，受理会员退会2家。协会非常注重党建工作，组织参观毛泽东故居、淞沪抗战纪念馆等，利用党员活动经费，购买《深入学习习近平总书记重要讲话》和“四史”重要学习资料，开展读书会，让党员和秘书处其他工作人员时刻保持学习动力。

（二）协会平台多元化。1．智库平台。组织行业内专家共同完成上海浦东新区科技和经济委员会委托的《浦东新区汽车产业2019年度发展报告》课题，完成浦东新区国民经济和信息推进中心委托的《上海浦东汽车电子创新与智能产业联盟活动服务》课题，均顺利通过验收。同时，根据企业需求，协会通过专家委组织业内专家为企业提供产品认证5

次、技术鉴定1次，推荐优秀项目20余次，推荐优秀工作者参加社会评选1次等。2. 交流平台。7月18日，协会协办CEIA中国电子智能制造高峰论坛。围绕汽车电子可靠性制造工艺等主题，有针对性的组织保隆科技、华域三电、上海汇众、延锋伟世通等10多家会员企业参会。9月24日，协会协办“2020（第四届）国际汽车检测与测试技术论坛”和“2020（第八届）汽车健康座舱论坛”。邀请部分会员企业近50人参加，了解熟悉国内外汽车制造业检测技术、健康座舱的发展现状和趋势。10月15日，协会组织会员企业近40位专业技术人员参加第三届全球IC企业家大会－智能网联汽车芯片论坛，了解汽车+5G的芯片发展态势等。3. 信息平台。通过协会门户网站、微信公众号、简报刊物等信息发布和沟通渠道，将协会业务和行业信息工作紧密结合起来，为会员单位提供具有实效性、前瞻性、可读性的参考信息。截至10月，微信公众号关注数已超1500人，同比增长15%，累计发布300余条协会、企业、行业的动态信息。

**三、创新服务，促进政企行业有效对接**

（一）服务企业。截至10月中旬，协会秘书处先后走访30余家会员单位，实地了解企业复工复产以及前三季度的发展情况。6月、7月，协会分别组织华域三电、本安仪表两家会员企业与浦东复珊精密制造公司开展对接，尝试将两家企业外地代工的业务转向上海，同时加以区财政项目补贴，让企业实实在在的获惠获利。8月14日，协会联合会员单位上海迅筑汽车工程技术有限公司，针对企业的工程设计、工程支持和控制系统研发人员，开展“设计校核自动化”“人工智能知识工程”和“实时智能优化控制系统”方向的专题知识讲座与培训。8月20日、26日，协会邀请会员企业通过线下、线上的形式，参加由会员企业上海工控举办的“轨道交通信息安全企业创新协同研讨会”和“轨交信号系统功能安全与信息安全”培训会。8月25日，协会组织召开“临港新片区汽车零部件产业新机遇”研讨会，为会员企业提供贸易、跨境电商等进出口业务的政策解读和相关业务培训。

全年，协会充分发挥熟悉政策和专业的优势，深入挖掘优秀企业和优秀科研及产业化项目，动员其申报市、区各类专项扶持政策与资质及荣誉，并为有需要的会员企业提供推荐与辅导服务，帮助会员企业累计获得各项资助超千万元，各类资质、荣誉数十项。

（二）服务行业。4—10月，协会与市室内环境净化行业协会先后6次联合组织召开《负压救护车》团体标准研讨会、标准起草会议和标准稿件审定会议。会议围绕负压救护车功能需求与性能参数进行热烈讨论，特别对负压及过滤装置特性、消毒设备的消杀效率、车内材料耐腐蚀性、对隔离舱的选配及气密性的内容进行编写。6月15日，为响应长三角一体化发展战略，协会组织部分会员企业参加湖州“美丽中国”宣介活动。6月29日，接待河南工业和信息化厅合作交流处领导来访，商讨推进两地企业之间的交流与互动。6月起，协会与上海汽车检测认证中心有限公司联手组织课题组，对上海汽车智能计算系统产业进行研究，调研多家行业标杆企业，为后续规划内容的编写提供有力支撑。7月起，协会协助上海情报所编制《上海“十四五”电子信息产业发展规划》，提供上海汽车电子领域发展的相关内容。

（三）服务政府。3月31日下午，协会秘书处陪同浦东新区科技和经济委员会装备产业处处长一行专业人士赴协会副会长单位上海船舶运输科学研究所进行调研。围绕浦东大力发展邮轮经济开展座谈交流。4月21日，协会出席由市经信委电子信息产业处召开的上海市电子信息产业发展“十四五”规划交流座谈会。协会汇报“十三五”期间的本市汽车电子行业相关情况，并对“十四五”发展规划提出相关建议。

8月18日，协会参加市经信委召开的电子信息行业秘书长会议，汇报上半年度上海汽车电子产业发展情况，为上级掌握行业动向，部署下半年重点方向提供支撑。8月20日起，根据市经信委电子信息产业处要求，协会对所有会员企业围绕汽车电子、航空电子、船舶电子和轨交电子等领域征集关于集成电路和电子信息产业指南和项目，并汇总上报市经信委电子信息产业处。受市商务委委托，协会负责牵头组织汽车电子零部件企业参与“产业安全预警数据”每季度填报工作。同时，协会每月向市经信委电子信息产业处提供汽车电子行业经济运行数据和分析。10月28日，根据浦东新区信息推进中心要求，协会主办上海浦东汽车电子产业创新与发展专题座谈会，邀请罗兰贝格专家分享智能网联汽车技术和行业发展的主题报告。同时，与会企业联合电子、泛亚汽车、海拉电子等14家汽车电子零部件公司及芯片设计企业向浦东新区科经委领导汇报交流企业发展的情况。最后，市经信委分管领导向与会企业介绍政府2021年的产业引导政策及产业推进方向。

（殳天盛）

# 上海市无线电协会

上海市无线电协会成立于2003年12月，是由无线电管理研究、设计、生产及运用单位自愿组成的本地区无线电业的专业性、非营利性的法人资格的社会团体组织。协会发挥政府与企事业间的桥梁和纽带作用，为政府宏观决策和企业生产经营服务，在行业管理、协调、咨询和技术研究等多方面开展一系列工作，促进无线电技术进步，持续快速健康发展。现有会员单位124家。

2020年主要工作：

**一、配合相关部门做好服务工作**

协助市经信委执法稽查处做好本市各类考试的无线电考试保障工作，全年共开展相关考试保障工作12次；协助上海市无线电管理局台站处梳理相关频率许可证明、无线电台站设置申请表等资料，全年共录入台站数据2823条；开展“上海联通L900干扰排查项目”以及“移动公司疑难干扰小区处理技术服务”项目。截至年底，共为联通公司排除干扰源60余个，为移动公司清除干扰源500余个；无线电发射设备销售备案。配合市经信委执法稽查处全面展开销售备案和监管工作，联合市经信委执法稽查处、上海市无线电监测站，共同开展2次市场走访。主要针对比较大型的几个无线电发射设备销售场所进行政策宣传及设备抽检，取得良好的效果。

**二、完成“5G终端属地化测试及网络干扰处理方案研究”项目立项**

上海作为重点部署5G网络的城市，对5G终端的测试是必不可少的环节，但没有统一的终端测试标准和流程，需要研究一套切实可行的测试标准及流程，并进行推广应用。协会受电信公司委托立项并开展相关研究工作。研究内容包括：5G终端现网测试研究、5G基站对同频或相邻的卫星地球站干扰、5G终端属地化测试、5G基站电磁辐射、电信5G基站建设频率干扰处理方案等。项目于1月开始实施，4月中旬完成全部测试工作，5月中旬完成所有资料的整理和提交；已顺利通过上海电信总师组织召开的项目评审和验收。

**三、制定行业标准**

（一）参与编制“数字无线专用对讲通信系统工程技术规程”。为贯彻国家《智能建筑设计标准》、促进无线对讲系统的发展，上海市无线电协会联合华东建筑设计研究总院、上海建筑设计研究院有限公司共同编制《数字无线专用对讲通信系统信号覆盖工程设计与验收规程》。于6月开展本标准制定的第四次研讨会议。行业内各相关企业均积极参加，基本形成该标准的初稿定稿，并于12月底完成送审稿。（二）参与编制《共建共享通信建筑设计标准》。由上海市住房和城乡建设管理委员会于2020年7月1日发布，并于12月1日实施。

**四、宣传工作**

协会联合IT时报、上海电信一起举办“你来选，我来测”5G辐射测试活动。5G作为我国的国家战略，正在大力发展建设中，5G基站与手机产生的辐射对人体的影响是很多市民所关心的问题之一。本次活动通过现场测试，数据讲解等方式，结合国家标准直观地让市民们了解电磁辐射对人体到底有没有危害，同时也对市民们进行合理购买规范使用无线电设备的宣传。

**五、完成“杭州湾新区通用机场电磁环境测试”工作，协助相关企业通过无线电设台审批**

“5G基站电磁辐射量化分析及技术改善方案研究”的立项工作，已完成现场测试调研以及项目人员分组等前期准备工作，并在前期进行现场模拟测试试验。根据相关测试结果完成了测试方案的制订。该项目已正式立项。

（沈嘉怿）

# 上海市电子商务行业协会

上海市电子商务行业协会成立于2002年4月，是由从事电子商务的企事业单位按照自愿平等原则组成并具有独立法人资格的非营利性行业组织。主要涉及快消品零售网购、大宗商品网上交易、工业电子商务等领域。协会设贸易、物流、制造业、移动支付、电子支付、短视频直播电商等6个专业委员会。现有会员单位420余家。

2020年主要工作：

**一、推进长三角产业电商合作**

协会与浦东新区电子商务行业协会、上海生产性服务业促进会联合主办“2020长三角生产性服务业创新云峰会暨上海市产业电商‘双推’工程启动仪式”于7月8日举行。峰会以“拥抱新经济、助力长三角”为主题。市经信委领导出席峰会并致辞，宣布2020年度上海市产业电商“双推”工程服务平台企业名单并授牌。上海财经大学电子商务研究中心、聚水潭、爱姆意云商、三只松鼠、江苏焦点科技等三省一市的5家产业电商企业和学界代表齐聚一堂，就未来产业电商如何推动实体经济高速发展、如何为制造业赋能等话题展开讨论，畅谈产业电商发展的新业态、新模式、新趋势及新思路。

启动长三角电子商务行业联席会议。7月7日，首届长三角三省一市电子商务行业联席会议在上海召开。协会与来自三省一市（苏、浙、皖、沪）的电子商务协会负责人、行业专家及重点电商企业代表齐聚，共同讨论长三角电子商务行业一体化的协调机制，为共同打造数字经济发展新高地建言献策，共谋长三角电子商务一体化新未来。会上发布《长三角电子商务行业区域合作备忘录》和《长三角电子商务行业联席会议机制》，三省一市电商协会负责人共同为“长三角电子商务行业联席会议办公室”揭牌，并宣布成立电子商务行业联席会议虹桥联络处。规划建立长三角产业互联网总部基地，规划报告听取多次专家评审意见并修改。12月7日，上海产业互联网有限公司揭牌仪式在青浦区西虹桥举行。

**二、协助改善电商行业营商环境**

协会与市中小企业发展服务中心合作，发挥资源优势和专业能力，及时了解行业发展动态，倾听企业共性诉求，提高服务企业的精准性。在会员单位的配合下，通过座谈会、书面调查问卷、走访和接待来访企业等形式，开展中小企业诉求的调研。共召开3次座谈会，58家企业参加；回收25家企业的书面调查问卷；走访和接待10多家企业。经汇总分析，收集有关人才引进使用政策、税收政策、营商环境等方面诉求和意见共20多条，协会与市中小企业发展服务中心共同协调处理，进一步深化为中小企业的服务。

**三、制定并推广行业标准**

经验收，协会“工业电子商务用户信息（数据）管理规范”团体标准化试点项目顺利结项。发布《工业电子商务平台商品信息发布规则》《工业电子商务信息安全管理规范》《工业电子商务交易信息管理规范》《工业电子商务电子合同管理规范》4项标准。专家组认为，聚焦行业热点，具有创新性，通过标准化试点，显示较好的行业影响力。同时，协会拟定的“短视频直播电商基地运营生态建设与应用”团体标准已列为市有关部门的标准化项目试点。

**四、编写和发布行业报告**

协会编写的《上海市产业电子商务专题报告2019》已在市商务委《上海市电子商务报告2019》中发布；编写的《2020年上海市电子商务行业发展报告》已在市发改委《2020年上海市国民经济和社会发展报告》中发布；编写的《上海现代服务业发展报告——电子商务行业》已在上海现代服务业联合会《上海现代服务业发展报告2019》中发布；同时，受市经信委委托，编写《上海市第二批人工智能试点应用场景案例集》及《B2B跨境电商发展建议》；受市商务委委托，编写《上海商业志·生产资料流通志》。

**五、组织行业交流活动**

协会受市商务委的委托，联合市网购协会，在疫情特殊时期举办“疫情惠企金融政策对接洽谈会”，助力企业复工复产，并建立金融扶持专属对接群，持续关注企业的反馈和金融扶持的落地。并在市商务委指导下组织召开上海市直播电商行业发展座谈会。

在市经信委指导下，协会与上海生产性服务业促进会联合主办“2020首届中国（上海）工业品在线交易节”；成功举办“2020中国上海工业电商暨产业互联网领袖论坛”；主办由京东企业业务承办的“上海数字化采购转型高峰论坛”；组织召开B2B跨境电商工作座谈会。

协会参与承办由中国国资国企产业创新战略联盟和上海产业互联网有限公司联合主办的“2020首届中央企业、上海国企数字供应链创新论坛”。

协会会长与市商务委副主任和东浩兰生集团总裁，参加由商务部和上海市人民政府共同主办的“第19届中国（上海）国际跨国采购大会”开幕式上，共同启动平台上线。

**六、行业前沿领域研修培训**

举办“直播电商驱动企业转型升级”高级研修班。共邀请4位在短视频直播电商领域有较深理论研究和丰富实践经验的专家教授进行授课，40家会员单位和相关企业的52名高、中级管理人员参加学习研修。经过满意度测评，学员对本次高研班师资、教学和服务管理等方面评价甚好。

举办“机器人流程自动化（RPA）在电子商务领域应用”培训班。共邀请3位在RPA应用等方面有较深理论研究和丰富实践经验的专家进行授课，32家协会会员单位和相关企业的42名专业技术人员参加“机器人流程自动化（RPA）在电子商务领域应用”培训班。经过满意度测评，学员对本次培训班师资、教学和服务管理等方面评价甚好。

成功申报高技能人才培养基地。在市经信委人事教育处、生产性服务业处的指导和支持下，协会开展申报“产业电子商务高技能人才培养基地”项目。在申报过程中，协会制订“产业电子商务高技能人才培养基地”申报方案，得到协会会员单位上海电子商务职业培训中心作为合作方的帮助，欧冶云商、震坤行、上海钢联、塑米信息科技、西域供应链、爱姆意等单位给予积极配合和大力支持。8月，培养基地申报材料正式上报；9月16日，通过答辩；11月13日，正式获批；12月10日，获颁铭牌。

举办3期“浦江电商社区沙龙活动”。与字节跳动巨量引擎，举办“解码短视频直播电商沙龙”；与eBay、Amazon、震坤行、西域和爱姆意等，和临港产业园，举办“工业电子商务与跨境电商沙龙”；与圣戈班、腾讯、维伊电商、市场易等，举办“B2B数字营销沙龙”。线上直播 + 线下沙龙的方式，共吸引3000多名观众参与。

**七、加强与政府及相关组织项目合作**

协会在市市场监督管理局计量处的指导下，与上海市计量协会合作开展“2020上海市生鲜电商行业诚信计量示范单位”评选活动，并于12月11日为首批7家获评上海市生鲜电商行业“诚信计量示范单位”称号的单位授牌。协会在黄浦区商务委员会指导下，开展“2020上海直播电商节”活动；与黄浦区市场监督管理局合作，为上海老字号企业提供“短视频直播电商时代的品牌重塑方法论”培训。受委托为上海市中小企业发展服务中心提供“短视频直播电商”内部培训。应邀参加上海市现代服务业联合会召集的“吉安上海现代服务业产业对接会”，宣传江西吉安惠企最新政策。受市工经联、市经团联委托，邀请符合要求的会员单位入驻由上海市工经联携手中、东欧20个国家工商会，共同打造线上企业产品展示平台——“上海之帆365”，该平台结合每年线下的“上海之帆”经贸巡展出展活动，整合全球供需产业资源，为企业搭建产品、品牌宣传推广和国际交流渠道。

**八、加强协会基础工作**

改版协会公众号和官方网站，注册申请网站域名：chinaseba.org，并用新域名注册申请协会官方邮箱、后续邮箱配置及运营维护。定期举办走进会员企业系列活动，从“走进”到“走近”，加大与会员单位的日常互动与走访，结合会员单位需求，有针对性地开展供需对接服务，串联起会员企业的生态联结。此外，注意收集会员企业的满意度信息反馈，不断总结与提高会员服务质量。与维伊电商、上海市电子商务职业中心、猩球时代、新程比恩达成培训合作意向，拓展培训业务。协会组织31家企业注册参加“永不落幕的南博会在线展”，为企业抢占国际市场、开拓国内市场搭建平台、畅通渠道。协会为优秀会员企业及个人推荐，推荐西域供应链参评上海领军人物评选活动；推荐的3家会员单位在“2020上海市商贸流通服务业抗击新冠疫情、保障城市生活、提振上海市场总结表彰大会”上获特别贡献奖。协会助力会员企业与合作伙伴参加各类线上线下活动，为企业拓展业务牵线搭桥。如邀请17家企业参加“2020年长三角跨境电商专业建设线上研讨会”、组织会员企业参加IPIF2020国际包装大会及用友“数智企业 . 财税云领”活动、促成港交所与震坤行业务对接走访、搭建校企联动群、协助德禾翰通律师事务所与上海市电子商务培训中心就“模拟法庭”进校园事项对接等。

协会参加“上海市在线经济标准化主题活动”“数字经济链上未来——2020中国（上海）区块链技术创新峰会暨第三届全球（上海）区块链创新峰会”“电子商务包装 & 供应链展览会”“第四届中国自有品牌评选金星奖评审与颁奖”等活动，不断外拓链接合作资源，提升协会影响力。

（高　平）

# 上海电子元器件行业协会

上海电子元器件行业协会成立于1989年5月，是由众多电子信息企业、上海高等院校、科研单位自愿参加组成的跨部门、跨所有制、独立与合资企业、民营企业非营利性的行业性社团法人。电子信息企业占80% 以上。协会秘书处常设10个专业委员会，即器件、电容器、接插件元件、电子电位器、继电器、电声（磁性）、智能安防、智能照明、智慧园区、电子信息服务健康产业专业委员会等。

2020年主要工作：

**一、顺利召开协会七届一次会员大会，完成换届工作**

9月29日，协会隆重召开七届一次会员大会。大会期间，成功召开上海电子元器件行业协会七届一次理事会和七届一次监事会，圆满完成《章程》规定的各项议程。会议审议通过上海电子元器件行业协会第六届理事会工作报告、监事会工作报告、理事会财务收支审计情况报告、换届选举工作情况报告、选举办法。审议通过新修订的上海电子元器件行业协会章程、会费标准和管理办法，选举产生第七届理事会理事40位和第七届监事会监事3位，大会选举上海仪电集团综合事务部总经理樊志强为协会第七届理事会会长。

**二、开展企业调研，了解企业抗击疫情复工复产情况**

自4月起，协会秘书处针对疫情防控常态化的要求，以走访会员单位形式，有序开展调研工作。先后走访上海元一电子、上海维安电子、上海弘名电子、福禄（苏州）新型材料、上海三环磁性材料、飞信国际贸易、上海纳宇电气、上海OMRON电器、上海夏普电器等10多家会员企业，了解会员单位抗疫期间复工复产及公司贸易情况。并将调研情况书面专报市有关部门。

**三、对接政府，搭建政企桥梁纽带**

积极申报并成功承接市商务委公平贸易项目。成功举办进出口公平贸易相关培训研讨二期。8月15日，协会组织会员单位召开公平贸易培训研讨会，来自协会会员单位的近20位同志参加培训研讨。与会同志在听取专题报告之后，就公司贸易情况以及中美经贸摩擦进行研讨。9月18日，在第22届中国国际工业博览会期间，协会会同上海电子商会（上海电子制造行业协会）成功举办以“立足双循环新格局，构筑产业链新优势”为主题的2020年上海电子信息行业公平贸易及产业合作发展论坛。上海社会科学院在论坛上发布《2019年上海电子信息制造业国际竞争力报告》。市商务委领导、电子信息行业的专家、企业领导、相关技术和管理人员以及新华社、科技报等媒体记者逾百人参加此次论坛。协会还邀请上海三环磁性材料有限公司专家撰写《黏结稀土永磁体材料应用与发展简析报告》、上海维安电子有限公司专家撰写《电子线路保护元器件行业分析报告》。

**四、加大协会会刊宣传，凸显行业服务功能**

协会做好《电子元器件》的编辑出版工作，定期刊载行业市场需求、发展趋势的分析，供会员企业参考，月刊的《杂谈》《专家视点》《产业政策》《行业纵览》《公平贸易》《会员动态》《协会信息》等栏目，内容充实，成为会员单位了解国家方针政策、企业管理、前瞻技术、会员信息以及协会服务的信息平台。同时，加强调查研究，撰写和收集行业分析、市场分析、行业发展报告，在月刊刊登或邮箱发送给会员单位，服务于会员及时掌握市场信息。全年共计在月刊上发表各类行业分析文章10余篇。新设置公平贸易专栏，全年共刊发5期15篇，主要刊登相关政策、信息、案例等内容。定期维护网站及微信工作群，发布各类正能量信息，为会员单位提供服务需要，深受会员单位欢迎。

**五、创新开展节能减排培训，推广绿色发展理念**

协会圆满完成上海市节能监察中心委托的节能技术系列培训，积极有效地开展节能减排政策和技术系列培训。（一）创新活动内容，力求政策法规宣贯通俗易懂、成功案例介绍接地气、授课内容指导性。（二）创新活动模式，针对疫情，采纳在线培训和线下培训结合互补的模式。在第26个全国节能宣传周期间，协同会员单位共同策划组织开展节能减排竞赛。编撰的竞赛题设置必答题、抢答题、风险题三类，覆盖了低碳绿色的基础理论、低碳办公、绿色生活等方面的内容。全年举办培训班10期，培训相关管理、技术、生产人员800余人次。

**六、组织开展职称申报工作，助力人才队伍建设**

协会配合市经信委、仪电集团，做好行业及会员单位职称评审申报工作。为行业及会员单位申报职称开展相关培训工作，并提供个性化咨询服务。在协会的精心组织和培训指导下，经协会申报的100多位各类专业技术专家通过高级工程师评审、300多位各类专业技术人员通过工程师评审。

**七、开展各类联谊活动，增强协会凝聚力**

协会坚持每周组织健身活动，每年开展两次女性主题活动，落实节假日和会员单位负责人生病家访及生日祝贺制度。成功举办“联合协会杯”乒乓球友谊赛；成功举办“品味生活，“焙感幸福”“品酒识女人，三月醉桃花”等女企业家主题活动，搭建平台，互动交流，畅聊工作与生活。

**八、加强协会自身建设，推进健康规范发展**

（一）严肃财经纪律，强化财务管理。按照国家相关法律制度，严格控制经费开支，厉行勤俭节约，严格遵守廉洁从政八项规定，确保财务收支活动合法合规。（二）完善规章制度，加强员工队伍管理。对内部管理制度进行完善和修订，进一步规范内部档单的管理和保存，进一步加强会员单位的管理，不断提高管理效率。

（朱晓枫）

# 上海家用电器行业协会

上海家用电器行业协会成立于1985年8月，是上海家用电器行业企事业单位自愿组成的跨部门、跨所有制的非营利性行业性社会团体法人。协会坚持“服务政府、服务社会、服务会员单位”的理念，全方位、多角度推进年度工作计划，得到广大会员单位认可。

2020年主要工作：

**一、在抗击新冠疫情中发挥党员作用，推进“四史”学习教育**

（一）协会党支部组织党员自愿捐款支持新冠肺炎疫情防控工作；对协会会员单位因疫情给生产经营等遭受影响程度进行调研，为政府出台相关扶持政策提供参考依据。

（二）落实市工经联党委《关于开展党史、新中国史、改革开放史、社会主义发展史学习教育的实施方案》要求，把学习“四史”贯穿协会党支部全年组织生活中，结合庆祝中国共产党成立、中华人民共和国成立、改革开放等重要节点，开展专题学习。做到抓在经常、融入日常，落实“三会一课”、主题党日等基本制度。

（三）协会党支部开展民主评议党员活动，严抓党员素质教育，认真组织党员学习，进行自查自评，发现问题，解决问题，在协会日常工作中，体现党员的作用和影响，积极上网重点用好“学习强国”平台，在“上海家用电器党建群”中组织交流，将党支部的工作与协会的日常工作紧密结合在一起。

**二、同心协力，劲往一处使，合力做好防控疫情各项工作**

（一）疫情严重期间，协会开展6项工作：1．为战斗在疫情第一线的医护人员急需医疗保护物资情况，发出《为医护人员献爱心倡议书》。2．发出《开展疫后法律咨询服务的通知》，由协会常年法律顾问上海山田律师事务所免费咨询，提供疫情期间的企业债权债务纠纷，租赁合同，合同履行，劳动纠纷（疫情期间的复工问题）服务等。3．向会员单位发送《受疫情影响专题调研电子问卷》，了解会员单位受新型冠状病毒疫情影响情况，作为政府后续政策出台的参考依据。4．提出《会员企业防疫期间复工建议》，供复工参考，落实复工准备，制订防控方案。5．提出《疫情期间上门维修服务人员防控要求意见》。6．向市经信委、市商务委和市工经联递交《会员企业复工等情况的报告》。

（二）协会通过微信和电话等了解会员单位防控和员工返沪情况，将重点区域返沪员工隔离24天，健康无异常者才能进入公司；复工复产后对餐厅、办公楼、电梯等公共场所进行全面严格消毒，不留死角；上班期间做到勤通风、勤打扫、保持整洁；对上班时间及方式，采取错峰弹性安排等做法；500多家会员单位复工率占30%左右等，信息专题汇报市经信委。并就面临的共性问题，提出对策以及建议。

（三）苏宁电器、国美永乐、大金（中国）、美的集团、海尔集团、东芝集团等不少会员单位积极为疫情重灾区捐款捐物。苏宁电器除了捐助超过800万元急需物资，还将100吨蔬菜陆续运抵武汉，免费供应抗疫一线的医院。苏宁金融紧急安排80亿元专项资金，给予紧急提升贷款额度20%–50%，降低利率，快速放款的支持。浩泽集团、开能集团、A.O.史密斯、森乐净化、朴道水汇等分别向湖北几家医院捐赠近1000台空气净化器、纳滤净水器和商务直饮机等。协会通过行业报刊、微信公众号和网站及时宣传报道会员单位的善举。

**三、加强与长三角同仁携手合作，推进协会工作向广度发展**

（一）联合成立长三角家电行业合作联盟。11月20日，协会联合浙江、江苏、安徽等省家电行业协会，召开“长三角家电行业合作联盟”成立会议。与会同仁达成“坚持以上海为核心，集聚幅射带动其他三省扩大发展家电行业，坚持资源、信息共享、优势互补、合作共赢，长三角发展才大有希望”的共识。

（二）助力有关部门彰显服务政府社会企业宗旨，以点带面开展工作。1．市商务委指定协会建立公平贸易工作站点。协会不定期组织会员单位参加相关法律、知识产权等讲座与培训，利用报刊、网站、微信公众号，定期转发部分商务政策解读、商务法规等重要信息，帮助会员单位了解进出口公平贸易知识，掌握WTO规则，引导企业规避风险，维护产业安全。2．建立产品质量风险监测站。在市市场监督管理局以及市产品质量安全评估研究中心指导下，协会就涉及产品、企业数量、涉及区域、风险信息内容、信息分析、信息来源、初步建议等分门别类开展工作，向市场监督管理局以及市产品质量安全评估研究中心报送有关信息，发挥行业协会以点带面的作用。

（三）与山田、华勤律师事务所、中国信用保险公司等建立合作关系，为会员单位生产经营提供案例分析与辅导。不少会员单位意识到运用法律的有效性，学会运用法律维权方法和法律手段规避风险，切实保护企业的自身利益。在与外省经济开发区合作交流过程中，协会主动为会员单位提供发展途径，为合作双方“搭桥铺路”，实现双赢的作用。

**四、协会步调一致发挥作用，努力更好为会员单位服务**

（一）专委会全面开展年会活动，共享信息研讨交流技术。如7月9日中央空调专委会年会、11月18日小家电专委会年会、11月25日家电维修专委会年会、12月17日信息统计年会等，既有专家做专题讲课（年度家电市场分析、公平贸易案例、工业经济状况分析、出口产品保险等），又有会员单位代表作市场运营以及经营成果分享（海尔、大金空调、华克斯、玖间堂、蓝杰特等），受到与会者欢迎。

（二）对大型商业或综合类家电维修企业等服务热线，进行年度核实。协会家电维修专员逐个核实上海家电行业大型商业或综合类家电维修企业等服务热线，以及空调、冰箱、厨卫电器、小家电等家电品牌企业的服务热线，及时反馈市商务委和12345服务热线进行更新。推荐上报《上海市家电维修服务行业企业名单》476家，登载在市商务委和“一台三会”官网和协会微信公众号上，让消费者选择合格的家电维修服务商。

（三）规范家电安装维修市场，开展上门服务证的培训。为防止教室培训产生交叉感染，协会采用网上培训复习，请优秀讲师录制网上培训的视频教学资料放在协会网站和微信公众号上，由会员单位组织员工收看并组织考试。从4月启动至9月底结束，完成初训337人、复训1347人。

**五、克服疫情困难，开展《上海空调清洗优秀企业》名单推荐等活动**

（一）按照市商务委安排，协会根据会员单位空调厂家情况，向市商务委推荐《上海空调清洗优秀企业》名单。市商务委于6月召开新闻发布会，向上海市民隆重推出337家企业《上海空调清洗优秀企业》，其中协会提名推荐的有135家企业，为企业在工程招投标上提供权威资质。

（二）组织开展2020年“3·15”消费者权益保护日的活动，将现场活动改为由网络（网站和微信公众号）和电话等形式。协会领导和负责投诉接待人员在协会现场接待；由协会信息工作人员负责网络投诉处理，及咨询服务，鼓励消费者维护自身合法权益。

（三）在2020年上海国际水展上，协会水家电专委会逐一走访参展的会员企业，既观看这些会员单位的风采，又与大家交流净水领域信息，了解净水领域发展趋势以及会员单位品牌建设、技术创新和市场竞争等热点内容。

**六、发挥协会平台作用，坚持工作贴近会员企业**

协会既与政府部门保持联系，又主动与会员单位沟通信息，在政府部门和会员单位之间起到纽带作用。

（一）抓好复审信息沟通，加强维修单位管理监督。为做好这方面工作，协会经过核实，剔除已经不从事家电行业或者退出家电协会的企业14家，增加新补充的提名58家。在两年一度的复审中，协会发现部分维修企业名称和地址变更，逐一与会员单位联系沟通，上报新的《上海各区域合格维修服务企业》名录。

（二）安全工作常抓不懈，“强化红线意识”确保空调安装维修长治久安。协会在暑期来临前，发出《关于高温期间家电安装维修安全工作的几点要求》，要求参与家电维修的会员单位加强安全生产的宣传教育工作，推动企业安全生产主体责任落实，提高全员安全素质，不断提升安全素养，大力弘扬家电安全文化，有效防范安全事故，坚决遏制重大事故发生。

（三）开展诚信培训，加强特种作业安全技术操作证培训，将年度培训与实际业务操作挂钩，积极寻找新知识、新热点。年内，协会根据会员单位需求，推荐制冷空调培训34人、电焊工9人、电工证1人、登高证91人的线上培训。因疫情安全培训均采用网上培训，网上模拟考试以后，进行线下考试。

**七、加强内部管理，增强服务能力和水平**

（一）为规范人事管理，秘书处与工作人员每年签订劳动合同和退聘人员聘用合同；对家电协会组织结构进行优化调整，针对现有工作人员，完善各岗位职责编制工作，进一步加强协会工作人员自律，增强服务能力和水平，为会员单位提供更好服务。

（二）通过5A级协会复审工作，对自身各类制度建设、工作流程及各类资料归档流程等进行一次梳理，不断完善规章制度。按协会《章程》与《民间非营利组织会计制度》，规范财务会计工作，确保会计资料的真实性、及时性和连续性。

（三）充分利用互联网快捷传播优势，将各会员单位的资质信息发布在微信平台上，集中公示以供社会监督和查询，及时更新发表各会员单位的产品信息及经营动态。坚持每月出刊《上海家电》报纸和每季《中央空调》杂志，发挥协会新媒体和纸质报刊共同对外宣传、沟通、互动作用。

（李富春）

# 上海空调清洗行业协会

上海空调清洗行业协会成立于2007年4月（原名“上海空调风管清洗协会”，2011年10月更名为“上海空调清洗行业协会”），是从事空调清洗、净化、消毒、检测服务与相关设备、产品生产、经营以及技术研究开发的企业、事业单位自愿组成的跨部门、跨所有制的非营利性行业性社会团体法人。协会设有4个专业委员会。现有会员单位201家，占行业企业总数的80%左右。

2020年主要工作：

**一、发挥组织优势，党工团工作全面推进**

（一）注重党建引领，深化党建工作。协会党支部注重党建，注重学习。三会一课持之以恒，并积极开展党史、新中国史、改革开放史、社会主义发展史的“四史”学习。注重联系实际，深入开展讨论，真正做到学有所思、学有所获、学有所成。协会党支部还注重党建引领，积极参与协会的各项工作。

（二）完善工会构架，保障职工权益。不断完善工会组织构架，积极保障会员职工的合法权益。协会工会工作持续推进，夏天组织送清凉活动，为工会会员提供防暑降温用品。持续发放工会会员卡，为会员提供工会保险。组织部分员工参加潍坊街道总工会组织的体检活动，为员工送出一份权益保障。

（三）凝聚团员青年，彰显共青团活力。协会团总支积极参与2020年浦东新区非公企业团建示范点创建工作，做到班子配备整齐，团员管理严格，常态化、日常化运用“智慧团建”系统做好团员、团干部等团内信息录入和维护。运行规范有序，严格落实“三会两制一课”。

**二、积极参与疫情防控，发挥行业协会特殊优势**

（一）充分运用宣传平台，积极投身抗疫战疫。1月28日，协会通过微信公众号向会员单位发出“众志成城，抗击疫情”的倡议书，希望会员单位严格遵守相关规定，注意个人防护，注重舆论导向，参与捐赠善举。许多会员单位从2

月起开始承揽相关的清洗消毒业务，奋战在疫情防控的第一线。在疫情防控关键时期，协会充分运用各宣传平台，高频次向会员单位宣贯与集中空调相关的法规、文件，以及规范，提醒会员单位注意相关事宜，并宣传会员单位战疫抗疫的感人事迹和捐款捐物的感人善举，号召所有会员单位投身于疫情防控。

（二）充分运用培训资源，积极开展线上培训。疫情期间，集中空调如何使用，清洗消毒如何实施，公共卫生如何保障，相关政策如何解读，是会员单位、社会公众的关注焦点。协会邀请多名专家，运用互联网平台，开办多次培训，为会员单位和社会公众进行政策解读，普及空调清洗和消毒知识。2 月 19 日，与“清洁人说”共同举办“空调战疫，守护健康”的专题培训；3 月 17 日，邀请上海市疾控中心消毒与感染控制科主任朱仁义，进行“集中空调消毒规范”的专项培训；5 月 3 日，邀请协会常务副秘书长王彬和同济大学教授刘燕敏，与湖北省制冷学会共同举办为期 3 天的集中空调清洗消毒线上培训；5 月 26 日，邀请上海康跃化工科技有限公司总经理陈益锋，与湖北省制冷学会共同举办集中空调循环水处理培训；9 月 7 日，苏州市预防医学会邀请王彬副秘书长为特邀讲师，为苏州市同行进行相关培训。

（三）充分发挥媒体优势，积极关注社会热点。4 月—5 月，随着环境温度的升高，公共场所的集中空调将逐步开启，而商务写字楼的空调清洗率常年处于 30% 左右，公共卫生隐患凸显。4 月 30 日，市工经联携手上海空调清洗行业协会召开媒体通气会，邀请各主流媒体参与，共同关注空调使用，共同普及集中空调清洗和消毒，共同推动空调清洗的理念重塑，共同呼吁空调清洗的长效机制，为常态化疫情防控、企业复工复产保驾护航。11 月—12 月，随着秋冬季节的到来，流行性疾病、细菌病毒将进入高发期和活跃期，而集中空调又将重新开启，常态化疫情防控与空调卫生安全再次成为社会关注热点。市工经联再次携手上海空调清洗行业协会举办“聚焦常态化疫情防控，关注秋冬季空调卫生”主题活动，并邀请主流媒体参会。

（四）充分发挥品牌优势，积极聚焦抗疫点滴。摄影大赛是协会常办常新的品牌活动，品牌优势明显。2 月，协会启动佳诚贺丽杯摄影大赛，以“空调战疫，守护健康”为主题，记录会员单位战疫抗疫的点点滴滴，展现会员单位迎难而上的无畏气概，谱写会员单位勇担重责的华丽篇章。

**三、健全标准化体系建设，完善数字化转型**

（一）由协会提出，上海洗霸科技股份有限公司牵头，多家 A 组企业参与起草的 T/KTS032001-2020《集中空调通风系统清洗消毒技术服务规范》，经过立项、起草、征求意见、技术审核、审批，于 7 月 17 日在上海市市场监督管理局登记。该标准的实施，可规范集中空调通风系统的清洗操作，确保空调运行符合相关卫生要求，防止清洗过程中出现二次污染，保障施工人员的人身健康。

（二）为推动《集中空调通风系统清洗消毒技术服务规范》的有效实施，协会每两个月开办一次技术标准培训班，帮助会员单位贯彻遵循《集中空调通风系统清洗消毒技术服务规范》，提升会员单位的综合管理能力，促进空调清洗行业健康发展。

（三）完善数字化转型，建立大数据平台。由于上海地区安装集中空调的公共场所或者楼宇的数据统计缺失，给常态化疫情防控带来一定的困惑。协会与上海智燊物联网科技有限公司共同开发“集中空调通风系统清洗消毒”数据平台，该平台的数据来源就是协会的工程备案数据，并用地图的形式，向社会公众可视化、交互式的展示上海各大楼宇集中空调清洗消毒现状。该数据平台的搭建可实时接受政府、媒体、民众的相关监督。

**四、推动跨区域联动，携手行业专家，普及空调清洗**

（一）为更好地向全国范围内拓展空调清洗理念，推动空调清洗跨区域联动，协会与湖北省制冷协会、上海都市型工业协会、苏州市预防医学会等多家协会（学会）签署战略合作框架协议，合作各方将践行“互通有无、优势互补、锐意创新、与时俱进”，共促两地的空调清洗产业和暖通后市场健康良性发展。

（二）8 月，协会成立空调清洗行业技术专家组，由协会常务副秘书长王彬担任组长，聘任 8 位从事集中空调（通风系统、水系统）清洗技术工作 10 年以上的技术大咖担任专家。努力提升行业技术水平，加强行业安全质量体系建设，推动行业的技术迭代和突破。

（三）投身公益事业，普及空调清洗。协会每年都举办绿色健康公益活动，组织会员单位奉献爱心，投身公益。6 月 22 日，为罗山养老院和华爱儿童训练中心深度清洗分体空调，并送出爱心物资和粽子。10 月 21 日—22 日，为上海福利院清洗分体空调。会员单位积极参与两次公益活动，受到政府有关部门的称赞。会员单位通过公益活动，彼此交流，增进友谊，提升行业协会的凝聚力。

（胡慧中）

# 上海锅炉压力容器行业协会

上海锅炉压力容器行业协会成立于2003年12月，是锅炉压力容器设计、研究、制造、安装、咨询服务等企事业单位自愿组成的跨所有制的非营利行业性社会团体法人。现有会员单位79家。

2020年主要工作：

**一、按章程履行协会职责创造性的开展各项工作**

精准施策：上半年，受疫情影响，会员单位的一些中小微企业生产经营遇到困难，协会主动利用网络平台、微信群，在信息传递、政策宣传、关爱走访、援助帮困等方面为会员单位提供服务和指导。及时将中央、市、区政府有关“中小微企业提供防控复工优惠政策、调研表、承诺书、倡议书”等30多项政策信息传递给会员单位，对50多家会员单位开展调研，把遇到困难的会员单位信息收集汇总反馈上级部门。当个别企业防控物资短缺时，协会在行业内为上、下游企业牵线搭桥，解决5家企业在生产材料、技术咨询、技术服务、质量评价等方面困难，为3家企业解决生产产业链的对接，签约合同金额达近100万元。

精准举措：协会主动与企业联系，了解企业重点项目的主要瓶颈问题及相关技术标准和加工工艺，协助制订解决困难的方案，最大限度减少企业因受疫情影响而导致误工或延期。充分发挥协会专家组的作用，为企业提供技术上的支持。

精准固防：委派专业人员分批走访机关和会员单位，通过邮箱、微信群等网络平台传递和转发市经信委、市社团局、市工经联发布的指导性文件。同时，指导会员单位认真落实抗击疫情和复工复产承诺要求，切实做到防控复产不松劲、不懈怠、稳增长。协会把抓好特种设备制造企业的证后监管和锅炉能效检测的监管与企业生产相结合进行抽查，发现问题及时整改，有效控制企业在“资源条件、质量保证体系和产品质量”方面的不良因素。协会所做的一系列工作得到了市经信委、市工经联领导的认可，并收到市经信委发来的感谢信。

精准服务：下半年，协会先后走访会员单位48家、156人次，接待来访16家52人次，尽最大努力帮助解决合理诉求。年内，对会员单位进行相应调整，其中3家会员单位由于产业结构转型退出协会，吸收3家新会员单位，对因受疫情严重影响的7家会员单位给予会费减免。为2家会员单位在行业内实现生产产业链对接并签约，提升协会与会员单位之间的可信度和凝聚力。

按章程要求，召开四届八次理事会、四届四次会员大会和四届九次理事会在规定时间内完成协会年检并顺利通过。按时完成上报市统计局关于企业经济运行状况的数据指标。在积极拓宽服务领域方面，受市市场监督管理局委托，开展2020年上海市锅炉、压力管道特种设备生产单位行政许可证后监管抽查和锅炉能效检测监督抽查工作，开展市发电厂锅炉安全性评价的抽查工作，2次组织举办“关于如何做好发电制造企业的安全性评价”技术讲座，参加人数94人。在监管工作抽查后，对有整改计划的部分企业进行回访，并将回访整改见证件报市局特设处备案。对政府委托监管抽查完成的项目和服务公司技术合同资料，及时整理汇编成册归档备案。

为企业搭建平台，通过微信群、邮箱等网络平台转告各会员单位，组织推荐第五批制造业单项冠军企业、征集企业《2020年创新最佳案例》和《2020年度上海市产学研合作优秀项目奖》，组织会员单位参与上海中小微企业服务需求调研问卷和市社会组织管理局组织各行业会员参与脱贫攻坚有关情况调查，参与市工经联《百年上海工业故事》和《百年上海工业摄影展》等征集活动。在征集“2020年度上海市产学研合作优秀项目奖”中，协会推荐的上海电气核电设备有限公司《三代核电蒸汽发生器关键检测技术研究及系统开发》的产学研合作项目获特等奖。

**二、创新党政融合工作机制，加强人才队伍建设**

协会先后为新一轮技师技术更新培训推荐优秀课程和优秀讲师3项及课题研究培训方案。助力上海电气完成无损检测、锅炉装配2个专业4个等级的项目开发。完成高师带徒签约12对。为会员单位组织焊接选拔和上海电气电工技术选拔赛助力，分别取得第一和第六名的最佳成绩。推荐的上海核电设备有限公司周玉山首席技师资助已公示。举办2期技师技术更新培训和职业技能无损检测等级、班组长及业务骨干培训。

在参加“第六届机械工业高技能人才优秀论文征集评选”活动中，推荐上报极航节能科技有限公司题为《真空管型中温太阳能蒸汽机组技术及其工业应用和发展前景》的论文。

为会员单位开展“初级专业技术职务资格认证”评审及推荐“中、高级专业技术职务资格认证”初审，提供无偿免费服务。其中2人经电气专委会专家评审通过并公示，获得“中级专业技术职务资格认证”证书。

（徐莉萍）

# 上海市汽车行业协会

上海市汽车行业协会成立于1996年8月29日，由上海地区从事汽车与零部件制造及其相关链的单位和科研、院校等法人自愿组成的、跨部门、跨所有制的非营利性的代表汽车行业的经市主管部门批准的社会团体组织。现有会员单位258家。

2020年主要工作：

**一、各方积极支持，做好协会换届改选工作**

年初，协会启动换届工作，成立换届领导小组和工作小组。12月17日，上海市汽车行业协会第七届第一次会员大会暨第七届第一次理事会、监事会在上汽培训中心3楼报告厅召开，170多家会员单位的代表参加会议。大会主要议题包括：审议通过《上海市汽车行业协会第六届理事会工作报告》《上海市汽车行业协会第六届理事会财务收支审计情况报告》《上海市汽车行业协会章程修改（草案）》等相关文件，选举产生上海市汽车行业协会新一届领导班子。上海汽车工业有限公司副董事长当选为第七届理事会会长，有15家单位代表当选为副会长；上汽大众汽车有限公司当选为上海市汽车行业协会第七届监事会监事长单位。同时，第七届第一次理事会，选举产生由46家会员单位组成的新一届理事会；第七届第一次监事会，选举产生由3家会员单位组成的监事会。

**二、整合资源信息，服务行业企业**

每月做好全国及上海汽车市场的产销分析、预测；协会网站定期更新和发布市场信息、企业动态、行业热点、政策环境和协会动态，并同步在“上海市汽车行业协会”企业微信公众号发布。年末，协会召开2020年度统计信息工作年会，通报全国和上海汽车产销形势和协会会员单位经济运行趋势，对新一年工作提出要求。积极推荐会员企业申请政府对中小企业的资金扶持，帮助企业申报各区经信委“高新技术企业”“科技小巨人企业”等政策上的资金补贴。组织、推荐会员企业参加“名牌产品”“自主创新品牌”“专项资金立项”的申报，积极配合会员企业推进行业自主品牌建设的创建工作。

**三、推进长三角一体化建设，促进会员企业创新交流**

协会组织专家赴长三角地区开展访问、调研活动、考察交流，还与安徽省含山县政府有关委办建立战略合作伙伴关系，协助当地政府推进含山铸造产业基地的规划建设、产业升级、企业发展等工作。同时，建立含山铸造专家工作站，定期派出专家深入企业，了解现状，提出建议，帮助和指导企业技术改造、质量提升、管理完善。

协会在江苏常州和安徽合肥先后举办“球化处理新工艺技术研讨会和创新论坛”“高质量发展和精细化管理专题研讨会”，研讨会采取现场参观和演讲交流相结合，围绕新材料、新工艺、新技术，以及如何做到管理、质量双提升展开讨论。

**四、齐心协力抗击疫情，复工复产恢复经济**

在疫情期间，会员企业积极捐款、捐物，支援疫区工作。上汽通用捐款4000万元、上汽大众捐款800万元、上汽大通捐赠60辆负压救护车，上汽安吉物流免费向武汉地区抢运救援物资等。1月25日，上汽通用五菱迅速成立疫情防控小组和经营运行小组；2月9日开始转产口罩，2月底产能达到日产200万只口罩，向一线抗疫工作者、小微企业、供应商、经销商、用户等无偿捐赠口罩超4000万只，向20多个国家出口口罩超5000万只，向意大利、西班牙、东亚国家和地区捐赠130万只口罩，上汽通用五菱获全国抗击新冠肺炎疫情先进集体称号。

**五、凝心聚力，共谋行业发展**

未来几年，我国汽车产业正进入新旧发展动能转换的升级转型期。一方面，汽车产业构建新发展格局，有利于国内车市持续复苏；另一方面，以电动智能为特征的发展新动能，正在构筑起下一轮汽车产业竞争的新赛道。新一代的汽车产品会变成高度智能化的移动终端，汽车产业将会发生颠覆性的变革。协会各会员单位都从研发、制造、营销等各个领域制定创新发展的目标和行动路径，为高质量发展迈出坚实的步伐。

**六、立足企业，服务于政府**

努力完成《中国汽车工业年鉴》等资料的编写，完成市发改委和市经信委下达的有关汽车行业发展的调研任务，及时提供行业发展报告。参与上海市行业质量工作促进会工作，配合市监管局开展上海“质量月”的宣传工作；配合上汽推荐的会员企业参与“上海市重点产品质量攻关成果”的申报工作。协助市监管局开展涉及汽车有关安全等方面的检测，组织会员单位参加市监管局召开的汽车产品安全调研，完善检测标准和手段，维护好消费者的合法权益。为市统计局、市经信委、市商务委有关政府部门提供汽车工业运行发展趋势等有关信息，宣传政府关于质量安全、品牌建设等要求。

**七、加强协会规范化建设，完善自身服务功能**

遵照市民政局关于社会团体章程制定的规范要求，依据

《社会团体登记管理条例》《上海市社会组织直接登记管理若干规定》等法规、规章和政策，及提供的《社会团体章程示范文本》，对本会原章程进行修改，原章程共八章五十六条，修改后的章程共八章五十八条，并在协会网站上发布。协会不断加强完善理事会工作机制，坚持规范化管理标准，进一步发挥会长单位和理事单位对协会工作的决策、领导作用；努力做好协会秘书处的基础工作，不断按照规范化管理要求，完善各项工作制度，注意改进工作作风，为会员单位办理各种事项提供方便。

（卢益鸣）

# 上海船舶工业行业协会

上海船舶工业行业协会成立于1993年，是中国社会组织4A级行业协会，是上海及周边地区主要从事船舶及其配套设备的研究、设计、制造、修理、经贸、教学的企事业单位自愿组织的跨部门、跨所有制的非营利性的行业性社会团体。现有会员单位96家。

2020年主要工作：

**一、协会建设，步步深化**

（一）始终把党建融入协会“服务企业、服务行业、服务政府”的中心工作中。秘书处党员人事变动时，及时与上级党委联系，配合做好组织关系的转移和落实。及时传达上级党委的有关党建工作精神，持续开展“不忘初心、牢记使命”主题教育；支部书记亲自上专题党课，宣贯“四史”主题教育，开展学习心得交流等活动；编制《上海船舶工业行业协会党建工作三年规划》和《上海船舶工业行业协会党支部2020年“四史”学习教育重点工作提示》；结合学习资料开展集中学习和自学。组织参观上海解放纪念馆、上海淞沪抗战纪念馆、吴淞炮台、周公馆、上海孙中山纪念馆等红色教育基地及“东方潮涌，百年匠心”展览。通过宣传学习和红色寻访教育使党员坚定信念、守住初心、牢记责任，发挥党员应有的正能量；围绕协会中心服务大局，学以致用学用结合，积极融入协会工作，更好为企业保驾护航。同时，支部每次组织学习或参观，都邀请非党人员一起参与，共同围绕协会中心工作，打造高效和谐团队。

（二）加强自身建设、健全内部管理。补充制定《授权管理暂行办法》《合同签订审批管理办法》，修订部分内部管理制度。进一步加强财务管理，实行财务预算、决算管理制度。并指导完成协会下属上海京微有限公司工商检查和审计工作。自觉接受市经信委和市社团管理局的监管，按要求认真填报《行业协会商会受行政机关委托及授权事项情况表》《行业协会商会会费情况表》《行业协会商会经营服务性收费清理情况表》。注重提升员工业务水平，积极参加市民政局社团管理处组织的2020年上海市市级社会团体能力建设培训班；参加团体标准化工作的培训；参加船舶工业统计新系统的线上培训。因防疫要求不宜集中活动，协会秘书处认真梳理会员单位现状，甄别重组、转产、破产等单位情况；疫情稍有好转，秘书长带队走访船厂、院所学校等会员单位，了解疫情带来的影响，听取对协会工作的意见和建议。

**二、服务政府，积极配合**

（一）发挥社团组织优势积极承担调研课题，做好行业数据统计和信息汇总工作。向市经信委提交上海船舶海工行业经济运行统计分析报告。开展《船舶生产企业生产条件基本要求评价和统计》课题。配合工信部装备司做好上海地区船舶相关企业经营和行业指标情况统计上报工作，跟踪企业关停并转等变化信息。根据市商务委要求，组织16家列入采集重点样本单位的企业开展预警体系数据填报工作。

（二）配合编撰各类2019年年鉴和年度报告。先后编撰《上海年鉴》《上海工业年鉴》《浦东年鉴》有关船舶工业的介绍，以及《上海市经济团体联合会年鉴》《上海产业和信息化发展报告》有关行业协会部分的介绍。

（三）先后两次参加市发改委组织的“十四五”规划专题座谈会；组织协会专家就《上海市战略性新兴产业和先导产业发展“十四五”规划编制》提出书面意见。

（四）积极联系并安排市经信委有关领导走访中远海运科技和丹华海事集团，就智慧交通、智慧航运、智慧物流、智能船舶、环境工程和海事服务等方面进行学习、调研。

**三、服务行业，掌握需要**

（一）举办“上海国际船舶保温材料应用研讨会”。与上海国际保温展联手，在上海新国际博览中心举办“上海国际船舶保温材料设计与应用研讨会”，促成上下游产业链之间的对接和商贸合作，促进更多性价比高的保温内装材料在船舶领域得到安全、可靠的应用。

（二）倡导和推进“绿色造船”，与美国船级社举办“新能源联合研讨会”，为业界共同探讨、交流关于船舶新能源技术发展和应用的最新成果建立开放平台。为贯彻落实国家及上海有关船舶行业挥发性有机物（VOCs）综合治理要求，推广和共享上海船舶企业VOCs治理及减排的技术经验，协会联合中船协和中船上海船舶工业有限公司共同举办“推绿色修造护蓝天白云——船舶工业VOCs综合治理成果展暨研讨会”，取得圆满成功。参加由环境科学研究院组织对上海江南长兴造船有限责任公司／沪东中华造船集团长兴造船有限公司／中远船务工程有限公司就 VOCs 综合治理企业“一厂一方案”（2.0 版）现场技术评估验收。

**四、服务企业，多做实事**

（一）满足差异需求，多角度为企业服务。按照市经信委要求，组织会员单位上报首席技师和技能大师工作室工作。协会多次协调上海技师协会和经信委相关部门，为中船三井公司争取到申报“技能大师工作室”。为协会中小企业牵线搭桥，参与市经团联、市工经联举办的“上海之帆 365”线上平台活动及线下展会事宜。为企业提供法律服务。有个船舶设计单位遇到设计合同纠纷，协会根据事实和行业惯例，出具合同纠纷的意见书；组织会员单位参加上海海事法院召开的“疫情防控常态化背景下船舶和海洋装备高端制造业企业的风险应对与司法保障研讨会”。应会员单位要求，多次联系协调并推荐相关专家。与建设银行合作，推出支持协会小微企业的惠贷政策。

（二）组织或参加有关评选，为企业争取荣誉。推荐行业内符合条件的优秀企业家参评“第六届工商领军人物”。继续开展“上海船舶工业行业协会企业管理现代化创新成果评审”工作。通过专家评审和向会员单位公示，共计 43 项成果获奖，其中一等奖 4 项，二等奖 14 项，三等奖 25 项。评审后通过成果交流，为会员单位提供可学习和借鉴的成功经验，将评选出的优秀成果向上海市创新成果评审委员会进行推荐。

（三）通过信息宣传平台扩大船舶行业影响。为满足行业信息宣传需要，协会通过《上海船舶工业》会刊和“上海船舶工业行业协会”的公众微信平台，关注行业有关政策，宣传企业、行业，成为会员相互了解、知晓形势并扩大船舶工业行业影响力的重要窗口。

（祝瑞熙）

# 上海有色金属行业协会

上海有色金属行业协会成立于 2002 年 1 月，基本覆盖上海地区主要的有色金属骨干企业，同时含有全国最大的有色金属交易市场和现货电子交易中心，聚集有色金属材料、辅料、制品、装备等制造领域企业和相关的商贸、金融、信息、物流、咨询、会展等单位。下设有色金属信息资讯、会议会展、技术检测、培训鉴定等服务平台。现有会员单位 168 家。

2020 年主要工作：

**一、以安全为保障，全面助力企业复工复产**

（一）凝聚行业共识，共同抗击疫情。年初，协会和有色行业同仁积极行动，团结一心、不畏艰难，为复工复产坚守第一线。1 月 28 日，协会向行业发布“众志成城，抗击疫情，我们在行动”倡议书，获得会员单位及行业同仁的一致认可。同时，协会通过《上海有色金属信息》月报、官网、官微等多种渠道及时传递国家各部委发布的与行业有关的应对疫情复工复产支持性政策，宣传行业企业援鄂典型事例。据不完全统计，协会会员企业及其集团公司，共向疫情地区及相关机构捐款达 2300 多万元，并援助大量的医用铜管、工程电缆、低压电气及设备和防护物资等。

（二）深入走访调研，助力复产复工。为进一步了解企业经营情况，精准对接服务，帮助企业纾困解难，助力企业复工复产，3 月—4 月，协会走访调研上海龙阳精密复合铜管等 17 家行业重点企业，详细、准确摸底行业企业受疫情影响和冲击情况与疫情后期的发展计划，并形成《上海有色金属行业协会会员单位复工复产情况汇总》报告，及时准确向市经信委和市社团局等有关主管部门汇报企业现状，传递企业相关诉求。

（三）创新服务方式，探索线上直播。为避免人群聚集产生新的交叉感染，协会探索为企业服务的新方式，与各方协作探索发起线上公益直播活动。协会先后成功开展“后疫时代中小微企业如何突围”“关于《铝及其合金燃料熔解保温炉能效限定值及能效等级》地方标准修订意见征集”等 4 期线上公益直播，共计 300 多人次参与观看。

**二、以高质量发展为前提，积极谋划产业发展**

（一）编制“十四五”规划建议，谋划行业高质量发展蓝图。协会编制《上海有色金属工业“十四五”规划建议》，为国家和政府部门制定规划、政策提供参考，引导规范行业发展和服务会员。3 个月内，协会走访 34 家企业，开展深入调研，收集 30 多份重点企业调研问卷，获得第一手的资料，并于 12 月底完成规划建议的编辑工作。

（二）评选优秀汽车材料，加快推广与应用。为挖掘最具潜力的汽车新材料，推进新材料和汽车行业的融合发展，协会联合上海市汽车工程学会、苏州市压铸技术协会、上海有色网共同举办“第二届 2020 年最具潜力的汽车材料 & 铸件产品评选活动”。评选活动新增应用及铸件产品两类奖项，扩充汽车专家队伍，完善专家库的评审专家专业结构。活动受到行业企业的积极响应，共收到 124 家企业提交的 157 份新材料产品，最终 38 家企业获奖并获得与整车厂专家一对一见面交流的机会。

（三）搭建交流平台，畅通汽车产业链深度对接。9月17日—18日，协会协同上海市汽车工程协会等4家单位主办的2020（第二届）中国汽车新材料应用高峰论坛在上海举行，注重新材料和新产品的发布以及汽车产业链上企业的对接，新设的“整车厂汽车专家访谈会”“获奖企业产品发布会”环节，获得与会企业好评。

（四）加强区域联动，筹备成立长三角有色金属行业发展联盟。协会联合江苏省冶金行业协会、浙江省冶金有色行业协会、江西省铜行业协会、铜陵市铜业协会、新疆有色金属行业协会共同筹建长三角有色金属行业发展联盟，搭建区域协作共享平台，进一步优化长三角区域信息、技术、人才、标准的流动与共享，推动长三角地区有色金属产业高质量发展。筹备工作会议分别于9月、11月召开。

**三、聚焦行业人才培养，优化员工整体素质**

（一）加强高技能人才培养，为行业发展构建人才支撑。年内，基地在上海蓄电池环保产业联盟以及上海鑫云、上海杰士鼎虎等4家企业的支持下，开展“铅酸蓄电池配送与回收”专项培训，并进行理论和实操相结合的鉴定考试，有29位职工拿到市人社局颁放的证书。此外，“有色金属现货交易”专项完成题库的编制和师资培训并通过专家评审，该项目将为上海培养具有一定操作能力的有色金属现货交易人员。有22名有色金属行业的专业技术人员申报上海市工程系列仪表电子专业（有色金属学科）工程师和高级工程师资格的评审，其中12人申评高级工程师。

（二）顺利开展鉴定工作，平稳完成职能转变。有色金属行业特有工种职业技能鉴定66号站开展七批次鉴定考试，有184名员工参加重冶火法冶炼、金属轧制工等7个工种中级工、高级工、技师、高级技师（四至一级）的理论、实操并答辩技能鉴定考试。其中获技师职业资格的有62人，高级技师的有4人。

**四、以绿色发展为引领，推动行业可持续发展**

（一）加大技术改造，推动节能减排。在4家会员单位的支持下，完成“5Kwp光伏并网发电项目”等11个项目技术改造。受市场监管局委托，协会与上海市有色金属标准化技术委员会修订的DB31574−2020《铝箔单位产品能源消耗限额》、DB31589−2020《铝合金建筑型材单位产品能源消耗限额》等5项强制性地方标准于4月全部完成并发布。5月，协会召开线上公益宣讲会，邀请专家就五项能耗限额标准的修订内容作宣贯，并对将强制执行的相关政策作详细解读。6月1日起，上述5项地方标准将强制执行。

（二）配合试点方案，推进废铅蓄电池有序回收。上海4家试点单位积极推进试点工作，提高废铅蓄电池规范回收率。8月，上海蓄电池环保产业联盟召开“上海废蓄电池收集转运试点单位及部分收集网点”负责人研讨会，围绕新《固废法》实施在即，上海废蓄电池试点企业如何加强合作、如何加强企事业单位和社会源废蓄电池的回收管理工作以及如何避免恶性竞争等内容进行充分的交流。

**五、以服务为宗旨，积极推动行业产业的健康发展**

（一）加强自身建设，充分发挥桥梁纽带作用。年内，多家企业向协会反映：由于其他省市出台印花税返还等竞争性措施，导致部分上海贸易龙头企业外流；此外，还存在同类业务税收待遇不对等的现状。这严重影响上海有色金属现货市场的健康发展，也与建设上海国际贸易中心地位不相适应。协会先后与市财政局、市税务局和市商务委等相关处室及市工商业联合会沟通，组织召开“关于上海有色金属行业贸易企业税费负担情况”座谈会，与出席会议的14家企业起草并形成《关于改进上海地方印花税征缴政策的建议》，向市工商联和市商务委递交。报告得到相关部门的重视。6月，市工商联、市税务局与协会及部分企业代表再次召开交流座谈会，就上述建议进行积极沟通。

（二）完成专委会换届，为行业发展提供技术支撑。协会五届上海有色金属行业专家委员会完成换届，经过补充调整，专委会形成49位专家的团队，专家分别来自轻金属、重金属、硅材料以及工业炉窑、铅酸蓄电池、有色金属贸易等专业，为行业发展提供有力的技术支撑。

（三）搭建交流平台，畅通信息传递。协会和上海有色网联合主办“2020（第十五届）中国国际铝加工峰会”“2020年（第十五届）中国国际铜产业链峰会”“2020（第十五届）上海铅锌峰会”。镍钴分会举办“2020上海有色金属行业协会镍钴分会（无锡）交流会”，炉窑分会举办“第一届工业炉窑技术研讨会（耐火材料专场）”等，邀请业内专家就行业热点问题进行解读，一起探索2020年有色金属行业市场发展新方向，为行业企业搭建交流平台。

（许寅雯）

# 上海起重运输机械行业协会

上海起重运输机械行业协会成立于2003年11月，是上海市起重运输机械科研院校、设计制造、安装维修等企事业单位自愿组成的跨地区、跨部门、跨所有制的行业性社会团体法人。主要业务范围：行业调研、技术培训、会展招商、产品推介、技术咨询服务、国内外技术信息交流等。现有会员单位100家。

2020年主要工作：

**一、抗击新冠疫情，助力复产复工**

1月31日，协会发出倡议书，要求会员单位：(一) 切实履行社会责任，积极担当作为，履行企业社会责任，通过不同方式积极支援疫情严重地区，与疫区同胞同舟共济。(二) 自觉遵纪守法，教育员工不信谣，不传谣，共同维护社会公共秩序，有序参加疫情防控工作。(三) 坚持诚信经营，坚决杜绝恶意囤货涨价，保持市场稳定。(四) 做好员工自身的保护工作，正确掌握应对疫情方法，与全社会一道联防联控，防止疫情扩散。(五) 坚定信心、紧密团结、守望相助、同心协力、科学防治，守护好共同家园。

2月5日，协会向会员单位转发“企业受疫情影响专题调研问卷”，同日向交大抗击新冠肺炎援助基金捐款1万元。2月7日，向市工商联报告协会会员单位抗疫情况。2月21日，向市经信委专报会员单位复工复产情况。2月22日，在协会网站发布《市经信委关于上海市全力防控疫情支持企业平稳健康发展的若干政策措施》(暨28条)，并通过微信群分别向会员单位传达上海28项政策具体情况，提醒企业关注相关内容。通过微信群转发推送市经信委与市应急管理局共同编制的企业复工指南，通过电话、微信等方式与企业进行沟通，确保企业了解上海28项政策情况。2月28日，协会党员自愿捐款，支援疫区。3月2日，向市工商联专报“协会会员复工情况及问题”。3月16日，在网站，用邮件转发市委统战部、市民政局（市社会组织管理局)、市工商联（总商会）联合印发《关于积极发挥行业协会商会作用支持本市民营中小企业复工复产复市的通知》。4月28日，协会到上海市场管理局特种设备处拜访，就行业协会与市主管部门加强合作，参与课题研究，事故调查，参加专业工作小组等合作开展商讨。为助力会员单位复工复产尽协会之力。

**二、提高品牌意识，推进品牌建设**

协会做好品牌培育示范工程工作，推动行业品牌建设再上新台阶。由上海振华重工（集团）股份有限公司为长三角品牌建设联盟副理事长单位，上海科大重工集团有限公司、上海新时达电气股份有限公司、上海久能机电制造有限公司、上海南华机电有限公司为长三角品牌联盟理事单位。

8月25日，上海进出口商会在市政府第一会议室举办上海外贸自主品牌示范企业授牌仪式，在上海进出口商会和市商委的指导下，遵循企业申请、资料审核、专家评审、社会公示的认定程序，开展上海外贸自主品牌示范企业认定工作，会议发布获得2018—2019年度上海外贸自主品牌各实体及行业企业共计100家。上海振华重工集团和上海科大重工集团列入上海市外贸自主品牌示范企业光荣榜，振华重工集团总裁黄庆丰作为被授牌企业代表在会议上发言。

**三、圆满完成理事会换届工作**

5月初，协会向四届理事单位发出“成立协会换届改选工作领导小组和工作小组”征询意见函，经理事审议并同意成立换届改选工作领导小组和工作小组，由黄庆丰会长任领导小组组长，张建国秘书长任工作小组组长。5月中旬，协会向市民政局社团管理处，市经信委综合规划处报送《协会四届理事会换届改选工作实施方案》。6月，协会向理事单位下发《关于在会员单位中征集第五届理事候选单位的征求意见函》，向理事单位下发《协会四届理事会换届改选工作实施方案》，听取四届理事的意见。7月，协会秘书处用电话、微信、走访等形式先后听取理事单位、副会长单位、监事单位的意见，汇总成新一届理事、监事、会长、副会长、秘书长候选单位名单，报领导小组审核。同月，协会召开四届九次理事会，审议通过《关于第四届理事会换届改选工作实施方案的提案》《关于第五届理事会理事候选单位建议名单的提案》。8月，工作小组起草四届理事会换届改选筹备工作报告、五届一次会员大会文件。9月，委托会计事务所对协会四届理事会财务收支情况进行审计，并起草审计报告。10月23日，顺利召开五届一次会员大会暨五届一次理事会，会议通过《第四届理事会换届改选筹备工作报告》《第四届理事会工作报告》《第四届监事工作报告》《第四届理事会财务审计报告》《关于修改〈上海起重运输机械行业协会章程〉的说明》。并选举产生新一届理事会理事、监事会监事、会长、副会长、秘书长、监事长，圆满完成理事会换届。

**四、加强党组织建设，规范协会工作**

协会党支部贯彻市工经联党委印发的《党建工作制度汇编》的要求，协会秘书长兼党支部书记，在组织上保障党对行业协会的领导。在协会刊物《行业通讯》中开辟《党组织建设》专栏，宣传党的十九大精神，发布党课材料，介绍中央新政策，供行业内党员学习参考。党支部正常开展活动，执行党内学习制度，提倡自学和集中学相结合的方法，提高思想认识，正常开展组织生活，在自我教育的基础上提高党性修养。党员都参加“学习强国”学习平台学习，深入学习宣传习近平新时代中国特色社会主义思想。通过加强党建工作，努力形成组织工作新机制，思想工作新机制，政治工作新机制。通过党员的先锋模范作用，确保完成行业协会“服务企业，规范行业，发展产业”的重要任务。

（贺锡明）

# 上海铝业行业协会

上海铝业行业协会于1989年3月成立。在传统行业调整、转型的大背景下，协会生存遇到过困难，协会工作经历过曲折。近年来，协会注重加强党建工作，加强队伍建设，各项工作不断迈上新台阶，协会的影响力、会员的凝聚力得到很大提升，受到协会理事会和会员单位的好评。

2020年主要工作：

**一、理直气壮抓党建**

（一）强化政治理论学习。协会党总支和秘书处党支部坚持把学习作为提高党员素质的重要手段，精心组织学习，健全学习制度，丰富学习内容，制订年度学习计划和阶段性学习安排，做到理论学习制度化、经常化，不断提高学习针对性和实效性。党员干部带头学习，采取集中学习、个人自学相结合，注重理论联系实际，做到学有所思、学有所获、学有所成。组织党员到先进单位学习考察，开阔眼界，增长知识；建立党总支微信群和党支部党员微信群开展学习文章推荐和学习交流。（二）加强党的组织建设。认真抓好党组织制度的落实，坚持三会一课制度，加强对党员的教育管理，活跃党内的思想交流。按照上级党组织的要求开展好民主评议党员工作，党的书记向党员大会述职，党员对党总支（支部）的工作、作风等进行评议。每个党员开展对照检查，找出存在的问题和差距，进行批评与自我批评，提出整改措施及努力方向。

**二、持之以恒抓队伍**

（一）抓协会队伍建设，努力做好服务工作。协会坚持每个月平均走访30家单位，深度了解企业，主动和企业家交朋友，谈合作，促发展，整合协会平台资源做好服务工作。协会积极与上海交大材料学院、同济大学汽车学院、中国有色金属工业协会、中国有色金属加工工业协会、中国再生资源技术创新战略联盟等加强战略合作，为汽车轻量化、轨道交通、铝加工市场研究、固废处理等重点领域组织开展各类交流活动，促进项目合作。（二）抓协会专家队伍建设，积极开展专业技术交流、咨询和服务活动。协会专家委员会和各专业委员会在推进企业技术进步、行业发展中发挥积极作用。其中，为了做好上海市地方标准《铝合金挤压型材单位产品能源消耗限额》第二次修订工作，协会先后在上海铝协、富丽华铝业召开三次会议，认真组织开展标准修订工作；在疫情防控常态下，上海铝协专家委员会主任会议在常州科教城顺利召开，大家群策群力共同总结2020年上海铝协专家委员会工作以及部署2021年工作重点。（三）抓协会理事队伍建设。理事队伍是协会的领导机构，是上海铝协进步发展的关键。上海铝协之所以有跨越式进步，关键是有一个强有力的理事会成员单位组成的协会理事会。

**三、全心全意抓服务**

（一）整合各类服务资源。协会通过《上海铝业》会刊、上海铝业网站、上海铝业公众号，以及行业研讨会、业务培训会、政策宣讲会等对全体会员做好共性化服务。通过点对点的个性化服务，每年开展100个左右的大小服务项目，许多会员单位“有问题找协会”的观念已经深深扎根。整合大学资源、政府资源和社会资源积极推进汽车轻量化、铝制品在轨道交通中的运用等前沿技术的运用，受到会员单位的一致好评。（二）不断提升办会水平。协会每年举行各类专业技术论坛，每年编辑2～3本论文集。协会还与清华大学、上海交大、同济大学、中南大学等全国10来所高校建立产学研合作关系，协会的影响力、会员的凝聚力、秘书处的办会能力得到不断提升，成为在全国具有影响力的地方专业行业协会，多次得到中国有色金属加工工业协会的表彰，并成为中国有色金属加工工业协会副理事长单位。

**四、加强秘书处内部建设**

协会秘书处力求建设成为由老中青相结合的、热心协会工作的、富有活力的工作班子。协会党支部要求党员在各自的岗位上认真学习、积极工作，发挥好党支部的战斗堡垒作用和党员的先锋模范作用，确保协会工作健康、积极和可持续发展。

（平佳雯）

# 上海市铸造行业协会

上海市铸造行业协会成立于1984年6月，是上海及周边地区的锻造企业及相关企事业单位自愿组成的跨地区、跨部门、跨所有制的非营利性社会团体法人。现有会员单位60家。

2020年主要工作：

**一、内部治理自律规范**

1月3日，召开第九届第二次理事会暨监事会。8月5日，召开第九届第三次理事会暨监事会，通过《关于同意叶苏辞去秘书长职务，选举谈悦晨为新任秘书长的决议》。8月19日，在国家会展中心会议室召开第九届第二次会员大会，近120人出席会议。同时，230位企业人员参观第18届中国国际铸造博览会和第14届中国国际压铸工业展览会。3月—12月，协会秘书处对企业开展达标评议交流活动，共走访30家企业。7月中下旬起，协会专程走访理事长、监事长单位11家。

协会修订的《中频感应电炉熔炼铁水能源消耗限额》《铸钢件单位产品能源消耗限额》和《有色金属铸件单位产品能源消耗限额》3个能源消耗限额标准经两轮专家评审，于5月1日正式实施。之前已对相关铸造企业组织过多次宣贯。由上海万泽精密铸造有限公司牵头起草的《熔模铸造绿色工厂评价要求》团体标准，经广泛征求意见并修改后召开标准审定会。专家组一致认为《熔模铸造绿色工厂评价要求》团体标准遵循全面、系统、科学等原则，符合编写规定，突出熔模铸造行业特色，为持续规范上熔模铸造企业生产、推进企业技术创新和转型升级提供技术支撑，同意该标准通过审定。标准于2021年1月20日发布、5月1日实施。

**二、疫情初始协助政府部门调研慰问**

2月1日，协会发布《上海市铸造行业协会关于抗击新型冠状病毒感染肺炎疫情的倡议书》。2月10日，市政府下达复工令，协会选择有代表性的铸造生产企业发放调查问卷，收到反馈问卷53份。3月初，再次对铸造生产企业开展调查研究，听取建议与心声，协助政府制定配套优惠政策。其间，有四五家会员企业反映口罩等防疫资源稀缺向协会求助，在协会帮助下找到合适的供应商进行采购，为企业防控疫情、复工复产扫除障碍。协会多次向市经信委提供行业信息，配合工信部抗疫情行业摸底，并将行业调查情况及时向市经信委有关部门汇总，撰写《关于上海铸造行业抗疫期间复产情况的报告》，获得市经信委颁发的感谢信，激励协会继续千方百计服务企业、尽力当好政府与企业间的桥梁与纽带。

**三、服务企业**

2月、3月、8月和12月，协会专家参与特斯拉（上海）有限公司在临港新片区启动的超级工厂的几个项目评审，共出具4份行业审核正式意见，推动其在临港进行大规模压铸生产。10月23日，协会对上海永茂泰汽车科技股份有限公司牵头的2018年绿色集成项目《汽车零部件铝合金新材料与智能化制造绿色关键工艺系统集成项目》进行验收评审。

组织12家会员单位报名参加5月的中铸协排污许可网上宣贯培训，推进铸造企业顺利取得排污许可证并确保取证后的持续维护、有效运行工作。上海中洲特种合金材料有限公司、上海金铸机械制造有限公司在协会牵线搭桥下找到第三方咨询机构，最终取得排污许可证。6月16日，协会邀请10余家会员单位参加宁波银行与上海市铸造行业协会合办的优惠金融产品助力企业线上推介会，有关方介绍票据业务、设备租赁和出口结汇的优势，为疫情下的中小企业排忧解难。

6月，市工经联召开上海市节能减排JJ小组活动总结交流会后，华域皮尔博格有色零部件（上海）有限公司、上海烟草机械新场铸造有限责任公司、上海华新合金有限公司、维美德（中国）有限公司和上海神富机械科技有限公司等5家企业向协会提交JJ小组活动项目。协会秘书处与电镀协会为上海海连电动工具有限公司、上海华新合金有限公司撰写的清洁生产报告，分别于6月、7月通过清洁生产审核验收。

针对会员单位遇到的实际困难，协会秘书处为多家会员单位提供服务，包括向地方政府部门出具企业品质证明、寻找接洽固废处置单位、原材料供应商、电炉维修和热处理炉生产维修厂家、检测单位、环保措施方案；向企业所在区镇政府出具主体经营状况良好证明、为企业排查工艺质量问题等。推荐企业家申报上海企业领军人物，为会员企业提供先进设备证明文件。

**四、调研总结行业现状**

协会应中铸协铸造年鉴上海篇约稿，完成2016—2019年上海铸造年鉴报告，约7300字。7月起，协会秘书处配合市经信委产业园区和结构调整处、智能装备处对上海铸锻热镀四大工艺现状开展一系列调研工作。10月14日，市经信委产业园区和结构调整处组织召开“上海市铸造和锻造行业现状调查”企业调研会。华新、航天、皮尔博格、上重、昌强、万泽、永茂泰等企业领导出席会议，分别简述各自企业的发展概况、工艺技术水平、环保措施、产品与客户情况以及当前面临的问题与诉求。报告初稿完成并已向政府有关部门领导汇报。

**五、交流合作**

年内，宁波银行、上海绿色工业与产业促进会、中铸新兴企业管理有限公司（中铸产业网）、中国环博会、安徽宿州招商办、上海厂长经理人才有限公司等单位（机构）访问协会，与秘书处进行友好商谈，共同探讨寻求开展合作、资源互补，更好为铸造行业、企业服务的机会及途径。

协会先后应邀参加江苏省铸造协会、浙江省铸造行业协会、苏州铸造协会、苏州压铸技术协会、马鞍山铸造协会、上海市锻造协会、上海市重型装备协会、上海市焊接行业协会等召开的各类会议。12月底，协会与浙江省铸造行业协会在浙江嘉善开启“浙沪青年铸造工作者业内交流启动仪式”，来自浙沪10多位青年铸造工作者，参观嘉兴与上海的业内标杆企业。与上海市工业互联网协会协办“2021工业互联网创新发展大会暨工业人嘉年华”系列活动。

（谈悦晨）

# 上海市焊接协会

上海市焊接行业协会成立于1986年，会员单位以电焊机、切割机、焊接材料、焊接气体制造和焊接产品应用企业为主，以及大专院校和科研院所，覆盖上海汽车、船舶和海洋工程、电站和核电、锅炉压力容器、航天航空、重型机械、大型钢结构制造等行业。现有会员单位110家。

2020年主要工作：

**一、坚持服务会员宗旨，积极提供多方面服务**

（一）提供会员单位政策信息服务。1．发起行业疫情防控倡议。2月1日，协会向各会员单位发出《做好新型冠状病毒感染肺炎防控工作的倡议书》。2月6日，陈永强会长向温州市慈善总会捐赠100万元现金，用于购买抗疫用品，以实际行动履行行业协会会长和企业家的社会责任担当。2．提供政府政策信息服务。2月11日起，协会通过网站、微信公众号、理事和会员微信群，及时传递国务院、市政府以及市国资委、市规划和土地资源局等部门出台的涵盖财税、信贷、租金等各项政策措施信息，帮助企业用好用足政府扶持政策。3．在微信群中开展“云走访”活动。及时了解企业遇到的困难，以及对政府政策的期待，及时向市经信委反馈。4．弘扬行业抗疫复产的正能量。疫情爆发后，会员单位3M中国有限公司（个人与安全防护事业部）加班加点生产口罩等防疫用品。2月17日，上海通用重工集团有限公司率先复工复产。同月24日，上海沪工焊接集团股份有限公司等会员单位相继恢复生产。3月4日，副市长许昆林亲自签发市政府感谢信，对3M中国有限公司（个人与安全防护事业部）为打好防疫战所作出的贡献表示感谢。3月13日，市经信委发来感谢信，对协会在疫情期间服务会员工作表示感谢。协会运用会刊《上海焊接》、上海焊接网和微信公众号，宣传会员企业一手抓防疫、一手抓生产的事迹。

（二）提供技术培训和技术咨询服务。1．协会共为企业开展AWS、ASME、ISO/EN、CCS和国家等级工等各种中外技术标准的焊接技术培训2237项。8月21日、27日，先后通过美国焊接学会（AWS）对协会授权考试机构（ATF）和中国船级社（CCS）对上海市焊接行业协会“中国船级社焊工考试委员会”3年一次的评估复审。2．发挥协会的人才、技术优势。上半年通过技术指导、工艺评定、项目攻关、现场指导、工程监理等形式，为企业完成27个技术服务项目。9月28日，协会派出专家到伟创力（上海）金属件有限公司，现场指导该公司第11届职工劳动技能比赛和第2届外高桥保税区制造加工企业“伟创力杯”技能大赛的焊接项目比赛。3．根据会员企业的需要，组织专项技术培训。10月19日，协会组织《焊接工艺文件编制与评定》线上培训，全面讲授锅炉、压力容器焊接工艺制订前期技术参与；焊接工艺涉及的通用焊接方法；焊接工艺评定；焊接工艺制订和项目完成后的技术总结。通过培训，促进“技能型、知识型、创新型、国际型”的焊工队伍建设，提升行业的整体焊接水平，帮助企业解决一大批产品开发、生产加工、技术改造、项目攻关、质量升级、产品出口等问题。

（三）提供新产品、新技术推介服务。1月12日，利用八届四次会员大会的机会，组织3M中国有限公司（个人与安全防护事业部）、上海通用重工集团有限公司、上海柴孚机器人有限公司、伏能士智能设备（上海）有限公司等9家焊接机器人、焊接智能装备、焊接材料、焊接环保、焊接安全产品制造单位，同与会的上海核电、电站锅炉、压力容器、船舶海工、航天航空、大型机械、钢结构使用单位的会员单位进行信息交流。7月24日，组织上海航天设备总厂有限公司、欧地希机电（上海）有限公司、柯福（上海）化工科技有限公司等5家会员单位推介焊接新产品、新技术与需求对接服务，提高焊接产品生产单位产品开发的针对性，也利于降低使用单位的采购成本，促进上海焊接行业结构调整，更好地服务制造业发展。

此外，协会还向中国焊接协会推荐在新产品、新技术研发中作出突出贡献的先进个人。1 月 19 日，由协会推荐的上海航天设备制造总厂有限公司赵慧慧、上海工程技术大学张天理分获中国焊接协会颁发的 2020 年度焊接标准科技进步奖个人一等奖和二等奖。

（四）提供中外技术交流服务。7 月 24 日，协会与德国 TüV 莱茵技术学院合作举办网上焊接技术新视野研讨会。上海航天设备总厂有限公司、上海焊接器材有限公司、3M 中国有限公司（个人与安全防护事业部）、欧地希机电（上海）有限公司等 5 家会员单位分别作“航天结构焊接技术应用现状及进展”“轻型结构的自保护焊接技术”“现代焊接中防飞溅新技术的环保高效应用及发展”“提高生产力的焊接防护装备”“MHT——中厚板高效焊接新技术”等 5 个专题焊接技术报告。这次研讨在国内焊接行业产生广泛影响。

8 月 12 日，协会作为支持单位，在虹桥国家会展中心举办“2020 年绿色焊接技术创新成果及应用技术论坛”。中国职工焊接技术协会、成都电焊机研究所、中国科学院上海光学精密机械研究所、上海交通大学焊接与激光制造研究所、伏能士智能设备（上海）有限公司、摩迪（上海）咨询有限公司、莱茵技术（上海）有限公司和上海普睿玛智能科技有限公司等 8 家单位分别作“我国焊接装备智能化进程及地域优势分析”“激光技术在焊接领域中的创新、应用与发展”“人工智能在焊接技术中的应用与发展”“智能化数字化焊接设备的创新成果、应用与发展”“ASMESecIX-2019 版与 2017 版差异分析”“智能激光焊接设备在焊接领域中创新成果的应用于发展”等报告，为与会者奉献丰盛的焊接科技大餐。8 月 3 日，参加中国焊接协会七届六次理事会，加强与中国焊接协会和兄弟地区协会的工作交流和信息沟通。

**二、履行行业协会职责，承担部分政府转移职能**

（一）承接政府钎焊工题库开发修编项目。6 月，协会中标上海市人力资源和社会保障局上海市人社局职业技能鉴定中心的钎焊工理论和技能两方面、4 个等级（五、四、三、二）的题库维护项目。中标后，协会即研究组织有经验的专家参加该项目，以弥补国家和上海市钎焊工培训考试的空缺。

（二）组织行业节能减排 JJ 小组活动。开展节能减排是协会承担的政府转移职能之一。5 月 13 日，协会和市工经联联合开展节能减排工作线上培训。6 家会员企业和协会有关人员共 31 人参加培训，并参加有关节能减排 JJ 小组活动知识的线上考试。会后，协会进一步协调落实伟创力（上海）金属件有限公司、上海大西洋焊接材料有限公司、上海焊接器材有限公司等 3 个单位节能减排 JJ 小组厂房节能灯改造、工艺改进、设备改造等项目。开展节能减排 JJ 小组活动，有力促进企业加强管理、改进产品和工艺设计、改造设备，降低产品能耗，提高经济效益。

（三）参与制定或评审技术标准。11 月 2 日—6 日，协会派专家参加全国焊接标准化技术委员会七届五次会议暨标准审查会，同与会专家一起，通过《焊后热处理质量要求》《钛、锆及其合金的焊接工艺评定试验》《管与管板的焊接工艺评定试验》《堆焊工艺评定试验》《气焊设备焊接、切割及相关工艺设备用材料》《气焊及相关工艺设备的气密性》等 6 项国家标准项目的审查。通过参与制定和评审焊接技术标准，提升了协会的地位，为规范行业焊接质量管理，提高焊接行业整体水平提供依据。

**三、依法规范运作，拓展工作职能**

（一）按照章程规定，开展各项工作。1 月 4 日，召开八届七次理事会，听取 2019 年工作总结和 2020 年在规范行业、服务企业、发展产业方面的设想。1 月 12 日，召开八届四次会员大会，听取并审议通过理事会 2019 年工作总结和 2020 年工作打算的报告、2019 年财务报告和增补会员的决定等。7 月 25 日，召开八届八次理事扩大会议，听取并审议《关于 2020 年上半年工作总结及下半年工作打算》的报告和做好换届改选各项准备工作的报告。会议作出决议，下半年要在做好技术培训、技术交流、技术服务、节能减排、走访会员、服务政府等日常工作的同时，重点按照市民政局的有关要求和协会的章程规定，做好 2021 年八届理事会换届改选各项筹备准备工作，以及开展行业“‘十四五’规划建议”前期调研，为组织编制规划做好准备。12 月 5 日，召开八届九次理事会议，听取和通过《关于换届改选的情况汇报》《八届理事会工作报告（审议稿）》《关于八届理事会财务审计报告》《关于协会章程（草案）修改的说明》，以及第九届理事会、监事会候选人名单及选举办法、会长、副会长、监事长的推荐过程及说明等 9 个报告，为按计划依法进行换届改选打下基础。

（二）坚持走访会员，增强行业凝聚力。上半年，走访江南造船（集团）有限责任公司、上海振华重工（集团）股份有限公司、上海慨康实业有限公司、上海安装工程职业技术培训中心等 4 家会员单位；下半年又走访施耐德（上海）电器部件制造有限公司、上海亮轩焊割机械设备有限公司等 6 家会员单位。

年内，发展上海盛允自动化科技有限公司、上海亚利电气设备有限公司、施耐德（上海）电器部件制造有限公司、上海亮轩焊割机械设备有限公司等 7 家新会员单位，进一步增强协会的行业影响力和凝聚力。

（柳国炎）

# 上海市工具行业协会

上海市工具行业协会于1987年建会，成员单位主要是工具五金制造企业。通过30多年发展目前成员单位涵盖了制造、贸易、金融、法务、科研等。会员单位所有制类型有外资、中外合资、股份制、民营等。现有会员单位86家。

2020年主要工作：

**一、加强协会组织建设**

协会有独立党支部，并于2019年成立监事会。党支部从党的路线、方针、政策上起到保证作用，监事会从依法治会、以章程治会实行监督，使协会良好健康发展。

**二、认真做好协会基础工作**

协会注重会长、理事会、监事会等3支队伍建设，不断从质量上优化3支队伍，保证协会健康发展。积极发展新会员，每年10%～15%的增长、3%～5%的退出，确保协会充满活力，从而体现行业的发展实际。协会网站、微信工作群、微信公众号、行业简报等，起到良好的信息互动，企业逐步加入协会公众号名单。

**三、积极开展协会专项工作**

协会积极配合政府部门的防疫工作，对内正面传达防疫工作要求，协会各微信工作群要求不信谣不传谣，积极做好本人、本企业防疫工作，号召全体会员单位和群友帮助武汉抗疫，捐款捐物。对外主动配合政府寻求抗疫物资。协助政府助力大学生就业，通过“政会银企”四方机制助力企业复工复产。协会与震坤行开展合作助力企业拓展平台，协会内部合作交流取得较大成功。完成《上海志·轻工卷·工具五金篇》的撰稿工作。首次承接上海市进出口公平贸易公共服务项目，完成《2020工具五金产品国际贸易形势及技术性贸易措施研究报告——上海手工工具及园林工具主要贸易区分析报告》的撰写工作。

**四、拓展长三角五金产业联盟创新工作**

协会积极参与长三角五金产业联盟合作，着手筹备长三角工具五金产业联盟，主要在团体标准制定联合发布、工具五金科创展、知识产权保护、进出口公平贸易等四个方面进行合作。

（戴　波）

# 上海市热处理协会

上海市热处理行业协会组建于1984年，是以上海市热处理企业为主和相关的设计、科研、教育及有关的单位自愿组成的市级社会团体，覆盖全市国企、民企、外企及台资企业等多种所有制形式，会员单位包括航空航天、电气、核电风电、军工、航海、医疗器械、汽车高铁、机械制造等领域和教学、科研以及与热处理领域相关行业。现有团体会员单位234家。

2020年主要工作：

**一、做好上情下达和下情上报工作**

疫情期间积极做好桥梁作用，及时把市经信委、市社团局的各种政策和各类信息通过协会微信、公众号等形式传递给会员单位，使广大会员单位根据各自情况做好各项应对工作。由于协会及会员单位积极地奉献，协会获得上海市经信委的表彰信。

**二、培训工作取得显著成效**

11月30日，协会所属上海热协职业技能鉴定所获得由市人社局颁发的“本市企业职业技能等级认定机构”资格。上海热协职业技能鉴定所的培训、鉴定范围：(一）金属热处理工，包括金属热处理工五级、金属热处理工四级、金属热处理工（机械零部件热处理工）三级、金属热处理工（机械零部件热处理工）二级、金属热处理工（机械零部件热处理工）一级。(二）铸造工包括铸造工（铸造造型（芯）工）五级；(三）锻造工包括锻造工（自由锻）五级。

至11月底，协会完成感应加热热处理专项培训21人、热处理一级工培训22人、二级工培训64人、三级工培训34人和上岗证培训7次200人。

**三、清洁生产推进工作**

由于上海市清洁生产推进工作在一两年内将转为整个工业领域全覆盖，在市经信委和上海市清洁生产推进办的关心支持下，按照“上海市清洁生产推进办公室”要求，协会竭力推进这项工作，力争热处理行业逐步做到全覆盖。生产性热处理会员企业已通过清洁生产审核的达到总数的30%以上，部分先进骨干企业已开展第二轮清洁生产审核准备工作。对于还没有开展这项工作或独立开展有困难的单位，协会或督促提醒或帮助寻找有资质的机构，协助开展清洁生产达标工作。清洁生产工作有序推进，得到“上海市清洁生产推进办公室”的好评。

**四、敦促和提醒会员单位按照上海环境生态局布置的VOC重点和一般企业的“排污申报”工作**

按照（环大气《2019》53号）文件要求按期完成申报。对于填报有困难的企业，秘书处推荐第三方专业机构指导完成。

**五、按照上海市发展先进制造业思路，引导行业自我提升，调整发展，赢得主动**

根据上海市发展先进装备制造业，加速推进基础工艺结构调整的要求，热处理行业以“发展先进工艺，限制传统工艺，淘汰落后工艺”为导向，促使热处理企业达到总量减少、结构合理、管理有序、发展有劲、来适应先进装备制造业飞速发展的需要。协会引导会员单位瞄准国际热处理工艺发展前沿，努力掌握更多关键工艺与技术，求得更多自主知识产权，为我国先进装备制造业、国防工业发展多做贡献。

**六、配合市政府调整企业结构，优化升级**

发挥协会桥梁、纽带作用，做好产业结构调整与节能减排工作。多年来，节能减排、产业结构调整一直列入协会工作的重点来抓，对会员单位进行基本生产达标验收来加强行业自律管理；对新建、改建和扩建项目，协会组织专家提出论证意见配合政府做好环境评价工作。对没有纳管的热处理生产厂、点，协会积极向上级部门反映，努力保护会员企业的利益。据了解，协会生产性企业已由254家厂点减少至171家。同时，受市技质监督局委托，在市能源标准化委员会的指导下，协会组织骨干会员单位完成三项地方标准的编制，包括DB31/642−2020《金属热处理加工工序单位产品能源消耗限额》、DB31/T25−2020《热处理电热设备节能监测与经济运行》的修订DB31/T213−2020《金属热处理回火工序单位产品能源消耗限额》等。完成新版上海市热处理行业现状分析调查工作。

**七、上海市热处理厂点生产基本条件达标验收工作**

上海市热处理厂点生产基本条件达标验收要求，由初期的核实企业基本情况，尤其是能耗、三废治理、人员培训、盐浴加热整改与限制提升为上海市热处理行业企业结构调整、清洁生产、能耗管理、质量安全、环境管理以及三废治理，特别是固废、危废依法合规处置及管理。强调员工持证（热处理上岗证）上岗。上岗培训内容既有基础热处理知识，又注重热处理生产现场安全知识，力争做到全员持证上岗。

**八、加强行业企业社会责任感的建设**

培育企业建立社会诚信观念。协会加入上海市“企业诚信创建”活动。参与22届工博会，展示热处理行业的新工艺、新设备。组织参观相关热处理展。

（安　东）

# 上海市轻工业协会

上海市轻工业协会于2007年6月21日成立。是由轻工企事业单位以及相关社会组织自愿组成的联合性的5A级社会团体。2019年9月，换届组成第四届理事会、监事会。现有会员单位274家，理事会成员65家（包括上海轻工行业各大集团公司和专业行业协会）。

2020年主要工作：

**一、协助政府和企业抗击新冠疫情，助力行业复工复产稳产促销**

（一）通过网络等形式向会员单位转达政府防疫要求，统计、汇总企业复工复产复市情况，为政府部门决策提供依据。（二）坚持问题导向加强调查研究，3月中旬起，协会秘书长带队走访日化、钟表、制笔、家具等行业的企业，掌握一手资料，积极反映、争取政策支持。（三）通过微信群、公众号、企业云、微视频、《上海轻工业》杂志等弘扬抗疫先进事迹，得到政府部门表扬。

通过复工复产、稳产促销，全行业产销降幅逐季缩小。规模以上工业企业产值，1月—3月同比下降25.2%，1月—6月同比下降14.6%，1月—9月同比下降9.1%；全年产值4478.13亿元，同比下降4.7%。与抗疫相关的产业逆势增长。出口交货值680.78亿元，同比下降12.1%。利润总额471.47亿元，同比增长10.5%。

**二、成功举办第四届上海国际时尚消费品博览会**

11月10日—12日，在上海新国际博览中心W2馆举办第四届上海国际时尚消费品博览会（SIF尚博荟），打造新品首发、高端品牌首选、原创品牌集聚的交流平台，展出面积6000余平方米，参展企业70余家，光明食品集团首次携旗下众多知名品牌企业参展。同期举办金翎奖行业评选、时尚消费产业“新零售线上经济”发展论坛、创意设计产学融合交互论坛、双11大牌尚品直播带货、品牌跨界合作等活动。博览会形成四大亮点：（一）参展的知名大集团、“百年经典”品牌与具有国际影响力的跨国公司同台登场；（二）探索将传统展览展销模式融入“线上新经济”，形成线上线下经济融合发展格局；（三）与连锁加盟展同步举办，促进制造企业与终端渠道企业跨界合作；（四）在上海第二工业大学等高校的支持下，引入工业设计展示、评比和论坛等活动。22家新媒体、4家视频媒体、2家电视媒体作报道，其中凤凰和腾讯两家新媒体阅读量130万人次以上。

**三、促进上海轻工产业融入在线新经济**

参加由上海申创中小企业合作交流促进中心、上海市信息服务协会等单位组成的上海市在线新经济联盟。牵头并组织各专业行业协会和重点企业参与上海在线新经济产业系列（联合）标准的制定。组织梅林、老凤祥、清美等企业参加线上“五五购物节”“六六优购汇”及“上海制造佳品汇”等活动。利用“上海之帆”线上平台，组织企业参与“走进泰国、新加坡”“走进米兰”“波罗的海国家产品月”“立陶宛食品企业对接会”等活动。组织专业行业协会和企业参加国家广电总局网络直播培训，并取得网络视听主播证书。

**四、提升品牌质量和影响力，促进科技创新**

在市市场监管局指导下，会同市质监院及相关行业协会对智能门锁、智能摄像头等产品开展调查，形成《上海消费品行业智能家居产品质量状况调研报告》，促进6个行业团体标准的制定。通过参加第三届进博会、2020上海特色伴手礼评选、上海国际消费品展览会、上海好商标推荐、上海老字号产品展览会等活动，提高品牌影响力。9月24日，以“提升轻工消费品质量、规范数字经济管理要求”为主题举行质量月宣传活动。组织开展以提升直播质量为主题的专题活动，美加净、林清轩、凤凰自行车等企业作介绍。

科技创新方面，参与由上海海洋大学等单位申请组建中国轻工业食品分子营养工程技术研究中心及中国轻工业食品热加工工程技术研究中心的推荐工作。聘请专家对第三届进博会食品及农产品展区6560个展品作审核评定。

**五、加强合作交流，融入长三角一体化等国家战略**

7月21日，与浙江省手工业合作社联合社、江苏省轻工业行业协会在杭州举行三方战略合作框架协议签字仪式，推进长三角一体化发展战略实施。三方将在建立工作交流协作机制、发挥上海国际时尚消费品展览会平台作用、加强与上海轻工业、浙江工艺美术、江苏轻工杂志社合作交流、建立投资项目信息、培训等方面合作。12月16日—17日，组织理事及秘书处会成员等参观杭州阿里巴巴集团，促进行业向信息化转型；参观安吉余村，增强“绿水青山就是金山银山”的环保理念。

**六、巩固宣传平台，开展信息调研**

7月，在会员大会上公布协会举办的“七十年的闪亮足迹——‘双鹿杯’上海轻工品牌微视频大赛”活动获奖名单。8月，《上海轻工业》杂志完成换届改选、完善法人治理结构、提出新的发展方向。与上海申创等共同推出IPTV电视频道“申创在线”APP平台《轻奢与经典》栏目，有24家轻工企业微视频上线。9月，参与大世界“知名的上海牌进驻特色Pop-store活动”，首期上海制皂、美加净、中华铅笔、马利入驻大世界四楼展厅。

每季度对上海轻工行业经济运行数据作整理、分析，为政府相关部门的决策，以及相关专业行业对本行业经济运行情况的掌控，提供参考依据。承担《上海市志·工业分志·轻工业卷（1978—2010）》编纂工作并加以推进。

**七、推进轻工专业职称线上培训与评审**

上海市轻工业协会工程系列轻工专业中、高级职称申报人员继续教育专业科目线上培训于3月中旬启动、6月6日—8月23日期间开班，设置智能制造发展与应用、香精香料概论、化妆品概论、工业设计、食品安全与控制、机械工程发展现状、智能检测技术与系统、大数据技术与应用、CAE技术及应用、现代食品产业发展概论、品牌概论等11门课程，举行126学时的直播培训，有24个班级和1238名学员（4700人次）报名，实际培训4647人次，受到学员普遍欢迎。7月，进入首批中国轻工业联合会职业能力评价直属基地名单，被授予贵金属首饰制作工、景泰蓝制作工、宝石琢磨工、自来水笔制造工、圆珠笔制造工、铅笔制造工、民族拉弦弹拨乐器制造工等7个项目的职业能力评价资格。

开展轻工专业技术职称推荐评审工作，738人获工程师职称，123人获高级工程师职称，13人获正高级工程师职称。受市经信委、市人社局委托，推荐16人获高级工艺美术师职称。受市人社局、市经信委委托，起草上海工艺美术副高工资格审定条件和量化标准（草稿）。还与上海轻工业工会联合会共同培养选树2020年“上海轻工工匠”，上海印钞有限公司徐光荣等18人获此称号。

**八、规范运作，加强自身建设**

7月3日，在云峰宾馆召开四届二次会员大会暨四届二次理事会，会长王长林主持会议，审议通过秘书长苗华所作的“上海市轻工业协会2019年工作总结与2020年主要工作”等报告，听取监事会评价，市工经联会长俞国生到会讲话。向会员单位发放评价表主动征求对协会意见。12月16日，召开四届三次理事会报告年度工作并通过决议。加强党建，协会党支部完成换届选举，开展学“四史”、坚定党员理想信念活动。

（季旅青　范伟民）

# 上海市摩托车行业协会

上海市摩托车行业协会成立于1995年，是上海市研制、生产、销售摩托车的企业自愿组成的跨地区、跨部门、跨所有制的非营利性行业性社会团体法人。协会主要业务为开展行业协调、市场调研分析咨询、情报编辑、信息交流、培训，接受政府委托开展行业统计等（涉及行政许可的，凭许可证开展业务）。现有会员单位52家。

2020年主要工作：

**一、发展产业方面**

为全面贯彻落实国家标准化体系建设发展规划，参与本领域的“十四五”技术标准体系建设方案的编制工作。近年来，摩托车行业电动化趋势明显，对锂电池的品质带来更高的要求。为此，协会参与开展电动摩托车锂电池评价体系的研究工作，在电动摩托车锂电池的电性能和电安全两个领域建立客观统一、符合产品应用场景的系统评价标准和评价方法，共同促进电动摩托车行业的蓬勃健康有序发展。

**二、服务企业方面**

（一）为更好地服务企业，协会以协会专家组为核心，开展对摩托车生产企业的服务。已开展的项目有：标准、认证规则培训、技术服务等。如道路机动车辆产品准入审查要求、标准GB/T21085–2020《机动车出厂合格证》等技术交流。（二）办好《摩托车行业信息》，为会员单位提供信息服务。（三）开展学术交流活动，帮助企业及会员单位了解摩托车标准，有助于标准的实施、企业产品质量的提升。如GB/T5373–2019《摩托车和轻便摩托车尺寸和质量参数的测定方法》、GB24155–2020《电动摩托车和电动轻便摩托车安全要求》、GB/T38445–2020《全地形车外部凸出物》等新标准培训研讨会议，帮助会员单位加深对标准的理解，对于规范企业及相关单位有着积极的作用。四是协会组织对外交流活动，如内燃机及配套终端行业形势及“十四五”规划研讨会，《踏板式电动两轮轻便摩托车》“浙江制造”标准技术交流活动。

**三、开展科研及改革方面**

开展科研的项目有：摩托车欧洲第五阶段排放法规研究、摩托车ABS系统在低附着系数路面的测试方法研究等。协会改革工作，主要是做好协会脱钩工作，开展上海市全面推开行业协会商会与行政机关脱钩改革工作、开展行业协会商会清理规范工作。

（黄　岚）

# 上海市电梯行业协会

上海市电梯行业协会成立于1988年，涵盖上海及江苏、浙江长三角电梯产业集群，遍布世界各主要电梯品牌和国内知名电梯品牌公司的生产整机厂50余家，主要电梯配件厂家100多家，以及上海主要的电梯维保企业100多家。上海市电梯行业协会是政府颁发的最高等级5A级行业协会和上海市先进行业协会称号获得者。现有会员单位300家。

2020年主要工作：

**一、认真抓好防控抗疫工作**

2月下旬，协会对全行业下发《继续加强电梯行业企业疫情防控和企业复工的指导意见》。与此同时，协会还把防疫防控的措施，落实到坚持工作的电梯维保人员的关心帮助上。不少企业为他们捐赠口罩、消毒水等防疫用品，及时把这些防护用品发至一线工作维保人员的手上。由于全行业人员众志成城、团结一致，使电梯行业取得抗疫胜利，为顺利开展全面复工复产工作打下坚实基础。

**二、坚持正确的工作定位，联手市场局进一步规范上海电梯市场**

（一）开展电梯维护保养单位质量与信用评价工作。为加强本市电梯维保单位的质量与信用评价管理，协会受市市场监督管理局委托，对市内的300多家电梯维保企业进行质量与信用评价，于年底前圆满完成。并受该局委托，制订规范菜单化维保格式合同。加强维保单位质量抽查，鼓励维保单位与使用单位在维保合同中约定承诺。配合宣传并逐步推进上海电梯按需维保工作，制定关于电梯智能制造示范单位的评价标准。（二）在加快推进多层住宅加装电梯工作中发挥作用。组织多次研讨会议，参加市、委办及相关政府部门机构召开的有关会议。经过调研，向人大提供《上海市关于多层住宅加安装电梯的调研报告》。（三）开展行业周期性的电梯应急演练活动，确保城市公共安全。为确保2020年中国国际电梯展览会、中国第三届进口博览会等有关活动开展，确保周边各区重点场所电梯设备的正常安全运行，协会会同相关电梯企业在地铁2号线虹桥火车站和中山公园站附近，以及在上海虹桥祥源希尔顿酒店进行2020年上海市电梯安全宣传活动——暨电梯困人故障应急救援演练活动。(四)推进电梯安全责任保险覆盖面。激励电梯产权所有者与相关方积极投保安全责任保险，发挥责任保险的事故赔偿和风险预防作用。协会联手相关单位推广电梯安全责任保险统保模式，提高保险集中度，降低投保成本，积极开展“保险＋服务”“电梯养老保险”等保险创新模式的研究和试点推广，充分运用保险的市场约束激励机制，构建电梯安全社会治理体系。

**三、继续做好行业技术人才队伍的培养与发展**

(一)继续抓好高技能人才培养分基地的各项管理与考核。协会于2015年获得市颁发的“上海市高技能人才培养基地”，并通过逐步的考核目前在行业内建设形成9个分基地。(二)编制国家《基本职业培训包(指南包课程包)电梯安装维修工(试行)》教材，于5月由中国劳动社会保障出版社正式出版。(三)组织市人社局电梯物业类教研组活动。组织4次教研活动。同时，协会认真做好电梯安装维修等级工一级题库开发和申报；大力推进企业新型学徒制工作；推进协会、企业培训师资力量的培养。

**四、切实加强协会党支部建设**

(一)积极开展四史教育、党课学习、主题党日、谈心谈话等活动。为抗击疫情，党员开展捐款活动。(二)坚持正确的宣传导向，服务与行业企业。协会利用自身的杂志、网站、及手机微信公众号，牢牢把握正确的舆论导向，为行业发展和为企业服务。主要是发布《2019年度电梯行业社会责任报告》；撰写行业分析发展报告为企业服务，撰写《“十四五”电梯行业发展分析报告》。(三)建设上海电梯云展厅为企业产品宣传拓展海内外市场服务。展示厅采用先进的虚拟现实网络表现技巧与实况现场直观的反映模式，在效果上能展示企业产品与企业文化介绍的超大信息量，展示产品技术与部件的3D形式反映。(四)继续开展好区域发展联动，扩大行业间的宣传与交流。开展长三角区域电梯行业联席会活动，互通信息、相互交流，宣传推广成功经验，共同推进区域电梯经济建设发展。成功召开第23、24届长三角区域电梯行业联席会，参与联席会活动的成员已增至26个地区的协会、商会。

(杨　玥)

# 上海市自行车行业协会

上海市自行车行业协会成立于1988年11月，是上海自行车行业企事业单位自愿组成的跨部门、跨所有制的非营利性行业性社会团体法人。协会下设电动车专业委员会分支机构。团体会员全市覆盖率已达行业的90%以上。协会是中国自行车协会的理事单位，并参与GB17761《电动自行车通用技术条件》的修订工作。现有会员单位120余家。

2020年主要工作：

**一、继续搞好上海电动自行车目录评审工作**

协会按照市经信委等四部门的通知要求，安排6次目录评审时间，春节一过开始受理企业申报。协会视情况与管理部门及时进行沟通，增加目录评审次数满足企业的需要。为改善上海电动自行车市场的营商环境，遵照市政府“一网通办”的要求，下半年，协会上线目录评审增加网上申报功能，这项工作完成后极大简化手续，减轻企业负担，企业无需派人到协会，就可以完成全部目录申报工作。

**二、编纂“自行车志”回顾行业32年发展**

受上海市轻工业协会委托，承接《上海市志·工业分志·轻工业卷·自行车章(1978—2010)》(以下简称“自行车志”)的编纂任务，成立自行车志编纂领导小组和工作小组。通过编纂小组一年半努力工作，四易其稿，于10月22日召开“自行车志”行业审定会，与会的行业老专家对编纂小组的工作表示赞赏。

**三、扩展协会会员发展渠道**

协会通过多年发展，其会员构成发生重大变化。随着电动自行车发展，为协会提供广阔会员来源。协会在与自行车、电动自行车业态密切相关的行业、商家发展会员，在上海进行销售的外地生产企业中发展会员。这些会员的加入，对协会的管理方式提出新要求，从对制造业的管理改变为对使用电动自行车集体用户的管理。尤其是外卖业和快递业使用的电动自行车已占上海电动自行车销量的1/3，随着对其纳入行业管理和磨合，为电动自行车制造业与集体用户进行交流搭建平台，极大促进电动自行车制造业的发展。

**四、加强党建，协会日常工作开展有声有色**

协会党支部认真贯彻《党和国家机关基础组织工作条例》，切实加强党的思想、组织和廉政建设，(一)提高行业服务质量、服务功能。针对中小企业遇到的产品打印等问题，协会及时投入8万元建立电动自行车服务平台，开发产品合格证实时打印软件，为企业提供服务。同时，协会投入10万元扩容服务器和更新协会网站软件，加强网站的防护功能。协会的网站和微信公众平台的信息量在全国的同行业网站中处于领先地位。（二）做好国家团体标准试点验收工作。2018 年 3 月，协会被国家标准化委员会办公室“标委办工一〔2018〕59 号文”批准为国家第二批团体标准试点单位。2019 年协会已经完成试点的主要工作，2020 年 4 月，国家标准化委员组织专家对试点项目进行验收，结论为：组织机构健全、工作保障有力；开展标准研制、健全标准体系；标准实施有力，持续改进到位；试点工作突出、品牌效益初显。（三）做好协会领导班子进行换届筹备工作。2 月，协会第七届理事会任期届满。8 月，成立换届领导小组和工作小组，启动换届工作。

（罗甲裔）

# 上海市计算机行业协会

上海市计算机行业协会成立于 1988 年 5 月，是上海计算机行业企事业单位自愿组成的跨部门、跨所有制的非营利性的以经济类为主的社团法人。协会以“创新、服务、促进、发展”为宗旨，不断创新服务方式，积极开展信息安全、互联网 +、区块链、知识产权方面的工作，并取得卓越成效，得到各级领导及社会各界人士的高度认可。现有会员单位 192 家。

2020 年主要工作：

**一、明确任务目标，加快推进协会创新和发展**

（一）上海市计算机行业协会工程系列计算机专业中高级职称评审

1．加大政策解读力度。针对专业技术人员在职称申报受理过程中经常遇到对政策不清晰、材料准备不充分、申报材料缺失、网上申报操作错误等问题，加大政策宣传和解读力度，开展线上直播形式免费职称受理申报流程及政策解读会 3 场，通过在线直播平台的方式，近 100 名专业技术人员共同参与线上直播课程，直播最后预留提问环节，老师现场回答各种职称申报问题。每场培训都有 100 多位人员参加，受众范围广。协会还特别设立企业人力资源部门职称申报群，及时发布职称申报通知、讲座和最新的政策。对于企业内申报职称比较集中的问题，企业人事可通过该渠道直接对接评委会。减少中间信息不畅通的环节，帮助申报人员更好地了解职称相关政策。

2．开拓科学的材料审核模式。2020 年工程系列计算机应用及技术中、高级专业技术职务任职资格系统注册申报高达 991 人，最后通过学历和资历审核后进入到评审程序的有 662 人，评审办公室工作人员为每位申报人员平均审核材料为 4.8 次／人，共计审核材料 3000 多次，为保证每位参评人员的材料可以得到最优质的审核，办公室拟定中高级学员申报指导手册，从如何登陆界面、注册信息、上传附件的内容都给予专门的指导，减少申报人员由于材料提交失误而影响最终评审结果。

3．提升专业的评价机制。为更有效、更具针对性地评价计算机行业的专业技术人员，协会组织行业专家拟定评价机制和评分标准，根据计算机行业不同层次专业技术人员的要求，调整评分依据，以职业分类为基础，以品德、能力、业绩为导向，分类制定评价标准，破除唯学历、唯资历、唯论文、唯奖项倾向，突出技术性、实践性和创新性，以鼓励工程技术人才多出原创性高水平成果。

4．完成计算机专业正高和副高的面试、学科组及评委会的评审工作，共有 176 人进入最后评审阶段；计算机中级专业技术职务任职资格评审，于 12 月下旬完成学科组及评委会的评审工作，共有 486 人进入最后评审阶段。

（二）上海市计算机行业协会司法鉴定所

年内，协会鉴定所共承接涉及计算机领域的司法鉴定案例 9 起，接受相关个人和企业免费咨询及调解达 50 多起。1．案例类型方面，包括“软件相似性鉴定”“邮件真实性鉴定”“程序功能性鉴定”“手机手持云台蓝牙兼容性质量鉴定”等。2．业务拓展能力建设方面，鉴定所积极与中国金融认证中心（CFCA）洽谈在电子数据司法实践领域的合作。通过司法局考核，鉴定所新增两名具备高级职称的鉴定人，新配置 1 套硬盘复制机和 1 套只读接口设备，并启动鉴定所实验室选址及建设的工作。3．政策法规学习方面，协会鉴定所组织执业鉴定人对新颁布的《上海市司法鉴定管理条例》《最高人民法院关于民事诉讼证据的若干规定》《上海市高级人民法院关于规范全市法院对外委托鉴定工作流程与时限的通知》《最高人民法院关于人民法院民事诉讼中委托鉴定审查工作若干问题的规定》等法律法规文件进行深入学习，提升鉴定人的责任和风险意识。

（三）上海市计算机行业协会上海市高技能人才培养基地

协会高技能人才培养基地开发新技能培训《电子数据恢复技术应用》课程，该课程 60 学时，采用理论课程和实践课程相结合的培训模式，适合企业信息和数据管理人员，帮助其正确储存和管理企业的信息数据。考虑到企业员工长时间离开工作岗位的不便，新技能培训做到送教上门，送考上门，得到各相关企业的欢迎，已经培训近200位专业技术人员。同时，协会高技能人才培养基地不断优化课程设置，跟踪产业发展的新知识、新技能，充分整合行业企业的优秀资源，探索集生产、培训于一体的实践培训模式，更好发挥示范辐射作用。

（四）以“标准化”助力高质量产业发展

协会积极引导制定先进团体标准，引导社会团体紧跟全球新技术、新工艺、新产品和新业态的发展趋势，自主制定发布具有创新性和国际性的团体标准，填补标准空白，快速满足市场需求。

2020年，协会为2019（宝康杯）标准化知识竞赛优胜的28位个人进行表彰并发布2020（安健杯）标准化知识竞赛的通知。通过竞赛，帮助企业标准化人员了解团体标准化工作的基本要求，培养标准化人才，推进各行业及企业的团体标准化工作。6月22日，协会承担的“工业互联网平台大数据分析技术规范团体标准化试点”项目正式获得上海市市场监督管理局批准立项，建设期2年。

全年协会发布6项团体标准：T/SCTA231—2020《在线蓝领招聘云平台技术规范》、T/SCTA232—2020《人力资源服务蓝领外包系统技术规范》、T/SCTA104—2020《再制造复印机（包括多功能机）》、T/SCTA105—2020《再制造复印机（包括多功能机）生产规程》、T/SCTA261—2020《实验室信息管理系统技术规范检验流程管理》、T/SCTA262—2020《实验室信息管理系统技术规范资源管理》。

（五）上海国际贸易知识产权海外维权服务基地工作

1．为了使本市及长三角企业相关涉外企业了解英国及欧盟在知识产权领域相关的法律制度，提高企业自身和强化知识产权的布局意识，特别是对于在海外有相关贸易的企业，需要防患于未然，开设“2020年第四届国际贸易知识产权海外维权高级研修班”，采取国内线下专题辅导与国外教授线上培训相结合的方式授课。学员结业后获得伦敦玛丽女王大学商法研究中心签发的结业证书。2．为企业开展对知识产权线上线下培训，让企业进一步了解知识产权的重要性，学会应对知识产权纠纷、寻求到维护自身合法权益的新方法和新路径。3．编制《2020年企业海外知识产权维权指引》，帮助企业在境外维护自身知识产权的合法权益。4．知识产权海外维权案件预警、协调、咨询、应对及企业调研。维权服务基地承接两起337案件免费协调和咨询。

（六）适应行业新需求，贴近会员开展服务

1．举办会展、峰会、论坛等活动。1月9日，召开“第四届工业大数据技术标准化论坛（沙龙）”。8月5日，召开“企业家座谈会－解读跨境电子商务助力传统企业转型升级”。10月13日，召开“互联网金融机构可回溯规范化专题沙龙”。10月30日，协会与市经信委、市软件协会等共同举办“2020DAMS中国数据智能管理峰会”。

2．组织行业培训、提供新技术、新产品推广及政策咨询活动。8月12日，召开“2020年地方教育附加企业职工培训补贴政策解读讲座”。10月23日—25日，召开《公共大数据的发展现状与未来趋势》在线直播培训。11月5日，在市经信委电子信息产业处的指导下，协会与上海长三角十进制未来网络技术产业创新联盟共同举办“自主可控新网络、新架构、新设备、新技术”未来网络调研会。11月6日—7日，召开《远程在线办公技术》直播课程培训。

3．走访调研解难题凝心聚力谋发展。协会先后走访调研奉贤南桥镇西渡经济园区、上海思客琦自动化工程有限公司、浦东新区锦绣商务园等16个单位（企业、公司、园区），通过调研走访，了解企业的心声，为会员企业提供专业性和实用性的服务，进而凝聚协会力量，为行业抱团发展打下坚实基础，充分发挥协会桥梁纽带作用。

**二、加强理想信念教育发挥新时代党建引领作用**

（一）抗击新冠肺炎疫情，助力行业发展

协会党支部引导广大会员单位发挥行业优势，汇聚行业力量，及时向会员企业发出倡议书和通知，号召会员单位对日常业务办理和政策咨询采取电话、网络等方式进行，尽量减少人员聚集，降低疫情发生风险，协力防控新型肺炎疫情，为全面打赢疫情防控的人民战争、总体战、阻击战，助力企业复工复产，为实现经济社会发展目标任务贡献力量。

（二）开展“四史”学习主题教育活动

6月，协会党支部所在的第一党建工作站组织党员在嘉兴南湖开展“四史”学习主题教育活动。在南湖瞻仰红船，参观南湖革命纪念馆，感受中国共产党诞生和发展的波澜壮阔，学习并感悟红船精神，坚定“听党话、跟党走”的理想信念。

（三）抓好“不忘初心、牢记使命”主题教育

协会党支部组织党员学习习近平总书记1月8日在“不忘初心、牢记使命”主题教育总结大会上的重要讲话精神，通过主题教育，进一步坚定加强和改进协会党建的信心，要把不忘初心、牢记使命作为加强协会党建的永恒课题和党员的终身课题。坚持目标引领和问题导向，着力固根基、扬优势、补短板、强弱项，推动协会高质量发展。坚持抓党建和抓业务紧密结合、统筹推进，找准党建工作融入协会工作的切入点，有力促进协会各项工作的开展。

（周晓婷）

# 上海电器行业协会

上海电器行业协会成立于1987年，是以上海地区电器行业的企事业单位及其他经济组织自愿组成的非营利性社会团体法人。现有会员单位193家。

2020年主要工作：

**一、以安全为保障，全面助力企业复工复产**

新年伊始，新型冠状病毒悄然蔓延。面对疫情，协会和电器行业同仁积极行动起来，团结一心，不畏艰难，为复工复产坚守第一线。

1月30日，协会向行业发布倡议书，提出“发挥党员先锋模范作用，积极行动，担当作为，加强防控预警”等倡议，获得会员单位一致认可。疫情期间，协会通过网站、微信公众号等渠道，及时传递市委、市政府有关抗击疫情、复工复产工作方针和政策，同时宣传会员企业援鄂典型事例。在这次抗击疫情中，上海良信电器股份有限公司、正泰集团、德力西集团等会员企业积极支援一批电气设备物资，保证火神山、雷神山医院按期投入使用。新型冠状病毒疫情牵动着全行业员工的心，一方有难，八方支援。会员企业纷纷献出爱心，捐钱捐物。

上海人民电器厂、上海精益电器厂有限公司、上海柘中集团、上海广电股份、上海西屋高新集团率先复工复产，会员企业在有序恢复生产的同时，做到疫情防控与复工复产两手抓两不误，努力降低疫情对生产经营的影响，促进企业经济管理平稳运行。为此，协会收到市经信委发来的感谢信，对协会充分发挥政府与企业桥梁和纽带作用给予充分肯定和高度评价。

**二、以服务为宗旨，催生协会服务新模式**

协会与上海市企业法律顾问协会在线上开播论坛，以疫情防控环境为背景，介绍后疫情时期企业用工增效降本的法律政策环境，直击企业风险防范要点，以此助力会员企业纾困。先后在线上举办“共话疫情后中国制造业的新方向”“应对疫情重创振兴工业经济——中国工业经济运行形势分析在线系列论坛”等专题讲座。在疫情基本控制后，9月16日，协会与塞尔传媒合作举办“新基建下成套设备发展与技术论坛”，近130家会员企业负责人、技术人员参加论坛。

**三、以务实为态度，全面做好协会各项工作**

积极关心会员企业复工复产，先后走访良信电器、上海人民电器厂、飞航电缆、正泰电器、吴江变压器、纳杰电气、法腾电力、西屋高新集团、大华电器、达诺尔、张家港变压器、吴淞电气等会员企业，了解企业在复工复产中遇到的问题，并将相关问题及时向市有关部门反映。

做好市政府出台全面助力企业复工复产系列政策的推动工作，推动落实房租减免、减税降费、法律援助、云上办公等各类政策举措。及时完成市经信委为解决企业复工复产中的困难问卷调查。

筹建协会第八届理事会专家委员会，协会秘书处分别在大华电器、张家港变压器召开专家委员会成套专家组、变压器专家组工作会议，并布置相关工作。完成《GIS用带隔离装置的电压互感器》团体标准的制定工作。完成协会第八届理事会登记备案，该项工作由于市民政部门的新要求，在理事和副会长们的大力支持下，得以顺利完成。

为积极贯彻落实习近平总书记关于长三角一体化发展重要讲话精神，7月，由上海电器行业协会、江苏省电器工业协会、浙江省电气行业协会、浙江省输配电设备行业协会、安徽省机电行业协会、宁波市电工电气行业协会、乐清市输配电行业协会在苏州联合倡议发起筹备成立“长三角电气行业联盟”，以提升长三角电气行业企业发展的整体效能和核心竞争力为目标，发挥长三角地区电器协会的沟通、协调和桥梁作用，更好服务国家、服务社会、服务行业和服务企业，促进长三角电气行业发展和提升输配电产业能级。

（马学能）

# 上海市锻造协会

上海市锻造协会成立于1984年6月，是上海及周边地区的锻造企业及相关企事业单位自愿组成的跨地区、跨部门、跨所有制的非营利性的社会团体法人。现有会员单位69家。

2020年主要工作：

**一、注重引领作用，开展行业工作**

（一）开展信息服务。及时为会员提供锻造行业及相关方面的政策法规和内外产学研发展动态，将重要信息公布于协会门户网站；为会员提供锻造行业政府的产业导向及相关方面的政策法规；提供“专精特新”为提供入围咨询证明；依靠专家在大型锻件、精密锻件、特种工艺、企业管理等方面为企业提供各类技术咨询服务，并为企业申请名牌产品和著名商标出具证明函。强化协会服务机制与服务形态，加强对会员企业的服务工作。加强研讨交流。协会根据个性企业的特点，组织针对性课题研讨会、交流会等，为企业搭建产业信息、技术交流和行业间联系的平台，为企业做好与院校牵线搭桥的科研项目工作，全面提升中小企业技术创新能力。

（二）引导企业抗击疫情。协会做好“两个及时”：1．及时配合政府了解企业的情况，统计复工复产的同时，向全体会员单位发出抗疫倡议书，并深入部分企业参与指导复工前的防疫工作。2．及时发布政府对企业的有关政策，让企业第一时间掌握好有关政策，并利用好政策。为更好服务企业和实现信息共享，结合长三角经济一体化的国家战略。2019年底会同中国锻压协会商讨组建长三角三省一市锻压行业联盟，此项工作还在开展中。联盟的作用有利于行业资源共享，分工合作、错位发展，抱团取暖，加快行业转型升级。同时使企业及时了解国家政策，把握好企业的发展方向。

（三）8月，完成九届理事会换届选举工作，产生新一届理事会召开九届第一次事理事会暨会员代表大会。9月，配合市经信委装备处和上海绿促会开展对四大基础行业调研工作。通过调研，对行业现状、行业自律的情况以及存在的问题，提出建议。10月，组织部分铸锻企业参加由市经信委、上海绿促会组织的座谈会，会议得到与会企业代表的强烈反响，也得到上级部门的肯定。

**二、建立技能等级工培训资源平台，搞好上岗培训工作**

完善锻造五级工题库体系（自由锻），通过上海市职业技能鉴定中心审定，批准自行办班资格。协会正式开展对企业锻造工的职业技能培训。实现协会、企业联合办班岗位培训制度规范，还实现技能培训“规范流程化”，建立新型行业培训模式。配合企业搞好职工上岗培训121人次，对考核合格者发放上岗证书。

**三、加强行业自律的运作管理**

（一）根据国家、上海市颁布的《上海市锻造行业行规行约》《上海市锻造企业基本生产条件》两个文件，完成16个会员单位达标验收。同时，在购卖服务方面，年内完成3个项目：1．2个能耗标准修订；2．等级工培训项目开发；3．配合中国锻压协会对行业的各类经济数据的收集整理工作，为制定“十四五”规划提供资料依据。

（二）深化节能减排、完善制定能耗标准。组织专家对《钢质（冷）热，模锻件单位产品能源消耗限额》两份标准进行修订工作，3月，经上海市技术质量监督局审定发布；5月实施，作为上海市地方节能降耗标准。

（三）秘书处人员积极参加各类培训，通过培训使秘书处工作人员不断提高对行业协会参与社会治理的认识，不断增强协会规范运作意识，不断提升业务工作能力。

（陈德民）

# 上海重型装备制造行业协会

上海重型装备制造行业协会成立于2004年12月，是上海及周边地区从事重型装备研发与制造的企事业单位自愿组成的跨部门、跨所有制的非营利性行业性社会团体法人。现有会员单位80余家。

2020年主要工作：

**一、同舟共济，积极推动疫情防控和复工复产**

积极配合政府做好疫情防控和复工复产工作，第一时间学习消化各级政府的要求精神和措施政策，及时向会员单位传递防疫工作要求和促进复工信息，帮助中小企业解决防疫物资、融资困难等问题，做好银企对接和后续跟踪，便利企业经营者迅速获取信息，及时决策，赢得时间。积极推进在线新经济的发展模式，联合电商平台，力推企业在线宣传产品、在线带货，组织世邦集团、尚职纳米等会员单位参加中国（上海）工业品在线交易节、临港新片区在线新经济推广专场e服务超市，首次尝试装备业企业老总线上直播、在线带货，亲自向广大受众宣传企业、宣传自己的产品，扩大影响力。协会积极探索新的线上线下结合的新工作模式，组织主办的“聚焦高端智能设备维保技术”的工业创新研讨会，实现线下小范围现场会议＋线上同步直播的结合。首次尝试组织高级专业技术职称评定的申报人员线上答辩和专家委员会线上评审会，获得圆满成功，既满足疫情防控的规定要求，扩大活动参与人员的范围，也为今后拓展工作覆盖范围、打破地域时空限制奠定了基础。

**二、充分发挥平台作用，积极开展学习交流活动**

始终围绕服务平台、交流平台、合作平台、展示平台和创新平台的核心职能，组织开展会员活动，全力做好会员服务工作。协会协办中国国际进口博览会工业品参展商品牌对接会，扩大中国国际进口博览会的溢出效应，推动临港地区智能制造产业发展，为高端装备制造产业链上下游企业搭建新的合作交流平台，更好地对接进口工业品品牌商、代理商和终端客户。组织会员单位参加上海工博会、中国机床展、铸造展、紧固件产业博览会等行业国际展会，了解配套产业发展最新成果，拓展自身技术创新思路。加强会员单位同参展单位的交流，建立互惠共赢的业务合作关系，探索跨行业合作机遇，共商上下游业务合作对接的机会，促进装备制造产业的绿色发展，实现跨区域上下游产业合作共赢。协会作为高端装备联盟主席单位，审时度势视疫情的形势顺势而为，发展新的联盟成员单位，壮大联盟队伍，提升联盟的影响力；加强联盟成员单位交流，开展行业信息、地区信息、技术信息和企业信息的精准对接，探索寻找更多的“隐形冠军”，促进上海重型装备制造行业和其他省市同行产业共同发展。

**三、发挥自身组织优势，开展特色专项服务**

充分运用会员单位的技术专家资源，组织新一届专业技术职称评审专家委员会，不断深挖专家潜力，增添新生力量，注入新的活力，促进技术职称评审工作制度化、专业化，提升评审工作的水平，规范评审工作的流程。10多年来，已累计为会员单位技术人才评定各级专业职称任职资格200多人。协会在市工经联的指导下，深入开展群众性的节能减排JJ小组活动，推进会员企业提高管理水平、降低能源消耗，促进装备制造业向绿色、环保产业转型，取得较好的实际成效，有两个项目被收录进节能减排案例集。协会认真做好推进国家绿色环保优惠扶持政策的宣传，为企业申报政府相关的产业转型升级发展专项资金提供精准咨询服务。通过走访会员单位，上门了解企业生产运营状况，掌握企业转型发展财务投入实情，帮助企业申报各专项资金扶助，使会员单位更好地享受政策红利，争取合法收益，提高市场竞争力。如某大型电机厂在协会协助下，顺利获得政府部门关于先进制造业专项绿色生产改造项目的资金支持。另有6家单位的环保提升项目及先进制造业专项资金项目，正在积极申报政策支持。

**四、加强行业调研分析，为行业发展建言献策**

加强行业信息收集和分析，编写行业研究专题报告，服务政府、服务社会。做好每年度的《上海工业年鉴》和《上海现代服务业发展报告》的编写工作，报告上海重型装备制造行业发展情况，推介年度行业和会员单位发展的亮点，就新一年的行业发展作出展望，提升协会在行业发展中的影响力和权威性。协会与市工经联、市制造业创意中心、市社科院经济研究所等专家，就“立足在线新经济发展，推动上海制造业高质量发展研究”主题进行座谈，本协会副会长、监事等单位的主要领导参会，身处生产经营第一线的企业家向政府智库机构提供第一手的信息和真知灼见，为企业和政府共同发展在线新经济建言献策。

**五、加强协会自身建设，促进协会管理运行上新台阶**

继续加强会员单位发展工作，顺应本市装备制造行业转型升级、创新发展和结构调整的趋势，与时俱进地引入更多、更强的高质量企事业单位加入协会，优化会员单位结构；吸收具有较强行业影响力的民营企业、优秀合资企业和科研院所的会员，不断扩大协会的辐射面和影响力，提高协会整体实力；探索发展新门类、新业态的企业加入协会，为协会充实新的血液和力量，提高协会会员在行业内的覆盖面和代表性。全年发展4家会员单位，基本完成年初定的目标。

**六、加强党建工作，做好社会公益服务工作**

落实社会组织中党建工作的各项要求，严格按照章程规定，充分发挥党组织在协会的职责职能，结合协会业务活动，切实做好各项党建工作。协会党支部认真实施“三会一课”制度，加强政治学习，结合“四史”主题教育活动，制订实施支部的“四史”主题教育活动计划，组织参观中共“四大”会址纪念馆，积极参与社会公益活动。协会参加上海市工经联第七、第九党建工作站、化工支部、电机支部等单位组织的拥军活动，在上海造币厂有限公司与武警部队共同举办“四史”学习活动，邀请新四军老战士的家属讲述革命前辈在战争年代，坚定信念，对党的事业无比忠诚的先进事迹。协会组织会员单位和大中专学生参观上海电气临港基地，向社会公众和在校学生作装备制造业的科普宣传，体现协会在宣传行业、宣传企业、鼓励社会各界关心、支持和参与民族装备制造业发展的重要作用。

（傅　桢）

# 上海市建筑材料行业协会

上海市建筑材料行业协会成立于1986年12月，由流通、建筑陶瓷卫生洁具、地板、定制家居、新型墙体和建筑节能材料、采暖与舒适家居、建筑钢材、建筑绿化、创意与工程设计、干混砂浆、新材料等企事业单位自愿参加组成。下设11个专业委员会（分会）。现有会员单位900余家。

2020年主要工作：

**一、坚决抓好疫情防控，助力行业复工复产**

（一）同舟共济，促进企业复工复产。坚决执行中共中央、国务院和上海市委、市政府的疫情防控决策部署，及时通过协会官网、官微传递防疫抗疫政策，帮助企业及时了解信息，引领正确导向，坚定信心共渡难关。

配合中国建材联合会针对新型冠状病毒疫情对建材企业的影响和冲击，协会对本市建筑砌块、隔热保温材料等行业中的中小建材企业进行调研，并形成调研报告上报市工经联，为国家出台支持政策提供参考信息。

（二）精准施策，优化企业服务工作。协会调整对会员建材企业服务的模式，采用网上服务的方式，以减少企业在抗疫防疫期间的外出次数，并做好企业远程咨询，确保咨询服务技术辅导不停止。做好重要建材信息报送，保证重要建材使用信息的溯源。

**二、坚定引领行业发展，统筹响应会员需求**

（一）引领行业，着力标准编制修订。协会快速响应创新和市场需求，制定并完善团体标准系列管理文件，建立从立项到报批、从创新到风控的制度体系。协会有多项团标立项、通过技术审查，并有4个团标发布。7月，协会以92.8的高分通过上海市市场监督管理局的“上海市团体标准试点项目”验收。协会还积极参与多项国标、行标、地标的编制或修订工作。

（二）注重实效，开展多种服务活动。根据实际情况和疫情防控的要求，协会主要通过电话、微信、走访等方式，与会员单位保持密切联系，沟通产品、市场、政策等方面信息，并根据行业需求组织开展多种服务交流活动，注重专业、实效，提升活动质量，提高企业参与感、获得感。

（三）搭建平台，助力企业转型升级。7月15日—17日，2020绿色建筑材料博览会在上海新国际博览中心如期举行，搭建产业链交流互动合作共赢展示平台，力促行业在疫情防控常态化形势下抢占市场先机。协会紧扣为会员服务的初心，发挥好协会官网、官微的平台作用，及时将本市和行业相关政策法规、技术标准、行业信息传递给会员，官网《会员风采》栏目免费为会员单位提供宣传。

**三、坚持诚信自律建设，调研分析献言建策**

（一）强化自律，引导行业创先争优。加强行业自律管理，推进企业质量保证体系建设。通过督促企业产品质量管理，严守产品质量底线，不断提高行业整体质量水平。继续建材行业有关会员企业免费提供统一产品质量保证书和发货单。加强企业诚信检查，将检查结果记入诚信档案。对不符合要求的企业提出整改建议；对抽检不合格的企业，帮助分析查找原因提供整改建议。

坚持树立行业典范，加强对行业的先进引导。受人社部和中国建筑材料联合会的委托，协会严格把关、好中选优，经市人社局、人社部和中国建材联合会的最终审批，上海曹杨建筑粘合剂厂获全国建材行业先进单位称号，上海城建物资有限公司朱永明同志被评为全国建材行业劳动模范。

100余家企业获得“上海市建材行业协会先进单位”荣誉称号，促行业质量不断提升，助力优秀品牌市场拓展，更好地发挥先进单位的行业标杆引领作用。

（二）调研分析，参与政策调整修订。协会高质量完成政府要求的相关调研、意见征询、调研报告撰写等，为行业科学发展做出分析指导，积极为政府制修订产业政策等工作提供建议和决策参考。

协会参与市住建委编制2019年上海市建材行业发展报告，完成2019年度《上海工业年鉴》《中国建筑材料工业年鉴》和《上海市经济团体联合会年鉴》的相关内容编纂，完成《上海市质量状况白皮书》（建材行业），并报相关管理部门采信。协会承编的《上海市志·建筑业分志》“建材应用篇”，坚持真实、客观、公正、全面地反映本市建材发展历史，初稿经市修志办已顺利通过评审。

**四、坚守初心党建引领，凝心聚力和谐发展**

（一）民主办会，圆满完成换届选举。按照协会《章程》，3月，以通讯方式召开七届四次会员大会暨第七次理事会。10月30日，在上海国际会议中心召开八届一次会员大会暨第一次理事会。换届大会圆满成功，得到上级党委、主管部门和会员单位的肯定。

（二）品牌党建，提升会员服务能级。协会党支部以中共十九大精神和习近平新时代中国特色社会主义思想为指引，以“四史”教育为主线，将教育学习与协会建设、支部建设紧密联系起来，有力地促进协会各项工作的创新开拓发展。因“政治功能突出、班子坚强有力、先锋作用凸显、工作机制健全、群众满意认可”，6月，协会党支部被中共上海市经济和信息化工作委员会授予“党支部建设示范点”荣誉称号。

（张春玲）

# 上海市模具行业协会

上海市模具行业协会成立于1994年12月，由上海市模具行业生产、经营的企业和有关高校、科研机构等以及其他相关经济组织自愿组成，实行行业服务和自律管理的行业性、非营利社会团体法人。协会理事会下设经营管理、模具技术、模具标准件、模具材料、信息化、标准化、汽车模具、教育培训、特种加工和专家等10个专业委员会，各专业委员会活动基本上覆盖整个模具行业，是协会工作的一个重要组成部分。协会宗旨是全心全意为会员服务，维护会员的合法权益，保障行业公平竞争，推进模具行业的改革与技术进步，促进模具的标准化、专业化、数字化、信息化、自动化生产，提高模具企业经营管理水平和经济效益，推动模具工业的发展。现有会员单位645家。

2020年主要工作：

**一、加强协会内部管理工作**

按照民政局要求完成“第六届会员代表大会暨六届一次理事会”登记注册工作和所有有关协会资料的调整备案工作；通过上海市社会组织网上办事平台完成“上海市社会团体2019年度检查报告书”。

（一）在制度管理上，为完善协会制度建设，在原有《工作条例》和《管理制度》基础上，补充、修订《上海市模具行业协会财务管理制度》《上海市模具行业协会会议管理制度》和《上海市模具行业协会劳动人事管理制度》，在协会秘书处办公会通过并执行。（二）在财务管理上，实现协会内部财务管理更便捷、更准确，财务收支全部经由网上银行操作，财务日常记账工作实现软件电算化，凭证装订实现机械化，税务发票实现网上开票，完成上海市社会团体会费统一票据由人工开具升级为机打开具。（三）在会员管理上，新加入协会单位12家，新会员入会数量呈增长趋势。四是在自媒体管理上，协会网站和微信公众号作为上海模具行业的窗口，是社会了解模具行业资讯的信息化渠道；协会会刊和微信工作交流群是加强会员单位宣传、开展业务和技术交流的重要平台。协会不断完善自媒体服务功能与模式，及时、快速地更新行业动态，促进企业间的互动与交流，受到会员单位一致好评。

**二、搭建互联、互通、合作平台**

（一）线上、线下交流活动。上半年因疫情原因，原本线下举办的论坛会、研讨会、座谈会、培训会等聚集性活动不便开展，协会尝试线上新服务模式，先后通过互联网举办数控编程加工培训课程和模具先进制造技术高峰论坛。下半年疫情稳定后，协会针对3D打印技术在模具行业内的产业链应用举办专项研讨会，针对模具行业前沿的高效加工方案协办发展峰会，帮助会员单位了解行业先进技术发展。（二）举办国际模展，提升企业品牌。10月10日—13日，第20届中国国际模具技术和设备展览会（DMC2020）在上海虹桥国家会展中心成功举办，展会面积5万余平方米，协会作为本届展会东道主及协办单位，组织企业参展和参观，为企业展示品牌形象，提升社会影响力搭建平台，吸引近4万人次参观展会。（三）召开专业会议，讨论协会工作。协会分别召开六届一次会长工作会议和六届一次专委会主任工作会议，总结2020年度工作，汇报年度工作内容，宣读专委会主任调整情况、调整增补协会副会长、理事单位的名单；讨论2021年工作打算等事宜。

**三、深化交流与合作**

（一）关心会员单位，倾听企业诉求。协会通过电话联络会员单位，主动关心企业在复工复产期间遇到问题与困难。在疫情稳定后，协会坚持每周走访1～2家会员单位，先后走访30家单位。同时，还接待大同特殊钢、白铜精密材料、斯内柯刀具、汉邦联航激光等10余家单位前来交流与合作。（二）加强与兄弟协会间的互动。第26届华东地区模协秘书长联席（扩大）会议在江苏省徐州市隆重召开，来自华东等地区28家模具协会共计49人出席，参会代表围绕“疫情下的协会工作”各抒己见、分享经验、畅谈思路，帮助企业做好防疫复产工作，更好地服务企业。协会先后接待上海市虹口区模具学会、福建模协，拜访了余姚、宁海、宁波北仑、昆山、江苏、南京等地方模具协会。通过与兄弟协会交流、深化合作，以更好发挥自身的作用。（三）对接与政府有关部门的合作。为加强与政府的合作，帮助企业把握国内外市场经济动态，开拓海外市场，协会与市商务委公平贸易处合作开展“产业安全预警监测”调研工作和“建立上海模具进出口公平贸易服务长效机制”服务项目，组织企业参与行业调研，举办两期由市商务委指导、上海市模具行业协会主办的“上海模具进出口公平贸易培训会”，参加市质量管理科学研究院、市商务委、市市场监督管理局、市民政局等相关部门举办的工作会、培训会、宣贯会。

（邵正彪）

# 上海市化工行业协会

上海市化工行业协会成立于1997年6月，为上海化工行业同业企业以及其他相关经济组织自愿组成、实行行业服务和自律管理的非营利性的社会团体法人。协会以服务企业、服务行业、服务政府和服务社会为宗旨，开展行业管理、咨询、培训、编辑刊物、组织合作交流交往等活动。现有会员单位230家。

2020年主要工作：

**一、助力行业打赢疫情防控战，复工复产攻坚战**

（一）及时传递抗疫信息，协调行业复工复产。疫情初期，口罩成了市场紧缺货，市经信委向协会发来协助信息，不少企业也在线上寻求熔喷布（料）。协会及时转发求购信息，在第一时间联系、走访熔喷布生产企业，协助企业扩大产能，保障供给。发挥平台协调作用。为企业寻找防护物品、交换所需物资和生产设备。

协会利用官网、公众号、《上海化工》杂志、会员微信群等信息媒介，及时向上级部门和会员单位传递行业抗击疫情情况，反映会员单位在抗击疫情和复工复产过程中遇到的问题和困难。从1月28日至2月24日共编辑“上海化工行业抗击新冠肺炎疫情”简报28期。

（二）紧急转产抗疫物资，展示国企责任担当。在疫情肆虐时刻，生产抗疫药物和防控物资的相关企业紧急复工复产，通过改造设备转产；组织专业技术人员研制开发新产品；组建服务团队，为客户提供专业指导等措施，提高产能、保证质量。上海化工行业生产的熔喷布（料）、次氯酸钠消毒剂、上海药皂系列产品不仅满足上海市场，也有力支援周边省份。这些企业郑重承诺，开通“绿色通道”，保证救灾物资畅行无阻；抗疫产品平价惠及百姓，为上海市民构筑起一道清洁、抑菌、消毒的坚固防线。

为了解上海抗疫产品的生产状况，不断提高抗疫产品的质量，根据市市场监督管理局总体部署，协会开展以抗“疫”企业和产品为重点的质量状况专题调研。调研组先后走访熔喷布（料）、医用手套、消毒液、消毒清洁用品等重点企业，针对抗疫产品技术攻关、质量提升中面临的问题和发展需求，采用座谈会、走访企业、问卷调查、资料收集等方式，全方位收集、深层次了解行业质量现状，并对其面临的痛点、短板，制订重点抗“疫”产品生产企业质量提升实施方案。调研组编撰的“化工行业质量提升调研报告”通过专家评估验收。

（三）捐款捐物同献爱心，彰显大爱无疆情怀。据不完全统计，在疫情阻击战中，协会各会员单位共捐款6000多万元，捐赠口罩20万只、护目镜15万副，以及医用防护服、一次性手套、消毒洗涤等大量防护物品。协会秘书处成员也以特殊党费和捐款形式捐款5050元，并向上海市公安局刑侦总队和湖北省咸宁市公安局捐赠次氯酸钠消毒剂和消毒洗涤用品，为战胜疫情贡献绵薄之力。上海化工行业自觉履行社会责任的行动，得到市经信委、市民政局、市工经联等高度赞扬。

（四）优惠政策惠及企业，克服困难复工复产。协会通过各种媒介宣传党中央和市委、市政府有关复工复产的重大决策部署，重点宣传市政府出台的抗疫惠企“沪28条”政策，以及上级有关部门对复工复产的工作要求和工作流程，通过政策解读、流程展示、线上交流等形式，帮助会员单位理解有关政策、了解工作流程，推动企业有序复工复产。为帮助受疫情影响最为严重的中小企业尽快走出困境，协会向各中小企业征询融资需求，为中小企业减免房租、降税降费、法律援助、云上办公提供政策支持。

为让上级部门及时了解和掌握企业复工复产情况，协会如实反映企业在复工复产过程中遇到的困难，专门编辑3期《情况专报》（包括一期“长三角化工行业复工复产情况和建议”专报），为市政府有关部门及时了解和掌握行业复工复产情况，帮助企业克服困难，减少损失提供信息支持。

（五）发挥桥梁纽带作用，确保安全有序复工。协会及时了解和掌握企业复工复产做法和成功经验，通过协会媒介进行推广分享。金山第二工业区切实抓好“告知、承诺、核准、日报、抽查”5个环节，推进园区安全稳定复工复产。协会及时在微信群中进行推广，得到众多会员单位的积极响应。协会总结会员单位做到员工来源地清楚、每天上班人数清楚、员工健康信息清楚、上班人员体温测量清楚、未复岗员工观察隔离期限清楚、企业防疫应急预案清楚、企业的主体责任承诺清楚的“七个清”，要求会员单位照此执行。全面复工复产，有力推进行业企业转型升级、高质量发展。

**二、面对挑战沉着应对，全力拓展服务渠道**

（一）开展形势任务教育，增强战胜危机信心。面对中美贸易摩擦加剧和疫情肆虐的双重压力，协会邀请中国国际经济交流中心副理事长、复旦大学特聘教授黄奇帆做形势报告。报告以大量数据实例分析新冠疫情背景下，中美贸易摩擦发展趋势及应对措施；讲解实施国内“大循环”为主体，国内国际“双循环”新格局的战略举措，增强行业战略引领的信心和前进定力。

（二）积极拓展服务渠道，助力行业转型升级。协会抓住移动互联技术与传统化工产业融合发展的机遇，围绕传统产业升级、在线制造业发展、业态模式创新三大方面，推动在线新经济蓬勃发展、创新发展和提质发展。与上海电子商会（上海电子制造行业协会）签订战略合作协议，为“走出去”的化工企业提供物联网和智能工厂技术服务，联手打造行业领先的智能工厂，推进企业加快信息化、数字化建设步伐。推动上海化工与人工智能、大数据、5G、区块链等新一代信息技术融合高质量发展。与市工经联合作，在化工行业推广应用设备智能化管理技术，为企业搭建技术和管理创新平台，对接上海化工区、金山第二工业区和华谊集团，运用高新技术服务化工行业安全运营。与上海“一带一路”经贸巡展组委会联手，对外贸易由线下活动转为线上互动，在上海金山第二工业区和惠生工程举办两场“上海之帆”线上对接会——化工专场活动，金山第二工业区的相关企业与泰国、新加坡以及波罗的海沿岸国家近20家客商通过远程视频直播方式对企业经贸需求进行展示交流，并达成多项合作意向。参与“上海之帆365”平台建设，组织128家化工企业参加上海之帆“一带一路”365平台线上注册，帮助企业对外贸易业务线上交流和推介，进一步推进、拓展海外业务。

（三）在线金融服务化解企业资金短板。针对中小化工企业遇到的现金短缺，融资难、融资贵等困惑，协会借助“政会银企”四方金融合作机制，积极对接相关银行，开展银行信贷线上对接，为中小企业拓宽融资渠道，降低融资成本，实打实地帮助企业渡过难关。金发科技和网讯科技得到银行的金融支持，企业效益得以大幅增长。

（四）开展在线教育培训服务。协会组织授课教师录制讲课视频，开展线上培训。为确保培训质量，协会抓好线上授课、学习、考试等环节管理。7月，恢复线下培训，协会合理安排课程，增加送训上门次数，先后到14个单位组织线下各类培训共计1158人。据统计，全年有1700人参加线上培训。其中，易制毒化学品管理培训1004人，危险化学品安全管理培训483人，有毒有害受限空间培训129人，安全管理干部培训84人，线上线下培训合计4477人。

（五）发出行业协会声音，推进长三角一体化发展。召开华东地区第17次化工协作交流会，来自华东六省一市和河南、湖南省的化工协会及化工园区代表就加快构建化工行业以国内大循环为主体、国内国际双循环相互促进的新发展格局达成共识。沪、苏、浙、皖三省一市化工协会联合组成调研组开展长三角化工行业产业发展竞争力调研，并发布调研报告。受市商务委委托，组织开展长三角化工行业应对经贸摩擦联盟活动，举办上海化工行业企业技术性贸易措施政策宣传培训等。

**三、拓展服务精准施策，助力发展提质增效**

（一）承担“上海市禁化武生产、经营特别许可技术审查工作”。协会与上海市履行禁止化学武器公约领导小组办公室共同举办“履行《禁止化学武器公约》专家培训研讨会”，就切实加强禁化武管理，做好充分准备接受国际禁化武组织“OPCW”核查展开讨论交流；组织禁化武专家对2020年全市监控化学品生产经营企业进行专项督查，并召开督查通报会，针对检查中发现的问题，要求相关单位和企业逐项梳理，逐一落实整改措施，以扎实的基础管理和充分的准备迎接国际禁化武组织的抽查。

（二）组织专家团队对进口危险化学品储存场所、海关检验监管作业的劳动保护、安全设施、安全管理等活动开展安全评估；参与《上海海关危险化学品检验监管安全管理规程》等材料编制工作，共完成8篇相关材料；成功中标“上海海关进口危化品检验监管项目招投标”；完成4家企业“上海海关进口危险化学品海关执法安全风险评估”。

（三）建立“上海市专家服务中心”，把“上海市禁化武监管专项”作为首次服务项目，组织专家对列入监控化学品生产、经营、使用许可进行现场审核和评估，提出存在的问题，跟踪指导企业进行整改，同时协助市经信委开展项目审批审查工作。

（四）参与企业“国内首次使用的新工艺、新产品、新项目论证”。协会作为上海“首次使用化工工艺安全可靠性论证”的定点评估机构，对企业新产品、新项目产业化提供技术服务支持，共完成“国内首次使用的新工艺、新产品、新项目论证”3项。

（杨盛平）

# 上海市电力行业协会

上海市电力行业协会成立于2004年9月28日，由国网上海市电力公司、上海电力股份有限公司、中国华能集团公司上海分公司、申能股份有限公司、上海电力建设有限责任公司、上海德力西集团有限公司和上海电力大学等多家单位联合发起。于2014年12月16日成立发供电、建设施工、装备制造和物流、科研院校等4个分会。协会主要服务内容包括开展行业自律、行业调研、咨询培训、技术服务、产品推介、编辑出版、会展招商、国内外信息技术交流等。现有会员单位193家。

2020年主要工作：

**一、充分发挥党建引领作用，明确协会发展新体系**

（一）党建工作步入正轨。7月7日，经市工经联党委批准，协会正式成立党支部，秘书长严健勇任党支部书记。12月15日，参加工经联第一次党代会，并高票当选市工经联党委委员。

（二）建立有效的“党建+”工作体系。将“党建+”与协会业务工作相结合，开展会展筹办、教育培训、公益讲座等活动，以党建增强协会凝聚力，推动协会快速发展。

（三）开展丰富的党支部活动。协会党支部结合自身实际，以专题学习、“三会一课”等形式，组织党员开展“迎‘七一’庆祝建党99周年”专题活动；组织“四史”学习教育活动；组织参观“大江汇海流，匠心筑匠梦”上海工匠馆等活动。

**二、加强内部治理工作，构建行协管理新起点**

（一）获得“5A社会团体组织”称号。积极申报“全国5A社团组织”，并以此为契机，夯实基础管理，完善规章制度。评审结果于12月15日公示通过。

（二）新任会长顺利完成交接。10月29日，“上海市电力行业协会第四届理事会第三次会议”在国网上海市电力公司召开。大会以无记名投票方式，选举梁旭为上海市电力行业协会第四届理事会新会长。

（三）会费收缴率稳步提升。制定年度会费收取清单，优化往年会费收缴时限，积极开展会员单位会费收取、录入及催缴工作，及时对年度会费收取情况进行统计分析。

（四）制度建设工作稳步推进。梳理协会32项制度文件，并制定《上海市电力行业协会专家委员会管理办法》《上海市电力行业协会档案管理办法》等7项制度，进一步规范协会业务流程，为协会可持续发展提供保障。

（五）档案管理工作日臻完善。收集整理协会历史文件，按档案管理规范分类、整理、装订成卷，按业务制作全引目录、案卷目录检索工具，为健全协会各项规章制度、有序管理、记录历史奠定基础。

（六）综合管控能力持续加强。按5A社团管理要求，全面落实财务管理工作依法合规。同时，建立起一支更年轻化、专业化的管理团队。建立人员绩效考评机制，明确年度工作目标、工作举措和保障机制，推动落地实施。

**三、全力推进项目研究，提供行业发展新动能**

（一）电力市场建设方案项目持续推进。受市发改委委托，协会组织行业专家开展《上海电力市场改革总体方案》研究，重点对改革阶段性推进目标、市场主体准入标准、市场架构与模式、中长期合约及现货交易、市场出清与结算、风险防范等内容进行研究，并在阶段成果的汇报中获市政府有关领导充分肯定。

（二）团体标准工作扎实开展。协会制定《上海市电力行业协会团体标准管理办法》，为全体会员单位提供发布团体标准申报服务。9月1日，协会首个团体标准《直流输电换流站选相合闸调试方法》项目送审稿审查会，进入报批阶段。

（三）低碳项目有序推进。根据市经信委有关处室的要求，完成《燃煤凝汽式汽轮发电机组单位产品能源消耗限额》地方标准的修订工作。同时对发电机组能耗限额的标准广泛征求专家意见，于11月下旬顺利通过终期评审，并报上海市质量技术监督局。

（四）行业高质量发展研究项目顺利启动。协会《上海电力行业高质量发展水平多维综合评价体系研究》项目在国网上海公司电科院的配合下，于8月初召开项目启动会，并于年底完成项目验收。

**四、全面深化“三个服务”理念，实现行业发展新作为**

（一）服务政府理念持续强化。建立与市发改委、市经信委和市工经联、市现代服务业联合会等上级主管部门及社团机构常态化沟通机制。配合政府部门推进电力市场建设，落实上海电力系统调节能力提升课题研究。推动研究成果落地推广，积极参加人大、政府等机构举办的有关听证会，贡献“行协智慧”。

（二）会员管理和服务水平日益提升。1．会员队伍不断壮大。年内，新增会员19家。会员沟通渠道不断拓展，全面实现网上动态管理。2．创新评优成果丰硕。协会长期推广全面质量管理，组织会员单位参加创建“质量信得过班组”和开展“优秀质量管理小组”等活动。3．线下大型交流活动丰富。协会主动参与2020年中国国际工业博览能源技术与设备（电力）展、“第二十二届中国国际工业博览会（EP展）”等大型展会的筹办，并组织会员单位观展。

（三）服务行业发展方式日趋丰富。组织开展本市电力中长期和现货市场培训，及电气试验工职业技能培训，并首次与工程协会联合举办技师技能培训；会同中国电力企业联合会和应急管理部组织电力系统安全生产管理人员取证培训；组织开展国网反恐防范安全监督检查规范、华东电网应急演练和上海公司单兵装备技术、上海公司变电安全技能等级认证和市南集团工程建设作业安全风险库等项目研究，为行业应急和安全管理提升提供技术支持。

**五、加快高技能人才基地建设，培育行业发展新人才**

（一）技能竞赛成功举办。协会成功举办2020年上海市电力行业电气试验工职业技能竞赛和变电站值班员竞赛。两项竞赛共计37家单位133名选手参加，其中37名选手被授予行业技术能手。

（二）高技能人才培养基地的建设有序。协会完成编写高技能人才基地、鉴定站所等机构的工作标准、岗位职责、考评细则等14项管理文件，并与市人社局相关部门建立有效沟通机制，推进协会高技能人才基地梳理外部关系，理顺内部工作机制，将运行管理纳入正轨。

（三）全面启动项目开发实施及资助申请工作。结合会员单位实际，成功申报技能大师工作室1个，首席技师2个。根据市人社局相关政策，推动和引导会员单位申报设施设备资助、师资培训资助、专项职业能力等项目。组织各单位资深专家成立风力发电场变电站运行与变电站设备解体与检测两个开发组，有效支撑会员单位人才培养。

（四）初步构建权威专家库。协会编制《上海市电力行业协会专家库建设方案》，构建上海市首个覆盖电力行业全产业链的权威专家库。专家库在审查行业标准、研究重大课题、解决技术难题、开展行业技能培训和鉴定中起到积极推动作用；在跨行业交流、行业创新工作与传递前沿技术发展趋势等方面发挥重大作用。

**六、持续推进品牌建设工作，挖掘行业发展新亮点**

（一）提升品牌宣传效能显著。协会官方网站完成转型升级。“上海市电力行业协会”公众号传播效能提升。明确行业期刊功能定位。

（二）建立健全新闻通讯员联络机制。拓展协会与会员单位间的沟通渠道，增进会员单位间的交流合作，为会员单位品牌价值提升搭建平台。相关新闻稿件入选新华社“国家相册”专题栏目。

（三）推介行业服务内涵。凝练形成引领行业协会可持续发展的“一个服务宗旨、三个服务平台、五个价值主张”的战略发展路径，为协会品牌注入新血液、提供强动能、布局新蓝图，激活协会品牌能效。

**七、主动承担社会责任，塑造行业发展新形象**

（一）编史修志传承有序。积极组织推进《上海市志（1978—2010）·工业分志·电业卷》的编纂工作，协会组织近百家电力单位共同参与，历时5年，完成110万字的验收稿，已进入出版阶段。

（二）公益活动持续开展。通过网站、公众号等媒体传递防疫知识、呼吁社会公众参与抗疫行动，帮助企业复工复产；宣传普及触电急救、心肺复苏和救护设备的操作等急救知识；开展全国科普日活动；策划“用电安全与应急防灾主题活动”，传递应急安全知识。

（戚弘敏）

# 上海防静电工业协会

上海防静电工业协会成立于2004年，是上海市一级行业协会、社会团体法人，会员主要包括防静电领域的生产、施工、检测研发和使用单位，多年来一直潜心致力于静电领域的产业发展、行业自律、标准化推进、防静电知识普及、防静电技术咨询和检测培训服务等相关工作。协会业务范围是：技术咨询、监测、中介，组织培训、展览、交流，标准制定，政府委托的工作及其他相关业务。现有会员单位96家。

2020年主要工作：

**一、同舟共济，共克时艰**

（一）坚决贯彻党中央国务院的决策部署，以及当地党委、政府的各项措施。深刻认识新型冠状病毒肺炎疫情的严重性，疫情防控的重要性与紧迫性。采取有效措施，以实际行动，防止疫情蔓延。

（二）协会各单位，时刻关注主流媒体的疫情动态，科学面对疫情。切实做到不信谣，不传谣。主动发声，勇于作为。积极正确引导群众，树立信心，科学防控，稳定大局。关心职工生活疾苦和身体健康状况。及时做好帮扶，济困，解难工作。

（三）加强疫情防护知识的宣传，落实防护措施，增强员工自我防护意识。合理补充营养。做好疫情预案，发现异情，及时报告，及早隔离，阻止疫情的进一步扩散。

（四）大力弘扬“一方有难，八方支援”的优良传统，协会众多仁人志士，据初步统计，采取不同方式，向疫情严重地区捐款、捐物的有：浙江天开电子材料有限公司、深圳市中明科技股份有限公司、卫利国际科贸（上海）有限公司、厦门象屿康惠科技有限公司、黄山佳美奇科技有限公司、上海雷卯电子科技有限公司、享贺实业发展（上海）有限公司、苏州鸿博斯特超净科技股份有限公司、中山市荣业化工原料有限公司、深圳市思力铭科技有限公司等单位。

（五）协会领导极为重视疫情防控工作，利用各种形式的联系方式，认真组织学习领导讲话，传达有关会议精神。要求协会秘书处及时联系协会各个成员与各企业公司，了解落实疫情防控各项通知、要求及措施情况，收集防疫过程中的动态、信息。做好上下情相互传达。秘书处先后印发《万众一心众志成城坚决打赢疫情防控狙击战——致上海防静电工业协会全体会员的倡议书》、推送给上海工业经济联合会的《事迹》、关于《积极做好疫情防控，有序返岗复工的意见》、关于《支持企业复工复产发挥协会作用的通知》以及致上海防静电工业协会会员的感谢信，使各项工作抓紧抓实抓细，紧张有序展开。

**二、有序返岗，复工复产**

（一）坚持一手抓疫情防控；一手抓各项工作的开展。密切注意疫情动态，精准分层、分区做好防控，有序、周密地做好复工复产的一切准备工作。

（二）疫情防控进入关键阶段时，要求各会员单位关心、了解员工的工作、生活、身体状况以及家庭情况，加强员工健康监测和个人防护，做好“少外出、带口罩、勤洗手、少聚集”。做好工作场所、食堂、宿舍的消毒与防控，不松懈，不麻痹，不侥幸。

（三）密切关注各地、各级政府在抗击疫情中出台的各项政策、措施，学习好、运用好国家的优惠政策。

（四）进一步发挥行业协会的作用，更好地为会员服务，推动企业尽快有序复工复产，使扶持政策真正落地、落细落实。

（五）协会还向会员征询在复工复产中，材料供应、物流运输、资金保障、招工用工等重要环节所遇到的困难；了解各企业现状、产业链上下游情况。并将征询了解的情况，及时向政府主管部门反馈，以帮助企业尽快恢复产能，减少损失，增加受益。

（六）协会秘书处积极当好参谋助手。1. 先后多次向会员转发党和政府的有关政策文件，印发相关通知、事迹及倡议书等宣传资料。组织参加上级单位有关会议与学习活动。2. 通过函询，取得无异议意见。批准同意辅朗“光学级防静电硬化树脂板（片）”“涂布型透明抗静电聚氯乙烯板（片）”两个团体标准的立项。3.“上海防静电工业协会”网站，改版、调整、充实已初具雏形，已与网民见面。4. 组织召开《非湿度依赖型防静电产品静电性能检测方法》《防静电产品合格供应商评定规范》《防静电地面现场检测抽样规则》《防静电工作区静电指标在线监测系统》《光学级防静电硬化树脂板（片）》《涂布型透明抗静电聚氯乙烯板（片）》等团体标准的编写小组、工作小组会议两次。5. 经过苏州辅朗光学材料有限公司与秘书处的共同努力，《T/ESD3007光学级防静电硬化树脂板（片）》《T/ESD3006 涂布型透明抗静电聚氯乙烯板（片）》两个团体标准通过上海市市场监督管理局“团体／联盟标准”登记受理和登录全国团体标准信息平台，于 2020 年 8 月 1 日正式实施。

（刘黎俊）

# 上海市标准化协会

上海市标准化协会（简称市标协）成立于 1981 年 4 月，是上海市从事标准化工作的社会团体。设有组织、科普学术、技术咨询、教育培训等 4 个工作委员会，以及汽车、化工、纺织、船舶、轻工、机电、仪电、宇航、航空、包装印刷、信息、能源、服务、蔬菜、种植、水产、饲料、粮油、林业、有色金属、建筑建材、康复等 22 个专业委员会。协会多次获得中标协、市科协、市质监局等部门授予的示范单位、先进集体、四星级学会等荣誉。现有团体会员单位 220 家，个人会员 1200 余名。

2020 年主要工作：

**一、抓住标准化工作热点，开展多层次多种类学术交流活动**

（一）成功举办标准化助推长三角一体化高质量发展国际研讨会。协会已连续 20 年举办“中国国际工业博览会科技论坛——标准化国际研讨会”。10 月 20 日，“标准化助推长三角一体化高质量发展”国际研讨会顺利召开。近 300 位中外代表围绕“标准化助推长三角一体化高质量发展”主题开展广泛研讨。多名专家作主题演讲。本次研讨会首次采用线上直播 + 线下研讨的模式。线上直播，经后台统计主平台共有超过 4 万人次收看，并推送至多个主流直播平台，全平台浏览量达到 90 万人次。相比以往仅有线下活动，线上直播将研讨会的精彩内容呈现给更多的观众，形成更广更深的影响力。

（二）组织开展长三角地区优秀标准化论文评选。以“标准化助推长三角一体化高质量发展”为主题，开展论文征集评选活动。活动期间，共收到本市单位论文申报 40 篇。三省一市汇总后共形成 100 余篇论文申报。经过各地专家评审后汇总，共评选出一等奖论文 3 篇，二等奖论文 6 篇和三等奖论文 9 篇。

（三）举办庆祝第 51 届世界标准日活动。10 月 14 日是第 51 届“世界标准日”，主题为“标准保护地球”。10 月 12 日，举办庆祝第 51 届世界标准日的活动。分享“节能环保领域的技术发展及标准适应性探讨”“智慧城市标准及上海仪电的探索”专题报告。

（四）组织丰富的节能标准化知识科普活动。6 月 25 日—7 月 3 日是全国节能宣传周，主题为“绿水青山，节能增效”。协会在市市场监管局等单位的大力支持下，开展节能环保创意作品有奖征集、掌上节能周在线标准化讲座和科普、“能效标准化 +”研讨会等三个活动。广泛宣传生态文明主流价值观，培育和践行节约集约循环利用的资源观，在全社会营造节能降碳的浓厚氛围。

**二、大力服务企业和政府，开展各类技术咨询工作**

（一）贯彻落实《上海市标准化条例》精神，推进“上海标准”标识制度的实施。1．开展“上海标准”标识制度研究。受市市场监督管理局委托，2018 年底开展上海标准的制度研究，前期完成上海标准制度研究的调研报告，对《标准先进性评价通用要求》地方标准进行意见反馈，以及前期 5 项试点标准的初评等工作。2．开展“上海标准”评价。作为上海标准的评价委员会成员之一，协会受“上海标准”评价委员会的委托，对部分申报试点开展评价，撰写相应的评价报告。3．首期“上海标准”试点申报。8 月，协会将由中国科学院上海硅酸盐研究所提出并组织起草的团体标准《正电子发射断层扫描仪用锗酸铋闪烁晶体》，申报本次“上海标准”的试点。该标准填补国内外的空白，其核心指标远高于俄罗斯、美国、法国和乌克兰等国际知名的研究机构和龙头企业，一经发布就成为国际国内的行业标杆和重大科学工程应用的对标标尺。

12 月 24 日，市市场监督管理局、上海标准评价委员会召开首批“上海标准”发布仪式，协会申报的《正电子发射断层扫描仪用锗酸铋闪烁晶体》成为第一批列为“上海标准”，为近两年协会在“上海标准”标识制度的研究和实施工作，画上圆满句号。

（二）持续探索和提升团体标准化工作。1．团体标准化试点中期评估。1 月，受市市场监督管理局委托，对 2018 年立项的本市团体标准化试点中具有代表性的 4 家社会团体，开展试点中期评估工作。在完成团体标准化试点中期评估后，为其提供团体标准化试点的咨询，从而顺利通过试点验收。2．团体标准合法性审查。对在上海市团体标准公共信息平台进行自我声明公开的团体标准进行符合性审核，全年共审核 160 余项团体标准。3．梳理全国及本市团体标准公共信息平台的数据。在开展团体标准双随机抽查前，协会配合市市场局标准创新发展处对在上海平台和全国平台自我声明公开的约 527 项团体标准相关情况进行梳理，为随机抽查工作提供数据支撑。4．协会团体标准专家审查。组织召开《植保无人机毫米波雷达高度计》等 6 项协会团体标准的专家审查会，进行编号及批准发布。

（三）开展防疫物资产品企业标准专项检查评价服务，保障防疫重点产品质量。1．非医用口罩类产品企业标准专项监督检查。4 月，先后接到嘉定、普陀、静安、崇明等区的委托，对 20 项非医用口罩标准进行评价，并出具相应的评价报告。2．防疫物资产品质量和市场秩序专项整治。5 月初，受市市场局标准创新发展处的委托，对本市生产的防护服、呼吸机、红外体温计（额温枪）、口罩原料等 10 项防疫物质产品企业标准的主要技术指标开展比对，并出具相应的评价报告，为提升防疫物质产品的质量作出相应的贡献。

（四）积极配合政府，开展企业标准、团体标准的自我声明公开“双随机、一公开”监督检查。1．标准文本的评价。协会联系各市场局标准化行政主管部门，为各区提供现场监督技术支撑、检查前的现场人员培训，与 11 个区合作开展 190 余项标准合法性评价。2．开展现场监督检查。年内，静安区双随机抽查涉及 19 家企业，检查企业标准化工作开展是否遵循《标准化法》和《上海市标准化条例》等，并对企业标准化工作中碰到的疑问和技术问题进行咨询和解答。

（五）参与企业标准对标达标专项活动，建立专家数据库，参与撰写标准化白皮书。1．2019 年嘉定区被列为国家第二批企业标准对标达标专项提升行动的试点城市。为此，嘉定区市场局委托协会开展 40 家企业的对标工作。从嘉定区提供的 50 余家企业的标准中比对 32 家共计 40 项标准达到国际标准水平，基本完成预期目标。2．建立上海市标准化专家数据库。为进一步提高本市标准化科学管理水平，在标准评审、试点项目、专项资金、教育培训、标准水平评价等多领域充分发挥各领域标准化专家的作用。协会协助市市场局开展上海市标准化专家库的建设工作。通过协会前期调研，中期验收改进等工作，完成数据库系统设计，专家征集已正式开始，下一步将利用好此平台，充分挖掘各方资源，扩大充实标准化专家队伍，不断完善专家涉及领域，提升专家库的专业性，为本市打造标准化人才高地做出贡献。3．参与撰写《2019 年上海市标准化白皮书》。受市场局委托，起草《2019 年上海市标准化白皮书》服务业领域部分。经过一个多月的材料收集、数据分析、案例选取及最终成文，共完成 1.5 万余字的稿件，准时上报市场局。白皮书已顺利出版。

**三、注重标准化人才队伍建设，开展各类标准化专业培训**

协会以服务企业为中心，以培养标准化人才队伍建设战略为目标，切实推进标准化培训工作。教育培训工作开拓线上培训的新模式。全年培训部共举办各类培训 13 场，参与人数共 2360 人。

全年培训部共开办 6 期岗位培训，有 481 人参加，包含制造业和服务业，行业分布较广。其中有 2 期培训为嘉定区有关局与普陀区有关局委托，共计 113 人参加。

在公益讲座方面，“团标助力疫情防控”等线上公益讲座也得到了广泛的响应，单次讲座有近 1000 人观看，也是线上培训的一项成功案例。

（王荣昌）

# 上海橡胶工业同业公会

上海橡胶工业同业公会成立于1986年12月，为上海市橡胶行业同业企业以及其他相关经济组织自愿组成，实行行业服务和自律管理的行业性、非营利性的社会团体法人。分别从事轮胎、胶鞋、胶带、胶管、各类胶种和用途的橡胶制品及橡胶机械、模具、橡胶原辅材料的生产和经营。拥有双钱、回力、双箭、骆驼等多个著名品牌。公会以为会员服务为宗旨，反映会员的愿望和要求，维护会员合法权益，遵守宪法、法律、法规和国家政策，遵守社会道德风尚，在政府和企业间起桥梁和纽带作用。现有企业会员80多家。

2020年主要工作：

**一、开好年会，履行章程，规范运行**

9月24日，公会依据《章程》规定，在双箭股份天台分公司召开十届三次会员大会暨理事会。主要议题是回顾总结上年度工作，明确2020年各项工作目标，修改《章程》，通报2019年财务审计报告，审议通过2019年监事会工作报告。针对上海市民政局关于社会团体设立监事会的要求，遂恢复之前成立的监事会，依据相关要求，对本会工作进行监督和检查。此外，会议还通报新会员入会情况，进行技术交流。

双箭股份董事长沈耿亮在会上介绍双箭橡胶上半年经济情况，分享公司"为用户创造价值"的新经营理念和发展历程；公会法定代表人、副理事长、上海新上橡汽车胶管有限公司监事长徐平宇围绕机遇和创新作发言。会后，与会人员参观浙江天台工业园区和双箭股份天台分公司。

**二、齐心协力，做好信息，抗击疫情**

自疫情爆发后，公会有关会员单位和个人纷纷行动，捐款捐物，公会秘书处一方面协助市经信委、市工经联调研复工复产政策落实情况，上报基层单位抗击疫情情况；另一方面积极为会员单位提供防疫用品市场信息、开复工条件等相关信息，并帮助个别企业解决因疫情而导致原料加工方面出现的难题。

公会理事长单位、上海回力鞋业公司先后向上海瑞金、长海、东方肝胆、武警医院和市精神卫生中心等援鄂医疗队捐助物资，还向随州市慈善总会捐款50万元，用于购买当地其他急需的抗疫防控物资，助力湖北的疫情防控工作。

双钱集团公司发挥海外工厂优势，组织人员在泰国当地兵分几路，行程500千米，跑了100多家药店，购得口罩、手持体温计等防护物资，又耗时2小时，整整装满11箱，派专人搭乘凌晨航班，一路将防护用品护送到国内，在机场完成交接后又于当日马不停蹄返回泰国。

上海五同同步带公司不仅捐赠13.5万元支持抗疫，还想方设法抓好复工复产工作。公会支部也积极响应党中央号召组织党员捐款，捐款率为100%。

**三、优化服务功能，为企业健康发展提供支持**

疫情初期，公会服务企业以电话、微信联系为主；疫情过后，公会深入一线，实地了解基层单位的生产经营情况，需要帮忙解决的问题，尤其是对一些走出去发展的企业，倾注更多精力予以关心，做好精准服务。同时对一些有市场有发展前景且符合绿色环保企业、产业链上下游及相关产业可以深化合作的企业给予重点关心，帮助他们实现可持续发展。继续用好技术经济委员会专家平台，为一些单位提供技术攻关和产业升级等支持。如：上海龙霆国际贸易公司急需德国进口的橡胶稳定剂（WB-42）原料，上海多家企业都无法供应。公会得知情况后，马上联系相关单位，最终在全可贸易公司帮助下辗转解决需求。又如在年会上特意安排3家单位进行技术交流，包括新入会的华谊检验检测公司，其中乔成工程公司交流的电子标签引起双箭股份、华向履带等会员单位的关注，已有多家单位在试用中。

**四、交流合作，共谋发展增添发展后劲**

继续做好国内外同行来沪的参观、座谈、交流等活动。积极组织相关企业参与国外驻沪使馆、商会、经团联组织的联系和交流，为企业提供市场、交流、项目、信息等方面的服务。每年的中国橡胶展，公会总会看望参展的会员单位，了解橡胶前沿的新技术、新材料、新工艺，为会员单位发展提供信息等方面服务。

**五、加强党建，促进公会工作能级提升**

公会党支部积极贯彻落实中共十九大精神以及习近平总书记系列重要讲话精神，重点学习《习近平中国特色社会主义思想学习纲要》《习近平谈治国理政》等，并把"学习强国"作为提高党员理论修养的一个有效载体，用理论知识指导实践，不断提升工作的针对性和有效性。

按照市工经联党委的要求，党支部认真完成各项工作任务，推荐出席市工经联首届党委选举的党代表和党委候选人的推选工作；积极参与市工经联党委第八工作站组织的各类活动，进一步增强全体党员的大局意识、核心意识、政治意识、看齐意识，不忘初心、牢记使命，做新时代的合格党员。

（薛丽萍）

# 上海涂料染料行业协会

上海涂料染料行业协会成立于1987年1月，是上海市民政局4A级社会组织。会长单位是上海华谊精细化工有限公司，协会是中国染料工业协会副会长单位、中国涂料工业协会理事单位。行业产品从涂料、油漆到涂料原材料，从纺织染料、食用色素到油墨和有机、无机颜料，从涂料、染料助剂到化工专用机械，从大化工到精细化工产品，广泛应用于国民经济各个领域。现有会员单位235家。

2020年主要工作：

**一、积极做好抗击疫情工作**

发动会员单位捐款捐物。立邦上海公司向金山二工区捐200万元，向湖北省咸宁市红十字会捐款200万元；巴斯夫公司向上海市慈善基金会捐款100万元，还通过全球采购医疗防护用品及卫生用品，支援武汉当地政府、社区及医院，物品总价值超过50万元；紫荆花涂料（上海）有限公司向上海市金山区红十字会捐赠5吨75%酒精；瑞素士化学在奥地利采购一批应急防疫物资，送到上海瑞金医院，黄冈红十字会，孝感民政局抗疫一线；理事单位纳美新材料捐赠防疫物资：口罩5000只，募集资金20余万元，还购买10万只医用口罩支援武汉；上海颜钛集团董事长杨涛带头捐款20万元，三银制漆公司，亚士创能公司，安诺其公司等会员单位以多种形式参与抗击疫情工作。市经信委发来感谢信，表扬协会与会员单位在防疫抗疫期间所作的贡献。协会全体党员积极捐款，党支部书记张水鹤多次捐款，党员熊志芳一次捐款1000元，彰显大爱情怀。

**二、承办“十四五”规划发展讨论会，制定团标实施细则**

3月17日，酞菁颜料十四五规划发展讨论会在上海涂染协会召开，会议分析有机颜料国际市场情况及企业遇到的难点，围绕“十四五”规划工作重点：创新驱动、安全管理、兼并重组、加快行业智能化、标准化管理，加快5G在物联网管理商应用，加强大专院校联系，加快专业技术人员培养等问题进行探讨。

4月28日，协会发布《水性建筑涂料固体废物属性鉴别及管理要求》（T/SHCDA000001-2020）团体标准的公告，并在市市场监督管理局进行备案和在全国团体标准信息平台进行公示。

**三、做好服务工作，确保会议论坛顺利召开**

6月16日，协会召开第九届第四次会长会议、第九届第五次理事会和会员大会、第九届“绿色涂料发展论坛”和“安全生态染料颜料发展论坛”。参会代表、行业专家对涂料颜料行业的发展充分交流，对行业走势积极发表意见和建议。随后举行协会第九届第五次理事会和会员大会。下午举行第九届“绿色涂料发展论坛”和“安全生态染料颜料发展论坛”。

10月20日—23日，协会承办“2020年海峡两岸国际有机颜料行业年会暨技贸洽谈会、专题报告会”及“技术创新——引领有机颜料高质量发展大型论坛”，参加会议有近300人。会议主题为技术创新——引领有机颜料高质量发展。各位专家围绕欧洲有机颜料生产与消费、中国颜料产业发展形势、印度有机颜料产业崛起对我国的影响、中国涂料行业经济运行分析及绿色发展、中国有机颜料发展的思考、有机颜料技术创新、有机颜料及其衍生物催化新功能、情报助推有机颜料高质量发展、固体废物污染环境防治法解读、酞菁颜料国际市场基本情况，以及中国有机颜料“十四五”规划的思路”等做专题报告。会议还举办技术创新——引领有机颜料高质量发展大型论坛。

**四、举行首发式，承办培训班**

9月30日，协会承办《有机颜料技术论文集》（续篇）首发式，这是周春隆教授有机颜料技术研究上的重大成果，上下二集前后跨度10年，共计50个专题，近120多万字。《上海染料》编辑部出版《有机颜料技术论文集》（续篇）。

10月13日—16日，协会承办中染协有机颜料专委会举办第21期全国有机颜料技术应用培训班。讲师精心准备，认真讲解；学员认真学习，积极提问，教学互长，良好气氛。

协会会同上海新材料协会访问宁波化工贸促会，旨在通过长三角化工产业创新，以“先进制造+国际贸易”的工作定位，围绕打造先进制造基地、扩大技术装备进口的发展思路，致力于服务长三角乃至全国的先进制造业。

（郑家琨）

# 上海塑料行业协会

上海塑料行业协会成立于1990年2月，涵盖整个塑料产业链，包括塑料原料、塑料制品、塑料助剂、塑料模具和塑料加工机械等。经过30多年的发展，协会已发展成为以服务政府和会员企业为宗旨，业务范围包括行业调研、名优推介、诚信创建、会展招商、中介服务和技术交流等的社会团体。会长单位是中国石化上海石油化工股份有限公司。现有会员企业200余家。

2020年主要工作：

一、抗击疫情工作

在市经信委、市民政局指导下，协会秘书处通过官网和微信等渠道，从1月至4月，连续发布17篇快讯，反映塑料行业为抗击疫情捐款出力的动人场面，以及复工复产的感人场景。2月20日，联合上海山田律师事务所发布关于开展疫后法律免费咨询服务的通知。3月13日，收到市经信委的抗疫感谢信，对疫情期间协会会员单位积极捐助并积极复工复产的工作进行肯定。据不完全统计，会员企业捐款，7000多万元；捐物，疫情开始缺口罩及防护用品主动资助，还有捐助管道建医院、送拉杆箱等。熔喷布聚丙烯专用料的研发生产8家。

二、召开理事会和会员大会

7月16日，协会举行2020年会长办公会暨七届二次理事会。会议审议通过《上海塑料行业协会2020年工作计划》《上海塑料行业协会2019年财务决算、2020年财务预算》《关于增补、调整上海塑料行业协会副会长和理事议案》《关于成立上海塑料行业协会抗菌材料专业委员会的议案》和《上海塑料行业协会抗菌材料专业委员会工作条例（2020版）》等文件。会上，介绍团体标准编制、疫情对国内塑料产业链的影响、上海塑料行业“十四五”发展规划编制建议等。

10月27日，协会举行七届二次会员大会暨七届三次理事会，审议通过《2020年协会工作总结及2021年协会重点工作》《2020年协会财务收支情况报告》《关于上海塑料行业协会成立监事会的候选人议案》和监事会的无记名投票、《关于上海塑料行业协会章程修改说明》《关于调整上海塑料行业协会塑料电子商务专业委员会组织机构及其名称的议案》《关于修改上海塑料行业协会塑料电子商务专业委员会工作条例的议案》和《上海塑料行业协会塑料电商流通专业委员工作条例（2020版）》《关于成立上海塑料行业协会可降解材料专业委员会的议案和上海塑料行业协会可降解材料专业委员会工作条例（2020版）》《关于调整上海塑料行业协会第七届理事、副会长的议案》等文件。会上，表彰2020年度为抗疫作出突出贡献的22家会员企业，并向获2020年度上海塑料行业名优品牌商标产品的17家企业颁奖。会后，组织40余家会员企业，参观中国石化上海石油化工股份有限公司厂史馆和碳纤维及其制品陈列室，了解上海石化开发建设现状和未来发展。

三、调研咨询工作

协会通过论坛、会议、走访、电话等多种形式开展与会员单位交流，参加交流的会员单位达到115家；完成4篇调查咨询报告。为把握经济内循环格局下合成材料行业的发展趋势，了解“十四五”期间塑料行业将不断朝着更绿色生态化、更智能化、更高附加值、更定制化服务方向迈进带来的影响，加强合成材料及其上下游企业间的了解与交流，协会在举行七届二次会员大会的同时，主办“2020高性能合成材料生产及应用论坛”，参加的业内人士有160余人。

四、展会工作

“CHINAPLAS2020国际橡塑展”由传统线下展览调整为线上应用论坛形式，邀请业内有影响的企业代表和专家解读当下热门话题，积极协办“CHINA PLAS国际橡塑展——应用云论坛及展示会”，做好台州塑料交易会等宣传工作。

五、专委会拓展工作

国家出台应对抗疫的各项措施以及针对环境保护的禁塑文件，从公共卫生与抗疫防疫要求看，抗菌防霉材料已成为时下人们关注的重点。协会积极响应并相继成立抗菌材料、可降解材料这两个全新的专委会。9月18日，协会抗菌材料专委会召开成立大会，同时举行“抗菌材料发展愿景论坛”。12月18日，协会可降解材料专委会在杭州召开成立大会，新当选的主任单位上海同杰良生物材料有限公司任杰教授作主题报告“禁塑背景下生物基可降解材料的产业化与应用展望”。

六、微信公众号开通工作

8月16日，协会公众号开始运营，并制定刊登信息的操作流程，加强协会与各会员单位之间的信息互动。同时，做新媒体宣传方面的尝试。公众号先行为协会各个专委会服务，并逐步丰富完善。

七、党建工作

按市工经联党委《关于开展党史、新中国史、改革开放史、社会主义发展史学习教育的实施方案》的通知要求，6月22日，协会召开“四史”教育会议，大家畅谈身边的“四史”实例。通过学习，加深对改革开放和社会主义发展的理解。6月23日，协会党支部参加市工经联党委第一工作站赴嘉兴南湖开展“四史”教育主题活动。10月27日，党支部开展“学四史，担时代责任；忆初心，谋求新发展”主题活动。之后，党支部组织协会全体人员参观上海工匠展，大家表示要从工匠精神中得到启迪，在塑料行业的发展中，追求精益求精的卓越品质。在抗击疫情期间，协会党员100%响应号召积极捐款。

八、常规工作

协会向市民政局提供上海市社会团体年度检查报告书；向市经信委提供《上海工业年鉴（2020）》“行业协会简介”栏目的撰稿内容；向中国塑料加工工业协会提供《中国塑料工业年鉴》“上海市篇”的年鉴资料。开展名优品牌、职称评审，全年共新评和复评17家企业，认定21个产品为行业名优品牌；有5家企业17名专业技术人员通过评审，取得专业技术职称，其中高级3人，中级1人，初级13人。全年吸纳新会员19家。

（徐旭璟）

# 上海日用化学品行业协会

上海日用化学品行业协会成立于2006年，是由上海化妆品、香精香料、洗涤用品、口腔护理用品组成的行业协会。现有会员企业290家。

2020年主要工作：

**一、主动参与抗击新冠疫情，帮助企业生产消毒杀菌产品，积极开展捐赠活动**

年初，行业利用协会平台，一方面争取部分有条件的企业复工复产，另一方面组织有消毒证、卫生证的企业为行业代工部分有品牌的企业生产免洗洗手液，为缺少酒精的企业及时提供必要的原料，让消毒液和消毒洗手液满足市场需求。3月上旬，协会带领部分企业走访绿伞生物科技有限公司，了解消毒产品在上海的市场状况，与上海疾控中心联系卫生证和消毒证的生产办证要求等事项，部分企业积极向有疫情的地区（单位）捐赠，如上海绿瑞生物科技有限公司为上海皮肤病医院捐赠价值10万元的消毒洗手液，伽蓝集团股份公司为武汉捐赠100万护肤和消毒洗手液，爱茉莉中国有限公司、上海家化联合股份有限公司、资生堂中国有限公司等行业著名企业均积极投身于援助武汉的抗疫工作中，整个行业为抗疫捐赠达1600多万元。上海化妆品生产企业223家，取得生产许可证。经营企业达3000多家。

**二、宣贯《化妆品监督管理条例》**

6月29日，国务院出台《化妆品监督管理条例》，协会与食品药品研究学会联合举办网上宣贯教育培训，组织专家解读，受到企业欢迎。同时，收集企业对出台配套文件的意见，药监局主管部门积极支持配合宣贯工作，为贯彻执行条例创造条件。

**三、调研国内外彩妆市场现状和发展，指导行业高质量发展**

协会根据市经信委发展产业的要求，专题组织编写《国内外彩妆市场的现状和发展调研报告》。6月，成立专家组，认真听取行业技术专家、企业管理专家的意见和建议。专家组深入调研，广泛征求意见。并从媒体和咨询专业机构及专业统计组织掌握的数据提出报告素材。经过市经信委推荐的上海高校知名研究专家召开会议专题评审后，形成《国内外彩妆市场的现状和发展调研报告》。报告获得上海知名高校研究专家的好评。协会与市药监局化妆品处联合调研著名企业珠海伊斯佳、浙江珀莱雅、欧诗漫、江苏杨州完美工厂在数字化制造方面的做法，为全面执行《化妆品监督管理条例》和实现数字化智能化生产创造条件。

**四、适应市场需求发动企业，制定团体标准**

根据《化妆品监督管理条例》第22条关于“化妆品的功效宣称应当有充分的科学依据。化妆品注册人、备案人应当在国务院药品监督管理部门规定的专门网站公布功效宣称所依据的文献资料，研究数据或者产品功效评价资料的摘要，接受社会监督”的要求，协会组织行业专家编制行业团体标准《化妆品抗衰老功效测试——体外成纤维细胞1型胶原蛋白含量测定》《化妆品舒缓功效测试体外TNF-& 炎症因子含量测定脂多糖巨噬细胞炎症细胞模型测试方法》《乙醇抑菌免洗洗手液、洗手凝胶》《化妆品中胫脯氨酸含量的测定》《化妆品抗氧化功效测试－体外角质形细胞活性氧（ROS抑制测试方法）》共5项，为企业和检测机构提供检测依据，更加重视对化妆品功效宣称方面的科学性、可靠性，为2021年1月1日开始执行《化妆品监督管理条例》创造条件。

**五、加强合作交流，帮助企业产品走出去**

由浙江、江苏、山东、广东、福建、上海五省一市的日化协会共同发起和组织联合会议活动已第14届，活动以交流所在省市企业在新品开发、新原料使用、新检测手段等科技发展内容为主。2020年，由福建日化商会承办。协会组织

40余家企业参加，发表10篇论文，7家企业演讲，在全国行业中明显提高协会作用。

协会根据企业需要，帮助企业了解各国对化妆品出口的相关政策法规，帮助企业不断完善出口产品质量体系的需求，以及解读出口国的贸易政策。全年，协会通过配合企业出口咨询、出具证明、翻译文件、相关政府部门和领事馆、公证处联系等形式，支持40多家出口企业顺利出口。

**六、发挥协会党支部战斗堡垒作用和党员先锋模范作用**

协会党支部坚持组织学习习近平新时代中国特色社会主义思想的时代背景、科学体系、精神实质和实践要求，进一步增强“四个意识”，坚定“四个自信”，自觉用习近平新时代中国社会主义思想武装头脑，指导实践，推动工作。认真学习强国内容，做好党员测评和党支部测评，过好党员民主生活。组织党员参观上海工匠展览，学习工匠精神，发挥党员先进性作用。

（金　坚）

# 上海市生物医药行业协会

上海市生物医药行业协会成立于2002年12月19日，是由从事生物医药业的企业、机构及相关单位自愿组成的跨部门、跨所有制的非营利性的行业性社团法人。行业涵盖现代生物技术和医药领域从研发、生产到流通整个产业链。现有会员单位218家。

2020年主要工作：

**一、协会同心协力，打响疫情防控阻击战**

（一）由协会理事会党的工作小组牵头成立特别工作小组，协会秘书处工作人员各司其职，组成报道组、联络组、政策措施研究组分别开展工作。积极配合市经信委，主动放弃节日休假，加班加点排摸上海防护用品应急物资重点生产企业生产情况。协会党支部向党员发出倡议，组织党员捐款。同时鼓励各会员单位积极承担药品、口罩、消毒剂等生产任务，认真组织安排所需医药产品的生产工作，保证人员在岗在位。向会员企业开展上海市生物医药企业受新型冠状病毒感染肺炎疫情影响的问卷调查，细心整理，梳理最新信息动态所作相关分析后形成4份专报，呈送有关部门供决策参考。协会与中行上海分行张江支行为会员企业“精准输血”，第一时间驰援资金周转遇到问题的生物医药中小微企业，通过及时发放专项应急贷款、主动下调贷款利率、贴心做好续贷安排等一系列措施，全力支持生物医药中小微企业抗击疫情。协会与市经信委、浦东新区科经委、市九医院、相关生产企业之间进行沟通协调，落实“一次性防飞溅隔离巾”产业化，帮助生产企业申请后续升级产品专利。

（二）在推进生物医药企业复工复产阶段，协会建议会员企业认真贯彻落实上级疫情防控保障要求，确保疫情防控和经济发展两不误。全力协调解决防疫物资保障等方面的困难问题。经统计，协会为会员企业提供68300多只医用外科口罩。针对部分会员企业在市场贸易中因国际标准和认证等问题频频遭遇困难和阻力，协会及时将会员企业遇到的问题写成专报，上报给市有关委办，帮助企业排除阻力，化解危机有效处理。同时针对本市疫苗科研与生产存在难题和矛盾，会同市经信委生药处组织召开座谈会，就相关问题形成专报。

**二、提高战略站位，推进行业健康发展**

（一）着力提高智库功能，服务创新策源能力。1．决策咨询。协会完成市经信委下达的《上海生物医药产业空间布局优化及政策措施研究（特色园区建设部分）》课题研究。主动参与市经信委《关于推动生物医药产业园区特色化发展的实施方案》相关研究工作。其中，为加强上海市级生物医药产业特色园区标准化建设和高质量发展，协会负责起草《上海生物医药产业特色园区建设导则》。编制《上海张江创新药产业基地发展规划》及《临港新片区生物医药产业领域选择及发展路径研究（2021—2035）》等生物医药园区发展规划。同时，为破解困扰生物医药企业的融资难问题，在市领导关心下，协会与上海市银行同业公会、上海市证券同业公会和上海市基金同业公会联合发起倡议，共同助推上海生物医药产业高质量发展。2．课题研究。累计为市发改委、市经信委、市科创办、市科委、市商务委、市食药监局、浦东新区科经委、张江管委会等政府部门提供10多份研究报告。同时，协会向社会发布首个《关于健全本市生物类似药管理政策与制度的研究》白皮书。3．标准建立。协会联合同济大学附属第十人民医院等编制《肠道菌群移植供体评估标准》和《肠道菌群移植样本质量控制标准》，解决临床上肠道菌群移植供体筛选评估标准和质量控制标准，对于肠道微生态诊疗领域具有重要的意义。

（二）发挥服务和导向作用，努力成为行业和会员单位的好帮手。1．发挥桥梁纽带作用。协会会同市经信委生物医药产业处组织召开“上海市疫苗产业发展专家讨论会”；会同市人社局、市经信委、市科委等分别组织召开“上海市生物医药领域专业技术人才评价和培养”“生物医药产业人才政策”座谈会；与市经信委生产性服务业处组织召开生产性服务业“十四五”规划调研座谈会；与市中小企业发展服务中心组织召开生物医药中小企业座谈会。还会同市商务委公平贸易处、市国际贸易知识产权海外维权基地等分别组织召开“新形势下生物医药企业的知识产权发展战略研讨会”等。与临港管委会、嘉定区经委、普陀区商务委联合召开“临港新片区生物医药产业规划调研座谈会”“促进嘉定区生物医药产业发展座谈会”和“普陀生物医药发展座谈会”。2．积极有效地指导和推荐项目。累计帮助和指导企业获得政府支持项目 50 多项。3．针对行业热点组织开展各种类型活动。全年主办或参与组织各类主题报告会、专题论坛、展览展出、羽毛球比赛等共计 20 余场。4．有效开展行业信息服务。协会坚持每月按时出版会刊《生物技术产业》，每周向企业发送电子医药信息简报，每日更新协会的门户网站和微信公众平台，为企业提供及时、有效、全面的信息服务。5．培训方面：每年定期举办“生物医药大讲堂”暨继续教育基础选修课培训。因疫情，生物医药大讲堂以线上网络课程的形式呈现，全年培训人次总计超过 5500 人次。

（三）促进长三角一体化，加快转型升级融合发展的高质效能。1．协会与安徽省医药行业协会、浙江省医药行业协会、江苏省生物化学与分子生物学学会、浙江省金华医药与健康协会等友好协商，联合相关园区和第三方资本发起成立“长三角生物医药产业服务联盟”。2．协会与同济大学经济与管理学院、必维集团等联合相关企业、园区发起成立“长三角新基建和城市精细化管理产业联盟”。3．在三省一市（江浙皖沪）生态环境局（厅）支持下，协会作为编制成员单位之一，参与制药工业大气污染物排放标准的制定工作，形成《制药工业大气污染物排放标准》（征求意见稿）。同时，协会积极与长三角相关园区合作，承担完成启动生命健康科技园管理委员会《启东生命健康科技城生物医药产业高质量发展三年行动方案（2021—2023 年）》等。

**三、强化规范管理，提升精准服务的能级**

（一）完善法人治理管理，健全规范化管理。协会按照《上海市全面推开行业协会商会与行政机关脱钩改革工作方案》通知精神和协会章程，以“五分离五规范”为准绳，积极做好脱钩改革工作，按期完成脱钩改革。

（二）夯实党建工作，促进协会发展。协会党支部遵照市委和工经联党委的统一部署及工作安排，认真制定并实施“不忘初心、牢记使命”“四史学习教育”和《习近平谈治国理政》（三卷）学习计划，编写“四史”学习教材 3 册。累计上党课 23 次，党员积极分子书面学习体会人均 2 次以上，并组织参观“不忘初心伟大征程——从建党到建国红色文物史料展”“宁波杭州湾新区沪甬合作党建联盟中心”和“中国银行行史陈列馆”等。还顺利完成协会党支部换届选举。

（三）全面加强协会自身的能力建设，稳步推进三项基本工作制度。1．绩效考核制度。协会将秘书处全年的工作计划分解为六大板块，张贴于办公室内，每月更新，公开接受会员单位和秘书处工作人员的监督。秘书处工作人员的全年工作进度也及时上墙公开，每个岗位都制定细致严明的标准。2．会员单位数目稳步提升。全年发展新会员 15 家。3．建立健全协会宣传沟通平台。积极改善协会微信平台，配合协会官网等渠道，及时发布开展重大会议或活动的新闻、简报和消息。

（四）凸显社会责任，发挥行业履职的力量。在“2020 上海市企业社会责任报告发布会”上，协会作为行业协会代表再次向社会公开发布关于 2019 年度所属生物医药企业社会责任报告。

（赵　婷）

# 上海医药行业协会

上海医药行业协会成立于 1987 年，是上海制药工业、生物医药、药品辅料、药品包装材料、制药机械、科研院所等单位自愿组成的跨部门、跨所有制的行业性社会团体法人。现有会员单位 245 家。

2020 年主要工作：

**一、主动担当责任，组织动员全体会员携手抗击新冠疫情**

（一）抗击疫情，及时加速反应。根据上海市委、市政府的决策部署和政府相关部门的要求，上海医药行业协会第一时间组织秘书处人员动员学习，统一行动，做好相关预防措施及药品准备。1 月 21 日，协会秘书长赶到位于奉贤的凯宝药业，了解库存和物流情况，并将相关信息及时上报政府有关部门。参加由市发改委、市经信委、市商务委和市卫健委召开的防控应急会议，汇报企业相关药品储备情况，及时把相关药品的生产和库存情况报市经信委，为市领导了解摸底和掌握基本信息发挥作用。协会向会员单位传达市委、市政府抗击疫情总体部署，要求相关生产经营企业积极备货、保障供应；加班生产、保质保量；绝不囤货、绝不哄抬价格。

（二）义不容辞，携手共克时艰。协会及会员企业积极做好应急响应、保障生产、支援疫区等工作，为抗击疫情贡献力量。据不完全统计，至3月初，部分会员企业为疫情防控捐助现金2260万元、口罩24.1万只、手套31.8万只、防护服20058件、医用帽子1.6万个、医用床单100卷、紫外消毒车30辆，捐助药品金额3219.29万元、诊断仪器及试剂等医疗物资2101万元等。协会得知养老机构有消毒液需求后，出资20万元购买100箱乙醇消毒液全部捐赠给上海民政系统养老服务机构。

（三）深入调研，支持企业复工。为配合企业复工复产需要，协会向全体会员单位发布《关于近期医药行业加强疫情防控和加快恢复生产的通知》。支持配合会员单位，一手抓疫情防控；一手抓复工复产。协会积极参与市委统战部、市财政局、市民政局、市工商联等组织的“政会银企”四方合作机制，帮助上海延安药业等与上海农商行达成300万元的授信贷款协议。协会抗疫工作得到市发改委、市经信委、市商务委、市市场监管局、市民政局和市工经联等有关部门和单位的充分肯定。

**二、日常工作不断不乱，稳步推进各项重点工作目标达成**

（一）深化行业企业品牌研究和行业标准化建设，引导行业高质量发展。继2018年、2019年两度发布上海医药行业企业品牌指数后，协会与上海市社科院品牌发展研究中心进一步深化合作，结合品牌发展的新形势和新要求，在总结经验的基础上，持续对品牌指数指标体系进行优化，保证品牌指数研究的科学性和可靠性。同时，持续优化行业团体标准申报和发布平台，相继与上海市药品审评核查中心和部分企业合作发布《人用重组单克隆抗体制品生产通用技术要求》《窄治疗指数药物质量评价及标准制订的通用技术要求》《化学药品药学研究质量管理指南》等3个团体标准，均为国内首次发布，在业界引起广泛关注。

（二）强化行业高技能人才培养基地建设，加快急需人才培养。协会持续深化上海高技能医药人才培养基地建设，积极推进专项技能、新型学徒制、等级评价等项目开发。完新型学徒制项目完成1个招生和5个开班，包括药物制剂工（高级）2个、药物制剂工（中级）2个、药物检验工（高级）2个，完成医药商品储运员（中级）1个班的培训和39人的鉴定考核。协会被市人社局、市经信委共同推荐申报国家级高技能人才培训基地建设项目，获批国家级高技能人才培训基地。协会上海医药行业职业技能鉴定所接受上海职业技能鉴定中心组织的验收并获高分通过。协会组织完成继续教育及行业政策解读系列培训工作，在4个月内共计有126家企业近3000人次参加培训，学员选课突破6700人次。

（三）推动“产学研用”开展学术联动，倡导科学抗疫和合理用药。协会以主办专业学术期刊《上海医药》为载体，广泛联系医院和药企，积极倡导科学抗疫，提供全方位、多维度的学术服务。《上海医药》杂志克服疫情困难，完成12个主题的策划及组稿，紧扣“抗疫”主题策划“抗疫”专刊出版，凸显临床和产业界在抗疫工作中的突出成绩和贡献。杂志严格编务管理，办刊质量持续提升，月均发行量达到一万多册，并顺利通过上海新闻出版局的期刊年检。为配合药品质量工作的推进，协会策划组织“药品质量与安全用药——质量万里行”系列学术活动，围绕高风险药物的质量与安全用药问题，先后在全国10个城市陆续展开线上研讨活动，引起较大反响。

（四）开展疫情中调查和后疫情研究，提出发展对策和建议。协会积极承接政府及相关单位的购买服务，通过开展行业战略研究、价格监控及行业统计分析，为疫情期间和后疫情时代政府决策和行业发展提供重要的决策参考。2月底，会员单位进行“医药行业企业疫情影响及复工复产情况调研”，为政府相关部门和上级单位了解真实情况、出台相关措施提供重要参考。5月初，完成“上海医药复工复产中面临的主要困难及相关建议”调研报告，对现阶段亟须政府为企业提供的指导或扶持、对医药行业的未来发展提出对策和建议，受到政府相关部门高度重视。

（五）发挥桥梁纽带作用，搜集整理政策反馈和行业发展建议。协会围绕疫情防控、产业发展和监管需要，采取多种方式，搜集整理政策反馈和行业发展建议，参与政策制定。1月9日，协会首次承办全国“两会”代表（委员）提案建议华东地区调研会，来自上海和华东地区医药界人大代表、政协委员和重点医药企业负责人100多人出席会议，搜集整理的20多条提案建议素材全部入选提案素材目录。协会参加上海市推动生物医药产业高质量发展的重要会议，参加市委组织部、市委党校、市经信党委主办的推动上海生物医药高质量发展专题研讨班，参加市人大常委会主任蒋卓庆召集的医药行业专题调研座谈会，代表行业和企业提出多项推动上海医药产业高质量发展的意见和建议。协会积极参与市政府有关部门战略性新兴产业和先导产业发展“十四五”规划编制工作组、市国资“十四五”生物医药产业发展专题研究工作组、市《质量状况白皮书》编撰工作组、市人大《上海市知识产权保护条例》立法调研工作组等，参与相关座谈和研讨，提出政策建议。

（六）强化协会内部治理和管理优化，提升服务能力和服务水平。8月中旬，为进一步贯彻国务院《关于进一步规范行业协会商会收费的通知》精神，协会秘书处召开全体工作人员座谈会，逐条学习通知具体规定，并要求在具体工作中不折不扣地加以落实。根据进一步完善内部管理的需要，协会撤销在不同时期设立、已不适应行业发展要求的7个分支机构。同时，继2019年新设立新技术新技能专业委员会、血液病临床和医学转化专业委员会、特殊感染防治专业委员会后，新设标准化技术专业委员会、中西医结合快速康复专业委员会两个专业委员会。协会自2013年以来连续8年发布上海医药行业社会责任报告并获“品牌贡献奖”。

（七）协会高度重视党建工作。协会党支部定期开展组织生活，组织党员学习中共十九大和十九届五中全会精神和习近平同志的重要讲话，全体在职党员及退休党员认真参加组织生活，积极交流思想体会，并结合协会工作开展党建主题活动，确保协会风清气正，促进各项工作的顺利开展。

（姬云程）

# 上海中药行业协会

上海中药行业协会成立于1989年12月，是以上海市中药工商企业为主体集科、工、贸于一体的综合性的社会团体。设立中药饮片专业委员会、中药制药专业委员会和参茸专业委员会。协会立足“服务、自律、代表、协调”四项基本职能，围绕中药经济发展，加强调查研究，强化信息沟通；坚持开展特色服务工作，提升行业社会影响力；加强自律管理，推进行业诚信建设；弘扬中医药文化，促进中药产业的转型升级。

2020年主要工作：

**一、参与抗疫行动，积极建言献策**

（一）主动作为，积极抗疫。协会主动参与市政府相关部门有关抗疫物资生产供应和药品储备情况、复工复产等调研协调等工作。秘书处根据抗疫形势及时建立微信工作群，调整上班方式并建立全天候的值班制度，与会员企业保持联系，坚持为会员企业服务。上半年，协会主动协调上海市驰援武汉的医疗队进驻雷神山医院后遇到使用中药饮片和汤剂的困难问题。针对湖北省大量中药材种植企业、合作社及种植户面临严重的产品滞销困难，协会接到“中国中药材基地共建共享联盟”关于《优先“采购荆楚药材优品，助力湖北经济复苏”》的文件后，当即由协会中药饮片专委会和中药制药专委会下发通知，动员上海中药企业积极响应号召，结合自身生产经营情况加大采购鄂产中药材的力度，部署帮助相关会员单位了解有关情况，协助全国中药材基地共建联盟湖北联络站进行后续对接工作。

（二）当好桥梁，发布消息。协会及时在网站上发布市经信委《关于开展征集第一批防控新型冠状病毒感染的肺炎疫情新技术、新产品、新应用的通知》；根据市药监部门的要求，在药品零售企业微信工作群中发布《关于加强中药饮片审方工作的通知》，在网站上发布《关于加强新型冠状病毒肺炎疫情防控期间广告管理的通告》，在第一时间公布《新型冠状病毒感染：零售药店工作指导与防控策略专家共识（第一版）》。根据抗疫形势，协会培训中心及时发出“暂停中药调剂员实训”的通知，以确保安全。

（三）及时调研，反映情况。协会在会员企业中开展应急防护用品需求排摸和复工复产情况调研，对企业复工复产过程中遇到的问题和困难进行梳理，形成《疫情对上海中药产业带来的初步影响和产业发展机遇》材料，向有关部门汇报。协会还坚持做好对会员企业的服务工作。有药品零售企业的员工体检证书即将到期，经与药监部门联系，企业及时得到特殊时期特殊处理的回复。

（四）收集资料，弘扬先进。从1月底开始收集会员企业抗击疫情感人事例，在协会网站连续刊登几十篇报道，宣传一线员工和共产党员的专业精神和无私奉献。为此，收到市经信委发出的感谢信。

**二、加强专业服务，促进复工复产复业**

（一）重视中药储备工作。针对中医药在治疗新冠病毒患者中发挥的重要作用，协会提出《关于做好本市中药储备应对突发疫情的建议》，引起有关主管部门领导的重视，并通过有关渠道上报。经市政府安排，由市中医药管理局牵头协调，协会及时帮助相关企业做好衔接工作。

（二）继续为广大会员单位做好培训。协会对原有管理系统进行二次开发，GSP（药品经营质量管理规范）培训全部采用网上报名、网上付费的形式，已开办9期共609人次、上门送教煎药培训61人次、中药调剂员培训举办6个班共189人。积极推进“上海市中药行业高技能人才培养基地”的建设，并获“上海市中药行业高技能人才培养基地”授牌。《中药（饮片）鉴别》《中药煎药》两个专项能力等共3个项目通过有关部门审核。

（三）开展中药保护品种调研。协会协助国家中医药管理局开展上海中药保护品种的调研工作，涉及绿谷、凯宝、黄海等5家中成药生产企业的注射用丹参多酚酸盐、痰热清注射液、扶正化瘀胶囊等7个品种。同时，做好中药饮片价格信息服务工作。受上海医保局的委托，协会信息办提交中药饮片市场价格信息共四批。

（四）办好中成药杂志。协会主办的《中成药》杂志坚持办刊宗旨和杂志特点，优先刊登反映抗疫中成药的品种及中成药研究的新理论、制剂工艺、药理作用、临床应用、质量标准及炮制方法等研究成果，为从事中医药工作的高校、科研院所师生及医师、研究人员及管理者提供交流平台，专业性和学术影响力进一步扩大。

（五）组织评选名优产品。本次申报行业名优产品共 75 个。其中中成药产品为 39 个，涉及 10 家中成药生产企业；中药饮片为 36 个，涉及 10 家中药饮片生产企业（其中一家兼产）。16 家申报企业全部为去年申报企业，3 家为 2020 年新申报企业。共 73 个品种通过评审上榜。

**三、弘扬中医药文化，推进中医药发展**

（一）主办野山参文化节。11 月 21 日，由协会主办，上药神象公司和蔡同德药业公司联手承办的第六届上海野山参文化节在蔡同德堂隆重开幕。开幕式现场展示优质野山参、野山参粉，以及鲜参、野山参膏方、人参花茶等多类野山参养生产品。活动邀请上海市煎膏非遗传承人现场熬膏，赢得消费者的口碑。开幕式举办的养生知识讲座受到市民欢迎，下午和晚上还在多个线上平台进行直播。开幕式后两天，野山参销售明显增长。第六届上海野山参文化节各个分会场的活动持续到年底，举办“野山参鉴别技术高级研讨班”，进一步促进野山参和参茸业务的市场复苏。

（二）开展传承精华工作。受市中医药管理局委托，组织开展申报 2020 年上海市中药专家传承工作室建设项目，上药杏灵高崎等 6 个中药及上海群力中医门诊部韩龙惠等共 7 个中医药专家传承工作室获上海市卫生健康委批准建立，并落实专项扶持资金，分属饮片、中成药生产企业及中药商业企业。

（三）协办上海市中医药产业研讨会。在“上海市中医药产业研讨会”上，协会组织并主持 8 家企业和机构进行圆桌论坛，分享中医药的最新成果、最新理念等，分析中医药产业转型升级的重点难点问题，探索中医药产业创新发展的可行路径，受到政府、行业和媒体的关注，也扩大协会影响力。

（四）弘扬传统。为做好中医药传承创新发展工作，经市卫健委和中管局同意，协会联手市医师协会开展颁发“上海市从事中医药工作 50 年人员荣誉证书”工作，全市共有 18 位中药工作者获此荣誉。同时，按市人力与社保局、卫健委和中医药管理局的要求，开展“上海市中医药杰出贡献奖评选表彰工作”，许锦柏光荣当选。

（五）推荐中成药大品种。受有关部门委托，协会组织申报国家中医药管理局“临床优势中成药品种”，涉及雷允上、和黄、凯宝等 6 家企业共 10 个品种，为企业发展助力。

（六）培养技能人才。协会培训部组织企业参与“第 46 届世界技能大赛倒计时一周年”活动，开展“相约上海，技能筑梦”中药技能推广的主题活动。11 月初，组队参加第六届全国医药行业特有职业技能竞赛，雷允上（西区）药业有限公司吴昊获中药调剂员（职工组）个人三等奖；协会获“优秀组织奖”。协会开办“定制膏方加工上岗证”培训班，有 30 家单位的 86 名员工参加。

（七）报批上海市第五届工商业领军人物。中药行业共有 3 位优秀企业家获此殊荣，即蔡同德药业总经理杨清、凯宝药业总经理穆竟伟和第一医药总经理周洁。他们以改革和创新精神带领企业走观念创新、科技创新、制度创新、管理创新，实现科学发展之路，在行业中起到领先推动作用，推动中药行业高质量发展。

（八）开展“传统香袋评比”。有 80 个品种规格参加，16 家单位评选出 16 个精品，其中荣庆堂的香袋被评为上海非遗产品，雷允上西区和九和堂的香袋被上海市消保委评为“上海市伴手礼”，形成协会特色活动“夏有香袋，冬有膏方”，促进行业传统产业发展。

**五、推进行业标准建设，提升行业自律水平**

（一）发布《上海中药行业中药煎药质量管理规范（修订版）》。5 月 11 日，协会召开医疗机构委托中药煎药资质评估检查工作会议，组织检查组成员深入学习煎药企业资质评估检查内容和新版管理办法；在做好全面防疫工作的基础上，开展煎药企业资质复评工作。协会将《上海中药行业中药煎药质量管理规范（修订版）》向有关部门申报团体标准，于 4 月 27 日发布（团体标准 T/ZYJ000107-2018），并接受验收合格通过。

（二）启动野山参团标工作。协会启动建立《上海中药行业野山参分等质量标准（团体标准）》，并在第六届上海野山参文化节开幕式上宣布，携手上药神象健康、蔡同德等 9 家企业向本市中药企业发出旨在提升野山参产品的品质，保护消费者权益，加强行业自律管理的诚信倡议书，此项工作受到媒体的关注和好评。

（三）建设溯源饮片体系。协会一直抓紧中药饮片质量追溯体系的建设工作，信息化管理软件开发工作已完成；第一批（11 个）品种标准制定完成，信息备案工作全面展开，其中西红花已在部分医院试销售，完成《上海中药饮片质量追溯体系建设管理办法》征求意见稿。9 月 9 日，协会和云南省中药材种植养殖行业协会共同承办的全国“消费促进月”——云南省中药材追溯主题会议在昆明顺利召开。协会还组织对行业饮片骨干企业的溯源饮片成本调研，为启动溯源饮片的试点实施做好配套准备。

（四）完成煎药企业资质评估及复评换证工作。截至 2019 年末，业内接受医疗机构委托煎药资质的企业 47 家，其中 29 家提交复评申请。经医疗机构、行业和协会三方联合检查小组现场评估，检查合格的有 21 家；要求企业限期整改经复查合格的有 4 家；延期复评的有 1 家；不符合复评条件被否决的 1 家。现持有效煎药资质评估合格证的有 41 家（含 1 家限期整改待延期复评的连锁公司）。其中饮片生产企业 13 家，实行集中加工的连锁公司 7 家，饮片零售药店 21 家。

（五）规范定制膏方市场。有 57 家加工单位提出申报

"上海中药行业定制膏方规范加工单位"，其中5家是新申报单位，协会按照规范要求进行核查，其中4家符合要求，并在《新民晚报》《上海中医药报》《上海医药报》等媒体和会刊刊登"2020年度定制膏方加工单位名单"以及承诺书。同时，对本年度定制膏方加工申报单位进行动态检查。

（朱嗣方）

# 上海保健品行业协会

上海保健品行业协会成立于1985年7月5日，是由生产、经营保健品等相关产品企业及有关事业、科研单位与科技工作者自愿组成的专业性的非营利性社会团体法人。现有会员单位185家。

2020年主要工作：

**一、加强行业自律，认真开展保健食品专项整治**

4月，国家市场监督管理局等七部委联合印发《保健食品行业专项清理整治行动方案（2020—2021）》，协会认真贯彻落实，多次召开相关单位专题会议，要求会员企业按照通知要求，提高思想认识，进行自查自纠，采取切实有效措施，坚持诚实守信，自觉遵纪守法，依法生产经营活动。生产企业应增加保健食品质量安全意识，承担保健食品质量安全第一责任人的责任，认真落实保健食品标签、说明书相关规定，严把原料、食品添加剂使用关，严格落实进货严查制度，认真执行保健食品安全管理制度，建立健全保健食品安全追溯体系。经营企业要严格遵守食品广告审查管理规定，加强本企业产品广告宣传的严格审查，自觉抵制保健食品夸大、虚假宣传，提倡自律诚信，倡导放心消费，弘扬社会道德，做良心产业，树道德大业，为确保人民群众"舌尖上的安全"作出积极贡献。

**二、增强责任意识，为会员企业排忧解难**

协会秘书处先后走访50余家会员单位，开展行业调查，了解企业生产经营情况，帮助企业解答生产经营所遇到的法规方面的问题。5月，大多数企业刚刚复工复产，协会举办保健食品政策法规解读与互联网营销新生态线上线下研讨会。来自本市130多家保健食品生产经营企业与现场4位专家老师交流互动，解答会员单位在生产经营中碰到的各类困难和问题，得到参会企业一致点赞。11月，在第11届中国国际健康产品展览会开幕之际，协会组织召开"第二届营养与保健食品产业发展论坛"，论坛邀请多位营养学专家作关于营养与免疫力、膳食营养与健康老龄化、第五代保健食品研发策略的演讲，会员单位100余人参加论坛。

**三、切实履行使命担当，全力以赴做好疫情防控工作**

协会号召会员单位积极行动，为疫区捐赠物品，为奋战一线的医务工作人员提供健康保障，切实履行使命担当。协会副会长单位新（中国）日用保健品有限公司、上海春芝堂生物制品有限公司、上海交大昂立股份有限公司、上海黄金搭档生物科技有限公司等12家单位向武汉或上海的医疗机构捐赠物资，为医护工作者提供健康保障，以实际行动助力疫情防控工作。

**四、精心组织筹备，圆满完成换届选举工作**

从6月起，协会启动换届筹备工作，协会成立换届领导小组和工作小组，认真起草相关文件，同时按照民主办会的原则走访会员单位，召开座谈会，充分听取会员单位意见。推荐产生新一届理事会候选人名单。12月上旬，召开八届一次会员大会和八届一次理事会，以无记名投票方式选举产生协会新一届理事会及新一届监事会，产生新一届协会负责人，圆满完成换届选举工作。

（朱惠雄）

# 上海市食品协会

上海市食品协会成立于1982年2月，是上海最早成立的行业管理组织。2012年，协会为5A级社会组织，被工信部授权具备食品工业企业进行诚信体系建设评价资质，并获得"中小企业服务平台"和"上海中小商务流通企业公共服务平台"资格。现有会员单位615家。

2020年主要工作：

**一、注重行业创新，提高行业技能**

举办"南顺杯"2020第四届上海蝴蝶酥技能大赛，以及"瑞华杯"第三届上海市食品行业月饼技能比武等活动，鼓励会员企业增强创新意识，提升产品品质，改进包装，创建品牌，努力构建"要素链接、产能链接、市场链接、规则链接"的桥梁，培育和涌现出一批在业内外有影响的品牌产品和品牌服务。

协会先后完成装饰蛋糕制作、糖艺制作、硬质面包制作、甜品制作等4项专项能力开发，根据形式变化，设立经典咖啡制作、花式咖啡制作两个专项职业能力培训项目。通过加强职业能力项目的研发和职业人才的培养力度，以及后续开展的相关培训工作和高技能人才认定等工作，提高行业技能水平，推动行业可持续发展。

**二、推进区域合作，增强品牌意识**

承办“2020长三角食品产业创新发展论坛”，参与建立长三角食品产业创新合作联盟，主办2020年度长三角名优食品认定工作，经长三角名优食品评审委员会综合评审，认定上海金枫酒业股份有限公司的“和”牌黄酒等200家企业的202种产品为“2020年度长三角地区名优食品”。其中，上海地区有49家企业的49种产品入选。举办2020年度长三角名优食品之夜和品牌建设交流大会，鼓励上海食品企业打到全国各地乃至海外，促进长三角地区的食品行业发展。

**三、走出国门跨界，推动布局全球**

协会鼓励上海食品企业以更开放的理念、更包容的方式，搭建国际化跨界融合、创新合作平台，高效利用全球创新资源，打造多点支撑的食品行业增长格局。通过产品出口、文化输出、海外建厂、并购等方式，实施“走出去”的发展战略，积极主动参与国际市场的竞争，开始全球市场的布局。

**四、优化产业结构，促进稳步发展**

1. 推动食品行业优化产业结构。基本完成现代食品工业产业布局，培育壮大一批骨干企业。同时，食品工业规模以上企业节能指标进一步提高，一大批关键共性绿色制造技术实现产业化应用，形成一批绿色发展的示范企业。2. 促进搭建行业数字框架，推动技术创新平台建设。上海建设数字城市的特征和趋势，努力破解数据应用瓶颈，开发激活应用场景，引导企业在大数据的背景下有序发展。3. 创建和赋能产业集群。推动国内外食品行业、企业之间的交流与合作，借鉴各地先进经验和做法，创建辐射和赋能更广区域的头部企业和具有核心竞争力的食品行业产业集群。4. 建设经济联通性通道。保持与市商务委、市经信委、市食药监局、市文旅局等政府部门及相关机构的联系，参与“市标”“国标”和相关标准的修(制)订工作，增强行业话语权。充分发挥与各区商委（经委）的联系联席会议机制作用，开展市区共建活动。配合政府相关部门做好诚信管理体系标准的培训、体系建立，咨询和诚信管理体系的评价、培训和企业诚信管理体系申报工作，以及各种资源对接工作。5. 打造创新型经济高地。组织专家深入企业开展专题调研、专题研讨。进一步加强与科研单位、大专院校的联系与沟通，借助于智力推动产品结构向多元化、优质化方向发展。发挥上海市食品行业高技能人才培训基地的优势，加大技术人才的培训力度，高质量做好食品行业人才培养和各类职业技能竞赛组织、赛前培训和比赛等工作。6. 创建多种要素流动增值平台。进一步加强上海特色旅游食品推荐评测、长三角名优食品申报以及长三角名牌互认等工作等平台的建设，高质量做好各类高水准展会的主办、承办和参展，以及推荐评测等工作；举办高水平、理论观点超前的论坛。

（沈源琼）

# 上海硅酸盐工业协会

上海硅酸盐工业协会成立于2003年12月5日，是由江浙沪等地区从事陶瓷、玻璃、晶体、耐火、建筑材料、无机能源、无机生物和环保、无机涂层及膜材料的生产、设备、检测仪器等制造企业，以及与之相关的大专院校、科研和设计咨询机构组成的社会团体。协会以促进新型无机材料产业发展，加快传统硅酸盐材料技术改造和进步为宗旨，积极开展企业技术培训、技术咨询、国内外信息交流、新产品联合设计、联合试制和推广等服务。现有会员单位80余家。

2020年主要工作：

**一、聚焦党建融合发展，规范行业诚信从业**

协会认真履行市经信委、市社团局、市工经联的的工作部署，按照中共中央、中共上海市委关于加强社会组织党建工作的要求，抓好科技社团党风廉政建设，引导社会组织依法执业、诚信从业，参与社会治理，发挥好政治引领的作用。8月18日，协会联合党支部召开一届七次党员大会暨“四史”学习教育主题党日活动，上党课、进行“四史”学习答题竞赛。8月，联合党支部发起制止舌尖上的浪费，培养文明餐饮习惯的倡议，培养节约习惯成为公民自觉行动。11月17日，根据市工经联党委“四史”学习教育工作的相关部署，联合党支部与上海市企业法律顾问协会党支部联合开展党建联建活动，参观位于上海市工人文化宫内的上海工匠馆。

**二、抗击疫情，加强理事会职能建设，引导会员单位复工复产**

2月7日，为加强新型冠状病毒肺炎疫情防控工作，遏制疫情蔓延，保障行业人员健康安全，协会成立以会长为组长，副会长和监事长为副组长，理事为组员的“上海硅酸盐工业协会疫情防控工作组”。各会员单位积极行动，及时传递党和政府的决策部署、疫情信息，普及新型冠状病毒肺炎相关知识、预防措施，抗击疫情，复工复产。

11月—12月，协会召开理事会议和会员大会，汇报2020年度工作，提出2021年工作计划；审议修改《协会章程》，审议通过法人变更决议。

**三、承接政府职能，提供精准服务，服务实体经济**

6月18日，在国家技术转移东部分中心、全国高校技术市场、上海硅酸盐研究所、上海大学和各会员单位的支持下，由市科委指导，协会主办的“第三届长三角创新挑战赛——工业陶瓷领域专场赛”，在会员单位上海恒脉陶瓷技术有限公司启动。创新挑战赛针对具体技术创新需求，通过“揭榜比拼”方式，面向社会公开征集解决方案。旨在通过赛事打造“寻—研—匹—转—孵—投—产”能力的行业技术转移的生态链。

协会对标长三角协同发展理念，先后走访江苏宝联气体有限公司、浙江建德天一玻璃制品有限公司、常熟创新陶瓷有限公司、浙江宇清热工科技股份有限公司、杭州湾产业协同创新中心，提供点对点服务。另外，协会接待和走访上海鑫诺玻璃技术有限公司、嘉定北斗产业园、上海罗金光电科技股份有限公司、霍尼韦尔、上海恒脉陶瓷技术有限公司等，为企业研发生产提供有力支撑。协会关注生物医药产业疫情热点，多次互访交流，助力南通中硼硅电助熔炉生产线项目自主创新，解决面对新的国际环境所带来的一系列“卡脖子”技术问题。10月—11月，协会与副会长单位中建材国际工程集团有限公司组织互访参观交流活动，就团体标准制定、校企人才交流、职称评审、奖励推介方面的工作进行重点磋商，促进创新资源共享，更好地发挥专业优势和平台优势服务以企业为主体的技术创新体系。

7月17日，协会召开上海硅酸盐工业协会职称评审会议，通过现场答辩，有3位通过副高级职称评审，2位通过中级职称评审，1位通过初级职称评审。9月，职称评审委员会根据科技部、教育部、人力资源和社会保障部文件精神，修订《上海硅酸盐工业协会技术职称评审管理暂行办法》《上海硅酸盐工业协会技术职称评审总则》。

（顾中华）

# 上海针织服装服饰行业协会

上海针织服装服饰行业协会原名为上海针织行业协会，成立于1987年5月；2002年12月，更名重组为上海内衣行业协会；为适应市场快速发展需求，2017年2月经上海市民政局社团管理处批准，更名为上海针织服装服饰行业协会。主要由针织服装、文胸、袜子、服饰、时尚产业等企业组成。协会获“中国驰名商标”“中国名牌”“上海著名商标”品牌的企业有三枪、古今、安莉芳、恒源祥、北极绒、帕兰朵、民光、海螺、华高、凤凰、钟牌414、菊花、鹅牌、飞马、东珠等，汇聚了上海乃至在全国都有影响力的著名品牌。现有会员单位99家，其中民营企业70家，占70%；国企22家，占23%；合资和外资企业7家，占7%。

2020年主要工作：

**一、危难时刻见证力量，同心同德战胜疫情**

协会启动快速通道，与会员单位保持密切联系，并通过微信公众号，发布政策汇总达27项次，确保中央和市府的政策信息第一时间传达给会员单位，同时提供咨询和指导。开展调查研究，促进政策对接，互通联系累计达120多次，有效推动整体抗疫和复工复产的进程。

会长单位上海龙头股份有限公司跨行转产口罩与防护服，15天改建成2000平方米医用防护服清净车间，11天改建成第一条口罩生产线，快速形成50条产能规模。副会长单位安莉芳有限公司、艾谷针纺织品有限公司、华高针织有限公司、华钟袜子有限公司、北极绒（上海）纺织科技发展有限公司以及理事单位上海纺织时尚定制有限公司等企业，全力抓品种转移，争分夺秒抢时间，开发设计新的防疫服装，转产前线急需的口罩，为缓解防疫物资紧缺释放出新的能量。上海帕兰朵纺织科技发展有限公司加大科研投入，大力开发抗菌型新材料，加快进行抗菌新材料转向抗病毒新材料的可行性研究。上海龙头进出口有限公司疫情之初仅一个月就在全球紧急采购防疫物资共230万只（套），3万多瓶消毒液，1万瓶酒精喷雾，并第一时间调拨到抗疫前线，为拯救生命抢占先机。

**二、全力彰显爱国情怀，企业勇担社会责任**

副会长单位三枪集团通过上海市慈善基金会向抗疫一线捐赠保暖内衣及各类物资64万件／套，捐赠的产品覆盖到10个省的120多个援鄂医疗队，使1.6万多位医护人员得到爱心、暖心、贴心的保暖内衣。古今内衣集团捐献2000万元，支援湖北的抗疫斗争。上海恒源祥制衣有限公司和恒源祥袜业有限公司、上海东珠针织服装有限公司、江西恒康麻业针织有限公司等企业在武汉抗疫前线最急需口罩的关键时刻，第一时间捐赠口罩和其他急需的慰问品以及现金，专项慰问抗疫前线的战士。

**三、在危机中孕育转机，加快行业复苏步伐**

副会长单位上海纺织时尚产业发展有限公司创新发展，逆风前行，不断推动时尚产业向高质量发展，并多举措筑牢“疫情防控网”，做好园区的“守门员”。卓维700创意产业园区坚持做好粗放型管理向有主题、有特色的精致服务转变的工作，使产业业态加快向文化创意产业园转变，影响力得到极大提升。上海国际时尚中心园区管理有限公司线下线上齐发力，快速形成品牌直销，累积上万客户。上海国际设计交流中心企业管理有限公司全方位制定防控措施，精准施策，落实督查，做到不遗漏、堵死角，公司上下加快企业复苏步伐。上海M50文化创意产业发展有限公司、上海五维婚纱艺术产业发展有限公司用忠诚和担当筑牢防疫篱笆，用行动书写防疫生动画卷。上海国际时尚教育中心及时开通网上教育，开设美 = 色彩 + 风格 + 比例、电商买手与运营、个人形象管理、企业直播技巧实战等课程，让学员及时掌握国际时尚第一手信息。北极绒（上海）纺织科技发展有限公司借助信息化提升精细化管理水平，创新营销手段，开拓短视频私域流量、淘宝直播、抖音快手带货等营销新领域，获得效果。上海海螺服饰有限公司通过加强线上线下联动、拓展社群私域渠道、形成多渠道布局等手段，来应对疫情之后所应面临的一系列市场变化。

为帮助企业尽快复苏振兴，协会充分运用信息资源和人脉关系，为企业搭建互通合作的操作平台，为中小企业特别是民营企业在勇渡难关中出点子，解难点，并组织召开量子科技在行业中推广座谈会和协办“2020中国国际针织（秋冬）博览会”，全力为企业提供各类精准的服务。

（闻天恋）

# 上海纺织协会

上海纺织协会成立于2008年，是上海纺织服装产业的联合会，涵盖生产制造、国内外贸易、商业、科研院校、设计及品牌营销、时尚创意园区和服装、家用纺织品、非织造材料、纺织品商业行业协会（学会）社团机构等多种经营类别，并辐射至长三角，具有广泛的覆盖面和代表性。纺协下设纺协时尚产业、产业用纺织品、长三角毛纺织、棉纺织印染、纺织机械器材等5家分会，并设有上海纺织协会信息中心、时尚创研中心、时尚产业创新服务中心、纺织产品质量管理中心和知识产权保护专业委员会、熔喷技术专业委员会、大虹桥服装服饰出口创新基地专业委员会等，是推动上海纺织服装企业转型发展的专业服务机构和促进上海时尚之都建设的重要平台。现有会员企业超过390家。

2020年主要工作：

**一、确立“一”个目标**

纺协把创建“有特色、有担当、有温度的纺织服装联合会”作为工作目标。（一）积极探索成为紧密与宽松相结合的联合型协会，注重与专业型协会和分会资源共享、优势互补，重点开展单个协会难以完成而必须联合起来才能做成功的事。（二）纺协以“疫情就是命令，防控就是责任”为宗旨，与企业并肩战“疫”展现出应有的担当和作为。（三）接地气解难题，急企业之所想，解企业之所难，大事小情，出主意，办实事，为政府出谋献策，为企业排忧解难。

**二、实施“二”个助推**

（一）抓住防疫抗疫攻坚战，做好宣传和助推服务。纺协以“疫情就是命令，防控就是责任”为宗旨，联合家纺、服装、长三角非织造等专业协会，组织会员企业捐款捐物、对接防护物资生产供应、协助政府部门隔离防控，切实发挥联合会的资源优势、组织优势和功能作用。坚持做到以下“五个第一”：第一时间协调、组织口罩、防护服等重点物资生产；第一时间组织会员企业积极参与“一起抗疫，纺织人在行动”公益活动；第一时间做好“协会会员企业驰援抗击疫情”先进事例收集和发布，做好抗疫重点企业“一手抓防控，一手抓复工复产”情况统计分析；第一时间发布政府复工复产复市的扶持政策，及时建立“政会银企”四方合作平台；第一时间调研排摸企业的需求，互相抱团取暖。

（二）聚焦品牌建设和发展，助推上海纺织制造业在大变局下高质量提升发展。发挥纺协产业创新服务中心、纺协情报中心和各专业协会、分会的作用，确定重点企业开展调研，跟踪分析发展动态、亮点、难点与需求，及时提供助推服务，促进行业在大变局下持续健康发展。1．深入企业调研总结，实施品牌强企推进工程。围绕上海纺织制造业在后疫情时期和大变局下的生存与发展，秘书处组成调研小组并由常务副会长、秘书长带队走访重点企业开展调研，了解企业疫情下发展现状和发展规划，共同分析行业发展态势，为企业下一步发展提供专业性指导。2．成立上海纺织协会熔喷技术专业委员会。10月28日，以上海米汉科技有限公司、上海大胜卫生用品制造有限公司、上海东隆羽绒制品有限公司、上海中昊针织有限公司等30多家企业发起的纺协熔喷技术专委会揭牌成立，组织成员企业对熔喷行业的重大技术、发展方向开展调研分析；开展行业的学术交流、研究并指导存量项目改造、新增项目建设；优先为成员企业提供素能培训与专业资质认证服务；创建相关资源评价体系、人才和产品供需平台等。

三、抓住“三”个重点工作

（一）积极维护和运用平台，携手应变增强企业获得感。纺协整合上海市大虹桥国家外贸转型升级基地（服装服饰）平台资源，推动构建不同所有制企业协同创新与发展。截至年底，基地共有43家成员企业，其中23家为民营企业，占基地企业总数的53.48.%。秘书处助推各种所有制企业在研发平台、展示平台、营销平台、培训平台、跨国投资平台等领域相互开放，共同协作，先后组织“防疫物品海外出口专题研讨会”、举行“走进企业，共议发展之策”和积极应对中美贸易摩擦为主题的专题会议，交流企业发展之策和应对贸易摩擦及规避贸易风险的经验，相关企业开展针对性的业务对接。在国家外经贸发展、文化创意、品牌发展等专项资金精准落地方面进一步组织专题培训，帮助会员企业申报专项资金，享受政策红利。据不完全统计，大虹桥基地的43家企业二次共申报国家外经贸发展专项资金项目近100个，经审核和专家评审，89只项目被获准，支持资金达到5200万元左右。

（二）坚持把握行业趋势，努力消解疫情带来的负面影响，编纂好新版《上海纺织产业发展报告》。建立“上海市消费品工业经济运行和投资项目”跟踪分析平台，实施“三个加强”，即加强轻纺重点企业针对性调研，加强轻纺行业综合数据分析，加强政策和形势的判研与发布。7月初，纺协编纂出版《上海纺织产业发展报告（2019—2020）白皮书》。

（三）加快企业向长三角的拓展，助推企业全球化布局。1．充分运用纺协与东方集团为主发起成立长三角时尚产业联盟平台，采用线上形式加快会员企业与长三角企业的拓展合作。6月，纺协携50多家会员企业应邀出席“2020年首届盛泽时尚周长三角丝绸时尚论坛”。10月，30多家会员企业赴宁波国际会展中心参加“2020宁波时尚节暨23届宁波国际服装节”。组织温州时尚产业联盟赴上海纺织服装的品牌考察。纺协还与动漫行业协会联合举办“2020长三角动漫产业高峰论坛——后疫情时代的动漫产业生存之道”，签署战略合作备忘录，通过跨界联合，借助动漫翅膀，助推行业创新发展。2．在市商务委的指导和支持下，会同市工商银行组织近30家外贸企业举行“出海优品云洽全球”上海外贸全球线上供需对接会（纺织专场），与来自日本、新加坡、柬埔寨、越南、缅甸、英国、阿根廷、秘鲁等7个国家和地区的企业代表开展线上贸易接洽活动。3．会同乌兹别克斯坦驻上海总领事馆组织召开中乌纺织协会及企业视频会议。四是会同“上海之帆”组委会召开2020年“新加坡纺织、服装服饰主题”线上对接会，邀请中、新两方来自纺织、服装服饰行业共17家企业参会并进行线上交流。

四、促进“四个”强化

（一）强化桥梁纽带作用，急政府所急，想企业所想。围绕政府相关政策出台，1．举办政策对接和政府专项资金解读会，推动政策落地。在举行上海市大虹桥国家外贸转型升级（服装服饰）理事会暨上海纺织协会大虹桥国家外贸转型升级基地专委会会员大会和部分重点企业专题会上，邀请相关政府部门和有关专家对政府重大战略决策、产业扶持政策、行业发展动态等进行解读介绍，将政府部门最新政策信息及时传递给企业，帮助会员企业了解政策，争取政策支持做好对接与服务，促进行业发展。2．邀请金融、税务、劳务等方面的专业人士，运用官网、微信公众号，相关会议进行指导，邀请市商务委、市卫健委等及时深入企业组织口罩防护服生产和出口单位参加的防疫用品出口研讨会。3．把企业生产经营困难和对政府政策的需求反映给政府部门。引起政府有关部门的关注和支持。

（二）强化党总支规范化、制度化建设，发挥党总支主体责任。党总支把学好“四史”作为教育党员牢记党的初心和使命、发挥党员先锋模范作用的重要途径，作为党总支规范化、制度化建设的主要抓手。继续与中国银行上海市普陀支行党组织开展共建活动。1．进一步运用好党建工作站平台，交流经验、分享资源、协同发展。市工经联党委第四党建工作站主要由纺协党总支与家纺协会党支部组成。在开展“四史”教育活动中，采用党建工作站集中活动与党组织分别活动相结合的形式。6月24日，组织“挖掘行业红色资源系列活动”之一“追忆革命先烈，重温入党誓词”主题党日活动，观看初心与使命系列电视片《建党伟业》；入党50周年老党员刘福根讲党史谈体会；参观顾正红烈士纪念馆、重温入党誓词。9月25日，组织开展“不忘初心，知史爱党、知史爱国”主题活动，参观金山卫抗战遗址纪念园，开展“不忘初心，永葆政治本色、勇于担当作为”专题组织生活。2．注重发挥党员的先锋模范和党总支的战斗堡垒作用。在疫情期间，从党总支班子成员到每个党员以不同的身份作出应有贡献，100%参与爱心捐赠。不少党员从春节起就投身于助推会员企业转产防疫物资中，配合政府做好复工复产复市工作。

（三）强化纺协综合能级，持续开展规范化建设。1．不断加强秘书处队伍建设，招聘2位年轻人（“70后”“80后”各一位），增强协会的朝气、活力和工作效率，组织秘书处成员参加市经信委、市民政局、市工经联等业务培训，提升团队的学习能力、创新能力、服务能力和执行能力。2．完善各项规章制度，特别是在规范化复评有短板的方面，注重职责明确，责任到人，完善秘书处的内控流程和激励机制。3．完善提升上海纺织协会官网和纺协微信公众号。优化调整版面设置和内容编排，定期不定期推送协会动态信息和政策、形势，开展互动交流，使网站和微信公众号成为政府与企业的交流窗口，会员单位之间的沟通桥梁和展示风采的平台。

（四）强化会员管理和强化各分会、专委及中心的建设。1．加大会员发展力度，注重会员质量和行业覆盖面，规范入会流程，规范会费收缴和铜牌、证书发放制度。引导新老会员履行《章程》规定的权利义务。2．强化会员数据库的建设、维护与管理，建立会员随访制度，在纺协官网开设会员专栏，做好信息及时发布与定期收集。3．实行总会协同制订完善工作条例和商讨活动方案，积极促推各分会、专委和中心自我运行能力，组织开展各类专业活动，不断扩大影响力，团结带领会员企业。根据章程要求，在财务等方面加强监管，促进健康发展，共同推进上海纺织服装产业发展。

（章徽玲）

# 上海长三角非织造材料工业协会

上海长三角非织造材料工业协会成立于2004年，2006年10月更名为现名上海长三角非织造材料工业协会。现有会员单位109家，包括长三角四省一市（江、浙、皖、闵、沪）的非织造材料企业及相关单位。

2020年主要工作：

**一、发挥成员单位优势互补、信息共享作用，打赢疫情防控阻击战**

在市经信委统一牵头下，协会会员单位全力配合政府，协同作战，迅速恢复医用口罩、医疗防护服等防护物资的生产等工作，展现出快速反应能力和高效的执行力。协会利用自身与会员企业密切联系的优势，依托协会的信息、自媒体各微信群等，为非织造材料企业及时提供信息，编制会员单位抗击疫情复工复产的先进事迹上报市经信委，为产业链上、下游制品企业提供急需信息。至年底，共生产口罩3267亿只（出口2242亿只）、防护服24.5亿件（出口23.1亿件，其中医用7.73亿件）。

**二、加强长三角非织造材料工业协会建设，提升协会工作质量**

（一）走访重点企业、了解企业面临的困难与问题，向政府反映企业的呼声与诉求，帮助会员单位化危为机。协会为行业和企业传递大量创新驱动、调整产品结构、谋求新发展的信息和服务。特别是在抗疫战役中，为欧、美、东南亚等地相关协会及时传递相关信息。（二）承接完成市商务委《2020年上海及长三角非织造公平贸易建设服务》服务采购项目。从7月开始协会落实专人每月编印2期信息简报，全年完成12期，信息简报同时抄送市商务委，并由市商务委发布。

**三、参加标准制修订工作**

上年底完成市质监局2018年年初下达的《非织造布单位产品能源消耗限额》《涤纶长纤单位产品能源消耗限额》两项地方标准制修订，两项标准于2020年获市市场监督管理局批准，分别于3月5日、3月25日发布，并于5月1日、6月1日实施。积极参加国际标准化组织《ISOTC38/WG99002非织造材料定义》及试验方法标准修订的相关线上会议及工作。协助组织相关企业申报金桥奖以及专家初审工作，14家企业申报金桥奖，经专家组初评审，同意推荐申报其中的9个奖项，最终4家企业入选，获得项目奖二等奖2项、项目奖优秀奖2项。

**四、举办年会及“第十一届（2020）非织造材料创新及产业应用发展论坛”**

本次论坛主题是集产业链上下游企业的关切和行业发展热点，技术交流、新品推广、筹划未来，推进、培育非织造产业链体系，促进行业可持续发展和科技创新。会上交流《熔喷法非织造布技术及产品相关标准》《微纳米纤维材料在无纺布方面的应用》《生物降解塑料PHA在熔喷无纺布和口罩的应用》《熔喷料的高熔指实验技术及GB/T30923（PP熔喷专用料）存在之问题》《静电纺丝技术在过滤材料中的应用》《无机矿物纤维无纺布制品在保温绝热汽车建筑行业的应用与发展》等11个报告，给企业发展带来最新的资讯与更多启迪。另有《新型多功能医用敷料产品开发》等5篇入编论文集。论坛获得很好反响，与会代表交口称赞。

**五、开展技术职称的申报与评审工作**

继续开展区域内行业专业技术人员的任职资格认证及评审工作，推进长三角地区非织造产业的技术进步，解决中、小规模民营非织造企业急需人才的热点、难点问题；提高企业培养自身发展所需的技术人才积极性，解决企业要不到人才、留不住人才的困难。

**六、组织非织造企业参加上海国际博览中心举办亚洲过滤与分离工业展览会等**

协助组织非织造企业参加12月9日—11日在上海国际博览中心举办的2020第八届亚洲过滤与分离工业展览会暨第11届中国国际过滤与分离工业展览会。9月17日，组织业界人士参观第22届中国国际工业博览会新材料展。12月7日，参加香港无纺布协会举办的“新冠肺炎疫情期间无纺布的影响和后果”网络研讨会。继续为行业中的高新技术企业复审指导、培训等工作提供服务。组织企业参加大专院校毕业生招聘会，帮助企业招聘合格人才。

（黄雪娟）

# 上海市家用纺织品行业协会

上海市家用纺织品行业协会，其前身为1987年经上海市纺织工业局批准，由毛巾被单、手帕和制线织带3个行业的工业企业联合发起组建的上海市纺织复制行业协会。1992年12月，经市民政局批准，更名为上海市家用纺织品行业协会。现有会员单位100家，88%为民营企业。

2020年主要工作：

**一、坚持一手抓疫情防控，一手抓复工复产**

（一）积极宣传党的政策精神。协会通过会员微信群、协会微信公众号、网站等途径，及时宣传中共中央、中共上海市委的重要精神和政府抗疫惠企政策措施，帮助企业了解和用好用活政策。秘书处起草《家纺行业疫情防控倡议书》，撰写21期“家纺行业同舟共济，共克时艰，发展经济”系列报道，供会员企业分享。

（二）动态跟踪和助力复工复产。从2月10日开始，协会及时跟踪企业复工复产情况。通过调研，总结和宣传行业在复工复产中的措施经验，让会员企业借鉴。运用各种平台资源为企业提供服务，组织内外贸企业参加线上促销活动，压缩库存，开辟国际国内市场。为帮助企业缓解复工复产中的资金困难，与市委统战部和市民政局牵线中国银行进行对接，为企业提供融资服务。及时组织口罩生产企业与出口企业、科研单位与生产企业的对接合作。

（三）主动反映行业困难和政策建议。协会通过调查研究，6次就“疫情对上海家纺行业生产经营的影响”“上海家纺行业复工复产情况和建议”“落实市府28条政策情况和建议”“外贸企业遇到的困难和政策建议”等向中国家纺行业协会、市经信委、市民政局、市商务委、市经团联、市中小办等撰写专题报告，反映情况；组织近250家企业7次参加政府有关部门在线问卷调查。

（四）努力为生产和提供防疫物资牵线搭桥。市经信委急需联系防护服、口罩、口罩耳带等生产单位，协会得知后，迅速与市经信委沟通，及时将政府需求与企业联系对接。行业中有3家企业生产防护服、5家企业生产口罩、4家企业生产口罩耳带，全力支援疫区和企业复工复产。协会为复工复产提供防控用品，除本行业会员企业外，帮助有色、汽配、空调清洗等10多家协会、70余家企业解决50万只口罩和近300件防护服。

（五）及时宣传会员企业先进事例。家纺企业守望相助，积极捐款捐物。据不完全统计，行业捐款140万元、捐物价值达500余万元。协会宣传报道这些先进事例，还20余次宣传家纺企业化危机、育新机，发展经济的典型事例，宣传和动员企业履行社会责任，招聘大学生就业等。

由于协会在疫情期间较好发挥桥梁纽带作用，获得市委统战部和市经信委颁发的感谢信。在市经团联的关心下，协会工作在《文汇报》上作宣传。

**二、加快自主品牌建设，提升家纺品牌影响力**

（一）组织品牌培训和培育。协会配合市经信委开展企业品牌培育示范工作，有2家企业被市政府认定为2020年上海品牌培育示范企业；组织25家企业品牌参加首届盛泽时尚周长三角丝绸时尚论坛等活动，加强与长三角企业的互动。6月，市经信委、市商务委、市市场监督局举办以设计赋能产业、品牌引领消费为主题的“上海制造佳汇汇”活动，协会组织8家企业参与，2家企业展示产品、6位企业家参加百位企业家共同宣誓活动，推动家纺自主品牌的发展；及时宣传企业参加市55购物节活动的情况；组织10余家企业参加第6届中国品牌经济（上海）论坛；组织企业参加中国纺织工业联合会举办的中国纺织十大类创新产品申报，有10家企业创新产品获得荣誉；动员多家企业参加上海设计+100例评选活动，4家企业的产品入围；组织企业申报市设计引领示范企业和工业设计中心，有5家企业已被认定；宣传和动员企业参加和参观上海国际家纺博览会，帮助企业拓展市场；组织20余家企业参加第三届长三角国际文化创意博览会。

（二）重视数字化对品牌的赋能。协会助推在线新经济，及时把企业开展直播带货、小视频、微信营销等做法在行业中宣传借鉴。5月，联合抖音上海鲁班团队，举办抖音营销赋能介绍对接会，帮助企业拓展线上营销新模式。与阿里巴巴国际事业部合作，帮助企业建立境外电商平台，增加新的销售渠道。组织外贸企业参加“出海优品云洽全球”纺织专场线上供需对接活动。组织30余家企业参加“上海之帆”365平台，为企业提供产品和品牌宣传推广及发展网络销售国际交往交流渠道。邀请网络技术公司为企业宣讲，助力跨境金融服务。

（三）开展提升品牌品质活动。协会坚持开展质量兴业活动，引导企业坚持质量至上，加强全面质量管理，提高家纺产品品质和安全。举办家纺产品质量提升培训，邀请上海质检院的专家来宣讲上海家纺行业产品质量的情况和建议，促进自主品牌质量的提高。为推进品牌建设，与上海市质检院合作，组织企业参加“上海品牌”认证申报工作和有关培训活动。

（四）提供申报专项资金服务。协会积极宣传和组织企业申报文化创意、品牌、中小企业发展等专项资金，为外贸企业提供法律资助信息，为企业出具申报推荐函和行业排行等证明材料，请专家为企业提供咨询等服务工作。

**三、研判经济发展趋势保持经济平稳发展**

（一）强化经济运行的监测分析。坚持做好30家重点企业主要经济指标月报表，向市统计局、市经信委、中国家纺协会上报；每季度向市经信委上报行业经济运行情况；坚持每半年编报上海家纺行业经济运行情况分析报告，向政府报送、向企业发布；协会还认真完成《上海纺织产业发展报告》家纺篇的编写工作。

（二）开展调研和交流活动。1．多次开展疫情对家纺企业影响的线上线下调研。通过问卷、走访等形式，梳理后及时向市经信委、市商务委汇报反映，努力降低疫情带来的损失。2．承接市商务委交办的项目。通过调研和分析，形成《疫情影响下上海纺织产业对全球贸易形势分析预测与风险规避》报告，向政府部门报送，向企业进行应对培训。组织“应对疫情、发展经济”交流研讨活动，受到企业的欢迎。组织企业参加商务委举办的首届长三角产业安全论坛、组织收看产业国际竞争力论坛，帮助企业了解大势，把握机遇。

（三）协会秘书处利用各种资源努力为企业服务。组织银行为企业解读融资政策，帮助企业融资和风险控制；多次为企业间的经营合作牵线搭桥、排忧解难；组织3家企业申报企业管理现代化创新成果申和企业科技创新案例，推动科技和管理工作上台阶；组织企业参加中国家纺行业协会举办的床上用品专业委员会年会，分享时代变革，把握发展机遇。

（吴淑仪）

# 上海市室内装饰行业协会

上海市室内装饰行业协会成立于1987年10月15日，会员企业主要包括家装、工装、设计、监理、材料等五大板块。现有会员509家。

2020年主要工作：

**一、坚持党的领导，端正工作作风，提高整体素质**

协会党支部把政治理论学习作为日常工作的一部分，不断加强思想建设、组织建设和作风建设，把学习宣传贯彻中共十九大精神纳入“两学一做”学习教育的重要内容，响应“四史”学习号召，激发党员学习热情，坚持集中学习和自学相结合，依托“学习强国”平台，开展线上自学，不断提高党员的思想政治觉悟，充分发挥党支部的政治核心作用，充分发挥党支部的战斗堡垒作用。

6月23日，参加市工经联党委第十三工作站线上直播交流学习会，进一步牢固树立和践行“四个意识”，坚定“四个自信”，做到“四个服从”。7月14日，党支部开展以“寻访红色源，永远记使命”为主题的“四史”教育活动，在纪念馆宣誓墙前，党员面对鲜红党旗，右手高举握拳，重温入党誓词，重忆入党宣誓时的庄严承诺和奋斗决心，继承弘扬敢为人先、百折不挠、忠诚为民的红船精神。7月27日，党支部参加“庆八一、讲四史”军民共建交流活动，向中国人民武装警察部队上海市总队执勤第四支部四中队的战士们送去夏日的慰问。8月22日、24日，协会开展以“战高温、送清凉——保安全施工、促服务质量、升行业信誉、显企业诚信”为主题的活动，协会走访21家会员企业，27个施工工地，慰问一线员工100余人，通过走访慰问，有效加强行业自律性，减少工程投诉率，提升客户满意度。

**二、齐心抗击疫情，为复工复产助力**

1月28日，协会向会员企业发布防疫《倡议书》，就稳定行业民心，关心疫情高发地区人民等方面提出倡议。2月7日，向行业企业发出通知书，要求会员企业建立健全疫情防控工作方案，落实疫情防控规范要求。2月12日，发布《关于会员企业在疫情防控期间做好开工复工的若干意见》，确保管理有序稳定，经济健康发展。3月10日，提出《室内装饰行业复工复产和疫情防控的工作指引》，从企业管理、营业办公场所管理、营业办公人员管理、施工现场管理、施工人员管理等方面细化要求。3月16日，协会代表家装行业向消费者致信。3月13日、3月17日，协会秘书处携手光明牛奶公司，以“2020我们都有光明前途”为主题，分两批向复工复产第一线人员送去“复工暖心加油包”。

疫情期间，有20余家会员企业开展捐款捐物活动，其中协会副会长单位上海盛业实业有限公司在董事长吴军亲自牵头推动下，在日本采购医用防护服、医用手套、医用口罩，总价值约70万元，通过上海华侨基金会定向捐赠给华东医院、中山医院赴武汉支援的医疗队。会员单位苏州拓雷普电线有限公司（普睿司曼）意大利普睿司曼集团苏州工厂无偿捐赠武汉方舱医院总重量超过8吨的建设紧缺电缆。浙江伟星新型建材股份有限公司上海分公司伟星星工会“勇士”前往武汉，到雷神山建设现场，参与雷神山建设。

协会通过企业调研，就疫情对行业企业的影响、企业有关防疫和复工复产情况、企业所面临的困难和问题以及需要政府给予帮助解决的问题等情况，汇总成报告向市经信委、市经团联、中国室内装饰协会等上级组织汇报。

**三、组织举办设计节、购物节、家装节等活动，扩大行业品牌知名度**

2010—2020年，协会连续成功举办11届设计节。2020年的设计节以“城市更新、产业共融、设计未来”为核心主题，面向全社会公开征集室内设计作品，共收到100余幅参赛作品。通过入围、答辩、专家终评等，选出20幅优秀作品，分别授予中青年设计师“上海十大优秀室内设计师奖”“上海十大新锐室内设计师奖”称号，并将部分获奖设计师推荐至设计论坛上演讲。同时，通过主题展览会进行获奖作品展示、宣传与直播平台报道，向社会公布其作品及优秀设计师名单。设计节设计师评选活动的开展，有效培育行业优秀设计力量，为室内设计行业输送新的血液。

7月17日—19日，响应市政府开展的“五五购物节”系列活动，组织会员单位以“美好生活，诚信家装，促进消费”为主题，在上海光大会展中心开展“717家装购物节”。9月11日、12日，在上海祥源希尔顿大酒店召开“2020第六届中国家装行业实战峰会”。22位演讲嘉宾就整装、老房翻新、软装、纯设计等方面作主题分享。12月12日，开展“中国国际家具产业发展论坛暨家装下午茶”活动，上海家装企业同心协力，一起接受疫情对市场冲击的考验，开启家装行业发展新征程。

**四、制定规范行业服务标准，推动行业有序健康发展**

协会对装饰施工合同进行修改，对“工程质量及验收”“安全生产和消防”“工程价款及结算”“纠纷处理方式”等内容作补充。在市工商局的支持下，《上海市室内装饰施工合同示范文本（2020版）》批准实施。

根据国家法规，结合行业现状，协会组织行业专家、企业骨干，制定《上海市住宅室内装饰工程人工费指导价》（2020版），在设计出图、预算决算、项目管理等方面作细化落实，为规范装修市场、人工价格提供参考。

协会多次组织企业代表、设计师、监理师及有关项目经理走访学习。6月5日，四川省室内装饰协会陈设艺术委员会来沪交流，双方就行业建设、陈设艺术的功能定位、专业人才培养、行业资源信息共享开展沟通学习。6月9日，与上海市勘察设计行业协会、全国房地产商会建筑节能产业分会、中国建筑金属结构协会建筑遮阳分会进行学习交流，并参观“旧房改造健康节能内装样板房”。7月15日，协会与部分会员企业代表前往苏州吴江汾湖的永鼎产业园一区实地考察学习，永鼎向代表们展示“永鼎智能电箱”，该电箱是传统电箱的革新产品，更智能、更安全、更美观、更适合智慧家居需求，是目前市面上最先进的物联网电箱设备之一，为业主造就完美生活体验。8月30日，协会党支部书记、住宅委秘书长带队携上海家装骨干企业前往重庆市考察学习当地家装企业，并进行交流座谈。两地协会对上海室内装饰市场情况作简单剖析，对装饰行业的生存现状，行业痛点，发展难点等作讨论评述。通过与全国各地协会的相互学习，对协会开展工作产生积极影响。

履行协会章程，制订换届方案，严格落实换届程序，按计划开展各项工作。10月10日，召开第八届第四次理事会议，审议通过换届领导小组和换届工作小组名单；审议通过换届工作实施方案。12月26日，召开第八届第五次理事会议，审议通过《第八届理事会工作报告》《第八届监事会工作报告》《章程修改报告》《新一届理事名单》等换届改选文件。因防控要求，协会换届工作顺时延后，换届准备工作已经落实到位。

（茅锈树）

# 上海工艺美术行业协会

上海工艺美术行业协会成立于1996年2月，是上海工艺美术生产、经营、科研、教育、设计及服务行业企事业单位自愿组成的跨部门、跨所有制的社会团体组织。协会下设上海市红木家具标准化技术委员会、红木雕刻专业委员会、旅游纪念（礼）品专业委员会。协会在保护中发展传统工艺美术，坚持科技进步和管理优化的方向，立足上海、辐射长三角，融入全国，协调会员关系，保护会员合法权益，沟通会员企业和政府之间的关系，维护公平竞争，促进国内、国际交流与合作，推动行业产业进一步发展。现有会员单位300余家。

2020年主要工作：

**一、沉着应对疫情，全力服务会员**

1月2日，协会向全行业发出征集以“攀登”为主题的工艺美术作品创作活动通知。协会陶艺、评估鉴定、织绣、玉石、琥珀蜜蜡等专业委员会积极开展活动，动员会员单位参加主题创作。1月11日，“联盟”办公室召开由联盟主席主持的泛长三角城市工艺美术产业发展战略联盟会议。协商谋划2020年“联盟”工作，积极筹备“2020年全国惠明茶禅博览会”。1月23日，突如其来的新冠疫情，严重影响正常的社会生活。2月10日，协会秘书处为加强与逐步复工的会员单位之间的联系，向会员单位发出远程办公的通知。为准备有序复工复产的会员单位提高应对效率，秘书处建议会员单位使用上海政务服务“一网通办”总门户，手机移动端下载“随申办”应用服务项目。在市经信委的支持下，秘书处竭尽全力为会员单位联系购买口罩、测温仪、消毒液等防护用品，帮助有需求的会员单位复工复产，得到市区两级政府的表扬和关心。3月13日，协会获得市经信委的感谢信，肯定协会在全市抗疫工作过程中作出的贡献。3月18日，秘书处按照防控疫情工作会议要求，发出办公室防控工作注意事项。与此同时，向会员单位发出《关于复工复产和复市的通知》，要求会员单位准备防控工作“常态化”环境下的应对运作程序，适应变化的环境。5月22日，秘书处向市政府主管部门专报《关于上海工艺美术行业协会企业运行遇到的困难和问题》的情况，为会员单位争取扶持政策，积极主动服务会员单位。

**二、产业发展情况**

2020年，整个行业2000万元以上营业收入的企业35家：制造业总额约300亿元，营业收入600多亿元；其中“老凤祥”制造业约180亿元，营业收入520多亿元；上海工艺美术行业占上海轻工业营业收入的10%。从业人员约10万人，停业企业200余家，新开业企业230多家。

**三、“上海星锐工艺美术大师”评选工作**

为打造工艺美术人才高地，经过一年半的方案研究和论证，协会作为发起牵头单位，启动“上海星锐工艺美术大师”申报工作，截至10月31日，共有380多名行业从业人员登录报名，经审核154名境内外人士报名成功。12月17日—2021年1月4日，在浦东新区金桥“碧云美术馆”举办“传承经典醉美中国——上海星锐工艺美术大师候选人作品展”，举荐、评选工作延续至2021年。

**四、评估“行动计划、提升计划”**

协会课题组初步完成前两轮的“市工艺美术产业发展三年行动计划、市工艺美术产业发展三年提升计划”的评估工作，撰写《上海市工艺美术产业发展三年行动提升计划》的评估报告；编写《上海轻工志（1990—2010年工艺美术篇）》，完成市经信委、市商务委、市工经联、市现代服务业联合会2019年鉴的编写工作。同时，在《中国工艺美术全集》办公室的指导下，协会秘书处承担“上海全集办公室”的职责，服务《全集上海卷》各位主编。12月20日，如期完成《全集上海卷》四卷的初审和上报工作。

**五、行业人才培育和交流工作**

在市经信委、市人力资源社会保障局指导下，组建“第三届上海市工艺美术中级职称评审委员会”，开展2020年度上海工艺美术中级职称申报、培训和评审工作。经统计，有500多名行业从业人员报名申报工艺美术中级职称，经审核406人符合申报条件并参加培训和考核。协会针对申报者的工作情况，利用双休日开办培训班，增加工艺美术职称（中级）申报者继续教育的学时，受到申报者的欢迎；100多人申报助理工艺美术师（初级）职称并参加测评。打破自2005年以来的申报纪录，吸引长三角和全国工艺美术行业年轻一代来沪创业，有利于工艺美术产业的转型升级和高质量发展。同时，协会积极加强本市工艺美术大师与福建省工艺美术同行的交流，7月15日，接待“2020大师之路”福建省工艺美术高级研修班一行。通过交流，两省市高端工艺美术人才之间增进了解，加深友谊。

**六、秘书处建设工作**

上半年，完成协会与行政机关脱钩工作。按照市经信委要求，协助市经信委抽查审计专项资金，也顺利完成。遵照协会《章程》，秘书处稳步推进各项工作，尤其是抓住复工复产的牛鼻子，支持行业重点企业加快增产增收，弥补行业整体下降的经济数字，为工艺美术产业升级创造条件。通过信息平台，加强秘书处成员之间的互相支持、协同配合；加强沟通，形成团队精神，提高服务会员单位的综合能力。与此同时，协会党支部加强自身建设，通过党支部的系列活动，发挥共产党员先锋模范作用、党组织的政治核心作用、党支部的战斗堡垒作用，从组织上保证协会秘书处工作的有序进行。

（柴晶鑫）

# 上海宝玉石行业协会

上海宝玉石行业协会成立于1996年5月。2006年8月，上海市宝玉石协会和上海珠宝玉石加工行业协会合并重组为上海宝玉石行业协会。现有会员单位481家。

2020年主要工作：

**一、全力做好疫情防控工作，确保协会工作有序进行**

1月29日，在协会公众号和官方网站发出《关于疫情防控的倡议书》，并多次转发上海市政府及相关区政府公布的扶持政策。2月初，协会与苏州市玉石文化行业协会、扬州市艺术品行业协会、上海海派玉雕文化协会、安徽省玉石雕刻商会等长三角地区兄弟商协会一起发出《疫情防抗，玉雕珠宝人在行动——支持新型冠状病毒疫情防控爱心捐款倡议》，面对疫情给会员单位销售带来一系列问题，协会陆续发布“东家暖心手艺帮扶计划”以及“玩物得志线上平台对会员单位入驻的扶持方案”，为会员单位寻找新的营销模式和销售渠道，线上线下融合发展提供信息和服务。7月13日召开六届二次会长会议。8月14日，召开六届二次线上理事会等相关会议，介绍协会前阶段工作情况及后续工作推进要求，将疫情对协会工作的影响降到最低。

**二、持续推进高技能人才队伍建设及相关工作**

上海宝玉石行业高技能人才培养基地充分利用线上培训平台，构建新型移动培训课堂，拓展人才培养形式。协会通过 bilibili 等视频网站直播“美之六度”珠宝审美法、珠宝玉石新物种新技术研究进展、印 · 迹印石收藏的名贵与新贵等多场专家讲座和名师访谈。9月—12月，基地通过小鹅通线上培训平台，面向全行业举办国家标准宣贯、珠宝玉石专业技术人才高级研修班、玉龙奖高峰论坛等一系列专业培训。于4月初申请成为上海市技师协会宝玉石专业委员会，在上海市技师协会的指导下，更好地为协会高技能人才服务。继续为会员单位参与首席技师、技能大师工作室项目评审、中高级工艺美术师评审提供政策指导。理事单位上海中宝宝玉石鉴测中心的张瑜晨，获得新建首席技师资助。

协会发挥行业资源优势，继续参与组织各类行业竞赛活动，助推世界技能大赛的相关工作。6月，协会联合上海信息技术学校作为世界技能大赛上海选手培养基地，组织开展世赛上海第二轮选拔赛。上海选手丁世昌在全国选拔赛中获得第十名，成功入选世赛国家集训队。9月，协会作为集训牵头单位，组织开展第一届全国职业技能大赛珠宝加工（国赛精品项目）的上海选拔，并协调场地、安排专家教师指导选手的训练工作。在12月的国赛中，上海建桥学院选手杨逸飞获得全国第六名的好成绩。9月，基地与黄浦区工会联合组织“珠宝加工”行业技能比武活动，结合世界技能大赛及行业实际情况，共有来自上下游企业的53名选手参与，最终由上海老凤祥首饰研究所的选手夺魁。11月，协会作为主办单位组织彩色宝石鉴定与首饰镶嵌金工制作2个专项职业能力的技能竞赛，发动院校和企业员工共同参与，每个竞赛的参与人数均达到50人。

协会作为技术支持单位参与组织2020年上海市第二届“四大品牌”职业技能大赛珠宝加工项目。组织开展复赛和决赛，共有来22名选手自多家企业、院校参加本次比赛，竞赛组织和展示形式得到闵行区及市鉴定中心领导一致好评。

**三、发挥协会服务平台作用，组织会员积极开展活动**

12月，撰写完成《上海玉石雕刻产业发展报告》并通过结题。报告对上海玉雕产业的发展背景、发展现状、存在问题进行梳理，对行业发展前景作出判断，并提出促进产业发展的对策建议，为政府机关、行业管理单位、市场管理部门制定相关政策提供依据。完成“常见宝石科普扑克牌”和“常见玉石科普扑克牌”的设计制作。通过扑克牌这种比较接地气的的形式，向大众介绍一些常见的宝玉石品种的基本知识，宣传普及宝玉石文化。

为加强长三角地区宝玉石行业的联动，协会多次与长三角地区兄弟商协会以及上海工艺美术职业学院沟通协商，拟成立长三角宝玉石文化产业发展联盟，整合长三角地区丰富的的珠宝玉石文化资源、工艺美术资源、人才资源，打造一个集品牌活动、宣传交流、创意孵化、研发推广于一体的合作平台，加强区域交流和联动，助推长三角宝玉石文化产业的发展。根据“着力开展合作共赢对外合作交流”的工作要求，9月—12月，由协会秘书长带队，组织部分协会领导与玉雕大师，分别考察河南南阳镇平、安徽蚌埠、广州揭阳平洲等全国玉石雕主要产区，走访多位玉石雕刻大师工作室，与当地兄弟协会交流，分享办会经验，进一步拓展注重实效的合作交流的项目和内容。

（庄绍白）

# 上海市乐器行业协会

上海市乐器行业协会成立于2004年，现有会员单位60家，理事单位15家，会长单位为上海民族乐器一厂。主要为乐器生产、销售、教学及乐器配套生产等企业。

2020年主要工作：

**一、众志成城，筑起抗击疫情新的长城**

年初，协会发动各会员单位狠抓疫情防控措施落实，整个乐器行业没有出现一例新冠肺炎疫情。2月10日复工后，各单位一手抓防控措施落实，一手抓复工复产。大多数单位克服复工人员不足、物流不畅、资金短缺等困难，努力复工复产。

协会很多会员单位积极捐助抗疫物资和募集善款，为全国抗疫作出积极贡献，如金杯安琪乐器有限公司向所在地捐助10万元；浙江乐韵钢琴有限公司向所在地捐款3万元，并发起“疫情无情，人间有琴”活动，给予抗击疫情第一线的医护人员、公安武警及志愿者5折优惠待遇；上海钢琴有限公司响应市政府“减免中小微企业房屋租金”的号召；玛珂琴业有限公司向武汉捐赠医用口罩2万个。上海柏斯琴行董事长、协会副会长吴天延在国外采购大量医疗物资带回国内，其母公司向湖北捐赠100万元物资等。

在那特殊时期，部分理事单位设立免费在线辅导公益课和在线音乐会，如上海民族乐器一厂的“国乐云剧场”，海伦钢琴公司的“海伦暖春行动”钢琴大师公益音乐会直播，上海柏斯琴行“名家公益直播课”，东方乐器公司承办“同舟共济琴系武汉”系列公益音乐会、讲座等，他们用音乐传递爱，用音乐鼓舞战胜疫情的信心和斗志。

**二、坚定信心，共谋发展**

为摆脱困境、增强信心、共谋行业的发展，4月16日，协会召开“坚定信心共克时艰共谋发展”为主题的五届三次理事会，号召大家寻求合作良伴，提高自身抗风险能力；调整产品结构，开发具有个性化、有盈利能力、受市场欢迎的产品，减少产量，提升质量；强化员工队伍建设，利用当下时机进行员工职能培训，为今后的发展做足准备。

疫情促使企业开发在线经济新业态新模式。上海民族乐器一厂在淘宝、抖音、B站及自媒体等平台开展文化直播等系列活动，通过签主播、拍抖音、上B站、在多个平台上新等，赢得许多新“粉丝”，为品牌带来可观的流量。海伦钢琴股份有限公司，开展“海伦钢琴创始人品牌直播秀”，陈海伦董事长现身直播间与消费者见面互动，观看量达到18.61万人，实现销售1000万元。除此之外，其他理事单位的文化、公益活动也频频开展，如施特劳斯钢琴举办在兴业太古汇“playme，I'yous”公益钢琴艺术主题活动，向全市医院、剧场、公益基金等13家社会机构和文化艺术场馆捐赠15台涂鸦钢琴。上海柏斯琴行开展英皇大师音乐节系列活动，以及“粉红丝带，关爱有嘉”“荣耀长江”等公益、慈善和云端音乐会等。

**三、承办全国行业职业技能竞赛与参展工作**

经人社部批准，中国轻工业联合会、中国乐器协会、中国就业培训指导中心、中国财贸轻纺烟草工会全国委员会联合举办“第三届全国钢琴调律职业技能竞赛”活动。协会和上海乐器职业技能鉴定站承担上海赛区初赛和复赛工作。9月14日—15日，初赛活动在上海“德国舒密尔钢琴旗舰店”举行。来自上海、江苏的27名选手参加比赛。10月10日—11日，复赛活动在上海翰森钢琴有限公司举行。来自陕西、湖北、湖南、安徽、浙江、江苏、上海等地的43名选手进行角逐。在中国乐器协会行业鉴定总站和钢琴调律师分会的领导下，在全体裁判员和协会、选手们的共同努力下，圆满完成初赛、复赛活动。

协会在理事、监事单位的大力支持和帮助下，继续参展上海国际乐器展。展位设计采用灯箱形式，既能独立反映各理事单位的特色，又兼顾展位的整体形象。展位上滚动播放理事单位的宣传视频，上海口琴协会、上海民族乐器一厂的表演团队在展位进行演出，吸引观众驻足观看。为更好宣传协会，秘书处设计制作的宣传册，在展会发放，展览期间还吸收部分单位入会。

**四、努力做好职业技能鉴定工作**

（一）做好职业技能鉴定基地申报，全面落实职业技能提升行动方案。协会深入学习领会《国务院办公厅关于印发职业技能提升行动方案（2019—2021）的通知》精神，在中国轻工业联合会、中国乐器协会的精心指导下，认真做好职业技能鉴定基地申报。抓住这一时机，拓展职业技能鉴定范围、开展有针对性的职业技能培训。鉴定站将聚焦聚力高质量发展，全面落实职业技能提升行动，更好履行职责，为乐器行业职工技能的提升，做好服务工作。（二）设立职业技能鉴定点，提升钢琴调律师鉴定质量。年初第一个工作日，协会工作人员来到翰森钢琴有限公司，举行“上海乐器职业技能鉴定站全国钢琴调律资格考试指定考核点签约授牌仪式”。这是上海站为提升鉴定质量、拓展鉴定考试新路径进行的探索，也为考生提供公平、公正、良好的考试环境创造条件。钢琴生产企业作为职业技能鉴定指定考核点，参与到职业技能考核鉴定工作中，也给钢琴生产企业提供一个新的平台。（三）顺利举行2020年钢琴调律职业技能鉴定工作。协会举办三期钢琴调律师鉴定考试，报考人数190多人。协会多次开会研究讨论方案操作细节，选看考场，增加琴房，落实防疫安全要求。为方便考生，三期考试都放在双休日，协会秘书处工作人员放弃休息，组织考试。（四）联手做好钢琴调律鉴定工作。8月，协会与上海钢琴有限公司签订合作框架协议，为做好钢琴调律鉴定工作，打造上海钢琴调律鉴定基地提供有力保障。

（李秋英）

# 上海市钟表行业协会

上海市钟表行业协会成立于1996年，为上海市钟表、钟表配件及计时仪器行业企事业单位自愿组成的跨部门、跨所有制的非营利性的行业性的社会团体法人。涵盖上海地区的钟表制造、营销、科研、教育、培训等方面的精干主体。现有会员单位70多家。

2020年主要工作：

**一、众志成城抗击疫情**

根据中共中央、国务院及中共上海市委、市政府关于联防联控机制，切实加强疫情科学防控要求的精神，协会各会员企业坚决贯彻，采取应对措施。年初，协会发布抗击疫情倡议书，并先后发出关于预防新型冠状病毒感染的通知、新型冠状病毒感染的肺炎防控知识、对企业复工的指导建议、防控疫情及复工复产工作情况通报、关于做好企业复工复产工作的通知、贯彻落实国家发改委办公厅、民政部办公厅《关于行业协会商会支持中小企业复工复产的通知》函等，及时传达党和政府关于疫情防控的要求、政策，向政府反映企业诉求，宣传企业防控疫情中的有效措施和先进事例，促使行业有条不紊地落实防控措施。

为支持会员企业抗击疫情，有序复工复产，协会免除所有会员企业2020年度会费，免费为会员企业在2020年度《上海钟表杂志》、钟表网站刊登产品宣传广告。协会在抗击疫情过程中所作出的努力，得到会员企业支持和响应，也得到市经信委的感谢。

**二、围绕上海制造，推动上海钟表品牌建设**

协会参与和宣传行业品牌整合，推动钟表制造转型发展，扩大钟表品牌影响。6月16日，“上海制造佳品汇”集中分布活动在上海国际时尚中心举办，为助力“五五购物节”，上海钟表产品加入“上海制造会客厅”，展现上海制造品牌风采。通过上海设计1000+的网上公开投票，及专家评选，上海牌手表、上海珐艺时钟携同其他行业的时尚产品100件，作为上海制造100+入选“上海制造会客厅”。

珐琅钟表是国宝级非物质文化遗产，在我国工艺美术史上有重大历史价值，经上海珐艺钟表制造有限公司申请，协会为鼓励企业技术创新，传承非遗文化，经过考核评审，授予上海珐艺钟表制造有限公司为“上海市珐琅钟表研发中心”。同时，推荐上海珐艺钟表制造有限公司向中国钟表协会申报“中国珐琅钟表研发中心”，10月获得批准，正式挂牌。上海牌手表在“2019—2020年度上海轻工品牌微视频大赛”活动中获得银奖。

根据《上海市经济信息化委关于组织推荐2019年度“专精特新”中小企业申报（复核）的通知》等文件要求，2月，经专家评审和综合评估，上海表业有限公司再次成为上海市“专精特新”中小企业资格，有效期为两年。11月，经过上海市高新技术企业认定管理工作领导小组办公室审核批准，认定上海表业有限公司为第三批国家高新技术企业，该公司成为上海钟表行业又一家高新技术企业，为上海牌手表品牌进一步发展和建设创造条件。

**三、积极响应国家职业技能改革，承接开展职业技能培训和等级认定**

根据市人社局《关于在本市行业企业中开展建立高技能人才培养基地试点工作的通知》（沪人社职发〔2011〕17号）规定，在各单位自主申报的基础上，经市人社局组织专家评审、认定，协会被批准为本市高技能人才培养基地。基地积极开展培训工作，经过协会及行业专家组的共同努力，《机械手表的维修与检测》《机械手表机芯装配》两项实施方案，于10月获得上海市职业技能鉴定中心、上海市就业促进中心职业培训指导中心、市人社局职业培训部批准。

11月，经中国就业培训技术指导中心审核，协会获得我国轻工行业首批行业开展职业技能等级试点分支机构备案，成为《钟表及计时仪器制造工》初、中、高、技师、高级技师的技能等级认定上海地区分支机构，开展钟表行业职业技能等级认定工作。12月，根据《上海市人力资源和社会保障局关于全面推行企业职业技能等级认定工作的通知》要求，经协会申请，在专家技术评估的基础上，获得备案通过，批准成为企业职业技能认定机构，开展钟表行业职业技能等级认定工作。协会承接技能培训和技能等级鉴定职能，开展公平、公正、公开的行业技能等级认定，为上海钟表行业及长三角钟表企业提供钟表技能培训和技能等级认定服务，推动行业职工技能水平的提升。

**四、推动企业新型的师傅带徒弟**

新型学徒制，就是按照政府引导、企业为主、院校参与的原则，采取“企校双制、工学一体”的模式，由企业与技工院校、职业院校、职业培训机构、企业培训中心等教育培训机构采取企校双师带徒、工学交替培养等模式共同培养学徒。包含四方面内容：（一）建立企校双师联合培养制度；（二）学徒培养实行弹性学制和学分制；（三）健全企业对学徒培训的投入机制；（四）完善财政补贴政策。下半年，在上海市职业技能鉴定中心支持下，以钟表行业高技能人才培养基地为指导单位，由协会、浦东新区钟馨职业技术培训学校、上海表业有限公司、上海景时表业有限公司等经过1个多月精心筹备，完成前期培训方案策划；落实师资；选拔、确定师傅和徒弟、准备学员手册等一系列工作。7月，这两家公司完成新型“师傅带徒弟”签约仪式，40多位一线职工签订“师傅带徒弟”协议，开启企业技能人才培训、培养新模式，为行业企业实现3～5年人员培养计划打下坚实基础。

（蔡辉明）

# 上海市糖制食品协会

上海糖制食品协会成立于1988年6月。会员单位涵盖上海市场90%中西糕点的经营大户和食糖经营龙头企业，包括上海现有的14家经营焙烤食品、糖制食品的中华老字号企业，年销售量的市场占有率：食糖达85%、焙烤食品和糖制食品达70%。现有会员单位80余家。

2020年主要工作：

**一、合力同心，共同抗疫保供应**

行业内所有企业听从政府指令做好联控防控，餐饮企业全部取消宴席订单，及时清退消费者定金；连锁店企业暂停部分门店营业，商店缩短营业时间，减少上岗人员，减少人员接触；所有营业场所、生产场所、运输工具做好全面消杀。

协会通过微信平台和电话与各会员单位保持密切联系和沟通，了解行业内的各种情况，及时反馈到协会微信群，鼓励大家做好抗疫工作战胜疫情的信心。2月—3月，协会将收集到的各企业方方面面的动态以“同舟共济、抗疫情、保供应、献爱心，我们糖制食品人在行动”为题，连续进行专题报道，3期专题报道均发布在协会微信群里，让会员企业及时了解行业内各企业为抗疫所做的各种努力，收到很好效果。

**二、优化商业环境确保提供安全放心食品**

规范产销，确保食品安全。上半年，冠生园、杏花楼、乔家栅、沈大成等企业加大投资，新建厂房，改进设备，改善生产条件和环境，确保食品安全卫生质量。行业内食品安全工作取得显著成效，在市场监管局抽查中，青团合格率100%，粽子抽查合格率100%，月饼抽查合格率100%。6月12日，协会在《协会信息》上发出《加强防霉保质确保夏令食品安全》的通知，提醒企业确保夏季食品安全。12月25日，《协会信息》上刊登《开展2021年元旦春节双节活动迎新年的意见》，在行业内营造学劳模，赶先进的良好氛围。

为贯彻党中央“稳物价，惠民生”的指示精神，协会通过广泛宣传、市场预测、交流沟通、规范经营等多种形式引导企业稳物价、少涨价。各企业对产品价格实施“持平为主，调高为辅”的方针，采取多种措施达到不涨价、少涨价。确保上海食品市场价格基本平稳。

**三、引领消费需求拓展节令食品市场**

做精做强节令食品产销。协会及时做好传统节日商品宣传，跟踪报道销售热点。春节前宣传企业迎春新产品和营销新举措，清明节前提供麦青汁供应情况信息，端午节前发布粽子价格信息，引导企业发展节令食品生产，拓展上海节令食品市场。由于各项工作准备充分，加上各企业努力拓展线上销售，青团销售虽整体下降，但超过预期；粽子销售业绩再创新高。其中元祖食品公司的粽子销售在上年突破1亿元的基础上再上升9%，达到1.167亿元。

在“2020年上海月饼节”期间，协会联手中华老字号企业开展多项工作：7月16日，召开月饼节工作会议，部署月饼节具体工作，牵头行业内百厂千店签订诚信公约。9月1日，聘请专家高级技师以及行业里手组成评审组，对数十家企业的月饼进行质量技术交流评审，共有34家企业的90种月饼被评为“2020年名特优月饼”。9月3日，在《劳动报》上进行公示。9月12—13日，组织8家月饼质量获奖企业参加由上海商情信息中心主办、协会协办的“上海味道、环球好礼”月饼展示活动，展示获奖产品的风采。10月29日，在《上海糖制食品信息》上刊登月饼销售排行榜，并为前15名企业颁发证书。

**四、努力服务会员，强化信息交流，做好品牌建设。**

办好协会信息。全年共编发《上海糖制食品信息》23期，其中6期是用电子版发布在协会微信群里。刊登各类稿件信息约80份，专题资料4份，统计分析3份，及时为会员提供各种信息，以及各种企业促销活动线上直播活动等的鲜活图片。其中2篇被上海有关信息刊物选登，为行业发展起到宣传作用。召开信息交流会。6月23日，召开上半年以及月饼产销分析预测交流会，与会企业交流上半年的产销和市场情况，预测半年月饼市场前景。利用微信平台服务会员，每周一次发布6～8条信息，及时为会员发布新产品、营销活动、企业介绍以及技术交流信息，政策法规等信息。

为企业排忧解难办实事。协会与各成员单位保持密切沟通，指导规范生产、解答有关政策法规、为企业业务牵线搭桥，其中多项牵线搭桥的业务取得成功。11月25日，组织会员参观“第二十二届健康天然原料食品配料中国展”，并参加添加剂协会主办的食品安全与添加剂研讨会讲座，聆听专家教授的讲课，获益匪浅。推荐会员单位参加消保委举办的“2020年上海特色伴手礼”评选活动，有8家企业的12个产品入围。推荐会员参加商联会主办的抗疫情先进企业、个人，领军人物等的评选。有5家企业获先进集体、6位个人获先进个人称号。

**五、完善协会管理提升协会建设**

召开理事会和会员大会。4月中旬，通过书面审核办法，召开九届二次理事会。协会将2019年协会工作总结、财务收支情况、2020年协会工作计划、书面审核表等资料通过快递送达理事长、副理事长、理事、监事手中，各位理事在认真填写审核意见后，全部提交书面通过意见。7月16日，召开九届二次会员大会，审议通过2019年协会工作总结、财务收支情况和2020年工作计划。

搞好行业统计工作。做好2019年度、2020年清明节青团、端午节粽子、月饼的统计，对统计结果和市场特点进行分析，及时发布在协会《协会信息》上，让会员了解更多市场信息和行业内情况。

规范协会管理，完善内部制度。按照“中国社会组织评估4A级”5年一次复审的要求，协会于2019年11月完成复审评估，在2020年1月获得证书。协会以此为契机，继续努力，管理更加规范化。按时完成一年一度的社团年鉴。

（仲梅丽）

# 上海市豆制品行业协会

上海市豆制品行业协会成立于1986年9月，为5A级社团组织。现有会员企业95家，其中上海市42家，外省市53家。本市豆制品生产企业20家，豆芽生产企业3家，其他均为外省市豆制品生产及市内外生产豆制品设备配套服务企业。

2020年主要工作：

**一、众志成城抗病毒，同心协力保供应**

协会秘书处通过各种途径帮助企业解决口罩、消毒液、测温仪等防疫紧缺物资；根据防控形势，两次发布《豆制品生产企业防疫指南》，指导企业做好防疫工作；向行业发出“保证质量、保证供应，不断供、不涨价”倡议，得到企业积极相应；在省市间交通阻断时，及时为7家企业取得市商务委核发的“主副食品保供企业证明”，全力解决企业原辅料、产品等运输问题；通过发函等方式与企业所在地有关部门沟通协调，帮助企业早日复工复产；解读贯彻政府对企业的28条扶持政策，想方设法帮助企业解难，为多个企业解决融资问题；通过协会行业动态等行业自媒体，及时宣传报道抗疫事迹，共发布抗疫专辑10期32篇报道，向武汉市捐赠抗疫资金5000元等。

为了保障上海市豆制品供应，全体会员企业，无论是豆制品生产企业、还是机械、包材、原辅料等相关配套企业，无论是本埠企业还是外省市企业都从人员、原辅料、生产、运输、环境等方面制定缜密、规范的防疫制度，所有企业没有发生一起新冠疫情；企业通过劝回返乡员工、安排办公室员工和家属顶岗参与一线生产，发扬党员模范带头作用，加班加点延长生产时间等措施，尽一切努力满足市场供应。清美公司24小时不停机生产，生产量最多的一天，投料量达160吨，比正常生产日超过60%，创历史新高；祖名、汉康、艺杏等公司及时向社会公布“告客户和消费者书”，做到产品“价格不涨、品质不变、服务不变”，关键时刻体现企业的责任担当；贵敏贸易公司运输车辆因疫情在东北被拦停在高速道路口，装卸工冒着低于−20℃严寒守在车上，坚持一天多才获准放行；协会内酯生产供应商战略合作伙伴的两家企业在运输费用上涨情况下，坚持内酯不涨价；每多公司想方设法采购盐卤，确保生产企业不断供；在口罩紧缺的关键时刻，清美公司响应政府关切，跨行业生产急需的口罩，在完成国家征用的前提下，还帮助本行业40家企业解决3.6万只口罩；许多企业和业内个人还为这次抗疫慷慨解囊，捐款捐物，体现行业人大爱无疆的拳拳赤子之心。

**二、调研座谈编规划，谋划发展新方向**

为了编纂好行业“十四五”发展规划，协会成立编制规划领导小组和编制规划工作小组，根据会长工作会议精神，坚持“会开花、可结果、能落地”的基本思路，先后召开规划编制工作座谈会，走访豆制品生产企业和豆制品机械制造公司，共同交流、探讨行业未来发展方向。

协会遵循市商务委做好“特大城市主副食品市场保供课题调研”的要求，撰写《上海市豆制品市场供应现状和保供制度创新建议》专题报告，详细阐述新形势下豆制品供应现状、问题、生产和供应面临的挑战及战略布局，为上海豆制品市场保供提出6个方面建议，报告内容有理有据有想法，得到市商务委的表扬。

**三、健全规范与标准，管理再上新台阶**

（一）加强企业自律管理。协会修订并重新颁发《豆制品送货单管理规定》，发布《豆制品接触用无纺布分切加工卫生规范》团体标准，为加强豆制品市场管理和降低无纺布带来的食品安全风险，发挥积极作用。

（二）设备创新不断出新品。上海眷厚公司设计制造的豆腐连续切块装盒机调试成功并投入运行，标志着上海盒装老豆腐实现自动化流水线生产。浙江中禾公司革新的“机械手叠布·薄百页生产流水线”，使产品质量和产量都有一定提升，已批量生产制造。旺欣、康得利、永进和昆山包布等公司分别在磨浆机、煮浆机、豆腐干流水线和自动称量包装机等方面进行升级改造，取得新的技术进步。

（三）严格安全卫生检查。4月下旬，协会拉开行业内环境卫生检查帷幕。通过对行业内54家豆制品生产企业中的16家进行抽检，多数企业防疫措施到位，内部管理规范，环境卫生整洁，责任落实到人，符合规范要求。8月，协会对豆浆类产品进行市场抽检，共抽取5家公司的豆浆样品7份，其中纯豆浆4份，调味豆浆3份，经检测，理化指标蛋白质和微生物指标大肠菌群均合格。11月，协会对11家会员企业生产销售的“内酯豆腐”进行市场质量安全抽检，经检测，所有企业全部合格。

（四）学习考察取经。9月，协会组织10家企业15位经理、技术人员前往长沙市聚美合豆制品有限公司参观学习。通过参观、介绍、交流、品尝产品等，大家有4点体会：行业内产品低价竞争，企业没有出路；着力推动自动化生产，是企业提高劳动生产率的最好捷径；借助于发达的第三方冷链物流运输，方便、快捷、更经济；企业管理队伍年轻化，是企业发展的根本所在。11月，协会组织6家企业13位企业负责人和技术员参加由美国大豆出口协会在无锡市举办的大豆特性对豆乳饮料品质影响研讨会。与会同志一致认为开拓视野、了解信息、学到知识，获益匪浅。12月，云南石屏县同行来上海进行学习培训，协会秘书长和他们以“上海行业发展历程和未来发展”为题作专题交流，并安排参观企业，两地企业就当前豆制品生产技术问题进行座谈交流，表示在适当的时候开展业务合作。

（五）加强档案规范化管理。秘书处花大量时间和精力，对现有文字材料进行仔细甄别和筛选，将许多珍贵、有价值、能反映协会历史和发展轨迹的文字材料，分门别类建档立档，制定检索工具，装盒归档。

（赵 鸿）

# 上海市酿酒专业协会

上海市酿酒专业协会成立于1989年2月，是由上海市专门从事酒类生产和经营相关的企业及有关酒类科研、教育等单位自愿组织的跨部门、跨系统具有法人资格的社会经济团体组织。协会始终遵守国家法律法规和各项方针、政策，为企业提供规划、协调、信息、咨询、培训、组织会展活动等服务。在政府和企业间起桥梁和纽带作用，通过组织、服务，推动各方面的合作，协助政府部门搞好行业管理。利用协会涵盖工业和商业的独特优势，在厂家和商家，批发与零售之间发挥桥梁和中介作用。现有会员单位89家。

2020年主要工作：

**一、抗击疫情，发展生产，满足需要**

（一）协会响应政府号召，依照中国酒协的倡议，向全体会员企业提出建议，要求各会员企业行动起来，首先防护好自己，群防群控，阻断疫情的传播。服从市政府的通知要求，克服困难，延期复工。同时，协会向会员企业征求延期复工的问题和意见，没有一家提出问题或困难，充分体现勇于担当，抗击疫情的意志和同舟共济的精神。

（二）各会员企业纷纷捐款捐物，支援武汉、支援抗疫一线的医务人员。据不完全统计，会员企业第一批捐出的款、物达数千万元之多。如金枫股份捐款50万元、雪花啤酒集团捐款1500万元、青岛啤酒集团捐款1000万元和200万元物资、大陆酿造捐款10万元、德儒商无偿提供一栋办公楼给政府抗疫之用；外企保乐力加中国捐款200万元，设立“关爱医护人员—抗击新冠病毒肺炎专项资金”，用于抗击疫情一线医护人员的人道救助、帝亚吉欧捐款1000万元等。

（三）复工之后，要求各会员单位除做好严格防控疫情，依据生产情况和市场供需进行人员调配，落实错峰上下班、轮岗值班、远程办公、家庭办公等措施，把疫情影响降到最低，赢得抗击疫情最好结果。

**二、实施名牌战略，开展酒类品牌建设的系列活动**

（一）协会继续组织开展上海市名优食品的评比活动。与上海食品协会合作，推荐的23个酒类产品被评为上海市名优食品。

（二）为推进长三角区域一体化国家战略，落实长三角食品行业高质量一体化发展的目标，构筑长三角地区品牌战略平台，引导长三角区域食品产业增品种、提品质、创品牌、高质量发展，将长三角区域打造成为更具国际影响力的放心食品消费目的地、品质食品消费首选地。在市食品协会的牵头下，协会组织8家上海名牌、名优品牌等会员企业参与该项认定工作，均获得认定。还与这些企业一起参加在上海召开的长三角食品产业高质量一体化发展峰会。

（三）在市商务委、市老字号企业协会和相关行业协会的鼎力支持下，市消保委开展2020上海特色伴手礼评测活动。协会参与酒类产品的评测，黄酒、白酒等会员企业申报的手礼评测产品，经专家评审和消费者现场评测，金枫的石库门黄酒等位列全市60个“上海特色伴手礼”之中。

**三、组织参加技能大赛，主办高峰论坛**

（一）组织参加中国白酒职业技能品评大赛。为推动全国黄酒行业转型发展，提升产品档次，提高企业员工职业技能和品评水平，中国酒业协会组织开展全国白酒职业技能大赛暨全国白酒评酒委员的培训考评活动。协会与市轻工工会共同组织选拔、审核、推荐白酒上海参赛代表，并在全国评酒比赛中获得较好的名次，神仙的段云飞、全兴的杨静、开山的刘兴禹等3位同志获得全国白酒评酒委员的资格，结束了上海近10年来没有全国白酒评酒委员的历史。

（二）由协会主办、上海黄酒工程技术研究中心承办的2020海派黄酒健康发展论坛在上海举行。多位黄酒行业专家、发酵专业学者及相关领域嘉宾，围绕“创新健康时尚未来”的主题，共论海派黄酒的现状、技术特点和发展趋势，探讨海派黄酒健康化、时尚化的未来发展。来自全国乃至海外160多位黄酒和各界人士出席论坛。

在论坛上，由协会和上海黄酒工程技术中心共同发起“海派黄酒研究会”正式成立。研究会除行业协会和知名黄酒企业外，成员还包括多家大学、科研院所、医药企业、物联网企业和海派艺术研究机构等。海派黄酒研究会将围绕如何发挥海派黄酒在创新、健康、时尚、养生、文化等方面的优势，开展研究与探索，为海派黄酒企业提供共享与发展的平台。此外，协助中国酒协举办2020全国理性饮酒宣传周上海分会场活动。

**四、依法维权，组织技术参展等交流**

（一）依法维护会员企业和消费者的合法权益。协会应会员企业的要求，协调市场监管部门处理好会员企业在广告宣传、市场运作、食品安全生产等方面的问题，尽可能维护会员企业的合法权益；遇到消费者投诉会员企业或咨询酒类产品相关安全质量问题时，协会依据概念、标准、行规行约以及酒标的通用标识等答疑解惑，消除消费者的误解和疑虑，既解决消费纠纷，又维护会员企业的权益。

（二）借中国国际供热及热动力技术展览会HEATEC暨中国（上海）国际锅炉、辅机及工艺设备展览会BOILER SHANGHAI（简称“国际供热暨锅炉展”）在上海举办之时，协会召开酿酒行业锅炉产品和改造案例技术交流会。将最新型的锅炉产品、使用案例、维护经验和优秀企业推荐给酿酒行业各相关企业，帮助企业着力加强技术创新、促进产业转型升级和产业技术水平显著提升，为实现节能减排目标奠定基础和技术保障。协会邀请英国、美国、日本等国际知名的锅炉制造企业，介绍和推广国际节能、环保的锅炉技术，行业内有12家会员企业及长三角地区的30多家企业参加此次推广介绍会，还与同行进行技术交流与探讨。

（三）参加进博会等展会，增进国际间交流。协会倡导会员企业参加第三届中国国际进口博览会、国际环球食品展。协会参与市经团联组织的波罗的海沿岸国家贸易周线上活动；参与线上、线下的塞尔维亚周、中荷食品日活动、立陶宛酒商线上交流洽谈会等，并且与这些国家的协会和商会、贸易商等人士进行信息交流和沟通，以促进双方酒类食品贸易往来。为荷兰、比利时、意大利等国的进口啤酒和澳大利亚、智利等国的进口葡萄酒举行小范围的品评推广活动。

（吴建华）

# 上海市物流协会

上海市物流协会是在成立于1993年3月的上海物资流通行业协会的基础上改组重建的，是上海物流企事业单位自愿组建的跨部门、跨所有制的非营利性社团法人。现有会员单位620家左右。

2020年主要工作：

**一、为打赢疫情防控阻击战作出贡献**

（一）积极响应政府号召，从春节起，协会秘书处按市商务委、市经信委的通知要求，及时贯彻布置落实。联系重点物流企业，落实配送车辆、人员和企业负责人，保证拉得出、用得上。协调相关物流企业参加市商务委召开的物资保供紧急会议，做好对物流配送企业节后复工情况调查，及时上报《上海市物流协会关于物流企业复工复产情况和相关建议》等报告。

（二）做好统计调研，为政府疫情防控和复工复产的精准施策提供服务。主要有物流运力保障统计、防疫用品统计、企业复工复产情况统计等，为宏观政策调整提供行业的参考意见。并应政府要求，分多批次，对188家企业配发口罩40万余只及其他防疫用品，帮助缓解企业防控疫情燃眉之急。

（三）及时发出疫情防控指导意见和倡议，积极反映企业复工复产中的困难和问题，主要有《上海市物流协会关于防控疫情的倡议书》《上海市物流协会关于做好快递物流和餐饮快送企业节后复工疫情防控的指导意见》等。协会联合苏浙皖物流行业协会，提出《关于复工复运稳企稳供共同维护长三角经济社会发展的联合倡议》。同时，协会就会员企业资金困难、政策性补贴需要完善等诉求，汇总符合条件的企业51家，向政府部门提出意见和建议。

四、积极协调联络各方，为支援疫情阻击战发挥协会作用，主要有：积极协调有关单位调集800套包装材料支援口罩工厂节日生产防疫急需的口罩；联系物流企业将上海捐赠的防疫医用设备运抵武汉第九医院并安装；协会应市经信委要求联系浙江省物流协会，解决消毒液包装材料因疫情通行困难受阻问题等。

（五）坚守岗位、网上办公。从小年夜起，秘书处工作团队就开始不间断运转，为企业、为社会提供24小时服务。同时，加强宣传，积极报道会员企业防控疫情先进事例。通过协会公众号、网站连续刊发会员企业在防控疫情中的先进事迹37篇。在“5·6物流日”还表彰在抗击疫情中做出重要贡献的会员单位30家。

**二、完成行业和企业评先创优**

（一）根据人力资源和社会保障部、中国物流与采购联合会《关于开展全国物流行业先进集体、劳动模范和先进工作者评选工作的通知》的要求市人社局与市物流协会联合发文，在上海市开展物流行业劳模和先进的推荐评选。协会和上海物流行业社会组织合作联盟一起组建评选小组，制订评选工作计划，广泛发动，严格遴选，最终报上级批准确定上海市全国物流行业先进集体4个、劳动模范9人、先进工作者1人。12月28日，协会率队参加在北京举行的全国物流行业劳模先进表彰大会。

（二）9月，2020年度全国先进物流企业颁奖大会在唐山市举行。上海共有29家物流企业获得“2020年度全国先进物流企业”称号，占全国229家获奖企业12.2%，而协会会员企业占上海获奖企业的78.6%，其他3个奖项的上海获奖企业也均为协会会员企业。此外，上海市物流协会首次获得“2020年度全国先进物流企业评选优秀组织者奖”。

**三、开展“诚信兴商”专项活动及调研**

（一）9—11月，市委宣传部、市商务委等18个部门联合开展“诚信兴商宣传月”活动，主题是“诚实经营、守信服务”。在这次活动中，协会组织的“以诚信为本，让物流更暖心”的系列公益活动，被列入主要十六项活动之一。在系列公益活动中，协会举办“企业信用指数演示解读会”，首次公布上海物流企业市场信用指数；召开“市场信用信息应用产品研讨会”；发布《市场信用信息与行业信用平台》一书等，形成协同效应，共同营造诚信经营的良好氛围。

（二）根据市有关部门的要求，协会就上海市现代物流“十四五”规划的建议开展一系列工作。4月，召开关于《上海市“十四五”现代物流业发展规划》专家研讨会。5月，召开物流企业调研会。在行业调研的基础上，向市发改委、市商务委等委办提交《关于在“十四五”期间进一步推进上海物流业平稳健康发展建议的报告》。

（三）配合市经信委开展有关行业协会征信工作推进情况的调研，形成协会征信工作书面报告，为政府部门推进信用建设建言献策。配合市经济信息中心开展行业绿色物流的调研，并就协会和行业的绿色物流情况提交书面报告。

**四、做好为会员企业的服务**

（一）协会评估办积极开展A级物流企业的评估工作，全市A级物流企业达到247家，其中5A级29家、4A级143家、3A级68家、2A级7家。上海市A级物流企业的数量超过市政府制定的《“十三五”现代物流业发展专项规划》所提出的240家的目标。

（二）针对企业疫情防控和复工复产的新情况新需求，协会培训部和会员部专题研究网上物流培训项目，从模式、内容、师资等方面提高针对性和可操作性。开展中职教师、高职教师企业实践培训，共计21人。为企业组织开展物流技能专项培训，有100人参加。组织企业物流技能操作比赛，共100余人参加。协会与青浦区政府有关部门合作，开展物流企业质量提升培训活动，全区64家快递、物流企业100多位质量管理负责人、以及各委办局的相关人员参加培训。同时，协会申报的上海邦达隆飞物流有限公司的周玉惠技师工作室和上海创始温控技术有限公司的张金俊技师工作室已经市人社局批准，将发挥首席技师带头作用，带动物流行业技能水平进一步提升。

（三）加强与会员企业的联系和合作，启动面向行业的物流统计，建立有46家物流样本企业和部分A级物流企业的统计数据库，并形成《2019年上海市物流统计分析报告》，这是协会首次面向社会和行业发布的物流统计分析报告，填补长期来的空白。

四、两次召开“市场信用信息应用产品研讨会”，分别对金融机构和物流企业进行信用金融的宣传、演示和研讨，共100余人参加。研讨会上，泰隆银行代表宣布给于协会5亿元授信额度（这是协会首次获得银行授信额度）。并举行授信证书颁发仪式。通过信用金融的推动，在缓解小微物流企业的融资难、融资贵、融资慢方面取得创新性的进展。

五、积极推动物流行业和物流企业智能化、数据化、无人化的能级，年内已完成2家企业的物流智能化装备试点；推动制定联盟物流标准。完成制定《使用保温媒介温控箱技术规范》《新能源温控宅配骑行车辆技术规范》《物流企业数字化应用规范》《物流企业数字化能力等级评价》等4个标准。

六、成功举办2020首届中国（上海）工业品在线交易节物流采购日活动。直播现场人数有近100人，在线人数近2000人。物流日现场还举办物流采购对接会，组织物流装备品牌供应商、服务商、金融机构与用户现场交流，促进交易商机。参加长三角物流发展联席会议与合作联盟秘书处会议。会议同意上海市物流协会提出的在物流企业信用建设、物流统计、物流标准化建设、物流智能化装备推广应用等方面深化合作的建议。

（朱泽榕）

# 上海市会展行业协会

上海市会展行业协会成立于2020年4月，是上海市从事会议、展览及相关业务的企事业单位自愿组成的跨部门、跨所有制、非营利性社会团体法人。现有会员单位627家。

2020年主要工作：

**一、携手会员积极抗疫，助力打赢防控阻击战**

（一）1月27日，协会发出《致全体会员的倡议书》，倡议会展企业主动承担起“第一道防线”责任，助力打赢新冠肺炎疫情防控阻击战。此后，协会牵头国家会展中心（上海）、上海新国际博览中心、上海世博展览馆、上海展览中心等四大主要场馆联合发出倡议，为主办单位安排更合适更方便的档期，提供全方位解决方案。秘书处积极配合市商务委等政府部门开展企业受损情况和金融信贷需求的调查，组织企业做好扶持政策的申报，及时组织会展企业参加市商务委的各类专题座谈会。2月19日，市商务委发来感谢信。

（二）近半年展会停摆，会展企业尤其是会展服务企业面临各种压力。协会秘书处汇总会员受损情况形成专报向主管部门反映。协会会长桑敬民在参加国务院调研组、商务部王受文副部长和许昆林副市长召集的复工复产调研座谈会上，积极反映行业实际情况及复工复展的迫切呼声。5月初，协会向市商务委提出抓紧研究上海会展业复展的建议，并起草制定《上海市会展行业新冠肺炎疫情防控指南》《上海会展业档期协调机制》等文件，为重启会展业发挥积极作用。5月25日，协会举办“疫情冲击下的展会发展新思路”为主题的线上沙龙，行业知名企业负责人探讨线上展会的商业营运的应对思路，共计37674人次收看直播。会展工作重启后，协会与上海市会展业促进中心、上海市律师协会会展与旅游业务研究委员会共同发起“会展业防疫义务法律咨询服务”活动，为会员单位提供法律帮助。

（三）疫情期间，协会党委向全体党员发出自愿捐款号召，所属各支部党员踊跃响应，不到两天，就收到116名党员和入党积极分子捐款10876元。会员企业也积极行动，副会长单位上海博华国际展览有限公司、上海欣越国际货物运输代理有限公司，会员单位欧马腾会展科技（上海）有限公司等企业组织员工开展善款募捐活动；会员单位艺搭环保科技（上海）有限公司从迪拜购回100套防护服，直接快递到湖北省恩施市中心医院。

**二、切实履行职责，想方设法做好会员服务**

（一）减免会费，力所能及地为会员企业减压。协会秘书处向理事会提出所有会员减免3300元的意见，即一般会员免缴2020年会费，经五届四次理事会审议通过后执行。创新沙龙活动形式，举办三期沙龙活动：第一期，以线上直播形式举办“疫情冲击下的展会发展新思路”为主题的沙龙；第二期，走进会员企业，在中国太平洋财产保险股份有限公司上海分公司举办“疫情防控常态化下的会展服务”主题沙龙；第三期，协会组织30多家理事会成员赴南京溧水，与全国省级会展行业协会联席会议代表同行面对面进行交流。协会有70多家会员企业，成为本届进博会服务供应商和进博会配套活动的主承办方。他们克服各种困难，胜利完成进博会筹备工作。协会积极参与进博会的配套活动——中国国际公共采购论坛。协会理事单位上海鸿量联采贸易服务有限公司全力以赴做好会务工作。为此，财政部国库司分别给协会和鸿量联采发来感谢信。

（二）微信公众号平台积极宣传会员信息。协会微信公众号为30多家会员企业推送信息，协助宣传。协会继续开展展示工程资质评审工作，年内有33家展示工程企业通过评审。其中一级资质企业8家、二级资质企业8家、三级资质企业17家。一、二、三级展示工程资质企业累计分别为80家、59家、47家，合计186家。协会与上海对外经贸大学合办的上海市会展管理专业技术水平认证（高级）培训班招生工作启动。继续开展《上海市会展管理专业技术水平认证（初级）》讲解员培训班，并有163名学员获得会展管理初级讲解员水平认证证书。按照国家质检总局、国家标准委有关团体标准编制的要求，完成标准制定程序文件，并在网上完成团体用户注册工作。

**三、协助配合政府，发挥桥梁纽带作用**

（一）积极协助配合市商务委等政府相关部门开展企业受损情况和金融信贷需求的调查，组织会展企业参加市商务委的各类专题座谈会及多项调研活动，了解企业的困难与需求，形成专报为政府出台政策提供参考。《上海市会展业条例》（以下简称《条例》）经上海市第十五届人民代表大会常务委员会第十八次会议通过，并于5月1日起施行。协会的微信公众号、官网均对《条例》发布进行推送；协会各出版物也全文刊登《条例》。同时通过举办线下沙龙、理事会等活动开展《条例》普法宣传，与律师协会联手编制发布《参展合同》及《场馆租赁合同》示范文本。积极配合政府，及时发布疫情防控指南等信息。在市商务委的指导下，协会先后发布疫情初期的《致全体会员的倡议书》、配合复工复展的《上海市会展行业新冠肺炎疫情防控指南》以及修订版《关于进一步加强本市会展行业疫情防控工作的倡议》、配合展会安全的《上海市会展行业安全生产倡议书》、配合秋冬季防疫的《加强秋冬季疫情防控工作的提示》，以及配合塑料污染治理的《上海市会展行业限塑倡议书》等文件。

**四、长三角会展联盟、长三角会展研究院成立**

10月12日，协会与上海对外经贸大学共建的长三角会展研究院正式成立。会上，为上海市国际贸易促进委员会副会长顾春霆等19位首批长三角会展研究院专家颁发聘书。当天，长三角会展联盟第一次会议召开，审议通过《关于长三角城市会展联盟更名及相关工作的报告》《长三角会展联盟章程》，以及长三角会展联盟主席、副主席、秘书长名单。会议决定联盟秘书处设在上海市会展行业协会。这将有利于三省一市会展行业的协会、机构、企业等更好地携起手来，优势互补、协同互助、资源共享、合作共进，在实现自身发展的同时，为助推长三角区域会展业更高质量的一体化发展作出新的贡献。

**五、发展会员情况**

年内，新加入协会76家企业，退会20家企业，实际有效会员627家，比2019年新增56家。按主营业务分：场馆、主办、展示工程三大主体会员企业分别为23家、76家、427家，三大主体占比83.89%；另有会展院校、研究管理机构以及涉及会展的物流、咨询、服务、设备供应商等相关配套企业合计101家，占比16.11%。按企业性质分：国有企业（含社会团体、院校等）71家，占比11.32%；外资企业62家，占比9.89%；民营企业494家，占比78.79%。

**六、党建、工会工作**

协会党委经过近半年的准备，于6月30日召开党员大会，听取并通过党委书记陈先进做的“砥砺奋进新时代，牢记使命促发展，努力把协会党委建设成为推动上海会展行业高质量发展的坚强战斗堡垒”工作报告；选举产生由7位同志组成的新一届党委委员会和3位同志组成的纪律检查委员会。根据《党章》要求，党委成员深入各基层党组织指导支部换届选举工作。党委组织各支部围绕“四史”学习教育，开展“往心里走、往实里走”等活动。党委还联合上海市旅游行业协会党委开展“疫后复苏行业共建”党员主题教育活动，组织党员前往龙华烈士陵园缅怀先烈，坚定不忘初心的信念。同时，党委贯彻落实上级党委“从心出发——市级机关行业协会党员身心关爱计划”，分两次组织党员和员工60多人参与心理减压放松训练互动式课程。年内，2名发展对象接收为预备党员，3名按期转正，为党组织增添新鲜血液。党委组织全体党员用好“学习强国”学习平台，并通过党建服务中心、公众号、微信等沟通平台坚持每天与各党支部和全体党员互动学习交流。协会党委关心工会组织的建设，为基层工会冬送温暖夏送清凉，组织工会工作人员学习交流，办理工会卡和购买市总工会的保险。

（陈　虹）

# 上海人才服务行业协会

上海人才服务行业协会成立于2002年4月9日，是上海市人力资源和社会保障服务机构行业企事业单位自愿组成的跨部门、跨所有制非营利性的行业性社会团体法人。现有会员单位668家。

2020年主要工作：

**一、配合政府、服务行业，做好疫情防控工作**

（一）发布行业倡议、做好政策宣传。1月31日，协会发布《关于新型冠状病毒疫情防控的倡议书》，号召上海人力资源服务行业全体同仁积极配合政府部门做好疫情防控工作，妥善处理疫情期间可能涉及的劳动关系问题，鼓励会员单位援助疫区、承担社会责任。此外，协会通过网站、微信公众号等方式定期宣传国家及上海市针对疫情防控、企业复工的最新政策和规定。

（二）开展疫情下行业调研。协会于2月起在会员单位范围内开展“疫情下人力资源服务机构及客户复工情况调研”工作。此外，协会联合多家会员单位以及行业知名组织相继发布疫情下人力资源企业现状及需求调研、2020年中国猎企疫情影响调研报告、2020年疫情下猎企老板市场信心调研报告等成果，反映行业实际情况以及主要问题。协会定期统计会员单位在此次抗疫活动中开展的公益活动，及时对企业捐款、捐物、志愿活动等进行宣传报道。同时，组织会员单位进行免费培训和公益讲座。

**二、协助政府出台政策，承接行业试点平台**

（一）反映行业诉求，协助政府出台政策。协会多次组织行业调研会议，对于疫情之下人力资源服务机构规模认定、税收扶持、社保减免、培训补贴等热点问题进行探讨，向相关部门反映行业诉求，协助相关政策出台。配合人社部，对《网络招聘服务管理规定》进行意见征求；配合市人社局，多次组织业内机构进行调研；配合市残联对人力资源服务机构缴纳残疾人保障金的情况展开调研，协助政府进一步规范残保金的政策出台。

（二）在市科协的指导和静安区委区政府的关心支持下，协会作为海智计划（静安）工作基地的市场化运作平台，大力推进“全球服务商计划”；基地提供优质高效人力资源服务，超过130人次海外留学生获得引进指导，40多个项目获得入驻辅导；基地注重加强协作赋能引智工作，与上海现代服务业联合会、留学生企业协会、上海交大产业融合与创新发展研究中心等单位进行互访交流。基地还与德国Neoxphere科技公司（NTG）开展长效对接活动。

（三）在张江管委会、静安区科委等部门的支持和指导下，协会作为张江国家自主创新示范区人才服务平台（闸北园），探索与市场化机构共建平台解决人才服务问题的模式，先后搭建包括人才测评平台、人才外包平台、人才法务平台、人才税务平台、人才招聘平台等在内的综合服务平台，形成集线上、线下一体，园区人才、技术、项目和资金有效配置与整合的新模式和新机制。

（四）在市人社局、市职业技能鉴定中心的支持和指导下，协会成功申报成为上海市职业技能等级认定机构、上海市首批社会组织评价组织，并成功申报开展“劳动关系协调员”职业技能等级认定项目。

**三、开展行业研究，推动行业转型升级**

（一）配合开展产业园区规划升级。为崇明区、杨浦区人力资源服务产业园建设进行服务与规划。协会还向全国各地复制推广“上海人力资源服务产业园区”模式，先后协助呼和浩特、宜宾、营口、成都、遵义等地人力资源服务产业建设，为当地产业园区的发展和服务职能的升级提供助力。

（二）协助开展行业及人才发展规划，先后与重庆、合肥、成都、长沙、郑州、海南以及临港新片区、杨浦区、虹口区、静安区等地政府部门进行交流授课演讲，配合开展“十四五”人才规划和建设工作。

（三）联合会员单位探索新形势下灵活用工、线上培训等服务产品，推动薪税服务、电子合同、人力资源SAAS等产品不断创新升级，为行业的科技赋能增效提供产品支持。协会先后为薪太软、人瑞集团、财才网、上海地铁人力等数十家机构提供战略咨询、活动咨询、项目咨询、上市咨询等，在实现本土机构持续发展的同时推动各地人力资源服务机构的合作交流，为业内机构寻求合作、转型发展提供平台。

（四）定期开展行业统计工作，发布上海人力资源服务行业指数报告，推出《2019年度上海人力资源服务行业发展蓝皮书》。协会还为《中国人力资源服务业发展报告》、中国劳动和社会保障科学研究院出版的《中国人力资源服务产业园发展报告》提供行业协会版块内容；为《上海经济年鉴》《上海工业年鉴》《上海现代服务业发展报告》提供人力资源版块内容。

**四、完善标准体系，树立行业品牌**

（一）完善行业标准体系。1．持续开展国家及地方标准制修订工作。在国家标准方面，受国标委委托开展《人力资源服务术语》国家标准的视频宣讲录制工作。在地方标准方面，申请开展《人力资源派遣服务规范》修订、《网络招聘服务规范》编制工作。在团体标准方面，制定团体标准的标准化制度，编制《高级人才寻访服务规范》团体标准，预计2021年正式发布。2．推动标准宣贯与培训。协会作为人力资源服务业国家标准宣贯及标准化试点平台，积极向人力资源服务机构宣贯行业标准，发布贯标机构的榜单，共有595家次人力资源服务机构参与贯标工作。受静安区人社局委托，举办“人力资源服务机构标准化线上培训”，有1474人次人参加线上学习。3．2020年11月，配合市人社局“上海市人力资源服务标准化技术委员会”的组建工作。四是组织会员单位积极申报“国家服务业标准试点”以及“2020年度上海市标准化试点”项目，共有12家人力资源服务机构申报“国家服务业标准化试点”项目，2家人力资源服务机构获批“上海市标准化试点”项目。

（二）树立行业标杆品牌。6月，组织172家行业机构开展“2020年上海人力资源服务行业诚信示范机构创建活动”，塑造行业整体形象。组织开展“2019年度上海人力资源服务业百强排名”及“2019年度上海人力资源服务业咨询、培训、招聘机构排名”工作，树立行业标杆企业。协会长期举办“优秀人力资源服务供应商推荐”活动，年内推荐出12家国际人力资源服务供应商、16家亚太人力资源服务供应商、12家“一带一路”人力资源服务供应商、49家中国人力资源服务供应商，获得良好的社会反响。配合市人社局展开“上海市人力资源服务‘伯乐’奖励计划”，共有12家行业机构获得奖励。

**五、嫁接行业商机，促进交流合作**

（一）加强会员联动，嫁接会员间合作商机。根据会员单位需求定期组织会员活动，并成立派遣、猎头、招聘、测评、培训、咨询、薪酬、法务、IT、名牌、SAAS等21个专业小组，将会员交流建立成长效机制。协会召开28场行业发展座谈会，推进会员交流与合作。定期组织会员单位，参加市人社局、市市场监督管理局等政府部门的调研座谈会、培训会、对接会。11月，配合市人社局开展“中国（上海）人力资源产业园区十周年系列活动”。12月，配合市人社局、市人才服务中心开展“中国人力资源大赛上海赛区选拔赛”。此外，参与并配合上海现代服务业联合会、市工业经济联合会、商业联合会、工商业联合会、市质量协会等单位开展活动，为各行各业提供人力资源服务的保障和支撑。举办大型活动，推进会员的国内外发展。

（二）组织和参与各类人力资源服务行业活动，携会员单位参加温州人才周、由 AIMS International 组织的“线上交流圆桌会议”、第十七次全国省级人力资源（人才）服务行业协会联席会等活动，并多次接待、走访任仕达、外企德科、万宝盛华、德勤等国际知名人力资源服务机构，了解企业发展现状与需求。配合湖北省、内蒙古呼和浩特市、江苏南京、杭州市余杭区等地政府部门，开展人力资源服务行业推介活动，有效推进人力资源服务机构与全国各地区的交流和对接。

**六、承担社会责任，鼓励行业公益**

在市人社局支持下，通过线上、线下两个平台，启动“2020 年人才服务进校园”活动。2 月起，协会联合智联招聘、前程无忧、BOSS 直聘等网络招聘机构，配合上海师范大学、华东师范大学、上海立信会计金融学院等 14 所高校展开线上网络招聘会，累计参与企业 9700 多家，企业提供岗位 7 万多个，简历投递人数超 10 万人。10 月起，组织会员单位前往 4 所知名高校，举办 6 场线下校园招聘会，超过 1200 多家单位参与，发布招聘岗位 6000 多个，为 110 名学生进行职业测评，2 万余名毕业生前来应聘。在服务海外人才方面，3 月起，配合市委组织部、市人才服务中心，集聚国内外 20 家知名人力资源服务机构，开展“海聚英才——2020 春归浦江云选会”活动；配合第二工业大学，举办港澳台侨毕业生专场招聘会。在特殊人才（残疾人）及退役军人就业方面，协会充分发挥市场化招聘渠道提供就业岗位，同时，利用家庭坐席办公等技术工具，为行动不便的特殊人才提供在家办公的条件。为服务临港新片区企业发展和人才队伍建设需求，组织临港新片区 57 家企业于 BOSS 直聘平台上免费发布超过 200 类职位。

**七、提升从业人员素质，提高行业服务质量**

受市人社局委托，协会承接“上海人力资源服务行业的新起点、新趋势”培训项目，共计 120 名从业人员参加培训。依托会员单位的线上平台和行业专家，先后举办 24 次“人力资源大讲坛”线上公益讲座，吸引近两万名从业人员参加。联合会员单位开展薪税师、经济师、企业人员优化、劳动法案例盘点等培训课程，邀请专业师资团队全方面提升从业人员综合水平。

**八、加强秘书处党工团建设，建立科学的管理体系**

协会党支部开展“四史”主题教育系列活动，前往浦东图书馆开展主题党日学习，开展支部共建。此外，发展 2 名正式党员、3 名预备党员。协会获评上级工会颁发的“创建职工之家优胜单位”，打造新型的行业协会专职人员队伍。

（毛毓郁）

# 上海市物联网行业协会

上海市物联网行业协会成立于 2012 年，是上海市物联网行业同业企业研发、制造、应用和服务等不同领域及其他相关经济组织自愿组成、实行行业服务和自律管理的非营利性社会团体法人。下设 8 个专委会，分别是：感知专业委员会、智能家居专业委员会、ARVR 专业委员会、智慧健康养老专业委员会、智慧物流专业委员会、新零售专业委员会、智能网联汽车专业委员会、工业物联网专业委员会。现有会员单位 400 余家。

2020 年主要工作：

**一、深化行业服务，务求做精做深**

协会在为行业服务中，突出“六个进一步”，即进一步提升行业服务的精度。继续不断完善“每日、每周、每月、每季度、每年”的线上和线下融合的行业服务体系。通过每日行业新闻不断扩大物联网产业的影响力，让更多的人了解物联网，使用物联网技术；进一步提升每周沙龙的主题质量，提高对接的有效性；进一步提高每月活动的针对性和有效性，提高活动的转化率；进一步提高与慕尼黑电子展等展会合作的质量，将会展作为产业运营和服务的平台；进一步提升全球物联网峰会的行业影响力，将其办成全国最具影响力的物联网行业峰会；进一步提高行业服务的深度。联合会员企业共同建设 AIOT 产业创新中心，将教育培训、展览展示、孵化加速、方案开发和联合创新作为其核心功能。根据区域产业特点，聚焦工业物联网、智能家居、健康养老、感知、新零售、智慧物流、智能网联汽车和虚拟现实等物联网重点领域，特别注重传统优势产业与物联网技术的融合创新，使 AIOT 产业创新中心成为产业服务的重要抓手。

**二、提升标准工作，务求保持领先**

协会有序组织开展标准化工作，加强团体标准的应用与推广，为会员提供更加优质的标准化服务。（一）积极将团体标准，上升为地方标准。坚持产学研用相结合，听取各方意见，充分调研国内产业的实际需求，增强标准的可实施性，按时完成智慧健康养老等地方标准的制定工作。（二）将标准工作与知识产权工作相结合，成立知识产权工作专委会。（三）探索与全国各兄弟省市物联网行业协会、上海各兄弟相关技术行业协会联合发布团体标准。探索与智慧水利、智慧港口、智慧物流、智慧市政、智慧社区、智慧家政、智慧旅游、在线消费、在线教育、医疗健康等应用行业联合发布团体标准。（四）继续制定一定数量、形成一定规模的团体标准，保障标准的有效供给，继续在信息传输、软件和信息技术服务业社会团体标准在全国排名上名列前茅；组织开展物联网标准化高峰论坛、开展标准化培训等活动，继续在上海市的团体标准活跃度排名上名列前茅。

**三、提质教育培训，务求培养优质人才**

（一）坚持有所为，有所不为的原则，聚焦职业技能等级标准制定、课程研发、题库开发、师资培训和鉴定认定等五项核心工作，做到"考培分离，鉴培分离"。（二）探索创新线上和线下融合的教育培训方法，支持扶持更多培训机构和院校引入物联网职业等级课程，降低其培训难度和成本，提高其培训质量。（三）联合创建 AIOT 产业创新学院，在做好专项职业技能课程的基础之上，探索引入生产性综合实训课程，反向设计基础、核心专业课程。（四）探索物联网技术人员认证，与华为、阿里等行业巨头合作，建设最具行业公信力的物联网技术人员培训和认证体系。（五）从产业发展对创新型人才的角度举办青少年物联网创新大赛，建立物联网技术创新型人才认证体系。

**四、拓展企业数智化，加快推进产业转型升级**

（一）协会将依托行业服务、标准制定和教育培训等业务优势，发挥作为第三方咨询监理机构的优势，协助企业最大程度降低 IT 投入的成本，提升数智化水平为企业带来实质的收益包括效益、效率和企业竞争力等，成为促进产业互联网发展的核心驱动力。（二）继续深入推进两化融合贯标服务，坚持实质性贯标，协助企业切实提高数智化水平和能力。根据两化融合贯标的调研情况，协助企业选择最适合其发展阶段和发展战略的数智化解决方案。（三）探索以教育培训深入企业数智化能力提升，协助加强企业中员工的数智化知识的培训和数智化人才队伍的建立，培训大量具有数智化思维和能力的生产管理研发人员。

**五、强化内部建设，进一步提升凝聚力战斗力**

协会秘书处树立"会员第一"的指导思想，做好会员服务工作，发挥协会作为政府和企业之间的桥梁作用，推动产业快速健康发展。进一步加强组织建设，全面贯彻落实上级党委的各项工作要求，协助落实各项产业发展政策。进一步加强秘书处建设，加强各个专委会的力量，促进产业链交流与合作。进一步加强各项制度建设，建立会员企业需求管理体系，确保会员的每一项需求都得到认真对待，并抓好需求的追踪和落实。

（鲁青卿）

# 上海淞泓智能汽车科技有限公司

2019年，汽车市场持续下行，车市寒冬愈"冷"，智能网联汽车、自动驾驶领域的探索也遭遇瓶颈，但智能网联汽车发展政策环境不断完善，上海淞泓智能汽车科技有限公司(以下简称淞泓公司)作为上海市智能网联汽车创新中心的承担实体，是上海乃至全国推进智能网联汽车发展的排头兵和先行者。在刚刚过去的一年里，淞泓公司从顶层战略、道路测试、示范应用、技术和标准等多个方面持续发力，取得了多项重大进展，下面以"十大成果"总结回顾。

一、推动长三角智能网联汽车一体化发展迈上新台阶

二、推进上海市智能网联汽车道路测试工作取得新进展

三、助力上海智能网联汽车测试管理办法实现新升级

四、制定上海智能网联汽车测试规范并实现对外输出

五、支撑上海智能网联汽车示范应用取得新突破

六、推动上海率先颁发国内首批长三角测试牌照

七、顺利承办人工智能大会和进博会自动驾驶体验活动

八、支持C-V2X"四跨"互联互通应用示范活动成功举办

九、牵头多项智能网联汽车标准制定取得新成果

十、智能网联汽车前瞻共性技术研究取得新成就

淞泓公司新荣誉

奖项

1、第四届中国创新挑战赛(上海)暨第二届长三角国际创新挑战赛智能网联汽车专场赛一等奖、TOP10技术需求奖

2、2019世界人工智能大会优秀互动体验奖

3、新华社瞭望周刊社"2019新时代汽车强国之路公益论坛"——"行业新锐奖"

# 上海巴兰仕汽車检测設备股份有限公司

SHANGHAI BALANCE AUTOMOTIVE EQUIPMENT CO., LTD

**公司概述**：上海巴兰仕汽车检测设备股份有限公司成立于 2005 年 1 月，总部位于嘉定区安亭镇星光工业园区。自成立以来，致力于汽车维修检测设备的研发和创新，已成功申报高新技术企业，主营业务为汽车维修检测设备的研发、设计、生产、销售及服务。是国内汽车后市场维修检修保养类设备领域的骨干企业，公司下辖南通巴兰仕机电有限公司、广州巴兰仕机械有限公司、广州晶佳汽车设备有限公司，已经形成一条完整的汽车维修检修保养类设备产业链。公司拥有专业的生产、研发以及管理团队，具备了强大的设计、生产、销售、仓储、物流能力，营销网络遍布全球。公司于 2014 年 4 月 10 日新三板挂牌成功。

**市场开拓情况**：凭借着优良的产品质量和稳定的产品性能，公司的产品已成为行业内知名品牌。其中，拆胎机和平衡机生产数量、销量以及综合市场占有率稳居全球前列，目前公司在国内已布局 32 个省级行政区域，覆盖超过 500 个地 / 县级城市。同时，公司积极布局海外市场，在海外拥有超过 320 家经销商，产品远销上百个国家及地区，公司同国际知名汽车零部件大企业亦有长期合作。

**荣誉认定情况**：公司拥有 AAA 级信用等级并先后通过欧盟 CE 认证、ISO9001 质量认证以及三级安全生产企业认证。同时，公司先后获得上海市著名商标、高新技术企业、中国人民解放军总装备部承制单位、汽保设备生产企业出口 20 强、全国汽保企业管理现代化创新成果一等奖、中国汽保华彩名优产品、上海名牌等众多荣誉。

**科技研发情况**：公司自成立以来，一直以技术作为立足之本，公司拥有强大的软、硬件研发实力，超过 120 人的研发团队，长期致力于汽车维修行业的产业化研究，并建立了完整的研发流程。公司目前已取得 139 项专利，13 项软件著作权，其中星轮传动变速箱、组合式变速箱、汽车轮胎拆装设备等专利是公司的独家专利，在汽车后市场维修检修保养类设备领域具有国际竞争力。

注册地址：上海市嘉定区恒永路 518 弄 7 号 3 层 302 室

办公地址：上海市嘉定区安亭镇星光村工业区金昌西路 1009 号

邮编：201805

总机电话：021-39509800

公司网址：http://www.balancer-sh.com

公司官网

微信公众号

# ChipON 上海芯旺微电子技术有限公司

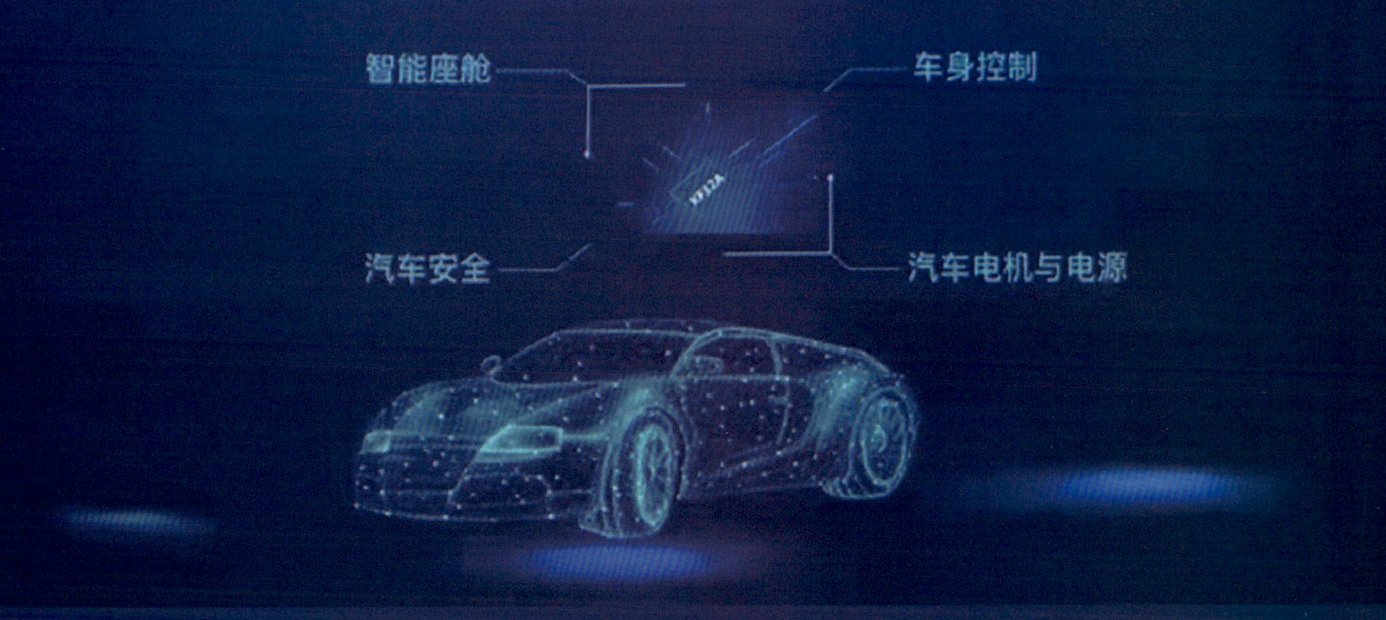

上海芯旺微电子是一家聚焦汽车级、工业级混合信号 8 位 /32 位 MCU&DSP 芯片的高新技术企业，十多年来专注基于自主 KungFu 处理器架构的高可靠、高品质 MCU 器件的研发设计，已成功向专用芯片应用市场输送 KF32A、KF32F、KF32L、KF32LS、KF8A、KF8F、KF8TS、KF8S 等系列产品，实现了 8 位到 32 位的全覆盖，及 ChipON IDE 集成开发环境、ChipON PRO 编程软件、KungFu Minipro 仿真编程器，实现从芯片内核设计到工具开发整个生态链的全自有 IP。

集高可靠、低功耗、高性能之大成，聚焦向汽车、工业、AIoT 等领域提供专业解决方案和优质服务，是国内最早面向汽车和工业领域的芯片设计公司之一，研发的产品凭借优异的系统性能和稳定性，已应用于全球多家世界五百强和国内知名企业，累计出货超过 7 亿颗。

芯旺微电子历经十余年的发展，已成为国内拥有独立产品生态的汽车芯片公司，自主 IP KungFu 内核处理器实现了从 8 位到 32 位，从 DSP 到多核产品的全方位布局。产品线涵盖 DSP、MCU 和数模混合 SOC 等，面向汽车市场提供差异化的汽车半导体解决方案。车规两大系列 KF8A 和 KF32A，已经在汽车电子领域实现了从 8 位到 32 位的广泛覆盖，通过 AEC-Q100 车规品质认证，应用于车身控制、汽车电源与电机、汽车安全和智能座舱等场景中，并在汽车前装市场实现了大规模商用。

总部：上海浦东新区张江集电港 1 号楼 906B
电话：021-50903903
网址：www.chipon-ic.com

ASD爱仕达

# 上海爱仕达汽车零部件有限公司

SHANGHAI AISHIDA AUTOMOTIVE COMPONENTS CO.,LTD

创建于2006年

· 企业性质：有限责任公司（民营）
· 注册资本:1500万美元
· 总投资：超过2000万美元
· 厂房占地：200亩
· 地址 : 上海青浦
· 主要产品：铝合金缸盖、缸体、新能源电机壳体、机器人铝合金本体等轻量化产品

## 主要产品

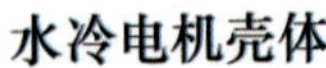

水冷电机壳体

新能源汽车类

机器人本体

机器人类

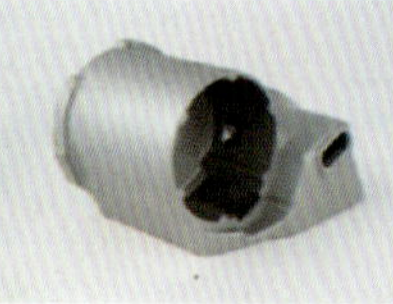

## 研发软件

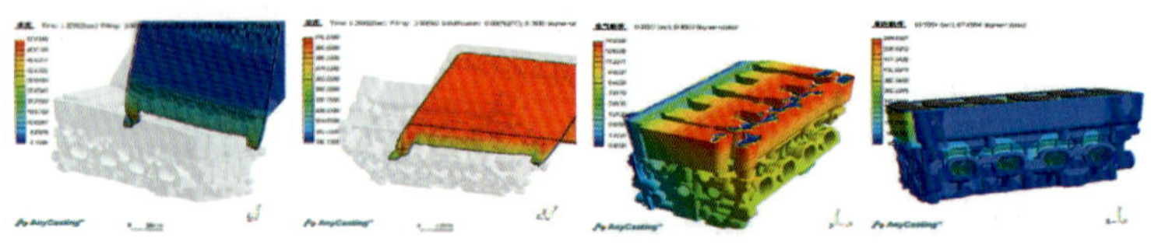
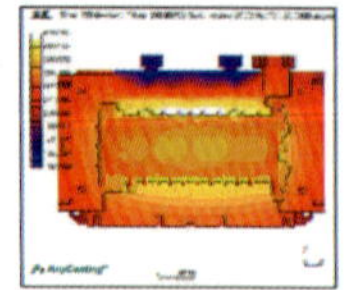

模具、工装、夹具到产品全过程开发设计能力软件

## 实验能力

在线视觉检测

X光探伤仪

三座标

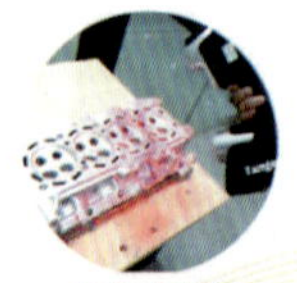

拉力试验机

岛津光谱仪

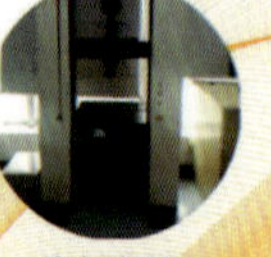

拉力试验机

## 主要铸造设备

铸造实现机器人自动浇铸、自动去芯头和自动取件；
智能控制冷却水、自动控制负压抽气；
全自动热态下激光刻标；
机器人切冒口、震砂；
实现全自动T6热处理。

# 集成电路与汽车零部件一站式整合验证分析服务平台

Your Faithful Lab Partner

苏试宜特提供芯片线路修改、失效分析、可靠性验证、晶圆微结构与材料分析、车用元器件可靠性验证、板级可靠性等，同时也建构先进封装DPA分析技术。服务客群覆盖范围包括芯片设计、晶圆制造、封装厂与高端晶圆设备商，提供集成电路全方位一站式分析与验证技术服务。

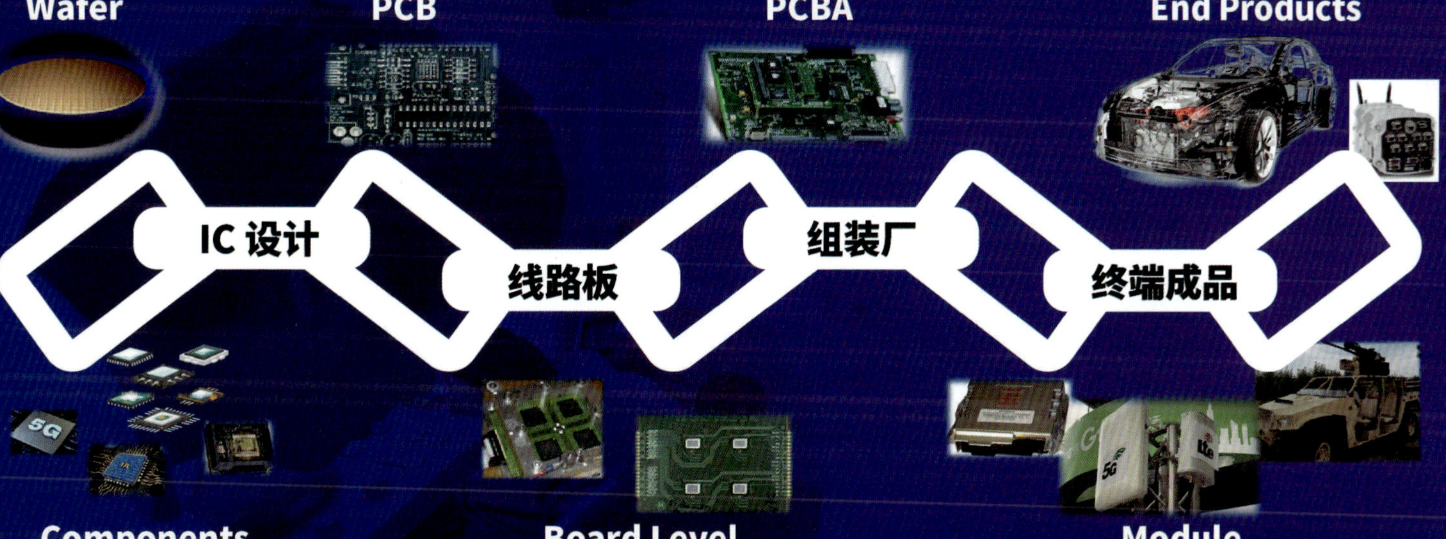

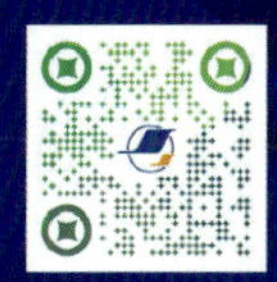

击扫描二维码，了解更多资讯

▶ 晶圆切割 ▶ 快速封装 ▶ 样品制备 ▶ 失效分析 ▶ 芯片线路修改

▶ 材料分析 ▶ 可靠度验证 ▶ 板阶可靠度验证 ▶ 汽车电子可靠度验证

苏试宜特(上海)检测技术有限公司

上海 - 深圳 - 厦门 - 北京 - 天津 - 成都 - 西安

 800-988-0501

marketing_cn@chinaisti.com

# 上海先惠自动化技术股份有限公司

## Shanghai SK Automation Technology PLC

上海先惠自动化技术股份有限公司（以下简称先惠技术或公司）成立于2007年3月，于2020年8月11日成功在科创板上市（股票代码：688155）。先惠技术从成立之初就一直以上海为核心及总部基地，目前已面向全国及欧美多地辐射，并先后在武汉、长沙、德国、美国、捷克等地设立了子公司或办事处。公司立足于高端装备制造业 - 智能装备领域，为客户提供智能自动化成套设备及解决方案，目前主攻汽车产业链。

在2010年前公司主要是生产燃油汽车单机装备，通过良好的产品质量和客户服务，建立了优良的品牌形象与业内口碑，积累了一批国际化的优质客户资源。此后公司又进入了燃油汽车自动化、智能化装备领域，为客户提供汽车底盘系统生产线、变速器生产线等成套自动化产线。凭借自身技术积累以及对未来汽车市场的准确判断，早在2013年公司就积极进入新能源汽车智能装备领域，先后为宁德时代新能源、上汽大众、一汽大众、华晨宝马等国内知名新能源汽车动力电池企业及整车厂提供电池Pack、模组等生产线，成为国内较早进入该领域的智能装备供应商。2018年公司又成功开拓了海外市场，公司的设备和成套产线已出口到欧洲及东南亚等地。其中电池生产线已远销捷克斯柯达，并且与德国大众集团等多家欧洲知名企业建立了长期的合作关系。

在动力电池模组/电池包(PACK)生产线基础上，公司又自主研发了动力电池测试和检测系统，2017年还成功研发了燃料电池电堆/系统生产线，是国内较早进军燃料电池产业的装备制造商。

经过近14年的发展，客户已经覆盖了上汽集团、德国大众汽车集团(包括奥迪、斯柯达、上汽大众、一汽大众、一汽集团、戴姆勒集团(包括北京奔驰)、华晨宝马、吉利集团(包括沃尔沃)、宁德时代、采埃孚等全球知名企业。

多年的技术积累和不断地积极探索，截至目前公司已获得了上海市高新技术企业、小巨人培育企业，上海市创新资金、大张江发展专项、服务业引导资金项目、松江区高端装备首台套项目承担单位、松江区企业技术中心、松江区产学研创新项目、上海市科技小巨人、上海市“专精特新”企业、松江区经济高质量发展企业“科创领军奖”等的认定及荣誉称号。同时，公司还获得了北京奔驰优秀供应商创新奖、宁德时代供应商质量优秀奖等荣誉。

先惠技术一直紧密围绕着“敢为人先、惠通天下”的经营理念，在公司领导班子和全体员工的不懈努力下，专注经营工作，对外积极开拓市场，对内不断提高管理水平和生产能力，未来将更加夯实自己的核心竞争力，开拓更广阔的市场，力争扛起国产高端装备的大旗！

# FFT 爱孚迪（上海）制造系统工程有限公司

爱孚迪于1974年在德国富尔达成立，2004年在中国上海成立爱孚迪（上海）制造系统工程有限公司，2019年复星国际收购爱孚迪全球。

爱孚迪（上海）制造系统工程有限公司作为制造系统的卓越引领者，交钥匙生产系统的优质合作伙伴，追求客户满意、项目执行高效和卓越业绩的完美结合，对服务品质的高要求造就了我们强大的客户服务能力。2013年开始获得“高新技术企业”认证，ISO9001质量管理系认证，2019年被评为“上海市智能制造产业协会副会长单位”“上海市嘉定区专利工作示范企业”“2019年度上海市质量标杆”、2020年被评为“嘉定区企业技术中心”、上海市“专精特新”中小企业。

多年来，我们致力于为客户提供优质服务，建立了与汽车制造领域众多优质客户的良好合作关系。为华晨宝马、北京奔驰、上汽大众、一汽－大众、上汽通用、观致汽车、上汽大众动力电池等50多家大中小客户在智能制造生产线领域服务。

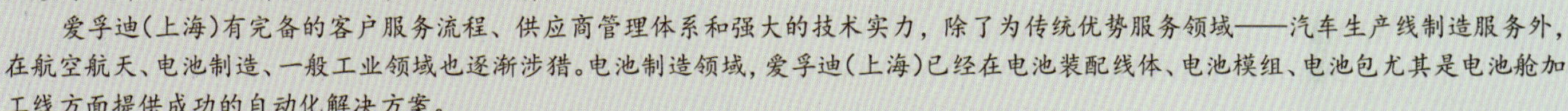

爱孚迪（上海）有完备的客户服务流程、供应商管理体系和强大的技术实力，除了为传统优势服务领域——汽车生产线制造服务外，在航空航天、电池制造、一般工业领域也逐渐涉猎。电池制造领域，爱孚迪（上海）已经在电池装配线体、电池模组、电池包尤其是电池舱加工线方面提供成功的自动化解决方案。

爱孚迪（上海）不仅仅是一个智能线体制造供应商，除了交钥匙工程我们的服务和产品也是多样化的，强大的科研及项目服务团队可以为客户研发创新产品和解决方案，进行工厂规划，对客户进行针对性的教育培训和优质的售后服务。

目前爱孚迪（上海）制造系统工程有限公司的高资历工程师、包括外籍专家的职工总数超过340人，其中本科以上（含）学历占比超过60%；具有10年以上（含）相关工作经验丰富的资深员工超过50%，已成功为德国、美国、日本、中国等国家的一线汽车制造商提供了柔性化、自动化的生产系统解决方案和定制化工程服务，包括国际首次实现单一线体60JPH的电池舱自动化生产线。

作为一家国家级高新技术企业，爱孚迪（上海）制造系统工程有限公司多年来致力于技术自主创新，目前共获得授权专利70多项，其中发明专利3项。当前公司拥有多项核心技术，并在项目实施过程中实际应用。

爱孚迪（上海）一直秉持“制造工艺生态化、AI智能一体化、产品质量品质化和客户需求定制化”的战略工作方针，保持持续创新的精神势头以力求满足“高质量发展”的时代需求和引领智能制造的历史使命。

# 上海裴椒汽车部件制造有限公司
Shanghai Peijiao Autoparts Manufacturing Co., Ltd

## ◆公司简介

上海裴椒汽车部件制造有限公司成立于2009年底，是国内一家专业制造汽车制动软管接头的高新技术企业。公司位于上海市松江区，公司总面积11551㎡，其中生产区域面积8000㎡，员工人数100余人，其中技术&管理人员30余人。

公司主要生产经营汽车配件制造与加工及表面处理等，产品制造的主要工艺以冷镦、机加工、铆接和表面处理为主。整体冷镦制造工艺、独创铆接制造工艺及表面处理工艺在国内居于领先水平，主要产品替代进口，在国内外享有较高的声誉。 目前公司为大众、福特、通用、吉利沃尔沃、上海汽车等知名企业的配套产品供应商， 并且建立了长期稳定和良好发展的合作关系。

上海裴椒秉承“创新、务实、持续、有效”的经营理念，致力于新产品开发及研发设备的投入以及安全、环保事业的发展，为实现汽车关键零部件技术自主化、提高节能、环保和安全技术水平提供有力保障。

## ◆发展历程

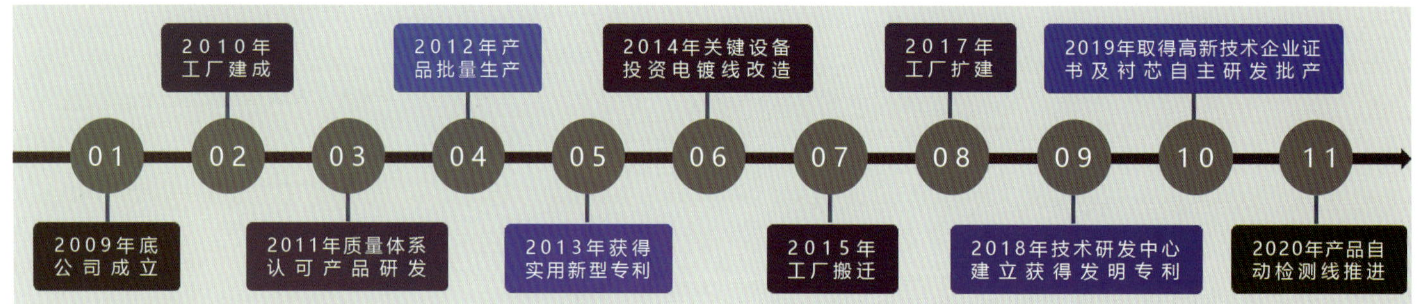


## ◆主营产品

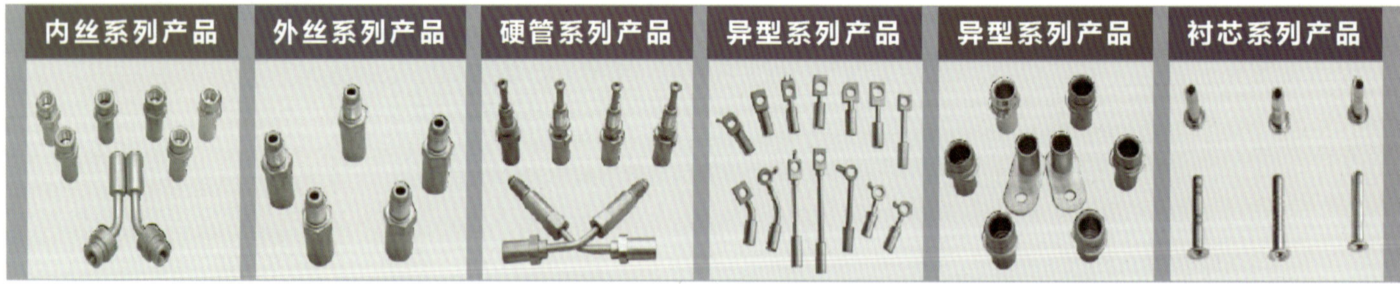


## ◆终端客户

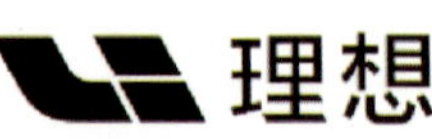


地址：上海市松江区民强路550号10幢1-2层 邮 编：201612
邮箱：chloe.zheng@sh-pjqp.com 联系电话：021-69792362（总机）

# 上海华培动力科技(集团)股份有限公司

上海华培动力科技(集团)股份有限公司(股票代码：603121)于2006年在上海青浦成立，总部位于上海青浦出口加工区，是一家专注于汽车零部件行业的先进制造企业，主要从事汽车零部件的研发、生产及销售。依托于在材料研发和材料成型领域多年的技术积累，公司逐步发展成为细分市场领域金属合金材料铸造成型的龙头。目前公司产品主要围绕在汽车领域，包含以下三大类：1)发动机进气系统中涡轮增压器放气阀组件、涡轮壳及中间壳等零部件；2)排气系统中的端锥、弯管、法兰等零部件；3)商用车后处理系统中的排气节流阀阀体等产品。

在涡轮增压器关键零部件领域，公司与博格华纳、霍尼韦尔(盖瑞特)、博世马勒(博马科技)等全球知名涡轮增压器整机制造商形成了长期稳健的合作关系，在竞争中占据了先发优势；近年来不断调整产品结构，连续拓展了包括排气系统端锥、弯管、法兰等和商用车后处理系统排气节流阀阀体等产品在内的新产品线，拓展了全球排放系统最大供应商佛吉亚、全球商用车制动系统供应商克诺尔集团等优质客户；2020年公司明确了“积极拥抱汽车智能化、电动化”的战略发展方向，收购无锡盛迈克传感技术有限公司，战略布局汽车压力传感器、温度传感器等产品线，未来围绕盛迈克的核心技术积累，重点布局商用车尾气后处理系统、氢燃料电池系统、流量控制系统等战略项目，并将逐步延伸至制造过程中的自动化生产、标定、检测技术的软硬件技术开发，力争为客户提供一揽子解决方案。

# 上海航空电器有限公司

上海航空电器有限公司(以下简称上电)成立于1954年,注册资本32000万元,隶属于中国航空工业集团有限公司,是承担国家航空电器、电子产品研制、生产的专业化重点企业。2009年通过资产置换,成为中航航空电子系统股份有限公司(股票代码:600372)全资子公司。现有闵行、金山两个厂区,总占地面积近12万平方米,在职员工1300余人。

公司坚持聚焦战略,对核心专业领域持续进行研发投入,以客户需求和前沿技术驱动创新,引领行业发展。公司每年将销售收入的10%以上投入研发,超过40%的员工从事创新、研究与开发工作,获得多项发明专利和科技进步奖,拥有国家认定企业技术中心、国家认可实验室以及配电系统、照明系统等专业级实验室。先后获得国家高新技术企业、国家企业技术中心、上海市民机产业重点扶持单位等称号,2018年实现营业收入13亿元。

目前,公司拥有军用航空、民用航空、非航防务和非航民品四大业务板块。在军、民用航空领域,公司致力于为客户提供照明系统、操控板组件及调光控制系统(CPA&DCS)、告警系统、二次配电系统、智能语音系统及相应的核心器件,并已在国家各大重点型号上广泛应用。公司作为国内军工行业照明领域唯一一家飞机照明系统配套供应商,掌握大功率LED照明技术、航空夜视兼容照明、照明视觉仿真技术、分布式智能调光、信号采集及总线通信等关键技术,并在国内率先开展以激光光源为代表的第四代光源技术研究及产品研发,形成自主知识产权体系。作为国产大型客机C919唯一的国内一级机载设备供应商,并承担了ARJ21-700、"新舟"700、"鲲龙"AG600等型号的机载设备研制工作,构建了符合国际标准的民机机载系统研制体系和适航管理体系,实践出了一条民用机载能力国产自主保障的创新之路。公司在民机产业的辛勤耕耘得到认可,首获中航飞机2018年度新舟系列飞机"优秀供应商金奖",再获中国商飞C919飞机"优秀供应商银奖"。

非航防务业务主要服务于航天、船舶、兵器、电子等军工领域,为客户提供基于不同应用场景的照明系统、座舱模拟仿真系统、视景系统、音视频解决方案和服务,受到客户的广泛赞誉。非航民品产业的园林工具、精密组件业务客户遍及全球,主要集中于世界500强企业,并发展出战略性新兴产业激光显示业务,打造拥有中国军工品质和自主知识产权的激光投影机领导品牌,为客户创造价值。

中国航天 CASC

**上海卫星装备研究所**
Shanghai Institute of Spacecraft Equipment

# 上海空间环境模拟与验证工程技术研究中心

上海空间环境模拟与验证工程技术研究中心是我国重要的空间环境模拟与验证基地，中心隶属于上海市科学技术委员会，依托单位为上海卫星装备研究所(中国航天科技集团公司第八研究院第八一二研究所)。

中心配备有100余台套大、中、小系列环模设备，为航天器工程提供复杂空间环境模拟试验验证平台及评估技术。近年来，中心致力于发挥开放性公共平台的作用，为用户提供环境试验和相关测试、分析等方面的服务，主要业务包括：产品真空环境模拟试验、太阳辐照模拟试验、大吨位振动及噪声试验、电磁兼容性测试、热循环试验、热变形测量、磁测试等。

大吨位振动试验系统

消声室

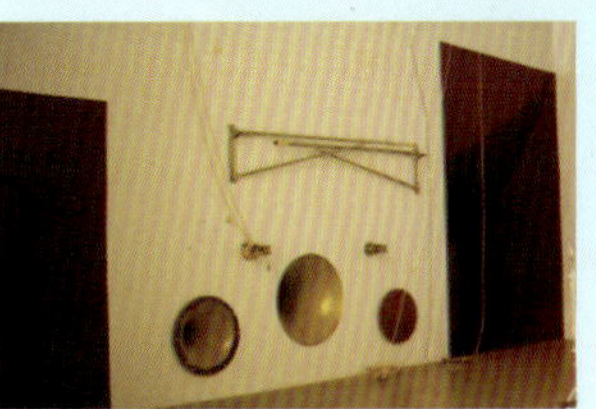
噪声试验系统

部组件真空热试验

高精度真空漏率校准系统

空间环境试验测控中心

部组件热循环试验

高低温循环试验

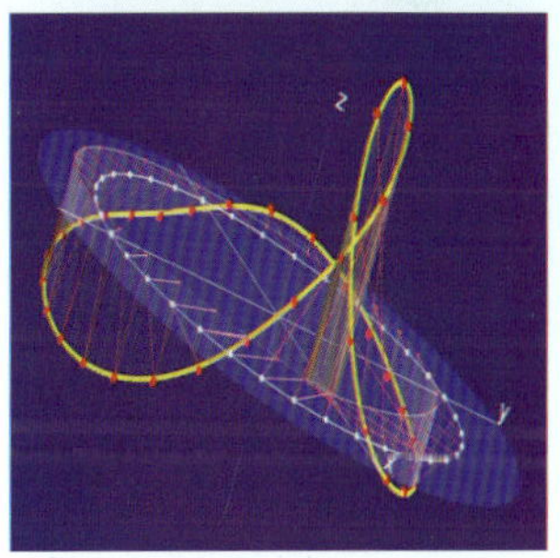
磁测试技术

微波屏蔽暗室

空间环境模拟试验系统

磁测试系统

联系方式
地址：上海市闵行区华宁路251号　　邮编：200240
电话：021-54759800　　传真：021-64620812　　邮箱：sast_casc_812@126.com

# 中国人民解放军第四七二四工厂

## （上海海鹰机械厂）

中国人民解放军第四七二四工厂，又名上海海鹰机械厂，是海军装备部直属的装备保障性企业，组建于1958年4月，地处上海市静安区场中路3127号，占地面积450亩，现有职工1500余名，总资产近23亿元。

建厂60多年来，在上级党委的正确领导下，经过几代海鹰人的不懈努力，尤其是“十二五”“十三五”期间专项建设，工厂已经从小到大、由弱变强，具有专业齐全、设备精良、技术全面、管理科学、质量可靠、环境整洁等众多优势，是一家具有一定生产规模和实力的航空装备维修保障企业。

在企业经济建设发展中，工厂始终坚持以党的方针和政策指导改革发展工作，以装备保障性企业的使命任务为立足点，以狠抓技术、质量和基础管理为动力，以全面提升企业综合维修保障能力为目标，全面规划、周密部署、精心组织、合理安排，促进了生产、建设的快速发展，取得了良好的军事效益和经济效益。近年来，工厂通过了武器装备承制资格、高新技术企业；质量管理体系、环境和职业健康安全管理体系、党群管理体系等认证。获得了上海市文明单位、上海市守合同、重信用AAA级企业、全国企业文化建设先进单位、全国实施卓越绩效模式先进企业、全国质量奖、全国文明单位等荣誉称号。

# 上海复控华龙微系统技术有限公司

上海复控华龙微系统技术有限公司（以下简称公司）是国内首家发布北斗卫星导航基带处理芯片的企业，由国内首家赴香港上市IC设计企业——上海复旦微电子集团股份有限公司发起成立，2020年进一步引入了以上海市军民融合产业股份投资基金领投的战略合作伙伴。公司基于深厚的片上系统芯片（System on a Chip）、嵌入式系统（Embedded system）及应用解决方案的技术积累，以北斗卫星导航、RFID等为核心技术，构建“+北斗”核心技术平台，以农林渔、海洋应用、基础建设、公共安全、铁路等为主要业务领域，完整掌握北斗芯片、模组、行业“整机+云服务”整体解决方案。

公司于2007年10月注册成立，坐落于上海宝山区长江软件园，注册资本人民币7200万元。自成立以来，通过了“GJB9001C-2017”“ISO9001:2015”质量体系认证及国家二级保密资格认证，是上海市集成电路设计企业、上海市高新技术企业、浦东新区研发机构，经国家人事部授权设立的“博士后科研工作站”，2016年7月获得首届“宝山区区长质量奖”，2016年11月公司参与研制的“北斗导航与位置服务关键技术及产业化”项目获得上海市科技进步特等奖，2017年5月获得第八届中国卫星导航学术年会北斗卫星导航应用产业推广贡献奖，2017年11月获得上海市质量攻关三等奖，2017年12月获得国家科学技术进步奖二等奖，2019年获得上海市高新技术成果转化项目自主创新十强。

公司拥有完整的科研开发团队，该团队源自上海最早的集成电路设计和行业解决方案队伍，平均从事研发时间逾十年，尤其在北斗及片上系统芯片、嵌入式系统和行业整体解决方案开发方面拥有丰富的技术积累，曾先后承担并完成国家重点技术创新项目、国家创新基金项目及上海市重点技术开发等项目十余项。

2021年是北斗系统由北斗二号向北斗三号全面升级转移的关键一年，北斗系统将籍此为全球用户提供全时段全天候高精度定位授时及短报文服务，复控华龙仍将聚焦自主创新北斗核心集成电路研发，重点开展北斗三号系列芯片产品的产业化推广工作，为北斗产业蓬勃发展添砖加瓦。此外，复控华龙于2019年启动了自主可控民用电子雷管控制芯片的研制，取得了多项技术创新，系列产品获得了行业应用，通过2021年的深入应用推广，必将在“十四五”为国家民爆的科技进步与产业升级做出重大的贡献。

# 上海航天精密机械研究所

近日，上海航天精密机械研究所自主研发的“新江智湾”航天离散协同制造工业互联网平台成功上线，平台覆盖科研生产、经营管理核心业务领域，有力支撑了业务过程全在线、生产过程全透明，初步形成以智能化生产、数字化管理为主，以网络化协同、服务化延伸为辅的工业互联网协同创新应用新模式。平台的上线标志着我所率先开启了航天领域基于工业互联网的数字化转型实践，开始迈入全场景微服务时代。

平台建设结合航天产品离散制造特点和“高质量、高效率、高效益”发展要求对制造系统高柔性、全闭环、敏捷响应提出的迫切需求，以及传统架构下信息系统用不好、用不深和业务与 IT 难以深度融合创新等问题，借鉴云计算、工业互联网、中台等理念，并结合自身工艺经验知识，充分融合精益管理理念在一体化平台架构下，推出了具有航天特色的全业务融合、柔性灵活、自主可控特点的特色工业互联网平台，平台规划了 7 类 34 个服务 103 个模块，本次上线范围包括其中的 30 个服务。同时，按照“平台 + 场景”的总体思路，围绕产品研制全流程打造了智能工艺、生产管控、试验管理、资源管理、供应链管理、智能检测、售后服务等数十个解决业务痛点的典型应用场景，平台成功入选 2020 年工信部“特色工业互联网平台试点示范”，数字场景入选数博会“十佳大

数据案例”。

< 新江智湾 > 自主品牌的推出，对提升制造过程数字化与智能化水平，加速航天科研生产管理模式数字化转型升级具有重要的现实意义。上海航天精密机械研究所将以此为支点，构建工业互联网应用新模式协同创新生态，实现数据增值与知识创效，赋能离散制造业高质量发展，翘起未来十年的数字空间。

上海航天精密机械研究从型号与技术发展趋势出发，从当前产品价值和未来任务份额的长远利益考虑，以提高产品质量一致性，提高生产效率，降低生产周期为目的，瞄准标准化生产线模式转型发展，自 2019 年 4 月，开展舱体数字化生产线自主研制工作，历时 22 个月，整线全面贯通，舱体数字化生产线正式投入型号生产。

舱体数字化生产线是上海航天精密机械研究所标准化生产线模式转型发展的重要实践，通过自主设计、自主集成、自主研发工艺，具备了生产线自主完善升级、自主扩展应用、自主维护的能力，为更好更快推进工程应用落地提供了技术保障，通过应用先进可靠的工艺技术、先进的工艺装备、灵活高效的制造系统、科学合理的管控模式，以舱体、舵 / 翼面、本体为典型结构件构建标准化生产线 / 生产单元发展矩阵，助推上海航天结构件加工模式的全面转型升级。

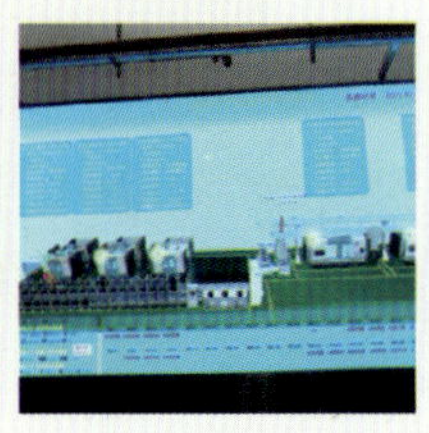

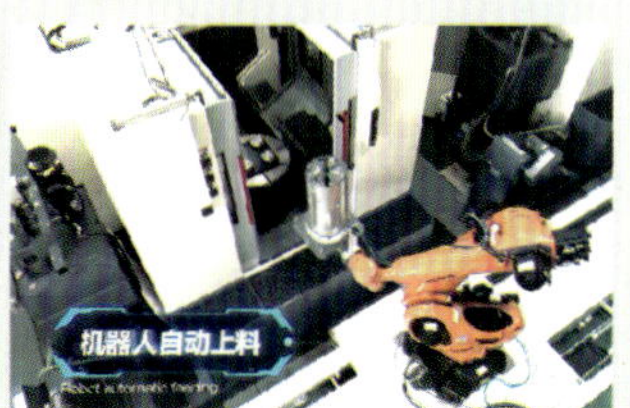

# 中国航空无线电电子研究所

中国航空无线电电子研究所（以下简称上电所）长期从事航空电子系统综合（架构）技术研究。承担军民机座舱显示控制系统、信息综合处理系统、无人机指挥控制系统以及无线电通信导航监视等产品的研制与服务，为各军兵种和民用飞机提供先进的产品与技术服务，是集科研、生产、服务一体化的高新技术企业，也是国内航空电子技术和产品研发的重点保军事业单位。连续十一届二十二年获得上海市文明单位称号。

上电所是航空电子系统综合技术国防科技重点实验室和民航空管航空电子技术重点实验室的依托单位，建有 20 个具有国际先进水平的专业实验室，具备航空电子系统的自主研发能力。上电所秉持“航空报国、航空强国”的宗旨，聚焦主业，致力于复杂系统架构设计与航空电子产品创新，通过先进航电架构（AAA）、软件通信架构（SCA）和先进空管架构（ATM）研究，逐步确立以面向机载复杂系统解决方案为核心、相关多元为特征的发展战略，在军机航空电子、民机航空电子、无人机指挥控制、综合通信导航、空管系统装备、智慧航行等领域技术创新基础上，产品在四代机、国产民机（含 C919、AG600、Y12）、高端无人机、通航等领域得到了广泛应用。

上电所按照“技术同源、产业同根、价值同向”发展思路，积极响应军民融合发展战略，积极向非航空防务及民用系统装备方向拓展，重点聚焦空中交通管理、应急救援体系、边海防、船电与港口信息系统等领域进行产业化发展。

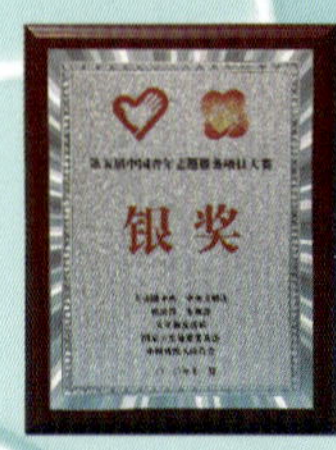


积极履行社会责任，航空科普进校园项目获得全国银奖奖牌

打造先进文化力，用“一体两翼”企业文化托举航空报国梦想

# 致力打造
# 为智能制造系统集成商和方案解决商

上海航天壹亘智能科技有限公司是上海航天八院下属的混合所有制公司。公司依托于航天平台优势，紧抓客户需求，定制高端产品，通过大量试验，以及技术积累与沉淀，现已掌握机床核心部件的关键技术，并结合自主研发的传感器、芯片及物联网等技术，致力将公司打造为智能制造系统集成商和方案解决商。

公司目前研发的主要产品包含高端五轴数控加工设备及核心部件、增-减材复合制造一体机、智能生产线、智能终端及智能制造系统平台等系列产品，同时兼备智能设计、智能管理、智能应用、智能物流等业务能力。以个性化定制对接海量用户，以智能制造满足更广阔市场需求，产品和服务广泛覆盖航天航空、船舶等装备制造行业。

公司自主研制的SMU系列五轴联动万能铣床，采用对称温度结构以及对称机械结构，具有刚性好、抗扭强度高、热稳定性好、 精度高等特点， 配置丰富，可根据实际需求进行选配，该系列机型设有刚性工作台和回转工作台选项。

SMU系列五轴联动万能铣床

刚 性 好　抗扭强度高　热稳定性好　精 度 高

# 中航空管系统装备有限公司

中航空管系统装备有限公司（以下简称中航空管）创建于 2018 年，隶属于中国航空工业集团有限公司；作为国有企业混合所有制改革第四批试点单位，中航空管是一家从事空管设备制造、空域综合管理和航空运营服务领域产品、技术及服务的高新技术企业；主要办公地点位于上海市紫竹国家高新技术产业开发区，注册资本 3.39 亿元人民币。目前中航空管有 100 余名员工，平均年龄 32 岁，本科及硕士以上员工占比 95% 以上。中航空管围绕客户需求，坚持技术创新，整合行业资源，构建支撑全产业、全价值链的业务与支撑能力，致力成为国际知名的空管设备制造商、国内领先的空域综合管理整体解决方案系统集成商、保障飞行安全高效的运营服务提供商。

作为航空工业集团下属专业从事空中交通管理技术研究及产品研制的平台企业，公司围绕飞行安全相关的定制化需求，提供空管通信、导航和监视设备的产品和服务；已构建完整的系列化机载空管监视产品谱系；依托智慧机场平台和航空运行管理与信息服务研发平台，提供机场终端区空域运行管理、跨区航管与指挥和无人机管控一体化解决方案；提供精准的运营服务数据服务和航空任务应用服务。中航空管围绕客户需求，坚持技术创新，整合行业资源，构建支撑全产业、全价值链的业务与支撑能力，致力成为国际知名的空管设备制造商、国内领先的空域综合管理整体解决方案系统集成商、保障飞行安全高效的运营服务提供商。

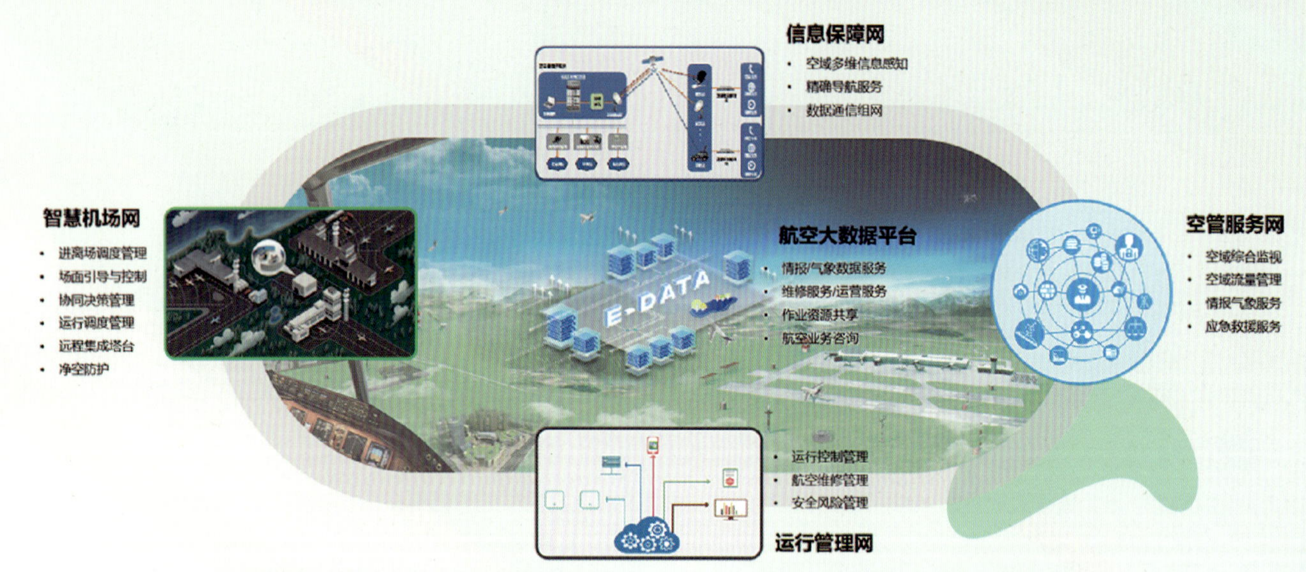

公司位于上海紫竹国家高新技术产业开发区
中航民用航空电子产业园

# 上海核工程研究设计院有限公司

上海核工程研究设计院有限公司（简称上海核工院）始建于1970年2月8日，前身是七二八工程研究设计院，与中国核电同时起步，隶属于国家电投，是国家核电平台管理单位。公司主营业务为核电研发、设计、工程建设管理和服务，具备核工业行业设计、工程造价、建设项目环境影响评价等一系列甲级资质，现有员工2700余名，拥有一支核电专业领域高级专家和核心技术人才队伍。

历史上，创造中国核电三个“第一”。独立自主研发设计中国大陆第一座核电站——秦山核电站，奠基中国核电研发、设计、标准、材料、燃料、设备、审评、人才八大体系，被誉为“国之光荣”；总包设计中国第一个出口核电站——巴基斯坦恰希玛核电站，被誉为“南南合作的成功典范”；是秦山三期的总体技术支持单位，开创国内大型核电站工程设计和项目管理与国际接轨的先例。

二次创业，攀登三代核电自主创新高地。2007年，党中央、国务院作出“引进先进技术、统一技术路线、高起点实现我国核电自主化”这一重大战略决策，上海核工院是第三代先进核电技术AP1000引进消化吸收再创新的技术主体，联合产业上下游单位，依托国家科技重大专项，完成三代核电自主化，建成世界首批4台AP1000机组，成功研发“国和一号”（CAP1400）大型先进压水堆核电型号。

新时期，打造具有全球竞争力的核能研发和AE平台。2019年8月，按照“研发+AE”的模式，国家电投整合核电研发、设计、工程管理及寿期服务等相关资源，重组国家核电技术有限公司（上海核工院）。新国家核电（上海核工院）实行“两块牌子、一个本部”一体化管理模式，统筹协调推进核能技术研发、运用推广及产业链协同发展，牵头实施核能研发课题与任务，负责工程总承包，集先进核能研发、设计、采购、建造、调试于一体，具有完整的核岛全岛设计能力，实现以设计为龙头的EPCS完全贯通，全力打造具有全球竞争力的一流核能技术创新和工程建设平台。

让作业更高效

## Company profile

## 华测导航

CHC Navigation

上海华测导航技术股份有限公司（股票代码：300627）专注于北斗高精度卫星导航定位核心技术的研发、制造、集成及产业化应用，为各行各业提供系统解决方案，是国内北斗高精度卫星导航定位产业的领先企业之一。

公司坚持创新驱动发展，以高精度卫星导航定位技术为核心。迄今获国家科技进步奖3项，国家技术发明奖1项，上海市科技进步奖6项。拥有自主知识产权490余项，其中授权专利260项，涉外专利31项。

目前已构建完整应用体系，自主开发的芯片、板卡、北斗高精度接收机、无人机、无人船、激光雷达、地质灾害监测预警系统、农机自动驾驶系统、数字施工系统等各类产品及解决方案广泛应用于国土测绘、基础建设、电力、交通、水利、农业等行业，布局智慧城市、自动驾驶、人工智能等新兴领域。业务覆盖全球百余个国家和地区。

CHCNAV 上海华测导航技术股份有限公司 WWW.CHCNAV.CN 400-620-6818

上海凌耀

CSSC

上海凌耀船舶工程有限公司是由中国船舶集团有限公司第七〇一研究所全资公司武汉凌耀科技有限责任公司单独投资成立的企业法人类有限责任公司，成立于2012年9月。主要致力于船舶与海洋工程装备的设计开发、综合保障(含修理技术保障)服务；船舶机电系统设计开发及成套服务；船舶机电设备及辅助装置、球鼻首导流罩、化工事故安全监测救援平台设计、生产和服务。

公司取得中国船级社质量管理体系认证，是上海市高新技术企业、市重点用人单位。公司研发人员具有深厚的研发能力和丰富的实践经验，参与国家、上海市、高校和科研院所等多个重点项目开发，担任项目总师、技术负责人等。公司设计了国内吨位最大的小水线面双体船、最先进的渔业资源调查船；参与开发设计国内最先进的智能型无人系统母船、地调船和海警执法船等公务船；承接多套船舶推进系统，开辟了军贸船桨轴系统市场；开发陀螺减摇装置、船载实验室系统、新型登乘系统等新产品；荣获中船集团科技进步二等奖、三等奖、中国(上海)国际发明创新博览会银奖、荣获闵行区优秀创新团队等。

地址：上海市华宁路2931号　　邮编：201108
电话：021-23509314　　021-23509308
传真：021-64971701
邮箱：sh701ly@163.com
网址：www.sh701ly.com

# 国家管网集团西气东输公司

国家管网集团西气东输公司是国家石油天然气管网集团有限公司直属单位，负责所辖范围内管道安全运行、生产经营和工程建设等业务。现有用工3500余人，公司资产总额超千亿元。运营管道总长15988千米，途经19个省(市、区)和香港特别行政区，管网一次管输能力超千亿方/年，下游用户达576家，为促进天然气工业和地方经济发展，调整能源结构、改善生态环境、提高人民生活质量做出了贡献。先后荣获全国"五一劳动奖状""新中国成立六十周年百项经典暨精品工程""全国文明单位""浦东新区经济特别贡献奖"等荣誉，持续保持全国安康杯竞赛优胜集体并荣获"上海市五一劳动奖状"，连续五届荣获"上海市文明单位"荣誉称号。

# 中船海洋动力部件有限公司

## 企业简介

中船海洋动力部件有限公司于 2008 年 11 月 26 日正式开始营业。公司有 2 大股东，分别为沪东重机有限公司、沪东中华造船（集团）有限公司，注册资本 11.28 亿元，其中，沪东重机有限公司认缴出资 95543.7391 万元，占注册资本的 84.71%，为公司控股股东；沪东中华造船（集团）有限公司认缴出资 17246.8557 万元，占注册资本的 15.29%。

公司地址：上海市浦东新区新元南路 55 号。位于上海市临港新城重装备产业区内，总占地面积 42.6 万平方米，建筑面积 15 万平方米。

企业理念：产品高端、现场干净、客户称心、收入体面。

企业目标：打造精干、高效、生机勃勃的企业，成为专业化、规模化和国际化的核心零部件供应商。

经营范围：钢结构件设计、制造、建设工程专业施工，船舶及柴油机钢结构件、铸铁、铸钢件、锻件、木模件和工程机械产品的设计、制造、销售及相关的技术服务；环保设备的销售，从事环保科技领域内的技术开发、技术咨询、技术服务、技术转让；自有设备租赁，自有厂房租赁；从事货物及技术的进出口业务。

## 主要目标

### 1、经济指标数据：

(1)2025 年年销售达到 20 亿元，人均产值 170 万元；

(2)对关重零部件达到 90% 的掌控。

### 2、行业定位目标：

(1)获得自主产品（含 WinGD 新开发机型）的专利控制零部件的商务权，对这些专利控制零部件的配套资源实行有效掌控；

(2)自制产品通过专业化生产，提升产能和产品品质，降低成本，提高市场占有率，取得引导市场的主导权和定价权；

(3)以技术输出、质量管控、战略合作等方式实现对国内零部件配套资源的有效掌控；

(4)以多种方式积极推进与国外的专业的零部件厂商的合作，以期实现对资源的有效掌控；

(5)通过整机配套和零部件的全球销售，提升关重零部件在全球市场的影响力。

## 主要产品

(1) 钢结构件：年产量达到 3.5 万吨。柴油机产品主要有机座机架及各类柴油机结构配件，最大可生产 200 吨的结构件单体。船舶产品主要有舱口围；非船机产品主要涵盖工程、机械、建筑、桥梁等领域，如盾构、GE 排气缸、矿山机械中使用的大型成套设备，以及大型水电设备的钢结构焊接件，其中公司生产的大型水电设备钢结构件充分体现了我司在中厚板焊接方面的优势。

(2) 铸钢件：主要生产低碳钢、合金钢等钢种，年产量达到 1 万吨，最大可生产 50 吨的铸件单体。柴油机产品主要有轴承座、链轮和滑块等。船舶产品主要有艏／艉柱、舵承、锚和锚唇等；非船机产品主要为陆用电站、矿山机械、工程机械、石油化工领域的各类铸钢件。

(3) 铸铁件：主要生产材质为灰铸铁、低合金铸铁、球墨铸铁，年产量达到 3 万吨，最大可生产 50 吨的铸件单体。柴油机产品主要有 MAN、WINGD 系列船用中低速大马力柴油机、德国 MTU 系列高速机铸件，如汽缸体、气缸套、飞轮、机身等，实现了专业线生产管理，工艺水平、产品质量、生产效率均处于世界先进水平；非船机产品主要为大型工程机械铸件，如活塞、下汽缸等。

### 主要客户：

(1) 船舶配套：沪东重机有限公司、上海中船三井造船柴油机有限公司、上海江南长兴重工有限责任公司、合肥熔安动力机械有限公司、江苏安泰动力机械有限公司、镇江中船设备有限公司、上海江南长兴重工有限责任公司、江南造船（集团）有限责任公司、沪东中华造船（集团）有限公司、日本大东船用机械部、日本常石船厂、上海中船国际贸易有限公司、镇江中船设备有限公司等国内一流大型企业。

(2) 大型工程机械、建筑工程配套：中建八局、上海福伊特水电设备有限公司、奥图泰（上海）冶金设备技术有限公司，曼恩（常州）机械有限公司、东方海事、上海蓝魂等知名企业和研究院所。

(3) 公司未来发展规划：

根据母公司"十四五"发展规划，公司将作为母公司专业化配套资源的整合的核心，统筹管理母公司关键零部件配套业务，通过资源整合、结构调整、提升工艺开发和质量管控能力，以"管理＋制造"为商业模式，全面负责核心关重零部件的开发、制造、管理和服务。为母司六大业务群协同发展提供坚实的配套保障，提高公司零部件商品化、品牌化能力，为此动力部件公司将会建设成为集专业化、规模化、国际化为一体的动力部件供应商。

1000吨油压机 1000-ton frame type oil press

数控等离子切割机

焊接专机 Specialized auto welding machine

焊接机械手 Welding robot

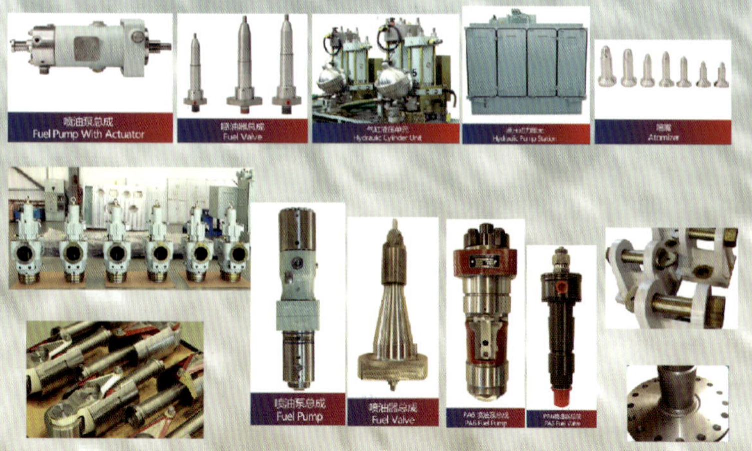

喷油泵总成 Fuel Pump With Actuator

喷油阀总成 Fuel Valve

Hydraulic Cylinder Unit

Hydraulic Pump Station

Atomizer

喷油泵总成 Fuel Pump

喷油阀总成 Fuel Valve

公司地址：上海市浦东新区新元南路 55 号

邮编：201306

联系电话：021-61185555

公司邮箱：shhl@shhulin.com.cn

# CSSC

# 中国船舶集团第七二六研究所

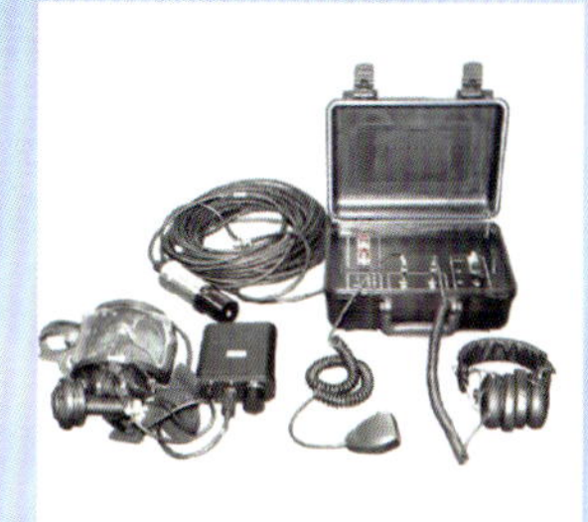

中国船舶七二六所隶属于中国船舶集团有限公司（世界五百强企业），是以水声电子技术为主导专业的事业单位，总部坐落在在上海，地处闵行区莘庄工业园区，占地面积 153 亩。

七二六所主要从事水声电子、水声探测、水下防御、水声导航、舰艇消防等专业技术研究和装备研制生产任务，是国内领先水声电子技术总体单位；是国内一流的水下攻防、水下预警体系装备重要供应商；是水声电子、港口防御装备、水下攻防、水下预警体系等装备发展的引领者。

【产品 1 便携式水下通讯机】便携式水下通讯机用于水下无线通讯。救援人员通过腰间佩戴水下无线通讯机，实时接收水面指挥员的指令和信息引导，也可实时向救援队友和水面指挥员通报水下搜救状况。便携式水下通讯机包括水下单元及水面设备，其中水下单元最大配置数量为 8 套。水下单元之间的通讯距离：≥800m；水下单元与水面设备之间的通讯距离：≥1500m；水下通讯设备工作深度最大 60m。

【产品 2 图像声呐】图像声纳安装在船舶或 ROV 等平台上，实时对水下目标进行搜索，进行成像显示和目标信息输出，快速引导搜救员或无人搜救设备前往指定地点进行水下搜救。对直径为 1cm 的目标发现距离为 20m，识别距离为 8m。水平观察扇面不小于 90°，垂直开角不小于 20°，成像速度不小于 10 帧 / 秒。

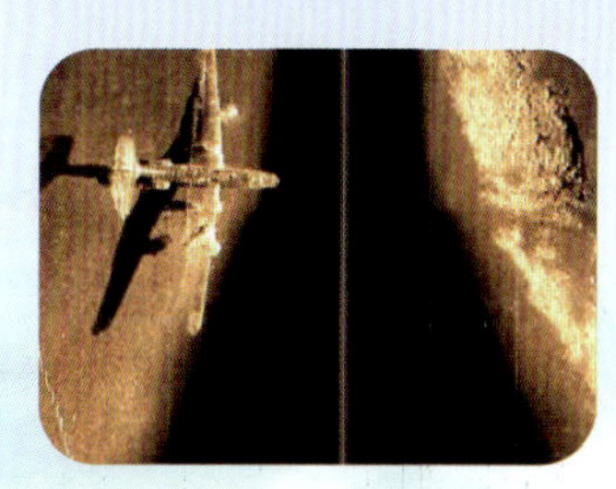

| 构建科研技术体系 | 形成科技保障能力 | 提升产业能力 | 加快人才培养 |
| --- | --- | --- | --- |
| 聚焦加快建设交通强国重大需求，全面提升集团科技创新质量和支撑引领能力，形成涵盖基础研究和应用基础研究、核心关键技术攻关、现代工程技术研发和前沿引领与颠覆性技术储备的技术体系。 | 大力推进新一代信息技术、先进制造技术、新能源技术、绿色生态技术和海洋、气象等相关交叉学科与交通运输融合发展，形成服务集团产业发展的跨专业、跨学科互动支撑的科技保障能力。 | 通过各类技术在交通运输系统的集成应用，全面驱动交通运输及上下游相关产业创新发展，培育一批拥有自主知识产权的创新技术和产品，构建支撑未来先进交通运输系统自主可控的产业能力。 | 围绕加快建设交通强国的目标和科技需求，在科技创新平台体系建设、科技人才队伍建设、国际科技交流合作等方面做好配套支撑，构建适应集团高质量发展要求的交通运输科技创新能力。 |

# 上海船舶运输科学研究所
SHANGHAI SHIP AND SHIPPING RESEARCH INSTITUTE

为完善科研创新体系建设，培养集团高水平科技创新人才和团队，推进航运关键技术研发，促进产学研用深度融合，加速科技成果向现实生产力转化，中国远洋海运集团依托上海船舶运输科学研究所，联合武汉理工大学，向上海市院士专家工作站指导办公室申请建设院士工作站，2021 年 4 月 28 日获批。中国远洋海运集团有限公司院士工作站成为“十四五”期间，上海首家获批的院士工作站。

*严新平先生* 是中国工程院院士、武汉理工大学首席教授，水路交通工程技术专家，是国家水运安全工程技术研究中心主任、国务院学位委员会交通运输工程学科评议组成员、教育部科技委能源与交通学部副主任。

长期从事水路交通工程领域的教学与科研工作，在船舶动力设备磨损诊断、航行风险控制、智能驾驶等有开拓性的工程应用成果。

**技术创新发展方向**
**绿色、智能、安全水路交通**

| 组成部分 | 发展趋势 | 未来场景 |
| --- | --- | --- |
| 船舶 | 船舶自主化、轻量化和低碳化 | 货船逐步少人化、深远海、近海、内河船谱系化 |
| 港口航道 | 航道建养生态化、航道服务智能化 | 航道设施、能源供给、信息网络一体化 |
| 运输服务 | 港口专业化、作业无人化 | 岸基船舶控制中心成为港口设施组成部分 |
|  | 能源多样化、推进电动化 | 多能源利用将成为船舶动力系统发展趋势 |
|  | 水路运输网络化、管理智能化 | 近海、内河船舶编队航行成为运输新模式 |
|  | 航运安全智能化、韧性化 | 人因事故极大降低、机器人救援成为现实 |

# 中船第九设计研究院工程有限公司

中船第九设计研究院工程有限公司成立于 1953 年，隶属中国船舶工业集团。注册资金人民币 200000 万元，位于上海市杨浦区河间路 1280 号。作为我国唯一一家服务于船舶行业的大型综合设计、研究、智能集成、运维管理单位，中船九院相继规划设计了国内 90% 以上的大中型修造船厂及国外不同国家和地区的大量船厂项目，如中船江南长兴造船基地、中船龙穴造船基地、海西湾造修船基地等项目设计与施工总承包，在中国创建世界第一造船大国的进程中，成功担当起我国船舶工业工程规划和设计、工程项目管理和总承包领域“国家队”的角色。与此同时，中船九院不断发挥综合技术优势，立足于船舶工业，向市政和民用领域辐射，相继完成了大量的商业建筑、学校、医院、住宅及其它城市综合体的工程设计与总承包，为我国城市建设作出了应有的贡献。

近年来，中船第九设计院工程公司积极响应国家创新驱动发展战略，大力开展两化融合管理体系建设与实践。自 2015 年入选工信部两化融合管理体系贯标试点企业以来，中船九院及时发布两化融合管理体系并付诸运行，已于 2016 年 8 月获得工信部两化融合管理体系评定证书。日前，该体系再次顺利通过了上海市质量体系审核中心的社会监督评定审核。

在当前“智能制造、绿色制造”的背景下，中船九院持续探索、实践，在存量优势中寻找机会，以数字化为依托，进行跨界交流合作，充分发挥中船九院以规划、设计、工程管理为主要业务，以全过程项目管理配套部门为领域拓展，以工艺、设备、水工等关键技术为核心的三维优势。基于两化融合管理体系建设，中船九院公司通过建立包括 BIM 在内的三维数字技术应用领导小组，推进三维仿真设计和虚拟技术开发与应用；依托互联网、数字仿真和新兴信息技术，组织智能化规划、设计、实施和运维的协同研发，不断提升信息化技术与协同管理能力，推动企业向着“产品智能化、管理精细化和信息集成化”的新方向发展。

# 中交第三航务工程局有限公司

CCCC THIRD HARBOR ENGINEERING CO.,LTD.

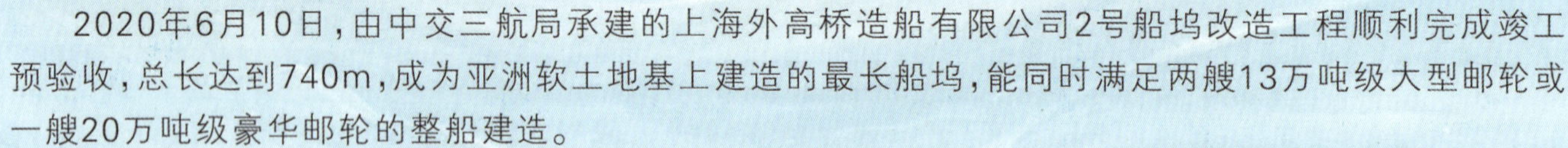

2020年6月10日，由中交三航局承建的上海外高桥造船有限公司2号船坞改造工程顺利完成竣工预验收，总长达到740m，成为亚洲软土地基上建造的最长船坞，能同时满足两艘13万吨级大型邮轮或一艘20万吨级豪华邮轮的整船建造。

工程于2018年12月启动建设，接长改造项目最大的难点就是“如何保障边改造边生产”。

老底板改造采用静压桩架将长50m直径800mm的钢管桩一次性沉桩到位，提前45天完成节点目标。被誉为船厂“电力主动脉”的3号配电站离坞壁结构只有800mm净距，通过优化吊装工艺，使钢板桩起吊后处于垂直状态；通过桩位预钻孔，最大限度的减少沉桩震动波对配电房及用电设备的影响。另外，“电力主动脉”下方4m深处还有15根30m长直径85mm钢拉杆，基于高压磁场干扰无法采用普通工艺精准定位，经过调研采用先进激光导向的微型顶管工艺，顺利精准贯通。

2020年新冠疫情影响期间，项目团队积极响应业主3.7出坞节点，通过“早返沪、早隔离、早复工”，安排专车3批次定点接一线操作工人50名回沪进行复工准备， 在疫情最严重的时期，如期完成了业主年前既定节点。

项目施工期间，经历了多次放水、进博会、新冠疫情等困难，通过进行合理施工编排、加强精细化管理、严控安全质量，克服了业主造船生产和施工相互影响，如期完成业主既定的一个个节点。

2号船坞改造工程是上海市“加快集聚产业要素，延伸邮轮产业链”的重点项目，对引领长三角邮轮产业链协同创新基地，服务长三角一体化国家战略等均具有重要意义。

上海齐耀动力技术有限公司是世界第一造船企业中国船舶集团公司和中船集团公司第七一一研究所联合控股的国家高技术装备研发制造企业，主要从事分布式能源装备研发、制造和咨询设计、系统集成、运维服务等系统整体解决方案。2015年资产注入上市公司中国动力（600482）。

公司在分布式能源领域拥有十五年的行业积淀，编制多份行业标准，为多地政府提供政策咨询和发展规划。承建了上海中心大厦燃气三联供等数十个分布式能源项目，是国内燃气分布式能源装备和系统解决方案的领导者，为行业的发展做出了重要贡献。

齐耀动力对燃气分布式能源系统具有深入的研究。公司通过了中国船级社质量管理体系认证和职业健康安全体系认证，具备新能源发电乙级设计资质，拥有专业的项目咨询、设计、施工、运维团队。欢迎合作垂询！

## 业务范围

- 项目方案、可研、评估
- 分布式能源项目设计、系统集成、工程总包
- 燃气发电机组供货和融资租赁
- 售后维护、运维服务

## MTU品牌燃气发电机组

**齐耀动力是MTU品牌燃气发电机组国内授权系统集成商，提供机组供货和全寿命周期售后服务，MTU燃气发电机组特点和优势如下：**

- 高可靠性，4000系列机组（776kWe-2400 kWe）大修时间可达63000h。
- 具备并网和孤网两种运行模式，能实现就地和远程控制并能与其他供电装置平稳切换，实现自动和手动启动与增减负荷。
- 稀薄燃烧技术，具有高效、经济、环保等优点。
- 电子管理系统（ADEC），能实现远程监控。
- 爆燃监测，避免爆燃对机组的破坏。
- 模块化设计，气，油，水，电等对外接口简单，易于安装，外围匹配及维护。
- 先进的燃气空气混合器具备宽泛的燃气适应能力。
- 主控柜提供完全开放的标准协议及通讯接口，即可以将各并机控制柜内的数据上传给上级管理系统。
- 高安全性。MTU的气体调节管路（含燃气供应安全阀）的零部件都经过90/356/EWG气体零部件标准认可（欧洲燃气系统技术规范）。
- 优异的高温降功率性能，MTU机组可在环境温度43°C以内不降功率。
- 服务便捷高效，MTU在苏州设有服务团队及零备件中心，可为客户提供及时高效的售后服务。

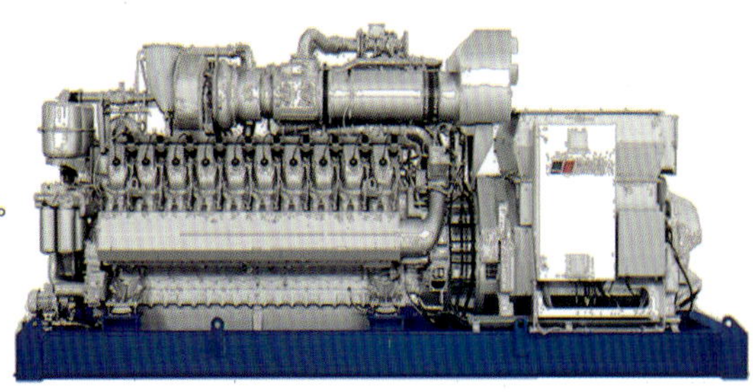

## 项 目 案 例

项目名称：上海中心大厦三联供项目
装机容量：2×1165kW燃气内燃发电机组/2×1047kW热水型溴化锂机组
能源利用率：81.4%
年节约标煤：约1890吨
年CO2减排：约4855吨

项目名称：上海虹桥商务核心区域能源中心设计
装机容量：8×1400kW
年供电量：49420MWh
年节约标煤：约8559吨
年CO2减排：约11277吨

项目名称：河北君乐宝四牧沼气热电联产
装机容量：2×1165kW
年供电量：18640MWH
年节约标煤：5108吨
年CO2减排：12650吨

上海齐耀动力技术有限公司　地址：上海市牛顿路400号，邮编201203
400 Newton Road, Shanghai 201203,P.R.China
电话：021-61693611；13585881217沈小姐　传真：021-50803841
Email：shenjie@micropowers.com　Web: http//www.micropowers.com

# CSSC 沪东中华造船(集团)有限公司
HUDONG-ZHONGHUA SHIPBUILDING (GROUP) CO.,LTD.

公司全景

第四代 XDF 双燃料推进 17.4 万立方米 LNG 船

23000TEU 超大型双燃料集装箱船

沪东中华造船(集团)有限公司是中国船舶集团有限公司旗下核心造船企业，公司围绕全球视野下海运装备需求，依托两大总装造船基地和强大的自主研发和先进制造能力，形成完善的品控体系和服务网络，致力向全球客户提供一流的产品与优质服务。公司年造船能力超过 200 万吨，资产总额 400 亿元，年销售收入 190 亿元。

公司是国内综合实力最强的民用船舶制造企业之一，秉承“为客户创造最大价值”的理念，矢志服务国家战略，成功摘取世界造船“皇冠上的明珠”，成为中国唯一的大型 LNG 运输船建造企业，已经交付和在建的大型 LNG 船超过 30 艘，实现了国家重大能源运输装备的自主可靠生产。8000 箱位以上超大型集装箱船建造业绩超过 50 艘，建造的 23000 箱集装箱船是当今世界上载箱量最大，技术性能最先进，全球首个应用 LNG 为主要动力燃料的“超级工程”。

公司拥有国家级企业技术中心，国家能源 LNG 海上储运装备重点实验室，在国内船厂中唯一设有 LNG 技术研究所，建立了企业博士后科研工作站和船体、轮机、信息化博士工作室。先后承担了国家一系列装备研制、技术创新、能力建设等重大科研项目，拥有 70 多项国家级奖励和 700 多项发明专利。

立足新时代，公司深入贯彻习近平新时代强军思想和坚持海陆统筹，建设海洋强国的重大战略部署，坚持科技创新引领市场需求；坚持高端制造支撑发展战略；坚持中国创造实现产业报国，努力建设卓越的全球化海洋科技装备产业集团。

# 中国船舶电站设备有限公司

中国船舶电站设备有限公司由中国船舶电站设备公司（创建于 1980 年）和上海沪东造船电器有限公司（创建于 1958 年）于 2011 年合并重组，是中国船舶集团有限公司旗下大型骨干企业沪东中华造船（集团）有限公司的全资子公司，也是中船集团下属机电制造领域的配套公司。公司注册资金 2600 万元，现有职工 265 人，其中公司所属研发设计所技术研发人员 60 余人，工程师及高级工程师达 40 余人。电站公司是国内第一批获得生产全系列船用配电箱“全国工业产品生产许可证”的公司，同时拥有装备承制单位注册证书、中国新时代认证中心武器装备质量体系证书、三级保密资格证书、军工系统安全生产标准化三级单位认证和高新技术企业资质，产品拥有 CCS、LR、BV、ABS、DNV-GL 等船级社的认证证书和 3C 认证证书。

柴油发电机组成套及系统联调

柴油机电气控制

船用 / 陆用电气系统设备

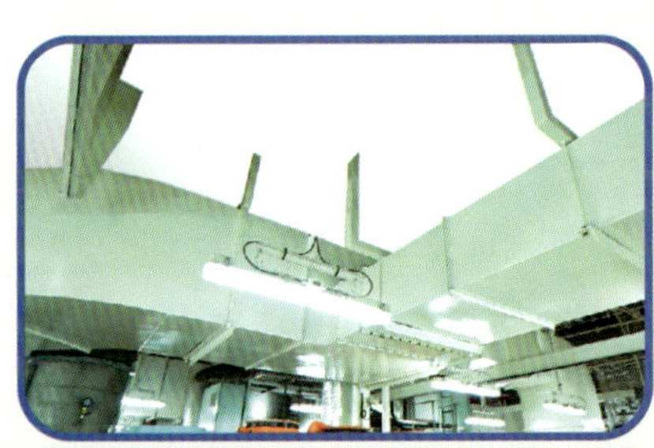

船舶风管与舾装件配套

新时代　新气象　新未来

LNG 绝缘箱制造

中国船舶电站设备有限公司

CHINA SHIP POWER STATION CO.,LTD.

地址：上海市浦东新区博兴路 85 号

电话：021-58920281

传真：021-58461968

网址：www.csscсsps.com

# 上海东鼎钢结构有限公司

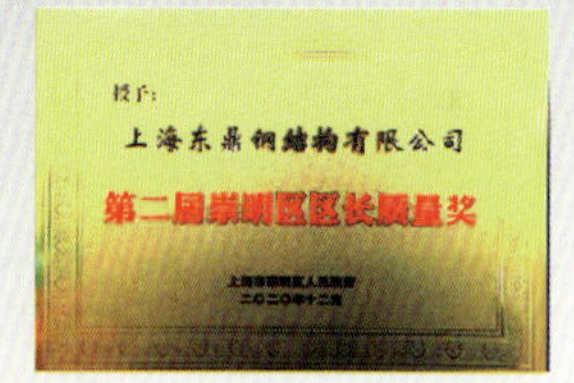


上海东鼎钢结构有限公司是沪东中华造船（集团）有限公司的全资子公司（国有企业），军民产品深度融合，在国内大型钢结构制作和船舶配套生产领域享有盛誉。

东鼎公司成立于 1998 年 9 月，2018 年 11 月公司优化资源，搬迁至上海市崇明区长兴海洋装备园区，厂区面积近 40 万平方米，形成更为完整产业链，生产能级实现大跨越。东鼎公司拥有一流技术队伍和先进的生产设施设备。公司现有员工 1500 余名，各类专业技术人员和管理人员 180 余名，年钢结构船舶配套和生产制作总量达 5 万多吨，年机加工配套船舶下水件 50 余套。

东鼎公司拥有一系列科技奖项，发明专利。公司为客户提供先进技术和优质产品，以完善的售后服务与国内外客户建立良好合作关系，受到全球客户赞誉。

东鼎公司成立 20 多年来，艰苦创业、砥砺奋进，坚守“精益求精，创新超越”理念，从高楼大厦到跨江大桥，从起重机械到能源设备，从 LNG 船泵塔到船舶轴舵机械，一路开拓进取。作为国内知名钢结构制造企业，创造了行业内多个“中国第一”和“行业首创”。

申佳船厂位于上海市浦东新区，毗邻雄伟的杨浦大桥，工厂占地面积约30万平方米，主要生产设备约2000余台套，拥有近千米的码头岸线，万吨干船坞，国内最大的3000吨垂直升降船台以及600吨船排各一座，是黄浦江沿岸设施设备较为齐全的修造船厂。

工厂现有职工1200余人，各类专业人才齐全。拥有新时代质量体系和法国BVQI质量体系认证证书，质量保证体系覆盖各类产品。主营军民品船舶的建造、修理、改装，兼营大型钢结构制作，化工、冶金、食品、包装等行业设备制造，已具备了海军各类型常规主战装备和辅助船的修理能力。具备了批量建造中小型军船的能力；具备了自行研制部分高科技含量备品备件的能力；具备了修理建造大型船舶的能力，形成了化学品船、拖船、油船、消磁船和游艇的建造线。工厂是上海市文明单位，上海市“双拥”模范单位，上海市平安示范单位，上海市治安安全合格单位，全国和上海市设备管理先进单位，上海市“五一”劳动奖状获得企业。

在建设发展的征程上，工厂坚持“大力弘扬、全力保障、追求卓越”的企业精神，坚持“诚信双赢”的经营理念，坚持客户满意为关注焦点，以公道的价格，优异的质量，周到的服务竭诚为客户服务，励精图治，同心协力，共同谱写工厂美好的明天。

CSSC 江南造船

# 江南造船

JIANGNAN SHIPYARD

——数字化和低碳化转型先锋

——The Pioneer of Digitalization and Decarbonization

世界首制99000立方米超大型
液化乙烷运输船（VLEC）B型舱

地址：上海市长兴岛长兴江南大道988号　电话：021-66993388　传真：021-66993488

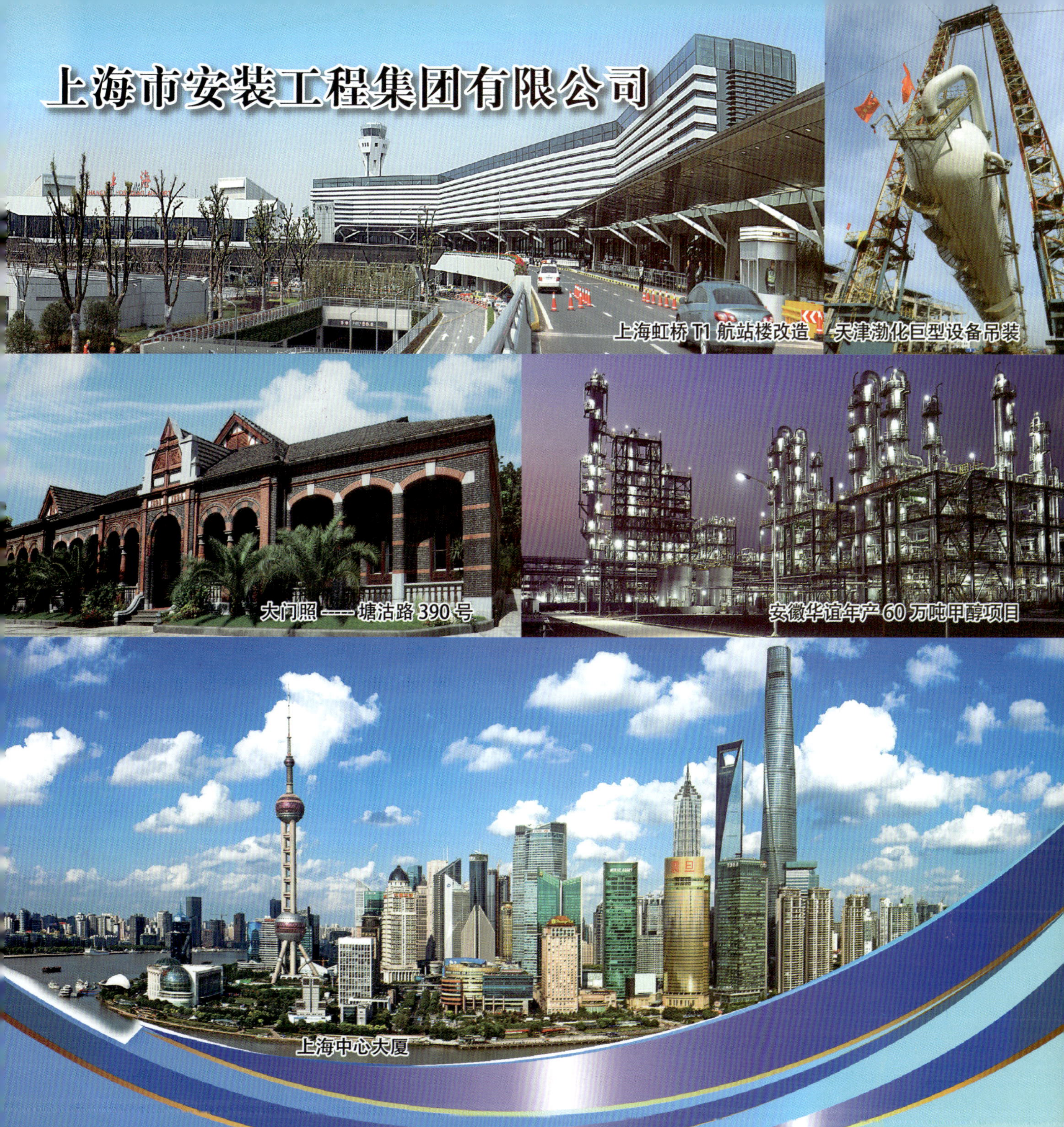


上海市安装工程集团有限公司创立于 1958 年，原“上海市工业设备安装公司”，2000 年 8 月改制更名为“上海市安装工程有限公司”，2013 年 5 月改制更名为现名称，是具有机电工程、冶金工程、石油化工工程、市政公用工程等施工总承包壹级资质的大型施工企业。

60 年来，安装集团承建的工程荣获鲁班奖、国家金奖、詹天佑奖、白玉兰奖等 400 余项。

集团坚持创新驱动，转型发展，大力实施“全国化、集团化、纵向一体化”的发展战略，着力提升总承包、总集成能力和技术创新能力，始终秉承“和谐为本、追求卓越、回报社会、惠及员工”的企业宗旨，努力把安装集团建设成为集设计、建筑、机电安装、制造、设备租赁、机电物业管理等为一体的国内一流建筑全生命周期机电工程总承包企业。

党委书记、董事长　黄震
党委副书记、总裁　张建东

地址：上海市塘沽路 390 号　编码：200080　电话：0086-021-63246340　传真：0086-021-63248173
网址：http：//www.siec.cn

## 公司介绍

# 上海敬博信息技术有限公司

Shanghai Jing Bo Information Technology Co., Ltd.

上海敬博信息技术有限公司主要从事互联网、移动互联网及通讯技术相关业务运营及软件开发，行业大数据分析及相关技术开发，系统集成及相关技术服务，通信设备销售、通信建设工程施工、互联网业务运营、网络系统集成。

公司现有员工 72 人，平均年龄约 28 岁，其中本科以上学历超过 45 人，占比 60% 以上。公司团队既有长期从事通信领域、智能化工程领域的技术骨干，也有来自于新兴移动互联网企业的成熟人才，具有很强的技术创新能力和敏捷的业务定制能力，团队专业结构合理，涵盖了通信、网络、互联网、计算机、软件工程等各领域。

## 主要业务

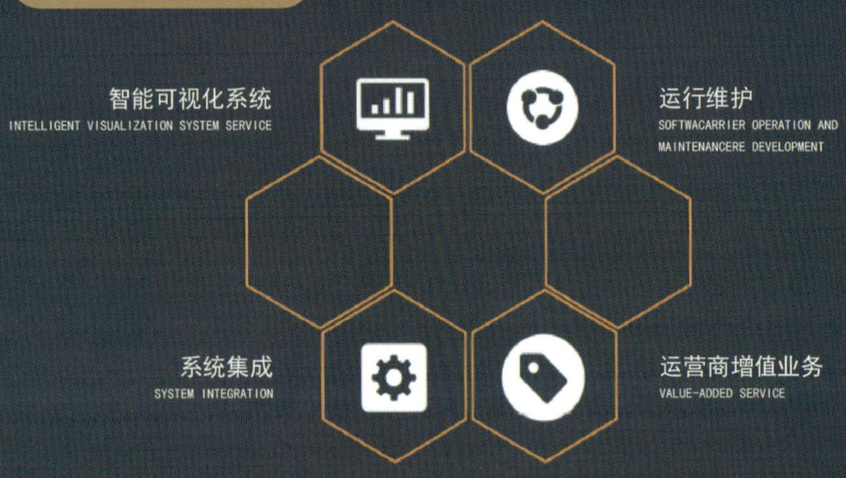


上海敬博信息技术有限公司主要从事通信、互联网、移动互联网、云计算、行业大数据和 AI 算法应用能力等领域的技术开发、系统集成及相关技术服务，借助先进的专利、产品、人才及渠道优势，为客户提供定制化的服务、产品和解决方案。

公司主要的业务种类包括：智能可视化系统、运行维护、系统集成、运营商增值业务等。

## 智能可视化系统

基于数据采集、大数据分析、Gis 服务、BIM 建模，建设业务生态化、网格智能化、运营智慧化的可视化智慧信息系统。

### 图形 + 数字

相比于传统图表与数据仪表盘，智能可视化系统致力于用更生动、友好的形式，即时呈现隐藏在瞬息万变且庞杂数据背后的业务数据，通过交互 / 非交互式实时数据可视化系统来帮助业务人员发现并诊断业务问题、业务流程全面展示、企业信息发布等，数据可视化越来越成为各大企业中不可或缺的一环。

## 解决方案

# 中国联合网络通信有限公司上海市分公司

中国联合网络通信集团有限公司（简称中国联通）于 2009 年 1 月 6 日在原中国网通和原中国联通的基础上合并而成，是中国电信业打破垄断、引入竞争的一面旗帜，也是三家运营商中唯一一家在香港、纽约、上海三地上市的红筹股公司，连续多年入选"世界 500 强企业"，积极为推动国民经济和社会信息化发展做出努力和贡献。

2017 年 8 月，在党中央、国务院的关心和支持下，中国联通成为首批实现全面混改的中央企业。混改近四年来，中国联通立足自身禀赋，积极践行新发展理念，深入实施"聚焦、创新、合作"战略，全面深入数字化转型，着力打造"五新"联通，建设新时代中国特色社会主义新央企，公司底盘日益稳固，关键领域积厚成势，整体面貌焕然一新，经营业绩和发展质量得到全面改善，发展转型成效明显，实现了央企混改标志性突破。

中国联合网络通信有限公司上海市分公司（简称上海联通）与中国联通集团同步完成融合重组，是中国联通在上海的重要分支机构，拥有包括移动和固定通信业务在内的全业务经营能力。按照上海主要行政区划分，上海联通下设 13 个区分公司，全面服务于对口区域的经济建设和社会发展，其中，专门新设了自贸区临港新片区分公司，服务临港新片区开发建设。为顺应数字化转型、服务数字经济，上海联通不断优化调整组织机构，承接国家、集团公司和上海地方政府的有关决策部署，全面服务公众及各行各业通信服务需求。

融合以来，在上海市委、市政府和集团公司的正确领导下，上海联通基于自身资源禀赋，坚持走以创新为引领的差异化发展道路，并取得了较好业绩，价值贡献位居集团前列。"十三五"期间，上海联通收入、利润等关键业绩指标持续改善，效益持续增长，圆满完成混改第一个三年盈利计划目标，上海联通已由一个紧凑型企业向中等规模企业迈进。

在经济效益稳步增长的同时，上海联通始终坚持党建统领全局，成功探索打造了"融入式"党建，深化推动文明创建工作，先后荣获全国文明单位、全国五一劳动奖状、上海市文明行业、上海市企业文化建设示范基地、国防邮电系统最美职工之家等荣誉，连续 16 年蝉联八届"上海市文明单位"称号。

2021 年是"十四五"规划的开局之年，也是上海联通站在新起点上打造新优势、构建新实力、实现更高质量发展的关键五年，上海联通将以习近平新时代中国特色社会主义思想为指引，深入贯彻落实党的十九大和十九届二中、三中、四中、五中全会精神，贯彻落实新发展理念，深化供给侧结构性改革，加快企业发展方式的深层次转变，深化全面数字化转型，加快构建新发展格局，实现高质量发展、服务高品质生活、助力高效能治理，力争到"十四五"期末，将上海联通打造成为一个创新领域更为领先、数字化运营能力更强、要素配置效率更高、服务质量更优、企业治理效能更好、企业活力更充沛、政治生态更优、员工幸福指数更高、社会各界更为信赖的行业领先的综合数字服务运营商，成为数字经济建设的主力军，实现上海联通在新征程上的新跨越、新发展，为上海经济建设和社会发展贡献力量。

# Quicktron快仓 上海快仓智能科技有限公司

a. 上海快仓智能科技有限公司成立于 2014 年，是全球第二大的智能仓储机器人系统解决方案提供商，是人工智能 + 智能机器人领域的头雁企业，拥有目前国内规模最大的机器人智能仓（菜鸟无锡智能旗舰仓）。快仓致力于打造下一代无人驾驶机器人及机器人集群操作系统，让无人驾驶机器人成为智能制造、智能物流的基础设施，实现让人类不再搬运的伟大愿景。

b. 作为一家以智能技术驱动的创新公司，目前现有员工近 400 人，其中研发工程师占比高达 60%，研发费用占总收入 35%，公司核心团队由北京大学，上海交通大学，哈尔滨工业大学、复旦大学等名校的硕博士组成。

c. 目前公司已申请 36 件发明专利、25 件软件著作权、12 件外观专利和 34 件实用新型专利。

d. 借助人工智能，赋能传统行业，打造智能新生态，快仓智能机器人已经成功出货量近 10000 台，服务近 50 家全球知名头部企业，应用场景超过 200 个项目覆盖 20 个行业。快仓为中国商飞、菜鸟网络、邮政、国药、百世物流、华为、OPPO、富士康、三菱电梯、雅马哈、大润发、盒马鲜生、DHL、一汽、上汽、长安民生、LAZADA、海尔日日顺、老婆大人、地素时尚、宁德时代等国内外重量级客户提供了智能机器人系统解决方案。

快仓与菜鸟网络联手打造的菜鸟无锡智能旗舰仓为例，累计投入 1000 台智能机器人协同作业，2019 年双十一当天共完成了 15 万单 120 万件商品拣选，是全亚洲 AGV 投放数量最多、面积最大的智能仓！

本安 SAFE
人为本 安于心

本安数字科技 提高生产力 优化生产关系 打造幸福企业
www.isinstruments.com

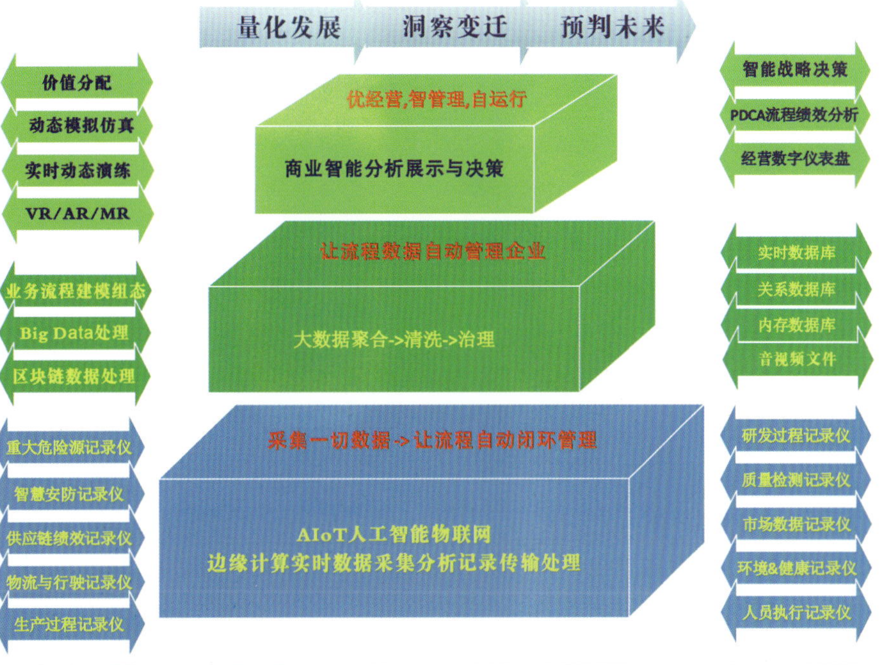


工装设备
综合效率

环境健康安全
能源监控分析

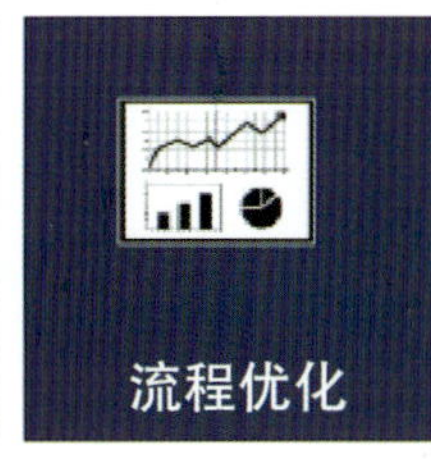

实时边缘计算数据记录仪
助推AIoT时代企业质量-效率-动力的数字化变革

# 上海辛帕智能科技股份有限公司

上海辛帕智能科技股份有限公司是一家专注于工业智能化设备的制造商。2007 年 11 月 27 日成立上海辛帕工业自动化有限公司，位于上海市松江区，2015 年办公地点搬迁至上海市浦东新区惠南镇沪南路 9628 号 2 幢，2020 年 11 月 26 日进行股份制改革，2020 年 12 月 4 日变更登记为上海辛帕智能科技股份有限公司。

公司专注于工业智能设备的设计、研发、销售和服务，致力为客户提供一系列智能化综合解决方案，助力客户从传统工业向智能制造的转型。公司的产品及服务主要应用于风电叶片行业，同时扩展到半导体、汽车电子等行业。在风电叶片智能设备制造领域，公司生产的叶片智能混胶设备、叶片自动灌注设备等得到行业客户的广泛应用。

2015 年，上海辛帕智能科技股份有限公司被评定为上海市高新技术企业。

2018-2020 年期间，所研发生产的双组份混胶机、车载树脂混胶机、叶片自动灌注机、腹板工装等项目先后获得上海市高新技术成果转化，其中叶片自动灌注机荣获国内首台套称号。

同年，上海辛帕智能科技股份有限公司荣获“2020 年度科技新锐奖”。

公司拥有浦东新区企业研发机构，占地约 500 平方米，研究人员 25 人，现有专利总数 35 项，其中发明专利 11 项，软件著作权 29 项。

多年来，公司秉承“专业成就品质，诚信塑造品牌”的理念，“自主改进和再创新”的经营风格，坚持以客户需求为导向，持续升级和研发性能更优的智能化生产设备，为客户提供优质服务，实现公司业务规模的增长。

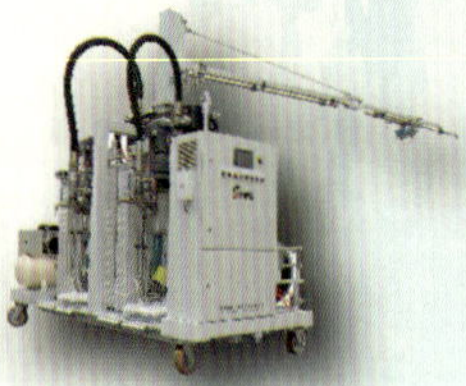

**上海众壹云计算科技有限公司**
www.allinabc.com

为中国半导体行业提供一流的

# 聚焦良率大数据与人工智能产品与解决方案！

# 人工智造赋能芯片制造领跑者！

勇闯AI+芯片智造无人区，通过AI+YEI系列创新产品与应用解决方案，助力中国芯片智造换道快跑，为中国数字经济奠定更坚实的基础。

## AI ADC

- 缺陷图片识别训练
- 实时缺陷预测
- 预测结果反馈
- 数据分析
- 自动化控制等

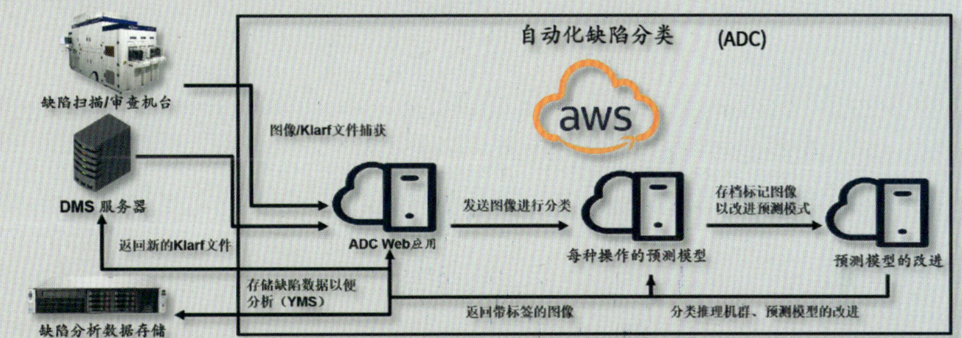


80%的晶圆厂良率问题都是以缺陷图片为载体呈现，人工解读信息存在着速度比较慢的缺点，而且稳定性差，同一图片所获取的信息因人而异，因时间心情而异。而当前一些ADC软件(非机器视觉技术)虽然也能处理部分的图片解析，但缺失自学习能力，只能适用极小部分场景，灵活性差。

而AI ADC能够通过有效的训练学习，能够处理当前晶圆厂各种类型的图片数据。AI ADC不仅处理速度快，对图片分类的速度是人工的20倍。稳定性也有保证，有自学习以及迁移学习能力，能适用绝大部分良率问题识别的场景，实现快速、自动、稳定的输出，同时有着很高的性价比。

AI ADC基于AWS公有云平台及云平台服务，向用户提供整体解决方案，弹性的资源配置，可以适应不同用户的不同业务场景及规模，以及用户业务场景的快速切换和变化。

## DMS/YMS

DMS/YMS是众壹云凭借着多年的晶圆行业项目实践与具有丰富行业经验的技术团队，与国内领先的晶圆制造企业携手合作，研发的基于大数据平台技术架构的晶圆缺陷管理良率分析软件。本软件为Foundry厂的良率工程师（YE）提供了各类自动/半自动化分析工具，将缺陷管理良率分析模式由原来YE工程师需要手工采集数据并分析结果改为系统自动实时采集数据并更新分析结果，大大提升了缺陷管理良率分析的效率与准确性，为Foundry厂良率提升提供了优质的软件工具。

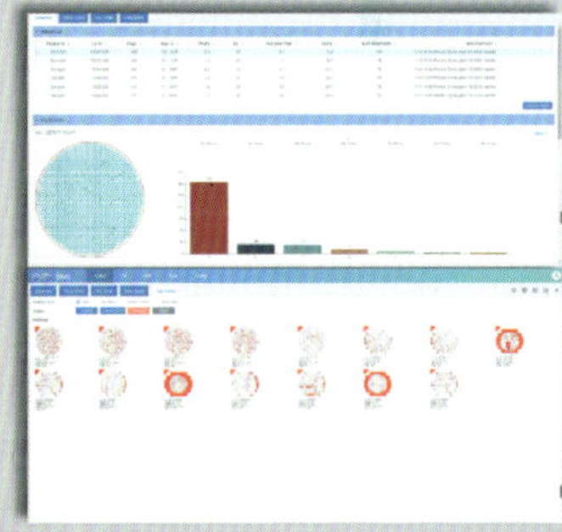

## 公司介绍/Company Profile

众壹云科技 — 致力于通过加速AI智造，为中国半导体行业提供一流的聚焦良率的数据与人工智能产品与解决方案。

主要服务于国家战略和上海重点发展领域 — 芯片（晶圆）制造业，长期服务客户包括中芯国际、华虹宏力等头部企业，在行业积累了15年的信息化与智能制造系统研发经验。

对标全球晶圆代工第一的台积电十年来的卓越智造历程，众壹云构建了面向芯片行业的工业互联网平台AWIIP，以良率为核心的300+工业APP市场WYM-APPs和良率大数据平台BDYAP；基于 人工智能的晶圆良率管理与提升应用套件AI+YEI（分为AI YMS、AI DMS、AI MVA），属于国内首款在头部企业实际产线得到成果验证的工业APP系列产品。

## 公司荣誉/Honor

- 2020年工业智能峰会 优秀企业奖
- 全球工业智能峰会 湛卢新秀奖
- 2019上海开放数据创新应用大赛 最具投资价值项目奖
- 中国创翼创业创新大赛 二等奖
- 全国退伍军人创业大赛 新兴产业组三等奖

## 公司资质/Company qualification

- 软件著作权 21件
- 软件产品证书 6件
- 在申请专利 4件
- 版权等级证书 1件
- 高新技术企业证书 1件

咨询顾问李先生：13065129892　lixin@allinabc.com　上海市浦东新区张江微电子港7号楼6层

# 上海视岳计算机科技有限公司

上海视岳计算机科技有限公司（简称 视岳科技 ）成立于上海张江国家自主创新示范区杨浦区高新企业孵化基地复旦软件园。主要从事网络安全技术的研发与应用，创始团队聚集上海交通大学网络空间学院教授专家团队及国内知名网络安全公司的资深专家。

视岳科技主要从事网络安全技术的研发与应用，公司注重将人工智能技术及大数据分析技术与网络安全应用相结合，构建主动防御、智能分析、机器人测试、态势感知等智慧防御生态，国内首家进行人工智能渗透测试技术研发。

视岳科技依托人工智能与大数据分析技术为技术驱动，将人工智能技术及大数据分析技术与网络安全应用相结合，打造全方位、立体化深度网络安全防御体系。

公司围绕互联网、物联网、工控网、车联网等网络信息安全主流方向，构建主动防御、智能分析、机器人测试、态势感知等智慧防御生态，为企业安全用户快速提供平台化整体解决方案，为企业安全保驾护航。

# 号百控股股份有限公司

号百控股股份有限公司(原上海国脉实业股份有限公司)是中国电信旗下唯一A股上市公司,成立于1992年11月24日,并于1993年4月7日在上海证券交易所挂牌上市(证券代码为600640),是我国邮电系统第一家上市公司。2012年公司实施重大资产重组,更名为"号百控股股份有限公司"。

号百控股股份有限公司主要经营"6+1"产品,包括天翼超高清、天翼云游戏、天翼云VR、教育培训、宣传营销、文化旅游及融合能力,致力通过"科技+文化",打造成为中国电信的CICT(内容文化服务集成)公司,成为领先的数字生活科技公司。

互联网视频内容应用服务由下属天翼视讯传媒有限公司承接运营。面向个人、家庭及政企用户提供多屏观看的5G高清视频点播、直播服务。目前主要视频产品有"天翼超高清""云商务直播"等。

游戏类服务由下属炫彩互动网络科技有限公司承接运营。紧贴国内游戏行业变化,适时推出新的云游戏平台,满足不同终端、不同类型用户的5G时代游戏娱乐需求。

数字阅读产品服务由下属天翼阅读文化传播有限公司承接运营。"云VR"为用户带来身临其境的沉浸式体验;"天翼阅读"为用户提供海量正版的数字化图文内容;"翼党建"面向政府机构和企事业单位提供灵活、智慧、精选的"互联网+"党建服务解决方案。

数字动漫新媒体由下属天翼爱动漫文化传媒有限公司承接运营。旗下拥有面向青少年的"爱动漫"客户端及原创漫画门户等产品,为广大用户提供丰富多彩的动漫内容文化服务,为企业客户提供动漫元素的多媒体制作服务。

互联网营销生态及内容分发板块由下属成都天翼空间科技有限公司承接运营。旗下拥有互联网营销生态平台、贝壳闲话、贝壳合伙人等多款营销能力平台,提供囊括策划、设计、开发、产品、运营、数据分析等服务项目的整体营销解决方案。

积分业务由下属翼集分电子商务(上海)有限公司承接运营。在为中国电信天翼积分商城实施专业化集约运营的基础上,致力于打造开放性、服务性的通用积分平台,为各类企业提供全方位的忠诚度产品及服务。

商旅业务由下属号百商旅电子商务有限公司承接运营。聚焦政企市场及运营商市场,致力于成为国内领先的智慧文旅综合服务提供商及运营商渠道协同服务提供商。

酒店运营及管理业务由下属尊茂酒店控股有限公司承接运营。尊茂酒店秉承"东方礼、尊茂情",致力于成为酒店行业中端品牌的佼佼者。旗下自有、委托管理及品牌加盟酒店60余家,酒店遍布11个省市区。

AUTODESK. Make anything.

# 欧特克公司

欧特克设计软件帮助用户释放无限的创造潜能。试想那些你驾驶过的高性能汽车、叹为观止的摩天大楼、用智能手机观看的精彩电影 - 所有这一切都是欧特克的庞大用户群体使用其软件所创造的。欧特克一直致力于赋予人们创造任何事物的能力。

当前，我们即将迎来工业革命以来最大的制造、生产变革，涵盖了科技、文化乃至态度的方方面面的变化。3D 设计与制造技术的进步颠覆了我们所熟悉的设计、工程、娱乐业。为此，欧特克持续扩展设计能力，以深厚的行业洞见迎接“智造时代”。

欧特克了解更多详细信息请登录官方网站：www.autodesk.com.cn

关注欧特克大视界
掌握欧特克最新动向
和行业新鲜资讯

咨询热线：
400-056-5020

# 智造·未来

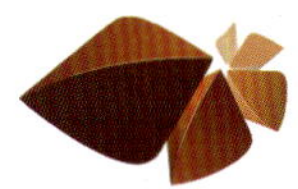

## 产品设计与制造软件集

欧特克产品设计与制造软件集是一套集成式专业级应用程序，它通过共享工具将从概念到生产的每个人关联起来，从而简化您的产品开发流程。

- 创建高性能的产品设计和生产系统布局
- 扩展产品功能有助于提高产品的稳定性和效率
- 从设计到制造的整个过程中将您的团队和数据相互关联

未来智造大视野
视频教程带您快速入门
开启智能制造新篇章

智造资源中心
有关制造业相关资源
通通在这里

Autodesk、Autodesk 标识 是 Autodesk, Inc. 和 / 或其子公司和 / 或其关联公司在美国和 / 或其他国家或地区的注册商标或商标。所有其他品牌名称、产品名称或者商标均属于其各自的所有者。Autodesk 保留随时调整产品和服务、产品规格以及定价的权利，恕不另行通知，同时 Autodesk 对于此文档中可能出现的文字印刷或图形错误不承担任何责任。

© 2021 Autodesk, Inc. 保留所有权利（All rights reserved）。

## 关于深兰 / About DeepBlue

深兰科技创立于2014年，是快速成长的人工智能领先企业，作为平台型世界级AI Maker，在工业智能化、农业智能化、城市智能化与生物安全智能化等领域广泛布局，在全国设立北方、华中、西南与华南等多个区域总部。

深兰科技以“人工智能 服务民生”为理念，致力于人工智能基础研究和应用开发。依托自主知识产权的计算机视觉、生物智能、自动驾驶、认知智能等核心技术，在PAKDD、IEEE ISI、CVPR、SIGIR、KDD及ICCV等众多世界计算机科学及人工智能领域顶级赛事上获得20余项冠军，并因在科技抗击新冠疫情过程中表现突出而获得国家工信部表彰。

此外，深兰科技获批设立院士专家工作站，与清华大学、上海交通大学、中南大学等多个国内外知名院校，建立包括人工智能、自动驾驶、AI芯片、5G应用与计算机视觉等多个相关领域的联合实验室，与深兰科学院共同构筑了深兰特色的科研体系。

Better Life With DeepBlue

人工智能 服务民生

平 台 型 世 界 级 A I M A K E R

核心技术 / Core Technology

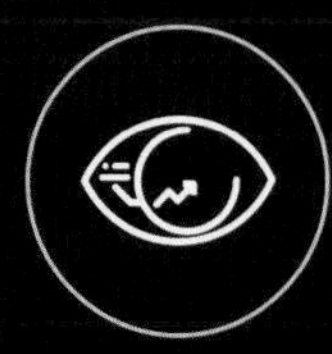
计算机视觉
Computer Vision

自动驾驶
Autonomous Driving

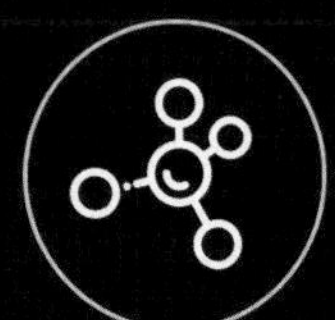
生物智能
Biological Intelligence

认知智能
Cognitive Intelligence

Serving Humanity with AI

电话：400-117-7928
邮箱：market@deepblueai.com
地址：上海市长宁区威宁路369号
官网：https://www.deepblueai.com

TMiRob™
钛米机器人

智慧化医院解决方案提供者

柔性触达
建营一体

接驳机器人
接驳工作站
中型物流升降机

智慧化医疗服务管理解决方案
智慧化医疗物资管控解决方案
智慧化院感管理控制解决方案

5G CE RoHS CMA TILVA

# 上海钛米机器人股份有限公司

上海钛米机器人股份有限公司成立于2015年1月，主要从事机器人及相关设备的研发，专业打造医疗专业服务机器人。钛米机器人是国内首家专注医疗服务机器人技术的创新公司，以独到的理念与领先的技术，致力于推动服务机器人领域新技术的不断创新与发展。

钛米机器人以医疗机器人为载体，打造医疗智慧化系统，涵盖了手术室药品，耗材，器械管理、病房护理和院感管理等领域，为医院提高决策监管效率，为病人提升就医体验，降低医疗成本，为医护人员降低职业伤害。

随着AI技术、芯片技术、5G技术的不断发展，钛米医疗机器人产品线不断丰富、完整。目前，钛米的数百台，近十款医疗机器人产品已经应用到国内300余家大型三甲医院。钛米作为医疗机器人行业的领军者，通过将机器人技术与医疗业务深度融合，正不断助力智慧化医院的建设和发展。

联系方式
邮编：201203
地址：上海市浦东新区丹桂路899号张江国创中心1号楼1102号1-4层
电话：021-5056 6770
网址：www.tmirob.com
邮箱：sales@tmirob.com（销售）mkt@tmirob.com（市场）

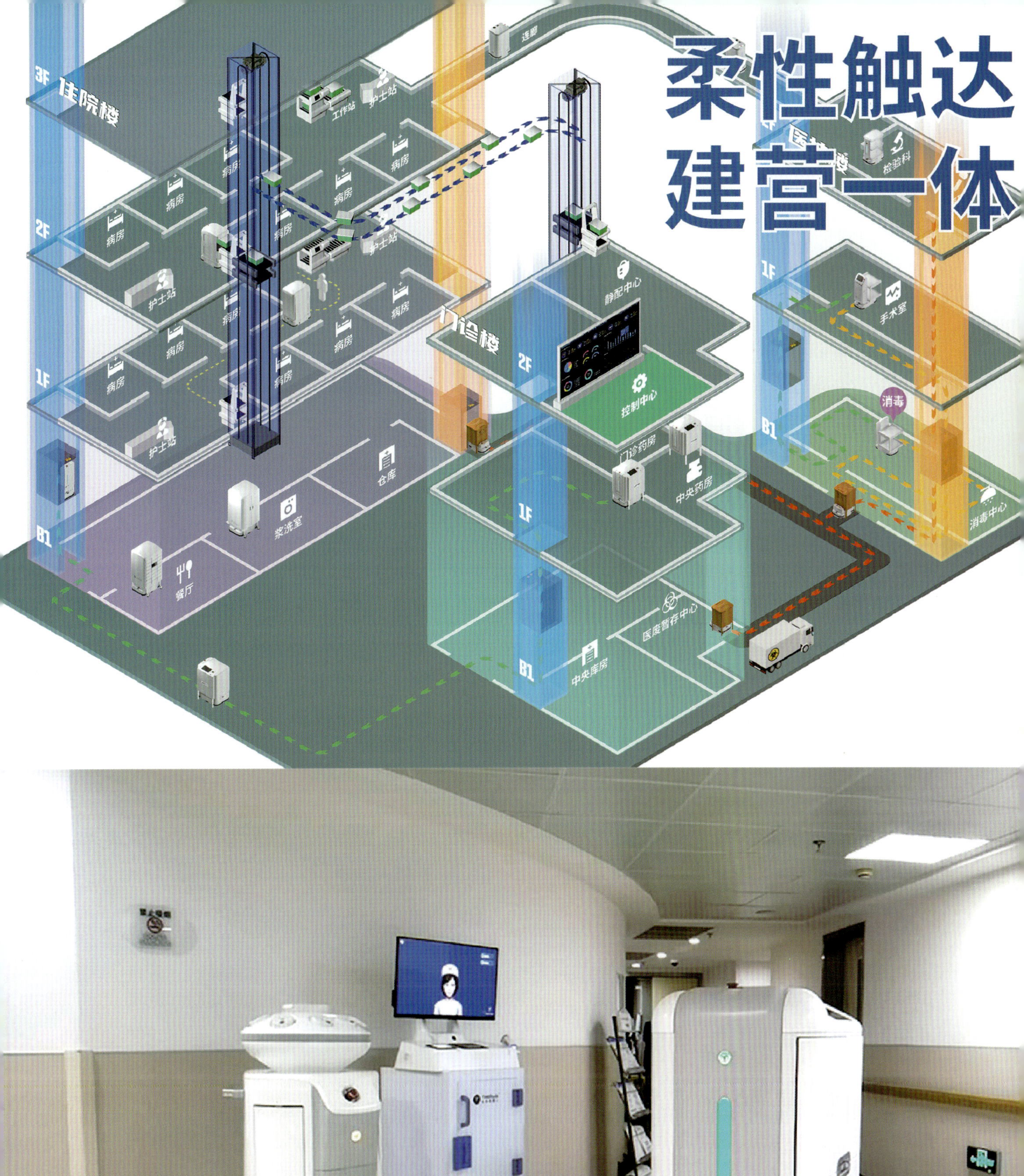
柔性触达
建营一体
住院楼
3F
2F
1F
B1
连廊
工作站
护士站
病房
仓库
浆洗室
餐厅
门诊楼
静配中心
控制中心
门诊药房
中央药房
医废暂存中心
中央库房
检验科
手术室
消毒
消毒中心

# 上海邦邦机器人有限公司

## 公司简介：

上海邦邦机器人有限公司创立于 2016 年 7 月，是一家以帮助弱能人群回归正常生活为初心，集智能辅助产品自主研发、生产、销售于一体的高新技术企业。邦邦机器人致力于用智能科技带来健康生活，产品系列旨在为失能人群提供站立转移、独立自理、康复智能、安全舒适等一站式解决方案，公司获得授权专利 40 余项，与芬兰 SAMK 大学建立养老智辅研究院，与墨尔本大学建立康复科研项目合作，参与日本医疗介护目录中 Robotic wheelchair 的标准制定，与上海交大、复旦大学、同济大学以及哈工大等建立产学研合作，与上海一康、阳光康复中心等多家医院、康复机构达成联合测试实验室协议。自公司成立以来，坚持“拼搏、创新、关爱、包容、真诚”的企业精神，不断构建未来康养生态的智能解决方案，在全球助老助残领域打造受人尊敬的民族品牌。

公司旗下现有两款创新型产品系列：邦邦智能辅助移动机器人系列和邦邦智能代步车系列。

## 产品简介：

### 邦邦智能辅助移动机器人

邦邦智能辅助移动机器人系列产品是国内首创的一款后置式站立机器人，采用人体工学设计，搭载先进的大数据、物联网、人工智能等新技术，通过产品协助，用户可以站立转移，自主康复训练，并在不同视角进行平等的沟通，生活也可以更加独立，减轻护理的负担，帮助用户重新回归日常，开启崭新生活。产品的问世引起了专家和用户的多方关注，颠覆了传统的助老、助残产品，引领了助老助残行业的科技发展，对智能辅具行业起到了一定的推进作用。

### 邦邦智能代步车

邦邦智能代步车是邦邦机器人公司最新推出的一款产品，由移动底盘、座椅和椅背组成，整车具有一键折叠、一键展开功能，小巧轻便，方便携带；采用人体工学设计，拥有流畅的车身、简约的色彩搭配，高颜值、外观酷炫、时尚、年轻科技感风格，赋予生活化代步辅具新概念。采用独有的控制技术，搭配智能辅助驾驶，具备狭窄路段一键掉头、自动减速等功能，采用公司自研全向轮，可在沙地、草地等多种复杂路面行驶、具备原地转弯功能。

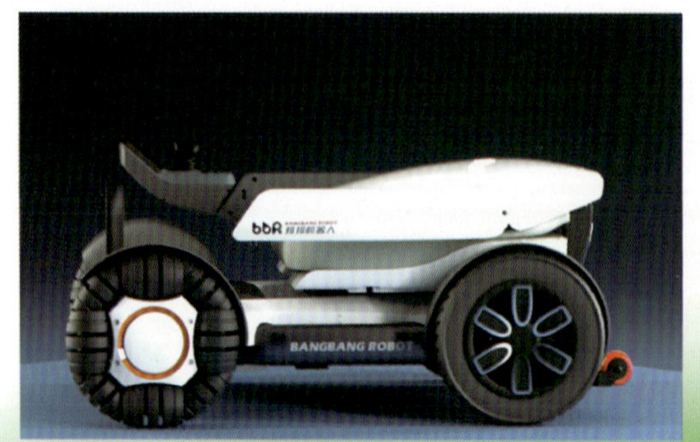

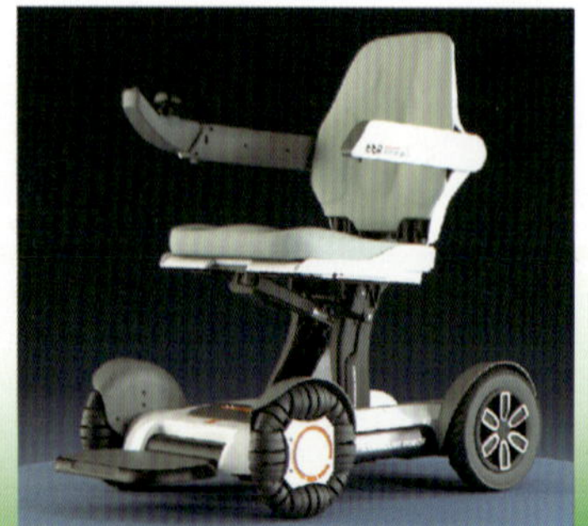

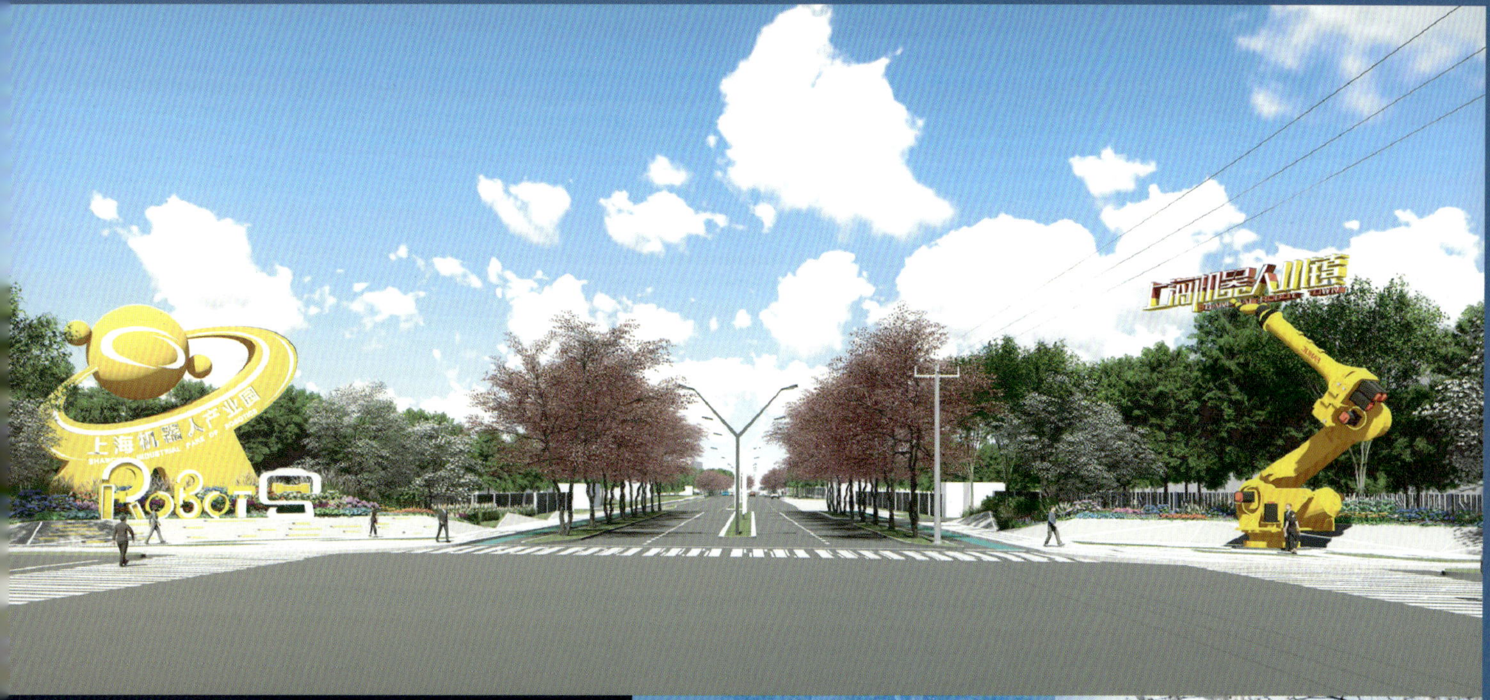

# 上海机器人产业园

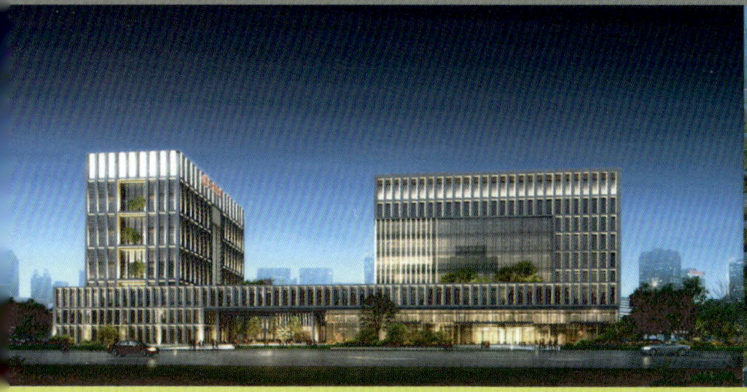

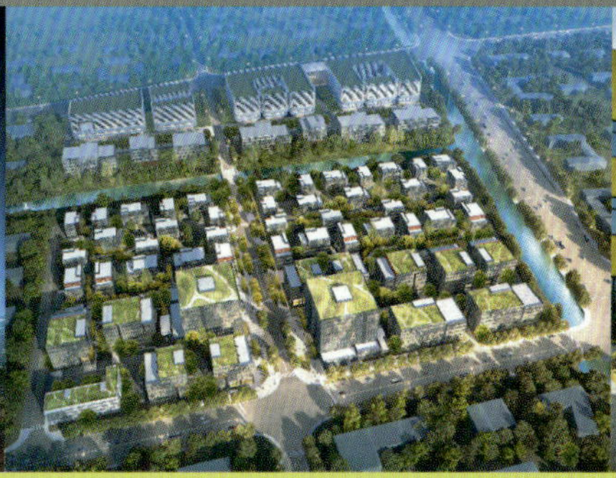

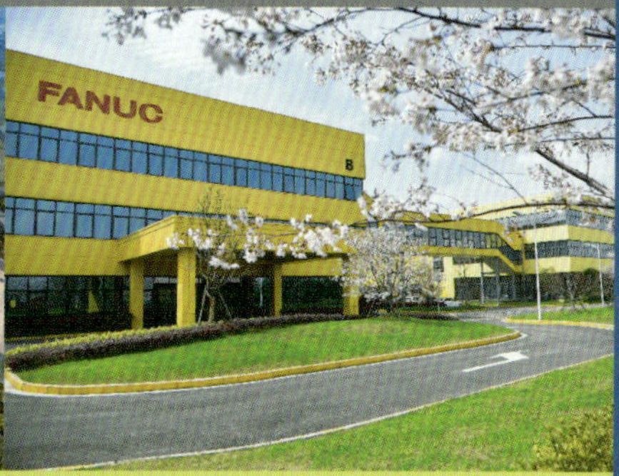

上海机器人产业园占地面积 3.09 平方公里，是上海市第一家机器人主题产业园区，也是上海 26 个特色产业园区之一。园区以机器人及自动化产业集群，智能装备、精密仪器、关键核心部件等其他高精尖项目产业集群及生产性服务业集群三大产业定位，重点聚焦“机器人 + 智能制造”，加快形成集机器人研发、应用、博览、服务、培训为一体，融合智能创客、智能制造中心的产业生态圈，努力打造成规划领先、功能齐备、要素积聚、产业链完整的机器人及智能制造产业集聚发展标杆区。

园区品牌：张江高新区宝山园、上海四新经济创新基地、国家机器人检测评定中心、上海机器人产业技术研究院、上海市机器人研究与转化功能性平台，并成立上海市宝山区机器人产业发展联盟。

产业生态：集聚发那科、鑫燕隆汽车装备制造、高端焊接伏能士、赛赫全球总部等机器人及智能装备企业 200 多家。

功能平台：国家机器人检测评定中心、上海机器人产业技术研究院、上海市机器人研究与转化功能性平台、上海市宝山区机器人产业发展联盟、上海市机器人行业协会等。

区位交通：园区距离人民广场 16 公里，南北高架、S20 外环、G1501 郊环十分钟可达，30 分钟抵虹桥机场，60 分钟到浦东机场，紧邻轨道交通 1 号线，7 号线以及 15 号线。

「云流中枢·立体显示·万物互联」

## 关于云视

上海云视科技股份有限公司成立于2012年2月8日，总部位于上海，注册资金为1.57亿元人民币。公司成立之初，便深耕于中国广播电视行业，从事广电网络双向改造和数字电视相关的产品技术开发、软硬件产品生产销售和技术应用服务。

张毅军先生做为云视公司的创始人和掌舵者，始终倡导以技术创新为企业核心竞争力。公司现有员工近200人，其中本科以上学历占95%，主要客户覆盖全国20余家省级广电网络公司及通信运营商。

近年来，云视科技以互联网思维大胆发展业务以「云流中枢 · 立体显示 · 万物互联」为愿景，积极投入各类新业务的研发与创新，切入智慧城市及智能物联网领域，开发了家庭智能超级Wi-Fi技术、700M LTE无线技术、立体显示技术，以及互联互通云网管等一系列的全新智能产品。

www.cvnchina.com

上海云视科技股份有限公司
Cloud Vision Networks Technology Corporation

TEL: 21-538 91388
FAX: 21-538 91389

上海市古美路1582号总部园
二期C座9层(现代服务园区)

# 助力中国企业在云时代的数字化转型中实现良好的数据和工作流治理

作为国内率先倡导Workflow的厂商，精鲲科技致力于为数字化转型中的企业打造透明运维、智能运营及高效的IT治理平台，从而提升IT的全局性效率和管理。如今，来自中国本土和国际头部客户中近百家企业藉由精鲲的技术优势，强化数据洞察、数据建模和自动化技术实现智能化的运维及应用协同。

在精鲲科技的协助下，CIO可以利用Workflow平台连接不同应用系统的数据与执行建立全局化服务目录，进行数据治理和自动化业务流程，最大程度保留原有使用习惯，打破数字化隔阂，创造业务需求与IT技术之间的神经网络，实现快速响应和实时决策，从被动响应转变为主动预测。

High Efficiency

Digital Connectivity

Business Driven

Hyper Automation

Collaboration

Data Governance

Operation Excellence

## Make IT Work Work Better

欲了解更多关于精鲲JKSTACK和服务
您可以通过以下方式与我们取得联系
电话： +86 21 6140 0981
邮箱：marketing@jkstack.com
网址：www.jkstack.com

请长按二维码关注我们

CHINA | SHANGHAI

# 上海眼控科技股份有限公司

## 企业简介

上海眼控科技股份有限公司成立于 2009 年，是一家集计算机视觉识别与深度学习技术研发应用于一体的全球性人工智能科技企业。经过多年的极致追求与打磨，推出了一系列人工智能技术，包括：AI 临近预报、图像景深估计、车辆与行人 ReID 和追踪、人体姿态识别、视频语义分析、边缘计算等。眼控科技已成为中国领先的 AI 智慧道路交通、智慧航空、智慧城市等领域综合解决方案提供商。

眼控科技汇聚了来自美国斯坦福大学、纽约大学、香港科技大学等国内外知名大学的顶尖 AI 人才 200 余名，先后在道路交通领域，联合上海交大人工智能研究院建立全国首家 AI+ 道路安全监管创新中心。同时，联合华东空管局气象中心、上海交大人工智能研究院建立全国首家航空智慧气象创新中心。眼控科技在智慧道路交通、智慧航空垂直领域的市场占有率已位居行业领先地位，产品覆盖北京、上海、天津、河北、山东等 30 多个省市。

联合北京 UU 公益向湖北疫区 14 家医院捐赠医疗物资

眼控科技与华录易云达成战略合作

蓝迪国际智库专家委员会主席赵白鸽调研眼控科技

上海科创办副主任侯劲、徐汇区副区长晏波调研眼控科技

华东空管局王新平部长一行调研眼控科技

AMS 现场照片

## 公司资质

眼控科技是一家集计算机视觉识别与深度学习技术研发应用于一体的全球性人工智能科技企业，已拥有知识产权和专利技术 530 余项，在国际顶级计机视觉会议 CVPR 、ICCV、ECCV、ICDAR 等发表 100+ 篇会议论文。荣获 2020 年中国新科技 100 强、年度科技创新企业奖、人工智能行业领军品牌、徐汇区企业技术中心、院士专家工作站、高新技术企业、小巨人企业、“专精特新” 中小企业、“软件和信息技术服务业高成长百家”等称号。

## 获奖情况

★ 国际 *MegaFace* 竞赛中获得第三名
★ *2018* 中国安防 *AI* 创新企业 *30* 强
★ *2019* 年度上海市高新技术企业和科技小巨人企业
★ *2020* 人工智能交通安全领域创新奖
★ *2020* 中国新科技 *100* 强
★ 荣获“智能交通杯”创新技术奖、优秀解决方案奖
★ 荣获“人工智能行业领军品牌”奖
★ 公安部人工智能识别算法竞赛三项大奖
★ 公安部重点实验室开放课题研究成果优秀奖

**上海眼控科技股份有限公司**

Add: 上海市徐汇区虹梅路 2007 号远中产业园 7 号楼
Tel : 400-996-4007
Fax: +86 21 53086185-605
Web: www.em-data.com.cn

# 上海华诚金锐信息技术有限公司

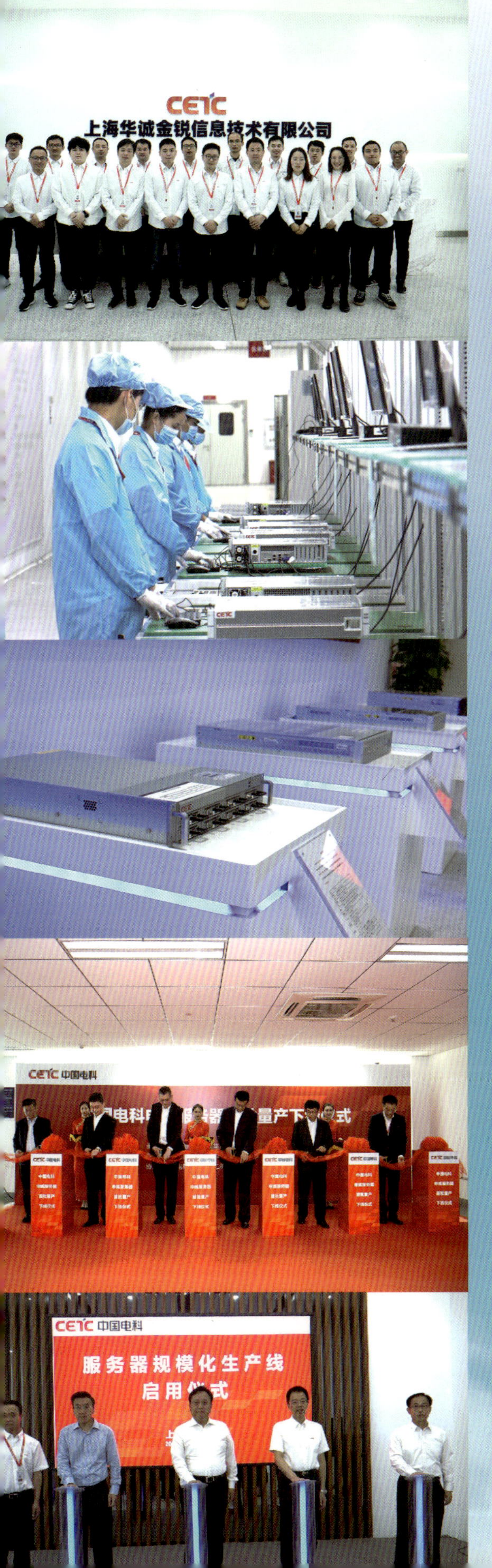


## 企业简介

上海华诚金锐信息技术有限公司是中国电子科技集团公司在申威自主可控战略布局中重点打造的唯一一家整机产业化平台，定位于面向政务、国防、金融、能源等关键行业，提供高性能申威服务器产品及相关服务。公司目前已基于申威平台形成通用机架式服务器系列产品，采用国产高性能处理器、国产操作系统等核心基础软硬件，构建自主可控电科申威高性能服务器产品及技术体系，推动自主可控服务器产品供应链及服务保障体系建设，形成基于电科申威的全国产替代应用示范并规模化应用推广。

### ◆ 完全自主可控，保障信息安全

申威处理器拥有完全的自主知识产权，拥有自己的指令集和微结构，作为国产平台中自主可控度最高水平的代表产品，具有高度的自主发展空间，不受供应链断供及授权威胁，不受开源社区技术体制发展限制，长期技术发展及产品交付有依托、有保障。

华诚金锐基于申威高性能处理器推出了多款申威服务器，具有强大的计算能力及丰富的 I/O 扩展特性，为数据中心、云环境等大规模部署和远程分布式应用提供便捷的管理能力，保障党政、国家重点行业信息系统和业务系统的安全可控。

### ◆ 过硬的技术路径，强大的研发能力

申威处理器发端于神威 - 太湖之光超级计算机，技术体制采用 SIMD 单指令多数据流架构，数据处理充分并行，非常适宜大数据处理的流处理应用场景。公司基于申威 6B（3231）处理器研发的服务器产品为国内首款申威双路服务器，四路服务器产品也即将发布。该产品处理器直连总线采用目前国内最高水平的 28Gbps 互连总线，总线带宽达到 189GB/s，内存通道达到 8 个通道，存控频率达到 DDR4-3200，外围 IO 扩展采用 PCIE 4.0 技术，各项技术指标均处于国内国产服务器前列。

### ◆ 专业源于专注，成功源于坚持

华诚金锐面向关键信息基础设施国产替代需求，紧紧围绕中国电科申威自主可控产业布局，构建了从产品设计、工程实现、适配验证到产品交付的完整产业链条能力。研发团队专注于申威服务器产品的自主研发，快速打造出自主创新服务器系列产品，是第一家入围信创目录的申威服务器整机厂商，并自主建成了全国第一条申威服务器生产线，构建了十万级服务器快速交付的供应链能力。

### ◆ 从“芯”到“云”，构建电科申威生态

秉持“小核心，大外围”原则，华诚金锐积极参与构建电科特色申威生态，以神威睿思内核为基础，与主流国产服务器操作系统（统信 UOS、麒麟、普华等）充分适配，根据信创领域、国防及专用领域差异化的技术和安全特性要求，多线并进，开展国产基础软件的适配调优工作。

作为国内申威生态的推动者，中国电科举集团之力，构建了从芯到云、面向关键行业信息系统全面自主可控的申威计算全产业链体系布局。申威服务器支持的信息系统目前已在党政协同办公、央企集团信息系统、国防大数据应用系统等场景落地并批量部署。未来，申威产业生态将迅速发展壮大，成为构建自主信息产业体系的中坚力量。

# 上海数讯信息技术有限公司

**关于数讯**

上海数讯信息技术有限公司成立于1999年，是知名的IDC及增值服务提供商。数讯旗下拥有多座高等级数据中心、2个含专利技术的私有云平台、覆盖张江园区的宽带驻地网络、全国首个金融交易接入极速平台，形成以数据中心为主，以云计算和网络增值服务为翼，积极拓展北-上-深三地更多元市场的“一主两翼三中心”战略发展布局，致力于为更多客户提供高端定制和优质批发的数据中心及相关服务，实现高质量发展。

**行业生态**

数讯公司基于自身专业的技术实力及广泛的资源优势，结合金融、生物医药、科创、制造等行业的实际需求，构建了高质高效、共创共赢的数云网生态圈，为客户提供各类综合性IT解决方案。目前，数讯公司携手各行业合作伙伴，构建了AI生态圈、金融生态圈、医药生态圈、芯片制造生态圈，同时也在积极推进公司业务在其他行业的渗透。携手数讯，共建未来。

**服务保障**

数讯公司可以为客户提供高标准的服务保障：取得国家工业和信息化部颁发的IDC、ISP、云计算、宽带驻地网等一系列经营许可资质，并获得上海市高新技术企业、上海市软件企业、浦东新区企业技术开发机构等认定，通过了ISO27001信息安全管理体系、ISO20000IT管理体系、ISO22301业务连续性管理体系以及信息系统安全等级保护(三级)、国家基础设施增强级数据中心等一系列认证。

服务热线：400-000-9890

公司网站：www.shuxun.net

公司地址：上海市浦东新区郭守敬路498号23号楼3楼

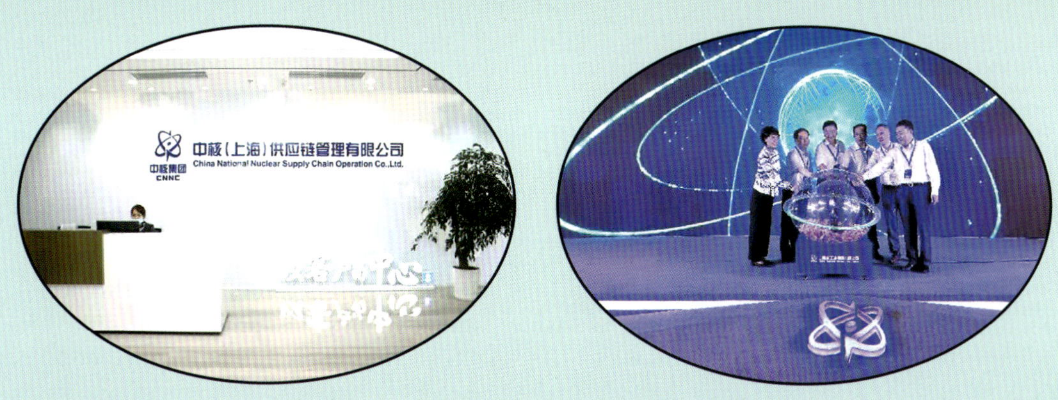


# 中核(上海)供应链管理有限公司

## 公司简介:

为深入贯彻习近平总书记在十九大报告中“深化供给侧结构性改革”“现代供应链领域培育新增长点”的战略部署,积极落实国资委在中央企业开展集中采购管理对标的要求,切实提高集团公司集中采购规模和规范化、信息化管理水平,深化集团公司供应链管理体系建设。2017年4月,中国核工业集团有限公司党组决定,由上海中核浦原有限公司牵头打造中核集团统一的招投标与集中采购平台。2018年2月,中核(上海)供应链管理有限公司(以下简称中核供应链)注册成立,4月公司实体化运作。

中核供应链致力于中核集团标准化、通用、大宗物资的集中采购与智慧供应链体系和信息平台建设。2019年7月1日,由中核供应链负责开发建设的中核集团电子采购平台优化升级项目及电子商城正式发布上线,初步实现了线下采购到线上采购的转变,大宗通用标准物项集中采购稳步推进。

## 主要业务:

主营业务一:中核集团电子采购平台的建设运维

电子采购平台是集团公司采购活动的唯一平台,是采购领域管理提升的重要抓手,是成员单位实现采购活动的重要工具,是推进基层减负和降本增效的重要手段。电子采购平台共有计划管理、寻源管理、合同管理、供应商管理、在线监督管理,以及全电子招标、内部产品中心、废旧物资处置、驾驶舱等十一大模块,逐步与集团公司成员单位ERP系统全面对接,最终实现采购全流程覆盖、全过程透明。

主营业务二:中核集团集中采购实施与电子商城运营

作为集团公司一级集中采购的专业机构,中核供应链遵循“大宗、通用、标准化”集中采购的原则,以中核集团电子商城作为实施载体,保证一级集中采购落地,助推二级集中采购实施。电子商城设有集中采购、办公用品、工业品、扶贫产品、员工福利等专区,并提供子超市和场景式采购服务。在整合专项供应商和优质电商平台的基础上,突出“核”特色,围绕客户需求,提升用户体验,做好市场开发,为集团内外客户提供优质服务。

主营业务三:招标代理业务

作为集团公司统一的招标平台,中核供应链现有一支专业的招标队伍、规范化的业务流程和标准化的服务流程,公司本部和分公司有13个在线评标室,同时在福建、江苏、成都等地逐步设立异地评标点,现场招评标与全电子招评标结合,满足客户多元化需求。中核供应链将以健全的制度体系、规范的招标流程、专业的招标队伍、完备的软硬件设施为客户提供优质的招标代理服务,为招标人遴选优质供应商保驾护航。

主营业务四:采购咨询及采购服务

公司现有一支技术背景深厚的专业采购队伍和完善的采购管理制度体系,可为集团内外客户量身定制“个性化”项目采购服务方案,提供全生命周期的采购管理服务,实现项目采购资源的最优配置。同时,建立了采购咨询服务目录,可为集团内外相关单位提供采购管理体系建设、采购管理流程优化、采购寻源等咨询服务,提升服务单位采购管理水平。

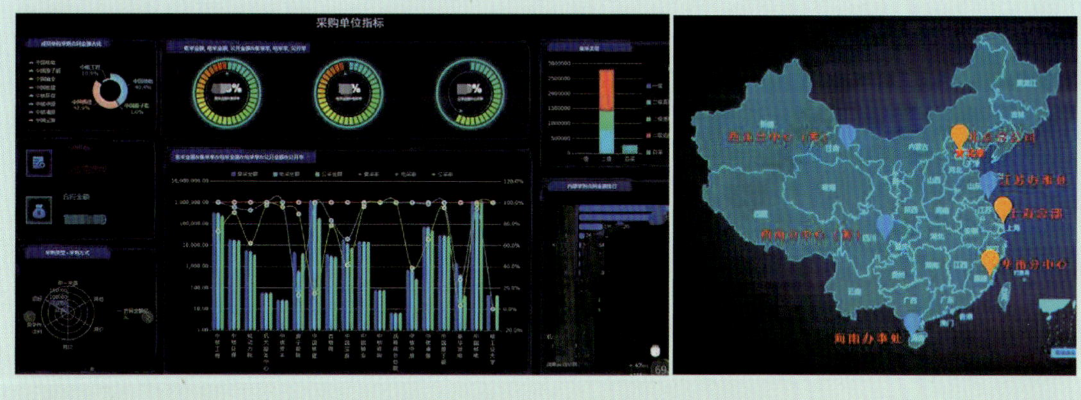

# 智慧应急 领军企业

迪爱斯信息技术股份有限公司
DS INFORMATION TECHNOLOGY CO.,LTD.

迪爱斯信息技术股份有限公司是国资委直属中央企业中国信息通信科技集团（简称：中国信科）智慧应急领域的核心成员单位，是国内智慧应急行业的领军企业。公司服务于1000余个政企用户，为进博会、奥运会、G20峰会、达沃斯论坛等多个国家大型活动提供技术支撑。

公司是上海市首批高新技术企业，重点软件企业，国家新产品实施企业，承担过多个国家级科技重点攻关项目，具备涉密信息系统集成资质证书（甲级）、信息系统建设和服务能力CS4、CMMI (v1.3 DEV) ML5 软件能力成熟度模型、建筑企业电子与智能化专业承包二级等资质。公司累计获得数百项专利、软件著作权、软件产品，多项科研项目成果达到国际先进水平或国内领先水平。

公司长期从事智慧城市软件开发、系统集成和信息化服务，综合运用云计算、大数据、人工智能、5G、物联网、融合通信等技术，致力于为政府、企业提供智慧城市、应急指挥、决策支持、预警防范等全方位的服务。

公司产品被应用于全国4个直辖市、27个省会城市、1000多个地级市县级市的公安、消防、应急和人防等部门。

# 上海嘉柏利通科技股份有限公司

上海嘉柏利通科技股份有限公司是一家洁净区人员智能综合管理系统化解决方案提供商。公司创立于 2008 年，总部位于中国上海；是主要研发生产经营智能门禁系统与智能洁净服、洁净区防护穿戴装备的高科技公司。产品广泛应用于医药、电子、食品等领域，质量与服务得到广大客户的高度认可，累计合作客户近 3000 家。公司积累了多年研发生产经验和前沿专业技术，已逐渐成长为智能防护行业先行者。

嘉柏利通旗下拥有两大事业部：一是智能化事业部，主要产品为智能门禁系统与智能洁净服，拥有自主知识产权和软硬件管理系统，为制药、电子等高要求行业提供人员和物资的多角度、综合化智能在线管理新模式。二是防护用品事业部，主要产品为洁净服、洁净鞋、防护眼罩、专业清洗剂以及配套系列产品。

嘉柏利通旗下分为嘉柏和凌众两大品牌：嘉柏，专注于生产智能门禁系统与智能洁净服、洁净区防护穿戴装备，服务于对环境和人员管理有更高洁净级别要求的生产领域。凌众，主要产品为洁净防护服，产品性价比高、价格优惠、品类齐全。两大系列产品为医药、电子、食品等各行业用户提供了更加多元、灵活的洁净区防护解决方案，助力广大客户提质、降本、增效。

# 中国铁塔股份有限公司上海市分公司

中国铁塔股份有限公司上海市分公司（简称上海铁塔）于 2014 年 11 月 18 日揭牌成立。作为城市通信基础设施建设的主力军，上海铁塔立足资源共享，低成本、高效率、高质量推进 5G 建设、重大项目通信覆盖，持续做好城市通信保障，基于站址资源提供跨行业共享业务与专业化电力保障服务，持续为上海信息通信基础设施建设发展和“智慧城市”“科创中心”战略落地提供强大的支撑和有力的保障。截至 2020 年，上海铁塔拥有站址数量 2 万余座，资产规模超 70 亿元。

六年来，上海铁塔全面建设运营通信铁塔和大型场所室内分布系统，变多家自建铁塔为一家统筹，有效减少重复建设，实现行业降本、政府增效、民生受益，得到社会和资本市场的广泛认可。6 年建设量超过行业过去 10 年的建设总量，累计完成基站建设项目 5.8 万个，全市平均站址共享率从 13% 大幅提升到 59%，相当于少建铁塔 1.3 万座，节约行业投资近 43 亿元，减少土地占用近 1504 亩。全面统筹推进市重大项目和标志性工程的通信建设，同步规划、同步设计、同步施工、同步验收，助力实现“项目竣工之日，就是通信畅通之时”，承建地铁信号覆盖总里程 182.38 公里，承建楼宇及大型场馆室内信号分布项目 1814 个，总覆盖面积超 1.17 亿平方米。按照配置、规格、品质“三最高”标准全力做好基站运营维护工作，圆满完成了中国国际进口博览会、世界人工智能大会等 30 余次重大活动保障和极端天气应急保障，确保通信网络稳定。

上海铁塔为工信部副部长刘烈宏介绍第三届进博会通信保障情况

上海铁塔聚焦“一体两翼”战略，即以行业内塔类和室分共享业务为主体，以基于铁塔站址资源的社会共享业务以及面向社会的专业化电力保障服务为两翼，在深化行业共享的同时积极拓展社会共享，努力实现公司的价值跨越。成立铁塔智联技术和铁塔能源两个专业化子公司，践行创新、协调、绿色、开放、共享新发展理念，紧密围绕国家战略方向、行业发展方向、市场需求方向推进公司创新发展。

上海铁塔全面统筹推进市政重大项目信号覆盖建设

铁塔智联技术不断拓宽共享内涵，与社会各行业、各领域加强共享合作，加快“通信塔”向“社会塔”转变，重点聚焦政法系统、智慧楼宇、市政交通、应急管理、卫星定位、边缘计算等产业深度运营，为社会更多垂直行业赋能赋智。铁塔能源依托中国铁塔电力保障运营经验、专业化维护能力和可视、可管、可控的智能监控系统，向社会提供备电、发电、换电、充电等多元化能源服务，致力成为世界一流的分布式能源运营商。

上海铁塔打造街边花坛充电桩 为群众解决充电难题

上海铁塔的朋友圈不断扩大，与长宁区政府、杨浦区政府、青浦区政府、地震局、海事局、气象局、铁路局、绿地集团、国网电力、中国邮政、申通地铁、机场集团、上海信投等 49 家政府部门、企业签署战略合作协议，合作涵盖绿化市容、市政、环保、气象、地震、海事、公安与应急管理等多个领域，推动跨行业、跨领域资源共享，共创互利共赢新局面。

上海铁塔发力 5G 新基建 助力城市数字化转型

利用通信塔实现气象观测 延伸共享内涵

通号测试
COMM.& SIGNAL TESTING

# 上海中铁通信信号测试有限公司

## 企业简介

上海中铁通信信号测试有限公司是经原铁道部批准建立的独立第三方检测机构，主要负责检测通信信号工程质量，确保高铁、地铁通信信号系统合格竣工，排除高铁、地铁周边通信干扰，保障高铁、地铁运营期间通信安全，是守住国家铁路、城市地铁交通通信信号安全大门的重要力量。

## 专业检测 国家认证

公司是中国质量监督管理协会、中国信息产业商会自动收费系统专业委员会、上海市公共研发服务平台、上海市工程检测协会、上海市防雷检测协会的会员单位，是中铁检验认证中心(CRCC)签约实验室，通过国家认监委的计量认证(CMA)，通过中国合格评定国家认可委员会实验室认可证(CNAS)。

作为上海市公共研发服务平台成员单位，上海中铁通信信号测试有限公司是上海市轨道交通通信信号检测专业技术服务平台。平台以城市轨道交通、铁路通信信号、电信运营商网络和上海中小型高科技企业的通信、信息类产品及相关研发产品的检测服务为主要领域，向政府组织、城市轨道交通、铁路建设单位、电信运营商、上海中心型高科技企业及其他社会行业提供多方位技术支撑和服务。

## 业务精湛 服务全国

自 2000 年成立以来，公司秉持“专业的检测技术，专注的检测服务”理念，立足上海，辐射长三角，服务全国，面向世界，形成了通信和信号系统设备的检验检测服务、铁路产品认证测试服务两大主业，面向铁路、城市轨道交通、移动通信建设和运营商，提供光电通信、信令交换、数据网络、图像通信、广播系统、时间系统、电源、动力环控等通信专业；车站联锁系统、区间轨道电路设备、列车运行控制系统机车信号等信号专业的第三方检测。

### 铁路领域

公司先后参与了普速铁路线、“四纵四横”“八纵八横”高速铁路网重要线路和“一带一路”代表性工程等 20 余条线路的静态验收测试。曾先后承担国内第一条高铁——京津高速、第一条客运专线——合宁线、第一条高寒地区高铁——哈大线，肯尼亚百年来首条新铁路——蒙内铁路等重大工程的第三方检测。

### 城轨领域

2009 年，公司检测能力扩项，覆盖铁路和轨道交通通信、信号、AFC、综合监控系统，累计为上海、南京、武汉、重庆、大连等 30 余个城市的轨道交通线提供了检测服务。

### 实验室检测能力

公司拥有四大实验室，其中工程验收检测实验室：提供铁路、城轨通信、信号、AFC、综合监控等系统的工程验收检测；电子产品检测实验室：提供电子产品型式试验、电磁兼容等检验检测；产品认证检测实验室：提供调度通信、视频监控等系统的认证检测；软件及信息安全实验室：提供软件产品测试、信息安全风险评估等服务。

## 品牌实力 行业领先

公司是上海市高新技术企业、静安区文明单位，荣获上海市“新锐创业企业奖”，累计编写国家标准 4 个，行业标准 9 个，团体标准 2 个，拥有各类专利 14 项，软件著作权 22 项，荣获铁道科技奖 2 项，上海市科学技术奖 2 项。面向未来，科技引领，上海中铁通信信号测试有限公司将紧跟通信技术发展潮流，坚持自主创新，培育检验检测核心竞争力，持续保障国家轨道交通通信信号安全。

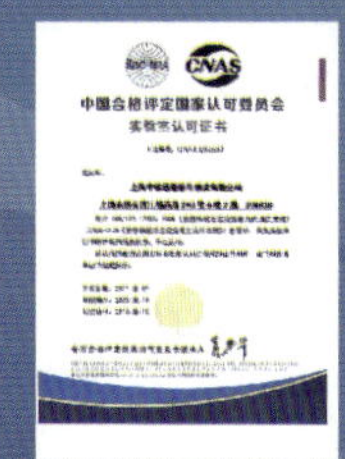

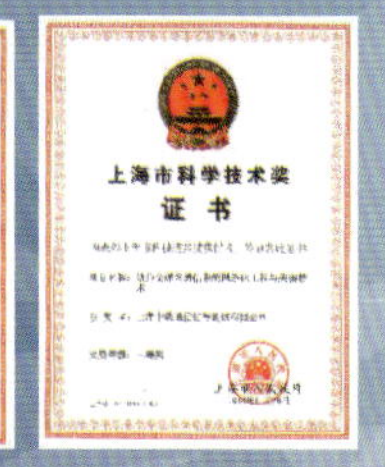

公司地址：上海市静安区江场西路 248 号　　邮编：200436
电　　话：(021)51230210　　网址：http://www.51230210.cn

# 中国二十冶集团有限公司

CHINA MCC20 GROUP CORP. LTD

中国二十冶集团有限公司起源于1948年鞍钢建设，是世界500强中国五矿旗下的重要骨干子企业，是集投资融资、规划设计、施工建设、服务运营为一体的大型工程总承包企业集团。拥有建筑工程、冶金工程市政公用工程等三类总承包特级资质4项， 以及建筑工程专业、 人防工程专业、 市政行业、冶金行业等四类甲级设计资质6项，率先通过ISO9001质量管理体系、ISO14001环境管理体系、ISO45001职业健康安全管理体系认证。2020年位列上海百强企业52名、上海市建筑集团综合实力第7名，是国家科技进步特等奖获得者， 拥有全国五一劳动奖状 、 全国优秀施工企业 、 全国建筑百强企业 、 中央企业先进集体等荣誉称号，同时被评为新中国成立70周年百家功勋建设企业 。

面向未来，中国二十冶继续坚持“冶金建设国家队、基本建设主力军、新兴产业领跑者，长期坚持走高技术高质量发展之路”的战略定位，坚守“诚信为本”的经营理念，秉持“选择二十冶就是选择放心”的服务理念，致力于为用户创造价值、为股东创造回报、为员工创造机会、 为社会创造财富，把中国二十冶打造成为“公司富强、员工幸福、业主信赖、社会称赞”的一流企业。

## 冶金建设国家队

宝钢工程

西澳SINO铁矿工程

宝钢湛江工程

先后参与宝钢、武钢、太钢、湛钢、沙钢、山钢、越南河静钢铁、印尼青山钢铁、西澳SINO铁矿、巴新瑞木镍矿等等国内外大型冶金建设项目，是中国钢铁行业公认的 连铸之王 、 轧机之秀 、 高炉专家 、 制氧专业户 、 料场建设先锋 。

## 基本建设主力军

斯里兰卡机场高速路

横琴总部大厦1期

上海复旦大学附属中山医院

武汉光谷会展中心

在市政公共领域，承建了中国首条高速公路沪嘉高速公路、上海地铁1号线3号线、长江隧道、逸仙路高架、东方明珠、卢浦大桥、上海国际会议中心、浦东机场、世博会场馆、武汉光谷会展中心、郑州国际会展中心、青岛奥帆中心、珠海横琴市政基础设施项目、斯里兰卡 “国门第一路”机场高速等有影响力项目，并承接了部分项目的运营管理。

在高端房建领域，先后承建了上海太平洋大饭店、珠海横琴总部大厦、上海西藏路摩天轮、珠海横琴中冶口岸大厦、中国邮政储蓄银行金融服务中心、福州中捷大厦、湛江恒怡湾等地标建筑和大体量项目。

在医疗教育环保领域，先后承建了上海复旦大学附属中山医院、上海中冶医院、上海吴淞中心医院、长沙湘雅医院等国内数十个医疗康养项目，总建筑面积超过230万平方米。承建了内蒙古民族大学、浙江工业大学、上海市龙堰路初级中学等多所教育建筑项目。

## 新兴产业领跑者

珠海横琴综合管廊工程

承建了武汉东西湖雨污分流系统完善工程、黑龙江双鸭山安邦河流域城市污水治理工程、无锡锡东生活垃圾焚烧发电厂工程等近百个环保工程。在珠海、深圳、武汉、青岛、雄安等多地承建综合管廊工程，总长度超过200公里，珠海横琴综合管廊被住建部列为示范标杆项目，中国二十冶被誉为“综合管廊建设专家”。

电话：021-56600743 021-56784839

网址：http://www.20mcc.com.cn

地址：上海市宝山区盘古路777号

# 上海宝世威石油钢管制造有限公司

上海宝世威石油钢管制造有限公司成立于2003年，注册资本15800万元，是中国石油旗下规模最大、实力最强的钢管制造集团——宝鸡石油钢管有限责任公司全资子公司。坐落于上海宝山，与宝武集团上海宝钢相距2.5公里，8公里直达上海港港口，10公里可至上海杨行火车站，便利的水陆交通，发达的物流配套，为公司原料供应、产品运输、出口发运提供了独特优势，现已成为一家集钢管制造、防腐、贸易、工程服务为一体的专业化服务型钢管制造企业。公司主要产品为螺旋缝埋弧焊管，还销售直缝埋弧焊钢管和弯管、油套管、连续油管等其他类型产品，产品广泛用于石油、天然气、饮用水等液体、气体和固体粉末输送，在桩管、桥梁用管等结构管领域享有盛誉，为国家石油工业、能源建设和经贸合作做出了积极的贡献。

自成立以来，公司共生产钢管总量超过170万吨，敷设管道7000多公里，先后参与了国家西气东输、中哈管线、中亚管线、中俄原油漠大线、中缅管线、印度东气西输，以及华东地区七省一市等油气管线建设六十余条，并为印度、美国、加拿大、澳大利亚、秘鲁等二十多个国家的油气管线、码头港口和输水管线建设项目提供优质钢管和技术服务。

公司拥有两条双面螺旋缝埋弧焊管生产线、一条外防腐生产线和一条内防腐生产线。其中，螺旋缝埋弧焊管生产线年生产能力20万吨，可生产B级、X42-X100等各种规格钢管；外防腐生产线可对Φ159～Φ2520mm钢管进行单层环氧、双层环氧以及3PE、3PP类型防腐；内防腐生产线可对Φ406～Φ2020mm钢管进行内防腐，年防腐能力150万平方米。

公司成立国家石油天然气工程技术研究中心上海宝世威钢管工艺研究所，创建上海市宝山区“企业技术中心”，实现新工艺、新产品、智能制造、服务型制造方面科技创新。通过生产视频监控、ERP、MES、PDM、FMIS等信息管理系统，实现生产自动化、智能化、信息化、数字化。公司深入推进“精品钢管战略”，先后取得国家质检总局颁发的特种设备制造许可证、CNAS证书、美国石油学会API 5L产品认证证书、API Q1质量体系认证、欧洲承压设备PED认证证书以及挪威船级社颁发的ISO9001质量管理体系证书，为企业发展提供了坚实的质量支撑。

公司先后获得“西气东输二线工程建设先进集体”“西气东输管道工程优秀供货商”“苏丹管道项目优秀制管企业”“中亚天然气项目优秀钢管生产商”“全国模范职工之家”“全国安康杯竞赛优秀组织单位”“全国职工教育培训示范点”“上海市文明单位”“上海市党建示范窗口”等多个荣誉称号。

上海宝世威公司鸟瞰图

螺旋缝埋弧焊管生产线

油气管

连续油管

饮用水管

# 上海智大電子有限公司

上海智大电子有限公司成立于 1993 年，是中国二十冶集团有限公司全资控股子公司，上海市高新技术企业，拥有独立的生产、技术、服务的专业团队，专业从事电子产品的研发、生产及工业自动化控制、计算机网络工程与维护、建筑智能化系统集成，是建筑智能方案的解决商。

## 一、冶金类产品

自主知识产权、荣获两项发明专利起重机设备的调压调速、电流调节器、速度调节器等，广泛服务应用于宝钢、鞍钢、包钢、新疆八一钢厂、银川共享铸钢等大型钢厂。

KJT－400 交流调压调速装置

ZD－002B 直流电流调节器

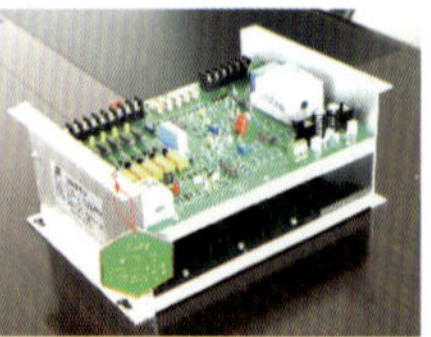

ZD－005B 速度调节器

## 二、新兴产业领跑者——城市综合管廊类产品

产品优势：创新城市、数字建筑、中国制造、赋能新基建

硬件产品—ACU 控制柜：我公司采用防结露新技术、新材料自主研发了地下综合管廊环控 ACU 柜防结露创新专利产品和配套控制箱。

产品优势：

有效解决管廊内墙面渗水、结露导致电气设备运行不稳定、误报警、易损坏等常见问题，已有 2 项发明专利受理。

控制箱壳体采用新材料聚碳酸酯，其优势是全绝缘、耐腐蚀、阻燃、低烟无卤。

ACU 控制柜

检修电源箱

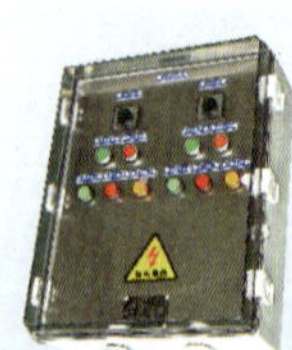

控制箱

产品近三年内广泛应用于青岛新机场、武汉阳逻之心、深圳宝安空港、深圳龙岗阿波罗城市综合管廊项目。

## 三、管廊类包括硬件设备和软件产品

我公司自主研发了综合管廊智慧运维管理平台，软硬件紧密融合、工业级品质。

作为地下管廊的智慧化大脑，为城市生命线精准把脉，保障城市机体正常运转。该管理平台通过物联网、地理信息、智能感知、精准定位及各子系统数据中存储、关联共享、同步实时更新，实现综合管廊的全面感知、智能监测、灾害预警、仿真模拟等智能管理。管廊内相关数据亦可接入实现平安城市、智慧能源，应急指挥调度系统等。

1、智慧工地：人员安全、劳务实名制、车辆安全、环境监测、质量管理、成本管理、进度管理、数字看板，有效规范分包协作队伍管理。

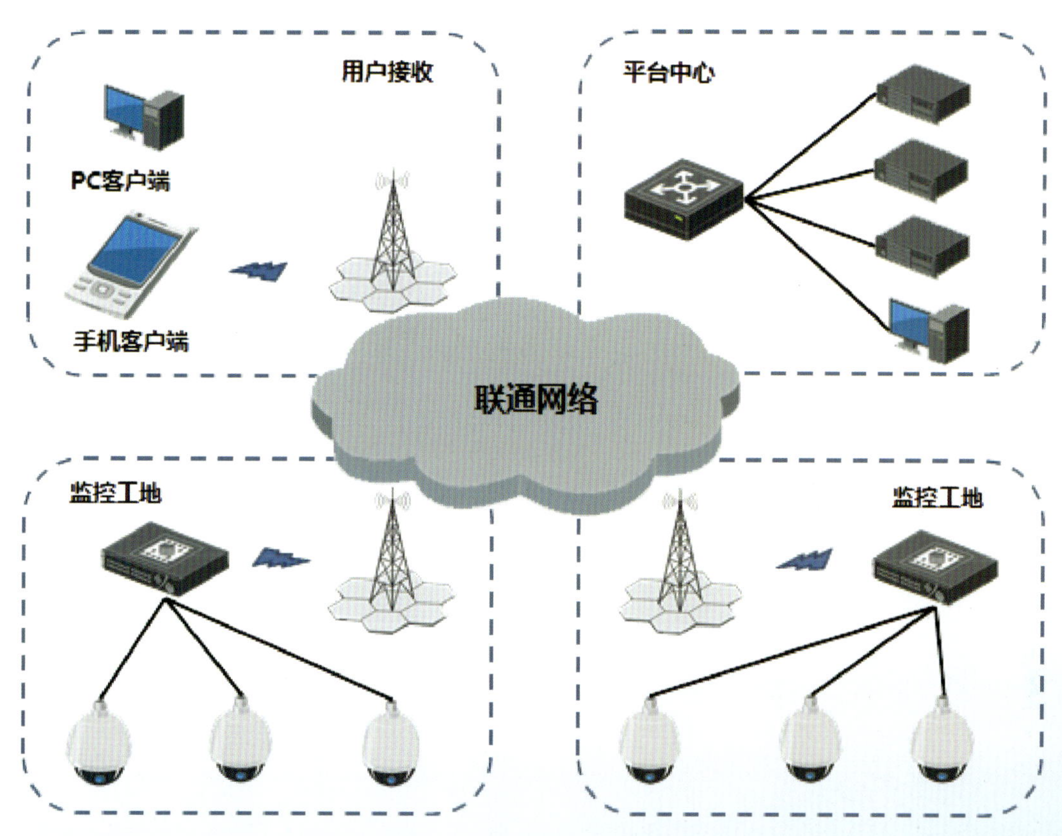


2、智能配电箱：动态监管、数据透明。可通过电脑和手机远程实时监控，GPS 定位，预防丢失；智能扫码开锁，杜绝私拉乱接，确保安全用电，可计入上一级总部管控平台，数据实时监控、关联共享。

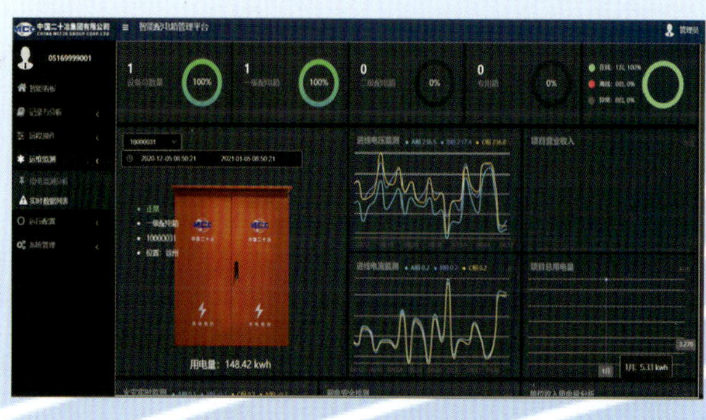

## 四、建筑智能化类

智能建筑、楼宇自动化、智能家居、智慧校园的专业方案解决商、专项设计咨询服务商和平台开发运维服务商，完全自主知识产权。

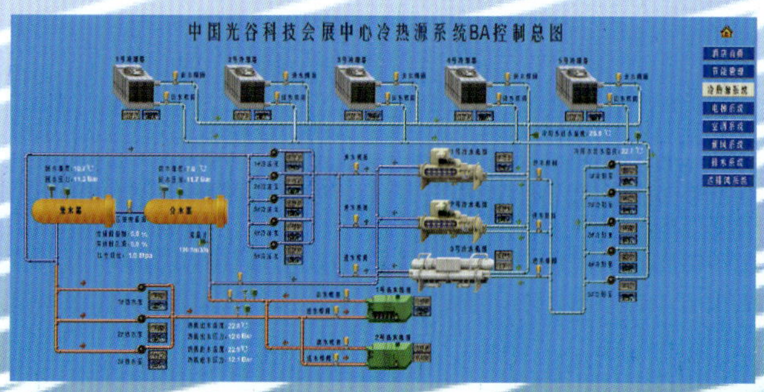



**官网：http://www.zhidadz.cn**

**地址：上海市宝山区友谊路 1135 号。**

**电话：021-56198610*17**

## 公司简介

上海信耀电子有限公司成立于2002年4月，是在中国科学院上海冶金研究所（现上海微系统与信息技术研究所）与上海汽车工业（集团）总公司联合共建的上海汽车电子工程中心的基础上转制而成，是集专业研发、生产与销售汽车传感器、控制器、执行器、LED模组等电子产品为一体的高新技术企业。公司产品广泛应用于通用、大众、奥迪、丰田、长安、广汽等国内外主流车型，销售规模超二十亿元。同时承担、完成了国家科技部、市科委、市经信委等多项汽车电子科研任务，其中承担的“LED汽车灯具的自主开发”获2007年上海市科技进步二等奖，承担的“汽车电子信号灯的自主开发”获中国汽车工业科学技术三等奖。公司特别注重知识产权的保护，已获授权专利百余件。

## 服务宗旨

以专业为核心，以顾客满意度为宗旨，做行业里的佼佼者。

## 质量方针

诚信：以诚待客，诚信经营

创新：技术创新，管理创新，以满足客户不断变化的潜在需求

优质：以优质的技术服务和高质量的产品确保广大客户的满意

高效：高效率的服务，及时处理客户提出的要求

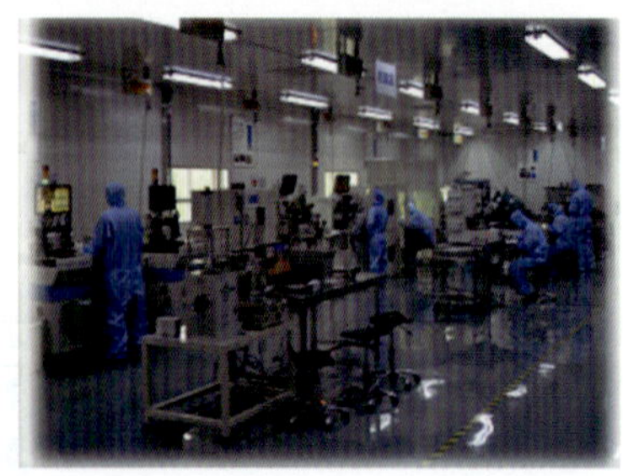

## 主要产品

**汽车控制器**

AFS(智能前照灯系统)、LDM(LED驱动模块)、HID Ballast(HID镇流器)、马达控制器、ADAS(高级驾驶辅助系统)。

**汽车传感器**

汽车高度传感器、位置传感器、压力传感器、角度传感器、智能电池传感器。

**汽车执行器**

直流调光执行器、步进电机调光执行器、电磁阀、直流无刷风扇、大灯清洗器。

**汽车灯具**

LED汽车照明模组、PES（投射灯单元）、LED前照灯单元。

**车用LED封装**

大功率LED、中功率LED、小功率LED。

**自动化设备**

工业机器人、伺服电机及控制器、激光焊接设备。

地址：上海市嘉定区恒谐路50号
网址：www.seeyao.cn

# 2021 · 上海工业年鉴

SHANGHAI INDUSTRIAL YEARBOOK

# 2020 年上海市经济和信息化大事记

## 1 月

**2 日**　上海市优化营商环境暨投资促进大会举行。这是上海连续第 3 年工作开局之际就突出抓优化营商环境工作。中共上海市委、市政府研究制订上海营商环境改革 3.0 版方案和加强投资促进 32 条举措。市委副书记、市长应勇主持会议。市委常委、常务副市长陈寅，市委常委、副市长吴清分别就优化营商环境、投资促进工作作具体部署。

**3 日**　由市经信委指导，上海人工智能发展联盟（SAIA）与闵行区政府共同主办的“2020 人工智能与长三角协同创新高峰论坛暨上海人工智能发展联盟年会”在上海虹桥商务区举行。来自三省一市经信部门、人工智能相关联盟、协会、企业代表出席会议，并共同见证长三角人工智能发展联盟的倡议发起仪式。2019 世界人工智能大会的重要成果《智联世界》在论坛上首发，2020 世界人工智能创新大赛（AIWIN）宣布启动，2019 年度上海人工智能 top 企业榜单公布。

**7 日**　国产特斯拉 Model　Y 项目正式启动。首批国产 Model　3 向消费者交付。市委书记李强赴特斯拉上海超级工厂调研，并会见美国特斯拉公司首席执行官埃隆 · 马斯克。市委副书记、市长应勇与埃隆 · 马斯克共同启动国产 Model　Y 项目。

**8 日**　上海国微 EDA 研发中心在临港康桥园区正式启动。

**9 日**　2020 工业互联网创新发展大会暨工业人共振嘉年华在沪举行。

**13 日**　上海市人民政府与中国长江三峡集团有限公司在沪签署战略合作协议。市委书记李强，市委副书记、市长应勇会见三峡集团董事长雷鸣山一行。应勇、雷鸣山出席签约仪式，市委常委、副市长吴清与三峡集团总经理王琳代表双方签约。市委常委、市委秘书长诸葛宇杰，市政府秘书长陈靖，市政府副秘书长陈鸣波、杭迎伟，市经信委主任吴金城、副主任吕鸣等参加相关活动。

**20 日**　国内领先的云计算服务商优刻得科技股份有限公司正式在上交所科创板挂牌上市，成为科创板第一家同股不同权的上市公司。市经信委主任吴金城出席上市仪式并致辞。

**28 日**　市经信委与国家开发银行上海分行、上海银行建立重点企业信贷便捷通道。国开行上海市分行、上海银行紧急融资 50 亿元，建立应急物资生产资金需求快速响应机制，开通绿色审核通道，用于支持本市疫情防控需求物资重点生产和供应企业。两家银行将建立专项融资服务通道，参照“上海市产业绿贷”政策予以优惠利率融资支持。

## 2 月

**7 日**　市政府下发《上海市全力防控疫情支持服务企业平稳健康发展若干政策措施的通知》（“沪 28 条”），纾解疫情对企业的影响。

**8 日**　市经信委发布《关于做好企业复工复产工作的通知》（沪经信运〔2020〕75 号）。通知要求，把疫情防控作为当前最重要的工作来抓，充分发挥基层党组织的战斗堡垒作用和党员先锋模范作用，广泛动员、严格标准、突出重点、稳定生产，扎实做好企业复工管理、疫情防控、安全生产工作。

**10 日**　市委常委、副市长吴清到中国石油上海销售公司、中国石油西气东输管道公司、国网上海市电力公司，察看各企业的调度指挥中心，听取防疫保障情况和企业复工介绍。市政府副秘书长陈鸣波、市经信工作党委书记陆晓春、市经信委副主任张建明、浦东新区副区长王华等参加调研。

市经信委发布《上海市经济和信息化委员会关于支持培育新型云服务助力企业复工复产的通知》，进一步鼓励应用和支持培育新型云计算产品和服务，助力本市企业开展复工复产。

**14 日**　市经信委和市应急管理局联合编制发布《上海企业复工指南》，明确企业复工报备流程、前期准备以及复工后管理等。

**19 日**　市委常委、副市长吴清，市政府副秘书长陈鸣波到基因科技（上海）有限公司、晟碟半导体（上海）有限公司、上海柏楚电子科技股份有限公司和达闼机器人有限公司调研企业疫情防控和复工复产情况。闵行区委副书记、区长陈宇剑、市经信委副主任张建明等参加调研。

**24 日**　经市经信委组织协调，一批来自上海人工智能企业的智能化防疫物资启运发往本市援助武汉医疗队。市经信工作党委书记陆晓春、市经信委副主任张英，以及科大讯飞、钛米机器人、芯翌智能等企业负责人见证物资发运。

**28 日** 为进一步帮助企业加快复工复产，推动上海经济稳定发展，市经信委及时调整企业复工指南。

## 3 月

**3 日** 市经信委召开全市重点供应链暨生产资源对接服务平台企业座谈会，市经信委主任吴金城、副主任张英等出席。

市人大常委会副主任肖贵玉、市人大财经委主任委员戴柳、市经信委副主任戎之勤带队赴上海捷瑞生物工程有限公司、上海天诚通信技术股份有限公司，调研中小企业复工复产情况，听取对中小企业立法的意见建议。

**5 日** 格科微电子临港项目签约仪式在沪举行。市委常委、副市长吴清，市政府副秘书长朱芝松、陈鸣波见证格科微临港项目签约仪式。市经信委主任吴金城、副主任傅新华及相关单位负责同志出席仪式。

市经信委发布新办企业复工指南。通知要求，坚持条件管理，进一步简化复工手续。一般行业备案即可复工，特定行业需向行业主管部门备案确认后予以复工，剧场、书场演出等按国家规定暂时不宜复工。

**9 日** 市疫情防控工作领导小组新闻发布会上，市经信委副主任张建明介绍上海企业复工情况。截至 3 月 8 日，规模以上工业企业复工率 97%，超市卖场复工率 98.8%，电商行业、大宗商品、农产品批发市场复工率 100%，菜市场 98%，餐饮服务复工率 62.6%。

**12 日** 金桥 5G 产业生态园开园暨开发区重点项目集中开工仪式在金桥开发区举行。市委常委、浦东新区区委书记翁祖亮，市政府副秘书长、浦东新区区委副书记、区长杭迎伟，市经信委副主任张建明等出席活动。

**15 日** 《上海市 5G 网络及用户感知测评报告（2019）》正式发布。至 2020 年 1 月，上海已建成超过 1.6 万个 5G 宏基站、1.3 万个 5G 室内小站，实现中心城区和郊区重点区域网络全覆盖，成为国内乃至全球 5G 网络规模最大的城市之一。

**16 日** 上海市新冠肺炎疫情防控工作领导小组发布《关于调整本市企业复工复产复市备案工作的通知》。

**17 日** 市经信工作党委、市经信委召开市经信系统 2020 年视频工作会议。市委常委、副市长吴清出席会议并讲话。市经信工作党委书记陆晓春部署 2020 年系统党建工作任务。市经信委主任吴金城部署 2020 年产业和信息化工作任务。

**23 日** 上海市“复工复产复市疫情防护综合保险”发布会在中国太保产险上海分公司举行。市政府副秘书长陈鸣波、市经信委主任吴金城以及相关委办局领导出席。

**25 日** 上海市新冠肺炎疫情防控工作领导小组办公室发布《关于继续调整本市企业复工复产复市备案工作的通知》。

**31 日** 2020 年上海市重大产业项目集中签约暨特色产业园区推介活动在上海展览中心举行，总投资约 4418 亿元的 152 个重大产业项目集中签约，26 个特色产业园区和 60 平方公里产业新空间正式发布。市委书记李强出席并见证签约推介，市委副书记、代市长龚正为上海市投资促进服务中心揭牌并正式启动上海市投资促进平台。

## 4 月

**1 日** 为进一步方便企业网上办事，实现涉企事项“进一网、能通办”，上海市企业电子营业执照和企业电子印章实现同步发放。在全国率先打破部门藩篱，通过打通电子执照、电子印章、实体印章系统，共享企业登记和印章制作数据，革命性再造企业印章刻制流程，并率先将其付诸实践。

**3 日** “上海市企业服务云”召开“防疫物资出口供需”对接座谈会。市经信委牵头，邀请市商务委、上海海关、市市场监管局相关处室负责人为企业答疑。

**8 日** 市政府办公厅印发《上海市促进在线新经济发展行动方案（2020—2022 年）》（沪府办发〔2020〕1 号），提出到 2022 年，将上海打造成具有国际影响力、国内领先的在线新经济发展高地。

**14 日** 市人大常委会副主任肖贵玉、市人大财经委主任委员戴柳、市经信委副主任戎之勤带队赴上海钛米机器人科技有限公司、上海韦尔半导体股份有限公司调研，了解企业创新发展情况，听取企业对中小企业立法的意见建议。

**20 日—23 日** 市人大常委会主任蒋卓庆带队赴张江科学城、宝山区、金山区调研生物医药产业发展情况。市人大常委会秘书长赵卫星、市人大常委会副秘书长兼办公厅主任王平、市人大财经委主任委员戴柳、市人大常委会研究室主任刘世军等参加调研，市经信委总工程师刘平陪同调研。

**21 日** 2020 世界人工智能创新大赛全网正式启动。本次大赛以“启迪智能，启航未来”为主题，通过设置不同主题的赛道，招募全球人工智能技术人才与团队，为上海打造人工智能高地提供有力平台支撑。

**28 日** “2020 首届中国（上海）工业品在线交易节”开幕。市委常委、副市长吴清出席开幕式并宣布交易节开幕。开幕式由市政府副秘书长陈鸣波主持。市经信委总工程师刘平出席。

上海市生物医药产业特色园区推进大会召开。市委常委、副市长吴清，市政府副秘书长陈鸣波，市经信委主任吴金城、副主任吕鸣、总工程师刘平等出席会议。

## 5月

11日　为积极扩大有效投资，全面加快全市重大产业项目落地建设，市经信委组织召开全市重大产业项目产融对接活动，搭建重大项目与金融机构之间“零距离”沟通交流平台。本市100多家亿元以上重大产业项目单位代表、国家开发银行、中国进出口银行等政策性银行、8家在沪商业银行、部分投资基金、创投公司代表，以及各区投资促进机构、经委参加。

14日　市经信委会同市发改委、市人社局、市教委、市科委、市金融工作局编制发布《上海市重点领域（产业类）紧缺人才开发目录》（沪经信人〔2020〕308号）。《目录》聚焦集成电路、人工智能、生物医药等14个重点领域，提出175类紧缺人才。

17日　上海信息消费云峰汇拉开帷幕，活动历时1个月。市委副书记、代市长龚正宣布云峰汇开幕。市委常委、副市长吴清为上海数字新基建产品直播带货，工业和信息化部总工程师田玉龙视频致辞。信息消费云峰汇是上海“五五购物节”九大重点板块之一，以“数字赋能消费新时代”为主题，主推5G+产品、智能网联汽车、智能家电产品等三大产品，在线云服务、智慧康养服务、在线文娱等三大服务，在线教育、在线文旅、数字商业等三大场景。同时，云峰汇还举办2020首届中国（上海）工业品在线交易节等活动，加速生产消费、生活消费、信息消费的跨界深度融合，全面提升国家信息消费示范城市能级。

18日　为加快5G网络建设与创新应用，申通地铁集团与上海电信、上海移动、上海联通、上海铁塔签署战略合作框架协议并举行开工仪式。

19日　上海复工复产复市指南6.0版公布。

27日　市委常委、副市长吴清赴智能制造特色园区——金桥5G产业生态园调研，先后到华为智能汽车创新中心、上海拿森汽车电子有限公司、中移动（上海）产业研究院调研企业发展情况，并听取金桥管委会园区建设进展汇报。市经信委副主任张建明、浦东新区副区长管小军等参加调研。

28日　上海市虚拟现实产业协会第一届第一次会员大会暨第一届第一次理事会、监事会在沪召开。市经信委副主任傅新华出席。

29日　市经信委与市税务局签订战略合作备忘录，切实发挥合作机制作用，为企业发展创造良好环境，为产业发展培育新动能，共同推动产业经济平稳发展。

## 6月

3日　上海市人民政府与浙江大学在沪签署战略合作协议。市委书记李强、浙江大学党委书记任少波出席并讲话。市委副书记、代市长龚正与浙江大学校长吴朝晖为浙江大学上海高等研究院揭牌。市委常委、副市长吴清与浙江大学副校长王立忠代表双方签署战略合作协议。浙江大学副校长何莲珍介绍浙大上海高研院筹建情况。上海市领导诸葛宇杰、浙江大学陈纯院士等出席。

6日　第二届长三角一体化发展高层论坛、长三角一体化（网上）创新成果展在浙江湖州举行。其间，市经信委主任吴金城、江苏省工信厅厅长谢志成、浙江省经信厅厅长徐旭、安徽省经信厅厅长牛弩韬分别代表三省一市经信部门签署《共同推进长三角数字经济一体化发展战略合作协议》。

腾讯长三角人工智能超算中心及产业基地项目开工仪式在松江经济技术开发区举行。市委常委、副市长吴清，市政府副秘书长陈鸣波，市经信委主任吴金城，松江区长李谦等领导和嘉宾共同见证项目启动。

10日　全市稳就业和投资促进工作推进会议召开。市委副书记、代市长龚正指出，要深入贯彻落实习近平总书记重要讲话和全国“两会”精神，按照市委要求，全面强化就业优先政策，积极扩大有效投资，为夺取疫情防控和实现经济社会发展目标双胜利打下坚实基础。市领导陈寅、吴清、许昆林、彭沉雷、陈群出席会议。市人社局、市经信委通报相关工作情况，市教委、市商务委、市国资委、浦东新区作交流发言。

12日　《推动工业互联网创新升级实施“工赋上海”三年行动计划（2020—2022年）》正式发布。

16日　“上海制造佳品汇”集中发布活动在上海国际时尚中心举办。市经信工作党委书记陆晓春出席并为首届“上海设计100+”最具人气设计师陈安琪颁奖，市经信委主任吴金城、市商务委主任华源、市市场监管局局长陈学军共同宣布活动启动并直播探店“上海制造会客厅”。

以“智行生态智绘未来”为主题的上海市智能制造特色产业园区推进大会在上海之鱼——奉贤博物馆召开。市委常委、副市长吴清，市政府副秘书长陈鸣波，市经信委主任吴金城，奉贤区委书记庄木弟，奉贤区区长郭芳，临港集团总裁袁国华，上海电气集团总裁黄瓯等出席。

18日　《上海市促进中小企业发展条例》经市十五届人大常委会二十二次会议表决通过并正式实施。

27日　上海智能网联汽车规模化载人示范应用启动暨滴滴自动驾驶出行服务首发仪式在嘉定安亭举行。市经信委主任吴金城出席仪式并致辞，嘉定区委书记、区长陆方舟，区委常委、统战部部长陆祖芳，市交通委副主任董爱华，市公安局交警总队车管所副所长刘玉刚等出席仪式并见证。

28日　中国航空集团有限公司、中国东方航空集团有限公司、中国南方航空集团有限公司在中国商用飞机有限责任公司总装制造中心浦东基地接收首架ARJ21飞机。3架飞机同时交付标志着ARJ21飞机正式入编国际主流航空公司机队。

2020年上海市节能宣传周开幕日活动在虹口区花园坊节能环保产业园举行。市委常委、副市长吴清，市人大常委会副主任肖贵玉，市政协副主席李逸平，市政府副秘书长陈鸣波，市经信委主任吴金城、副主任阮力等出席。

**29日** 网易上海国际文创科技园项目开工仪式在青浦市西软件信息园举行。市政府副秘书长陈鸣波，市经信委主任吴金城，市商务委副主任周岚，青浦区委书记赵惠琴，区委副书记、区长余旭峰，网易公司首席执行官丁磊等共同见证项目启动。

上海市人工智能行业协会第一届第一次会员大会举行。

## 7月

**7日** 中国（上海）自由贸易试验区临港新片区2020年重点产业项目集中开工活动举行，总投资约480亿元的18个重点产业项目正式开工建设。市委书记李强出席并宣布项目开工。市委副书记、代市长龚正讲话。市委常委、常务副市长陈寅主持。市委常委、副市长吴清为临港新片区智能新能源汽车产业链招商服务中心揭牌。市委常委、市委秘书长诸葛宇杰出席。

**9日** 2020世界人工智能大会云端峰会在上海世博中心开幕，开幕式线上线下结合，以现场演讲、全息影像、视频音频等形式交互进行。市委书记李强在开幕式上致辞。工信部部长苗圩通过视频致辞。市委副书记、代市长龚正主持。联合国工业发展组织总干事李勇、国际电信联盟秘书长赵厚麟分别通过视频致辞。市人大常委会主任蒋卓庆、市政协主席董云虎、市委副书记廖国勋，市领导陈寅、翁祖亮、诸葛宇杰出席开幕式。

**15日** 上海首个4K超高清频道——“欢笑剧场频道”开播仪式在沪举行。

**16日** 国家中小企业发展基金有限公司在注册地上海正式揭牌。工信部党组成员、副部长王江平，财政部党组成员、副部长余蔚平，上海市委常委、副市长吴清出席仪式并为国家中小企业发展基金有限公司揭牌。市经信委主任吴金城、副主任戎之勤出席。工信部、财政部，上海市政府、浦东新区有关部门，各省、自治区、直辖市、计划单列市及新疆生产建设兵团中小企业主管部门，上海证券交易所、深圳证券交易所，国家中小企业发展基金有限公司股东单位，子基金及被投企业代表等参加揭牌仪式。

工信部副部长王江平、工信部中小企业局局长梁志峰、国家中小企业发展基金管理有限公司董事长马向晖一行赴上海之江生物科技股份有限公司调研。市经信委主任吴金城、副主任戎之勤参加调研。

**18日** 沪苏大丰产业联动集聚区重点项目开工和签约仪式举行。盐城市委书记戴源、市经信委副主任吕鸣、市国资委副主任袁泉、江苏省发展改革委副主任高清、盐城市常务副市长羊维达、临港集团总裁袁国华等出席。

**22日** 由台北市政府产业发展局、上海市经济和信息化委员会共同主办的2020台北上海城市论坛产业经济交流分论坛以云会议方式在台北和上海两地同时举行。市经信委主任吴金城、台北市政府副秘书长林育鸿、台北市政府产业发展局局长林崇杰出席分论坛。

**24日** 市经信委和中国建设银行上海市分行共同签署《金融支持“新基建”等领域产业发展合作协议》，市经信委主任吴金城、副主任吕鸣，建设银行上海市分行党委书记、行长林顺辉、副行长齐红出席。建行上海分行与5家本市“新基建”重点项目企业签订合作协议。

**27日** 上海市人民政府与中国铁建股份有限公司在沪签署战略合作协议。市委书记李强会见中国铁建股份有限公司董事长陈奋健一行。市委副书记、市长龚正出席签约仪式。市委常委、副市长吴清与中国铁建股份有限公司总裁庄尚标代表双方签署战略合作协议。市领导诸葛宇杰参加相关活动。

**28日** 为做好“六稳”“六保”工作，把稳增长放在更加突出的位置，市政府召开工业稳增长工作会议。市委常委、副市长吴清出席会议并讲话，市政府副秘书长陈鸣波主持。市经信委主任吴金城汇报当前产业经济运行情况和下一步稳增长工作打算。浦东新区、嘉定区、上汽集团和化工区等4家单位做交流发言。各区、各部门及相关企业集团负责同志参加会议。

全市工业互联网工作推进会议召开。市委常委、副市长吴清出席。会议由市政府副秘书长陈鸣波主持。市经信委主任吴金城、副主任张英出席。

**30日** 市经信委、闵行区政府、云南白药集团三方就云南白药上海国际中心项目举行签约仪式。市经信委主任吴金城出席签约仪式并讲话。市经信委副主任戎之勤代表市经信委签约。闵行区区长陈宇剑、副区长吴斌、云南白药集团党委书记、副董事长汪戎出席签约仪式。

## 8月

**3日** 爱夫迪（FFT）全球总部项目开工奠基仪式在嘉定区安亭镇举行。市经信委主任吴金城、副主任张建明，嘉定区委书记陆方舟，区委副书记、代区长高香，复星国际联席董事长汪群斌，复星全球合伙人、爱夫迪（FFT）董事长张良森等嘉宾出席仪式并见证奠基。

7日 市核电办联合中核检修有限公司等单位，在上海召开“上海核电海南服务基地合作联盟”成立大会。市经信工作党委陆晓春书记出席大会，并和嘉宾一起为联盟揭牌。

11日 上海燃气轮机制造业创新中心专家评审会在上海发电设备成套设计研究院有限公司举行。

19日 闻泰12英寸车规级功率半导体自动化晶圆制造中心项目正式落户临港。临港新片区、临港集团和闻天下等3家签订投资协议。市委常委、常务副市长陈寅，市政府副秘书长、临港新片区管委会党组书记朱芝松，市经信委主任吴金城、副主任傅新华，市发改委副主任裘文进，临港新片区管委会专职副主任吴晓华，临港集团董事长刘家平、总裁袁国华等出席签约仪式。

25日 为推动本市生物医药产业特色园区建设，加强园区与企业互动、企业与医院互动，市科创办、市经信委、上海申康医院发展中心联合举办“上海市生物医药产业发展推介会”。

28日 第三届“绽放杯”5G应用征集大赛（上海赛区）决赛及颁奖仪式在临港新片区举办。

## 9月

14日 2020世界智能网联汽车大会在上海汽车会展中心开幕。工信部装备工业一司司长罗俊杰、中国工程院院士李骏、市经信委主任吴金城、嘉定区委书记陆方舟、长三角“三省一市”相关部门和兄弟省市的领导，中国汽车工业协会常务副会长兼秘书长付炳锋、国家智能网联汽车创新中心执行主任张进华、德国汽车工业协会中国首席代表张琳等世界知名研究机构学者、行业领袖以及企业高管出席。

15日 第22届中国国际工业博览会在国家会展中心（上海）正式开幕。中共中央政治局委员、上海市委书记李强出席开幕式暨颁奖仪式，中国工程院院长李晓红，上海市委副书记、市长龚正，工业和信息化部副部长辛国斌致辞并共同开启第22届中国国际工业博览会。国家发展改革委、商务部、科技部、中国科学院、中国贸促会、联合国工业发展组织和中国机械工业联合会相关负责同志出席开幕式。上海市领导吴清主持，诸葛宇杰出席。本届工博会为期5天，共设九大专业展，参展企业超过2000家，展览规模24.5万平方米，聚焦首展首发新成果和“互联网＋工业”新进展，涵盖从制造业基础材料、关键零部件到先进制造装备、整体解决方案的全产业链最新技术、产品和服务。本届工博会专门设置了意大利国家馆，首次设置院士专家创新成果展，集中设置防疫精品展，并全新打造在线平台“线上工博”。其间还将举行创新与新兴产业发展国际会议、全球制造业产业链高质量合作高峰论坛等专题活动。

18日 上海奕瑞光电子科技股份有限公司在上海证交所科创板正式挂牌上市，成为科创板数字化X线探测器第一股。市经信委副主任傅新华出席仪式并为企业上市鸣锣。

27日 上海市政府与华为公司深化战略合作框架协议签约暨华为青浦研发中心项目开工仪式举行。市委副书记、市长龚正，华为公司董事长梁华出席。市委常委、副市长吴清，华为公司高级副总裁任树录代表双方签约。双方还共同启动青浦研发中心项目。市政府秘书长陈靖、副秘书长陈鸣波，市经信委主任吴金城、副主任张英，青浦区委书记赵惠琴、区长余旭峰等出席。

28日 新能源汽车专用牌照申领“一件事”在“一网通办”总门户“一件事一次办”专栏正式发布。

“上海燃气轮机制造业创新中心”授牌仪式举行。市委常委、副市长吴清和国家电投党组书记、董事长钱智民见证。仪式由市政府副秘书长陈鸣波主持，市经信委主任吴金城向国家电投总经理助理、中国重燃党委书记、董事长束国刚授牌。市经信委副主任张建明、市核电办主任陆海宾等出席。

29日 上海市人民政府与美团点评签订战略合作框架协议。市委书记李强会见美团点评创始人、董事长兼首席执行官王兴一行。市委副书记、市长龚正出席签约仪式。市委常委、副市长吴清，美团点评联合创始人穆荣均代表双方签约。市委常委、市委秘书长诸葛宇杰出席相关活动。仪式由市政府副秘书长陈鸣波主持。市经信委主任吴金城、副主任张英等出席。

## 10月

9日 上海市政府与阿里巴巴集团、蚂蚁集团在沪签署战略合作协议。市委书记李强，市委副书记、市长龚正会见阿里巴巴集团董事会主席兼首席执行官张勇、蚂蚁集团董事长井贤栋一行。龚正、张勇出席签约仪式。市委常委、副市长吴清与蚂蚁集团首席执行官胡晓明、阿里巴巴集团公共事务总裁闻佳签署协议。市委常委、市委秘书长诸葛宇杰出席相关活动。市政府秘书长陈靖出席。仪式由市政府副秘书长陈鸣波主持。市经信委主任吴金城、副主任张英等出席。

14日 第三届全球IC企业家大会暨第18届中国国际半导体博览会(IC China 2020)在上海开幕。上海市政府副秘书长陈鸣波，工信部电子信息司副司长杨旭东，中国半导体行业协会理事长、中芯国际集成电路制造有限公司董事长周子学，美国半导体行业协会轮值主席、安森美半导体总裁兼CEO Keith D.Jackson（傑克信）出席开幕式并致辞。

16日 首台国产完整自主知识产权A320NEO/CEO全动飞行模拟机交付仪式在浦东新区举行。该飞行模拟机由华模科技研发并交付吉祥航空进行飞行培训使用。市经信委主任吴金城出席活动。

中国化学工程集团有限公司华东区域总部揭牌仪式在沪举行。市政府副秘书长陈鸣波和中国化学工程集团有限公司总经理、党委副书记刘家强共同为华东区域总部揭牌。市经信委副主任戎之勤出席并致辞。

**23 日** 上海市航空航天特色产业园区授牌暨临港新片区大飞机园启动仪式在中国商飞浦东总装基地举行。中国商飞公司党委书记、董事长贺东风，市政府副秘书长、临港新片区党工委书记朱芝松，临港集团党委书记、董事长袁国华，上海机场集团党委书记、董事长秦云，市经信委总工程师刘平等出席。

**27 日** 临港新片区"东方芯港"集成电路综合性产业基地启动仪式在临港举行。市政府副秘书长、临港新片区党工委书记、管委会常务副主任朱芝松，市经信委副主任傅新华，临港新片区党工委副书记、临港集团党委书记、董事长袁国华等出席仪式。

**29 日** 上海市人工智能产业工作领导小组会议召开。市委常委、副市长、市人工智能产业工作领导小组组长吴清出席会议并讲话。会议由市政府副秘书长、市人工智能产业工作领导小组副组长陈鸣波主持。市经信委主任吴金城、副主任张英等出席。会上，吴清副市长为张江人工智能岛、西岸智慧谷、马桥 AI 创新试验区等 3 个人工智能特色园区授牌。

**30 日** 十二届全国人大常委会副委员长严隽琪赴上海超级计算中心调研，对中心未来发展提出殷切希望。市经信委主任吴金城等参加调研。

## 11 月

**5 日** 2020 国际工业互联网创新发展论坛在第三届中国国际进口博览会现场成功举行。工信部副部长刘烈宏，上海市委常委、副市长吴清出席大会并致辞。市政府副秘书长陈鸣波、工信部信息通信管理局局长韩夏、二级巡视员许谦、工信部国际合作司副司长刘子平、工信部办公厅副巡视员张红宇、中国工业互联网研究院院长徐晓兰、上海市经信委副主任张英等出席。

**8 日** "11 直播月上海制造品牌在线购"活动启动仪式在长宁区世贸商城举行。上海市副市长宗明、市政府副秘书长尚玉英、市经信委主任吴金城、市商务委主任华源、长宁区区长王岚等，以及本地制造企业和本市多家知名电商平台出席启动仪式。

**10 日** 中国首制大型邮轮在中国船舶集团旗下上海外高桥造船有限公司迎来坞内连续搭载总装里程碑节点，标志着中国首制大型邮轮实现从详细设计、生产设计到实船总装搭载的里程碑跨越。市委常委、副市长吴清，工信部总工程师田玉龙，中国船舶集团董事长雷凡培，市政府副秘书长陈鸣波，市经信委副主任戎之勤，芬坎蒂尼集团亚洲区首席执行官法布里齐奥 · 费里，嘉年华集团亚洲区主席陈然峰等出席活动。

**11 日** 市经信委、徐汇区政府与文思海辉合作框架协议签署仪式举行。市委常委、副市长吴清，中国电子集团董事长芮晓武，市政府副秘书长陈鸣波、中国电子集团副总经理陈锡明出席。市经信委主任吴金城、徐汇区区长方世忠、文思海辉首席执行官卢哲群代表三方签署合作框架协议。

2020"双千兆宽带城市"发展高峰论坛在上海举办。上海市委常委、副市长吴清，市政府副秘书长陈鸣波，中国工程院院士张平，市经信委主任吴金城，中国信息通信研究院院长、宽带联盟秘书长刘多，市经信委副主任张建明，上海市通信管理局副局长谢雨琦等出席论坛。

**12 日** 上海鲲鹏生态伙伴大会在上海举办。市经信委主任吴金城、副主任张英、徐汇区区长方世忠、华为常务董事汪涛等出席。会上，举行上海鲲鹏生态创新中心启用仪式，为 33 家生态伙伴代表单位授牌认证；华为和徐汇区签署战略合作协议。

**17 日** 2020 第八届先进制造业大会在上海嘉定区召开。中国工程院院士陈学东、中国科学院院士褚君浩、市经信委副主任张建明、嘉定区委书记陆方舟、副区长沈华棣、上海电气集团股份有限公司总裁黄瓯等出席大会。上海市政协副主席周汉民，中国工程院院士单忠德，国家制造强国建设战略咨询委员会委员朱森第，联合国工业发展组织数字化、技术与创新司官员 Raymond Tavares 通过视频形式参加大会。

**17 日—18 日** 2020 全球智慧城市大会上海分会场在上海白玉兰广场举办。大会运用线上 + 线下的形式，设立巴塞罗那、上海、纽约三地会场，其中首次在中国上海开设分会场。市委常委、副市长吴清出席活动并致辞，市经信工作党委书记陆晓春、市经信委主任吴金城、副主任张英参加活动。本次大会上，上海从全球 350 个城市中脱颖而出，获得最高殊荣——世界智慧城市大奖，这是中国城市首次获得该奖项。

**20 日** 为期 3 天的上海"设计之都"10 周年主题活动在上海展览中心正式拉开帷幕。市人大常委会副主任肖贵玉、市政协副主席金兴明、市政府副秘书长陈鸣波、中国联合国教科文组织全国委员会秘书长秦昌威等，参观上海"设计之都"10 周年成果回顾展，并出席"设计之都"10 周年主题活动开幕式和主题论坛。

**23 日** 市经信委与市科协签署战略合作协议，推动科技和经济社会发展深度融合，推进上海国际经济中心和科技创新中心建设。市经信委主任吴金城代表市经信委签约并讲话，市科协党组书记、副主席马兴发代表市科协签约并介绍有关情况。

**20 日** 上海市中医药产业研讨会在奉贤举行。市人大常委会主任、党组书记蒋卓庆见证“东方美谷中医药产业基地”揭牌。同时揭牌的还有中药标准化教育部重点实验室东方美谷中心、中药现代制剂技术教育部工程研究中心东方美谷中心、上海中医药大学技术转移中心东方美谷中心。

**26 日** 上海市民营经济发展战略咨询委员会正式成立。市委常委、市政府副市长吴清向与会委员颁发聘书。市政府副秘书长陈鸣波主持会议。来自民营企业、大学、研究机构和投融资机构的 15 位专家学者和企业家受聘为首届委员。

## 12 月

**3 日** 上海电子化学品专区推进会暨电子化学品创新发展国际论坛在沪召开。市委常委、副市长吴清出席会议为专区揭牌并讲话，工信部电子信息司司长乔跃山出席会议并讲话，市政府副秘书长陈鸣波为专区特聘专家颁发聘书，市经信委主任吴金城宣读专区批复，上海化工区副主任侯金花介绍专区规划情况。会上上海化工区和化工区发展公司与 21 家企业、投资机构、公共服务平台签约。

**4 日** 2020 中国（上海）大数据产业创新峰会在上海举行。本届峰会以“数聚浦江之滨，赋能创新之城”为主题，线上线下同步进行。市经信委副主任张英、工信部信息技术发展司副司长杨宇燕为本届峰会致辞。

**8 日** 2020 上海智慧城市体验周开幕式暨 2020 上海智慧城市建设“智慧工匠”选树、“领军先锋”评选活动颁奖典礼在上海世博会博物馆举行。市委常委、副市长吴清致辞并宣布体验周开幕，市政府副秘书长陈鸣波、市经信工作党委书记陆晓春、市总工会副主席周奇、市经信工作党委副书记马列坚、市纪委监委驻市经信委纪检监察组组长陈荣标、市经信委副主任张英等出席活动。作为上海智慧城市的重要人才选树活动，2020 上海智慧城市建设“智慧工匠”选树、“领军先锋”评选活动在开幕式上举行颁奖典礼。

2020 上海智慧城市体验周开幕式上，上海市首批人工智能示范应用场景授牌仪式举行。上海世外教育集团、上海第十人民医院、张江人工智能岛和长宁区北新泾街道 4 个场景被评为首批“上海市人工智能示范应用场景”。

**14 日** “城市数字化助力一体化——2020 首届长三角城市数字化转型创新论坛暨长三角产业和信息化发展研究联盟年会”在上海智慧城市体验周期间顺利召开。

**19 日** 首届上海市工业机器人技术应用技能大赛暨第四届全国工业机器人技能应用大赛选拔赛决赛正式开幕。

**20 日** 第二届健康中国思南峰会在科学会堂举行。

**22 日** 国家药品监督管理局药品审评检查长三角分中心、医疗器械技术审评检查长三角分中心正式挂牌。

2020 年上海市智能制造推进工作大会在嘉定区召开。市经信委副主任张建明，嘉定区副区长、区政协党组书记沈华棣，中国科学院院士毛军发，上海电气集团总裁黄瓯，上海市智能制造产业协会会长徐洪海等嘉宾出席。

**24 日** 2020 海聚英才创新创业峰会在沪召开。会上发布关键核心技术攻关项目、高层次人才需求岗位目录，并为海聚英才创业大赛获奖项目进行颁奖和签约。市经信工作党委书记陆晓春出席峰会并为获奖项目颁奖。

**26 日** 市经信工作党委、市经信委召开 2021 年度务虚会，深入学习贯彻落实习近平总书记考察上海和在浦东开发开放 30 周年庆祝大会上的重要讲话精神和党的十九届四中、五中全会精神，以及中央经济工作会议精神，按照市委学习讨论会的部署要求，谋划明年产业和信息化高质量发展的工作思路和举措。

**28 日** 市委常委、副市长吴清带队赴京拜访中国联合网络通信集团有限公司、中国保利集团有限公司等央企集团总部，交流央企发展规划及后续在沪战略布局。市经信委副主任戎之勤参加。

**29 日** 致景科技纺织工业互联网中心启用仪式在虹口区北外滩举行。致景科技是一家致力于纺织全产业链升级的互联网科技创新企业，旗下已拥有成品布线上流通平台“百布”和智能纺织工业互联网平台“全布”，目前服务全国纺织厂超 6000 家，累计接入织机超 45 万台，覆盖全国 30% 的织造产能。

（孙伯强）

2021·上海工业年鉴

SHANGHAI INDUSTRIAL YEARBOOK

# 2020 年部分法律法规、政策目录

### 保障中小企业款项支付条例

2020 年 7 月 1 日，国务院第 99 次常务会议通过。2020 年 7 月 5 日，中华人民共和国国务院令第 728 号公布，自 2020 年 9 月 1 日起施行。

### 乘用车企业平均燃料消耗量与新能源汽车积分并行管理办法

2017 年 9 月 27 日，工业和信息化部、财政部、商务部、海关总署、质检总局令第 44 号公布。根据 2020 年 6 月 15 日工业和信息化部、财政部、商务部、海关总署、国家市场监督管理总局令第 53 号公布的《关于修改〈乘用车企业平均燃料消耗量与新能源汽车积分并行管理办法〉的决定》修订。

### 新能源汽车生产企业及产品准入管理规定

2017 年 1 月 6 日，工业和信息化部令第 39 号公布。根据 2020 年 7 月 24 日工业和信息化部令第 54 号公布的《工业和信息化部关于修改〈新能源汽车生产企业及产品准入管理规定〉的决定》修订。自 2020 年 9 月 1 日起施行。

### 上海市促进中小企业发展条例

2020 年 6 月 18 日，上海市第十五届人民代表大会常务委员会第二十二次会议修订通过，上海市人民代表大会常务委员会公告第 40 号公布，自 2020 年 6 月 18 日起施行。

# 保障中小企业款项支付条例

**第一条** 为了促进机关、事业单位和大型企业及时支付中小企业款项，维护中小企业合法权益，优化营商环境，根据《中华人民共和国中小企业促进法》等法律，制定本条例。

**第二条** 机关、事业单位和大型企业采购货物、工程、服务支付中小企业款项，应当遵守本条例。

**第三条** 本条例所称中小企业，是指在中华人民共和国境内依法设立，依据国务院批准的中小企业划分标准确定的中型企业、小型企业和微型企业；所称大型企业，是指中小企业以外的企业。

中小企业、大型企业依合同订立时的企业规模类型确定。中小企业与机关、事业单位、大型企业订立合同时，应当主动告知其属于中小企业。

**第四条** 国务院负责中小企业促进工作综合管理的部门对机关、事业单位和大型企业及时支付中小企业款项工作进行宏观指导、综合协调、监督检查；国务院有关部门在各自职责范围内，负责相关管理工作。

县级以上地方人民政府负责本行政区域内机关、事业单位和大型企业及时支付中小企业款项的管理工作。

**第五条** 有关行业协会商会应当按照法律法规和组织章程，完善行业自律，禁止本行业大型企业利用优势地位拒绝或者迟延支付中小企业款项，规范引导其履行及时支付中小企业款项义务，保护中小企业合法权益。

**第六条** 机关、事业单位和大型企业不得要求中小企业接受不合理的付款期限、方式、条件和违约责任等交易条件，不得违约拖欠中小企业的货物、工程、服务款项。

中小企业应当依法经营，诚实守信，按照合同约定提供合格的货物、工程和服务。

**第七条** 机关、事业单位使用财政资金从中小企业采购货物、工程、服务，应当严格按照批准的预算执行，不得无预算、超预算开展采购。

政府投资项目所需资金应当按照国家有关规定确保落实到位，不得由施工单位垫资建设。

**第八条** 机关、事业单位从中小企业采购货物、工程、服务，应当自货物、工程、服务交付之日起30日内支付款项；合同另有约定的，付款期限最长不得超过60日。

大型企业从中小企业采购货物、工程、服务，应当按照行业规范、交易习惯合理约定付款期限并及时支付款项。

合同约定采取履行进度结算、定期结算等结算方式的，付款期限应当自双方确认结算金额之日起算。

**第九条** 机关、事业单位和大型企业与中小企业约定以货物、工程、服务交付后经检验或者验收合格作为支付中小企业款项条件的，付款期限应当自检验或者验收合格之日起算。

合同双方应当在合同中约定明确、合理的检验或者验收期限，并在该期限内完成检验或者验收。机关、事业单位和大型企业拖延检验或者验收的，付款期限自约定的检验或者验收期限届满之日起算。

**第十条** 机关、事业单位和大型企业使用商业汇票等非现金支付方式支付中小企业款项的，应当在合同中作出明确、合理约定，不得强制中小企业接受商业汇票等非现金支付方式，不得利用商业汇票等非现金支付方式变相延长付款期限。

**第十一条** 机关、事业单位和国有大型企业不得强制要求以审计机关的审计结果作为结算依据，但合同另有约定或者法律、行政法规另有规定的除外。

**第十二条** 除依法设立的投标保证金、履约保证金、工程质量保证金、农民工工资保证金外，工程建设中不得收取其他保证金。保证金的收取比例应当符合国家有关规定。

机关、事业单位和大型企业不得将保证金限定为现金。中小企业以金融机构保函提供保证的，机关、事业单位和大型企业应当接受。

机关、事业单位和大型企业应当按照合同约定，在保证期限届满后及时与中小企业对收取的保证金进行核实和结算。

**第十三条** 机关、事业单位和大型企业不得以法定代表人或者主要负责人变更，履行内部付款流程，或者在合同未作约定的情况下以等待竣工验收批复、决算审计等为由，拒绝或者迟延支付中小企业款项。

**第十四条** 中小企业以应收账款担保融资的，机关、事业单位和大型企业应当自中小企业提出确权请求之日起30日内确认债权债务关系，支持中小企业融资。

**第十五条** 机关、事业单位和大型企业迟延支付中小企业款项的，应当支付逾期利息。双方对逾期利息的利率有约定的，约定利率不得低于合同订立时 1 年期贷款市场报价利率；未作约定的，按照每日利率万分之五支付逾期利息。

**第十六条** 机关、事业单位应当于每年 3 月 31 日前将上一年度逾期尚未支付中小企业款项的合同数量、金额等信息通过网站、报刊等便于公众知晓的方式公开。

大型企业应当将逾期尚未支付中小企业款项的合同数量、金额等信息纳入企业年度报告，通过企业信用信息公示系统向社会公示。

**第十七条** 省级以上人民政府负责中小企业促进工作综合管理的部门应当建立便利畅通的渠道，受理对机关、事业单位和大型企业拒绝或者迟延支付中小企业款项的投诉。

受理投诉部门应当按照“属地管理、分级负责，谁主管谁负责”的原则，及时将投诉转交有关部门、地方人民政府处理，有关部门、地方人民政府应当依法及时处理，并将处理结果告知投诉人，同时反馈受理投诉部门。

机关、事业单位和大型企业不履行及时支付中小企业款项义务，情节严重的，受理投诉部门可以依法依规将其失信信息纳入全国信用信息共享平台，并将相关涉企信息通过企业信用信息公示系统向社会公示，依法实施失信惩戒。

**第十八条** 被投诉的机关、事业单位和大型企业及其工作人员不得以任何形式对投诉人进行恐吓、打击报复。

**第十九条** 对拒绝或者迟延支付中小企业款项的机关、事业单位，应当在公务消费、办公用房、经费安排等方面采取必要的限制措施。

**第二十条** 审计机关依法对机关、事业单位和国有大型企业支付中小企业款项情况实施审计监督。

**第二十一条** 省级以上人民政府建立督查制度，对及时支付中小企业款项工作进行监督检查。

**第二十二条** 国家依法开展中小企业发展环境评估和营商环境评价时，应当将及时支付中小企业款项工作情况纳入评估和评价内容。

**第二十三条** 国务院负责中小企业促进工作综合管理的部门依据国务院批准的中小企业划分标准，建立企业规模类型测试平台，提供中小企业规模类型自测服务。

对中小企业规模类型有争议的，可以向主张为中小企业一方所在地的县级以上地方人民政府负责中小企业促进工作综合管理的部门申请认定。

**第二十四条** 国家鼓励法律服务机构为与机关、事业单位和大型企业存在支付纠纷的中小企业提供法律服务。

新闻媒体应当开展对及时支付中小企业款项相关法律法规政策的公益宣传，依法加强对机关、事业单位和大型企业拒绝或者迟延支付中小企业款项行为的舆论监督。

**第二十五条** 机关、事业单位违反本条例，有下列情形之一的，由其上级机关、主管部门责令改正；拒不改正的，对直接负责的主管人员和其他直接责任人员依法给予处分：

（一）未在规定的期限内支付中小企业货物、工程、服务款项；

（二）拖延检验、验收；

（三）强制中小企业接受商业汇票等非现金支付方式，或者利用商业汇票等非现金支付方式变相延长付款期限；

（四）没有法律、行政法规依据或者合同约定，要求以审计机关的审计结果作为结算依据；

（五）违法收取保证金，拒绝接受中小企业提供的金融机构保函，或者不及时与中小企业对保证金进行核实、结算；

（六）以法定代表人或者主要负责人变更，履行内部付款流程，或者在合同未作约定的情况下以等待竣工验收批复、决算审计等为由，拒绝或者迟延支付中小企业款项；

（七）未按照规定公开逾期尚未支付中小企业款项信息；

（八）对投诉人进行恐吓、打击报复。

**第二十六条** 机关、事业单位有下列情形之一的，依照法律、行政法规和国家有关规定追究责任：

（一）使用财政资金从中小企业采购货物、工程、服务，未按照批准的预算执行；

（二）要求施工单位对政府投资项目垫资建设。

**第二十七条** 大型企业违反本条例，未按照规定在企业年度报告中公示逾期尚未支付中小企业款项信息或者隐瞒真实情况、弄虚作假的，由市场监督管理部门依法处理。

国有大型企业没有合同约定或者法律、行政法规依据，要求以审计机关的审计结果作为结算依据的，由其主管部门责令改正；拒不改正的，对直接负责的主管人员和其他直接责任人员依法给予处分。

**第二十八条** 部分或者全部使用财政资金的团体组织采购货物、工程、服务支付中小企业款项，参照本条例对机关、事业单位的有关规定执行。

军队采购货物、工程、服务支付中小企业款项，按照军队的有关规定执行。

**第二十九条** 本条例自 2020 年 9 月 1 日起施行。

# 乘用车企业平均燃料消耗量与新能源汽车积分并行管理办法

## 第一章 总则

**第一条** 为了提升乘用车节能水平，缓解能源和环境压力，建立节能与新能源汽车管理长效机制，促进汽车产业健康发展，根据《中华人民共和国节约能源法》等规定，制定本办法。

**第二条** 中华人民共和国境内的乘用车企业平均燃料消耗量与新能源汽车积分管理，适用本办法。

**第三条** 工业和信息化部会同财政部、商务部、海关总署、市场监管总局实施乘用车企业平均燃料消耗量与新能源汽车积分管理。

**第四条** 本办法所称乘用车，是指《汽车和挂车类型的术语和定义》（GB/T3730.1 2001）第2.1.1.1款至第2.1.1.10款规定的、最大设计总质量不超过3500千克的车辆，包括新能源乘用车和传统能源乘用车。

本办法所称新能源乘用车，是指采用新型动力系统，完全或者主要依靠新型能源驱动的乘用车，包括插电式混合动力（含增程式）乘用车、纯电动乘用车和燃料电池乘用车等。

本办法所称传统能源乘用车，是指除新能源乘用车以外的，能够燃用汽油、柴油、气体燃料或者醇醚燃料等的乘用车（含非插电式混合动力乘用车）。

本办法所称低油耗乘用车，是指综合燃料消耗量不超过《乘用车燃料消耗量评价方法及指标》（GB27999）中对应的车型燃料消耗量目标值与该核算年度的企业平均燃料消耗量要求之积（计算结果按四舍五入原则保留两位小数）的传统能源乘用车。

**第五条** 乘用车企业包括中华人民共和国境内乘用车生产企业、进口乘用车供应企业。

本办法所称境内乘用车生产企业，是指取得工业和信息化部乘用车生产企业准入并获得强制性产品认证的乘用车企业。

本办法所称进口乘用车供应企业，是指从中华人民共和国境外进口并在境内销售获得强制性产品认证的乘用车的企业，包括获境外乘用车生产企业授权的进口乘用车供应企业和未获授权的进口乘用车供应企业。

**第六条** 工业和信息化部建立汽车燃料消耗量与新能源汽车积分管理平台，统筹推进企业平均燃料消耗量与新能源汽车积分公示、转让、交易等工作。

乘用车企业应当按照工业和信息化部的要求（见附件1），报送其生产、进口的乘用车燃料消耗量和新能源乘用车相关数据；通过汽车燃料消耗量与新能源汽车积分管理平台，开展积分转让或者交易。

## 第二章 乘用车企业平均燃料消耗量积分核算

**第七条** 境内各乘用车生产企业和各进口乘用车供应企业，是乘用车企业平均燃料消耗量积分的核算主体，单独实施核算。

**第八条** 乘用车企业平均燃料消耗量积分，为该企业平均燃料消耗量的达标值和实际值之间的差额，与其乘用车生产量或者进口量的乘积（计算结果按四舍五入原则保留整数）。

实际值低于达标值产生正积分，高于达标值产生负积分。

**第九条** 乘用车企业平均燃料消耗量达标值，是指该企业平均燃料消耗量目标值与该核算年度的企业平均燃料消耗量要求的乘积（计算结果按四舍五入原则保留两位小数）。

乘用车企业平均燃料消耗量目标值，按照《乘用车燃料消耗量评价方法及指标》第5.2款计算（计算结果按四舍五入原则保留两位小数）。同一车型在核算年度有多个不同的燃料消耗量目标值的，按照不同的目标值分开计算。

核算年度的企业平均燃料消耗量要求，是指《乘用车燃料消耗量评价方法及指标》第5.3款规定的相关比值。

**第十条** 乘用车企业平均燃料消耗量实际值，按照《乘用车燃料消耗量评价方法及指标》第5.1款计算（计算结果按四舍五入原则保留两位小数）。同一车型在核算年度有多个不同的燃料消耗量的，按照不同的燃料消耗量分开计算。

**第十一条** 境内乘用车生产企业的乘用车生产量，按照该企业在核算年度内生产的、用于境内销售的乘用车实际产量核算。

进口乘用车供应企业的乘用车进口量，按照该企业在核算年度进口用于境内销售的、获得强制性产品认证并经出入境检验检疫机构检验的乘用车数量核算。

**第十二条**　对核算年度生产量2000辆以下并且生产、研发和运营保持独立的境内乘用车生产企业，进口量2000辆以下的获境外乘用车生产企业授权的进口乘用车供应企业，放宽其企业平均燃料消耗量积分的达标要求：

（一）2016年度至2020年度，企业平均燃料消耗量较上一年度下降6%以上的，其达标值在《乘用车燃料消耗量评价方法及指标》规定的企业平均燃料消耗量要求基础上放宽60%；下降3%以上不满6%的，其达标值放宽30%；

（二）2021年度至2023年度，企业平均燃料消耗量较上一年度下降达到4%以上的，其达标值在《乘用车燃料消耗量评价方法及指标》规定的企业平均燃料消耗量要求基础上放宽60%；下降2%以上不满4%的，其达标值放宽30%；

（三）2024年度及以后年度的核算要求，由工业和信息化部另行公布。

未获境外乘用车生产企业授权的进口乘用车供应企业按照前款的规定管理，并自2019年度起实施企业平均燃料消耗量积分核算；但是，核算年度进口量2000辆以下的，暂不实施积分核算。

## 第三章　乘用车企业新能源汽车积分核算

**第十三条**　境内各乘用车生产企业和各进口乘用车供应企业，是新能源汽车积分的核算主体，单独实施核算。

**第十四条**　乘用车企业新能源汽车积分，为该企业新能源汽车积分实际值与达标值之间的差额。

实际值高于达标值产生正积分，低于达标值产生负积分。

**第十五条**　乘用车企业新能源汽车积分实际值，是指该企业在核算年度内生产或者进口的新能源乘用车各车型的积分与该车型生产量或者进口量乘积之和（计算结果按四舍五入原则保留整数）。

前款规定的生产量、进口量，按照本办法第十一条规定的方法核算。

新能源乘用车车型积分按照《新能源乘用车车型积分计算方法》（见附件2）确定。

**第十六条**　乘用车企业新能源汽车积分达标值，是指该企业在核算年度内传统能源乘用车的生产量或者进口量，与新能源汽车积分比例要求的乘积（计算结果按四舍五入原则保留整数）。

传统能源乘用车中低油耗乘用车的生产量或者进口量按照以下规定计算：

（一）2021年度、2022年度、2023年度，低油耗乘用车的生产量或者进口量分别按照其数量的0.5倍、0.3倍、0.2倍计算；

（二）2024年度及以后年度的低油耗乘用车生产量或者进口量计算倍数，由工业和信息化部另行公布。

**第十七条**　对传统能源乘用车年度生产量或者进口量不满3万辆的乘用车企业，不设定新能源汽车积分比例要求；达到3万辆以上的，从2019年度开始设定新能源汽车积分比例要求。

2019年度、2020年度、2021年度、2022年度、2023年度的新能源汽车积分比例要求分别为10%、12%、14%、16%、18%。2024年度及以后年度的新能源汽车积分比例要求，由工业和信息化部另行公布。

## 第四章　积分报告和公示

**第十八条**　乘用车企业应当于每年12月20日前，向工业和信息化部提交下一年度乘用车企业平均燃料消耗量与新能源汽车积分年度预报告。

预报告的内容包括本企业平均燃料消耗量预期达标值、预期实际值和新能源汽车积分预期值等（见附件3）。

**第十九条**　乘用车企业应当于每年3月1日前，向工业和信息化部提交上一年度乘用车企业平均燃料消耗量与新能源汽车积分执行情况年度报告。

报告的内容包括本企业生产或者进口的各车型乘用车数量、关键参数、燃料消耗量、电能消耗量和对应车型的燃料消耗量目标值，以及本企业平均燃料消耗量达标值、实际值和新能源汽车积分等（见附件3）。

**第二十条**　工业和信息化部于每年4月10日前，通过汽车燃料消耗量与新能源汽车积分管理平台，向社会公示上一年度乘用车企业平均燃料消耗量与新能源汽车积分相关情况。

对公示的乘用车企业平均燃料消耗量与新能源汽车积分相关情况有异议的，可以在30日内向工业和信息化部提出。工业和信息化部在收到异议后30日内作出答复。

**第二十一条**　工业和信息化部会同财政部、商务部、海关总署、市场监管总局于每年6月30日前，对乘用车企业提交的企业平均燃料消耗量与新能源汽车积分执行情况年度报告和相关数据进行核实，并发布上一年度乘用车企业平均燃料消耗量与新能源汽车积分核算情况报告。

## 第五章 积分并行管理

**第二十二条** 乘用车企业平均燃料消耗量正积分可以结转或者在关联企业间转让。

乘用车企业新能源汽车正积分可以依据本办法自由交易，并按照下列规定结转，结转有效期不超过三年：

（一）2019 年度的新能源汽车正积分可以等额结转一年；

（二）2020 年度的新能源汽车正积分，每结转一次，结转比例为 50%；

（三）2021 年度及以后年度乘用车企业平均燃料消耗量实际值（仅核算传统能源乘用车）与达标值的比值不高于 123% 的，允许其当年度产生的新能源汽车正积分结转，每结转一次，结转比例为 50%。只生产或者进口新能源汽车的乘用车企业产生的新能源汽车正积分按照 50% 的比例结转。

乘用车企业有平均燃料消耗量负积分、新能源汽车负积分的，应当在乘用车企业平均燃料消耗量与新能源汽车积分核算情况报告发布后 60 日内，向工业和信息化部提交其平均燃料消耗量负积分和新能源汽车负积分抵偿报告（见附件 4），并在核算情况报告发布后 90 日内完成负积分抵偿归零。

工业和信息化部可以根据汽车行业发展情况决定延长抵偿期限和调整 2020 年度新能源汽车正积分结转比例。

**第二十三条** 具有下列关系之一的乘用车企业，属于本办法第二十二条第一款规定的关联企业：

（一）境内乘用车生产企业与其直接或者间接持股总和达到 25% 以上的其他境内乘用车生产企业；

（二）同为第三方直接或者间接持股总和达到 25% 以上的境内乘用车生产企业；

（三）获境外乘用车生产企业授权的进口乘用车供应企业，与该境外乘用车生产企业直接或者间接持股总和达到 25% 以上的境内乘用车生产企业，以及直接或者间接对该境外乘用车生产企业持股总和达到 25% 以上的境内乘用车生产企业。

**第二十四条** 乘用车企业平均燃料消耗量正积分结转后续年度使用的，按照一定比例进行结转，结转有效期不超过三年。2018 年度及以前年度的正积分，每结转一次，结转比例为 80%；2019 年度及以后年度的正积分，每结转一次，结转比例为 90%。

**第二十五条** 乘用车企业受让的平均燃料消耗量正积分，仅限其在当年度使用，不得再次转让。

**第二十六条** 乘用车企业平均燃料消耗量负积分应当采取下列方式抵偿归零：

（一）使用本企业结转的平均燃料消耗量正积分；

（二）使用本企业受让的平均燃料消耗量正积分；

（三）使用本企业产生的新能源汽车正积分；

（四）购买新能源汽车正积分。

前款所列的抵偿方式，可以组合使用。

新能源汽车正积分可以抵扣同等数量的平均燃料消耗量负积分。

**第二十七条** 乘用车企业的新能源汽车负积分，应当通过新能源汽车正积分抵偿归零。

**第二十八条** 乘用车企业 2019 年度产生的新能源汽车负积分，可以使用 2020 年度产生的新能源汽车正积分进行抵偿。

工业和信息化部可以根据汽车行业发展情况，决定乘用车企业使用 2021 年度产生的新能源汽车正积分对 2020 年度产生的新能源汽车负积分进行抵偿。

**第二十九条** 乘用车企业购买的新能源汽车正积分，仅限其在当年度使用，不得再次交易。

**第三十条** 乘用车企业发生分立、合并等情形，影响积分结转、转让、交易、抵偿等的，应当及时向工业和信息化部办理变更手续。

## 第六章 监督管理

**第三十一条** 工业和信息化部会同财政部、商务部、海关总署、市场监管总局建立乘用车企业平均燃料消耗量与新能源汽车积分信用管理制度。

乘用车企业提交平均燃料消耗量与新能源汽车积分执行情况年度报告时，应当同时向工业和信息化部提交信用承诺书（见附件 5），由工业和信息化部向社会公示其信用承诺书。企业法定代表人未发生变动的，信用承诺书无需逐年提交。

乘用车企业不履行承诺的，工业和信息化部将其作为失信乘用车企业进行通报，并录入车辆生产企业信用信息管理平台。

**第三十二条** 工业和信息化部会同财政部、商务部、海关总署、市场监管总局对乘用车企业平均燃料消耗量与新能源汽车积分进行核查。

工业和信息化部负责对境内乘用车生产企业及其乘用车燃料消耗量、新能源乘用车参数、乘用车生产量等进行核查。

商务部负责对进口乘用车供应企业有关情况进行核查。

海关总署负责对乘用车进口量进行核查。

市场监管总局负责对获得强制性产品认证的进口新能源乘用车参数、进口乘用车燃料消耗量等进行核查。

**第三十三条** 对违反本办法的行为，任何单位和个人都有权向工业和信息化部举报。接到举报后，工业和信息化部会同有关部门及时依法调查处理，并为举报人保密。

## 第七章 法律责任

**第三十四条** 乘用车企业有下列情形之一的，工业和信息化部等部门按照职责给予通报，并按照核查值核算平均燃料消耗量与新能源汽车积分；情节严重的，作为失信乘用车企业进行通报，并录入车辆生产企业信用信息管理平台：

（一）未按照本办法的规定报送乘用车燃料消耗量和新能源乘用车相关数据的；

（二）报送的乘用车燃料消耗量数据、新能源乘用车数据与核查结果不符的；

（三）报送的乘用车生产量、进口量数据与实际数量不符的；

（四）未按照本办法的规定提交企业平均燃料消耗量与新能源汽车积分报告，或者报告的内容与事实不符的。

**第三十五条** 乘用车企业平均燃料消耗量负积分、新能源汽车负积分未按照本办法抵偿归零的，应当向工业和信息化部提交其本年度乘用车生产或者进口调整计划，使本年度预期产生的正积分能够抵偿其尚未抵偿的负积分。

**第三十六条** 乘用车企业平均燃料消耗量与新能源汽车积分管理要求，纳入乘用车生产企业及产品准入条件。乘用车企业有下列情形之一的，在其负积分抵偿归零前，对其燃料消耗量达不到《乘用车燃料消耗量评价方法及指标》车型燃料消耗量目标值的新产品，不予列入《道路机动车辆生产企业及产品公告》或者不予核发强制性产品认证证书，并可以依照《汽车产业发展政策》《强制性产品认证管理规定》等有关规定处罚：

（一）平均燃料消耗量负积分未按照本办法抵偿归零的；

（二）新能源汽车负积分未按照本办法抵偿归零的；

（三）未按照本办法第三十五条的规定提交年度乘用车生产或者进口调整计划，或者提交生产或者进口调整计划但本年度平均燃料消耗量积分、新能源汽车积分未满足要求的。

## 第八章 附则

**第三十七条** 本办法所称核算年度是指每年 1 月 1 日至 12 月 31 日。境内生产的乘用车以机动车整车出厂合格证上记载的制造日期为准确定相应的年度；进口乘用车以获得强制性产品认证车辆的随车检验单的签发日期为准确定相应的年度。

工业和信息化部收到乘用车企业依据本办法规定提交的材料后，转送其他相关部门。

**第三十八条** 本办法涉及的标准修订的，按照修订后的文本执行。

本办法中的“以上”“以下”“不超过”均含本数，“不满”不含本数。

**第三十九条** 工业和信息化部会同有关部门依据国家有关规定，完善乘用车企业平均燃料消耗量与新能源汽车积分管理的经济措施。

根据我国国情和汽车产业发展的需要，适时调整本办法有关制度、附件，并重新公布。

**第四十条** 本办法自 2018 年 4 月 1 日起施行。2013 年 3 月 14 日公布的《乘用车企业平均燃料消耗量核算办法》（工业和信息化部 2013 年 15 号公告）、2014 年 10 月 14 日公布的《关于加强乘用车企业平均燃料消耗量管理的通知》（工信部联装〔2014〕432 号）同时废止。本办法施行前制定的规定与本办法不一致的，按照本办法执行。

# 新能源汽车生产企业及产品准入管理规定

**第一条** 为了落实发展新能源汽车的国家战略，规范新能源汽车生产活动，保障公民生命财产安全和公共安全，促进新能源汽车产业持续健康发展，根据《中华人民共和国行政许可法》《中华人民共和国道路交通安全法》《国务院对确需保留的行政审批项目设定行政许可的决定》等法律法规，制定本规定。

**第二条** 在中华人民共和国境内生产新能源汽车的企业（以下简称新能源汽车生产企业），及其生产在境内使用的新能源汽车产品的活动，适用本规定。

**第三条** 本规定所称汽车，是指《汽车和挂车类型的术语和定义》国家标准（GB/T3730.1–2001）第 2.1 款所规定的汽车整车（完整车辆）及底盘（非完整车辆），不包括整车整备质量超过400千克的三轮车辆。

本规定所称新能源汽车，是指采用新型动力系统，完全或者主要依靠新型能源驱动的汽车，包括插电式混合动力（含增程式）汽车、纯电动汽车和燃料电池汽车等。

**第四条** 工业和信息化部负责实施全国新能源汽车生产企业及产品的准入和监督管理。

省、自治区、直辖市工业和信息化主管部门负责本行政区域内新能源汽车生产企业及产品的日常监督管理，并配合工业和信息化部实施准入管理相关工作。

**第五条** 申请新能源汽车生产企业准入的，应当符合以下条件：

（一）符合国家有关法律、行政法规、规章和汽车产业发展政策及宏观调控政策的要求。

（二）申请人是已取得道路机动车辆生产企业准入的汽车生产企业，或者是已按照国家有关投资管理规定完成投资项目手续的新建汽车生产企业。

汽车生产企业跨产品类别生产新能源汽车的，也应当按照国家有关投资管理规定完成投资项目手续。

（三）具备生产新能源汽车产品所必需的生产能力、产品生产一致性保证能力、售后服务及产品安全保障能力，符合《新能源汽车生产企业准入审查要求》（见附件1，以下简称《准入审查要求》）。

具备工业和信息化部规定条件的大型汽车企业集团，在企业集团统一规划、统一管理、承担相应监管责任的前提下，其下属企业（包括下属子公司及分公司）的准入条件予以简化，适用《企业集团下属企业的准入审查要求》（见附件2）。

（四）符合相同类别的常规汽车生产企业准入管理规则。

**第六条** 汽车生产企业在已列入《道路机动车辆生产企业及产品公告》（以下简称《公告》）的新能源汽车整车或者底盘基础上改装生产新能源汽车产品，改装未影响到底盘、车载能源系统、驱动系统和控制系统的，不需要申请新能源汽车生产企业准入。

**第七条** 申请准入的新能源汽车产品，应当符合以下条件：

（一）符合国家有关法律、行政法规、规章。

（二）符合《新能源汽车产品专项检验项目及依据标准》（见附件3），以及相同类别的常规汽车产品相关标准。

（三）经国家认定的检测机构（以下简称检测机构）检测合格。

（四）符合工业和信息化部规定的安全技术条件。

工业和信息化部根据新能源汽车产业发展的实际情况和相关标准制修订情况，及时调整《新能源汽车产品专项检验项目及依据标准》的有关内容，并在施行前向社会公布。

**第八条** 申请新能源汽车生产企业准入的，应当向工业和信息化部提交以下材料：

（一）申请新能源汽车生产企业准入审查的文件。

（二）《新能源汽车生产企业准入申请书》（见附件4）及相关证明材料。

（三）新建新能源汽车生产企业的企业法人营业执照复印件，以及根据国家有关投资管理规定办理投资项目手续的文件。中外合资企业还应当提交中外股东持股比例证明。

**第九条** 申请新能源汽车产品准入的，应当向工业和信息化部提交以下材料：

（一）新能源汽车产品主要技术参数表（见附件5）。

（二）检测机构出具的新能源汽车产品检测报告。

（三）其他需要说明的情况。

**第十条** 工业和信息化部收到准入申请后，对于申请材料不齐全或者不符合法定形式的，应当当场或者在5日内一次性告知申请人需要补正的全部内容。申请材料齐全、符合法定形式的，应当予以受理，并自受理之日起20个工作日内作出批准或者不予批准的决定。20个工作日内不能作出决定的，经工业和信息化部负责人批准，可以延长10个工作日，并应当将延长期限的理由告知申请人。

**第十一条** 工业和信息化部委托第三方技术服务机构，组织专家对新能源汽车生产企业、新能源汽车产品准入申请进行技术审查，审查方式包括现场审查、资料审查。

工业和信息化部建立新能源汽车领域专家库，从中选取专家组成审查组。

第三方技术服务机构技术审查所需时间不计算在本规定第十条规定的期限内。

**第十二条** 申请新能源汽车生产企业准入的，如已按照相同类别的常规汽车生产企业准入管理规则通过了审查的，免予审查《准入审查要求》中的相关要求。

**第十三条** 检测机构应当严格按照工业和信息化部有关规定开展新能源汽车产品检测工作，不得擅自变更检测要求。

**第十四条** 通过审查的新能源汽车生产企业及产品，由工业和信息化部通过《公告》发布。

不符合本规定所规定的条件、标准的新能源汽车生产企业及产品，工业和信息化部不予列入《公告》。

新能源汽车生产企业应当按照《公告》载明的许可要求生产新能源汽车产品。

**第十五条** 新能源汽车生产企业应当加强管理、规范使用新能源汽车产品出厂合格证，确保出厂合格证及其信息与实际产品唯一对应、保持一致。

**第十六条** 新能源汽车生产企业应当建立新能源汽车产品售后服务承诺制度。售后服务承诺应当包括新能源汽车产品质量保证承诺、售后服务项目及内容、备件提供及质量保证期限、售后服务过程中发现问题的反馈、零部件（如电池）回收，出现产品质量、安全、环保等严重问题时的应对措施以及索赔处理等内容，并在本企业网站上向社会发布。

**第十七条** 新能源汽车生产企业应当建立新能源汽车产品运行安全状态监测平台，按照与新能源汽车产品用户的协议，对已销售的全部新能源汽车产品的运行安全状态进行监测。企业监测平台应当与地方和国家的新能源汽车推广应用监测平台对接。

新能源汽车生产企业及其工作人员应当妥善保管新能源汽车产品运行安全状态信息，不得泄露、篡改、毁损、出售或者非法向他人提供，不得监测与产品运行安全状态无关的信息。

**第十八条** 新能源汽车生产企业应当在产品全生命周期内，为每一辆新能源汽车产品建立档案，跟踪记录汽车使用、维护、维修情况，实施新能源汽车动力电池溯源信息管理，跟踪记录动力电池回收利用情况。

新能源汽车生产企业应当对新能源汽车产品的技术状况、故障及主要问题等运行情况进行分析、总结，编写年度报告（见附件6）。年度报告应当在新能源汽车产品全生命周期内存档备查。

**第十九条** 新能源汽车生产企业申请准入的新能源汽车产品类别或者动力系统（包括插电式混合动力、纯电动、燃料电池等）与已列入《公告》的新能源汽车产品不同的，或者增加、变更生产地址的，应当向工业和信息化部提交本规定第八条所列的材料，原则上应当进行现场审查。

取得插电式混合动力汽车或者燃料电池汽车产品准入的新能源汽车生产企业，申请相同类别的纯电动汽车产品准入的，只进行资料审查。

**第二十条** 新能源汽车生产企业应当持续满足《准入审查要求》和生产一致性等相关规定，确保新能源汽车产品安全保障体系正常运行。

**第二十一条** 新能源汽车生产企业发现新能源汽车产品存在安全、环保、节能等严重问题的，应当立即停止相关产品的生产、销售，采取措施进行整改，并及时向工业和信息化部和相关省、自治区、直辖市工业和信息化主管部门报告。

**第二十二条** 工业和信息化部应当对新能源汽车生产企业的《准入审查要求》保持情况、生产一致性情况和监测平台运行情况等进行监督检查，检查方式包括资料审查、实地核查、市场抽样和性能检测等。

省、自治区、直辖市工业和信息化主管部门应当对本行政区域内新能源汽车生产企业的生产情况、监测平台运行情况进行监督检查。发现新能源汽车生产企业有《准入审查要求》所列要求发生重大变化、生产管理存在重大安全隐患、产品不符合安全技术标准，以及违法行为等的，应当及时向工业和信息化部报告。

**第二十三条** 对于停止生产新能源汽车产品24个月及以上的新能源汽车生产企业，工业和信息化部予以特别公示。

经特别公示的新能源汽车生产企业在恢复生产之前，工业和信息化部应当对其保持《准入审查要求》的情况进行核查。

**第二十四条** 工业和信息化部建立新能源汽车生产企业信用数据库，将企业违反生产一致性要求、申请材料弄虚作假、行政处罚等情况列入信用数据库。

**第二十五条** 新能源汽车生产企业不能保持《准入审查要求》，存在公共安全、人身健康、生命财产安全隐患的，工业和信息化部应当责令其停止生产、销售活动，并责令立即改正。

**第二十六条** 新能源汽车生产企业破产或者自愿终止生产新能源汽车产品的，工业和信息化部应当撤销、注销其相应的新能源汽车生产企业、产品准入。

**第二十七条** 隐瞒有关情况或者提供虚假材料申请新能源汽车生产企业、新能源汽车产品准入的，工业和信息化部不予受理或者不予准入，并给予警告，申请人在一年内不得再次申请准入。

以欺骗、贿赂等不正当手段取得新能源汽车生产企业、新能源汽车产品准入的，工业和信息化部应当撤销其新能源汽车生产企业、产品准入，申请人在三年内不得再次申请准入。

**第二十八条** 新能源汽车生产企业擅自生产、销售未列入工业和信息化部《公告》的新能源汽车车型的，工业和信息化部应当依据《中华人民共和国道路交通安全法》有关规定予以处罚。

**第二十九条** 本规定自2017年7月1日起施行。2009年6月17日工业和信息化部公布的《新能源汽车生产企业及产品准入管理规则》（工产业〔2009〕第44号）同时废止。本规定施行前公布的有关规定与本规定不一致的，以本规定为准。

# 上海市促进中小企业发展条例

## 第一章 总则

**第一条** 为了保障中小企业公平参与市场竞争，维护中小企业合法权益，支持中小企业创业创新，稳定和扩大城乡就业，发挥中小企业在国民经济和社会发展中的重要作用，根据《中华人民共和国中小企业促进法》以及相关法律、行政法规，结合本市实际，制定本条例。

**第二条** 本市促进中小企业发展工作适用本条例。

本条例所称中小企业，是指在本市行政区域内依法设立并符合国家中小企业划分标准的企业，包括中型企业、小型企业和微型企业。

**第三条** 市、区人民政府应当加强对促进中小企业发展工作的领导，将中小企业发展纳入国民经济和社会发展规划，为中小企业的设立和发展营造有利环境。

市、区人民政府应当建立和完善服务企业议事协调机制，加强对中小企业促进工作的统筹规划和综合协调；建立走访中小企业制度，加强对中小企业的服务。

市、区人民政府应当明确本行政区域促进中小企业发展工作的第一责任人。

**第四条** 市经济信息化部门是本市促进中小企业发展工作的主管部门，负责对本市中小企业促进工作的统筹指导、组织协调和监督检查。

区人民政府确定的负责中小企业促进工作的主管部门（以下简称区中小企业工作部门）应当在市经济信息化部门指导下，做好本行政区域内促进中小企业发展工作。

市和区发展改革、科技、商务、市场监管、人力资源社会保障、规划资源、财政、税务、地方金融监管、生态环境、知识产权、司法行政等部门应当在各自职责范围内，负责中小企业促进工作。

对中小企业发展中面临的问题和困难，没有具体责任部门或者涉及多个部门无法落实的，市经济信息化部门负责牵头协调解决。

**第五条** 本市将促进中小企业发展作为长期发展战略，坚持准入平等、倾斜扶持、特殊保护的原则，营造有利于中小企业健康发展的市场环境。

本市保障各类企业权利平等、机会平等、规则平等，法律、行政法规未予禁止或者未限制投资经营的市场领域，不得对中小企业设置附加条件。强化对中小企业财税支持、融资促进、创业创新等政策扶持，拓展中小企业发展空间。对中小企业特别是小型微型企业强化服务和权益保障，增强企业自我发展能力。

**第六条** 市、区人民政府应当支持中小企业融入、服务国家战略，在上海国际经济、金融、贸易、航运和科技创新中心建设中发挥中小企业作用。

市、区人民政府应当引导中小企业向专业化、精细化、特色化、新颖化发展，因地制宜聚焦主业加快转型升级，提升中小企业在细分市场领域的竞争力，支持中小企业做优做强，培育更多具有行业领先地位、拥有核心竞争力的企业。

**第七条** 本市建立健全中小企业统计监测和分析制度，为中小企业扶持政策的制定与调整提供决策参考。市统计、经济信息化部门定期对本市规模以上中小企业进行分类统计、监测、分析和发布相关统计信息，并加强对规模以下中小企业的统计分析，准确反映企业发展运行情况。

## 第二章 服务保障

**第八条** 本市建立中小企业扶持政策的统筹协调机制。市人民政府职能部门制定中小企业扶持政策时，应当就政策的合理性、政策之间的协调性听取主管部门和相关部门意见；有关部门如有不同意见且协调不一致的，可以通过市服务企业议事协调机制协调予以解决。

**第九条** 市、区人民政府及其有关部门应当及时对涉及中小企业的法律法规和政策进行解读和宣传，为中小企业免费提供市场监管、财税、金融、环境保护、安全生产、劳动用工、社会保障等方面的法律政策咨询和公共信息服务，营造公开、透明、可预期的中小企业发展政策环境。

市经济信息化部门应当会同相关部门梳理、归集国家和本市有关中小企业发展的法律法规、产业政策、扶持措施等信息，编制惠企政策清单和涉企公共服务清单，为中小企业提供快速、便捷、无偿的信息服务。

中小企业办理注册登记时，区行政服务中心应当向申请企业提供惠企政策清单和涉企公共服务清单，告知其相关扶持政策。

**第十条** 本市依托“一网通办”打造上海市企业服务云平台，为中小企业提供管理咨询、市场拓展、科技创新、投资融资等专业服务；建立首接负责制，受理中小企业各类诉求，健全诉求分派、督办、反馈的闭环机制。

市大数据中心依托“一网通办”企业专属网页，为中小企业提供个性化、精准化服务。

**第十一条** 市、区人民政府应当建立健全中小企业公共服务体系，建立和完善中小企业公共服务机构。

市、区中小企业公共服务机构应当在市经济信息化部门和区中小企业工作部门的指导下，设立中小企业服务专员，为中小企业提供公益性服务，联系和引导各类服务机构为中小企业提供服务。

**第十二条** 各类服务机构为中小企业提供创业培训与辅导、知识产权保护、管理咨询、信息咨询、信用服务、市场营销、项目开发、投资融资、财会税务、产权交易、技术支持、人力资源、对外合作、展览展销、法律咨询等服务，符合规定的可以享受市、区人民政府的扶持政策。

支持各类服务机构设立中小企业境外服务机构，为本市中小企业境外发展提供企业开办、场地开设、市场开拓、专业咨询等服务，符合规定的可以享受市经济信息化部门的扶持政策。

**第十三条** 本市各级行政机关以及履行公共管理和服务职能的事业单位应当根据中小企业发展需求，动态调整公共数据开放清单，增加数据供给。

本市鼓励中小企业依法开放自有数据，促进公共数据和非公共数据安全有序的融合应用。

**第十四条** 市教育、人力资源社会保障等部门应当根据中小企业发展的需求，指导本市相关高等学校、职业教育院校和职业技能培训机构及时调整专业设置，培养创新、专业和实用人才。

市经济信息化、人力资源社会保障、科技、商务、市场监管等部门应当有计划地组织实施中小企业经营管理人员培训，提高企业营销、管理和技术水平。

市经济信息化、人力资源社会保障等部门应当引导和支持社会化专业机构为中小企业提供人才招聘、服务外包等人力资源服务，帮助中小企业解决用工需求。

**第十五条** 本市行业协会、商会等社会组织应当依法维护中小企业会员的合法权益，反映中小企业会员诉求，加强行业自律管理，并在中小企业参与制定标准、创业创新、开拓市场等方面发挥作用。

除法律、法规另有规定外，本市行业协会、商会等社会组织应当坚持入会自愿、退会自由的原则，不得强制或者变相强制中小企业入会、阻碍退会。行业协会、商会等社会组织不得以政府名义或者以政府委托事项为由擅自设立收费项目、提高收费标准。

**第十六条** 市、区人民政府应当推动中小企业诚信建设，建立适合中小企业规范发展的守信激励和失信联动惩戒制度，引导中小企业诚信经营，帮助信用优质企业在经济和社会活动中获取更多的商业机会和实际利益。

## 第三章 财税支持

**第十七条** 市、区财政部门应当安排中小企业发展专项资金，列入中小企业科目，并逐步扩大资金规模、加大支持力度。中小企业发展专项资金用于小型微型企业的资金比例应当不低于三分之一。

本市支持企业发展的其他相关专项资金应当适当向中小企业倾斜，用于中小企业的资金比例原则上不低于三分之一。

**第十八条** 中小企业发展专项资金采取贷款贴息、政府购买服务、资助、奖励等方式安排使用，重点支持中小企业转型升级、公共服务体系完善、融资服务环境营造和市场开拓等。

中小企业发展专项资金管理使用坚持规范、公开、透明的原则，实行预算绩效管理。

**第十九条** 市级支持中小企业发展的政府引导基金，应当遵循政策性导向和市场化运作原则，主要用于引导和带动社会资金支持初创期中小企业，促进创业创新。

区人民政府应当根据实际情况，设立区级中小企业发展基金。

**第二十条** 本市财政部门应当会同相关部门落实国家和本市有关行政事业性收费减免政策措施。

本市税务部门应当按照国家相关规定，对符合条件的小型微型企业实行缓征、减征、免征企业所得税、增值税等措施，简化税收征管程序。

本市发展改革、财政、税务部门应当按照各自职责，向社会公布国家和本市促进中小企业发展的行政事业性收费、税收的优惠政策，指导和帮助中小企业减轻税费负担。

## 第四章 融资促进

**第二十一条** 金融管理部门按照国家要求推进普惠金融发展，加强对银行业金融机构的贷款投放情况监测评估，引导银行业金融机构创新信贷产品和服务，单列小型微型企业信贷计划，建立适合小型微型企业特点的授信制度，推动普惠型小型微型企业贷款增速不低于各项贷款增速，逐步提高信用贷款、首贷和无还本续贷的规模和比例，加大中长期贷款投放力度。

本市支持各类金融机构为小型微型企业提供金融服务，促进实体经济发展。

市国资监管部门应当会同相关部门将市属国有银行为小型微型企业提供金融服务的情况纳入考核内容。

**第二十二条** 本市落实国家制定的小型微型企业金融服务差异化监管政策，推动商业银行完善内部考核机制，增加普惠金融在考核中权重占比，降低普惠金融利润考核要求，提升小型微型企业客户服务情况考核权重，并建立健全授信尽职免责机制。

市财政部门应当会同市地方金融监管部门、国家在沪金融管理部门建立信贷风险补偿和信贷奖励机制，鼓励和引导金融机构加大对中小企业的信贷支持。

**第二十三条** 本市引导和支持有条件的中小企业上市融资。

市经济信息化部门应当会同市相关部门、行业协会、商会和中介服务机构等加强本市中小企业上市资源培育工作，推动中小企业完善法人治理结构。

市地方金融监管部门应当加强与国家金融监管部门的联系沟通，协调推动本市中小企业挂牌、上市。

本市引导和鼓励创业投资企业和天使投资专注投资创新型中小企业，以股权投资方式支持中小企业发展。

**第二十四条** 本市支持中小企业发行集合债券和集合票据。

市经济信息化部门对中小企业发行集合债券和集合票据所应承担的评级、审计、担保和法律咨询等中介服务费用，按照规定给予资金支持。

金融管理、市财政等部门应当鼓励金融机构通过创设信用风险缓释工具、担保增信等方式，支持中小企业债券融资，降低融资成本。

**第二十五条** 市地方金融监管、科技、经济信息化等部门应当指导、支持上海股权托管交易中心开展制度和业务创新，为中小企业提供综合金融服务，完善符合中小企业融资需求的挂牌条件、审核机制、交易方式、融资工具等制度。

**第二十六条** 本市优化完善大数据普惠金融应用、中小企业融资综合信用服务平台、银税互动等平台建设，依法归集纳税、社保、公用事业缴费、海关企业信用、仓储物流等信息，逐步扩大数据开放范围，完善数据标准，提高数据质量，促进银行业金融机构完善信贷审批流程，提高对中小企业的融资服务效率和覆盖面。

鼓励产业园区、行业协会、商会等与金融机构加强合作，依法共享中小企业经营信息与信用信息。

**第二十七条** 市经济信息化、金融管理等部门应当建立与供应链核心企业的联系沟通机制，推动全产业链和供应链金融服务；鼓励金融机构和供应链核心企业加强合作，共享产业链上下游交易等信息，发展订单、仓单、存货、应收账款融资等供应链金融产品。

各级政府采购主体和大型企业应当及时确认与中小企业的债权债务关系，帮助中小企业利用应收账款融资，缓解中小企业资金压力。

市、区人民政府鼓励建立知识产权质押融资市场化风险分担补偿机制，支持中小企业与金融机构开展知识产权质押融资。

本市通过动产融资统一登记公示系统，为中小企业融资提供便利。

**第二十八条** 市、区人民政府应当建立中小企业政府性融资担保体系，为中小企业融资提供增信服务。政府性融资担保机构担保放大倍数原则上不低于五倍，担保代偿率可以达到百分之五。政府性融资担保机构发生的代偿损失，市、区财政部门应当及时核销，并按照规定补充资本金。有关单位和个人已经履行相关勤勉尽责、合规审查义务的，可以不追究单位和个人责任。

市、区财政部门应当推动政府性融资担保行业发展，履行出资人职责、组织实施绩效评价。本市用于支持中小企业发展的财政资金，应当优先保障政府性融资担保机构为增强中小企业融资担保功能、充实融资担保资金的需要。

财政、经济信息化等部门应当对符合政策导向的重点领域的中小企业实施担保费补贴，或者引导担保机构降低担保和再担保费率。对为中小企业融资提供担保的担保机构，市经济信息化部门按照规定给予奖补支持。

**第二十九条** 本市支持保险机构积极开展中小企业贷款保证保险和信用保险业务，开发适应中小企业分散风险、补偿损失需求的保险产品。

**第三十条** 市地方金融监管部门应当发挥小额贷款公司、融资租赁公司、典当行、商业保理公司等地方金融组织服务中小企业的功能，扩大中小企业融资渠道。

**第三十一条** 本市建立完善中小企业融资中介收费清理机制，规范中小企业融资时需要办理的保险、评估、公证等事项。

金融机构承担上述费用的，可以向市经济信息化部门申请资金支持。

**第三十二条** 本市鼓励金融机构开展面向中小企业的产品、业务、服务等金融创新。市人民政府设立的金融创新奖，应当对面向中小企业的金融创新活动予以支持。

## 第五章 创业扶持

**第三十三条** 市和区人力资源社会保障、经济信息化、科技、商务等部门应当加强创业指导，为创业人员提供政策咨询、创业培训等指导和服务。

鼓励本市高等学校、职业教育院校等对学生开展创业教育，开设创业教育课程，宣传国家和本市的最新政策并进行创业指导。

**第三十四条** 市、区市场监管部门应当根据新兴行业和中小企业发展需求，探索优化经营范围登记方式，提高登记效率。

市、区市场监管部门应当进一步简化中小企业住所登记材料。创业初期尚不具备或者不需要实体办公条件的创业创新企业，可以利用众创空间内的集中登记地作为住所申办登记。

**第三十五条** 市、区人民政府应当根据中小企业发展的需要，在国土空间规划中安排必要的用地和设施，为中小企业获得生产经营场所提供便利。鼓励开发区、高新产业园、商业街区、城市商业综合体利用闲置厂房等存量房产，投资建设和创办小型微型企业创业基地、孵化基地、原创品牌培育基地，为小型微型企业提供低成本生产经营场所、相关配套服务，支持中小企业开展特色经营。

**第三十六条** 符合要求的小型微型企业可以向所在区的人力资源社会保障部门申请获得一定额度的创业场地房租补贴。

市、区国资监管部门应当鼓励国有产业园区给予创业企业租金优惠。

**第三十七条** 财政、人力资源社会保障部门应当制定并完善本市创业贷款担保政策。对于符合条件的创业者和创业组织，可以按照规定给予创业贷款担保和贴息。

**第三十八条** 高等学校毕业生、退役军人和失业人员、残疾人员等创办小型微型企业，按照国家规定享受税收优惠和收费减免。

就业困难人员和符合条件的高校毕业生首次在本市创办小型微型企业，可以按照规定向所在区的人力资源社会保障部门申请一次性创业补贴。

市、区人民政府鼓励中小企业创造就业岗位。区人力资源社会保障部门对符合条件的小型微型企业，按照规定给予初创期创业组织社会保险补贴。

**第三十九条** 中小企业因工作情况特殊等原因，可以按照规定向所在区的人力资源社会保障部门申请实行不定时工作制或者综合计算工时工作制。

本市加强对灵活从业人员合法权益的保护。劳动者实现灵活就业的，可以依法参加社会保险。

**第四十条** 对符合条件的创业人才，市、区人力资源社会保障部门应当按照规定，直接赋予居住证积分标准分值、缩短居住证转办常住户口年限或者直接落户。

## 第六章 创新支持

**第四十一条** 本市支持中小企业聚焦产业重点领域和关键环节实施技术改造；支持中小企业通过搭建或者运用数字化平台等方式，在研发设计、生产制造、运营管理等环节实施数字化、网络化、智能化升级，实现提质增效。

中小企业实施符合上述发展方向的技术改造，符合条件的，可以向经济信息化或者相关部门申请资金支持。

**第四十二条** 市、区人民政府鼓励中小企业建立企业技术中心、工程技术研究中心、企业设计中心、院士专家工作站等研发机构，并参与制造业创新中心建设。

中小企业开发新技术、新产品、新工艺发生的研发费用，符合国家税收相关规定的，可以享受研发费用加计扣除优惠。

中小企业开展技术创新活动，符合规定的，可以向市科技、经济信息化部门申请科技型中小企业技术创新资金和中小企业发展专项资金支持。

**第四十三条** 本市鼓励科研机构、高等学校和大型企业向中小企业开放大型科学仪器设施、平台，开展技术研发与合作，帮助中小企业开发新产品。市、区科技部门应当按照有关规定，对符合条件的开放共享提供单位给予奖励。

市经济信息化、教育、科技等部门应当组织本市中小企业、高等学校和科研机构开展产学研项目交流合作，推进科技成果转移转化。鼓励高等学校、研究机构采取转让、许可、作价投资或者产学研合作等方式，在同等条件下，优先向中小企业转移具有自主知识产权的知识成果或者提供技术支持，相关政府部门应当提供便利。

**第四十四条** 市经济信息化部门应当会同市科技等部门将符合条件的中小企业产品纳入创新产品推荐目录，促进创新产品市场化和产业化。

市经济信息化部门支持中小企业自主创新，对中小企业符合条件的首台（套）高端智能装备、首版次软件产品、首批次新材料，按照合同金额的一定比例给予支持。

**第四十五条** 市科技、发展改革、经济信息化等部门推动建设长三角中小企业技术创新服务平台，为长三角中小企业提供技术交易咨询、知识产权运营、产权评估、投资融资等专业化、集成化服务。

**第四十六条** 市、区规划资源部门根据产业类型、投资强度、产出强度、环保、安全、就业等产业项目绩效，可以采取先出租后出让、在法定最高年期内实行缩短出让年期的方式，向符合条件的中小企业出让土地。

中国（上海）自由贸易试验区临港新片区内从事集成电路、人工智能、生物医药等重点产业的中小企业，符合条件的，可以享受相关用地支持。

**第四十七条** 市市场监管、经济信息化等部门应当鼓励中小企业开展重点产品质量攻关，推动企业质量技术水平、质量管理水平和质量总体水平同步提高。

在中小企业办理质量管理体系认证、环境管理体系认证、测量管理体系认证和产品认证等国际标准认证过程中，市市场监管等有关部门应当给予指导和支持。

本市支持中小企业以及相关行业协会组织或者参与制定拥有自主知识产权的高水平技术标准，开展标准化创新和应用。对主导制定国家标准、行业标准、地方标准的中小企业，市市场监管部门应当给予技术指导，并可以按照有关规定给予资金支持。

**第四十八条** 本市相关部门应当鼓励中小企业研发拥有自主知识产权的技术和产品，指导和帮助中小企业建立内部知识产权管理规范，按照规定资助中小企业申请和维持知识产权。

市知识产权管理部门应当完善基本公共服务，设立中小企业知识产权服务机构，为中小企业办理专利检索提供便利，助推中小企业技术研发布局，推广知识产权辅导、预警、代理、托管等服务。

市知识产权管理部门应当推进中小企业知识产权快速维权机制建设，推动纠纷快速处理。

## 第七章 市场开拓

**第四十九条** 本市按照国家有关规定，采取预算预留、评审优惠等措施，落实政府采购支持中小企业的政策。对中小企业创新产品，给予政府采购支持。

本市政府采购的采购人和采购代理机构应当公开发布采购信息，依法实现采购预算、采购过程、采购结果全过程信息公开，为中小企业参与政府采购提供指导和服务。鼓励采购人、采购代理机构对信用记录良好的中小企业供应商减免投标保证金、履约保证金。

向中小企业预留的采购份额应当不低于本部门年度政府采购项目预算总额的百分之三十，其中预留给小型微型企业的比例不低于百分之六十。中小企业无法提供的商品和服务除外。

**第五十条** 市经济信息化、市场监管、商务部门应当支持中小企业自主品牌的培育和建设，实施品牌发展战略，鼓励中小企业开展品牌培育管理体系建设工作，对符合规定的中小企业给予资金支持。

市市场监管、商务、知识产权管理部门应当对中小企业申请注册商标、申请地理标志保护产品和申报“中华老字号”给予指导和帮助。

**第五十一条** 本市推进大型企业与中小企业建立协作关系，引导、支持国有大型企业与中小企业通过项目投资、资产整合等方式开展合资合作，实现优势互补，带动和促进中小企业发展。

市经济信息化部门应当会同市发展改革、财政、国资监管、科技、商务部门定期组织开展大型企业和中小企业之间的项目、技术、供需等交流活动，构建大型企业与中小企业协同创新、共享资源、融合发展的产业生态，促进中小企业的产品和服务进入大型企业的产业链或者采购系统；建设大中小企业融通发展特色园区，促进大中小企业在研发创新、创意设计、生产制造、物资采购、市场营销、资金融通等方面相互合作。

**第五十二条** 本市实施中小企业信息化、电子商务以及互联网应用的推广工程，引导中小企业利用信息技术提高研发、管理、制造和服务水平，鼓励中小企业应用电子商务平台和公共信息平台开拓国内国际市场，推动创新型中小企业服务产业平台加快发展。

本市促进跨境电子商务发展，建立健全适应跨境电子商务特点的海关、税收、支付结算等管理制度，为中小企业开展跨境电商业务提供便利。

**第五十三条** 中小企业在境外参加展览展销活动、获得发明专利或者注册商标、申请管理体系认证或者产品认证的，可以按照规定向市商务、市场监管、知识产权管理部门申请资金支持。

市商务、经济信息化部门应当在投资、开拓国际市场等方面加强对中小企业的指导和服务，组织中小企业参加国际性展会，参与采购交易。

市商务部门应当建立和完善产业损害预警机制，监测进出口异动情况，跟踪进出口涉案产业，指导和服务中小企业有效运用贸易救济措施保护产业安全。

## 第八章 权益保护

**第五十四条** 本市依法保护中小企业财产权、经营权和其他合法权益，依法保障中小企业经营者人身和财产安全。任何单位和个人不得侵犯中小企业及其经营者的合法权益。

任何单位和个人不得强制或者变相强制中小企业购买产

品、接受指定服务、赞助捐赠、摊派财物，不得非法强制或者变相强制中小企业参加评比、考核、表彰、培训等活动。

国家机关、事业单位和大型企业不得强迫中小企业接受不合理的交易条件，签订不平等协议，违约拖欠中小企业的货物、工程、服务、投资款项。审计机关在审计监督工作中应当依法加强对国家机关、事业单位、国有企业支付中小企业账款情况的审计。

**第五十五条** 本市建立中小企业应急援助机制。发生自然灾害、公共卫生事件等突发事件或者其他影响中小企业生产经营的重大事件时，市经济信息化部门、区中小企业工作部门应当协调相关部门采取措施，积极做好中小企业应急援助工作。

对受前述突发事件、重大事件影响较大的中小企业，市、区人民政府及其有关部门应当出台有针对性的政策措施，在稳定就业、融资纾困、房租减免、资金支持等方面加大力度，减轻企业负担，并就不可抗力免责、灵活用工等法律问题及时向有需求的企业提供指导，帮助企业恢复正常的生产经营活动。

对参加突发事件应急救援和处置的中小企业，市、区人民政府及其有关部门应当按照规定给予奖励、补助和补偿。

**第五十六条** 本市在制定与中小企业权益密切相关的地方性法规、政府规章和规范性文件过程中，应当通过座谈会、听证会、问卷调查等方式听取中小企业的意见，建立健全意见采纳情况反馈机制。

**第五十七条** 市、区人民政府及其有关部门应当按照鼓励创新、包容审慎的原则，对新技术、新产业、新业态、新模式的中小企业，根据其性质、特点，分类制定和实行相应的监管规则和标准，采取书面检查、互联网监管等手段，优化监管方式。

有关部门对中小企业随机抽查的比例、频次应当与中小企业的信用等级、违法风险程度挂钩。针对同一中小企业的多个检查事项，应当合并或者纳入部门联合抽查范围。

**第五十八条** 市、区相关部门应当遵循合法、客观、必要、关联的原则，归集、使用中小企业及其经营者信用信息，不得违法扩大失信信息、严重失信名单的认定范围，不得违法增设失信惩戒措施。

本市应当建立健全符合中小企业特点的信用修复机制，完善失信信息修复的条件、标准、流程等要素。对于信用修复申请，相关部门应当及时核实，符合条件的，应当予以修复，并解除惩戒措施。

**第五十九条** 市、区人民政府有关部门和行业组织应当公布投诉举报方式，受理中小企业的投诉、举报。中小企业可以通过“12345”市民服务热线、上海市企业服务云等平台，进行投诉、举报。收到投诉举报的相关部门和行业组织应当在规定的时间内予以调查并反馈处理结果。

市经济信息化部门、区中小企业工作部门应当建立专门渠道，听取中小企业对政府相关管理工作的意见和建议，及时向有关部门反馈并督促改进。

**第六十条** 本市加快推进公共法律服务体系建设，整合法律服务资源，为促进中小企业健康发展提供全方位法律服务。

鼓励律师、调解、公证、司法鉴定等行业协会组建中小企业法律服务专业团队，为中小企业维护合法权益提供公益性法律服务。

本市探索将小型微型企业纳入法律援助范畴，对生产经营困难的小型微型企业提供法律帮助。

## 第九章 监督检查

**第六十一条** 市经济信息化部门应当委托第三方机构定期对本市落实中小企业发展政策措施、资金使用等发展环境开展评估，相关部门应当根据评估情况对政策进行动态调整。评估情况应当向社会公开，接受社会监督。

区人民政府可以根据实际情况，委托第三方机构开展中小企业发展环境评估。

**第六十二条** 市经济信息化部门应当会同市税务、金融、市场监管、人力资源社会保障、知识产权管理、财政等部门定期收集、汇总有关中小企业的税收、融资、登记、就业、知识产权以及参与政府采购等信息。

市经济信息化部门应当会同市有关部门和区人民政府编制中小企业年度发展报告，汇总分析中小企业发展、服务保障、权益保护等情况，并向社会公布。

**第六十三条** 市、区人民政府应当每年向同级人民代表大会常务委员会报告促进中小企业发展情况。报告包括以下内容：

（一）本市中小企业发展的基本情况；

（二）扶持中小企业发展的政策及其实施情况；

（三）支持中小企业发展的资金、基金的使用情况；

（四）中小企业发展存在的问题、对策；

（五）其他应当报告的事项。

市、区人民代表大会常务委员会通过听取和审议专项工作报告、组织执法检查等方式，加强对本行政区域内中小企业发展工作的监督。

市、区人民代表大会常务委员会应当在预算编制审查和执行情况监督中，加强对本级财政涉及中小企业发展的各类专项资金使用情况的监督。

**第六十四条**　市人民政府应当对中小企业促进工作情况开展监督检查，对违反《中华人民共和国中小企业促进法》和本条例的行为，应当约谈有关部门或者区人民政府的负责人，责令限期整改；未按照要求组织整改或者整改不到位的，对直接负责的主管人员和其他直接责任人员依法给予处分。

**第六十五条**　行政机关工作人员在工作中滥用职权、玩忽职守、徇私舞弊侵犯中小企业合法权益的，由其所在单位或者上级主管部门依法给予处分；对受害企业造成损失的，依法给予赔偿；构成犯罪的，依法追究刑事责任。

## 第十章　附则

**第六十六条**　本条例自2020年6月18日起施行。

# 2021·上海工业年鉴

SHANGHAI INDUSTRIAL YEARBOOK

# 历年工业总产值及指数（1978—2020）

（单位：亿元）

| 年份 | 工业总产值（亿元） | 工业总产值指数（以1978年为100） | 工业总产值指数（以上年为100） |
|---|---|---|---|
| 1978 | 514.01 | 100.0 | |
| 1979 | 556.30 | 108.6 | 108.6 |
| 1980 | 598.75 | 115.7 | 106.5 |
| 1981 | 620.12 | 120.0 | 103.7 |
| 1982 | 634.65 | 125.6 | 104.7 |
| 1983 | 663.53 | 134.4 | 107.0 |
| 1984 | 728.12 | 147.7 | 109.9 |
| 1985 | 862.73 | 167.7 | 113.5 |
| 1986 | 952.21 | 177.0 | 105.5 |
| 1987 | 1073.84 | 188.9 | 106.7 |
| 1988 | 1304.66 | 208.8 | 110.5 |
| 1989 | 1524.67 | 215.0 | 103.0 |
| 1990 | 1642.75 | 223.6 | 104.0 |
| 1991 | 1947.18 | 255.2 | 114.1 |
| 1992 | 2429.96 | 306.7 | 120.2 |
| 1993 | 3327.04 | 368.2 | 120.1 |
| 1994 | 4255.19 | 435.3 | 118.2 |
| 1995 | 5349.53 | 510.9 | 117.4 |
| (1995) | (4547.47) | | |
| 1996 | 5126.22 | 590.1 | 115.5 |
| 1997 | 5649.93 | 675.7 | 114.5 |
| 1998 | 5763.67 | 728.5 | 107.8 |
| 1999 | 6213.24 | 805.1 | 110.5 |
| 2000 | 7022.98 | 913.7 | 113.5 |
| 2001 | 7806.18 | 1063.8 | 116.4 |
| 2002 | 8730.00 | 1219.1 | 114.6 |
| 2003 | 11708.49 | 1601.9 | 131.4 |
| 2004 | 14595.29 | 1927.1 | 120.3 |
| 2005 | 16876.78 | 2195.0 | 113.9 |
| 2006 | 19631.23 | 2500.1 | 113.9 |
| 2007 | 23108.63 | 2892.6 | 115.7 |
| 2008 | 25968.38 | 3126.9 | 108.1 |
| 2009 | 24888.08 | 3227.0 | 103.2 |
| 2010 | 31038.57 | 3966.0 | 122.9 |
| 2011 | 33834.44 | 4227.8 | 106.6 |
| 2012 | 33186.41 | 4215.1 | 99.7 |
| 2013 | 33899.38 | 4396.3 | 104.3 |
| 2014 | 34071.19 | 4466.7 | 101.6 |
| 2015 | 33211.57 | 4444.3 | 99.5 |
| 2016 | 33079.72 | 4475.4 | 100.7 |
| 2017 | 36094.36 | 4766.3 | 106.5 |
| 2018 | 36451.84 | 4828.3 | 101.3 |
| 2019 | 35487.05 | 4813.8 | 99.7 |
| 2020 | 37052.59 | 4890.8 | 101.6 |

注：从1996年开始，工业总产值按新规定计算，括号内数为1995年新规定数。以下同。
资料来源：上海市统计局。

# 2020 年规模以上工业企业主要指标（一）

（单位：万元）

| 类 别 | 平均用工人数（人） | 工业总产值 | 营业收入 | 营业成本 | 销售费用 |
|---|---|---|---|---|---|
| **总计** | **1837071** | **352336993** | **395249197** | **318669898** | **14145455** |
| **按登记注册类型分** | | | | | |
| 内资 | 910515 | 152835768 | 179321282 | 143430527 | 6183661 |
| 国有 | 6164 | 526144 | 569439 | 488044 | 9031 |
| 集体 | 3365 | 274799 | 297077 | 251841 | 8270 |
| 股份合作 | 1574 | 75648 | 79282 | 67634 | 2041 |
| 集体联营 | 12 | 8990 | 8990 | 7941 | 41 |
| 国有与集体联营 | 537 | 39653 | 37418 | 28824 | 587 |
| 国有独资公司 | 69007 | 17389940 | 19599991 | 18149615 | 301373 |
| 其他有限责任公司 | 242538 | 59805019 | 66715040 | 49696998 | 1331583 |
| 股份有限公司 | 89806 | 21092403 | 32654900 | 27952961 | 1808519 |
| 私营独资 | 5604 | 533510 | 538077 | 397950 | 24701 |
| 私营合伙 | 1569 | 161915 | 162251 | 137715 | 3086 |
| 私营有限责任公司 | 412299 | 43498592 | 47701679 | 38171810 | 2011531 |
| 私营股份有限公司 | 77845 | 9411027 | 10938972 | 8062191 | 681634 |
| 其他内资 | 195 | 18127 | 18167 | 17003 | 1262 |
| 港澳台商投资 | 244723 | 51451915 | 54354932 | 46043858 | 1614696 |
| 与港澳台商合资经营 | 72002 | 16346334 | 18074372 | 14379513 | 462366 |
| 与港澳台商合作经营 | 4071 | 304647 | 323888 | 237577 | 29698 |
| 港澳台商独资 | 158200 | 33611453 | 34675110 | 30556278 | 994720 |
| 港澳台商投资股份有限公司 | 9568 | 1151778 | 1243146 | 831883 | 127519 |
| 其他港澳台商投资 | 882 | 37703 | 38416 | 38608 | 393 |
| 外商投资 | 681833 | 148049309 | 161572983 | 129195513 | 6347098 |
| 中外合资经营 | 181163 | 64378058 | 69898244 | 55057544 | 1834527 |
| 中外合作经营 | 22370 | 2771922 | 3031425 | 2391921 | 246071 |
| 外商独资企业 | 458291 | 77441760 | 84878545 | 68640362 | 4176968 |
| 外商投资股份有限公司 | 18582 | 3335131 | 3523611 | 2897305 | 82839 |
| 其他外商投资 | 1427 | 122439 | 241157 | 208381 | 6693 |
| **按控股情况分** | | | | | |
| 国有控股 | 341726 | 114533882 | 133531044 | 106114255 | 2764798 |
| 集体控股 | 17748 | 2440741 | 2557968 | 2256363 | 48038 |
| 私人控股 | 607304 | 69064019 | 77576689 | 60982218 | 3678035 |
| 港澳台控股 | 210970 | 42435662 | 44365167 | 38250641 | 1414371 |
| 外商控股 | 608474 | 117190004 | 130109699 | 105593446 | 5899405 |
| 其他控股 | 50849 | 6672686 | 7108630 | 5472976 | 340807 |
| **按企业规模分** | | | | | |
| 大型企业 | 623466 | 172828621 | 194611909 | 157690545 | 5002299 |
| 中型企业 | 476805 | 76675596 | 87844807 | 69932714 | 4742528 |
| 小型企业 | 736800 | 102832775 | 112792481 | 91046639 | 4400628 |

资料来源：上海市统计局。

# 2020 年规模以上工业企业主要指标（二）

（单位：万元）

| 类　别 | 营业税金及附加 | 利润总额 | 税金总额 | 亏损企业亏损额 | 流动资产合计 |
|---|---|---|---|---|---|
| **总计** | **10829561** | **28826731** | **17892731** | **3485420** | **290652304** |
| **按登记注册类型分** | | | | | |
| 内资 | 7781635 | 13317038 | 11528914 | 2269178 | 160970305 |
| 国有 | 2607 | 14714 | 10962 | 13695 | 859536 |
| 集体 | 985 | 20771 | 7311 | 748 | 298397 |
| 股份合作 | 213 | 2175 | 2146 | 606 | 69933 |
| 集体联营 | 4 | 361 | 63 | | 7131 |
| 国有与集体联营 | 349 | 6712 | 3340 | 204 | 26892 |
| 国有独资公司 | 83875 | 368909 | 455654 | 238397 | 13443763 |
| 其他有限责任公司 | 7290877 | 4885105 | 9189171 | 1234190 | 60170316 |
| 股份有限公司 | 218970 | 3305538 | 491130 | 220317 | 34874520 |
| 私营独资 | 2171 | 91813 | 24242 | 1600 | 507398 |
| 私营合伙 | 398 | 12424 | 4566 | 712 | 122901 |
| 私营有限责任公司 | 144892 | 3269963 | 1065994 | 485182 | 38456811 |
| 私营股份有限公司 | 36295 | 1339131 | 274336 | 72949 | 12126472 |
| 其他内资 | | -578 | | 578 | 6237 |
| 港澳台商投资 | 1397566 | 3351947 | 2027336 | 331664 | 29907136 |
| 与港澳台商合资经营 | 1332767 | 1296227 | 1714495 | 169346 | 10556561 |
| 与港澳台商合作经营 | 969 | 26844 | 8439 | 1104 | 237159 |
| 港澳台商独资 | 57562 | 1859201 | 278741 | 128485 | 17109748 |
| 港澳台商投资股份有限公司 | 6013 | 174517 | 24857 | 27750 | 1981264 |
| 其他港澳台商投资 | 255 | -4842 | 804 | 4979 | 22405 |
| 外商投资 | 1650360 | 12157745 | 4336481 | 884578 | 99774863 |
| 中外合资经营 | 1436025 | 5264671 | 2854890 | 349592 | 38365100 |
| 中外合作经营 | 7836 | 209709 | 110255 | 22009 | 2160939 |
| 外商独资企业 | 190556 | 6478827 | 1330806 | 510978 | 53496827 |
| 外商投资股份有限公司 | 15226 | 190395 | 36453 | 113 | 5564748 |
| 其他外商投资 | 717 | 14143 | 4078 | 1886 | 187249 |
| **按控股情况分** | | | | | |
| 国有控股 | 9691702 | 9676264 | 12889810 | 1522790 | 104397987 |
| 集体控股 | 6838 | 132224 | 53480 | 15375 | 3492757 |
| 私人控股 | 238859 | 6196991 | 1723323 | 745337 | 68136676 |
| 港澳台控股 | 82558 | 3090233 | 460043 | 238190 | 25524718 |
| 外商控股 | 786988 | 9179276 | 2654691 | 802749 | 83342142 |
| 其他控股 | 22616 | 551742 | 111384 | 160980 | 5758024 |
| **按企业规模分** | | | | | |
| 大型企业 | 10214354 | 13068774 | 13790231 | 1280945 | 129774877 |
| 中型企业 | 267156 | 7356189 | 1738977 | 871722 | 71465032 |
| 小型企业 | 348050 | 8401768 | 2363522 | 1332753 | 89412395 |

资料来源：上海市统计局。

# 2020 年规模以上工业企业主要指标（三）

（单位：万元）

| 类别 | 存货 | 其中：产成品存货 | 资产总计 | 流动负债合计 | 负债合计 |
|---|---|---|---|---|---|
| **总计** | **56248080** | **18897673** | **495697250** | **205749506** | **241251697** |
| **按登记注册类型分** | | | | | |
| 内资 | 29346278 | 9112257 | 294534101 | 109031028 | 133868343 |
| 国有 | 261046 | 23602 | 1187167 | 589404 | 671985 |
| 集体 | 68099 | 14864 | 379096 | 174668 | 189775 |
| 股份合作 | 14126 | 5152 | 87757 | 31801 | 34349 |
| 集体联营 | 3599 | 3303 | 7253 | 2763 | 2763 |
| 国有与集体联营 | 6422 | 3898 | 31617 | 7201 | 10479 |
| 国有独资公司 | 3325597 | 713903 | 44660461 | 16325572 | 21476937 |
| 其他有限责任公司 | 12139832 | 2923984 | 94633754 | 37008152 | 44931923 |
| 股份有限公司 | 3349450 | 1082088 | 81221501 | 22044516 | 30641095 |
| 私营独资 | 46744 | 24199 | 792882 | 304800 | 322265 |
| 私营合伙 | 30008 | 16821 | 149415 | 62238 | 63118 |
| 私营有限责任公司 | 7902924 | 3354797 | 52385744 | 26026779 | 28327344 |
| 私营股份有限公司 | 2198036 | 945253 | 18990962 | 6449422 | 7192596 |
| 其他内资 | 395 | 395 | 6494 | 3714 | 3714 |
| 港澳台商投资 | 5911315 | 2274113 | 48938182 | 21794713 | 23830852 |
| 与港澳台商合资经营 | 1863781 | 723409 | 20653268 | 7955785 | 8511994 |
| 与港澳台商合作经营 | 47633 | 19386 | 321568 | 146327 | 158440 |
| 港澳台商独资 | 3717860 | 1440653 | 24816706 | 12835143 | 14176161 |
| 港澳台商投资股份有限公司 | 274274 | 87924 | 3117949 | 853185 | 962680 |
| 其他港澳台商投资 | 7767 | 2742 | 28692 | 4273 | 21577 |
| 外商投资 | 20990487 | 7511304 | 152224967 | 74923765 | 83552502 |
| 中外合资经营 | 7004177 | 3345053 | 64039325 | 33891932 | 37108002 |
| 中外合作经营 | 335499 | 130700 | 2709915 | 1121556 | 1163666 |
| 外商独资企业 | 11145110 | 3921256 | 74322449 | 34587754 | 37876730 |
| 外商投资股份有限公司 | 2474667 | 102672 | 10908597 | 5185417 | 7264965 |
| 其他外商投资 | 31034 | 11623 | 244681 | 137106 | 139139 |
| **按控股情况分** | | | | | |
| 国有控股 | 18607861 | 4885660 | 220570147 | 81535333 | 102995534 |
| 集体控股 | 666959 | 242032 | 4426524 | 1197801 | 1311843 |
| 私人控股 | 12975570 | 5503010 | 98129127 | 43418320 | 47656213 |
| 港澳台控股 | 5099973 | 2035995 | 40155405 | 18337514 | 20094427 |
| 外商控股 | 17735539 | 5728615 | 123220186 | 57703021 | 64858274 |
| 其他控股 | 1162179 | 502362 | 9195861 | 3557517 | 4335406 |
| **按企业规模分** | | | | | |
| 大型企业 | 24580840 | 6434269 | 250893783 | 102363975 | 122648120 |
| 中型企业 | 13579265 | 5009418 | 114943188 | 47374244 | 54309603 |
| 小型企业 | 18087976 | 7453985 | 129860279 | 56011287 | 64293975 |

资料来源：上海市统计局。

# 2020 年规模以上工业企业主要指标（四）

（单位：万元）

| 类 别 | 所有者权益 | 成本费用总额 | 管理费用 | 财务费用 | 累计折旧 | 其中：本年折旧 |
|---|---|---|---|---|---|---|
| **总计** | **254395224** | **363391902** | **19539066** | **937071** | **129716109** | **10537214** |
| **按登记注册类型分** | | | | | | |
| 内资 | 160661859 | 164029703 | 8262727 | 744727 | 70961126 | 5224349 |
| 国有 | 515182 | 566183 | 54449 | -2348 | 407582 | 19631 |
| 集体 | 189321 | 285349 | 21625 | -348 | 50412 | 3527 |
| 股份合作 | 53408 | 78813 | 8678 | 308 | 21545 | 1310 |
| 集体联营 | 4490 | 8627 | 650 | -4 | 321 | 31 |
| 国有与集体联营 | 21138 | 30273 | 896 | -35 | 5031 | 466 |
| 国有独资公司 | 23183523 | 19797550 | 750721 | 82724 | 24706509 | 1378996 |
| 其他有限责任公司 | 49701824 | 55675102 | 2882168 | 23377 | 19945184 | 1835953 |
| 股份有限公司 | 50580404 | 32170644 | 848971 | 212065 | 17400265 | 978475 |
| 私营独资 | 470616 | 460905 | 31669 | 2036 | 80110 | 9211 |
| 私营合伙 | 86296 | 151549 | 7947 | 1031 | 23830 | 2509 |
| 私营有限责任公司 | 24054517 | 44900115 | 3021328 | 359136 | 7118295 | 845702 |
| 私营股份有限公司 | 11798362 | 9885850 | 633155 | 66780 | 1201626 | 148447 |
| 其他内资 | 2780 | 18743 | 472 | 5 | 415 | 92 |
| 港澳台商投资 | 25106320 | 50438740 | 1862439 | 50675 | 15000668 | 1001714 |
| 与港澳台商合资经营 | 12141272 | 16031248 | 746652 | 58378 | 6687368 | 420974 |
| 与港澳台商合作经营 | 163127 | 297959 | 22893 | 3953 | 131631 | 5992 |
| 港澳台商独资 | 10639537 | 32904652 | 1014583 | -19772 | 7988582 | 552998 |
| 港澳台商投资股份有限公司 | 2155269 | 1162277 | 74945 | 8019 | 188468 | 21607 |
| 其他港澳台商投资 | 7115 | 42605 | 3367 | 97 | 4620 | 143 |
| 外商投资 | 68627046 | 148923460 | 9413900 | 141669 | 43754315 | 4311151 |
| 中外合资经营 | 26931320 | 63740235 | 4641112 | -24837 | 19031710 | 2204292 |
| 中外合作经营 | 1546248 | 2810910 | 149049 | -2552 | 693954 | 59869 |
| 外商独资企业 | 36400304 | 78755268 | 4452892 | 50830 | 22266794 | 1945980 |
| 外商投资股份有限公司 | 3643631 | 3390106 | 161631 | 117486 | 1694434 | 97233 |
| 其他外商投资 | 105542 | 226942 | 9215 | 743 | 67423 | 3777 |
| **按控股情况分** | | | | | | |
| 国有控股 | 117574607 | 119017249 | 6291095 | 130889 | 72898801 | 5094651 |
| 集体控股 | 3114681 | 2455767 | 124615 | -8361 | 383272 | 31318 |
| 私人控股 | 50469019 | 72318532 | 4489706 | 573375 | 11028966 | 1322495 |
| 港澳台控股 | 20059969 | 41887451 | 1454462 | 24773 | 10246155 | 758241 |
| 外商控股 | 58316494 | 121109720 | 6788702 | 152184 | 33487935 | 3133803 |
| 其他控股 | 4860455 | 6603184 | 390487 | 64210 | 1670980 | 196707 |
| **按企业规模分** | | | | | | |
| 大型企业 | 128245663 | 176463310 | 8554007 | -255975 | 83046350 | 6330931 |
| 中型企业 | 60633578 | 81593075 | 4250453 | 463611 | 20329586 | 1822584 |
| 小型企业 | 65515983 | 105335517 | 6734605 | 729435 | 26340173 | 2383700 |

资料来源：上海市统计局。

# 2020年国有控股工业企业主要指标

（单位：万元）

| 指 标 | 国有控股企业 | 其 中 | |
|---|---|---|---|
| | | #大型企业 | #中型企业 |
| 工业总产值 | 114533882 | 82125872 | 16398929 |
| 平均用工人数（人） | 341726 | 215618 | 72146 |
| 年末资产总计 | 220570147 | 167038009 | 30170397 |
| 流动资产合计 | 104397987 | 74510978 | 16644965 |
| #存货 | 18607861 | 12842736 | 3525388 |
| #产成品存货 | 4885660 | 2524046 | 1332162 |
| 年末负债合计 | 102995534 | 73475721 | 17073008 |
| 年末所有者权益 | 117574607 | 93562287 | 13097388 |
| 营业收入 | 133531044 | 95955734 | 19943706 |
| 营业成本 | 106114255 | 73579392 | 17348786 |
| 销售费用 | 2764798 | 1730205 | 751030 |
| 税金及附加 | 9691702 | 9556682 | 68912 |
| 管理费用 | 6291095 | 4946722 | 674890 |
| 财务费用 | 130889 | -186114 | 189918 |
| 营业利润 | 9747310 | 7430146 | 1060729 |
| 利润总额 | 9676264 | 7324104 | 1067681 |
| 税金总额 | 12889810 | 12132712 | 384521 |
| 亏损企业亏损额 | 1522790 | 1096281 | 225209 |
| 本年应交增值税 | 3198109 | 2576030 | 315609 |

资料来源：上海市统计局。

# 2020 年工业企业经济效益指数

| 类别 | 营业收入利润率（%） | 每百元营业收入中的成本（元） | 每百元营业收入中的费用（元） | 每百元资产实现的营业收入（元） | 人均营业收入（万元/人） | 资产负债率（%） | 产成品存货周转天数（天） | 应收票据及应收账款平均回收期（天） |
| --- | --- | --- | --- | --- | --- | --- | --- | --- |
| **总计** | **7.29** | **80.63** | **11.31** | **79.74** | **215.15** | **48.67** | **21.35** | **68.02** |
| 国有控股 | 7.25 | 79.47 | 9.66 | 60.54 | 390.75 | 46.70 | 16.57 | 44.81 |
| **按隶属关系分** | | | | | | | | |
| 中央 | 6.30 | 76.15 | 6.50 | 57.38 | 391.39 | 44.46 | 9.07 | 36.76 |
| 地方及其他 | 7.49 | 81.49 | 12.25 | 86.24 | 197.89 | 49.90 | 23.57 | 74.07 |
| **按企业规模分** | | | | | | | | |
| 大型 | 6.72 | 81.03 | 9.65 | 77.57 | 312.15 | 48.88 | 14.69 | 44.56 |
| 中型 | 8.37 | 79.61 | 13.27 | 76.42 | 184.24 | 47.25 | 25.79 | 88.24 |
| 小型 | 7.45 | 80.72 | 12.67 | 86.86 | 153.08 | 49.51 | 29.47 | 92.75 |

资料来源：上海市统计局。

# 2020 年 6 个重点工业行业主要指标

（单位：万元）

| 行业 | 平均用工人数（人） | 工业总产值 | 年末资产总计 | 营业收入 | 营业成本 | 利润总额 | 税金总额 |
| --- | --- | --- | --- | --- | --- | --- | --- |
| **总计** | **1109225** | **240151746** | **331028888** | **267850593** | **220905464** | **18000745** | **7830806** |
| **占全市比重（%）** | 60.4 | 68.2 | 66.8 | 67.8 | 69.3 | 62.4 | 43.8 |
| 电子信息产品制造业 | 352840 | 65590453 | 71378677 | 67611704 | 61106864 | 2461302 | 196774 |
| 汽车制造业 | 218036 | 66665449 | 86784940 | 77277798 | 62920356 | 5990906 | 2845850 |
| 石油化工及精细化工制造业 | 99084 | 35341750 | 35963630 | 38965773 | 30341127 | 2901705 | 3108308 |
| 精品钢材制造业 | 22887 | 11682493 | 26740117 | 16736073 | 15356388 | 1116378 | 103637 |
| 成套设备制造业 | 314678 | 45968833 | 82795335 | 52113189 | 42808242 | 3122820 | 1004530 |
| 生物医药制造业 | 101700 | 14902769 | 27366189 | 15146057 | 8372487 | 2407633 | 571707 |
| 电子信息产品制造业细分 | | | | | | | |
| 通信设备制造 | 70608 | 18330272 | 9925881 | 18099422 | 17314216 | 423847 | 37092 |
| 雷达制造业 | 255 | 26244 | 33739 | 26244 | 21237 | 2403 | −1058 |
| 广播电视设备制造 | 1174 | 108699 | 129203 | 116884 | 88453 | 2391 | 913 |
| 电子计算机制造 | 62218 | 18256717 | 6847243 | 18555925 | 18242735 | 209524 | 12850 |
| 家用视听设备制造 | 10031 | 2190613 | 1007134 | 2267280 | 2084116 | 17922 | −2346 |
| 电子测量仪器制造 | 18125 | 2118254 | 2971947 | 2325300 | 1562213 | 376860 | 62624 |
| 电子专用设备制造 | 28458 | 3557192 | 4996355 | 3880630 | 3103211 | 218351 | 36701 |
| 电子元件制造 | 39328 | 3317336 | 3826720 | 3480560 | 2769168 | 288443 | 41465 |
| 电子器件制造 | 75304 | 10465173 | 33573624 | 11018090 | 9294529 | 490310 | −26849 |
| 电子机电产品制造 | 42915 | 6319767 | 6636851 | 6811674 | 5796108 | 330931 | 29254 |
| 电子专用材料制造 | 4424 | 900188 | 1429980 | 1029693 | 830878 | 100320 | 6129 |

资料来源：上海市统计局。

# 上海市高技术产业（制造业）主要情况（2019—2020年）

（单位：万元）

| 类　别 | 平均用工人数（人） | 工业总产值 | 年末资产总计 | 营业收入 | 营业成本 | 利润总额 | 税金总额 |
|---|---|---|---|---|---|---|---|
| **2020年总计** | **444377** | **77218781** | **97516804** | **78860841** | **66397363** | **4286602** | **766569** |
| **占全市比重（%）** | **24.2** | **21.9** | **19.7** | **20.0** | **20.8** | **14.9** | **4.3** |
| **按控股情况分** | | | | | | | |
| 国有控股 | 69636 | 8125201 | 23416565 | 8062440 | 6427795 | -98525 | 151087 |
| 集体控股 | 1143 | 109282 | 166053 | 99924 | 73691 | 11478 | 2788 |
| 私人控股 | 89153 | 11726166 | 19314702 | 12361369 | 8492664 | 1432450 | 305869 |
| 港澳台商控股 | 87593 | 22255866 | 17359935 | 22696570 | 20799929 | 1138090 | 58889 |
| 外商控股 | 182820 | 33174004 | 34347680 | 33755971 | 29266814 | 1669108 | 233652 |
| 其他控股 | 14032 | 1828262 | 2911869 | 1884568 | 1336470 | 134002 | 14283 |
| **按技术领域分** | | | | | | | |
| 医药制造业 | 60831 | 10279969 | 19575880 | 10143808 | 5119180 | 1713282 | 428064 |
| 航空、航天器及设备制造业 | 31419 | 2812081 | 5459292 | 2893288 | 2667922 | -276141 | 37784 |
| 电子及通信设备制造业 | 224914 | 38894150 | 55242580 | 39732375 | 35334902 | 1559066 | 82405 |
| 计算机及办公设备制造业 | 66180 | 18625015 | 7062733 | 18965530 | 18622146 | 213859 | 14200 |
| 医疗仪器设备及仪器仪表制造业 | 60972 | 6534717 | 10120544 | 7051688 | 4587067 | 1071199 | 203652 |
| 信息化学品制造业 | 61 | 72848 | 55775 | 74152 | 66146 | 5337 | 464 |
| **2019年总计** | **465616** | **71620691** | **77377376** | **74384027** | **62304252** | **4389700** | **842226** |
| **占全市比重（%）** | **24.2** | **20.5** | **17.0** | **18.6** | **19.3** | **15.0** | **4.6** |
| **按控股情况分** | | | | | | | |
| 国有控股 | 68679 | 7896711 | 18568635 | 7893454 | 5851773 | 518037 | 207134 |
| 集体控股 | 858 | 70254 | 140695 | 75055 | 55154 | 4278 | 2144 |
| 私人控股 | 79816 | 9762339 | 14233379 | 10404572 | 7341760 | 1020914 | 258385 |
| 港澳台商控股 | 96158 | 19422885 | 13508409 | 19564548 | 17836375 | 843966 | 75332 |
| 外商控股 | 209277 | 32925975 | 28254442 | 34879985 | 30067766 | 1865408 | 270706 |
| 其他控股 | 10828 | 1542527 | 2671817 | 1566413 | 1151424 | 137097 | 28526 |
| **按技术领域分** | | | | | | | |
| 医药制造业 | 58705 | 9520125 | 16165343 | 9705508 | 4882285 | 1487074 | 481909 |
| 航空、航天器及设备制造业 | 29723 | 2912908 | 5033417 | 2783114 | 2242989 | 85830 | 42242 |
| 电子及通信设备制造业 | 250144 | 37282163 | 42130454 | 39183040 | 34879004 | 1765628 | 144029 |
| 计算机及办公设备制造业 | 71228 | 15979924 | 5938064 | 16219409 | 15910897 | 111604 | 13626 |
| 医疗仪器设备及仪器仪表制造业 | 55702 | 5864939 | 8062467 | 6432823 | 4337535 | 934820 | 159691 |
| 信息化学品制造业 | 114 | 60632 | 47631 | 60133 | 51543 | 4745 | 730 |

资料来源：上海市统计局。

# 2020 年各区工业企业主要指标

（单位：万元）

| 地　区 | 平均用工人数（万人） | 工业总产值 | 年末资产总计 | 营业收入 | 营业成本 | 利润总额 | 税金总额 |
|---|---|---|---|---|---|---|---|
| **总计** | **183.71** | **352336993** | **495697250** | **395249197** | **318669898** | **28826731** | **17892731** |
| # 浦东新区 | 46.28 | 104883822 | 169299142 | 119276620 | 101025374 | 7642580 | 3215057 |
| 黄浦区 | 0.32 | 322221 | 791686 | 636869 | 470527 | 71385 | 13914 |
| 徐汇区 | 2.43 | 6780016 | 8618552 | 10277792 | 8997148 | 602444 | 104867 |
| 长宁区 | 2.04 | 1398813 | 2514333 | 1210046 | 1031489 | -252106 | 44673 |
| 静安区 | 0.68 | 595239 | 1433051 | 680005 | 523179 | 58248 | 25522 |
| 普陀区 | 1.44 | 1572166 | 3160123 | 1961065 | 1542205 | 131684 | 62436 |
| 虹口区 | 0.27 | 508940 | 1542596 | 705812 | 617855 | 46456 | 6545 |
| 杨浦区 | 1.34 | 12414882 | 21388899 | 13132817 | 3997729 | 2317157 | 7397763 |
| 闵行区 | 18.99 | 33422272 | 43848701 | 37116344 | 28999072 | 3315243 | 868962 |
| 宝山区 | 9.05 | 19884030 | 39873805 | 26463128 | 23202334 | 1735808 | 359474 |
| 嘉定区 | 26.87 | 53888175 | 54071599 | 57013968 | 44049545 | 4479870 | 2218123 |
| 金山区 | 12.33 | 20827494 | 23920938 | 22117190 | 17740301 | 1074283 | 1810196 |
| 奉贤区 | 15.84 | 19711663 | 27478856 | 21912727 | 16739194 | 2098197 | 460964 |
| 松江区 | 26.00 | 42027825 | 38318243 | 44998951 | 38737728 | 2396625 | 565037 |
| 青浦区 | 13.77 | 16294174 | 22409967 | 18143579 | 14106253 | 1494967 | 440045 |
| 崇明区 | 4.24 | 4659457 | 10581865 | 4649563 | 4186065 | -33924 | 40372 |

资料来源：上海市统计局。

# 2020年都市型工业基本情况

（单位：万元）

| 类　别 | 平均用工人数（人） | 工业总产值 | 年末资产总计 | 营业收入 | 营业成本 | 利润总额 | 税金总额 |
|---|---|---|---|---|---|---|---|
| **总计** | **299437** | **34987452** | **41137980** | **41901904** | **32504507** | **3505225** | **939761** |
| **按登记注册类型分** | | | | | | | |
| 内资 | 149938 | 18183877 | 21873132 | 22548264 | 18685471 | 1521194 | 423619 |
| 国有 | 379 | 19388 | 44845 | 24218 | 20523 | -301 | 1242 |
| 集体 | 509 | 14167 | 57153 | 40283 | 26001 | 8485 | 1603 |
| 股份合作 | 478 | 19284 | 20466 | 18109 | 15338 | 873 | 360 |
| 国有与集体联营 | 59 | 2259 | 817 | 2455 | 2292 | 27 | 58 |
| 国有独资公司 | 8045 | 1318594 | 979302 | 1402501 | 1151143 | 68687 | 34253 |
| 其他有限责任公司 | 29257 | 6312170 | 5841894 | 8816886 | 7931286 | 510790 | 85769 |
| 股份有限公司 | 7478 | 1426945 | 3662554 | 2172093 | 1641736 | 87441 | 52557 |
| 私营独资 | 1012 | 86848 | 65523 | 89822 | 67665 | 16488 | 3914 |
| 私营合伙 | 479 | 33727 | 35923 | 35516 | 28861 | 3062 | 871 |
| 私营有限责任公司 | 83016 | 7418255 | 7404542 | 7892027 | 6446683 | 467952 | 167914 |
| 私营股份有限公司 | 19031 | 1514114 | 3753620 | 2036187 | 1336941 | 358267 | 75078 |
| 其他内资 | 195 | 18127 | 6494 | 18167 | 17003 | -578 | |
| 港澳台商投资 | 56978 | 5483522 | 7111956 | 6107354 | 4483691 | 600196 | 146040 |
| 与港澳台商合资经营 | 17233 | 1773356 | 2810213 | 2034343 | 1568753 | 379163 | 51518 |
| 与港澳台商合作经营 | 1147 | 71021 | 82848 | 70310 | 53306 | 7483 | 1377 |
| 港澳台商独资 | 34825 | 3283127 | 3561108 | 3637711 | 2571469 | 160519 | 84276 |
| 港澳台商投资股份有限公司 | 3705 | 353300 | 654388 | 361831 | 287501 | 53128 | 8804 |
| 其他港澳台商投资 | 68 | 2719 | 3400 | 3160 | 2661 | -98 | 64 |
| 外商投资 | 92521 | 11320053 | 12152892 | 13246285 | 9335344 | 1383835 | 370102 |
| 中外合资经营 | 15239 | 1489419 | 1735312 | 1698889 | 1345492 | 94983 | 34113 |
| 中外合作经营 | 8752 | 801764 | 832903 | 904286 | 628736 | 71110 | 26484 |
| 外资企业 | 67588 | 8956531 | 9445468 | 10479412 | 7223306 | 1208325 | 306937 |
| 外商投资股份有限公司 | 307 | 29610 | 37267 | 35973 | 22469 | 2940 | 2183 |
| 其他外商投资 | 635 | 42729 | 101942 | 127725 | 115342 | 6477 | 385 |
| **按企业规模分** | | | | | | | |
| 大型企业 | 64246 | 7684020 | 9696557 | 9466700 | 6296861 | 1044481 | 276358 |
| 中型企业 | 89176 | 12034694 | 12534633 | 14832882 | 11769966 | 1393755 | 322690 |
| 小型企业 | 146015 | 15268738 | 18906790 | 17602321 | 14437680 | 1066988 | 340712 |
| **按行业分** | | | | | | | |
| 服装服饰业 | 29356 | 2421318 | 2995893 | 2894878 | 2443020 | 73276 | 41223 |
| 食品加工制造业 | 89833 | 10903683 | 12470993 | 13149992 | 9408531 | 1168732 | 411591 |
| 包装、印刷业 | 31583 | 2725672 | 3455728 | 2993485 | 2475905 | 122462 | 83133 |
| 室内装饰用品制造业 | 53300 | 6047459 | 7014019 | 6544230 | 5291521 | 631627 | 138793 |
| 化妆品及清洁洗涤用品制造业 | 31058 | 4745007 | 6693708 | 5717783 | 3902617 | 654800 | 154265 |
| 工艺美术品、旅游用品制造业 | 34556 | 5143136 | 4721964 | 7296546 | 6396452 | 534588 | 71929 |
| 小型电子信息产品制造业 | 29751 | 3001177 | 3785674 | 3304989 | 2586461 | 319741 | 38826 |

（续表）

| 类 别 | 平均用工人数（人） | 工业总产值 | 年末资产总计 | 营业收入 | 营业成本 | 利润总额 | 税金总额 |
|---|---|---|---|---|---|---|---|
| **按地区分：** | | | | | | | |
| # 浦东新区 | 47635 | 6423091 | 8747871 | 7614591 | 6051205 | 902237 | 153973 |
| 黄浦区 | 2601 | 194058 | 338952 | 494694 | 374589 | 38240 | 11640 |
| 徐汇区 | 4071 | 3306717 | 1582557 | 5026362 | 4738445 | 270514 | 17884 |
| 长宁区 | 4090 | 117407 | 185870 | 119869 | 127328 | -45181 | 2285 |
| 静安区 | 1903 | 111589 | 123619 | 128570 | 95651 | 8373 | 4642 |
| 普陀区 | 6448 | 504025 | 1006768 | 627557 | 489500 | 14416 | 22555 |
| 虹口区 | 650 | 12572 | 17499 | 13191 | 7867 | 1920 | 883 |
| 杨浦区 | 1651 | 188072 | 174187 | 250935 | 218066 | 11304 | 6378 |
| 闵行区 | 34807 | 4776032 | 5244200 | 5830620 | 4107903 | 617665 | 205430 |
| 宝山区 | 8974 | 755862 | 1096146 | 857635 | 659583 | 27783 | 23302 |
| 嘉定区 | 44189 | 4965100 | 5444809 | 5645075 | 4462815 | 360275 | 126855 |
| 金山区 | 23421 | 2970032 | 3415438 | 3086491 | 2492887 | 265403 | 56610 |
| 奉贤区 | 39249 | 3437152 | 4462207 | 4099920 | 2723250 | 568862 | 110440 |
| 松江区 | 47552 | 4550174 | 5569388 | 5232101 | 3777582 | 300346 | 128791 |
| 青浦区 | 30315 | 2505050 | 3541397 | 2707767 | 2036949 | 154739 | 65402 |
| 崇明区 | 1727 | 102974 | 122939 | 114132 | 103415 | -640 | 1832 |

资料来源：上海市统计局。

# 2020年主要工业产品生产、销售和库存

| 产品名称 | 年初库存 | 生产量 | 销售量 | 年末库存 |
|---|---|---|---|---|
| 饲料（吨） | 9239 | 1212123 | 1193747 | 14035 |
| #配合饲料（吨） | 5668 | 722412 | 724471 | 3326 |
| 混合饲料（吨） | 465 | 40730 | 39043 | 491 |
| 精制食用植物油（吨） | 66619 | 597323 | 579607 | 84183 |
| 乳制品（吨） | 1332 | 526380 | 526286 | 1283 |
| 罐头（吨） | 9772 | 35528 | 37235 | 8064 |
| 啤酒（千升） | 10715 | 288758 | 291809 | 7449 |
| 黄酒（千升） | 5120 | 49553 | 47808 | 6565 |
| 饮料（吨） | 268845 | 2717915 | 2646848 | 339715 |
| 卷烟（万支） | 682833 | 8780832 | 8831358 | 631268 |
| 纱（吨） | 2496 | 10197 | 11427 | 1266 |
| 布（万米） | 1031 | 9511 | 6377 | 1013 |
| #棉布（万米） | 30 | 1641 | 1641 | 30 |
| 棉混纺布（混纺交织布）（万米） | 48 | 670 | 674 | 44 |
| 化学纤维布（纯化纤布）（万米） | 953 | 7200 | 4063 | 939 |
| 服装（万件） | 4083 | 30471 | 30980 | 3477 |
| 皮革鞋靴（万双） | 112 | 354 | 365 | 100 |
| 机制纸及纸板（吨） | 56384 | 423319 | 379214 | 43204 |
| 硫酸（折100%）（吨） | 1299 | 55300 | 55273 | 1326 |
| 烧碱（折100%）（吨） | 2517 | 706971 | 658129 | 5018 |
| 乙烯（吨） | 17224 | 2060871 | 437819 | 14924 |
| 纯苯（吨） | 16471 | 906492 | 550807 | 14100 |
| 冰乙酸（冰醋酸）（吨） | 7953 | 575182 | 568745 | 13951 |
| 农用氮、磷、钾化学肥料总计（折纯）（吨） | 41 | 9582 | 9544 | 79 |
| #氮肥（折含N100%）（吨） | 41 | 9292 | 9254 | 79 |
| 化学农药原药（折有效成分100%）（吨） | 1466 | 13522 | 13226 | 1762 |
| 涂料（吨） | 152270 | 2428833 | 2406924 | 147089 |
| 初级形态塑料（吨） | 106389 | 3582753 | 3559299 | 116021 |
| 合成橡胶（吨） | 35822 | 241170 | 212252 | 31005 |
| 合成纤维单体（吨） | 44943 | 1938155 | 1558009 | 46260 |
| 合成纤维聚合物（吨） | 55608 | 1003401 | 922693 | 67405 |
| 合成洗涤剂（吨） | 17043 | 659298 | 633884 | 40963 |
| 化学药品原药（吨） | 2561 | 51671 | 46400 | 2475 |
| 中成药（吨） | 1145 | 5921 | 5477 | 1572 |
| 化学纤维（吨） | 17945 | 379308 | 386758 | 21874 |
| #合成纤维（吨） | 17852 | 378824 | 386256 | 21812 |
| 橡胶轮胎外胎（条） | 379790 | 6244296 | 6321204 | 302882 |
| 塑料制品（吨） | 244044 | 1996354 | 1950375 | 276615 |
| #农用薄膜（吨） | 979 | 29761 | 29048 | 1285 |
| 水泥（吨） | 76955 | 3895442 | 3908168 | 41168 |

（续表）

| 产品名称 | 年初库存 | 生产量 | 销售量 | 年末库存 |
| --- | --- | --- | --- | --- |
| 生铁（吨） |  | 14113331 | 6759 |  |
| 粗钢（吨） | 5003 | 15755978 | 373145 | 2644 |
| 钢材（吨） | 426232 | 18796089 | 18784023 | 417809 |
| #中板（吨） | 13701 | 776021 | 775262 | 14460 |
| 冷轧薄板（吨） | 7042 | 213421 | 210561 | 9902 |
| 中厚宽钢带（吨） | 37161 | 3172153 | 3158248 | 51066 |
| 热轧薄宽钢带（吨） | 8039 | 818069 | 813142 | 12966 |
| 冷轧薄宽钢带（吨） | 58422 | 3666129 | 3667164 | 56905 |
| 镀层板（带）（吨） | 92140 | 4213710 | 4225438 | 80412 |
| 涂层板（吨） | 7310 | 617204 | 619270 | 5244 |
| 电工钢板（带）（吨） | 68323 | 1171620 | 1189403 | 50540 |
| 无缝钢管（吨） | 14110 | 675732 | 670852 | 18990 |
| 十种有色金属（吨） |  |  |  |  |
| #精炼铜（铜）（吨） |  |  |  |  |
| 铜材（铜加工材）（吨） | 8938 | 254266 | 251479 | 10801 |
| 铝材（吨） | 47233 | 485790 | 475249 | 56923 |
| 日用不锈钢制品（吨） | 5024 | 42200 | 42123 | 4959 |
| 电站锅炉（蒸发量吨） | 11675 | 22147 | 25575 | 8247 |
| 发动机（千瓦） | 7873740 | 319081410 | 162193235 | 11890867 |
| 金属切削机床（台） | 768 | 4072 | 4088 | 752 |
| #数控金属切削机床（台） | 169 | 1393 | 1379 | 183 |
| 汽车（辆） | 14737 | 2646783 | 2650135 | 10962 |
| #基本型乘用车（轿车）（辆） | 5682 | 1444934 | 1443070 | 8128 |
| 客车（辆） | 1641 | 62898 | 63159 | 1380 |
| #新能源汽车（辆） | 7597 | 238554 | 236986 | 8939 |
| 民用钢质船舶（载重吨） |  | 6413600 | 6413600 |  |
| 摩托车整车（辆） |  |  |  |  |
| 发电机组（发电设备）（千瓦） | 8205170 | 18822540 | 22069190 | 4958520 |
| 两轮脚踏自行车（辆） | 8000 | 2649938 | 2649938 | 8000 |
| 交流电动机（千瓦） | 3198971 | 24991581 | 24998551 | 3192001 |
| 电力电缆（千米） | 482622 | 2723501 | 2712039 | 483592 |
| 光缆（芯千米） | 398665 | 5483318 | 5403488 | 478495 |
| 家用电冰箱（台） | 7899 | 211489 | 217752 | 1636 |
| 房间空气调节器（台） | 175980 | 2312289 | 2346878 | 149891 |
| 吸排油烟机（台） | 33552 | 102081 | 102898 | 32735 |
| 电饭锅（个） | 503 | 49696 | 50199 |  |
| 微波炉（台） | 29641 | 2450112 | 2414855 | 63816 |
| 家用洗衣机（台） | 30704 | 1339600 | 1336101 | 34203 |
| 家用吸尘器（台） | 31742 | 770836 | 753177 | 36468 |
| 家用燃气热水器（台） | 11333 | 1558893 | 1520252 | 41656 |

（续表）

| 产品名称 | 年初库存 | 生产量 | 销售量 | 年末库存 |
|---|---|---|---|---|
| 微型计算机设备（台） | 6670669 | 17995115 | 18990807 | 5674977 |
| 移动通信手持机（手机）（台） | 1137324 | 36865779 | 36190426 | 1800442 |
| #智能手机（台） | 1097553 | 36865779 | 36190426 | 1760671 |
| 彩色电视机（台） | 21860 | 1587433 | 1570736 | 37935 |
| #液晶电视机（台） | 21860 | 1587433 | 1570736 | 37935 |
| #智能电视（台） | 19202 | 1533077 | 1551981 | 298 |
| 集成电路（万块） | 61869 | 2886703 | 2859644 | 86966 |
| 集成电路圆片（万片） | 37 | 877 | 859 | 54 |
| 表（万只） | | 258059 | 258059 | |
| 光学仪器（台） | 10559 | 1070278 | 1071410 | 9427 |
| 天然原油（吨） | 21529 | 520300 | 514633 | 27235 |
| 汽油（吨） | 82881 | 5527895 | 5539844 | 70932 |
| 煤油（吨） | 25067 | 2298722 | 2292376 | 31413 |
| 柴油（吨） | 52641 | 6906595 | 6896982 | 61179 |
| 润滑油（吨） | 21655 | 493335 | 523891 | 17626 |
| 燃料油（吨） | 18020 | 1043693 | 1059496 | 2217 |
| 焦炭（吨） | | 5405837 | 1065582 | |
| 发电量（万千瓦小时） | | 8190067 | 6850195 | |

资料来源：上海市统计局。

# 上海仪电(集团)有限公司

上海仪电发起成立上海市人工智能行业协会并当选为会长单位

上海仪电(集团)有限公司以“引领信息产业发展，服务智慧城市建设”为使命，围绕“强政、兴业、惠民”的智慧城市建设目标，聚焦发展以物联网、云计算、大数据、人工智能为特征的新一代信息技术产业，致力于成为智慧城市整体解决方案的提供商与运营商。

集团秉承“以人为本、以资本为先导、以信息技术为核心、以基础设施为载体”的基本原则，倾力打造“智慧城市生态圈”；形成以新一代信息技术产业、不动产和证券等资产管理为核心主业、人工智能为培育主业的产业架构；打造“集成应用＋核心技术＋运营服务”的产业特色，提供从智慧城市顶层设计与规划、集成实施和运维到融资保障的全面服务；基于“仪电云”平台，以数据为核心、以人工智能技术为驱动，创新运营模式，努力发挥在上海全面推进城市数字化转型、提升城市能级和核心竞争力中的主力军作用。

上海仪电位于松江区新的大数据中心开工建设

SAIC
上汽集团
SAIC MOTOR
爱上汽车 畅行天下
XT6

名爵

MAXUS
迈克萨斯

ŠKODA

BUICK

雪佛兰
CHEVROLET

Cadillac

BAOJUN

中国石化上海石油化工股份有限公司(以下简称上海石化)是中国石油化工股份有限公司的控股子公司，位于上海市金山区，是中国最大的炼油化工一体化企业之一，也是国内重要的成品油、中间石化产品、合成树脂和合成纤维生产基地。上海石化的前身是创建于1972年的上海石油化工总厂。1993年，经过国有企业股份制规范化改制，上海石化成为中国第一家股票同时在上海、香港和纽约三地上市的股份有限公司。

上海石化的发展经历了六个阶段的大规模集中建设。至2020年底，上海石化具有综合加工原油能力1600万吨/年和乙烯70万吨/年、有机化工原料428万吨/年、合成树脂100万吨/年、合纤原料109万吨/年、合纤聚合物59万吨/年、合成纤维26万吨/年的生产能力，并拥有独立的公用工程、环境保护系统，及海运、内河航运、铁路运输、公路运输配套设施。上海石化的主要产品分为石油制品、中间化工原料、合成树脂及塑料制品、合纤原料及合成纤维4大类产品。

2020年，上海石化深入学习贯彻习近平新时代中国特色社会主义思想和党的十九大和十九届二中、三中、四中、五中全会精神，贯彻落实上海市和中国石化各项部署，统筹推进疫情防控和复工复产，坚持抓主要矛盾、抓系统优化、抓疫情防控、抓化危为机，取得了好于预期的经营业绩。

2021年，上海石化将全面贯彻新发展理念，主动融入中国石化世界领先发展方略和“一基两翼三新”产业格局，聚焦绿色洁净、提质增效、深化改革、创新驱动、务实创新，筑牢安全环保根基、推进生产经营优化、提升公司治理效能、实现公司高质量发展、促进党政工作深度融合，为“十四五”开好局、起好步。

上海石化一向重视树立良好的公司形象，积极履行社会责任，为振兴中国石化工业而不懈努力；一贯坚持规范化运作，致力于以良好的经营业绩回报股东；一直以为顾客提供优质的石化产品和良好服务为己任，多次获得社会各界的嘉奖。近年来，先后获得全国文明单位、全国绿化先进单位、全国思想政治工作优秀企业、全国“重合同、守信用”单位、全国用户满意企业、全国厂务公开先进单位、中华环境友好企业、全国模范劳动关系和谐企业、智能制造试点示范企业以及中国石化绿色企业等一系列荣誉称号。

# 中国石化上海石油化工股份有限公司

SINOPEC SHANGHAI PETROCHENICAL COMPANY LIMITED

2020 年 2 月 23 日，上海石化投资公司金昌公司成功研发口罩熔喷布专用料，图为金昌公司员工正在熔喷布专用料生产现场

2020 年 7 月 10 日上海石化智能仓储项目上线运行，图为 14 台智能仓储机器人 24 小时待命

2020 年，上海石化满天星志愿者于疫情期间在 G15 高速道口值勤

2020 年 11 月 18—20 日，全国行业职业技能竞赛乙烯装置操作工竞赛在上海石化开幕

上海石化持续加强设备管理，提升设备本质安全管理水平，图为聚丙烯联合装置员工正在设备设施专项检查

2020 年六五世界环境日，上海石化举办“绿色出行 低碳生活”定向越野活动

上海化学工业区发展有限公司
SHANGHAI CHEMICAL INDUSTRY PARK DEVELOPMENT CO.,LTD.

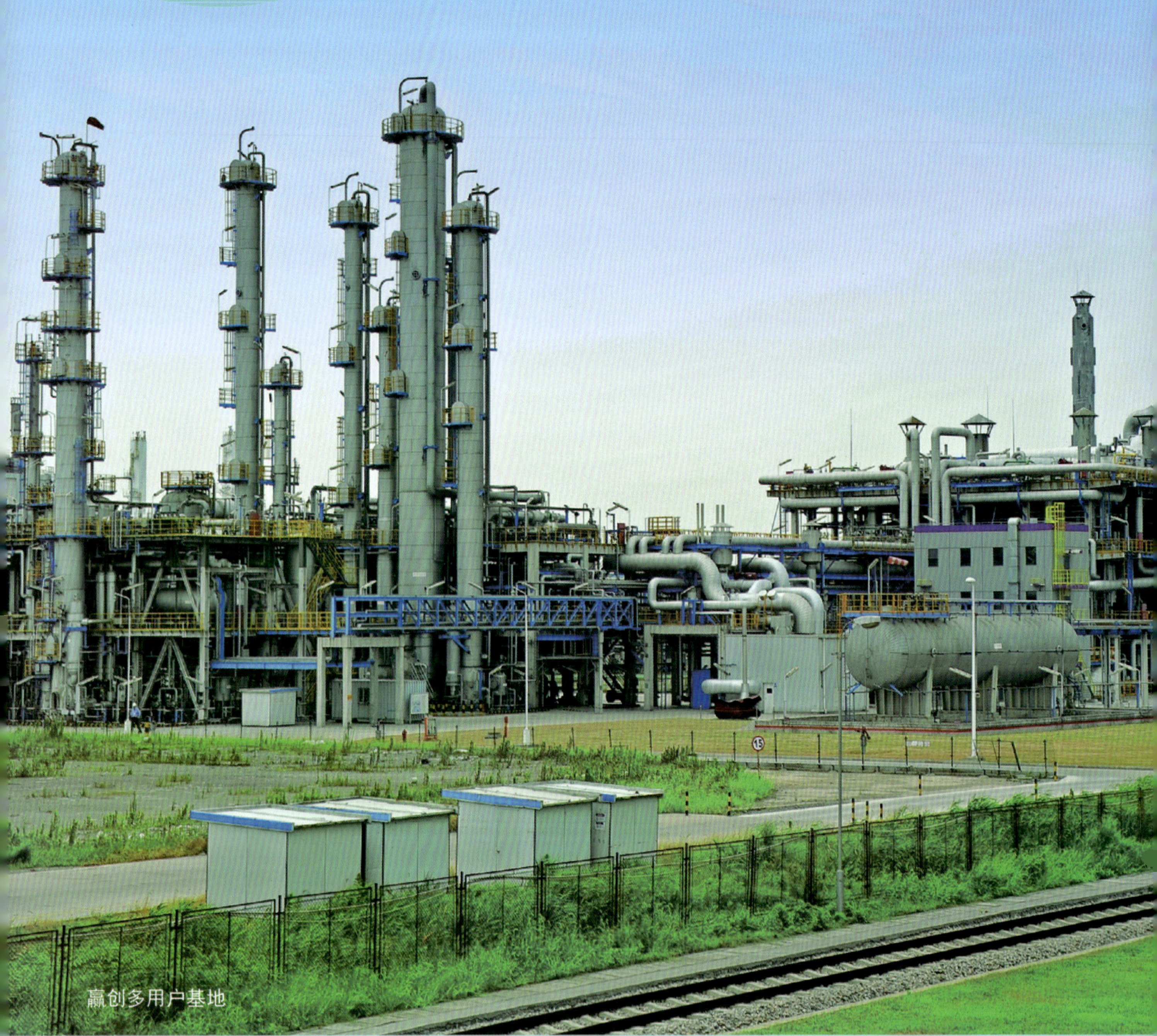

赢创多用户基地

科思创一体化基地

华林工业气体
上海漕泾电厂
上海赛科乙烯项目装置
高桥石化苯酚丙酮装置
西萨化工苯酚丙酮生产装置
化工区生态湿地
化工区管理中心
地址：上海市目华路201号（化工区大厦）
电话：021-67120000
传真：021-67122222
邮编：201507

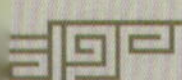

百 年 知 已 大 前 門

1916 – ETERNITY

幽蓝花开 一鉴中情
THE GREAT PEONY

吸　烟　有　害　健　康

智慧動力 創造美好生活

D SERIES
功率范围:132-265kW

E SERIES
功率范围:213-353kW

4H SERIES
功率范围:60-122kW

7H SERIES
功率范围:88-192kW

**上海柴油机股份有限公司**
SHANGHAI DIESEL ENGINE CO.,LTD.

地址：上海市军工路2636号　邮编：200438　网址：www.sdec.com.cn
电话：021-6065 2288　传真：021-6574 9291　客服电话：400 820 5656

# 上海第一机床厂有限公司

百万千瓦级反应堆堆内构件吊篮筒体

华龙一号发运

上海第一机床厂有限公司是上海电气集团股份有限公司全资子公司，隶属于上海电气核电集团有限公司，是一家专业从事核电站核岛主设备——堆内构件、控制棒驱动机构和核燃料装卸料系统制造的国家高新技术企业。作为新中国最早的核电装备制造企业之一，公司拥有近 40 年核电装备制造历史，先后创造出核电装备领域"二十项中国第一"，是国内堆内构件和控制棒驱动机构领域业绩最丰富、技术路线最全面、市场占有率最高的专业核电装备制造企业，产能居世界第一。

公司位于国家级现代装备制造业基地——上海临港重装备产业区，先后承担国家"863"计划、国家科技重大专项等多项科研攻关项目。公司与国内外知名企业和科研院所开展广泛合作，已全面掌握当今世界最先进的第三代核电技术华龙一号、国和一号 CAP1400、AP1000、EPR 以及第四代高温气冷堆的堆内构件和控制棒驱动机构制造技术，并加快推进新一代堆型产品的研制。

"永争第一，争创一流"——上海第一机床厂有限公司聚焦国家战略，传承和发扬上海电气的"首创精神"，紧紧围绕"共铸核心力，同护核安全"的文化愿景，不断加强"质量稳定、交付准时、技术先进、成本领先、市场主导"五个核心竞争力建设，全力打造受行业尊敬的世界一流企业，为中国、为世界奉献一颗澎湃的绿色之"芯"！

上部堆内构件吊装

高温高压试验台架

上部堆内构件吊装

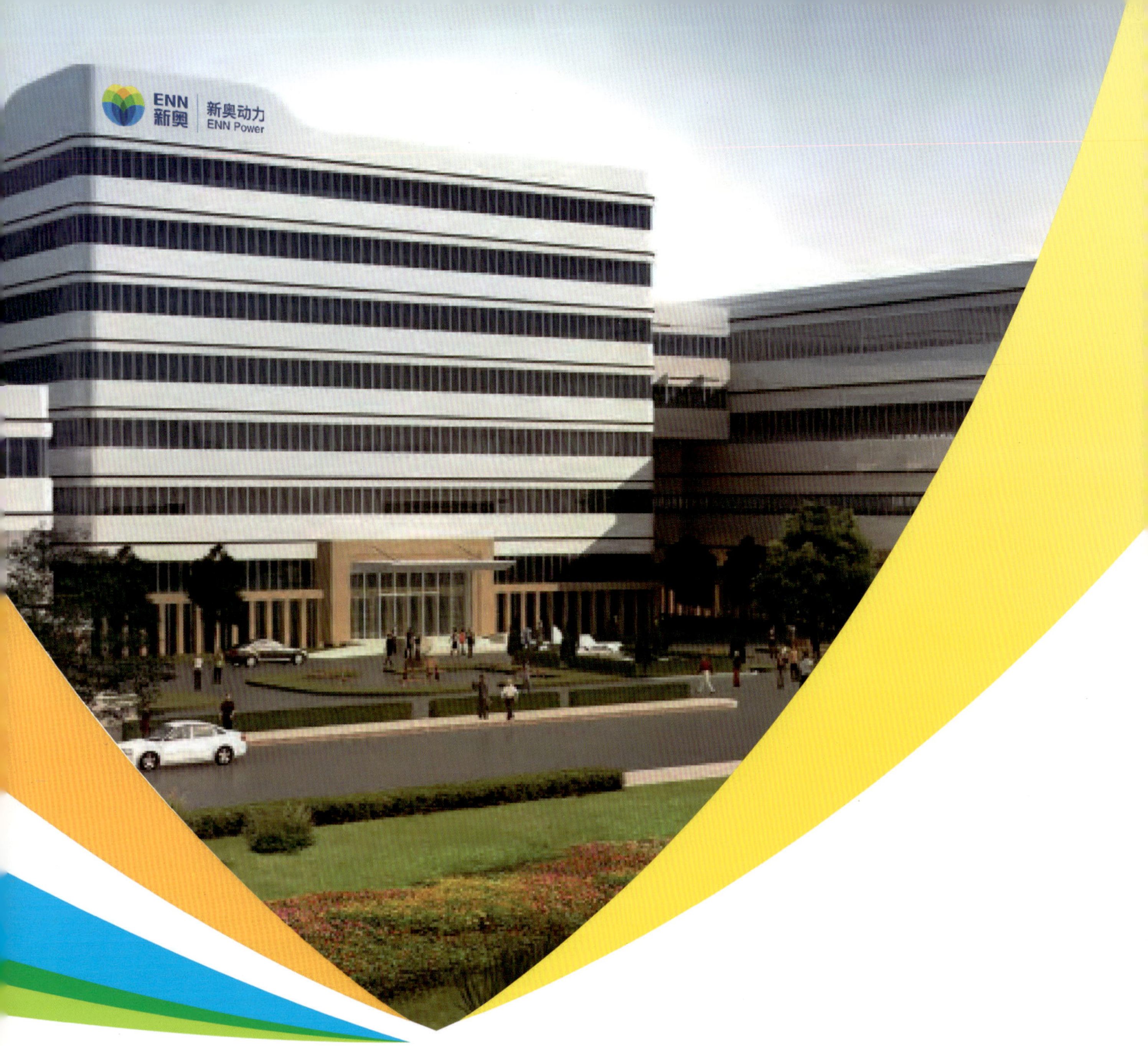

# 新奥能源动力科技（上海）有限公司

新奥动力作为以科技引领的创新型企业，专注于微、小型燃气轮机的研制，致力于填补国内微、小型燃气轮机产业化的空白。

公司现有员工300余人， 其中研发人员100余人， 70%以上具有硕士及以上学历，多数毕业于国内知名高校，囊括了气动、燃烧、结构、辅机、控制、工艺等学科专业技术人才，形成了一支工种齐全、作业高效、技能娴熟的燃机工匠队伍。此外，还拥有实力强大的燃机研发顾问团队，成员均为业内顶尖专家，来自于国内外著名科研院所、高校和知名企业。

新奥动力已建成国际一流的微、小型燃机研发平台，包括全三维数值仿真实验室、核心零部件加工检测中心，以及核心部件试验台、用于开发先进技术的空气轴承试验台和高速电机试验台、整机试车台等测试平台，已具备从设计、核心零部件加工、部件试验到样机装配、整机调试和产品定型的微、小型燃气轮机全周期研发能力。

新奥动力正在上海自贸区临港新片区建设国际一流的燃气轮机智能制造基地，用于系列化燃气轮机的研发和600千瓦、1.5兆瓦燃气轮机的产业化制造，基地已于2019年10月17日奠基施工，建设周期约为24个月，投产后年产量可达1000台。此外，新奥动力在廊坊已投产的制造基地正在进行100千瓦及300千瓦微燃机的批量生产，年产规模达1000台。

新奥动力以国际领先的燃机研发能力、智能制造能力、质量管控能力和售后服务能力，为用户提供稳定可靠、技术经济性优良的燃机产品及能源服务，为国家的节能减排、能源安全做出贡献。

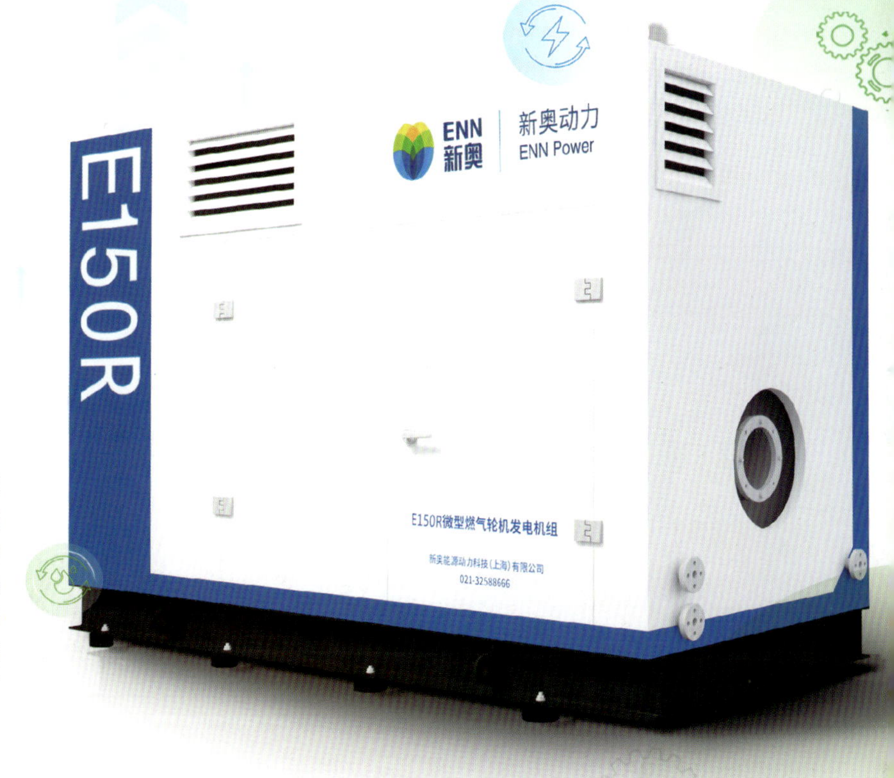


# E150R发电发电机组

E150R系列机组是在新奥动力首款微燃机产品E135系列的基础上进行优化和技术升级得到，其继承了E100系列产品的成熟结构，同时核心机利用滚动轴承代替E135的滑动轴承，大大减少了机械损失，并利用同轴启发一体高速电机代替原有的常规发电机加齿轮箱的配置，减少了传动损失，整机的润滑和冷却需求显著下降，机组尺寸和重量相比E135降低约一半，性能明显提高，是新奥动力100千瓦等级微燃机的主推产品。

## E150R发电发电机组参数介绍

| 热力性能数据 | | | |
|---|---|---|---|
| 回热循环机组 | | 简单循环机组 | |
| 额定电功率 | 123 kW | 额定电功率 | 150kW |
| 额定发电效率 | 29% | 额定发电效率 | 17% |
| 排气温度 | 270 ℃ | 排气温度 | 650 ℃ |
| 排气流量 | 1.06 kg / s | 排气流量 | 1.06 kg / s |

| 环境性能数据 | | | |
|---|---|---|---|
| NOx * | < 25 ppm | 噪声 | < 70 dB（A） |
| 设备尺寸参数 | | | |
| 回热循环机组 | | 简单循环机组 | |
| 外形尺寸 | 5000 x 1500 x 2140 mm | 外形尺寸 | 3000 x 1500 x 2140 mm |
| 重量 | 4.5 t | 重量 | 3.5 t |

| 冷热电三联供数据 | | | |
|---|---|---|---|
| 回热循环机组 | | 简单循环机组 | |
| 制冷/制热功率 | 171/129 kW | 制冷/制热功率 | 811/554 kW |
| 供冷/供热面积 | 1900 ~ 4300 m² | 供冷/供热面积 | 9000 ~ 20300 m² |
| 简单循环机组热电联产蒸汽量 0.8 t / h | | | |

# 上海万泽精密铸造有限公司

上海万泽精密铸造有限公司（上海万泽）坐落在上海市工业综合开发区。总占地面积 96 亩，建筑面积 11.6 万平方米。共包括 3 栋生产厂房，1 栋办公楼，及 3 栋研发楼。

总投资 7.5 亿元人民币。

上海万泽成立于 2015 年 1 月，于 2017 年 5 月破土动工，2018 年 8 月一期项目完成了基础建设及设备安装调试，顺利具备生产条件，创下了国内类似项目建设速度之最。

上海万泽聚焦高端制造业，定位国内领先、国际一流的航空发动机及燃机轮机高温合金、钛合金热部件供应商，并通过合理的柔性生产设计，将产品应用领域延伸到了车用涡轮增压器及高品质不锈钢部件。能为客户提供全品类优质精密铸件。

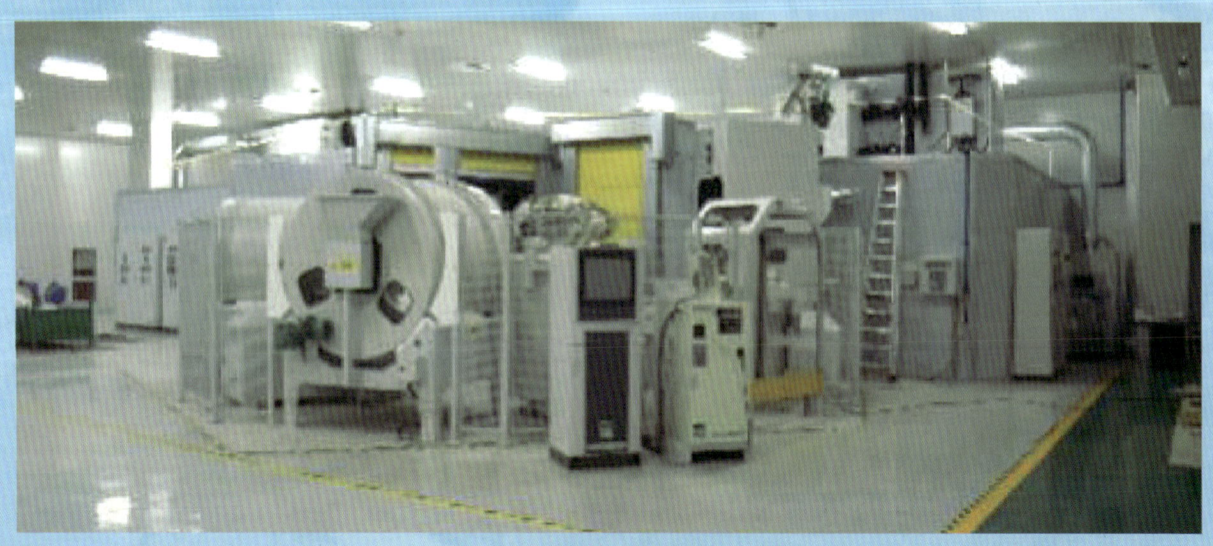

上海万泽具有国际领先的硬件条件，所有核心设备均为全球顶尖品牌，包括 MPI 压蜡机、VA 智能制壳系统、CONSARC 真空感应浇铸炉、ALD 单晶定向浇铸炉、LBBC 脱蜡釜及脱芯釜等。另外，公司也重视软实力建设，目前申请专利近 40 项，已获授权20 项。在创建伊始，便引进了基于金蝶 K3 平台的 ERP 模块和西门子 Teamcenter 系统。

并计划逐步推进 MES 系统，实现工程师、现场操作员、生产设备和生产环境的智能互联。

上海万泽秉承以市场及客户为导向，差异化竞争的理念。在解决一般典型产品工艺问题的基础上，精确定位市场痛点，攻坚克难，掌握了一系列客户需要、市场紧缺的专有技术，如小面厚比铸件整体细晶技术、复杂薄壁结构件热控凝固技术、高 Al+Ti 合金补焊技术等。形成了上海万泽的核心竞争力，并得到客户的广泛认可。上海万泽通过了 IATF16949，ISO9001 等体系认证，并获得上海市高新技术企业称号。作为一家年轻的企业，已经开始为美国 Wabtec 运输、英国 RR、中航工业、中航商发、博马科技等知名 OEM 提供批量及研制产品。

上海万泽是上海市第一批工业强基支持项目，并获 2018 年工信部“绿色制造系统集成”项目，同时承担多项与航空发动机、燃气轮机热端精密铸件相关的国家及省部级科研攻关项目。目前，上海万泽的产品已经批量提供美国 Wabtec 第二、第三、第四代内燃机车增压器叶片，中航商发长江系列发动机动力涡轮转动及导向叶片，博马科技 5 种类型汽车增压器叶轮，以及国内外多型燃气轮机动力涡轮转动及导向叶片等。

上海万泽是一家具有丰富经验的实力型研发团队，拥有多名博士作为主要的技术骨干，具有高、中级技术职称的员工多人，为了开发出真正适合企业需求的产品，企业特聘请各行业专家作为咨询顾问，紧密跟踪绿色精密铸造方面的技术，不断优化产品，坚持自主创新，取得了“外置陶瓷防氧化涂层的石墨纤维汽车增压涡轮”“液态金属对流导热合金喷嘴环”“防腐耐高温叶片”“基于熔融石英、表面致密光滑的型壳及其准备方法”等 23 项专利，不断实现了产品设计制造新技术、新工艺、新突破。

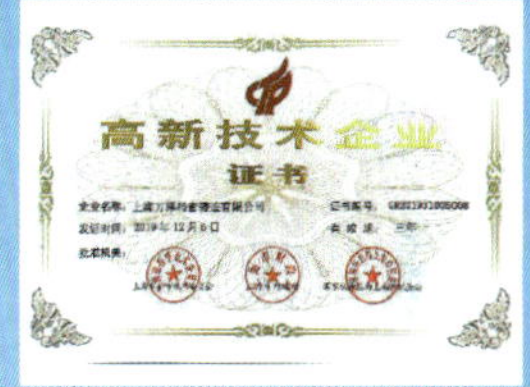

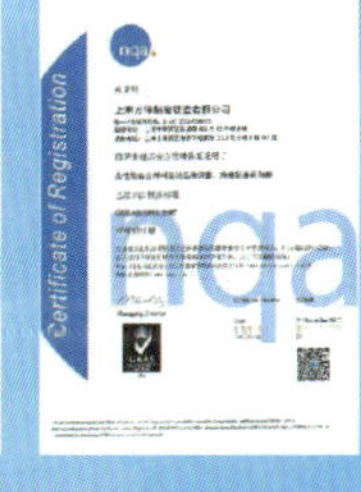

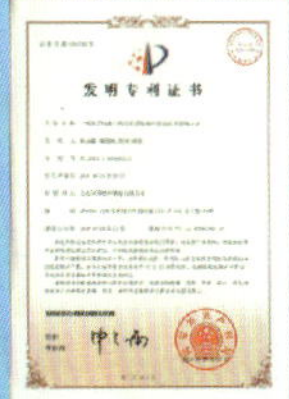

# 上海凯泉泵业（集团）有限公司

## 发展现状

上海凯泉泵业(集团)有限公司成立于1995年，是集设计、生产、销售泵、给水设备及泵用控制设备于一体、以技术创新为导向的大型综合性泵业公司，是中国泵行业的知名企业。总资产达38亿元，在上海、浙江、河北、辽宁、安徽等省市拥有7家企业，5个工业园区，总占地面积近1000亩，生产性建筑面积35万平方米。2020年集团销售额突破53亿元，连续19年位居国内泵行业销售第一。

上海凯泉先后荣获"上海市质量金奖""上海市科技百强企业""上海市名牌产品""中国质量信用AAA级""全国合同信用等级AAA级""质量、信誉、服务三优企业""七星级售后认证"等多项荣誉，并连续多年入选全国机械百强。

## 技术与产品

上海凯泉泵业(集团)有限公司自成立以来，始终以引领行业技术创新为己任，不断加大研发经费投入，每年投入销售总额的4%用于技术创新和新产品研发。截止目前，凯泉共拥有专利450项，国家科学技术进步二等奖1项，省部级科学进步奖9项、全国建设行业科技成果推广项目4项。此外，凯泉还积极引进国内外技术创新人才，建设了一个技术先进，行业领先，管理完善，善于创新的科研团队，在集团现有的6000余名员工中，工程技术人员达850名，囊括了国内知名专家教授、博士硕士、中高级工程师、高级工艺师。

上海凯泉泵业(集团)有限公司积极参与国家标准、行业标准制修订，自2010年以来，上海凯泉参与国家标准、行业标准制修订共计16项。其中：国家标准10项，行业标准6项。并在2015年被评为"十二五全国泵行业标准化工作先进单位"。上海凯泉在熟练掌握国家标准GB的基础上，还熟练掌握了国际标准ISO、德国标准DIN、美国材料协会标准ASTM、英国标准BS等。

上海凯泉注重产品质量和安全性，生产的各类产品符合国家法律规定的安全标准，符合客户的技术安全标准，符合国际规则规定的安全标准，并通过相关检测认证，其中包括质量、环境和职业健康安全管理体系"三体系"认证和美国RAB多边国际认证。凯泉生产的产品涵盖建筑、市政、电力、石油、化工、矿山、核电等各个领域，如今，"凯泉"产品遍布全国：南水北调工程、

黄岛油库、中石化天津100万吨乙烯项目、淮北矿务局、酒泉卫星发射中心、上海世博园、毛主席纪念堂、东方明珠电视塔、浦东国际机场、上海磁悬浮、北京地铁等。

上海凯泉注重服务与技术、业务的结合、实现增值服务。为增加客户附加值，凯泉始终致力于推动产品性能的升级：

(1)对公司所有产品(除消防泵及控制柜，建筑用排污泵及控制柜，干式轴混流泵以外)进行配置升级换代，目标向国际一流产品靠齐；

(2)重点推出KQSN(SW)系列高效节能型双吸泵、第六代单级泵、第五代KQG系列数字集成全变频供水设备、新一代WQ系列潜水产品、高效脱硫

泵等五种新产品，性能接近或达到国际先进水平；

(3)产品寿命接近国际先进水平(易损件5年，产品寿命10到20年)；

(4)产品配置采用国际名牌产品相同配置(轴承SKF，机封博曼，〇型圈及橡胶件关键元器件国内或国际顶级产品)；

(5)推出14项性能指标达国际一流的新产品和全新概念的产品解决方案。其中重要产品：单级泵(功率80%降一档，二级能效电机，SKF轴承)实现增长50%；双吸泵(60%的性能达到国际先进水平，SKF轴承，进口机封)实现增长60%；普通供水设备(改为特制全变频背包式e泵，双PLC，二级能效电机)实现增长40%；市政大排污泵和一体化泵站实现增长50%。

(6)完成低压安注泵研发、样机试制，鉴定；完成化工工程泵研发、出样机，并树立样板工程；完成光热发电机组高温长轴泵研发并出样机。

在致力于增加客户附加值的同时，上海凯泉运用先进ERP系统、CRM系统全程控制订单流程，7大事业部、23个分公司、500多个办事处，服务网络覆盖全国，实施“蓝色舰队”服务和4小时快速反应机制，随时响应用户需求，打造性能可靠的业界精品。

面向未来，上海凯泉制定了“引领中国泵行业的崛起”的发展战略，矢志不渝的致力于不断深化水力研究与泵及水相关系统的技术引领，降低水资源利用成本，带动产业体系的能效升级，全力塑造民族品牌，进入世界泵行业十强。

# 焊接全产业链制造商

Manufacturer of Welding Industry Chain

上海通用重工集团始创于1951年，是一家集焊接设备、焊接材料、焊接机器人、焊接技术研究与焊接技术培训为一体的焊接全产业集团。

集团旗下产品广泛应用于航天军工、船舶制造、钢结构、桥梁建筑、压力容器、轨道交通、石油化工、重型装备、机械加工、管道施工等工业制造领域，相继为载人航天飞船“神五、神六、神七、神十、探月、长征五号运载火箭、长征五号B运载火箭” “一带一路”中巴经济走廊及中老国际铁路通道、中国商飞C919、川藏铁路、南极科考泰山站、北京大兴国际机场、上海浦东国际机场、成都天府机场、青岛新机场、港珠澳大桥、北盘江大桥、杭州湾大桥、招商局集团、振华重工集团、外高桥造船、江南造船、大连船舶重工、上海迪士尼、杭州奥体中心、北京冬奥会奥运村等重点工程项目和知名企业提供全面的焊接整体解决方案和全方位的技术支持服务。

上海通用重工集团始终秉承“忠诚、担当、奋斗、创新”的核心价值观，以成为“国内一流、国际知名”的焊接产业集团为愿景，坚持以“为用户提供焊接整体解决方案”为使命，凝聚通用精神，推动技术创新，致力产业报国，凭借对专业研发工艺的沉淀和卓越品质的传承，尽善尽美为用户。

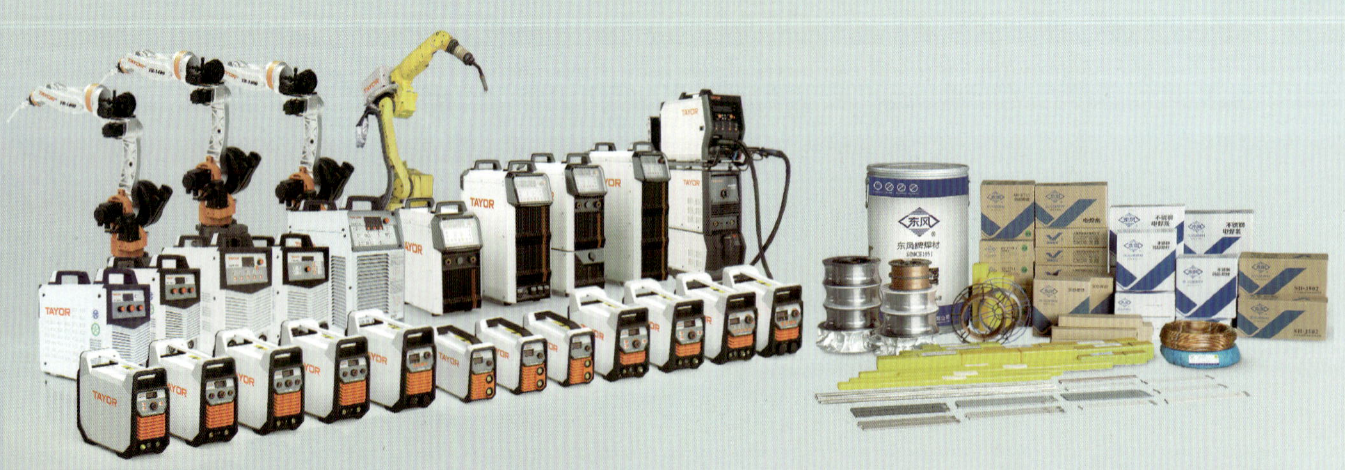

上海通用重工集团有限公司

SHANGHAI TAYOR HEAVY INDUSTRY(GROUP) CO.,LTD.

021-51377777 www.tayor.cn

上海市浦东新区申江南路3888号

# 上海电控研究所

**中国兵器装备集团上海电控研究所**，是中央在沪国防科技工业事业单位，隶属于中国兵器装备集团有限公司，主要从事灭火抑爆、光电信息、卫星导航通信和电子对抗等技术研究及相关产品研发和生产，拥有特种机动装备研究中心、全国气标委露点仪研发中心、北斗卫星定位导航工程研究中心、上海市杨浦区企业技术中心等，产品服务国防和公共安全等多个领域。

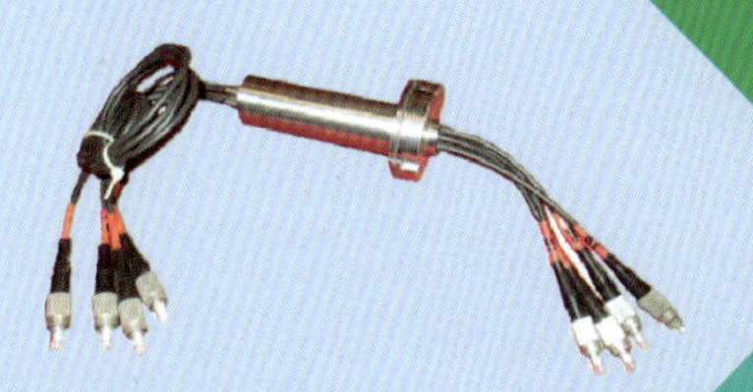

**冷镜式露点仪系列产品**：主要用于精确测量空气、氮、氧、氢等气体中的微水含量，测量范围 -80℃DP ～ 0℃DP，温度分辨率 0.1℃，具有重复性好、灵敏度和准确度高、测量周期短、在线监测、操作方便、读数直观、重量轻、体积小、环境适应能力强等特点，可广泛应用于电力、石化、天然气、钢铁、军事、微电子等行业。我所拥有全国气体标准化技术委员会露点仪研发中心，是 GJB5243 军用露点仪通用规范的编制单位，该系列产品打破了国外产品在高精度微水分测量仪器方面的垄断。

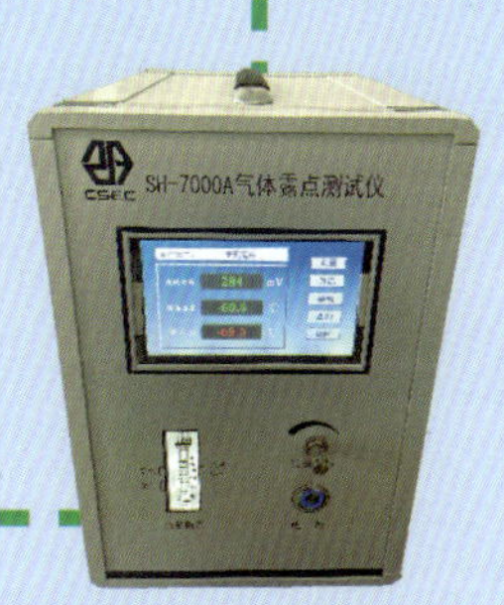


**光电旋转连接器系列产品**：实现 n×360° 任意角度相对旋转的机构之间传输光、模拟、总线、射频等信号和大功率电流，具有多通道、低损耗、高效率、高可靠性等特点。已形成四十余种多通道、标准化、体系化的产品型谱，应用于多个国内重大科研项目、型号项目，为国内新型特种车辆、无人机、舰船、风电等提供了实时可靠旋转传输，技术达到了国际先进水平。

**特品运输车辆监管平台**：主要由监管中心指挥室、物理机房、大屏显示、车载终端等四个模块组成。综合利用物联网技术、北斗卫星定位通信技术、GIS 地理信息技术和计算机软件技术等实现特品运输车辆运输任务实时动态管控，具有任务生成、电子围栏、提前预警、历史轨迹、报表统计、人脸实时校核及一键报警等功能。可根据用户需求灵活配置，实现人单合一、物锁合一，广泛应用于车辆在途监控等领域。

声光报警系统

运维审计系统

动环监测系统

简配式

摄录机

便携式

国产化硬件

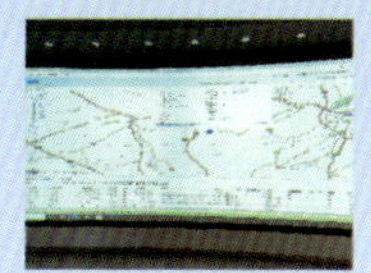
大屏显示系统

物理机房

北斗云镜

北斗锁

联系人：上海电控研究所科研管理部 周主任 021-55950150-2238,18616389189

公司业务涉及风电机组智能设计制造、风场智能运维、风资源评估、数字化风场投资开发、风电场资产智能管理、智慧能源等，目前风机产品实现 1.25MW-8MW+ 风电机组海陆市场全覆盖。公司以“创造有未来的能源”为使命，推动风电成为重要的未来能源，以“成为全球领先的风电全生命周期服务商”为目标，为用户创造更大的价值。

上海电气风电集团依托上海、北京、丹麦等 6 大研发中心构建起全球技术研发体系，推进风电行业创新发展；依托福建莆田、广东汕头等 12 个制造生产基地和 8 大区域服务中心，为客户打造极致的交付体验与服务保障；基于物联网、云计算、人工智能、大数据等先进理念打造的 Iwind 数据中心可以为风资源评估、风电场智能诊断运维、风场资产智能管理等提供强有力的平台支撑，借力数字化、智能化为客户实现降本增益。

风电集团长期致力于推动可再生能源的创新和发展，为提升可再生能源比例降低碳排放，为实现绿色、低碳的地球环境而努力。新时期，新机遇，随着习近平总书记提出的“3060”碳中和总目标，风电集团积极响应国家“四个革命一个合作”的能源新战略，积极推动“风光水火储”“源网荷储”两个一体化的创新和落地，积极探索创新综合能源业务，提升能源的综合利用和智能管理水平，提升绿电比例的同时，提升能源利用效率，降低能耗和碳排放，是实现碳中和的重要途径和有力支撑。

上海电气风电集团股份有限公司

0吨电渣
重熔炉

自主技术世界上最大的450
吨电渣重熔炉

# 上海电气上重铸锻有限公司

上海电气上重铸锻有限公司(以下简称上重铸锻)前身是上海重型机器厂，于1958年建厂，拥有我国第一台万吨水压机，为中国重型装备行业的发展提供了关键大型铸锻件，在我国自行设计、建造的第一座核电站秦山一期核电厂的建设中发挥了重要作用。

上重铸锻以铸锻件热加工为主营业务，拥有国际先进水平的冶炼、铸造、锻压、热处理及其他辅助设备。公司拥有世界上最大的具有自主技术的450吨电渣重熔炉，拥有16500吨油压机及配套630吨 · 米操作间，建有华东地区最大的热处理设施，各类大型、特大型金属切削机床200台，是我国东南地区铸锻件研发中心。

核心产品包括：1、核岛主设备用大型铸锻件涵盖CAP1000，华龙一号、快中子堆，高温气冷堆等先进核电堆型；2、火电、水电、化工等民用领域铸锻件；3、海工、舰船、专项核电小堆、超低温材料等特种装备领域铸锻件；4：铸锻件冶炼、铸造、锻压、热处理、金属加工等服务；5、热加工科技领域内的技术咨询、技术开发服务。

上重铸锻拥有一支实力雄厚的设计、制造和管理团队，拥有国家级企业技术中心、上海核电装备工程技术研究中心，与上海交通大学、钢铁研究总院、北京科技大学、中船重工725所等高校及科研院所建立了深入的产学研合作平台，具备国内一流的铸锻件研发能力。承担及参与了包括国家科技重大专项、上海市战略新兴产业、首台套装备突破、工业强基等多项重大科研项目的攻关任务。拥有国内外同行业中一流的制造设备，建立了全面可靠的质量保证体系，多项产品技术和质量达到了国际先进水平，并具有自主知识产权，得到国内外广大用户的青睐。

上海电气集团股份有限公司中央研究院
SHANGHAI ELECTRIC GROUP CO.,LTD.CENTRAL ACADEME

# 上海电气集团股份有限公司中央研究院

中央研究院专注于集团产业和科技发展中迫切需要解决的前瞻性技术、共性技术和关键技术，坚持价值导向和产业化导向，以能力建设为主线，以科研项目为依托，以管理创新为支撑，是驱动上海电气科技创新体系的引擎。

中央研究院是上海电气科技创新体系的主体，以“成为集团技术转型的引领者、前瞻性产业的培育者、产业发展的支持者”为主要发展定位，创新驱动前瞻性技术探索与新兴产业布局，为集团提供新技术来源，补齐集团新产业的技术拼图。

中央研究院以研发为基础，投资孵化为两翼，汇聚大量一流人才，自成立以来承担了国家级上海市重点科技项目72项，申请专利454件（其中授权118件），孵化成立5家创业公司，投资多家前瞻性企业。曾获得“全国机械工业职工技术创新优秀组织单位”、“国家认定企业技术中心”、“上海市认定企业技术中心”、“全国机械工业先进集体”、“全国机械行业文明单位”、“上海市文明单位”等荣誉称号。

## 聚焦五大重点领域

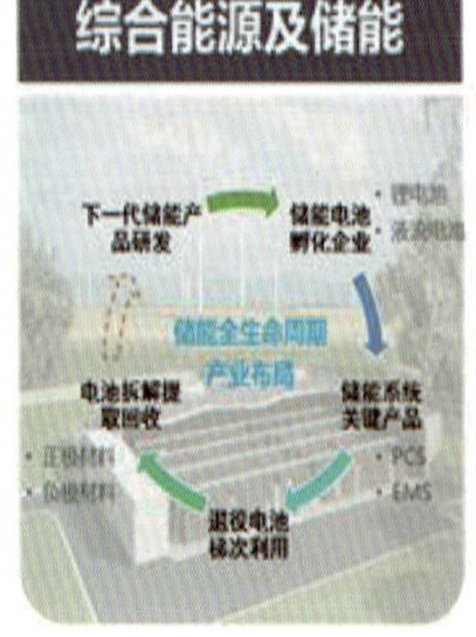


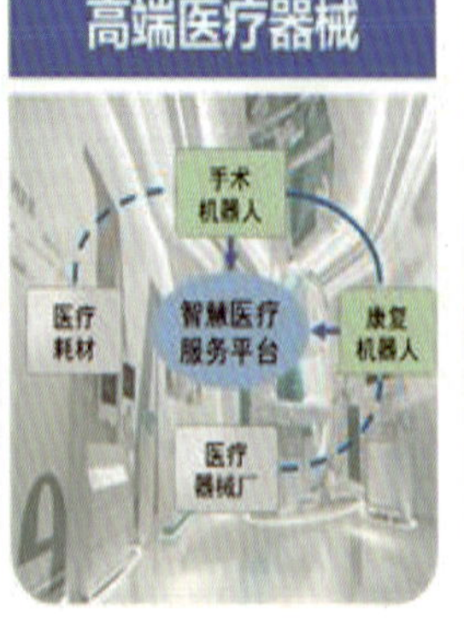


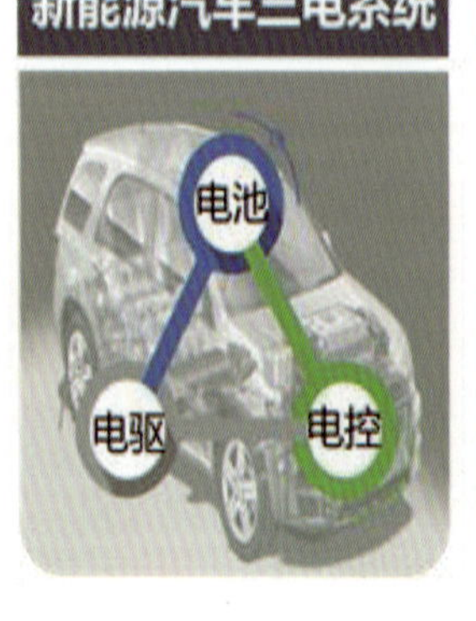


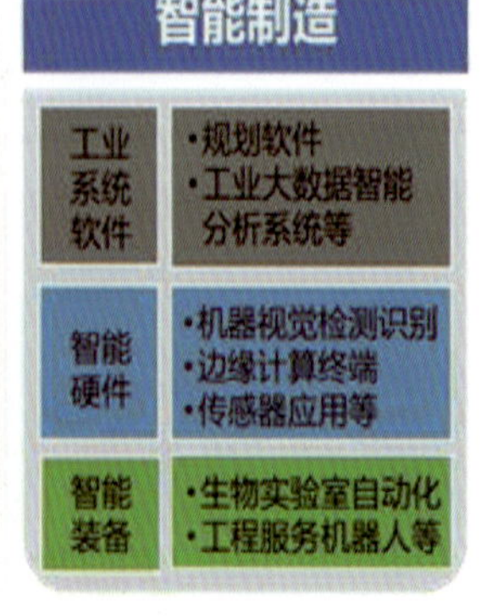

地址：中国上海市静安区中兴路960号　电话：021-26027700　邮编：200070

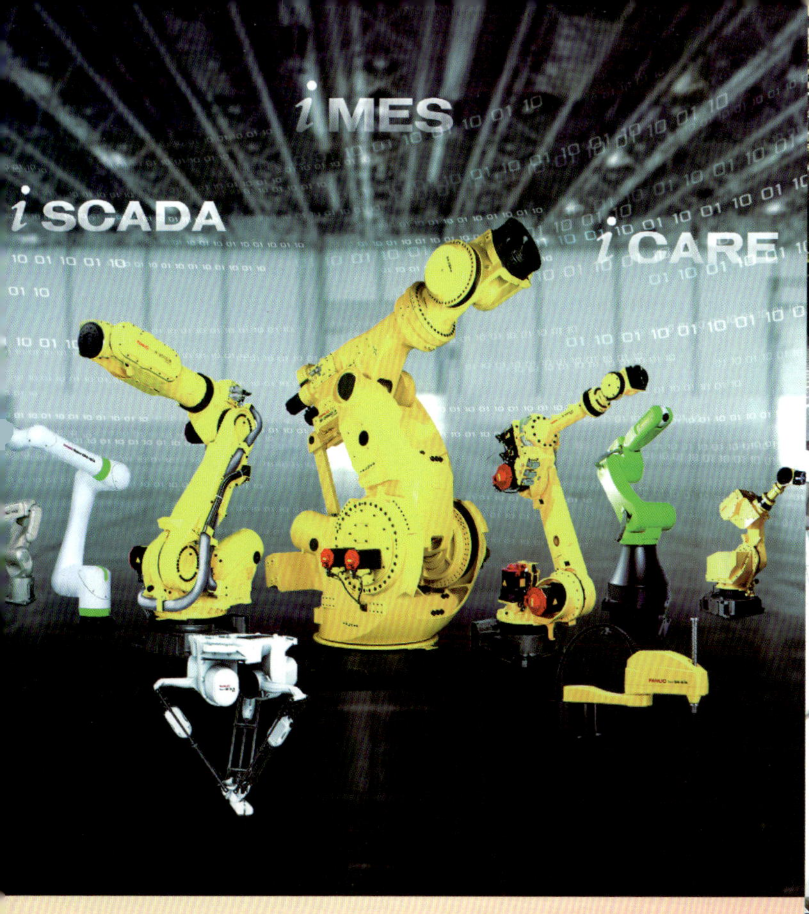

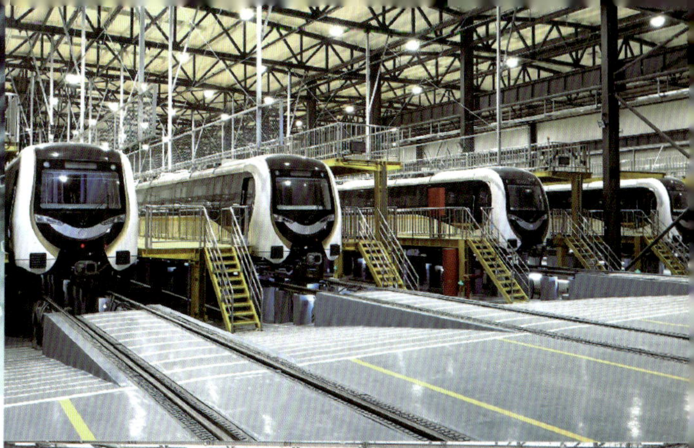

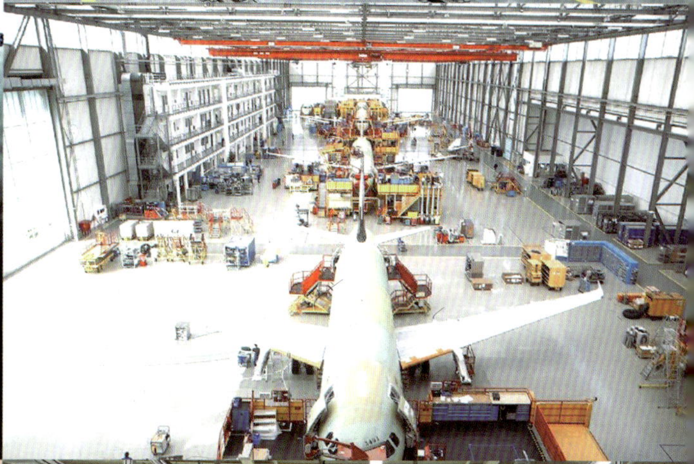

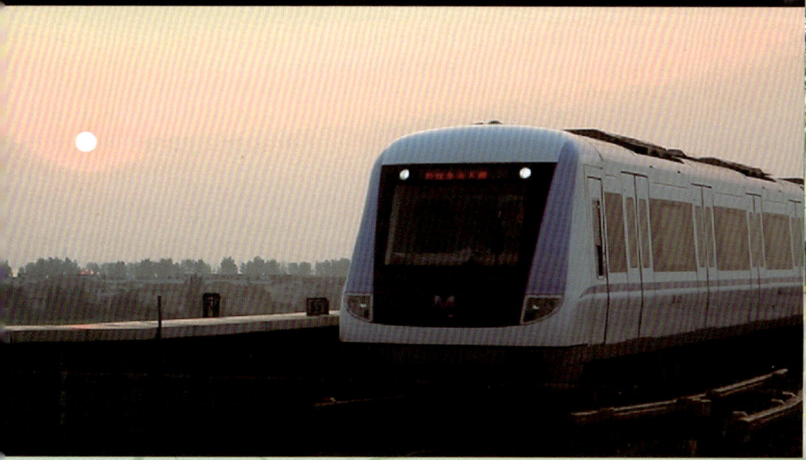

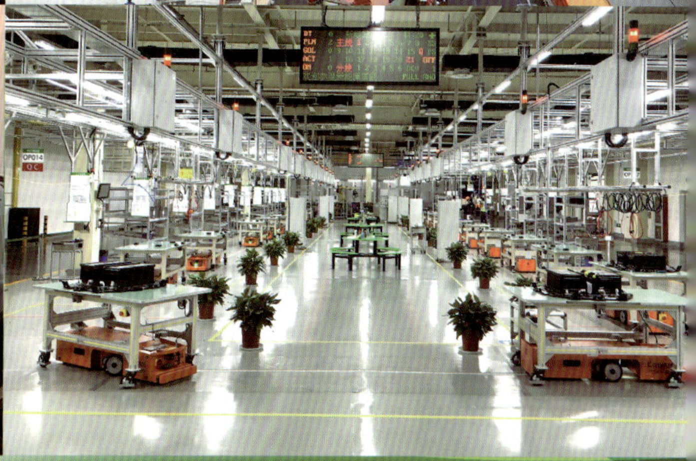

# 上海电气自动化集团

上海电气自动化集团是上海电气集团股份有限公司直属的以发展自动化系统解决方案、自动化产品及装备为主要内容的核心产业板块。集团拥有“建筑智能化系统设计专项甲级 、电子和智能化工程施工专业承包一级 、上海市智能制造产业协会推荐供应商”等资质。

集团以产品为基础、技术集成为方向，提供系统解决方案为商业模式，重点打造智能制造、智慧交通和智慧城市领域的自动化解决方案；重点发展工业机器人、锂电池生产设备、航空航天自动化装备、3D 打印设备、数控机床等自动化产品及装备。通过收购赢合科技、昂华自动化、德国宝尔捷、德国曼兹等自动化领域的优势企业，进一步完善和加强了行业领先的技术与产品，为工厂带来更高效生产力，为城市带来更蓬勃活力。

在智慧城市领域，上海电气聚焦智慧交通、城市治理、智慧社区、智慧市政，应邀参与了国家战略新兴城市的综合规划和标准制定工作。集团以轨道交通车辆、牵引、信号系统、综合监控系统、供电、环控等机电产品为基础，技术集成为方向，提供轨道交通机电设备和系统整体解决方案和全生命周期的服务。集团立足一网统管系统解决方案，拥有城市楼宇综合管理、智慧园区综合管理、城市综合管廊运维、城市智慧水务管理等市政设施设备产业链。我们竭诚为城镇提供优化的智慧城市解决方案。

# 长城电器集团上海有限公司

长城电器集团上海有限公司是一家以工业电器为主导的大型企业，公司创建于 2007 年 4 月，注册资金 10567 万元，注册商标为“CMC”，占地面积约为 4.5 万 m2，建筑面积约为 4.6 万 m2，位于上海市金山工业区月工路 777 号。园区拥有变压器生产车间、高低压成套开关柜生产车间、元器件生产车间、综合办公楼、标准员工食堂等相关生产生活配套设施，年产值可达数 10 亿元。

公司主要生产智能高低压成套设备、柱上变压器台成套设备、35KV 及以下节能型电力变压器、光伏变电站及箱式变电站等多个系列产品，且部分产品已通过一级能效认证。公司秉承精工制造精神，以安全、可靠的产品服务电力事业，以最高的效率，最优的价格服务市场。

公司在管理体系上通过了 ISO9001 质量管理体系、ISO14001 环境管理体系、ISO45001 职业健康安全管理体系、CQC 相关标准认证，公司产品均取得国家强制性试验报告。

本着不断创新的企业发展原则，公司不断加大科技创新投入，先后取得 100 多项实用新型专利，获得“国家高新技术企业”“安全生产标准化二级企业”“上海市重合同守信用单位”“AAA 信用等级单位”“四星级活力工会”等荣誉称号。

公司先后入围国家电网、南方电网、内蒙古电力集团、陕西省地方电力(集团)有限公司，公司产品覆盖各个领域，与国家电网、南方电网、大唐集团、中国能源、首钢京唐、宝武集团等大型国有单位建立了长期深入的合作关系。

面对新的挑战，公司采用多元化、全球化服务的市场战略，不断开疆拓土，积极融入国内外大市场，锐意进取，以“科技服务人类”的崇高理念为指引，全力将长城电器集团上海有限公司打造成为管理科学、形象卓越的国际知名企业。

中国浦发机械工业股份有限公司(中国浦发)成立于 1992 年 10 月，原机械部与上海市共同应浦东大开发的需要而建，是中国机械工业集团有限公司(国机集团)的重要成员企业。

国机集团是中央直接管理的国有重要骨干企业，是世界 500 强企业，2020 年位列第 281 位，连续多年位居中国机械工业百强首位。

中国浦发业务领域主要涵盖石油、石化、海洋装备制造；电力、石化、医药、轻纺、建筑、规划、市政、环境行业设计咨询和工程总承包；特种设备检测；房建工程；工业地产开发；贸易服务等。

1. 装备制造与研发包含石油钻采机械、炼油化工设备、海洋与沙漠石油工程设备、轻工环保装备、特种分离与表面技术等。

2. 工程总承包包含空气分离领域、环保领域、房建工程领域、化工领域、电力领域、新能源领域等。

3. 特种设备检测

专门从事石化设备检验、安全评定、失效分析、修复及失效预防的综合性研究。在湿硫化氢应力腐蚀、选材等方面居国内领先水平。生产各类油田用泵、大功率传动部件、三抽设备、绞车、转盘、提升系统、各类刹车等，可对各类换热器、塔盘与填料、压力容器进行性能实验。

4. 工业地产开发

先后开发了商用建筑、住宅和工业园区等十多个房地产项目，包括大型工业园区“浦发金桥工业城”和综合性商业地产“浦发广场”。

5. 贸易服务

主要从事机电产品进出口贸易、进口机电产品品牌代理、机电产品国内贸易、国内外工程建设项目材料供应等。以及美国林肯电气公司直接授权的国际一级代理商，主要向机械行业企业、石油、天然气、化工行业的油田、管道安装、石油平台等企业、核电行业的制造及安装企业提供了大量焊接设备、焊接材料及配件。

中国浦发下属两个国家高新企业，分布在石油石化装备制造领域和空分工程领域，装备制造和检验领域拥有特种设备设计和制造许可证、实验室认可证、检验机构证等石油石化装备制造资质；持有在压力容器、安全阀(RD2、RD3、RD4、FD2)定期检验、长输油气管道(DD1)定期检验与合于使用评价、在用工业管道(DD3)定期检验以及无损检测(RT、UT、MT、PT、AE、TOFD)项目的特种设备综合检验检测资质、特种设备型式试验资质、CNAS 实验室认可、检验机构认可。工程总承包领域拥有化工石化医药行业化工工程、石油及化工产品储运专业设计甲级，环境工程水污染防治工程专项设计甲级，大气污染防治工程专项设计乙级资质。以及压力容器，压力管道，机电工程，市政工程施工总承包等资质；工程设计建筑行业(建筑工程)甲级资质，工程监理甲级资质，市政行业乙级资质、风景园林工程设计乙级资质，以及房屋建筑工程施工总承包、市政公用工程施工总承包、电力工程施工总承包资质以及机电安装工程，钢结构工程、古建筑工程、环保工程专业承包等资质。

# 上海斯可络压缩机有限公司

中外合资高新技术企业 | 100 年 +20 年持续创新品牌 | 专注于压缩空气、真空技术前沿创新
提供高质量产品、服务、解决方案 | 为每一个客户降本增效、创造价值。

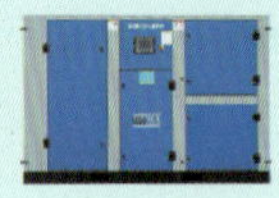

## 产品——喷油低压永磁变频 LHPM 系列

**2020 年国家能效之星**

功率 :37KW - 185KW

气量 :12 m³/min-47.4 m³/min

压力 :1.5~5 BAR

VSPM智能型
永磁变频螺杆式真空泵

螺杆技术 变频驱动 高效节能

## 产品——喷油永磁变频 PM2 系列

**2016 年研发成功，引领小型永磁变频空压机一体集成式潮流。**
**2019 年正式在日本市场发售，销量突破 1000 台。**

功率 :7.5KW - 15KW

气量 :1.0 m³/min-2.4m³/min

压力 :7/8/10BAR

## 产品——无油涡旋 XA 系列

**45KW 无油涡旋实现国内首发**

**全球第一品牌无油涡旋主机**

功率 :3.7KW-45KW

气量 :0.3 m³/min-3.5 m³/min

压力 :7/8/10BAR

主机 : 日本岩田

## 创新产品 — 磁悬浮离心式压缩机

功率 :90KW - 220KW

气量 :20m³/min-50m³/min

压力 :7/8/10/12.5BAR

## 产品——无油螺杆 G 系列

**德国 TUV 无油认证**

功率 :37KW - 280KW

气量 :5.5 m³/min-48.5 m³/min

压力 :7/8/10BAR

主机 : 德国 GHH

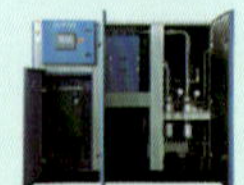

## 创新产品 — 空气悬浮离心式鼓风机

功率 :20 - 500HP

气量 :11m³/min-400m³/min

压力 :40 ～ 120 KPa

## 创新产品——喷油永磁变频 EPM+ 系列

**世界首创**

**2 项发明专利**

功率 :90KW - 220KW

气量 :20m³/min-50m³/min

压力 :7/8/10/12.5BAR

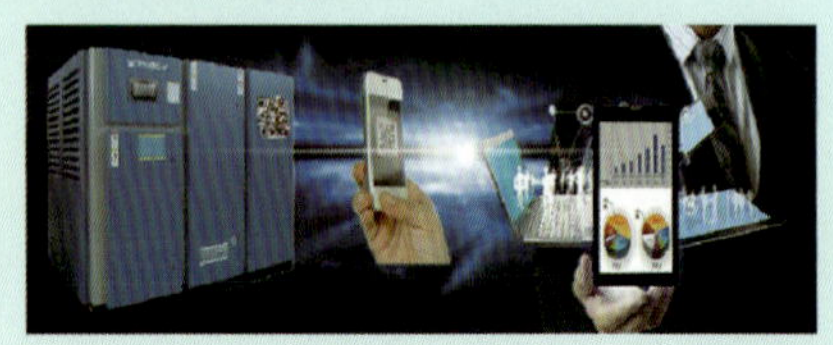

# 中国核工业第五建设有限公司

China Nuclear Industry Fifth Construction CO., LTD.

公司组建于 1964 年，隶属于中国核工业集团有限公司，是中国核工业建设股份有限公司(股票代码：601611)的重要成员单位。公司是以国防工程、核工程、核电工程和工业与民用建筑安装工程业务为主的大型综合性建筑安装企业。

作为国家高新技术企业，具有电力工程、机电工程、石油化工工程、建筑工程等四个施工总承包一级资质；核工程、钢结构工程、起重设备安装工程等三个专业承包一级资质；取得了中华人民共和国民用核安全设备制造、安装许可证，压力管道安装、压力容器制造、锅炉安装和起重机械安装维修资质许可证；取得了中国合格评定国家认可委员会实验室认可证书、检验检测机构资质认定证书及国家核安全局认定的民用核安全设备焊工焊接操作工考核中心认可证书；通过了国家工业和信息化部两化融合体系认定，获得了国家工业和信息化部颁发的两化融合管理体系评定证书；经国家科技部评审，被认定为国家高新技术企业；为上海市人社局、中核集团双备案的技能等级认定中心试点单位。

在核电工程领域，公司是我国第一家同时具有核电站核岛、常规岛全场安装施工业绩的企业。具备了重水堆、高温气冷堆、CNP600、P300、M310、华龙一号、AP1000、CFR600 等多种核电堆型施工经验。

在非核工程领域，公司立足上海，以"长三角"为主要发展基地，向"珠江三角"等多个区域拓展，具备土建、安装施工总承包的能力，在 LNG 工程领域具备 EPC 总承包能力，在石油化工、电子医药、非标制作、吊装运输领域具有一定的社会知名度。承担了国内 LNG 低温罐建安市场近 50% 的份额。

公司曾先后荣获中国建筑工程鲁班奖、国家优质工程金奖、银奖、中国安装之星、上海市白玉兰杯、申安杯等省部级以上优质工程奖 114 项，拥有专利 192 项、省部级科技奖 66 项、国家级科技奖 3 项。公司先后 29 次被评为上海市优秀公司，是上海市建筑企业综合实力前 50 强企业。

责任 安全 创新 协同

地址：上海市金山区石化龙胜路 1070 号
电话：021-57952277
网站：www.cnec5.com

浙江 LNG 接收站

黔南州全民健身活动中心

神华煤直接液化项目

浙江三门 AP1000 核电

巴基斯坦卡拉奇"华龙一号"核电

# 上海电气环保集团

上海电气环保集团作为上海电气核心产业集团之一，积极推动产业结构升级，布局固废处理、水处理、新能源、工业事业、建筑工业化等业务领域，构建多领域齐发展的综合性产业集团，营业收入已超百亿元。具有独立知识产权的核心技术、丰富的工程总承包经验及关键装备制造能力，为用户提供一站式服务和一揽子解决方案。

在固废处理领域，集核心技术与关键设备制造能力于一体，为用户提供整体服务；

在水处理领域，专注为污水处理及水资源循环利用提供专业解决方案；

在新能源领域，重点发展分布式系统集成技术，通过多种方案联动实现资源利用最大化；

在工业事业领域，集工业及民用建筑设计、绿色涂装、建筑智能改造于一身，为建筑物绿色升级提供整体服务；

在建筑工业化领域，专注于建筑工业化装备研发，预制构件设计与生产。以智“云”、智“管”、智“链”的建筑工业化互联网平台，提供建筑工业化全产业链服务，推动建筑工业化全面实现。

作为一家与国家及世界能源环保战略接轨的国有控股企业，创新、环保、共赢，是我们永远不变的追求。上海电气环保集团致力于为自然资源和环境保护提供更高效、更绿色、更经济的解决方案。为我国的经济可持续发展、建设和谐社会，为缓解全球能源危机做出努力和贡献。

LEADGO Advanced Materials

# 上海沥高科技股份有限公司

宁波沥高复合材料有限公司宿舍楼透视图

上海沥高科技股份有限公司（SHANGHAI LEADGO-TECH CO.,LTD.）成立于1999年，是一家专注于复合材料研发、制造与销售的高新技术企业。总部坐落于上海，生产基地位于宁波，在美国、法国均设有分公司，放眼全球复合材料市场。

公司秉承“高效、安全、本地化、一步到位”原则，致力于真空袋辅材的研发、制造和销售，并且积极运用新工艺、新技术制造和加工高性能复合材料模具。目前，公司产品已经广泛运用于风电制造、航空航天领域，并涵盖轨道交通、医疗器械、电子设备、汽车、游艇制造等数十个行业。

2012年在上海建立技术研发中心，拥有一支国内一流专业的研发队伍并配备30多台行业领先的仪器和设备。研发中心长期与东华大学、青岛科技大学等国内科研院校进行深入广泛的技术交流与合作并取得了丰硕成果。成功实现从低温到高温全套真空辅助材料的量产化。

专业研发各种高性能复合材料和真空工艺复材，目前已取得数百项技术专利，成为国内该领域的领导品牌。研发中心配备专业的仪器和设备，可自主完成大多数复合材料的性能表征与科研实验。

2013年在宁波杭州湾开发区建成现代化复合材料和真空辅材生产基地，占地面积73000平方米，引进国际先进复合材料生产设备，实现各种类型复合材料和真空辅材全覆盖生产。

上海沥高可为全球客户提供多元化的产品定制服务，并致力于成为复合材料领域世界级的领先品牌。

核主泵全流量试验台

试验台架上的 RUV 主泵

# 上海电气凯士比核电泵阀有限公司
Shanghai Electric-KSB Nuclear Pumps & Valves Co., Ltd.

上海电气凯士比核电泵阀有限公司(简称 SEC-KSB),是上海电气集团和德国凯士比集团于 2008 年 9 月成立的合资公司。其中,上海电气持股 55%,凯士比集团持股 45%。SEC-KSB 引进德国 KSB 先进的核电泵阀技术,凭借 KSB 公司先进的管理经验与技术优势,与上海电气核电产业发展战略和装备制造能力相结合,为核电用户提供技术先进、质量可靠、运行安全的核 1 级反应堆冷却剂泵(主泵)及核 2、3 级泵、阀以及常规岛泵、阀的设计、制造和售后服务。

SEC-KSB 已建立了完善的质量、环境、职业健康安全管理体系,已取得 ISO9001、ISO14001、OHSAS18001 证书、ASME N 和 NPT 认证证书;并已获得国家《民用核安全 1、2、3 级泵设计、制造许可证》。

华龙一号 RSR 主泵

SEC-KSB 能够提供具有国际领先技术水平的轴封型主泵(RSR)及湿绕组电机主泵(RUV)。2015 年为海南昌江 1&2 号机组交付的 4 台轴封式核主泵(RSR)已安全运行 6 年;目前,正为华龙一号融合后的首堆－漳州项目,以及苍南项目等提供轴封型主泵(RSR),为国家科技重大专项“国和一号”示范工程研制湿绕组电机主泵(RUV)。RUV 样机已于 2019 年 7 月完成全部鉴定试验项目,并通过专家鉴定,成为“国和一号”中首个通过全部鉴定试验的主泵,填补了国内外空白。与此同时,CAP1000 50Hz 湿绕组主泵的研发设计也已获得专家鉴定。

自 2011 年底投产运行以来,SEC-KSB 已为福清、宁德、田湾、阳江、防城港、方家山、红沿河、徐大堡等核电站交付了 227 台套的核 2、3 级泵及常规岛泵,包括为全球首台 AP1000 机组三门和海阳依托项目提供的余热排出泵、凝结水泵、辅助泵,为华龙一号首堆－福清 5 号机组提供的上充泵、余热排出泵、安注安喷泵、凝结水泵等。此外,为国家科技重大专项“国和一号”示范工程设计制造的主给水泵,已完成各项试验验证。其为英国欣克利角 C 核电项目提供的立式上充泵正在进行出厂试验。

以“世界级工厂”为目标,SEC-KSB 致力于加快“技术自主化、产品国产化”的进程,推进我国核主泵自主化设计、制造进程,注重创建和发展以“技术领先、应用广泛、质量可靠、交货及时”为核心的竞争力,提高企业赢利能力,将企业打造成国际上著名的核级泵阀设备的设计、生产基地。

公司地址:上海市浦东新区临港新城倚天路 257 号
邮　　编:201306
电　　话:021-38221500
网　　站:www.sec-ksb.com

# OMRON

# 上海欧姆龙控制电器有限公司

上海欧姆龙控制电器有限公司创建于1993年，由欧姆龙（中国）有限公司全额投资，主要从事继电器、电器控制装置及机械、电器零部件的开发、制造、销售和服务，主要产品包括车载继电器、车载开关、产机开关。

我们所拥有的加工设备以国外引进为主，是从零部件加工到组装一体化的高度自动化生产线，部品加工技术、自动化生产技术在电子部件生产行业处于国际领先水平。作为欧姆龙倾力打造的全球电子元器件生产基地之一，我们以高度自动化的生产线制造出高品质的电子元件，面向中国以及全球市场实施供应。

“用我们的工作，提高我们的生活，创造更美好的社会”是欧姆龙集团的宗旨。我们以提供质量高、供给稳定、成本有竞争力的电子元件为手段，为促进中国社会的发展而不懈努力。

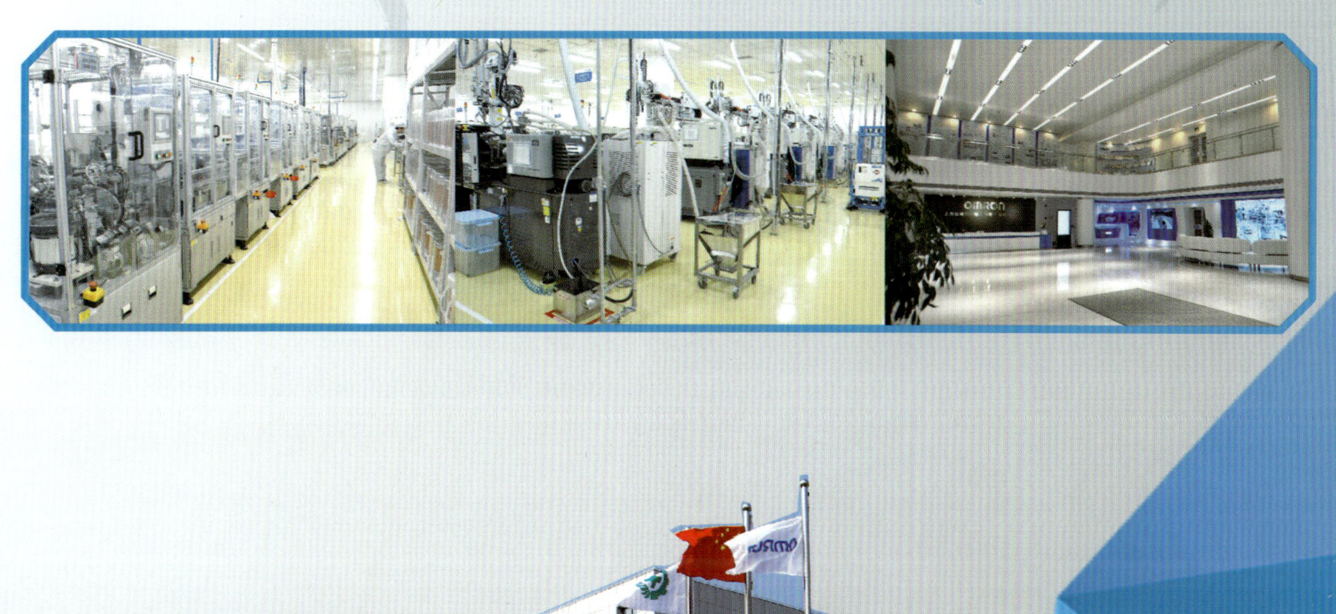

# 上海诺玛液压系统有限公司

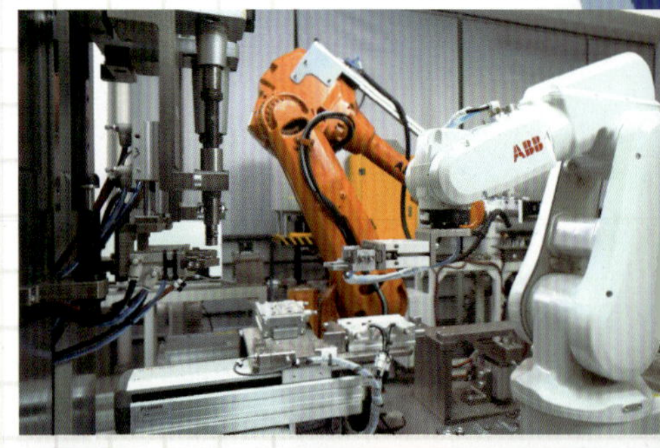

上海诺玛液压系统有限公司，成立于2005年，公司地址位于闵行区金都路3229号，注册资本6700万元。企业在高端液压阀领域积极探索15载，获得上海市高新技术企业、上海市小巨人企业、上海市“专、精、特、新”企业、上海市专利示范企业称号，专利总数为102项，其中发明专利26项已授权，是国家工信部、上海市强基工程支持企业，中国液压行业高端液压元件细分领域领军企业，上海市政府经信委、上海市国防科工委、闵行区政府重点扶植企业。

诺玛液压以高端液压元件的研发制造为根本，先后在上海临港新片区和湖南长沙经济技术开发区设立工厂，工厂将采用全自动机器人柔性制造，智能流水线在线检测、装配、功能测试、包装，AGV协作机器人及智能物流，并充分发挥地域优势和资源优势，服务更多市场。

上海诺格智能系统工程有限公司，作为诺玛液压另一家全资子公司，主要业务是为军工领域及液压行业提供智能制造系统解决方案。未来，上海诺格在经营模式上的重要优势在于结合本身专业技术及母公司智能工厂建设经验的积累，实现最快、最成熟的突破及切入点，即智能制造系统解决方案的推广。通过智能机器人自动化流水线的智能工厂建设解决整个国内液压行业关键核心共性制造工艺的整体解决方案，实现生产制造快速增效，实现产品一致性、可靠性，为通用型工业制造提供智能数字化工厂建设推广示范效应。

## 主要业务板块：

1. 高端液压阀
各类高端伺服阀、比例阀，行走机械用臂架多路阀等
数字化、模块化、CAN总线先导控制伺服阀与比例阀
数字泵、马达等配套用数字伺服比例先导模块
各类螺纹插装阀及集成阀组

2. 电液伺服比例控制系统集成解决方案
各类液压元件智能数字式测试台
农业自动驾驶液压系统
各类工业应用领域液压系统集成

3. 智能制造
液压元件自动化加工及装配流水线规划、设计及制造

上海诺玛液压系统工程有限公司
地址：上海市闵行区金都路3229号
电话：021-54832120
网址：http://www.radk-tech.com

汇川技术旗下子品牌

扫一扫二维码
了解更多BST咨询

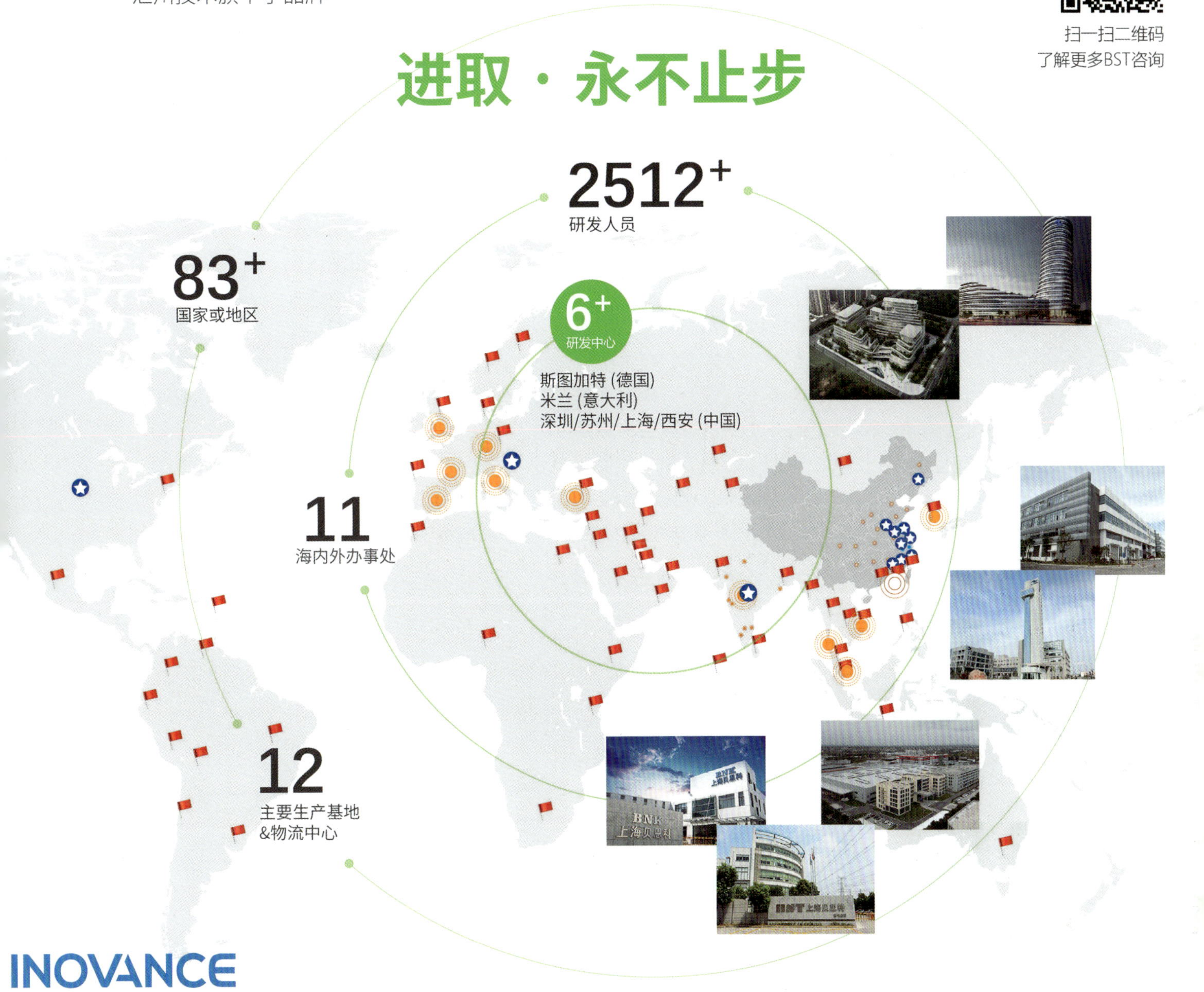

2512+
研发人员

83+
国家或地区

6+
研发中心

斯图加特（德国）
米兰（意大利）
深圳/苏州/上海/西安（中国）

11
海内外办事处

12
主要生产基地
&物流中心

INOVANCE

汇川集团成立于2003年，业务涵盖工业自动化、电梯电气大配套、新能源汽车、工业机器人、轨道交通等行业领域。汇川技术作为综合产品与解决方案供应商，以拥有自主知识产权的驱动与控制技术为基础，为客户研发具有竞争力的产品以及个性化的解决方案，先进的运营管理与精良的生产工艺，为快速实现客户价值保驾护航。

**贝思特和默纳克深耕电梯零部件行业，是汇川技术的全资子公司。**

**贝思特**——专注于电梯配套产品的开拓，涵盖人机交互产品（操纵盘、外呼、按钮、显示模块、方向灯、对讲机等）、井道电器、门系统、电梯用线缆等部件，全方案的产品及服务满足客户需求，是国内外各大知名电梯品牌值得信赖的供应商。

**默纳克**——电梯一体化技术的引领者，致力于电梯控制系统产品的研发、生产和服务，为全球电梯行业提供了超过200万台电梯一体化控制器及变频器产品。

# 上海春日机械工业有限公司

上海春日机械工业有限公司（上海春日）是台湾机械工业股份有限公司（台湾春日）在中国大陆设立的股份公司，是专业设计制造用于紧固件和其它异形金属零件成形用冷镦机、螺纹搓丝机等设备和模具的制造商。

“台湾春日”以其母公司和世界著名的紧固件制造商——“春雨集团”50余年制造紧固件的经验和技术依托，经过近40年的不懈努力，自主研发并制造出10个大类80余个型号的冷镦、螺纹搓丝等设备，具有设计先进、结构实用、制造精密、性能稳定、易操作维护和优异的性能价格比等特点，被广泛用于民用、工业、汽车、建筑、铁路、航空、电子制造等行业用各类紧固件和异形件的加工制造。至2018年底，“春日机械”已向世界各地的数百家用户交付了16,000台各种型号规格的冷镦和搓丝等设备。

“上海春日”秉承“台湾春日”的经营理念，以向中国和世界各地用户提供最具竞争力的紧固件制造设备为使命，在中国大陆的上海市拥有60,000余平方米的自建厂房和数十台大型先进的数控机械加工设备和检测设备，自1999年6月投产以来已向国内外的500余家用户交付了约5,000台各类冷镦和搓丝设备，为中国和世界其他地区高速发展的包括电子电器、建筑和汽车零件等产业在内的制造业提供了强有力的设备和技术支持。

“上海春日”坚持“顾客满意、敬业合作、创意革新”的经营理念，依托台湾，扎根大陆，面向世界，与用户齐努力、同发展，为国内外紧固件制造业的发展和进步不断做出积极的贡献！

## 产品展示

CH系列一模二冲打头机

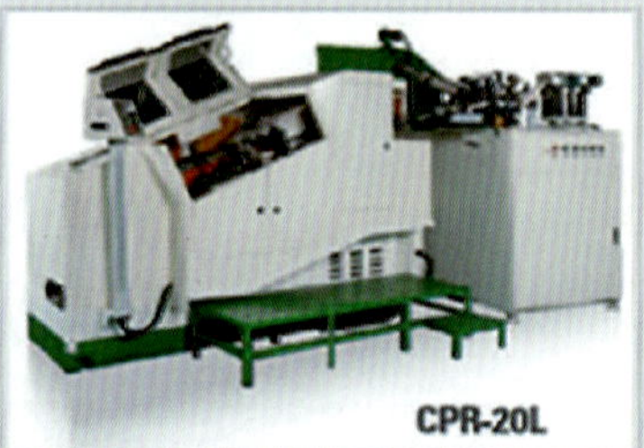

CPR系列平板式螺纹搓丝机

CDH系列二模二冲打头机

CBF/CBP系列多工位螺栓冷镦成形机

CPF系列多功位零件冷镦成形机

CNF/CNP系列多工位螺母冷镦机

冷镦成形模具

冷镦切边模

螺纹搓丝模具

# NovaTork® 诺特

中国高端扭力工具专业制造

19年 工厂经验

40+国 远销全球

40+ 知识产权

30+ 产品系列 1000+ 产品规格

上海优拜机械股份有限公司成立于2002年，是一家致力于扭矩工具系列产品的研发设计、生产制造和全球化销售的专业工厂，“NovaTork诺特”的品牌缔造者。

★ 高新技术企业 ★ 科技型企业 ★ 中国工具名牌企业 ★ 近40项 自主专利和软著 ★ 专业杂志及央视CCTV专访 ★ 安全生产标准化认证 ★ 上海市科技小巨人培育企业 ★ ISO9001:2000认证 ★ 知识产权管理体系标准认证

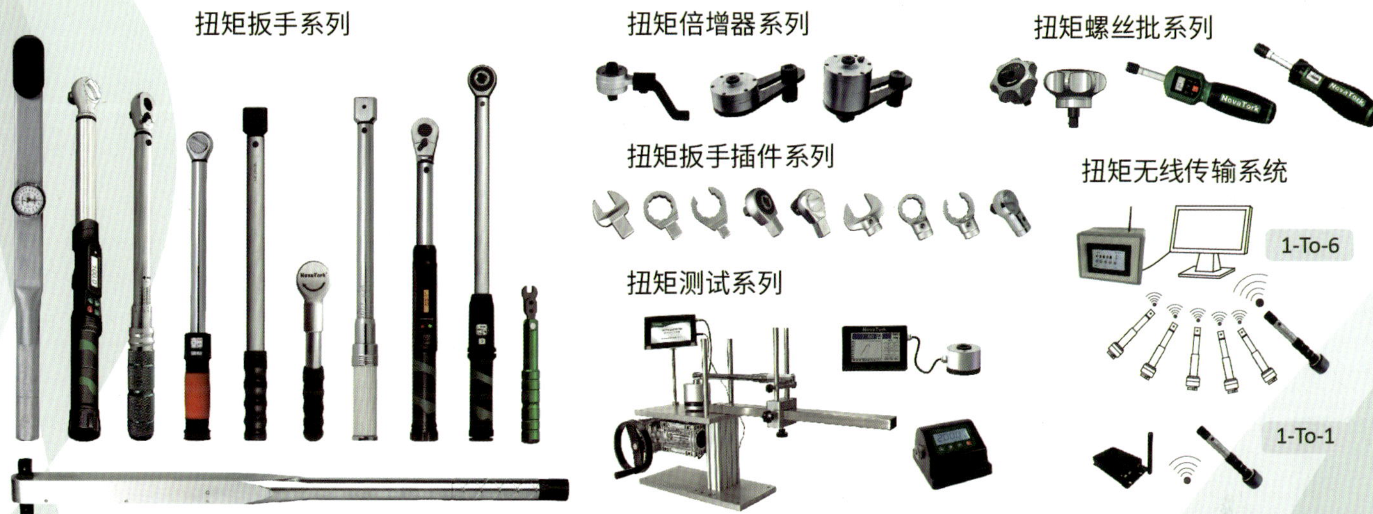


工厂实景　　加工中心，桁架机械手自动生产线，装配线等

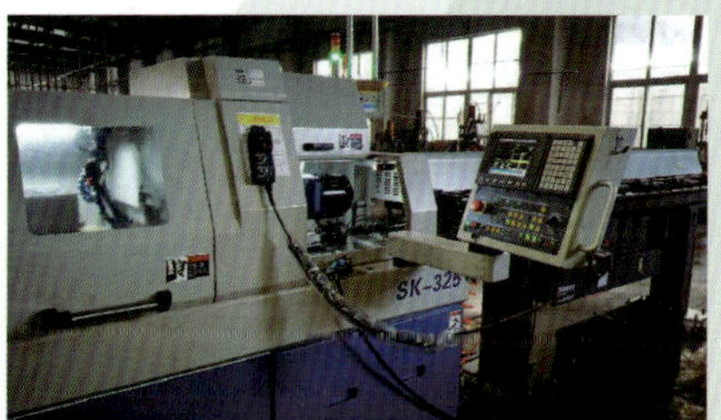

零件仓，模具仓，成品仓，质检等　　研发实验室，校验及自动测试，办公区

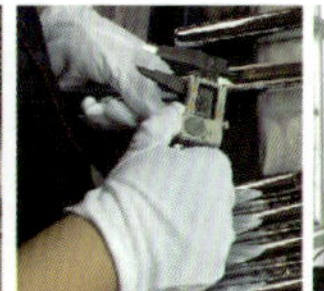

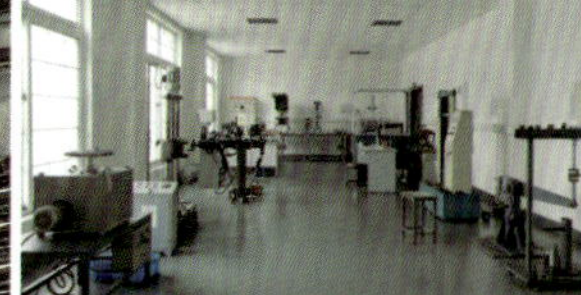

上海优拜机械股份有限公司

工厂地址：
上海市奉贤区青村镇钱桥路168号

服务热线：400 820 5285
销售部电话：021 57597331
官网网址：www.novatork.com.cn
阿里巴巴：novatork.1688.com（中文站）

微信公众号
“NovaTork诺特扭矩世界”

上海电气泰雷兹
THALES SEC TRANSPORT

# 自主创新信号系统 TSTCBTC® 2.0

## ——中国新一代城市轨道交通信号系统

- 双CBTC的冗余系统架构，联锁列控集成，实现高可用性和高可靠性
- “以车为本”的移动授权理念，满足灵活的运营组织要求
- 支持实现最高等级GoA4的全自动无人驾驶
- 已和上海地铁技术中心完成基于TSTCBTC® 2.0系统的互联互通接口和功能验证
- 已在上海5号线成功运营总里程超过600万列公里并通过中城协载客运营考核评审，还将应用在上海14号线（GoA4）及郑州6号线一期
- 结合自主定位、列车环境感知等技术，TSTCBTC® 2.0可演进升级为下一代的列车控制系统

508

# · APTIV · 安波福中央电气（上海）有限公司

位于嘉定安亭镇的安波福中央电气（上海）有限公司是全球领先的汽车零部件技术供应商安波福（Aptiv）公司在中国设立的企业之一，隶属于安波福连接器系统事业部。作为该事业部在全球最大的生产基地和亚太区总部，安波福中央电气上海基地占地面积 72,000 平方米，集研发与制造为一体，拥有雄厚的本土研发能力、丰富的产品布局和卓越的配套能力。其下属的模具工厂是安波福全球规模最大的连接器系统模具研发和制造基地，模具产品出口到欧洲和美洲，真正实现“中国技术，全球共享”。

自 2004 年落户上海国际汽车城以来，安波福中央电气始终遵循“在中国，为中国”的发展策略，在积极引进国外先进技术的同时，持续扩大本地化，本地制造和研发水平不断提升，获得专利超过 400 项，从“中国制造”向“中国创造”稳步迈进。企业先后获得了上海外商投资百强企业、高新技术企业、市级技术中心、上海供应链创新与应用示范企业、嘉定区先进制造业金奖等多项荣誉，已成为国内各大整车制造企业的核心供应商。

近年来，安波福中央电气上海工厂积极践行中国制造 2025 发展战略，把握数字化大势，大力推进信息化的协同集成与智能工厂的创新应用，其正在实施的如“APTIV 智能制造系统”等参照工业互联网理念的项目，极大地提升了企业的整体信息系统与业务融合程度，以及协同、集成和创新的能力，实现了从销售、研发、生产到物流配送整个业务流程的数字化。

为了进一步提升智能制造水平，2020 年，安波福中央电气上海工厂再次投入巨资打造自动化无人仓库。作为“APTIV 智能制造系统”的重要组成部分，该无人仓库建筑面积约 8300 平方米，采用成套整体物流解决方案，极大地降低储运损耗及运营成本，从原材料入库、生产制造、到最终产品入库、出库实现了全自动无人化管理，代表着汽车行业全球领先的智能制造水平。

由于安波福中央电气上海工厂在智能工厂打造方面的突出成就和卓越管理理念，该工厂荣获了“2020 年上海市质量金奖”。

# 上海帆声图像科技有限公司

帆声科技，成立于2012年，是一家专注于制造产业升级，为客户提供一站式缺陷检测解决方案的智能装备企业。专攻用于离散制造智能化和确保品质的智能检测系统。

总部位于上海金桥自贸区，同时在苏州、惠州、武汉和四川等地建有多个研发与生产交付基地。

2011 基于光谱及视觉技术，推出中国首台鉴定设备

2012 帆声图像成立，并首次将自学习能力概念应用于图像处理软件

2013 业界首推高速液晶显示器电极微划伤检测设备

2015 业界首家交付模组全制程AOI设备

2018 武汉研发中心成立，完成液晶模组信号源及电测系统研发并量产交付，行业核心客户历史突破

将以人工为基础的产品品质标准，快速转换成智能化标准的工艺品质缺陷检测系统及设备，实现人工检测及质量体系的完美替代。公司产品包含：

1、显示模组及画面缺陷，绑定缺陷及工艺过程的外观缺陷检测；

2、模组检测系统，CELL检测系统，OLED检测系统，老化检测系统；

3、涉及中大尺寸显示器的视觉检测及其他信号检测的整体解决方案。

提供高效、高适应性的深度定制服务，全面满足以控制品质、提高良率及减少人力成本为主的客户需求，堪称人工智能与工业应用结合的成功典范。

企业拥有完全自主知识产权的核心图像智能算法，光学研发能力并自主研发智能视觉识别软件，及给予独立操作系统的核心板平台的电测系列产品。

并在华南、华中等地，拥有全资控股的组装测试工厂。是国内首家能够提供智能显示模组全制程缺陷检测解决方案的供应商。

企业拥有领先行业的工业人工智能研发团队，平均视觉领域经验7年以上。

截止至今，获得众多行业专利，其中包含发明专利，实用新型专利，软件著作权，外观专利等多项专利。

受益市场各行业对检测设备产品需求扩大，帆声迎来重大发展机遇。据全国已投产和建设中的检测设备需求估算，AOI市场总规模已超500亿！

“创新、合众、感恩”，帆声将继续坚持自主创新之路，深耕细作全球市场，通过人工智能技术实现对于跨行业的开发和应用，服务涵盖于显示、汽车、医疗、食品、军工等众多领域。致力持续成为中国国产视觉检测行业的领跑者！

# 上海良信电器股份有限公司

上海良信电器股份有限公司是一家专注低压电器高端市场的领先企业，主营终端电器、配电电器、控制电器、智能家居等领域的研发、制造、销售和服务。公司 2014 年在深圳证券交易所挂牌上市(SZ.002706)。

公司上海总部位于申江南路 2000 号(张江管理局管辖范围)，在国内设立 54 个办事处，在亚洲、欧洲、北美设有 4 个海外办事机构。领先的产品及解决方案广泛应用于从发电端、输配电到用电端，包括信息通讯、新能源、智能楼宇、电力、工建、工控等行业。

公司被评为国家高新技术企业、国家技术创新示范企业、国家知识产权优势企业、中国机械工业质量诚信企业、标准化良好行为示范企业、上海市专利工作示范企业等。

研发中心 2016 年被认定为国家企业技术中心，试验检测中心通过 CNAS 国家认可实验室资质及美国 UL 试验室认可认证，现良信的试验检测中心已成为业内唯一具备符合 IEC 和 UL 两个标准体系实验能力的企业级检测试验中心。

公司积极承担社会责任，促进低压电器领域和区域良性发展，至 2020 年底总人数 2975 名，为上海市劳动就业提供岗位支持。703 名研发及工程技术人员构成公司技术研发的核心力量，外聘专家 20 名，为产品开发、技术研究等提供了强有力的技术支持，设立“企业博士后科研工作站”，培养和引进技术人才。

公司近三年投入研发的费用均不低于每年销售收入 8%，主要用于开展基础研究、通用技术研究、仿真技术研究、工程技术研究等。新产品主要由公司自主研发，拥有自主知识产权，并投入生产及销售，公司 90% 以上的研发产品都进行了科技成果转化。

截至 2020 年底，公司累计授权 879 项，其中国内发明专利 95 项、国外发明专利 3 项、实用新型专利 649 项、外观设计专利 132 项。

良信电器 2020 年现实总销售收入 30.17 亿元，同比增长 47.98%；研发投入 2.74 亿元，占营业收入 9.10%，同比增长 55.80%；利润总额 4.37 亿元，同比增长 39.01%；资产总额 32.61 亿元，同比增长 39.98%；税收 2.04 亿元，同比增长 43.66%。

公司积极探索产业转型升级新路径，结合政策导向，以创新为基本动力，依托企业技术中心平台、引进国内外先进的高端自动化设备，向智能制造转型升级，建立“研发—转化—生产”良性循环的产业生态体系，提升产品质量和核心竞争力，树立行业龙头和标杆意识，推动行业智能制造业发展。

# 上海电科智能系统股份有限公司
Shanghai SEARI Intelligent System Co.,Ltd.

上海电科智能系统股份有限公司是国内智能系统行业领先的行业解决方案提供商和系统集成商，公司前身是上海电器科学研究所下属的自动化分所，自 1990 年代初开始从事智能交通及智能市政业务，于 2008 年成功实施现代企业制度改革。经过多年发展积累，公司业务涵盖智慧交管、智慧高速、智慧公交、智慧市政、交通大数据研发应用等领域，业绩遍布全国近三十个省、自治区、直辖市。

公司拥有国家建设部、交通部等主管部门颁发的多项一级资质，具备领先行业的智慧城市相关专业技术和雄厚的科研实力，目前已形成了科研开发与成果产业化两方面优秀的人才团队，汇聚了交通工程、计算机、通信、自动化等众多专业人才。公司设有多个国家和省部级重点实验室和工程技术中心，是国家级高新技术企业和软件企业。公司承担了包括国家“863”计划、国家科技支撑计划在内的多项重点科研任务，科研成果荣获国家科技进步二等奖和上海市科技进步一等奖等多项国家级和省部级奖项，并凭借出色的工程业绩获得全国十佳系统集成商等多项荣誉。公司团队相继多次荣获上海市劳动模范集体称号、上海市五一劳动奖状等荣誉。

公司积累了在全国范围内开展智能交通工程项目实施及其运营维护的丰富经验，由公司主导研发和建设并承担其运营工作的上海世博智能交通系统，有效解决了 2010 年上海世博会召开期间的交通管理难题，其成就得到社会各界一致好评，受到中共中央、国务院的表彰；并在世博会后持续实现了长效的交通管理效益和交通信息服务效益，成为上海市城市智能交通建设和管理取得阶段性成果的重要标志，也成为国内乃至世界城市交通智能化管理的成功案例。

上海电科智能系统股份有限公司秉承优良传统、坚持创新、不断超越，致力于通过领先行业的专业技术和全面细致的专业服务，围绕智能交通核心业务，打造行业卓越品牌，引领行业发展，为用户、为社会创造更大价值。

1、智慧交管典型案例：

智能交通运维管理云平台

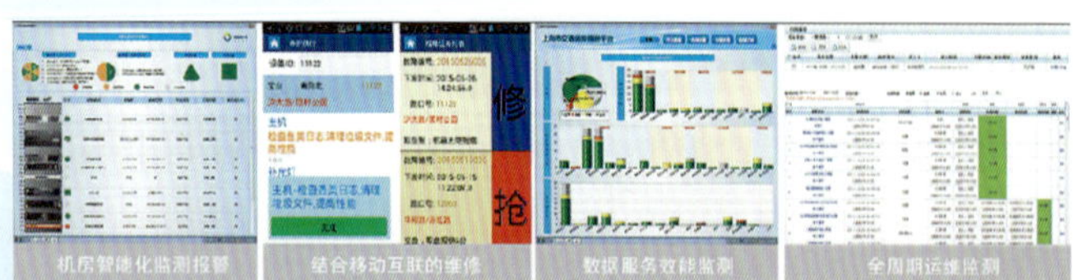

公安交通集成调度指挥平台

3、智慧公交 典型案例：

城市轨道交通综合运营管理

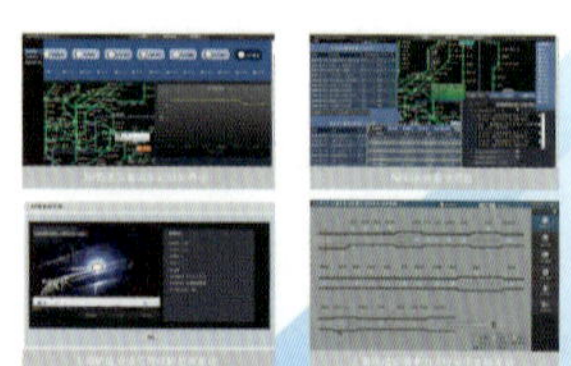

2、智慧公路典型案例：

智慧高速、智慧大桥、智慧隧道综合监控与运营管理平台

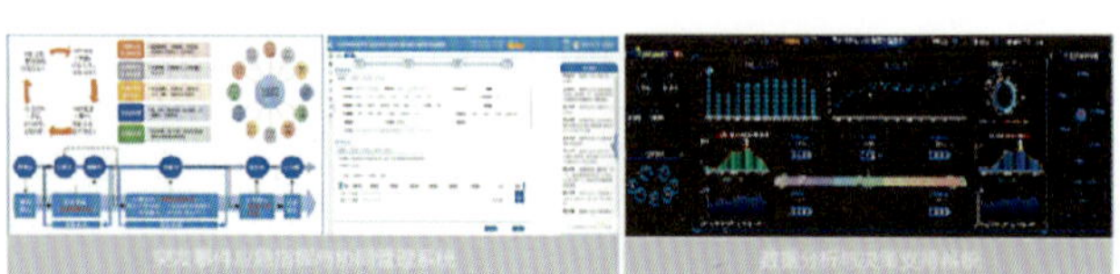

4、智慧城市 典型案例：

智慧市政管理平台

5. 大数据典型案列：

大数据平台 SEARI-TBDS

# 上海诺倬力机电科技有限公司

SHANGHAI NOZOLI MACHINE TOOLS TECHNOLOGY CO.,LTD.

上海诺倬力机电科技有限公司是一家集研发、生产、销售、服务于一体的高新技术企业，走的是“中国智造”的重要发展道路。长期专注于高端机械制造与自动化领域，主要针对国家制造短板进行技术研制突破。诺倬力坐落于上海市闵行区马桥镇，配备有国内外先进的检测设备， 集聚国内优秀的研发团队、管理团队和高级技工队伍，大力推进自主研发工作，致力于打造国内一流水平的高端数控装备。主营产品包括：五轴联动系列、龙门系列、立式三四轴系列，卧式系列加工中心，搅拌摩擦焊，飞机工业铆机等非标设备。 公司销售服务网络已覆盖华北、华中、华南、长三角等多个地区，个别产品还走向了海外。凭借着雄厚的技术和细致入微的服务优势，诺倬力产品在行业中被广泛应用，赢得了各地经销商及终端客户的一致好评，营业收入每年都在成倍攀升。

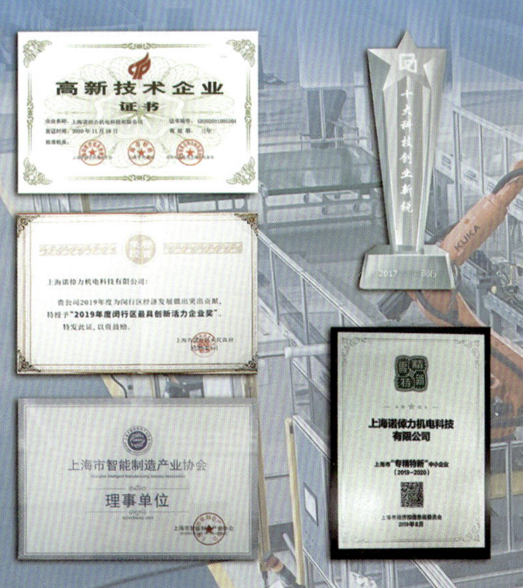

为积极响应国家政策，打破国内机床行业五轴联动技术的瓶颈，公司在研发上投入了大量的人力、物力、财力，凭借自主研发的实力和不断创新的精神，历经5年潜心笃志的探索，成功研制了五轴五联动系列、五轴五联动龙门系列、五轴五联动立卧两用系列等多款产品。机器结构稳固，加工效率极高，一次装夹便可实现多种近乎完美的复杂曲面加工，能大大减少加工时间，提升产品的合格率，核心部件所用技术成功打破国外对国内军工的技术封锁，实现技术的完全自主可控，是属于中国人自己的五轴联动数控机床，为国家军工企业的生产制造提供了有力的信息安全保障，更降低了军工企业的生产成本，对国内军工高端机械设备的发展，有着重大意义与贡献。接下来，诺倬力将全力打造自动化生产线数字工厂，进行生产线的集成，最终实现数字化无人工厂，为客户提供工业整体解决方案。

## 公司成立以来 取得的资质荣誉

★ 20余项发明专利，近200项实用新型专利，近30项外观设计专利，17项软件著作权，近30项注册商标

★ 国家高新技术企业

★ 第六届中国创新创业大赛国赛优秀企业奖

★ 第六届中国创新创业大赛上海赛区优胜企业奖

★ 第八届中国创新创业大赛上海赛区优秀企业奖

★ 上海市经信委智能制造系统解决方案供应商

★ 上海市“专精特新”中小企业

★ 上海市科委高新技术成果转化项目认定

★ 上海市闵行区经信委先进制造业专项立项

★ 2019 年度闵行区最具创新活力企业

★ 2017 年度闵行区十大科技新锐企业

地址：上海市闵行区昆阳路2019号

总机：021-54221275 电话：185-1638-9531

邮箱：tan@nozoli.com 网址：www.nozoli.com

NOZOLI

诺倬力数控

# 上海中核浦原有限公司

中核集团

无人机辐射监测系统

膜法除氧装置

主蒸汽隔离阀

受控磁约束核聚变反应核心设备主机真空室

上海中核浦原有限公司(以下简称中核浦原)成立于 1992 年,是中国核工业集团有限公司(以下简称中核集团)核与非核设备、仪器仪表制造及科技成果转化、招标与集采平台服务、国际国内贸易为主业的专业化投资运营公司。中核浦原所属 16 家企业,员工近 4000 人,产业规模 90 多亿元。

中核浦原践行“责任、安全、创新、协同”的核心价值观,按照中核集团战略部署,发挥核工业全产业链优势,坚持“小核心、大协作”,积极开展内外部合作,推进装备制造、科技研发、供应链服务、工业品贸易协同发展与深度融合,努力成为装备制造为核心的长三角地区有影响力的投资运营公司,为中核集团打造国际一流核工业集团贡献力量。

中核浦原主要业务

核安全级压力变送器

地址：上海市徐汇区桂林路 396 号 1 号楼 11 层
电话：021-64830066
网站：www.puyuan.com

# 思达斯易能源技术（集团）有限公司

思达斯易能源技术（集团）有限公司成立于1994年，是一家集油气田的勘探开发、石油设备的研发制造与石油技术服务为一体的综合性国际石油能源技术公司。

**主要业务范围：**

油气田勘探开发

石油机械设备研发制造

石油工程

油田技术服务

上游投资和贸易

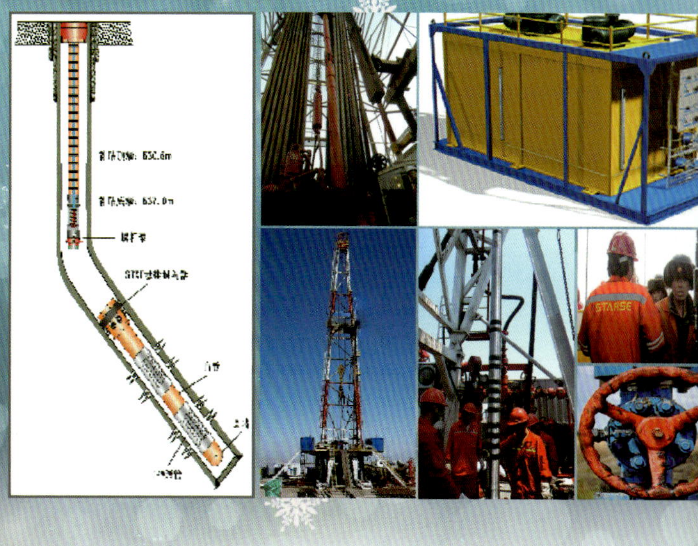

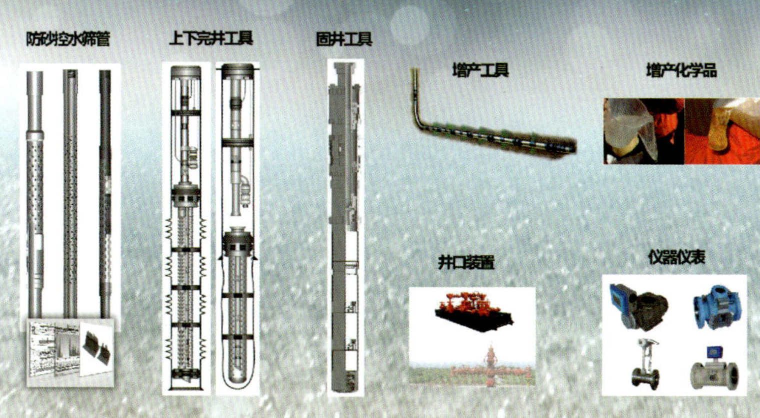


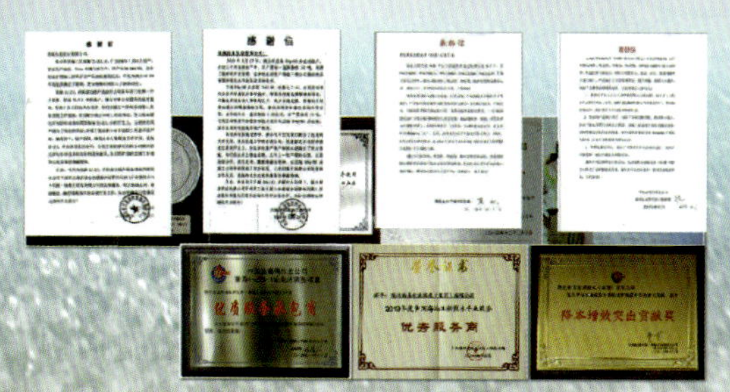

# 上海中集洋山物流装备有限公司

上海中集洋山物流装备有限公司（简称中集洋山）系中集集团全资子公司，位于上海市临港重装备产业园区内，距洋山深水港约55公里，公司主营标准集装箱、特种集装箱的制造与服务，以及相关零部件、钢结构的制造安装业务。公司占地面积约620亩，注册资本2948万美元，累计投资总额6325万美元，一期设计生产能力为年20万TEU，目前年均产值约25亿元。

作为中集集团在中国华东地区的干箱主力工厂，中集洋山全体员工秉承"尽心尽力，尽善尽美"的理念，坚持以一流的管理、一流的质量、一流的服务、一流的信誉为宗旨，为客户提供世界一流的现代化交通运输装备和相关服务。

# 巴斯夫催化剂（上海）有限公司

## 单位概况

2006年6月，巴斯夫并购安格公司，并于次年7月更名为巴斯夫催化剂（上海）有限公司。公司生产机动车排放控制催化剂，用于汽油车、柴油车及摩托车。公司于2000年7月起投入商业运营。

作为全球领先的催化剂供应商，巴斯夫在废气排放控制领域有着卓越的技术成就。所生产的催化剂产品在市场上有着广泛的应用，包括汽车、摩托车和柴油机等三大领域，如汽车尾气三元催化转换器、摩托车尾气催化剂、柴油机尾气催化剂等。这些产品保护着我们共同呼吸的空气。

巴斯夫催化剂（上海）有限公司以优质的解决方案服务于客户，能够帮助客户满足国家现行排放标准以及将来更加严格的汽车尾气排放标准。其技术一直在同行业中占有领先地位，并在扩大产能、技术研发方面都有很大的投资，以保持其长期以来对市场的承诺，我们将继续竭诚为中国市场及客户提供最优质的服务。

巴斯夫催化剂（上海）有限公司一贯重视产品品质管理与提高，同时致力于环境保护，对相关环境因素进行科学管理和持续改进，已通过了TS16949质量管理体系、ISO14001环境管理体系、ISO50001能源管理体系、OHSAS18001职业卫生安全管理体系。

## 社会责任

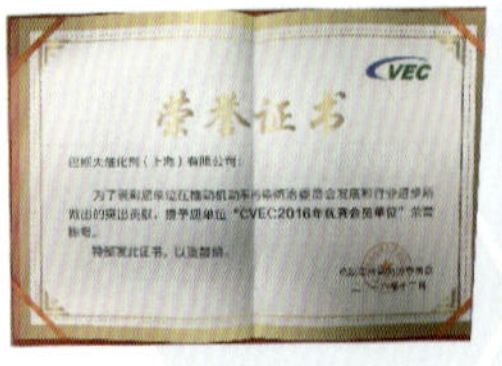


巴斯夫催化剂和中国环境科学研究院（环科院）保持长期研发合作，在过去10年成功研发合作基础上，巴斯夫于2014年签署新的战略合作协议，携手应对严峻的大气污染问题，特别是北京和华北地区的雾霾。

中国环境科学研究院隶属于中华人民共和国环境保护部，是国家级社会公益非营利性环境保护科研机构。双方的合作将聚焦三大领域：首先，巴斯夫和环科院将共同研究中国市场汽车后处理装置的试验评价与监管，借鉴欧洲和北美的先进经验，为制定相关的技术政策和监测措施提供支持；另外，双方也将联合开展中国在用汽车排放状况研究；以及节能环保领跑者技术研究。

在巴斯夫催化剂，我们将经济效益、社会责任及环境保护结合在一起，通过研发与创新，帮助客户在各行各业满足当前和未来的社会需求。不仅多次获得客户颁发的优秀供应商奖项，更获得行业内的认可，获得行业协会等组织颁发的奖项。

## 单位文化

安全与责任关怀作为我们的首要考虑

每一位员工、每一天、在每个基地都必须承担个人责任，提升安全状况，履行责任关怀的承诺。执行任务前进行风险分析并采取纠正措施，从而提升操作安全性；察觉安全隐患时及时报告；彼此之间相互照应。

固守法规行事

不得随意歪曲规则。每位员工都有责任做事正确，并要求共事者同样处事。与责任关怀一样，合规也是公司运营的根本，我们都必须达到此领域内的高标准要求。

以创新取胜

作为一家科技企业，我们必须通过创新取胜。创新是我们脱颖而出的关键，没有创新，企业就会丧失竞争优势，面临客户流失的风险。每位员工都有责任开创创新型解决方案和推动创造性思维，帮助企业继续保持行业领先地位。创新不只是研发（R&D）的任务，也是每位员工的责任。

追求卓越执行

客户是我们所有工作的中心；客户与我们合作的体验感受不仅直接影响着他们的选择，也会改变他们对巴斯夫和巴斯夫竞争对手的看法。请抽时间了解你的职责会如何影响客户，确保能以卓越、值得信赖的方式打造一流的客户体验，满足客户的需求。

根据“创造化学新作用”这一战略，巴斯夫制定了远大的目标，继续巩固全球领先化工公司的地位。我们致力于推动可持续发展的未来，并将其融入公司宗旨：创造化学新作用——追求可持续发展的未来。我们希望创造一个充满活力的未来，为提高每个人的生活品质作出贡献。为此，我们充分利用现有资源，为客户和社会创造化学新作用。

1. 我们从以下方面落实企业宗旨

负责任地进行采购与生产／成为公平可靠的合作伙伴／汇聚创新思想，发掘满足市场需求的最佳解决方案

2. 我们的战略原则

凝聚集团整体力量增加价值。巴斯夫的一体化理念在业内独树一帜。涵盖生产一体化、技术一体化、专知一体化以及全球所有相关的客户行业，这个复杂而又具有盈利性的体系将在未来不断扩大。我们以此整合自身优势，凝聚集团整体力量增加价值。

追求创新帮助客户更加成功。巴斯夫将更贴近客户需求，利用创新的可持续发展解决方案帮助客户获得成功。通过与客户及研究机构的密切合作，巴斯夫整合了化学、生物、物理、材料科学、工程等领域的专业知识，共同开发定制产品、功能性材料、系统解决方案和工艺技术。

引领可持续发展的解决方案。未来，可持续性更是新商业机遇的起点。因此，巴斯夫高度重视可持续性与创新，并将其视为促进盈利增长的重要动力。

建立最佳团队。全球敬业称职的优秀员工是巴斯夫追求可持续发展未来的关键因素。为了建立最佳团队，我们为员工提供了优越的工作环境和具有包容性的领导文化，鼓励相互信任、相互尊重，并追求最高绩效。

3. 我们的价值

公司战略的成功实施取决于我们如何行动：这就是我们价值观的意义所在。这套价值观将引导我们与社会、合作伙伴和同事之间的互动与协作。

创造力：为了寻求创新和可持续发展解决方案，我们勇于追求大胆设想。我们集合不同领域的专业知识，建立合作伙伴关系以开发增值的创新解决方案。我们不断改进产品、服务和解决方案。

开放性：我们重视多元化—无论是人、观点，还是经验。我们鼓励以坦诚、尊重和互信为基础的对话。我们致力于发展人才，不断提高他们的能力。

责任感：我们承担作为社会一员的责任。因此，我们严格遵守合规标准，并且在安全方面从不妥协。

企业家精神：无论作为个人还是一个团队，巴斯夫的所有员工都为公司的成功作出贡献。我们将市场需求转化为客户解决方案，而取得这些成就源于我们对工作的全心投入，并勇于承担责任。

# 上海化学工业区工业气体有限公司

上海化学工业区工业气体有限公司（SCIPIG）成立于 2002 年 8 月，由法国液化空气集团（AIR LIQUIDE）和美国普莱克斯集团（PRAXAIR）各出资 50% 合资组建，是最早进驻上海化学工业区开始生产运营的投资企业之一。公司的主要生产装置为空分装置和合成气装置，分别生产氧气、氮气、压缩空气和氢气、一氧化碳等多种工业气体产品。

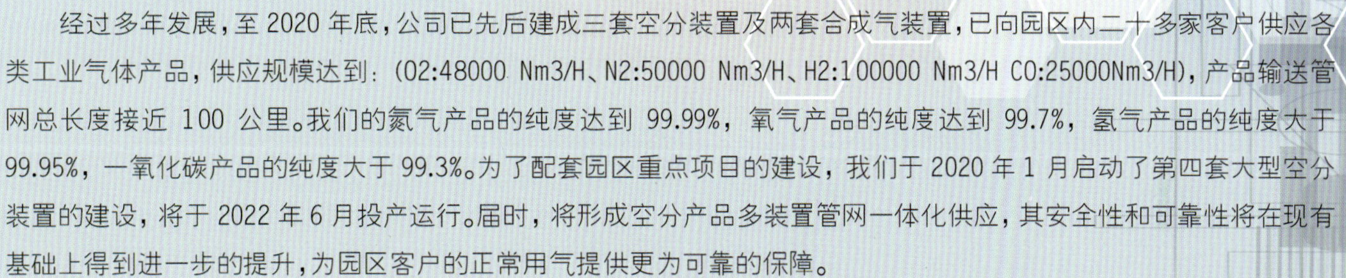

经过多年发展，至 2020 年底，公司已先后建成三套空分装置及两套合成气装置，已向园区内二十多家客户供应各类工业气体产品，供应规模达到：($O_2$:48000 Nm3/H、$N_2$:50000 Nm3/H、$H_2$:100000 Nm3/H CO:25000Nm3/H)，产品输送管网总长度接近 100 公里。我们的氮气产品的纯度达到 99.99%，氧气产品的纯度达到 99.7%，氢气产品的纯度大于 99.95%，一氧化碳产品的纯度大于 99.3%。为了配套园区重点项目的建设，我们于 2020 年 1 月启动了第四套大型空分装置的建设，将于 2022 年 6 月投产运行。届时，将形成空分产品多装置管网一体化供应，其安全性和可靠性将在现有基础上得到进一步的提升，为园区客户的正常用气提供更为可靠的保障。

作为母公司之一的美国普莱克斯集团，于 2019 年 3 月与德国林德集团（Linde）合并，成立了新的林德集团（Linde）。工业气体公司继续依托两家母公司强大的专业技术资源、运行经验和管理方法，以及市场开发等方面的大力支持，建立了优秀的运行管理团队和专业技术团队，公司以最优质的产品和服务来满足化学工业区内客户的需求，作为长期的合作伙伴，与客户共同成长和发展。

公司在保障产品供应的同时，建立完善的管理体系，逐步优化组织架构和工作效率，在提高公司经济效益的同时，为国家创造了巨大的税收。2020 年上缴税收 2.5 亿元，人均交税 250 万元。

基于公司的远景和使命，公司全体员工遵守公司的价值观和行为规范，严格执行安全标准和质量方针，步脚踏实、努力前行，使公司得以长足发展，取得良好的业绩。

科创园区已经投运，智慧园区已经建设完毕。放眼未来，园区基础设施将更加完善，招商规模会进一步发展，会有更多的优质企业进驻园区，现有客户亦会进一步扩大生产规模，这也为公司的进一步发展提供了良好的机遇和广阔的空间。相信在不远的将来，公司会新建更多的空分及合成气生产装置，以满足园区的发展，公司的明天亦将更加辉煌！

## 安全文化

SAFETY CULTURE

我们致力于凭借国际先进的EHS管理体系，以“安全第一、预防为主、持续改进”的方针，把危险的行业做成安全的职业。公司秉持“打造百年佳化、实现可持续发展”的理念，将企业发展与经济效益、社会责任、安全生产、环境保护紧密结合在一起，立志将佳化化学打造为全球出色的化工公司。

# 企业简介

COMPANY PROFILE

上海抚佳精细化工有限公司成立于2007年，是**佳化化学股份有限公司**的全资子公司，主要从事环氧乙烷、环氧丙烷下游衍生专用化学品及特种化学品的研发、生产与销售等业务。公司设立建筑化学品、特种化学品、功能性材料及特性材料四个事业部，产品广泛应用于建筑、汽车、家居、工业及公用设施洗涤、涂料、油田、纺织印染、农药等多个行业。

公司设有上海市院士工作站、金山区企业技术中心，也是首批通过TFS质量审核的中国化工企业，在国内率先引入杜邦安全管理体系并通过了世界500强企业化工企业EHS审核。

我们专注绿色化学和可持续发展，并致力于在短时间内为客户开发具有吸引力及性价比的创新产品和解决方案。通过不断的数据积累，反应模拟和小型试验，不断优化现有工艺的同时也通过设备和自动化控制手段提高自身竞争力，提供客户所需。

## 产品介绍

PRODUCT DESCRIPTION

**建筑化学品**

聚羧酸高效减水剂原材料
异戊烯醇聚氧乙烯醚
异丁烯醇聚氧乙烯醚
甲基烯丙醇聚氧乙烯醚

**特种化学品**

醇胺、AEO、聚乙二醇
平平加、乳化剂、MS胶
纺织助剂、光固化树脂
油田助剂、杀菌洗手液
洗衣液、金属加工助剂

**功能性材料**

阻燃剂
改性环氧树脂
硬泡聚醚多元醇
热塑性聚氨酯弹性体

**特性材料**

聚氨酯助剂
聚合物多元醇
基础聚醚多元醇
嵌段改性聚醚多元醇

上海抚佳精细化工有限公司
电话：+86 21 20670888
传真：+86 21 50125277
邮箱：sales@jiahua-china.com
网址：www.jiahua-china.com
地址：上海市金山区卫镇海金路258号

WE BELIEVE IN PEOPLE

汇 佳 人 造 佳 化

# 运研材料科技（上海）有限公司

运研材料科技(上海)有限公司是一家致力于功能性新材料研发、制造和销售的国家高新技术企业，总部与研发中心位于上海临港松江科技城，在山西运城建设了一座年产10万吨水性树脂及光伏材料、3万吨特种化工产品的新型材料工厂。

公司拥有经验丰富的市场人员和优秀的研发团队，构建了多个事业部分别专注于水性树脂、热膨胀发泡微球、光伏材料和相变微胶囊，面向全球工业和消费品行业客户提供产品及技术支持，在提高其产品品质的同时降低对环境的危害。运研水性树脂分为水性聚氨酯乳液和水性丙烯酸乳液两大类七十多个产品，用于磁卡层压胶、纺织涂层胶、纸张涂层、pvc墙纸复合、标签油墨、水性木器漆、工业漆等等，具有高固低黏、不黄变、耐受性好等特点；运研光伏材料涵盖光伏玻璃减反射涂层和高反涂层；运研热膨胀发泡微球广泛应用于鞋材，塑料橡胶，皮革，纺织印花，油墨，人造大理石，超轻黏土，航天航空，军工装备制造等行业；目前从事热膨胀发泡微球研发生产的企业全球一共有六家左右，运研作为国内领军企业，产品性能达到了国际进口产品同等水平，打破国外产品在高端应用领域的垄断地位，为国内各个领域提供轻量化应用的需求。

运研依靠雄厚的技术力量，先进的合成理念和生产工艺，严谨的管理方式，着力打造“SK”和“RICC”两大新材料业务品牌，愿景是成为高分子功能材料领域最具前瞻性、竞争性、创新性的领导者，建设具有国际竞争力的科技企业集团。

# 科思创聚合物(中国)有限公司

科思创是全球领先的聚合物生产商之一，2020 年销售额达 107 亿欧元。公司业务范围主要集中在高科技聚合物材料的生产制造，以及用于诸多日常生活领域的创新性及可持续性产品解决方案的研发，从而致力于全面推动循环经济发展。其主要服务领域涵盖汽车与交通、建筑、家具与木材加工以及电子、电气与家电行业，其他领域还包括运动休闲、化妆品、医疗以及化工行业本身。截至 2020 年底，科思创在全球拥有 33 个生产基地、约 16500 位员工(按全职员工计算)。

中国是科思创全球最大单一市场。2020 年，科思创中国的销售额为 22.5 亿欧元，占集团全球销售额约 21%。截至 2020 年底，科思创在中国投资总额已超过 38 亿欧元。科思创在中国拥有包括研发、制造和销售在内的全方位业务活动，为客户提供高性能材料及创新解决方案。科思创在大中华区共拥有 7 大生产基地、1 个亚太区域创新中心、7 个办公点，为 3000 余名员工创造卓越的工作机会。因致力于为员工创造卓越雇佣条件，科思创中国被杰出雇主调研机构认证为 2019、2020 和 2021 年度"中国杰出雇主"。

科思创在中国致力于推动可持续发展与循环经济的战略目标。2021 年 2 月，具有绿色环保及可持续特点的氯化氢氧化装置 Deacon II 顺利开发成功。该装置凭借其先进的催化工艺，高度的可靠性和稳定性，以及绿色环保可持续的特点，可大量节省能耗，并将氯化氢 / 氯气管网循环利用率提高至 98%。

麦豪科技
MENHOVER

# 上海麦豪新材料科技有限公司

麦豪集团于2011年成立于上海金山，由海归人员、聚氨酯及有机硅行业专家创办。目前拥有上海和江西两个生产基地，分别坐落于上海市金山工业区和江西九江永修星火有机硅产业园，总占地面积72,000m²，设计产能35000吨/年。麦豪集团一直致力于聚氨酯助剂的研发和生产，主要产品为有机硅稳泡剂、催化剂和聚氨酯功能助剂。产品主要用于聚氨酯软质海绵、聚氨酯硬质泡沫塑料、高回弹模塑泡沫、鞋底及皮革等领域，销往美国、欧洲、韩国、中东、东南亚等40多个国家和地区。

## 荣誉

麦豪集团是上海市和江西省高新技术企业，上海市和江西省“专精特新”企业，上海市金山区小巨人企业，上海市聚氨酯工业协会监事长单位，《聚氨酯工业》副理事长单位，上海聚氨酯工业协会推荐品牌。

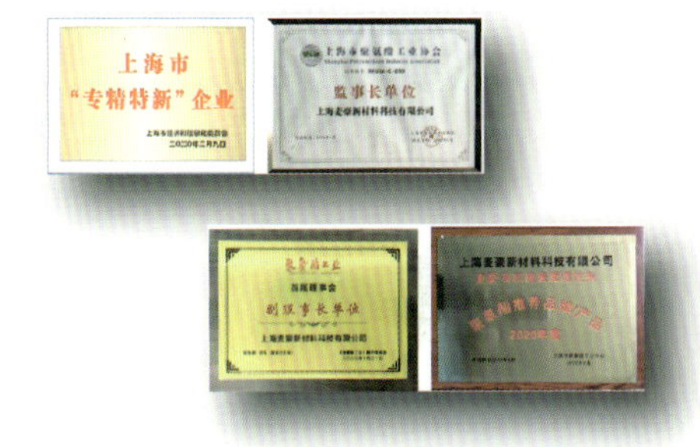


## 科技创新

公司注重产品创新和自主知识产权保护，公司与华东理工大学、江苏大学等院校及研究机构建立了长期合作关系。目前已获得多项发明专利。与华东理工大学合作的阻燃型有机硅项目获得上海市科学技术奖二等奖。

低气味/低有机硅环体的有机硅表面活性剂项目获得2020年上海市首批次新材料立项支持，经上海市化工科学技术情报研究所查新产品达到国际先进水平。

“兼具稳泡、耐高温和阻燃性能的聚氨酯泡沫用有机硅表面活性剂”获得金山区产学研科技成果转化项目。

用心服务，用心经营

麦豪集团真诚希望同国内外客户共存、共进、共赢。

上海麦豪新材料科技有限公司
地址：上海市金山区漕泾镇平业路52号
电话：021-5793 1689

江西麦豪化工科技有限公司
地址：江西省永修星火工业园星云大道32号
电话：0792-3173999

# 上海金昌工程塑料有限公司

Shanghai Jinchang Engineering Plastics Co.,Ltd.

上海金昌工程塑料有限公司位于上海西南隅杭州湾畔的金山卫，是上海石油化工股份有限公司全资子公司上海石化投资发展有限公司与日本JNC石油化学株式会社、日本伊藤忠商事株式会社组建的中外合资企业。公司引进日本先进的改性材料生产技术和设备，生产高性能改性塑料，年生产能力达到5万吨。本公司具有全面的开发、测试技术与优良的售前、售后服务能力，为客户提供全面的新产品解决方案。

公司自1994年成立、1996年正式投产以来，已自行开发了3000多个牌号，近2000个色牌号的产品，创出了一批优质产品，广泛应用于汽车、家电等行业，经过二十多年产品研发和经验积累，公司目前已获得国家专利16项，2013年起获中国合格评定国家认可委员会实验室认可证书，在汽车、家电等行业均具有较高的知名度。公司成立至今已相继建立和实施了ISO9001、IATF16949质量管理体系；GB/T24001环境管理体系；OHSAS18001职业卫生管理体系；Q/SHS0001.1安全、环境与健康管理体系以及安全生产标准化；并连续多年获得上海市塑料行业名优品牌、上海市高新技术企业、上海市守合同重信用AAA级企业、上海市诚信创建五星级企业，以及多家客户颁发的“优秀供应商”等荣誉称号。

## 汽车专用料

JC-汽车系列产品主要用于汽车内外饰件，具有良好的耐候性、耐热老化性、耐寒性，以及二次加工性能，如可焊接、涂覆等，可满足不同部件的性能要求，已得到大众、通用、本田、丰田、尼桑等汽车公司的认可与使用，其卓越的材料性能已经成为业内企业的首选。

## 家电专用料

JC-家电系列产品是以各类树脂为基体，通过改性，赋予材料以高刚性、冲击性、耐热性、抗静电性、高光泽度、阻燃及抗菌等性能。与西门子、松下、三洋、伊莱克斯、美的等国内外大型家电公司有着广泛的合作。

## 其他专用料

JC-其他系列以其良好的性能广泛用于医用大输液瓶盖等医疗器械包装、电线电缆部件、建材、食品包装、办公用品、机电等多个领域。

联系地址：上海金山区石化卫二路8号 联系电话：021-57934143 传真：021-57934602 公司主页： http://www.sh-jcpp.com 邮编：200540

# 上海绿强新材料有限公司

上海绿强新材料有限公司成立于2007年，是一家国有控股的高新技术企业。公司主营分子筛吸附剂、净化剂类多孔材料的研发、设计、生产和销售，产品广泛应用于石油化工、煤化工、空分、医药、电力、环保等行业。近年来公司被认定为国家知识产权优势企业、上海市科技小巨人企业、上海市专利工作示范单位、上海市专精特新中小企业、上海市平安示范单位等。

绿强公司始终视科技创新为企业发展原动力，拥有较强的科研创新能力和丰富的工程化经验，是一个集研究开发、科技创新及产业化的综合性基地。曾承担、参与过多项科研项目，包括国家科技部项目2项、工信部绿色制造项目1项、市区各级科研项目20余项，与多家高校、科研院所和企业合作开展多领域技术开发项目。作为全国分子筛标准委员会成员单位，主持制、修订了7项分子筛国家标准、11项行业标准。公司十分注重知识产权保护，拥有多项发明专利和注册商标。在实验室建设方面，公司拥有一个分子筛全套研发检验实验室，被认定为“工业吸附净化工程技术中心”以及区“分子筛工程技术研究中心”等，可开展对内和对外的研发项目以及样品检测、检验方法研究等工作。

伴随着科技创新活动的持续进行，公司获得了全国石油和化工行业优秀标准项目(2017年、2013年)、上海市科技进步奖二等奖(2017年、2014年)、上海市优秀发明选拔赛优秀发明金奖(2016年、2013年)、上海市标准化优秀学术、技术成果奖(2013年-2017年)、中国石化联合会科技进步奖二等奖(2012年)等。此外，公司已有3项产品被评为国家重点新产品，1项产品被评为上海市专利新产品。

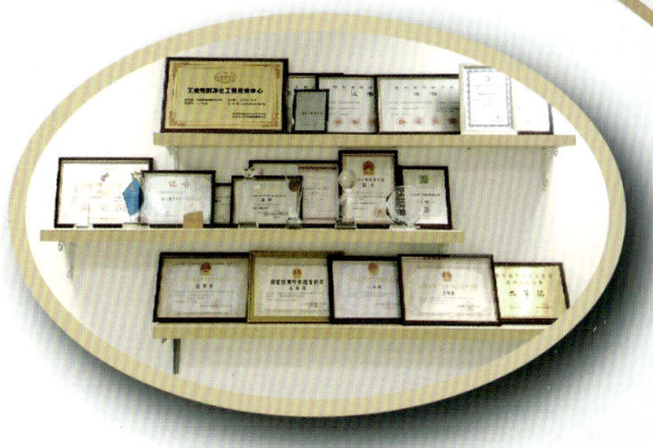
获奖情况图

颗粒状分子筛产品图

条状分子筛产品图

# 上海和辉光电股份有限公司

和辉光电二期

上海和辉光电股份有限公司成立于 2012 年 10 月，位于金山工业区中部，是一家专注于中小尺寸高解析 AMOLED 显示屏生产、研发和销售的高新技术企业。2019 年被国家知识产权局列入“国家知识产权优势企业”，2020 年被国务院国企改革领导小组办公室列入“科改示范行动计划”中的企业。

一期厂房

和辉光电建设有两条不同世代生产线：和辉光电第 4.5 代 AMOLED 生产线（以下简称一期项目）、和辉光电第 6 代 AMOLED 生产线（以下简称二期项目）。一期项目于 2014 年实现量产，打破了 AMOLED 产业长期被国外厂商垄断的局面，量产产能 15K/ 月，主要生产智能穿戴产品。为进一步增强技术含量、提升经济规模，和辉光电于 2016 年 12 月开始投资建设二期项目，该项目是“十三五”期间上海市重大产业项目、上海市战略性新兴产业项目、2016 至 2021 年度重大工程建设项目，总投资 272.78 亿元，规划产能 30K/ 月，主要面向平板、笔记本、车载和手机等产品。

和辉光电已成功自主研发应用于智能手机、可穿戴式、平板、笔记本电脑等领域的多达 30 余种 AMOLED 面板产品，并成功供货国内外知名品牌厂商如：华为、联想、步步高、小米、OPPO、VIVO、传音、魅族等。据国际数据公司 Omdia 数据统计，2020 年和辉光电智能手表用 AMOLED 面板出货量位列中国第一、全球第三，平板电脑用 AMOLED 面板出货量位列中国第一、全球第二，智能手机用 AMOLED 面板出货量保持市场份额，中国第二。尤其在平板 / 笔记本电脑领域，和辉光电于 2020 年二季度实现 AMOLED 显示面板量产出货，是全球继三星电子之后第 2 家量产出货 AMOLED 显示面板的行业厂商。

11寸平板照片

高新技术企业
证书
企业名称：上海和辉光电有限公司
证书编号：GR201931001360
发证时间：2019 年 10 月 28 日
有效期：三年
批准机关：

高新技术企业证书

知识产权优势企业

上海麦歌恩微电子股份有限公司
磁技术带来美妙科技
Magnetic Tech Makes Magic Change

## 企业简介

上海麦歌恩微电子股份有限公司(Shanghai Magntek Microelectronics Inc.，以下简称“MagnTek”)成立于2009年，总部位于上海 [1] ，深圳、重庆等地设有分公司和办事处，是一家专注于以磁性感应技术为基础的芯片和传感器总成研发、生产和销售的高新技术企业。企业信用代码为：91310000694243268F，公司经营范围为半导体集成电路及其传感器芯片的开发、设计，电子元器件的销售，并提供相关的技术咨询和技术服务，从事货物和技术的进出口业务。

MagnTek于2019年8月，加入矽睿科技集团（矽睿持股51%），共享集团资源。双方公司保持相对独立，麦歌恩公司与Magntek品牌仍将继续运营，而麦歌恩将更加深入地整合利用矽睿科技集团优质的平台资源，进一步实现研发、产品、品质等各方面的技术升级和创新突破，逐步接近甚至赶超磁性传感器芯片领域的国际巨头。

麦歌恩聚焦于**智能家居，智能交通，智能制造**三个领域，以下是我们一些行业典型应用品牌：

## 企业发展方向

### 技术发展方向

在未来的两年里，麦歌恩将着重于关键技术创新领域的发展中。主要有3大方向：

- **磁编码器、角度传感器方向**
  基于AMR（各向异性磁阻材料技术）的高精度（>17位），高速（>25000RPM）角度检测及信号处理技术。
- **高压、高可靠性产品方向**
  满足汽车功能安全要求（符合ISO26262标准）的磁性传感器设计。
- **磁性传感器的基础性研发**
  适用于三维立体空间位置和角度检测的磁性传感器元件。

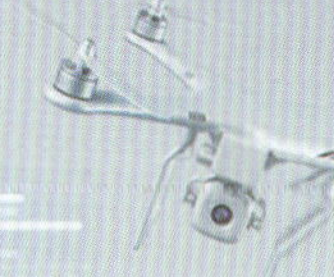

### 未来发展规划

人工智能领域，应用在无人机和无人驾驶领域，进一步提升在智能家居、智能交通和智能制造领域的品牌影响力。
智能交通无人驾驶领域——支持智能控制的超高分辨率和精度智能传感器研制和产业化。
智能工业无人机领域——具有自动感知和避障功能的智能传感系统研发和产业化。
在未来3-5年内，技术水平实现核心技术与国外先进龙头相近甚至超越，达到世界领先水准。
这些方向也将为麦歌恩聚焦的是**智能家居、智能交通和智能制造**的三个领域的发展带来如下发展规划。

| 市场 | 全球市场规模 | 国内市场规模 | 国内增长率 | 5年项目计划 | 细分市场 |
|---|---|---|---|---|---|
| 智能交通 | 350亿 | 160亿 | 15% | 1亿 | 自动驾驶-方向盘、油门、刹车 |
| 智能家居 | 350亿 | 160亿 | 15% | 0.5亿 | 摄像头、扫地机器人、按摩椅、空调 |
| 智能制造 | 500亿 | 150亿 | 10% | 0.5亿 | 工业伺服、电梯门机 |

# 豪威集团简介

# About OmniVision Group

上海浦东新区上科路88号，201210 

+86 21 6175 9888 

sales.cn@corp.ovt.com 

豪威集团-上海韦尔半导体股份有限公司（SH：603501）是全球排名前列的中国半导体设计公司，旗下拥有豪威科技(OmniVision)、韦尔半导体（Will Semiconductor）与思比科（Superpix）三个品牌以及自有分销渠道业务。集团研发中心与业务网络遍布全球，年出货量超过100亿颗。豪威集团致力于通过提供图像传感解决方案，触摸显示解决方案，高能效的电源管理以及接口管理解决方案，助力客户在移动终端、安防、汽车电子、可穿戴设备、IoT、通信、计算机、消费电子、工业、医疗等领域解决技术挑战，满足日与俱增的人工智能与绿色能源需求。

“新豪威，新征程 ”全新的豪威集团将充分完善全球战略性布局，凭借豪威科技、韦尔半导体和思比科三大品牌优势互补、资源共享、协同并进实现规模效应，秉承技术创新，提升客户满意度和粘性，为客户提供更好的产品与服务并借此与客户一起为全球消费者创造更大的价值。

OmniVision Group - Will Semiconductor Co., Ltd. (SH: 603501) is a global leading IC design company in China, with OmniVision, Will Semiconductor, Superpix and own distributors subordinated. With worldwide Research & Development centers and business networks, our annual shipment is 10 billion+. By delivering imaging sensor solutions, touch and display solutions, high-efficiency power management and IC management solutions, OmniVision Group is committed to helping customers in mobile, security, automotive, wearable devices, IoT, telecommunication, computing, consumer electronics, industry and medical to solve technical challenges and meeting increasing demands for artificial intelligence (AI) and green energy.

“New OmniVision, New Journey.” The new OmniVision Group aspires to fully improve its global strategic presence, leveraging the complementary advantages, resource sharing and synergy of OmniVision, Will Semiconductor and Superpix to enable scale effect. Adhering to technological innovation to improve customers’ satisfaction and stickiness, OmniVision Group will continuously provide superior products and service to create greater value for our global customers.

# 整体解决方案
## FOCUSED SEGMENT WITH TOTAL SOLUTION

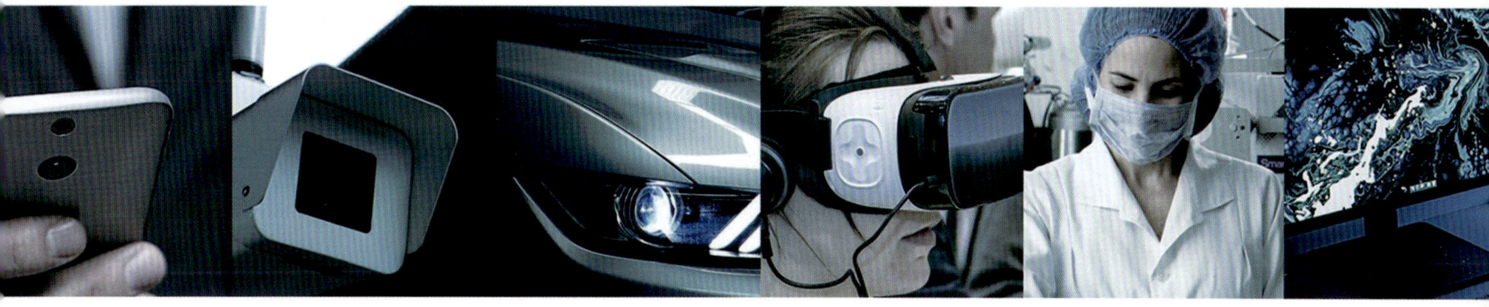

安防监控
Security

电脑平板
Computing

工业
Industry

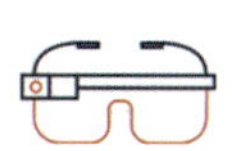
可穿戴设备
Wearable

物联网
IoT

汽车电子
Automotive

手持设备
Mobile

消费电子
Consumer Electronics

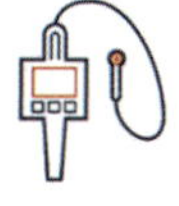
医疗
Medical

# 产品组合
## PRODUCT PORTFOLIO

图像传感器
COMS
CCC – Camera Cube Chip included

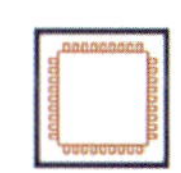
专用集成电路
ASIC

分立器件
Discrete

液晶覆硅
LCOS

模拟IC
Analog IC

电源管理器件
Power Management Device

音频器件
Audio IC

射频器件
RFIC

信号链
Signal Chain

EVS

屏下指纹
Finger Print

触控与显示集成
TDDI

# 上海真兰仪表科技股份有限公司

## 公司简介

上海真兰仪表科技股份有限公司是由全球领先的计量仪表制造巨头和欧洲三大能源服务商之一的德国米诺 - 真兰集团投资成立的股份有限公司，注册资本 2.19 亿元，是国家高新技术企业、国家企业技术中心和科技小巨人认定企业。公司拥有 200 多项国家专利、计算机软件著作权及高新技术成果转化项目，通过了世界权威认证机构 NMI 的 EU 质量体系认证（CE-242）以及 ISO9001/ISO14001/OHSAS18001/ISO10012/ISO27001 等管理体系认证。公司主要产品有宽量程系列民用膜式燃气表和工商业膜式燃气表、NB-IoT/GPRS 物联网燃气表、无线远传燃气表、IC 卡智能燃气表、智能气体腰轮流量计 & 涡轮流量计、物联网智能控制器、POS 机、ATM 自助缴费充值系统、APP 应用及基于云服务的 iGasLink 智慧燃气信息云平台等。

我公司于 2017 年斥资 3000 多万元打造的国内领先的燃气表自动化生产线，引进 ABB 公司的多关节机器人，采用先进的视觉检测系统、SCADA 及 MES 制造执行系统实现燃气表制造的智能化与信息化，实现未来“数字化工厂” 的管理模式。目前，我公司各类燃气表的年产能力超过 600 万台以上，日常产能达 2 万台，高峰期日产能达 2.5 万台。

上海真兰仪表科技股份有限公司旗下拥有燃气表、软件、电子、精密模具、精密注塑、工业表、流量计、零部件与精密五金等十余家控参股公司，全集团拥有员工超过 1500 人（上海本部有 800 多人），其中技术研发人员超过 200 人，拥有一支业务能力过硬的技术研发、市场营销和客户服务的团队。

“做计量行业的艺术家”是集团追求的核心理念。公司秉承“细节铸就完美”的设计理念，传承德国仪表严谨苛求的制造理念，奉行“专注所以专业”的行为理念，百年来始终如一地从事燃气计量仪表的研发、制造与销售，致力于打造世界先进的燃气计量仪表制造企业。公司宽量程系列燃气表产品获得了欧盟 MID 认证、EN1359 认证、OIML 国际认证以及欧盟 EU 质量体系国际认证，完全满足 EN1359 标准的要求，真兰宽量程系列膜式燃气表是全球首家通过欧盟权威机构 NMI（荷兰国家计量院）8000 小时耐久性试验认证的产品，技术水平国际领先。真兰燃气表受到了国内外众多大型燃气客户的广泛青睐，如港华燃气、中国燃气、中石油昆仑、新奥燃气、华润燃气、香港中华煤气、上海燃气、深圳燃气、中油中泰、滨海投资、新疆燃气、新疆新捷、贵州燃气、长春燃气、广州燃气、华港燃气、沈阳燃气、云南中石油、哈中庆燃气、中海油燃气、胜利油田、胜利股份、重庆民生能源、重庆海特、赛洛燃气、福建旷远能源、蓝天燃气以及国内主要智能燃气表厂家等。产品远销香港、台湾，出口俄罗斯、意大利、德国、英国、印尼、美国、南美、东南亚、中亚等 30 多个国家和地区。

## 企业燃气表生产规模

1.国内首家实行全产业链化研发与制造：产业涉及软件、电子、燃气表、工业表、流量计、精密模具、精密注塑、零部件、SMT 等 10 余家控、参股公司，集团员工超 1500 人，其中技术研发人员超过 200 人，上海总部有 800 余人，实现燃气表从模具的研发制造、关键零部件（机芯、阀座阀盖等）的注塑生产、电子线路板的研发与 SMT 自动贴片、软件系统的自主研发、燃气表壳体、封圈、阀门等关键件的自主研发与生产。

2.年产 1300 万台燃气表的生产规模：（1）国内：已建成上海青浦、河北邯郸及安徽芜湖三大燃气表生产基地，已具备年产 1300 万台各类燃气表的生产交货能力，其中上海总部基地年产能达 600 万台以上各类燃气表，河北基地达年产 500 万台以上各类燃气表，安徽基地达年产 200 万台以上各类燃气表，且安徽基地规划占地 300 亩，一期项目 100 亩已于 2019 年底建成。

2020 年集团销售总量：上海真兰仪表实现集团合并燃气表总销量超过 900 万台，其中上海基地销售达 550 万台以上，河北基地销售超过 350 万台。上海基地已建成国内技术领先的燃气表全自动化机器人生产线，可满足常规日产交货达 2 万台，高峰期日产 2.5 万台各类燃气表的生产能力；河北基地常规日产交货达 1.2 万台，高峰期日产可达 1.5 万台各类燃气表。

# 中电科微波通信(上海)股份有限公司

中电科微波通信(上海)股份有限公司成立于2011年，由中国电子科技集团有限公司、上海科技创业投资有限公司等投资组建的高科技企业，是“国家级专精特新小巨人企业”“高新技术企业”和“上海市科技小巨人企业”，目前挂牌新三板(股票代码：837555)。

公司主要从事轨道交通和军工电子领域中通信和微波技术相关产品的研发、生产和服务。产品主要包括微波波导管、裂缝波导型系列天线、精密微波波导组件、轨道交通车地通信系统、微波通信设备和机载航空相关配套产品。

公司生产的微波波导管曾创造多项全国第一，为全球三大供应商之一，应用于通信、雷达、微波设备；所开发的裂缝波导天线，在现代雷达天馈系统中占有重要地位，应用于海陆空预警探测雷达、卫星通信、港口VTS和导航系统及气象雷达等领域；所开发的裂缝波导型CBTC车地RF系统装备于国家“首台套”CBTC轨道交通通信信号系统，2013年列入国家科技部“国家重点新产品计划目录”。

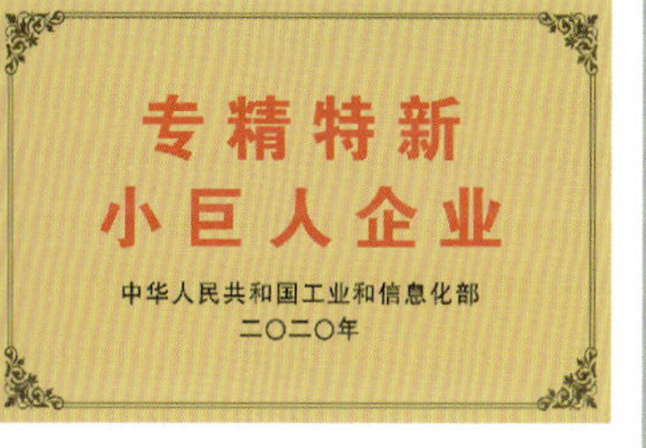

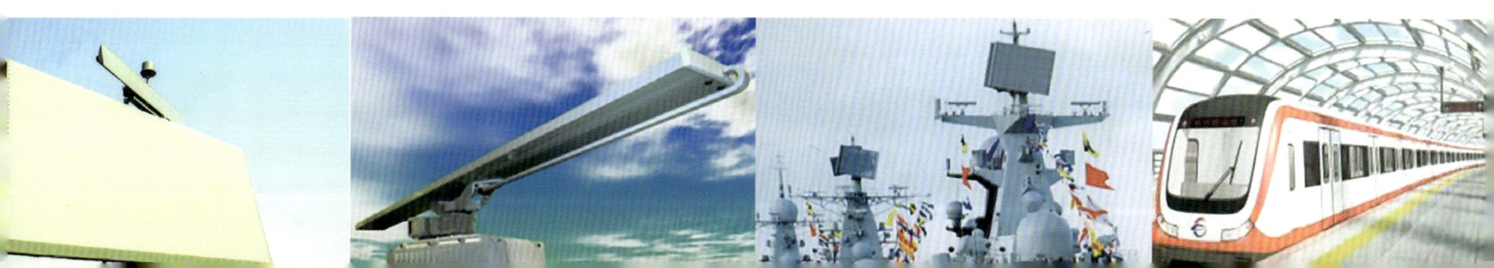

威贸电子
Weimao Electronic

## 企业简介

上海威贸电子股份有限公司，成立于1998年6月，是一家集研发、生产、销售、服务于一体的电子行业配套产品专业制造企业。公司产品主要包括电子线、电子线束组件、整车线束、塑胶组件、PCB印制线路板、线圈等300多个系列、4000多种型号产品。产品广泛应用于汽车、环保新能源、机器人、高铁、衡器、家电等高端制造产业。

公司总占地面积逾13000平方米，其中研发场所约2000平方米。公司一贯重视产品质量，注重树立员工牢固的质量意识。2000年以来先后通过ISO9001质量体系认证、TS16949汽车体系认证和美国UL认证。产品质量符合相关行业标准以及欧盟ROHS、Reach标准。同时公司注重知识产权保护，共申请发明专利1项，实用新型专利31项、外观设计专利10项。

公司于2014年被认定为上海市高新技术企业。2015年8月，公司成功登陆新三板市场，股票代码833346。

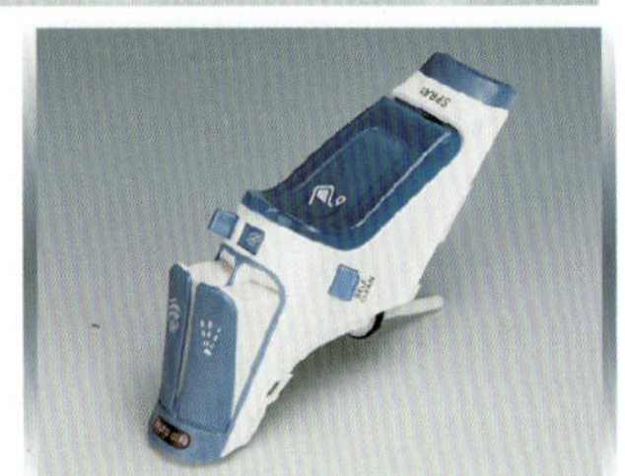

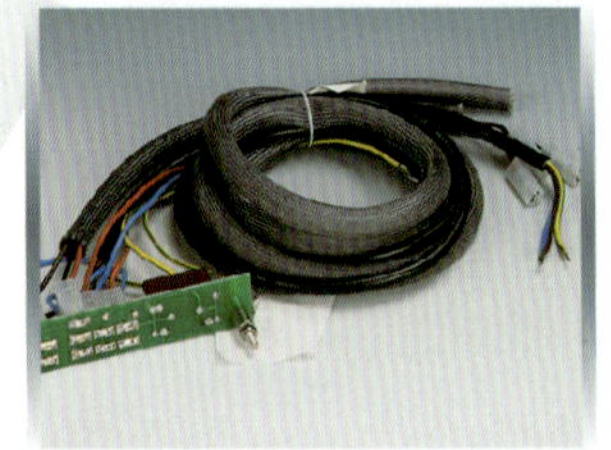

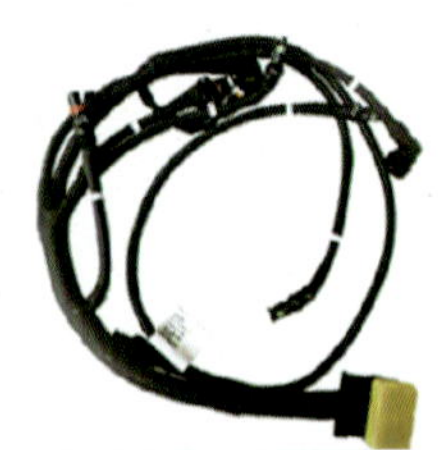

## 企业理念

为客户创造更多的价值。

## 质量方针

精益求精、持续改进。

## 涉及领域

### 新能源汽车/汽车

作为公司主要客户领域，公司为汽车行业客户提供新能源电动大巴整车高低压线束，汽车各类灯线、方向盘柱锁控制线、点火线圈线束、后备箱自动升降马达控制线、油门踏板线束等汽车电子部件线束。

### 净水环保

我们为全世界知名净水器设备品牌提供各类线束，如水质探测TDS线束，变压器线束，光电传感器线束，设备电源线，转接线等。严格的质量要求与优质的材料选择确保了我们的终端客户每天能喝到安全、健康的饮用水。

### 高铁

为高铁客户长期提供多种型号的温度传感器线束。产品广泛应用于和谐号、复兴号。

### 智能家电

与欧洲多个小家电巨头合作10多年，为其高端家电如电熨斗、扫地机器人等提供各类塑料件、线束及组装服务。

### 工业自动化

提供各类工业自动化设备连接线、带PCB控制线等，精湛的工艺以及精密稳定的波峰焊机器确保我司线束产品稳定可靠，并持续为工业4.0提供解决方案。

新工厂：上海市青浦区练塘镇练东路28号
旧工厂：练塘镇朱枫公路6189弄58号
（Tel：021-5982-3521；Fax. +86 (21) 54251188）

公司地址：上海市徐汇区肇嘉浜路807号15楼C座，
邮编：200032　Tel. +86 (21) 64860000
苏州工厂地址：江苏省苏州市太湖新城镇宛平社区同安西路94号.
Tel. 0512-63398589　Fax. 0512-63197386

专注电子产品智造

上海中兴易联 | 守护宝 angelcare

# 守护宝
## 关爱家人不只一点点

守护宝，上海中兴易联旗下品牌，服务于老人/儿童等需要关爱的群体，针对政企行业渠道的居家养老、智慧社区、智慧校园等项目，提供以终端产品为基础，以位置服务为核心、以生活服务为内容的综合解决方案。

### • 智能机系列

自带远程协助功能，子女安装守护宝APP后，即可远程协助父母，帮助解决一切手机难题。

### • 4G功能机系列

全网通VOLTE高清通话，大字体、大按键、大音量的三大设计；自带一键“SOS”紧急求助功能，让守护无处不在！

### • 智能穿戴系列

智能生活，紧跟时尚潮流，人性化的交互界面，精湛的工艺设计，更多丰富的功能选择。

### • 行业定制系列

与政企行业用户展开深入合作，落地“终端+平台”的综合解决方案。

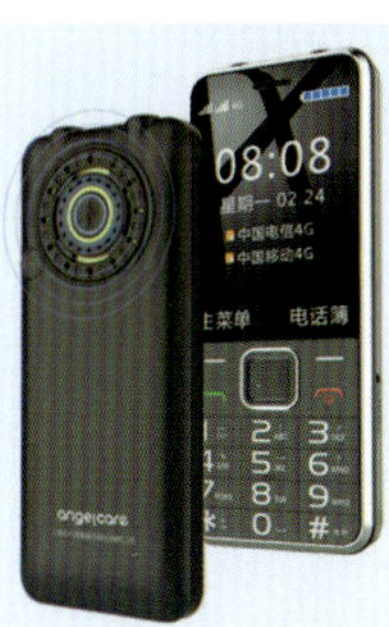


上海中兴易联通讯股份有限公司
服务热线：4008 867 768

上海积塔半导体有限公司，是一家特色工艺集成电路芯片制造企业，专注模拟电路、功率器件所需的特色生产工艺研发与制造，是中国领先的汽车与工业电子制造企业。

积塔半导体拥有通过全线认证的车规级功率半导体生产线，是我国领先的汽车电子生产基地；同时拥有国内第一条产业化的车规级SiC生产线，是我国最大的第三代半导体SiC生产基地。

积塔半导体所生产的0.35um / 0.18um BCD、IGBT/FRD、SGT/MOSFET、TVS、SiC JBS/MOSFET等芯片广泛服务于汽车电子、工业控制、电源管理、智能终端，以及轨道交通、智能电网等高端应用市场。

2018年8月，积塔半导体特色工艺生产线项目在上海临港新片区开工，总投资359亿元，项目一期已于2020年6月开始投产，规划建设一条8英寸5万片的生产线，建设一条6英寸0.5万片宽禁带半导体功率器件生产线；项目二期规划建设一条12英寸5万片的先进功率半导体工艺生产线。

项目建成后将成为中国最大车规半导体特色工艺生产线，为有效保障我国汽车产业供应链长期安全做出贡献。

**地址：上海市浦东新区云水路600号**　　**网址：www.gtasemi.com.cn**

**电话：021-38879600**　　**传真：021-39979609**

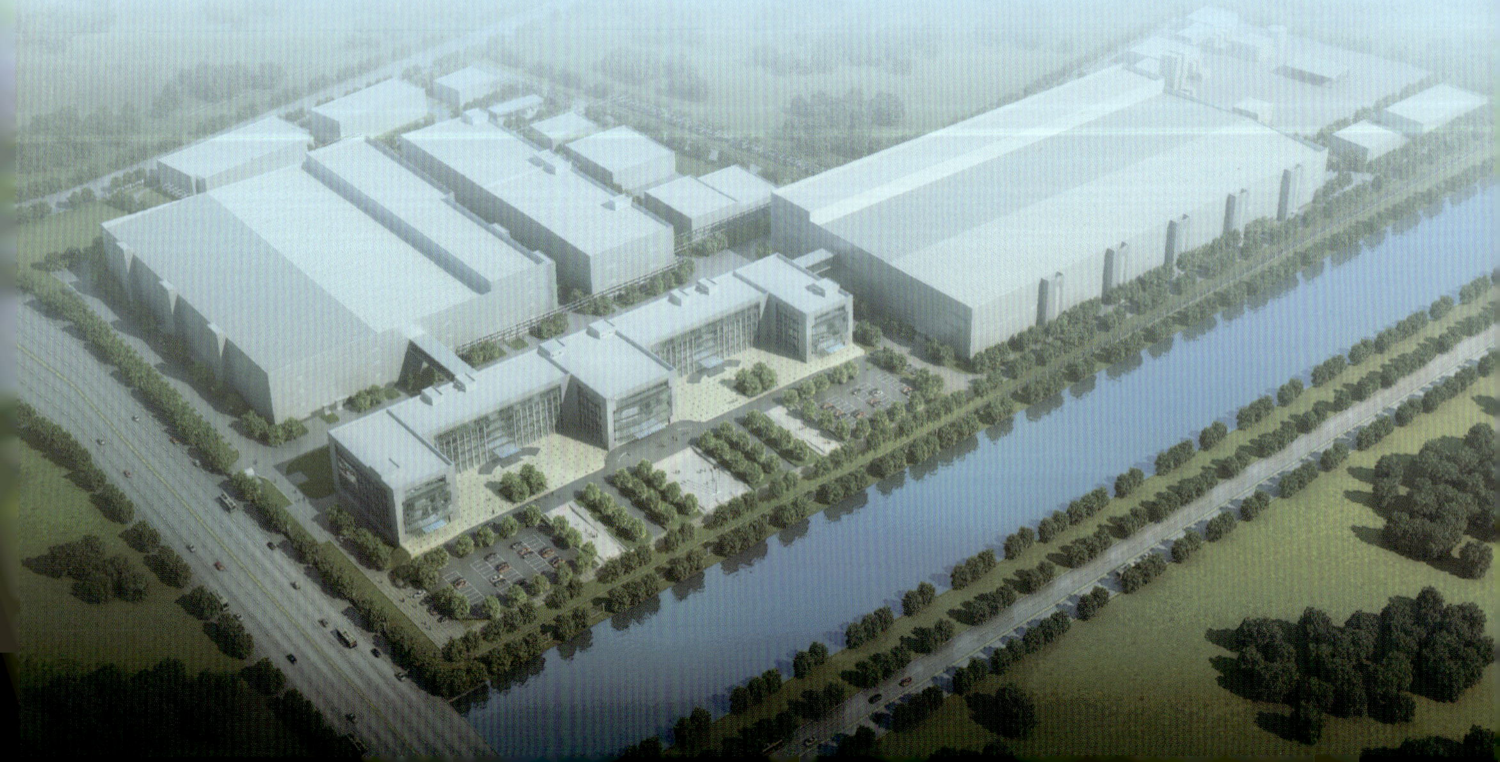

# 上海中镭新材料科技有限公司

伴随着国内经济的快速发展和“以塑代钢”“以塑代木”的不断推进，改性塑料也获得了较快的发展，改性设备、改性技术不断成熟，改性塑料工业体系也逐步完善。目前，我国改性塑料的消费增长迅速，改性塑料在高分子材料加工领域所占的比例正在逐步加大，随着我国消费升级，未来我国改性塑料仍然存在较大的发展空间。

过去的“十三五”时期，中国改性塑料行业围绕汽车轻量化、家电智能化、电子电气微型化等领域在轻量化、高透波、高强度、耐高温、密封等方面的要求，加大了创新发展的力度，并推出了符合行业快速发展的新产品新技术。中国制造 2025 开启了高分子材料产业创新发展新征程。近年来，随着中美贸易战的不确定性，整个行业也加大了原材料和加工及检测设备的国产化率，步入“十四五”时期，预计相关的原材料和设备的国产化率达到 80% 以上，国内的整个供应链也将日趋完整，改性塑料发展空间巨大。

上海中镭新材料科技有限公司成立于 2009 年，是一家具有自主知识产权的高端改性工程塑料及复合材料等新材料研发、生产及销售的高新技术企业，公司定位是高端改性工程塑料，主要竞争对手是拜耳、巴斯夫、杜邦等。致力于为创造更加安全、舒适、便捷的生活提供全新的材料解决方案，主要逐步替代原本国际材料巨头垄断的高端消费品市场。

公司对标国际一流高端改性工程塑料及复合材料研发的高新技术企业，首创在改性中引入流变学理论，取得技术上的重大突破，拥有 28 项自主发明专利，目前公司自主研发生产的功能性材料广泛应用于高端汽车和通讯行业，与奥迪、特斯拉、奔驰、沃尔沃、华为等企业建立紧密合作关系。

主要产品简介

公司主要经营改性塑料的生产、加工、销售，主要产品为九大系列高性能改性工程塑料及复合材料 PC/PBT（PET）、PC/ABS、PBT/PET、ABS/PBT、PBT、PET、PC/ASA、PC、（PA、PA/ASA），拥有兼备高低温韧性、超高的耐热变形温度及加工性材料，应用在奥迪不同车型上。

发展历程和未来规划

公司成立于 2009 年，先后经历的融资情况如下：

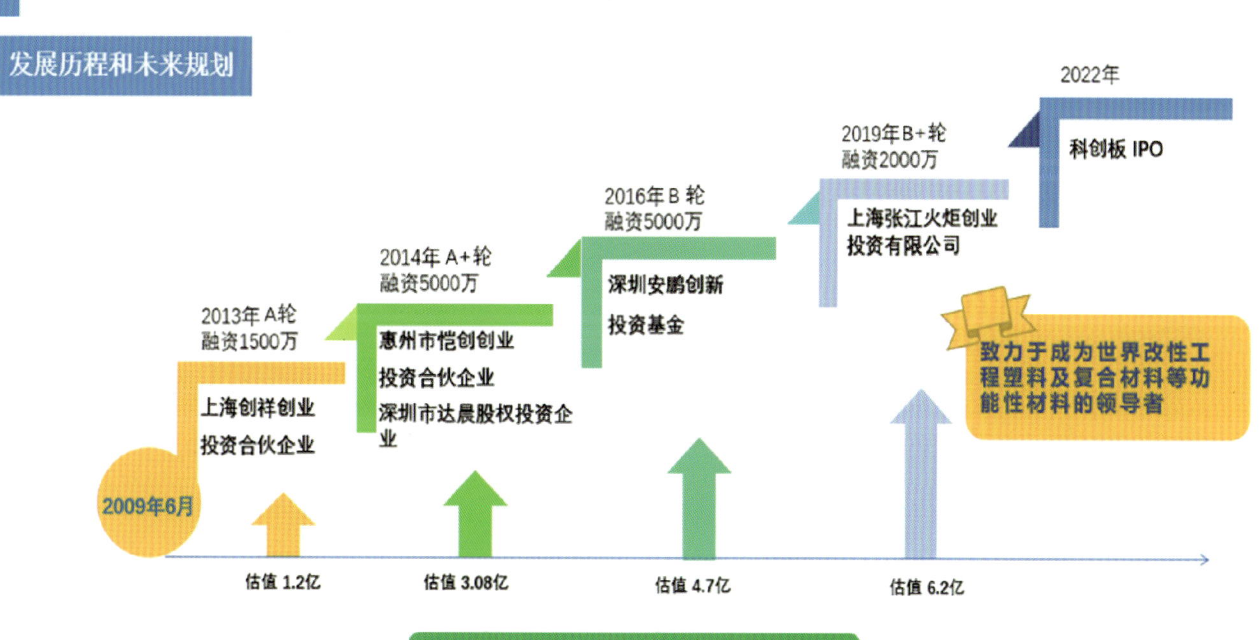


上海中镭新材料科技有限公司
公司网址：http://www.zhongleiscience.com

# 上海西门子线路保护系统有限公司

在这“大雪”时节，一位新时代的有为青年——上海西门子线路保护系统有限公司（SCPS）在2020年12月迎来了25岁的生日！

SCPS成立于1995年，主要从事线路保护类产品及包括熔断器、断路器、漏电保护器等低压线路保护产品及相关附件的研发和生产。其产品广泛应用于工厂自动化、供配电、机车通讯、轨道交通等系统，以及商用楼宇、医院、学校、数据中心等设施。

位于上海金山区时代大道，SCPS把生产与研发紧密结合，其研发中心被总部定为全球电子产品研发中心，是西门子智能基础设施集团低压产品全球第二大电子研发中心。

这位朝气蓬勃的青年才俊，经过25年生产和研发的经验积累，不断推出高技术含量产品上市，业绩骄人：

2017年，远程控制装置
2018年，紧凑型剩余电流动作断路器和小型断路器
2019年，紧凑型电弧故障保护断路器和直流塑壳漏电保护断路器

## 精益研發，技術過硬

新时代的有为青年，不仅要有一流的业绩，更要有前瞻性的思维和持续学习的能力。

移动式TPM设备管体系统

亮灯式物料配送系统

激光影印自动生产线

从SmartLab为研发及质量实验室提供数字化支撑，到Visualization实现生产订单状态可视化管理，从ToolSCM为供应链管理提供骨干支持服务，到Central Portal，SCPS正不断加速企业经营管理和生产制造的数字化转型，开启一体化数字化管理的新纪元。

自2018年起，SCPS实行了生产过程数据追踪和设备数据采集等7个数字化项目。通过采集实时数据，SCPS可实现生产环节的实时监控，使生产过程更加透明。

得益于西门子数字化软件SAMMI平台和工厂整体自动化程度的提升，SCPS的断路器产线生产一件产品的平均时间仅为5秒！

在抗击疫情的关键阶段，SCPS紧急调用上海、苏州的双电源控制器，全力支援武汉雷神山医院的建设工作。从接到需求到完工，仅用15个小时，创造了新纪录！

小德川流，大德敦化。
新时代的青年，丰富内在，胸怀世界和未来！

# 上海仪电显示材料有限公司

上海仪电显示材料有限公司是中国大陆首家五代线液晶显示面板用彩色滤光片（也称彩膜）独立制造商，公司产品在龙腾光电、京东方、天马、信利等面板厂组成液晶面板后，供应给三星、华为、小米、OPPO、联想、迈腾医疗等知名终端厂商。公司先后获得“工信部智能制造试点示范”“工信部制造业单项冠军示范企业”“上海市企业技术中心”等荣誉，是五代彩色滤光片行业领军企业。

近年来，公司确立产业链纵向发展战略，成立昆山仪电显示材料有限公司，扩大生产规模，国内市场占有率提升至70% 以上；同时坚持以核心技术驱动知识产权成果转化，推出视角可切换彩色滤光片、半反半透显示彩色滤光片、高光学性能彩色滤光片等系列新产品，在产业市场上从国内领军迈向国际领先。

2020 年疫情期间，公司动员一切力量，确保医用显示面板产品的彩色滤光片材料供应，与面板客户携手保障了下游呼吸机、医疗热像仪、心电监护仪等医疗仪器终端企业专用彩色滤光片和液晶面板供应，为共抗疫情作出努力。

WILSON
上海威尔逊光电仪器有限公司
WILSON INSTRUMENTS (SHA) CO., LTD.

# 上海威尔逊光电仪器有限公司

上海威尔逊光电仪器有限公司，成立于 1995 年 8 月，是一家专业从事微创手术器械的厂家，是集研发、制造、推广应用于一体的高新技术企业。所拥有的“WILSON”和”Heyinove“品牌，已成为行业内的精品品牌代表。

## 企业主营业务产品：

1. 一次性使用活组织取样钳；
2. 一次性使用电圈套器；
3. 一次性使用内镜注射针；
4. 取出异物钳；
5. 硬性内镜钳；

威尔逊作为老牌的医疗企业秉持“工匠精神”开拓进取，在业内创造了多项第一：

2000 年：获得国内首家活检钳注册证

2002 年：国内第一台内窥镜器械超声波清洗机制造商

2007 年：国内第一家生产 5F-4F 泌尿内镜钳的企业

2009 年：生产了国内第一支十二指肠乳头切开刀的企业

企业成立至今先后取得了 ISO13485 体系认证，CE 认证、CMDCAS 产品认证、FDA 产品认证等。获得多种产品专利三十多项。

## 研医合作项目：

已承担上海市科委生物医药领域科技支撑项目（三类内镜注射针注册临床试验、一次性使用活组织取样钳），产学研医合作项目（消化内镜胆道取石、外科胆道镜取石、泌尿科输尿管肾镜取石）。

威尔逊现位于上海市青浦区徐泾镇双浜路 258 号（近上海国家会展中心），是集生产制造与行政办公于一体总面积约 8000 m² 的厂房，其中包括近 2000 m²的十万级净化车间。

2018 年 8 月上海威尔逊光电仪器有限公司正式加入深圳开立生物医疗科技股份有限公司，成为深圳开立全资子公司。

威尔逊未来的发展方向是立足于现有产品的基础上，完善消化科产品线。

JM

# 庄信万丰：燃料电池技术的领军者

庄信万丰在燃料电池催化剂、催化剂涂层膜和膜电极（决定燃料电池性能的高科技零部件）产品拥有20余年的开发经验。我们是业内唯一拥有自主催化剂和膜制造能力的MEA供应商。

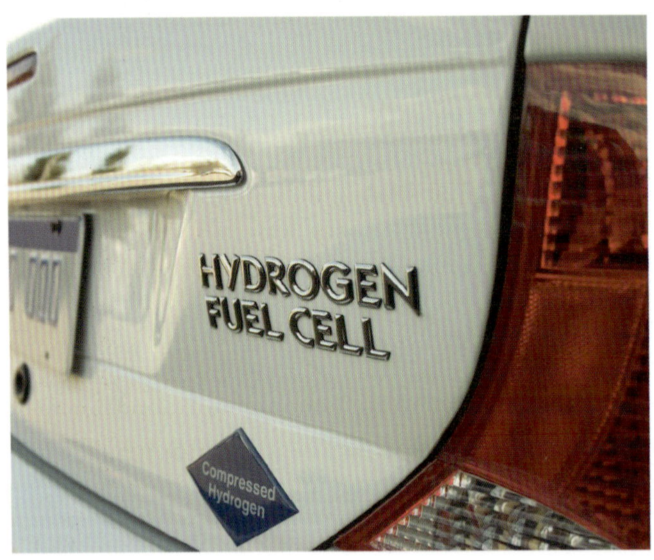


## 推动能源革命

全球正在积极采取行动以减少交通运输过程中的碳排放，这是温室气体排放的主要来源之一，燃料电池是一种有吸引力的解决方案。他们使用诸如氢能在内的清洁或低碳燃料，通过电化学方式发电，从而不会产生任何有害排放物或微粒。事实证明，燃料电池具有更长行驶里程，重量更轻，加油时间更快，因此是卡车及公交车等重载高频应用的理想选择。

多年来，庄信万丰与中国燃料电池客户就燃料电池技术开展倾力合作，已为当今中国道路上的700多辆燃料电池公交车和商用车辆提供动力。已实现超过650万公里的零排放旅程。

除了汽车应用领域，其他市场也对持续创新有不断的需求。庄信万丰在燃料电池市场占据的有利地位，也在推动包括固定式发电、叉车以及火车等各种解决方案。

## 合作之旅

我们在开发燃料电池解决方案方面的成功是建立在牢固的合作伙伴关系和协作基础上。

深入了解客户的系统、面临的挑战和可持续增长的视野至关重要。正是这种紧密的关系，使我们能够提供定制的创新燃料电池产品，满足客户对性能、成本、安全和寿命要求。

庄信万丰与中国众多燃料电池电堆供应商拥有多年的合作关系，推动了中国燃料电池技术发展以及城区零排放公交车的生产应用。

## 量身定制的创新

通过与我们合作，我们的客户可以利用我们世界一流的科技和经验，获得为汽车、非交通领域和分布式发电行业定制的燃料电池产品。

我们在英国和中国设有MEA生产基地，燃料电池催化剂生产基地遍布欧洲、北美和亚洲，拥有专有研发团队

在生产燃料电池系统的过程中为客户提供指导和建议。

我们还可以扩大产能，以满足快速增长的市场需求，为您提供工业规模的有竞争力的产品。

Johnson Matthey
Inspiring science, enhancing life

Find out more at matthey.com

## 着眼于长期发展

燃料电池技术几乎可以追溯到庄信万丰成立之初。当 **William Grove** 在 1839 年首次演示燃料电池时，使用的就是我们提供的铂。20 世纪 60 年代，我们为阿波罗太空任务提供了电催化剂。再后来，我们成为第一家设立专门 MEA 生产基地的公司，该基地位于英国斯温顿。目前，我们进一步把生产基地拓展到中国上海，以便直接向中国客户提供一流的技术。

卓越的材料科技一直是我们的核心；我们在燃料电池科学、表征、催化、电化学和工艺优化方面拥有多年经验，这是开发下一代燃料电池的关键。

技术在不断地发展，我们也是。我们将继续在产能和研发方面投资，以保持领先地位并满足未来对科技和产品的需求。

## 氢能助力更加清洁的未来

多年来，庄信万丰一直是氢能领域的领导者，并已建立稳固且盈利的氢能业务。公司在PGM（铂族金属）催化和循环利用、电化学和表面化学方面具备核心科研能力，以支持燃料电池和绿氢生产解决方案。我们具备工艺处理技术的专业知识，是我们在蓝氢能领域取得成功的基础。

有关更多信息，请访问**matthey.com/en/news/2020/hydrogen-enabling-the-transition**

我们生产线上制造的 MEA

二十多年来，我们的燃料电池技术一直推动整个行业向前发展。我们已为世界上最知名的一些燃料电池生产商提供了解决方案，扩大了我们在全球的业务覆盖，并在此过程中大力投资于研发。为确保卓越的性能和稳定性，我们在不断地开发下一代催化剂、浆料、膜，以及相关的涂布和制造技术。

## 庄信万丰为您提供

1. 凭借一流的具有抗反极的 MEA 、性能优异的催化剂和超强稳定的膜，我们可以为客户提供行业领先的技术。
2. 借助我们先进的催化剂和 MEA 生产设备，实现大批量生产和快速的样品验证，帮助客户更快地将产品投放市场。
3. 我们具备催化层和膜的集成自主开发与制造能力，能够提高产品的兼容性，从而降低拥有多个供应商客户的成本、时间和风险。
4. 凭借我们领先的技术路线，为客户提供下一代产品，并通过未来的技术规模化生产降低客户的总体拥有成本。
5. 通过自主的贵金属管理和回收，帮助客户减少贵金属使用风险和对环境造成的影响。
6. 作为一家 FTSE 100 公司，我们拥有强大的企业价值观，重视工作健康与安全，在业内享有盛誉，愿为您竭诚提供服务和可靠的供应。
7. 通过应用测试及与客户共同协商达成的质量和规格要求，我们帮助客户将研发项目转化为实际的制造解决方案。
8. 我们在研发、自动化高速 MEA 制造工艺和检验方法上不断投入，以满足汽车行业的标准并符合 IATF 16949 规范，为客户的供应链提供保证。

## 我们在价值链中占据的地位

**催化剂和催化层**

HiSPEC™ 系列顶级燃料电池催化剂经过了多年的研究和开发。凭借自身的专业知识和持续投资，庄信万丰可以为客户提供已有的和新一代催化剂产品。

**PGMs 铂族金属（PGM）**

对于燃料电池的活性而言，铂族金属的催化性能至关重要，庄信万丰是贵金属提炼专家。我们为客户提供完整的贵金属管理服务，以降低贵重金属价格波动带来风险以及采购和回收的复杂流程。

**CCM 催化剂涂层膜（CCM）**

我们的客户所提供的产品要求和及其运行条件都是独特的，因此，能否提供灵活和定制的 3 层 CCM 解决方案是成功的关键。

我们以卷材形式提供 JM 专有的电化学材料。这样，通过直接整合到已经开发的生产工艺中，可以使您从这种技术中受益。

**PEM 质子交换膜**

庄信万丰自主研发并生产 CCM 和 MEA 产品所需的先进的膜产品。定制的上游材料为我们提供优化兼容的产品。

**MEA 膜电极(MEA)**

无论您需要的是全结构MEA（带 GDL 的 7 层结构）还是 5 层结构 MEA（不含 GDL，封边 MEA），我们都可以为您提供解决方案。

由于我们能够从针对特定应用开发的各种子组件中选择，我们有信心帮助您最大限度地利用您的燃料电池系统。

庄信万丰具备多年的贵金属专业知识，可以从回收 MEA 和 CCM 中提炼贵金属用于后续产品，以此支持建立燃料电池循环经济和更加清洁的价值链。

SCHAEFFLER

We pioneer motion

## 舍弗勒：创新驱动，领动未来

作为一家全球性汽车和工业产品供应商，舍弗勒集团70余年来始终秉承开拓创新精神，致力于推动交通出行和工业制造领域的创新与发展。作为一家技术型公司，舍弗勒集团提供覆盖整个动力总成及底盘应用的高精密部件与系统，以及广泛应用于工业领域的滚动轴承和滑动轴承解决方案。

自1995年开始在中国投资生产以来，舍弗勒已经成为中国汽车和工业领域重要的供应商和合作伙伴。秉承“本土资源服务本土市场”理念，舍弗勒致力于本土生产和本土研发，为客户提供高品质产品与近距离服务。

舍弗勒微信公众号

舍弗勒微信视频号

欢迎扫码关注，了解舍弗勒

# REFIRE 上海重塑能源集团股份有限公司

上海重塑能源集团股份有限公司(以下简称重塑股份)成立于2015年9月,集团总部位于上海市嘉定区,专注于燃料电池技术的研发及应用,业务包括燃料电池系统、电堆、电力电子等产品的研发、生产、销售及工程应用开发服务,致力于"成为技术卓越的全球化燃料电池企业,把氢能和燃料电池带入人类生活,创造地球可持续发展的未来"。

2020年面对突如其来的疫情,重塑股份克服种种困难,持续加速自身技术创新能力的建设步伐。在燃料电池技术的自主研发方面,公司于2020年初正式发布了面向未来中重型领域应用的全新一代PRISMA镜星系列燃料电池系统,目前已被搭载在从18吨至49吨的多款重卡车型上,陆续应用于封闭场景内的低速短倒,市内运输、垃圾清运、洒水、渣土运输等多场景。与此同时,重塑股份与产业链上下游伙伴合作,持续推动燃料电池技术的商业化应用。截至2021年第1季度,公司已与包括一汽解放、东风汽车、宇通客车、中通客车、三菱扶桑等国内外知名车企建立了深入的合作,燃料电池技术应用地区已覆盖国内长三角、珠三角、华中、华北、东北等地区,遍布7省15市,在美国、日本、德国、马来西亚等国外市场也已形成项目应用,全球累计行驶里程已突破6,000万公里。其中,在上海地区,2020年开始,重塑股份与中石化上海公司携手逐步构建起以产品、能源、应用场景为闭环的氢能战略合作生态圈,有效推动了上海燃料电池车辆的规模化应用和加氢站等基础设施的快速发展。在此基础上,公司已积极展开船舶、工程机械等非车用领域的燃料电池技术应用开发。

过去一年里,公司相继获得2020年"中国汽车工业科学技术奖"一等奖、国家工业和信息化部认定的第二批国家级专精特新"小巨人"企业荣誉称号,和2020年度上海市"专精特新"企业荣誉称号等。以上这些殊荣是各级政府和机构对重塑股份的技术创新实力、产品质量以及发展潜力的认可,进一步提振着公司坚持专业化、精细化、特色化和新颖化发展路线的决心,为上海乃至全国的绿色经济发展目标的实现做出积极贡献。

# 上海嘉朗实业有限公司

上海嘉朗实业有限公司地处上海市嘉定区澄浏公路798号，是一家专业的汽车零部件制造企业，主要生产铝合金铸件和发动机底盘类、发动机类、悬置类、橡胶类产品。

我们目前拥有的客户：上海大众、上汽、一汽大众、丰田、菲亚特、克莱斯勒、东风本田、东风日产、东风标致、东风乘用车、武汉神龙、东南汽车、安维斯、宁海建新、TRW、BOSH、德尔福等知名企业。

在产品开发方面，公司拥有在铝合金铸造成型/橡胶产品开发方面具有丰富经验的专业人才，研发部配有各类2D/3D等先进设计软件，可以根据客户提供的零件数据和要求独立设计客户满意的产品。

在生产方面，位于南通市的生产基地--上海嘉朗实业南通智能科技有限公司，拥有压铸、浇铸、CNC加工、锻造、热处理、硫化机等多种生产加工设备，具有强大的批量生产能力。

在质量保证方面，公司已经通过了IATF16949质量体系认证，并且严格按照TS16949和ISO9001质量保证体系运行。

公司的经营目标：产品一流化，成本有效化，市场国际化，使公司成为一个社会型的企业。

公司的经营理念：诚实、敬业、严谨、负责。

我们的用人原则：以人为本，德才兼备，共同发展，成为学习型的企业。

2020年夏末
风貌改造后的上药信谊
一座现代化、智能化、数字化的绿色工厂
在上海·浦东·金桥

这里记载着信谊的历史荣光，
这里印刻着信谊的发展足迹，
这里描绘着信谊的未来蓝图，
这里是信谊人梦开始的地方....

# 上药信谊 | 信谊联合

**上海医药旗下最大的制药企业**
11家生产基地、4家销售公司
1家采购公司、1家市级药物研究所
研发、制造、销售一体化

**守恒初心，生产良药**
品种多、剂型全，知名于全国化学制药行业
800余个产品批文，356个产销品规
149个品种270个品规入国家基药目录
10余种剂型，14大治疗领域，覆盖固体、液体、吸入制剂
一致性评价立项数、获批数列上海医药第一

**深拓渠道，服务患者**
30多个省、市、自治区，300多个地级市
1200余家重点商业客户，携手合作
150000家医院，1400多人队伍
服务终端，高素质、专业化

**全面创新，转型发展**
上海市高新技术企业、上海市知识产权示范企业
明星产品“培菲康”，多国专利
“微生态发展战略”引领下
促进微生态领域产、学、研、医多方合作
益生菌PRO首款产品P16系列上市

**肩负责任，投身公益**
推进成立全国首个“药联体”平台，保供短缺药
关注罕见病患，全国首家“小品种药集中生产基地建设单位”
疫情下保障医药物资、采购供应
彰显民族药企的社会责任

**传递健康，回馈社会**
“百万市民看信谊”，二十余年历久弥新
“MISA上海夏季音乐节”，弘扬健康品质生活
“仁心医者-好医生评选活动”，架起医患理解桥梁

**心怀信仰，彰显格局**
“创新、诚信、合作、包容、责任”
“除了好药，还有信誉和友谊”

**百年信谊，续写传奇**
围绕一流微生态平台和吸入平台
打造高端特色药和大健康集群优势
保持上海医药内第一集群的全球化实体舰队

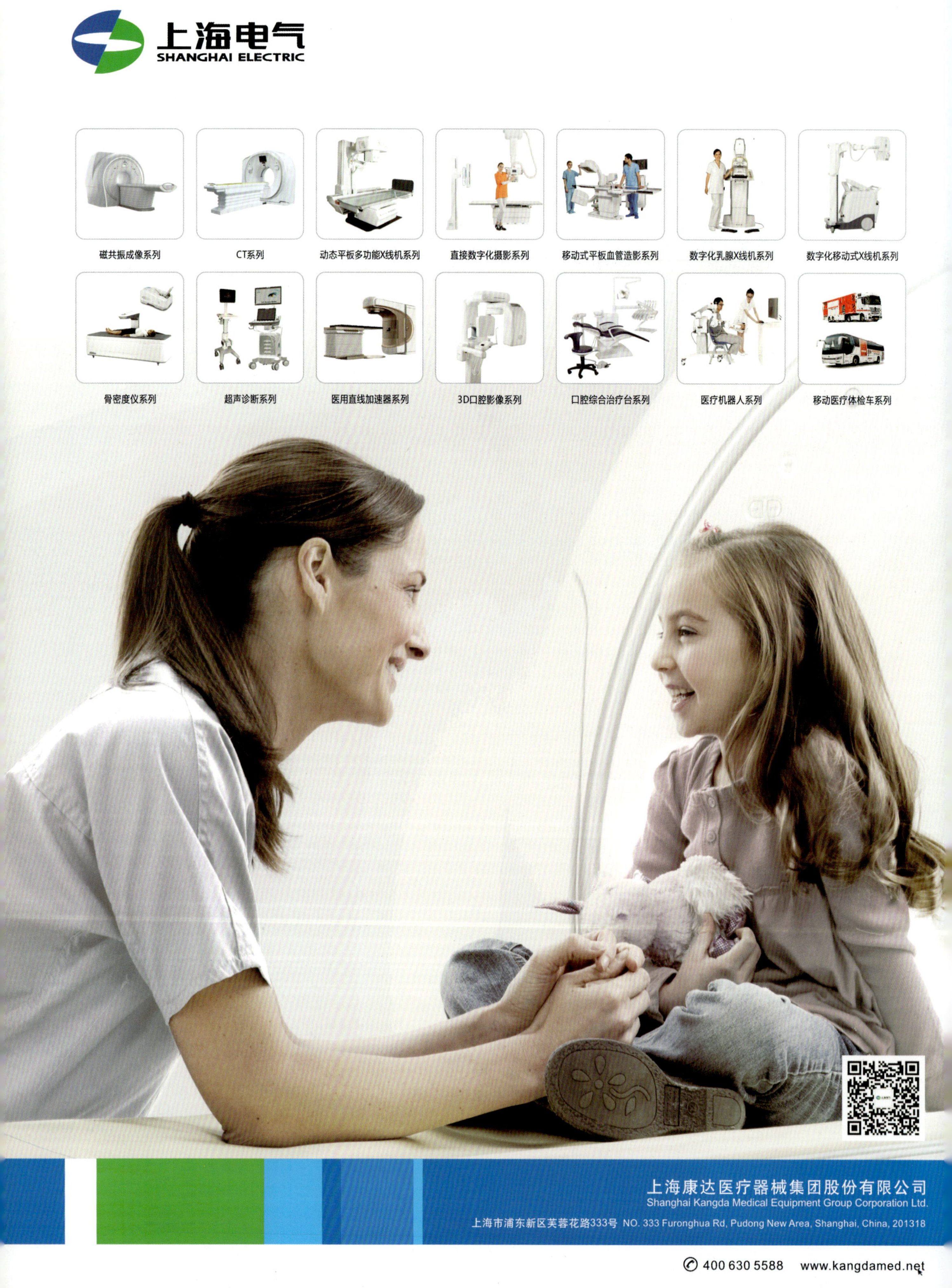

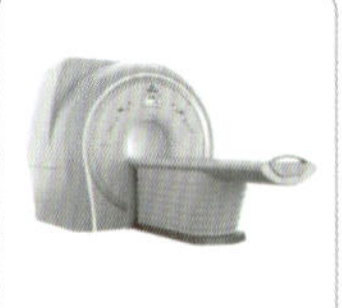
磁共振成像系列

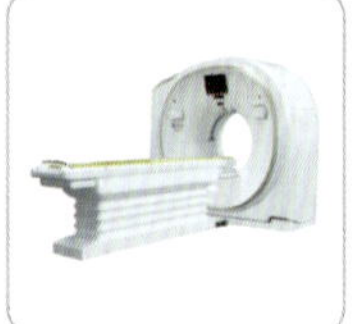
CT系列

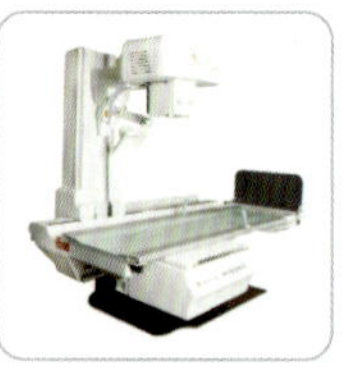
动态平板多功能X线机系列

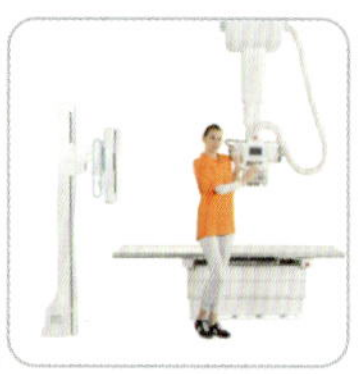
直接数字化摄影系列

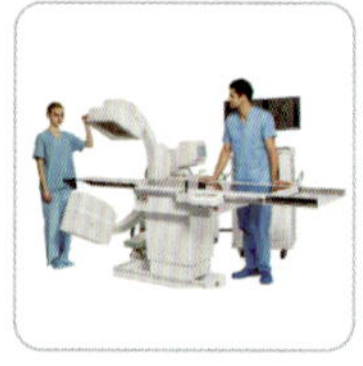
移动式平板血管造影系列

数字化乳腺X线机系列

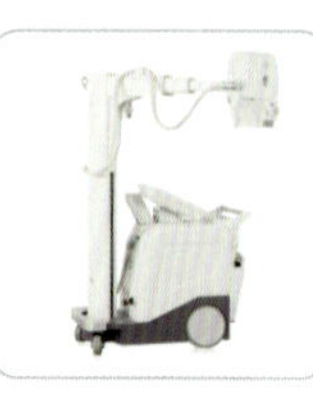
数字化移动式X线机系列

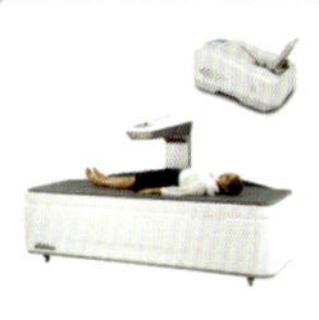
骨密度仪系列

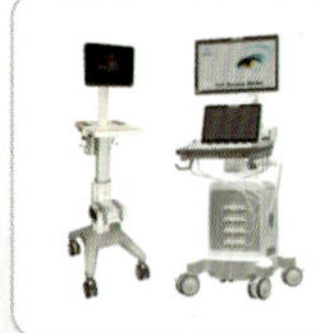
超声诊断系列

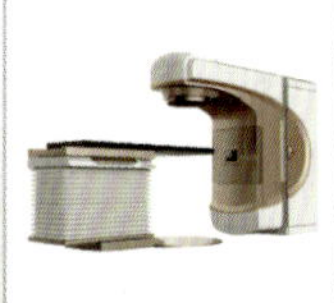
医用直线加速器系列

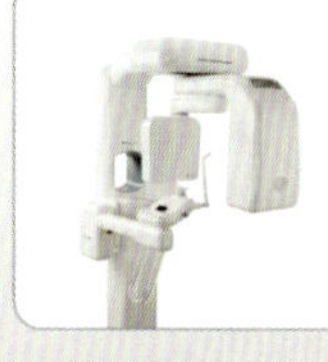
3D口腔影像系列

口腔综合治疗台系列

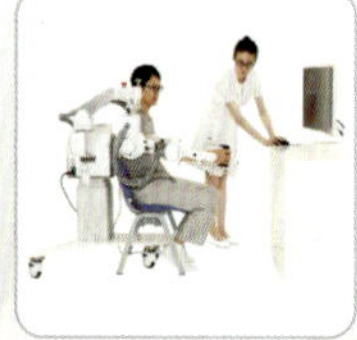
医疗机器人系列

移动医疗体检车系列

上海康达医疗器械集团股份有限公司
Shanghai Kangda Medical Equipment Group Corporation Ltd.
上海市浦东新区芙蓉花路333号 NO. 333 Furonghua Rd, Pudong New Area, Shanghai, China, 201318

400 630 5588 www.kangdamed.net

中西合璧 | 联合创新

患者为先·良药为民·创新为本

## 公司概述

华领医药是一家立足中国，针对全球糖尿病患者尚未满足的临床需求，研发全球原创新药的生物技术公司。华领医药汇聚全球高端人才和科技资源，以国际顶级生物医药投资团队为依托，成功实现了全球首创糖尿病新药 Dorzagliatin (HMS5552) 在中国完成药品可开发性临床验证，率先进入注册性临床试验阶段。公司已在中国开展 2 个 III 期临床试验，分别针对新发未经治疗的和二甲双胍治疗失效的 2 型糖尿病患者人群。公司将启动药品生命周期管理相关临床试验，并拓展糖尿病个性化治疗和管理的先进理念，联合中国和美国糖尿病领域专家，实现对糖尿病和代谢性疾病及其并发症的有效控制。

上海市浦东张江高科技园区爱迪生路275号, 201203
275 Ai Di Sheng Road, Zhangjiang Hi-Tech Park, Pudong, Shanghai 201203

电话: +86 21 5886 5299
+86 21 5886 6110
www.huamedicine.com

欢迎关注“华领医药”微信公众号

# 上海新亚药业闵行有限公司

上海新亚药业闵行有限公司成立于1986年，属于上海医药集团下属三级子公司，上药新亚药业有限公司全资子公司。注册资金为人民币5750万元，占地面积44000平方米，是一家集科研、生产、销售为一体的高新技术企业。公司产品分9个剂型，拥有88个品种、100个规格的产品批文，在品种结构上目前已经形成以抗高血压药物、抗感染药物和以消化系统药物为主的口服给药体系，以及形成以抗细菌、真菌、病毒、湿疹和烫伤为主的外用药给药体系。

近年来，公司承接了上海市、闵行区科委等多项科研项目，加强与交大、华理、上海计生所等学术单位合作，开展了多项产学研项目。盐酸贝那普利片、头孢克肟分散片等5项获得上海市高新技术成果转化认定，其中"阿莫西林克拉维酸钾分散片"高转项目获得2019年度上海市高转百佳称号。

公司持续推进产品结构调整，成为闵行区首家MAH的生产企业；积极开展仿制药质量和疗效一致性评价工作，现已有5个品种通过仿制药质量和疗效的一致性评价。企业倡导质量管理体系持续改进，2020年获得上海市药品生产企业信用等级A类称号；倡导绿色发展理念，获得国家及上海市绿色工厂示范企业称号。企业荣获上海市文明单位、上海市高新技术企业、上海市五一劳动奖状、上海市科技小巨人培育企业，闵行区级科研机构等多项称号。

公司砥砺前行，不断进步，已稳步发展为管理规范专业、市场占有率高、技术精且不断创新的企业！

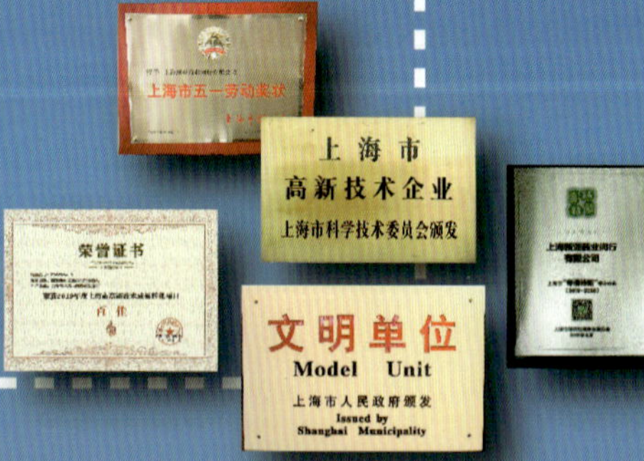

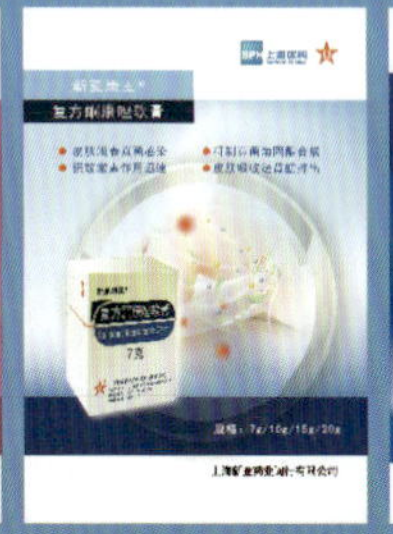

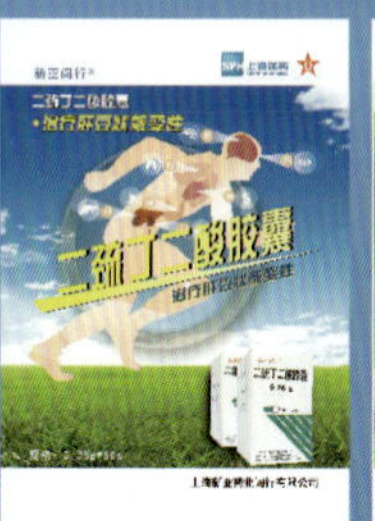

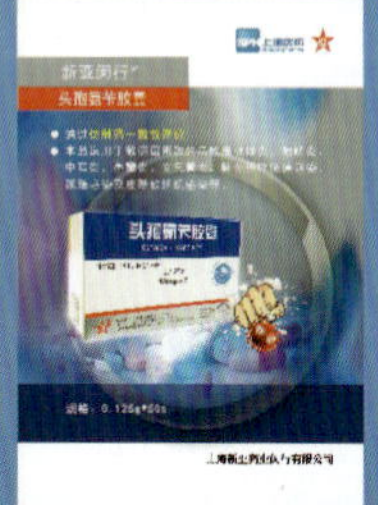

# 上海昊海生物科技股份有限公司

上海昊海生物科技股份有限公司（简称昊海生科）成立于2007年，是一家专注于研发、生产及销售医用生物材料的高科技生物医药企业。公司于2015年4月30日于香港联交所主板成功上市，并于2019年10月30日在科创板上市（股票代码：06826.HK，688366.HK），成为首家"H+科创板"生物医药企业。公司策略性地专注于中国医用生物材料市场中快速增长的治疗领域，包括眼科、整形美容与创面护理、骨科、防粘连及止血。2020年度，昊海生科及其下属子公司（合称"本集团"）实现营业收入13.32亿元人民币，净利润达到2.3亿元人民币。

2020年4月，昊海生科取得杭州爱晶伦55%股权，将近视矫正领域内唯一一款国产屈光晶体产品依镜PRL纳入眼科版图。在眼科领域，昊海生科形成从白内障、视光、屈光、眼表及眼底的大眼科产品线；同年8月，旗下第三代玻尿酸产品"海魅"成功上市，"海魅"与公司已上市两款玻尿酸产品"海薇""姣兰"将形成功能差异化、定位差异化的产品组合，满足日益多元化的医美市场需求。目前，昊海生科围绕眼科、医美、骨科和外科拥有研发项目31项，其中多个研发项目迎来突破性进展。同时，公司积极参与逐步开展的上海市、河南省、云南省、"3+N"联盟（9省）、省际联盟（10省）人工晶状体高值耗材带量采购。昊海生科人工晶状体在2020年的各省带量采购中共计中选25个型号，是中选型号最多的企业。

2020年，昊海生科脚踏实地，稳扎稳打，继续保持6个领先，公司是全球最大的独立视光材料供应商，全球第七大人工晶状体生产商，中国最大的人工晶状体生产商，中国最大的眼科粘弹剂生产商，中国最大的手术防黏连剂生产商，中国最大的骨科关节腔粘瘀补充剂生产商，中国第二大重组人表皮生长因子生产商。在科研创新方面，截至2020年6月30日，公司在全球拥有274名研发技术人员，占公司总人数比例达20%，拥有国家级企业技术中心、国家级博士后科研工作站、两个国家级研发平台，以及多个省部级技术及研发转化平台和一个上海市院士专家工作站，并已在中国、美国、英国建立一体化的联动研发体系，初步形成国际、国内一体化的研发布局。2020年不负众望入选上证科创板50成份指数。连续两年入选"2020上海制造业企业100强"及"2020上海民营制造业企业100强"。同年批准承担"上海市战略性新兴产业重大项目"。

回顾2020，是充满挑战、披荆斩棘、乘风破浪的一年；展望2021，昊海将不忘初心，坚持守正创新，开启全面新征程。"昊天鹰击，海阔鱼跃"，昊海生科将不断进取，推进国际化发展战略，实现振兴民族生物医药产业的远大目标。

FOSUNKite
复星凯特生物

# 复星凯特生物科技有限公司

复星凯特生物科技有限公司为上海复星医药集团与美国 Kite（吉利德科学旗下公司）的合营企业，成立于 2017 年，公司总部位于张江高科技园区，致力于肿瘤免疫细胞治疗产品的研发和产业化规范化发展，造福中国患者。

**2017** 4 月引进美国kite获批治疗特定非霍奇金淋巴瘤的 CAR-T 细胞药物 YESCARTA®（FKC876）

**2018** 5 月 FKC876 完成技术转移、工艺验证及可比性研究，并递交注册临床试验申请
8 月 FKC876 获得 IND 批件，开展中国注册临床试验

**2019** 3 月 2000 平米的细胞治疗研发中心落成，专注 CAR-T/TCR-T 早期研发和临床循证阶段的项目，打造可持续的创新研发管线
12 月公司近 10000 平方米的 CAR-T 产业化生产基地在张江创新药产业基地建成并正式启用

**2020** 2 月 FKC876 新药上市申请获国家药品监督管理局正式受理
3 月被纳入优先审评

**2021** 6月阿基仑赛注射液（FKC876）新药上市获国家药品监督管理局批准上市

致力于治愈肿瘤患者
Focus on cancer cure

复星凯特

地址：上海市浦东新区康南路 222 号
电话：+86-21-38442200
邮箱：service@fosunkitebio.com
网站：www.fosunkitebio.com

# 申联生物医药(上海)股份有限公司

申联生物医药(上海)股份有限公司(以下简称申联生物)成立于 2001 年 6 月,注册资金 40970 万元,是一家专业从事兽用生物制品研发、生产、销售的高科技企业。2019 年 10 月,申联生物在上海证券交易所科创板成功挂牌上市,股票代码 688098。

申联生物是农业农村部指定的口蹄疫疫苗生产企业,在全球率先研制生产口蹄疫合成肽疫苗,为中国口蹄疫疫病防控做出了重要贡献。公司旗下拥有上海合成肽疫苗车间、兽用诊断制品车间、兰州分公司等 3 个 GMP 生产基地,其中兰州分公司已率先通过国家重大动物疫病生物安全三级防护验收。申联生物是国家高新技术企业、上海市企业技术中心,曾获评上海市专利工作试点企业、上海市高新技术自主创新十强、上海市专精特新企业、上海市闵行区百强企业等荣誉。

申联生物拥有一支以中国工程院张改平院士为技术顾问,以行业资深专家、外籍专家、海归博士等科学领军人物为主体的研发团队。已形成以合成肽疫苗技术、灭活疫苗技术、类病毒颗粒疫苗技术为主的多维次多层次技术平台,与国内外知名科研院所及高校建立了良好的产学研合作关系。公司成立以来已取得包含国家科技进步奖二等奖、全球科技创新奖、国家一类新兽药证书在内的等多项国家级科技奖励,拥有 6 项国家新兽药证书、22 项发明专利,46 项实用新型专利。

质量铸就品牌,全面质量管理是企业各项管理的基石,对标欧盟 GMP、美国 FDA 等国际质量管理制度,采用 GMP 和 ISO 双体系认证,建立了科学高效的三级质量管理体系,积极打造国际水平的质量管理体系。通过严把研发质量关,严把物料采购关,严把生产过程关,严把产品放行关,严把售后服务关,确保产品百分之百合格且高品质出厂,实现了产品合格率 100%,监督抽检合格率 100%。

申联生物建立了 30 个省级服务中心、28 个合作服务机构,营销与服务网络覆盖全国 31 个省市。公司一直保持口蹄疫合成肽疫苗市场第一地位,位列全国猪用生物制品市场第三,产品品牌被广泛认可。

申联生物致力于建设世界一流的高科技生物公司,以"开生命科技先河,创人类健康伟业"为使命,秉持"创新引领发展、质量铸就品牌、诚信服务客户、聚才共筑未来"的理念,为中国动物疫病防控事业提供更好的产品和服务。

## 三优生物医药（上海）有限公司

三优生物是一家国际领先的、专注于创新抗体药物研发和服务的生物高新技术企业。公司致力于打造国际领先的创新抗体药高质量、高通量、集成化研发及价值转化平台，构建治疗、研发和诊断类产品与服务的业务生态系统，协同全球生物制药、诊断及药物研发公司，打开人类疾病诊断和治疗的新局面。

成立5年以来，三优生物一直保持快速发展。截至2020年12月，公司有专业团队150多人，其中博士及硕士比例超过70%，团队拥有完整的创新药物研发及产业化经验。公司已在上海漕河泾国家高科技园区建立了数千平方米、设施设备先进的创新抗体药物一体化研发实验室，拥有以系列超千亿噬菌体展示抗体库为代表的、涵盖创新抗体药物发现、抗体工程改造、体内外药效筛选、抗体药物成药性分析、生产用细胞株构建、生产工艺开发等10大功能模块和40多个核心技术平台。公司持续推出“品质最佳、速度最快、成本最低”的新技术、新产品、新服务和新场景。公司已和全球100多家制药公司、药物研发机构、诊断试剂产品开发公司建立了友好的业务合作关系。

卓越创新、追求梦想、奋力拼搏、造福病患！三优生物期待与广大客户和合作伙伴一道，共同构建长期协同成长生态圈，共建健康社会。

 400-821-0776

 service@sanyoubio.com

 上海市闵行区新骏环路188号6号楼3楼

三优生物医药（上海）有限公司
Sanyou Biopharmaceuticals Co., Ltd.

# 上海优宁维生物科技股份有限公司

## 公司简介

科研大楼

物流中心

总部大楼

冷链仓库

上海优宁维生物科技股份有限公司（www.univ-bio.com）成立于2004年底。成立以来，公司一直专注于抗体及相关产品领域，是国内专业的抗体供应商和抗体专家。公司目前在全国设有36个办事处，我们的优质服务就在您身边！

公司本着向正、向善、向上的企业价值观，为全国超过5万名终端客户提供专业、全面、便捷、安全的产品和服务。我们的客户包括大学、企业、医院、制药公司和生物技术公司等。

# 上海绿谷制药有限公司

绿谷制药是一家在慢性复杂疾病领域开创全新治疗策略的中国创新型药企。公司秉持“只做人类最期盼的药物”的神圣使命，以整体治疗观探索慢性复杂疾病发病机制，专注糖药物研产领域的突破创新，致力于成为值得信赖的全球糖药物引领者，为慢性复杂疾病患者提供更安全有效的药物，改善治疗选择，提高生命质量。

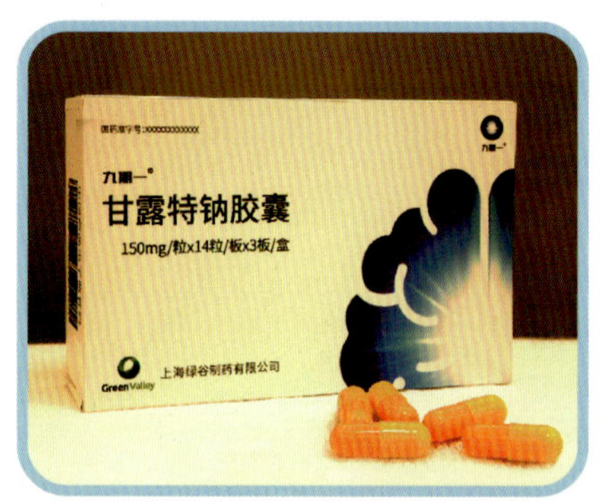


九期一®(甘露特钠)药盒样品及胶囊样品

绿谷制药成立于 1997 年，总部位于上海张江科学城，糖药物研发与生产能力全球领先。疾病治疗领域包括：神经精神类疾病、恶性肿瘤、心脑血管疾病、代谢性疾病以及自身免疫性疾病。公司在全国拥有近 2000 名员工，在上海青浦和辽宁本溪建有糖药物生产基地，拥有领先的糖药物原料药和制剂车间。

绿谷制药建立了以糖药物科学家、“杰出青年”“百人计划”学者、海外归国学者为核心的糖药物创新团队——绿谷研究院。目前，绿谷研究院已从上千种植物、微生物及海洋生物中提取、分离、化学修饰得到了 7500 多个多糖和寡糖样本，形成了国际领先的、有自主知识产权的糖化合物库，并以此为基础，建立了独特的糖药物研发管线，包括数十个临床前先导化合物，覆盖肿瘤、神经精神系统疾病、自身免疫性疾病等多个重大疾病领域。其中，抗阿尔茨海默病药物九期一®已获批上市，目前正在准备开展多个新适应症的临床 II 期研究。

如需了解详情，请登录绿谷制药官网：www.greenvalleypharma.com/

绿谷制药园区

绿谷研究院实验室

# 上海凯赛生物技术股份有限公司

金乡生产基地

上海凯赛生物技术股份有限公司(以下简称凯赛生物,688065.SH)成立于2000年,是一家以合成生物学等学科为基础,利用生物制造技术,从事生物基新材料的研发、生产及销售的科创板上市公司。目前,总部和研发中心位于上海浦东张江高科技园区;2个生产基地分别位于金乡和乌苏。

凯赛生物目前业务主要聚焦聚酰胺产业链,其产品包括可用于生物基聚酰胺生产的单体原料——系列生物法长链二元酸和生物基戊二胺,以及系列生物基聚酰胺等相关产品。产品可广泛应用于纺织、医药、香料、汽车、电子电器、日用消费品等多个领域。

凯赛生物是全球生物法长链二元酸的主导供应商。2018年,凯赛生物的生物法长碳链二元酸被国家工业和信息化部、中国工业经济联合会评为制造业单项冠军产品。

凯赛生物自主研发生产的生物基戊二胺,广泛应用于环氧固化剂、热熔胶、异氰酸酯等相关领域。同时,戊二胺替代己二胺用于聚酰胺领域不仅可以解决国内聚酰胺行业发展的主要瓶颈,为市场、客户提供来源于可再生生物质原料的"生物制造"新材料,更可为下游生物基聚酰胺等产品提供源于奇数碳的优异性能。

基于自产生物基戊二胺及不同二元酸缩聚生产的生物基聚酰胺系列产品,具有阻燃、吸湿、易染色、低翘曲、高流动等特点,以及环保性、可持续性优势。基于自产的生物基聚酰胺系列产品,凯赛生物推出高性能纺织材料——"泰纶®",可广泛运用于纺织服饰、地毯、工业丝等领域。此外,基于产品的高强度、高耐热性、尺寸稳定性好等优异性能,凯赛生物推出了工程材料——"ECOPENT®",可广泛应用于汽车、电子电气、工业及消费品等领域,为社会的可持续发展提供解决方案。

未来,凯赛生物将围绕四大核心技术持续推动生物基产品及技术的迭代和创新,以己之力为中国乃至全球合成生物学及生物制造产业的发展提供正向驱动的力量,引领技术和行业共同可持续发展。

上海总部

乌苏生产基地

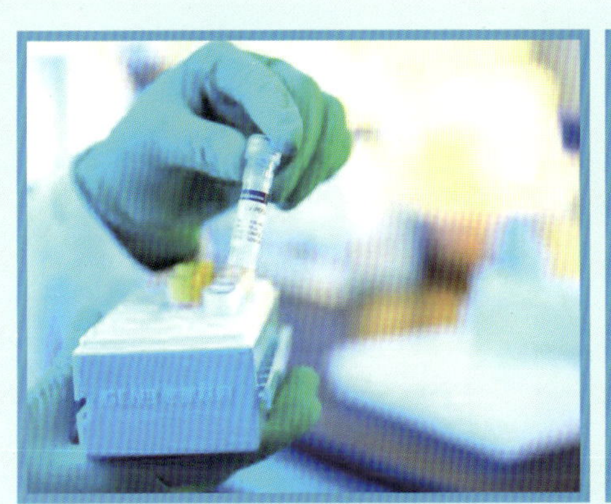

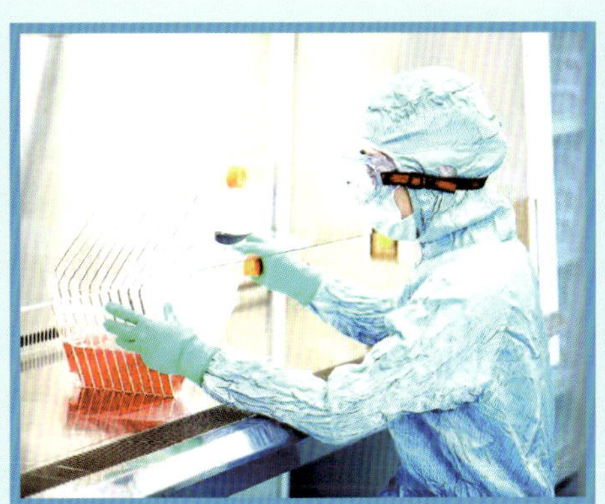

GENE 吉凯医药

# 吉凯医药(上海)有限公司

吉凯基因依托十八年持续的研究积累和丰富的临床资源，致力将靶标发现从小概率、高风险事件转换成规模化、系统性事件，开发针对中国高发、少药疾病的创新靶点药物，致力提升中国高发、少药患者的5年生存率和生活质量。

吉凯基因已发展成为一家以标准化科研大数据为驱动力、以持续开发创新靶点药物为手段、以提高中国高发少药疾病患者的生存率和生活质量为使命的平台型公司。吉凯基因不仅拥有持续的靶标开发能力，还拥有高效的抗体开发平台和细胞治疗品种开发平台，搭建从疾病到药物的桥梁，主动肩负创新靶点药物源创的使命，通过打造"中国医药源创中心"，致力推动中国创新靶点药物的开发。

吉凯医药(上海)有限公司(以下简称吉凯医药)是吉凯基因的全资子公司，成立于2016年3月，聚焦于细胞治疗、基因治疗、抗体药物等全新药物的开发，致力于与临床医生共同将具有重大临床意义的科学研究进行转化，开发解决临床迫切需求的治疗产品。吉凯医药目前已建立起了一个包括9个细胞治疗药物、8个抗体药物的研发管线，并与多名领域带头人签署了长期的深度合作协议。

吉凯医药立志运用自己的技术优势，结合广泛的临床资源，开发出针对中国高发癌种的特异新药，帮助中国肿瘤病人提高生存率，改善中国肿瘤病人的生活。

全景 致力于疑难病诊断的专业医疗机构

精准影像的追寻者·深度健检的实践者·专属医疗的提供者

上海全景医学影像科技股份有限公司（以下简称 全景 ）是国内第三方医学影像行业的龙头企业，是国家政策鼓励的连锁化、品牌化发展的医疗集团，是致力于疑难病诊断的专业医疗机构，主营业务包括重大疾病的影像诊断，以及基于疑难病诊断能力开展深度绿色健检、多学科联合会诊、专属医疗等创新医疗服务。

全景医学影像的愿景和追求：打造值得托付和信赖的知名医疗品牌

全景拥有各类全职专业人才600余名，其中博导、教授、主任医师、副主任医师等高级职称80余名，包括国家科技成果二等奖、省市级科技进步一等奖获得者。配备全球前沿的“多模态”影像筛查设备——PET/MR，以及西门子、GE、飞利浦的PET/CT、双源螺旋CT、MR（磁共振）等一系列影像诊断设备，可筛查全身多种良恶性肿瘤、心脑血管疾病和神经系统疾病。

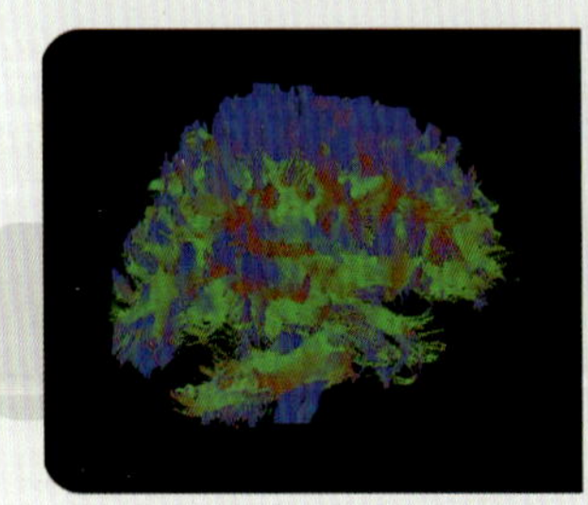

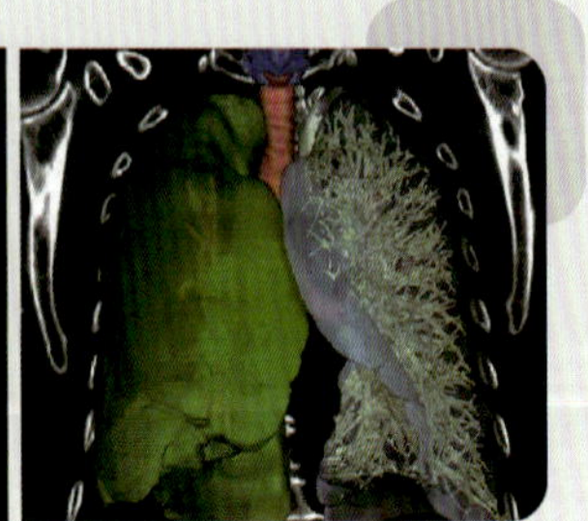

作为第三方独立医学影像诊断行业的领跑者，全景创新地提出“融合”概念，即将临床与影像融合，通过“问计于临床”，开展基于临床需求的影像检查，至今已形成一套完善的影像检查体系，涵盖从影像扫描流程到专家诊断，质量监控的一整套方案，助力临床诊疗服务。

在“专业立身、学术引领”的发展理念牵引下，全景自成立伊始就极重视科研，协同临床开展烟雾病、癫痫病灶定位、脑PET/MR影像量化分析、肝脏脂肪定量分析、关节软骨病损等一系列科研合作；积极参与各地科委、卫健委的课题研究、专利申请等。全力投入专精特新影像技术的临床应用。2020年，“基于$^{18}$F-FDG的模拟脑血流灌注参数成像方法”取得全国发明专利。全景各中心多次参加国内外一流学术会议，发表多篇SCI文章，并连续3年入选全球影响力最大的核医学和分子影像盛会（SNMMI），总共有16篇文章被录取。目前，全景与上海交大、腾讯医疗等高等院校、企业合作，参与国家科技部的人工智能重大项目，也获得2019年上海市产业转型升级发展专项资金支持，牵头进行体部恶性肿瘤的相关人工智能诊断系统研发项目。上海徐汇、杭州、广州中心已被评为国家高新技术企业，科研投入和产出稳步增加。

全景以集团化、连锁化为发展目标。目前，上海（徐汇、虹口）、北京、杭州、广州、重庆、天津、成都、徐州已运营，未来将形成覆盖15个以上重要城市的专业化、标准化连锁医疗服务网络。

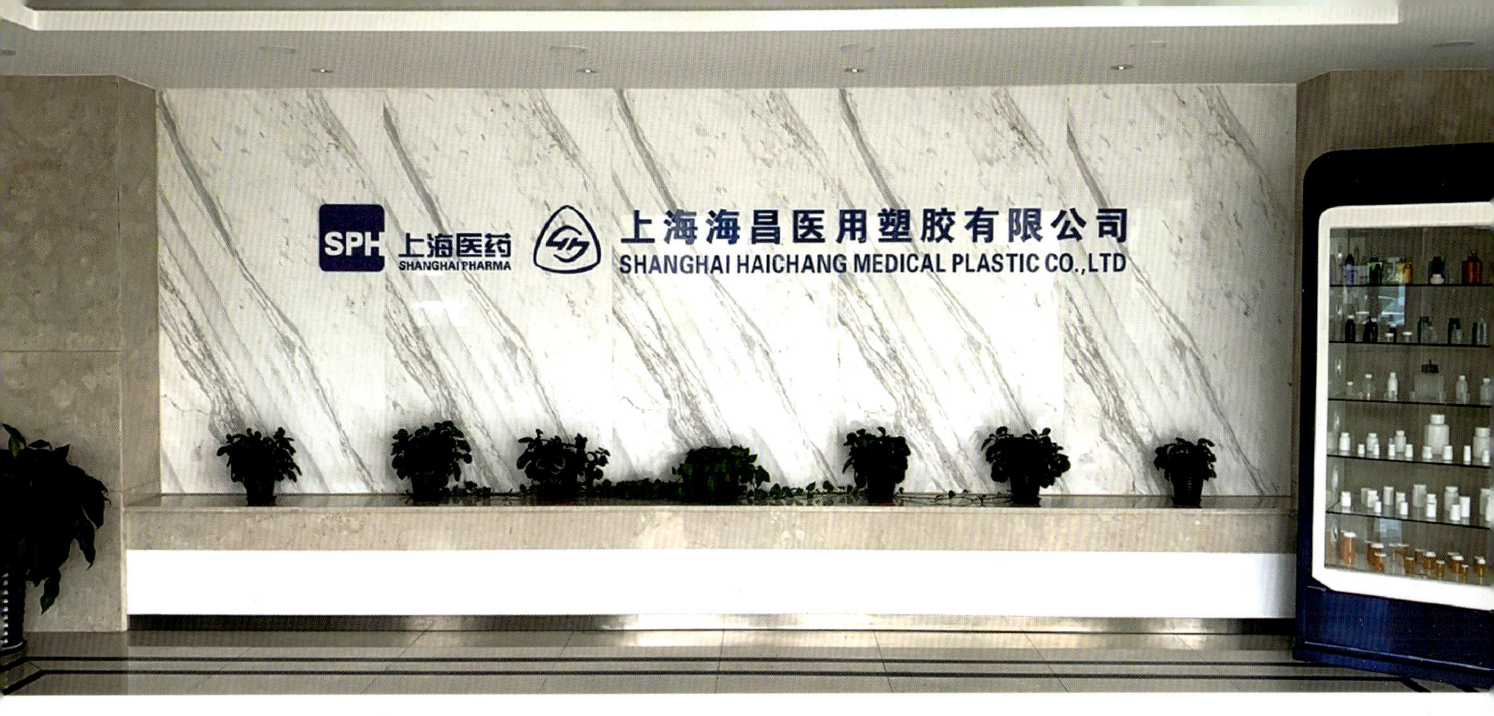

# 上海海昌医用塑胶有限公司

Shanghai Haichang Medical Plastic CO., LTD

上海海昌医用塑胶有限公司（简称上海海昌）始建于 1933 年的上海海昌化学玻璃厂，是上海医药集团股份有限公司旗下的实体制造类企业，专业生产药品、食品等专用包装塑制产品。企业首批获得国家食品药品监督管理局颁发的 I 类“直接接触药品的包装材料和容器”生产注册证，历年获得上海市高新技术企业。也是中国获得美国 FDA 备案（DMF Type III 18276#）的药品包装容器制造企业之一。

上海海昌以“用户的需求就是我们的追求”的目标为经营理念，依托 Wheaton（美国）、Jomar（美国）、Uniloy（意大利）、ASB（日本）、AOKI 青木固（日本）等先进的制造设备，拥有近 30 条具有当代先进制造能级水平的注 – 吹、注 – 拉 – 吹等工艺的制瓶生产线和 Elita 亿利达（香港）、Milacron 等品牌注塑设备组成的 20 多条制盖生产线，年生产能力达 6 亿套。

上海海昌按照 GMP 标准建有 2 个 10 万级（D 级）净化车间，净化区域达 2500 平方米，并配套建有装备各类先进检测仪器的化学、物理检验实验室。确保药用包装瓶、盖产品满足制药企业在线灌装药品使用，无须再次清洗、烘干和消毒等安全性。

近年来，企业不断推进先进制造技术和在线检测技术的应用，完善了整个生产流程的品质保障。特别是 2019 年投入开发的柔性包装智能化全自动制瓶配套设备，完善了生产过程的封闭性和安全性，对品质和效率的提高得到了可靠的技术保障。

上海海昌可以为药品、食品等客户提供各种要求的包装瓶、盖：瓶子从固体瓶到液体瓶；从非透明瓶到透明瓶；从普通圆形、方型到异形。盖子则从普通盖到安全盖、保险盖；从铝箔内衬盖到撕压式密封盖。材质上则从 HDPE，PP 到 PET 等各种材质。

产品能够满足相应的技术要求：相容性、尺寸稳定性、气密性等。符合药品、保健食品包装对有效性和安全性的需要，且在包装外观造型上提升产品的整体品位和价值。

高品质的产品、完善的服务和良好的信誉为海昌赢得市场和客户的信任。上海海昌的产品不仅已经走向国内的广大用户，而且已经走入国际市场。相信上海海昌能够以进一步的技术发展带给用户更可依赖的产品和服务，不愧对于行业领军企业的称号。

地址：中国上海市虹口区中山北一路 66 号
地址：宝山区罗东路 1399 号
电话：86-21-56666611　　邮编：200083

上海海昌医用塑胶有限公司
Shanghai Haichang Medical Plastic Co.,Ltd.

# 上海睿智化学研究有限公司

成立于 2002 年，位于张江科学城核心区的上海睿智化学研究有限公司是睿智医药科技股份有限公司（简称睿智医药，股票代码：300149）旗下全资子公司，专注于为全球医药企业和科研机构提供一站式全流程、专业高效的医药临床前研发外包服务（CRO）及外包生产服务（CDMO）。睿智医药已成为一家世界领先的科研外包服务机构，业务涵盖生物药早期研发、化药早期研发、药理药效、药代药动及早期毒理、生物药工艺开发与生产、化药工艺开发与生产、临床样品生产等新药研发各环节，为客户提供整合一体化的新药研发和生产外包服务。

睿智医药拥有一支高水平的研发团队，由 2100 多名员工组成，其中近 200 名博士，44% 的 CRO/CDMO 研发人员具备硕士及以上学历。公司配备大规模最先进的科研、办公设施、cGMP 级别的公斤级实验室、医药中间体生产设施，以及实验动物中心，研发和生产基地坐落于张江、奉贤、启东、成都和南旧金山五个地区。成立于 2015 年的南旧金山研发中心，起着与国际顶尖学术机构达成战略合作的重要桥梁作用。目前，我们已和 UCSF, Scripps Research Institute, Mount Sinai, Stanford Research Institute 等机构建立了学术合作关系以支持创新研究。

我们始终坚持“科学为本、技术为先、全球运营、卓越品质”，成功帮助数以千计的国内外制药公司完成化药和生物药的研发项目，包括全球前 20 位的生物医药技术企业，如辉瑞 Pfizer、葛兰素史克 GSK、礼来 Lilly、阿斯利康 AstraZaneca 等国际知名跨国医药企业。公司根据客户研发项目的需求，向客户提供其所需要的产品，每年睿智医药开发或者提供的产品种类繁多，数量从毫克级到百公斤级不等。

公司参与过的 200 多个靶点新药的研发项目中，已有多个进入不同里程碑阶段。其中，Agios 的 IDH1/IDH2 靶向新药研发已获 FDA 上市批准，用以治疗突发或难治的急性白血病。岸迈生物的双特异性抗体 EMB-01 已进入临床开发阶段，用以治疗非小细胞肺癌、以及头颈癌、肝癌、胃癌等实体瘤。上海璎黎药业的 PI3K delta 选择性抑制剂已获得 NMPA 的临床阶段，用以治疗复发难治的淋巴瘤。Blueprint 的 Talazoparib 项目获得了 FDA 上市批准，用以治疗携带 BRCA 突变和 HER2 阴性的乳腺癌患者。

公司曾获得包括上海市首批服务外包重点企业、上海市技术先进型服务企业、上海市“科技小巨人”企业、高新技术企业、上海市认定企业技术中心、上海浦东新区生物医药科研设备共享网络平台服务提供单位、上海市专利工作试点企业、张江高科技园区“最具成长潜力”企业等资质和荣誉认可。

十八年来，睿智医药已经凭借强大的科研实力取得了可喜可贺的成绩，未来我们将继续坚持以“降低新药研发门槛，促进人类生命健康水平”为目标，不断拓展新的技术能力和平台，为新药研发和人类健康事业作出贡献。

上海睿智化学研究有限公司

地址：上海市浦东新区金科路 2829 号金科中心

总机：021-51320088

邮编：201203

E-mail：contact@chempartner.com

Http：www.chempartner.com

# 上海爱声生物医疗科技有限公司

上海爱声生物医疗科技有限公司，2014年2月成立于张江高科技园区，是A股创业板上市企业深圳开立生物医疗科技股份有限公司子公司。上海爱声位于浦东新区祖冲之路887弄77-78号楼1-2楼，是一家专精于高端医用超声换能器和体内超声诊断技术的高科技公司，获得国家“高新技术企业”“科技型中小企业”认定和上海市“专精特新企业”认定，并入选上海市科技小巨人培育企业项目。

上海爱声现有研发生产场地3400平方米，获得ISO-13485质量体系认证。公司建设了一套完整的研发、生产、销售队伍，全职从业人员 100余人，含国家青年特聘专家1名，上海市特聘专家1名，海外引进人才4名，外聘专家教授2名。

上海爱声在超声材料、制造工艺和换能器开发等方面处于国际先进水平，参与制定《血管内超声诊断设备通用技术要求》和《超声内窥镜》两项中国行业标准。公司获得有效知识产权共31项，其中发明专利11项，实用新型专利20项，外观设计专利1项，软件著作权1项。

公司牵头承担了科技部重点研发计划项目：“血管内介入超声成像诊断设备”，以及重点研发计划项目：“高解析度光学及超声复合电子内窥镜系统”的子课题。公司还承担了多项上海市科技创新项目：2015、2016、2019三次承担上海市科委科技创新行动计划；2015、2017、2018三次获得上海市创新资金支持，并获得中国创新创业大赛上海市优胜企业及国赛优秀企业的荣誉。近五年共计获得国家、省级科技研发支撑超千万元。基于上海爱声优秀的人才基础，公司还获得了包括上海市浦江人才计划，青年英才扬帆计划，上海市人才发展基金等人才项目的支持。

公司一贯坚持“严谨创新，追求卓越”的质量方针，在医用超声换能器及介入超声导管领域不断开拓钻研，研发出多项“国内领先，国际前沿”的超声技术，打破了国外知名医疗器械企业在医用诊断超声领域的垄断：公司于2016年推出中国第一个具有自主知识产权的压电单晶超声换能器，图像性能达到行业标杆水平；2017年推出中国第一个高密度、多匹配技术的压电复合材料超声换能器，图像穿透深度及分辨率相比常规产品明显改善；2015年作为国内第一家研发血管内超声导管的企业，现已进入临床实验验证阶段，冠状动脉血管成像效果显著优于国外进口产品。在国内众多医用超声换能器制造企业中，上海爱声始终占据技术前沿，具有突出的领先与竞争优势；国际上，本公司超声换能器产品，包括压电单晶与压电复合材料换能器、内窥镜超声换能器，以及高频血管内超声导管均达到世界一流水平，具有和欧美、日本等发达国家知名医疗器械企业相竞争的实力。

上海爱声及其母公司开立医疗以持续的科技创新、卓越的产品性能及贴心的售后服务向全球医疗市场提供全方位、多样化的临床解决方案，成为全球医疗器械行业一支重要的中国力量。

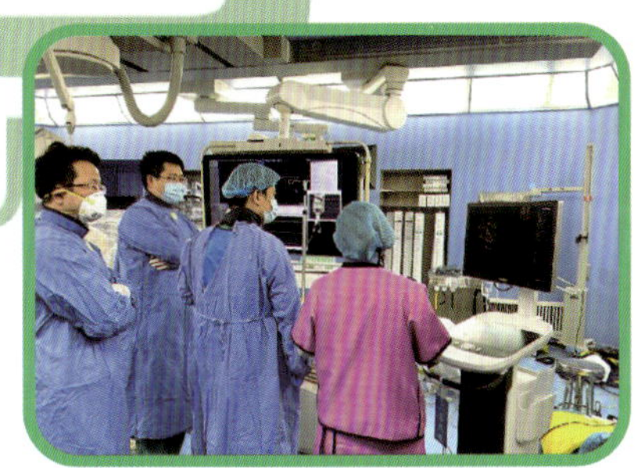

上海市张江高科技园区祖冲之路887弄77—78号楼1-2楼 邮编：201203
电话：86 21 58999775 传真：86 21 58999822

# 上海同仁药业股份有限公司

上海同仁药业股份有限公司创建于1946年，前身为上海兽药厂，是一家集产品研发、生产经营、技术服务于一体的上海市高新技术企业。

七十年传承至今，同仁药业一直秉承着“同舟共济、仁爱兴邦”的企业宗旨，始终坚持以人为本、以食为天，专注动物健康！的企业战略，致力于动物医药保健的研发、生产、销售和技术服务。

同仁药业产品分为兽药、宠物保健品和添加剂预混合饲料三大类别，其中兽药产品包括大容量注射剂、小容量注射剂、片剂、粉剂、预混剂、颗粒剂、非最终灭菌口服溶液剂七大系列百多个品种；公司引进了国际先进的制药设备，严格按照GMP质量规范进行生产，满足市场的需求；未来公司在发展的过程中还将不断推出技术含量高、质量高、附加值高的“三高”产品。

七十年来，优质的“上兽”牌兽药及添加剂产品深受广大养殖户的青睐。“上兽”品牌是畜牧行业内的知名品牌，连续十年获得“上海名牌”的称号；“上兽”牌产品历年来先后获得了上海市创优赶超产品，上海市优质产品、农业部优质产品等多项荣誉。

同仁药业销售网络遍布全国各地，并且产品远销澳大利亚、中亚、非洲、东南亚，提升了“上兽”品牌的国际知名度。

同仁药业坚持以市场为导向，以创新为动力，不断调整产品结构，本着“优质、诚信、共赢”的企业经营理念，始终以养殖户为中心，通过技术服务、品牌战略带动产品经营。公司真诚与社会各界紧密合作，坚持以优质的产品、优良的服务、优惠的价格面向市场，精心经营同仁品牌，成就百年基业！努力成为动保行业的领导品牌，致力于全球畜牧养殖业的健康发展！

# 上海熙华检测技术服务股份有限公司

上海熙华检测技术服务股份有限公司成立于2015年，位于张江药谷核心区和周浦国际医学园区，是一家专注于生物样本分析、仿制药一致性评价的生物医药企业，国内领先的符合国际规范的药物临床试验生物样本分析第三方实验室，浦东新区企业研发机构，上海市仿制药质量和疗效一致性评价专业技术服务平台承建单位，上海市高新技术企业，上海市科技小巨人企业。

公司拥有一支由海归博士领衔的优秀研发和服务团队，管理团队曾先后任职于国际知名药企和CRO公司，精通国内外生物分析的法规和质量体系，在药物临床试验生物样本分析领域积累了丰富的经验。现有营业场地3千多平方米，服务设备齐全，配套400多台近6千万元的仪器设备，包括三重四极杆串联质谱仪31台，超敏因子电化学发光分析仪2台，可提供生物等效性(BE)评价、临床药代动力学(PK)研究、生物样本分析、临床试验稽查与咨询、仿制药开发等技术服务项目。

公司自成立以来，注重技术积累，已建立300个化学药、50个生物药的生物分析方法学，承担600多个品种的BE/PK研究，其中100多个项目通过NMPA的现场核查或免检。

公司坚持“质量至上，严守时限”的服务理念，与100多家国内外知名药企、临床CRO和高校研究所建立广泛的合作关系。

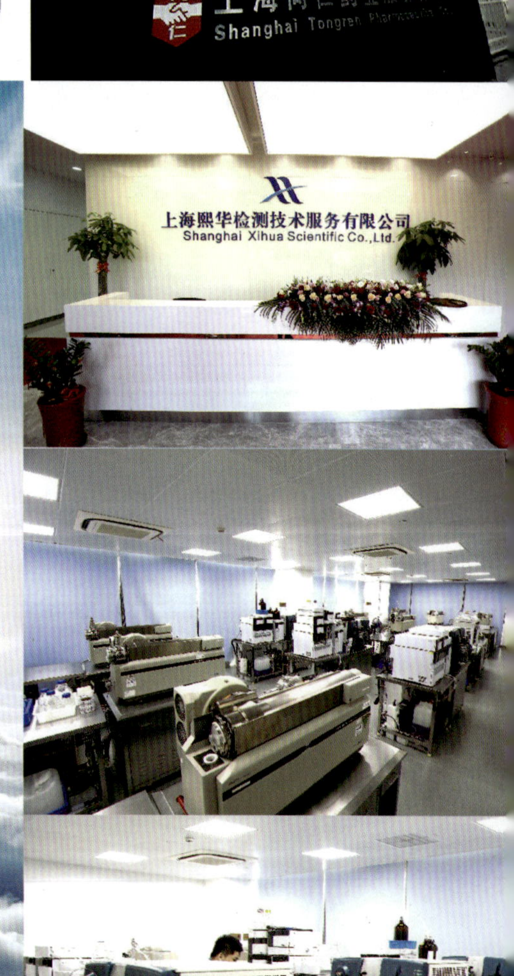

# 上海皓桦科技股份有限公司

## 专注

医疗影像及相关领域应用产品研发的人工智能高科技公司；

## 拥有

独立自主知识产权的算法和技术平台；

## 构建

基于风险把控的人工智能产品全栈开发流程；

## 持续

与头部三甲医院建立战略合作关系；

## 覆盖

全国八省市、超120家各类医疗实体的产品布局；

## 汇聚

海内外高精尖人才，对标前沿技术，努力研发全谱产品；

## 秉承

专业、专注、专精的态度，推进医疗人工智能产品落地。

扫二维码
联系我们

版权所有 ©上海米健信息技术有限公司 2021

## 上海米健信息技术有限公司简介

上海米健信息技术有限公司（以下简称米健医疗）是一家拥有先进核心技术的医疗信息化解决方案供应商。

米健医疗的主导产品涵盖四个领域：医院信息化、大数据平台、人工智能和移动技术（即5G应用）。目前，米健医疗自主开发的产品已在国内得到了广泛认可。产品分别被应用于解放军总医院第一医学中心（301医院）、上海交通大学医学附属瑞金医院、中国医学科学院阜外医院、海军军医大学第一附属医院、江苏省人民医院、复旦大学附属妇产科医院（上海市红房子妇产科医院）、广东省人民医院等国内数百家三甲医院，并与行业内多家顶尖知名企业结成战略合作伙伴，现已迅速成为国内临床医疗信息化的领军企业。

米健医疗未来会以更大的努力，不断践行“服务中国百姓生活与健康，打造中国医疗信息化平台，领军中国医疗信息化产业，实现企业与员工共同价值”的企业使命。

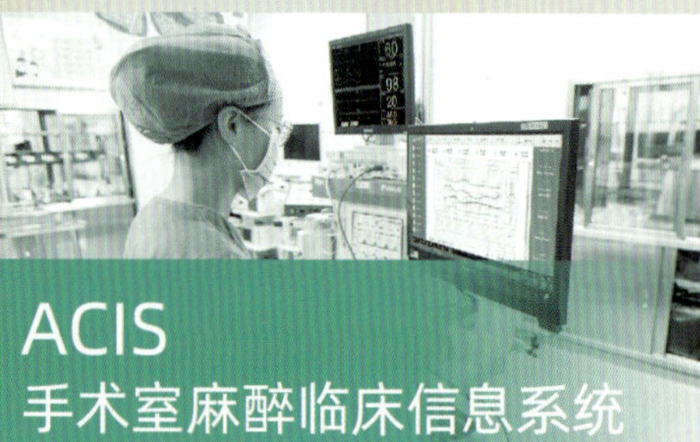

“医疗智能创新价值

健康数据共享未来”

扫码关注我们

联系方式：
上海市杨浦区隆昌路619号城市概念园区A103室/A201室
电话：400-8213659
邮编：200090
www.meehealth.com

# 上海朗脉洁净技术股份有限公司

上海朗脉洁净技术股份有限公司自成立以来，始终秉承“专业成就未来”的理念，一直致力于为中国制药行业提供专业的洁净技术整体解决方案，主营业务包括洁净室的设计与建设、洁净工艺系统和设备的设计与制造、车间自动化和智能化系统的设计与建设、GMP 咨询和验证服务等。

上海朗脉作为企业总部，成立于 2002 年，注册资本 3.49 亿元，拥有员工 500 余人，2011 年在江苏常州投资 2.5 亿元建设了制造基地，建立了覆盖全国的销售与服务网络。朗脉聘请有多位国内外技术专家，核心技术人员拥有 10 年以上专业经验，建立了集技术服务、设计施工、咨询验证、质量控制及售后服务于一体的专业化技术团队，先后为 GE 医疗、罗氏制药、复星医药、中国生物医药集团、石药集团、齐鲁制药等百余家知名制药企业提供服务，协助多家客户通过了 FDA、EMEA、TGA、UK 等国外认证和中国 GMP 认证、WHO 预认证。

经过多年发展，朗脉已成为本行业技术领先、实力突出的优势品牌，通过了 ISO9001 质量管理体系认证、ISO14001 环境管理体系认证和 ISO45001 职业健康安全管理体系认证。公司先后被评为高新技术企业、上海市企业技术中心、上海市科技小巨人企业、上海市“专精特新”企业、上海民营服务业企业 100 强、上海市模范职工之家、上海市和谐劳动关系达标企业、上海市守合同重信用 AAA 级企业等荣誉。

MACROPROCESS
EXPERTISE FOR FUTURE
朗脉·专业成就未来

EPC

在工程项目管理实践中，交钥匙工程（EPC）已经大势所趋。在制药工程领域，EPCMv模式也被众多优秀企业所采用。制药企业，都不可能拥有大量的专业工程领域的设计、采购、施工、验证等方面的优秀人才资源，而这些人才对项目规划及质量、进度、投资控制却影响巨大。

此外，制药工程项目必须是一次性成功完成的，不然，对企业发展和药品上市产生不可想象的负面后果。

朗脉公司EPC管理部，协调公司内外的各种资源，专门承担制药工程EPC项目，为客户提供优质服务。

设计 采购 施工 试车 验证 GMP体系

上海朗脉洁净技术股份有限公司
Shanghai Macroprocess Lustration Technology Co., Ltd.
公司地址：上海市闵行区集心路168号6号楼5层(201100)
Add：5F, Building 6, No.168 Jixin Rd. Minhang District, Shanghai, China (201100)
公司总机/Switchboard：021-54306717 传真/Fax：021-54306718
www.macroprocess.com

# 上海宝藤生物医药科技股份有限公司

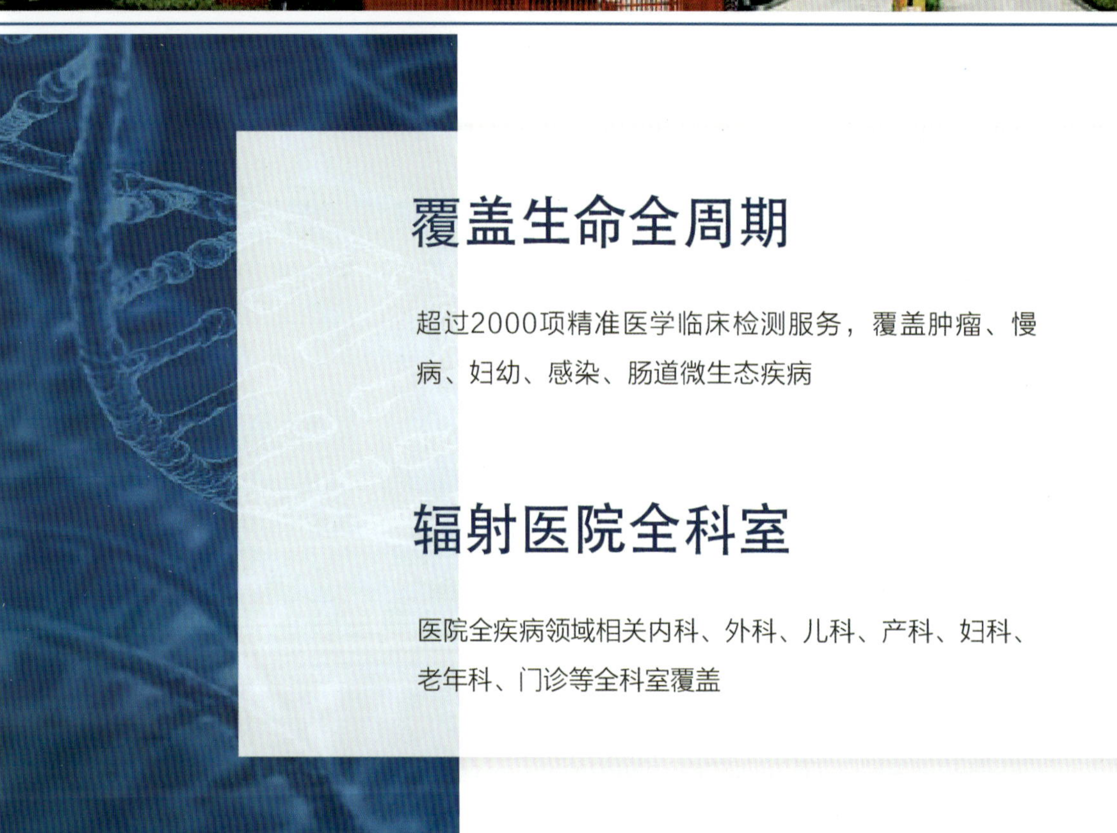


100+ 联合分子医学中心

2000+ 精准医学服务项目

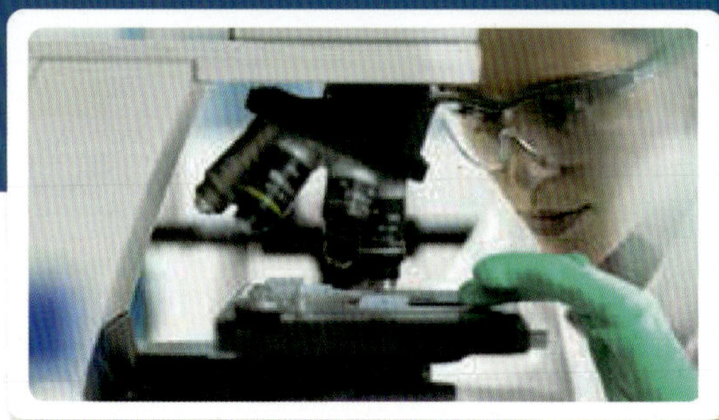

上海宝藤生物医药科技股份有限公司成立于2008年，现拥有十九家子公司（上海宝藤医学检验中心、上海张江转化医学研发中心、上海赛汇医疗科技有限公司、上海宝藤健康管理有限公司、北京宝藤生物科技有限公司、河南宝藤国控生物科技有限公司等），是我国精准医学领域的领军企业。

公司采用严格的质量管理体系，严格按照国家GLP标准进行质量管理，以多年满分的成绩通过CAP（美国病理学家协会）室间质评和国内临床基因扩增实验室认证（PCR实验室认证）等，同时汇聚了国内外领先技术人才，专业从事分子诊断和医学大数据集成分析引擎开发与临床应用，致力于用最先进的技术为大众提供最优质的精准医学服务。

- 国家863计划承担单位（生物医学大数据开发与利用关键技术研究）
- 国家分子医学转化科学中心承建单位
- 国家博士后科研工作站
- 张江国家自主创新示范区-医学大数据公共服务平台
- 张江国家自主创新示范区-精准医疗示范应用基地
- 上海市高新技术企业

**个性化**
精准医学
解决方案

肿瘤 妇幼 感染 肠道微生态 慢病

肿瘤精准医疗解决方案
肿瘤早期风险评估
肿瘤个体化用药指导
肿瘤负荷实时监控

妇幼健康完整解决方案
一级预防（孕前检查）
二级预防（孕期筛查）
三级预防（新生儿疾病筛查和诊断）

感染类疾病检测
各系统感染病原体检测
感染宏基因检测

肠道微生态诊疗体系
肠道微生态平衡检测
肠道微生态治疗

慢病健康管理体系
心脑血管疾病风险相关检测
精准用药指导基因检测
遗传性慢病致病基因检测

## 多组学技术平台

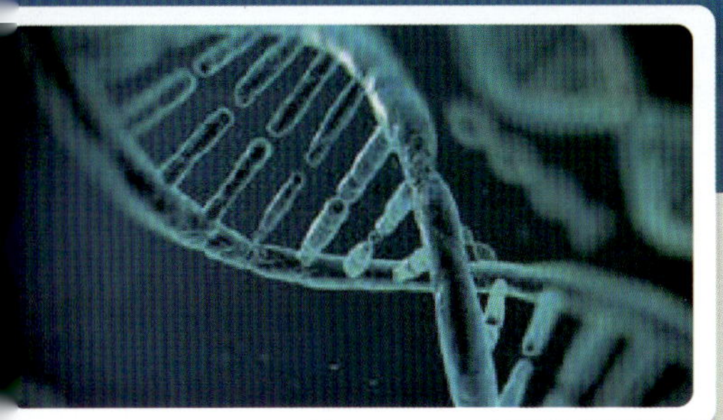

## 重点防疫企业

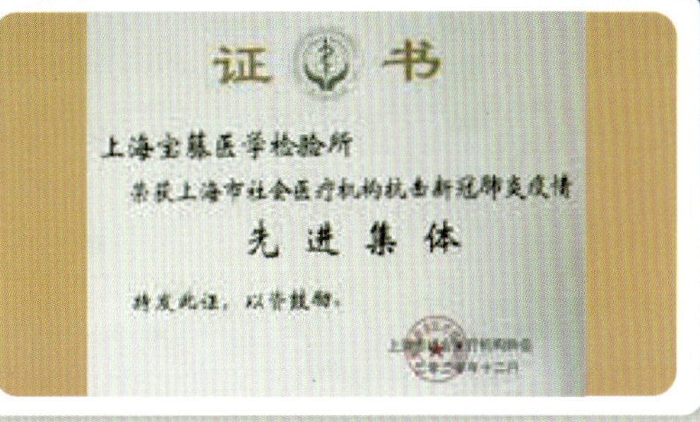
证 书

上海宝藤医学检验所
荣获上海市社会医疗机构抗击新冠肺炎疫情
先 进 集 体

特发此证，以资鼓励。

# 上海溸美医疗科技有限公司

## 未来，每个家庭都应该配一台氢氧气雾化机

2019 年底爆发的新冠肺炎，让全球人类史无前例地共同面对同一个灾难和困局。在过去几个月中，中国和世界人民的生命安全遭到了严重的威胁，我们经受痛苦也开启智慧，再一次见证了中国创新工业的伟大奇迹。

上海溸美医疗器械有限公司作为国务院联防联控机制小组的重点物资保障企业，2020 年过年期间便在国家和上海各部门通力合作下协同全国各地近百家产业链企业复工复产。

随后在中国卫健委高级别专家组组长钟南山院士的指导下，紧急生产的几千台“中国创新”三类医疗呼吸设备——氢氧气雾化机 [AMS-H-03] 在第一时间配送到了湖北、广东、河南、黑龙江、江西省等地，抢救生命的同时开展“氢氧混合气吸入对抗新冠肺炎的临床项目”和“氢氧混合气吸入对新冠肺炎患者辅助治疗有效性的真实世界临床研究方案”（以下简称氢氧吸入疗法）。据统计，全中国有 3000 多位患者使用了溸美氢氧气雾化机，覆盖新冠肺炎患者的轻型、普通型、重型、危重型的所有分型，患者使用后症状均得到了改善，钟南山院士的学生——“硬核院长”魏春华院长管理的武汉市汉阳医院呼吸危重症第三治疗区更是做到了零插管、零感染、零死亡。相关抗疫成果多次获得央视等主流媒体的报道。

氢氧混合气对于新冠肺炎的治疗原理在于，吸入氢氧混合气后能改善气道阻力，增加氧气弥散度和氧流量，改善呼吸困难（急性呼吸窘迫）症状。同时氢气还可以抗炎、抑制细胞因子风暴，有效防止气道重构及肺纤维化、减少杯状细胞增生、改善肺功能、对抗大剂量使用激素后的副作用以及清除病毒入侵体内后因对肺部损伤导致大量产生的自由基等作用。

为加快症状改善和康复，提高新冠肺炎患者的生存率，“氢氧吸入疗法（$H_2/O_2$: 66.6%/33.3%）”被写入《新冠肺炎诊疗方案（试行第七版）》和《新冠肺炎重型、危重型病例诊疗方案（试行第三版）》，其中第七版被翻译成多国文字传遍全球，为整个人类对抗新冠肺炎带去希望和福音。

意大利 520 台、马来西亚 544 台、印尼 200 台、伊朗 20 台、伊拉克 10 台、英国……国内疫情稳定后，溸美医疗继续配合中国援外医疗队向国外输出氢氧设备。其有效的治疗效果和过硬的产品质量得到了国际医学的高度认可。

www.ascleway.com

滴水石穿非一日之功。这项由钟南山院士牵头孵化的医学科研项目历经 9 年发展，做了近 200 项基础研究，7 项国家自然基金课题，发表 SCI 论文达 46 篇，设备拥有 177 项发明专利，产品的使用安全性得到了多次严谨的实验结果支持，这是由中国人研发生产的“用水治病”的创新设备。早在多年前，澌美医疗已向政府申请将澌美定点为培育各大医学院（学分制医学高院）研究生、博士生的氢氧分子医学研究基地，目前正在建设中。

伴随着钟南山院士团队关于新冠肺炎治疗的两个科研项目陆续得出的重要结论，由钟南山院士主编、参与氢氧雾化技术人体联合试验的全体医生联合著作的《新冠病毒氢氧气吸入疗法》一书，也即将问世。全书三万多字，由一系列临床研究事实，以及中国各个医院新冠肺炎患者的临床诊断病历组成。新书的发布，将为全世界新冠肺炎的治疗开辟一条崭新的思路。

由于本次氢氧气雾化机发挥的奇效，澌美医疗得到了国家卫健委和湖北省卫健委重视，未来有望在武汉市建立一个帮助患者肺康复为主的附属医院，为大量新冠肺炎患者的康复做好后续治疗工作。暨南大学附属复大肿瘤医院荣誉总院长徐克成教授表示，由于新冠肺炎会引起人体内多器官病变，而氢气对全身各个器官均有作用。其中包括：可以选择性抗氧化，减少炎症因子风暴的产生；可以抗细胞凋亡，保护细胞不要坏死；可以消除炎症，减少黏液的产生；可以调节信号，让人体保持整体的协调一致；还可以调节人体免疫功能，提高抗病能力。因此他认为，氢不仅能治疗新冠肺炎现症疾病，还能通过对多种器官系统来发挥良性作用，对患者的愈后康复很可能也有帮助。

科学的实践是严谨而漫长的，经过几十年不懈努力，人们终于发现氢气是一种安全、无毒、天然、简便、有效的选择性抗氧化分子。它可以穿过细胞壁进入线粒体，这是氢气可用于维护健康和辅助治疗全身各类疾病的基础。氢分子不仅对于疾病的常规治疗时期有提高药效、降低副反应的积极作用，而且能帮助细胞/器官恢复稳态，阻抑不良环境的严重干扰，在维护人体整体健康中发挥独特的作用。从消除疲劳、提高生活质量、抗衰老、美容效果等方面帮助人们改善亚健康状态。未来将为各项慢性疾病、肿瘤的“未病先防”与多学科联合治疗寻求可行的绿色辅助之道。

澌美医疗创办人林信涌董事长表示，氢氧气雾化机拥有轻、薄、短、小但产气量大（每分钟最高产出 3 公升氢氧混合气）、使用简便的特点，相对传统肿瘤治疗动辄数十万费用，价格相当亲民。我们将与国际一流的保险公司建立合作，达成“买健康送保险、买保险送健康”战略合作，用“澌美 + 保险”的方式帮助减轻国家医保负担。未来，每个家庭都应该配一台氢氧气雾化机，这将是一项造福社会、造福人类的惠民工程。

澌美医研部为深圳第三人民医院医生讲解设备操作

雷神山医院 82 岁患者使用氢氧气雾化机

上海市市委常委、副市长吴清（右四）率队指导澌美医疗创办人林信涌董事长（右五）接待

上海市经信委陆晓春书记（右一）率队来澌美调研

# 上海中西三维药业有限公司

在“中国制造 2025”大背景下，上药中西以上海医药“三三三 + 一”发展规划提出的“融产结合、创新发展、进军世界 500 强”为目标，认真学习贯彻十九大精神，将创新、协调、绿色、开放、共享的新发展理念融入到企业发展中，以新理念、新作为适应新常态，践行新理念，谋求新突破。近年来，企业效益快速提升，盈利能力大大加强，已步入良性发展的轨道。

坚持创新驱动。创新驱动是上药中西在新常态下实现转型升级、增强核心竞争力的战略性选择。公司从业务链的每一个环节、每一件具体小事开始，坚持创新，适应变革，提高综合效益。坚持“向市场要人”“以项目带人”和“以培训育人”的方针，建设高素质的人才队伍，以应对医药行业快速变革的要求；在研发创新方面，依托集团研发平台，改建研发场所、优化管理架构、引进优秀人才，加强与高校、科研单位和 CRO 企业合作，大力推进产学研结合；积极推进仿制药质量和疗效一致性评价工作，盐酸氟西汀胶囊率先在国内完成申报，精神神经领域多个核心产品的完成预 BE 研究；强化产品的二次开发工作，癸氟奋乃静、倍他司汀、氟比洛芬酯等一批原料药老品种陆续上市，焕发出新的生命力。

注重协调发展。协调发展是企业持续健康发展的内在要求。公司不断推进体制机制创新，各项业务快速发展，经济效益显著提高，2020 年获得上海医药集团优秀经营管理企业金奖。在创造更多经济效益、实现又好又快发展的同时，公司积极履行社会责任，争做优秀企业公民。公司组织“纷乐与爱同行”“维爱有力”等公益活动，募集资金帮助患者，让员工亲身参与活动的同时，体验公益的快乐、铭记医药人的责任，传承患者为先的企业精神。此外，公司在地区积极开展军民共建、城乡结对、社区服务等活动，与地区协调发展的同时，企业的社会影响力不断增强。

倡导绿色发展。绿色、低碳、环保是上药中西一贯倡导的发展方式。公司抓住永登路生产基地搬迁的历史机遇，转型发展，提升制造能级，引入“五化”理念（即精益化、信息化、自动化、智能化和绿色化）打造绿色工厂，实施 DCS、ERP、LIMS 等智能化制造系统，实现自动化和绿色化生产；在“三废”处理上，引进先进的污染物环境防治工艺和设备，实现废物无害化和减量化处理。2016 年底公司“硫酸羟氯喹原料药绿色制造系统集成项目”获国家工信部批复立项后，已经开发出新的生产工艺，可大幅降低污染排放和工艺安全风险，产品质量也得到提升。

强化开放增效。上药中西秉承开放发展理念，将如何发挥自身优势产能和利用国外资源作为公司转型发展、提质增效的必由之路。公司以 ANDA 为契机，通过提升软硬件系统，依托国际技术认证力量，加快人才培育培养，使管理模式、理念与国际接轨，目前已启动硫酸羟氯喹片等产品的 ANDA 项目；探索性地开展醋酸艾斯利卡西平片剂的“一品双报”工作，即在美国和国内同时进行产品的注册申报。此外，公司正积极开展原料药采购国际化工作，在降低原料成本和供应链风险、加快新药研发国际化合作等方面为公司注入新的发展动力。

共享发展成果。上药中西坚持发展为了员工、发展依靠员工、发展成果由员工共享，让全体员工在共建发展中有更多的获得感。公司倡导业绩、执行和纷乐五★文化，不断完善员工激励体系，建立和完善利益共享机制，每年定期开展集体协商工作，提高凝聚力和竞争力；构建完备的培训机制，为员工提供持续的专业技能和管理才能培训，不断提升员工专业技能和职业素养；开展关爱员工系列活动，积极营造和谐的企业文化氛围，想方设法帮助员工解决生产生活、学习等方面的困难，不断提升职工的获得感和幸福感。近两年公司连续获得“上海市劳动关系和谐员工满意企业”“上海市五一劳动奖状”等荣誉。

战“疫”彰显担当。在 2020 年新冠疫情中，公司坚决落实疫情防控防治工作要求，积极组织抗疫药品磷酸氯喹、硫酸羟氯喹生产，确保抗疫药品供应，并向国家科技部、工信部、中国红十字总会等单位捐赠抗疫药品价值近千万元，承担企业社会责任，彰显了国企担当。

## 倡导绿色发展

## 公司外观及设备

### 三大基地

星火基地　外冈基地　金和基地

### 外冈会议中心　乌尔曼包装线　澳咔斯的明生产线

## 共享发展成果

生日会　员工插花活动　端午节活动

## 坚持创新

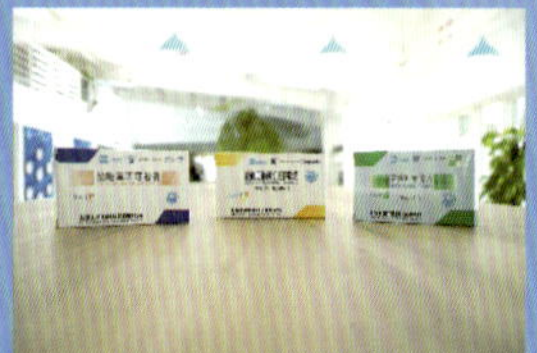

## 系统

## 战疫

## 注重协调发展

2020.11 嘉定安全用药

维爱有力活动

与华东理工合作

上海市政府服务企业官方平台

扫码下载
企业服务云APP

找政策？
何须跑断腿！

与其东奔西跑，不如一站查询

38个委办局及16个区惠企政策集成发布，方便申报

有诉求？
何须费口舌！

与其劳心费神，不如一键反映

面向全规模、全所有制企业，兜底式受理企业诉求与困难

要服务？
何须挑花眼！

与其左右为难，不如一锤定音

10大类优质服务机构，专业值得信赖

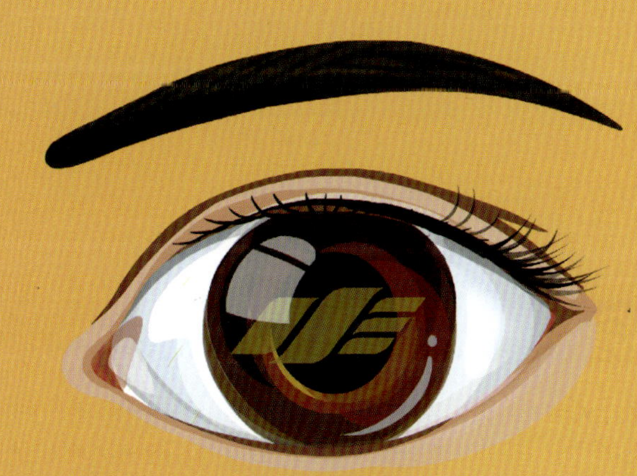

对标国际最高标准、最好水平，打造营商环境新高地

上海市服务企业联席会议办公室 宣

**图书在版编目（CIP）数据**

上海工业年鉴. 2021 / 上海市经济和信息化委员会编 . —上海 ：上海社会科学院出版社，2021
ISBN 978-7-5520-3558-2

Ⅰ.①上… Ⅱ.①上… Ⅲ.①地方工业经济-上海-2021 -年鉴 Ⅳ.①F427.51-54

中国版本图书馆 CIP 数据核字（2021）第 147100 号

## 上海工业年鉴（2021）

**编　　者**：上海市经济和信息化委员会
**责任编辑**：董汉玲
**封面设计**：上海宝舜会展服务中心
**出版发行**：上海社会科学院出版社
上海市顺昌路 622 号　电话 021-63315947　邮编 200025
http://www.sassp.cn　E-mail: sassp@sassp.cn
**照　　排**：上海宝舜会展服务中心
**印　　刷**：上海新艺印刷有限公司
**开　　本**：889 毫米 × 1194 毫米　1/16
**印　　张**：40
**插　　页**：12
**字　　数**：924 千
**版　　次**：2021 年 8 月第 1 版　2021 年 8 月第 1 次印刷

ISBN 978-7-5520-3558-2/F · 673　定　价：380.00 元

**版权所有　翻印必究**